1982년부터 더럼 대학교에서 라이트푸트 석좌 교수로 재직한 신약학자 제임스 던 교수는 세계적인 명성을 얻고 있는 금세기 최고의 신학자 중 하나다. 나는 이 책이 출간된 2003년에 세계성서문헌학회(SBL)에서 즉시 구입하여, 몇 년 동안 신학교 강의에 아주 유용하게 사용하여왔다. 이번에 이 방대한 책이 차정식 박사의 번역을 통해 우리말로 출간된 것을 계기로, 신학생뿐만 아니라 공관복음에 관심이 있는 목회자들과 평신도에 이르기까지 모든 사람들이 초기 기독교의 기원에 가장 기본적이며 중심적인 인물이신 역사적 예수에게 가까이 나아가기를 바란다. 이 책은 예수의 삶과 말씀 및 교훈을 우리에게 생생하게 보여주는 데 큰 도움이 되는 책이다.

소기천 | 장로회신학대학교

역사적 예수와 기독교의 기원 문제를 다루고 있는 이 책은 철저한 선행연구와 텍스트에 대한 세밀한 분석을 제공하여 거장의 학문적 철저성을 단박에 확인시켜준다. 또한 복음서와 예수의 정체성에 역사적 탐구라는 이름으로 덤터기 씌운 허망한 혐의가 말끔하게 처리되어, 역사적 예수의 진실을 찾아 헤매던 현대성서학계가 제임스 던에 의해 구명된 것 같아 안심이 된다. 이 책은 결국 복음서에 보도된 예수와 기독교의 기원이 결코 진리를 호도하는 연출이 아님을 역설하여, 기독교의 핵심가치들을 기꺼이 긍정하도록 이끈다. 우리 시대의 명저로 손꼽힐 만하며, 목회자와 신학도의 필독서임에 틀림없다.

윤철원 | 서울신학대학교

영국 더럼 대학교 신약학 교수인 던은 바울 및 복음서 연구로 전 세계에 널리 알려진 정상급 신약학자다. 정년을 앞두고 출판한 그의 책 『예수와 기독교의 기원』이 차정식 교수에 의해 우리말로 번역되었다. 이 책은 타이센(G. Theissen), 마이어(J. P. Meier), 라이트(N. T. Wright)의 예수 연구서와 함께 금세기에 출판된 가장 뛰어난 역사적 예수 연구서로 꼽힐 만하다. 이 책에서 던은 복음서가 목격자들의 기억을 통해 보존된 예수 전승에 기초하고 있다고 주장함으로써 역사적 예수와 복음서의 예수 그리고 초기 기독교 공동체 사이에 강력한 연결 고리가 있음을 보여주고 있다.

최갑종 | 백석대학교

이 책은 단지 예수에 관한 또 한 권의 책에 불과한 게 아니다. 이 책은 지적으로 성숙하고 학문적으로 철저한 평생의 숙고 끝에 도달하게 된 결론을 광범하게 제시할 뿐만 아니라 좋은 균형 감각과 깊이 있는 학식으로 가득 차 있다. 언제나 그렇듯이, 던의 이 작품은 예수가 거닐었던 1세기 유대적 세계에 대한 제대로 된 이해뿐만 아니라 폭넓은 2차 문헌에 대한 타의 추종을 불허하는 지식이 두드러지는 책이다. 특별히 구전 전승의 계승에 대해 일관되게 호소하는 점이 주목할 만한데, 이 점은 많은 부분 타당성을 지니고 있다.

데일 C. 앨리슨 | 피츠버그 신학대학원

역사적 예수에 대한 현대적인 초상은 주위에 넘쳐난다. 하지만 제임스 던은 여기서 예수가 자신의 최초 추종자들에게 남긴 수많은 영향들을 통해 고대에 예수가 어떻게 묘사되었는지 두루 살핀다. 이러한 묘사는 그저 바라는 바를 말하거나 자기를 투영하는 학문적 속임수가 결코 아니다. 던이 밝혀내는 이미지들은 놀랍고도 도전적인 동시에 심지어 모순되기도 하는데, 이 이미지들은 고대 진술의 신빙성에 확신을 더욱 보태주고 있다. 이러한 모험 자체가 흥미진진할 뿐만 아니라 그 성과도 의미심장하다.…『예수와 기독교의 기원』은 기독교의 역사와 현대 문명에 끼친 예수의 의의를 파악하려는 앞으로의 탐구에 있어서 빼놓을 수 없는 중요한 기여가 될 것이다.

마크 앨런 포웰 | 트리니티 루터란 신학대학원

가장 풍부한 연구 성과를 내는 현대 신약학자 중 한 명인 제임스 던은 이 연구에서 역사적 예수의 옛 탐구에 대한 새로운 접근을 인상적으로 제시한다. 해석학적인 지식을 가지고 고대 텍스트들과 대화하게 되면 예수가 끼친 영향에 대한 진술이 바로 예수의 최초 추종자들이 기억했던 것이라는 점을 정당화할 수 있다는 던의 중심 논지는 예수 전승의 구어적 성격을 관련된 논의의 한가운데에 확신을 가지고서 자리매김한다. 이 책은 널리 퍼져 있는 문서 중심적 사고로부터 학자들을 자유케 할 뿐 아니라, 소위 역사적 예수 탐구라 불리는 연구를 진행함에 있어 실증주의적 낙관론과 포스트모던 상대주의 사이에서 건전한 균형을 유지하는 데 도움을 준다.

새뮤얼 뷔르스콕 | 스웨덴 예테보리 대학교

수십 년 동안 제임스 던은 그리스도론과 예수의 역사(history-of-Jesus) 연구에 있어서 진지하고도 균형 잡힌 연구를 이끈 선두주자 중 하나였다. 나는 던의 많은 책과 논문들로부터 큰 유익을 얻었다. 이제 나는 역사적 예수에 대한 수년간의 숙고와 출판 끝에 나온 정수와도 같은 이 방대한 작품을 읽게 되어 기쁘다. 오늘날 역사적 예수 연구에 널리 퍼져 있으면서 또한 그 연구를 자극하는 주요 쟁점들에 대해 사려 깊으면서도 방법론적으로 치밀하게 접근하고자 하는 모든 이들에게 이 책 『예수와 기독교의 기원』을 적극 추천한다.

존 P. 마이어 | 노트르담 대학교

위대한 업적이다! 『예수와 기독교의 기원』은 방대하면서도 깊이 있고 광범위하게 다루고 있으며, 구전성을 강조한다는 점에서 혁신적이면서 때로는 도발적이지만, 한편으로는 매우 술술 읽힐 뿐만 아니라 명료하다. 제임스 던의 이 책이 다음 세대를 넘어 계속해서 예수 연구의 틀을 잡아줄 책이라는 점은 의심의 여지가 없다. 어떤 수준에서건, 예수를 연구하고자 하는 모든 이들에게 이 책은 '필독서'이다.

크리스토퍼 터킷 | 옥스퍼드 대학교 펨브로크 칼리지

'생성기 기독교' 연구 시리즈 중 첫 번째 책인 제임스 던의 이 책 『예수와 기독교의 기원』은 예수에 대한 비평적 연구의 역사와 경향에 대해 정말 읽을 가치가 충분하고 신뢰할 만한 정보들을 제공한다. 이 책의 제목(*Jesus Remembered*)은 일련의 프로그램이기도 하다. 공관복음서들은 수백 년 동안 대부분 문학비평과 자료비평적 접근을 통해 연구되었지만 예수 전통에 대한 분명한 그림을 그려주지는 못했다. 이제 던은 그러한 전통에 '새로운 관점'을 제공하고 있다.…던은 공관복음서 기자들이 예수에 대한 기억을 잘못 간직했던 것이 아니라, 오히려 그 전통을 보존하고 제시함으로써 오늘날에도 우리가 예수와 조우할 수 있게끔 이끈다고 강조한다.

페터 슈툴마허 | 튀빙겐 대학교

CHRISTIANITY IN THE MAKING

volume 1

JESUS REMEMBERED

James D. G. Dunn

예수와 기독교의 기원(상권)
― 역사적 예수, 복음서의 예수 그리고 하나님 나라

예수와 기독교의 기원

|상권|

일러두기

1. 제목에 사용된 '기독교'와 본문에 사용된 '그리스도교'는 동일한 의미를 지닌 말
   로, 사용에 제약을 두지 않았습니다.

2. 한서는 원서와 달리 언어 특성과 편집원칙상 개신교를 기준으로 번역하였습니다.
   로마 가톨릭 입장에서 보시는 분들은 용어를 바꾸어 읽으셔도 무방합니다.

3. 한글 성경 역본을 사용함에 있어서 개역개정판을 원칙으로 하였으나 필요에 따
   라 역자의 번역을 사용하는 데 제한을 두지 않았습니다.

4. 성경 책명 표기는 정경의 경우 개신교식 표기를 따랐고, 성경 구절 표기 방식
   (예, 마 1.1)은 원서를 그대로 따랐습니다.

5. 인용부호 표기는 원서 표기(예, 직접 인용은 '마태는', 간접 인용은 "마 1.1")를 그대로
   따랐습니다.

6. 히브리어와 그리스어 영어 음역의 원칙이 원서에 별도로 표기되지 않았으나 세
   계성서문헌학회 스타일(SBL Style)을 따라 표기되어 있어 성경 원어 영어 음역은
   원서 그대로 표기했습니다.

7. 참고 문헌 목록은 상·하권 모두에 수록했고, 인명 색인, 주제 색인, 성경 및 고대
   문헌 색인은 편집상의 이유로 하권에 수록했습니다. 색인은 상권 3쇄와 하권 1쇄
   를 기준으로 작업을 했으며, 상권 부분은 정자체로 표기하고 하권 부분은 서체를
   기울여 표기했습니다.

이 도서는 새물결교회 김원규 장로, 김옥영 권사의
번역비 지원으로 출판되었습니다.
출판 사역을 위한 기도와 지원에 깊이 감사드립니다.

AB	Anchor Bible
ABD	*Anchor Bible Dictionary*. Ed. D. N. Freedman (New York: Doubleday; 6 vols. 1992)
AGAJU	Arbeiten zur Geschichte des antiken Judentums und des Urchristentums
Aland[26]	*Novum Testamentum Graece*. Ed. K. Aland, et al. 26th edition (Stuttgart, 1979).
Aland[27]	*Novum Testamentum Graece*. Ed. K. Aland, et al. 27th edition (Stuttgart, 1993).
An.Bib.	Analecta Biblica
ANRW	*Aufstieg und Niedergang der römischen Welt*. Ed. H. Temporini and W. Haase (Berlin, 1972–)
AOT	*The Apocryphal Old Testament*. Ed. H. F. D. Sparks (Oxford, 1984)
BA	*Biblical Archaeologist*
BAGD	W. Bauer, *A Greek-English Lexicon of the New Testament and Other Early Christian Literature*. ET and ed. W. F. Arndt and F. W. Gingrich. 2nd edition revised by F. W. Gingrich and F. W. Danker (University of Chicago, 1979)
BAR	*Biblical Archaeology Review*
BBB	Bonner biblische Beiträge
BBR	*Bulletin for Biblical Research*
BCE	Before Christian era
BDAG	W. Bauer, *A Greek-English Lexicon of the New Testament and Other Early Christian Literature*. 3rd edition of BAGD revised by F. W. Danker (Chicago: University of Chicago, 2000)
BDB	F. Brown, S. R. Driver and C. A. Briggs, *Hebrew and English Lexicon of the Old Testament* (Oxford: Clarendon, 1907)
BDF	F. Blass, A. Debrunner and R. W. Funk, *A Greek Grammar of the New Testament* (University of Chicago/University of Cambridge, 1961)
BETL	Bibliotheca ephemeridum theologicarum lovaniensium
Bib	*Biblica*
BJRL	*Bulletin of the John Rylands University Library of Manchester*
BJS	Brown Judaic Studies
BNTC	Black's New Testament Commentaries
BS	Biblical Seminar (Sheffield Academic Press)
BTB	*Biblical Theology Bulletin*
BWANT	Beiträge zur Wissenschaft vom Alten und Neuen Testament

BZ	*Biblische Zeitschrift*
BZNW	Beihefte zur *ZNW*
CBQ	*Catholic Biblical Quarterly*
CE	Christian era
cf.	*confer, compare*
ch(s).	chapter(s)
CIJ	*Corpus Inscriptionum Judaicarum*
COD	*Concise Oxford Dictionary*
ConB	Coniectanea biblica
ConBNT	Coniectanea biblica, New Testament
ConNT	*Coniectanea neotestamentica*
CR:BS	Currents in Research: Biblical Studies
CRINT	Compendia Rerum Iudaicarum ad Novum Testamentum
DJD	Discoveries in the Judean Desert
DJG	*Dictionary of Jesus and the Gospels.* Ed. J. B. Green and S. McKnight (Downers Grove: InterVarsity, 1992)
DSD	*Dead Sea Discoveries*
DSS	Dead Sea Scrolls
DSSB	*The Dead Sea Scrolls Bible.* Ed. M. Abegg, P. Flint and E. Ulrich (New York: HarperCollins, 1999)
EB	Études bibliques
ed(s).	edition, edited by, editor(s)
EDNT	*Exegetical Dictionary of the New Testament.* Ed. H. Balz and G. Schneider (Grand Rapids: Eerdmans; 3 vols. 1990–99)
e.g.	exempli gratia, for example
EKK	Evangelisch-katholischer Kommentar zum NeuenTestament
EncBr	*The New Encyclopaedia Britannica.* 15th edition. 30 vols. (Chicago University, 1978)
EncJud	*Encyclopaedia Judaica.* 16 vols. (Jerusalem, 1972)
ER	*The Encyclopedia of Religion.* Ed. M. Eliade. 16 vols. (New York, 1987)
ERE	*Encyclopaedia of Religion and Ethics.* Ed. J. Hastings. 13 vols. (New York: Scribner, 1908–27)
ET	English translation
et al.	*et alii,* and others
ETL	*Ephemerides theologicae lovanienses*
EvT	*Evangelische Theologie*
ExpT	*Expository Times*
FB	Forschung zur Bibel
FBBS	Facet Books, Biblical Series
FRLANT	Forschungen zur Religion und Literatur des Alten und Neuen Testaments

FS	Festschrift, volume written in honour of
García Martínez	F. García Martínez, *The Dead Sea Scrolls Translated: The Qumran Texts in English* (Leiden: Brill/Grand Rapids: Eerdmans, 1994, ²1996)
GLAJJ	M. Stern, *Greek and Latin Authors on Jews and Judaism* (Jerusalem: Israel Academy of Sciences and Humanities; 3 vols. 1976, 1980, 1984)
GNB	Good News Bible
hap. leg.	*hapax legomenon*, sole occurrence
HBT	*Horizons in Biblical Theology*
HKNT	Handkommentar zum Neuen Testament
HNT	Handbuch zum Neuen Testament
HR	E. Hatch and H. A. Redpath, *Concordance to the Septuagint and Other Greek Versions of the Old Testament*. 2 vols. (Oxford, 1897)
HTKNT	Herders theologischer Kommentar zum Neuen Testament
HTR	*Harvard Theological Review*
ICC	International Critical Commentary
IDB	*Interpreter's Dictionary of the Bible*. Ed. G. A. Buttrick (Nashville: Abingdon; 4 vols. 1962)
IDBS	Supplementary volume to *IDB*
IEJ	*Israel Exploration Journal*
Int	*Interpretation*
JAAR	*Journal of the American Academy of Religion*
JANES	*Jorunal of the Ancient Near Eastern Society*
JBL	*Journal of Biblical Literature*
JBTh	*Jahrbuch für Biblische Theologie*
JJS	*Journal of Jewish Studies*
JR	*Journal of Religion*
JSJ	*Journal for the Study of Judaism*
JSNT	*Journal for the Study of the New Testament*
JSNTS	*JSNT* Supplement Series
JSOT	*Journal for the Study of the Old Testament*
JSOTS	*JSOT* Supplement Series
JSP	*Journal for the Study of the Pseudepigrapha*
JSPSupp	*JSP* Supplement Series
JSS	*Journal of Semitic Studies*
JTS	*Journal of Theological Studies*
KuD	*Kerygma und Dogma*
KEK	H. A. W. Meyer, Kritisch–exegetischer Kommentar über das Neue Testament
LD	Lectio divina
Loeb	Loeb Classical Library

LSJ	H. G. Liddell and R. Scott, *A Greek-English Lexicon*. Revised H. S. Jones (Oxford: Clarendon, ^{9}1940); with Supplement (1968)
LXX	Septuagint
Metzger	B. M. Metzger, *A Textual Commentary on the Greek New Testament* (London: United Bible Societies, 1975)
MM	J. H. Moulton and G. Milligan, *The Vocabulary of the Greek Testament* (London: Hodder, 1930)
Moule, *Idiom Book*	C. F. D. Moule, *An Idiom Book of New Testament Greek* (Cambridge: Cambridge University, 1953)
Moulton, *Grammar*	J. H. Moulton, *Grammar of New Testament Greek* (Edinburgh: Clark; 2 vols. 1906-29)
ms(s)	manuscript(s)
MT	Masoretic text (of the Old Testament)
NDIEC	G. H. R. Horsley, *New Documents Illustrating Early Christianity* (North Ryde, Australia, 1981–)
NEB	New English Bible (NT 1961; OT and Apocrypha 1970)
NF	Neue Folge = new series
NIGTC	New International Greek Testament Commentary
NIV	New International Version (1978)
NJB	New Jerusalem Bible (1985)
NovT	*Novum Testamentum*
NovTSup	Supplement to *NovT*
NRSV	New Revised Standard Version (1989)
NT	New Testament
NTAbh	Neutestamentliche Abhandlunger
NTOA	Novum Testamentum et Orbis Antiquus
NTG	New Testament Guides
NTS	*New Testament Studies*
NTTS	New Testament Tools and Studies
OBO	Orbis biblicus et orientalis
OCD	N. G. L. Hammond and H. H. Scullard, *Oxford Classical Dictionary* (Oxford: Clarendon, 1970)
ODCC	*The Oxford Dictionary of the Christian Church*. Ed. F. L. Cross and E. A. Livingstone. 2nd edition (Oxford: Oxford University, 1983)
OEANE	*The Oxford Encyclopedia of Archaeology in the Near East*. Ed. E. M. Meyers (New York: Oxford, 1997)
OT	Old Testament
OTP	*The Old Testament Pseudepigrapha*. Ed. J. H. Charlesworth (London: Darton; 2 vols. 1983, 1985).

pace	with due respect to, but differing from
par(s).	parallel(s)
passim	elsewhere
PG	*Patrologia graeca*, ed. J. P. Migne
PGM	*The Greek Magical Papyri in Translation*. Ed. H. D. Betz. 2nd edition (Chicago: University of Chicago, 1992)
QD	Quaestiones disputatae
RB	*Revue Biblique*
REB	Revised English Bible (1989)
RevQ	*Revue de Qumran*
RSV	Revised Standard Version (NT 1946, OT 1952, Apocrypha 1957)
SANT	Studien zum Alten und Neuen Testament
SBB	Stuttgarter biblische Beiträge
SBL	Society of Biblical Literature
SBS	Stuttgarter Bibelstudien
SBT	Studies in Biblical Theology
SBLDS	SBL Dissertation Series
SBLMS	SBL Monograph Series
SBM	Stuttgarter biblische Monographien
SCJ	Studies in Christianity and Judaism
SJT	*Scottish Journal of Theology*
SNTSMS	Society for New Testament Studies Monograph Series
SNTU	Studien zum Neuen Testament und seiner Umwelt
SR	*Studies in Religion/Sciences Religieuses*
ST	*Studia Theologica*
Str–B	H. Strack and P. Billerbeck, *Kommentar zum Neuen Testament* (München: Beck; 4 vols. 1926–28)
SUNT	Studien zur Umwelt des Neuen Testament
TDNT	*Theological Dictionary of the New Testament*. Ed. G. Kittel and G. Friedrich (ET Grand Rapids: Eerdmans; 10 vols. 1964–76)
TDOT	*Theological Dictionary of the Old Testament*. Ed. G. J. Botterweck and H. Ringgren (ET Grand Rapids: Eerdmans, 1974–)
TJT	*Toronto Journal of Theology*
TR	*Theologische Rundschau*
TRE	*Theologische Realenzyklopädie*. Ed. G. Krause and G. Müller (Berlin, 1977–)
TS	*Theological Studies*
t.t.	technical term
TynB	*Tyndale Bulletin*
TZ	*Theologische Zeitschrift*

UBS	The United Bible Societies, *The Greek New Testament*. 4th edition (New York, 1993)
v., vv.	verse, verses
VC	*Vigiliae christianae*
Vermes	G. Vermes, *The Dead Sea Scrolls in English* (London: Penguin, [4]1995)
v.l.	*varia lectio*, alternative reading
viz.	*videlicet*, namely
vol.	volume
WBC	Word Biblical Commentary
WMANT	Wissenschaftliche Monographien zum Alten und Neuen Testament
WUNT	Wissenschaftliche Untersuchungen zum Neuen Testament
ZNW	*Zeitschrift für die neutestamentliche Wissenschaft*
ZTK	*Zeitschrift für Theologie und Kirche*

그리스도교의 기원들에 대하여 포괄적으로 개관하는 것은 오랫동안 내 희망이자 의도였다. 학문적인 역량과 개인적인 역량에 있어서 여전히 신약성서를 배우는 학생으로서 나는 그 야망이 다음 두 가지 사실에서 비롯된 것이라 생각한다. 먼저 부분적으로 신약성서 저술들을 단지 신학적 자료나 문학 작품으로뿐 아니라 역사적 맥락에서 이해하고자 하는 바람이 그것이다. 또 다른 갈래는, 전체가 부분에 대한 면밀한 이해를 통해서만 제대로 파악될 수 있듯이, 그 부분이 전체에 비추어서만 이해될 수 있다는 본능적인 해석학적 인식이 그것이다. 그 바람은 1971년, 이제 갓 임명된 강사였던 내게 학과장 밥 리니(A. R. C. Bob Leaney)가 노팅엄 대학의 신학과에 개설된 신약성서 주요 과목을 재고하도록 독려하면서 처음으로 구체화되었다. 제한된 교수 자료와 밥 리니가 '미니-큄멜'(『신약성서 개론』)이라 칭한 것을 가르치는 데 만족해야 하는 수준에서 내게 다가온 분명한 해법은 '그리스도교의 기원들'이란 제목의 학과목 같았다. 그 목표는 학생들에게 예수의 생애와 가르침, 나아가 초기 그리스도교를 구축한 처음의 전개 양상들에 대하여 역사적·신학적 관점에서 아주 상세한 통찰을 제공하는 것이었다.

이미 나는 그 과제를 세 단계로 구상하고 있었다. 한 학기 전체(10주 수업)는 예수에 할애되어야 했다. 그리스도교 안에서, 또 그리스도교를 위한 예수의 핵심적 중요성을 감안한다면 어떻게 다른 식으로 할 수 있겠는가? 그러다 보니 후속 강좌들은 한 학기 만에 마무리해야 했다. 실제로 원시 그리스도교, 특히 바울의 공헌에 대한 토론은 첫 세대를 넘어 다른 것을 다룰 만한 시간이 거의 남지 않았다. 그래서 그 강의 과목은 언제나 그리스도교의 2세대에 대한 분석에는 들어가지도 못한 채 끝나고 말았다. 이런 상황은 불만족스러웠고, 많은 누락된 자료를 '신약성서의 통일성과 다양성'이란 석사과정(M.A.) 과목 안에 삽입하는 것으로 부분적으로라도 보완책을 제시하려 했는데, 이 주제는 1977년 알맞게 저술이 완료되어 출간되었다. 그렇지 않았다면 그 강의 자료를 정기적으로 수정하겠다는 계획은 '그리스도교의 기원들'의 셋째 부분이 계속적으로 두세 차례 간략하게 다뤄지는 정도로만 국한되었을 것이다.

내가 1982년 더럼 대학으로 옮기면서 중요한 상황의 변화가 생겼다. 거기서 나는 '신약성서신학'이란 핵심적인 신약학 과목을 물려받았다. 한 학기에 너무 많은 자료를 다뤄야 하는 비슷한 도전에 봉착하여, 큰 신학적 의의를 지닌 두 명의 신약성서 인물—예수와 바울—에 그 과목의 초점을 맞추어야 했던 것은 내게 정해진 행로였다. 그때나 지금이나 내게 분명한 점은, 유대교와 그리스도교의 신학화 전통에 초점을 두는 학과에서는 모든 그리스도교 신학 중 으뜸가는 대상인 예수에 초점을 맞추어 역사적으로 상세하게 다루는 식의 선택이 불가피하다는 것이다. 논란의 여지는 있지만 (바울의 서신들이 정경화된 덕분에) 모든 그리스도교 신학자들 가운데 첫 번째이자 가장 영향력 있는 인물로 꼽을 만한 바울과 관련해서도 이 점은 동일하게 적용된다. 신약성서신학 안에 개설된 과목에서 어떻게 바울의 신학을 상당한 비중으로 자세하게 다루지 않을 수 있겠는가? 그래서 나는 이전 자료들을 재가공하여 더 예리하게 신학적 초점을 맞추었고 (이전 과목에서도 중점적인 관심사였지만) 오로지 예수와 바울에 집중하게 되었다. 보다 큰 학과에서 나는 언제나 다양한 선택을 할 수 있었는데, 이로써 그리스도교의 2세대에 대한 나의 지속적인 관심과 이른바 '속사도' 시대로의 진전이 이뤄질 수 있었다.

이러한 후반부의 관심은, 1989년 9월 나의 위대한 영웅 라이트푸트(J. B. Lightfoot)의 서거 100주년에 대략 맞추어 '주후 70-135년에 걸친 분화된 진로'란 주제로 열린 더럼-튀빙겐 연구 세미나에서 최초의 결실을 보게 되었다. 그때의 논문들이 『유대인과 그리스도인』(*Jews and Christians*)이란 제목으로 연달아 출간되었는데(1992), 그 심포지움의 원래 제목이 그 책의 제목이 되었다. 또 내가 조지프 매카시 방문교수(Joseph McCarthy Visiting Professor)로 1990년에 로마의 그레고리 교황청 대학교(Gregorian Pontifical University)에서 한 연속강좌가 있었는데, 그 강의안은 1991년 『그리스도교와 유대교 사이의 분화된 진로』(*The Partings of the Ways between Christianity and Judaism*)라는 제하의 더 증보된 형태로 출간되었다. 그러나 그 와중에 바울 신학이 주요 관심사로 부상하여 내 본래 전망을 실현하기 위한 추가 작업은 내가 바울을 내 계획에서 내려놓을 때까지 유예되어야 했다. 그 시점은, 1998년 내 저작 『바울 신학』(*The Theology of Paul the Apostle*, 크리스챤다이제스트 역간) 출간과 함께 적절하게 찾아왔다. 바로 그 시점에, 내가 친구들에게 장난삼아 즐겨 말한 대로, '나는 예수를 위해 바울을 포기했다.'

거의 20년 동안 관심의 초점을 집중적으로 바울에 맞추면서, 나는 내 앞에 놓인 그 산의 광대함에 현혹되지 않았다. 내가 그 기간 동안 예수와 복음서 분야의 학문에 뒤떨어지지 않도록 꽤 노력했음에도 불구하고, 내 연구의 관심이 바울에서 예수로 이동함에 따라서 맡아야 할 방대한 도구의 재정비 작업이 내게 필요함을 잘 알고 있었다. 다행히 대학에서 더만 크리스토퍼슨 특별연구원(Derman Christopherson Fellow, 1999-2000년)으로서, 또 학과장으로서의 3년 봉직 기간 두 번째 근무를 인정받아 연구 기간이 더 늘어남에 따라 실제로 2년간의 연구 기간을 받게 되었다. 이로써 거의 언제나 즐거움과 자극이 되는 박사후 과정의 지도는 계속했지만, 그 밖에 학과의 일원으로 다른 학문적 의무에서 완전히 자유로워졌다. 나는 그 대학과 학과 동료들이 그렇게 나를 격려해주고 지원해준 것에 대해 대단히 감사하게 여긴다. 그 연구 기간이 없었다면 이어지는 목차들이 증언하는 정도의 분량을 감당하기는커녕, 현재 이 책에 도전하는 것 자체가 불가능했음을 기꺼이 인정한다.

지난 2년간의 기간은 내게 적절한 시점의 조기 은퇴를 기대하는 축복(보증, *arrabōn*)의 날들이었으니(메타, 용기를 내시게. 터널 끝에는 빛이 있다네), 그 기간 내내 나는 이 책의 구조의 틀을 잡아가면서 그 안의 몇 가지 생각들과 단원들을 시험해볼 수 있었다. 다양한 가설과 발견 사항을 설명하려는 시도들과 그것들을 옹호하려는 기회들로 인해, 늘 그렇듯, 내 나름의 생각과 공식을 명확하게 하고 날카롭게 벼리는 데 도움을 받을 수 있었다. 이러한 계기를 통해 내가 누리게 된 모든 즐거움과 자극에 대해 말할 수 없을 정도로 감사하게 생각한다. 나에게는 확실히 그런 즐거움과 자극이 되었는데, 연관된 다른 사람들에게도 마찬가지의 경험이 되었길 바란다. 2년 넘도록 '예수 찾기'라는 공통 주제와 연계된 다양한 제목으로 나는 하나, 둘, 혹은 세 개의 연속 강좌를 제공할 수 있었다[가령, 텍사스 샌안토니오에서; 런던의 힌드(Hinde)가 감리교회에서는 휴 프라이스 휴즈 강좌(the Hugh Price Hughes Lecture)로; 시카고 노스파에서는 런드와 잘리 강좌(Lund and Zarley Lectures)로; 링컨 대성당에서는 '그리스도교의 유일무이성'이란 주제의 연속강좌 중 일부로; 버지니아 린치버그 대학(Lynchburg College)에서; 그리고 콜로라도 덴버 신학대학원에서]. 2000년 10월 노스파 신학대학원이 '신학적으로 성서를 해석하는 과제'라는 주제로 개최한 연례 정기 심포지움에 참여해서는 '믿음은 들음으로부터'(*Ex Akoē Pisteōs*)라는 제목 아래 제6장에서 핵심 주제들을 발전시킬 수 있었다. 이 책의 전체에서 핵심 논지(제8장)는 도리스 도넬리(Doris Donelly)의 영감 어린 리더십 아래 제공된 이스라엘의 한 훌륭한 콜로키움 모임과 2000년 9월 브리스톨에서 열린 영국 신약학 대회, 그리고 '구전 기억 속의 예수'라는 제목으로 내쉬빌에서 2000년 11월에 열린 세계성서문헌학회(SBL)에서 시도되었다. 제9장의 여기저기 부분들은 2000년 8월 예루살렘에서 있었던 '예수와 고고학' 대회를 위해 발표한 논문을 보충한 것이다. 제12장의 단락들은 2001년 8월 몬트리올에서 열린 신약성서연구학회 연례 정기대회의 '역사적 예수' 세미나와 페더 보겐(Peder Borgen)의 기념논문집을 위해 발표한 논문으로 채웠다. 제9장과 제14장의 자료 일부는 1999년 11월에 스티븐 바턴(Stephen Barton)이 조직한 더럼 학제간 세미나를 위해 쓴 '예수와 거룩함'에 대한 논문과 2001년 콜로라도 덴버에서 열린 세계성서문헌학회(SBL) 모임에서 발표한 '예수와 정결'에 대한 논문에 도움이 되었다. 제15장에서 제17장에 걸쳐 사용된 자료는 먼저 두 군데의 심포지움에 투고하면서 철저히 손질되었는데, 그 자료들 중 하나는 내 오랜 친구 데이비드 캐치폴(David Catchpole)을 위한 기념논문집이었다. 그리고 제18장에 들어간 일부 단락들은 또 다른 기념논문집에 기고한 것인데, 곧 내 이전 동료 샌디 웨더번(Sandy Wedderburn)이 그 주인공이다.

많은 교차 반응이 유발되고 서로 많이 교류하는 가운데, 첫 번째 14개 장들은 2001년 전반기 두 학기 동안 이뤄진 더럼(Durham) 신약성서 연구 세미나 프로그램의 많은 특징들을 고스란히 드러냈다. 이 세미나야말로 자극적이고 도전적인 모임들이었는데, 나는 그 세미나 구성원들의 논평과 비판에 감사한다. 내 막역한 동료들인 스티븐 바턴, 로렌 스터켄브럭(Loren Stuckenbruck), 크리스핀(Crispin), 플레처 루이스(Fletcher Louis) 등이 그 대상인데, 내 책 『바울 신학』과 관련해서는 특별히 월터 모벌리(Walter Moberly)에게 감사한다. 샤를렌 모스(Charlene Moss)는 미국식 영어 사용자들에게 낯선 몇몇 영국식 영어 특유의 관용어들을 고쳐 쓰도록 도움을 주었다. 내 박사후 과정 학생들 중에는 연구의 관심이 나와 공유되는 몇 명이 있었는데, 그 가운데 특히 '역사적 예수의 제3탐구'를 연구하는 마르타 세르하티(Martha Cserhati)와 복음서의 구어 전통을 연구하는 테렌스 모넷(Terence Mournet)은 내게 매우 도움되는 지식을 제공했다. '구전 기억 속의 예수'라는 내 논문을 그의 엑스토크(XTalk) 온라인 세미나에 올리도록 권유해준 제프리 깁슨(Jeffrey Gibbson)에게 적잖이 감사한다. 그 세미나의 다른 회원들과 두 주간 동안 매일마다 나눈 대화는 공관복음서 자료의 빤한 기본 논제보다는, 내가 희망한 대로, 이어지는 교회 형성과 복음서의 출현을 위해 구전이 전통화되는 과정에 대한 내 이해의 함축적 의미에 좀더 초점을 맞추었다. 그래서 그 온라인 대화의 유익함은 그리스도교의 기원들을 다룬 세 권짜리 기획 연구의 두 번째 책에서도 지속, 확대될 것이다. 나는 그 경험이 내 머릿속의 작은 회색 세포들을 충전하는 데 도움이 된다는 것을 알았는데, 그 공헌들 가운데 몇몇은 아주 적절한 것들로, 특히 마크 굿에이커(Mark Goodacre), 브라이언 매카시(Brian McCarthy), 밥 샤흐트(Bob Schacht), 테드 위든(Ted Weeden)의 경우가 그랬다.

또한 나는 친구들과 동료들에게 첫 번째나 두 번째 교정쇄 형태로 내 원고의 다양한 부분들을 보내고 그와 관련하여 자문을 받았는데 그들이 제공한 반응은 변함없이 도움이 되었다. 더럼의 리처드 브리트넬(Richard Britnell), 데이비드 브라운(David Brown), 조 카시디(Joe Cassidy), 콜린 크라우더(Colin Crowder), 쉐리던 길리(Sheridan Gilley), 마가렛 하비(Margaret Harvey), 로버트 헤이워드(Robert Hayward) 등과 영국의 다른 곳에서는 리처드 보캄(Richard Bauckham), 로버트 모건(Robert Morgan), 론 파이퍼(Ron Piper), 그레이엄 스탠턴(Graham Stanton), 앤서니 티슬턴(Anthony Thieselton) 등이 그들이다. 북미주에서는 제임스 찰스워스(Jim Charlesworth), 헬무트 쾨스터(Helmut Koester), 존 클로펜보그(John Kloppenborg), 그리고 특히 존 마이어(John Meier)와 스캇 맥나이트(Scot McKnight) 등이 이 방면에 도움을 준 사람들이다. 많은 개별적 요점들이 결과적으로 조율되었고, 이에 대하여 나는 감사하게 생각한다. 비록 다른 요점들에서는 좀더 숙고한 끝에 나의 예전 견해를 밀어붙였지만 말이다. 두말할 나위 없이, 여전히 남아 있을 이 책 안의 그릇된 판단과 부적절한 점들은 내가 책임져야 할 몫이다.

이 분야에서 작업해온 사람이라면 1권의 이어지는 각 부분들이 기실 충분한 분량의 단행본으로 확장될 수 있으리라는 걸 잘 알 것이다. 그렇지만, 주석적으로 선택할 수 있는 모든 것들을 죄다 검토하거나 핵심 본문과 소주제를 위한 다양한 견해들을 방대한 규모의 참고 자료로 처리하는 작업을 진지하게 기대할 수 없었으리라는 점은 처음부터 내게 매우 분명한 현실이었다. 만일 그렇게 했다면 이 책은 극단적으로 두껍고 현재 모습보다 훨씬 더 보기 흉한 상태가 되었을 것이다. 내 주요 관심사는 오히려, 어떤 한 전통이 예수에게, 또는 내가 더 좋아하는 표현대로 말하자면 예수의 가르침과 활동에 의해 생긴 최초의 충격으로, 소급될 수 있는지 따져볼 때 고려되어야 하는 중요한 자료들(주로 문서 자료)을 주목해보는 것이다. 이러한 두 가지 이유로, 나는 우리에게 유용한 복음서의 방대한 주석서들을 참조하고자 어떤 시도도 하지 않았다. 대신 나는 복음서 배후의 전승사(전통사)를 세세히 살피고 이러한 전승들(전통들)의 기원과 관련하여 역사적 질문을 주저하지 않는 책들에 집중하였다. 어떻게 개별적 전통들이 각 복음서 안에서 기능하는지에 대한 의문들은 나중에 나올 책을 위해 뒤로 미루었다. 주석서 문헌을 아는 사람들이라면 내가 마태복음에 대하여 데이비스(W. D. Davies), 데일 앨리슨(Dale Allison), 마가복음에 대하여는 루돌프 페쉬(Rudolf Pesch), 누가복음에 대하여는 조지프 피츠마이어(Joe Fitzmyer) 등에게서 가장 큰 도움을 받았고 그들과 가장 풍성한 대화를 나누었다는 사실에 놀라지 않을 것이다. 다른 학자들도 적절한 지점에서 관심을 끌긴 하지만, 거명한 예의 학자들에 대한 빈번한 참조는 내가 그들에게 진 빚이 어느 정도인지 가늠케 한다. 나는 또한 이 책의 주요 주제들에 초점을 맞추고 사전의 소논문이나 개별 본문과 관련해 한번 언급한 대부분의 논문들을 포함하지 않음으로써, 어쩌면 모든 것을 포함하는 참고 문헌이 될 수도 있었던 것을 줄이고자 노력했다. 나는 각 장마다 붙여진 각주들이 그 연구물과 터온 내 나름의 인연뿐 아니라 향후의 추가 독서 과제를 시사할 만큼 충분히 자세하게 갖추어진 것이기를 바란다.

1979년 내가 성육신 교리의 기원에 대해 탐구하고 원고를 거의 마무리 지었을 무렵, '그리스도론의 기원들'(The Beginnings of Christology)이라는 내가 의도한 제목이 다른 학자들에 의해 선점되었다는 것을 알고 실망했다. 약간의 낭패감과 함께 나는 SCM 출판사 편집장인 존 보우덴(John Bowden)에게 조언을 구하였다. 그는 더 강력하기에 더 나은 제목이 『생성기의 그리스도론』(Christology in the Making)이라고 당장 응답해주었다. 나는 그 제목에 즉각 호의를 보였고 1980년 출판물에 그것을 사용하였다. 이 문구의 힘은 여전히 내게 반향을 일으킨다. 그래서 내가 책 판매업자들의 서고에 너무 심한 혼선을 주지는 않으리라는 희망을 가지고(분명 헛된 바람이겠지만), 나는 이 세 권짜리 기획 작품을 『생성기의 그리스도교』(*Christianity in the Making*)라는 제하로 세례명을 붙여버렸다. 부디 이 제1권을 읽으면서 독자들께서 내가 그것을 쓸 때 받은 만큼 많은 기쁨과 유익함을 얻기를 기원한다.

2002년 1월 6일(주현절에)

앞으로 펼쳐질 장들 가운데 문장 구성상의 주요 관심사 한 가지는 독서의 연속성을 수월하게 하기 위해 주요 본문을 가능한 산만하지 않게 그대로 두는 것이었다. 각주들은 본문에 주어진 요점들을 입증하고, 너무 밋밋하게 제시된 강한 주장들을 정당화하기 위해, 그리고 폭넓은 논쟁의 범위와 참조된 논점에 연관된 서지 정보를 나타내기 위해 제시되었다. 그러한 세밀한 항목들에 관심이 덜한 사람들은 가끔 그저 흘끗 일별하는 선에서 그 각주들을 생략하고 넘어감으로써 번거로움을 벗어날 수 있을 것이다. 그 각주들은 어떤 주장들이 얼마나 잠정적 수준에 있는지를 지속적으로 알고자 하거나 상세한 요점들을 따라잡고자 하는 사람들, 또는 비록 완벽한 것은 아닐지라도 제공된 다각도의 서지 정보를 얼마간 참조하길 원하는 사람들을 위한 것이다. 그것들은 무수한 토론에 친숙하지 못한 독자들에게는 이어지는 페이지들에 나오는 좀더 논쟁적인 견해들이 실질적인 성찰과 참조가 없이 도출된 것은 아니라는 적어도 약간의 확신을 줄 수도 있을 것이다. 그럼 즐겁게 읽으시길!

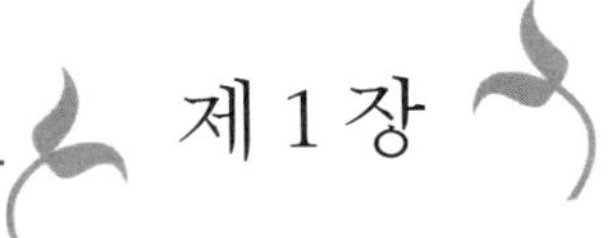

제 1 장

생성기의 그리스도교

그리스도교는 지난 2,000년에 걸쳐 유럽(서구) 문화와 그 성격을 형성하는 데 가장 중요하고 오래 지속된 영향력을 행사해왔다. 그렇기 때문에 그리스도교를 이해하는 것, 곧 그 믿음과 가치를 가장 영향력 있게 만든 그 고유한 성격과 핵심 요소들을 더 잘 이해하는 것은 역사적 탐구의 중요한 과제와 계속되는 도전이 된다. 그 크고 대담한 계획 내에서 그리스도교의 **기원들**은 특별한 고려가 요청된다. 그 일부 이유는 그와 같은 주요 종교적·사회적 힘의 기원들은 항상 역사학도의 관심이 되기 때문이다. 또 다른 이유는 그리스도교는 그 자체로 1세기의 인물 나사렛 예수(예수 그리스도)를 따라 그 이름이 붙여진 것이고, 가장 오래된 그리스도교 저작인 신약성서를 이 믿음과 가치를 위한 최종적인, 즉 '정경적인' 표준으로 간주하기 때문이다. 이렇게 그리스도교의 기원들에 초점을 맞춘다고 해서, 최초의 본래 것만이 진정한 것이라거나 '사도 시대'가 오로지 순수하였다고 주장하려는 것은 아니다. 이는 단순히, 오래 지속되는 강력한 영향에 필수적인 그리스도교의 특징들을 결정하는 형성 요인들의 계속적인 상관성을 분명히 말해두고자 하는 것이다. 게다가 그리스도교 자체와 관련하여 이러한 기원들을 증언하는 본문들을 그 역사적 맥락에 자리매김하고 그 본문들을 더 잘 이해하고자 하는 도전은 그리스도교 고유의 자기 이해에 대한 도전만 못할 수 없다.

여기에 상정된 과제는 이전 세대들에 의해 빈번한 논쟁의 대상이 된 것이다. 바우어(F. C. Baur)의 영향력 있는 개관(특히 1845년, 1854년에 나온 저작)[1]과 일반적으로 경시된 에르네스트 르낭(Ernest Renan, 1863-1881년)[2]에 이어, 우리는 가령 칼 바이젝커(Carl Weizsäcker)의 『그리스도교 교회의 사도 시대』(*Das apostolische Zeitalter der christlichen Kirche*, 1886),[3] 알프레드 르와지(Alfred Loisy)의 『그리스도교의 탄생』(*La Naissance du Christianisme*, 1933)과 『신약성서의 기원들』(*Les Origines du Nouveau Testament*, 1936),[4] 모리스 고글(Maurice Goguel)의 세 권짜리 저작 『예수와 그리스도교의 기원들』(*Jésus et les Origines du Christianisme*, 1932, 1946, 1947)[5] 등을 언급할 수 있다. 미국에서는 남을 잘 멸시하던 맥기퍼트(A. C. McGiffert)의 『사도 시대 그리스도교의 역사』(*A History of Christianity in the Apostolic Age*, 1897)[6]가 나왔다. 그러나 같은 주제를 가장 실질적으로 다루었으며,[7] 오늘날 연구 기획에 가장 근접하는 모범 연구로는 에두아르트 마이어(Eduard Meyer)의 세 권짜리 저서 『그리스도교의 기원과 시작』(*Ursprung und Anfänge de Christentums*, 1921-1923)[8]과 특히 요한네스 바

---

1) F. C. Baur, *Paul: The Apostle of Jesus Christ* (1845; ET 2 vols. London: Williams and Norgate, 1873, 1875); *The Church History of the First Three Centuries* (1854; ET 2 vols. London: Williams and Norgate, 1878-79).
2) E. Renan, *Histoire des origines du christianisme*, 5권으로 된 저작으로 그의 *Vie de Jésus* (1863)로 시작된다. ET *The History of the Origins of Christianity* (London: Mathieson, n.d.).
3) ET 2 vols. *The Apostolic Age of the Christian Church* (London: Williams and Norgate, 1907, 1912).
4) ET *The Birth of the Christian Religion*과 *The Origins of the New Testament*가 한 권에 편집됨(New York: University Books, 1962).
5) *La Vie de Jésus* (Paris: Payot, 1932), ET *The Life of Jesus* (London: George Allen and Unwin, 1933); *La Naissance du Christianisme* (Paris: Payot, 1946), ET *The Birth of Christianity* (London: George Allen and Unwin, 1953); *L'Église primitive* (Paris: Payot, 1947), ET *The Primitive Church* (London: George Allen and Unwin, 1964).
6) Edinburgh: Clark, 1897.
7) 또한 언급할 가치가 있는 것으로 리츠만(H. Lietzmann)이 기획한 대규모 교회사 연구의 첫 작품 *A History of the Church*. Vol. 1: *The Beginnings of the Christian Church* (ET London: Lutterworth, 1937, revised edition 1949)와 J. Lebreton & J. Zeiler, *The History of the Primitive Church* (ET 2 vols; London: Burns, Oates and Washbourne, 1942, 1944)를 들 수 있다.
8) Stuttgart: J. G. Cotta, 1921-23.

이스(Johannes Weiss)의 『원시 그리스도교』(*Urchristentum*, 1921-1923)[9] 등이 있다(이 가운데 바이스의 저작은 그가 1914년 죽음으로 아쉽게도 미완으로 남게 되었다). 이러한 저작들은 당시 아주 활발했던 역사적·문학적·신학적 탐구의 결실들을 종합하려는 시도로서 가장 인상적인 특징을 드러낸다. 영어를 사용하는 학자들은 일반적으로 그렇게 야심만만한 종합이나 개관을 시도한 적이 없었고,[10] 20세기를 통틀어 특정한 논제들에 초점을 두거나 개론적이거나 대중적인 관심사를 다루는 선에서 기여하는 것으로 만족하였다.[11] 그 한 예외가 최근 라이트(N. T. Wright)에 의해 착수된 저작으로, 다섯 권으로 계획된 "그리스도교의 기원들과 하나님에 대한 질문"(Christian Origins and the Question of God) 시리즈다.[12] 이 시리즈는 2002년까지 두 권(1992년, 1996년)이 나왔다. 이 책들이 내실 있고 또 많은 부분에 나 역시 동의하고 있기는 하지만, 지금까지 그 저작의 중추적 입장을 형성하는 핵심 가설에 대하여는 나는 몹시 유보적이다. 지금 더럼의 주교직을 맡고 있는 라이트와 대화 파트너로 함께 어울릴 수 있는 것은 현재 진행중인 내 연구 프로젝트가 제공하는 한 즐거움이다.

잘못 추산된 것이긴 하지만 예수의 탄생으로부터 세 번째 천년기의 시작은 2,000년이 지나는 가운데 '질문의 현 상태'를 참신하게 진술하고 평가하고, 지난 2세기 동안의 연구 성과를 모아볼 적절한 시점이다. 하지만 더 중요한 것은, 이전의 가설과 접근방식에 대한 어느 정도 온전한 재평가를 요청하는 분야에서 최근에 전개된 발전들이다. 여기서 나는 세 가지 가장 중요한 요소들만 언급하겠다. (a) 방법론의 차원에서 지금까지 자료와 전승을 분석하는 방법으로 스스로 확신에 차 있던 역사비평 방법의 위기를

---

9) ET *Earliest Christianity: A History of the Period AD 30–150* (1937; New York: Harper, 1959).

10) 맥기퍼트는 예수를 간략히 다루는 데 그쳤고 자신의 연구를 신약 시대에 한정하였다.

11) 주목할 만한 가장 최근의 저작으로 다음을 참조하라: C. Rowland, *Christian Origins: An Account of the Setting and Character of the Most Important Messianic Sect of Judaism* (London: SPCK, 1985); P. Barnet, *Jesus and the Rise of Early Christianity: A History of New Testament Times* (Downers Grove: InterVarsity, 1999).

12) *The New Testament and the People of God* (London: SPCK, 1992); *Jesus and the Victory of God* (London: SPCK, 1996). 『신약성서와 하나님의 백성』, 『예수와 하나님의 승리』, 『하나님의 아들의 부활』(이상 크리스찬다이제스트 역간).

들 수 있다. 이 위기는 다양한 형태의 포스트모더니즘이 쇄도함에 따라 야기된 위기로 좀 깊이 언급될 필요가 있다. (b) 사회과학적 학문 분야, 특히 사회학과의 상호 작용으로 신약성서 본문과 그리스도교의 기원에 대한 상당히 신선한 조명을 받게 되었는데, 이 부분 역시 그러한 개관의 대상에 물론 비평적으로 포함될 필요가 있다. (c) 새로운 문헌들의 발견, 특히 사해 두루마리 사본과 나그함마디에서 나온 사본으로 인해, 그리스도교가 유대교의 태반과 구별되는 지점에서 그리고 1, 2세기 지중해 연안 세계의 종교적 용광로 안에서 출현한 것이라는 학자들의 견해를 이전에 결정지었던 옛날의 지혜가 위태롭게 되었다. 비록 이러한 문헌들은 발견된 지 50년도 더 되었지만, 그럼에도 불구하고 그 문헌들의 충격은 원시 그리스도교에 대한 학문에 계속해서 잔잔한 파문을 일으키고 있으며, 그 문헌들이 불러일으킨 현재의 논쟁들은 많은 핵심 요점에 있어서 혼란 상태로 남아 있다. 두말할 나위 없이 나는 다소나마 이러한 논쟁들에 이바지하길 희망한다.

그리스도교의 기원들을 연구하는 사람들에게는 세 개의 큰 질문들이 있다. (1) 예수가 자신의 제자들에게 남긴 영향과 예수가 십자가에 못박힌 이유를 설명해줄 수 있는 것은 예수와 관련된 어떤 부분이었는가? (2) 예수로부터 출발한 운동이 어떻게 그리고 왜 예수의 사후 1세기 유대교 안에 머물러 있지 못했으며, 막 등장하던 랍비 유대교에 용납될 수 없는 사태가 발생했던가? (3) 2세기에 압도적인 이방인의 종교로 출현한 그리스도교가 1세기 그리스도교의 형태와 본질적으로 같은 것이었는가? 아니면 성격과 종류에서 완전히 다른 것이었는가?

이러한 질문들은 전혀 새로운 질문은 아니다. 바우어는 이미 자신의 책 『바울』(Paul)에서 원시 그리스도교의 역사를 재구성하기 위한 자기의 프로그램을 제시하면서 앞의 두 번째 질문을 던진 바 있다. 특히 다음과 같이 주장하는 대목이 그렇다.

(그리스도교의) 사상은 민족적 유대교의 경계 안에서 그리스도교 사상의

보편적인 역사적 실현에 주요 방해물을 찾았다. 어떻게 이러한 경계가 철저히 깨지고, 그리스도교가 비록 진보적인 형태라고 해도 유대교의 단순한 형태로 남아 있기보다 어떻게 스스로 분리된 독립적인 원리로 확고하게 서게 되었는지, 즉 어떻게 유대교를 벗어나 홀가분해졌는지, 그리고 유대교의 모든 민족적 특이점들과 본질적으로 다른 종교 사상과 생활의 해방된 새로운 형식으로 어떻게 그 위상을 세우게 되었는지 하는 점은 **원시 그리스도교 역사의 궁극적이고 가장 중요한 요체다.**[13]

바우어가 이렇게 논점을 공식화한 것은 19세기 독일 학문이 자부한 최상의 자기 확신과, 그리스도교를 '보편적인 것, 무조건적인 것, 본질적인 것'의 '절대적인' 표현으로 본 승리주의를 반영하는 바,[14] 그것은 홀로코스트 이후 시대의 감수성을 강렬하게 자극한다. 그러나 앞으로 우리가 제2권에서 보겠지만, 바우어는 19세기 잔여 기간 동안 원시 그리스도교의 역사를 명확하게 검증하려는 시도와 관련하여 나름의 의제를 정하였다. 그리고 그리스도교가 유대교 내부에서 출현하였다는 논제는 홀로코스트의 바람을 타고 날카롭게 부상하면서 19세기 후반부에 다시 등장하여, 그리스도교와 유대교의 형성기에 대한 분석의 결정적 주제 가운데 하나로 절대적인 비중을 차지했다.[15]

20세기에 접어들면서, '(최초 형태) 그리스도교의 헬레니즘화'라는 문구로 요약되는 세 번째의 큰 논제가 전면에 부상했다.[16] 이것은 종교사학파의 주요 관심사였는데, 곧 그리스도교를 그것이 그리스-로마 세계에 출현

---

13) Baur, *Paul* 3 (필자 강조).
14) Baur, *History* 4-6, 33, 43, 47.
15) 내 책 *The Partings of the Ways between Christianity and Judaism and Their Significance for the Character of Christianity* (London: SCM, 1991) 1-17을 보라. 복수 표현(Partings)의 중요성은 대개 이 책에 대한 반작용의 차원에서 인식되어왔다. 그러나 그 기원의 이 핵심적인 특징에 그리스도교의 주의를 끌고자 의도한 터라, 마지막 문구(for the Character of Christianity)의 중요성을 인식하는 것도 동일하게 중요하다. 역사적 (랍비) 유대교의 의의 또한 유대인과 그리스도인 사이의 지속적인 대화를 위한 의제의 일부가 되어야 한다.
16) A. Harnack, *What Is Christianity?* (1899-1900; ET Williams Norgate, ³1904)에 들어 있는 유명한 강의에서 그는 '2세기 교회사에서 가장 대단한 사실'을 '**헬레니즘, 그리스 정신의 유입**과 그것이 교회와 연합된 것'이라고 정의했다(203, 하르낙 강조).

한 그대로 당시 다른 종교들의 맥락에 위치시키고 더 넓은 맥락에서 신생 그리스도교에 가해진 영향력을 소급시켜보려는 것이었다. 그 논제는 복음서의 예수 메시지와 바울서신의 복음 사이에 드러나는 괴리에 정확히 초점을 맞춘다. 여기에 깔린 가정이나 결론(?)인즉, 바울 복음의 몇몇 핵심적 특징들은 당시 밀의제의와 초기 영지주의 사상의 영향으로 간주되어야 한다는 것이었다.[17] 그리스도교의 기원에 대해 우리가 심층 판단한 결과는 바울을 '그리스도교의 두 번째 창립자'로 묘사한 빌헬름 브레데의 유명한 문구로 수렴된다. 브레데에 따르면 바울은 첫 번째 창립자 예수보다 '더 나은 영향은 아니지만 분명 더 강력한 영향을 끼친' 사람이다.[18]

여기에서 우리는 제2권에 다다를 때까지 가장 끈질기게 남는 질문들과 만난다. 그러나 20세기의 핵심적 통찰 한 가지는, 역사적 발전이란 게 마치 예수와 유대적 그리스도교를 바울과 헬레니즘적 이방인 그리스도교, 또 속사도 시대 교부들과 막 등장하던 가톨릭 교회, 유대적 그리스도교인과 그리스도교의 영지주의적 이방 형태 등과 간단히 구별할 수 있는 양 산뜻하게 구획화할 수 없다는 인식이었다. 그 돌파구는 발터 바우어(Walter Baur)의 저서 『초기 그리스도교의 정통과 이단』(*Rechtgläubigkeit und Ketzerei im ältesten Christentum*, 1934, [2]1964)[19]에 의해 마련되었다. 바우어는 지중해 연안의 몇몇 주요 중심지에서 그리스도교의 가장 오래된 형태는 후대의 '정통'이 '이단'으로 간주한 것일 수 있다고 주장했다. 다시 말해 그리스도교의 가장 오래된 형태는 전에 생각했던 것보다 훨씬 더 복잡한 '혼합물'이었다는 것이다. 과연 그리스도교의 순수한 형태가 있었던가?! 바우어의 논지는 이어지는 다음 권의 주제로 남아 있다. 그러나 그가 제기한 논점들은 2세기에만 한정될 수 없다. 그리스도교의 기원을 재구성하는 20세기 작업에 가장 중요한 공헌을 한 사람들 가운데 하나로 꼽힐 만한 제임스 로빈슨(James M.

---

17) 자세한 것은 제2권(§20)을 보라.
18) W. Wrede, *Paul* (1904; ET Boston: Beacon, 1908) 180.
19) ET *Orthodoxy and Heresy in Earliest Christianity* (Philadelphia: Fortress, 1971).

Robinson)과 헬무트 쾨스터(Helmut Koester)는 나그함마디 문서에 의거하여 바우어의 통찰을 따랐고, 같은 판정이 1세기 그리스도교에도 내려져야 한다는 결론을 내렸다.[20] 거기에 과연 그리스도교의 단일한 형태란 게 있었던가? 신약성서의 그리스도교는 간단히 말해 그 안의 (그리스도인이었던!) 경쟁자들을 참아내고 극복하면서 침적된 특정 형태의 그리스도교 아닐까?[21]

이 두 가지 큰 논제, 즉 유대교 내부에서 그리스도교가 출현했다는 설과 더 넓은 헬레니즘 세계로 침투해 들어갔다는 설은 불가피하게 예수 자신의 선교와 메시지 그리고 그의 결정적 영향을 이해하는 시도에도 역으로 파장을 일으켰다. 한편으로 예수가 유대인이었다는 확신과 재확신은 오늘날 신약성서 학계의 진부한 상식이 되어버렸다. 그러나 예수를 그의 당대 유대교 안에 더 견고하게 위치시킬수록 다음의 두 질문은 더 강하게 우리를 압박한다. "왜 그가 십자가에 달려 죽었는가?" "그의 선교에서 발원한 운동이 어떻게 유대교의 일부이자 그 색채를 띠기를 그렇게 신속히 멈춰버렸는가?" 다른 한편으로 바우어가 탐지한 다원주의가 처음부터 그리스도교의 특징이었으리라는, 즉 바로 예수의 설교를 들은 자들의 특징이었으리라는 가능성은 오늘날도 빈번히 유통되고 있다. 심지어 하르낙이 2세기 그리스도교의 특징으로 묘사한 헬레니즘의 영향이 이미 예수의 메시지로 소급될 수 있다는 주장도 나온다. 이러한 것들은 이 책의 나머지 페이지에서 토론될 가장 중요한 논제에 해당된다. 그러나 여기서 요지는 그리스도교의 기원에 대한 역사적 탐구에 동기를 부여하는 질문들은 더 이상 별도의 책으로 산뜻하게 분할될 수 없다는 것이다. 생성기 그리스도교의 역사는 더 이상 예수의 선교와 메시지란 주제를 서문으로 취급할 수 없고 그것을 신약성서 문헌과 그 시대에 한정할 수 없다는 것이다. 또한 예수

---

20) J. M. Robinson and H. Koester, *Trajectories through Early Christianity* (Philadelphia: Fortress Press, 1971).

21) 내 책 *Unity and Diversity in the New Testament: An Inquiry into the Character of Earliest Christianity* (London: SCM Press, 1977, ²1990)에서 나는 로빈슨과 쾨스터를 초기 그리스도교의 다양성, 즉 신약성서 내에서의 다양성을 주시하는 정도로 따랐다. 그러나 나는 신약성서 자체가 그저 그 일부일 뿐인 정도의 다양성까지는 언급하지 않았다.

에서 바울로, 신약성서에서 초기 교부들과 '이단자들'(!)로 전이되어간 주요 동선들이 면밀하게 판별되지 않으면 예수나 바울의 중요성도, 신약성서 저술기의 그리스도교나 초기 교부들의 그리스도교도 적절히 이해되거나 충분히 파악될 수 없다.

다시 말해, 생성기의 그리스도교 연작에서 구상하는 것은, 처음 120년간 또는 그리스도교의 그 어간 시기(27-150년)를 역사적·신학적 맥락에서, 또 사회적·문학적 관점에서 3권으로 나눠 통합적으로 서술하고 분석하는 작업이다. 제1권은 불가피하게 예수에 초점을 맞출 것이다. 그중 제1부는 일반적으로 '역사적 예수 탐구'로 알려진 주제를 살펴볼 것이다. 여기서는 특히 지난 200년 동안의 옛 탐구 과정에서 추려진 결정적인 통찰에 초점을 맞추고 그것이 여전히 타당한지, 어느 정도 그런지 물어볼 것이다. 그 결과 복음서 전통들이 현재 목적에 부응할 만큼 충분히 명료하게 예수가 그의 첫 추종자들에게 남긴 영향을 여전히 나타내므로, 그 복음서들이 기억된 예수에 대한 선명한 초상을 제공한다는 주장을 펴게 될 것이다. 제2부는 사용 가능한 자료들을 평가하고 예수의 선교가 자리한 역사적 맥락을 최대한 간략하게 서술할 것이다. 그 가운데 또한 이 자료들에 대한 현재 진행중인 논쟁에 주의를 환기시키고 최근의 고고학적·사회학적 연구 성과를 참작할 것이다. 본 연구의 가장 두드러진 특징은 예수의 선교에 대한 구어 전승의 중요성을 참신하게 평가하려는 시도와, 공관복음서가 지금까지 이루어진 일반적 평가 이상으로 예수의 전통 안에서 더 큰 확실성과 연속성을 확증한 구어 전승의 유형과 기술을 증언한다는 제안일 것이다. 다음으로 제3부에서 제5부까지는 예수의 첫 추종자들이 기억한 대로 예수의 선교를 개관하는 시도를 한다. 여기서는 자주 논쟁된 부분들과 놀랍게도 소홀히 방치된 다른 부분들을 포함하여 관련된 주요 주제들을 연속적으로 다루고, 또한 불가피하게 예수의 청중들이 그를 어떻게 생각했는지, 예수는 자신에 대해 어떻게 생각했는지, 예수가 왜 십자가에 달렸는지를 다룰 것이다. 이 책은 예수가 부활했다는 믿음이 어떻게, 왜 생겨났는지 그 믿음이 구체화하여 만들어낸 주장은 무엇이었는지에 대한 논의와 함께 결론에 다다를 것이다.

앞으로 나올 제2권은 방법론적으로 제1권의 제1부와 제2부에 필적할 만한 항목과 함께, 역사적인 '원시 공동체' 탐구와 사도행전뿐 아니라 복음서와 서신서에서 추출할 수 있는 사용 가능한 자료들의 가치에 대한 평가와 함께 시작될 것이다. '헬라주의자들'(행 6.1)의 출현과 생성기 교회의 역사를 개관하면서 제2성전기 유대교의 '종파주의' 안에서 초기 나사렛 종파의 성격을 정밀하게 판별하는 것이 중요하다. 새로운 운동이 처음으로 팽창된 것과 관련하여 그 원인과 과정은 면밀한 탐구 작업과 함께 증거의 선별을 요하는데, 특히 사도행전이 기록하지 않은 그 운동의 팽창과 관련된 부분을 가볍게 넘겨서는 안 된다. 이 지점에서 특별한 관심사는, 신약성서 정경에 탐지되는 것들만큼 오래된 그리스도교의 다양한 대안적 형태가 있었다는, 점점 더 커지는 주장을 평가하는 것이 되어야 할 터이다.

신약성서 내에서 사도행전과 바울서신이 차지하는 자리를 고려해볼 때, 이 기간의 나머지 절반에 걸쳐 주도적인 인물은 바울로 한정된다. 그러나 바울의 생애와 사역은 통합된 상황 속에 구축되어야 하고 바울은 '예루살렘에서 시작한' 나사렛 종파라는 훨씬 더 큰 상황 속에 꿰어 맞추어야 한다. 그리스도교를 세운 독특한 면들이 등장하고 그로써 유대교와 분리된 독립적 종교가 되는 결과가 나타난 것은 바울 말고도 다른 많은 사람들이 연루된 훨씬 더 복잡한 과정이었다. 그런데 그들의 공헌을 조명하고 밝혀내는 일은 훨씬 더 어렵다. 그럼에도 불구하고 바울의 죽음과 첫 번째 유대인 봉기의 시작(66년)을 아주 밀접하게 연계시켜보면, 정확히 말해 제2성전기 유대교가 성전의 파괴와 함께 종말을 고하는 70년에 와 닿는다. 이 사건은 자연스레 제2권의 귀착점이 될 것이다.

이 서론을 쓸 때 제3권의 형태가 아직 정해지지 않았다. 하지만 내 의도는 대강 그리스도교의 2세대와 3세대(70-150년)로 분류될 수 있는 기간을 다루는 것이다. 이 기간은 대부분의 신약성서 문헌이 쓰인 때이지만, 그것들을 같은 기간의 다른 자료들, 특히 유대교와 그리스-로마 문헌과 금석문 자료와 연결시키고 그로써 일관된 총체적 모습을 그려내는 과제는 두려우리만치 어려운 일이다. 게다가 150년은 바우어의 논지가 던진 도전이 가장 예민하게 와 닿는 시점, 곧 갓 태어난 그리스도교(또는 그리스도교들)와 그 주요 경쟁자들 사이의 부대낌이 이미 분명하던 시점으로 우리를 인도한다. 150년은 또한 바이스(J. Weiss)가 분기점으로 설정한 때였다. 비록 몹시 자의적이긴 하지만, 이 시점을 기준으로 신약성서와 '속사도 시대' 그리스도교 사이의 간격이 충분히 연계되었고, 그리스도교의 지속적인 성격을 형성한 추세와 경향들이 충분히 선명하다는 점을 확인하는 것만으로 족하다.

예수에게도 그렇게 되길 바란다.

제1부
신앙과 역사적 예수

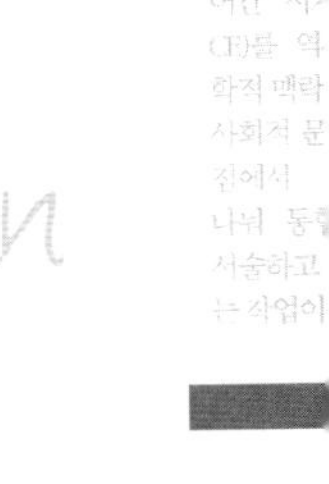

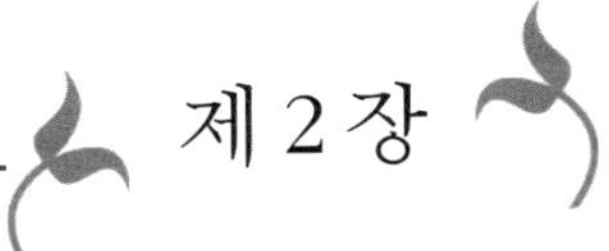

제 2 장

서론

그리스도교는 예수와 함께 시작되었다. **예수**가 그리스도교를 시작했는지 **그리스도교**가 그 출발점으로 예수를 돌이켜봤는지는 분명히 해야 할 문제다. 어느 쪽이든, 더 상세한 분석에 비추어 어떤 식의 부대조건이 적절하거나 필요한지와 상관없이, 다음과 같이 단언하는 것은 정당하다. '그리스도교는 예수와 함께 시작되었다.' 그러므로 그리스도교의 기원에 대한 탐문은 불가피하게 예수와 함께 출발해야 한다. 대개 동의하듯이 예수는 이스라엘 땅, 달리는 팔레스타인이라 알려진 곳에서 대략 30년경 활약하였다.

예수처럼 그렇게 대단히 중요한 역사적 인물은 항상 인간적 호기심과 매력의 주제가 되어왔고 또 앞으로도 늘 그럴 것이다. 이전 세기에 종교적 중요성을 지닌 역사적 인물들과 사건들에 대한 그런 관심은 무엇보다 순례, 즉 오늘날의 여행과 관광에 해당하는 고대의 용어로 주로 표현되었다. 4세기 콘스탄티누스 황제의 어머니였던 헬레나 모후가 예수 사역의 현장을 확인하고자 떠난 대규모 성지 여행은 그 이후에도 계속 예수의 사역이 발생한 사건의 자리에 그리스도교적 관심의 초점을 맞추는 계기가 되었다. 그리스도교 복음서가 거기서 탄생했다고 기록된 까닭에 그리스도교인들의 성지가 된 그곳으로 순례자들이 계속해서 성지 순례를 떠날 수 있게 하려는 동기가 십자군을 움직였다. 태반이 읽고 쓰는 능력이 없던 시대에 예수의 생애는 복음서 에피소드들을 예술적으로 재생산함에 따라 샤르트르 대성당(Chartres Cathedral)의 예술작품에 섬세하게 예시된 것처럼 시각적인 구체성을 부여받았다.

하지만 지난 500년 동안의 유럽 역사는, 곧 다루겠지만, 대부분 예수라는 역사적 인물에 대해 점점 늘어나는 관심을 목도해왔다. 중요하면서도 아마 피할 수 없는 그 결과는 그러한 역사적 관심과 예수에 관한 그리스도교 교리의 전통적 주장 사이에 점증하는 긴장이었다. 그 교리적 전통은 그리스도교 전체의 신조[1]와 비잔틴 도상학(iconography)의 특징을 드러내는 전능하신 우주의 통치자(*Pantocrator*)의 이미지로 그리스도를 재현한 예술작품 속에 고전적으로 표현되어 있다.[2] 이 긴장은 오늘날까지 지속되면서 종종 긍정적인 긴장으로 여겨지지만 빈번히 부정적이고 심지어 파괴적인 긴장으로 경험되고 인지된다. 이 점 역시 우리가 논의를 전개해나가면서 명료하게 드러나리라 본다.

현재 지속되는 토론은 세 가지 중요한 층위를 내포해왔다. 이 층위들이 아래의 논의에 서로 짜인 씨줄과 날줄을 제공하기에, 더 진도를 나가기 전에 최소한 넓은 견지에서 그것들을 명료하게 해두는 것이 좋다. 그 세 가지는 다음의 세 용어들, 즉 '신앙, 역사, 해석학'이란 말로 아주 간단히 요약

----

1) 성만찬 예전에서 사용되면서 니케아 신조로 친숙하게 알려진 그 니케아–콘스탄티노플 신조는 다음과 같이 단언한다: '우리는 한 분 주님이신 예수 그리스도를 믿는다. 그는 하나님의 독생자로 모든 시대에 앞서 아버지로부터 나신 분이시니 빛 중의 빛이며 참 하나님 중의 참 하나님이시다. 아버지와 한 본체로 나셨지만 창조되지 않으셨고 그를 통해 만물이 생겨났다. 우리 인간의 죄와 우리의 구원을 인해 하늘에서 강림하시되 성령과 동정녀 마리아에게서 성육하셨다….' 이 신조를 승인한 같은 공의회(칼케돈, 451)는 또한 유티케스(Eutyches)의 가르침에 반대하여 그리스도가 '혼합되거나 변화되거나 분열되거나 분리되지 않는 두 본성'을 가졌다고 단언하였다(ODCC 336-37, 1145-46; 신조의 본문은 다음에서 인용: J. N. D. Kelly, *Early Christian Creeds* [London: Longmans, ²1960] 297-98).
2) 그 성화상은 보이지 않는 하나님이 그리스도 안에서 나타나 보이셨음을 표현하고자 한다. 그리하여 거기 묘사되는 것은 '신성의 현존으로 가득찬 인성', '"신격화된" 그리스도의 몸', '그리스도의 두 본성, 즉 신성과 인성의 교리'이다(J. Pelikan, *Jesus through the Centuries: His Place in the History of Culture* [New Haven: Yale University, 1985], 92-93).

될 수 있다.

(1) 나는 '신앙'을 예수에 대한 그리스도교의 믿음으로 형성된 논의의 한 차원이란 의미로 사용한다. 바로 그 믿음의 전통적인 용어들은 이미 앞 단락(각주 1)에서 인용된 고전적 신조의 공식적 언어와 다소 위압적인 개념 속에 이미 적시되었다. 그러나 신앙이란 용어 자체는 예수가 '신적인 세계 속으로의 창문'(성화상과 거의 같은 정의)[3]을 제공했고, 어떤 의미에서 예수의 죽음이 죄로부터의 구원을 성취했으며, 예수가 하나님의 일으키심으로 죽음에서 죽음 너머 생명으로 다시 살아났다는 어떤 확신을 담아낸다.[4] 문제는 그 신앙이 불가피하게 그리스도교 전통 내에 서 있는 사람의 경우, 나 역시 마찬가지지만, 그 역사적 인물을 평가하는 시도에 영향을 끼치고 그 틀을 형성한다는 것이다. 그것이 좋은 것인지 나쁜 것인지, 그런 신앙적 관점을 괄호 안에 묶어둘 수 있거나 또 묶어두어야 하는지, 그런 신앙이 안팎의 비판에 충분히 개방될 수 있는지 여부는 모두 지난 몇 세기 동안 오락가락해온 질문들이었던 바, 이들은 앞으로 논의의 장에서 많이 다뤄질 것이다.

(2) '역사'라는 말은 내게, 예수가 어떤 인물이었건 간에 그가 역사상의 인물이었다는 사실을 진지하게 다루는 데 관계되는 모든 것과 최소한 그 점에 있어서 역사 연구의 방법과 도구들을 사용해 다룰 수 있는 모든 것을 뜻한다. 이런 방법과 도구들이 무엇인지, 그것들을 사용하는 배후의 작업가설은 무엇이며 또는 무엇이 되어야 하는지, 역사적 탐문이 어떤 이데올로기('신앙'이든 다른 것이든)의 사전 조건화에서 완전히 벗어날 수 있는지, 또 꼭 그렇게 해야 하는지, 이러한 점들 역시 우리의 주제의 주인공들을 위한 일용할 양식의 일부를 구성하는 질문들로 앞으로 두드러진 특징으로 나타날 것임이 분명하다. 여기서는 신앙의 사실, 곧 예수에 관한 믿음이, 그 표

---

3) 아주 오래된 확신으로 신약성서의 여러 구절들에 다양하게 표현되어 있다. 마 11.27; 요 1.18; 골 1.15. 그 신념은 J. A. T. Robinson, *The Human Face of God* (London: SCM, 1973)이라는 장난스런 책 제목에서 그럴듯하게 포착된다.
4) 예수의 십자가 죽음으로부터 20년이 지난 시점에 생겨난 초기 그리스도교의 신조들이나 고백적 공식들은 예수의 죽음과 부활에 초점을 맞춘다(자료와 참고 문헌은 내 책 *Theology of Paul the Apostle* [Grand Rapids: Eerdmans/Edinburgh: Clark, 1998], 174–75).

현 방식과 무관하게, **그 자체로 역사적 자료라는 점**을 간단히 적시하는 것으로 족하다. 그것은, 심지어 특정한 역사적 방법이 그 방법 배후에 놓인 가정에 근거하여 유래한 신앙적 관점을 괄호로 묶어두려 할 때조차 그리스도교의 기원에 대한 어떤 역사적 설명 속에 고려되어야 한다.

(3) '해석학'이란 말은 내게 해석의 이론을 의미한다. 더 넓혀 과학이나 혹 더 좋은 표현으로 예수라는 역사적 인물에 관하여 우리에게 사용 가능한 자료를 해석하는 **기술**을 뜻한다. 문제가 되는 자료들은 주로 신약성서 문헌을, 특히 복음서의 증언을, 물론 그 나름의 신앙 주장과 함께 구성해왔다. 혹 다른 자료들이 있을 수 있다는 바람이 종종 표출되었고, 동시대 중요한 의견들 가운데 담긴 주장에 따르면 그 바람은 지난 50년가량의 기간에 이루어진 많은 초창기 문서들의 발견을 통해 성취되었다. 이러한 주장 역시 논의의 관심 대상에 추가될 것이다. 그러나 그 기반이 되는 자료의 규모가 어떻든지 간에 그 자료를 해석하는 과제는 늘 남아 있다. 해석학적 과제 자체는 최근 몇 년 동안 많은 단면들을 가지고 있는 것으로 여겨져왔다. 그러나 현재의 역사적 연구를 위한 주요 관심사는 신앙과 역사 사이의 해석학적 대화라고 부를 수 있을 법한 무언가가 될 것이다.[5] 해석학은 신앙과 역사 사이에 일종의 교량 역할을 제공한다는 게 내 제안이다. 그것이 실제로 적절한지, 그것이 자체로 교량의 기능을 유지할 수 있는지, 만일 그럴 수 있다면 그 교량은 한쪽으로는 굳게 뿌리내리고 다른 쪽으로는 얄팍한 버팀목에 기댄 채로 불균형한 방식으로만 지속 가능할 것인지 여부는 앞으로 다루게 될 모든 논의에 동기를 부여하는 그 배후에 놓인 질문들이다.

우리 앞에 놓인 과제는, 20세기 초입에 슈바이처의 압도적인 연구의 영어 번역으로 대중화된 제목을 사용하여, '역사적 예수 탐구'로 서술되어 왔다.[6] 슈바이처는 이 예수 생애 연구 기간을 '독일 신학의 가장 위대한 성

---

5) 신앙–역사의 긴장은 신약성서를 성서로 보느냐, 한 단위의 역사적 문서로 보느냐의 긴장과 밀접히 연관되어 있다. 그러나 후자의 경우가 여기 구상된 대화보다 더 제한적일 것이다.

6) A. Schweitzer, *Von Reimarus zu Wrede* (1960, 그러나 1913 이후부터는, *Geschichte der Leben-Jesu-Forschung*); ET *The Quest of the Historical Jesus* (London: Black, 1920). 이 영어 번역서는 수정된 번역과 함께 슈바이처의 독일어 6판 서문과 나인햄(D. Nineham)의 서언을 담은 '첫 번째 완결본'으로 재

취'로 기술하였다.[7] 이것은 당시 독일 성서학의 높은 자신감을 표현하고자 너무 부풀린 평가이다.[8] 아이러니하게도 정작 슈바이처는 그 자신감을 결딴내려고 했다. 그리고 독일식 '탐구'에 대한 거의 일방적인 초점은 독일 바깥의 다른 학문 권역에서의 그런 질문들에 대한 관심을 거의 공정하게 다루지 못했다. 그럼에도 불구하고 그 평가는 독일 학계에 그 탐구가 야기한 지적인 흥분감을 표현한 것이었다. 그리고 사실 더 좋든 더 나쁘든, 수십 년간 다른 나라의 학자들을 자신들의 행렬 속으로 이끌어낸 당사자들은 독일 탐구자들이었다.

슈바이처의 위대한 연구 이후, 그와 같은 탐구는 셀 수 없을 만큼 여러 차례 심도 있게 분석되고 요약되었기 때문에 대부분의 신약학도에게 친숙한 이전의 예수 생애 연구가 지나온 그 상세한 길목들을 재차 추적할 필요는 없다.[9] 하지만 슈바이처가 기술한 '역사적 예수 탐구'는 예수라는 인물

출간되었다(London: SCM, 2000). 나는 그 두 영어 판본을 *Quest*[1]과 *Quest*[2]로 구별할 것이다.

7) Schweitzer, *Quest*[1] 1, *Quest*[2] 3.

8) 그 앞 문단은 다음과 같은 말로 시작된다. '장차 후세대의 눈앞에서 우리 문명의 시기가 닫히고 종료될 때, 독일 신학은 우리 시대의 정신적·영적 삶 가운데 위대하고 독특한 현상으로 우뚝 설 것이다'(*Quest*[1] 3).

9) 하지만 사전의 소논문과 대중적인 설명을 넘어 그 탐구의 뿌리와 광범위한 철학 사상의 흐름 속에 나타난 다음의 배경적 기반은 그 진가를 인정해야 할 것이다. C. Brown, *Jesus in European Protestant Thought, 1778-1860* (Durahm, NC: Labyrinth, 1985); W. Baird, *History of New Testament Research. Vol. One: From Deism to Tübingen* (Minneapolis: Fortress Press, 1992). J. Riches, *A Century of New Testament Study* (Valley Forge: Trinity, 1993) chs. 1, 2, 6, 그리고 R. Morgan (with J. Barton), *Biblical Interpretation* (Oxford: Oxford University, 1988)은 많은 적실한 통찰을 담고 있다. C. Allen, *The Human Christ: The Search for the Historical Jesus* (Oxford: Lion, 1998)는 실속 있는 정보와 읽기 쉬운 설명을 제공한다. W. Weaver, E. Baasland, J. H. Charlesworth는 20세기의 '슈바이처 노릇하기'를 시도하고 있는데, 지금까지 그중 첫 번째 책이 출간되었다: W. Weaver, *The Historical Jesus in the Twentieth Century, 1900-1950* (Harrisburg: Trinity, 1999). 최근 탐구의 양상에 대한 리뷰로는 특히 다음의 것들을 보라: B. Witherington, *The Jesus Quest: The Third Search for the Jew of Nazareth* (Downers Grove: InterVarsity, 1995); M. A. Powell, *Jesus as a Figure in History: How Modern Historians View the Man from Galilee* (Louisville: Westminster/John Knox, 1998); B. B. Scott, 'New Options in an Old Quest', in B. F. LeBeau, et al eds., *The Historical Jesus through Catholic and Jewish Eyes* (Harrisburg: Trinity, 2000) 1–49; D. A. Hagner, 'An Analysis of Recent "Historical Jesus" Studies', in D. Cohn-Sherbok and J. M. Court, *Religious Diversity in the Graeco-Roman World: A Survey of Recent Scholarship* (Sheffield: Sheffield Academic, 2001) 81–106; D. S. Du Toit, 'Redefining Jesus: Current Trends in Jesus Research', in M. Labahn and A. Schmidt, eds., *Jesus, Mark and Q: The Teaching of Jesus and Its Earliest Records* (JSNTS 214; Sheffield: Sheffield Academic, 2001) 82–124. 가장 풍성한 최근의 서지학적 개관은 W. R. Telford, 'Major Trends and Interpretive Issues in the Study of Jesus', in B. Chilton and C. A. Evans, eds., *Studying the Historical Jesus: Evaluation of the State of Current Research* (NTTS 19; Leiden: Brill, 1994) 33–74; C. A. Evans, *Life of Jesus Research: An Annotated Bibliography* (NTTS 24; Leiden: Brill, revised 1996); S. E. Porter, *The Criteria for Authenticity in Historical-Jesus Research: Previous Discussion and New Proposals* (JSNTS 191; Sheffield: Sheffield Academic, 2000) ch. 1 (28–62).

에 관한 좀더 긴 기간의 역사적 관심과 탐문의 일부였다. 그 기간은 슈바이처 이전에도 해당되거니와, 물론 그 이후로도 내내 뻗어 있다. 그 긴 기간 동안 몇몇 기념비적 연구가 나왔고 역사적·방법론적 영역에서 두루 핵심 논제들에 대한 고전적인 진술을 통한 진보가 있었는데, 그것들은 여전히 대부분 유효한 상태이고 따라서 후속 연구를 위해 토대가 되고 있다. 이러한 진술들과 발견들은 취합되어 재평가되고 재진술될 필요가 있다. 그 사소하지 않은 이유인즉, 그러한 진술들과 발견들이 여전히 오늘날에도 동의를 요구할 수 있다는 생각에 20세기 말의 지적인 풍토가 대체로 적대적이기 때문이다. 그러한 재평가와 재진술은 이 책 제1부의 주요 과제 가운데 하나일 것이다.

25년 전 나는 '신앙과 역사적 예수'라는 과목을 가르쳤다. 지난 몇 년에 걸쳐 특히 한 번 더 그 주제에 전심을 기울인 이래, 그 탐구를 가장 잘 분석하려면 신앙과 역사 사이의 긴장과 대화라는 견지에서 살펴야 한다는 확신이 강해졌다. 이러한 사실은 우리가 그 탐구의 다양한 국면에서 어떤 점들이 위태로워 보였는지 평가하고자 할 때 오늘날에도 여전히 동일하다. 그 사이 몇 년간 나는 그 긴장과 대화의 해석학적 차원을 좀더 충분히 인식하게 되었다. 그 추가 사항 내지 부대조건을 감안할 때, 내가 보기에 그 탐구의 역사는 먼저 '도그마로부터의 탈주'와 다음으로 '역사로부터의 탈주'란 견지에서 유익하게 분석될 수 있을 것 같다.

그러므로 제1부에서 내가 추구하는 목적들은 다음 세 가지다.

1. 그 탐구의 뿌리를 회고하기: 그 뿌리들은 계몽주의 이전으로 소급된다. 회고해보건대, 예수와 그리스도교의 기원에 대한 갱신된 역사적 관심의 어린 묘목을 계몽주의가 얼마나 많이 특정한 방향으로 굽혀 놓았든지 간에, 계몽주의 이전 학문의 발전들 가운데서도 그 탐구에 자극을 주거나 도움이 되는 자료는 풍성한 편이다.

2. 대부분 가볍게 버릴 수 없는 그 탐구의 과정에서 이루어진 진보와,

그 탐구에 고전적으로 공헌한 것으로 대개 인정받는 작품들에 의해 제기된 역사적·해석학적·신학적 논점들로 오늘날도 유효하게 남아 있는 것을 참신하게 주목하기. '도그마로부터의 탈주'와 '역사로부터의 탈주'란 견지에서 이 개관을 구성하면서 내가 몹시 의식하는 것은 그 자료에 특정한 도식을 부여하는 것이다. 그러고 나서 강조해야 할 것은, 그 두 '탈주'를 내가 일관된 프로그램이나 의도적으로 택한 목적이 아니라 불규칙한 성향(*Tendenzen*)으로 간주한다는 점이다. 게다가 어떤 저자들을 어느 한쪽의 '탈주' 범주에서 다루는 것은 정당한 비평이라기보다 편리에 따른 선택이라는 점도 강조하고자 한다. 그럼에도 불구하고 이러한 특정한 성향을 고집하고 그것이 재현되는 패턴을 관찰하는 자기 발견적 가치는 그 도식의 결점을 능가하리라 기대한다.

3. 제3-5장에서 일차적으로 내 목적은 서술하는 것이다. 그간 진척된 탐구의 양상을 인식하고 그 탐구의 초기 국면에 제기된 논점을 인정하면서, '내 나름의 진열대'를 펼쳐 보이는 것은 제6장에 한정하려 한다. 거기서 나는 나사렛 예수 안에 발아한 그리스도교의 기원을 서술하려는 시도를 뒷받침하게 될 역사적·해석학적·신학적 원리들을 적시하고 또 주장하고자 한다.

역사 인식의 각성 또는 재각성

'역사적 예수 탐구'는 대개 유럽의 계몽주의(대략 1650-1780년)와 '근대성'의 등장과 함께 시작된 것으로 당연하게 소급된다. 하지만 역사적 탐구와 인간 예수에 대한 관심이 그보다 오래전에 시작되었음을 아는 것도 중요하다. 좀더 적당한 출발 지점은 14-16세기의 르네상스와 16세기의 종교개혁이다.

3.1 르네상스

르네상스는 일반적으로 14세기 이탈리아에서 특히 페트라르카(Petrarch)가 처음 요청한 고대 연구의 부흥과 함께 시작된 것으로 본다.[1] 물론 역사적 관심과 탐구는 르네상스와 함께 시작된 것이 아니다. 이 점에서

---

1) D. Weinstein, 'Renaissance', *EncBr* 15.660.

르네상스를 이상화하거나 그것이 성취한 변화를 과장하지 않도록 조심해야 한다. 과거에 대한 관심, 혹은 좀더 정확하게 말해 현재 또는 최근의 과거를 기록하기 위한 관심은 최소한 그리스의 역사가 헤로도투스와 투키디데스로 거슬러 올라간다.[2] 역사학과 성서학은 르네상스와 함께 시작되지 않았다.[3] 하지만 르네상스가 서유럽에서 역사 인식의 새로운 국면을 가져왔고,[4] 그 배후에 고전 시대에 대한 고조되는 매료와 찬탄의 분위기가 있었던 것[5] 또한 사실이다.

과거의 **과거성**(pastness)과 과거의 **타자성**(otherness)에 대한 분명한 감각의 부상을 볼 수 있는 것이 바로 이 기간인데, 특히 과거가 단지 현재에서 **떨어져** 있을 뿐 아니라 현재와 **달랐다**는 인식에서 그렇다.[6] 그리스 고전을 그 원래 언어로 재발견함에 따라(그리스어는 서구에서 14세기 말엽에 다시 공부되기 시작했다) 이러한 텍스트에 가려진 세계가 중세 후기의 세계와 매우 달랐다는 사실이 르네상스 인간에게 큰 감명을 주었다. 풍속과 관습, 정부의 양식과 법, 그리고 우주와 사회에 대한 사고방식이 당대의 것들과 같지 않았다. 그 인식은 자연스레 그 사이 오랜 시간 동안 **변화**가 발생했다는 고조된 의식을 포함했다. 그러므로 이러한 고전 텍스트와 그것들이 말하는 그 세계가 적절히 이해되려면, 그러한 차이와 변화가 인식되고 설명되어야 했다.

물론 고전 텍스트들은 중세의 교재와 축약본, 요약본을 통해 친숙해져 있었다. 그러나 그 고전들을 원어로 읽고자 하는 욕구는 차이와 변화의 의식을 강화하였고 **역사언어학**(historical philology)이라는 새로운 학문을 탄

---

2) E. B. Fryde, 'Historiography and Historical Methodology', *EncBr* 8.947.
3) 예컨대, B. Smalley, 'The Bible in the Medieval School', in G. W. H. Lampe, ed., *The Cambridge History of the Bible. Vol. 2: The West from the Fathers to the Reformation* (Cambridge: Cambridge University, 1969) 197–220 (여기서는 216–19)을 보라.
4) 특히, P. Burke, *The Renaissance Sense of the Past* (London: Edward Arnold, 1969)를 보라.
5) 추가로 Burke, *Renaissance* ch. 2; C. L. Stinger, *The Renaissance in Rome* (Bloomington: Indiana University, 1985) 59–76을 보라.
6) 버크(Burke)는 '역사 의식'을 세 요인을 포함하는 것으로 정의한다: 시대착오에 대한 의식, 증거에 대한 인식, 그리고 인과관계에 대한 관심. '역사적 통찰에 대한 의식', 변화 의식, 또는 과거 의식 등으로 상세하게 설명되는 첫째 요인에 대하여 그는 다음과 같이 논평한다: '중세 사람들은 현재와 그 속성이 다른 과거에 대한 의식을 결여하고 있었다.' '관습에 의해 지배당하던 중세 사회는 과거와 현재와 선행하는 것의 결과적 무관함 사이의 차이에 대한 인식을 줄 수 없었다'(*Renaissance* 1, 19).

생시켰다. 도널드 와인스타인(Donald Weinstein)은 그 상황을 다음과 같이 잘 묘사한다.[7]

> 고대가 별도의 문명이었다는 점을 처음으로 온전히 이해하고 그 정신을 밝히 드러내는 고전에 집중된 연구 프로그램의 윤곽을 제시한 사람은 페트라르카였다. 그의 통찰력의 핵심은 언어에 있었다. 만일 고전기가 그 고유한 견지에서 이해되어야 한다면 이는 바로 고대인들이 그들의 사상을 소통했던 언술을 통해 가능하리라는 것이었다. 이는 고대의 언어들이 근대 사상을 전하는 도구로서가 아니라 고대인들이 언어를 사용했던 대로 연구되어야 함을 의미했다.

또한 새롭게 인지된 그 과제에 필수적인 부분으로 등장한 것은 **본문비평**이라는 또 다른 새로운 학문이었다. 이는 상이한 사본들을 비교하고 잘못되거나 의심나는 구절들을 교정하고, 저자의 사고 스타일, 의미, 또 그것이 자리한 맥락을 논평하는 주석서를 생산해내는 작업이었다. 이는 자연스레 관련된 언어의 자유로운 구사와 폭넓은 고전 문학에 대한 통달뿐 아니라 원저자의 지성을 형성하고 그 저술에 영향을 준 문화에 대한 실질적인 지식을 아우르는 영역이었다.[8]

그리하여 이러한 관심과 전개는 그리스도교의 기원사에 대한 근대 학문 연구의 주요한 원리와 방법이라 할 만한 것들을 낳기에 이르렀다. 그 첫째 **원리**는, 그러한 고대 문헌을 제대로 이해하려면 정확한 역사적 맥락과 당시의 문법 및 문장 구성상의 규칙에 맞게 그 문헌들의 언어에 비추어 다루어져야 한다는 것이었다. 이는 요컨대 르네상스의 '학문 부흥'에서 등장한 첫 번째 해석학적 원리를 이룬다. 즉 **역사적 문헌은 무엇보다 최우선으로 역사적 문헌으로 읽어야 한다는 것이다.** 첫 번째 근대 학문 방법은 정

---

7) Weinstein, 'Renaissance' 664.
8) 앞의 글.

확히 말해 다음 두 가지였다. (1) 그 첫째가 **역사언어학**으로, 이는 단어와 문장의 의미를 저술 당시 그 단어와 문장이 사용된 방식을 참조하여 문헌의 원어에 비추어 면밀하게 분별하는 것이다. (2) 둘째는 **본문비평**으로, 상이한 사본에서 수세기 동안 그리스도교의 전승과 편집에 의해 변개된 것을 포착하고 바로잡아 최선을 다해 원래의 문헌을 재구성하는 기술이다. 바로 이러한 원리와 방법으로 인문주의 학자들은 고전적 권위가 있는 것으로 꾸민 중세의 문헌들이 기실 날조된 것이었음을 밝혀낼 수 있었다. 가장 중요하고 종종 인용되는 사례가 로렌조 발라(Lorenzo Valla)의 경우로, 그는 콘스탄티누스 황제가 교황 실베스테르 1세(Sylvester, 313-335년)와 그의 성직자 및 후계자들에게 부여한 특권의 기록이라고 주장된 '콘스탄티누스의 기진장(寄進狀)'이 진품일 수 없다는 사실을 언어학적·역사적 근거로 검증해보였다. 실제로 그 문헌은 8세기에 나온 모조품으로 대개 판정된다.[9]

고대 문헌을 다루는 학자들이 이 기간에 출범한 학문에 깊이, 계속하여 빚지고 있음을 알아채고 인정하는 것은 당연한 일이다. 이 학문의 지속적인 결실들은 일반 사전과 고전어 사전, 그리고 비평적 편집본 가운데 보존되어 있다. 특히 그 편집본들은 추가로 발견되는 사본과 금석문 자료에 비추어 계속 새로운 편집본으로 갱신되고 있으며, 그 결과 많은 도서관과 학자의 서재에 쌓여가는 필수적인 참고 서적들을 생겨나게 하고 있다. 이것들은 정밀하고 편이한 형식 속에 엄청난 정보를 담아내고 있다. 이를테면, 그것들은 수 세대에 걸쳐 점점 더 많은 지식을 집적한 최고 수준의 학문으로 빚어낸 발견들로 오늘날 컴퓨터 검색도 겨룰 수 없을 정도로 다채로운 단어 용례와 문체마다 담긴 유별난 개성과 관련된 권위 있는 평가를 제시한다. 이러한 문헌을 다루는 21세기 학자들은 자신들이 거인들의 어깨 위에 서 있음을 기억해야 한다. 그러한 기본적인 토대 작업이 자리 잡지 못했다면 나머지 우리로서는 우선 이러한 문헌을 읽고 해석할 수 없고, 사

---

9) Fryde, 'Historiography' 952에 다른 예들이 있다. 버크는 발라(Valla)를 길게 인용한다(*Renaissance* 55-58); 증거에 대한 비평적 태도의 발전과 관련하여 추가로 다음을 보라(7-13, 50-69).

용 가능한 그 문헌들이 원래 저자가 쓴 것에 근접하는 것인지 거의 확신하지 못했을 것이다.

정확하게 바로 그 관심사가 신약성서 문헌에 대한 학문에서 첫 번째 큰 진보를 추동하였다. 그것은 천 년간 지배해온 라틴어 사본(Vulgate) 뒤에 히브리어와 그리스어 원어로 된 문헌이 있었다는 인식이었다. 이러한 인식은 1516년판 에라스무스의 신약성서 그리스어 편집본으로 이어졌는데, 여기서 서구의 모든 신약성서 연구가 파생된 것이다.[10] 그렇게 과거에 대한 학문적 탐구를 위한 주요 기획이 시작되었다. 이는 여전히 신약학에 비평적으로 개입하는 모든 사람들에게 근본적인 수순이다. 이는 신약성서 저자들이 쓴 원래의 본문을 회복하는 과제(그 과제가 우선 그렇게 정의되었다), 또는 (오늘날 인식에 따르면) 학문적 권역에서 사용되는 신약성서 본문과 관련하여 그리고 오늘날 번역을 위한 토대로서, 가능한 한 충분한 합의를 이루어내는 과제로 집약된다.[11] 자긍심 있는 신약성서학도 치고 바우어(Bauer)의 고전 그리스어 사전 한 권 가지고 있지 않은 사람은 없을 것이다.[12] 그 이전 세대는 그림-테이어(Grimm-Thayer)의 사전에 의지했다.[13] 현대 그리스어 신약성서 편집본이 얼마나 원본에 근접해 있든지 그렇지 않든지 간에 그 본문에 대해 말하거나 그것을 의지하고자 하는 그 어떤 신약성서학자도 피할 수 없는 첫째 과제가 번역의 과제라는 사실이 또한 여기서 상기될 필요가 있다. 그 번역은 역사언어학과 본문비평의 이전 세대들이 찾아낸 발굴 성과를 충분히 설명하는 것이어야 한다.

---

10) E. G. Rupp, 'Desiserius Erasmus', *EncBr* 6.953.
11) 예컨대, W. G. Kümmel, *The New Testament: The History of the Investigation of Its Problems* (1970: Nashville: Abindom, 1972/London: SCM, 1973) 40-50을 보라; 추가로 K. and B. Aland, *The Text of the New Testament* (Grand Rapids: Eerdmans, [2]1989). 계속된 개정의 결과물로는 K. Aland, et al., eds., *Novum Testamentum Graece* (Stuttgart: Deusche Bibelstiftung, [26]1979, [27]1993)/=*The Greek New Testament* (New York: United Bible Societies, [4]1993)가 있다.
12) W. Bauer, *A Greek-English Lexicon of the New Testament and Other Early Christian Literature*, ET and ed. W. F. Arndt and F. W. Gingrich (Chicago: University of Chicago, 1957), 개정 증보판은 F. W. Gingrich and F. W. Danker (1979)=*BAGD*, 3판은 Bauer의 7판에 기초하여 F. W. Danker가 냄 (2000)=*BDAG*.
13) C. L. W. Grimm and J. H. Thayer, *A Greek-English Lexicon of the New Testament* (Edinburgh: Clark, [4]1901).

3.2 종교개혁

넓은 역사적 관점에서 볼 때 종교개혁은 르네상스가 고르게 확산된 결과다. 그러나 그리스도교와 신학의 관점에서 그것은 자연스레 별도의 항목으로 다루어져야 한다. 우리는 확실히 종교개혁이 서구 그리스도교 세계 안에서 역사 인식의 전개 과정의 두 번째 국면을 표시하는 것으로 볼 수 있다. 종교개혁자들은, 단순히 변증적 이유에서만이 아니라 여러 이유로, 자연스레 과거와 현재의 **차이**에 관심을 기울였다. 그들은 서구 교회가 예수의 사도들과 교부들 당시의 교회에서 변해왔다고 믿었다. 그런데 그 **변화**는 단순히 역사의 전개 과정 차원에서 비롯된 변화가 아니라 신약성서, 사도들, 교부들이 제시한 정당성을 한참 벗어난 변화라는 것이었다. 그러므로 로마 교회를 타락시켰다고 믿은 그 변화를 비판하고자 한 종교개혁자들에게 그 차이를 인식하는 것은 근본적인 요소였다. 소위 '급진적 종교개혁'은 초대교회의 자명한 순수성을 언급하면서 당시 믿음과 교회 구조에 훨씬 더 심한 비판을 가했다. 그 지지자들이 원시적 순수성의 단순함으로 돌아가고자 했기 때문이다. 가톨릭 쪽의 이른바 '반동종교개혁'에서도 **'항상 개혁되어야 한다'**(*semper reformanda*)는 구호가 역사적 변화로 인해 불가피한 당위가 되었음을 나름대로 인식하였다. 그러므로 16세기 서구 교회의 내부 논쟁 가운데 공유된 두 가지 인식이 있었다. 첫째는 교회의 전통이나 가시적인 형식과 실천은 때로 교정이 필요할 수 있다는 것이고, 둘째는 과거는 남용되는 현재에 대한 적절한 비평의 토대를 제공할 수 있다는 것이다.[14]

그 결과 뒤따른 논쟁의 핵심적인 부분은 신약성서 정경의 권위와 그 권위가 어떻게 기능했는지에 대한 것이었다. 혹은 좀더 정확하게 말해 그 논쟁은 신약성서가 권위 있게 기능하려면, 그 의미가 어떻게 이해되어야

---

14) 종교개혁과 반동종교개혁에 대한 참고 자료는 *ODCC* 423-24, 1374-75을 보라. 급진 종교개혁에 관해서는 G. H. Williams, *The Radical Reformation* (London: Weinfeld and Nicolson, 1962)을 보라.

하는가에 관한 것이었다. 존 콜렛(John Colet)은 1496년 옥스퍼드 대학에서 행한 바울서신 강의에서 성서 본문은 역사적 맥락에서 이해된 대로 단순히 그 **문자적 의미**(*sensus literalis*)로 해석되어야 한다고[15] 주장함으로써 종교개혁에 패러다임을 제공했다. 마찬가지로 마르틴 루터(Martin Luther)도 평이하거나 문자적이거나 역사적인 의미를 고집했고 중세적 알레고리 해석은 쓰레기로 여겨 멀리했다.[16]

무엇보다 가장 영향력이 컸던 부분은, 언어학적·역사적 해석의 고전적 사례를 제시한 일련의 성서 주석서를 출간해내면서, 칼뱅이 본문의 평이한 의미를 강조한 것이다.[17]

전통적으로 품어온 신앙과 르네상스 학문으로 새롭게 잉태된 역사 사이에 실제로 최초의 심각한 충돌이 있었던 이 상황에서 우리는 그 둘을 화해시키려는 해석학적 원리를 공식화하기 위한 최초의 의식적인 시도를 만

---

15) 이것은 중세적 해석과의 단절로 볼 것이 아니라, 문자적 해석을 우선시한 것이거나 또는 '알레고리적 해석'을 통해 표현된 해석의 다원성에 개방적이었던 알렉산드리아 학파에 반대하여 본문의 '문자적 의미'를 강조한 안디옥 학파 교부들의 입장을 재천명한 것으로 보아야 한다. J. H. Bentley, *Humanists and Holy Writ: New Testament Scholarship in the Renaissance* (Princeton: Princeton University, 1983)는 콜렛의 중요성을 다음과 같이 요약한다: '통상적으로 종교개혁 주석의 전조로 환영받긴 하지만, 콜렛의 진정한 성취는, 성서를 종종 스콜라 신학의 필요에 종속시키는 중세 후기의 주석 양식을 버리고 단순히 교부들의 양식에 따라 수월한 문자적 주석을 제공한 것이었다'(9-10); 나는 이 참고 자료를 내 동료 아놀드 헌트(Arnold Hunt)에게서 얻었다.
16) 예컨대, Kümmel, *New Testament*의 다음 발췌 내용을 보라: '모든 잘못은 평이한 단어들을 주목하지 못하는 데서 나온다'; '이것이 내가 지금 사용하는 최종적이고 가장 우수한 방법인데, 나는 성서의 문자적 의미를 전달한다.…다른 해석들은 아무리 호소력 있게 말해도 바보들의 짓거리일 뿐이다'(23). 추가로 A. C. Thiselton, *New Horizon in Hermeneutics* (London: Marshall Pickering, 1992) 179-84을 보라. 티슬턴(Thiselton)은 또한 루터가 '문자적인'이라는 용어를 사용했지만 '평이한' 또는 '자연스런' 의미라는 용어를 더 선호했다고 지적한다(184). 개인적 서신(2000.9.10)에서 티슬턴은 다음과 같이 본다고 말했다: '비록 그[루터]가 중세적 알레고리 독법을 버린 것이 맞다 해도…초기 저작에서 그는 "중세적 알레고리 독법"을 넘어서지 못했다. 그것은 그의 안목이 발전하는 과정에서 나타난 일부로 자신의 저작이 진척되어나가면서 루터는 점차 그러한 알레고리 독법이 계시를 조명하는 데 도움이 안 되는 인식론적 결과를 수반한다는 점을 깨닫게 되었다.'
17) '칼뱅은 루터보다도 더 알레고리 해석에 더 엄격했다'(Thieselton, *New Horizon* 185). 칼뱅은 자신의 로마서 주석서 헌정사에서 해석자의 작업에 대한 이해를 다음과 같이 설명했다: '해석자가 주해하고자 떠맡은 그 저자의 마음을 펼쳐 보이는 것이 그의 거의 유일한 과제가 된 이래로, 해석자는 자신의 독자들로 하여금 저자가 의도한 의미에서 멀어지게 하는 만큼 자신의 표적을 비껴가거나 최소한 자신의 한계 밖으로 탈선한다'(*Epistles of Paul to the Galatians, Ephesians, Philippians and Colossians* [Edinburgh: Oliver and Boyd, 1961] 1). '그러니 이제 성서의 참된 의미가 자연스럽고 단순한 것임을 이제 알도록 합시다. 그래서 그것을 안고 견고하게 붙듭시다. 우리를 문자적 의미에서 멀어지게 하는 가식적인 주해들을 의심하는 정도로 그저 소홀히 여기지 말고 치명적인 타락으로 여겨 제쳐 놓읍시다'(*The Epistles of Paul to the Galatians, Ephesians, Philippians and Colossians* [Edinburgh: Oliver and Boyd, 1965] 85). 다음의 사려 깊은 연구도 보라. K. E. Greene-McCreight, *Ad Litteram: How Augustine, Calvin, and Barth Read the "Plain Sense" of Genesis 1-3* (New York: Lang, 1999) ch. 3.

난다. 그러므로 신약성서의 학문적 해석을 위한 이 두 번째 원리와 모델이 근대에 등장한 것은 **본문의 평이한 의미에 부여된 최고 우선권**[18]이라는 첫째 원리를 더 다듬은 것이었다. 즉 특정한 본문이 '평이하게' 알레고리적이고 상징적일 때 그 '평이한 의미'가 알레고리나 상징을 포함할 수 있다는 점을 항상 염두에 둔 것이다.[19] 이 원리의 귀결은 신약성서의 명료함과 관련한 종교개혁의 확신이었다. 요컨대, 신약성서는 그 평이한 의미를 좇아 읽을 때 그 스스로 해석하는 자명함이 있다는 것이다. 곧 성서에는 **스스로 해석하는**(sui ipsius interpres) 힘이 있다고 본 것이다.[20] 그러한 결과는 물론 가톨릭 교회와의 논쟁 가운데, 신약성서의 권위가 교회의 권위에 의해 그리고 전통을 통해 행사된다는 로마 가톨릭 교회의 강요에 반발하여 도출된 것이었다. 그 입장에 정면으로 대립하여 개혁자들은 신약성서는 교황이든 사제든 평신도든, 누구나 그것을 평이한 의미로 읽음으로써 권위를 행사한다고 주장했다.

이 점이 서구 유럽 문화에 끼친 셀 수 없는 영향의 두 번째 귀결은 신약성서와 성서 전체가 각 민족 언어로 번역되어 막 발명된 인쇄술을 통해 폭넓게 보급되어야 한다는 결정이었다. 이 점을 분명히 하기 위해 우리는 루터의 번역 성서가 근대 독일인에게 얼마나 영향력이 있었으며 또 틴데일(Tyndale) 번역본과 이후 킹 제임스(King James) 번역본이 근대 영국인에게 얼마나 영향을 끼쳤는지 회상할 필요가 있다. 번역이라는 첫 번째 해석학적 과제는 이렇게 과거와 현재를 잇는 교량으로 드러나고 있으며, 그 중요성은 신앙의 특정한 관심사들을 넘어선다.

---

18) 나는 '문자적'이라는 말을 여전히 인정해줄 만한 의미에서, 즉 '단어들을 그것들의 통상적이거나 주요한 의미에서 이해하고 신비주의나 알레고리나 은유 없이 평범한 문법 규칙을 적용한다'(COD)는 의미에서 사용해왔다. 그러나 오늘날 용례에서 '문자적'이란 말은 종종 약간 경멸적인 부가적 함의('마냥 문자적인', '문자주의자')를 담고 있기에 우리가 그 용어와 함께 '평이한'(plain)이라는 말을 동의어로 붙여 쓰면 그런 혼선을 피하는 데 도움이 될 수 있다.
19) 이 부대조건은 초기 교부들의 논쟁 때부터 익숙한 것이었다. '"문자적인 것"은, 만일 그것이 저자의 목적과 언어적 맥락이 암시하는 의미라면, 은유의 사용이나 비유적 언술을 포함할 수 있다'(Thiselton, *New Horizons* 173, 요한네스 크리소스토무스[John Chrysostom]를 인용; 183). 칼뱅과 관련하여 추가로 Greene-McCreight, *Ad Litteram* 96과 각주 8(T. H. L. Parker를 인용)과 그 단락의 나머지 부분(99-106)을 보라
20) Kümmel, *New Testament* 22과 27-39.

3.3 예수에 대한 인식

이 모든 것들은 예수가 인식되는 방식에 어떤 결과를 가져왔던가? 다소 놀랍게도 그 대답인즉, 그 결과란 게 그리 대단하지 않았다는 것이다. 르네상스가, 그리스도의 신성에 대한 전통적인 믿음과 강조가 그의 인성을 가렸다는 인식의 토대 위에 예수가 사실 인간이었음을 새롭게 진술하는 데 고조된 관심을 특징으로 나타냈을 것이라고 기대할 법하다. 여기서 비잔틴 예술과 경건의 특징을 예시하는 그리스도의 초상, 곧 그리스도를 세상의 통치자(Pantocrator)로 묘사한 초상을 다시 한 번 생각할 필요가 있다. 하지만 사실상 서구에는 이미 중세 후기에 그리스도의 인성과 고난에 매우 밀접하게 관련된 강한 흐름이 있었다. 그리스도의 십자가상에 대한 중세 초기의 초상은 특징적인 형식과 함께 다소 비사실적이다. 그것은 그리스도의 고난(*Christus patiens*)보다는 그리스도의 승리(*Christus triumphans*)를 표현한다.[21] 사정이 이런 터에 거기 그려지는 것이 사실적인 죽음인지 아닌지를 묻지 않을 수 없다. 그러나 13세기에 성 프란체스코와 프란체스코 수도회의 경건이 점차 영향력을 키워감에 따라 그림과 시에 '새로운 리얼리즘'을 부여하면서 예수의 인성과 수난에 대한 관심도 동시에 고조되었다.[22]

그러한 예술적 변천은, 아시시(Assisi)의 성 프란체스코 성당 상부에 프레스코화를 그린 치마부에(Cimabue, 대략 1240-1302년)의 작품에 잘 드러난다. 1290년대에 나온 그의 '십자가상'(Crucifix)에서 비로소 우리는 여기에 정말로 고난을 당한 사람이 있었다는 것을 관람자가 인식하게 만드는 감정적 격렬함을 보기 시작한다.[23] 그러나 많은 사람들은, 비록 최초의 것은 아니

---

21) 아울렌(G. Aulen)은 그리스도가 인간 구원을 어떻게 성취했는지에 대한 '고전적인' 신학적 설명이 바로 '승리자 그리스도'(*Christus Victor*)라고 주장한다(*Christus Victor: An Historical Study of the Three Main Type of the Idea of Atonement* [London: SPCK, 1931; new edition 1970]).

22) Pelikan, *Jesus* 139-40; D. Adams, 'Crucifix', in J. Turner, ed., *The Dictionary of Art* (London: Macmillan, 1996) 8.211-12; G. Finaldi, *The Image of Christ* (London: National Gallery, 2000) ch. 4.

23) J. R. Spencer, 'Cimabue', *EncBr* 4.616.

지만 잔인할 만큼 사실적인 성상화의 가장 두드러진 사례가 약 200년 후에 그뤼네발트(Grünewald)의 아이젠하임(Isenheim) 제단 작품에서 발견된다고 본다. 여기서 우리는 채찍질당한 육체와 십자가상의 역사적 현실을 대단한 공포와 기괴함 가운데 직면한다. 이는 냉담한 신이 아니다! 그뤼네발트의 아이젠하임 제단 작품이 에라스무스의 그리스어 신약성서와 함께 1516년에 완성되었고, 그해는 바로 루터가 그의 유명한 반박문을 비텐베르크 교회 문에 내걸기 한 해 전이었으며, 그렇게 종교개혁이 개시되었다는 것은 역사적 호기심을 돋울 뿐이지만 그럼에도 주목할 가치가 있다.

과거에 비추어 현재를 비판하는 르네상스의 관심이 가장 큰 영향을 끼친 지점은, 교회와 관련하여 예수가 진정 무엇을 의도하였는가라는 질문을 제기하는 부분이다.[24] 이로써 역사 또는 역사학과 전통적인 신앙 사이의 긴장이 더 날카로워지고 더 불편해지기 시작했다. 그러나 아직 대립하거나 부대낀 것은 아니었다. 종교개혁자들은 전통적인 그리스도 신앙이나 그리스도론이 아니라 그들이 교회적 폐단이라고 파악한 것에 적대적으로 반응하고 있었다. 오히려 반대로 종교개혁자들에게는 예수에 관한 그리스도교의 핵심 교리를 다시 확신하는 것이 중요했다. 어떤 건수가 있을 경우, 가령 그리스도의 신성을 부인하는 소키누스(Socinus)주의자들에 대해서 종교개혁자들은 가톨릭 교도보다 훨씬 더 맹렬하게 적대적이었다.[25] 급진적 종교개혁이 극단주의자들을 양산하여 주요 종교개혁자들이 중요하게 여긴 것을 위협했을 때, 그들은 그리스도론 교리가 어떤 식으로든 약화되는 것을 그리스도교의 개혁이 아니라 그리스도교의 존재 자체에 대한 위협으로 인식했을 것이다.

신앙과 역사의 진짜 대결은 앞에 기다리고 있었다.

---

24) 특히 그리스도가 자신의 교회를 세우겠다고 약속한 바위(마 16.18)가 베드로 자신이 아니라 그리스도에 대한 베드로의 신앙이었다고 주장하는 종교개혁자들의 발랄한 시도에 비추어 볼 때 그렇다(O. Cullmann, *Peter: Disciple, Apostle, Martyr* [London: SCM, ²1962] 168).

25) 예컨대, H. L. Short, 'Unitarians and Universalists', *EncBr* 18.859–62 (여기서는 860); Brown, *Jesus* 30–1.

제 4 장

도그마로부터의 탈주

계몽주의(대략 1650-1780년)와 함께, 신앙과 역사의 긴장도 점점 양극화되었다. '역사적 예수 탐구'가 시작된 시점도 대부분 이 기간부터로 잡는다. 신앙과 역사의 긴장이 견딜 수 없게 되고 노골적인 갈등으로 폭발했을 때 그 탐구는 각종 에피소드로 불거지다 종지부를 찍었다. 이 부분의 개관은 먼저 그 탐구에 관여한 학자들이 전통적인 신앙의 주장들과 이런저런 정도의 차이를 가지고 거리를 두고자 했을 때 보여준 양상들에 먼저 초점을 맞출 것이다(이번 장에서 다루어진다). 그 다음에 우리의 초점은 학자들이 그 탐구에 반응을 보이면서 역사의 새로운 주장들에 거리를 두고자 했을 때의 경합 국면으로 이동할 것이다(제5장). 여기서 나는 분석이 깊게 진행된 탐구에 대한 완벽한 분석 같은 것을 시도하고 있지 않다는 점을 다시금 강조해야겠다. 나는 그저 그러한 탐구에 관심이 여전한 사람에게 계속하여 상관이 있고 특별한 의의를 지니는 이정표를 부각시키고자 할 뿐이다.

4.1 계몽주의와 근대성

a. 과학적 비평

계몽주의는, 대체로 서구에서 학자들이 정립된 기존 권위와 전통에 대하여 자신과 자신들의 지식이 예속되었다고 지각한 족쇄로부터 스스로 '해방하기' 시작한 기간에 부여된 명칭이다. 갈릴레오가 전형적인 경우였다. 가톨릭 교인으로서 그의 신앙적 경건에도 불구하고, 갈릴레오는 로마에서 재판에 회부되었고 코페르니쿠스의 '교리'(!)를 가르쳤다는 이유로 유죄로 판결되었으며 그 교리를 철회하도록 강요받았다(1633년)는 사실은, 신학이 새로운 과학에 맞서 유지하고자 한 주도권의 현주소를 압축적으로 보여준다. 그러나 계몽주의 학자에게 그것은 관용할 수 없는 것이 되어버렸다.[1] 그 철학적 기초는 르네 데카르트(1596-1650년)가 제공하였다. 데카르트는 분석적(과학적, 수학적) 사유의 모델을 명확한 체계로 수립하여 모든 수용된 생각과 의견은 자신이 자명한 사실에 의해 설득될 때까지, 또 그렇게 설득되지 않는다면, 체계적인 의심의 대상이라고 보았다.[2] 본질적으로 계몽주의는 근대 과학과 근대 과학적 방법의 출현을 알린다. 거기서 세계에 대한 정보는 성서나 교회적 또는 고전적 권위에서 오는 것이 아니라 세계 자체에서 주의 깊은 관찰과 반복적인 실험을 통해 발견되어야 할 것이다.

계몽주의의 영향을 받은 성서학자와 신학자들은 같은 논리를 따랐다. 새로운 과학은 성서의 자리를 대신하면서 점점 더 지식의 패러다임이 되어갔다. '과학적 비평'의 개념은 과거의 기록들을 근대 과학적 지식의 견지에서 평가하는 과제를 지닌 것이라는 주장이 제기되기 시작했다. 동시에 많은 사람들이 이전에 과거에 대한 현재의 인식을 흐리게 한, 무지하고 원

---

1) 갈릴레오의 의의에 대해서는, 가령 I. G. Barbour, *Issues in Science and Religion* (London: SCM, 1966) 23-34을 보라.
2) L. J. Beck, 'Decartes, René', *EncBr* 5.597-602: 의심하는 자에게 자명한 한 가지 사실은 그가 의심하고, 의심함으로써 사유한다는 것이므로, 자명한 확실성의 초석은 '나는 생각한다, 그러므로 나는 존재한다'(*Cogito, ergo sum*)라는 그 유명한 공식에 의해 주어진다.

시적인 미신으로 종종 간주한 것들에서 자유로워졌다.[3] 예수의 과거성에 대한 학문적 연구를 위한 세 번째 모델은 이렇게 발전했다. 그것이 바로 **과학적 탐구**의 모델인데, 곧 새로 등장한 자연과학이 제공한 패러다임을 따라 과거를 탐구하는 것이다.

b. 과학적 역사

하나의 개념으로서 '근대성'이란 말은 '계몽주의'란 말과 겹쳐진다. 그것은 점차 증가한 과학적 관점과 계몽주의 이후 서구 유럽에서 지적인 활동을 지배한 세속적 준거 체계를 가리킨다. 그러나 하나의 문구로서, 서구 지성사에서 '근대성'은 계몽주의를 넘어 지속되더니 1960년대까지 줄기차게 뻗어갔다.[4]

'역사적 예수 탐구'에 대한 가장 오래 지속된 '근대성'의 결과는 과학적 패러다임을 **역사**에 적용한 것이었다. 역사는 가설을 발전시키고 법칙을 발견하는 과학으로 재정의되기에 이르렀다. 그것은 역사가 물리학에서 가설과 법칙의 힘에 유비되는 설명의 힘을 갖는다는 것을 의미하는데, 이로부터 '과학적 역사'라는 개념이 나왔다.[5] 그러한 '과학적 역사'는 19세기까지는 등장하지 않았다. '근대성'의 전기 단계에서 에른스트 트뢸취(Ernst Troeltsch)가 말한 대로, '역사적 사실은 "논증이 아니라 설명을 위하여" 유용할 뿐이었기에 과학적 비평의 대상이 될 수 있다.'[6] 그러나 20세기 초에 역사적 방법은 과거를 재구성하는 강력한 도구로 등장하였다. 1830년대 레

---

3) P. L. Gardiner, 'History, Philosophy of', *EncBr* 8.962.
4) 내 동료 데이비드 브라운(David Brown)은 두 용어 다 좁은 의미와 넓은 의미로 사용된다고 지적한다. 좁은 의미로 말해 계몽주의는 18세기 운동을, 근대주의는 20세기 운동을 암시한다. '그러나 두 용어는 공통적으로 넓은 의미로 사용되는데, 바로 그 의미에서 그 용어들의 영향력은 포스트모더니즘과 경쟁하면서 현재까지 계속해서 아주 많이 사용된다고 말하는 것이 더 나을 것이다'(2001년 9월 13일 사적인 대화에서).
5) J. Appleby, L. Hunt, and M. Jacob, *Telling the Truth about History* (New York: Norton, 1994) chs. 1–2. 예컨대, E. Troeltsch, 'Historiography', *ERE* 6.716b–23a, 특히 717b–19a을 보라.
6) 'The Significance of the Historical Existence of Jesus for Faith', in R. Morgan and M. Pye, eds., *Ernst Troeltsch: Writings on Religion and Theology* (Louisville: Westminster/John Knox, 1990) 182–207 (여기서는 186).

오폴트 폰 랑케(Leopold von Ranke)는 역사가를 위한 모델이 되었고, 그의 유명한 공식 '있었던 사실 그대로'를 기술하는 것은 과학적·객관적 역사의 구호가 되었다.[7]

엄밀하게 말하면, 그런 식의 '역사적 예수' 탐구는 역사적 방법이 현재의 그리스도—교리의 그리스도와 정교한 전통—배후를 침투하여 과거의 사실적인 본래 예수로 돌아가는 도구가 된 19세기까지는 시작되지 않았다. '역사적 예수'는, 정의하자면, 관찰 가능한 역사적 세계의 일부였다. 관찰 가능한 세계의 기록을 분석하듯이 예수에 대한 복음서 기록을 분석하는 것 이상으로 더 자연스러운 무엇이 있을 수 있단 말인가? 그리하여 예수에 대한 그리스도교의 기록을 학문적으로 연구하는 세 번째 모델은 과학적 질문으로, 이는 그 이후 150년간 '역사적 예수 탐구'를 지배한 도구가 된 **역사비평 방법**으로 조율되었다.

일단 역사비평 방법 배후에 있는 역사적 가정들을 주목해보는 것이 좋겠다. 그것들이 20세기 후반에 점점 더 아킬레스건으로 증명되고 있기 때문이다.

(1) 첫 번째 가정은, 역사(과거)에는 그 역사학(학문 분야)이 자연과학과 유사하게 취급되도록 할 만한 객관성이 있다는 것이다. 즉 역사적 사실은 수많은 고고학적 물품들처럼 과학적인 방법으로 밝혀내거나 복원할 수 있는 역사 속의 대상이라는 것이다(**실증주의**).

(2) 두 번째 가정은 첫 번째와 상관 관계가 있다. 즉 역사가는 스스로 역사적 사실을 다루면서 전적으로 불편부당하고 엄밀하게 객관적이며, 따라서 편견 어린 가치 판단을 피할 수 있다는 것이다(**역사주의**). 여기서 전적으로 인식되지 않고 그리하여 의문시되지 않은 부분은, 역사는 과학적 진보와 서구 세계 근대화에서 정점에 다다른 통합된 역사적 발전의 '거대 서사'라는 것이다. 그와 같은 강요된 해석학적 틀은 압도적인 현행 사회 질서

---

7) Appleby, Hunt, and Jacob, *Telling the Truth* 67–68, 73–74. 트룀취는 '순수하게 역사적인 지식'을 말할 수 있었다('Historiography' 718b).

를 당연한 것으로 여겼고 비판 없이 수용하였다.[8]

(3) 이러한 것들의 배후에는 인간 이성은 참된 사실과 거짓 사실을 분별하는 과학적인 척도라는 계몽주의 가설이 놓여 있다. 이성이 하나님이 주신 것으로 여전히 이해되었기에 이는 본래 비종교적이거나 반종교적인 정서로 의도되지 않았다. 그러나 근대성의 이름으로 심화된 세속주의의 물결 속에 자율적 인간 이성은 점점 더 중심축으로서 그 승리를 구가하는 것처럼 보였다.

(4) 이 배후에는, 우주가 힘과 질량이 조화된 단일한 구조이며(이는 이미 고대의 신념이었다) 세계는 인과관계의 닫힌 체계로서 불변의 법칙을 따르는 복잡한 기계와 같다는 힘과 중력의 보편적 법칙을 발견한 아이작 뉴턴(Issac Newton)의 가설이 자리 잡고 있다.[9] 그 추론인즉, 모든 사건은 본래 예측 가능하고 원인의 결과는 이미 관찰 가능하며, 따라서 신의 개입을 위한 여지가 없다는 것이었다. 그리하여 어떤 경우에든 신적인 개입을 가정하는 것은 과학적 탐구와 과학으로서 역사의 전체 원리를 훼손하리라는 것이었다.

이제 예수라는 역사적 인물과 현재 신앙 사이의 좀더 효과적인 교량을 세우려고 합리화하는 시도들 배후에 있는 이러한 해석학적 가정들의 약점을 찾아내기란 쉽다. 그러나 그러한 가정들이 19세기 모든 과학적 학문 영역에 퍼져 있었고, 오늘날 많은 대중적 학문의 감추어지고 전제된 차원에서 여전히 영향력을 발휘하고 있음을 깨닫는 것이 중요하다. 동시에 역사적 탐구의 필요와 역사적 방법이 발전한 기원을 계몽주의 또는 근대성에만 외곬으로 연계시키지 말아야 한다. 현재 이 연구와 관련하여 또한 서구의 역사 인식과 과거/현재의 역사적 거리와 차이에 대한 인정이 계몽주의와 함께 시작하지 않았다는 점(제3장부터 언급함)을 다시 떠올리는 것이 중요하다. 반대로, 그것들은 적어도 2-3세기 전 르네상스와 고전적 뿌리에 대한

---

8) Appleby, Hunt, Jacob, *Telling the Truth* 232; G. G. Iggers, *Historiography in the Twentieth Century: From Scientific Objectivity to the Postmodern Challenge* (Hanover: Wesleyan University, 1997), 23–30.
9) Barbour, *Issues in Science and Religion* 34–37, 56–60을 다시 보라. 계몽주의의 초기 단계에 하나님의 대중적인 이미지는 세계를 시작하고 그 뒤로 자신이 고안한 기계 장치(자연법)에 의해 굴러가도록 방치한 은퇴한 건축가 또는 신적인 시계공이었다(40–43).

서구의 재각성으로 거슬러 올라간다.[10] 역사 연구의 '과학적 방법'에 첨부된 여분의 '수하물'이 얼마나 많든지 간에, 그 기본은 '과거는 이방 나라이고 거기서는 일을 다르게 처리한다'는 견고한 이론적 근거이다.[11] 역사적인 것과 비역사적인 것의 구별이 일관되게 중요하다는 기본적 신념도 마찬가지다.

하지만 그렇게 말해진 뒤에도 질문은 여전히 남는다. 가령, '역사적 방법'이라는 생동하는 개념과 실제가 명멸하는 역사주의자와 실증주의자의 근대성이란 관점과, 편협해지는 합리주의자와 계몽주의 운동의 과학적 가정으로부터 갱생될 수 있는가 하는 질문이 떠오른다. 그것은 우리가 제6장에서 다시 살펴봐야 할 질문이다.

4.2 계시와 기적 벗어나기

신앙의 관점에서 볼 때 예수에 대한 복음서 기록을 '과학적 비평'으로 다루는 데서 나타나는 가장 극적이고 도전적인 결론은 **계시**와 **기적**의 근본 개념에 잇닿아 있었다. 예전에는 이성이 계시와 기적 검증이란 더 높은 권리 주장 앞에서 순응했던 반면, 이제 그 역할은 뒤바뀌었고 계시와 기적을 위한 권리 주장은 이성의 판단에 복속되었다. 성서 기록 가운데 기적 이야기는 스피노자(Baruch/Benedict Spinoza, 1632-1677년)의 과학적 비평으로 첫 번째 심각한 도전을 받았다.[12] 예수에 대한 전통적 견해를 처음 맹공한 자는 영국의 이신론자 토마스 첩(Thomas Chubb, 1679-1747년)이었다.[13] 그러

---

10) '르네상스 문화가 뿌리를 내린 곳에서는 어디든지 근대 역사 또한 진화했다'(Troeltsch, 'Historiography' 717b).

11) P. Hartley, *The Go-Between* (London: Hamish Hamilton, 1953)의 서문에서 자주 인용되는 첫 번째 행.

12) 특별히 D. L. Dungan, *A History of the Synoptic Problem* (New York: Doubleday, 1999) ch. 16 (여기서는 212-13, 229-32)을 보라.

13) 예컨대, Kümmel, *New Testament*, 54-57; Baird, *History* 39-57을 보라. 부족한 학문적 역량에도 불구하고, 첩은 '역사적 예수 탐구의 창시자'로 칭송받을 만하다(Allen, *Human Christ* 76). 이신론자들이 라이마루스(Reimarus)에 앞서서 라이마루스에게 영향을 미친 다른 지점들에 대해서는 Talbert의 *Reimarus* 서론(아래 각주 15) 14-18과 추가로 Brown, *Jesus* 36-55을 보라.

나 신앙에 대한 도전의 무게란 견지에서 가장 좋은 사례는[14] 다음 두 인물에 의해 연속하여 등장한 고전적인 두 저작이다. 그 첫 번째는 라이마루스(Hermann Reimarus, 1694-1768년)로서, 논쟁을 불러일으킨 그의 저작은 사후에나 출판될 수 있었다.[15] 그리고 두 번째가 슈트라우스(David Friedrich Strauss, 1808-1874년)로서, 그가 쓴 『예수의 생애』(*Life of Jesus*)[16]는 결과적으로 그의 학문적 삶을 파탄시켰다.[17]

이 두 경우에서 해석학적 가정은 복음서의 역사적 가치를 분석하기 위한 두 가지 기준을 낳았다. 모순과 일치.[18] 본문이 다른 본문과 모순되는 것으로 보이거나[19] 사건의 진행을 지배하는 것으로 알려진 보편 법칙과 불일치하는 곳에서, 이러한 본문에 나오는 이야기들은 과학적인 토대 위에서 비역사적인 것으로 판단되어야 했다. 여기서 과학적 비평은 결과적으로 초장부터 신앙의 전통적 권리 주장과 모순되는 것으로 입장을 드러냈는데, 그 모순은 여전히 오늘날 과학적으로 교육받은 대부분의 사람들에 의해 모순으로 여겨지고 있다.

---

14) 데이비드 브라운은 '신앙'(faith)이, 지식이나 신념(belief)을 말하는 것을 더 선호한 많은 계몽주의자들이 거부한 개념 범주였다고 내게 상기시켜주었다. 그럼에도 내가 계속 이 용어를 사용하는 것은 이 탐구의 국면에서 내가 고수하는 관점을 적시하기 위해서다.

15) 레싱(G. Lessing, 1774-78)이 수집한 일곱 개의 조각 글들 중에 가장 긴 마지막 논문 'Von dem Zwecke Jesu und seiner Jünger'는 'Concerning the Intention of Jesus and His Teaching' edited by C. H. Talbert, *Reimarus Fragments* (Philadelphia: Fortress, 1970/London: SCM, 1971)의 영어 번역에서 찾아볼 수 있다. 아울러 G. W. Buchanan, *Hermann Samuel Reimarus: The Goal of Jesus and His Disciples* (Leiden: Brill, 1970) 참조. 대표적으로 슈바이처는 영국의 이신론자들을 무시하면서 라이마루스를 역사적 예수 탐구의 기원으로 간주했다. 그 조각 글에 대한 슈바이처의 평가도 너무 부풀려졌다: '이 논문은 비평 역사에서 가장 위대한 사건 가운데 하나일 뿐 아니라 세계 문학의 걸작이다'(Quest² 15-16). 하지만 라이마루스에 대한 슈바이처의 이러한 높은 평가는, 역사적으로 예수가 움직인 사상 세계가 본질적으로 종말론적이었다는 사실을 최초로 파악한 사람이 라이마루스였다는 그의 결론에서 나온 것이라는 점은 주목되어야 한다(Quest² 22).

16) D. F. Strauss, *The Life of Jesus Critically Examined* (1835-36, ⁴1840: ET by George Eliot, 1846, ²1892; reprinted with Introduction by P. C. Hodgson, Philadelphia: Fortress, 1972/London: SCM, 1973). 엘리엇의 전기작가는 '19세기의 책들 가운데 영국 내 종교 사상에 (이보다) 더 심오한 영향을 끼친 책은 거의 없었다'고 지적한다(G. Haight, *George Eliot: A Biography* [New York: Oxford University, 1968], 59).

17) Schweitzer, *Quest* ch. 7; 또한 H. Harris, *David Friedrich Strauss and His Theology* (Cambridge: Cambridge University, 1973); J. C. O'Neil, *The Bible's Authority: A Portrait Gallery of Thinkers from Lessing to Bultmann* (Edinburgh: Clark, 1991) 108-16; Baird, *History* 246-58; 그리고 Strauss의 *Life*에 대한 핫지슨(Hodgson)의 서론과 D. F. Strauss, *The Christ of Faith and the Jesus of History* (1865; ET Philadelphia: Fortress, 1977)에 대한 켁(L. E. Keck)의 서론을 보라.

18) Talbert, *Reimarus* 13, 25-26; Strauss, *Life* 88-89.

19) 여기서 라이마루스는 결과적으로 본문의 '평이한 의미'를 정통 개신교를 향한 적대적 무기로 사용하고 있었다.

라이마루스는 두 번째 기준으로 필연성의 원리를 내세워 작업했다. 그에 의하면 강하게 주장된 계시는 자연 이성으로 도달할 수 없는 지식을 담고 있기에 그 증거를 설명해야 한다. 그런데 그 증거는 자연적 원인으로는 납득될 수 없다.[20] 실제로 그는 단언된 계시의 사례들이 자기모순으로 가득 차 있다고 주장했다. 이렇게 그는 예수와 제자들 사이에 체계적으로 쐐기를 박은 첫 번째 인물이었다. 그에 따르면 특히 모든 인류를 위해 고난받는 구세주로 예수가 죽었다는 것은 예수의 의도와 모순되며 제자들이 연속하여 꾸며낸 것으로 간주되어야 한다는 것이다.[21] 예수의 본래 의도는 실제로 '세상적 메시아의 희망으로 유대인들을 각성시키는 것'과 신속한 구원이었다. 그런데 예수의 죽음은 그 희망의 실패를 확실히 보여주었다.[22] 예수의 부활에 대한 신약성서의 다양한 이야기에 드러나는 자기모순에 대한 라이마루스의 분석은 후대 다른 회의적 비평과 비교해도 필적할 만한 경우가 드물었다.[23] 그리스도교 변증가들이 수세기 동안 의존해온 이른바 기적이라는 것과 관련해서는, 기적 보도가 증명되어야 할 사안인 만큼 많은 탐구가 요청되었지만 그 이래로 실제 그들이 증명한 것은 아무것도 없다.[24] 반면 라이마루스에 관한 한, 그리스도교의 기원과 확산은 순전히 자연적 근거 위에서 역사적으로 설명될 수 있었다. 이를테면 사도들이 예수의 죽음에 앞서 이전에 자신들이 성공한 것을 되살려 유지하려고 속임수를 썼다는 것이다.[25]

여기에 신앙이라는 군더더기, 곧 예수의 첫 제자들이 꾸며낸 변조물을 잘라내기 위해 과학적 비평이 수술칼로 사용되고 있었다. 그리고 처음으로, 물론 마지막은 아니지만, 다음과 같은 물음과 함께 체계적인 도전이

---

20) Talbert, *Reimarus* 13-15. 이 점은 이신론자 존 톨랜드(John Tolland)가 앞서 논의함(Talbert, *Reimarus* 16-17).
21) Talbert, *Reimarus*, 129, 134, 151. 이 점은 특히 첩(Chubb)이 앞서 논의함(Kümmel, *New Testament* 발췌물 55-56).
22) Talbert, *Reimarus* 135-50.
23) Talbert, *Reimarus* 153-200. 이 점은 특히 이신론자 비터 아넷이 앞서 논의함(Baird, *History* 49-50).
24) Talbert, *Reimarus* 230. 이 점은 이신론자 토머스 울스턴(Thomas Woolston)이 앞서 논의함(Baird, *History* 45-49).
25) Talbert, *Reimarus* 240-269.

제기되었다. 이후의 그리스도교인들이 예수에 관해 제기한 주장의 목표와 구별되는 **예수의** 목표는 무엇이었나? 나사렛의 예수는 복음서에 묘사된 인물과 전적으로 다른 존재인가? 계시에 대한 주장이 그렇게 괄호로 묶일 수 있는 지점에서 합리적인 근거로 보면 '아래로부터'의 그리스도론은 성격상 '위로부터'의 그리스도론과 아주 다를 수밖에 없지 않은가?[26] 나아가 예수에 대해 달리 기록한 복음서의 이야기들 사이에 드러나는 자기모순과 불일치를 오늘날 독자들은 어떻게 납득해야 하는가? 라이마루스 이후 어떤 에누리 없는 조화도 간단히 믿을 수 없는 것이 되어버렸다.

라이마루스와 슈트라우스 사이에 예수의 기적은 관심의 초점이 되었고, 합리주의적 추론에 기반하여 복음서 이야기의 역사성을 구해보려는 다양한 시도들이 있었다. 예컨대, 다층적 기록들의 모순은 여리고에서 맹인들을 치유한 세 개의 다른 사건이 있었다고 가정함으로써 설명할 수 있었다.[27] 초자연적인 것과 관련한 좀더 조야한 요소들은, 가령 나병환자나 맹인의 치유가 일회적으로 즉각 이루어진 것이 아니라 여러 차례에 걸쳐 이루어졌다고 주장함으로써 벗겨낼 수 있었다. 대안적으로 전체 기적 사건들은 자연 현상 등으로 설명될 수 있었다. 예컨대, 갈릴리 바다의 폭풍은 배가 돌출된 지형을 돌아갔기 때문에 잠잠해졌다.[28] 예수가 물 위를 걷는 것처럼 보였지만 사실은 해변에 있었거나(배가 복음서에 기록된 것보다 더 해변에 근접해 있었다) 또는 뗏목 위에서 균형을 잡고 있었다. 5,000명을 먹인 것은 요한복음 6.9에 나오는 아이가 나머지 사람들을 부끄럽게 하여 자신들이 싸온 도시락을 나누도록 했기 때문에 가능했거나(여전한 대중적 합리화), 또는 (내가 개인적으로 좋아하는 것이지만) 예수는 에세네파의 다른 성원들이 전에 빵을 저장해두었던 동굴 앞에 서 있다가 그냥 그것들을 조금씩 나누어주었을 뿐이다.[29] 이 모든 것들이 불신앙의 표현이 아니었다는 점이 주목되

---

26) '아래로부터의 그리스도론'이란 말은 대개 예수가 인간이 된 하나님이라는 신조상의 가정보다는 역사적으로 평가된 복음서의 자료로부터 예수의 의의를 자리매김하려는 시도를 의미한다.
27) 그때 토론되던 해결책에 대한 슈트라우스의 가차없는 분석을 보라(*Life* 441-44).
28) 갈릴리 바다에 이렇다 할 돌출된 지형(곶)이 없다는 사실은 신경 쓸 것 없다.
29) 그 예는 원리적으로 Schweitzer, *Quest*[1] 41, 52=*Quest*[2] 40, 50-51에서 끌어온 것이다. 추가로

어야 한다. 반대로 그것들은 과학이 모든 지식을 위한 패러다임으로 확립되어 지배적인 해석학적 원리를 제공하던 세계에서 신앙을 유지하고자 한 시도였다. 예수와 관련하여 보도된 기적들을 합리화하는 것이 여전히 오늘날 문학과 설교에서 통상적으로 나타난다는 사실은 많은 그리스도인들이 예수에게 속한 최소한 몇 가지의 기적들에 대하여 계속하여 느끼는 불편함과 과학적 패러다임의 지속적인 영향력을 보여준다.

슈트라우스는 기적은 일어나지 않는다는 합리주의자의 동일한 전제를 수용했다. 따라서 그렇게 경우에 따라(자의적으로?) 신이 개입한다는 것은, 자연법의 규칙성과 일관성을 가정하는 능력에 의지하는 과학적 탐구의 근본 원리를 훼손하리라는 것이다.[30] 그러나 슈트라우스는 복음서 이야기의 상세한 내용을 제쳐둠으로써 기적적인 것을 간직하려는 시도가 외려 본문을 더 이상 믿을 수 있게 만들지 못하게 하여 기적을 포기하는 것을 의미한다는 점을 날카롭게 꿰뚫어보았다. 나아가 기적을 **모조리** 제거함으로써 그 기적 이야기의 역사성을 간직하려는 시도는 실제로 **그 이야기의 전체적 요지와 의의를 파괴해버렸다.** 본문이 분명히 기적을 이야기하고자 의도한 곳에서 그 본문이 긍정한 것을 부인함으로써 얻을 수 있는 게 무엇인가? 본문 배후의 역사를 구하려는 시도는 실제로 본문 자체를 파괴하고 있었다. 본문 배후의 역사를 설명해버리려는 시도보다는 그 본문이 어떻게 생겨났는지를 설명하는 것이 일차적 노력이 되어야 한다. 이야기된 그 **사건**이 어떻게 생겨날 수 있었는지에 대한 물음을 가지고서 다른 사람이 시작한 곳에서, 슈트라우스는 그 기적 사건의 **서사**가 어디서 발원했는지를 물으면서 시작했다.[31]

Brown, *Jesus* 163-72을 보라.

30) 신앙 쪽에서 시도한 기적의 옹호는 전형적으로 신적 개입이 함축하는 바를 너무 소홀히 설명해왔다. 그도 그럴 것이, 자연 과정과 현상의 서로 맞물린 성격에 의하면, 남미의 나비 한 마리 움직임이 갈릴리에 폭풍을 일으키는 영향 요인일 수 있기 때문이다. 그로부터 다다른 해결책인즉, 기적을 '신적인 개입'으로 정의하는 것을 포기하는 것이었지만, 이것은 인과관계를 약간 '조종하여' 어떤 사람을 '구원'하면서 다른 사람은 외면하는 하나님의 그럴듯한 자의성이라는 신학적 문제를 여전히 남긴다.

31) 슈트라우스는 그의 기본 입장을 단번에 진술한다(*Life* 40); 좋은 예는 500-501, 546.

그 나름의 해결책은 '**신화**'라는 말 가운데 요약되는데, 이것이 그 용어가 역사적 예수 탐구에 주요 요소로 들어간 첫 번째 시점이었다. 슈트라우스에게 신화는 관념의 표현 또는 구현이었다. 복음서에서 신화는 그리스도에 대한 첫 그리스도인들의 관념이 표현된 결과라는 것이다. 요컨대, 이야기를 만드는 것은 관념이고 서사는 관념으로부터 창조된다.[32] 그리스도와 관련한 관념의 그러한 서사적 구현(신화)은 예수의 생애 처음과 끝에 있었던 사건과 관련하여 이미 적시되었다. 슈트라우스가 취한 동작은 이 신화의 이론을 예수의 생애 전체로 확산시킨 것이었다.[33] 그는 어떤 복음서 이야기들을 역사적 신화로 명명한 바 있는데, 거기서 신화적 요소들은 역사적 사건을 휘감고 엉켜들었다고 보았다. 예수의 세례는 그 좋은 예이다. 예수의 세례라는 역사적 사건은 하늘이 열리고 하늘의 목소리가 들리며 성령이 비둘기처럼 내려오는 이야기로 정교하게 발전해나갔다. 슈트라우스는 다른 것들을 역사적 사실에서 일치하는 사례가 없는 순수한 신화로 간주했다. 예컨대 예수의 변형 이야기는 예수가 새로운 모세라는 관념에서 발전했다.[34] 그 모든 것 뒤에는 예수, 즉 제자들에 의해 메시아로 간주된 예수, 따라서 당시 현존한 메시아를 향한 그 기대를 실현해줄 것으로 간주된 예수에 대한 관념이 있었다. 비록 그것이 예수의 개인적 성격, 행동, 운명이 제자들에게 남겨놓은 인상으로 일부 수정되었을 법하더라도 말이다. 하지만 슈트라우스가 보기에 이 관념은 그리스도의 특수성을 초월하는 신인(God-manhood)이라는 이상형(the ideal) 속으로 전이되어간다. 슈트라우스에게 진정 문제시된 것은 바로 그 이상형이었다. 역사적 인물 자체는 더 이상

---

32) 이와 관련하여 슈트라우스의 가장 분명한 정의는 그의 후대 저작 *A New Life of Jesus* (1864; ET London: Williams and Norgate, ²1879)에 나타난다: '신화는 그 본래 형식에 있어서 개인의 의식적이고 의도적인 발명품이 아니라 사람들이나 종교 동아리의 공통적 의식의 산물이다. 그 신화는 개인이 처음 진정으로 공표하지만 바로 그 이유로 그러한 개인이 이 보편적 신념의 기관(organ)일 뿐이라는 믿음과 조우한다. 신화는 영리한 사람이 자기 속에 떠오르는 관념을, 그 사실을 모르는 대중을 위한 것으로 위장하는 것과는 다른 것이다. 오히려 그것은 개인이 아직 그 관념에 대해 순전히 파악하고 있는 것은 아니라는 사실을 이야기하는 서사의 형태로, 오직 서사와 함께 존재한다' (1.206).
33) Strauss, *Life* 65.
34) Strauss, *Life* 86-87, 242-46 (세례), 540-46 (변화).

중요하지 않았다.[35]

　　그러한 간결한 설명만으로는 슈트라우스가 수행한 각 복음서 이야기에 대한 놀랍도록 상세한 비평을 공정히 평가하는 출발점조차 못된다. 그의 저작은 그 자체로 음미할 필요가 있다. 슈바이처가 살핀 대로, 슈트라우스가 쉽게 무시될 수 있다고 생각하는 사람들은 자신들이 결코 슈트라우스를 주의 깊게 읽지 않았음을 증명할 뿐이다.[36] 슈트라우스가 그렇게 논쟁적인 인물로 판명되었기 때문에,[37] 그의 의의는 적절히 측량하기가 어렵다. 그러나 특별히 세 가지 핵심 요지는 주목되어야 한다. (1) 슈트라우스는, 비록 그가 명백한 의도 배후의 깊은 이론적 근거를 차례로 탐구하고자 했을지라도, (기적을 이야기하기 위해서는) 역사의 예수와 관련된 해석학적 토론에서 본문의 배후 사건에 대한 탐구를 시도하기 전에 **본문의 의도를 인식하는 것이 중요함**을 강조한 첫 번째 인물이었다. 복음서 본문에 대한 슈트라우스의 신화적 해석은, 무엇보다도 본문의 표층에 나타난 불일치를 해소하기 위해 문자적 해석 아닌 다른 해석에 호소한 교부 시대와 중세 시기의 방식에 상응하는 계몽주의의 시도였다는 점이 간과되어서는 안 된다. (2) 슈트라우스의 저작은 전형적인 계몽주의 신자들이 복음서의 **기적**에 관하여 그 당시 경험한 당혹감을 고조시켰다. 예수의 기적에 대한 보도들이 비평적 탐구의 이후 백 년 내에 거의 크게 다루어지지 못했다는 사실은 놀랄 일이 못된다. 슈트라우스가 그 보도들을 마치 권투 경기장에서 상대를 무릎 꿇리듯 효율적으로 제패해버렸던 것이다. (3) 라이마루스와 슈트라우스는 도그마의 그리스도로부터 감행한 그들의 탈주에서 객관적 역

---

35) Strauss, *Life* 780–81. 바르트(Karl Barth)는 슈트라우스를 '역사 속에서 하나님의 계시의 문제를 신학의 관심사로 견인한 첫 번째 인물'로 보고 그의 탁월한 명성을 인정했다(*From Rousseau to Ritschl* [London: SCM, 1959] 363, 또한 388).

36) '만일 이러한 것들[예수의 기적에 대한 이러한 합리주의자의 설명들]이 오늘날 신학을 계속 괴롭힌다면, 그것은 그저 다피트 프리드리히 슈트라우스의 이름으로 명하는 것만으로 패하여 달아날 수 있는 귀신 같은 것에 불과하다. 그리고 그 귀신은, 슈트라우스의 책을 조야한 것으로 간주한 신학자들이 그 책을 읽기 위해 골치를 썩었다면 오래전 더 이상 걷기를 멈추었을 것이다'(Schweitzer, *Quest*[1] 84 = *Quest*[2] 80). 배어드(Baird)는 슈트라우스의 책 『예수의 생애』를 '루터의 95개 반박문 이래 가장 혁명적인 종교적인 문서'로 분류한다(*History* 246).

37) 튀빙겐 신학대학원의 장식용 패에서 슈트라우스는 '신학과 교회의 추문과 장애물'('Ärgernis und Anstoss für Theologie und Kirche')로 기념되고 있다.

사라 칭할 만한 곳으로 도피하지 않았다. 다만 그들은 다른 이데올로기, 즉 한편으로는 합리주의의 이데올로기와 다른 한편으로는 관념론의 이데올로기로 들어갔을 뿐이다. 그러므로 그들은, 비평적 학문이 마찬가지의 활력으로 **자기 비평적**이지 못하다면 결코 충분히 비평적일 수 없다는 점을 경계하도록 상기시켜주는 인물들이다.

마지막으로 라이마루스와 슈트라우스의 급진적 비평에도 불구하고 그들이 복음서에 관한 학문적 탐구 전통의 일부로 남아 있었다는 점을 인식하는 것 또한 중요하다. 그러한 질문과 도전은 그 자체로 건전하고 학문적 탐구를 정직하게 유지하도록 도와준다. 이 모든 것 가운데는 피할 수 없고 피해서는 안 되는 어려운 질문들이 있다. 라이마루스와 슈트라우스의 저작은 나사렛 예수에 대한 과목에 필수적인 교재가 되어야 한다. 단지 그 탐구 자체의 일부 이야기로서가 아니라, 그들이 제기한 논제들이 지금까지 여전히 논제로 남아 있기 때문에 그렇다. 그리고 신앙/역사 대화에서 신앙 쪽에서 오는 사람들을 위해서도 그 책들이 처음 출간되었을 때 야기된 충격의 어떤 부분을 다시 경험하는 것은 적잖이 유익하다. 게다가 라이마루스와 슈트라우스의 계승자들과 나누는 대화는, 지식과 진리에 대한 토론을 위해 대학 수준의 탐구의 공론장 내에서 신학이 한 자리를 유지하도록 돕는 활동의 일부로서 유의미하다.[38] 만일 신학이 교회의 한계를 넘어 어떤 종류든 적실한 진리 주장을 계속하고자 한다면, 그것은 바로 그 공론의 장 안에서 해야 한다. 또 다른 대안으로는, **교회**(ekklesia) 밖에서 효과적으로 이해될 수도, 소통될 수도 없는 내부의 교회적 담론 안으로 안착하는 것뿐이다.

---

38) Riches, *Century of New Testament Study* 4을 참조하라.

4.3 자유주의의 예수

계몽주의 시대의 합리주의 안에서 시도된 이성에 대한 과도한 강조는 반작용을 낳을 수밖에 없었다. 우리가 사물을 어떻게 아는가를 다루는 인식론과 관련된 토론은 주로 이성의 연속적 역할 및 의존 가능성과 감각에 의한 인지 능력 사이에서 이루어졌다. 그러나 앎에는 또한 인격적 약속과 관계를 통한 앎의 영역, 곧 가슴을 통한 앎이란 게 있다. 계몽주의의 전성기에 일찍이 파스칼(Pascal)이 말한 대로, '가슴은 이성이 전혀 알지 못하는 그 나름의 이성을 가지고 있다.'[39] 교회 권역에서는 독일 경건주의[40]와 존 웨슬리가 선도한 영국의 복음주의적 각성운동이[41] 이미 활기찬 신앙을 위한 종교적 경험의 중요성을 강조하고 있었다. 그러나 이러한 사조의 더 넓은 반응은 낭만주의의 부흥에서 그 꽃을 활짝 피웠다.

'낭만주의 운동'은 대개 예술가들 가운데 심오한 내적 감정의 경험을 영감과 창조의 원천으로 보고, 즉각적 실재의 경험을 주는 것으로서 느낌을 새롭게 강조한 사조에 붙여지는 이름이다. 19세기 프랑스 시인 보들레르(Charles Baudelaire)의 말을 빌자면, '낭만주의는 주체의 선택이나 정확한 진리가 아니라 느낌이라는 양식 속에 자리 잡고 있다.'[42] 우리는 무엇이 절박한 것으로 느껴졌는지 그 감각을 얻기 위해 베토벤의 음악에서는 열정만을, 슈베르트의 가곡에서는 정서적 강렬함만을, 또는 '강력한 느낌의 자발적 범람'[43]이라고 한 워즈워스의 시에 대한 묘사만을 생각할 필요가 있다. 역사적 저술의 전유를 포함하는 문학비평에서 상응하는 해석학적 원

---

39) Pascal, *Pensées* 4.277.
40) 이 운동은, 벵겔(J. A. Bengel)이 그의 책 *Gnomon Novi Testament*의 서문에서 본문비평의 전문 기술에 덧붙여 추가로 다룬 경건주의적 열심 관련 부분에 잘 예시되어 있다.
41) 1738년에 있었던 웨슬리의 '올더스게이트 가 경험'('내 가슴이 이상하게 뜨거워지는 것을 느꼈다'는 바로그 경험)은 머리의 종교에 대항한 가슴의 종교에 대한 경건주의적/복음주의적 강조를 전형적으로 보여준다. 머리의 종교는 당시 버틀러(Butler) 주교의 합리주의를 특징적으로 대변하는데, 그가 존 웨슬리에 대하여 남긴 다음의 유명한 언급이 그 점을 예시한다. "선생님, 비범한 계시와 성령의 은사를 가장하는 것은 꺼림칙한, 아주 꺼림칙한 것입니다." R. A. Knox, *Enthusiasm* (Oxford: Oxford University, 1950) 450.
42) R. D. Middleston, 'Visual Arts, Western', *EncBr* 19.444.
43) 워즈워스의 *Lyrical Ballads*의 2판본에 붙여진 서문 참조.

리는, 그 저술을 낳고 창조한 저자와의 심리적 감정이입의 감각을 요청하며, 해석을 창조적인 행위의 재창조로 요청하는 원천으로서 영감의 창조적 경험에 참여하는 것의 목적이었다. 적어도 이것은 일반적으로 근대 해석학의 창시자로 여겨지는 슐라이어마허에 의해 그 문제가 공식화된 방식이다.[44]

낭만주의의 영향이 신학으로 들어온 것은 무엇보다 슐라이어마허를 통해서였다. 슐라이어마허에게 낭만주의는 팔팔한 젊은 열기의 경건주의를 환영하는 동맹 관계로 또는 경건주의의 대체물로 찾아왔다. 그의 변증적 저작인 『종교에 대하여: 교양 있는 경멸자들을 향한 연설』(*On Religion: Speeches to Its Cultured Despisers*, 1799)에서 종교는 '모든 고상한 감정들의 총체'[45]라는 주장을 가지고 낭만주의자들에게 호소할 수 있었다. 『그리스도교 신앙』(*Christian Faith*, 1821-1822)이라는 자신의 주요 저작에서 슐라이어마허는 '절대의존 감정'이라는 견지에서 그리스도교를 설명했다.[46] 나아가 슐라이어마허가 예수를 오로지 '하나님-의식의 한결같은 힘, 곧 그 안에 머문 하나님의 진실한 존재성'[47]으로서 여느 인간들과 구별되는 그 이상의 역사적 실현이라고 특징지은 것은 그리 놀랄 일이 아니다. 전통적인 도그마에 대한 계속된 적대적 반응이란 견지에서 슐라이어마허는 흔히 자유주의 개신교의 선봉으로 알려져 있거니와, 그에게서 물꼬를 연 '역사적 예수 탐구'라

---

44) 슐라이어마허(F. D. E. Schleiermacher)는 해석학에 대한 자신의 획기적인 강의(1810-34)에서 다음과 같이 말한다: '…하나의 언술을 이해하는 것은 두 가지 순간을 포함한다. 즉 그 언어의 맥락에서 말해진 것을 그 가능성과 함께 이해하는 것과 그것을 말한 사람의 생각 속에서 사실로서 이해하는 것'이다. 이는 그가 나중에 '주어진 진술의 구성과 관련하여 역사적인 것과 예언적인 것, 객관적인 것과 주관적인 것'으로 구별한 범주이다. '말하자면 해석자로 하여금 스스로 저자로 변하도록 인도함으로써 예언적 방법은 저자를 즉각 한 개인으로서 이해하고자 한다(K. Mueller-Vollmer, *The Hermeneutics Reader* [New York: Continuum, 1994] 74, 83-84, 96에서 인용; 또한 Mueller-Vollmer의 Introduction 8-12를 보라).

45) (ET London: Routledge and Kegan Paul, 1893, 『종교론』, 대한기독교서회 역간) 85. '종교의 요체는 가장 고차원의 통일성 가운데 우리를 감동시키는 모든 것이 결국 하나라는 점을 느끼는 것이다. 다시 말해 우리의 존재와 삶이 하나님 안에서, 하나님을 통해 주어지는 존재요 삶이라는 점을 느끼는 것이다…'(49-50).

46) ²1830; ET Edinburgh: Clark, 1928, 12-18. 브라운은 'das schlechthinnige Abhängigkeitsgefühl'을 '절대적이고 완전한 또는 궁극적인 의존의 인식, 감각, 또는 의식'이라고 번역하는 것을 선호한다.

47) *Christian Faith* 377-89. 1832년에 행한 *The Life of Jesus* (²1892; ET Philadelphia: Fortress, 1975)라는 그의 강의에서 88-104, 263-76을 보라.

는 문구에서 주요 초점은 예수의 고유한 종교적인 감정, 곧 예수를 '종교적 인격체'로 보는 데 놓여 있었다. **예수에 대한 종교**에서 돌이켜 **예수의 종교**로! 이것이 그리스도인과 하나님의 교제를 위한 기초로서 '예수의 내면적 삶'[48]에 대하여 의미심장하게 말할 수 있다는 빌헬름 헤르만의 자신감과, 나아가 잇따른 그리스도론의 기초로서 '역사적 예수'의 '메시아적 의식'[49]에 대한 헤르만의 한결같은 관심 속에 특징적으로 표현되었다.

자유주의 개신교에 끼친 다른 주요 영향은 신앙에서 도덕적 의식, 곧 인간의 도덕적 의무감이라는 범주적 명령으로 이마누엘 칸트(Immanuel Kant)의 초점이 이동한 것이었다.[50] 칸트에게 종교의 적절한 영역은 형이상학이라기보다는 도덕성이었다. 그것은 종국에 가서 모든 것을 바로잡아줄 하나의 존재를 상정할 수 있게 하는 도덕적 법칙에 대한 인간의 인식이었다.[51] 칸트의 영향력은 선구적인 개신교 자유주의 신학자 알브레히트 리츨(Albrecht Ritschl)의 저작에서 '도덕적 가치의 신학'이라고 묘사된 점에서 명백하게 드러난다.[52]

이러한 경향은 19세기 후반 다윈의 진화론이 가져온 영향에 의해 더 강화되었다. 그 시기의 유럽 문명에 대한 자신감과 결합하여 일반적으로 가정하기로는 진화는 항상 삶의 '더 고차원적 형식'이었고, 도덕적 진화가 생물학적 과정의 자연스런 연속물이라는 추론은 너무 자주 무비판적으로 도출되었다. 이로부터 무간섭의 자유주의 경제 정책, 유럽 제국주의 권력의 도덕적 우월감, 그리고 사회의 높고 낮은 위계질서가 정당한 것이라는 안이한 가정 등과 같은 추세가 생겨났다. 그 태도는 쿠에(Coué)의 유명한 자기 격려용 처방에 잘 포착되어 있다. '매일, 모든 방면에서, 나는 점점 더 좋

---

48) W. Hermann, *The Communion of the Christian with God* (²1892; ET 1906, ed. R. T. Voelkel, Philadelphia: Fortress Press, 1971/London: SCM, 1972).
49) 특히, W. Baldensperger, *Das Selbstbewusstsein Jesu im Licht der messianischen Hoffnungen seiner Zeit* (Strassburg: Heitz, 1888)를 보라.
50) 정언명법에 대한 진술: '너의 준칙이 보편적 법률로 될 수 있는 것처럼 준칙에 따라 행동하라' (Brown, *Jesus* 60에 기록됨).
51) 추가로 Brown, *Jesus* 58–67을 보라.
52) 이 문구는 H. R. Mackintosh, *Types of Modern Theology: Schleiermacher to Barth* (Edinburgh: Clark, 1937, 『현대신학의 선구자들』, 대한기독교서회 역간)에서 리츨에게 할애된 장(138–80)에서 사용됨.

아지고 있다.'[53]

　'예수의 생애' 연구란 견지에서 가장 감미로운 낭만주의 정신의 열매는 에르네스트 르낭(Ernest Renan)의 『예수의 생애』(1863)였다.[54] 그것은 자유주의자의 예수 생애 연구로서 맨 처음 출판되었을 뿐 아니라,[55] 가톨릭 계열에서 최초로 그 주제를 철저히 다룬 결실이었다.[56] 또한 이 책은 '역사적 예수 탐구'와 충분히 연계시켜 그리스도교 기원의 역사를 다룬 최초의 업적이었다. 그 책은 프랑스에서 전례가 없이 61쇄를 찍었고 신속히 유럽의 주요 언어들로 번역이 되었다.[57] 주장하고 설득하기보다 매혹시키고 사로잡도록 설계된 산문의 형식 속에 르낭은 고전적 자유주의의 용어로 예수를 묘사했다. '인류의 가슴 속에 존재한 하나님의 가장 고상한 의식이 곧 예수의 의식이었다.' 예수의 '위대한 독창성의 행위'는 아마 처음부터 '예수가 하나님과 자신의 관계를 아들과 그 아버지의 관계로 간주했다는 것이다.' '자기 민족의 편견을 넘어 자신을 대범하게 고양시키면서, 예수는 하나님의 보편적 아버지 됨을 자리 잡게 했다.' '복음서의 도덕성은…인간 양심의 가장 고결한 창조물, 곧 어떤 도덕주의자가 추구한 완전한 삶의 가장 아름다운 암호였다.' '순수한 예배, 가슴의 느낌과 하나님을 닮아가는 모습, 하늘 아버지와 양심의 직접적 관계에 전적으로 의지하면서 외적인 격식의 준수가 없는 종교….' '절대적으로 새로운 관념, 즉 가슴의 순결함과 인간의 형제애를 토대로 한 절대적으로 새로운 관념, 곧 예배의 관념이 그를 통해 세상에 들어왔다.'[58]

---

53)　E. Coué, *De la suggestion et de ses applications* (1915) 17에 의하면 이 말은 아침저녁으로 15번에서 20번씩 사용되었다고 한다.

54)　E. Renan, *La vie de Jésus* (1863), ET *The Life of Jesus* (London: Trübner, 1864).

55)　슐라이어마허의 강의는 1864년까지 출판되지 않았었다(각주 47번 참조).

56)　B. Reardon, *Liberalism and Tradition: Aspects of Catholic Thought in Nineteenth-Century France* (Cambridge: Cambridge University, 1975)는 이 책의 출판을 '19세기의 사건 중 하나'로 기술했다(296). 교황은 그 책을 금서목록에 올려놓았다.

57)　슈트라우스는 1864년 저작 *Life of Jesus*에서 르낭을 동류의 정신으로 칭송했고, '라인 강을 가로질러 그와 악수하였다'(Quest[1] 191=Quest[2] 167). 슈바이처는 그 책을 '세계 문학의 한 사건'으로 기술했다(Quest[2] 159).

58)　Renan, *Life* 82–83, 87–88, 90. 조지(D. George)가 보기에 르낭은 예수를 '오염되지 않은 풋풋함과 동시에 위엄과 지혜로 가득 찬 농촌의 낭만적 영웅, 곧 부르주아적 향수의 이상적 이미지'로 묘사하는 19세기 탐구의 경향을 예시한다('The Interest in Life of Jesus Theology as a Paradigm for the Social

자유주의의 전성기가 끝날 무렵, 역시 유명하면서 영향력은 훨씬 더 지속적이었던 자유주의 고참 신약성서학자의 공헌이 도래했다. 그것은 하르낙(Adolf Harnack)이 19세기의 전환점에 베를린 대학 모든 분과들에서 몰려든 약 600명의 학생들에게 원고나 노트 없이 전한 그리스도교에 대한 강의였다. 그 시점은 하르낙의 학문적 역량이 가장 최고점에 달했던 때였고 또한 유럽과 독일 문화가 자의식적으로 가장 고점에 다다른 때이기도 했다.[59] 이 강의에서 하르낙은 도그마의 그리스도에 고의적으로 등을 돌렸다. 하르낙에 의하면, 도그마가 그리스 철학에 너무 많은 영향을 받았기 때문에 그리스도교는 정녕 형이상학과 철학에 대한 의존에서 구제되어야 한다. 이제 필요한 것은 예수 자신이 설교한 복음의 단순성과 자유를 재발견하는 일이었다. 여기에 하르낙이 발견한 '그리스도교의 본질', 곧 복음서를 통해 예수의 종교와 메시지 안에서 만난 '역사적 예수'가 있었다. 그렇다면 그 본질이 무엇이었던가? 하르낙은 예수의 복음이 하나님의 아버지 됨, 인간 영혼의 무한한 가치, 그리고 사랑의 중요성에 집중된 것으로 요약했다. 그 뒤로 이러한 관점은 통상적으로 '하나님의 아버지 됨과 인간의 형제 됨'이란 문구로 대중화되었다.[60] 하르낙이 보기에 이것들이 예수의 지속적인 통찰이었고, 단순히 한시적인 것들로부터 추출된 영구적인 가치에 속하는 것이었다. 하르낙에 의하면 '예수에 대한 진정한 신앙은 교리적 정통의 문제가 아니라 예수가 행한 대로 행하는 차원의 문제였다.'[61]

인간의 자기 이해와 동기 부여라는 근본적인 차원에서 이 모든 것 가

History of Biblical Criticism', *HTR* 85 [1992] 51-83 [여기서는 78]).

59) A. Harnack, *Das Wesen des Christentums* (1900, 『기독교의 본질』, 한들출판사 역간), ET *What Is Christianity?* (London: Williams and Norgate, 1901, ³1904)는 강의 청취자의 속기록을 토대로 편찬되었다.

60) *What Is Christianity?* 52-76에 다양하게 요약된 예수 메시지의 '본질'을 추려본 것이다. 하르낙은 '하나님 나라와 예수의 메시지 안에 이루어지는 그 나라의 도래'의 중요성을 인식했지만 그 나라를 '영적인 힘'으로 간주했다. 즉, 그 나라는 '인간의 내면에 가라앉아 오로지 내부로부터만 이해할 수 있는 힘', '순수하게 종교적인 축복, 살아 계신 하나님과의 내면적인 연계', '인간이 가질 수 있는 가장 중요한 경험'(63-64)이라는 것이다. 그 다음 몇 페이지는 하르낙이 진정한 본질이라고 생각한 것을 보여준다(65-72). 예수의 가르침에 대한 칸트와 헤르더(J. G. Herder)의 초기 요약을 참조하라.

61) 이것은 매튜스(W. R. Matthews)가 *What Is Christianity?* 5th. ed. (London: Benn, 1958) x, 149-52을 요약한 것이다(149-52).

운데 문제가 되었던 사항은 뿌리 깊은 내력을 가지고 있다. 칸트는 과학과 앎의 한계를 넘어서는 도덕성(그리고 심지어 신앙)을 위한 여백을 제공했다고 말할 수 있을 것이다.[62] 슐라이어마허는 종교와 감정이라는 제3의 범주를 보태주었다. 어떻게 이 두 가지가 서로 연결되는지를 살피는 작업은 철학의 관심사이다. 예컨대, 영감 체험의 중요성을 재확신하는 것, 그리고 이제 어떤 이들이 '현현'(양심은 물론이려니와)이라고 부르는 것이 계시의 사실주의적 개념 앞에 그 문을 여전히 열어둔 채 남아 있을 수 있는지 하는 점은 긴요한 질문이다. 바로 그 위에 그리스도교 자체보다는 인간 지식과 자기이해, 인간 존재와 그 복지 문제가 통상 감지되는 것 이상으로 의존하고 있다. 또한 역사 지식과 해석학이 그러한 질문들에 의존하고 있기에 '역사적 예수' 탐구자들과 학문적 수준을 갖춘 복음서 독자들은 특정한 가설이 기초한 철학적 가정들, 그리고 여전히 소란스러운 잠복된 미해결의 인식론적 쟁점과 논쟁들을 숙지할 필요가 있다. 이 경우 작동하는 가장 중요한 해석학적 원리는, 결과적으로 예수, 곧 '역사적 예수', 다시 말해 교리적 첨가물이 제거된 예수가 현대인에게 무엇인가 말할 것이 있고 또 있어야 한다는 확신이며, 이에 따라 그 메시지를 재진술하기 위해 대변인을 제공하려는 욕망이다.[63]

그러면 그 결과는 무엇인가? 그것은 초시간적 도덕 교사로서 그려지고 이해된 예수였다. 선한 모범으로서의 예수였고 그리스도라기보다는 첫 그리스도인으로서의 예수였으니, 진정 도그마의 그리스도로부터 제대로 탈주한 것이다! 동시에 우리는 자유주의자들이 종교의 성격을 검증하는 차원에서 그 도덕적 성과에 초점을 맞춘 것을 폄하해서는 안 된다. 그러한 관심사는 노예 무역을 종식시켰고, 정치적·사회적·산업적 개혁을 성취

---

62) 칸트의 『순수이성비판』(Critique of Pure Reason)은 그가 '신앙의 자리를 만들기 위해 지식을 폐하길 바란다'는 선언과 함께 시작한다(나는 이 참고 자료를 동료 데이비드 브라운에게 얻었다).
63) '자유주의 성서학은…역사비평학의 부담을 주저 없이 사양하지 않은 채 온전히 수용했다. 복음서 서사의 역사적 핵심에 당도하면 이로써 예수를 그가 실제 있었던 그대로 드러낼 수 있으리라고 믿으면서 말이다. 이런 의욕으로 예수는 모든 명예, 존경과 모방에 값하는 인물로, 나아가 그와 그의 가르침을 밀착하여 의도적으로 따른 것에 존재한 신앙의 창시자로 드러날 수 있으리라 보았다'(N. Perrin, *Rediscovering the Teaching of Jesus* [London: SCM, 1967] 214).

했다. 물론 도덕성을 오직 인격적·개인적 책임의 견지에서 이해하는 자유주의의 경향이 더 강한 영향력을 발휘했고, 19세기 후반과 20세기 초의 자유방임주의 경제와 제국주의적 오만은 거의 영향을 받지 않았던 것 같다. 더구나 종교에서 감정의 중요성을 재확신한 것이나 신앙을 깊이 뿌리내린 열정의 소산으로 보는 입장은 여전히 너무 말 중심으로 치우치고 지나치게 과학과 이성의 계몽주의 패러다임에 의존하는 개신교에 확실히 중요한 교정의 기제였다. 자유주의 계통의 학문이 평가받을 만한 또 다른 부분으로 당대에 의미심장하게 말하고자 한 그 관심사는 사소하지 않다. 예수의 생애를 다룬 학문에서 동기를 부여한 힘은 불신앙이 아니라 그 시대의 관용어로 말하고자 하는 욕망이자 그것이 경청되길 기대한 욕망이었다. 문제는 그것이 그 시대정신 안에서 단순히 그 시대의 언어뿐 아니라 그 의제까지 지시하도록 한 점이라 말할 수 있을 것이다.

그러나 자유주의적 예수 탐구의 가장 중요한 성취는 아직 더 지적되어야 한다.

4.4 예수 생애의 비평적 재구성을 위한 자료들

르네상스 이후 역사학의 모든 강요 사항은 최초 본문과 자료를 복원하는 것이었다. 계몽주의는 비평적 학문의 도구를 재정의하고 예리하게 벼리는 것을 생각했다. 낭만주의의 부흥은 사실의 신비한 성격과 영감의 순간으로 관심의 방향을 틀었다. 이 모든 것들은 '역사적 예수'에 대한 지식을 위한 유일한 사실적 자료로서 복음서에 대한 자유주의의 관심을 강화하였다. 결국 예수 자신은 아무런 저술도, 그 어떤 선언이나 성찰의 글도 자기 손으로나 남을 통해 구술로써 남기지 않았다. 이러한 점은 자유주의의 당시 정서로 볼 때 예수의 내면적 삶에 유일한 접근 통로를 제공했을 것이다. 사용 가능한 자료들은 모두 신약성서의 네 복음서에 담겨 있었다. 그렇지만 그것들은 어떤 종류의 자료들인가? 그것들은 모두 같은 질서로 짜여 있고 동등하게 신뢰할 만한 것들인가? 19세기까지 네 복음서는 예수에 대한 역사적 정보로 동등하게 타당한 자료로 생각되었다. 상이한 이야기들을 조화시키고 통합적으로 엮어봄으로써, 단일한 그림이 만들어질 수 있었다. 그러나 이제 강도 높은 연구로 새로운 평가가 가능하게 되었다.

a. 요한복음

1832년까지만 해도 슐라이어마허는 그가 쓴 『예수의 생애』를 위해 요한복음을 그저 하나의 자료만이 아니라, 주요 자료로 사용할 수 있었다. 아들로서 예수와 아버지로서 하나님 사이의 관계를 깊이 의식한 예수를 묘사한 복음서는 정확히 요한복음이었다. 바로 이 점이 예수의 '하나님 의식'[64]에 대한 슐라이어마허의 초점을 구체화하였다. 그러나 아이러니하게도 슐라이어마허의 강의가 출판된 그 시점까지(1864년) 그가 주장한 내용의 주요 버팀목들이 침식되었다. 요한복음과 다른 세 복음서 사이의 차이, 특히 수난의 그리스도론과 관련한 그 차이는 오래 지속된 문제였지만,[65] 충분히 해결되지는 않았어도 해결 가능한 것으로 생각되었다. 그러나 슈트라우스는 특히 요한복음 담화 부분의 진정성에 진지한 도전을 제기했다.[66] 1847년 마침내 바우어(F. C. Baur)는 요한복음이 결코 '엄격하게 역사적인 복음서'[67]로 의도된 것이 아니라는 자신의 결론과 관련하여 강력한 주장을

---

64) '요한이 그리스도가 말씀한 내용으로 재현하는 것은 그리스도가 실제로 말한 것임에 틀림없다. 그리고 요한이 자신의 어떤 관념을 그리스도의 말씀 속에 도입했다는 것을 믿을 이유가 없다'(Schleiermacher, *Life* 262).

65) 요한복음과 나머지 세 복음서의 차이들은 1776년에 나온 그리스바흐(Griesbach)의 *Synopsis* (각주 72 참조)와 레싱(Lessing)이 요한복음에 대하여 다른 세 복음서와 아주 다른 별도의 범주라고 언급한 점(1778) 등으로 강조되었다. '그것은 모두 그 나름의 고유한 부류에 속한다(H. Chadwick, *Lessing's Theological Writings* [London: Black, 1956] 21,79). 또한 Kümmel, *New Testament* 85-86을 보라.

66) Strauss, *Life* 381-86; 다른 관련 자료는 Kümmel, *New Testament* 124-26. 또한 Strauss의 *Christ of Faith* 38-47 참조.

67) F. C. Baur, *Kritische Untersuchungen über die kanonische Evangelien* (Tübingen, 1847); Kümmel, *New Testament* 137-38의 발췌 내용 참조.

발표했다.

바우어의 강력한 주장에 따라 다음의 불가피한 결론이 나오지 않을 수 없었다. 요한복음의 내용은 역사적 관심사보다는 요한의 신학적 관심사에 의해 훨씬 더 많이 결정된 것이다. 결과적으로 요한복음은 예수의 생애를 위한 좋은 자료로 간주될 수 없다. 이러한 결론은 어떤 수단으로도 곧바로 정립되지 못했다.[68] 그러나 '역사적 예수 탐구'의 선봉에 선 자들에게 주사위는 던져졌다.[69] 요한복음과 나머지 복음서들 간의 차이는 이전에 간단한 각주 처리로 넘어갔지만 이제 더 이상 무시될 수 없었다. 모든 네 복음서를 같은 차원에서 다루는 것은 더 이상 가능하지 않았다. 만일 처음 세 복음서가 비록 유보적인 측면이 있을지라도 일단 역사적이라면,[70] 그때 요한복음이 더 이상 역사적으로 간주될 수 없는 것은 이러한 차이들에서였다. 다음 백 년에 걸쳐 요한복음을 역사적 문서가 아니라 신학적 문서로 보는 그 성격 규정은 점점 더 신약성서학의 자명한 기준이 되어갔다.[71] 아주 그렇게 결정적인 일격은 아니었지만, 예수의 기적과 마찬가지로 요한복음은 결과적으로 역사적 예수 탐구에서 탈락되어버렸다.

b. 두 문서설

요한복음을 역사 자료에서 잘라냄에 따라 다른 세 복음서가 더욱더 많은 주목을 받게 되었다. 이 세 복음서의 유사점이 많은 터라 하나로 결속

---

68) 슈바이처는 네안더(Neander)와 에발트(Ewald)를 포함하는 몇몇의 독일 학자를 주목한다. 그들은 요한복음을 예수의 생애를 위한 진정한 준거 틀로 계속하여 사용하였다(Quest¹ 115–18=Quest² 105–107). 여전히 영국 학계에서 유지되는 전통적인 변증의 전형적 사례는 리든(H. P. Liddon)의 경우로, 그는 1866년 뱀턴 강좌(Bampton Lectures), *The Divinity of Our Lord and Saviour Jesus Christ* (London: Rivingston, ²1868)에서 '당신 자신의 의식에 의해 증언되는 우리 주님의 신성ー요 10.33' 이라고 설명한다(Lecture IV); cf. B. F. Westcott, *The Gospel According to St. John* (London: Murray, ²1881). 그리고 Schweitzer, *Quest*¹ 218–19=*Quest*² 185–87을 보라.

69) 슈바이처 또한 '1870년대 말엽으로 갈수록 요한복음을 역사적 자료로 거부하는 추세는 비평적 진영에서 거의 보편적으로 인식되고 있었다'고 논평한다.

70) 바우어는 각 복음서가 그 나름의 고유한 '성향'(Tendenz)을 가지고 있다고 인식했다(Kümmel, *New Testament* 137–39).

71) 공관복음서가 역사적 자료로서 요한복음보다 월등하다는 바우어의 논증은 '신약성서 연구의 변함없는 결과에 속한다'(Kümmel, *New Testament* 139).

된 그 복음서들과 요한복음의 대조는 한층 더 두드러지게 보였다. 그 자료의 상당 부분이 중첩됨에 따라 세 복음서는 평행구로 함께 보이도록 배열되기도 하였는데, 이로부터 그들의 공통 명칭으로 '공관'(Synoptic, 함께 본다) 복음과 그 셋을 평행구로 배치한 책의 제목으로 '공관복음 대조서'(*Synopsis*)란 말이 생겨났다.[72] 초기에는 복음서의 정경 배치 순서가 또한 집필의 역사적 순서였다는 가정하에 마태복음이 가장 먼저 나온 복음서이고 마가가 마태를, 누가가 그 둘을 사용했을 것이라고 보았다. 그러나 예수의 생애 연구를 위한 가장 오래된 자료를 찾고자 하는 욕구와 공관복음 평행구에 대한 세밀한 조사는 결정적인 결론으로 이어졌다. 즉 공관복음서 내부와 그 배후에는 하나가 아니라 두 개의 주요 자료가 들어 있었다는 것이다. (1) 공관복음 가운데 마가복음이 가장 오래된 것이었고, 마가복음은 마태와 누가에 의해 자료로 사용되었다는 것이다. (2) 마태와 누가는 또한 2차 자료를 사용했는데, 그 자료는 주로 예수의 어록으로 구성되었다는 것이다(이 두 번째 자료는 추측건대 '자료'를 뜻하는 독일어 단어 *Quelle*에 근거하여 Q라는 명칭으로 굳어졌다).[73] 비록 홀츠만(H. J. Holtzmann)이 정립한 마가 우선설은 일반적으로 인정하는 것보다 덜 효율적이었고 Q의 온전한 중요성이 그에 의해 처음 파악된 것은 아니었지만,[74] 이 두 자료설은 대체로 홀츠만에 의해, 그의 나이 불과 31세 되던 1863년에 독일 학계에 견고하게 자리 잡게 된 것으로 여겨진다.[75] 여하튼, 이 두 자료설과 관련하여 영어권 독자들은 훨씬 뒤에 스트리터(B. H. Streeter)가 내놓은 저작에 대개 의존해왔다.[76]

---

72) 이 말은 그리스바흐(J. J. Griesbach)에 의해 1776년 최초로 사용되었다 (Kümmel, *New Testament* 74-75와 각주 88을 보라).

73) 나이링크(F. Neirynck)에 의하면, 이 'Q'라는 용어를 공관복음 자료 논쟁에 처음 도입한 사람은 어록 자료를 속기로 표기하기 위해 그것을 사용한 시몬(E. Simon)이었다('Note on the Siglum Q', *Evangelica II* [BETL 99; Leuven: Leuven University, 1991] 474); 추가로 D. Lührmann, *Studies on Q* (NovTSup 75; Leiden: Brill, 1995) 97-116.

74) J. S. Kloppenberg Verbin, *Excavating Q: The History and Settings of the Sayings Gospel* (Minneapolis: Fortress, 2000) 300-309.

75) H. J. Holtzmann, *Die synoptischen Evangelien: ihr Ursprung und ihr geschichtlicher Charakter* (Leipzig: Englemann, 1863). 홀츠만은 Q라는 상징은 사용하지 않았고 그것을 '로기아'(*Logia*) 또는 '어록 수집물'(*Spruchsammlung*)이라고 언급했다. 더 폭넓은 설명은 Dungan, *History* 326-32을 보라.

76) B. H. Streeter, *The Four Gospels: A Study of Origins* (London: Macmillan, 1924). 스트리터는 옥스퍼드 학자들의 저작, 특히 J. C. Hawkins, *Horae Synopticae: Contributions to the Study of the Synoptic*

홀츠만이 논거로 제시한 기본 발상들은 그 이후 다소간의 변동은 있지만 기본적으로 같은 내용으로 이어져왔다.[77] 마가 우선설과 관련하여 특별히 지적된 세 가지 특징은 다음과 같다. (1) 마가복음의 상당히 많은 내용들이 마태복음이나 누가복음에도 나온다는 사실: 홀츠만은 마가복음의 30개 절만이 다른 두 복음서에 나오지 않는다고 계산했다. (2) 이야기의 순서: 세 복음서를 비교해보면 각각의 경우에서 마가복음의 순서가 우선적으로 고려된 것으로 보인다. (3) 이야기의 형식: 세 복음서를 비교해보면, 마가복음의 본문이 좀더 원시적인 것으로 거듭 확인된다. Q의 존재와 관련해서는 두 가지의 특징이 가장 중요한 것으로 증명된다. (1) 마태복음과 누가복음 안의 대략 200개 절이, 마가복음의 어록과 한 쌍으로 겹쳐지는 자료를 포함하여 실질적으로 그 내용이 같거나 일치한다.[78] (2) Q 자료가 마태복음에서는 무더기로 모여 있는 데 비해, 누가복음에서는 곳곳에 흩어져 있다.[79] 종합해보면, 이러한 특징들은, 누가복음이 마태복음에 의존하여 Q 자료를 그 나름의 순서에 따라 배치했다는[80] 주장보다는 마태복음과 누가복음이 이미 그리스어로 작성된[81] 두 번째 자료(Q)에 의존했다는 주장을 통해 더 잘 설명된다. 큄멜의 판단에 의하면, '홀츠만은 이 두 자료설을 워낙 세

Problem (Oxford: Clarendon, 1898, [2]1909)과 W. Sanday, ed., *Studies in the Synoptic Problem* (Oxford: Clarendon, 1911) 등의 저작들에 기초하여 자신의 주장을 펴나갔다. 이러한 저작들은 초기 독일 저자들과 독립적으로 수행된 것들로, 가령 샌데이(Sanday)의 경우는 홀츠만의 저작 내용과 분명 상통함에도 불구하고 홀츠만은 그들의 참고 문헌 목록의 어디에도 보이지 않는다.

77) 편의상 나는 여기서 홀츠만의 저작 *Lehrbuch der historisch-kritischen Einleitung in das Neue Testament* (Freiburg: Mohr-Siebeck, 1886) 367-76에 나오는 개정된 요약본을 참고로 언급한다.

78) 이렇게 Q와 마가복음 양쪽에 겹쳐지는 이중적 쌍둥이 본문(doublet)의 문서 고증을 위해서는 특히 Hawkins, *Horae Synopticae* 80-107을 보라.

79) 홀츠만은 이 점을 다음과 같이 강력하게 표현하였다: '과연 어느 쪽이 더 개연성이 있을까: 누가가 의도적으로 그 큰 어록의 구조를 뒤흔들어(*muthwillig zerschlagen*) 그 부서진 잔해물을 사방으로 흩어버린 것일까, 아니면 그 어록의 돌무더기 바깥으로 마태가 이러한 편집의 장벽을 쌓아놓은 것일까'(*Lehrbuch* 372).

80) 누가가 Q의 원래 순서를 유지했다는 주장은 스트리터가 *Oxford Studies*에 기고한 글('On the Original Order of Q', 141-164)에서 가장 효과적으로 제시되었다; 이어서 나온 V. Taylor, 'The Order of Q'(1954)와 'The Original Order of Q'(1959), reprinted in his *New Testament Essays* (London: Epworth, 1970) 90-94, 95-118 참조.

81) 여기에 개입하는 논리인즉 이렇다. 마태와 누가 사이에 탐지되는 단어 대 단어의 문자적 일치(가령, 공유되는 공관복음 전통을 개관해보면 즉각 마 3.7-10과 눅 3.7-9의 사례를 만난다)의 정도를 놓고 따져볼 때 아람어 원래 판본을 양쪽에서 독립적으로 번역했을 것이라고 보기는 어렵고 외려 마태와 누가가 이미 그리스어로 작성된 동일한 문서에 의존한 결과가 그렇게 나타났을 가능성이 훨씬 더 높다. 추가로 제7장의 각주 29를 보라.

밀하게 구축하였기에 향후 예수 연구는 이 견고한 기초 없이 다시 또 진척될 수 없었다.'[82] 비록 Q 가설이 특히 영어권 학계에서 그토록 전폭적인 인정을 받지는 못했을지라도 이러한 진술은 마가 우선설의 경우 거의 전적으로 사실이다.[83] 특별히, 논쟁의 현 단계를 주목해보자면, Q 이론에 관한 스트리터의 추가 수정안[84]은 너무 적은 주목을 받아왔다고 지적할 수 있을 것이다.

'역사적 예수 탐구'에 관한 한, 두 자료설 또는 두 문서설의 출현은 우연의 일치로 간주되어서는 안 된다. 그 입장은 1838년 이미 바이세(C. H. Weisse)에 의해 표출된 바 있다.[85] 그런데 시점이 중요하다. 바이세의 이 공헌은 슈트라우스의 『예수의 생애』 첫 출간에 잇달아 곧 나타났는데, 그는 이를 슈트라우스가 제기한 도전에 대응하는 시도로 보았다.[86] 다시 말해, 예수의 생애 연구를 위한 초기 자료를 찾고자 한 압박은 상당 부분 슈트라우스에 대한 응답이었던 바, 곧 슈트라우스가 던진 압도적인 도전과 예수 탐구에서 기적 이야기를 자료로 사용하는 것을 반대하여 그가 효과적으로 세워놓은 장벽을 한술 더 떠 포위하려는 시도였던 셈이다.[87] 결과적으로 마가복음을 가장 오래된 복음서로 확정한 것은 복음서 이야기들 사이에 발견되는 모순과 불일치에 대한 옛 비판들을 비껴가고자 한 것이었다. 아울러 Q는 전적으로 예수의 어록들로만 구성된 초기 자료인 것으로 드러났다.[88] 바로 여기에 초시간적 윤리 교사로서의 예수에 대한 자유주의적 초

---

82) *New Testament* 151.
83) 그러나 클로펜보그 버빈의 유보적 단서(각주 75)를 다시 보라.
84) Streeter, *Gospels* 183: (1) '의문시되는 200개 절의 상당 부분은 아마도 어떤 다른 (구전) 자료에서 비롯된 것일 수 있다', (2) Q의 어떤 구절들은 아마 마태복음 또는 누가복음만이 독자적으로 보존한 것이다, (3) 공통 자료의 어떤 부분들은 독립적으로 떠돌던 격언(proverb) 자료였을 가능성이 있다. Q의 저자는 '당시 현존하는 구전 전통을 대체하기 위해서가 아니라 그것을 보완하기 위해 썼다'(229).
85) C. H. Weisse, *Die evangelische Geschichte kritisch und philosophisch bearbeitet* (2 vols., Leipzig, 1838).
86) Kümmel, *New Testament* 149-51을 보라.
87) 이 점은 D. Lührmann, 'The Gospel of Mark and the Sayings Collection', *JBL* 108 (1989) 51-71 (여기서는 51)에서 지적된 대로, 홀츠만의 책(1863) 서론에서 또한 분명하게 드러난다.
88) 초기 Q 자료의 구성에서 마 8.5-13/눅 7.1-10의 기적 이야기는 포함되어 있지 않았다. 그것은 바이세와 홀츠만에 의하면 원마가복음(Ur-Markus)에 해당된다(Kloppenborg Verbin, *Excavating Q* 329).

상의 건전한 토대가 있었다. 따라서 기적의 문제는 무시될 수 있었다. Q가 예수의 죽음 이야기를 포함하고 있지 않은 사실은, 또한 예수가 자신의 죽음을 구속으로 보는 신학을 갖고 있었는지 따져야 하는 당혹스러움을 경감시켜주었다. 물론 그 가운데 예수의 십자가에 대한 그리스도교의 잇따른 초점이 예수의 보다 단순한 윤리적 메시지를 피 흘리는 희생을 요구하는 대속의 종교로 변형시켰는지, 라이마루스에 의해 제기된 문제가 다시 강하게 도입되었지만 말이다.[89] 이와 같이 Q와 그 성격을 규정하는 것은 예수 탐구에서 가장 중요한 발전의 하나로 증명되었고, 앞으로 잠깐 보겠지만, 그로부터 뻗어나간 광범위한 파장은 여전히 탐험중에 있다.

우선 가장 광범위한 결과를 가져온 것은 마가 우선설의 확립이었다. 베드로의 '해석자 또는 번역자'(*hermēneutēs*)로서[90] 마가가 그의 복음서를 썼다는 파피아스(Papias)에 의한 초기 증언과의 연계하에, 또 원천 자료에 높은 평가가 부여되면서, 마가 우선설뿐 아니라 마가복음의 역사성도 가정될 수 있다는 추론이 쉽게 도출되었다. 여기서 작동한 해석학적 원리는 '가장 오래된 것=역사적으로 예수에게 가장 근접한 것=최소한으로 편집된 것=가장 역사적인 것'이었던 것 같다.[91] 그리하여 19세기 후반부에 마가복음은 예수의 사역에 대한 믿을 만한 연대기적 윤곽을 제시하는 것으로 간주되기에 이르렀고, 결과적으로 예수의 생애를 위한 기본적인 자료서가 되었다.[92] 십자가의 가을날 그림자를 늘림으로써 축약된 '갈릴리의 봄철'에

---

89) Q와 관련된 하르낙의 다음 결론은 시사하는 바가 있다: '…예수의 가르침에 대하여 실로 정확하고 심오한 개념을 우리에게 단독적으로 제공하며 편견, 변증 또는 그 어떤 것으로부터도 자유스러운 이 편찬 어록들…이 자료는 우리 주님의 메시지에서 핵심 주제를 형성한 부분, 즉 하나님에 대한 지식의 계시와 세상을 버리고 하늘을 얻기 위해 회개하고 믿어야 할 도덕적 소명을 위한 권위이다. 요지는 바로 이것이고 그 외에는 아무것도 없다'(*The Sayings of Jesus* [London: William and Norgate, 1908], 250–51).
90) 파피아스에 의하면, '그 장로는 이렇게 말하곤 하였다: "마가는 베드로의 해석자/번역자가 되었고, 그가 기억한 모든 것을 정확하게 써내려갔다(*hosa emnēmoneusen, akribōs egrapsen, ou mentoi taxei*). 물론 주님이 말씀하시거나 행한 것을 순서대로 쓴 것은 아니었지만 말이다"'(Eusebius, *HE* 3.39.15, 『유세비우스의 교회사』, 은성 역간).
91) B. F. Meyer, *The Aims of Jesus* (London: SCM, 1979)는 다음과 같이 본다: '공관복음 문제의 중요성을 과장하게 만든 것은 "오래된 자료"를 꾸밈없는 역사와 너무 단순히 동일시하는 것이었다'(38).
92) 좋은 예는 F. C. Burkitt, *The Gospel History and Its Transmission* (Edinburgh: Clark, 1906) ch. 3; 또한 *The Earliest Sources for the Life of Jesus* (London: Constable, ²1922) ch. 3.

대한 마가적 개관은 그렇게 자유주의적 예수 생애 연구의 규범적 유형이 되었다.[93] 마가 우선설을 그런 식으로 사용하는 것은 곧장 의심의 대상이 되었다. 그러나 마가 우선설 자체의 기본적 발견 사항, 곧 마가복음이 모든 복음서들 중에서 가장 오래된 것이며 다른 두 복음서의 자료라는 결론은 복음서 학계의 매우 든든한 성취로 남아 '예수의 생애' 연구를 위한 그 가치와 중요성을 적절히 보장받았다.

4.5 자유주의 탐구의 붕괴

역사비평과 자료비평이 '역사적 예수', 즉 19세기 후반의 자유주의적 정서에 매력적으로 다가오는 그런 예수를 밝혀내고 있었다는 가정은 그 세기의 전환점에 연이은 수십 년 동안 거칠게 흔들렸다. 두 가지 주요 원인이 그 탐구를 침범하는 것으로 지목되었다.

a. 종말론이 들어오다

그 한 가지는 그림 속으로 종말론이 다시 도입된 것이었다.[94] 그 요소의 진입에서 핵심적인 사항은 하나님 나라에 대한 예수의 가르침이었다. 19세기 후반의 자유주의 개신교 학계에서 하나님 나라는 순전히 윤리적인 견지에서 이해되었다. 이 점을 리츨은 아래와 같이 분명히 했다.[95]

---

93) Schweitzer, *Quest* ch. 14을 보라. 특히 *Quest*[1] 203–204=*Quest*[2] 176–77 (홀츠만이 1863년 끝낸 공관복음 연구 가운데 예수의 생애에 대한 간략한 개요의 영향에 대하여)과 *Quest*[1] 210–11=*Quest*[2] 181–82. J. S. Kloppenborg, 'The Sayings Gospel Q and the Quest of the Historical Jesus', *HTR* 89 (1996) 307–44은 이 단계에서 '두 번째 주요 자료'인 Q에 거의 주목하지 않은 것이 얼마나 놀라운지 지적한다.

94) 종말론이 예수의 선교를 이해하는 핵심 요소였다는 것은 슈바이처가 자신의 『탐구』에서 견지한 일차적 관심사였다. 그것은 동시에 라이마루스와 슈트라우스가 알아챘지만 일반적으로 소홀히 취급되고 거부된 핵심 사항이기도 하다.

95) A. Ritschl, *Die christliche Lehre von der Rechtfertigung und Versöhnung vol. 3* (Bonn, ³1888) 271, ET *The Christian Doctrine of Justification and Reconciliation* (Edinburgh: Clark, 1902) 285. 또한 G. W. Dawes, ed., *The Historical Jesus Quest: Landmarks in the Search for the Jesus of History* (Leiderdorp: Deo, 1999) 154–71 (여기서는 154–58)에서 편리하게 접근 가능한 리츨의 *Instruction in the Christian*

하나님 나라는 그리스도를 믿는 사람들로 구성된다. 그들이 성별, 지위, 인종의 차이와 무관하게 서로를 사랑으로 대접하고, 이로써 도덕적 태도의 사귐을 이루고 도덕적 예의범절이 모든 가능한 양태로 인간 삶의 전 영역에 걸쳐 확산되는 만큼 그 나라는 실현된다.

다시 말해, 리츨에게 예수가 말한 하나님 나라는 이 세상에서 인류 '최고의 선'이었고, 사랑으로 그 동기가 부여되는 행동의 산물로서 성격상 윤리적이었으며, 제자들의 공동체 안에 이미 현존하는 그 무엇이었다. 리츨의 입장에 보면, 예수의 역사적 사명은 하나님의 나라를 지상에 소개하거나 확립시키는 것이었고, 그 나라를 확산시키는 것이 제자들의 과제였다.[96]

이러한 낙관주의적 자기 위안은 아이러니하게도 리츨의 사위였던 요하네스 바이스(Johannes Weiss)에 의해 흔들렸다.[97] 바이스는 하나님 나라에 대한 예수의 이야기가 현 시대와 다가올 시대 사이에 인지된 예리한 불일치를 주요 특징으로 하는 신구약 중간기의 유대교 묵시문학을 배경으로 이해되어야 한다고 주장했다. 특히 바이스에게 이 점은 그 나라가 **저 세상적**(*other-wordly*)이었다는 것을 시사했다. 즉 그것은 인간적 수단으로 실현할 수 있는 무엇이 아니라 하나님의 초월적 개입의 행위에 전적으로 의존하는 나라였다. 그것은, 윤리적으로 순수한 사회로 발전하는 것이 아니라 현재 질서를 끝장내는 것이라는 점에서 **종말론적**이었다. 그리고 그것은, 아직 오지 않은, 제자들의 사회에서도 아직 이루어지지 않은 **미래**였다.[98]

Religion (1875) §§5-9을 보라.

96) 본질적으로 자유주의 개념인 이런 종류의 하나님 나라는 20세기에도 오랫동안 떠나지 않고 머뭇거렸다. 예컨대, T. W. Manson, *The Teaching of Jesus* (Cambridge: Cambridge University, 1931) 130-36 ('하나님의 나라는 본질상…하나님과 개인의 인격적 관계이다', 135). 그리고 이러한 식의 이해는 또한 헌금이 '당신의 나라를 확대하고 확립시키는 데' 사용되기를 기도하는 교회 연보의 봉헌 관례에서도 탐지된다.

97) J. Weiss, *Die Predigt Jesus vom Reiche Gottes* (Göttingen, 1892); ET ed. R. H. Hiers and D. L. Holland, *Jesus' Proclamation of the Kingdom of God* (Philadelphia: Fortress/London: SCM, 1971). 1900년의 2판본이 내용상 더 풍성하지만 2판본의 충격이 그 간결성으로 인해 훨씬 더 컸다(Hiers and Holland, 'Introduction' 49-53; Kümmel, *New Testament* 439 각주 295).

98) '예수가 생각했던 그대로, 하나님의 나라는 이 세상과 정반대되는 초세상적 실재이다.…예수의 마

간단히 말해, 예수는 하나님의 나라를 하나님이 가까운 **미래**에 이루실 **사건**으로 선포했다.[99]

슈바이처는 종말론에 대한 강조를 더 멀리 밀어붙였다. 그에게 종말론은 예수의 가르침뿐 아니라 예수의 공적인 사역 전체를 이해하는 열쇠였다.[100] 슈바이처에 의하면, 예수는 종말론에 사로잡힌 사람이었다. 예수는 종말이 가까이 다가왔고 하나님의 나라가 문지방에 이르렀다고 광적으로 확신하였다. 예수의 사역이 진척되어나감에 따라, 예수는 자신의 죽음이 하나님의 개입을 촉발하리라는 기대와 함께 자신이 종말의 대리인임을 믿기에 이르렀다. 비록 자신의 수사에 휘둘리는 면이 있었지만, 슈바이처의 저술이 보인 탁월한 수준과 그의 논지가 예수 탐구에 가져온 충격은 그 책 초판에서 많이 인용되는 다음의 요약 문단에 기억할 만하게 압축되어 있다.[101]

사위로 주변에 침묵이 흐른다. 세례자가 나타나 외친다. '회개하라. 천국이 가까이 왔다.' 그 뒤로 곧바로 예수가 등장한다. 자신이 강림할 사람의 아들이라는 자각 가운데 그는 세계의 바퀴를 붙들고 모든 평범한 역사를 종식할 마지막 혁명을 향해 그 바퀴를 움직이게 한다. 그 바퀴는 돌기를 그치고 그는 그 위에 자신을 던져버린다. 그때서야 그것은 돈다. 그리고 그를 짓눌러 으깨버린다. 종말론적 상태를 초래하기보다 예수는 그것을 파괴해버렸다. 그 바퀴는 계속 굴러가고, 측량할 수 없이 위대한 인간인

음속에 하나님 나라의 세상 내적 발전이란 말은 있을 수 없다!'(Weiss, *Jesus' Proclamation* 114; 또한 가령, 73-75, 78, 82, 91, 102-103과 129-30의 요약을 보라).

99) 하르낙은 바이스가 주목한 유대교 묵시문학의 기대를 '천박주의의 종교'로 내쳐버림으로써 예수의 설교에 나오는 하나님 나라와 관련하여 본질적으로 리츨적인 자신의 견해를 지켜냈다. 여기서 '천박주의'(miserabilism)는 하나님 편의 기적적인 간섭을 바라는 기대에 매여 있다가 도중에 사실상 참담함 속에 뒹구는 것이다(*What Is Christianity?* 16-17, 45). 이것은 예수가 긴박한 하나님의 개입을 기대할 수 있었으리라는 생각을 멸시하는 자유주의 쪽의 전형적 입장이었다.

100) Schweitzer, *Quest*[1] 348-49; *Quest*[2] 315에서 새로운 장으로 편집됨.

101) Schweitzer, *Quest*[1] 368-69. 연이은 여러 인쇄본에서 슈바이처는 그의 유명한 구절을 포함하는 긴 문단(*Quest*[1] 364-69)을 생략했다(*Quest*[2] 333). 유감스럽게도 1920년 번역본을 읽은 영어권 독자들은 그 구절에 관한 슈바이처의 두 번째 생각(1913)을 알지 못한 상태였다. 한편으로 그 구절이 영어권 학계에 미친 영향 때문에, 또 다른 한편으로 그것이 슈바이처의 성숙한 생각을 반영하지 못했다는 사실을 주목하기 위하여, 나는 여기에 그 구절을 부분적으로 포함해놓는다.

그 사람의 난도질당한 몸은 여전히 그 위에 매달려 있다. 그는 자신을 인류의 영적인 통치자로 생각하고 역사를 자신의 목적에 따라 이끌어갈 정도로 충분히 강한 위인이었다.

종말론적 예수의 발견 내지 재발견이 자유주의적 예수 탐구에 그렇게 놀라운 일격으로 여겨져야 하는지의 여부는 논란의 여지가 있는 문제다. 슈바이처가 나름대로 재구성한 예수상은, 복음서 자료를 비평적으로 사용한 점이나 예수의 메시아적 자의식을 기꺼이 언급하고자 한 점과 관련시켜보면 상당히 많은 부분 자유주의의 방식으로 이루어졌다. 그러나 바이스와 슈바이처가 찾아낸 것들은 확실히 기존의 탐구에 커다란 문제를 제기했다. 어떻게 그러한 예수가 19세기의 섬세한 감수성을 향해 호소하리라 기대할 수 있었겠는가? 자유주의의 예수상은 거의 그러한 호소를 가져올 목적으로 설계되었다. 그러나 누가 과연 실패한 종말론적 예언자나 묵시주의적 광인을 따르거나 모범으로 삼고 싶어하겠는가? 바이스와 슈바이처는 이와 같이 그들이 던진 문제에 대한 해답을 제시하지 않았다. 반대로 바이스 책의 결론 부분은 외려 실망스럽게 자유주의적 경건 속으로 퇴각한다.[102] 이와 별로 다를 바 없이 슈바이처는 결론 문단에서 일종의 신비주의에 호소한다.[103] 그는 분명 자신의 '생명 경외' 철학 속에서 그가 후에

---

[102] '예수의 설교에서 보편적으로 타당할 뿐더러 우리의 조직신학에서 알짬을 형성해야 하는 점은 하나님 나라에 대한 예수의 관념이 아니라 하나님의 자녀들의 경건하고 윤리적인 사귐이다'(*Jesus' Proclamation* 135). 또한 바이스의 *Jesus' Proclamation*, Hiers and Holland 서론(16-24)을 보라.

[103] '그는 이름 없이, 노인처럼 호숫가로 우리에게 알지 못하는 존재로 온다. 그는 자신이 누구인지 알지 못하는 사람들에게 왔다. 그는 같은 말을 한다, "나를 따르라!" 그리고 우리 시대에 그가 이루어야 할 그 과업으로 우리를 인도한다. 그는 명령한다. 지혜롭든, 어리석든, 그는 자신을 청종하는 자들에게 평화 가운데 나타낼 것이다. 나아가 수고와 갈등 가운데, 그리고 그들이 그와의 사귐 가운데 경험할지 모르는 고난 가운데 자신을 나타낼 것이다. 그리고 형언할 수 없는 신비로서 그들은 그가 누구인지 알게 될 것이다…'(*Quest*[2] 487; *Quest*[1] 401). 비슷하게 이전의 초판에서 다음 두 페이지가 누락되었다. '우리 시대에 중요하고 도움이 될 수 있는 것은 역사적으로 알려진 예수가 아니라 사람들 안에서 영적으로 부활한 존재로서의 예수이다. 세상을 이기는 것은 역사적 예수가 아니라 그로부터 발원하여 사람들의 영 가운데 새로운 영향을 끼치고 다스리기 위하여 분투하는 그 영이다'(*Quest*[1] 399). 이 구절은 또한 후대 수정본에서도 빠져 있다. 그러나 1950년 인쇄본 서문에서 슈바이처는 다음과 같이 쓴다: '하나님의 나라와 메시아의 관념을 영성화하기 시작한 것은 예수였다. 그는 후기 유대교의 하나님 나라 개념 속에 사랑에 대한 그의 강한 윤리적 교훈을 표나게 도입했다.…지상의 영적인 하나님 나라의 영적인 통치자로서, 그는 우리 가슴속에서 통치하기를 원하는 주님이다'(*Quest*[2] xliv). 슈바이처가 자신이 파놓은 구멍을 메우기 위해 신비주의 형식에 호소한 것은 그의 바울 연구 *The Mysticism of Paul the Apostle* (London: Black, 1931)

개진한 사해동포주의의 영감을 발견했다.[104] 다른 사람들은 예전의 자유주의적 개인주의가 여전히 예수의 왕국 설교에 대한 만족할 만한 주석을 제공했음을 알게 되었다.[105]

좀더 핵심을 찌른 지적은 슈바이처가 몇 페이지 앞서 보여준 대로, '역사적 예수가 우리 시대에 낯선 타인과 수수께끼가 될 것'이라는 관찰이다.[106] 바이스와 슈바이처의 종말론적 또는 묵시주의적 예수의 충격을 가장 잘 압축하여 보여주는 것은 바로 이 진술이다. 19세기 사람에게 말한 예수를 찾고자 하는 욕구 가운데, 19세기 탐구자들은 대체로 19세기식 예수, 곧 그들의 견해를 대표하고 그들의 우선적인 관심사를 표현해주는 그런 예수를 찾으려는 유혹에 굴복했다.[107] 그들은 '역사적 예수'를 자신들의 형상대로 만들어냈다.[108] 그렇게 그들은 예수를 근대화했던 셈이다.[109] 이 한 가지 통찰 속에 슈바이처는 역사적 책임을 신랄하게 검증했다. 500년 전에 익히 인식된 대로 역사는 현재와 거리가 멀고 다를 수밖에 없다. 문화와 사회, 가정(assumptions)과 열망의 역사적 틈을 가로질러 한 인물과 직면하는 것은 항상 우리에게 어떤 충격을 일으키고야 만다. 과연 어떤 낯선 요소의 부재는 역사적 거리의 깊이와 역사적 차이의 정도가 평가 절하되었음을 시사하는 듯하다. 바이스와 슈바이처는 예수가 길들여졌고 그 결과 마치 우수한 19세기 주일학교 교사처럼 제시될 수 있었다는 사실을 똑똑히

에서도 명백하게 확인된다.

104) 예컨대, 'Schweitzer, Albert', *ODCC* 1470을 보라.

105) 위의 각주 96을 보라.

106) Schweitzer, *Quest*[1] 397=*Quest*[2] 478.

107) J. Jeremias, *Das Problem des historischen Jesus* (Stuttgart: Calwer, 1960), ET *The Problem of the Historical Jesus* (Philadelphia: Fortress, 1964)는 이 점을 다소 호방하게 요약한다: '합리주의자들은 도덕성의 설교자로, 이상주의자들은 이상적인 인간으로 예수를 그려냈다. 심미주의자들은 말씀의 통달자로, 사회주의자들은 가난한 자의 친구와 사회 개혁가로 그를 칭송했다. 한편 수많은 사이비 학자들은 그를 허구적인 인물로 만들어냈다. 이러한 예수의 생애들은 한갓 희망 사항에 기초한 생각의 소산이다. 그 마지막 귀결인즉, 모든 시대 모든 신학이 예수의 인격에서 거기 반영된 당대의 이상들을 확인하고 모든 저자들은 거기서 제 자신의 견해를 발견했다는 것이다.'

108) 자주 인용되는 것은 George Tyrrell, *Christianity at the Crossroads* (London: Longmans Green, 1909)의 다음 논평이다: '19세기 가톨릭 교회의 어둠을 되돌아보면서 하르낙이 보는 그리스도는 깊은 우물의 바닥에 비친 자유주의 개신교 얼굴의 그림자일 뿐이다'(49).

109) 슈바이처 스스로 관찰한 바 그대로다; *Quest*[1] 4, 308–11=*Quest*[2] 6, 275–78을 보라: '그는 독일적 지성이 종교적 도깨비불에 홀려 만들어낸 유령에 불과하다'(*Quest*[1] 309=*Quest*[2] 276). 또한 H. J. Cadbury, *The Peril of Modernizing Jesus* (London: Macmillan, 1937; SPCK, 1962)를 보라.

깨우쳐주었다. 간단히 말해, 도그마의 그리스도 뒤로 돌아가 역사의 예수에 다다르려는 자유주의의 시도는 그저 나쁜 역사를 양산하였을 뿐이다. 이 점과 관련하여 템플(William Temple)의 다음 방백보다 더 명료하게 핵심을 지적한 곳이 없을 것이다. '자유주의 개신교의 그리스도를 십자가에 못 박기 위해 사람들이 왜 그렇게 애써야 했는지, 그 이유는 언제나 알 수 없는 신비였다.'[110]

b. 신앙이 다시 들어오다

자유주의의 예수 탐구에 좀더 유력한 장애물은 신앙이 무시할 수 없는 요인으로 놀랍게 다시 등장한 것이었다. 이는 예수의 생애에 대한 역사적 탐구가 결국 신앙을 설명해야 한다는 정신 번쩍 나게 하는 깨달음이었다. 오랫동안 역사의 권리 주장에 길을 내준 뒤에 신앙이 마침내 뒷덜미를 깨문 격이었다!

마르틴 켈러(Martin Kähler)의 저작 『이른바 역사적인 예수와 역사적·성서적 그리스도』(Der sogennate historische Jesus und der geschichtliche biblischer Christus, 1892)[111]보다 더 대범하게 이 문제를 제기한 경우는 없었다. 이 제목 자체가 켈러의 핵심 논지를 밝히 드러낸다. 이 책은 똑같이 '역사'를 의미하는 두 독일어 어휘 Historie와 Geschichte를 구별한다. 그는 Historie를 있는 그대로의 자료로 이해하는데, 곧 그 위에 부여된 어떤 의의와는 독립된 개념이다. 반면 Geschichte는 그 의의 안에서의 역사, 곧 그것들이 발휘한 영향으로 말미암아 주목을 끄는 역사적 사건과 인물을 암시한다. 영어 번역자가 이 두 개념을 그저 역사적이라는 것의 암시적 함의를 지닌 'historical'과 지속적인 평판을 암시하는 'historic'을 구분한 것은 예의 독일어 구분과

---

110) W. Temple, *Reading in St. John's Gospel* (London: Macmillan, 1945) xxiv. 또한 M. D. Chapmann, *The Coming Christ: The Impact of Eschatology on Theology in Edwardian England* (JSNTS 208; Sheffield: Sheffield Academic, 2001)를 보라.

111) ET *The So-Called Historical Jesus and the Historic Biblical Christ*, ed. C. E. Braaten (Philadelphia: Fortress, 1964).

같은 맥점을 짚어낸 것이다. 이런 측면에서 켈러의 핵심 주장인즉, 성서의 그리스도는 그의 의의에 비추어본 예수라는 것이다.[112] 켈러에 의하면 성서 안에 의미가 제거된 인물로서 '역사적 예수', 즉 '그렇게 칭해온 역사적 예수' 같은 것은 없다. 예수의 생애에 대한 자유주의의 연구는 해석적 층위와 추정된 왜곡을 벗겨냄으로써 복음서 배후의 예수로 되돌아가고자 했다는 것이다. 켈러는 이에 응답하여 이것은 실현 불가능했다고 주장한다. 즉 복음서의 예수상은 시종일관 해석으로 충만하다는 것이다.[113] 예수 생애 탐구자들은 그 시도를 통해 결과적으로 추가 자료로 사실상 제5복음서, 곧 그들 자신의 마음과 상상력에 의지했을 뿐이다.[114] 이러한 관점에서 볼 때 그 모든 탐구는 그 안에서 이른바 '역사적 예수'가 발견될 수 없는 '막다른 골목'에 불과했다.[115] 켈러에 의한 이 단도직입적인 도전은 즉각적인 충격을 주지 못했지만, 불트만이 그 탐구를 포기함에 영향을 준 근본적인 신학적 고려 사항이었으며, 20세기 중반기 내내 수십 년간 줄기찬 영향력을 발휘하였다.

브레데(Wrede) 역시 이와 연관된, 그러나 훨씬 더 즉각적으로 타격을 가하는 통찰을 선보인 바 있다. 요컨대, 객관적 역사를 위한 자료로 많이 의존해온 복음서가 사실상 일차적으로 **신앙의 문서**였다는 것이다. 그것은 있었던 그대로의 예수상이 아니었고 그 이후 제자들이 본 대로 그려낸 모습이었다. 이 큰 주장은 브레데가 좀더 좁게 초점을 맞추어 다룬 공관복음의 '메시아 비밀'에 대한 연구 결과였는데, 특히 마가복음의 비밀 모티프가 어떻게 해서 예수의 백성들이 예수의 메시아 됨을 인식하게 되었는지를 설명하기 위해 복음서 기자가 삽입한 신학적 모티프였다는 결론의 일부였

---

112) '순전히 역사적 관점에서 보면 어떤 위대한 인물 속의 진정한 역사적 요소는 후대에 그가 끼친 분별 가능한 인격적 영향력이다'; '즉 실제의 그리스도는 역사 속에서 영향을 끼친 바로 그 그리스도다…'(Kähler, *So-Called Historical Jesus* 63, 66).
113) '예수에 대한 사도적 회상의 모든 상세한 내용은 그 종교적 의의를 위하여 보존된 것으로 밝힐 수 있다'(Kähler, *So-Called Historical Jesus*, 93).
114) Kähler, *So-Called Historical Jesus* 55(Braaten의 'Introduction' 20). 또한 이와 관련된 비판은 위의 각주 107-109 참조.
115) Kähler, *So-Called Historical Jesus* 46.

다.[116] 여기서 불가피한 추론은, 마가가 예수의 사역과 가르침에 대한 역사적인 이야기를 쓸 의향이 **없었다**는 것이다. 마가의 구성 형태와 내용은, 또한 확대된 다른 공관복음서를 보더라도, 신학적 고려에 의해 결정되었다. 이 경우에서는 역사적 공관복음과 신학적 요한복음의 선명한 구분이 폐기되어야 했다. 공관복음 역시 신학적이었으니, 그 고유한 양식과 정도에서 요한복음처럼 신학적이었다. 마찬가지의 경우에서 마가복음을 예수 사역의 역사를 이해하기 위한 올곧은 자료로 사용할 가능성도 사라져버렸다. 공관복음서가 신학적 소책자였다는 브레데의 발견은 20세기 학계에 거의 자명해졌으며, 20세기 대부분 기간 동안 자유주의의 가설에 근거하여 '역사적 예수 탐구'를 갱신하는 데 유력한 장애물이 되었다.

이와 같은 연장선상에서 우리는 또한 브레데에 응답하여 슈바이처가 지적한 점을 주목해야 한다. 슈바이처는 역사적 예수 탐구에 대한 설명이 브레데와 자기 자신의 공헌과 함께 제시된 '철저한 회의주의'(브레데)와 '철저한 종말론'(슈바이처) 사이의 선택으로 최고조에 달한 것으로 본다.[117] 그가 브레데의 지론에 반대하여 제기한 논지 가운데 가장 날카로운 점은 예수의 설교에 대한 공관복음서의 이야기에 교리적 영향을 암시하는 징후들을 반드시 후대 그리스도교의 신학화 작업의 흔적으로 취할 수 없으며, 오히려 예수 **자신의** 사고방식을 암시할 수 있다고 본 것이다. 그가 보기에 종말론 자체는 '교리사' 외에 그 무엇도 아니었으니, 곧 종말론적 관점으로 결정된 사건의 미래 방향을 예상한 것이었다.[118] 동일한 가정 위에 그는 '메시아 비밀'도 아마 예수 나름의 고안이었으리라고 본다. 이는 '예수에게 자신의 죽음의 전반적 필연성이 외적인 역사 사실이 아니라 도그마에 기초하

---

116) W. Wrede, *Das Messiasgeheimnis in den Evangelien: Zugleich ein Beitrag zum Verstandnis des Markusevangeliums* (Göttingen, 1901); ET *The Messianic Secret* (Cambridge Clarke, 1971). C. Tuckett, ed., *The Messianic Secret* (London: SPCK, 1983)과 추가로 아래 §15.2c를 보라.

117) Schweitzer, *Quest* ch. 19; 여기서 그는 자신의 책 *Das Messianitäts- und Leidensgeheimnis: Eine Skizze des Lebens Jesu* (1901); ET *The Mystery of the Kingdom of God: The Secret of Jesus' Messiahship and Passion* (New York: Macmillan, 1914)을 언급하고 있었다.

118) Schweitzer, *Quest*: '종말론은 간단히 말해 역사의 자연스런 흐름을 깨고 들어와 그 흐름을 폐기하는 "교리사"이다'(*Quest*[1] 349; *Quest*[2] 315).

고 있기 때문'이라는 것이다.[119] 브레데가 '교리적인 그래서 비역사적인'이라고 말한 곳에서 철저 종말론 학파는 '교리적인 그래서 역사적인'이라고 대꾸한 셈이다.[120]

우리가 슈바이처의 특정한 주장을 어떻게 판단하든지 간에 우리는 나중에 이 주제로 다시 돌아올 것이다.[121] 그가 남긴 근본적인 다음의 통찰은 여전히 살아남아 있다. 즉 공관복음서 전통에서 교리적 영향이 그 안에 존재하는 것과 관련하여 그 자체로 후대 그리스도교가 남긴 흔적의 증거라고 간주되어서 안 된다. 도그마, 즉 그 교리라는 것조차 예수 스스로 소중히 간직한 것이었을지 모른다. 놀랍게도 이러한 통찰은 슈바이처가 그에 대한 언급을 전혀 하지 않지만 켈러의 다음과 같은 통찰을 보완한다. 신앙, 신학, 도그마의 존재가 거기에 투사된 후대 관점의 확실한 징후를 이룬다는 가정은 단순히 그릇된 것이다. **신앙, 신학, 도그마는 예수 자신의 것이었을지 모른다.** 그리고 '역사적 예수'가 그 모든 것과 확실히 무관했다는 가정은 도저히 믿을 수 없는 주장임에 틀림없었다. 역사의 예수와 신앙의 그리스도라는 양극적 대립 구도로 인하여 슈바이처의 이런 통찰이 그에 값할 만한 영향력을 발휘하지 못한 점은 안타까운 일이다.

c. 은총의 강타

자유주의, 또한 자유주의의 예수 탐구에 가해진 타격 중 가장 파괴적인 것은 의심의 여지 없이 제1차 세계대전에서 비롯되었다. 유럽의 고등한 문화가 솜(Somme) 강의 피비린내 나는 공포와 파스샹달(Passchendaele)의 진흙탕 지옥으로까지 전락할 수 있다는 사실은 자유주의의 의제 아래 이후 등장하는 세대를 위해 깔아놓은 카펫을 휩쓸어버렸다. 인간의 야수성과

---

119) Schweitzer, *Quest*[1] 390=*Quest*[2] 350; 또한 *Quest*[2] 327, 330, 334, 337–38, 342을 보라.
120) Schweitzer, *Quest*[1] 385=*Quest*[2] 346.
121) 특히 아래서 §§ 12.3b, 12.6c–d, 17.3, 5를 보라.

잔인성의 증거는 인류의 도덕적 진화에 자신만만해했던 자유주의의 낙관주의를 뒤흔드는 결과를 초래했다. 따라서 전후의 신학적 반응이 전혀 다른 견지에서 도래한 것은 놀라운 일이 아니다. 그것은 선포된 말씀을 강조한 바르트의 신정통주의와 엄격한 '결단주의'에 입각한 불트만의 실존주의로 그 어느 쪽도 '역사적 예수'라든지 그에 대한 추가 탐구에 그리 대단한 관심을 갖지 않았다.[122]

4.6 사회학적 관점에서 본 예수

제1차 세계대전의 발발 이후 40년은 '예수 생애' 연구의 단절 내지 분위기 전환과 같은 시기로 규정할 수 있다. 이 기간은 교리적 그리스도론의 관점의 재확신(바르트)과 그 결과 동일하게 교리적 케리그마의 관점(불트만)이 대세를 이루고 있었다. 따라서 불트만의 공헌과 불트만 직후 세대가 그의 유산을 놓고 역사와 신앙의 긴장이란 견지에서 씨름한 내력에 대한 고려는 다음 단락(아래 §§5.3, 4를 보라)까지 미뤄두는 것이 더 이치에 맞을 것이다. 어쨌든, 불트만 시대에 도그마로부터의 탈주와 예수 생애 탐구 모두 중단된 것은, 1970년대 중반 이후 옛 자유주의 탐구를 지배했던 관심사가 두 가지 형태로 다시 그 주장을 펴게 된 사실로도 확인된다.

그 모든 흠결과 실패를 무릅쓰고 자유주의에서 시도한 탐구는 예수를 그의 역사적 맥락에서 보고자 했고, 순전한 윤리적 관심이 그 동기를 부여했다. 이 예수를 역사적 맥락에서 보려는 자유주의의 목표는 20세기 초 종교사학파의 등장으로 가까운 동맹군을 얻게 되었다. 이 새 학파는, 그리스도교가 우선적으로 교리적 체계라는 전통적 선입견을 떨쳐버리고 그리스

---

122) 하지만 페린(Perrin)의 지적에 의하면 우리는 자유주의적 탐구의 붕괴를 오직 독일과 관련해서만 말할 수 있다. 역사적 예수에 대한 우리의 지식과 그리스도교 신앙에 대한 그 지식의 관계를 두루 묻는 자유주의적 입장은 영국과 미국에서 이후 50년 동안 유지되었기 때문이다(*Rediscovering* 214-15). 추가로 Weaver, *Historical Jesus* xi-xii 및 chs. 4-6 여기저기를 보라.

도교를 1세기 그리스-로마 세계에 등장한 많은 종교 운동 가운데 하나로 이해하려 했다는 점에서 도그마에 대한 자유주의의 반작용을 확대한 흐름이었다.[123] 그 결과, 예수 탐구는 (하르낙의 용어를 사용하자면) 대체로 '그리스도교의 헬레니즘화'에 초점이 맞추어져, 옛 자유주의적 확신에 기초를 두고 초시간적 도덕적 이상을 설파한 교사로서의 예수에서 당시 밀의제의를 본 따서 만든 종교의 창시자로서의 바울 쪽으로 큰 전환(또는 변이?)을 보였다.[124] 슈바이처와 관련해서도, 그가 유대교 묵시주의 사상의 맥락에 예수를 배치했다는 점에서 종교사라는 관점과 같은 동기를 공유했다고 말할 수 있다. 그러나 앞서 지적한 대로, 그 가운데 슈바이처는 역사적 예수 탐구자들에게 한 가지 난해한 수수께끼를 남겨놓았다. 그것은, 실패한 묵시적 예언자가 어떻게 20세기에 신뢰할 만한 종교적 모델을 제공할 수 있는가 하는 점인데, 이에 대해서는 불트만의 실존주의가 단지 한시적 해결책을 제시한 바 있다.

동시에 자유주의의 윤리적 관심사는 막 등장한 사회과학, 특히 사회학을 끌어들이려는 처음 시도들에 의해 강화되었다.[125] 그 유년기의 기획은 전쟁에서 생존하였지만 그 새 의붓아버지인 케리그마적 신학은 그 기획에 거의 호의적이지 않았다. 그 기획이 초기에 마르크스주의의 공헌 속에 번성한 사연은[126] 의심의 여지 없이 그 기획에 대한 서구 학계의 의혹을 부추

---

123) 브레데의 다음 표제 논문은 그 분위기를 잘 포착하였다. 'The Task and Method of "New Testament"' (1897), ET in R. Morgan, *The Nature of New Testament Theology* (London: SCM, 1973) 68-116. 여기서 막 출현한 사회학적 관점에 동기를 부여한 것은 도그마에 대한 적대감이 아니라 옛 교리적 관점이 너무 편협하고 바로 그런 까닭에 역사적 현실에 대한 20세기의 인식을 왜곡했다는 점이었다. 이 단락은 다소 어색할망정 현재 장의 총괄적 주제 안에 끼어 맞추어 다루어진다.
124) 위의 제1장 각주 16, 18을 보라.
125) 종교사학적 방법의 또 다른 특징은, '그리스도교 사상은 공동체와 제의 없이 결코 강력한 실재가 될 수 없을 것'이라는 트뢸취의 통찰이었다('The Significance of the Historical Existence of Jesus' 196). 추가로 Troeltsch, *The Social Teaching of the Christian Churches* (1912; ET London: George Allen and Unwin, 1931)를 보라. G. Theissen, 'Social Research into the New Testament', *Social Reality and the Early Christians* (Minneapolis: Augsburg Fortress, 1992/Edinburgh: Clark, 1993) 1-29는 트뢸취가 '사물을 "사회학적으로" 보는 방식에 의해 교리사 안에서 수행된 그리스도교에 대한 "이념적인" 견해를 보충하길 원했다'고 논평한다. 그러나 그는 자신의 영역을 교회와 종파의 사회적 교리에 한정시켰다'(8, 각주 8). 타이센은 또한 트뢸취가 막스 베버(Max Weber)가 살았던 하이델베르크의 같은 집에 살았다며 그들이 서로 영향을 주고받았을 것이라고 지적한다(7).
126) 특히 K. Kautsky, *Foundations of Christianity* (1908, ¹¹1921; ET London: George Allen and Unwin, 1925).

졌다. 초기 양식비평가들이 양식의 사회적 층위(삶의 자리)를 인식했던 것은 사실이다. 그러나 그것은 한정적인 방식에 불과했는데, 곧 회중들 가운데 머문 양식의 삶이었지 더 넓은 사회적 맥락 안에 깃든 교회의 삶이 아니었다.[127] 비록 자유주의의 오래된 논제들이 1920-1930년대에 걸쳐 시카고 학파에서 계속 살아남았지만,[128] 그 실제 영향력은 미국을 넘어가지 못했다.

그 유년기의 사회학적 방법이 비로소 온전히 성인이 된 것은 1970년대 중반기에 이르러서였다. 이와 같은 성인 됨의 사건은 사회과학이 서구의 확장하는 대학 시스템 내에서 온전히 자리 잡게 됨에 따라 나타난 결과였다.[129] 또한 부분적으로 이러한 변화는 유럽 사람들이 그 식민지 시대의 과거와 결별하고 이에 수반하여 해방신학이 출현한 결과이기도 했다.[130] 사회학적 탐구의 부흥과 온전한 번성은 특히 다음 두 학자의 공헌에서 명백히 탐지된다.

a. 게르트 타이센

사회학적 관점에서 신약성서를 연구하기 위해 처음으로 효과적인 시도를 한 영예는 타이센(Gerd Theissen)에게 돌려야 한다.[131] 예수와 관련하여 타이센은 '어록 전통은 가정과 가족과 소유를 포기한 데서 가장 확연히 드

---

127) Theissen, 'Social Research' 8-13. 추가로 아래 §8.6a와 제2권을 보라.
128) 여기서 가장 주목할 만한 경우는 S. J. Case, *Jesus: A New Biography* (Chicago: University of Chicago, 1927)와 S. Matthews, *Jesus on Social Institutions* (New York: Macmillan, 1928)다. 추가로 Weaver, *Historical Jesus* 127-36을 보라.
129) 1960년대 영국 대학 시스템의 확대는 학과 내지 학부를 칭하는 적절한 타이틀이 '신학'이란 의미의 'Theology'나 'Divinity'에서 '종교학'(Religious Studies)으로 변했다는 점에서 두드러지게 확인된다.
130) 특히 J. Sobrino, *Jesus the Liberator: A Historical-Theological Reading of Jesus of Nazareth* (ET Maryknoll: Orbis, 1993).
131) '문헌사회학은 씌어진 텍스트와 인간 행태의 관계를 탐구한다'—'Wanderradikalismus: Literatursoziologische Aspekte der Überlieferung von Worten Jesu im Urchristentum' *ZTK* 70 (1973) 245-71; ET 'The Wandering Radicals: Light Shed by Sociology of Literature on the Early Transmission of Jesus Sayings', *Social Reality* 33-59 (여기서는 33)의 서두다. 이후로 고린도전서의 바울에 대한 일련의 연구가 잇달아 나왔는데, 이는 바울 연구 분야에서 유사한 영향을 끼쳤다. 더 살펴보려면 제2권을 보라.

러나는 윤리적 급진주의로 특징지어진다'고 주장했다.[132] 이후 더 광범위
한 후속 연구에서 그는 문헌사회학에서 예수 운동의 사회학으로 그 연구
의 관점을 넓혔다. 그는 이 연구의 목적과 관련하여 '예수 운동 안에 드러나
는 전형적인 사회적 태도와 행태를 기술하고 그 운동이 팔레스타인의 유대
인 사회와 부대끼면서 보여준 상호 작용을 분석하는 것'[133]이라고 정의했
다. 그 결과로 산출된 그림은 더 광범위하다. 그 논의의 한 장은 '유랑하는
카리스마 제자들'에, 또 다른 한 장은 '지역 공동체 내의 동조자들'에 할애
함으로써 이전의 강의에서보다 더 균형 잡힌 초상을 제시하였다. 그럼에도
불구하고 여전히 그는 전자에 초점을 맞추고 있는데, 즉 유랑하는 카리스
마 제자라는 주제로 할애된 장의 처음 주장과 함께 설정된 다음의 논조가
그것이다. '예수는 일차적으로 지역 공동체를 설립하지 않고 유랑하는 카
리스마 제자들의 운동을 낳았다.' 이후의 지역 공동체들은 '절대적으로 유
랑하는 카리스마 제자들과 그들의 보완적 관계라는 측면에서 이해되어야
할 것이다.'[134] 이러한 급진적 유랑 설교자들의 일차적 중요성은 초기 예수
전통을 형성하고 전승한 자들이 그들이었다는 점에서 또 한 차례 강조된
다.[135] 이와 같은 '국외자(outsiders) 운동'에 가장 근접한 유사 사례는 수많은
견유학파 유랑 철인들과 설교자들이었다.[136] 많은 선구적인 공헌이 으레
그렇듯이, 그리스도교 기원에 대한 타이센의 사회학적 재구성은 숱한 비판
에 취약하게 노출되어 있다.[137] 특히, 그는 제자들을 선교 현장에 파송하는
예수의 전승(막 6.6-13 평행구)에 예수 운동 전반과 관련하여 결정적인 역할을

---

132) 'Wandering Radicals' 37–40.
133) *Soziologie de Jesusbewegung: Ein Beitrag zur Enstehungsgeschichte des Urchristentums* (Munich:
Kaiser, 1977), ET *The First Followers of Jesus: A Sociological Analysis of the Earliest Christianity*
(London: SCM, 1978) = *Sociology of Early Palestine Christianity* (Philadelphia: Fortress, 1978) 1.
134) *First Followers* 8, 22.
135) *First Followers* 8, 10.
136) *First Followers* 14–15; 또한 'Wandering Radicals' 43–44.
137) 사회학적 관점에서 제기된 비판으로는, 특히 J. H. Elliott, 'Social Scientific Criticism of the New
Testament and Its Social World', *Semeia* 35(1986) 1–33; R. A. Horsley, *Sociology and the Jesus
Movement* (New York: Contunuum, 1989, ²1994) 30–42. 호슬리는 예수 운동에 대한 타이센의 제안
을 '복음서 자료의 현대적 길들이기'(39)라고 특징지었다.

부여했다.[138] 그는 제자 됨의 대가와 관련된 다양한 구절(예, 눅 14.26)의 수사법을 제대로 따져보지 못한 채 그 구절들을 너무 문자적으로 해석한다.[139] 그의 해석은 종종 특정한 경향에 기울어진다. 예컨대, 마태복음 19.28은 열두 제자의 과제가 '이스라엘의 (흩어진) 열두 지파를 심판하는 것'을 가리킨다거나, 사도행전 13.1은 안디옥이 '유랑하는 카리스마 제자 집단의 안식처'였음을 보여준다는 주장들이 그렇다.[140] 나아가 전통을 지키며 보존해 나간 주체를 정착한 공동체와 그 성원들보다 유랑하는 카리스마 제자들로 이해하는 점도 공동체 전통에 대한 사회학적 입장보다 유랑하는 음유시인들의 낭만적 개념에 무의식적으로 더 많이 기대고 있는 것 같다(아래 제8장을 보라). 간단히 말해, 이러한 이해는 예수의 다양한 어록을 타이센이 시도한 대로 해석할 수 있다고 제안한 맥락 가운데 배치함으로써만 가능하다. 앞으로 살펴보겠지만, 그러한 어록들은 예수 시대의 사회적 인습을 다시 구축하라는 요청으로 이해할 때, 그 급진적 힘이 줄어들지 않는다. 그럼에도 불구하고, 최초 단계의 예수 전통을 집 없는 유랑 설교자들이 지켜낸 것으로 보고 그 유사한 사례로 세상을 포기하며 떠돌아다닌 견유학파의 유랑 철학자에 빗대어 조명한 타이센의 재구성은 특히 이후 §4.7에서 서술할 신자유주의적 예수상에[141] 방대한 영향을 끼쳤다.

즉각 타이센의 뒤를 이어 나온 존 게이저(John Gager)의 책 『왕국과 공동체』(*Kingdom and Community*)는 상당한 평판을 얻었다. 그러나 예수를 다룬 부분은 지속적인 중요성을 지닌 것으로 후기 천년왕국 운동의 모형(특히 멜

---

138) 타이센은 또한 디다케(*Didache*) 11에 지나치게 의존하는데, 이는 카리스마와 직책(*Charisma and Amt*)에 대한 논쟁에서 19세기 말에 디다케 문서가 출간됨으로 인해 생긴 실수를 되풀이하는 격이다(내 책 *Theology of Paul* 566-67을 보라); Crossan, *The Birth of Christianity* (HarperSanFrancisco, 1998) Part VIII는 여전히 같은 노선을 더 심하게 밀어붙이고 있다(아래 제14장 각주 72를 보라). 또한 유사하게 '카리스마'라는 그의 개념은 바울보다 막스 베버에 더 의존하고 있는데, 바울에게 카리스마는 본질적으로 공동체 기능이었다(롬 12.4-6; 고전 12.4-27).
139) 추가로 Horsley, *Sociology* 43-50; '사실상 대부분 검증되지 않은 주장들을 지탱하기 위하여 개별 본문들을 이렇게 무비판적으로 사용하는 것'(45).
140) *First Followers* 9.
141) 제7장 각주 96을 보라. 타이센의 이러한 입장은 P. Hoffmann, *Studien zur Theologie der Logienquelle* (Münster: Aschendorff, 1972, ²1975) 332-34에 의해 어느 정도 예견되었다.

라네시아의 화물 숭배)을 앞세운 분석 모델에 너무 많이 의존하였다.[142] 다른 저작들도 '역사적 예수 탐구'에 대한 그들의 공헌이란 측면에서 볼 때, 특히 해방신학의 입장으로 복음서의 예수 묘사를 오늘날 활용함에 있어 끼친 그 영향력이 지대하였다.[143]

b. 리처드 호슬리

예수 운동에 대한 사실주의적 역사사회학을 요청한 다른 가장 중요한 목소리는 리처드 호슬리(Richard Horsley)였다. '예수 생애' 연구에서 주기적으로 건드린 강조점을 다시 되살리면서,[144] 호슬리는 예수의 탈정치화에 맹렬히 반대하며 대부분의 이전 논의를 지배한 전제들을 되묻는다.[145] 특히 예수에 대한 전통적인 해석이 예수의 가르침을 개인주의화했고 '종교'와 '정치'를 분리된 두 개의 범주로 가정했다. 그러나 실제로 예수와 관련된 전통은 엘리야와 엘리사 등과 같은 정치적 예언자의 전통이었고, 예수는 자신에 대한 고소 내용이 전적으로 무죄라고 하기 어려운 상태에서 정치적 선동가 내지 범죄자로 처형되었다.[146] 예수의 가르침 가운데 하나님 나라는 세상의 끝으로서 '우주적 파국'을 뜻하는 옛적의 묵시적 종말론보다 사회의 회복과 사회적 삶의 갱신을 표상하는 '정치적 은유와 상징'의 차원에서 이해되어야 한다. 요컨대, 예수의 관심사는 '꽤 확실하고 명확한 어떤

---

142) J. G. Gager, *Kingdom and Community: The Social World of Early Christianity* (Eaglewood Cliffs: Prentice-Hall, 1975) 20-37. 그 모델은 또한 예수를 천년왕국 예언자로 보는 발상과 함께 작동했는데, 이는 게이저를 지지할 만한 사람들 사이에서도 막 퇴조할 조짐을 보이고 있었다.

143) 이 방면에서 주목할 만한 저작으로 L. Boff, *Jesus Christ Liberator: A Critical Christology for Our Time* (Maryknoll: Orbis, 1978); J. L. Segundo, *The Historical Jesus of the Synoptics* (1982; ET Maryknoll: Orbis, 1985); E. Schüssler Fiorenza, *In Memory of Her: A Feminist Theological Reconstruction of Christian Origins* (New York: Crossroad, 1983) 105-59을 보라; 또한 그녀의 논문 'Jesus and the Politics of Interpretation', HTR 90 (1997) 343-58. 그들은 전통적인 교리적 관심사를 식민지적 가부장적 억압을 위한 허울로 간주한다.

144) 라이마루스(§4.2)에서 S. G. F. Brandon, *Jesus and the Zealots: A Study of the Political Factor in Primitive Christianity* (Manchester: Manchester University, 1967)까지 다룬다.

145) R. A. Horsley, *Jesus and the Spiral of Violence: Popular Jewish Resistance in Roman Palestine* (San Francisco: Harper and Row, 1987).

146) Horsley, *Jesus* 151-53, 156-57, 160-64; 또한 ch. 10.

사회 관계의 유형'에 기반을 둔 '이스라엘의 갱신'을 위한 것 이상도 이하도 아니었다.[147] 그때 염두에 둔 것은 유랑하는 카리스마 제자들의 특정한 집단이 아니라, 가족적이지만 가부장적이지 않은(막 3.35) 태반에 품은 지역 공동체, 곧 수직적 위계질서 없는 공동체(마 23.8-9)로 그 성원들은 서로 경제적 책임을 떠맡고('우리의 빚을 사해주소서') 심지어 지역 사회의 적들을 포용하며('너의 원수를 사랑하라') 기꺼이 서로를 도왔다. 또한 그 공동체는 법정에 호소하지 않고 갈등을 해소한 공동체였고(마 18.15-22), 그 구성원들은 스스로 성전과 거기에 결탁한 정치적·경제적·종교적 체제로부터 독립적인(마 17.24-27) 존재, 심지어 로마 제국에 바치는 세금의 의무와도 무관한(막 12.17) 존재로 간주하였다.[148] '하나님의 나라는 명백히 성직자 중심의 신정정치나 성전 체제의 중개적 역할을 필요로 하지 않았다.'[149]

호슬리는 이어지는 추가 연구를 통해 자신의 주장을 재서술하면서 입증해나갔지만,[150] 주요 논지와 그 핵심 요소는 이미 이전의 최초 진술 가운데 분명히 들어 있었다. 그가 제시한 평등주의적 유토피아 이념은 억압적인 위계체제의 전통이 장구하게 지속되는 현실에 당혹스러워하는 누구에게나 분명 매력적이다. 그리고 호슬리의 논지는 예수의 첫 추종자들을 유랑하는 카리스마 제자로 묘사한 타이센의 입장보다 더 건전한 기초 위에 세워져 있다. 그러나 바로 그 매력은 불가피하게, 호슬리가 예수를 사회 개혁가로 묘사하면서 자기 나름의 우선적 관심사를 투사한 옛 자유주의자들의 실수를 피해갈 수 있었는지 의문을 던진다.[151] 유사한 문제가 몇 가지 발생한다. 자유주의자들처럼 그는 예수 전통 가운데 심판과 왕국의 온전한 실현과 함께 이루어질 하나님/인자의 미래적 도래 관련 언급들에 양면적

---

147) Horsely, *Jesus* 168-72, 192-208. 호슬리는 R. D. Kaylor, *Jesus the Prophet: His Vision of the Kingdom on Earth* (Louisville: Westminster/John Knox, 1994) 특히 ch. 3.
148) Horsely, *Jesus* chs. 8-10.
149) Horsley, *Jesus* 325.
150) 특히, *Sociology*; 또한 *Archaeology, History and Society in Galilee: The Social Context of Jesus and the Rabbis* (Valley Forge: Trinity, 1996); R. A. Horsley and J. A. Draper, *Whoever Hears You Hears Me: Prophets, Performance, and Tradition in Q* (Harrisburg: Trinity, 1999).
151) 위의 각주 107을 보라.

입장이다.[152] 자유주의자들과 마찬가지로 그의 주장에서도 예수 전통이 우리를 갈릴리 마을 공동체로만 안내하기 때문에 이후 확대된 바울 선교로의 전환은 떠올려보는 것조차 문제가 된다.[153] 게다가 몇몇 자신의 핵심 논점에서 그가 유별나게 항변하는 인상을 피하기 어려운데, 특히 예수의 축귀 사역이 '로마 지배의 날들이 헤아려졌음'을 암시했다는 제안이나, 예수가 세리들, 죄인들과 어울렸거나 함께 식사했다는 일치된 견해에 반하는 놀랍도록 독창적인 업적(*tour de force*)에서 그러하다.[154] 그럼에도 불구하고 예수의 가르침을 그의 당시 종교·사회·정치적 맥락에서 이탈시켜 추상화하지 말라는 호슬리의 경고는 경청해야 한다. 호슬리는 불가피하게 뒷부분에서 중요한 대화 상대자가 될 것이다.[155]

4.7 신자유주의의 예수 다시 들어오다

최근의 '예수 생애' 연구에서 가장 중요한 사실 한 가지는 70년쯤의 침묵 이후 옛 시절의 자유주의적 예수상이 복원되었다는 것이다(혹은 추방당했다가 귀환했다고 말해야 할까?). 20세기 초 자유주의의 예수에게 선포된 마지막 종언에도 불구하고, 자유주의의 예수상은 다시 살아났다. 물론 팔팔하고 가슴 훈훈한 채로 말이다. 이 사건이 북미에서 발생할 수밖에 없었다는 것은 그 정황을 좀더 이해할 수 있게 도와준다. 왜냐하면 거기서 교회와 국가의 분리로 인해 교회와 신학으로부터의 자유와 그것에 반항하는 행동을 그 뚜렷한 특징으로 간주하는 경향이 있는 고등교육에서 자의식적이고 지

---

152) Horsley, *Jesus* 175-77, 320.
153) 그 문제는 추후 나올 두 권의 책에서 좀더 명확하게 지적될 것이다(각주 150).
154) Horsley, *Jesus* 181-90 (여기서는 190), 212-23. 또한 아래 §13.5와 각주 216, 제15장 각주 279를 보라.
155) L. E. Keck, *Who Is Jesus? History in Perfect Tense* (Columbia: University of South Carolina, 2000)의 다음 통찰은 이 대목에서 딱 적절히 시사적이다: '그 과제에 대한 오늘날의 감각은 더 이상 예수의 풍모를 조명하는 제2성전기의 자료를 배치하는 차원의 감각이 아니다. 그것은 외려 먼저 그가 알았던 갈릴리를 가능한 충분히 재구성하고 다음으로 예수가 그 안에서 어디로 위치되어 그가 **그 곳의** 포괄적 일부가 될 수 있는지를 탐지하는 차원의 감각이다'(36).

속 가능한 자유주의적 개인주의를 부추겨왔기 때문이다. 물론 이 부활한 예수상은 전적으로 예전과 같은 형태로 현전하지 않지만 옛 자유주의 탐구 시절의 두드러진 특징들은 모두 명확하게 분별해낼 수 있다. 가령, 도그마로부터의 탈주, '역사적 예수'의 재구성을 가능하게 하는 새로운 자료에 대한 주장, 예수의 가르침에 대한 초점, 바이스와 슈바이처가 중심 무대로 옮겨놓은 당혹스러운 묵시문학의 특징적 요소들을 다시 한 번 벗겨내려는 시도 등이 그렇다.[156] 20세기 말 몇십 년간은 강조하는 요점에 따라 제각각의 대변인을 둔 형국 같았다. 그러나 전반적인 결과는 외려 익숙한 인물, 곧 신자유주의적 예수로, 그의 가르침이 던지는 도전은 예전처럼 근본적인 도덕 원리라기보다 전복적 지혜의 도전으로 요약될 수 있다.[157]

도그마와 전통적 권위로부터의 탈주에서 가장 솔직하게 말하는 사람은 로버트 펑크(Robert Funk)이다. 그는, '교회에서 그리고 우리 사회에서 권위 있는 자리에 있는 사람들까지, 아니 어쩌면 특별히 그들을 눈멀게 하고 접주는 만연한 종교적 문맹에 대한 정면 공격'을 가하는 자신의 의도를 비밀로 쉬쉬하지 않는다.[158] 전적으로 독창적인 탐구의 정신으로, 그는 역사적 예수와 신앙의 그리스도의 구별을 자명한 것으로 취하고 이를 자신의 시도가 지향하는 목표로 본다. 그 자신뿐 아니라 그가 설립한 예수세미나의 성원들 역시 이러한 목표를 공유하여 진정한 예수를 교리상의 그리스도와 복음서의 예수로부터 해방시키려고 시도한다.[159] 이와 유사하게 폴

---

156) L. T. Johnson, *The Real Jesus* (HarperSanFrancisco, 1996)의 켈러 같은 반응이나, D. C. Allison, *Jesus of Nazareth: Millenarian Prophet* (Minneapolis: Fortress, 1998), 그리고 좀더 대중적인 수준에서 나온 B. D. Ehrman, *Jesus: Apocalyptic Prophet of the New Millennium* (Oxford: Oxford University, 1999) 등의 슈바이처 같은 예리한 반박을 고려할 때 그 유사한 점들은 더 늘어난다; 또한 M. Reiser, 'Eschatology in the Proclamation of Jesus', in Labahn and Schmidt, eds., *Jesus, Mark and Q* 216–38.
157) '신자유주의적'(Neo-Liberal)이란 말은 내 나름대로 사용하는 명칭이다. 비슷한 평가들이 나왔다: H. Koester, 'Jesus the Victim', *JBL* 111 (1992) 3–15 (여기서는 5); L. E. Keck, 'The Second Coming of the Liberal Jesus?', *Christian Century* (August 24–31, 1994) 784–87. 자유주의 선행 연구자들과 자신의 친밀성에도 불구하고(사회 개혁가로서의 예수), 호슬리는 특히 'The Teaching of Jesus and Liberal Individualism', in Horsley and Draper, *Whoever* 4–5, 15–28에서 유사한 비판의 날을 세운다. '신자유주의'의 탐구과 '제3의 탐구'의 관계에 대하여 아래 제5장 각주 100을 보라. 나는 내가 사용하는 '칭호들'에 대단한 비중을 부여하지 않는다.
158) R. W. Funk, *Honest to Jesus* (San Francisco: HarperSanFrancisco, 1996) 6–7.
159) Funk, *Honest* 10–11, 19–21: '첫 번째 검증은 그 탐구가 역사적 예수와 복음서의 예수 사이의 구분

홀렌바흐(Paul Hollenbach)는 "'그리스도교라 불리는 실수'를 단지 교정하기 위한 게 아니라 뒤집어엎기 위하여' 역사의 예수를 추구한다.[160] 독일에서 이와 가장 근접한 입장을 취한 사람은 게르트 뤼데만(Gerd Lüdemann)으로, 그는 역사적 방법의 충실한 실행자였는데 이제 '그리스도교 신앙의 토대를 위해 예수의 설교로 돌아가는 것을 불합리하다'고 여긴다.[161]

새로운 자료의 탐색 부문에서 용감한 우승자를 발견했으니 그가 바로 도미닉 크로산(Dominic Crossan)이다.[162] 그는 오로지 실질적인 자료로 간주되었던 네 개의 정경 복음서에 의해 부과된 제약의 틀을 곧바로 깨부수고 예수 전통에 대한 놀라울 정도로 풍요한 자료(최소한 52가지!)를 생산했다.[163] 물론 그 자료들 대다수는 불과 몇 개의 예수 어록 또는 예수 생애로 소급되는 에피소드에 대한 증언을 제공한다. 그러나 크로산의 주장에서 핵심 사항은 세 가지 주요 자료는 확실히 주후 30-60년의 기간 내로 그 연대를 추정할 수 있다는 것이다.[164] 이 자료 가운데 첫 번째 것이 도마복음으로, 1945년 이집트 나그함마디의 은닉 장소에서 발견된 가장 중요한 것으로 알려져 있다. 보다 오래된 그리스어의 동문서를 콥틱어로 번역한 이 복

을 신뢰하는지 여부에 관심을 기울인다'(64). 유사한 예로 R. W. Funk, et al., *The Five Gospels: The Search for the Authentic Words of Jesus* (New York: Macmillan, 1993) 3-4. 영국에서의 강의 여행을 위한 포스터 'Jesus Seminar on the Road—UK 2000'에서 펑크는 다음과 같이 인용된다. '역사적 예수 탐구의 목적은 우리가 예수를 유폐시킨 성서적·경험적 감옥에서 그를 풀어놓는 것이다.… 창백하고 빈혈 걸린 성상 속의 예수는 그 순정한 품목의 엄정한 현실과 비교됨으로써 고난을 당한다.' 대체로 *Honest* 300에서 인용.

160) P. Hollenbach, 'The Historical Jesus Question in North America Today', *BTB* 19 (1989) 11-22 (여기서는 20).

161) G. Lüdemann, *The Great Deception and What Jesus Really Said and Did* (London: SCM, 1998) x; 이 책은 그의 또 다른 책 *Jesus after Two Thousand Years: What He Really Said and Did* (Lüneburg: Klampen, 2000; ET London: SCM, 2000)의 '맛보기용'이었다. 여기서 그는 자신의 기획이 예수세미나 팀과 그 출판물에서 받은 자극을 인정한다(vii). 개별적 복음서 전통과 관련하여 독일 학계에서 몹시 회의적인 부류의 사유에 대한 뤼데만의 간결한 요약의 가치가 평가 절하되어서는 안 된다. 비슷하게 펑크의 *Five Gospels*와 *The Acts of Jesus* (SanFrancisco: HarperSanFrancisco, 1998)에 요약된 예수세미나 팀의 견해는, 거기 사용된 방법이 어찌되었든 간에, 학계 의견의 중요한 일부를 증언해준다. 예수 전통에 대한 내 나름의 분석에서 나는 줄곧 그 자료를 참조하게 될 것이다.

162) J. D. Crossan, *The Historical Jesus: The Life of a Mediterranean Jewish Peasant* (San Francisco: Harper, 1991).

163) Crossan, *Historical Jesus* 427-50. 또한 21개 복음서에 주해한 본문을 제공하는 R. J. Miller, ed., *The Complete Gospels* (San Francisco: HarperSanFrancisco, 1994)를 보라.

164) Crossan, *Historical Jesus* 424-29; cf. Funk, *Honest* 124-25. 그는 하르낙처럼(위의 각주 89) Q에서 바울의 복음(이미 마가에 영향을 끼친) 뒤로 들어가 예수 자신의 복음에 다다르는 수단을 찾아냈다 (41-42).

음서 문서는 그 상당 부분이 Q에서도 발견되는 초기 어록 자료들을 영지주의 관점에서 재구성한 것으로 대체로 간주되어왔다. 그러나 크로산은 도마복음 안에서 Q와는 독립된 원시적 특색을 보는 일군의 학자들을 따라 이 문서의 두 전승층 가운데 초기의 것은 대략 50년쯤으로 연대 추정이 가능하다고 주장한다.[165] 두 번째 자료는 50년대로 그 연대가 추정되는 Q이다. 이 자료는 이제 세 단계로 발전된 전승층으로 분화되었다. 1Q, 지혜 전승의 층; 2Q, 묵시전승의 층; 3Q, 편집적 서문의 층.[166] 예수 전통의 초창기 전승층과 관련된 세 번째 주요 자료는 예수의 십자가 죽음과 부활 이야기를 엮은 '십자가복음서'(*Cross Gospel*)이란 새 자료로 크로산이 '베드로복음서'(*Gospel of Peter*)에서 구성한 것이다. 이 자료는 2세기 중엽으로 그 연대가 추정되지만, 크로산은 이를 정경 복음서의 수난 서사에 사용된 자료로 가정한다.[167] 크로산이 두 번째 단계의 층(60-80년)에 포함시키는 다른 자료들도 있다. 이들 가운데 가장 중요한 것이 비밀마가복음서(막 10.32-46a)의 첫 번째 판본과 그가 '대화 수집물'이라고 부르는 것이다. 후자의 자료는 공관복음 전통과 독립적으로 전승된 어록 수집물로 이를 토대로 나그함마디 문서 '주님의 대화'(*Dialogue of the Saviour*)가 나왔을 것으로 본다.[168]

새 자료와 관련하여 좀더 의지할 만한 근간은 쾨스터(Helmut Koester)가 제공한다. 그는 예수세미나의 활동과 거리를 두면서 『고대 그리스도교 복음서』(*Ancient Christian Gospels*)라는 비중 있는 저작과 함께 수년 동안 이 방면

---

165) 그는 그 두 번째 전승층을 60-70년대쯤으로 그 연대를 추정한다. 예수세미나 팀의 다른 구성원들은 도마복음의 연대를 70-100년경으로 느슨하게 확정하는 데 만족한다 (Miller, ed., *Complete Gospels* 303). P. Jenkins, *Hidden Gospels: How the Search for Jesus Lost Its Way* (New York: Oxford University, 2001)는 도마복음의 저작 연대를 이른 시점으로 보는 입장이 '실제로 예수세미나 그룹의 주장 대부분을 떠받치는 주축'(62)이라는 화이트(L. M. White)의 통찰을 인용하면서, 그 또한 괴상한 예수학에 대한 대중매체의 무비판적 관심에 신랄한 비판을 가한다(ch. 8).
166) 이와 같은 삼분법은 J. S. Kloppenborg, *The Formation of Q* (Philadelphia: Fortress Press, 1987)를 따른 것이다. 그는 현존하는 Q에서 세 층위의 구성단위를 탐지했다—일차적으로 지혜전승의 층으로 여섯 개의 '지혜 연설'로 구성됨(Q¹); 두 번째는 묵시전승의 층으로 다섯 개의 심판 연설로 구성됨 (Q²); 마지막으로 그리 충분하지 않은 수정(Q³) (예컨대, 317, 243, 170을 보라). 이 주장은 그의 *Excavating Q*, chs. 2-3에서 좀더 다듬어진다.
167) J. D. Crossan, *The Cross That Spoke: The Origins of the Passion Narrative* (San Francisco: Harper and Row, 1988).
168) Cf. Funk, *Honest to Jesus* 99, 117-18, 124-25.

의 연구 성과를 요약한다.[169] 도마복음(1세기), Q(가장 초기 단계의 전승층 40-50년),[170] 비밀마가복음서('마가복음과 그리 동떨어지지 않은 연대'), 그리고 '대화복음'(1세기의 마지막 몇십 년 동안) 등과 관련하여 그는 유사한 결론에 이른다.[171] 그렇지만 그는 '십자가 복음'에 대한 크로산의 가설과는 '근본적으로 다르다.'[172]

비종말론적인 예수상의 가장 일관된 옹호자는 마커스 보그(Markus Borg)였다. (1972년에 G. B. Caird의 지도하에 완료한) 자신의 수정된 박사학위 논문에서 그는 공관복음의 종말론적 '위협' 전통을 조사하여, 슈바이처 이후 지배적인 학문 전통에도 불구하고, 이스라엘의 멸망만이 저자가 염두에 둔 유일하게 임박한 파국의 상황이었다고 주장했다. 그래서 도래할 인자 어록도 임박한 역사의 종말에 대한 예수 쪽의 어떤 의식이 아니라 초기 그리스도인들이 발전시킨 이미지와 믿음의 증거라는 것이다.[173] 그때 이후 슈바이처의 포기 선언이 신자유주의적 탐구의 표시가 되었다. 펑크는 '경구와 비유의 무종말론적 예수를 슈바이처의 종말론적 예수로부터 해방시키는 것이야말로 현대 학계의 다섯 번째 기둥'[174]이라고 주장할 수 있게 된다. 물론 Q 안의 묵시적 요소가 최초의 지혜 Q 어록을 수정한 것이라는 주장은[175] 서서히 그러한 추세를 강화해나갔다. 슈바이처로부터의 탈주가 어느 정

---

169) H. Koester, Ancient Christian Gospels: Their History and Development (London: SCM/Philadelphia: Trinity, 1990); 또한 그의 Introduction to the New Testament vol. 2 (Philadelphia: Fortress, 1982) 147-55을 보라. Cf. Funk, Honest 70-74.

170) 마찬가지로 Kloppenborg, Formation (Ancient Christian Gospels 87, 134-35)을 따른 것임.

171) Koester, Ancient Christian Gospels 75-128 (Thomas), 128-71 (Q), 293-303 (Secret Mark), '대화복음' (173-87).

172) Koester, Ancient Christian Gospels 218-20, 220 각주 2, 231 각주 3.

173) M. J. Borg, Conflict, Holiness and Politics in the Teaching of Jesus (New York: Mellen, 1984) 201-27. 또한 그의 논문 'An Orthodoxy Reconsidered: The "End-of-the-World Jesus"', in L. D. Hurst and N. T. Wright, eds., The Glory of Christ in the New Testament, G. B. Caird FS (Oxford: Clarendon, 1987) 207-17을 보라. 또한 Jesus in Contemporary Scholarship (Valley Forge: Trinity, 1994) 7-9, 30-31, chs. 3 and 4; 예컨대, '도래할 인자 어록이 없다면 하나님의 나라를 긴박한 세상의 종말로 생각할 이유가 없다'(Jesus in Contemporary Scholarship 54).

174) Funk, ed., Five Gospels 4. 자신을 예수세미나 그룹의 '창립위원'이라고 설명한 스캇(B. B. Scott)은 예수 전통에서 묵시적 자료의 진정성을 반대하는 가정이 '묵시적 입장을 지지한 사람들의 많은 수가 점점 그 세미나 모임에 참석하지 않게 된' 사실로 인해 강화되었다고 본다('New Options in an Old Quest' 34-37). 이 점에서 쾨스터가 스스로 예수세미나 팀의 신자유주의를 멀리하는 점이 주목되어야 한다. 그는 Q의 초기 단계가 정말로 무종말론적인 것으로 규정될 수 있는지 의문을 제기하며 도마복음이 예수 종말론적 어록의 전통을 전제한다고 지적한다('Jesus the Victim' 7; 또한 각주 157을 보라).

도의 추세였는지는, 예수세미나의 동지가 아니면서도[176] 캐어드(Caird)에게 학문적 빛을 진 라이트(Tom Wright)가 누구보다도 강한 슈바이처의 비판자가 되었다는 사실이 암시한다. 라이트는 특히 묵시적 언어가 '세상의 종말'과 관련하여 문자적으로 이해되기보다 역사적·정치적 사건과 관련하여 은유적으로 이해되어야 한다는 논지를 강조했다. 예수나 그의 동시대 유대인들이나 모두 공간과 시간 차원의 우주적 종말을 기대하고 있지 않았다는 것이다. 이런 관점에서 보면 슈바이처는 '1세기 사람들이 철저하게 은유적으로 알았던 것을 황당하게 문자주의적으로 읽었던 셈이다.'[177]

그렇게 하여 떠오르는 예수에 대한 그림들은 황홀할 지경이다. '갈릴리의 괴짜'였던 예수, '자유로운 영', '소문난 파티광', '방랑 현자', '소박한 현자', '전복적 현자', '그의 주변 일상 세계의 전복자'(펑크);[178] '해방신학자로서의 예수';[179] 하나님 나라 언어와 유대적 관심사가 전적으로 제거된 채 헬레니즘화한 갈릴리의 견유철인에게 상당히 영향을 받은 잠언적 지혜의 교사로서 등장한 예수;[180] '쇠파리 같은 사회적 훼방꾼, 관행적 습속과 가치의 표피를 집적거린 성가신 사람', 견유철학자 예수.[181] 예수의 치유 이야기를 광범위한 해석의 화폭 위에 훨씬 더 주의 깊게 묘파하고 기꺼이 새로운 관점에서 주목하지만, 그럼에도 불구하고 크로산은 급진적 평등주의를 요청하고 '브로커 없는 하나님 나라'를 선포한 '소작농이자 유대적 견유철인'으

---

175) 각주 166.
176) Wright, *Jesus* 29-35; 또한 'Five Gospels but No Gospel: Jesus and the Seminar', in B. Chilton and C. A. Evans, eds., *Authenticating the Activities of Jesus* (NTTS 28.2; Leiden: Brill, 1999) 83-120; 예수세미나에 대한 비판으로 또한 Witherington, *Jesus Quest* 제2장을 보라.
177) Wright, *Jesus* 81, 95-97, 202-11. 또한 비록 그리 날카롭지는 않지만 Horsley, *Jesus* 157-60, 168-72. Morgan, *Biblical Interpretation* 참조, '종교적 상징들은…세상의 종말에 대한 정보로 분석되어서는 안 된다'(245).
178) Funk, *Honest* 204, 208, 212, 252-53, 302에서 인용한 문구들.
179) J. M. Robinson, 'The Jesus of Q as Liberation Theologian', 1991년 예수세미나 모임에서 발표된 논문, Piper, ed., *The Gospel behind the Gospels* 259-74에 출판됨.
180) B. L. Mack, *A Myth of Innocence: Mark and Christian Origins* (Philadelphia: Fortress, 1988) ch. 2; 예컨대, '예수의 지혜는 삶에 대한 견유철학적 접근방식을 특징지었던 삶의 통찰을 향한 자극적인 초대와 달라지기 위해 대담무쌍한 요소를 구체화했다'(69); 이와 비슷한 논지로 'Q and a Cynic-Like Jesus', in W. E. Arnal and M. Desjardin, eds., *Whose Historical Jesus?* (SCJ 7; Waterloo: Wilfrid Laurier University, 1997) 25-36 참조.
181) L. E. Vaage, *Galilean Upstarts: Jesus' First Followers According to Q* (Valley Forge: Trinity, 1994) 102.

로서의 예수를 결론으로 제시한다.[182] 보그는 좀더 풍성하게 다듬어진 예수상을 발전시켰다.[183] 그러나 예수를 '전복적이고 대안적인 지혜를 가르친…문화적으로 전복적인 지혜의 교사'[184]로 특징지었다는 점에서 예수세미나 계통으로 수렴된다. 이것은 19세기 예수상의 재림이 아니다. 그러나 그것은 근대성의 차원에서 문제라고 겨냥한 신앙의 요소를 발가벗긴 예수이다. 또한 이와 같이 복원된 예수는 19세기식의 친절한 주일학교 교사도 아니다. 그것은 오히려 많은 20세기 교수진의 연구실에서 쉽게 상상될 수 있는 예수이거나, 자신의 일정치 않은 일화와 당혹스러운 경구, 자극적인 수사와 함께 독립적이고 '정경을 느슨하게 여기는' 학계 인사의 예수다.[185] 결과적으로 19세기 자유주의의 예수 연구에 치명적인 것으로 증명된 다음의 동일한 질문이 또다시 제기된다. '자유주의적 예수상이 19세기 후반의 이상과 열망으로 구축되고 그것이 재투사된 결과였다면, 이 신자유주의적 예수상은 20세기 후반의 이상과 열망이 가공한 결과였다는 점에서 그 전례와 별 차이가 있는가?'[186] 템플의 조롱이 이 대목에서 여전히 울림을 갖는다. '신자유주의의 그리스도를 십자가에 못 박으려고 사람들이 왜 그리 애써야 했는지 신기할 수밖에 없지 않은가?'[187] 이러한 논점들 또한 앞으로 진행될 우리의 논의와 함께할 것이다.

---

182) Crossan, *Historical Jesus* 421–22. 위더링턴(Witherington)이 주목하듯이, 크로산의 좀더 대중적인 저서, *Jesus: A Revolutionary Biography* (San Francisco: HarperSanFrancisco, 1994) 121–22은 이전의 '유대적 견유철인 소작농 모델'을 수정하는 것 같다(*Jesus Quest* 89). Crossan, *Birth* 280–81, 333–35, 412–13에서 수정 사항은 더 늘어난다. 좀더 충분한 비판은 Witherington, *Jesus Quest* 64–92; Wright, *Jesus* 44–65.

183) *Jesus: A New Vision* (San Francisco: Harper and Row, 1987)에서 보그는 힘 주시는 성령을 의식한 거룩한 사람과 현자 내지 지혜의 교사로 예수의 성격 묘사를 추가함으로써 이전에 제시한 자신의 예수상을 발전시켰다(*Jesus in Contemporary Scholarship* 26–28에서 제시한 보그 자신의 설명을 보라). 호슬리처럼(위의 §4.6을 보라), 그 역시 예수의 사회적 세계를 강조한다. 그는 자신의 예수상을 M. Borg, ed., *Jesus at 2000* (Boulder: Westview, 1997) 11에서 다음과 같이 요약한다: 예수는 (1) 영의 사람, (2) 치유자, (3) 지혜 교사, (4) 사회적 예언자, (5) 운동 창시자였다.

184) Borg, *Jesus: A New* Vision 115–16; *Jesus in Contemporary Scholarship* 9–10.

185) 펑크 자신은 [예수와 관련하여] "방랑자" "떠돌이"라는 용어의 사용이 우리의 뿌리 없는 세대를 향한 학계의 공감에 맞장구치는 격일 수 있다고 지적한다(*Honest* 87). 맥은 '다소 유희적인 반응 양식의 요란한 자취'를 말하고, 이러한 대화 방식의 특징으로 '위트, 인습적 논리의 한계를 능란하게 조작하는 것, 재치 있는 현답의 즐거움…' 등을 지적한다(*Myth* 62).

186) 크로산은 충분히 그 위험을 인식하고 있다. '역사적 예수 연구가 신학을 하면서 그것을 역사라 부르고, 자서전을 쓰면서 그것을 전기라 부르기에 매우 안전한 장소라는 의혹을 피하기란 불가능하다'(*Historical Jesus* xxxviii).

187) 위의 각주 110을 보라.

더욱 의문시되는 것은 크로산이 자신의 새로운 자료에 대해 보이는 자신감, 그 모든 것을 순차적인 층위를 매겨 정리하는 능력, 그리고 심지어 특정한 전통을 특정한 전승의 층위로 배치하는 능력이다.[188] 그러나 크로산은 후대의 문서들이 선대의 전통을 보존해왔다는 인식을 호의적인 입장으로 지지하는 좀더 광범위한 흐름 가운데 좀 극단적인 대표자일 뿐이다. 그런데 특히, 도마복음의 발견이 지닌 중요성은 축소하여 말할 사안이 아니다.[189] 왜냐하면 그 안에서 우리는 처음으로 온전하게 구비되고 통합된, 일관된 어록 복음서를 발견할 수 있기 때문이다. 그리하여 도마복음은 일거에 마태와 누가의 어록 자료(Q) 가설에 상당한 신뢰도를 부여했는데, 이는 이 가설이 이전에 거의 누리지 못했던 것이다.[190] 게다가 Q 자료와 도마복음 사이에 중첩되는 상당 부분과 우리가 콥트어 도마복음보다 더 오래된 그리스어 판본의 증거를 가지고 있다는 사실은,[191] Q로부터 혹은 Q를 통해 마태와 누가가 그 복음서에 통합시킨 Q와 다른 도마복음에 이르는 일종의 '궤적'을 시사한다.[192] 또한 정경이 만든 경계를 무시한 채 그리스도교의 기원을 탐구해야 한다는 브레데의 처음 요청은,[193] 여태까지 실질적 효과가 거의 없었지만, 이제 전에 없이 진지하게 주목받아야 하는 상태로까지 전개되고 있다.[194] 이러한 두 가지 사실이 예수의 설교와 가르침을 알기

---

188) C. M. Tuckett, 'The Historical Jesus, Crossan and Methodology', in S. Maser and E. Schlarb, eds., *Text und Geschichte, D. Lührmann FS* (Marburg: Elwert, 1999) 257-79에 의해 제기된 날카로운 비판을 주목하라. 그 비판들 가운데는 크로산이 도마복음과 Q를 특권시하는 것, 그리고 마태와 누가 배후에 마가와 Q 말고도 다른 '자료들'이 있을 수 있고 마가 배후에도 '기적 수집물'이 있을 가능성을 인정하지 못하는 그의 자의적 편견 등이 포함된다(262-65, 273).
189) 이 문서에 대해서는 많은 판본들이 나와 있다; 아래의 제7장 각주 104를 보라.
190) 도마복음과 네 개의 정경 복음서 사이의 평행구는 J. K. Elliott, *The Apocryphal New Testament* (Oxford: Clarendon, 1993) 133-35에 편리하게 수록되어 있다. 어록 자료들은 W. D. Stroke, *Extracanonical Sayings of Jesus* (Atlanta: Scholars, 1989)와 J. D. Crossan, *Sayings Parallels: A Workbook for the Jesus Tradition* (Philadelphia: Fortress, 1986)에 평행구로 정리된 바 있다.
191) 옥시린쿠스(Oxyrhynchus) 파피루스는 1897년에서 1904년 사이에 복원되었다. 도마복음의 발견에 따라 그 옥시린쿠스 사본 1은 도마복음 26-33과 77을, 또 다른 사본 654는 도마복음 1-7을, 그리고 사본 655는 도마복음 36-39를 포함하고 있다는 것이 밝혀졌다.
192) J. M. Robinson, 'LOGOI SOPHON: On the Gattung of Q' (1964), ET in Robinson and Koester, *Trajectories* 71-113에서 처음 지적됨.
193) Wrede, 'The Task and Methods of "New Testament Theology"' 68-116.
194) 특히, H. Koester, 'GNOMAI DIAPHOROI: The Origin and Nature of Diversification in the History of Early Christianity', *HTR* 58 (1965) 279-318, reprinted in Robinson and Koester, *Trajectories* 114-57 (여기서는 115, 119)이 그렇다; 또한 *Ancient Christian Gospels*에서 '복음'이라는 장르에 대한 그의 논의를 보라.

위한 자료 문제에 근본적인 변화를 일으키고 있는데, 특히 Q와 도마복음의 자료 사용 문제는 추후 제7장에서 좀더 충분히 고찰할 것이다.

탈묵시주의화한 예수의 재등장은 20세기 ‘역사적 예수’ 연구의 가장 중요한 매개변수 가운데 하나를 일찌감치 자리매김해준 공로가 있던 바이스와 슈바이처의 영향에 대한 저항인 셈이다. 그 저항의 중요성은 비묵시주의가 신자유주의적 예수상의 인증 상표가 되었다는 사실에 있다. 가령, 도마복음에서 그 연대 추정을 앞당기게 하는 요인은 이 복음서에 묵시적 어록이 빠져 있다는 점이다. Q에서 비묵시적 층을 분리해낼 수 있다는 가능성도 비묵시적 또는 전묵시적 1Q/Q¹이라는 비슷한 결과를 가져온다.[195] 이 각각의 경우에서 발견된 사항들은, 비록 그 주장이 ‘가정만 앞세우고 논점을 회피한다’(*petitio principii*)는 그대로 비판에서 벗어나기 어렵지만, 예수의 설교가 비묵시적이었음을 확인하는 데 사용된다. ‘역사적 예수’의 책임 있는 비평적 재구성을 위해 슈바이처가 언명한 ‘국외자와 수수께끼’라는 잣대가 실종된 점은 한층 더 심각하다. 신약학계 내의 대표성이 없는 일각에 호소한 신자유주의적 예수상의 매력, 즉 모든 반체제적 고집의 관행적 선례로 작용하는 반문화적 예수, 또는 묵시적인 예언자보다 훨씬 더 세련되게 전복적인 예수[196] 등의 특징들은 충분히 경고를 주었어야 했다. 다시금 역사적 거리와 차이는 묵살되었다. 예수는 또다시 근대화되었고, 심지어 후기 근대화되었다고 말해야 할 것이다!

예수 탐구가 결과적으로 이렇게 다시 시작하길 반복하고 지배적인 통념이 그렇게 강하게 다시 등장하는 것을 확인하는 일은 다소 맥 빠지는 일이다. 그 결론인즉, 공관복음 전통 배후 어딘가에 분명 숨겨진 역사적 예수가 있다는 것이고, 20세기 후반의 감수성이 수용할 수 없다고 간주한 도그

---

195) 특히, Koester, ‘One Jesus and Four Primitive Gospels’, *HTR* 61 (1968) 203–47, reprinted in Robinson and Koester, *Trajectories* 158–204가 좋은 예다(여기서는 171). 또한 *Ancient Christian Gospels* 87.

196) 보그는 예수를 ‘우리 대부분이 잘 알고 있는’ 그리스도인 그룹, 즉 ‘재림과 최후의 심판에 대한 긴박한 기대를 중심으로 하는’ 그룹과 거리 두기를 하려는 듯 보인다(*Jesus in Contemporary Scholarship* 78, 82-83).

마에 속박되지 않은 그런 예수가 발견되어 이후에 왜곡된 것을 바로잡는 기능을 수행하길 그저 기다리고 있다는 것이다. 여기서 제기된 논제들과 무관하게, 신자유주의적 탐구는 신앙과 역사 사이에 여전히 긴장 혹은 대립이 강하게 남아 있으며 도그마로부터의 탈주가 역사적 예수를 재구성하는 시도에서 계속적으로 동기를 부여하는 힘이라는 점을 강하게 상기시켜 준다.

4.8 결론

요약하자면, 도그마로부터의 탈주는 우리에게 미래적 고려 차원에서 다음과 같은 수많은 표지들을 남겨놓았다. 예수와 그 추종자들, 특히 바울 사이에 놓인 틈의 중요성(라이마루스, 하르낙), 복음서의 기적 문제와 그 기적 이야기의 의도를 진지하게 다루는 일의 중요성(슈트라우스), 최초 자료에 비추어 전통을 비판적으로 검토하고 이에 따라 수행해야 할 그 자료 복원의 필연성(자유주의자와 신자유주의자), 해석자와 텍스트 사이의 경험적 친연관계(슐라이어마허)와 믿음의 윤리적 결과를 진지하게 고려하는 일의 중요성(자유주의자), 예수를 근대화하여 특히 그의 종말론적 설교와 관련된 그의 타자성을 인식하지 못하는 위험(슈바이처), 전통 형성의 최초 단계로부터 신앙이 중요한 몫을 차지했다는 인식의 중요성(켈러), 예수의 사회적 맥락과 그가 시작한 운동을 설명해야 할 필요성(타이센, 호슬리), 예수의 가르침과 관련된 자료 탐구의 범위를 정경의 경계 너머로 확장해야 할 필요성(쾨스터, 크로산). 다른 항목들이 더 추가될 수 있을 테지만, 이러한 것들은 분명 앞으로 지속적으로 껴안고 가야 할 실질적인 의제를 제시한다.

그런데 이 모든 것은 여전히 우리 이야기의 한 편에 불과하다.

제 5 장

역사로부터의 탈주

나사렛 예수로 알려진 역사적 인물에 대한 탐구는 신앙과 역사의 긴장에 의해 내내 특정하게 자리매김되어왔다. 처음에 논란이 된 신앙은 도그마로 생각되었다. 즉 그것은 그리스도교 교회가 발전시키고 형식화한 신앙으로, 현재를 과거와 분리시킨 일종의 질식시키는 칸막이 충을, 심지어 역사적 예수가 해방되어야 하는 일종의 감옥을 만든 것으로 인식되었다. 먼저 역사는 위대한 해방자로 보였다. 주의 깊은 역사 탐구를 통해 사실적인 (역사적인) 예수를 근대적 시선에 드러낼 만큼 아주 명확하게 과거를 재구성할 수 있으리라고 가정되었다. 심지어 신앙이 더 경험적이고 지성적 형식에 덜 호소하는 쪽으로 방향을 틀었을 때조차, 역사적 탐문은 '역사적 예수'의 신앙과 오늘날 신자의 신앙 사이의 신선한 만남을 응당 가능케 하리라고 여전히 생각되었다. 신자유주의적 탐구는 놀라운 확신 가운데 예전과 같은 자유주의적 낙관주의를 미리 주문한다. 그리하여 역사적 탐구의 도구들은 전적으로 신학화된 복음서 묘사의 배후, 고전적 그리스도교 문서 속에 드러난 교리적 그리스도의 배후에서 지혜로운 교사를 찾는 작업에 잘 맞아떨어진다고 믿는다. 이러한 점은 문서들, 가령 후기 영지주의 복음서 같은 것들을 해체하여 정확한 구성적 층으로 재편함으로 더 '본래적인' 전통으로 만들어내는 그들의 능력에 대한 동일한 확신으로써만 조화를 이룰 수 있다.

그러나 여전히 숙고해야 할 그 긴장의 다른 편이 존재한다. 그것은 이 탐구의 이야기를 관통하는 두 번째 줄거리이기도 하다. 역사는 결코 언제나 긍정적인 힘으로 여겨진 것이 아니었다. 역사, 즉 역사적 탐문이 실제로 할 수 있는 것이 무엇인지, 역사 연구가 실제로 무엇을 산출하기를 기대할 수 있는지 하는 점은 이 탐구에 가담한 너무 많은 사람들이 너무 적게 다룬 질문들이다. 그 탐구의 이러한 두 번째 특징을, 그 탐구가 제기한 해석학적 질문을, 이제 살펴볼 것이다.

5.1 역사비평적 방법

비평적 역사 연구를 당연시한 원리와 그에 따른 냉정한 결과를 가장 명확하게 진술하고 정의한 공로로 두 사람이 지목될 수 있다.[1]

그 첫 번째 인물은 레싱(Gotthold Lessing, 1729-1781년)이다.[2] 라이마루스의 『단편들』(*Fragments*)을 출판한 사람인 레싱은 비판에 취약하게 노출되어 있었다.[3] 그 자신도 다름 아닌 합리주의자였지만, 좀더 심층적 차원에서 라이마루스가 제기한 도전에 부응하고자 하였다. 그는 『성령과 권능의

---

1) 더 온전히 다룬다면 먼저 리처드 사이몬(Richard Simon, 1638-1712)의 선구적 저작을 설명해야 할 것이다. 그는 종종 근대 성서비평의 창설자로 간주된다(Kümmel, *New Testament* 41-47; Baird, *History* 17-25). 또한 그와 함께 특별히 스피노자를 언급할 필요가 있다(놀랍게도 퀴멜은 그를 무시하고 배어드는 그를 간단히 언급할 뿐이다; 그러나 Dungan, *History* ch. 16, 특히 212-16, 227-42를 보라. 스피노자의 중요성에 대한 던건의 평가[6-7]. 성서 해석과 관련한 스피노자의 *Tractatus Theologico-Politicus* [1670, 『신학-정치론』, 책세상 역간]에서 핵심이 되는 장은 Dawes, *Historical Jesus Quest* 5-26에 재출간되었다).
2) 레싱에 대한 분석과 평가로는 Chadwick, *Lessing's Theological Writings* 30-49; Brown, *Jesus* 16-29; Baird, *History* 165-69; O'Neill, *Authority* 13-27을 보라.
3) 슈바이처는 그 일례로 라이마루스의 편집자를 조롱하려 한 제믈러(Semler)의 시도를 거론한다(*Quest*[1] 15-16; *Quest*[2] 16).

증거에 대하여』(*On the Proof of the Spirit and of the Power*, 1777)[4]라는 그의 가장 유명한 소책자에서 기적 사건의 기록과 사건 자체를 구별함으로써 이 일을 감당하였고 그 결과 신앙과 역사 사이에 쐐기를 박았다. 간략히 말하자면, 레싱은 그 당시에 폭넓게 인지된 두 종류의 진리 구분과 관련하여 자기 나름의 의견을 제시한다.[5] 그것은 어떤 합리적 인간도 논박할 수 없는 **종교적** 진리─이를테면, 하나님의 존재와 영혼의 불멸성(이것은 그때는 합리주의자의 신조였다) 같은─그리고 역사적 탐구에 귀속되며 종교적 신앙에 어떤 기초도 제공하지 못하는 **역사적** 진리로 구분된다. 전자는 생래적이고 자명하며 필연적인데 반해, 후자는 역사가가 인간의 증언으로부터 재구성하여 그 개연성만을 다룰 수 있기 때문에 부수적이고 우발적이고 항상 불확실하다. 여기서 많이 인용되는 레싱의 다음 선언이 나왔다. '역사라는 우발적 진리는 이성이라는 필연적 진리의 증거가 결코 될 수 없다.' 이에 따라 역사적 (불)확실성과 이성이라는 필연적 진리의 확실성 사이에 레싱이 '더럽고 넓은 도랑'이라고 부른 것이 초점으로 부각된다. 그는 그 도랑을 '얼마나 자주 얼마나 진지하게 건너뛰려고 노력해왔는지 모르지만 가로지를 수 없었다'[6]고 고백한 바 있다. 다시 말해, 레싱의 언어를 현재의 연구 용어로 바꾸어보자면, 역사로부터 신앙을 '증명하는' 것은 불가능하다.

19세기 말에 역사비평 방법의 딜레마를 가장 날카롭게 제기한 사람은 트뢸취(Ernst Troeltsch)였다.[7] 트뢸취는 '역사적 방법'의 일차적 특징으로 다

---

4) ET in Chadwick, *Lessing's Theological Writings* 51–56. 그렇기 때문에 이 소책자는 레싱이 라이마루스의 단편 'On the Resurrection Narrative'(1777)와 또 다른 단편 'On the Intentions of Jesus and His Disciples'(1778)를 출간한 사이에 출간되었다. 또한 *Reimarus* 29–34에 대한 탈버트의 서문을 보라.

5) 채드윅(Chadwick)은 레싱이 라이프니츠와 영국의 이신론자들에게 받은 영향을 지적한다(*Lessing's Theological Writings* 30–36).

6) Chadwick, *Lessing's Theological Writings* 53, 55. 추가로 Barth, *Rousseau to Ritschl* 133–135을 보라. 오닐(O'Neil)은 이것을 '유럽 사상사에서 전환점을 찍은 움직임'으로 묘사한다(*Authority* 19).

7) E. Troeltsch, 'Über historische und dogmatische Methode in der Theologie', *Gesammelte Schriften* 2 (Tübingen: Mohr, 1913) 729–53, ET 'Historical and Domatic Method in Theology', *Religion in History: Ernst Troeltsch* (Edinburgh: Clark, 1991), reprinted in Dawes, ed., *Historical Jesus Quest* 29–53. 트뢸취의 영향에 대해서는, 가령 D. E. Nineham (A. C. Thiselton, *The Two Horizons* [Exeter: Paternoster, 1980] 50–60에서 토의됨); 또한 슈바이처의 *Quest*²에 붙인 나인햄의 머리말 xiv, xxiii, xxix; V. A. Harvey, *The Historian and the Believer* (London: SCM, 1966)에서는 트뢸취를 그 출발점으로 삼는다. J. Bowden, *Jesus: The Unanswered Questions* (London: SCM, 1988) 148–60.

음 세 가지를 확인했다. **개연성, 유비, 상호 관계.**[8] '개연성'이라는 어휘로 그는 (기껏해야 개연적인, 결코 확실치 않은) 역사적 진리에 대한 레싱의 주요한 성격 규정을 염두에 두고 있었다. 즉 '그 최종 결과조차 결코 "아마도 정확한" 이상이 되지 못한다'는 것이다. '유비'라는 말로써 그는, 과거는 현재에 유비적이었고, 그때도 자연법칙이 지금처럼 작동되었으며, 또 오늘날 우리 나름의 경험에서 이해할 수 있는 방식으로 인간이 구성되었고 상호 작용으로 영향을 끼쳤다는 필연적 가정을 의미했다. 그렇지 않다면 우리가 어떻게 우리에게 내려온 사건과 인간 행동의 이야기를 의미화하기 시작할 수조차 있었겠는가?[9] 나아가 '상호 관계'란 말로 그는 모든 사건과 과정이 서로 연관되어 있음을 염두에 두었다('그 누구도 외딴 섬이 아니다'). 이것은 어떤 개별 사건도 그 상호 관계와 동떨어진 상태로 추론되고 설명될 수 없다는 뜻이다. 이는 계몽주의에서 우주를 서로 맞물린 기계와 닫힌 체계로 본 통찰을 트뢸취 나름대로 풀어 말한 것으로, 그는 이후 이를 '인과관계의 그물'이라 불렀다.[10]

트뢸취가 잘 인식한 대로, 문제는, 역사 속의 모든 것이 정확하게 말해 역사적인 까닭에, 트뢸취가 규정한 대로 역사적 방법의 결과로 생기는 참화를 피할 길이 없다는 점이다. '일단 그것이 성서학과 교회사에 적용되면, (역사적 방법은) 모든 것을 변화시키고 이전의 모든 신학적 방법의 형태를 해체시키는 누룩이 된다.' 즉 '그것은 모든 것을 상대화한다.'[11] 달리 말해, 역사 속의 어떤 것이든, 모든 것은 역사비평 방법의 꼼꼼한 탐사를 피할 수 없으며, 그러므로 신앙이 그렇게 높이 치는 확실성을 잃어버리는 포로가 된다. 이 은유를 바꾸어 말하면, 표면의 니스 광택과 나중에 원래 그림을

---

8) 여기서 나는 약간 부정을 저지르고 있다: 트뢸취는 그의 첫 번째 '본질적 측면'을 '역사비평 원리에 익숙해지는 것'이라 규정한다. 그러나 그는 즉각 그것이 무엇을 의미하는지 분명히 하는데, 곧 '역사의 영역에는 오로지 개연성의 판단만 있을 뿐'이라는 것이다('Historical and Dogmatic Method' 32).
9) '정상적이고 관습적이고, 또는 적어도 종종 탐지되는 돌발 사건과 그 상태에 우리가 경험해온 대로 합치되는 것이 실제로 발생했거나 발생할 수 있었다고 역사비평의 차원에서 인식할 수 있는 모든 사건에 대한 개연성의 기준이다. 과거에 발생한 유사한 사건들 사이에서 관찰되는 유비는 그것들에 개연성을 부여하고 하나에 대해 알려지지 않은 것을 다른 하나에 대해 알려진 것을 참조하여 해석하는 가능성을 제공한다'(Troeltsch, 'Historical and Dogmatic Method' 32-33).
10) Troeltsch, 'Historiography' 717.
11) 'Historical and Dogmatic Method' 31, 37 (앞부분의 인용문은 Bowden, *Jesus* 153의 번역을 따름).

다시 작업한 것을 지우려고 역사비평이 사용한 산성물이 이후 첨가된 부분뿐 아니라 원래 그림과 그 그림판 자체까지 좀먹어버린 격이다.

물론 어떤 의미에서 트뢸취는 역사적 탐구의 모든 문제를 재서술하면서 단순히 역사적 재구성을 위한 모든 시도들에서 갖춰야 할 겸손과 임의성을 강조하였을 뿐이다. 여기서 예수와 관련된 역사적 진술이 어떤 무게를 수반한다면 레싱과 트뢸취의 관찰과 주장은 의심의 여지 없이 심각하게 받아들일 필요가 있다. 트뢸취가 두 번째 특징으로 제시한 유비의 원리도 마찬가지다. 사실 그것은 19세기 낭만주의 역사학의 표준 원리였다. 즉 인간 본성의 동질성으로 인해 이해는 가능하며, 역사를 통틀어 '우리 자신이 유사한 상황에서 그렇게 하듯 모든 사람은 그렇게 생각하고 느끼고 원한다'는 신념이었던 것이다.[12] 19세기 위대한 역사가 드로이젠(J. G. Droysen)의 말대로, '인간과 인간의 말씨, 형식과 관련하여 우리는 본질적으로 유사하거나 그렇다고 느끼며 상호 관계의 상태에 있다.'[13] 셋째 원리는 종교사 방법에서 최대치의 성과를 거두었다. 이 방법은 그리스도교를 주변 종교와 문화의 역사라는 준거 틀 안에서 탐구하고 평가하였고 예수를 포함하여 그 출현을 일반적 역사 전개 과정의 일부로 이해하고자 하였다.[14] 그러나 나중의 두 개 원리(유비와 상호 관계)가 불가피하게 너무 제한적이지 않은가 의아해하지 않을 수 없다. 특히, 그것들이 순전히 새로운 것(*novum*)을 인식할 수 있는가?[15] 여하튼, 그것들은 20세기가 이내 뒤에 떨쳐버린 19세기의 뉴턴적 세계관과 인과론에 너무 많이 매여 있는 것이 아닐까? 그러한 질문들로 우리는 이제 방향을 돌릴 것이다.

---

12) 이 인용문은 터틀(H. N. Tuttle)이 딜타이를 분석한 글에 출처를 두고 있으며, Thiselton, *Two Horizon* 69에서 재인용한 것이다.
13) H. –G. Gadamer, *Truth and Method* (New York: Crossroad, ²1989, 『진리와 방법 1』, 문학동네 역간) 217에서 인용.
14) 리치스(Riches)는 특히 플라이더러(Otto Pfleiderer)를 인용한다(*Century of New Testament Study* 7-8, 11).
15) '우리의 공감 능력 덕분에 우리가 공통된 인간성과 연계되는 것으로 지각하는 독특하고 자율적인 역사의 힘은 과연 모든 지점에서 출현한다. 하지만 동시에 이러한 독특한 힘은 사건의 총체성을 포괄하는 사조와 맥락 속에 들어선다. 거기서 우리는 모든 것이 그 외의 다른 것에 의해 조건지어져 역사에 그 상관적 휘말림과 상호 영향을 넘어서는 지점이 없음을 본다'(Troeltsch, 'Historical and Dogmatic Method' 33); 또한 'Historiography' 719b-720a을 보라.

5.2 신앙을 위한 불가침의 영역 탐색

레싱과 트뢸취가 제기한 역사적 방법에 대한 근본적인 논제를 어떻게 평가하든지 간에, 사실인즉 역사적 방법의 엄격한 적용이 어떤 식으로든 신앙의 관점을 유지하고 싶었던 사람들에게 주요 문제가 되었다. 그 반응은 역사로부터의 탈주였다. 비록 계몽주의가 도발한 도그마로부터의 탈주만큼 요란스럽지는 않았지만 이는 신앙의 이해와 표현과 관련하여 다급한 것이었다.

레싱이나 계몽주의의 해결책은, 앞서 살펴본 대로 역사적 탐구를 할 수 없는 신앙의 영역('이성이라는 필연적 진리')[16]을 따로 상정하는 것이었다. 이는 종교적 진리가 역사적 진리와 다른 질서에 속하며, 전자가 어떤 식으로든 후자를 필요로 하거나 거기에 의존하지 않음을 주장하기 위해서였다. 그러나 생래적 관념의 이론('이성이라는 필연적 진리')은 오래갈 수 없었다.[17] 모든 '이성의 인간'에게 자명한 진리는 곧 자명하지 않거나 필연적이지 않은 것으로 증명되었기 때문이다. 라이마루스의 합리주의자 예수나 슈트라우스의 신인 개념도 지속적인 동의를 요구하지 못했다. 역사적 방법은 단지 신앙으로 환원되는 것으로 판명되었다. 심지어 많이 위축된 신앙조차 결국 그 시들어가는 권능을 피해갈 수 없었다.

인식론적 논쟁이 진행됨에 따라, 19세기 개신교 자유주의자들은 끝끝내 역사적 분석에 순치되지 않는 슐라이어마허의 종교적 자의식이나 신약성서와 독립적으로 종교적 윤리를 파생시킬 수 있는 칸트의 도덕적 의무감 안에 신앙의 안전한 영역을 안배하고자 했다. 그 최고조의 결과는 예수가 가르친 영원한 진실(있었던 그대로!)에서 결국 모든 역사적인 우발성의 요소를 벗겨버린 것이었다. 역사적 질문에 상처받지 않는 신앙의 영역(켈러의 문구를

---

16) 다시 밝혀두지만 '신앙'이라는 표현은 내가 나름대로 사용한 것이다.
17) 그것은 이미 로크(Locke)의 *Essay Concerning Human Understanding* (1690)에서 몹시 비판을 받았고, 칸트의 *Critique of Pure Reason* (1781)에서 또 비판받게 될 터였다.

빌면 '폭풍이 없는 영역')을 찾으려는 충동은 특히 19세기 후반 불트만의 스승이었던 헤르만(Wilhelm Herrmann)과 켈러에게 주요한 동기 부여 요인이었다.

자신의 영향력 있는 연구에서 헤르만은 역사적 판단에 귀착될 만한 무게로 레싱의 경고에 담긴 효능을 인정하라고 요구했지만,[18] 그럼에도 불구하고 안전한 토대는 종교적 경험, 즉 신앙의 경험에서 발견할 수 있다고 다음과 같이 주장했다. '예수 자신과 마음을 압도하는 그의 권능은 우리 종교의 활기찬 주역이다.'[19] 신앙을 일차적으로 동일한 형식의 도그마란 견지에서 이해하는 것에 반하여 종교적 경험의 현실과 그 권능을 강조하는 이러한 입장은 환영받을 수 있어야 한다. 헤르만이 신앙의 경험에 초점을 맞춘 것은 바르트와 불트만에게 두루 영향을 주었다. 그리고 그가 예수의 신앙을 강조한 것은 20세기 후반기에 나올 주제에 대한 추후의 관심을 예고했다. 예수의 '내면적 생명'이라는 도깨비불은 역사적 방법의 위협에서 물러난 안전한 영역과 거리가 멀었던 것이다.[20]

이와 관련하여 좀더 효과적이고 지속적인 영향을 끼친 것은 켈러의 공헌이었다. 그는 역사비평의 도전을 좀더 심각하게 받아들였다. 그 도전을 피하는 대신 그는 그것을 온전히 수용했다. '우리는 역사가가 믿을 만하고 적절하다고 수용할 수 있는 "예수의 생애"를 위한 자료를 가지고 있지 않다.' 역사학은 우리에게 '단순한 개연성'을 남겨놓는다. 그 자료라는 것은 예수의 전기를 뒷받침할 만한 어떤 것도 담고 있지 않다.[21] 레싱의 주장에도 불구하고 예수의 생애 연구에 대한 효과적인 가정은 신앙이 역사적 예

---

18) Hermann, *Community* 72.
19) Hermann, *Community* 109; '…이야기의 모든 휘장을 뚫고 들어오는 저 내면적 생명의 감명 아래 우리가 예수의 인격을 보게 될 때마다, 우리는 더 이상 복음서 저자들의 신뢰 가능성에 대해 질문을 던지지 않는다'(75); '우리가 역사적 그리스도를 말할 때 우리는 신약성서로부터 우리에게 말하는 예수의 저 개인적 삶을 의미한다'(77); '실제적 역사성에 대한 의심은 우리가 예수의 내적인 생명으로 알게 된 것의 내용을 봄으로써만 극복될 수 있다'(113); '전통적 기록은 의심스럽게 보일 수 있다. 그러나 그 기록의 본질적 내용, 즉 예수의 내적인 생명은 그 자체를 부인할 수 없는 사실로 양심에 밝히 드러내는 권능을 가지고 있다'(235-36). 헤르만에게 있어서 '두 번째 객관적인 사실은 우리가 우리 안에서 도덕법의 요구를 듣는다는 것이다'(103).
20) 트뢸취는 이에 대해 퉁명스럽게 반응하였다: '그 전체 입장은 역사비평 앞에서 지지할 수 없다'('The Significance of the Historical Existence of Jesus' 192; 또한 198을 보라).
21) Kähler, *So-Called Historical Jesus* 48, 50-52. '죄 없는 사람의 내면적 전개라는 게 마치 하와이 군도에서의 삶이 서북유럽의 라플란드 사람(Laplander)에 대한 것만큼이나 상상할 수 없는 무엇이다.'

수, 즉 역사비평 연구에 의해 밝혀지고 재구성될 수 있는 한도 안의 예수 위에 기반을 두어야 한다는 것이었다. 그러나 복잡하게 나타나는 그런 상이한 재구성은 신앙을 더 쉽게 만들기보다 더 어렵게 만들어버렸다.[22] 좀 더 적절하게 불과 몇몇 학자들만이 그런 재구성의 과제를 수행할 수 있을 만한 전문가 훈련을 받았다. 그러면 신앙이란 게 몇몇 학자들의 발견에 의존해야 한단 말인가? 비평적 역사가들은 그리스도교 신앙의 새로운 사제와 교황이 된단 말인가? 아니다! 신앙을 이런저런 세세한 항목의 역사적 정확성과 결부시키는 것은 전적으로 신앙을 훼손한다. 신앙은 오로지 역사적 그리스도, 성서적 그리스도, '설교되는 바로 그 그리스도'만을 바라본다.[23] '성서적 그리스도는 신앙이 외부적 권위의 타율적 보증에 의존함 없이 그 확실성을 얻을 수 있는 "침해할 수 없는 영역"이다.'[24]

신앙을 설교된 그리스도와 연계시키려는 이러한 움직임은 향후 불트만의 출현을 예고했다. 아울러 복음서 배후의 재구성된 예수로부터 복음서의 그리스도로 관점의 축이 이동해간 것은 복음서 배후의 역사보다는 복음서 자체에 초점을 맞추는 근래의 추세를 예고한 셈이다. 그러나 만일 바라는 것이 역사적 예수의 다양한 모습을 다채롭게 증폭시키는 것에 반하여 단일한 그리스도를 제시하는 것이었다면, 신약성서의 독자들과 그 메시지를 듣는 청중들이 직면하는 해석적 문제와 해석학적 현실을 무시하는 격이 된다. 왜냐하면 신약성서 안에조차 여러 '신앙의 그리스도들'이 존재하기 때문이다.[25] 그리고 만일 우리가 설교된 그리스도와의 만남 가운데 신앙 체험을 말하고 있다면, 그때 경험의 다양성은 역사적 예수들의 다양성 못지않게 문제가 될 수 있기 때문이다. 그렇다면 성서적 그리스도는 진정 침해할 수 없는 신앙의 고유 영역인가? 켈러가 암시한 대로 역사는 그

---

22) '과학에 의해 우선적으로 정립되어야 할 역사적 사실은 그 자체로 신앙의 경험이 될 수 없다. 그러므로 그리스도교 신앙과 예수의 역사는 물과 기름처럼 서로 배척한다…'(Kähler, *So-Called Historical Jesus* 74).
23) Kähler, *So-Called Historical Jesus* 66, 72–73, 109–10 (Braaten's 'Introduction' 26–27).
24) Braaten's 'Introduction' 29.
25) 나의 책 *Unity and Diversity* 216–26을 보라.

렇게 없어도 되는 것일까? 이러한 질문들에 대한 켈러의 긍정적 답변은 20세기 후반이 되어서야 심각하게 의문시되기 시작했다. 그 사이에 역사로부터의 탈주는 계속됐다.

5.3 루돌프 불트만(1884–1976년)

통상적으로 동의하듯이, 칼 바르트(Karl Barth, 1886–1968년)는 자유주의 개신교에 조종(弔鐘)을 울렸다. 자유주의 개신교는 전쟁으로 찢긴 유럽에 아무런 메시지도 주지 못했다. 낙관주의적 도덕주의는 더 이상 복음이 아니었다. 반면, 바울의 로마서는 신적인 주권과 초월, 인간의 유한함과 죄악, 계시와 은총 가운데 드러나는 하나님의 주도권을 아우르는 복음을 말해주었다. 복된 소식은 그리스도에 대한 케리그마를 통해 전달되거니와, 이는 곧 하나님이 예수 안에서 가까이 다가오셨다는 선포였다. 물론 그 예수는 역사적 분석에 의해 발견된 그런 예수가 아니다. 신학의 역사에 신기원을 이룬 『로마서 주석』(*Epistle to Romans*)에서 바르트는 켈러의 입장을 다시 강하게 확신했다. '우리 눈이 분별할 수 있는 한, 역사 안에는 신앙의 기초를 제공할 수 있는 것이 아무것도 없다.'[26]

하르낙과 바르트 사이에 주고받은, 한 유명한 서신(1923)에서,[27] 하르낙은 바르트가 과학적 신학을 저버리고 이전 세대의 성과에 항복했다고 고발했다. 이에 바르트는 역사비평은 올바르게 자리를 잡았지만 또한 한

---

26) H. Zahrnt, *The Historical Jesus* (London: Collins, 1963) 68. 또한 이 대목에서 영향을 끼친 것은 덴마크 철학자 키에르케고르(Søren Kierkegaard, 1813–1855)의 논평이다. '만일 [예수의] 동세대 사람들이 그들 뒤에 남긴 것이 "우리는 이러이러한 해에 하나님이 겸손한 종의 형상으로 우리 가운데 나타난 것과, 또 그가 우리 공동체에서 살았고 가르쳤으며 마침내 죽었다는 것을 믿어왔다"라는 말밖에 없다고 해도, 그것은 필요한 모든 것을 다 행한 것일 터이다'(*Philosophical Fragments* [Princeton: Princeton University, ²1962] 130). 또한 L. E. Keck, *A Future for the Historical Jesus* (Nashville: Abingdon, 1971) 49–50, 84–85을 보라.
27) 자세한 내용은 J. M. Robinson, *A New Quest of the Historical Jesus* (London: SCM, 1959) 45을 보라. 추가로 H. M. Rumscheidt, *Revelation and Theology: An Analysis of the Barth-Harnack Correspondence of 1923* (Cambridge: Cambridge University, 1972)을 보라.

계를 가지고 있다고 응답했다. 가령, 역사비평은 바울의 말을 다룰 수 있을 뿐, 바울의 말 안에 있는 하나님의 말씀에는 도달할 수 없다. 하르낙은 신학이 역사적으로 정의될 수 있으며, 그것은 그리스 철학의 영향으로 강요된 지적인 가공에 반하는, 역사적으로 재발견된 예수의 단순한 복음이라고 주장했다. 바르트는 다시 응수하기를 하르낙이 그리스도교를 인간의 수준으로 축소하고 있다고 하였다. 즉 신학은 예수 안에 모범으로 제시된 종교적 삶이 아니라 오히려 초월적인 하나님과 그리스도 안에 나타난 하나님의 다가오심에 관심을 기울였다는 것이다. 고린도후서 5.16에 의거하여 바르트는 우리가 그리스도를 더 이상 육체를 따라 알지 않는다고 확신했다. 이는 비평적 학계가 관심을 보이는 예수일 뿐인데, 그와 관련해서도 학자들은 서로 일치하지 않는다는 것이다. 반면 우리와 상관 있는 대상은 하나님의 말씀 안에서 지금 우리와 대면하는 신앙의 그리스도다. 이 논쟁은 불트만에게 결정적인 영향을 끼쳐 그는 자신이 훈련받아온 자유주의 신학을 포기하고 바르트의 케리그마적 신학을 포용하게 되었다.[28]

우리 이야기와 관련하여 불트만의 일차적인 공헌은 그가 영어권 학계에서 '양식비평'으로 알려진 것을 발전시켰다는 데 있다.[29] 이 작업을 수행하면서 불트만은 두 사람의 측근 선배들의 저작에 기초하였다. 벨하우젠(Julius Wellhausen)은 각 공관복음서마다 구전 전통과 복음서 저자들의 편집적 기여 부분을 논증할 수 있다고 주장했다. 각 복음서에 현재 형태를 부여한 것은 그 저자들의 편집적 작업과 관심이며, 반면 이전의 전통은 주로 낱개의 간결한 단위로 구성된다는 것이다.[30] 슈미트(K. L. Schmidt)는 더 나아가

---

28) Robinson, *New Quest* 46.
29) 이 영어 용어(form criticism)는 번역이 아니라 '본문비평'과 '자료비평'을 모델로 해서 비슷한 형태로 처리한 것이다. 독일 용어는 M. Dibelius, *Die Formgeschichte des Evangeliums* (1919), ET *From Tradition to Gospel* (London: Nicholson and Watson, 1934)에서 'Formgeschichte'로 명명되었다. 이는 '양식의 역사'를 암시하거니와, 양식 그 자체보다 그 전승 과정에 훨씬 더 많은 초점을 맞추고 있다. 그 강조의 차이가 부적절한 결과를 초래하였다.
30) 이러한 논지가 벨하우젠의 책 *Einleitung in die drei ersten Evangelien* (Berlin: Reimer, 1905)에 요약되어 있다: '복음서의 궁극적 자료는 구전 전통이지만, 이것은 오직 흩어진 자료를 담고 있다. 그 단위들은 상당히 광범위한데 그 안에 별도로 분리되어 유통되었다. 이를 전체로 결합시킨 것은 언제나 저자의 작업이었는데, 변함없는 규칙으로 문학적 장인(*Schriftsteller*)의 작업이 개입한 것이다' (43).

마가복음에서 분리된 에피소드들을 결합시키는 연계망을 조사하는 데 주력했다. 그는 결론짓기를 시간과 장소에 관련된 거의 모든 언급들은 낱개의 이야기들을 전체의 넓은 틀 속에 연결시키는 구절에서 찾아볼 수 있다고 하였다. 즉 그것들은 복음서 저자의 편집적 작업의 일부였던 셈이다. 이에 따라 본래의 전통은 거의 전적으로 시간이나 공간에 대한 지시어가 빠진 간결한 낱개의 단위들로 구성되어 있었다. 이는 그것들에 역사적 언급이 결여되어 있었음을 의미한다. 마가가 연속적인 역사적 서사라는 인상을 주는 것은 전적으로 그 편집적 연계 구절을 통해서이다.[31] 이러한 결론들은 다음과 같은 불트만의 주장을 세우는 토대가 되었다. (i) 초기 전통과 편집적 작업, (ii) 초기 전통의 특징―개별적 단위, (iii) 초기 전통에 역사적 관심이 결여된 점.[32]

이러한 결론들을 발판으로 초기의 양식비평가들은 전방을 향해 결정적인 발걸음을 내디뎠다. 자유주의적 역사적 예수 탐구는 예수 전통의 최초 두 자료(마가와 Q)를 밝히는 것으로 만족했다. 그러나 마가복음의 신학적 성격에 대한 브레데의 주장(위의 §4.5b를 보라)은 역사적 정보 자료로 마가복음에 대해 가졌던 이전의 확신을 훼손시켰다. 이제 디벨리우스와 불트만은 그 최초 자료의 이면으로 파고드는 전망을 제공했던 것이다. 디벨리우스는 양식사의 두 가지 목표를 이와 같이 규정하였다. '그것은 예수에 대한 전통의 기원을 설명해야 한다. 그래서 우리의 복음서와 그 문서 자료들이 작성된 그 이전의 시점으로 침투해야 한다.…나아가 그 최초의 전통에 담긴 의도와 진정한 관심사를 명확히 해야 한다.'[33] 불트만도 이와 비슷하게 양식비평의 목표를 규정한다. '특정한 단위의 기원과 역사를 재발견하고 이로써 그것이 문학적 형식을 띠기 이전 단계의 전통의 역사를 조명하는 것.'[34]

---

31) K. L. Schmidt, *Der Rahmen der Geschichte Jesus: Literarkritische Untersuchungen zur ältesten Jesusüberlieferung* (Berlin: Trowitzsch, 1919).
32) 불트만은 'The New Approach to the Synoptic Problem' (1926), *Existence and Faith* (London: Collins, Fontana, 1964) 39–62 (여기서는 42–44)에서 자신이 벨하우젠과 슈미트에게 학문적 빚이 있음을 인정한다.
33) Dibelius, *Tradition* v.
34) R. Bultimann, *The History of the Synoptic Tradition* (1921, ²1931; ET Oxford: Blackwell, 1963) 4.

처음에는 이것이 예수 탐구자들에게 새로운 희망을 주는 것처럼 보인다. 예수에 관한 전통의 최초 단계로 되돌아가는 것은 확실히 예수라는 역사적 인물에게로 좀더 가까이 데려다줄 터이기 때문이다. 그러나 그러한 희망이 홍겹게 여겨졌을지 모르지만, 불트만은 곧 그것을 무안케 하였을 것이다.

복음서의 초기 형식들이 예수 사역의 특별한 지점에 특정한 에피소드나 어록을 배치시키는 데 역사적 관심을 보이지 않았다는 통찰의 결과 그 길은 이미 폐쇄되었다. 다시 말해, 예수 또는 예수의 자의식의 발전 과정을 추적하는 것에 예수 전통의 이러한 초기 단계 자료들은 거의 관심이 없었다는 것이다.[35] 그러나 그것은 또한 그 초기 형식 속에 전통의 배후 의도나 자전적 관심이 없음을 의미한다. 이는 많이 인용되는 불트만의 다음 경구를 위한 기초이다.[36]

> 초기 그리스도교 자료들이 예수의 생애와 인격에 아무런 관심을 보이지 않는 터라 우리가 그것들에 관해 알 수 있는 것은 거의 아무것도 없다고 나는 생각한다. 게다가 그 자료들은 파편적이고 종종 전설적이며, 예수에 대한 어떤 다른 자료도 존재하지 않는다.…예수의 생애와 인격, 그리고 그의 내면적 삶의 발전에 대하여 지난 150년간 씌어진 것은 환상적이고 낭만적이다.

하지만 불트만이 여기서 비난한 것은 초점을 잃은 예수의 인격과 내면적 삶에 대한 탐구였다는 점을 인식하는 것이 중요하다. 그는 예수의 메시지로 돌아가는 것과 관련해서는 훨씬 더 자신에 넘쳐 있었다. 4페이지 뒤에서 그는 또한 말한다. '우리가 그의 생애와 인격에 대해 거의 알지 못할

---

35) 한 고전적 예가 예수의 세례에 대한 공관복음의 설명들이다. 그 설명들은 예수의 경험이 아니라 예수에게 생긴 사건을 이야기한다. 디벨리우스는 이 점을 날카롭게 표현하였다: '전체 이야기의 기원이 예수가 세례 받을 때 자신의 내면적 경험을 이야기한 것으로 소급된다고 믿을 수 없다. 그렇지 않다면 이 부분은 예수의 말씀으로 보존되었을 것이다'(*Tradition* 274). 이 점에도 불구하고, 예수의 생애 연구 대부분은 예수가 그 경우에 받은 소명 의식에 대하여 자유롭게 추측해왔다. 추가로 아래의 §11.5b를 보라.

36) R. Bultmann, *Jesus and the Word* (1926; ET New York: Scribners, 1935) 8.

지라도, 우리를 위하여 일관된 심상을 제시하는 그의 메시지는 충분히 안다.'[37] 한데 이것이 무엇을 의미했는가? 불트만은 예수 전통을 헬레니즘과 그리스 전통, 팔레스타인과 아람 전통 등으로 짜인 '일련의 단층들'로 제시하면서 '상이한 그 층들이 구분될 수 있다'고 본다. 비평적 분석으로 '비록 표시될 수 있는 그 경계가 상대적 정확성에 머물 수밖에 없지만' '가장 오래된 층'이 결정될 수 있다는 것이다. 그러나 그때조차 '우리는 이 가장 오래된 층의 정확한 말씀들이 실제로 예수가 발설한 것이라고 절대적으로 확신할 수 없다.' 왜냐하면 그 전통 안에는 여전히 '우리가 더 이상 추적할 수 없는' 그 이전 단계의 진전 가능성이 있기 때문이다.[38] 다시 말해, 불트만이 사실상 추적하는 25개의 예수 어록(대략 41개의 절)의 가장 오래된 단층은 우리에게 그 첫 번째 층을 보존한 가장 오래된 팔레스타인의 그 신앙 공동체 배후에 서 있는 그 사람의 가르침에 대하여 충분한 흔적을 준다는 것이다.[39] 그러한 이해를 기초로 불트만은 나아가 예수의 가르침, 혹은 그가 더 선호한다고 지적한 대로, '예수'에 대한 인상적인 개요를 펼쳐 보여주었다. 여기서 또한 그가 예수의 가르침만이라고 강조한 점에 주목해야 한다. 거의 한 세기가 지난 후였지만 슈트라우스의 영향이 여전히 체감되고 있었던 것이다.

자칭 예수 탐구자들이라는 사람들에게 불트만의 양식비평 주해가 설치한 또 다른 장애물은 '자료들이 우리에게 제고하는 것이 무엇보다 초기 그리스도교 공동체의 메시지'라는 그의 통찰이다.[40] 물론 여기서 그는 브레데와 벨하우젠을 따르고 있다.[41] 그러나 불트만에게 그 통찰은 더 오래된 전통의 단층들에도 동등하게 적용된다. 이것이 그 핵심 문구 '삶의 자리'(*Sitz-im-Leben*)가 결정적으로 중요해진 대목이다. 즉 우리 앞에 있는 그 전통

---

37) Bultmannn, *Jesus* 12.
38) Bultmann, *Jesus* 13.
39) 'The Study of the Synoptic Gospels', *Form Criticism* (with K. Kundsin, 1934; New York: Harper, 1962) 11–76 (여기서는 60–63).
40) Bultmann, *Jesus* 12.
41) Bultmann, 'New Approach' 41–43; *New Quest* 35에서 로빈슨의 해설을 주목하라.

은 무엇보다 앞서 그 전통에 현재의 양식을 부여한 '삶의 자리'를 증언한다는 것이다. 그 전통에 그 형태를 부여하고 그 형태로부터 우리가 예수의 메시지와 관련하여 추출할 수 있는 것보다 더 직접적으로 초대교회의 관심사를 추출할 수 있는 것은 그 초대교회의 삶에 그 전통의 용도가 컸기 때문이었다. 이것이 불트만에게 실제로 의미한 바는 무엇보다 예수의 많은 어록들이 그 전승 과정에서 수정되었다는 인식이었다. 요컨대, 예수의 가르침 전통은 어떤 공문서로서의 가치 차원이 아니라 초기 공동체에 유용한 그 전통들의 지속적인 가치로 인해 보존되었다는 것이다. 그리고 초대교회들의 필요와 환경이 예수의 경우와 다른 터라, 그 전통은 불가피하게 적응되고 그 형태를 취하게 되었으리라는 것이다. 둘째로, 그것은 또한 '[예수 전통 내의] 많은 어록들이 교회 내에서 발원했음'을 의미했다. 여기서 불트만은 유대교와 더 넓은 종교 전통, 또는 부활한 예수의 말씀을 전하는 초기 그리스도교 예언자들로부터 추출되는 자료를 그려본다. 아마도 그 각각의 경우에 추출된 말씀들은 공동체의 필요에 부응하여 선포되었을 것이고 공동체에 의해 예수 전통 가운데 포함할 가치가 있다고 상정된 것들이었을 것이다.[42] 이 작업가설은 불트만에게 그의 핵심이 되는 비평적 도구를 제공하였다. '교회의 어떤 특수한 관심을 드러내거나 추후 전개의 특징을 나타내는 것은 무엇이든 이차적인 것으로 거부되어야 한다.'[43]

즉각적으로 좀더 정곡을 찌르면, 부정적인 이러한 결론 그 어느 것도 예수 탐구자들에게는 실제로는 별 문제가 되지 않았다. 양식비평은 불트만에게 바르트를 따른 것이 옳았다는 확신(아이러니하게도 역사비평에 의해 생긴 것이지만)을 주었다. 초기 교회 역시 예수라는 역사적 인물, 즉 갈릴리에서 걷고 가르쳤던 예수의 생애와 인격에 관심이 없었다. 켈러가 옳았다. 우리가 양식비평적 분석을 마쳤을 때조차 복음서의 페이지를 통해 우리를 만나는 유일한 예수는 신앙의 그리스도다. 모든 것이 선포되는 하나님의 말

---

42) 추가로 아래의 §8.2를 보라.
43) Bultmann, *Jesus* 13.

씀에 걸려 있다는 바르트의 주장은 바울에 의지할 뿐 아니라, 복음서에 의해서도 확인된다. 이 신앙의 그리스도는 지금 여기서 만날 수 있지만, 설령 그것이 가능하다 해도 재구성된 역사적 예수에 전혀 의존하지 않는다. 그것이 가능하지 않다는 결론은 비판적인 역사적 무게를 수반하지만, 신앙에는 하등의 의의가 없다. 신앙은 역사에 의존하지도 않거니와 의존하도록 만들어져도 안 된다. 헤르만과 켈러의 영향을 반영하는 한 결론에서, 불트만은 결국 선포된 말씀과의 실존적 만남의 순간에서 신앙을 위한 안전한 피난처, 즉 역사비평의 도전과 그 통렬함이 침범할 수 없는 신앙의 영역을 찾을 수 있었다.

이 모든 것에서 불트만은 그의 역사비평의 부정적 성과와 케리그마적 그리스도에 자리한 그의 매우 긍정적인 신앙 사이의 괴리를 실존주의적 해석학을 수단으로 넘어서거나 외면할 수 있었다. 불트만은 『예수와 말씀』(*Jesus and the Word*)의 한 의미심장한 페이지에서 이 점을 분명히 한다.[44]

내가 예수의 가르침이나 사상을 말할 때, 나는 그 논의의 토대를 [합리주의자와 자유주의자에 해당되는 자신의 선배들처럼] 보편적으로 타당한 사고 체계라는 근본 개념에 두는 것이 아니다.…오히려 그 관념들은 시간 속에 사는 한 인간의 구체적인 상황에 비추어 이해된다. 즉 변화와 불확실과 결단의 한가운데 위치한 자신의 고유한 존재에 대한 해석으로서, 이 삶을 이해하는 가능성의 표현으로서, 그의 고유한 존재의 우발성과 필연성에 대한 명료한 통찰을 얻고자 하는 노력으로서 이해되는 것이다. 우리가 역사 속에서 예수의 말씀을 만날 때, 우리는 합리적 타당성을 기준 삼아 철학적 체계에 따라 그 말씀을 판단하지 않는다. 어떻게 우리가 우리의 고

---

44) Bultmann, *Jesus* 11. 그는 1941년 'Neues Testament und Mythologie: Das Problem der Entmythologisierung der neutestamentalichen Verkündigung'에 대한 자신의 유명한 강연에서 좀더 명백한 입장을 표한 바 있다. 여기서 그는 신약성서 저자들의 사상 세계를 해석하는 문제를 직접적으로 언급하였고 비신화화의 계획을 개진하였다. '우리의 과제는 신약성서의 이원론적 신화에 대한 실존주의적 해석을 산출하는 것이다…'(ET 'New Testament and Mythology', in H. W. Bartsch, ed., *Kerygma and Myth* [London: SPCK, 1957] 1-44 [여기서는 16]).

유한 존재를 해석해야 하는가라는 질문과 함께 외려 그것이 우리를 만나
준다. 그러므로 우리가 자신의 삶의 문제로 몹시 혼란스런 우리 자신이
되는 것은 우리 탐구의 불가피한 조건이다.

헤르만과 켈러의 경우가 그랬듯, 여기서 우리는 불트만의 모든 신학에 아
주 명백하게 나타나는 그 주제에 그가 개인적으로 얼마나 깊이 연루되어
있는지, 그 정도에 깊은 인상을 받지 않을 수 없다. 그것이 이 점을 그렇게
잘 신학화하도록 만든 요소이다. 그러나 설령 그렇더라도 불트만의 실존주
의 해석학이 라이마루스의 합리주의 해석학이나 하르낙의 자유주의 해석
학보다 더 타당한지 묻지 않을 수 없다. 다시 한 번 말하자면, 역사로부터의
탈주는 본질적으로 신앙주의적 입장(신앙의 관점)이었던 것에 아무런 문제
도 야기하지 않았다. 왜냐하면 신앙은 동시대 철학의 관점에서 다시 오롯
하게 표현되거나 더 잘 규명되었기 때문이다.[45] 그런데 문제 많다는 역사
비평 방법보다 그 철학의 호소가 더 오래 지속된 것은 아니었다. '그 시대의
정신과 혼인한 자는 머잖아 홀아비로 남겨진 자신을 보게될 것이다.'

5.4 제2의 탐구

불트만의 거대한 영향에도 불구하고, 과연 어떤 종류의 역사적 예수
의 탐구가 재개되어야 할 것인지의 질문을 가장 효과적으로 다시 제기한
사람들은 불트만의 학생들이었다. 옛 탐구는 결과적으로 불가능하거나 부
적합하다고 다음과 같이 공공연히 밝혀왔었다.[46] '복음서들이 초기 교회의
역사를 담은 주요 자료이고 오직 부차적으로만 예수의 역사를 위한 자료'
이기 때문에 그 탐구는 **불가능**했다. '20세기는 복음서의 케리그마적 성격

---

45) 예컨대, 예수의 십자가와 부활에 대한 불트만의 해석을 보라('New Testament and Mythology' 35–43).
46) Robinson, *New Quest* ch. 2.

을 전제하며, 복음서의 기원이 교회의 삶이란 견지에서 설명할 수 있는 곳에서는 그 세부 항목의 역사성을 결코 단정할 수 없다고 확신한다.' 또한 그러한 역사적 탐문이 신앙과 반대로 가기 때문에 그것은 **부적합**했다. '케리그마가 역사의 의미에 대한 실존적 책임을 요청하는 반면, 본래의 그 탐구는 그 "신앙"을 위해 객관적으로 검증된 증거를 공급함으로써 신앙의 위험을 피하려는 시도였다.'[47] 우리는 역사적 예수의 생애에 대하여 어떤 것을 **알 수** 있는가? 그리고 예수의 생애에 대하여 어떤 것을 **알 필요가** 있는가? 이 두 질문에 대하여 불트만은 '아니요!'라는 답을 제시하여 자신의 목소리가 울려 퍼지게 했다.[48] 그러나 그 '아니요!'라는 대답은 곧 문제가 되었다.

그 반응에 불을 당긴 것은 신학적 적합성의 논점이었다. 1953년 케제만은 자신의 유명한 강연에서 두 가지 중요한 관찰을 하였다. 첫째, 역사적 예수와 신앙의 그리스도 사이를 너무 날카롭게 분리시켜 비연속성의 차원에서 보는 데서 오는 위험이다. 최초의 그리스도인들에게 승귀된 그리스도와 지상의 예수를 동일시하는 것은 우선적으로 중요하였다. 종말론적 사건에 매여 있던 나사렛 출신 남자의 역사적 특수성을 제대로 인정하지 못하는 것은 그 사건을 신화 속으로 해체해버릴 위험, 곧 가현설(docetism)의 위험을 수반했다.[49] '역사에 견고하게 달라붙는 것은 구원의 **외연**을 표현하는 한 가지 방식이다.' 더구나 둘째로, 공관복음 자체는 과거에 상당한 본질적 중요성을 할애하였다. 공관복음서의 체제와 형태 자체가 예수의 생애사를 신앙의 구성 요건으로 보았음을 나타낸다는 것이다.[50] 혹은, 이후 그런 논점이 전개되었듯이, 복음서가 또한 케리그마이고 교회의 신앙 문서이지만, 그것이 단순히 예수가 살았고 죽었다는 메시지를 되풀이

---

47) Robinson, *New Quest* 35, 37-38, 44.
48) 자신의 *Einleitung*에 나오는 영향력 있는 결론에서, 벨하우젠은 이미 다음의 요점을 제시하였다. '우리가 설사 원할지라도 우리는 그에게로 되돌아갈 수 없다'(115).
49) '가현설'(*dokeō*, ~로 '보이다')은 1세기 말에 나타난 믿음을 서술한 것인데(요일 4.1-3; 요이 7절 참조), 영지주의 진영에서는 예수의 인성과 고난이 사실적인 것이 아니라 그렇게 눈에 보인 것('seeming')이었다고 강하게 주장했다.
50) E. Käsemann, 'The Problem of the Historical Jesus'(1954), *Essays on New Testament Themes* (London: SCM, 1964) 15-47 (여기서는 25, 31-34, 46; 인용은 33에서).

한 것은 아니라는 주장이다. 오히려 복음서는 부활 이전 단계에 전개된 예수 역사의 **내용**(물론 신앙의 관점에서 본 역사지만 그럼에도 어쨌든 여전히 예수의 역사)에 상당히 관심을 가지고 있었다.[51] 결과적으로 우리가 예수라는 역사적 인물에 대하여 아는 것이 복음서가 선포한 케리그마와 일치하지 않는다면, 문제는 심각해진다.[52] 여기서 역사는 신앙에 잠정적 위협으로 다시 등장한다. 역사는 신앙을 증명할 수 없을지 모르지만, 또다시 되풀이하자면, 역사의 발견 내용을 진지하게 받아들이는 (미래의) 신자에게는 당혹감을 유발할 수 있다.

불트만 또한 예수와 교회의 신앙/신학을 떼어놓았다. 자신의 『신약성서신학』(*Theology of the New Testament*) 첫 마디에서, 불트만은 '예수의 메시지는 신약성서 신학의 전제에 속하지 그 신학 자체의 일부가 아니다'라고 단언한다.[53] 케리그마는 부활의 시점에서 시작되었다. 그래서 불트만은 자신의 『동시대적 배경에 비춰본 원시 그리스도교』(*Primitive Christianity in Its Contemporary Setting*)를 쓸 때, 예수의 선포를 '유대교'라는 제목 아래 포함시켰다.[54] 벨하우젠의 것으로 알려진 다음 문장은 산뜻한 경구로 이 점을 나타낸다. '예수는 마지막 유대인이었고, 바울은 첫 번째 그리스도인이었다.'[55] 그러나 새로운 탐구자들의 비판에 답하여 불트만은 예수의 선포 또한 케리그마이며, 이미 케리그마였다고 동의하였다. 즉 부활 이후 공동체의 케리그마는 이미 부활 이전 예수의 사역에 암시되어 있으며, 예수의 메시지는 '결국 숨겨졌거나 비밀스런 그리스도교의 설교'였다.[56] 이 동의는 큰 중요성을 띠었다. 예수의 선포와 교회의 케리그마 사이의 구분에 핵심

---

51) G. Bornkamm, *Jesus of Nazareth* (1956; ET London: Hodder and Stoughton, 1960) 22-26; Robinson, *New Quest* ch. 4 (특히 85-92). '서사 없는 케리그마는 순전히 교회의 단정이고 증언 없는 서사는 모호함과 반칙이다'(Keck, *Future* 134).
52) Perrin, *Rediscovering* 231, 244.
53) R. Bultmann, *Theology of the New Testament* vol. 1 (1948; ET London: SCM/New York: Scribner, 1952) 3.
54) (ET London: Thames and Hudson, 1956) 71-79.
55) 나는 이 인용문의 본래 출처를 추적할 수 없었다(이 경구는 O. Betz, *What Do We Know about Jesus?*에서 언급된 바 있다[ET London: SCM, 1968] 17). 그러나 벨하우젠의 *Einleitung* 결론 부분의 언급도 그와 같은 견해를 피력한다.
56) Robinson, *New Quest* 21에 인용.

적 기준인즉, 교회가 예수를 선포한 데 비해 예수는 하나님 나라를 선포했다는 것이다. 불트만이 공식화한 문구대로, '선포자가 선포의 대상이 되었다.' 그래서 새로운 탐구와 관련된 핵심 논점은 예수가 어떤 의미로 **자신을** 선포했는가라는 것이다. 즉 어느 정도로 그리스도론이 예수의 메시지에 암시되어 있었는가 하는 점이다. 아이러니하게도, 이 경우에 잠재된 가능성은 뒤집어진다. 이제 역사적 예수는 그리스도에 대한 신앙의 토대를 제공할 수 있으리라는 것이다. 바르트에도 불구하고, '고등' 그리스도론의 가능성을 포함하여 '아래로부터' 그리스도론의 가능성은 다시 등장한다.[57]

그러한 논의를 통해 그 탐구의 **신학적 타당성**은 다시 수긍되었다.[58] 그렇지만 켈러와 불트만이 제기한 다른 장애물, 곧 그 탐구의 완성이 **불가능**하다는 결론은 어떻게 되는가? 여기서 맨 처음의 반응은 놀랍게도 긍정적이었다. 양식비평적 분석은 그 발견의 결국에 있어 부정적일 필요가 없다는 것이다! 그리하여 케제만은 '예수의 선교에서 두드러진 요소'를 예수가 모세와 토라에 대적하여 스스로 내세운 놀라운 권위로 규정할 수 있었다.[59] 보른캄(Bornkamm)은 거기에 예수의 선포에 나타나는 종말론적 성취에 관한 논평을 덧보탠다. 불트만에 대한 추가적 반격의 일환으로 보른캄은 구시대와 신시대의 종말론적 도식에서 예수를 그 구분의 앞부분에 배치할 수 없다는 입장을 끝까지 고수한다. 그 선구자는 세례자 요한이다. 반면 예수는 '그 시대의 변혁이 여기 하나님의 나라로 이미 동트고 있다고 외친다.'[60] 다음으로 또 다른 불트만의 제자인 푹스(Ernst Fuchs)는 예수의 **행실**을 '예수의 설교의 현실적 맥락'으로 주목하여 거기에 초점을 맞춘다. 이로

---

57) Cf. 특히 W. Pannenberg, *Jesus—God and Man* (London: SCM, 1968) 21-30: '신앙은 일차적으로 예수가 **누구였는지**와 관련이 있다. 오로지 이런 관점에서 우리는 그가 오늘날 우리를 위해 무엇인지, 그에 대한 선포가 어떻게 오늘날 가능한지 알 수 있다. 그러므로 그리스도론은 그리스도에 대한 그리스도교 공동체의 고백을 **펼쳐놓는 일**뿐 아니라 무엇보다 과거 예수의 활동과 운명 가운데 그 고백의 **토대를 놓는 일**에 관심을 기울인다(28). 또한 J. Roloff, *Das Kerygma und der irdische Jesus* (Göttingen: Vandenhoeck und Ruprecht, 1970) 25-40. 실지로 이것이 전체 논지에 해당된다(결론 270-73).

58) 또한 Keck, *Future* 50-58을 보라.

59) Käsemann, 'Problem' 37-45.

60) Bornkamm, *Jesus* 67; Robinson, *New Quest* 118-9도 보른캄을 따른다.

써 푹스는 슈트라우스 이래로 편만했던 예수의 가르침 일변도의 집중 경향을 뒤집어 세리와 죄인들과 나눈 예수의 식탁 교제(마 11.19와 평행구)에 담긴 중요성을 주시한다.[61] 하지만 이와 같은 새로운 탐구의 전환 국면에서 가장 두드러진 성과는 요아킴 예레미아스(Joachim Jeremias)의 『예수의 선포』(The Proclamation of Jesus)라는 풍성한 주해서이다.[62] 독일에서 새로운 탐구와 일차적으로 연관된 불트만 학파의 구성원이 아니었을지라도, 예수의 비유에 대한 예레미아스의 저작은 양식비평의 가장 뛰어난 사례로 우뚝 서 있다.[63] 나아가 예수가 '아바'(Abba)로서의 하나님께 기도했다는 그의 논증은, 그 과장된 진술에도 불구하고, 다소 놀랍게도 새로운 탐구의 가장 안전한 발견 가운데 하나로 남았다.[64] 그러나 『예수의 선포』에서 예레미아스는, 특히 그가 예수 어록의 아람어적 기초를 논증할 필요를 진지하게 고려한 이래로 최고로 견실하게 그 선포를 재구성해 보여주었다.[65]

본래의 예수 탐구가 불가능했다는 불트만의 결론에 충분히 적절한 응답으로 보였던 것이 나타나는 것 같았다. 그러나 새 시대의 밝은 새벽은 곧 신선한 토론과 불확실성으로 구름 속에 가려졌다. 전혀 예상치 못한 차원의 방법론적 문제가 나타나기 시작했다. 새로운 탐구의 많은 부분이 예수 전통 가운데 많은 핵심 어록들을 예수의 진정한 말씀으로 인정하는 쪽으로 의지해왔기 때문에, 다음과 같은 질문이 불가피하게 전면으로 부상하였다. 우리가 어떻게 그런 어록을 특정하게 솎아낼 수 있는가? 불트만이

---

61) Robinson, *New Quest* 14-15. E. Fuchs, 'The Quest of the Historical Jesus', *Studies of the Historical Jesus* (London: SCM, 1964) 11-31 (여기서는 21. 그러나 로빈슨의 독일어 번역문이 더 낫다). 푹스는 또한 예수 자신의 신앙이 중요하다는 점을 토론 가운데 도입한 자로서 의미심장하다('Jesus and Faith', *Studies* 48-64).
62) J. Jeremias, *New Testament Theology*. Vol. One, *The Proclamation of Jesus* (1971; ET London: SCM, 1971). 이 *Theology* 이후 추가 기획 작품은 실현되지 못했다. 같은 해에 예레미아스의 초기 대화 파트너인 도드(C. H. Dodd) 또한 예수에 대한 자신의 작업을 정점에 올려놓았다. 그러나 좀더 대중적인 형식 체제로는 도드의 저서 *The Founder of Christianity* (London: Collins, 1971) 참조.
63) J. Jeremias, *The Parables of Jesus* (1947, ⁶1962; ET London: SCM, ²1963).
64) J. Jeremias, *The Prayers of Jesus* (1966; ET London: SCM, 1967) ch. 1.
65) 비유에 대한 자신의 책이 도드(C. H. Dodd)에게 진 학문적 빚을 인정했듯이(아래 §12.4g와 각주 453을 보라), 예레미아스는 『예수의 선포』와 관련하여 또 다른 중요한 영국 학자 맨슨(Manson)의 책 『예수의 가르침』(Teaching of Jesus)에 영광을 돌렸다. 그렇지 않았다면 맨슨의 공헌은 불트만의 영향으로 인해 대체로 주목받지 못했을 것이다.

말한 단층들을 역으로 거슬러 올라가 예수에 이르기까지 전통을 추적하는 어떤 기준이 있는가?

최고의 탁월함을 인정받은 기준이 불트만[66]과 케제만[67] 모두에 의해 사용되어왔지만, 그것을 가장 명확하게 '비유사성의 기준'이라고 공식화한 사람은 노먼 페린(Norman Perrin)이었다. 이 기준에 따르면, '우리가 도달할 수 있는 어록의 최초 형태는 만일 그것이 고대 유대교와 초기 교회의 특징적인 강조점과 유사하지 않다는 게 드러난다면 진정성 있는 것으로 간주될 수 있다는 것이다.'[68] 그렇다고 이 기준을 만족시킨 어록들만이 진정성 있는 것으로 간주되어야 한다는 게 아니었다. 다만 그러한 어록들은 우리가 진짜배기로 **알 수 있는** 유일한 것들이 되리라는 것이다.[69] 페린은 이 첫째 기준을 둘째 기준, 즉 '일관성의 기준'으로 뒷받침하였다.[70] 그리고 약간 망설이면서 '복합적 탐지의 기준'이라는 셋째 원칙을 제시하였다.[71] 그 기준에 대한 토론이 이른바 새로운 탐구의 반경을 넘어 넓어져감에 따라, 다른 것들도 대안이라기보다 추가적 보충 차원에서 제안되었다. 예컨대, 예레미아스는 아람어 형태로 소급될 수 있는 특징적 스타일의 언어학적 기준을 실속 있게 제안했다.[72] 마이어(J. P. Meier)는 '당혹스러움의 기준'에 특별한 비중을 두었다.[73] 타이센은 빈터(Dagmar Winter)와 더불어 '역사적 개연성의 기준'을 강조한다.[74] 슈트레커(Georg Strecker)는 '발전의 기준'을 주장

---

66) 가장 간결하게 그의 'New Approach' 43에 제시되었다. 또한 위의 각주 43을 보라.
67) Käsemann, 'Problem' 37.
68) Perrin, *Rediscovering* 39.
69) R. S. Barbour, *Traditio-Historical Criticism of the Gospels* (London: SPCK, 1972).
70) '전통의 최초 단층에 위치하는 자료는, 만일 그것이 비유사성의 기준에 의해 진정성 있는 것으로 확정된 자료와 비교하여 일관성 있는 것으로 드러난다면 진정성 있는 것으로 수용될 수 있다' (*Rediscovering* 43).
71) '공관복음 배후에서 판별해낼 수 있는 모든 또는 대부분의 자료 가운데 탐지되는 진정성 있는 자료…'(*Rediscovering* 45). 추가로 Porter, *Criteria* 82–89을 보라.
72) Jeremias, *Proclamation* Part One. 또한 M. Casey, *Aramaic Sources of Mark's Gospel* (SNTSMS 102; Cambridge: Cambridge University, 1998); 또한 'An Aramaic Approach to the Synoptic Gospels', *ExpT* 110 (1999) 275–78.
73) J. P. Meier, *The Marginal Jew: Rethinking the Historical Jesus* Vol. One (New York: Doubleday, 1991) 168–71.
74) G. Theissen and D. Winter, *Die Kriterienfrage in der Jesusforschung: Vom Differenzkriterium zum Plausibilitätskriterium* (Freiburg: Universitätsverlag, 1997) 175–217; 또한 G. Theissen, 'Historical Scepticism and the Criteria of Jesus Research', *SJT* 49 (1996) 147–76. Cf. A. E. Harvey, *Jesus and the Constraints of History* (London: Duckworth, 1982).

하고[75] 패터슨(Stephen Patterson)은 기억 가능성의 기준을 제안한다.[76] 포터 (Stanley Porter)는 그리스어와 맥락, 그리스어 본문의 변이, 언술의 특색이라 는 삼중적 기준을 제시하였다.[77]

하지만 이러한 기준들을 전적으로 만족시키는 것은 거의 없다. 만일 비유사성의 기준이 일관되게 적용되어 예수 전통을 통과하면서 첫 번째 저인망에 걸린 제한된 발견물과 일치하는 자료만 보태진다면, 그때 등장 하는 역사적 예수는, 그 당시 사람들의 종교나 그의 추종자들의 가르침과 그를 연계시키는 그 어떤 것도 일고의 가치가 없는 것으로 배제된 채 낯선 피조물이 될 공산이 크다. 이는 '진공 속의 희귀한 예수'에 다름 아닐 터이 다.[78] 게다가, 후커(Morna Hooker)가 적절히 물었듯이, 우리는 그 기준을 확 신을 가지고 적용시킬 만큼 예수 당시의 유대교나 최초 그리스도교에 대 하여 충분히 알고 있는가?[79] 또는 켁(Lee Keck)이 현명하게 통찰한 대로, '**독 특한**(distinctive) 예수 대신에 우리는 오히려 **특징적인**(characteristic) 예수를 구해야 한다.'[80] 일관성의 기준은 단순히 불균형한 중심을 강화하여 실제 적인 삶의 전형적 요소인 비일관성을 내쳐버린다.[81] 복합적 탐지의 기준 은, 가령 마가와 Q 사이의 변형 텍스트들이 부활 이후 시점의 공통 자료로 소급될 수 있다면 이런 경우 복합적 탐지의 기준은 거의 도움이 되지 않는 다.[82] 대신 몇몇 다른 자료들의 일치는 일단 이 기준의 중요성을 증대시키 는 것처럼 보일 수 있다(크로산).[83] 그러나 거기 연루된 특정한 경향성은 그 렇게 얻게 되는 결과에 반하여 단순히 참신하게 톡톡 튀는 의문부호만을

---

75) G. Strecker, *Theology of the New Testament* (1996; ET Berlin: De Gruyter, 2000) 251.
76) S. J. Patterson, *The God of Jesus: The Historical Jesus and the Search for Meaning* (Harrisburg: Trinity, 1998) 265–72 (여기서는 269).
77) Porter, *Criteria* Part II.
78) E. Schillebeeckx, *Jesus: An Experiment in Christology* (1974; ET London: Collins, 1979) 94.
79) M. D. Hooker, 'Christology and Methodology', *NTS* 17 (1970-71) 480–87; 또한 'On Using the Wrong Tool', *Theology* 75 (1972) 570–81. 추가로 Porter, *Criteria* 73–76을 보라.
80) Keck, *Future* 33 (강조는 내가 한 것).
81) J. T. Sanders, 'The Criterion of Coherence and the Randomness of Charisma: Poring through Some Aporias in the Jesus Tradition', *NTS* 44 (1998) 1–25.
82) 이 문제는 Allison, *Jesus of Nazareth* 2–10에서 근사하게 제기된다.
83) 위의 §4.7과 추가로 아래의 §§7.6과 7.8을 보라.

양산할 뿐이다.[84] 아람어 사용의 기준도 그것이 저절로 아람어를 말한 예수와 아람어를 말한 교회를 구분할 수 없다는 점에서 유사한 문제점을 드러낸다.[85] 당혹스러움의 기준도 비유사성의 기준과 같이 다음과 같은 심한 비판을 받는다. 상대적으로 적은 분량의 당혹스런 어록들이 예수의 더 특징적인 요소로 간주되어야 하는가? 혹은 그러한 어록들이 이와 유사하지 않은 어록들보다 예수가 선포한 말씀의 정수를 더 많이 포착할 수 있다고 봐야 하는가?[86] 타이센이 말한 역사적 개연성의 기준은 기준이라기보다 역사적 방법을 재진술한 것이다. 포터의 기준은 예수가 그리스어를 사용했다(그는 세 군데 예를 찾아낸다)는 몹시 논란이 되는 주장에 기대고 있다. 나아가 포터의 이 기준은 예수의 강론이 초기 예수 전통에서 작성된 것이 아니라 **모두 다** 예수가 제공하였음을 분명히 확정할 수 있다고 믿는다.

그러면 이 새로운 탐구의 양상이 어느 방향으로 흘러가는가? '제2의 탐구'가 '꽝!' 소리 내며 요란하게든, 훌쩍거리며 울면서든, 끝났다고 말하는 것은 옳지 않다.[87] 첫째 탐구를 폭발시킨 '꽝' 하는 타격과 동급의 요란한 타격이 거기 있었다는 것은 잠시 후 살펴볼 것이다(아래 §5.6을 보라). 그러나 흔들리지 않는 역사적 방법에 대한 확신과 함께 대체로 옛 관점에서 그 탐구를 추진하는 사람들이 여전히 존재한다. 그닐카(Joachim Gnilka)와 베커(Jürgen Becker)는 방법론에 대하여 짧은 몇 페이지의 서론 이상으로 할애할 필요를 느끼지 못한다.[88] 두 사람 모두, 특별히 전통의 최초 양식(개별적 단위)과 관련하여, 비록 구어 전승의 양상에 대해서는 아주 피상적으로 언급

---

84) 다시 Allison, *Jesus of Nazareth* 10–33을 보라.

85) 추가로 Porter, *Criteria* 92–99을 보라

86) 또한 Crossan, *Birth of Christianity* 144–45을 보라; Porter, *Criteria* 106–10. 마이어는 그 기준의 약점을 충분히 알고 있다(*Marginal Jew* 1.171, 184; 또한 'The Present State of the "Third Quest" for the Historical Jesus: Loss and Gain', *Biblica* 80 [1999] 459–87 [여기서는 475–76]).

87) 예컨대, 펑크는 '새로운 탐구가 1975년쯤 종결되었다'고 생각한다(*Honest to Jesus* 63). 그리고 패터슨은 그 탐구가 불과 10년가량 지속되었다고 생각한다(*The God of Jesus* 41–42).

88) J. Gnilka, *Jesus von Nazaret: Botschaft und Geschichte* (Freiburg: Herder, 1993), ET *Jesus of Nazareth: Message and History* (Peabody: Hendrickson, 1997) 12–25; J. Becker, *Jesus of Nazareth* (Berlin: de Gruyter, 1998) 1–17. 그러나 스킬라베익스(Schillebeeckx)의 『예수』(*Jesus*)는 특별히 언급될 필요가 있다. 이 책은 역사신학자 겸 조직신학자가 신약학 전문 지식을 통달하여 그것을 그리스도론의 초기 발전 양상과 관련하여 더욱 폭넓은 관점 속으로 통합시킨 가장 야심차고 성공적인 시도이다.

하고 지나치지만, 양식비평 방법의 본래 가정들을 공유한다.[89] 두 사람 다 개별적 어록들을 평가하면서 비유사성의 기준에 대하여 계속하여 자긍심의 한 구석을 드러낸다.[90] 북미의 신자유주의 학자들이 제기한 논점들, 특히 도마복음과 관련한 논점은 고작해야 슬쩍 암시될 뿐이다.[91] 이 점에서 유럽과 북미 학자, 또는 영어권과 독일어권 학계의 괴리는 이전보다 더 넓게 벌어지고 있다.[92]

동시에 대서양 양쪽의 학계에서는 이전의 방법을 최대한 활용하면서 최근 탐구의 국면에 교량 역할을 하는 중요한 저작들이 나왔다. 여기서 나는 마이어(John Meier)의 방대한 세 권의 연구서 『변두리 유대인 예수』(*A Marginal Jew*)[93]와 타이센과 메르츠(Annette Merz)가 공저한 『역사적 예수』(*The Historical Jesus*)[94]를 염두에 두고 있다. 그닐카와 베커와 달리 그들은 자료 문제에 상당한 관심을 기울이며,[95] 그닐카처럼 사회적 맥락의 질문에 주목한다.[96] 예수의 특정 말씀과 행위의 역사성을 결정하는 기준에 대한 마이어의 강조와[97] 그와 달리 간략한 그의 방법론적 통찰은[98] 새로운 탐구의 기술들을 더욱 반영한다. 그러나 특별히 마이어의 연작 제3권은, 예수라는 이름의 유대인과 예수의 유대인 추종자들 및 경쟁자들 사이의 다양한 관계와 상호 작용을 상세하게 조명하는 데 전적으로 바쳐지고 있는데, 이로 미루어보면 마이어는 영락없이 '제3의 탐구' 계열로 분류된다(아래 §5.5를 보라).

---

89) Gnilka, *Jesus* 13, 15; Becker, *Jesus* 7.
90) Gnilka, *Jesus* 20; Becker, *Jesus* 13–14.
91) Gnilka, *Jesus* 15; Becker, *Jesus* 9, 16 각주 15.
92) 유사하게 슈트레커의 『신약성서 신학』은 이 탐구의 불트만 이후 즉각 펼쳐진 국면 너머를 보지 못한다.
93) Vol. 1—*The Roots of the Problem and the Person* (위의 각주 73); vol. 2—*Mentor, Message, and Miracles* (New York: Doubleday, 1994); vol. 3—*Companions and Competitors* (New York: Doubleday, 2001). 마이어는 이 책의 결론을 간결한 요약을 다음의 글에서 제공하고 있다: 'Reflection of Jesus-of-History Research Today', in J. H. Charlesworth, ed., *Jesus' Jewishness: Exploring the Place of Jesus in Early Judaism* (New York: Crossroad, 1991) 84–107.
94) G. Theissen and A. Merz, *The Historical Jesus* (London: SCM, 1998).
95) Meier, *Marginal Jew* 1 chs. 2–5; Theissen and Merz, *Historical Jesus* chs. 2–3.
96) Meier, *Marginal Jew* 1 chs. 9–10; Theissen and Merz, *Historical Jesus* chs. 5–7.
97) Meier, *Marginal Jew* 1 chs. 6.
98) Meier, *Marginal Jew* 1 chs. 1.4–6, 9–12. 물론 'historical'과 'historic'에 대한 켈러의 구분을 포함하여 기본 개념에 대한 재미있는 토론과 함께 다루어지고 있긴 하다('The real Jesus and the historical Jesus').

'역사적 회의주의와 예수 연구'에 대한 타이센과 메르츠의 논의는 비록 요약적인 형태로 제시되었지만 훨씬 더 광범위하다.[99] 그러나 예수의 유대적 특성 자체는 이 책의 특별한 초점이 아니다. 그렇더라도, 만일 내가 학생이 사용할 '역사적 예수'에 대한 단권 분량의 책을 추천해야 한다면, 그게 바로 이 책이다.

이 모든 것에서 난처한 점은, 타이센을 예외로 치더라도, 어떤 것은 사회학적 방법과 신자유주의 탐구에서 제기되었고(위의 §§4.6-7), 다른 것들은 초기 양식비평가들이 시행한 재개념화 과제로부터 넘어왔지만, 여하튼 이런 근본적 관점과 방법과 관련된 논의 사항들이 너무 소홀하게 다루어져 왔다는 것이다. '역사적 예수 탐구'에 가담한 사람들에게 예수 전통에 접근하기 위한 출발점은 무엇이 되어야 할까? 갈릴리 내에서 예수의 특별한 사회적 자리의 함의는 적절히 설명되어왔는가? 예수 전통의 최초 국면을 알기 위한 자료로서 무엇을 포함시켜야 하는가? 또는, 한마디로, '불가능성'의 장애물은 제2의 탐구자들이 얼핏 생각하듯이 그렇게 쉽게 허물어버릴 수 있는 것일까.

5.5 제3의 탐구?

20세기 후반기의 예수 생애 연구에서 가장 희망적인 진척은 예수를 무엇보다 유대인으로 봐야 한다는 인식과 그 결과에 대한 보다 명확하고 공고한 파악이었다. 이러한 흐름을 '역사적 예수의 제3의 탐구'[100]로 구분하

---

99) Theissen and Merz, *Historical Jesus* ch. 4.
100) 이 표제는 라이트(N. T. Wright)가 새롭게 편찬한 Stephen Neill, *The Interpretation of the New Testament*, 1861-1986 (Oxford: Oxford University, 1964, ²1988) 379에서 처음 소개되었다. 제2의 탐구와 제3의 탐구의 연속성과 비연속성에 대해서는 D. Toit, 'Redefining Jesus' 98-110을 보라. '제3의 탐구'라는 묘사는 때때로 내가 신자유주의 탐구라고 부른 영역을 또한 포괄하는 말로 사용되기도 하였다(Witherington, *Jesus Quest*; Scott, 'New Options' 7 [third stage]; 예수가 '이스라엘의 갱신'을 기대했다고 강조한 점에서 보그는 분명 특징적인 '제3의 탐구'의 관심사와 겹친다(위의 §4.7, 또한 호슬리의 경우도 마찬가지, §4.6). 예수의 유대적 성격에 대한 마이어의 강조(비록 '변두리 유대인'이지만) 역시 그를 제3의 탐구자로 인정하게 만든다; 『변두리 유대인』 3.8에서 마이어는 자신이 예수

는 것은, 나사렛 예수의 역사적 초상을 구축하려는 어떤 시도도 예수가 1 세기 환경에서 살았던 1세기 유대인이었다는 사실에서 출발해야 한다는 확신이었다. 많은 것들이 역사적으로 불확실할 때, 결국 우리는 확신을 가지고 예수가 경건한 유대인으로 양육되었다고 가정할 수 있다는 것이다. 그가 또한 메시아 참칭자('유대인의 왕')라는 고발로 처형된 점은 복음서 전통에서 일반적으로 가장 기본적인 자료의 일부로 간주된다.[101] 이에 따라 사람들은 응당 이렇게 생각할 것이다. 유대인으로서 역사적 예수 탐구를 추진하는 것보다 더 자연스럽고 더 불가피한 선택이 있을까?[102]

그러한 목적은 지극히 당연한 것처럼 보이지만, 실제로 이 점은 수세대 동안 학계에서 수용하길 거부해온 것 같다. 과연 지난 200년 동안 초기 탐구가 보인 가장 놀라운 특징 가운데 하나는 그들이 일관되게 예수를 그의 유대적 환경에서 최대한 빨리, 멀리 격리시키려 시도해온 방식이다. 비록 라이마루스가 (그리스도교는 사도들이 창시하였다고 주장하면서) 예수를 유대교 내에 위치시켰지만, 큄멜에 의하면 라이마루스의 중요성은 '유대교에서 그리스도교를 해방시키는 데 예수가 어떤 역할을 부여받았느냐'는 질문을 제기한 데 있다.[103] 헤셸(Susannah Heschel)은 자유주의 신학자들이 '예수를 그의 유대적 주변 정황에 반대하며 날카롭게 맞선 유일한 종교적 인물로 띄우기 위해' '1세기 유대교를 가능한 부정적인 모습으로' 그렸다고

에 대한 일련의 정의를 피하기 위해, 그리고 예수 고유의 '수수께끼 같은 말씀'을 모방하여, 그 용어('변두리 유대인')를 사용한다고 지적한다. 펑크는 '그리스도교로 알려진 유대적 종파 내에서 유대인 예수에게 어떤 역할을 부여해야 하는가'가 핵심 질문이라고 논평하면서도(*Honest to Jesus* 32, 58-59), 결과적으로 '제3의 탐구'와 거리를 둔다(65). 펑크가 제3의 탐구자들을 제쳐버리는 것('신앙은 그들에게 사실에 대한 면역을 만들어주는 것 같다')은 그가 말하는 '사실'의 어떤 것도 논란이 되지 않는 게 없다는 사실을 무시하는 것 같다.

그러나 나는 그러한 탐구들에 그러한 순서를 매기는 것에 어떤 의의와 중요성을 부여하지 않는다. C. Marsh, 'Quests of the Historical Jesus in New Historicist Perspective', *Biblical Interpretation* 5 (1997) 403-37은 모두 9개의 탐구를 구분한다: (1) 실증주의 탐구(종말론적 예수); (2) 실증주의 탐구(비종말론적 예수); (3) 낭만주의 탐구; (4) 양식비평 탐구; (5) 비유대적 예수 탐구; (6) 전승사 탐구; (7) 실존주의 탐구; (8) 유대교–기독교 탐구; (9) 포스트모던 탐구(410-15). 또한 Carleton Paget, 'Quests for the Historical Jesus', in M. Bockmuehl, ed, *The Cambridge Companion to Jesus* (Cambridge: Cambridge University, 2001) 138-55 (147-52). '제3의 탐구'에 관한 독일 학계의 관점에 대해서는 Teissen and Winter, *Kriterienfrage* 145-71을 보라.

101) 아래 §§15.3a와 17.2를 보라.
102) 이 경우는 Wright, *Jesus* ch. 3에 잘 설명되어 있다.
103) Kümmel, *New Testament* 90; 브라운은 '(예수의) 유대적 배경에 대한 라이마루스의 관심은 예수의 선교를 메시아적 정치 쿠데타로 축소시키는 관심 이상으로 확대되지 않았다'(*Jesus* 53).

본다.[104] 역사적 환경에 영향받지 않은 유일한 종교적 의식이란 잣대는 결국 예수를 유대교에서 이탈시켰다. 예컨대, 르낭은 다음과 같이 썼다. '근본적으로 예수와 관련하여 유대적인 것은 아무것도 없었다.' 예루살렘을 방문한 뒤 예수는 '더 이상 유대인 개혁자가 아니라 유대교의 파괴자로 등장한다.…예수는 더 이상 유대인이 아니었다.'[105] 리츨이 보기에도 '예수가 유대교와 그 율법을 포기한 것은 그의 가르침과 유대인들의 가르침을 구분하는 선명한 경계선이 되었다.'[106] 그 탐구에 대한 슈바이처 나름의 설명은 유대교와 그리스도교 학계 사이에 유대인 예수라는 주제과 관련하여 실질적인 토론을 담아내지 못했다.[107] 이 점에서 자유주의의 아이러니는, 그것이 예수를 이후 도그마의 왜곡적인 층에서 예수를 '해방하고자' 했을 뿐만 아니라, 또한 예수를 종교의 본질적인 정신을 유대적 제의와 신화의 '구태의연한 복장'에서 '해방시킨 자'로 제시하려 했다는 것이다.[108]

20세기에, 전적으로 상이한 방식은 아니지만, 불트만의 실존주의적 신앙의 그리스도는 역사적 (유대적) 배경에 의존하지 않고 현재 만남의 순간으로 제 몫의 도약을 할 수 있었다.[109] 심지어 제2차 세계대전 이후에도 독일 신학에서 제2성전기 유대교를 '후기 유대교'(*Spätjudentum*)로 기술하고[110]

---

104) S. Heschel, *Abraham Geiger and the Jewish Jesus* (Chicago: University of Chicago, 1998) 9, 21. 19세기 신약성서학계의 반유대성과 관련하여 특히 66-75, 106-107, 117-18, 123, 153-57, 190-93, 212-13, 227을 보라. 또한 H. Moxnes, 'Jesus the Jew: Dilemas of Interpretation', in I. Dunderberg, et al., eds., *Fair Play: Diversity and Conflicts in Early Christianity*, H. Räisänen FS (Leiden: Brill, 2002) 83-103 (여기서는 83-89, 93-94)을 보라.

105) Heschel, *Abraham Geiger* 156-57.

106) Heschel, *Abraham Geiger* 123. 또한 바이스(Weiss)에 응답한 W. Bousset, *Jesus im Gegensatz zum Judentum: ein religionsgeschichtlicher Vergleich* (Göttingen: Vandenhoeck und Ruprecht, 1892)를 주목하라: '후기 유대교에는 정말로 생동하는 힘, 창의적인 정신이 없다.…예수의 메시지는 무엇보다 유대교와의 대조선상에 비추어 이해되어야 한다…'(6-7), Kümmel, *New Testament* 230-31에서 인용.

107) Heschel, *Abraham Geiger* 3, 127.

108) 이는 결국 바우어(Baur)가 이미 그의 책 *Paul* 3 (위의 ch. 1 각주 13에서 인용)에서 예시한 대로 그리스도교와 그 기원에 대하여 기획된 체계적인 이해를 수행한 것이다. 헤겔의 반유대주의에 대해서는 Brown, *Jesus* 88-90을 보라. 던건(Dungan) 또한 마가 우선설의 승리가 결국 유대적 마태를 이전의 우월한 위상에서 끌어내렸다고 지적한다(*History* 339).

109) 예수의 선포가 '유대교'라는 표제 아래 속했다는 그의 인식에도 불구하고 그렇다(위의 각주 54를 보라).

110) C. Klein, *Anti-Judaism in Christian Theology* (1975); ET London: SPCK/Philadelphia: Fortress, 1978) 여기서는 ch. 2; 이런 경향은 여전하여 F. Hahn, *Christologische Hoheitstitel* (Göttingen: Vandenhoeck, ⁵1995) 133, 351; Becker, *Jesus*, 예컨대 88, 224 각주 146에서도 엿보인다.

—즉 유대교가 그 이후 더 이상 중요한 위상을 갖지 못했다는 함의이다 —
예수를 유대교를 제거하거나 끝장을 낸 사람으로 묘사하는 것은 꽤 공통
적인 관행으로 남아 있었다.[111] 제2의 탐구에서 주요 기준인 비유사성의 원
칙은, 그 탐구자들이 예수를 그의 **역사적 맥락에서 구별해내고** 유대적 환
경과 대립시켜 그들의 예수상을 재구성함으로써 잇따른 당연한 귀결을 통
해 공을 세우려 했다.[112] 신자유주의적 탐구는 옛 자유주의적 탐구와 이 점
에서 다르다. 이는 신자유주의 탐구가 초기 교회와 예수의 차이를 선명히
부각시킨 헬레니즘화의 영향(하르낙의 견해)을 이미 예수의 가르침 속에서
찾아볼 수 있다는 주장에 오로지 의지한 결과이다. 즉 신자유주의적 탐구
는 예수의 유대적 성격을 인정함에도 불구하고, 그 기본 성향은 예수의 가
르침과 헬레니즘적 문화 사이의 유사성과 함께 그의 타고난 유대 문화와
의 차이점을 강조하는 것이다.[113] 예수 연구사에서 예수의 유대적 성격에
집요하게 의의를 부여하길 거부한 것보다 역사로부터의 탈주에 더 파괴적
으로 작용한 증거도 없다.

물론 예수에 대한 유대적 관점이 1980년 이전에 결코 미답의 영역은
아니었다.[114] 그러나 이 이전의 연구들은 예수 연구의 주류와 관련하여 이

---

111) 예컨대, Pannenberg, *Jesus* 255; L. Goppelt, *Theology of the New Testament.* Vol. 1: *The Ministry of Jesus in Its Theological Significance* (1975; ET Grand Rapids: Eerdmans, 1981, 『신약신학』, 크리스챤 다이제스트 역간) 97 ('예수는 새로운 차원을 통해 유대교를 그 뿌리에서부터 대체해버렸다'). 추가로 J. T. Pawlikowski, *Christ in the Light of the Christian-Jewish Dialogue* (New York: Paulist, 1982) 37-47. 헤셀은 1992년 케제만이 그리스도교-유대교 대화에서 그리스도교의 정체성에 대한 토론 자리에 기고한 글과 관련하여 그의 'Protest!', *EvT* 52 [1992] 177-78을 언급하면서 매우 냉담한 반응을 보인다: '케제만은 예수의 가르침을 유대적이라 부르는 것이 모욕적이고 그리스도교를 무의미하게 만든다고 쓴다'(*Abraham Geiger* 232. 그러나 이것은 케제만의 글을 직접 인용한 것은 아니다). 이 토론은 J. Seim, 'Zur christlichen Identität im christlich-jüdisch Gespräch', *EvT* 51 (1991) 458-67 에 의해 촉발되었다. 자임은 *EvT* 52 (1992) 185-87에서 응답한다.
112) 추가로 위의 §5.4를 보라. H. Merklein, *Jesu Botschaft von der Gottesherrschaft* (SBS 111; Stuttgart: KBW, 1983)는 세례자 요한과 예수에게 이스라엘은 하나님의 선민으로서 그 특권을 상실했고 '구원을 박탈당한 공동체(집단적 재난)'가 되었다고 주장한다. 그러나 그는 이후 판본(³1989)에서 그 '집단적 재난'(Unheilskollektiv)에 대한 이야기는 제거한다.
113) 특히 맥(B. Mack)의 경우가 그렇다. '[본래 예수의 가르침 속에서] 특정하게 유대적 관심사라고 할 요소가 직접 개입된 흔적을 찾는 것은 헛된 일이다'(*Myth* 73); 그리하여 묵시문학적 유대인 예언자는 헬레니즘화된 견유철학적 교사로 대체된다. 또한 호슬리와 드레이퍼(Draper)의 비판, *Whoever Hears* 4-5, 9을 보라; Meier, *Marginal Jew* 3.3-4.
114) 19세기에 나온 이런 관점의 연구로 특히 가이거(Abraham Geiger)와 추가로 헤셀, *Abraham Geiger* 130-37, 148-50, 235-38을 주목하라. 20세기의 동 계통 연구로 특별히 J. Klausner, *Jesus of Nazareth: His Life, Times, and Teaching* (London: George Allen and Unwin, 1925); R. Meyer, *Der Prophet aus Galiläa. Studie zum Jesusbild der drei ersten Evangelien* (1940; reissued Darmstadt:

상스레 효과를 거두지 못한 것으로 드러났다. 버메스(Geza Vermes)의 공헌은 그래도 특별히 희미하면서도 중요한 영향을 끼쳤다.[115] 그는 결국 제3의 탐구의 세례자 요한이었다. 그러나 관점의 새로운 변화에서 결정적인 것으로 증명된 것은 오랫동안 깊이 뿌리박힌 채 지속된 그리스도교 신학의 특징이었던 유대교의 폄하에 반하여 일반 그리스도교 학계와 신약학계에 점증하는 반작용의 여파였다. 홀로코스트로 인해 요청된 회개와 참회의 바람은, 비록 어떤 환경에서는 과잉으로 흐르는 위험이 있음에도 불구하고, 여전히 이 점에서 충분히 감안해야 할 요인으로 남아 있다. 복음으로서의 그리스도교에 반하는 율법의 종교로 유대교를 조형하는 심성은, 예수가 후자가 아니라 전자에 속하는지 보여주기 위한 주요 과제와 함께, 심층적 잠재의식 차원에서 여전히 작동하고 있는 것 같다. 바리새인들을 율법주의의 원형과 고집쟁이로 묘사하는 것도 심란하게도 완고한 대중성을 확보하고 있다.[116] 금방 지적한 대로, 유대교의 유일한 기능이 그리스도교를 예비하는 것이라는 가정(그리하여 '후기 유대교'가 된다)은 여전히 지속된다. 하지만, 참 묘하게, 유대인 예수에 대한 이전의 강력한 다른 학문적 공헌들과[117] 제2의 탐구의 난국을 돌파할 참신한 방법론적 성찰이 필요하다는 인식에도 불구하고,[118] 그 논지의 꼬투리가 신약성서학계에 떨어지도록 한

Wissenschaftliche Buchgesellschaft, 1970); S. Ben-Chorin, *Brüder Jesus: Der Nazarener in jüdischer Sicht* (Munich, 1967); D. Flusser, *Jesus* (1969; revised Jerusalem: Magnes, 1998). D. A. Hagner, *The Jewish Reclamation of Jesus: An Analysis and Critique of the Modern Jewish Study of Jesus* (Grand Rapids: Zondervan, 1984)는 '예수를 유대적으로 교정하는 일은 오직 복음서에 불공평해짐으로써만 가능했다'(14)고 주장하면서, 예수를 유대적 관점에서 평가하는 다양한 시도들을 서술한다(ch. 1); '그들이 관심을 가지고 있는 것은 항상 유대인 예수이지 그리스도교의 예수가 아니다'(38). 또한 Moxnes, 'Jesus the Jew' 89-96, 98-101.

115) G. Vermes, *Jesus the Jew* (London: Collins, 1973).
116) 아래 §9.3a를 보라.
117) 위의 각주 114를 보라.
118) 우리는 이 대목에서 예수를 아람어 사용자로 인정한 주장으로 주목할 만한 예레미아스의 *Proclamation*을 회상할 수 있을 것이다. 마이어(Meyer)의 *Aims of Jesus*가 샌더스의 중요한 전조였지만(아래 각주 120), 그의 이 저작은 자칭 탐구자들에게 더 나은 해석학의 중요성을 강조했다는 점에서 샌더스의 것보다 더 중요하진 않더라도 동등한 비중의 중요성을 가지고 있었다. J. Riches, *Jesus and the Transformation of Judaism* (London: Darton, Longmann and Todd, 1980)은, 비록 그의 핵심 모티프('유대교의 변혁')가 문제적이긴 하지만(유대교의 근본적인 믿음을 재구성함), 보그의 강조점을 예견한 저작이다. Harvey, *Jesus and the Constraints of History*가 '역사적 제약'이란 개념으로 토론에 새로운 방향을 제공하려 한 시도는 처음에 잘 풀리지만(정치적 제약, 십자가 처형), 갈수록 점점 설득력이 약화된다. B. Chilton, *A Galilean Rabbi and His Bible: Jesus' Own Interpretation of Isaiah* (London: SPCK, 1984)는 그 부제가 시사하듯 아주 좁은 범위의 논지를 제시한다.

것은 **바울**에 대한 샌더스(E. P. Sanders)의 저작이었다.[119] 만일 전통적인 신약성서학이 **바울**과 관련이 있던 유대교를 잘못 재현했다면, 하물며 조상 대대로 신봉해온 유대교와 **예수**의 관계를 재평가하는 작업이 얼마나 더 필요했겠는가. 그런 의미에서 샌더스의 『예수와 유대교』(*Jesus and Judaism*, 1985)[120]는 제3의 탐구의 진정한 시작으로 간주되어야 한다.[121]

그러한 제3의 탐구의 전망은 또한 지난 50년간 학계에서 당연시되어 온 제2성전기 유대교의 성격에 대한 참신한 통찰로 인해 상당히 개선되었다. 여기에 사해 사본의 발견은 높은 기여를 했다. 그 사본들은 어떤 다른 것보다, 특히 막 새롭게 출현하는 그리스도교의 독특함과 대립되는 동일한 단색의 유대교라는 관념을 여지 없이 부수어버렸다. 이제는 예수를 이전에는 거의 생각할 수 없는 방식으로 제2성전기 후기 유대교의 다양성 안에서 '나사렛 이단 종파'(행 24.5, 14; 28.22)의 인물로 그려보는 것이 가능해졌다. 이 난관의 타개는 다른 중요한 발전 사항들을 수반하면서 강화되는 추세였다. 특히, 이전에 아주 날카롭게 구별한 유대교와 헬레니즘의 경계가 무너진 것,[122] 미쉬나와 탈무드에 반영된 랍비 유대교의 묘사를 단순히 1세기로 소급시켜 투사할 수 없을지 모른다는 인식,[123] 제2성전기 유대교의 다양성을 추가로 증언하는 자료로서 풍부한 외경과 위경의 유대교 문헌에 대하여 새로워진 관심,[124] 예수 당시의 이스라엘(특히 갈릴리 지역)에서 나온 꾸준히 축적되는 고고학적 자료 평가의 더해가는 정교함[125] 등등이 그 대

---

119) E. P. Sanders, *Paul and Palestinian Judaism* (London: SCM, 1977).
120) London: SCM; Bousset의 *Jesus* (London: Williams and Norgate, 1906)에 대한 통렬한 고발(*Jesus and Judaism* 24-26)과 함께 시작되는 이전 연구들에 대한 그의 비판을 보라(23-51).
121) Scott, 'New Options' 11, 그리고 Meier, 'Present State of the "Third Quest"' 462도 같은 견해이다; 제3의 탐구가 독일 학계의 주목을 끈 것은 샌더스의 저서를 통해서였다(Theissen and Winter, *Kriterienfrage* 152).
122) M. Hengel, *Judentum und Hellenismus* (WUNT 10; Tübingen: Mohr Siebeck, ³1988); ET *Judaism and Hellenism* (London: SCM, 2 vols., 1974).
123) 여기서는 뉴스너(J. Neusner)의 많은 저작들이 중요하였다. 특히 *The Rabbinic Traditions about the Pharisees before AD 70* (Leiden: Brill, 1971); 또한 *Judaism: The Evidence of the Mishnah* (Chicago: University of Chicago, 1981); 또한 한편으로 P. S. Alexander, 'Rabbinic Judaism and the New Testament', ZNW 74 (1983) 237-46과 다른 한편으로, C. A. Evans, 'Early Rabbinic Sources and Jesus Research' in B. Chilton and C. A. Evans, *Jesus in Context: Temple, Purity and Restoration* (Leiden: Brill, 1997) 27-57을 보라.
124) 아래 제9장의 각주 11을 보라.

표적인 사항일 것이다. 간단히 말해, 학계는 이전보다 더 예수 당시의 이스라엘 땅에 존재한, 예수 사역의 맥락으로서 유대교와 관련하여 더 명확하고 예리한 모습을 그려낼 수 있는 보다 강력한 입장에 처해 있다고 말하는 게 더 이상 과장이 아니다. 달(Nils Dahl)이 말하듯이, '예수의 이 환경(팔레스타인 유대교)에 대한 우리의 지식을 넓히는 모든 것은 간접적으로 역사적 예수 자신에 대한 우리의 지식을 확장시켜준다.'[126]

사소하게 여길 수 없는 사실은 신약성서 문서 자체가 1세기 유대교 문헌의 성격과 다양성을 보여주는 증거의 일부로 포함될 수 있고 또 포함되어야 한다는 것이다. 바울은 주후 70년 이전 단계에 우리가 일차적 문서를 확보한 유일한 바리새인이다. 바울의 서신들을 중요한 의미에서 유대교적 문헌으로 간주해야 한다면,[127] 하물며 복음서는 얼마나 더 그럴 수 있겠는가. 설사 복음서 가운데 하나 또는 그 이상이 이방인 저자의 작품으로 돌려질지라도, 그것이 내포한 전통들(이 지점에서 우리는 공관복음서를 생각할 필요가 있다)이 '유대적'이라고 분류되지 못할 가능성이 거의 없다.[128]

이 새로워진 제3의 탐구에서 예수를 제2성전기의 후기 유대교 내에서 묘사한 가장 중요한 시도는 지금까지 샌더스와 라이트의 저작이었다.[129]

---

125) 특히 J. H. Charlesworth, *Jesus within Judaism: New Light from Exciting Archaeological Discoveries* (New York: Doubleday, 1988); 또한 *Jesus and Archaeology* (Grand Rapids: Eerdmans, 2006); J. L. Reed, *Archaeology and the Galilean Jesus* (Harrisburg: Trinity, 2000); 추가로 아래 §§9.6–7을 보라.

126) N. A. Dahl, 'The Problem of the Historical Jesus'(1962), *Jesus the Christ: The Historical Origins of Christological Doctrine* (Minneapolis: Fortress, 1991) 81–111 (여기서는 96).

127) 예컨대, A. F. Segal, *Paul the Convert: The Apostolate and Apostasy of Saul the Pharisee* (New Haven: Yale University, 1990)가 그런 사례다. '바울은 1세기 유대교의 연구에서 주요 자료로 다루어져야 한다'(xi).

128) Cf. 예컨대, C. G. Montefiore, *The Synoptic Gospels* (London: Macmillan, 1909, ²1927) cxxxiv–cxlv의 언급이 그렇다.

129) 또한 Charlesworth, *Jesus within Judaism*; Charlesworth, ed., *Jesus' Jewishness*; B. H. Young, *Jesus the Jewish Theologian* (Peabody: Hendrickson, 1995); Allison, *Jesus of Nazareth*; Ehrman, *Jesus*; P. Fredriksen, *From Jesus to Christ* (New Haven: Yale University, 1988) ch. 6; 또한 *Jesus of Nazareth, King of the Jews: A Jewish Life and the Emergence of Christianity* (New York: Knopf, 1999); S. McKnight, *A New Vision for Israel: The Teachings of Jesus in National Context* (Grand Rapids: Eerdmans, 1999); J. Schlosser, *Jésus de Nazareth* (Paris: Noesis, 1999); B. Chilton, *Rabbi Jesus: An Intimate Biography* (New York: Doubleday, 2000). 프레드릭센은 자신의 책 두 권 모두에서 샌더스의 영향을, 맥나이트는 라이트의 영향을 많이 받았다. 칠튼의 *Rabbi Jesus*는 그 초상(문맹이었지만 이스라엘의 정결에 대한 열정으로 불타던 역동적인 소작농 신비가로서의 예수)의 가공되지 않은 유대적 성격에 호소하면서 고작해야 의심스러운 연관성을 지닌 성서 및 그 바깥 자료들 가운데 몇 개의 암시에 의지하여 너무 기발하게 저작되었는데, '역사적 설득력 이상으로 대담하게 독창적이라는 것이 Keck, *Who Is Jesus?* 43의 판단이다. 켁의 리뷰 'The Jesus Quest and the Jewish Jesus'

샌더스는 방법론의 문제를 가볍게 주시할 뿐인데, 그 결과 그의 저서의 주요 요점은 두 가지로 드러났다. 첫째, 샌더스는 예수의 의도를 이해하는 핵심 열쇠를 이스라엘 고유의 '회복 종말론'에서 본다. 즉 예수는 이스라엘의 회복을 기대했다는 것이다.[130] 둘째, 예수는 유대교, 율법 또는 바리새인과 싸우지 않았고, 제2성전기 유대교 안에 처하여 거기 내내 머물렀다는 것이다.[131] 라이트 역시 마찬가지로 이중으로 정곡을 찌른다.[132] 라이트는 '회복 종말론'에 관한 샌더스의 통찰에서 시작하여 그것을 포로의 귀환에 대한 이스라엘의 희망과 같은 좀더 특정한 관점에서 발전시킨다. 이는 그에게 고정관념이 되다시피 한 주제다.[133] 게다가 이미 지적한 대로, 라이트는 슈바이처가 틀렸다는 확신을 보그와 함께 공유한다. 예수는 세상의 종말을 고대하지 않았고 묵시적 언어는 은유적이라는 것이다.[134] 따라서 예수가 기대했던 정점은 야웨가 시온으로 돌아오는 것이었는데, 이는 그 자신이 예루살렘으로 돌아가 예루살렘의 파멸을 예고한 데서 수행되었다고 본다.[135] 이와 같이 샌더스와 라이트가 제기한 논점들은 어떤 식의 유대인 예

(23-37)는 날카로운 통찰력 넘치는 지적들로 가득 차 있다.

130) Sander, *Jesus*. Part One. 'The Restoration of Israel'(61-119); 이 주제를 다룬 샌더스의 방식이 좀더 초점이 잘 잡혔고 마이어(Meyer)의 경우(*Aims* 133-37, 153-54, 161, 223-41)보다 그 충격과 영향에서 더 효과적인 것으로 드러났다. 맥나이트의 견해에 의하면, '최근 역사적 예수 연구의 가장 중요한 발전은 예수가 이스라엘 민족을 향해 선교를 했었다는 인식이었다'(그의 책 *New Vision* viii 의 여는 문장).

131) Sanders, *Jesus*, 특히 chs. 6, 9, and 10 (174-211, 245-93).

132) 제3의 탐구의 특징은, 많이 논의된 '이중적 비유사성의 기준'이 '이중적 유사성의 기준'으로 보충되어야 한다는 라이트의 집요한 주장에 담겨 있다. 이를테면, '무엇인가 1세기 유대교 내에서… 믿을 수 있는 것으로 보일 수 있다면, 그리고 후기 그리스도교 안에서 무엇인가의 암시된 출발점으로 믿을 수 있는 것으로 보일 수 있다면, 거기에는 예수의 순전한 역사와 접혔을 높은 가능성이 있다'(*Jesus* 132).

133) Wright, *The New Testament and the People of God* 268-72, 299-301; *Jesus* 126-31, 227, 230-34 (심지어 씨 뿌리는 자의 비유도 '이스라엘의 이야기, 특히 포로의 귀환을 말하고 있다'), 255-56, 268-69 ('죄의 용서는 "포로의 귀환"을 말하는 또 다른 방식이다'), 340, 364 (예루살렘의 예상된 파괴는 '그 포로생활이 마침내 종료되고 있었다는 것을 암시한다'), 557 (최후의 만찬은 '포로의 귀환을 가리켰다'). 비판을 위해서는 아래 §12.6c(2)를 보라.

134) Wright, *New Testament* 298-99, 306-307, 322-33; *Jesus* 56-57 (크로산에 반대하여), 75 (보그), 81 (위에서 인용됨, ch. 4 각주 177), 95-97, 114, 513 ('"묵시문학"은… [우리가] "이세상적" 현실[이라고 생각하는 것]을 묘사하기 위하여, 또 그것들이 그 나름의 "신학적" 또는 "영적" 의의[라고 우리가 생각하는 것]의 성질을 띠게 하기 위해 "우주적" 또는 "저 세상적" 언어를 사용한다.' '우리가 그 의견을 알고 있는 그 어떤 유대인들도 그들의 신이 땅과 성전을 포함하는 우주-시간을 급작스레 종결시키리라고 생각하지 않았다.' '그들의 기대는 민족적이고 지상적이며 성전 중심적인 차원에 머물러 있었다').

135) Wright, *Jesus*, ch. 13 ('The Return of the King', 612-53). 동시에 그는 '이스라엘의 신(god)이 이미 예수사역의 사건들 가운데 이미 왕이 되고 있었다'(454)고 주장하기도 한다.

수 탐구에도 근본적인 요건이 되고 있다. 그들은 이후 펼쳐질 장들에서 중요한 대화 파트너가 될 것이다.

그러나 또 다른 집단의 역사비평가들이 또 다른 역사적 예수 탐구를 시작함에 따라, 그 어느 때보다 더 예리한 질문이 제기되고 있다. 그것은, 역사적 방법이 종국적으로 '역사적 예수'로 침투해들어갈 수 있겠느냐는 질문이다. 제2, 제3의 탐구자들이 거의 주목하지 못하는 사이에 역사비평가들이 제 길을 찾고자 의지해온 대부분의 낯익은 경계표를 지우려 위협하면서, 포스트모더니즘이라는 큰 조류가 역사적 방법의 제방에 부대끼며 입지를 구축하였다. 새 탐구의 막간에 연이어 역사로부터의 탈주는 격렬하게 재개되었다. 비록 제3의 탐구자들이 그 탐구에서 가장 노골적으로 무시되어온 역사의 사실(예수의 유대적 성향)을 바로잡는 일을 착수했음에도 불구하고, 그들 역시 반역사주의라는 포스트모던의 파도에 휩쓸려 들어갈 위험에 처해 있다.

5.6 포스트모더니즘

'포스트모더니즘'은 서구 사상에서 패러다임의 전환을 가리키기 위해 생성된 용어이다. 르네상스와 계몽주의의 전환처럼, 이는 성격상 무정형이고 산만하지만 그 영향은 너무 사실적인 지적인 개념화와 사고방식의 일대 변혁을 일컫는다. 20세기에 일찍이 나타난 주요 인식론적 혁명에서 예전의 주체-객체의 반제와 비연속성은 이미 급진적 질문 가운데 다루어졌다. 데카르트식의 철학적 가정, 즉 자의식적 주체로서의 '나' 자신이 온전한 객관성을 가지고 관찰하는 것을 정의하고 서술할 수 있다는 그 가정은 19세기 과학적 방법을 떠받쳤다. 또한 양차 세계대전 기간의 실존주의는 실재의 관찰과 관련하여 관찰 대상의 외재성에 치중하는 데서 관찰자가 그 관찰 행위에 개입하는 쪽으로 의미심장한 강조점의 전환을 가져왔다.[136] 그러나 뉴턴적인 세계관이 점점 더 아인슈타인 유의 상대성 이론과 양자물리학의 본질적 불확실성에 자리를 내주게 되면서, 예전의 과학적 객관성은 점점 덜 실감나 보이게 되었다. 이는 여전히 오늘날 대부분에 걸쳐 다소 효과적인 것이 사실이지만, 전적으로 부적절하고, 심지어는 대우주와 소우주 차원에서 모두 잘못 이해했다는 것이다. 생명에 대하여 알기 위해 거기 있는 모든 것을 발견할 수 있다며 옛 19세기의 낙관주의를 고수하는 생물학자들은 그들이 모든 '과학적 연구'에 대한 보편타당성의 과학적 방법을 대표한다고 여전히 믿을는지 모른다. 그러나 '과학'은 더 이상 통합된 하나의 목소리로 그 주제에 대해 말하지 않는다. 과학적 방법의 자기 이해에서 이 전환의 파장은 과학이 학문 연구에서 방법론적 패러다임을 제공한다고 관습적으로 인정해온 다른 학문 분야로 지금도 점점 더 확산되고 있다.

포스트모더니즘은 인문학, 특히 모든 사물과 과정의 상대성을 새롭게 인정한 1970년대 이후의 문학비평에서 만들어낸 작품이다. 역사학의 분야에서 이 이론은 엄격하게 객관적인 지식의 관념, 즉 해석과 독립된 '사실들'의 포기와, 또한 단선적 시간과 단일한 통합적 역사 발전의 개념, 또는 한 마디로 '거대 서사'의 포기라는 결과로 나타났다.[137] 포스트모더니즘의 '언어적 전회' 가운데 역사는 과학의 후원으로부터 방향을 돌려 문학으로서 고대의 위상을 회복했다. 그러나 사실과 허구, 역사와 시 등의 옛날식 구분은 흐려졌고 역사 텍스트가 그 텍스트 바깥의 실재를 가리킨다는 가정도 의문시되었다.[138] 하지만 포스트모더니즘의 주요 충격은 저자의 전통적 주도권에 이의를 제기하여 텍스트의 의미를 그 본래 맥락에서 해방시키고, 해석학적 과정에서 독자를 중앙 무대로 끌어들였다는 것이다. 이미 19세기 중반의 이른바 '신비평'에서 저자의 의도가 의미의 기준이라는 고전적

---

136) 내 동료 브라운(David Brown)은 영국과 유럽 주요 국가에서 철학적 분위기가 달랐다고 지적한다. '실존주의는 영국에서 그리 대단하게 뜨지 못했고 앎의 객관성에 대한 믿음은 대륙보다 훨씬 더 강하게 오늘날에도 영국 철학자들 가운데 남아 있다.'
137) Iggers, *Historiography* 56–57; K. Jenkins, 'Introduction' to *The Posmodern History Reader* (London: Routledge, 1997) 5–9, 17–18.
138) Iggers, *Historiography* 100; 또한 Appleby, Hunt, and Jacob, *Telling the Truth* ch. 6.

생각은 의심받기 시작했다. 도리어 텍스트는 그 고유한 견지에서 평가받기 위해서 '자율적'이며 자기 내포적인 것으로 간주되어야 한다고 강력히 주장되었다. 이 강조점은 '의도적 오류'의 발표로 더 탄력을 받게 되었다. 요컨대, 저자의 의도라는 것은 텍스트 배후에 놓인 사적인 마음의 상태이며, 텍스트는 그 자체를 위해 말하도록 허용되어야 한다는 것이다.[139] 텍스트의 '질료'(matter)가 그 유한한 저자의 의도적 지평을 벗어나 독자의 의미 세계 안으로 충격을 가할 수 있게 만든 것은 저자로부터 획득한 바로 이 텍스트의 자율성이다. 이는 텍스트가 독서의 행위 가운데 '재맥락화'될 수 있도록 하는 '탈맥락화'라 할 수 있다.[140]

복음서 연구에서 텍스트 배후의 세계에 대한 전통적 역사비평의 초점에 대한 동 계통의 반응은 또 다른 '신비평'으로 나타났는데, 곧 '서사비평'이란 이름으로 (자료비평, 양식비평, 편집비평에 연이어) 1980년대 등장하였다.[141] 20세기 복음서 연구의 전개 과정에서 서사비평은 복음서 자료를 파편화시킨 양식비평에 대한 반작용의 두 번째 국면이었고, 그 반작용의 첫 번째 국면으로서 복음서 저자가 그의 자료를 편집했던 지점에 너무 좁게 초점을 맞춘 편집비평을 넘어서고자 한 사려 깊은 시도였다. 신비평과 마찬가지로 서사비평은 텍스트의 자율성에 대한 유사한 강조와 함께 복음서 본문 자체의 전체성과 통일성을 역설했다. 그리하여 '서사비평'이라는 표현을 처음 사용한 것으로 간주되어온 곳에서 로즈(David Rhoads)는 마가의 이야기 세계와 관련하여 '자율적 통전성'을 말한다. '서사비평은…역사적 질문들을 괄호치고 이야기 세계의 닫힌 우주를 바라본다.'[142] 의미심장하게

---

139) Thiselton, *New Horizon* 58-59에서 언급된 이 요지는 R. Wellek and A. Warren, *Theory of Literature* (1949)와 W. K. Wimsatt and M. Beardsley, 'The Intentional Fallacy'(1954)를 인용한 것이다.

140) P. Ricoeur, 'The Hermeneutical Function of Distanciation', *From Text to Action: Essays in Hermeneutics II* (Evanston: Northwestern University, 1991) 75-88 (여기서는 83-84).

141) 특히 S. D. Moore, *Literary Criticism and the Gospels* (New Haven: Yale University, 1989) Part I; M. A. Powell, *What Is Narrative Criticism?* (Minneapolis: Fortress, 1990, 『서사 비평이란 무엇인가』, 한국장로교출판사 역간); D. Rhoads and K. Syreeni, eds., *Characterization in the Gospels: Reconceiving Narrative Criticism* (JSNTS 184; Sheffield: Sheffield Academic, 1999), Rhoads의 결론 장, 'Narrative Criticism: Practice and Prospects' 264-85을 포함하여.

142) David Rhoads, 'Narrative Criticism and the Gospel of Mark', *JAAR* 50 (1982) 411-34 (여기서는

도 서사비평가들은 이와 같이 텍스트 자체에 초점을 맞추면서 '저자'의 개념을 다시 도입할 필요가 있다는 것을 알았다. 그러나 그것은 텍스트 배후의 '저자'('실제 저자')가 아니라 '내재적 저자', 즉 서사 자체로부터 추론된 저자였다. 이는 이저(Wolfgang Iser)의 논의에서 소개된 '내재적 저자'와 '내재적 독자'의 개념을 빌려 쓴 것이다.[143]

포스트모더니즘이 복음서 연구에 가한 충격 가운데 더 큰 특징은 저자에서 독자로, 텍스트 배후의 독서에서 그 전면의 독서로, 창문으로서의 텍스트에서 거울로서의 텍스트 이해로 그 축의 전환을 가져온 것이다. 이러한 해석학적 전환은 독자반응 이론 속에 축약되어 있다. 이 이론에 의하면 의미는 더 이상 텍스트 '배후'는 말할 것도 없고 단순히 그 '안에' 존재하지 않고 독서의 행위 가운데 독자에 의해 창조된다. 텍스트가 의미를 만들지 않고 독자가 의미를 만든다는 것이다. 텍스트는 독자에게 명령하지 않고 독자가 텍스트에 명령한다는 것이다. 무어(Stephen Moore)의 말을 빌면, '해석적 행위에 선행하여 우리가 텍스트에서 발견할 수 있는 최종적인 것이란 없다.'[144]

의미는 (텍스트가 생산된) 그 과거에 있는 것이 아니고, 대상으로서의 텍스트 안에 있는 것도 아니다. 의미는 텍스트가 읽히는 독자의 현재 시점에서 생산된다(*Murfin*, 142). 독자반응비평가들에게 의미는 역사가가 단순히 발견하는 텍스트 안의 내용이 아니다. 의미는 독서 과정에서 발생하는

---

413), Moore, *Literary Criticism* 809에서 인용; 그렇지만 이와 구별되는 나중에 제시된 로즈의 다음 통찰을 주목하라. '사회적 맥락과 동떨어진 이야기 세계는 없으며 독서 경험과 동떨어진 이야기 세계도 없다'('Narrative Criticism' 269). 특별히 영향이 컸던 것은 H. W. Frei, *The Eclipse of Biblical Narrative: A Study in Eighteenth and Nineteenth Century Hermeneutics* (New Haver: Yale University, 1974).

143) Thiselton, *New Horizons* 516-22는 W. Iser, *The Implied Reader: Patterns of Communication in Prose Fiction from Bunyan to Beckett* (Baltimore: Johns Hopkins University, 1974)를 언급한다. 또한 *The Act of Reading: A Theory of Aesthetic Response* (Baltimore: Johns Hopkins University, 1978). 하나의 복음서에 대한 가장 영향력 있는 서사비평적 주해는 R. A. Culpepper, *Anatomy of the Fourth Gospel: A Study in Literary Design* (Philadelphia: Fortress, 1983, 『요한복음 해부』, 요단 역간; 예컨대 Morgan, *Biblical Interpretation* 230-34를 보라). 무어(Moore)는 특별히 R. C. Tannehill, *The Narrative Unity of Luke-Acts: A Literary Interpretation. Vol. 1: The Gospel According to Luke* (Philadelphia: Fortress, 1986)와 대화한다(*Literary Criticism*, 색인 'Tannehill').

144) Moore, *Literary Criticism* 121. 추가로 71-107을 보라.

경험이다.[145]

이 모든 것은 동의된 의미를 중시하는 정경의 관념에 분명한 위협을 준다. 이렇게 모든 의미가 각 개인의 독서 행위에 달려 있다면, 모든 사람들은 자신의 고유한 의미를 만들게 되고 어떤 읽기가 좋고 나쁜지, 현명하고 어리석은지, 다른 것보다 더 나은지 우리로 하여금 판단할 수 있게 하는 대강의 용납할 만한 기준이 없어진다. 포스트모더니즘 속에는 다원주의가 전부다. 하지만 독자반응 이론에 대한 논쟁에서 두 가지 제약 조건이 제출된 바 있다. 하나는 독자반응을 텍스트와 독자 사이의 대화로 인지하려는 시도이다. 독자반응이 노골적으로 텍스트를 조작하여 독자의 의중을 말하게 만드는 식으로 퇴락하지 않도록 거기서 텍스트는 '경청되고' 들려져야 한다. 피쉬(Stanley Fish)와의 논쟁에서 이저(Iser)는 특별히 텍스트를 위한 객관적인 위상을 유지하고 싶어한다. 그리하여 텍스트에는 중재되어야 할 '설정'(a 'given')이 있고, '중재되어야 할 그 "무엇"은 해석에 선행하여 존재하고 해석에 대한 제약 조건으로 작용하도록 한다'는 것이다.[146]

또 다른 한 가지는, 읽기는 전적으로 고립되고 개별적인 경험이 아니라는 피쉬의 인식이다. 가장 영향력 있는 저서에서, 피쉬는 어떤 읽기도 개인 독자가 속한 독서 내지 해석 공동체에 의해 어느 정도 조건 지어져 있다는 사실을 강조했다.[147] 이 강조점은 해석자와 해석의 행위가 역사의 흐름 가운데 포착되며 역사 텍스트와 해석자는 모두 역사적 연속체(영향사, *Wirkungsgeschichte*)의 일부라는 가다머(Hans-Georg Gadamer)의 강조점과 아주 수월하게 통합될 수 있다. 결과적으로 해석자는 연구중인 과거와 자신을 연계시키는 전통 위에 설 수 없고 다만 그 전통을 통해, 또 그 일부로서

---

145) G. Aichele, et al., *The Postmodern Bible* (New Haven: Yale University, 1995) 42, R. C. Murfin, 'What Is Reader-Response Criticism?', in Heart of Darkness, ed., *R. C. Murfin* (New York: St. Martin's, 1989) 139–47을 인용. 추가로 Aichele 24–38을 보라.

146) Aichele, *Postmodern Bible* 41, W. Iser, 'Talk Like Whales: A Reply to Stanley Fish', *Diacritics* 11 (1981) 82–87 (여기서는 84)을 인용.

147) S. Fish, *Is There a Text in This Class? The Authority of Interpretive Communities* (Cambridge: Harvard University, 1980).

그것을 적절하게 이해할 수 있을 뿐이다.[148] 복음서에 적용된 이 해법은 물론 복음서 의미의 옛 객관성을 회복시키지 못한다. 그러나 이는 복음서에서 깨달은 확고한 의미를 인식할 수 있는 좀더 강한 가능성을 시사한다. 즉 그것은 완전한 주관성과 상대성으로 퇴락하는 것을 방지한다. 특히 그리스도교의 관점에서 보면, 신뢰를 유지하는 의견의 총화(공통감각; *sensus communis = sensun fidelium*)라는 전통적 사상과 잘 어울린다. 바로 그 안에서 신앙과 행실의 문제들이 논의되고 결정될 수 있는 것이다.

텍스트에서 들려오는 의미의 안정성을 어느 정도 유지하려는 그런 시도들은 더 급진적인 포스트모던주의자들에 의해 기력의 감퇴로 간주된다.[149] 그들에게 포스트모더니즘은 더 깊은 타격을 가한다. 포스트모더니즘은 텍스트 의미의 객관성뿐 아니라 그 의미 자체의 객관성을 묻는다.

> 의미에 대한 안전한 개념들을 쓸어버림으로써, 전통적 해석들이 놓인 의미의 아주 안전한 토대들을 과격하게 물고 늘어짐으로써, 텍스트의 의미에 대한 궁극적인 명료성을 성취하는 역량에 의문을 제기함으로써, 포스트모던의 읽기는 의미 자체의 우발적이고 구성적인 성격을 폭로한다.[150]

해체주의 비평가들에게 텍스트는 없고 다만 해석들, 즉 '무한하게 차이나는 해석들의 연쇄'만이 있을 뿐이다. 모든 텍스트는 '인식론적 심연' 속으로 빠져든다.[151] 무어는 이 대목에서 트뢸취의 유명한 언명(위의 각주 11)[152]을 적절하게 인용함으로써 자신의 개관을 요약한다. 거기에 내포된 분명한 함의인즉, 해석학적 방법은 이제 역사적 방법과 같은 궤도에 붙잡혀 있기에 그 한쪽에 의지하는 신약성서학자는 그 어느 쪽에서든 견고한 신학적 결론을 이끌어내려는 모든 희망을 버려야 한다는 것이다. 의미라는 바

---

148) Gadamer, *Truth* 300–307, 추가로 아래 §6.4를 보라.
149) Aichele, *Postmodern Bible* 38–67.
150) Aichele, *Postmodern Bible* 2–3.
151) Moore, *Literary Criticism* 119–31.
152) Moore, *Literary Criticism* 129.

로 그 개념을 이와 같이 동요시키는 데는 정치적인 관심사가 있는 것으로 기꺼이 인정된다. 이를테면, 많은 경우(특히 여성주의와 해방신학의 독법에 의해) 억압적이고 강제적인 것으로 밝혀진 과거의 지배적인 의미들(해석들)로부터 그 텍스트의 의미를 해방시키자는 것이다.[153] 이러한 노선의 주장이 부득불 어떤 의도의 진정한 소통 가능성조차 붕괴시키고 말지, 그리하여 주관주의의 무정부 상태나 골고루 다 적법한 읽기의 다원주의라는 불가피한 지경에 이르게 할지의 여부는 여전히 논쟁중인 문제다. 여하튼, 텍스트 의미의 안정성이라는 생각은 의문시되었고, 급진적 포스트모던주의자들에게 어떤 텍스트의 규범적 의미에 대한 그 어떤 제안도 논의의 놀이마당에서 효과적으로 밀려버리고 말았다.

포스트모던 동아리에서 역사적 방법에 대한 자신감의 상실은 이렇게 완결된다. 그리고 역사적 예수의 탐구와 관련하여 그 결과는, 특히 신자유주의적 탐구로 나온 다양한 예수들이 포함될 때, 전통적 역사방법론의 실패를 확인해줄 뿐이다. 간단하고 다소 파괴적인 사실은, 복음서 연구자들과 역사적 예수 탐구자들이 동의된 결과를 낳지 못했다는 것이다. 학자들은 몇몇 기본적인 사실이나 일반화를 넘어서 많은 것에 동의할 수 없는 것 같다. 특정한 본문과 논제에 대하여 합의된 다수 의견은 존재하지 않았다. 1960년대 이후 지금까지 예수의 실제 말씀을 파악하기 위한 적절한 기준과 관련하여 진행된 긴 논쟁은 그 기준의 적용은커녕 그 기준 자체에 대한 많은 동의조차 이끌어낼 수 없었다. 이 모든 사실은 전통적으로 생각해온 그들의 역사적 방법이 부적절함을 증명하는 것으로 보인다. 아울러 옛 탐구에 내려진 '불가능성'의 판결을 다시 확인시켜준다.

그렇다면, 역사로부터의 탈주, 즉 역사적 맥락에서 텍스트의 세계로, 역사적 저자에서 동시대적 독자로, 의도된 의미에서 읽기의 경험으로, 안전한 의미에서 무한한 해석의 상호 작용으로 탈주해온 그간의 변화는 이

---

153) Aichele, *Postmodern Bible* 3-5와 그 밖에 여기저기. 여기서 예수를 제도적인 그리스도교로부터 구해내려는 신자유주의적 시도(위의 §4.7)와의 유사점(동맹 관계?)을 놓치지 말아야 한다.

상한 일이 아니다. 그러한 환경 가운데, '역사적 예수의 탐구'는 성공할 희망을 품을 수 있거나 할까?

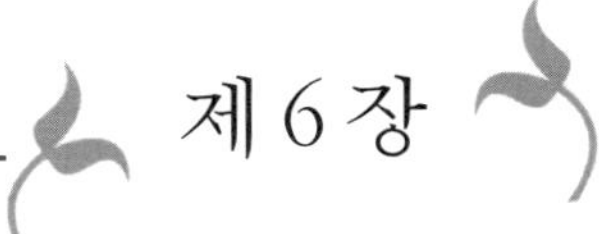

제 6 장

역사, 해석학, 신앙

6.1 계속되는 대화

지금까지 서술한 대로, 21세기 초입의 상황은 슈바이처가 20세기 초입에서 그에 상응하는 국면을 개관했을 때보다 훨씬 더 혼란스럽다. 한편으로 맹렬한 신자유주의적 탐구는 19-20세기의 복음서 및 예수 생애 연구의 일부 핵심적 결과를 대체하거나 거기에 이의를 제기한 것 같다. 다른 한편으로 포스트모더니즘은 폭넓은 찬성을 받을 만한 결과를 가져오는 역사적 연구의 가능성조차 슬쩍 비껴 앞질러가고 있는 것 같다. '제3의 탐구'의 가능성은 앞으로 추가로 더 살펴볼 것이다. 그러나 그렇게 하기 전에 지금까지 살핀 대로 과거 500년 넘도록 지속되어온 신앙과 역사 사이의 긴장에서 오는 손익과 현저한 도전을 검토해보는 것이 합당하다. 라이마루스와 슈트라우스가 제기한 질문, 그리고 레싱과 트뢸취, 켈러와 브레데, 불트만과 로빈슨, 펑크와 크로산, 이저와 피쉬 등이 제기한 질문들이 아직 그대로 남아 있다. 그것들이 이 점에서 만족스럽게 답을 찾을 수 없다면, 그 어떤 진

보도 전과 같은 낡은 장애물의 새로운 변용 형태에 곧 직면할 것 같다.

역사(역사학)와 신앙이 한쪽이 다른 쪽을 밀쳐내려 하는 불편한 동침자가 되었다는 사실이 우리의 분석으로 확실해졌다면, 역사와 해석학이 혹여 샴쌍둥이같이 가까운 동반자라는 점 역시 분명히 드러났을 터이다. 의심의 여지 없이 그것은 부분적으로 역사와 신앙의 동거가 실패한 이유일 것이다. 해석학은 너무 적게 인정받은, 다소 불편한 삼각관계하의 제3의 파트너다. 그러나 역사와 해석학의 상호 의존 관계가 인정받지 못하면 더 이상 진보가 있을 수 없다. 가다머가 말한 대로, '역사 연구의 토대는 해석학이다.'[1] 그러므로 신앙을 위한 역사의 중요성을 다시 주장하고 역사적 방법의 건전한 원리를 다시 언급하는 어떤 시도도 특히 포스트모더니즘이 내던져버린 해석학적 문제에 개입해야 할 것이다. 다행히 '의미'와 '의의', '이해'와 '설명', '기호'와 '의의'의 구분 또는 '의미'의 의미에 대한 고전적 논의의 복잡함과 미묘함 속으로 들어가는 것은 필요하지도 바람직하지도 않다. 그러나 많은 핵심 원리들이 앞서 개관한 시기에 등장한 것 같기에 이것들은 앞으로 더 나아가기에 앞서 잠정적으로나마 다시 언급할 가치가 있다. 그것이 잠정적일 수밖에 없는 것은 내가 이런 관련 분야에 철학적 전문 식견이 없기 때문이다.

하지만, 이 모든 원리들이 서로 연동되어 있다는 사실이 처음부터 주목되어야 한다. 그것들이 따로 언급되어야 할 때도 그 상호 연관성은 각각의 원리가 어느 정도 다른 원리에 관여됨을 의미한다. 효과적인 역사 방법과 역사적 문헌의 사용은 단일한 원리로 환원될 수 없다. 우리는 서로 다르고 때로 경쟁하는 강조점들을 조율하고 통합시키는 불가피한 과제에 직면해 있다. 그러나 그것이 바로 우리가 '삶'이라 부르는 것이다. 왜 역사와 해석학과 신앙의 상호 작용이 달라야 하는가?

---

1) Gadamer, *Truth* 198-9.

6.2 역사적 탐구의 필요성

우리는 앞서 시작한 같은 지점에서 출발한다. 예수라는 역사적 인물은 역사의 위대한 남자와 여자에 관심을 지닌 사람들에게 항상 호기심을 자극할 것이다. 그들의 문화를 형성한 역사적·사회적·이념적 힘을 좀더 잘 이해하길 원하는 사람들은, 그 칭호(그리스도)가 유럽의 지성과 예술, 종교와 윤리 전통에 가장 중요하고 오래 지속된 영향(그리스도교)을 끼친 사람에 대해 언제나 좀더 긴밀하게 탐문하길 원할 것이다. 개인들은 자신의 문화에 의해 형성되기 때문에 자신을 알고자 하는 부단한 인간의 호기심은 예수에 대한 관심이 자기 이해와 자기 정체성, 곧 개인의 깊은 뿌리를 찾는 탐구에 다름 아니라는 사실을 의미한다. 이미 중세 후기의 서구적 경건은 그리스도가 경험한 고난의 현실을 다시 알기 원했고, 나아가 르네상스와 종교개혁은 예수의 역사를 바로 세우려는 새로운 관심을 불러일으켰다. 오늘날도 여전히 그렇다. '그가 무엇과 같았을까? 그가 정말 무엇과 같았을까?'식의 질문들은 따로 지시하지 않아도 그러한 역사적 관심이 개입하는 곳에 저절로 생겨난다. 그러한 질문들은 이전의 해답들이 몹시 편향되었다거나 그 증거가 파편적이며 훼손되었다는 주장으로 묵살될 수 있을 것 같지 않다. 그렇다고 그 질문들이 실제 세계와 격리된 이야기 세계를 언급한다고 해서 만족을 얻을 것 같지도 않다. 예수가 진짜 그러한 일을 했는가? 예수가 진짜 그렇게 말했는가? 이런 의문들은 단순히 유치하지 않거니와 외려 인간의 모든 탐문과 지식 축적의 뿌리에 있는 호기심을 나타낸다.

그리스도교의 신앙 전통 내에 있는 사람들에게 이 논점은 더욱더 중요하다. 성육신에 대한 믿음, 오래전 20년대 후기에서 30년대 초기의 팔레스타인에서 있었던 사건들에 대한 그리스도교의 믿음이 인간 역사에서 결정적인 시금석이었을진대, 이로써 그들에게는 그 사건들과 그 시대의 말씀에 관심을 기울이는 것 외에 다른 선택의 여지가 없다. 성육신은 정의하자면 인간 역사의 특정 시공간에서 예수를 통해 자신을 나타내신 하나님의 열심을 의미한다. 그리하여 이 사건은 주후 28-30년 어간의 기간 내에 팔레스타인에서 있었던 어떤 사건들에 놀라운 비중의 의미를 부여한다. 그리스도인들은 예수가 누구 같았는지 알고 싶어하지 않을 수 없다. 왜냐하면 그 예수가 하나님이 어떤 분인지를 보여주기 때문이다. 이러한 사건과 말씀에 대한 우리 지식이 단편적이고 불확실하다는 사실에서 이 점에 차이가 생기지 않는다. 켈러와 불트만이 주장한 대로, 신앙은 이 구절 저 본문에 대한 학문적 주장에 의존할 필요가 없고 의존해서도 안 된다. 그러나 20세기 중반 이후 새 탐구자들은 신앙이 예수의 역사에 대하여 신학적으로 정당한 관심을 가질 수 있고 실제로 갖고 있음을 보여주었다. 정직한 역사적 탐구는 정직한 (자기 비판적인) 신앙을 형성하고 제공하는 데 결정적인 예수에 대한 통찰력을 부여할 수 있다는 것이다. 진리 탐구를 위한 학문은 진리에 대한 인식에 흠결이 있더라도 훈련을 자극하고 그 재료를 공급할 수 있으며, 심지어 (신앙이 그 권능을 넘어 사실을 진술할 때) 신앙을 교정할 수 있다. 신앙의 역사적 뿌리를 다루는 모든 비판적 탐구를 신앙에 해로운 것으로 간주하는 신앙은 어떤 공공의 장에서도 그 머리를 들거나 그 목소리를 높일 수 없다.[2]

6.3 역사가 무엇을 전달할 수 있는가?

역사가의 과제는 무엇이 발생했는지, 왜 그것이 발생했는지, 나아가 왜 그것이 그런 식으로 발생했는지를 설명하는 것이다. 그러나 역사를 '과학'으로 취급하는 시도는 너무 무비판적인 가정과 지나치게 낙관주의적인

---

2) '예수가 역사비평적 연구의 대상이 될 수 있다는 사실은, 만일 신앙이 그 자체에 진실하게 머물러 있으면, 성육신과 함께 무난히 어울리며 신앙에 의해 부인될 수 없다'(Dahl, 'Problem' 101). 쾨스터는 정곡을 찌르며 지적한다: '그것이 단순히 호기심일 뿐이라면, 그것이 진지한 종교적 탐색에 기여하는 것이라면, 또는 그것이 활기찬 이념적 헌신에 대한 관심의 발로라면, 예수를 자신의 쪽에 품는 것은 심지어 포스트모던의 20세기 후반에서도 분명히 중요하다'('Jesus the Victim' 8). 추가로 R. Morgan, 'The Historical Jesus and the Theology of the New Testament', in Hurst and Wright, eds., *Glory of Christ* 187-206.

기대로 인해 고초를 치렀다. 따라서 역사가 과연 무엇인가를 전달할 수 있는지, 그렇다면 그 무엇이 무엇인지를 묻는 것은 정당하다. 위에서 개관한 것은 몇 가지 중요한 척도를 강조하였다.

a. 역사적 거리와 차이

르네상스와 종교개혁 운동에서 이미 확연해졌듯이, 과거에 대한 역사적 탐사의 시금석은 그것이 과거의 타자성과 관련하여 가져오는 깨달음이다. 현재가 신약성서를 길들이지 못하게 하고 그 메시지를 가리거나 지시하지 못하게 하는 것은 바로 이 역사적 거리와 차이다. 슈바이처가 한 세기 전에 통찰한 대로, 만일 예수가 우리에게 어느 정도 낯선 사람과 수수께끼로 다가오지 않는다면 우리는 예수를 근대화시켰다고 확신할 수 있다. 그만큼 우리는 나사렛 예수가 누구였는지 파악하지 못했다는 말이 된다. 종교개혁이 사도 시대를 역사적 맥락에 위치시킴으로써 중세 가톨릭 교회가 남용한 사도 전통을 바로잡았듯이, 슈바이처는 예수를 좀더 실감 나게 역사적 맥락 속에 자리 잡게 함으로써 심하게 19세기 서구 유럽의 감수성에 따라 조형된 예수의 초상에 교정자가 되었다. 요컨대, 예수의 타자성은 부분적으로 역사적 타자성이다. 특히 유대인 예수의 타자성이 바로 그것인데, 이 점은 우리 '현대인들'이 우리 경험으로 인해 망각해온 것이다. 예수가 '율법 아래 태어났고'(갈 4.4) 그리스도가 '율법의 수종자가 되었다'(롬 15.8)는 사실이 무엇을 의미했는지 역사의 특수성이란 차원에서 역사 인식을 가지고 그것을 의식하지 못한다면, 그때 그리스도의 인성은 다시 그리스도교 내부에서 조명되고 본질적으로 그의 신성에 대한 가현설적 확신 속에 삼켜져 망실될 것 같다. 이 점에서 초기 예수 생애 연구들의 실패(특히 §5.5를 보라)가 폭넓게 수긍될지라도, 예수를 역사적 맥락에서 이탈시켜 그의 무시간적 연관성을 상정하려는 본능적인 강박은 여전히 단호하게 거부되어야 한다.

b. 확실성이 아니라 개연성

레싱과 트뢸취가 제기한 근본적인 방법론적 통찰 역시 충분한 비중으로 숙고되어야 한다. 가장 핵심적이고 지속적인 논지는 역사가에게 익숙한 사건과 자료와 사실의 구분이란 견지에서 간단히 고쳐 말할 수 있다.[3] 역사가들이 사용할 수 있는 것은 역사를 통해 내려온 '자료'이다. 여기에는 개인적 일기, 증인들의 기억, 거기 있던 사람들이 구성한 보고, 어떤 고고학적 유물과 함께 환경적 자료로서 기후, 상업적 관례, 당대의 법규 등등이 속한다.[4] 이러한 것들로부터 역사가는 '사실'을 재구성하려 한다. 사실과 자료는 같을 수 없다. 그것은 언제나 자료의 한 **해석**으로 제시된다.[5] 또한 사실은, 그것이 늘 사건에 어느 정도 근접하게 마련이지만, 그렇다고 사건 자체와 일치되어서도 안 된다.[6] 자료가 풍성하고 일관된 곳에서 책임 있는 역사가는 합리적으로 긴밀한 근사치의 사실을 추출할 수 있으리라 자신할는지 모른다. 반면 그 자료가 훨씬 더 파편화되어 있고 종종 일관되지 못한 곳에서는 그러한 근사치의 확신이 훨씬 떨어질 수밖에 없다. 이러한 이유로 비판적인 학자는 그 자료의 품질을 반영하여 세심하게 등급이 매겨진 판단을 하는 법을 익힌다. 거의 확실한(결코 단순하게 '확실한'이 아니다), 아주 개연성이 높은, 개연성이 있는, 그럴 법한, 가능한 등등으로 말이다.[7] 역

---

3) 나는 이것을 R. G. Collingwood, *The Idea of History* (Oxford: Oxford University, 1946; Oxford Paperback 1961, 『역사학의 이상』, 박문각 역간), 예컨대 133, 176–77, 251–52에서 배웠다.
4) 드로이젠의 관찰이 이 대목에서 적절하다: '역사 탐구의 자료는 과거의 것들이 아니다. 이것들은 사라졌기 때문이다. 그 자료는 외려 행해진 일의 회고든, 있었던 것들과 발생한 사건의 단편이든, 여전히 지금 여기에 현존하는 것들이다'(*Historik* [1857] in Mueller-Vollmer, *Hermeneutics Reader* 120의 발췌문).
5) '사실'에 관하여 공통된 대중적 인식을 범례로 삼아 내가 '자료'로 정의하는 것을 '사실'로 정의하는 프레드릭센(Fredriksen)과 대조해보라. '우리는 사실을 가지고 있다.…사실은 항상 해석에 종속되어 있다.…그러나 그것은 또한 우리 탐구에서 고정된 의미로 존재한다'(*Jesus* 7). '자료'와 '사실' 사이의 같은 구분은 일반적으로 과학적 방법에도 적용된다: '과학의 자료는 결코 "있는 그대로의 사실"이 아니다'; '해석되지 않은 사실이란 없다'(Barbour, *Issues in Science and Religion* 139).
6) 그러한 구분은 물론 '단순한' 사건(x가 y를 쏘았는가?)에서만 작동되길 바랄 수 있다. 그러나 그때 우리는 어떤 생애, 전투, 예루살렘의 멸망 같은 복잡한 사건들을 마치 단일한 '사건'인 양 말해서는 안 된다.
7) '그럴듯한'(plausible), '있음직한'(presumable), '믿을 만한'(credible)을 구분한 보에크(P. S. Boeckh)의 경우를 참조하라.

사학에서 '개연성이 있는'이란 판단은 매우 긍정적인 판결이다.[8] 더 많은 자료가 항상 새로 생겨날 수 있다는 점을 고려하면—고대 역사에서는 새로운 비문이나 뜻밖에 찾아낸 귀중한 물건, 두루마리나 문서의 새로운 은닉 장소 등—어떤 판단이든 잠정적이어야 하고 항상 새로운 증거나 옛 증거를 새롭게 평가하는 방식에 의해 필연적으로 수정될 수밖에 없다.[9] 이러한 통찰은 이미 이신론자들과 라이마루스가 기적의 증거를 거부한 토대였다. 기적에 대한 주장의 논쟁에 종지부를 찍을 수 있는 충분한 자료가 있을까? 흄(David Hume)이 일찍이 지적한 대로, 기적 이야기가 사실이 아니라고 하는 것이 그렇게 이야기된 기적이 실제로 발생했다고 하는 것보다 더 개연성이 높다. 이것이 기적에 대한 주장이 증명되기보다 문제가 된 정확한 이유였다.[10] 성서의 기적들이 유일하게 당대에만 해당되었다는 식의 옛날식 방어기제는 더 이상 비평적인 질문에서 그것들을 보호할 만큼 충분하지 않다.

이 모든 것이 신앙의 위기를 초래했다. 왜 그런가? 왜냐하면 그것이 신앙의 확실성에 도전했기 때문이다. 레싱에게 안전한 대안은 '이성이라는 필연적 진리'가 제공한 확실성이었다. 자유주의 쪽에서 감행한 역사로

---

8) 2000년 초에 있었던 영국의 유명한 명예훼손 재판에서 홀로코스트의 역사적 사실성이 도마에 올랐다. 유럽의 유대인들을 멸망시키려는 조직적인 계획이 있었는지, 아우슈비츠에 가스실이 있었는지, 히틀러가 여기에 직접 책임이 있는지 등등. 대부분은 이러한 사실들의 개연성을 압도적인 것으로 간주하고자 했다. 그러나 확실성이 없었기에 홀로코스트를 부인한 자들은 의심의 여지를 파고들 수 있었다. 길버트(Martin Gilbert, 윈스턴 처칠의 전기 집필자)가 관찰한 대로, 어빙(David Irving)이 제기한 명예훼손 송사에서 역사 자체가 소송에 걸려 있었다(*The Guardian*, Saturday, February 5, 2000, p. 3). 오스트리아 자유당의 하이더(Jörder Haider)가 나치의 포로수용소를 '징벌 센터'로 언급한 것과 관련한 명예훼손 소송에서 패했을 때 몇 달 뒤에 재미있는 후일담이 있었다. 그 언급은 '정확하고 존중받을 만한 것'이었으며 그 표현이 통상적으로 사용되었다는 그의 주장은 다음의 논평과 함께 판사들에 의해 거부되었다: '징벌 센터라는 용어는 1941년 나치 체제하의 독일 제3제국 시대에 나온 한 문서에 출전을 두고 있다. 거기서 대량학살 수용소를 징벌 센터로 언급하였다. 이곳이 그 용어가 사용된 유일한 자리이다. 그 용어는 역사적으로 부정확하다. 1995년 지도적인 정치가로서… 역사적 현실을 더 잘 파악했어야 했다'(*Daily Telegraph*, September 27, 2000).
9) 형사 법정의 과제가 종종 비평적 역사가의 과제에 비견되는 터라 우리는 지난 과거 15년에 걸쳐 영국 법정에서 언도된 몇몇 악명 높은 판결들에 반하여 성공적으로 항소한 결과에 적절히 비교할 수 있을 것이다. 그 판결들은 유죄를 결정한 증거에 대한 수정된 과학적 평가의 토대 위에서 내려졌다.
10) 예컨대, E. and M. Keller, *Miracles in Dispute: A Continuing Debate* (London: SCM, 1969) ch. 5 ('David Hume and Sound Judgment: A Wise Man Proportions His Belief to the Evidence')은 Hume, *Inquiry Concerning Human Understanding* Section X (『인간의 이해력에 대한 탐구』, 지만지 역간)을 토론한다. 여기서 흄의 주장에 담긴 힘을 알아보기 위해서는 '텔레비전 전도자들'에 의한 기적 치유에 대한 주장 또는 동정녀 마리아나 힌두 여신들의 위상과 연계된 기적 현상에 대하여 대부분 그리스도인들을 포함해서 오늘날 대다수가 보이는 전형적인 반응을 생각하는 것만으로 충분하다.

부터의 탈주 역시 신앙을 위한 '불가침 영역'의 탐색이었다. 불트만도 유사하게 역사적 지식의 불확실성에 대한 반제로 신앙의 확실성을 제기하였다.[11] 그러나 결정적인 질문이 너무 소홀하게 간과되었다. 우리가 **신앙**의 문제에서 **확실성**을 기대해야 하는지, 신앙이 '절대적'인지 하는 문제 말이다. 이성이라는 필연적 진리가 수학 공식과 같아지고 수학적 증거의 확실한 논증 필요성이 중요하다고 본 것은 계몽주의의 가정이었는데, 이는 전반적인 토론을 빗겨갔다. 그러나 신앙은 수학과는 전적으로 다른 영역에서 움직인다. 신앙의 언어는 '확실성'(certainty)보다 '확신'(confidence)과 '확정'(assurance) 같은 단어를 사용한다.[12] 신앙은 신뢰에 관여하지[13] 의심할 수 있는 모든 것을 방법적으로 의심하는 '과학'에 관여하지 않는다.[14] 그렇다고 그것이 '명제들에 참이라고 동의하는 것'(Newman)으로 간단히 정의될 수 있는 것도 아니다. '신앙으로' 걷는다는 것은 '봄으로써'(고후 5.7) 걷는 것과 다르다.[15] 신앙은 그저 신념이 아니라 맡기는 것이다.

신뢰로서의 신앙은 질문 자체를 허용하지 않는 성역이 아니다.[16] 외려 신앙은 질문과의 대화 가운데 산다. 의심 없는 신앙은 드문 품목이다. 그렇게 일정한 시간에 걸쳐 그런 것을 경험한 사람이 거의 없거나 있더라도 극히 소수다.[17] 반대로 의심은 불신과 직면하여 신앙을 강하게 만드는 일종

---

11) Keck, *Future* 55–56, 57–58.
12) 타이센은 자신이 '레싱의 하품 나는 틈을 가로질러 도약하려는 시도'를 다음과 같이 단언하면서 시작한다. '신앙은 절대적 확실성이다'('Historical Scepticism' 147). 이 '확실성'(certainty)이란 단어가 NRSV 영어번역 신약성서에 단 한 번(행 2.36) 사용된다는 사실은 흥미롭다. 거기서 이 단어는 그리스어 부사 asphalōs의 번역어로 쓰인다. 이 용어는 기본적으로 '안전함'(asphaleia, 행 5.23; 살전 5.3; asphalōs, 막 14.44; 행 16.23), '의지할 만한'(asphalēs, 눅 1.4; 행 21.34; 22.30; 25.26; 빌 3.1; 히 6.19)의 함의를 가지고 있다.
13) 이것은 켁이 관련 논제들을 다시 작업하면서 선호한 용어('trust')이다(*Future* 68–83). 그러나 과거 인물로서 '예수를 신뢰한다'(177–83)는 견지에서 그 주제를 추가로 다룬 작업은 모범적 그리스도론을 암시하거나('신뢰하는 사람이 자신의 삶을 위한 모델') 부활을 전제하는 것으로서 좀 더 문제가 된다(184–89).
14) Gadamer, *Truth* 238–39의 메아리. 바울이 아브라함의 경우에서 발견하는 신앙의 심오한 예증과 (롬 4.16–21) 비교해보라.
15) 불행하게도 히 11.1에 나오는 '신앙의 정의'는 그 의미와 관련하여 논란이 많아서 현재 논점에 추가적인 명확함을 제공하지 못한다. 예컨대, H. W. Attridge, *Hebrews* (Hermeneia, Philadelphia: Fortress, 1989) 307–10; W. L. Lane, *Hebrews* (WBC 47; Dallas: Word, 1991, 『히브리서』, 전2권, 솔로몬 역) 325–26; P. Ellingworth, *Hebrews* (NIGTC: Grand Rapids: Eerdmans, 1993) 564–66을 보라.
16) '신뢰는 일련의 역사적 추론에서 불가피한 마지막 수순이 아니다'(Keck, *Future* 126).
17) 심지어 마태복음에 기록된 부활한 예수가 마지막 나타난 경우에서조차 마태는 '어떤 이들은 의심했다'(마 28.17)고 기록한다. 추가로 아래 §18.4b으로 보라.

의 예방접종과 같다. 반면에 자신의 신앙 주장을 절대화하고 모든 다른 것은 백안시하는 근본주의자의 행태를 유도하는 것은 '확실성을 위한 탐욕'이다. 사실상 당연한 이야기지만 실제 삶 가운데, 가령 쇠고기를 먹거나 길을 건너거나, 또는 결혼관계에서 자신을 남에게 의탁하는 것 등의 위험을 포함하여, 확실성의 문제가 되는 것은 전혀 없거나 거의 없다. 각각의 경우에, 특히 인격적 관계의 경우에서, 신뢰와 확신과 확정의 언어가 훨씬 더 적절하다.[18] 그럴 경우에 신앙은 레싱이나 트뢸취가 생각한 것보다 상당히 더 편하게 인간 증언의 불확실성과 동거할 수 있다.[19] 사회 관계의 모든 평가가 상당한 정도로 통계적 조사와 분석에 의존하는 날, 우리가 확실성보다는 개연성에 의해 산다는 사실이 이전에 그랬던 것보다 덜 문제되는 것으로 비칠 것이다.[20]

c. 역사의 유비 원리

트뢸취가 역사비평 방법 가운데 보여준 두 번째 특징은 역사적 타자의 인식에 대한 필연적인 보완이었다(위의 §6.3a). 역사가와 역사가의 주제 사이에 가로놓인 자연스런 동질성과 유사성에 대한 인식으로 역사가 밍밍한 사건의 연속 목록으로 빠져드는 것이 방지된다. 이러한 통찰은 딜타이(Wilhelm Dilthey)가 인문과학과 자연과학의 방법을 구분하려 한 시도에 근본적인 요소였다. 과거의 '살았던 경험'은 '다시 살아낼' 수 있다. 심지어 '생경한 과거의 것'(위의 §6.3a)도 역사적 이해로써 다시 살아낼 수 있다.[21] 이와

---

18) 뉴먼(Newman)에게 '확실성' 또는 결과적으로 '확고함'(certitude)은 종교에서 필수적이었다. 그의 *An Essay in Aid of a Grammar of Assent*, ed. I. T. Ker (Oxford: Clarendon, 1985)의 색인에서 'Certitude'를 보라. 그러나 내 동료 길리(Sheridan Gilley)는 뉴먼에게 '확고함'은 '궁극적으로 인격적인 것'이라고 지적한다. 이는 곧 '우리가 하나님과 서로를 향하여 신뢰하고 사랑하고 믿음을 가지는 우리의 인격적 관계에 담긴 그런 종류의 확고함'이다(2001년 3월 14일 개인적 대화에서).
19) 티슬턴은 이와 관련하여 갤로웨이(A. D. Galloway)를 인용한다: '단순히 개연적인 지식은 신뢰 가득한 신앙의 확실성과 심리적으로 양립될 수 있다.…그러한 신뢰와 단순히 개연적인 지식의 결합에 비논리적이거나 불합리적인 것이란 아무것도 없다'(*Two Horizons* 83).
20) '개연성은 바로 삶의 안내자이다'라고 버틀러(Butler) 주교가 처음으로 핵심을 찔렀을 때보다 훨씬 더 그럴 것이다(그의 *The Analogy of Religion* [1736] 서론).
21) Dilthey, *Gesammelte Schriften* (Göttingen: Vandenhoeck, 1926), in Mueller-Vollmer, *Hermeneutics*

같이 과거를 가지고 역사가가 강조할 수 있는 감각이 낭만주의에서 '역사 의식'의 등장이라 알려진 부분에 핵심적이었다는 점을 확실히 이해하는 것이 중요하다.[22] 역사 의식은 그것의 상대성 위로 부상할 수 있었다. 역사적 과거를 '안다'는 것은 단순히 그 고유한 견지에서만 이해될 수 있는 역사적 현상으로서 그것을 안다는 말이 아니다. 외려 그 앎은, 마치 외국에 들어가 초기의 낯섦을 넘어 인간 됨, 문화, 공동체의 공유된 패턴을 인정하기 시작할 때처럼, 같은 세상이 하루의 끝에 어떤 세상인가에 속하는 것으로서 그것을 안다는 말이다.[23] 아울러 우리가 여기서 신앙을 그 자체로서 말하고 있지 않다는 점을 주목하는 것이 동등하게 중요하다. 역사가가 특정한 신앙을 공유하지 않을 때라도 그 역사가가 예수의 첫 추종자들이 겪었을 신앙 경험에 공감적으로 접근하는 것이 가능하다. 그것이 바로 역사적 예수 탐구가 단순히 그 자체의 거울 이미지나 확신을 찾는 신앙의 문제가 아닌 까닭이다. 정확하게 지금까지 정리한 세 가지 요인들이 연루되기 때문에 신앙의 관점은 자기 비평적일 수 있고 또 그래야 한다. 동시에 주제와의 공감이 결여된 역사적 방법은 연구중인 역사적 인물들이 살아낸 경험 속으로 깊이 들어가지 못할 것 같다.[24]

다른 한편으로 유비 원리의 제한된 특징을 주목하는 것이 중요하다. 가다머는 슐레겔(Friedrich Schlegel)을 인용한다.[25]

이른바 역사비평의 두 가지 기본 원리는 평범함의 준거와 친밀함의 공리이다. 평범함의 준거란 실제로 위대하고 선하고 아름다운 모든 것은, 그

Reader 149-64, 특히 159-61의 7권에서 발췌문들을 보라. 딜타이는 '삶이 비합리적이고 그것이 논리적 공식으로 대표될 수 없기 때문에 모든 이해는 무언가 비합리적인 것을 내포한다'(162)고 인식했다.

22) 이로부터 내가 조형한 '역사적 자각'(historical awareness)이라는 다른 문구가 르네상스의 전개를 특징짓기 위해 사용됨(위의 제3장).

23) Gadamer, *Truth* 290. 추가로 가다머가 딜타이를 다룬 부분을 보라(218-64); 또한 P. Ricoeur, 'The Task of Hermeneutics', *From Text to Action: Essays in Hermeneutics II* (Evanston: Northwestern University, 1991) 58-63을 보라.

24) 가다머는 딜타이가 '오직 공감만이 진정한 이해를 가능케 한다'고 선언한 것으로 인용한다(*Truth* 232).

25) Gadamer, *Truth* 361.

것이 비범하거나 적어도 의심스럽기에 불가능하다는 것이다. 친밀함의 공리라 함은 사정이, 우리에게 오늘날 그렇듯, 자연스레 이와 같기에 늘 그래왔음에 틀림없다는 것이다.

이 구절은 유비의 원리를 상세히 설명하는 예의 준거들이 인간 경험 가운데 인식할 수 있는 모든 것을 가장 낮은 공통분모로 환원시킬 위험을 분명 암시한다. 가령, 우리는 유사한 사례를 찾기 힘든 천재를 그 원리로 충분히 인식할 수 있는가라고 물을 수 있다. 역사적 과정 안에서 새로운 것, 순전히 '새로운' 것은 어떻게 생각해야 하는가?[26] 그리스도교에서 기적과 관련된 주장의 옛 증명 방식은 문제가 있을 수 있지만 그렇더라도 우리는 유비의 원리가 전적으로 이례적인 것을 허용할 수 있는가를 물어야 한다.[27] 통상적으로 유비의 여지(서구적 자의식)를 가리키기 위해 사용되는 인간 경험의 범위는 충분히 넓은가?[28] 역사적 인간의 의의를 평가하는 데 독특성의 요청이 근본적인 예수가 그 주제인 경우 두말할 나위 없이 그러한 논점들이 무시될 수 없다.

d. 객관성이라는 환상

이미 지적한 대로, 역사적 방법에 대한 트뢸취의 분석이 가지는 추가적 약점은 그것이 여전히 19세기 과학 패러다임의 산물이었다는 것이다.

---

26) 티슬턴은 깁슨(A. B. Gibson)의 주목할 만한 논평을 절절하게 인용한다: '흄의 인식론이나 철저히 경험주의적 세계관의 기초에서 볼 때 "처음으로 발생한 일은 어느 것도 불신의 대상이 되어서는 안 된다"'(*Two Horizons* 79). 추가로 트뢸취에 대한 티슬턴의 비판을 보라(69-84). 자신이 제기한 문제를 다루고자 *The Absoluteness of Christianity and the History of Religions* (1901; ET Louisville: John Knox, 1971)에서 트뢸취가 시도한 바는 개성주의적 개인주의, 진화적 낙관주의, 종교적 제국주의라는 유럽식 자유주의의 특징을 반영한다.

27) '예수에 대한 비평적 역사에서 유비의 원리는, 예수가 인간이었지만 그것은 그가 '그저 단순히 인간'인 점에 대해 말하는 것과 상관없다는 기초 위에 적용된다'(Meyer, *Aims* 17-18).

28) 히틀러라는 정반대의 유사 사례로 돌아가자면, 로젠바움(Ron Rosenbaum)은 슈바이처의 *Quest*를 히틀러를 설명하는 많은 시도들에 대한 그의 리뷰 모델로 취한다. 즉 그는 히틀러의 악을 이해하지 못할 수도 있다는 점과 그 시대의 끝에 그것을 단순히 합리적으로 설명하지 못할 수도 있다는 점을 많은 이들이 냉큼 받아들이고자 하지 않는 사실을 주목한다(*Explaining Hitler: The Search for the Origins of His Evil* [London: Macmillan, 1999] xxiv, xxviii-xxix, xli).

이 패러다임은 모든 법칙이 결국 발견되고 모든 인과관계가 측정될 수 있는 닫힌 체계의 관점에서 실재를 파악하길 고수했다. 19세기에서 이해된 과학적 방법이 역사 방법의 모델을 제공하는 한, 객관적인 구조물로서 역사적 사실을 보는 관념과 역사적 객관성의 목표는 생동감 있게 고양될 수 있었다.[29] 그러나 설명의 비결정성과 소우주와 대우주의 차원에서 두루 가능한 보충적 갈등적 설명에 대한 20세기의 인식은 트뢸취의 실재 이해가 너무 제한적이었음을 확인시켜주었다. 결과적으로 그와 같은 제한된 세계관의 견지에서 표현된 역사적 방법에 대한 정의는 그 자체로 너무 제한적이라는 것이다. 또는 그러한 환경에서 논의되는 역사비평 방법 관련 주장들이, 이후 더 분명해졌지만, 마치 이해할 수 없는 것에 대해 감히 단언하는 것처럼, 불가피하게 과도하다는 것이다. 과학적 탐구의 방법이 무엇을 의미하는지에 대한 생각은, 그 결과가 여전히 너무 적게 인정받고 있음에도 불구하고, 바뀌어야 했다.

불트만도 같은 함정에 빠졌다. 비록 아인슈타인의 상대성 이론으로 야기된 과학적 패러다임의 전환이 잘 진행되고 있었음에도 불구하고,[30] 그는 '역사적 방법이 개별적인 사건들을 인과적 연쇄작용으로 연결시키는 결과들의 닫힌 연속체라는 의식 안에서 역사가 하나의 통일체라는 전제를 포함한다'(1957)고 계속 단언했다.[31] 불트만이 그의 비신화화 계획 가운데 맹렬하게 반대했음에도 과학적 방법이 성취할 수 있는 양 가정한 것은 **객관성**이었다.[32] 그러나 리쾨르(Paul Ricoeur)가 그의 '불트만에 붙이는 서장'('Preface to Bultmann')에서 지적하는 대로, 결과적으로 불트만은 그로써 신앙

---

29) '…순전히 객관적인 인과적 설명은…순수한 이론과학으로서의 역사가 지닌 특유의 성격을 만들어낸다'(Troeltsch, 'Historiography' 720a). 이미 언급한 대로, 트뢸취의 '독특성' 개념은, 비록 '그 원인들의 무한한 복잡성 내에서 개별적 원인들의 산물'로서 제시되긴 하지만, 그의 과학적 인과론의 개념 내에서 파악된다(720a).

30) 여기서 나는 특별히 하이젠베르크(Heisenberg)의 '불확정성의 원리'와 양자물리학의 비결정성에 대한 닐스 보어(Niels Bohr)의 입장을 참조하고 있다.

31) R. Bultmann, 'Is Exegesis without Presuppositions Possible?', *Existence and Faith* (ET 1961; London: Collins, 1964) 342-51 (여기서는 345).

32) 가령, Keck, *Future* 50-52; J. D. G. Dunn, 'Demythologizing—The Problem of Myth in the New Testament' in I. H. Marshall, ed., *New Testament Interpretation: Essays on Principles and Methods* (Exeter: Paternoster, 1977, 『신약해석학』, 크리스챤다이제스트 역.) 285-307을 보라.

의 언어뿐 아니라 신화의 언어까지 포함하는 **모든** 언어의 객관화하는 성격을 무시하고 있었다.[33] 아이러니하게도 불트만의 실존주의는 객관화하는 언어의 문제를 다루는 방식이라기보다 그것을 **피하는** 방식이었다. 여기서 다시 가다머는 후설을 적절히 인용한다.

> 경험하는 것, 앎의 주관성, 사실적이고 구체적인 성취를 이루는 주관성을 전적으로 무시하는 '객관성' 이야기의 순진함, 나아가 일반 세계 속에서 본성에는 관심이 있지만 그가 객관적인 것으로 얻는 모든 진리와 그의 공식 속에 실체에 다름 아닌 객관적 세계 그 자체가 정작 그 안에서 자생한 그의 **삶의 구조물**이라는 사실에 감감한 과학자의 순진함은, **삶**이 무대 위로 올라올 때, 물론 더 이상 가능하지 않다.[34]

이러한 지적의 그 어느 것도 과거의 타자성(위의 §6.3a)이 지닌 중요함이나 역사적 자료가 인식 가능한 객관성을 담고 있다는 점을 부인하려는 것이 아니다. 그것은 자료에서 사실로 옮겨가는 것이 대체로 인정하는 것보다 훨씬 더 복잡하다는 점을 어떤 식으로든 인식하려는 것이다. 언어가 연루되는 곳에서(인공물의 설명, 문서) 우리는 언어에 다양한 층위의 지시 가능성이 있음을 알아야 한다.[35] 현재 논점에 더 보태자면, 자료에서 사실이 나오기까지는 해석과 해석자가 연루되는데, 자료의 관찰이 어느 정도 선에서 과학적 연구의 옛 이상과 비유될 수 있다 할지라도 해석의 행위와 과정은 그럴 수 없다.[36] 다르게 표현하면, 역사주의(역사적 실증주의)는 해석으로

---

33) P. Ricoeur, 'Preface to Bultmann'(즉 *Jesus and the Word*와 *Jesus Christ and Mythology*의 프랑스어 판본에 대한 서문, 1968), *Essays on Biblical Interpretation* (Philadelphia: Fortress, 1980) 49–72: '불트만은 더 이상 "객관화"하지 않는 언어가 순수하다고 믿는 것 같다. 그러나 어떤 의미에서 그것이 여전히 언어인가? 그것이 또 무엇을 뜻하는가?'(65–67)

34) Gadamer, *Truth* 249 (후설은 흄에 관하여 쓰고 있었다); 또한 261을 보라.

35) G. B. Caird, *The Language and Imagery of the Bible* (London: Duckworth, 1980) ch. 12 ('Language and History').

36) 이상하게도 '정상적 역사적 관행에 대한 시학의 도전'을 가장 계몽적으로 다룬 것 가운데, R. Berkhofer (in Jenkin, ed., *Postmodern History*)는 여전히 재현과 지시 가능성의 틀을 연계시키면서, '증거'에서 '사실'로, '통합'으로의 이동을, (경험적으로 기초한) 견고한 동선으로 간주한다(148). G. Himmelfarb, 'Telling It as You Like It: Postmodernist History and the Flight from Fact'(Jenkins,

부터 추상화한 가운데 '있는 그대로의 사실'의 견지에서 생각할 수 있었다. 그러나 역사에서 문제가 되는 사실,[37] 역사를 앞으로 움직이는 사실은 결코 의미가 제거된 '사실 그 자체'가 아니다. 단순히 일시적인 것 이상의 사실은 늘 의미 있는 것으로 경험되는, 그것의 의미/의의 내에서의 사실이다.[38] 이는 자신의 저작에 대한 학문적 존경을 갈망하는 탐구자들이 지속적으로 과학적 객관성이라는 계몽주의적 패러다임에 호소하면서 무시해온 사실이다.[39] 이와 같은 지적은 우리가 역사 방법에서 유비의 역할을 인식할 때도 피할 수 없다(§6.3c). 여기서도 역시, 역사 방법이 유비에 의존하는 것을 인정하는 것은 알려진 것의 객관성을 부인하려는 것이 전혀 아니요, 과거든 현재든 알려진 것을 앎에 있어서 불가피한 주관성을 단순히 강조하려는 것이다.

e. '비판적 실재론'

'비판적 실재론'은 벤 마이어(Ben Meyer)가 버나드 로너건(Bernard Lonergan)의 저작에 오래 몰두해온 경험에서 그 이론을 신약성서 연구에 적용한 용어이다.[40] 그것은 로너건의 지식 이론을 다음과 같이 요약한다. '아

---

ed., *Postmodern History* 158-74)는 근대주의자의 역사가 그리 무비판적으로 실증주의적이 아니라고 나름대로 기존의 입장을 정당화하면서 포스트모던주의자들이 암시한 비판을 거부한다: '역사 기획의 연약성, 오류 가능성, 상대성은⋯포스트모더니즘의 대단한 발견이 아니다'(159, 또한 160, 165-66을 보라).

37) 여기서 '사실'이란 말은 대중적 의미에서 사용되고 있다. 내가 선호하는 공식대로라면 그것은 사건과 자료의 견지에서 본 사실을 가리키는 것이다(§위의 6.3b); 즉 내가 사용하는 그 용어로서 '사실'이란 말은 해석된 자료이다.

38) Cf. Collingwood, *Idea of History* 131-33; 판넨베르크를 참조한 Thiselton, *Two Horizons* 80-81.

39) 그 접근방식이 다른 점에서 지닌 혁명적인 성격에도 불구하고, 크로산은 예수 전통에 대한 자신의 분석을 놀랍게도 그 전통의 '객관적인' 층위에 기초한다. H. Childs, *The Myth of the Historical Jesus and the Evolution of Consciousness* (SBLDS; Atlanta: SBL, 2000)는 크로산을 '미묘하고 무의식적인 실증주의'로 비판한다(ch. 2, 여기서는 55). 그리고 '모든 곳에 걸쳐 두루 퍼덕거리는⋯느슨한 목적을 가지는 것'을 피하려는 라이트의 관심사는 그 성격상 놀랍게도 근대주의적이다. 심지어 '객관성의 탐구'가 비현실적이라는 것을 알고 있는 마이어(Meier, *Marginal Jew* 1.4-6)조차 '순수하게 역사비평적인 방법'을 사용하는 주석의 이상을 간직하고 있다(1.197; 또한 'Present State of the "Third Quest"' 463-64). 추가로 A. G. Padgett, 'Advice for Religious Historians: On the Myth of a Purely Historical Jesus', in S. T. Davids, et al., eds., *The Resurrection: An Interdisciplinary Symposium on the Resurrection of Jesus* (Oxford: Oxford University, 1997) 287-307의 민첩한 비판을 보라.

40) B. F. Meyer, *Critical Realism and the New Testament* (Princeton Theological Monographs 17; Allison Park: Pickwick, 1989); 또한 *Reality and Illusion in the New Testament Scholarship: A Primer in*

는 것'은 그저 보는 것이 아니다. 오히려 그것이 경험과 이해와 판단의 접합이다.[41] '비판적 실재론'은 한편으로 순진한 실재론의 반제와 다른 한편으로 관념론의 반제, 그리고 알려진 것의 객관성에 대한 전자의 지나친 강조와 아는 것의 주관성에 대한 후자의 지나친 강조에 반하여 그가 주장하고자 하는 통합을 표현한 것이다.[42] 이러한 인식론을 역사에 적용하면서 로너건은 자료와 사실 사이의 그 과정이 얼마나 복잡한지 보여준다.[43] '비판적 실재론'은 특히 옛 역사 실증주의의 '순진한 실재론'에 반하여, 그러니까 로너건이 '빈 머리의 원리'[44]라 부른 것에 반하여 명확한 형태로 나타난다. 여기서 '빈 머리의 원리'라 함은 '객관성은 주관성을 뺌으로써 다다른다'거나 '의미로 매개된 세계에 단순한 마음으로 적용된, 직접성의 세계에서의 객관성'[45]이라는 생각 따위를 일컫는다. 마이어는 로너건의 주장을 이와 같이 명확하게 나타낸다. '비판적 실재론을 인증하는 표시는 경험적인 것(자료), 지적인 것(질문하기와 대답하기), 합리적인 것(증거를 충분하거나 불충분한 것으로 파악하는 것, 인격적 책임의 행위)을 모두 통틀어 참된 판단의 출발점으로 주장하는 것이다.'[46] 이번에는 라이트가 마이어의 관심사를 취하여 그 나름대로 '비판적 실재론'의 형식을 제안한다.

이것은 **알려진 것의 실재를 아는 자가 아닌 다른 어떤 것**(이로부터 '실재론'이 나옴)으로 인정하는 '알아감'의 과정을 서술하는 방식이다. 이는 또

Critical Realist Hermeneutics (Collegeville: Liturgical Press, 1994). 마이어가 로너건에게 진 학문적 빚은 그의 또 다른 책 *Aims* 16-18에서 이미 명백하게 확인된다.

41) 이러한 논지가 가장 정밀하게 표현된 곳은 B. Lonergan, 'Cognitional Structure', *Collection: Papers by Bernard Lonergan* (Toronto: University of Toronto, ²1988) 205-21. '객관성의 기준은 눈의 시력 같은 기준이 아니다. 그것은 경험과 이해와 판단과 믿음의 복합적 기준이다. 알려진 실재는 그냥 쳐다보는 것이 아니다. 그것은 경험 가운데 주어지고 이해에 의해 조직되고 삽입되며, 판단과 믿음에 의해 상정된다'(*Method in Theology* [London: Darton, Longman and Todd, 1972] 238).

42) 철학에서 이 용어의 보다 넓은 용례에 대해서는 C. F. Delaney, 'Critical Realism', in R. Audi, ed., *The Cambridge Dictionary of Philosophy* (Cambridge: Cambridge University, 1995) 169-70; A. Collier, 'Critical Realism', *Routledge Encyclopedia of Philosophy* (1998) 2.720-22 ('비판적 실재론은 "알려진 것"보다 "존재하는 것"에 더 많은 것이 있다고 주장한다…').

43) *Method* chs. 8-9.

44) *Method* 157, 204, 233.

45) Meyer, *Reality and Illusion* 109, 135.

46) Meyer, *Reality and Illusion* 142과 68-70을 보라.

한 이 실재에 접근하는 유일한 방식이 **아는 자와 알려진 것 사이에 적절한 문답이나 대화**(이로부터 '비판적'이라는 말이 만들어짐)라는 나선형의 길을 따라 놓여 있다는 것을 충분히 인정하는 것과 동궤에 있다.[47]

역사가 애플비(Appleby), 헌트(Hunt), 제이콥(Jacob) 등은 유사한 견지에서 '실천적 실재론'을 '탐문하는 주체와 외부적 대상 사이의 상호 작용적 관계',[48] 이를테면 '객관성의 과학적 모델로부터 풀려나온…조건부의 객관성'을 주장한다. 그들은 중립적인 연구의 불가능성에 동의하지만, '검증 위에 세워지고 검증에 지배를 받으며 소통 가능한 안정된 앎의 생동감 있는 동체'[49]를 주장한다. 나는 로너건의 인식론에 담긴 기본 취지와 이를 역사에 적용하는 것에 동의하는 입장이다. 심지어 그 자료 자체도 결코 '생짜배기'가 아니다. 그 자료들은 역사적 과정에 의해 이미 '선택되었다.' 그것들은 발견되고 현재의 주목을 받게 되는 방식으로 다시 '선택된다.' 그것들은 이미 해석의 소지를 만드는 맥락 또는 다양한 맥락들과 함께 접속된다. 해석자가 가진 이해의 틀이나 특정한 논지에 의해 어떤 자료는 다른 것들보다 더 중요하게 비치게 된다. 그러나 말해지는 모든 것, 거기에는 타자성이 있다. 거기에는 자료에 대하여 '우리의 생각을 거스르는' 성격이 있으며 또한 그 자료가 증언하는 사건에 대해서도 마찬가지다. 그 자료를 서술하고 평가하여 그 사실에 관하여 모종의 판단에 이르고자 하는 과제는 단순히 주관적인 것이 아니고 적절한 비판적 고려를 요구할 수 있다. 이러한 과제는 생동감이 있을 뿐 아니라 예수라는 위대한 사건의 경우에는 필연적이다. 특히, 현재와 과거, 역사가와 역사의 **대화**로서 설정된 역사 연구의 모델은 항상 나에게 호소력 있게 다가온다. 여기에는 사소하지 않은 이유가 있다. 그것은 이 모델이 역사가가 질문을 던질 뿐 아니라 해당 주제 속으로 순전히 개

---

47) Wright, *The New Testament and the People of God* 31–46 (여기서는 35, 라이트 강조).
48) *Telling the Truth* 251, 254, 259, 285.
49) *Telling the Truth* 254–61 (여기서는 254).

입하는 가운데 종종 역사가 자신을 질문의 대상으로 만들기 때문이다. 그러므로 이어지는 대목에서 나는 어느 정도 '비판적 실재론'의 모델에 기초하여 역사가의 기술을 실천하고자 한다.

이 모든 것은 해당 주제가 역사적 **텍스트**를 통해 우리에게 매개될 때 한층 더 적절할 것이다.

6.4 해석학적 원리들

포스트모더니즘의 '언어적 전회'로 역사가의 과제는 '사건'보다 '텍스트'에 초점을 맞추게 되었다. 게다가 예수라는 역사적 인물을 재구성하려는 어떤 시도도 다소 배타적으로 고대 텍스트를 다루는 문제와 관련된다. 그래서 역사에 대한 질문은 거의 부지불식간에 해석의 질문 속으로 빨려들어간다. 이 점과 관련해서도 앞의 개관은 그 논지를 구축하는 데 여전히 중요한 지속적인 통찰을 제공해왔다.

a. 역사적 텍스트로서의 역사적 텍스트

만일 과거의 거리와 차이에 대한 르네상스와 종교개혁의 인식이 계속하여 역사적 탐구를 위한 근본적인 관점을 제공한다면, 신약성서의 본래 텍스트가 처음에 서유럽의 국제어(라틴어)로 작문되지 않았다는 사실을 다시 전유하는 것도 마찬가지로 계속하여 해석학적 원리를 제공한다. 다시 말해 **번역**의 필연성과 성격은, 예수에 대하여 말하기 위해 동시대에 이러한 텍스트를 사용함에 있어 기본적인 요인이 된다. 특히 북미에서 신약성서에 대한 근대적 읽기는 때로 이 텍스트가 처음에 영어로 쓰이지 않았다는 사실을 망각하는 것 같다. 실제로 그리스어 지식이 결여된 이에게 그 텍스트는 페이지마다 해독할 수 없는 구불구불한 곡선 이상의 의미를 띠기 어렵다. 그 텍스트가 우선 읽히기 위해서는, 이러한 구불구불한 곡선들이 그리스어로, 즉 고대 그리스어로 확인되어야 한다. 그리고 그것이 어떤 의미 전달자가 되기 위해서는, 이 고대 그리스어 단어들은 그 당시 언어 사용의 맥락 안에서 읽힐 필요가 있다.[50] 역사언어학은 여전히 필수적이고 피할 수 없다.[51] 그 불가피한 귀결은, 그리스어 텍스트(그것의 현대적 편집 형태에서도)가 모든 번역과 관련하여 규범적인 기준이라는 것이다. 그리스어 텍스트가 번역의 범위와 다양성을 제한하고 결정하는 것으로 인식되지 못한다면, 그때 그 번역은 번역으로서의 타당성에 대한 권리 주장을 잃게 된다.

이것을 현재 다루고 있는 해석학적 논의의 언어로 바꾸어놓으면 그 결과는 더 분명해진다. 그 핵심 요지는 간단히 이렇게 제시될 수 있다. 나쁘거나 또는 심지어 (그렇게 과감하게 말할 수 있을까?) **틀린** 번역 같은 것들이 있다.[52]

짐작건대, 포스트모던 계열의 고대 언어 및 텍스트 교사들도 이러한 점에서 이의를 가지고 있지 않으며, 그러한 번역의 포스트모던 심사자들은 그 번역의 신뢰도를 다른 교사와 마찬가지로 낮추어 본다. 신약성서를 읽는 경우에, 그리스어 텍스트의 규범성은 그것이 열악한 번역에 기초하고 있기 때문에 나쁜 독법이 있을 수 있음을 시사한다. 달리 표현하면, 역사적 텍스트로서 역사적 텍스트의 성격을 인식하는 것이 중요하다. 역사적 텍스트(어형론, 구문론, 당대의 관용어법을 감안하는 번역과 해석)로서 읽은 그리스어 텍스트는 불가피하게 근대적 독법의 타당성을 위한 규범으로 기능

---

50) 여기서 다시 나는 Collingwood, *Idea of History* 244에 진 빚을 인정한다.
51) 슐라이어마허는 '문법적 해석'을 위한 두 규칙을 정의함으로써 이전 논의의 유익함을 요약하였다: '첫 번째 규칙. 주어진 텍스트 내에서 어떤 요지를 좀더 정확하게 결정하는 것은 저자와 그의 최초 대중 독자들에게 공통되는 언어 사용의 토대 위에서 결정되어야 한다'; '두 번째 규칙. 한 구절에서 각 단어의 의미는 그것이 기여하는 맥락에 의해 결정되어야 한다'(*Hermeneutics: The Handwritten Manuscripts by F. D. E. Schleiermacher*, ed. H. Kimmerle [ET Missoula: Scholars, 1977]) Mueller-Voller, *Hermeneutics Reader* 86, 90에서 발췌됨. 불트만도 이와 유사하게 말한다: '모든 텍스트는 그 당시와 그 역사적 배경의 언어로 말한다. 주석가는 이 점을 알아야 한다; 그러므로 그는 해석해야 할 본문이 생성된 그 기간의 언어에 대한 역사적 정황을 알아야 한다'('Exegesis without Presuppositions' 344).
52) 어빙(David Irving)이 제기한 명예훼손 소송의 흥미로운 특징(위의 각주 8)은 독일 문서에 대한 어빙의 오역에 따른 진술이 그 소송이 의존한 많은 논점의 오류를 낳았다는 것이다. 그 판결에서 그레이 판사(Mr. Justice Gray)는 그 진술이 나름의 근거를 가진 것으로 알았다(가장 명백한 부분은 §13.31).

한다.[53] 바로 그 기본적 인식이 없다면, 특정한 텍스트는 전적으로 해석자 (토기장이)의 변덕에 따라 조형됨으로써 훼손되기 쉬운 토기장이의 진흙덩 어리에 불과하게 된다. 다시 말해, 텍스트의 바로 그 정체성이 위험에 처해 있으며, 신약성서와 복음서가 읽혀야 한다면 역사적 연구와 학문적 방법 은 불가피하다는 것이다.

불필요한 혼란을 피하기 위해 외국어로 된 텍스트의 정확한 단 하나의 번역 같은 것이 물론 없다는 점을 명백하게 언급해두어야 한다. 번역에 관 여해야 하는 사람은 해석 없는 번역이 없고 해석은 번역의 피할 수 없는 일 부임을 안다.[54] 양쪽 언어에서 개별적인 단어들은 의미의 (다의적이고, 다원 가 치적인) 범위를 가지고 있고, 한 언어의 어떤 단어도 그 범위와 문화적 함축 이 또 다른 언어의 관련 단어와 정확하게 맞아떨어지는 경우란 없다. 번역 에서는 원어 텍스트의 단어들 및 관용어들과 가까운 단어들과 관용어들을 선택할 것인지 아니면 먼 것들을 사용할 것인지 결정해야 한다. 현대 성서 번역의 풍성한 다양성은 필요한 모든 사례를 증명해준다.[55] 하지만 이것들 가운데 그 무엇도 원어 텍스트가 번역/해석되어야 할 것이고 각 번역은 그 텍스트의 번역으로서 자신을 정당화해야 한다는 점을 변경시킬 수 없다. 역사적 텍스트는 정확한 번역을 결정할 수 없지만, 그 텍스트가 번역을 위 한 모종의 규범으로 기능하지 않는다면, 또 그것이 수용 가능한 번역의 다 양성을 제한하는 요인을 제공하지 않는다면, 그때 번역 자체가 무책임해 진다.

---

53) 여기서 언급할 가치가 있는 것은 스피겔(Gabrielle Spiegel)의 다음 논평이다. '본문은 [특정 위치에] 자리 잡은 언어의 용례를 나타낸다. 살아낸 사건으로서 언어적 용법의 그러한 자리는 본질상 기 원에 있어 지역적이고, 따라서 "언어"와 "사회"같이 전체화하는 구성물에서 추출될 수 있는 것보 다 훨씬 더 큰 밀도와 특수성을 지닌 결정적 사회 논리를 소유한다'(in Jenkin, ed., *Postmodern History* 198).
54) '해석학'(hermeneutics)이라는 말은 '번역'과 '해석'을 모두 뜻할 수 있는 그리스어 '헤르메네이아' (*hermēneia*)에서 왔다.
55) 예컨대, 히 11.1의 '*hypostasis*'와 관련하여 다음의 사례를 포함하여 제공된 번역의 범위를 생각 해보라. 'assurance', 'conviction', 'substance', 'guarantee', 'objective', 'foundation', 'realization' (Ellingworth, *Hebrews* 564–65가 조사함; 추가로 위의 각주 15).

b. 텍스트에는 어떤 권리가 있는가?

이미 지적한 대로 20세기 중반기에 이른바 '신비평'은 텍스트의 '자율성'이란 개념을 도입했다.[56] 그 의도인즉, 텍스트의 의미가 저자가 의도한 의미로 정의되어야 한다는 가정에서 텍스트를 자유롭게 하기 위함이었다.[57] 우리는 여전히 의미의 문제를 다시 언급해야 하지만, 이 대목에서 텍스트의 자율성에 대한 너무 부주의한 말을 경계하여 한마디 명토박아둘 필요가 있다. 불러낸 이미지는 불운하기 때문이다. 해석자가 얼마간 텍스트를 그 역사적 맥락에서 '해방'시켰지만, 그 맥락 안에 조금이라도 자리매김하는 것은 텍스트의 자율성을 침범하는 것이 된다. 그러나 텍스트의 '자율성'은 또 다른 환상이다. 텍스트는 그것이 역사적 맥락이든, 후대의 편집본이든, 동시대 독자의 맥락이든, 항상 맥락 안에서 읽힐 것이기 때문이다. 텍스트는 그렇게 자주 땅으로 끌어내려 그 메시지를 읽고 마치 그곳이 그 텍스트의 자연스런 자리였다는 양 다시 허공으로 풀어놓아주는, 자유롭게 떠다니는 풍선 같은 존재가 아니다. 그것은 텍스트로서 항상 처음부터 지상에 매여 있었다. 텍스트의 맥락에 주의를 덜 기울이면, 그 텍스트는 해석학적 과정에 의해 더 남용되는 것이 오늘의 현실이다.

그 이미지를 권리의 이미지로 바꾸어보자. 모건(Robert Morgan)은 한 군데서 텍스트의 결정성 개념을 선호하지만 그러한 모든 확신들은 주의 깊게 세밀화되어야 한다는 것을 늘 의식한다. 그는 단언하기를, '텍스트는 죽은 남자와 여자처럼 권리가 없다'[58]고 한다. 그러나 그것은 너무 멀리 나아간 뉘앙스 아닌가? 죽은 남자와 여자의 권리도 결국 상속법에 의해 보호된다. 그들의 명성(그들이 어떻게 기억되는가, 그들의 중요성에 대한 권리)은 그들의 기억을 소중히 여기는 자들에 의해 지켜질 것이다. 아마도 텍스트의 권리는

---

56) Thiselton, *New Horizons* 58–60.
57) 다시 언급하자면 리쾨르의 경우가 그렇다: '텍스트의 자율성은 이미 가다머가 텍스트의 "질료"라고 부른 것이 그 저자의 의도적 지평을 벗어날 수 있는 가능성을 내포한다'('The Hermeneutical Function of Distanciation' 83).
58) Morgan, *Biblical Interpretation* 7.

어린이의 권리와 더 잘 비교될 것이다. 어린이의 권리가 그 어버이와 출생 장소를 알 권리를 포함하듯, 텍스트의 권리는 그 지은이나 현존하는 텍스트의 형태로 만들어낸 과정 가운데 결정된 그 나름의 정체성에 대한 권리를 포함한다. 여기에도 역시 명기해야 할 명백한 부대조건이 있다. 특히 잠언과 격언 같은 어떤 텍스트는 특정한 맥락에 결코 한정되지 않으며 그것의 지속적인 가치는 사용되는 특수한 맥락과 독립되어 있다. 그러나 가령 바울서신 같은 다른 텍스트는 분명히 특정한 역사적 맥락에서 특정한 역사적 상황을 염두에 두고 씌어졌다. 이러한 맥락과 이러한 상황과 관련하여 우리가 가지고 있는 증거를 소홀히 여기거나 도외시하는 어떤 독법도 텍스트를 잘못 읽을 개연성이 높다.

공관복음서의 각 텍스트는 바울서신의 직접적인 맥락적 소통과 잠언의 간접적인 비맥락적 소통의 중간쯤에 해당된다. 그러나 처음부터 복음서는 그 양식과 내용에서 의도적인 것으로, 즉 '복음서'로서(!) 인식되어왔다. 아울러 분명히, 브레데 이후 각 복음서 저자마다 초기의 전통을 재구성하여 그 나름대로 예수 전통을 만들어 전달하고자 했다는 사실은 자명한 것으로 받아들여졌다. 유사한 신학적 의도가 그 전통의 초기 형태 속에서 어느 정도 분별될 수 있는가 하는 점은 그리 분명하지 않다. 그러나 그 나름의 관점에서 말하기 위하여 역사비평 방법의 모든 도구를 사용하면서 텍스트를 존중하고 텍스트를 최대한 용인하는 원리는 여전히 타당하다. 주석을 위한 목표가 이보다 못한 경우는 스스로 저주를 받을 것이다.[59] 물론 그것이 우리를 얼마나 멀리 예수에게로 데려다줄 수 있을지는 여전히 다루어야 할 문제로 남아 있다.

---

59) '텍스트는 그 나름의 관점에서 이해되어야 한다는 주장', 그것은 '항상 모든 텍스트 해석의 원리였다'(Gadamer, *Truth* 291).

c. 평이한 의미의 우선권

신약성서 텍스트가 역사적 텍스트라는 사실을 우리가 진지하게 고려한다면, 역사언어학을 중시한 이전의 경우와 평범한 의미의 해석학적 원리는 여전히 존중받기를 요구할 수 있다. 확실히 칼뱅 같은 사람이 호소한 평이한 의미는 언제나 문자적·자구적 의미에 있어서 전부가 다 단순한 것은 아니었다. 그것은 부분적으로 칼뱅의 신앙, 그 신앙의 규칙에 의해 결정된 의미로서 칼뱅의 신앙을 함께 나눈 자들에게 '평이한' 것이었다. 실제로 작동된 '평이한 의미'는 이미 어느 정도 선에서 독자의 관점에서 나온 것으로 협상된 결과라 할 수 있다.[60] 우리는 아래에서 이 점을 추가로 탐구할 예정이다. 여기서 내 관심사는 텍스트에 부합되는 우선 사항이 텍스트 **듣기**, 곧 텍스트로 하여금 가능한 한 그 나름의 견지에서 말하게 하기라는 주요 과제를 포함해야 한다는 것이다. 만일 그 텍스트가 온당하게 존중되고 텍스트와 독자 사이에 순수한 해석학적 대화가 있어야 한다면, '평이한 의미'의 **어떤** 개념은 당연히 인정받아야 한다. 나는 그 평이한 의미로 들리는 텍스트의 경험된 현실의 여백을 이전 이해를 깨트리고 그 수정을 요청하는 차원에서 간직하고 싶다. 마치 부자 청년에게 하신 예수의 말씀을 처음처럼 그 평범한 의미로 들은 성 안토니우스(St. Anthony)의 위대한 회심뿐 아니라 지식과 지혜 가운데 전형적인 성장을 이루어내는 수많은 자잘한 회심들에도 그러한 여백은 적절히 상응한다.

포스트모더니즘이 '의미'의 의미, 좀 더 정확히 말해 일반적 의미 또는 텍스트에서(또는 텍스트를 통하여) 독자에게 효과적으로 소통된 특정한 의미라는 발상에 대적하여 의문부호를 찍은 것은 사실이다. 그러나 넘쳐나는 대부분의 강의와 연설을 전달하고 책과 편지를 쓰게 하는 기초로서 효과적

---

60) 그린 맥크레이트(Greene-McCreight)는 평이한 의미의 독법이, '자구적 의미의 제약과 규칙에 따른 독법 사이의 협상을 포함한다'고 결론짓는다. 이러한 독법은 또한 '텍스트의 자구적인 원문대로의 자료를 존중하고 신앙의 규범과 일치하는 하나님과 예수 그리스도에 대한 주장을 특별히 허락한다.' '그 "평이한 의미"의 독법은, 사도 전승에 의거한 그리스도교 신앙 개념이 제공한 텍스트의 자구적 의미와 주제에 대한 선행적 이해의 결합을 가져온다'(*Ad Litteram* ix, 244).

인 의사소통이란 바로 그 개념은, 의도를 소통시킬 목적으로 구축된 단어와 문장을 가지고 그렇게 소통함에 있어서 대대적인 성공을 기약할 수 있다는 가정에 의존한다. 텍스트 바깥에서 행사되는 텍스트의 지시 가능성을 부인하는 이론가들에도 불구하고, 아무데서도 현재 활동중인 역사가들이 언어가 실재를 지시한다는 믿음을 포기하는 경우를 보지 못한다. 텍스트는 여전히 의식적으로 포착된 관념들을 소통시키는 수단으로 조명된다.[61] 그 일반적인 원리는 어떤 의사소통자들이 의사소통에 서툴다는 사실과, 나아가 의사소통자의 모호함이나 (의도적인) 기만, 수사나 개인적 문체, 유머나 아이러니 등의 인식으로 영향을 받지 않는다. '평이한 의미'의 원리는 그것이 역사적 맥락, 장르, 특정한 환경을 필요한 것으로 충분히 설명하려 하기 때문에 그러한 특색들을 포용한다. 그 원리는 또한 수많은 세밀한 점들이나 미묘한 차이들과 관련하여 청자들과 독자들 사이에 상당한 불일치의 영역이 있을 것이라는 인식으로도 훼손되지 않는다. 최소한 우리가 소통하길 원하는 것의 주요 핵심이나 요지가 사실상 소통된다는 확신 없이는 어떤 의사소통자도 새로운 외국어로 말하려고 하는 자가 겪는 첫 장애 국면을 넘어서리라 기대할 수 없다. 텍스트가 그 의도된 의미를 소통할 수 없다는 무능력을 '증명하려' 의도된 논증의 아이러니(혹 그것을 자기 정죄라고 말해야 할까)는 어쩐지 어떤 전문 분야 종사자들을 피해가는 것 같다.[62] 이 논리대로라면 우리는 저작권과 '지적 재산'의 모든 법규를 포기하고 '표절'이라는 용어(및 그 학문적 '죄')를 우리의 어휘와 대학 규정집에서 쳐내야 한다.

하여 오늘날 문자적 소통에서 의미를 구성하고 그 의미의 주요 요지가

---

61) Iggers, *Historiography* 118-33, 139-40, 144-45. 이거스는 다음과 같이 대담한 확신으로 결론짓는다: '비록 징벌을 받긴 했지만 그 계몽주의에 대한 대안이란 게 있다면 그것은 야만주의(barbarism)이다'(147).

62) 마이어(Meyer)는 그중에서도 '철학의 비인지적 성격과 이에 따른 철학적 논증의 헛됨을 보여주려는 의도로 400페이지의 철학적 논증을 전개한 리처드 로티(Richard Rorty)'를 언급하면서, '자기 전복'(Lonergan)의 현상에 효과적으로 호소한다(*Reality and Allusion* 40-47)[여기서는 43], 131-360; Moore, *Literary Criticism* 145-48 참조. 인가든(R. Ingarden)은 언어의 사회적 속성을 인식하지 못한 실패를 경고한다. '우리 각자가 자신만을 위해, 완전히 고립 속에, "사적으로" 낱말의 의미를 형성한다는 것은 간단히 말해 옳지 않다'(*The Cognition of the Literary Work of Art* [1973], in Mueller-Vollmer, *Hermeneutics Reader* 198-200에서 발췌됨).

무엇인지에 대하여 폭넓은 합의를 얻어내는 것이 가능하다면, 고대의 의사소통에서도 같은 형태의 의미를 구성하고 그 소통이 처음 말해지고 들렸거나 처음으로 쓰이고 읽혔을 때의 그 의미에 관하여 어느 정도의 합의를 얻어내는 것도 원리상 가능하다. 그러한 합의는, 그것이 원문 텍스트처럼 어떤 '고정된' 번역에 의존하지 않듯, 어떤 수단으로도 모든 세부 사항으로까지 확대되지 않을 것이다. 또한 그것이 텍스트로서 그 지속적인 존재 내의 의사소통 가운데 들리거나 읽힌 다른 의미들을 방해하거나 배제할 수도 없을 것이다. 그러나 역사적 맥락에서 평이한 의미의 해석학적 의미는 일차적 읽기나 해석의 첫 번째 목표로서 여전히 정당한 위상을 차지하고 있다.[63]

물론 고대의 의사소통자는 오늘날의 소통자와 달리 자기 말의 의미에 관한 대화에 개입할 수 없었다. 그리하여 레싱의 해석학적 등가원리(또는 불확실 원리)는 그 합의를 축소할 것이다. 그러나 여기 역사적 방법에서처럼 해석학에서도 우리는 의미를 객관적인 구조물로 다루지 않는다. 역사적 맥락에서 역사적 의미를 우리가 재구성하는 것은 개연성과 근사치 내에서의 활동이다. 그 성공 여부는 얼마나 많은 자료(역사언어학)를 우리가 사용할 수 있느냐에 달려 있다. 사실 신약성서의 대부분 구절은 작문 당시의 단어와 관용어와 구문이란 견지에서 상당히 안정된 의미를 가지고 있다. 고전 언어학의 성과를 사용하고 그 텍스트의 장르를 인식할 수 있는 해석자는 다른 해석자들보다 그 저자가 의도한 그 안정된 의미에 더 근접할 것 같다. 다시 말하거니와, 이는 번역된 텍스트를 포함하여 그 텍스트의 다른 추후 맥락에서 나오는 다른 읽기들이 가능하고 타당함을 부인하는 것이 아니다. 이는 다만 역사적 맥락 내의 역사적 텍스트가 지닌 규범성이 인정되

---

63) Cf. Morgan, *Biblical Interpretation* 181–82, 198, 156–57. '문자적 의미', '저자의 의도', '객관적 해석' 등에 대한 최근의 활발한 지지 입장과 관련해서는 F. Watson, *Text and Truth: Redefining Biblical Theology* (Edinburgh: Clark, 1997) 95–126. 티슬턴(Anthony Thiselton)은 내게 특별히 R. Searle, 'Literal Meaning', *Expression of Meaning* (Cambridge: Cambridge University, 1979) 117–36과 N. Wolterstorff, *Divine Discourse* (Cambridge: Cambridge University, 1995) 183–201을 참고 자료로 언급한다.

어야 함을 확실히 짚어두려는 것이다. 다른 식으로 표현하면, 역사비평은 역사적 텍스트의 의미를 지령하지 않는다. 대신 주석 작업에는 그것을 넘어서면 텍스트 읽기가 불가능해지고 부적합해지는 그 한계를 설정하는 어떤 권리가 허용되어야 한다.

그 점을 의미의 관점에서 그리고 여전히 다른 이미지로 다시 진술하기 위해 우리가 역사 텍스트를 식물에 비유한다면, 뿌리와 덩굴손이 종종 흙속으로 깊이 뻗어가면서 그것이 흙속에 묻힌다는 사실을 설명하는 것은 긴요한 일이다. 그 식물을 뽑아 그것이 익히 뿌리내린 상태를 무시하고 다른 묘판에 이식하려는 시도는 그것을 죽이는 것과 같다. 역사 텍스트는 그러한 식물과 같다. 평이한 '의미'는 그 텍스트의 태생적 맥락 속에 그것이 뿌리내린 상태를 무시하고 그 텍스트와 동떨어진 채로는 충분히 읽어낼 수 없다. 그 지시 대상은 저자와 최초 독자들/청자들의 상황/사회적 맥락뿐 아니라 그 단어들과 문구들과 관용어들이 이 맥락(뿌리덩굴)에 전달해준 부대적 의미, 나아가 그 텍스트가 쓰인 목적을 수행했을 때 그 텍스트의 언어가 전달했을 암시와 메아리(의도했든, 하지 않았든)를 두루 포괄한다. 이로써 그 텍스트는 놀라운 '풍성함'을 그 안에 갖추게 된다. 이는 '평이한 의미'가 단순히 문법적·구문론적 구조의 관점에서 텍스트를 이해하는 차원의 문제가 결코 아니라는 것을 뜻한다. 그러나 이는 또한 너무 성급하게 텍스트를 그 역사적 맥락에서 뿌리 뽑는 것과, 다른 맥락에 이식한 그런 텍스트(예컨대, 이후의 교리적인 확신에 봉사하는 경우처럼)가 같은 텍스트가 되리라는 섣부른 가정을 경계하는 의미도 있다.

여기서 나는 그 의미를 (대부분 이해하는 것처럼) '의도된 의미'란 견지에서 말하고 있는 게 아님을 지적해야겠다. '의도적 오류'를 비판한 것은 텍스트를 만들어낸 저자의 창작 경험과 그 텍스트 배후에 보이는 의도 속으로 들어가길 소원한 낭만주의에 대한 반작용이었다.[64] 그러나 '평이한 의미'의

---

64) 위의 제4장 각주 44를 보라.

목표는 텍스트 자체에 초점을 맞춘다. 그러므로 '평이한 의미'의 중요성을 다시 강조하는 것은 저자가 지닌 의도의 중요성을 부인하려는 것이 아니다. 외려 이는 **텍스트로 내재화된**(entextualized) 저자의 의도에 초점을 맞추려는 것이다.[65] 여기서 저자와 독자/청자 사이의 소통적 행위로서, 또 저자의 의도를 구현하는 것으로서 주목받는 것은 텍스트이다. 성서 텍스트의 논의에서 전통적으로 영감의 '순간'은 너무 많은 중요성을 인정받아왔지만, 수용의 '순간'은 충분히 인정받지 못했다. 텍스트는 정확히 그 둘을 중개하는 것이었고, 지금도 그렇다. 저자는 진공 속에 쓰지 않았고 자신의 텍스트가 어떻게 들리게 될지에 대한 나름의 목적을 가지고 썼다.[66] 독자 반응은 20세기에 시작되지 않았다! 그것은 이미 텍스트 자체였던 소통적 행위의 절반이었다. 사정이 이럴진대, 오늘날 해석학적 이론 속에 저자를 '내재적 저자'[67]란 견지에서 다시 도입해야 할 필요가 있었으리라는 점은 놀라울 게 못된다. 이는 그저 대부분의 경우에 텍스트 자체가 그것 나름의 통합적 의도성을 증언한다는 점을 인정하자는 것이다. 대부분의 사례에서 암시된 의도가 진짜 저자가 암시하고 싶어한 의도라는 것을 가정할 수도 있기 때문에 그 결과는 조금 다를 수 있다.

d. 해석학적 순환

해석학은 오랫동안 해석학적 순환의 사실과 문제로 매료되어왔다. 그 초기 형태에서 해석학적 순환은 슐라이어마허가 지적한 대로 부분과 전체의 순환성이었다. 부분들은 오로지 전체의 관점에서 이해할 수 있다. 그리

---

65) Meyer, *Reality and Illusion* 94-98. 저자의 의도는 '텍스트 배후에 놓여 있는 어떤 주관적인 사건이 아니라' '일차적으로 저자가 쓴 말 속에 구현된' '텍스트의 납득 가능성이라는 원리로 이해되어야 한다'(Watson, *Text and Truth* 112, 118).

66) 물론 (의도적 텍스트로서 신약성서의 가장 명백한 예인) 바울의 서신들이 이끌어낸 반응이 바울의 소원대로 된 것이 아니었다는 점에서 그것들이 항상 효과적인 소통의 창구가 아니었음이 추가로 지적되어야 한다. 그러나 그 서신들 가운데 그렇게도 많이(일부는 망실되었겠지만) 존중되고, 보존되고, 분명히 읽혀지고 다시 또 읽혀지고, 숙고되고, 회람되고, 수집되고, 마침내 신약성서 정경의 일부로 편입되었다는 사실은 그것들의 전반적 효율성을 입증한다.

67) 위의 제5장 각주 143.

고 전체의 이해는 부분들로부터 구축된다. 슐라이어마허가 잘 인식하였듯이, 여기서 '전체'라 함은 단순히 특정한 저술 전체가 아니라 전체 언어와 특정한 텍스트가 속한 역사적 현실이었다.[68] 그 순환은 원형적 순환이라 불린다. 왜냐하면 해석학적 과정은 불가피하게 그 원을 따라 후퇴하고 전진하는 운동이기 때문이다. 거기서 전체가 부분들에 의해 조명되고 부분은 전체에 의해 그리되듯, 이해란 늘 잠정적이고 해명과 교정의 연속이다. 슐라이어마허의 제자 보엑(P. A. Boeckh)이 더 나아가 지적한 대로, 이 해석학적 순환은 '모든 경우에서 해소될 수 없고, 완전히 해소될 수 없다.' 보엑은 계속해서 주장한다.

> 모든 개별 단위의 발화는 무한한 환경에 의해 조건 지어지기에, 따라서 명확한 의사소통을 하기란 불가능하다.…그래서 해석이란 과제는 한 발짝씩 서서히, 가능한 한 최대로 근사치에 가깝게 도달하는 것이다. 그것은 그 한계에 도달하길 바랄 수 없다.[69]

앞서 지적한 역사 연구의 절차와 유사한 점(§6.3)은 명백하다.

당면한 추론을 거쳐 서사비평이 전체를 텍스트 자체에 한정함으로써 전체와 부분의 해석학적 순환을 좁히는 시도가 효과를 거두었음은 한번 살펴볼 만하다.[70] 서사비평에서 복음서의 한 절, 한 구절과 같은 일부분의 뜻이 통하게 하려면 해석학적 순환은 전체 복음서를 이해하는 수밖에 없다. 그러나 이미 말해진 모든 것은 해석학적 순환의 이러한 모델이 지닌 약점을 보여주기에 충분하다. 역사적 텍스트는 시간의 더 넓은 언어적 용도에 기대고 그 소통적 잠재력도 거기에 의존한다. 그것은 그 텍스트의 '닫힌 우주'[71] 내에서 설명되지 않는 등장인물과 풍습을 언급하고 암시한다. 그

---

68) Mueller-Vollmer, *Hermeneutics Reader* 84-85. 가다머는 '전체와 부분의 이 순환관계가…완전한 연설을 머리와 갈비뼈의 관계를 가지고 유기적 신체에 비유하는 고전 수사학에 이미 알려진 상태였다'고 지적한다(*Truth* 175).
69) Mueller-Vollmer, *Hermeneutics Reader* 138.
70) 위의 §5.6을 보라.

당시의 사회에 대한 약간의 인식 없이 적절히 이해될 수 없다.[72] 예컨대, 텍스트 바깥에 자리한 예수와 사마리아인들 사이의 사회적 긴장을 알지 못하면 선한 사마리아인의 비유(눅 10장)에 담긴 핵심적 요체를 잃게 될 것이다.[73] 모세와 엘리야가 누구인지 본문이 제공하지 않는 정보를 알지 못하면, 독자는 예수의 변화 이야기(막 9.2-8 평행구)에 담긴 의미의 근본적 차원을 놓치게 될 것이다. 해석학에서 역사비평 방법과 거리를 두고자 하는 뉴턴적 세계관이 주의를 환기시키면 쓴웃음이 삐져나온다.

두 번째 형태의 해석학적 순환은 해석자로 텍스트라는 사물과 그것을 나르는 데 사용된 언술 사이를 오가도록 하는 것이다. 곧 말씀(Word)과 말들(words), 독일어로는 사물(*Sache*)과 언술(*Sprache*),[74] 프랑스어로는 랑그(*langue*)와 파롤(*parole*), 기의와 기표[75] 사이의 순환 관계가 그것이다. 이 형태의 해석학적 절차는 앞서 검토한 시기를 통틀어, 특히 텍스트를 통해 인지된 최종적인 주제가 그 텍스트 자체의 어법을 비판하기 위해 줄곧 사용된 방식으로, 시종일관 동원되었다. 예컨대, 혹자는 루터에게 비평적 수술칼로 동원된 복음(그리스도를 전하는 것, *was treibet christus*[sic])이나[76] 단지 특수한 것을 벗겨낼 수 있는 '본질'을 가리키는 예수의 보편적 이상들,[77] 또는 비신화화 계획을 위한 열쇠를 제공하는 불트만의 '케리그마',[78] 케제만에게는 '정경 안의 정경'으로 작용하는 '이신칭의' 같은 것들을 생각할 수 있다.[79]

---

71) 위에서 제5장의 각주 142를 보라.
72) B. J. Malina, *The Social Gospel of Jesus* (Minneapolis: Fortress, 2001) 1-3은 예수 전통에 대한 최근의 사회학적 관점을 대변한다. 가령, '성서는 그 독법이 그 문서를 낳은 사회적 체계를 인정하는 데 기초하지 않으면 반드시 오해된다'고 그가 말할 때 특히 그렇다.
73) 추가로 K. E. Bailey, *Poet and Peasant: A Literary-Cultural Approach to the Parables in Luke* (Grand Rapids: Eerdmans, 1976) ch. 3을 보라.
74) Meyer, *Aims* 96. 독일어 '*Sachkritik*'(영어로 '내용-비평'[content criticism]이라 번역하는 것은 매우 부적절하다)은 하나님의 말씀(the Word of God)과 그 말씀을 듣게 하는 성서의 말들(그 둘은 물론 단순히 동일화할 수 없다) 사이의 오래된 신학적 구분에 기초한 개념이다. 이는 텍스트의 현실적 의도(*die Sache*, 사물 또는 주제)와 그것을 표현하는 언어(*die Sprache*)를 구분함으로써 가능해진다. 이 '의도비평'은 특히 불트만의 이름과 연계되어 있다(예컨대, Thiselton, *Two Horizons* 274).
75) 여기서는 언어 체계(*langue*)와 언술의 구체적인 행위(*parole*)에 대한 소쉬르의 영향력 있는 구분, 그리고 텍스트를 코드화된 기호 체계로 본(이로부터 기호의 이론이란 뜻의 '기호학'[semiotics]이란 말이 생겨남) 그의 개념을 언급한 것이다(Thiselton, *New Horizon* 80-86을 보라).
76) 야고보서에 대한 루터의 유명한 비판을 보라: '그리스도를 가르치지 않는 것은 성 베드로나 바울이 그것을 가르쳤다 해도 사도적인 것이 아니다'(Kümmel, *New Testament* 25).
77) 위의 §4.3을 보라.
78) 위의 §5.3을 보라.

또는 최근 예수 연구에서 교훈적인 사례는, 라이트가 반복적으로 호소한 대로 해석학적 공명 공간을 제공한 포로기 이스라엘과 귀환의 희망이라는 메타서사이다. 그에 의하면 그 공간 안에서 예수의 다양한 어록들과 예수에 대한 이야기들은 텍스트 표면의 증거가 거의 없는 의미와 함께 반향을 일으킨다는 것이다.[80]

해석학적 순환의 세 번째 형태는 독자와 텍스트 사이에 위치한다. 독자와 텍스트의 상호 작용은 이미 해석학의 '심리적' 차원에 대한 인식과[81] '유비'의 역사적 원리(위의 §6.3c) 가운데 암시되었다. 불트만은 (신약성서학도들이 여전히 경청할 필요가 있는) '전제 없는 주석 같은 것은 있을 수 없다'는 그의 주장 가운데 이 점을 더 발전시켰다. 이를테면 '텍스트에 대한 "삶의 관계"란 기초 위에서 텍스트의 주제와 관련된 어떤 특정한 이해는 주석에 의해 항상 전제된다'는 것인데, 여기서 '선이해'(pre-understanding)라는 용어가 나왔다.[82] 상대적으로 더 보수적인 성서학자들이 그들의 대부분 동료학자들이 무비평적 주석이라고 간주하는 것을 착수하기 전 그들의 전제를 선언하는 것으로 충분하다고 생각할 때, 그 점은 때로 놓쳐버린다. 그들은 마치 그 전제를 선언하는 것만으로도 주석 자체의 정당성을 입증했다고 여기는 듯하다(아무렴, '모든 사람들은 전제를 가지고 있다'고 하지 않는가). 그러나 단순히 어떤 텍스트 읽기가 거기에 수반되는 선이해로 형성된다는 게 요점이 아니다. 오히려 핵심 요지인즉, 주석가가 선이해와 텍스트 사이의 해석학적 순환을 따라 움직이듯이, 텍스트는 여기저기서 선이해를 예리하게 벼리고 그 수정을 요구하면서, 그리하여 그 텍스트에 대한 신선한 탐사를 가능케 하고 마침내 선이해의 추가 수정을 불가피하게 하면서 다각도로 반응한다는 것이다.

하지만, 가장 삐딱한 형태의 해석학적 순환은 포스트모더니즘의 문학

---

79) 예컨대, E. Käsemann, ed., *Das Neue Testament als Kanon* (Göttingen: Vandenhoeck, 1970) 405.
80) Wright, *Jesus* 이곳저곳 여러 군데.
81) Schleiermacher and Droysen, in Mueller-Vollmer, *Hermeneutics Reader* 8-11, 128.
82) Bultmann, 'Exegesis without Presupposition' 343-44, 347. 또한 편견에 대한 가다머의 주목할 만한 '방어'를 보라(*Truth* 270-71, 276-78).

비평 내에서 전개된 독자와 텍스트 사이의 순환으로 검증되었다. 기실 해체주의 해석학은, 실재가 무한한 상호 연쇄적 순환의 연속이며 거기서 의미의 탐색은 끝이 없고 기표와 기의의 놀이도 무한대로 뻗어간다고 제안함으로써 해석학적 순환 속에 그려진 전반적 절차를 훼손하려 한다. 여기서 포착되는 이미지는 끝이 없는 컴퓨터 게임이나 한 웹페이지가 무한한 연속으로 다른 웹페이지로 이동하듯이 사이버 공간의 무한으로 뻗어가는 인터넷 검색, 또는 다른 시스템을 망가뜨리는 시스템을 적재하는 데 성공한 컴퓨터 해커들의 이미지이다. 혹, 그것은 인간의 의식은 무엇인가 하는 문제를 먼저 해결하지 않은 채 어떤 학문적 주제나 정치적 방침의 효율적인 논의가 불가능하다고 늘 주장하는 학문적 동료의 이미지와 통한다. 그러한 실천들이 지적으로 도전적이라 할지라도, 그것들은 삶을 살아가는 데나 지식의 진보, 또는 공동체를 세워나가는 데 큰 도움이 되지 못한다. 해석학적 과정을 무한히 퇴행적인 상호 텍스트성으로 생각하는 것은, 모든 의미 있는 소통을 불가능성으로, 모든 소통을 '사소한 추구'의 게임으로 잽싸게 수렴하는 자포자기적인 조언에 다름 아니다.

우리를 잘못 인도한 것은 아마도 '원형'의 이미지였을 것이다. 그것이 무한하게 '원 안에서 빙빙 도는' 그림을 떠올려주기 때문이다. 하지만 실제로는 그 최초의 용례로부터 해석학적 순환은 항상 그로써 그 순환하는 원형의 틀이 기실 점점 더 작아진 진보적인 실천으로 인식되었다. 다른 식으로 표현하자면, 그 원형은 삼각의 꼭짓점을 갖춘 원형으로, 즉 나선형으로 보였기에 연속적인 원형 운동은 공통된 중심을 향한 나선형의 운동을 만들어낸다. 훔볼트(Wilhelm von Humboldt)는, 자신이 역사를 '대상에 대한 예비적 인상을 [역사가가] 반복적인 상호 행위를 통해 명료함과 확실함이 나타나기까지 바로잡도록 하는 비판적 실천[83]이라고 말했을 때, 비록 19세기의 과잉 확신이 들어 있긴 하지만, 이 점을 잘 표현하였다. 해석학적 방법

---

83) Mueller-Vollmer, *Hermeneutics Reader* 112–13.

과 위에서 서술한 역사적 방법(§6.3)의 닮은꼴은 다시 한 번 주목되어야 한다. 그러므로 역사 텍스트(신약성서의 복음서와 서신서)의 독자로서, 나 자신과 또한 같은 활동에 종사하는 대부분 다른 사람들은 해석학적 순환에 좌절하지 않고 이러한 텍스트에 대한 자기 비판적인 비평적 탐사의 현실을 통해 왜 그것들이 쓰였으며 그 텍스트가 맨 처음 청자들과 독자들에게 무엇을 전달했었는지를 더 잘 이해하고 인정할 수 있고 또 그렇게 한다고 본다. 텍스트를 통해, 또 그것을 수단으로 의도된 의미는 여전히 신약성서 주석가와 해석자에게 적법하고 실행 가능한 목표이다.

e. '역사적으로 만들어진 의식'

현재 해석학에서 성서비평에 가한 영향력으로 인해 특별히 언급할 가치가 있는 것은[84] 가다머가 조형한 텍스트의 '영향사'(*Wirkungsgeschichte*) 개념이다. 여기서 해석학적 순환은 해석학을 친숙함과 낯섦 양 극점 사이의 상호 작용으로 인식한 옛날의 해석학 개념과 연동되어 있다. 요컨대, 텍스트와 독자 사이의 틈은 텅 비어 있지 않다는 것이다. 그 틈은 텍스트가 '역사적으로 의도된, 떨어져 있는 대상과 한 전통에 소속된 것' 사이의 틈새 시간 내에서 만들어낸 영향으로 채워져 있다. 결과적으로 가다머는 시간적 거리가 극복되어야 하는 무엇인 양 보는 '역사주의의 순진한 가정'을 문제 삼는다. 시간적 거리는 외려 '이해를 가능케 하는 긍정적이고 생산적인 조건으로' 봐야 한다. 그 사이에 끼어드는 전통이란 우리의 일부이다.[85] 가다머의 주안점은 해석자가 텍스트의 영향을 받는 역사 안에 서 있다는 인식으로 간단히 수렴되어서는 안 된다. 그 핵심 용어는 '역사적으로 만들어진 의식'이라는 실제로 좀더 다듬어진 문구이다. 여기서 영어 단어 'affect'와 'effect'의 구분을 알아두는 것이 중요하다. 누군가를 'affect'한다는 것은 그 사람을

---

84) 예컨대, Watson, *Text and Truth*, 특히 45-54을 보라.
85) Gadamer, *Truth* 295, 297, 282.

움직이거나 감동시키거나 영향을 끼치는 것이다. 반면 'effect'라는 것은 어떤 결과나 소득이 있게 한다는 것이다.[86] 가다머의 주안점은, 그때 해석자의 의식이나 선이해라 말할 수 있는 것이 단순히 텍스트에 의해 영향을 받는 것이 아니라 오히려 텍스트에 의해 어느 정도 만들어졌다는 것, 어느 정도 텍스트의 산물이라는 것, 따라서 그것은 해석되어야 하는 텍스트의 의식이라는 것이다. 왜냐하면 해석자의 의식은 이렇게 '만들어져서'(effected) 올바른 질문을 찾아내는 데 '효과적'(effectual)일 수 있기 때문이다.[87]

여전히 더 영향력 있는 것은[88] 해석학에 연관된 가다머의 두 '지평' 개념이다. 이는 곧 '이해를 추구하는 사람이 살아가는 지평과 그가 자신을 위치시키는 역사적 지평'이다. 그러나 해석학적 과정을 친숙한 동시대의 지평에서 낯선 텍스트의 지평으로 자리를 바꾸는 것으로 생각하는 것만으로는 충분하지 않다. 왜냐하면 지평들, 특별히 해석자의 지평은 정적이지 않고 닫혀 있지도 않기 때문이다. 그것들은 변동하고 수정 가능하다. '현재의 지평은 계속적으로 형성되는 과정에 있으며…과거 없이는 형성될 수 없다.' 따라서 '이해는 언제나 스스로 존재하는 것으로 생각되는 이러한 지평들의 융합이다.'[89]

해석학적 순환을 이런 식으로 다시 조명하는 것은 두 가지 점에서 가치가 있다.[90] 첫째, 그것은 해석자와 텍스트 사이의 거리와 차이라는 사실을 인식하고 긍정한다. 심지어 그 '지평 융합'에서도 다른 지평의 독특성과 차이는 눈앞에서 망실되면 안 된다. 둘째로, 그 해석학적 과정은 단순히 낭만주의에서 말하는, 저자와 공감하는 느낌 이상의 것으로 봐야 한다. 그것은 오히려 해석자의 자기 정체성 위에서 텍스트의 타자성과 그 결과(크든 작든, 좋든 나쁘든)를 점점 더 인식하는 운동이다. 지평의 융합은 해석학적 순환

---

86) 가다머의 번역자 노트(*Truth* xv).
87) Gadamer, *Truth* 340–41, 301.
88) 특히 티슬턴의 두 가지 주요 연구 *Two Horizons*와 *New Horizons*에 의해 설명됨.
89) Gadamer, *Truth* 302–307.
90) 'The Task of Hermeneutics'의 결론 부분과 그 뒤에 나온 'The Hermeneutical Function of Distanciation'에서 가다머의 저작이 야기한 리쾨르의 성찰을 참조하라(*Text to Action* 73–88).

의 상호 교정적 성향이 텍스트의 이해를 확대 심화할 뿐 아니라 자기 자신의 이해도 확대 심화하는 나선형 운동에 다름 아니다.

그렇다면, 원리상 신앙이 신약성서 연구에 적용된 해석학적 과정과 사이가 나쁘지 않다고 주장하고자 하는 이들에게 가다머가 그러한 지원자로 드러났다는 것은 이상한 일이 아니다. 비록 그것이 계몽주의적 역사주의란 견지에서나 '근대' 의식이 결정한 유비를 통해서 생각되었다고 해도 마찬가지다. 가다머는 우리에게 자의식의 차원과 그것 없이는 비판적 해석학이 충분히 자기 비판적일 수 없음을 알게 해주었다.[91]

f. 만남으로서의 읽기

내가 해석학의 이미지로 '대화'를 선호한다면, 그것은 해석학적 순환을 고려하는 데서 생겨나는 중요한 점들을 부인하거나 무시하는 것이 아니다. 나는 그저 개인적인 만남으로서 대화의 이미지가 더욱더 호소력 있음을 발견할 뿐이다. 그것은 부분적으로 어떤 의미에서 개인적 형성의 과정으로서 해석학 개념에 비중을 두기 때문이고, 또 달리 부분적으로는 그것이 텍스트를 소통적 행위로 인식하기 때문이다. 해석학은 무엇보다 양쪽 당사자가 그들 나름의 관점에서 말하도록 허용해주어야 하는 대화로 생각된다. 그것은 텍스트가 제기된 질문에 대답만 하도록 허용되는 자리에서 벌어지는 텍스트에 대한 심문이 아닌 것이다. 같은 요지를 달리 표현하면, 대화가 열매를 맺기 위해서는 텍스트에 대한 해석자의 순전한 개입이 있어야 한다. 여기서 다시 우리는 의식적으로, 마치 텍스트가 역사적 방법이란 수술칼로 해부당하기 위해 병리학 실험실에서 대기중인 시체라도 되는 양 여기는 냉정한 임상연구의 옛 과학적 패러다임을 벗어나 계속 진전해야 한다. 이러한 요지의 의견은 이미 감정적으로 경건주의와 낭만주

---

91) 놀라운 이야기는 아니지만, 벤 마이어(Ben Meyer)는 예수에 대한 역사적 연구에 가다머의 중요성을 처음 알아차린 학자였다(*Aims* 59).

의의 부흥에서 인정받았고, 신학적으로는 케리그마 말씀과의 만남을 강조한 바르트의 신학과 불트만의 실존주의에서, 해석학적으로는 독자반응비평이라는 보다 보수적인 형식 속에서, 나아가 리쾨르의 '두 번째 순진함'이란 개념[92]과 스타이너(George Steiner)의 '사실적 현존'[93]에 대한 해설에서 또한 인식되었다. 심지어 해체도 저자에게서 무리하게 빼앗은 주도권을 단순히 독자가 떠맡는다는 것을 확인하는 시도로 볼 수 없다. 텍스트 그 자체는 모든 해석들을 해체한다! 말하자면, 텍스트가 말하는 것에 대한 해석자의 개방성이 없으면 해석자가 텍스트를 남용하는 것을 피하리라고 기대할 수 없다. 최소한 어떤 의미에서 텍스트가 그 나름의 의제를 정하도록 허용하지 않는다면, 그것이 두루 들려지고 있는지 여부는 의문스러울 터이다.

간단히 말해 우리가 '텍스트에 의미가 있는가?'라는 포스트모던의 질문에 응답함으로써 해석학적 논점을 요약한다면, 그 대답은 조건부의 '예'와 조건부의 '아니요' 둘 가운데 하나일 것이다. 프라이(Northrop Frye)의 관련 은유를 뽑아보자면, 그 만남은 그 자리에 텍스트가 말을 가져오고 독자가 의미를 가져오는 하나의 '소풍' 같은 것이 아니다. 진실은 그 사이 어딘가에, 너무 간단하게 분리된 바로 이 두 용어의 통합 속에, 이 두 극점의 융합 속에 있어야 한다. 언어와 구문적 관계 속에서 그 텍스트에는 이미 의미를 위한 잠재력이 있다. 곧 그 읽기가 첫 번째이든 천 번째이든, 읽기라는 만남 속에 활동적이고 효과를 발휘하는 잠재력이 있다. 그리스도교의 기원사에 대한 비판적 실재론의 접근도 그랬지만, 신약성서 읽기의 해석학도 마찬가지로, 텍스트 '안에' 절대적으로 객관적인 의미나 또는 독자가 텍스트에 들여온 절대적으로 주관적인 의미란 없다. '과거에서 말하는 목소리…바로 그 자체가 질문을 제기하고 우리의 의미를 개방성 속에 놓아둔다.'[94]

---

92) P. Ricoeur, *The Symbolism of Evil* (Boston: Beacon, 1969, 『악의 상징』, 문학과지성사 역간) 351. 추가로 Ricoeur, *Essays* 6, 23; 또한 'Preface to Bultmann' 67–69; 또한 'Hermeneutical Function of Distanciation' 84–88; Thiselton, *New Horizons* 359–60.
93) G. Steiner, *Real Presence: Is There Anything in What We Say?* (London: Faber and Faber, 1989).
94) Gadamer, *Truth* 371.

6.5 언제 신앙의 관점이 처음으로 예수 전통에 영향을 끼쳤는가?

나는 나사렛 예수에 대하여 역사적으로 말하려는 모든 시도의 핵심 논지가 신앙과 역사의 긴장, 또는 더 정확하게 말해 신앙과 역사의 해석학적 긴장이었고, 지금도 여전하다고 주장해왔다. 이 장에서 지금까지 논의해 온 것 대부분은 그 논점을 담아내고 있으며, 앞서 개관한 내용도 이제 수확해야 할 수많은 중요한 통찰들을 우리에게 남겨두고 있다.

a. 역사적 예수란 무엇인가?

역사적 객관성이라는 계몽주의적 이상은 또한 역사적 예수 탐구에 가짜 목표를 투사했다. 왜냐하면 그 초창기부터 탐구자들은 복음서 텍스트 배후에, 또 그것이 담아낸 전통들의 배후에 어떤 '역사적 예수'가 있다고 가정해왔기 때문이다. 그것은 그들에게 교리적 예수나 복음서의 예수와는 다르고, 우리로 하여금 교리적 예수와 복음서의 예수를 비판할 수 있도록 해줄 객관적인 역사적 자료였다.[95]

이 모든 것의 중요한 요인 하나는 '역사적 예수'라는 핵심 문구로 그 탐구에 주입된 혼란이었다. 이 문구에 대하여 정의할 때마다, 그 정의를 하는 사람은 그 '역사적 예수'가 역사적 연구로 구성한 예수라고 확신한다.[96] 하지만 사정이 그럼에도 불구하고, 무심코 그 문구는 갈릴리 언덕을 걸었던 나사렛 예수를 가리키기 위해 줄기차게 사용되며, 전반적으로 그 문구의 선입견을 지배하는 것은 바로 그런 의미다. 또는 좀더 정확하게 말하자

---

95) 여기서 펑크가 사용한 고고학적 이미지가 의미심장하다. 펑크는 '역사적 발굴로 드러나게 된 역사적 예수와 첫 신조들 속에 안전하게 밀봉된 신앙의 그리스도 사이의 구분'이 '근대 성서비평의 두 기둥' 가운데 하나라고 묘사한다(*Five Gospels* 3). 유사하게 자기 나름의 초기 '고고학적 노력'에 대한 맥(Mack)의 서술도 보라(*Myth* xi-xiii, 5). 그 이미지는 클로펜보그 버빈(Kloppenborg Verbin)의 최근 저서 제목(*Excavating Q*)과 크로산(J. D. Crossan)과 리드(J. L. Reed)가 세심하게 공동 저작한 *Excavating Jesus: Beneath the Stones, behind the Texts* (SanFrancisco: HarperSanFrancisco, 2001) 특히 xvii-xviii, 8, 12-14에서 패러다임의 지위를 부여받았다. 또한 아래 제8장의 각주 302를 보라.

96) 예컨대, Robinson, *New Quest* 26; Keck, *Future* 20, 35 ('역사적 예수는 역사가의 예수일 뿐, 칸트가 말한 물 자체[*Ding an sich*]가 아니다); Meier, *Marginal Jew* 1.21-26.

면, 전형적으로 사용되는 '역사적 예수'라는 문구는 그 두 의미들의 합성물의 일종이다. 그 탐구는 일반적으로 진짜 예수일 것이라는 한 예수를 (현존 자료에서) 구성하기 위해 그 자격을 떠맡았다. 하여 그렇게 (재구성된) 역사적 예수가 (실제의) 역사적 예수이리라는 것이다. 그런데 주구장창 그 한쪽 의미는 구분할 수 없을 정도로 다른 쪽 의미 속으로 스며들면서 묵살된다.[97] 현존 자료에서 재구성한 예수가 이 자료들의 예수를 비평하는 건전한 기초(실제의 예수)일 것이라는 19세기, 20세기 탐구자들의 놀라운 확신 배후에 대체로 놓여 있는 공통점은 바로 이 혼란이다.[98] 따라서 다음의 사실을 한 번 더 말할 필요가 있다. 온당하게 말하자면, '역사적 예수'는 공관복음의 자료를 사용하여 19세기와 20세기에 구성해놓은 결과이지, 그때 당시로 되돌아간 예수와 우리가 복음서 전통 속의 예수상을 비판하기 위해 현실적으로 사용할 수 있는 역사 속의 인물은 아니라는 것이다.

b. 켈러의 논점

여기가 바로 켈러의 핵심 통찰이 다시 강조되어야 할 지점이다.[99] 복음서 전통에서 재구성한, 그러나 복음서의 예수와 의미심장하게 다른 예수(이른바 '역사적 예수')가 갈릴리에서 가르친 예수(그 역사적 예수!)라는 생각은 환상이다. 우리가 신약성서 문헌들의 신앙 관점을 통해 볼 수 있는 예수가 신앙을 품게 하지 않았다거나 신앙을 다른 방식으로 품게 했다는 생각도 환상이다. 그러한 예수는 없다. 신앙을 고취시킨 예수가 있었고, 적당한 때에

---

97) 물론 이 점은 '역사'=과거와 '역사'=그 과거를 재구성하려는 역사가의 시도 사이의 더 넓은 혼란을 반영한다. 사실적 독자, 이상적 독자, 내재적 독자 사이의 유사한 혼란도 독자반응비평(위의 §6.4)을 질적으로 적잖이 손상시킨다. 공관복음 비평에서 'Q'가 무엇을 가리키는가 관련된 혼란도 마찬가지다(아래 §7.4를 보라).
98) 새로운 자료들을 제시하고 그 자료들 사이의 주요 차이점을 지적하는 신자유주의자들의 움직임이 중요한 이유가 바로 여기에 있다. 그 자료들이 더 차별화될수록 후대에 나타난 모든 것들과 비교하여 역사적 예수를 다르게 구성할 가능성은 더 커지기 때문이다. 자료의 문제가 우리가 다룰 논제의 다음 항목이 되어야 하는 이유가 또한 여기에 있다(아래의 제7장).
99) 강조하거니와, 내가 여기서 취하고자 하는 것은 켈러의 핵심 요지일 뿐, 19세기 후반의 조직신학자로서 켈러가 다룬 폭넓은 의제가 아니다.

복음서에 그 신앙이 표현되었다는 것은 의문의 여지가 없다. 그러나 우리가 제자들에게 예수가 실제로 끼친 신학적 영향을 벗겨내거나, 그리하여 다른 예수(진짜 예수!)를 드러내길 어떤 식으로든 바라는 것은 기껏해야 기발한 착상에 불과하다. 이는 단순히 '예수의 제자들이 그에 대해 남긴 초상을 통해서만 우리가 예수에 닿을 수 있다'는 말이 아니다.[100] 이는 또한 우리가 그 초상을 통해 만나는 그 예수는 그 초상을 고취시킨 예수라는 말이다.

물론 우리에게는 로마와 랍비 계통의 자료에 담긴 바깥쪽 관점의 메아리가 있다.[101] 그러나 우리는 대제사장들 또는 로마의 권세자들이나 그 땅의 사람들의 눈을 통해 본 예수의 초상을 가지고 있지 않다. 우리에게는 '중립적인'(!) 예수의 초상이 없다.[102] 우리가 신약성서 복음서에서 가지고 있는 모든 것은 신앙의 눈을 통해 본 예수이다. 우리에게는 '역사적(historical) 예수'는 없고 오직 '역사의 교훈을 주는(historic) 그리스도'만이 있을 뿐이다. 켈러가 지적한 대로, 그 부작용의 증거는 일반적으로 탐구자들이 구성해 놓은 다양한 예수들에 있거니와, 자유주의자들과 이제는 신자유주의자들이 내놓은 예수들의 사례를 사소하게 치부할 수 없다. 그 각각의 경우에서 '객관적 예수'의 독특성은 대체로 그것이 역사비평가의 창조물이라는 것이다. 여기서 아이러니는 전형적인 '역사적 예수' 역시 복음서의 초상 못지않게 상당한 신학적 예수라는 사실이다. 왜냐하면 그렇게 재구성한 예수는 거의 언제나 역사가 나름의 이상적 관념(켈러에 의하면 제5복음서)과 비판적으로(선택적으로) 가공된 자료의 혼합물이었기 때문이다.[103] 신자유주의 탐구

---

100) H. -I. Marrou, *De la connaissance historique* (Paris: Editions du Seuill, 1954) 108, Reiser, 'Eschatology' 221에 인용.
101) 아래 §7.1을 보라.
102) 이를 넘어서는 논쟁의 여지는 있지만 예수에 대한 요세푸스의 간략한 언급이 있을 뿐이다(다시 아래의 §7.1을 보라).
103) 이 점을 분명히 하자면, 나는 개별 복음서 저자들의 성향을 감별하거나 허용할 수 없다고 말하는 게 아니다. 내가 주장하는 핵심 요지는 신앙의 기본 경향이 전통에 스며들고, 그 스며들지 않은 잔여분을 솎아내려는 어떤 시도도 불가피하게 사용된 절차에 의해 '오염되거나' 복음서 전통을 읽어내는 안경에 의해 '왜곡된다'는 것이다. 또한 나는 '비판적 실재론'(§6.3e)의 실천을 포기하지 않는다. 내 핵심 요지는 우리가 주어진 자료와의 비판적 대화를 통해 나타나길 현실적으로 기대할 수 있는 유일한 예수는 우리가 '신앙'이라는 말로 감싸는, 제자들에게 영향을 끼친 예수라는 것이다. 이 논점은 다음 장들에서 더 발전될 것이다.

자들이 나팔을 부는 새 자료들이 과연 켈러의 이 핵심 요지에 의미심장한 차이를 낳는지 여부는 다시 우리가 되돌아가야 할 논제이다.

c. 양식비평이 놓친 기회

양식비평은 최초의 문헌 자료 배후를 뚫고 들어갈 수 있는 새로운 가능성을 열었다. 또한 이로 인해 신앙이 그 최초의 양식을 형성했다는 점을 알 수 있게 되었다. 그러나 그 양식비평을 사용하는 이들은 복음서의 최종 양식을 향해 신앙이 그 양식들을 형성한 방식에 초점을 맞춤으로써, '예수 생애' 연구를 위한 이러한 인식의 함의에서 의식이 멀어졌다. 그들은 전통화 과정을 **출범시킨** 신앙이란 자극에 대하여 깊숙이 탐구하는 일에 소홀했다. 또는 그들은 예수의 초상이 전적으로 부활 사건 이후에 만들어진 발전된 신앙의 산물이라고 가정하면서 부활 신앙을 그 전통의 출발점으로 취했다. 어떤 의미에서 우리는 '양식비평'(form criticism)이 양식사(*Formgeschichte*)의 번역이라는 잘못된 생각으로 고초를 겪어왔다. 특히 처음부터 전통의 전승사 연구가 너무 자주 양식 자체의 연구로 전복되었다는 점에서 그렇다. 그래서 양식이 삶의 자리(*Sitz-im-Leben*)를 가지고 있다는 인식으로 인해 관심의 초점은 전통의 과정에서 그 양식에 틀을 부여한 공동체로 전환되었다. 이러한 문제로 우리는 §§8.3-6에서 다시 돌아가야 할 것이다.

역사적 예수 탐구에서 양식비평의 약점은 그것이 켈러가 지적한 같은 환상에 굴복한 그 안이함 가운데 적절히 설명된다. 즉 텍스트 배후에는 신앙에 의해 감염되지 않은 회복원 가능한 실재('최초'의 양식)가 있다는 가정이 그것이다. 그래서 양식비평은, 많은 개별적 양식들이 결국 그 최초 형성 단계에 주어졌고, 마치 그 양식들이 여행객들의 캠프파이어 주변의 이야기나 시장바닥의 시시껄렁한 대화에서 발견될 수 있다는 양[104] 신앙공동체 바깥에서 활력을 발휘했다는 식의 작업가설을 포함할 수 있었다. 이는 마치 유럽의 20세기 전반기 작곡가들이 작곡을 하기 위해 그 백성들의 대중가요와 대중의 곡조를 채집하였듯이, 복음서 저자들이 예수에 대한 이야기를 채집했다는 주장과 같은 것이었다. 그러나 정말로 공관복음 전통 속에 초장부터 신앙에 물들지 않은 어떤 자료가 있는지 우리는 다시 물어봐야 한다.

d. 제자의 반응

바로 이 지점에서 우리는, 텍스트의 의미가 어떤 면에서 텍스트와 독자의 창조적 만남의 산물이라는 포스트모던 문학비평의 통찰을 좀더 끌어다 쓸 수 있다. 가령, 지금 제시되는 요점이 오늘날 독자가 문학 텍스트를 수용하는 것과 대체로 관련되어 있겠지만, 그것은 실제로 공관복음 배후에 놓인 전통 과정 자체에도 적용된다. 여기에는 또한 텍스트나 전통의 영향사(*Wirkungsgeschichte*)라는 가다머의 개념도 긴요하다. 그것 역시 전통을 창조해내는 순간에 적용되기 때문이다. 사실 역사적으로 상정된 예수와 의식을 만들어낸 이후의 전통 사이에는 메워야 할 틈이 없다. 우리가 가진 모든 것은 예수가 감화시킨 제자들과, 그렇게 감화된 상태에서 그 감화시킨 전통을 조성함으로써 그들의 감화된 '결과'(effection)를 표현한 제자들이 있을 뿐이다.[105] 복음서의 배후에 놓인 전통들은(이 전통들의 어떤 부분을 가

---

104) 특히, E. Trocmé, *Jesus and His Contemporaries* (London: SCM, 1973)를 참조하라. '기적 이야기가 발원하고 한동안 전승된 배경은 그리스도교적인 공간이 아니라, 동북 갈릴리 마을 공동체나 디베랴 호수를 둘러싼 인근 지역에서 찾아야 한다. 시장바닥의 이야기꾼들은 겨울 저녁 내내 문학적 허세 없이 이야기를 들을 준비된 청중을 발견했는데, 그들은 너무 선정적이어서 대중적 청중을 감동시킬 수밖에 없었다.… 그[마가]는 이러한 이야기들이 그리스도교의 배경으로 도입되는 과정에 기여했다'(104). 이러한 논지는 G. Theissen, *The Gospels in Context: Social and Political History in the Synoptic Tradition* (Minneapolis: Fortress, 1991) 97-112에서 더 정교하게 다듬어진다. 또한 그의 자극적인 소설적 저작, *The Shadow of the Galilean: The Quest of the Historical Jesus in Narrative Form* (London: SCM, 1987)을 보라.

105) 거리와 차이의 현상은 단순히 고대 텍스트의 근대적 읽기만을 가리키는 것이 아니라는 리쾨르의 통찰을 참조하라. '그 거리는 처음에 주어진다. 그것은 바로 청자와 그 사건의 증인 사이의 첫 번

리키는가에 대한 질문은 당분간 제쳐둘 것이다) 예수와 그와의 만남 덕분에 제자가 된 사람들 사이의 다양한 만남에서 비롯되었다. 최초의 전통들이란 그 제자들의 반응의 산물이다. 제자들의 신앙에 추가된 첨가물을 벗겨냄으로써 드러내야 할 객관화된 의미는 없다. 그 최초 형태의 전통 자체는 결정적으로 중요한 의미에서 신앙의 창조물이다. 또는 좀더 정확하게 말해, 그것은 예수와 예수의 제자가 된 사람들 사이의 만남의 산물이다. 첫 제자들이 듣고 증언한 것이 이미 해석학적 순환 구조에 붙잡힌 해석학적 행위였다. 21세기 주석가들과 해석자들은 해석학적 대화를 시작하지 않는다. 그들은 전통의 최초 형성 단계에서 시작된 대화를 지속할 뿐이다.[106]

그러므로 지금 우리의 핵심 요지는 어록이나 이야기는 예수가 끼친 강렬한 영향을 증언한다는 것이다.[107] 그러나 그것이 우리를 인도하여 그 영향의 배후로 들어가 혹 달리 들렸을지도 모르는 그런 예수에게로 인도해 줄 수 없다. 이 점을 좀더 명확하게 표현하면, 이러한 기록들 배후의 최초의 충동은 **경청되고 받아들여진 예수의 어록들**과 증언되고 **기억 속에 간직된 예수의 행적들**(이 두 문구 모두 중요하다) 그 자체였다. 이 두 가지에다 물론 **그 이후 계속 상기된 것**이라는 문구를 더 넣어야겠다. 하지만 이 전통들 속에 우리가 가지고 있는 것은 그 상기 작용의 최종 산물이 아니다. 그것은 오히려 신앙을 창조해내는 말씀/사건이다. 즉 그것은 신앙을 형성하는 힘으로, 그리고 그렇게 창조되었고 창조되고 있는 신앙이 간직하고 되

째 거리이다'('Preface to Bultmann').

106) 왓슨(Watson)은 회고적으로 조명된 중요성의 관점에서만 생각하는 것 같다(*Text and Truth* 52-53).
107) 이를 더 잘 묘사하는 방식이 부재한 터라, 나는 앞으로 예수의 '강렬한 영향'(impact)이라 말하기로 한다. P. Barnett, *Jesus and the Logic of History* (Grand Rapids: Eerdmans, 1997)도 유사하게 '스승 예수의 충격적 영향'을 말한다(56, 102, 127); Barnett의 책 *Jesus and the Rise of Early Christianity* ch. 2을 참조하라. 패터슨(Patterson)은 예수가 남긴 '(최초의) 인상', 즉 제자들 가운데 예수가 '창조한' '경험'을 강조한다(*The God of Jesus* 10, 46-50, 53-54, 56-58, 87, 90, 113, 118, 130-31); 패터슨은 다음과 같이 막센(Willi Marxsen)을 인용한다. '그리스도교 신앙은 예수에 의해 감동받은 사건과 함께 시작되었다'(56, 각주 1). 우리는 또한 예수 전통에 대한 양식비평적 분석이 전통은 살아 있는 전통으로 간직되었고 정확하게 바로 그 전통 속에서 초기 제자들과 공동체의 삶을 형성하고 거기에 계속적으로 영향을 주었다는 가정 위에 입각한 것임을 떠올려야 한다. 마 7.24-27/눅 6.47-49과 막 8.34-38과 그 평행구 같은 가르침이 그것을 전수한 자들에게 신앙을 유발하는 강렬한 영향을 끼쳤음은 자명하다. 이 모든 것에는 언어를 사건으로 보는 해석학적 개념('언어-사건')과의 분명한 연계점이 있다; 이에 대한 토론을 위해 Thiselton, *Two Horizons* 335-56; '화행'(speech-act) 이론에 대해서는 *New Horizons* 283-312, 361-68을 보라.

풀이하는 것으로 작용한다. 다시 말해, 예수 전통은 냉정하게 기록된 말씀이나 행위에 즉각적인 접근 수단을 제공하지 않거니와, 50년대, 60년대, 70년대, 80년대의 신앙과 같은 최종 단계에만 국한하여 그 접근 수단을 허용하는 것도 아니다. 그것은 또한 그 둘 사이의 과정에도 개입한다. 즉 예수의 말씀이나 행위가 최초로 영향을 끼치기 시작하였고 그것이 마가 또는 마태, 누가의 이야기 속에 응결되기까지 중간 단계에서 그 전통을 되풀이해 이야기한 자들에게 계속 영향을 끼친 그 전통도 그 범주에 포함된다는 말이다.[108] 요컨대, 우리는 제자의 반응으로서 전통이 지닌 성격과 함께 그 전통의 깊이와 그 최종 형태까지 진지하게 숙고해야 한다.[109]

e. 기억된 예수

그러므로 우리는 켈러의 논지를 더 멀리 밀어붙여 하나의 근본 원리에 이를 수 있다. 공관복음은 그 자체로 예수가 무엇을 행하였고 말했는가보다는 예수의 처음 제자들이 그가 무엇을 행하거나 말한 것으로 **기억했는가**에 대한 증거를 제공한다. 혹 우리는 예수가 행하고 말한 것이 그의 처음 제자들에게 끼친 **강렬한 영향**의 증거라고 말할 수 있을 것이다. 이 점을 염두에 둔다면, 그것은 과거를 다시 현존하게 함으로써(*Vergegenwärtigung*),[110]

---

108) 특히 공관복음 전통을 부활 이전 단계의 기원으로 소급시키는 쉬어만(H. Schürmann)의 반복적인 강조를 참조하라. 'Die Vorösterlichen Anfänge der Logientradition: Versuch eines formgeschichtlichen Zugang zum Leben Jesu', in H. Ristow and K. Matthiae, eds., *Der historische Jesus und der kerygmatische Christus* [Berlin: Evangelische, 1961] 342-70); 또한 *Jesus: Gestalt und Geheimnis* (Paderborn: Bonifatius, 1994) 85-104, 380-97: '양식비평 원리의 도움을 받아 어록 전통의 기원이 제자들의 부활 경험 이전 단계에 놓여 있으며 이와 함께 예수 자신에게로 소급됨을…보여줄 수 있게 되었다. 이제 이와 더불어 양식비평적 접근법이 "역사적 예수"에 대해서도 개방되었으면 좋겠다. 왜냐하면 "역사적 예수"는 이제 전통의 역사에서 (그 시발자로서) 한 요인이 되기 때문이다'(103).

109) 여기서의 논쟁은 '정경비평'에 대한 샌더스(J. A. Sanders)와 차일즈(B. S. Childs)의 논쟁과 유사하다. 이 대목에서 나는 샌더스 편에 가깝다. 나의 논문 'Levels of Canonical Authority', *HBT* 4(1982) 13-60(특히 15와 각주 14), reprinted in *The Living Word* (London: SCM, 1987) 141-74, 186-92 (특히 142-43과 각주 14)을 보라.

110) Cf. 특히 J. Schröter, *Erinnerung an Jesu Worte: Studien zur Rezeption der Logienüberlieferung in Markus, Q und Thomas* (WMANT 76; Neukirchen-Vluyn: Neukirchener, 1997) 3-4; '따라서 예수 전통을 회고하는 것은 현재 자체가 예수의 인격을 언급함으로써 의미심장해지는 선택적인 과정으로 이해할 수 있다'(463-64). 추가로 Schröter, 'Markus, Q und der historische Jesus', *ZNW* 89 (1998) 173-200을 보라; 또한 'Die Frage nach dem historischen Jesus und der Charakter historischer

정확하게 과거와 현재의 지평을 융합하는 '기억함'의 과정이라고 말할 수 있을 것이다. 그렇다면 공관복음서의 최초 이야기들 속에 우리가 가지고 있는 것은 처음 제자들의 기억들, 즉 예수 자체가 아니라 기억된 예수인 셈이다.[111] 우리가 객관적인 역사적 현실로 되돌아갈 수 있으며, 전적으로 그것을 제자들의 기억과 분리시켜 풀어놓을 수 있고, 그 다음에 그것을 그 전통이 구전과 최초 문서 전승 기간 동안 발전해나간 방식을 조사하고 관리하는 기준으로 그것을 사용할 수 있다는 생각은 한마디로 비현실적이다.[112] 이 통찰은 지난 150년에 걸쳐 어록 전통과 구분되는 서사 전통에 좀 더 많은 관심을 기울였다면 보다 명확해졌을 것이다. 왜냐하면 예수에 대한 서사들은 결코 예수와 함께 시작되지 않았기 때문이다. 기껏해야 그것들은 현장 증인들과 함께 시작되었다. 처음부터 우리가 직면해 있는 대상은 예수라기보다 그가 어떻게 인식되었는가 하는 점이다. 어록 전통도 마찬가지 기준이 적용된다. 기껏해야 우리가 가지고 있는 것은, 예수의 가르침 자체라기보다 그 가르침을 기억 속에 보존하고 구어 전승 과정을 시작한 개인들에게 영향을 준 결과로서의 내용이다.

물론 어떤 의미에서 우리는, 어떤 전기 작가라도 그 전기 주제를 저술하는 어떤 작업에 누가 상관없는지 비교 검토해야 하는 증거의 속성을 단순하게 인식하고 있다. 말하자면, 예수의 처음 제자들의 눈에 보이고 귀에

Erkenntnis', in A. Lindemann ed., *The Sayings Source Q and the Historical Jesus* (Leuven: Leuven University, 2001) 207-54. 이 가운데는 우리의 계획에 따른 관심사들과 중첩되는 부분들이 있다 (특히 213-34, 252-53).

111) '우리는 예수를 오로지 제자들이 그를 기억한 대로만 알 뿐이라는 사실을 피하지 못한다'(Dahl, 'Problem' 94). '기억의 행위(실존하는 잘 아는 사람에 대한 기억)는 복음서 저술을 고취시킨 신앙 속에 담긴 특징이다'(Dodd, *Founder* 28-29). 마이어(Meyer)는 또한 '팔레스타인 그리스도교가 예수에 대한 기억 위에서 자양분을 얻었다는…포괄적 사실'을 강조한다(*Aims* 69, 72-73). 그 전통화 과정에서 제자들의 회고가 지닌 중요성을 인식한 다른 학자들로는 예컨대 Schillebeeckx (*Jesus* 45-47, 72, 226-29); Goppelt (*Theology* 1.6); 그리고 Charlesworth (*Jesus* 24) 등이 포함된다. 존 낙스(John Knox)는 종종 예수에 대한 교회의 기억을 언급하지만 너무 폭이 넓고 잘못 규정된 방식이어서 여기서는 별 도움이 못된다. P. Carnley, *The Structure of Resurrection Belief* (Oxford: Clarendon, 1987) 268-75, 280-94의 비판을 보라. 이 책의 제목이 시사하듯, 기억된 예수는 현재 연구의 주도적 모티프가 될 것이다.

112) 달(Dahl)은 (각주 111번의 인용된 구절에서) 계속 주장한다: '제자들이 그들의 스승을 완전히 오해했거나 그의 초상을 왜곡시켜 전했다고 생각하는 자들은 누구든지 환상 없는 통치(fantasy free reign)를 베풀 수 있을지도 모르겠다(sic)'('Problem' 94).

들린 그의 초상은 부적합하지도 않고 불가능한 과제도 아니라는 것이다. 현존하는 증거에 비추어 주의 깊게 이끌어낸 그러한 초상은 받아들일 수 없는 것으로 폐기하거나 경시하지 말아야 한다. 켁(Lee Keck)이 통찰하듯, '예수가 촉매작용을 한 그에 대한 인식은 과거 예수의 일부이다.'[113] 결국 우리가(그리스도인들만이 아니라) 복원하길 원하는 것은 정확하게 예수가 행사하여, 그로써 그리스도교의 출현을 결과한 강렬한 영향이다. 물론 우리가 빌라도나 헤롯, 가야바나 랍비 샴마이 가문이 본 대로 예수를 묘사할 수 있다면 이는 진정 놀랍고 흥미진진할 것이다. 그러나 우리는 이를 위한 충분한 증거를 가지고 있지 못하다. 설사 가지고 있다 해도, 그것이 우리에게 그리스도교의 기원, 어부와 세리들을 변화시켜 제자와 사도로 만든 선교의 성격과 영향에 대하여 무엇을 이야기해줄 것인가? 세계의 역사가 방향을 조준한 그 중추적인 개인들의 관점에서 보자면 우리가 가장 관심을 기울이는 대상은 바로 후자의 경우이다. 공관복음의 전통은 정확하게 우리가 그 과제를 위해 필요로 하는 것이다.

f. 언제 신앙이 시작되었는가?

그러므로 여기서 옹호하고 있는 방법의 중요성을 놓치지 말아야 한다. 왜냐하면 그것은 신앙이 예수 전통의 바로 그 **기원들**로 소급되며 예수 전통이 **처음부터** 신앙의 표현으로 나타났다는 사실을 단언하는 것과 같기 때문이다. 이렇게 말한다고 해서, 브레데와 케리그마를 강조하는 신학자들이 가정하듯, 그 전통이 부활 신앙에 비추어서만 형성되었다는 뜻이 아니다. 나는 부활 이전 단계에서 제자들의 최초 반응을 초래한 신앙의 첫 감동을 언급하고 있는 것이다. 나는 여기서 예수의 사역을 통해 나타난 가르

---

113) *Keck, Who Is Jesus?* 20. 동시에 숙고할 만한 것은 그의 추가 논평이다: '매사에 너무 자주 초기 그리스도교를 다루는 역사가들은 무엇을 해야 하는지에 대한 예수의 말씀을, 초기 그리스도인들이 일탈하였지만 다시 정렬하여 되돌아가야 했던 규범의 증거가 아니라 그들이 그 말씀대로 한 것이라는 증거로 사용한다'(165).

침과 사건이 부활 신앙에 비추어 갑자기 중요해진 것이 아니라고 단언하고 있는 것이다. 물론 부활 사건은, 복음서의 다양한 증거 지표들이 시사하듯,[114] 의심의 여지 없이 훨씬 더 중요한 것이지만, 처음으로 중요한 것은 아니라는 말이다.[115] 기억된 예수가 전적으로 사소하고 매력이 없으며 흥미를 주지 못할 뿐 아니라 그의 죽음과 부활에 선행하는 어떤 현실적인 영향을 갖지 못했다는 제안은 전혀 믿을 수 없다. 베드로 및 다른 추종자들도 부활의 그날에 처음 제자가 되지 않았다. 그들이 처음 그리고 이후 내내 예수가 말하고 행하는 것을 보고 들으면서 이로써 고취된 신앙의 반응이 이미 있었고, 신뢰의 유대 역시 이미 있었다. 아직 예수에 대한 명확한 신앙 고백은 아니었지만, 복음서 저자들은 부활 사건 이전에 예수에게 보인 제자들의 반응을 **신앙**이란 견지에서 묘사하길 주저하지 않는다.[116] 오로지 그렇게 해서만 우리는 예수 전통이 있는 그대로 어떻게 그리도 풍성하고 충만한지 설명할 수 있다. 이를 부활 사건으로 인해 얼떨결에 처음으로 신앙 가운데 고백된 사소하고 모호한 기억의 축적물로 보기 어렵다는 것이다. 간단히 말해, 신앙과 역사의 긴장으로 인해 그간 너무 자주 좋은 역사를 파괴적으로 보아왔다. 하지만 반대로 **오직** 예수가 제자들에게 끼친 강렬한 영향(즉 신앙)을 통해서만 그를 지각할 수 있다는 인식은, 그 영향에 대한 역사적 인식에 (또 그 평가에도) 핵심 요소가 된다. 그 핵심 요소가 과연 납득되는지, 어떻게 잘 납득되는지는 제8장에서 추가로 탐구해야 할 문제이다.

다만, 이러한 통찰이 정당화된다면 그것이 역사와 신앙 사이의 오랫동안 알려진 괴리에도 불구하고 해결점을 제공한다는 점만은 그냥 지나치지 말아야 한다. 왜냐하면 예수 전통이 창조되는 그 역사적 순간(들)에 우리는 **역사적 신앙**을 가지고 있기 때문이다. 역사와 신앙의 문제는 그 둘의 흐름

---

114) 예컨대, 막 9.9; 요 2.22.

115) E. Lohse, 'Die Frage nach dem historischen Jesus in der gegenwärtigen neutestamentlichen Forschung', *Die Einheit des Neuen Testaments* (Göttingen: Vandenhoeck und Ruprecht, 1973) 29-48 이 지적하듯, '복음의 "시작"이 처음으로 부활 사건 이후 공동체의 고백과 설교에 있는 것이 아니라 역사적 예수에 있다'고 주장하는 것은 복음서 저자들 자신이다(35-36). 이와 관련하여 그 증거로 막 1.1과 행 10.37ff.이 언급된다(또한 아래의 §11.2c를 보라).

116) 추가로 아래의 §13.2b를 보라.

이 오래 지속됨에 따라 피차 화해하기 어려운 것 같았기 때문에 야기되었다고 말할 수 있을 것이다. 그러나 역사와 신앙 그 두 흐름을 추적하여 예수 전통의 기원으로 소급시키는 것이 사실상 가능하다고 할 경우, (강의 근원이란 유비를 좀 심화하여 사용해보면) 우리는 훨씬 어려움을 던 상태로 실개천들을 가로질러 발돋움할 수 있을 것이다. 물론 우리는 이 지점에서 신앙의 **출발점**에 있을 뿐이다. 그러나 그것은 **신앙**의 출발점이다. 지금까지 말한 것의 그 어느 부분에서도 그 전통이 발전하여 신앙의 첨가물이 생겼고, 부활 사건 이후 거듭 반복하여 이야기한 내용들이 부활 이후의 신앙을 전했으며, 그 전통이 유통되면서 정교해졌다는 사실을 부인하거나 경시할 의도가 없다. 내가 이 지점에서 말하고 있는 전부는, 예수가 행하고 말한 것들의 기록을 포함하여 실제의 복음서 전통이 부활 이전의 기억과 부활 이후의 선포 사이의 연속성, 곧 신앙의 연속성을 증언한다는 것이다. 처음 제자들에게 성 금요일과 부활절의 충격이 얼마나 대단했든지 간에, 이러한 사건들이 제자들의 최초 반응과 불연속적인 지표가 된다는 가정, 다시 말해 그 사건들로 인해 제자들의 이전 신앙이 완전히 붕괴되었고 전통화 과정이 오로지 그 지점부터 시작되었다는 식의 가정은 정당화되지 못하리라는 것이다.[117] 이 과정의 원동력은 나중에 다시 우리의 주목을 받게 될 것이다(§8.3-6).

g. 신앙의 다양성

포스트모던 비평의 또 다른 양상, 즉 독자는 텍스트에 다양하게 반응하고 그래서 복합적인 의미를 생산한다는 인식에 고유하게 담긴 다원주의가 무시되어서는 안 된다. 예수 전통의 기원에 적용해보면 그 통찰은 예수가 서로 다른 개인들에게 다양하게 영향을 끼쳤으리라는 점을 상기시켜준

---

117) 벨하우젠(Wellhausen)은 이미 복음서 전통의 양식비평적 접근의 특징이 된 그 전제를 다음과 같이 표현한 바 있다: '공동체 내부에 끼친 이 **후대의 영향**(Nachwirkung)이 없다면 우리는 예수의 종교적 인성을 아무것도 그려볼 수 없다. 그 인성은 오로지 그리스도교의 신앙을 매개로 **조각나고**(gebrochen) **반추하는**(Reflex) 데에서만 나타난다'(Einleitung 114, 강조는 나의 것).

다.[118] 또는 현재 논의의 관점에서 보면 바로 처음부터 신앙의 다양성이 있었을 것이다.[119] 그것은 문제도 아니려니와, 문제가 되어서도 안 된다. 왜냐하면 공관복음서 전통의 증거는 예수가 그 전통을 처음 창조하고 전승한 사람들에게 끼친 인상의 동질성을 담고 있기 때문이다. 역사적 텍스트가 역사적 텍스트로서 그로부터 읽어낼 의미를 위한 매개변수를 제공하는 것과 마찬가지로, 공관복음서 전통의 전반적 동질성은 그 전통이 증언하는 대로 예수가 끼친 그 강렬한 영향의 일관성을 지시한다. 다르게 표현하면, 그것은 그 전통에 일관성을 부여한 제자들 반응의 일관성이다.[120] 동시에, 이후 그리스도교의 다양성과 분열성이 전제된다면, 제자도 집단이 처음부터 단일한 형태가 아니었음을 기억하는 것이 중요하다. 아울러 그 반응들의 다양성이 그 전반적 반응의 동질성 내에, 그러니까 적절한 시점에 초대 교회들을 생성한 그 제자도 집단 내에 수렴될 수 있었고 또 실제로 수렴되었다는 점도 기억할 필요가 있다. 예수가 항상 그 제자들의 신앙 반응과 함께 통합하는 요인이었다면 그것은 처음부터 신앙 반응들을 포용하고 결합시키는 통일성이었다.

그러나 거기에 혹 제자도에 미달되거나 제자도를 달리 이해한 반응들, 또는 성 금요일과 부활절에 미치지 못한 다른 반응들은 없었을까? 우리 전통들 가운데는 분명 그러한 반응들의 암시가 있다.[121] 신자유주의 계통의 해석은 도마복음과 다른 문서에서 그런 반응의 증거를 찾고자 한다. 그러한 주장들이 이러한 자료의 증거로 뒷받침될 수 있는지 여부는 여전히 더 토론해야 할 논제이다.[122] 그러나 공관복음 전통을 창조하고 주류 그리스

---

118) 예수에 대한 제자/제자도 반응의 다양성에 대해서는 추가로 하권의 제13장을 보라.
119) '원시 그리스도교에서 신학적 다양성은 부차적 현상이 아니라 일차적 현상이다'(Kloppenborg, 'Sayings Gospel Q' 320).
120) 도드(Dodd)의 다음 지적을 참조하라: '처음 세 복음서는 전반적으로 매우 일관되고 응집력이 있으며 이에 더하여 그 양식과 문체와 내용에서 독특한 어록의 뭉치를 제공한다. 그러므로 합리적인 비평가라면, 그가 개별적 어록에 어떤 유보적인 입장을 갖고 있다고 할지라도, 아무도 여기에 반영된 단일하고 독창적인 한 선생의 사상을 우리가 발견할 수 있다는 점을 의심하지 않을 것이다'(Jesus 51).
121) 예컨대, 막 9.38-41; 행 19.1-7.
122) 아래에서 특히 §7.4, 6을 보라.

도교를 출현시킨 제자들의 반응이 우리와 일차적으로 관련된 대상이라는 점은 이미 분명하다.[123] 영지주의 그리스도교를 예수에 대한 정당한 (또는 그 밖에 무슨 다른) 반응으로 간주하는 것을 우리가 어떻게 생각하든지 간에, 실상인즉 Q는 마가가 시작한 복음서의 체제에 통합되는 것을 제외하고 주류 그리스도교 내에 간직되지 않았으며, 도마복음도 당시 등장하고 있던 초기 가톨릭 교회(the emerging great church)가 거부하였다. 일부 학자들이 도마복음의 사용을 정당화하기 위해 보이는 바로 그 관심은 실질적으로 공관복음 전통의 저러한 규범성을 삐딱하게 인식한 것이다. 따라서 한편으로 예수에 대한 최초의 신앙 반응에 나타나는 다양성의 그럴 법한 (또는 불편할 수 있는) 폭에 방심하지 않을 테지만, 우리의 일차적 관심을 끄는 대상은 불가피하게 공관복음 전통이 될 것이다. 나아가 우리의 첫 관심은 성 금요일과 부활절을 지나 생성기 그리스도교의 첫 감동을 선도한 주요 통행 관문의 초기 지형을 추적하는 작업이 될 것이다.

6.6 두 가지 추론 결과

마지막으로 앞의 논의에서 부각된 두 가지 추론 결과는 적어도 그리스도교 학계에 관심 사항이 될 수 있으리라 본다.

a. 그 하나는 규범의 문제이다. 여러 군데에서 나는 예수 전통의 해석자는 그 전통의 특정한 형태에 대한 어느 정도의 규범성을 인정해야 한다고 지적했다. 가령, 그리스어 원문 텍스트는 그 텍스트의 번역과 또한 해석을 위해 규범적이다. (이전에 정의된) 텍스트의 '평이한 의미'는 의미의 대화 가운데 그 텍스트의 대변자가 될 일차적 권리가 있다. 예수 전통의 공관복음 양식은 생성기 그리스도교의 바로 첫 감동을 조명하는 어떤 시도

---

123) 우리 과제와 관련하여 요한복음의 적정성과 중요성은 좀더 논란이 된다. 추가로 아래 §7.7을 보라.

에도 규범적이다. 나는 여기서 '규범'(norm)과 '규범적인'(normative)이라는 말을, 수용 가능한 재현의 경계를 치면서 '최종적인'(definitive), '결정적인'(determinative)이라는 의미로 사용하고 있다. 이는 (마치 텍스트에 대한 단 하나의 정확한 증언 청취가 있을 수 있는 것인 양) 해석의 일의성을 고집하려는 게 아니다. 또한 그것은 기원들을 부당하게 특권적으로 독점하려는 시도도 아니다. 이는 단지 이 공관복음의 자료들이, 그 결과가 더 좋든 나쁘든, 역사적 통전성을 열망하는 예수에 대한 어떤 이야기에도 적용되는 최종적이고 결정적인 텍스트라는 점을 상기시키고자 할 따름이다.

이러한 논점은 성서의 기초 위에서 중세 가톨릭 교회의 남용을 비판한 종교개혁운동과 더불어 처음으로, 또 원형적인 방식으로 생겨났다. 그 원리는 그렇게 등장하였는데, 이로 말미암아 오로지 예수에 대한 신약성서의 증언에 담긴 역사적 타자성을 인식함으로써 우리는 신약성서가 전통 안에서, 때로 필요할 경우 그 전통에 반하여 말하는 것을 자유로이 들을 수 있게 되었다. 정확하게 이러한 인식이 있었기에 그 전통의 최초 양식을 거슬러 오르는 탐구의 방법을 명확한 형태로 제시하는 시도가 생겨난 것이다. 그 탐구 가운데, 성서도 그 일부를 이루는 그 전통의 흐름 속에서 신약성서에 부여된 모종의 비판적 역할을 인정할 필요가 있게 되었다. 정확하게 성육신에 대한 신약성서의 중추적인 증언 덕분에 신약성서는 성서와 전통의 내부에서 반드시 규범 속의 규범, 정경 속의 정경으로 기능해야만 했다. 그렇지 않았다면 그 중추적인 증언은 평가 절하되고 정경으로서의 그 위상도 결국 실종되었을 것이다.[124] 분명 신약성서의 비판적 역할을 결정하고 행사하는 것이 자동으로 성서학자들의 전유물이 되어서는 **안 된다.** 물론 앞서 언급한 것들이 어느 정도 전제될 경우, 만일 학자로서 또 그리스도인으로서 그들이 그 과정에서 수행할 일정한 몫이 없다면 놀라운 일이겠지만 말이다. 서구 교회를 돋보이게 하는 것은 이와 같이 학자들 쪽

---

124) H. Vorgrimler, ed., *Commentary on the Document of Vatican II*에서 라칭거(J. Ratzinger)가 인정한 제2차 바티칸 공의회의 'Dogmatic Constitution on Divine Revelation'에 대한 비판을 참조하라.

이 아니라 전통에 비추어 자기 비판을 하는 민첩함이다. 즉 그것이 규범에서 이탈되었을 때, 갈릴레오를 정죄한 경우에서든, 수세기 동안 자행된 반유대주의 전통에서든,[125] 그것을 기꺼이 인식하고 인정할 자세가 되어 있는 것이다. 이것은 동쪽과 남쪽의 그리스도교에 당혹스러움과 장벽 같은 것으로 남아 있는 비평의 대화이다.

b. 또 다른 하나는, 교회나 강의실보다 더 넓은 공론의 장에서 계속해서 말하는 신앙에의 도전, 그리고 신앙의 도전이라 부를 만한 것이다. 르네상스 시대의 그리스도인과 슈트라우스와 레싱의 계몽주의 학문에 대해 지금 무엇이라 말하든, 자유주의와 신자유주의 탐구 또는 불트만의 비신화화 기획에 대해 우리가 어떻게 생각하든, 그것들은 모두 공통된 관심사에 의해 통합되었다. 그것은, 첫째 그리스도교 전통의 토대가 되는 문서들은 현재를 향해 의미심장하게 말하기 위해 여전히 경청되어야 하며, 둘째 그리스도교 교육이 여타의 교육 과정에서 동떨어져 숨겨진 귀퉁이의 구멍 같은 것이 되어서는 안 되고, 셋째 신학이 학문적 중앙무대에서 차지해야 할 정당한 자리가 있으며 인간 지식과 안녕에 여전히 중요한 공헌을 할 수 있으리라 봐야 한다는 것이다.[126]

예수 전통의 의미심장함이 해석 공동체(즉 교회)와 살아 있는 전통(즉 그리스도교 전통) 안에서만 인정받을 것이고 또 그럴 수 있다고 피쉬(Fish)와 가다머(Gadamer) 같은 이들이 강조한 점에는 일정한 위험이 있기 때문에 나는 이것을 여기서 언급하고자 한다. 그 위험은 복음서를 다시 한 번 교회 안에 가두는 데서 생기는 것이다. 이는 이를테면 예배 공동체 안에서는 매우 분명하게 들리는 의미를 가지고 있지만 바깥 세계를 향해서는 말할 수 없고, 우리에게 주어진 다른 형태의 지식과는 효과적으로 대화할 수 없으며, 의미의 연속체와 공동체 안에서 읽는 것에(만?) 의미가 머무는 것으로 생각되

---

125) 하지만 19세기에 적용된 역사적 방법은 그리스도교가 예수를 제시하면서 반유대교를 막아내지 못했다. 해석에서 주관성의 인식은 반유대적 편견을 설명하는 데까지 충분히 확장되지 **못했다** (Heschel, *Abraham Geiger* 73, 122).

126) '역사적 예수는 현실적인 인간, 역사적 인물과 관련 있게 만드는 끊임없는 압박을 통해 교회를 정직하게 유지하도록 도와준다'(Keck, *Future* 127).

기 때문에 제대로 들리거나 이해될 수 없는 위험을 말한다. 따라서 포스트모더니즘의 다원주의적 상대성을 피해가고자 하는 것은 그리스도교의 효과적인 변증과 전도의 가능성을 심각하게 위축시킬 터이다. 동시에, 우리가 살펴본 대로, 예수 전통의 성격이 처음부터 전제된다면 신앙의 겉옷을 벗겨버린 예수를 제시하는 그 어떤 시도도 실패할 수밖에 없다. 그렇다면 당면한 도전인즉, 신앙에 의해 신앙을 통해 제시된 예수가 교회 바깥에서, 세계 담론의 공론장에서 여전히 들려질 수 있는가 하는 점이다.

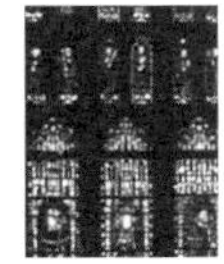

제2부
복음서에서 예수로

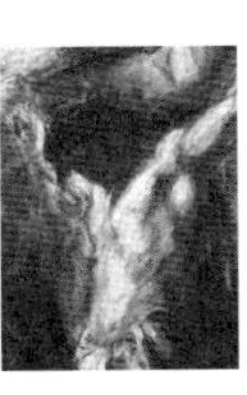

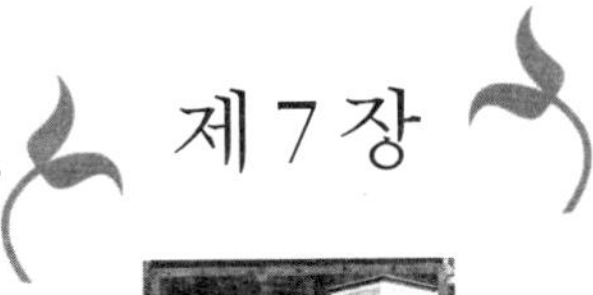

제 7 장

자료들

제1부에서 나는 지난 200년에 걸쳐, 또 그 이전에 성서학에 지속적인 혼적 (상흔!)을 남겨놓은 역사와 신앙의 긴장이란 견지에서 예수 탐구의 중요한 순간들을 집중적으로 조명하고자 하였다. 나는 거기서 오늘날 우리와 함께 남아 있는 논점을 날카롭게 제기했거나 그 중요성이 여전한 획기적인 돌파구를 처음 조성한 고전적 또는 최종적 탐구들에 주목했다. 이어서 제 6장에서 지난 50년간 옛 탐구와 새 탐구의 도전에 반응하여, 또 이 책의 역사적·해석학적 과제를 추구하는 관점에 대한 암시로서, 나는 역사, 해석학, 신앙의 상호 작용에서 배울 법한 교훈을 요약하여 제공하였다.

이러한 개관은 또한 불트만 이후 세대가 주장한 관점에서 그 탐구를 수행하는 이들이 종종 소홀히 여기는 방법상의 또 다른 근본적인 논점을 제기하였다.[1] '역사적 예수 탐구'에 종사하는 사람들에게 무엇이 예수 전통

---

1) 예수 책을 쓰는 중 최근 몇 해에 방법론의 근본적인 문제를 진지하게 언급하려 한 사람들은 Meyer, *Aims* 76-110, Wright, *New Testament* 31-144, 그리고 Theissen & Winter, *Kriterienfrage* 등에 불과하다. 예수의 어록에서 '예수에 대한 사실들'(*Jesus* 3-22 [여기서는 5])로 탐구의 초점을 옮겨간 샌더스의 시도가 영향력이 있었다. 크로산의 경우는 설명하는 것 이상으로 가정을 한다(그러나 그의 *Birth* 137-73을 보라); 그의 바람은 방법론에 대하여 온전한 토론을 본격적으로 시작하는 것이었다(139).

에 대한 접근의 출발점이 되어야 하는가? 특히 무엇을 예수 전통의 가장 초기 국면을 증언하는 자료로 인정해야 하는가? 우리는 어떤 전통화 과정의 개념과 함께 작업을 해야 하는가? 예수의 '유대적 속성'과 특히 갈릴리를 중심으로 한 예수의 역사적 배경에 함축된 의미는 적절히 거론되었는가? 이러한 질문들은 포스트모더니즘의 도전이 제기되고 우리 과제의 기본 개념을 결정하는 기본 원리들이 검증받을 때까지 중지되어야 했다. 그러나 이제 우리가 복음서 배후의 역사적 현실들을 다시 떠올려보고 복음서에서 예수로 어떤 의미에서 되돌아가려 할 때 이러한 질문들이 가동될 수 있고, 제2부의 의제—자료들(제7장), 전통(제8장), 역사적 맥락(제9장)—를 구성할 것이다.

어떤 역사적 탐구에서든 요청되는 첫째 과제는 역사가가 사용할 수 있는 어떤 **자료들**이 있는지를 확인하고 그 자료들이 얼마나 믿을 만한지 묻는 일이다. 이 경우 우리의 자료들은 거의 전적으로 예수의 직접적 영향을 한 터울 인근에서 증명하는 것들에 한정된다. 몇몇 외부 자료들은 간략히 검토해볼 수 있다. 그리스도교(그리고 그리스도교 인근) 자료들과 관련하여 위의 개관에서는 자료 문제에 대한 강렬한 논쟁의 두 시기가 지목되었다. 자유주의 국면에서는 특별히 '공관복음 문제'에 초점을 맞추어 주의를 기울였다. 가장 최근에는, 아직 계속되고 있는 신자유주의 국면에서는 비정경 자료들의 위상이 부각되었다. 우리는 양식비평이 복음서 연구의 주요 엔진으로서 자료비평을 대체했던 중간기 국면(대략 1920년대에서 1980년대까지)을 잊지 않을 것이다. 그러나 이는 제8장에 가서야 그 핵심 주제의 중요한 일부가 된다.

논점들은 분명하다. 나는 이미 계몽주의 이전과 이후 역사적 해석학적 인식에서 이룬 진보가 여전히 예수라는 역사적 인물의 탐구에 몇 가지 건전한 원리를 제공하고 있다고 결론을 내렸다(제6장). 우리는 그러면 또 자유주의의 전성기에 자료비평의 진보들(공관복음의 두 자료/문서설, 그리고 예수의 사역에 대한 정보 자료로 요한복음에 훨씬 낮은 가치를 부여하는 것)이 여전히 예수

에 관한 전통의 역사적 가치를 평가하려는 어떤 시도에도 건전한 작업가
설을 제공한다고 말할 수 있을까? 특히 Q 자료가 기꺼이 충위화될 수 있다
고 클로펜보그가 제시한 이후 신자유주의자들이 따른 그 주장과, 추출할
만한 다른 복음서 자료들이 있다는 쾨스터의 주장은 아직 예전의 자료설
과 같은 동의를 이끌어내지 못했고 추가적인 탐구가 요청되는 실정이다.
그럼에도 불구하고 점점 더 Q를 독특한 신학적 윤곽을 지닌 일관된 문서로
인식하는 추세와 상이한 전승 궤도를 추적하여 최초 그리스도교의 정체를
규명할 가능성은 예수와 그 이후 정황 사이의 일관성과 연속성을 내세운
전통적 주장에 도전적인 질문을 제기한다. 향후 어떤 식의 '역사적 예수 탐
구'에도 이러한 가설들의 세세한 지형은 아주 중요하여 그것들을 주의 깊
게 살펴볼 필요가 있다.

그러나 먼저 역사적 인간으로서 예수에 대한 그리스도교 자료와 최초
자료 바깥의 예수 관련 증언들을 떠올려보는 것이 중요하다.

7.1 외부 자료들

직접 그리스도교의 영향을 받은 전통들 바깥에 예수에 대한 언급들이
있다는 점은 늘 주목을 받아왔다. 그러한 언급들은 정기적으로 검토되었
고 그 결과도 대개 같았다.[2]

유대인 역사가 **요세푸스**는 그의 『유대 고대사』(*Jewish Antiquities*, 90년대
에 저술됨, 생명의말씀사 역간)에서 예수를 두 번 언급한다. 첫 번째 구절은 명백
히 그리스도교적 관점의 편집이 반영된 결과였지만 요세푸스가 다음과 같

---

2) Meier, *Marginal Jew* 1.56-111은 이러한 구절들에 대하여 등급을 매겨 충분히 논의하였고 더 이상
어떤 것도 이 대목에서 추가될 필요는 없다. 나는 여기서 로엡(Loeb) 판본보다 더 우수한 마이어의
번역들을 따른다. 또한 가령 C. A. Evans, 'Jesus in Non-Christian Sources', in B. Chilton and C. A.
Evans, eds., *Studying the Historical Jesus* (Leiden: Brill, 1994) 443-78; Theissen and Merz, *Historical
Jesus* 63-89; R. E. Van Voorst, *Jesus outside the New Testament* (Grand Rapids: Eerdmans, 2001), 방대
한 참고 문헌과 함께 제시됨(219-34).

은 무언인가를 썼을 것이라는 광범위한 동의도 있다.[3]

이때 예수라는 현자가 나타났다. 그는 경이로운 일을 행하는 자였고 그 진리를 즐거이 받은 사람들의 선생이었다. 그는 유대인들과 그리스 출신의 사람들 가운데 많은 추종자들을 얻었다. 우리들 가운데 지도자들이 고소한 연고로 빌라도가 예수를 십자가형에 처했을 때도 이전에 그를 사랑했던 사람들은 그 사랑을 멈추지 않았다. 바로 오늘날까지도 (그 이름을 본 딴) 그리스도인들이란 족속은 소멸하지 않았다(*Ant.* 18.63-64).

두 번째 구절은 더 짧고 추측건대 이전 구절을 암시하는 것 같다. '메시아라 불리는 예수의 형제'로 묘사된 야고보의 처형(주후 62년)을 요약한 이야기이다. 그것이 요세푸스가 창작한 내용이라는 것을 의심한 사람은 거의 없다.

네로 황제 치세기에 있었던 로마의 대화재를 다루는 과정에서 로마 역사가 **타키투스**(2세기 초에 집필함)는 대중들이 '그리스도인들'이라 알고 있던 희생양들에게 비난이 쏟아진 것을 언급한다. 그는 다음과 같이 설명한다. '그들의 이름은 티베리우스 황제 치세기에 본디오 빌라도 총독이 처형한 그리스도로부터 생겨난 것이다'(*Annals* 15.44). 여기서 주목할 만한 점은 이러한 문장 구성에 어떤 두드러진 그리스도교의 특색도 없다는 사실이다. 타키투스의 정보가 그리스도교 자료에서 왔다면 우리는 저자 측의 어떤 거부 반응('그들이 그리스도라 부른')과 함께 단순히 '처형' 대신 십자가 죽음의 언급을 기대했을 것이다. 그도 그럴 것이 타키투스는 분명 '그리스도'를 정식 이름으로 간주하였는데, 그 추종자들이 그리스도인(*Christiani*)으로 알려 졌다고 했다.[4]

---

3) 특히, 두 가지 중요한 문구('현자', '경이로운 일을 행하는 자')가 요세푸스의 특징이고 (가필의 가능성이 관련되는 한) 그리스도교적인 것 같지 않다고 지적하는 G. Vermes, 'The Jesus Notice of Josephus Re-Examined', *JJS* 38 (1987) 1-10을 보라. 추가로 Charlesworth, *Jesus* 91-98과 Van Voorst, *Jesus* 89-99을 보라.
4) 다른 한편으로 우리는 타키투스가 공적 사무 기록을 열람했다고 전적으로 확신하지 못한다(Van Voorst, *Jesus* 49-52).

　　수에토니우스(Suetonius) 역시 2세기 초에 역사를 집필한 사람으로 49년에 있었던 한 이야기를 유사하면서도 혼란스럽게 언급한다. ‘크레스투스의 선동으로 유대인들이 끊임없이 소요를 일으켰던 까닭에 그[클라우디우스]는 그들을 로마에서 추방했다’(*Claudius* 25.4). 대부분은 수에토니우스가 그 이름을 잘못 들어서(‘크리스투스’[*Christus*]와 ‘크레스투스’[*Chrestus*]의 발음은 매우 흡사했을 것이다) 그 보도를 당시 유대인 공동체에서 활동중인 어떤 사람(크레스투스)에 대한 언급으로 오해했을 것이라 추론한다. 대체로 일치하는 점은 여기 언급된 소요가 어떤 회당에서 예수를 그리스도라 전하는 유대인 상인들과 방문객들에 대한 강한 반작용으로 비롯되었으리라는 것이다. 여기 나오는 혼란은 계략이나 술책의 산물이라고 보기 어렵지만 분명히 이 텍스트의 역사적 가치를 약화시킨다.

　　유대교 랍비 자료에 나오는 예수에 대한 그럴듯한 언급들 가운데 예수에 대한 랍비 이전 단계의 (바리새적) 반응이 가장 실감나게 울려 퍼지는 부분은 *b. Sanhedrin* 43a에서 예수(Yeshu)를 유월절 전야에 매달아 죽였고 이스라엘을 현혹시켜 잘못 인도한 마술사로 묘사한 것이다. 그러나 종종 훨씬 이후의 랍비 전통 문헌에서 1세기 자료를 세밀하게 재구성하여 읽어내는 전반적 시도는 거기에 큰 비중을 두기 곤란한 점이 많다.[5]

　　그러한 언급들은 모든 세대에 한 번쯤 어떤 사람이 나와 예수가 결코 존재하지 않았고 예수 전통은 순전히 발명품이라는 논지를 다시 읊어댈 때에만 중요하다.[6] 그러나 그것들은 신빙성 있는 정보를 거의 제공하지 않기에 다음 대목에서 관련 있는 두세 군데 그것들을 언급하는 것만으로도 충분할 것이다.

---

5) 추가로 J. Maier, *Jesus von Nazareth in der talmudischen Überlieferung* (Darmstadt: Wissenshaftliche Buchgesellschaft, 1978)을 보라. Van Voorst, *Jesus* 104–29.
6) 가장 최근에 웰즈(G. A. Wells)는 *The Jesus Myth* (Chicago: Open Court, 1999)에서 이 오래가지만 외로운 캠페인을 계속하였다. 같은 계통에서 이 문제를 다룬 이전 저작으로 Weaver, *Historical Jesus*, ch. 2을 보라.

7.2 예수에 대한 최초의 언급들

요세푸스와 타키투스가 사용한 자료들과 관련하여 계속되는 불확실성을 감안하여 역사적 인물로서 예수에 대한 최초 언급을 여기에 제시하는 것이 나을 것이다. 그것은 우리에게 남겨진 최초의 그리스도교 문서인 바울서신에서 발견된다.

그 첫째 자료는 고린도전서 15.3으로 거기서 바울은 자신이 받았고 분명히 그리스도교 최초 교리문답의 교훈으로 회심자들을 가르친 토대적 믿음을 재인용한다. '그리스도께서 죽으시고….' 바울이 아마도 여기 고백한 사건이 있고 나서 약 2년 후 회심하여[7] 그 당시 토대적 교훈이었던 이 교훈을 받았으리라는 것이 행간의 요지이다. 다시 말해 30년대 초에 바울은 2년 전쯤에 죽은 예수에 대해 듣고 있었다.

둘째 자료는 갈라디아서 1.18-20에 있는데 여기서 바울은 자신의 회심 후 첫 예루살렘 방문을 기록한다. 만일 바울의 회심이 예수의 십자가 처형 2년 뒤쯤으로 계산될 수 있다면 그의 예루살렘 방문은 십자가 사건 5년 뒤쯤(30년대 중반)으로 추정될 것이다. 그 방문에서 바울은 '주의 형제 야고고'를 만난 사실을 회고한다. 이후에 그는 '주의 형제들'을 언급하기도 한다(고전 9.5). 여기서 주목할 수 있는 것은 이러한 기록들이 앞서 인용한 요세푸스의 두 번째 언급(*Ant.* 20.200)과 일치한다는 점이다. 이러한 자료들에서 명백히 추론된 사실, 곧 30-60년대에 자신의 형제들이 잘 알려진 예수라 하는 사람이 있었다는 사실을 부인하는 것은 쉽지 않은 일이다.[8]

부활 이전과 이후 초기 그리스도교에 예수라는 선생이 미친 강렬한 영향을 평가하면서 폴 바넷(Paul Barnett)은 신약성서의 서신들, 특히 바울서신의 가치를 강조한다.[9] 이는 우리가 신약성서 저술 중 이러한 최초의 자료

---

7) 앞으로 출간될 제2권을 보라.
8) 이 점과 관련하여 웰즈는 그 개연성이 무엇이든 간에 그의 논지를 뒷받침하는 모든 자료들을 해석하는 일에 불굴의 결심을 나타내 보인다(*Jesus Myth* 52-53); 그렇게 특정한 의도로 치우친 연구는 예수라는 주제를 떠나 '역사적'이라는 서술에 값하기 어렵다.
9) Barnett, *Jesus and the Logic of History* ch. 3.

를 무시하지 말아야 하고 예수 전통과 바울 사이에 대단한 괴리가 있다는 식의 가설에서 출발해서는 안 된다는 점을 상기시켜주는 유익한 지침이다. 물론 우리가 예수의 갈릴리와 유대 사역에 대한 지식을 얻기 위해 의지할 게 바울서신밖에 없다면 그에 대해 아는 게 별로 없을 것이라는 점도 사실이다.[10] 그럼에도 불구하고 전기적 세목을 제공할 의도가 없던 서신치고는 거기 암시한 사실의 분량은 예수의 죽음과 부활에 앞서 그에 대해 가진 바울의 지식과 관심을 확인하기에는 충분하다.[11]

7.3 마가복음

홀츠만의 가설을 뒤집으려는 다양한 시도에도 불구하고 마가 우선설의 위상은 여전히 확고하다.[12] 복음서의 비평적 연구에 종사하는 대부분 전문가들에게 지금까지 자료와 관련하여 가장 확실한 설명은, 마가야말로 마태와 누가가 사용한 일차 자료였다는 것이다.[13] 앞서 정리한(§4.4b) 전통

---

10) 바넷은 바울서신에서 수집한 15개의 세목을 열거한다(*Jesus and the Logic of History* 57-58): (1) 아브라함의 후손, (2) 다윗의 직계 후손, (3) '여자로부터 태어남', (4) 가난한 삶, (5) 율법 아래 태어나 살아감, (6) 야고보라 불린 형제의 존재, (7) 보잘것없는 소박한 생활 스타일, (8) 일차적으로 유대인들을 위해 사역함, (9) 체포에 앞서 기념 식사를 제정함, (10) 체포된 이후 잔혹하게 취급당함. 나머지 다섯 항목은 예수의 죽음, 부활과 목회서신에서 수집한 다른 것들 몇 개로 구성된다.
11) 내 책 *Theology of Paul* 182-99과 추가로 아래 §§ 7.9; 8.1e를 보라.
12) J. A. Fitzmyer, 'The Priority of Mark and the "Q" Source in Luke', in D. G. Miller, ed., *Jesus and Man's Hope* (Pittsburg: Pittsburg Theological Seminary, 1970) 131-70과 G. M. Styler, 'The Priority of Mark', C. F. D. Moule, *The Birth of the New Testament* (London: Black, 1962, ³1981) 285-316은 이 부분의 재진술에서 고전적인 위치를 점하고 있다. 두 자료설의 가장 단호한 비판자는 파머(W. R. Farmer)였다. 특히 *The Synoptic Problem* (New York: Macmillan, 1964, ²1976)에서 그는 그때까지의 전통적 주장(특히 스트리터가 구성한)의 많은 부분들에서 문제점을 증명하기보다 진실로 가정한 채 이론을 펴나가는 방식을 비판적으로 논증할 수 있었다. 던건(Dungan)이 제시한 좀더 풍부한 설명(*History*, 371-90)을 보라. 그러나 두 자료설 주장의 실체에 대한 파머의 공격은 그리 효과적이지 못했다. 특히 C. M. Tuckett, *The Revival of Griesbach Hypothesis: An Analysis and Appraisal* (SNTSMS 44; Cambridge: Cambridge University, 1983). 파머의 비판을 설명하면서 이 문제를 세심하게 다시 제기한 경우로 Kloppenborg Verbin, *Excavating Q* ch. 1 (가설의 필요성과 '좋은 가설'을 구성하는 요건을 상기시켜주는 유익한 지적을 포함하여)을 보라. 또한 R. H. Stein, *The Synoptic Problem: An Introduction* (Grand Rapids: Baker, 1987, 『공관복음서 문제』, 솔로몬 역간) Part I.
13) 가령 U. Schnelle, *The History and Theology of the New Testament Writings* (1994; ET London: SCM, 1998) 166-72이 최근에 소개한 내용을 보라. Theissen and Merz, *Historical Jesus*, 25-27; R. E. Brown, *An Introduction to the New Testament* (New York: Doubleday, 1997, 『신약 개론』, 기독교문서선교회 역간) 114-15. 파머는 '두 자료설'과 구분되는 '두 복음서 가설'(=Griesbach)로 북미대륙에서 약간의 지지를 얻어냈지만 다른 곳에서는 그렇지 못했다.

적인 세 가지 고려 사항 가운데, 편찬된 현재의 복음서 순서에 따라 그 집
필 순서를 매기려는 주장은 가장 만족도가 떨어지는 것으로 판명되었다.[14]
그러나 놀라운 사실은 변함없이 마가와 마태의 자료들 중 겹치는 부분의
분량이다.[15] 이와 같이 마가의 특징적인 그 어떤 것도 마태에 들어 있지 않
은 게 없을 정도이다.[16] 비록 정확하게 어떤 경로로 그러한 의존이 발생했
는지 밝힐 수는 없겠지만, 이 자체만으로도 문학적 상호 의존 관계를 명확
하게 보여준다. 옛적의 견해에 의하면, 마가는 마태를 축약한 형태로 가정
되었다. 그러나 공관복음의 분석은 마가 이야기 가운데 많은 공통 자료가
마태의 것보다 실제로 더 길다는 사실을 지적한다.[17] 그러한 발견 사례들
은 마가가 마태가 제공한 모든 여타의 어록 자료들(가령 마 5-7장의 산상수훈
과 13장의 하나님 나라 비유 같은 자료를 포함하여)을 생략하고 개별적 이야기를 확
대시킨 것이라고 보기보다 마태가 처리해야 했던 모든 다른 어록 자료들
을 위한 공간을 만들기 위해 마가의 장황한 내용을 압축한 것이라고 할 때
더 명확하게 설명될 수 있다. 왜 선생으로서 예수의 역할을 강조하는[18] 복
음서 저자가 마태복음에 담긴 그렇게 많은 가르침(어록) 자료를 생략했을
까?[19] 게다가 마태와 마가의 더 많은 상세한 차이점들은 대부분의 경우 마

---

14) D. J. Neville, *Arguments from Order in Synoptic Source Criticism: A History and Critique* (Macon:
    Mercer University, 1994); 또한 특히 C. M. Tuckett, 'Arguments from Order: Definition and
    Evaluation', C. M. Tuckett, ed., *Synoptic Studies: The Ampleforth Conferences of 1982 and 1983* (JSNTS
    7; Sheffield: JSOT, 1984) 197-219.

15) 홀츠만의 계산에 의하면 마가의 95퍼센트가 또한 마태나 누가에 나온다(위의 §4.4b를 보라). 스트
    리터는 마가의 핵심 주제 가운데 90퍼센트가 '마가의 경우와 대체로 일치하는 언어라는 관점에
    서' 마태에 다시 나타난다는 사실을 중시하였다(*Four Gospels* 151, 159). 문학적 의존 관계 이외에 달
    리 설명할 수 없는, 특히 마가와 마태 텍스트의 유사성을 드러내는 사례로 막 1.16-20/마 4.18-22;
    막 2.18-22/마 9.14-17/눅 5.33-39; 막 8.1-10/마 15.32-39; 막 8.31-9.1/마 16.21-28/눅 9.22-27;
    막 10.13-16/마 19.13-15/눅 18.15-17; 막 10.32-34/마 20.17-19/눅 18.31-34; 막 11.27-33/마
    21.23-27/눅 20.1-8; 막 13.3-32/마 24.3-36/눅 21.7-33을 보라. 문학적 상호 의존 관계의 유사성
    이 있지만 중요한 마태적 편집이 가미된 사례는 막 2.23-3.6/마 12.1-14; 막 6.45-52/마 14.22-33;
    막 8.27-30/마 16.13-20에서 탐지된다.

16) 마태나 누가에 나오지 않는 마가의 자료는 짧은 에피소드 세 편(4.26-29; 7.31-37; 8.22-26)과 매우
    짧은 세 구절(3.20; 9.49; 14.51)로 구성된다(W. G. Kümmel, *Introduction to the New Testament* [1973; ET
    Nashville: Abingdon/London: SCM, 1975] 56; 더 많은 상세한 내용은 Streeter, *Four Gospels* 195-96).

17) 거라사 광인(막 5.1-20/마 8.28-34/눅 8.26-39)과 야이로의 딸, 혈루증 여인(막 5.21-43/마 9.18-26/눅
    8.40-56) 등으로 연계된 일련의 이야기들은 마가의 반복된 내용을 특히 마태가 과감하게 축약한 사
    례로 보인다. 또 세례자 요한의 죽음 이야기를 마태가 개작한 것(막 6.17-29/마 14.3-12)과 간질병 걸
    린 소년 치유 이야기를 마태와 누가가 개작한 대목(막 9.14-29/마 17.14-21/눅 9.37-43; 아래 §8.4c[iii]
    를 보라)도 유사한 경우라 할 수 있다.

18) 아래 §8.1b를 보라.

태가 마가의 스타일을 개선했거나 마가의 언어가 유발할 수 있는 미심쩍은 함의를 회피한 것이라고 할 때 가장 잘 설명된다.[20] 여기서 우리는 역사 연구에 불과하지만 그래도 그 가운데 확실성을 다룬다. 그러나 현존하는 자료 증거와 관련하여 가장 개연성 높은 설명은 마가복음 우선의 입장을 계속 자명한 것으로 가정하는 것이다.

신약성서에 나오는 마가복음 그대로가 다른 두 공관복음 저자들이 사용한 자료였는가에 대해서는 의심이 여전하다. 그렇다면 우리가 그 이전 단계의 원 마가(*Ur-Markus*)나 상이한 마가의 편집본을 말해야 하는가?[21] 대부분 학자들은 마태와 누가의 자료가 정경의 마가 내용에 근접하고 피차 이렇다 할 차이를 드러내지 못한다는 점을 만족스레 수긍해왔다. 그러나 상이한 '편집본'을 제안하는 것은 경계해야 한다. 본문비평이 우리에게 확실히 심어준 대로, 복사의 행위는 의도한 것이든 그렇지 않든 다양한 변이본을 낳게 되어 있다. 문서들이 사람들에 의해 흡수되고 편집되었다는 것을 의심하는 사람은 없다. 예컨대, 마가의 종결부(16.9-20)는 후대 필사자가 첨가한 것이었음을 모두 안다. 그러나 쾨스터(H. Koester)가 어쨌든 재구성한 것을 토대로 고려하는 것 가운데는 같은 작품의 더 광범위한 교정본들이 포함된다. 이는 그 과정들이 이 대목에서 책 한 권의 여러 판본이라는 식

---

19) 이와 관련하여 Stein, *Synoptic Problem* 49-51을 보라.
20) 예를 들어 대부분의 학자들은 아래의 두 사례에서 마태가 마가를 수정했다고 보는 것이 그 반대의 경우보다 더 개연성이 높다고 생각한다.

마 13.58	막 6.5-6
그들이 믿지 않음으로 말미암아 거기서 많은 능력을 **행하지 아니하시니라.**	거기서는 아무 권능도 **행하실 수 없어** 다만 소수의 병자에게 안수하여 고치실 뿐이었고 그들이 믿지 않음을 이상히 여기셨더라

마 19.16-17	막 10.17-18
어떤 사람이 주께 와서 이르되 선생님이여 내가 무슨 **선한 일**을 하여야 영생을 얻으리이까? 예수께서 이르시되 **어찌하여 선한 일을 내게 묻느냐?** 선한 이는 오직 한 분이시니라. 네가 생명에 들어가려면 계명들을 지키라.	예수께서 길에 나가실새 한 사람이 달려와서 꿇어 앉아 묻자오되 **선한** 선생님이여 내가 무엇을 하여야 영생을 얻으리이까? 예수께서 이르시되 **네가 어찌하여 나를 선하다 일컫느냐?** 하나님 한 분 외에는 선한 이가 없느니라.

   이와 관련하여 Hawkins, *Horae Synopticae* 117-25에 수집해놓은 충분한 자료를 보라. 또한 Stein, *Synoptic Problem* 52-67; 아래 제8장의 각주 214를 보라.
21) 가령, Koester, *Ancient Christian Gospel*, 284-86; Theissen and Merz, *Historical Jesus* 26의 경우가 그렇다. 이전의 논의는 Kümmel, *Introduction* 61-63에서 검토되고 있다.

으로 지나치게 근대 문학 유형의 관점에서 생각되고 있는 것은 아닌지 질문을 제기한다. 우리는 근대 세계의 문어적 정신 체계에서 벗어나 구어 전통이란 견지에서 그 상황을 다시 떠올려보기 위해 자신의 사고방식을 적응하도록 해야 하지 않을까? 그렇다면 요지인즉, 전통화 과정의 많은 부분이 마가가 사용한 전통의 구어적 변용을 포함하고, 마찬가지로 예수 전통의 마가 전승에서 읽은 것을 들은 자들의 구전적 기억 역시 그 안의 그 일부로 봐야 한다는 것이다. 복음서 저자들이 그들이 사용한 전통의 번안물을 문서든 구전이든 한 가지 이상 다양한 자료에서 선택할 수 있었을 가능성에 좀더 주목할 필요가 있다. 우리는 이 질문으로 추후 돌아갈 것이다(§§8.3-6).

현대 학계의 폭넓은 동의에 의하면 마가복음은 주후 65-75년 사이로 그 연대가 추정된다.[22] 그 복음서가 베드로의 설교를 회고하여 마가가 쓴 것이라는 고대 (파피아스) 전통은[23] 다른 참고 자료와도 어느 정도 맞아떨어지고[24] 대부분 인정하는 이상으로 구전의 맥락에서 납득이 더 잘 된다.[25] 물론 그 증거는 튼튼한 가설을 세우기에 턱없이 부족하다. 그리고 마가복음이 어디서 씌어졌고 누구를 위해 씌어졌는지는 미해결의 과제로 남아 있다.[26] 이러한 난제는 또한 우리가 이 복음서와 특정한 공동체/교회를 동일시할 수 있는지(또는 그렇게 해야 하는지) 여부의 질문으로 이어진다. 이는 또 다른 질문으로 나중에 다룰 것이다.[27] 자료로서 마가복음의 가치와 관련하여 우리는 마가복음은 훼손되지 않은 채 살아남은 최초 복음서이고 예수의 사후 약 40년 지나 등장했으며 그 연대에 선행하는 세대에 유통된 것이 분명한 예수에 대한 전통을 담고 있었다는 견고한 일치에 만족해야 할 것이다.

---

22) 가령, M. Hengel, *Studies in the Gospel of Mark* (London: SCM, 1985) ch. 1; M. D. Hooker, *Mark* (BNTC; London: Black, 1991) 5-8; Schnelle, *History* 200-201; Brown, *Introduction* 161-64을 보라.
23) 위의 제4장 각주 90을 보라.
24) 벧전 5.13(베드로의 '아들' 마가); 유스티누스(Justin)는 '베드로의 비망록'이 막 3.16-17에만 발견되는 구절을 포함하고 있는 것으로 언급한다(*Dialogue* 106.3); 또한 본 24; 골 4.10 참조.
25) 아래 제8장 각주 216을 보라.
26) 가령, W. R. Telford, *Mark* (NTG; Sheffield: Sheffield Academic, 1995) 23-26, 150-51에 나오는 개관을 보라. 우리는 이 연작의 제3권에서 다시 이 주제로 돌아갈 것이다.
27) 추가로 아래의 §§7.4b와 8.6d를 보라.

7.4 Q

19세기 말 마가복음에 대한 관심은 20세기 후반 Q에 쏟은 관심의 양에 필적한다. 결과적으로 우리는 Q와 최근 토론에서 제기된 논제들에 특별한 관심을 보여야 한다. 예수의 선교와 메시지에 대한 그 어떤 탐구에도 Q의 잠재적 중요성이 만만치 않기 때문이다.

a. Q 문서?

두 문서설의 두 번째 결론은 신약성서 학자들 가운데 그렇게 압도적인 일치를 보지 못했지만 여전히 대부분 학자들에게 설득력 있는 작업가설로 남아 있다.[28] 마태와 누가의 많은 비마가적 구절들 사이의 긴밀한 문자적 유사점들은 전통이 이미 그리스어로 문서화된 상태였다고 볼 때 문학적 의존의 가설 외에 달리 설명하기가 어려워진다.[29] 마태와 누가가 최소한 이러한 구절들을 그리스어 Q 자료에서 독립적으로 끌어다 사용했다는 것은 계속하여 가장 좋은 작업가설을 제공한다. 또 다른 주목을 요하는 것으로 이런 구상이 가능하다. 즉 어떤 이유로 유일하게 제공된 대안이 누가가 자신의 'Q' 자료를 마태에서 끌어와 사용했다는 것인데, 이는 누가가 마태보다 먼저 씌어졌고 마태의 'Q' 자료를 위한 원천 자료를 제공했다는 식

---

28) 특히 Kloppenborg, *Formation* ch. 2의 주장을 보라; 또한 *Excavating Q* 87–111; C. M. Tuckett, *Q and the History of Early Christianity* (Edinburgh: Clark, 1996) ch. 1; 이러한 연구들 가운데는 Q가 그리스어로 씌어졌다는 불가피한 결론(*Formation* 51–64; *Excavating Q* 72–80; Q 83–92)과 Q의 순서와 관련된 주장을 클로펜보그가 다시 진술한 중요한 논지가 포함되어 있다(*Formation* 64–80). D. Catchpole, *The Quest for Q* (Edinburgh: Clark, 1993)는 16개의 공유된 소문단에서 누가가 원래 형태를 보존하였다고 전반적으로 설득력 있게 주장한다. 국제Q프로젝트는 이제 J. M. Robinson, P. Hoffmann, and J. S. Kloppenborg, eds., *The Critical Edition of Q: Synopsis* (Leuven: Peeters, 2000)를 펴내었다. 이전의 관련 출간물로는 A. Polag, *Fragmenta Q: Textheft zur Logienquelle* (Neukirchen-Vluyn: Neukirchener, 1979)와 이에 앞선 I. Havener, *Q: The Sayings of Jesus* (Collegeville: Liturgical, 1987); J. S. Kloppenborg, *Q Parallels: Synopsis, Critical Notes and Concordance* (Sonoma: Polebridge, 1988); Miller, ed., *Complete Gospels* 253–300을 보라.

29) 가장 적절한 예는 다음과 같다: 마 3.7–10, 12/눅 3.7–9, 17; 마 6.24/눅 16.13; 마 6.25–33/눅 12.22–31; 마 7.1–5/눅 6.37–42; 마 7.7–11/눅 11.9–13; 마 8.19–22/눅 9.57b–60a; 마 11.2–11, 16–19/눅 7.18–19, 22–28, 31–35; 마 11.21–27/눅 10.12–15, 21–22; 마 12.39–45/눅 11.29–32, 24–26; 마 13.33/눅 13.20–21; 마 24.45–51/눅 12.42–46.

의 생각하기 어려운 가능성을 전제로 깔고 있다.[30]

보다 심각한 것은 Q 가설이 진전된 단계로 사용되지 못하게 괴롭히는 거기 연루된 복잡한 상황을 충분히 계산하지 못한 점이다. 그 하나는 'Q'라는 문자가 엄격히 말해서 마태와 누가의 공통된 자료뿐 아니라 가설에 근거하여 그 자료를 추출한 문서로 사용될 수 있다는 것이다.[31] 또 다른 하나는, 스트리터와 대부분의 평자들이 지적하듯, 마태가 누가에 의해 무시된 자료를 이 문서에서 끌어다 쓰고 누가 역시 그렇게 했다는 개연성을 배제할 수 없다는 것이다.[32] 다시 말해, (마태와 누가의 공통 자료로서) 'Q'의 정의가 그 가설화된 원천 자료의 진정한 규모를 보는 데 방해가 된다는 것이다.[33] 이러한 관심사는 첫째 'Q'/'q' 자료가 일관된 구성 전략을 암시하는 일관성과 통일성을 가지고 있고,[34] 둘째 마태와 누가가 마가를 사용한 것과 동등하게 마태와 누가가 'Q'의 대부분('q'가 'Q'의 대부분이라는 의미로)을 사용했다고[35] 주장함으로써 상당한 정도로 충족된다.[36] 하지만 'q' 자료가 그 어법의

---

30) 이는 첫 번째 복음서가 예수의 열두 제자 가운데 한 사람에 의해 쓰였고 세 번째 복음서의 저자 누가가 그가 기록한 것에 비교적 생경했으리라는 옛적의 가정에서 넘어온 주장의 일단일 수 있다. 혹은 좀더 그럴 듯한 추론은, 누가가 '많은' 전임자들을 인식하였음을 암시하는 눅 1.1의 영향으로 보는 것이다. 그러나 플루서(Flusser)는 누가가 가장 오래된 복음서라고 확신한다(*Jesus* 21-22, 221-50). 지금은 M. Hengel, *The Four Gospels and the One Gospel of Jesus Christ* (London: SCM, 2000) ch. 7 특히 169-86, 205-207을 보라. 그는 정확하게 마태가 누가(와 마가)에 의존하였다고 주장하며, 어록 자료(Q)를 재구성하는 것은 불가능하다고 결론짓는다(178, 206).
31) 실질적으로 공통된 자료를 'q'로 나타내고, 'Q'는 가설화된 문서 자료의 지칭으로 사용하는 것이 더 현명할는지 모른다. 그러나 그러한 세밀한 구분을 도입하기엔 너무 늦었다.
32) 이와 관련된 예로 제안된 구절로는 마 10.5b(Catchpole, *Quest* 165-71); 10.23(H. Schürmann, 'Zur Traditions—und Redaktionsgeschichte von Mt 10,23', *BZ* 3 [1959] 82-88); 11.28-30(J. D. Crossan, *Fragments. The Aphorisms of Jesus* [San Francisco: Harper and Row, 1983] 191-93); 눅 4.16-30(H. Schürmannn, *Lukasevangelium* [HTKNT 2 vols.; Freiburg. Herder, 1969, 1994] 1.242; Tuckett, *Q* 227-28); 15.8-10(Kloppenborg, *Excavating Q* 96-98); 17.20-37(R. Schnackenburg, 'Der eschatologische Abschnitt, Luke 17.20-37', in A. Descamps and R. P. A. de Halleux, eds., *Mélanges bibliques*, B. Rigaux FS [Gembloux: Duculot, 1970] 213-34)이 포함된다.
33) 예컨대, A. Lindemann, 'Die Logienquelle Q: Fragen an eine gut begründete Hypothese', in Lindemann, ed., *Saying Source Q* 3-26 (여기서는 4-13, 26)을 주시하라.
34) 특히 A. D. Jacobson, 'The Literary Unity of Q', *JBL* 101 (1982) 365-89, in J. S. Kloppenborg, ed., *The Shape of Q* (Minneapolis: Fortress, 1994) ch. 4에 재수록. 그 주장은 이미 T. W. Manson, *The Sayings of Jesus* (London: SCM, 1949) 15-16이 제기한 바 있다.
35) 그러나 누가가 불과 마가의 60퍼센트만을 포함하고 있다면, 누가가 마가보다 Q를 더 높게 평가했고 그래서 누가가 마가보다 Q를 더 많이 보존하였으리라고 연역한 클로펜보그의 제안(*Formation* 82)에도 불구하고, 그 주장은 다소 약화된다. 에반스(C. A. Evans)는 우리가 마태와 누가의 공통된 자료에만 의존해야 한다면 우리가 마가를 인정하는 정도가 얼마나 감소하게 될지 보여준다 ('Athenticating the Words of Jesus', in B. Chilton and C. A. Evans, eds., *Authenticating the Words of Jesus* [Leiden: Brill, 1999] 3-14 [여기서는 6-10]).
36) Kloppenborg, *Formation* 80-95; Tuckett, *Q* 92-96.

일치란 점에서 볼 때 거의 100퍼센트 수준에서 8퍼센트 정도까지 실질적으로 급격한 변화를 보인다는 사실은 그대로 남아 있다.[37] 그래서 'Q'의 존재에 대한 확신도, 그 가설이 저울의 100퍼센트 끝을 향한 해당 구절들에 중한 기반을 두고 있을지라도, 불가피하게 저울의 8퍼센트 끝을 향한 구절과 관련해서는 약화되지 않을 수 없다.[38] 다르게 표현하여, (다시금 마태와 누가가 마가를 사용한 평행구에 기초하여) 그들이 착수했으리라 가정되는 편집적 수정의 총량을 고려할 때, 본문의 많은 상세한 부분에서 큰 확신을 가지고 'q'에서 'Q'로 움직이기가 극히 어려워진다.[39] 공통된 ('q') 자료의 상당한 분량이 실제로 ('Q'가 아니라) 구어 전통에서 파생하였다는 스트리터의 추가 제안은[40] 좀더 잘 용납되는 정도지만 기실 더욱더 주목을 받을 만한 값어치가 있다. 이는 마태나 누가가 다양한 구전 형태의 어떤 'Q' 전통들을 알았고 몇몇 경우에서는 최소한 구어 전승을 선호했을 가능성을 허용하기 때문이다. 우리는 여기서 제기된 이 논제로 추후 돌아가야 할 것이다.[41]

b. Q 공동체?

Q에 관하여 좀더 나아가 결론을 내려야 한다고 강요하려는 사람들이 없었다면 그 무엇도 심각해질 필요가 없다.[42] 여기서 나는 특별히 존 클로펜보그와 그를 따르는 사람들의 영향력 있는 논지를 염두에 두고 있다. 한 가지를 특기하자면, 클로펜보그가 Q 배후에 하나의 Q 공동체가 있다는 널리

---

37) R. Morgenthaler, *Statistische Synopse* (Zürich: Gotthelf, 1971) 258-61의 통계; 예들과 목록표는 Kloppenborg Verbin, *Excavating Q* 56-64에서 참조. 이 점은 T. Bergemann, *Q auf dem Prüfstand: Die Zuordnung des Mat/Lk-Stoffes zu Q am Beispiel der Bergpredigt* (FRLANT 158; Göttingen: Vandenhoeck Ruprecht, 1993)에서 특별히 강조된다.
38) Robinson/Hoffmann/Kloppenborg, *Crirical Edition*이 위에 열거한 것들(각주 29) 바깥의 구절들 가운데 (Q 읽기와 관련하여 불확실성을 가리키는) 쌍꺾쇠괄호의 광범위한 사용은 그 점을 부각시킨다.
39) 예를 들면, 마 12.28/눅 11.20 중 어떤 'q' 본문이 'Q'에서 온 것인가? 이를 결정하기 전에 마태와 누가의 신학들, 나아가 Q의 신학에 관한 개연성 판단이 내려져야 한다. 그 다음에야 다소간 차이야 있겠지만 동등한 재주를 가지고 그 경우를 어느 한쪽으로 주장하며 처리할 수 있을 것이다.
40) 위의 제4장 각주 84를 보라.
41) 아래 §8.5를 보라.
42) 내 논지를 말한 뒤, 나는 'Q'를 고집하지 않고 간단한 학술 명칭 Q로 되돌아갈 것이다. 나는 누가복음에 따라 Q 구절을 인용하는 관행을 따를 것이다: 예컨대, Q 3.7-10 = 눅 3.7-10/마 3.7-9.

퍼진 확신을 공유한다는 것이다.[43] 이 입장은 그 자체로 반대하기 어렵다. 사회학적 관점으로 인해, 전통은 공동체 전통 이외의 다른 것으로 생각할 수 없다는 양식비평의 초기 통찰이 아주 온당하게 강화되었기 때문이다.[44] 그러한 문서가 단순히 한 공동체 전통의 퇴적물인지 또는 권면이든 견책이든 어떤 형태로 특정한 저자가 자기 **공동체에** 전한 말씀이었을 가능성은 없는지 등의 질문은 무시되어선 안 된다.[45] 그러나 늘 인지되거나 명확하게 표현되는 것은 아니지만, 단순히 공동체 전통의 수집물로서의 Q와 주의 깊게 구성된 저작으로서의 Q 사이에는 약간 긴장이 있는 것도 사실이다.

하지만 한층 더 심각한 것은 Q가 그 공동체를 어떤 식으로든 **정의한다**는 가정이다. 즉 Q 자료가 그 공동체의 **유일한** 예수 전통이라는 의미에서 'Q 공동체' 또는 'Q 집단'이라는 것이다. 그리고 그 공동체는, 다른 문서들이 유사하게 정의하는 다른 공동체들과 구분된다는 (또는 그것들에 저항한다는?) 추측 가운데 이 자료에 연결되어 있다.[46] 그러나 여기 이 논리에는 몇 가지 결함이 있다.

첫째는 우리가 '**한 공동체당 한 문서**'의 오류라 부를 수 있는 것이다. 한 공동체의 성격을 그 공동체와 연관된 한 문서의 성격과 동일시하는 것은 단순히 온당치 않을 것이다.[47] 그러한 문서는 그 공동체의 가르침 속에

---

43) H. E. Tödt, *The Son of Man in the Synoptic Tradition* ([2]1963; ET London: SCM, 1965) 246–69은 이러한 추세를 처음 선도한 저작으로 간주된다. 예컨대, 클로펜보그는 S. Schulz, 'Die Gottesherrschaft ist nahe herbeigekommen (Mt 10,7/Lk 10,9). Der kerygmatische Entwurf der Q-Gemeinde Syrien', in *Das Wort und die Wörter*, G. Friedrich FS (Stuttgart: Kohlhammer, 1973) 57–67을 인용한다: 'Q 배후에는 독립적인 케리그마적 전통과 함께 특수한 전통의 영역이 있다. 그것은 부활 이후 상황 속에서 예수의 메시지를 보존하고 계속 선포해온 별개의 독특한 공동체이다'(58; *Formation* 26). 또한 Kloppenborg, 'Literary Conventions, Self-Evidence and the Social History of the Q People', *Semeia* 55 (1992) 77–102; Vaage, *Galilean Upstarts*. 호프만은 'Q 공동체'보다는 'Q 집단'이라 말하는 것을 선호한다(*Studien* 10). 그러나 '교회'에 대한 발전된 교회론적 함의가 통제되는 점에서 그 논점은 중요한 차이가 없다(Kloppenborg Verbin, *Excavating Q* 170–71 참조).
44) 아래의 §8.1a와 추가로 §8.6a, d를 보라.
45) Tuckett, *Q* 82.
46) *Excavating Q*에서 클로펜보그는 '다양성'과 '차이점'의 구분을 더 밀어붙임으로써 이 점을 더 정교하게 전개한다(354–63): 'Q의 "다름"은 실체적이며 그 차이에는 신학적 공동체를 상상하기 위한 어떤 단정한 모델들을 무력화시키는 잠재력이 있다'(363).
47) Kloppenborg, *Formation* 25; 'Q는 신학적으로 자율적인 그리스도교 신학의 한 영역을 대표한다'(27), '한 분리된 집단 가운데 Q가 중심이 되는 신학적 표현으로 기능하였다'(39). Koester, *Ancient Christian Gospels*: '두 문서 [도마복음과 Q] 모두는 예수의 의의가 그의 말씀에, **오로지 그의 말씀에만** 있다고 전제한다'(86 강조는 내가 한 것). 또한 B. Mack, *The Lost Gospel: The Book of Q and Christian Origins* (San Francisco: HarperCollins, 1993) 213–14, 245–47을 보라.

드러난 관심사와 강조 사항들을 분명 적시할 터이다. 그러나 그 낱개의 문서가 그 공동체의 유일한 문서(또는 전통적 자료)였다고 우리가 확신할 수 있기만 하면, 우리는 그 공동체의 관심과 신념이 그 문서의 관심과 신념을 넘어 확장되지 못했다고 정당하게 추론할 수 있을 것이다. 그런데 우리는 그러한 확신을 가질 수 없다. 같은 논리적 근거에서라면, 우리는 토라 공동체와 구별되는 어떤 예언 공동체나 예언서도 몰랐던 '지혜 마을'이 이스라엘 땅에 있었다고 말할 수 있을 것이다. 사해 사본의 발굴로 공동체들이 제각각 오로지 한 문서나 단 한 가지 전통의 양식만을 소유하고 소중히 간수하였다는 생각은 영원히 추방되어야 했다. 문서들이 서로 다른 목적을 가지고 있는 가운데 그 문서들 사이의 교차 언급이 없다는 것은 그 해당 문서들이 그 저자들이나 각각의 수령자들에게 서로 알려졌었는지 알려지지 않았었는지 여부에 관하여 아무것도 전해주지 않는다.[48] 예수의 최초 추종자들이 구성한 그 어떤 공동체의 삶과 정체성도 단일한 문서는 말할 것도 없고 오로지 자체 소유한 문서 전통들에만 의존한 것 같지 않다.[49] 그리하여 Q에 나오지 않는 다양한 주제들(예컨대 정결 문제, 토라 등)은[50] 반드시 Q 공동체의 제한된 관심을 보여주는 증거로 취해서는 안 된다. 외려 그것은 Q가 Q 사람들의 전체 관심사를 대표하지 않는다는 점을 시사하는 것일 수 있다.

둘째, 한 공동체당 한 문서의 오류와 연동된 것으로, 특별히 중요한 침묵으로부터의 논증을 들 수 있다. 어떤 이들은 Q가 수난 서사나 수난 케리그마의 영향을 받았다는 표시가 없는 점에 근거하여 Q 공동체가 수난 케리그마나 수난 이야기를 알지 못했다고 암시하며, 정경 복음서의 그리스도론과 차원이 다른 그리스도론을 주장하였다.[51] 물론 갈릴리에서 예수의

---

48) 린데만(Lindemann)은 Q가 마가와는 다른 장르(Gattung), 즉 '복음서'와는 다른 양식에 속한다고 본다('Logienquelle Q' 13-17).

49) H. W. Attridge, 'Reflections on Research into Q', *Semeia* 55 (1992) 223-34 (여기서는 228-29)을 보라. D. C. Allison, *The Jesus Tradition in Q* (Harrisburg: Trinity, 1997) 43-46: '사실 Q가 어떤 것들은 생략할 수 있겠지만, 마태 또는 누가가 친애한 것과 정말 사이가 나쁜 어떤 것은 아예 포함하지 않는다'(45); '우리는 Q의 저자들이 Q가 우리에게 말하지 않는 많은 것을 믿었다는 사실을 안다'(46).

50) Kloppenborg Verbin, *Excavating Q* 199.

51) 특히, Mack, *Lost Gospel* 4.

가르침에 대한 기억을 소중히 간직한 집단들이 예수가 처형당했다는 사실을 몰랐다거나 관심이 없었다는 것은 믿을 수 없다. 사실 Q는 예수의 죽음에 대한 인식을 드러낸다.[52] 그래서 그 주장은 Q가 어떤 요소를 수난 케리그마에서 **빌려올 수도 있었는데** 일관되게 그렇게 하지 못했다는 점에서 Q의 수집물 내로 논점이 축소된다.[53] 이는 기실 **침묵으로부터의 논증**(*argumentum ex silentio*)이다. 그러나 신약성서 문헌 내에 예수의 죽음을 제시하고 이해하는 다른 방식들이 있다. 그 방식들은 서로 배타적이지 않고 또 다른 것들의 무지를 증언하지도 않는다.[54] 예컨대, 주지하듯이 사도행전의 복음 전도적 설교는 구원론적 기능을 예수의 죽음으로 귀속시키지 않는다.[55] 사실 거기 나오는 고난-신원의 그 패턴은 오히려 예수의 죽음에 대한 Q의 암시들에 함축된 것과 유사하다.

또 한 가지의 오류는 제자들의 공동체들이 서로 고립되어 있었고 문서들은 오직 그 저자의 공동체가 사용할 목적으로만 씌어졌다는 가정이다. 이는 마치 수년 동안 같은 계열의 전통을 가르쳐왔던 선생들이 갑자기 그들의 가르침으로 그 전통과 이미 오래 친숙해진 공동체를 위해 그 문서를 쓰기로 작정할 필요를 찾았다는 격이다. 그러나 우리가 확보한 최초의 원천 자료에 의하면 공동체들은 서로 소통을 유지했으며, 예수 전통이 문서로 쓰인 것도 원거리에서 그 소통을 원활히 촉진시키기 위해서였다는 것이 더 그럴 법하다.[56] 누가만이 '**우리** 가운데 이루어진 것들의 이야기를 편

---

52) 클로펜보그 버빈은 Q 6.22-23; 13.34-35; 11.49-51; 14.27을 인용한다(*Excavating Q* 369-71). Q는 그것이 실제로 기록하는 것보다 훨씬 더 많은 기적들(Q 7.22; 10.13; 11.20)을 암시한다는 사실을 참조하라(마 8.13/눅 7.10과 마 9.33/눅 11.14이 Q에 나왔던가?). 클로펜보그는 '이적을 행하는 것에 호소하는 것은 대체로 [Q의] 형성 단계에 무관할 것'이라고 제안한다. '왜냐하면 형성 단계에 있어서 특정한 예수의 초상을 옹호하는 데 관심을 드러내지 않고 하나님의 섭리적 돌봄과 사랑의 감시에 기초한 윤리를 촉진하는 데 관심이 있기 때문이다'('Sayings Gospel Q' 330). 혹자는 특정한 예수 어록 수집물의 제한된 목적에 초점을 맞추어 이 목적이 그것을 편찬하거나 사용한 사람들 쪽에서 예수 전통에 대한 관심과 지식의 온전한 분량을 포함했다는 증거로 이해되어서는 안 된다고 볼 수 있을 것이다.
53) Kloppenborg Verbin, *Excavating Q* 374.
54) 바울은 몇몇 은유를 사용하는데, 어떻게 봐도 그것들 모두 서로 전적으로 일관되지 않다(나의 책 *Theology of Paul*, 제9장을 보라).
55) 가령 나의 *Unity and Diversity* 17-18을 보라.
56) 다시 아래의 §8.6d를 보라.

찬하려고 많은 이들이 붓을 들었다'(눅 1.1)는 사실을 안 유일한 사람이었다고 보기 어렵다. 그리고 우리는 Q가 얼마나 넓게 유통되었는지 알지 못한다. 마태도 누가도 그 사본들을 접했다는 사실은 논증의 다른 방향을 암시한다.

간단히 말해, Q가 하나 또는 몇 개의 공동체의, 그 공동체를 위한 가르침을 대표한다는 가설이 전적으로 가능한 반면, 거기에는 다른 초기 그리스도교 공동체들과 결과적으로 고립된 독특하게 구성된 'Q 공동체들'이 있었다는 추가 가설들은 Q의 자료들이 시사하는 바를 넘어선 연역적 추론에 의존할 뿐이다.[57]

c. 편집된 Q?

클로펜보그와 대립할 수밖에 없는 또 다른 문제는 Q가 최초의 지혜층(Q[1])[58]과 대체로 쾨스터가 말하는 묵시적 편집층에 해당되는[59] 두 번째의 예언적 편집층(Q[2])[60]으로 층위화될 수 있다는 그의 주장이다. Q를 신명기 사가 신학 계통을 중심으로, 그리고 도래할 심판의 모티프를 선회하며 구축된 것으로 보는 입장은 확실히 인상적이다.[61] 또한 이전 자료에 끼어든 정리된 삽입 자료의 증거도 있다.[62] 나는 Q가 세심하게 구축된 문서라는 작업

---

57) Lindemann, 'Logienquelle Q' 17-18 참조. E. P. Meadors, *Jesus the Messianic Herald of Salvation* (Tübingen: Mohr Siebeck, 1995)은 그리스도론적으로 양립할 수 없는 자료를 마태와 누가가 결합시킨다는 것이 개연성이 없음을 지적한다(15); 그의 중심 논지는 마가와 Q 두 자료가 '피차 전적으로 양립할 수 있다'는 것이다(특히 제9장과 결론 316).

58) 클로펜보그는 Q[1]이 6개 단위로 군집된 어록들로 구성된다고 본다: (1) 6.20b-23b, 27-35, 36-45, 46-49; (2) 9.57-60 (61-62); 10.2-11, 16 (23-24?); (3) 11.2-4, 9-13; (4) 12.2-7, 11-12; (5) 12.22b-31, 33-34 (13.18-19, 20-21?); (6) 13.24; 14.26-27; 17.33; 14.34-35(*Excavating Q* 146).

59) 쾨스터는 클로펜보그가 이 세대 심판과 도래할 인자에 대한 어록들뿐 아니라 이 어록들을 깔아놓은 전체 문단(Q 3.7-9, 16-17; 4.1-13; 12.39-59; 17.23-37과 눅 7.1-35과 11.14-52에 있는 Q 자료들)까지 이 2차 단계에 할애한다고 지적한다. 쾨스터는 'Q의 최초 구성 단위에 가미된 더욱 명시적인 종말론의 성향'을 주장한다('The Sayings of Q and Their Image of Jesus', in W. L. Petersen, et al., eds., *Sayings of Jesus: Canonical and Non-canonical*, T. Baarda FS [NovTSup 89; Leiden: Brill, 1997] 137-54 [여기서는 145]); 'Q의 최초 전승본을 통해 다다를 수 있는 예수의 이미지는 종말론적 예언자의 그것이다'(153).

60) Q 4.1-13; 11.42c; 16.17은 마지막 편집층으로 간주된다(Q[3])(*Excavating Q* 152-53).

61) Kloppenborg Verbin, *Excavating Q*, 118-24; 그는 이제 롯의 이야기를 추가하여 그 신학적 배후의 구조적인 요소로 본다(118-21).

62) Q 6.23c; 10.12, 13-15; 12.8-10 (*Excavating Q* 147-50).

가설에 특별히 이의를 달고 싶지 않다. 하지만 내게 불분명하게 남아 있는 점은 Q¹자료의 위상이라 할 만한 부분이다.

　지금까지 전개된 논의의 한 가지 주요한 초점은 **장르**의 문제였다. 클로펜보그는 상이한 장르들에 적당히 어울리는 어록들을 말하면서 가령 지혜 장르는 묵시적 형식을 '허용'할 수 없는 것인 양[63] 가정하는 것 같았는데 바로 이 점에서 처음에 다소 취약한 상태에 놓여 있다. 그러한 주장은 '순수한' 형식이란 개념을 전제하였지만 결과적으로 실제적인 공관복음의 소문단을 '혼합된' 형식들로 분류해야 한다는 것을 발견한 양식비평가들과 같은 함정에 빠지게 된다.[64] 그러나 클로펜보그는 그 기간의 문학 작품에 사용된 '혼합된 장르들'의 사례를 잘 알고 있으며,[65] 자신의 가설에 기초하여 2차적 단계의 편집자가 분명 Q¹과 Q²의 다른 자료(장르들)를 결합시키는 데 별 거리낌이 없었다는 것을 잘 알고 있다.[66] 따라서 비판자들은 이 점에서 클로펜보그가 '어록' 장르를 '**지혜의**'(sapiential) 어록 장르로 규정한 것이 반드시 '지혜 어록'에만 국한시켜 가정한 것으로 그를 책망하는 실수를 범해서는 안 된다.[67] 그러한 범주화의 결여는 외려, 터킷(Christopher Tuckett)이 반

---

63)　나는 여기서 클로펜보그의 언어를 흉내 내고 있다(*Formation* 31).

64)　특히 Allison, *Jesus Tradition* 4–7, 41–42; A. Kirk, *The Composition of the Sayings Source: Genre, Synchrony and Wisdom Redaction in Q* (NovTSup 91; Leiden: Brill, 1998) 64–86: '주어진 텍스트에 실제로 현존하는 일관성과 응집성이 어느 정도냐 하는 문제는 증명하지 않고 당연한 것인 양 전제되어서는 안 된다'(67); '문학에서 장르를 섞는 것은 예외가 아니라 종종 규칙 같다'(270); '문제시되는 장르들이 서로서로 그리고 전체 본문의 형태(*Gestalt*)와 관련을 맺으면서 통합된다면 장르의 혼합이 있다고 해서 편집의 역사가 있다는 판단이 반드시 필연적인 것은 아니다'(400). 클로펜보그가 *Excavating Q*에서 그의 제자인 커크(Kirk)와 좀더 충분히 서로 교류하지 않았다는 것은 다소 놀랍다. 또한 Horsley and Draper, *Whoever* 69–75에서 호슬리를 참조하라: '심지어 "묵시문학적 관용어가 비치지 않는 듯 여겨지는 Q의 그 부분들"조차 한정되어 있고 선택적이며, Q의 비묵시적 "지혜문학적" 부분들 또한 "종말론적 어조"로 편만하다면, 진기하게 여기는 묵시문학적 양식과 모티프가 차별적인 특징으로 남아 있는 경우란 거의 없을 것 같다'(72, 클로펜보그를 인용함); '만일 지혜가 "묵시적" 또는 예언적 어록들 가운데 나타나고 "지혜문학적" 어록들이 지혜자의 상례에 반하여 묵시적 언어를 사용한다면, 예의 범주화 기준은 비판적 주목을 요한다'(74).

65)　가령, 쿰란 문헌 중 CD와 DSS의 1QS나 유대교 위경 문헌 중 12족장 유언서(*T. 12 Part.*)와 신약성서의 요한계시록을 예로 들 수 있다; 추가로 D. J. Harrington, *Wisdom Texts from Qumran* (London: Routledge, 1996). 클로펜보그는 잠언서가 예언적 모티프를 담고 있고 이사야가 지혜문학의 요소를 흡수한 점을 주목하면서 묵시문학적 인자 관련 어록들과 미래 지향적 종말론 어록들이 '지혜 복음' 장르의 경향들과 대립되고 '바로 그 이유로 부차적인 것으로 판단된다'고 가정하는 쾨스터에 처음으로 비판적인 입장을 취한다(*Formation* 37–39; Koester, 'GNOMAI DIAPHOROI'를 언급하면서).

66)　C. M. Tuckett, 'On the Stratification of Q: A Response', *Semeia* 55 (1992) 213–22 (여기서는 215–16). *Excavating Q* 380–82, 385–88, 394 각주 60에서 클로펜보그가 추가로 명확하게 설명한 부분을 보라.

67)　특히 호슬리에 대한 클로펜보그의 단호한 응답과 관련하여 *Excavating Q* 150–51 각주 71을 보라.

복하여 관찰한 대로, 클로펜보그가 이 장르에 포함시킨 자료의 범위가 '지혜'라는 말을 그렇게 폭넓게 정의하여 구별한 범주로서 그 독특한 용도를 축소시킨 셈이다.[68] Q를 견유철학자들의 단화(*chreia*) 수집물에 빗대어는 보는 것은[69] 다른 학자들이 내세우고 발전시킨 제안인데,[70] 이 주장은 해당 현안을 더욱 혼란스럽게 했다.[71] 나아가 지혜의 장르 내에서 영지주의화하는 경향을 말하는 것은[72] 후대의 전개 양상을 본래의 동기와 뒤섞어 혼란스럽게 하는 것이고,[73] 장르의 개념을 오늘날 몇몇의 생물학자들이 옹호하는 유전자 결정론과 유비적인 고유한 성격을 가진 것처럼 유포시키는 것이다. 종합하면, 장르 유형을 분류하고 경계 지으려는 시도는 Q의 논의에서 그리 도움이 되는 것으로 판명되지 않았다.

핵심에 좀더 적절히 부응한 것은 **편집** 자체의 문제이다. 여기서 우리는 그러한 분석을 하는 데 생기는 방법론적 문제들을 상기할 필요가 있

---

68) Tuckett, *Q* 특히 345-48, 353-54; 유사하게 Horsley and Draper, *Whoever* 77-78과 추가로 75-82에서의 호슬리의 주장을 참조하라. 슈뢰터(Schröter) 또한 '어록(*Logoi*/Sayings)'이라는 말의 모호함으로 그것이 특정한 장르를 변별하는 적당한 기준이 되기 어렵다는 점을 지적한다(*Erinnerung* 95-96).
69) Kloppenborg, *Formation* 306-16, 322-25; 그러나 그는 반복해서 내용이 아니라 형식의 견지에서 생각하고 있다고 지적했다.
70) 특히 F. G. Downing, *Cynics and Christian Origins* (Edinburgh: Clark, 1992) ch. 5; 또한 'The Jewish Cynic Jesus' in Labahn and Schmidt, eds., *Jesus, Mark, and Q* 184-214; Mack, *Lost Gospel* 45-46, 114-23; 또한 *The Christian Myth: Origins, Logic and Legacy* (New York: Continuum, 2001) ch. 2; Vaage, *Galilean Upstarts*; 또한 'Q and Cynicism: On Comparison and Social Identity', in Piper, ed., *The Gospel behind the Gospels* 199-229; 또한 'Jewish Scripture, Q and the Historical Jesus: A Cynic Way with the Word', in Lindemann, ed., *Sayings Source Q* 479-95. 또한 Theissen, *First Followers* 14-15; Crossan, *Historical Jesus* 338을 보라.
71) 터킷의 비판으로 'A Cynic Q?', *Biblica* 70 (1989) 349-76; 또한 *Q* 368-91. 또한 H. D. Betz, 'Jesus and the Cynics: Survey and Analysis of a Hypothesis', *JR* 74 (1994) 453-75의 비판을 보라; J. M. Robinson, 'The History-of-Religion Taxonomy of Q: The Cynic Hypothesis', in H. Preissler and H. Seiwert, eds., *Gnosisforschung und Religions-geschichte*, K. Rudolph FS (Marburg: Elwert, 1994) 247-65; P. R. Eddy, 'Jesus as Diogenes? Reflections on the Cynic Jesus Thesis', *JBL* 115 (1996) 449-69. 로빈슨은 Q의 형성기 층위에 해당되는 텍스트와 유사한 견유철학자의 평행구를 찾아낸 것보다는 'Q 운동을 프로크루테스의 침대(그리스 신화에 나오는 강도 프로크루테스가 잡은 나그네를 쇠 침대에 묶고 침대보다 키가 크면 그 발을 자르고 작으면 몸을 잡아 늘였다고 하는 무모한 행동을 빗대어 일컫는 말—역주)처럼 특정한 틀에 때려 맞춰 강요하는 식의 까다로운 텍스트 해석'과 관련하여 배지(Vaage)를 비판한다('Galilean Upstarts: A Sot's Cynical Disciples?' in Petersen, et al., *Sayings of Jesus* 223-49 [여기서는 249]). 자신의 가장 최근 기고에서 클로펜보그 버빈은 견유철학적 Q에 대한 비판자들을 그들의 감추어진 신학적 속내를 들어 비판하며 '견유철학 같은 Q'라고 말하기를 선호한다(*Excavating Q* 420-42). 또한 아래 제9장의 각주 203-204를 보라.
72) Robinson, 'LOGOI SOPHON'이 그렇게 한다. 위의 각주 71에서 터킷의 비판은 로빈슨을 포함한다(*Q* 337-43).
73) 이 점에 대해서는 로빈슨에 대한 뤼어만(D. Lührmann)의 비판을 참조하라(*Die Redaktion der Logienquelle* [WMANT 33; Neukirchen-Vluyn: Neukirchener, 1969] 91).

다.[74] 우리가 마가의 평행구를 예로 보면, 마가의 경우에서 편집의 경계를 결정하기가 매우 어렵다는 것이 드러났다. 결국 현대 주석가들이 (좀더 확실히 편집적으로 연계된 구절들 바깥에서) 마가가 확보했거나 첨가한 것을 분명하게 구별할 수 있게 하는 딱 부러진 규칙이란 없다. 가령, 마가복음에서 단어와 모티프의 규칙성은 그 단어나 모티프가 마가의 자료들에 규칙적으로 나왔는지 드문드문 경우에 따라 나왔는지, 아예 나오지 않았는지에 대해 아무것도 말해주지 않는다.[75] 만일 편집의 경계를 규정짓는 것이 문서의 본문이 확연한 경우(마가)에도 어렵다면, 그 본문이 늘 논증과 가설의 문제로 거론되는 Q의 경우는 얼마나 더 어렵겠는가.[76] 특히 편집과 (최초의) 집필을 어떻게 구별해야 하는가?[77] 만일 한 편집자가 그 최종 텍스트에 난관과 긴장이 있음으로 인해 곤경을 겪지 않았다면, Q의 첫 집필자는 뭔가 달리 느꼈을까?[78] 한 주장이 의문시되는 다른 주장을 내버리지 않고서야 어

---

74) 클로펜보그는 그의 '방법론적 고려'를 *Formation* 96-101에서 제안한다. 또한 *Excavating Q* 114-18 참조.

75) 특히, P. Dschulnigg, *Sprache, Redaktion und Intention des Markus-Evangeliums* (SBB 11; Stuttgart: Katholisches Bibelwerk, 1986)를 참조하라. 가령, R. H. Stein, 'Proper Methodology for Ascertaining a Markan Redaction History', *NovT* 13 (1971) 181-98; E. J. Pryke, *Redactional Style in the Marcan Gospel* (SNTSMS 33; Cambridge: Cambridge University, 1978)에도 불구하고 그렇다. 좋은 한 가지 예가 마가 이전의 수난 서사에 대한 논점이다(아래 §17.1을 보라).

76) 클로펜보그를 따르는 이들과 별도로 그 결과인즉, Q에 대한 모든 편집층 연구는 거의 대부분 제각각의 구성 역사를 들고 오는 식이다; 예컨대, S. Schulz, *Q: Spruchquelle der Evangelisten* (Zürich: Theologischer, 1972); M. Sato, *Q und Prophetie: Studien zur Gattungs- und Traditionsgeschichte der Quelle Q* (WUNT 2.29; Tübingen: Mohr Siebeck, 1988); Allison, *Jesus Tradition* 8-37. 하지만 '이 세대'를 향한 심판의 주제에 담긴 편집적 성격과 관련해서는 클로펜보그의 주장에 대한 대체적인 일치를 보여주고 있다. 그러나 아래 제12장 각주 397을 보라.

77) 이 점에서는 특히 터킷의 비판을 주목하라(*Q* 52-82): 예컨대, '뤼어만의 "편집"(*Redaktion*) 개념은 그가 이것과 구분하는 "수집"(*Sammlung*) 개념과 그리 다르지 않다'(56); '야콥슨(Jacobson)의 "집필"(compositional) 단계는 뤼어만의 마지막 편집 단계와 매우 유사하다'(63). 또한 '더 오래된 인자 어록층', 즉 '인자에 대한 급박한 기대로…뒷받침된 묵시문학적 교훈의 단락'은 '신명기 사가적-지혜 자료의 후대 층위' 아래 배치되어 있다('Unity' 114-5; 유사하게 Lührmann, *Redaktion* 93-100)는 야콥슨의 결론을, 좀더 이전의 지혜/예언층이 인자 어록의 포함으로 수정되었다는 쾨스터의 주장과 함께 대조해보라('GNOMAI DIAPHOROI' 138; 또한 *Ancient Christian Gospels* 133-62). 많은 지혜 어록들이 유대교 지혜문학에서 취한 것인 반면, 도래하는 하나님 나라 관련 선포들은 예수로 소급된 것이라는 불트만의 결론을 다시 회고해야 한다('New Approach' 57-58; 'Study' 55-57). 클로펜보그의 예전 논문 'Tradition and Redaction in the Synoptic Saying Source', *CBQ* 46 (1984) 34-62은 Q 편집의 탐구에서 폭넓은 이견과 일일이 다 평가할 수 없는 많은 것들을 상기시키는 몇 가지를 사례를 제공한다. J. M. Robinson, 'The Q Trajectory: Between John and Matthew via Jesus', in B. A. Pearson, ed., *The Future of Early Christianity*, H. Koester FS (Minneapolis: Fortress, 1991) 173-94은 Q의 역사를 재구성하는 시도에서 서로 경쟁적인 두 가지 주요 관점을 명료하게 설명한다('trajectory').

78) 쾨스터의 견해에 따르면, 묵시문학적 자료는 지혜와 예언 자료의 강조점과 '갈등을 일으킨다'(*Ancient Christian Gospels* 135). 클로펜보그는 '편집 활동으로 생긴 곤경' 내지 '2차적 확장과 논평적 첨가…등으로 수정된' 일군의 어록을 말한다(*Formation* 99). 그러나 클로펜보그도 얼핏 깨닫고 있

떻게 한편으로 (존재 증명으로서) Q의 일관성과 통일성을 주장하고 동시에 그 내적인 긴장이 불일치를 암시한다고 주장할 수 있겠는가?[79] 본문상의 긴장은 편집층을 밝혀주는 명확한 증거가 아니다(어느 저자가 자기 최종 작품에서 모든 긴장을 제거하는 데 성공했거나 그렇게 하고자 한 사례가 있었던가?).[80] 여기서 임상적 기술은 상식을 추월하는 위험이 있다. 이 점만 분명히 한다면, 나는 Q의 구성에서 최소한 몇 가지 편집을 탐지할 수 있는 가능성을 부인하지 않는다(위의 각주 62).

하지만 우리의 초점을 Q¹으로 돌리면 내 질문은 더 복잡하게 번지기 시작한다. 클로펜보그는 자신이 Q가 문서였는지 여부와 관련하여 그 논점을 말하는 방식으로 Q¹ 역시 문서였는지 명백하게 말하지 않는다.[81] 그가 실질적으로 논증하는 것은 Q(또는 Q²)를 집필하는 단계에서 물려받은 (그리고 편집된) 어록의 군집들을 탐지할 수 있는 그럴듯한 가능성이다. 그는 Q를 발굴하는 작업에서 Q¹이 낱개의 문서나 단층으로 기능했는지 실체적으로 보여주지 않는다. 좀더 자세히 조사해보면 그것들을 연결시켜주는 통합적인 주제나 편집적인 모티프(가령, 논쟁의 여지는 있지만 Q 자체 내에서 도래하는 심판이란 모티프의 경우처럼)를 찾아내기 어렵다. 그 대신 우리가 가지고 있는 것은 여섯 개(?)의 군락을 이룬 예수의 가르침이다. (1) '지상수훈'으로 묶어지는 다소 산만하게 흩어진 자료군(Q 6.20-23, 27-49), (2) 제자도와 선교에 대한 가르침(9.57-62, 10.2-11, 16), (3) 기도에 대한 가르침(11.2-4, 9-13), (4) 두려움

는 것처럼 보이듯, 이것은 결론을 미리 정해놓고 질문을 간청하는 격이다(*Formation* 99).

79) Jacobson, 'Unity'는 이 대목에서 특히 취약하다(cf. Tuckett, *Q* 63-64). 여기서 다시 스트리터의 경고성 발언이 너무 많이 무시되어왔다(*Four Gospels* 235-38).

80) 최근의 연구 동향은 Q의 일회적인 편집 단계를 주장하는 쪽으로 기울면서 클로펜보그의 지론에 반하는 추세다: Schröter, *Erinnerung* 특히 216-17, 292-93, 368-69, 449-50, 468-72; Kirk, *Composition of the Saying Source*: '[Q의 12개 연설 중] 그 어느 하나도 서서히 또는 누적적으로 형성되었다거나 초기 그리스도교의 다층적 고고학에 침전된 증언으로 생각할 만한 타당한 근거가 존재하지 않는다'(269); Horsley and Draper, *Whoever* 23-24, 61-62, 83-93, 148에서의 호슬리의 주장; P. Hoffmann, 'Mutmassungen über Q: zum Problem der literarischen Genese von Q', in Lindemann, ed., *Sayings Source Q* 255-88 (결론 286); 뤼어만 또한 클로펜보그가 제안한 Q의 구성 역사에 의문을 제기한다('Die Logienquelle und die Leben-Jesu-Forschung', in Lindemann, ed., *Sayings Source Q* 191-206 [여기서는 204]).

81) 하지만 그는 그렇게 가정한다(*Excavating Q* 159, 197, 200, 208-209); 또한 Q¹의 장르에 대하여 154-59를 보라.

없는 고백의 격려(12.2-7, 11-12), (5) 올바른 우선권들(12.22-31, 33-34), (6) 제
자도에 대한 추가적 가르침(13.24; 14.26-27; 17.33; 14.34-35). 그러나 왜 이런 자
료가 단 하나의 문서로 취급되어야 하는지 이유가 없다.[82] 이 자료는 사실
상 Q 공동체들이 규칙적으로 모였을 때 분명 그 안에서 암송되었던 가르침
이었을 개연성이 더 높아 보인다. 그 가운데 몇몇의 개별 항목들은 편의를
위해, 그리고 수월한 교육을 실천할 목적으로 서로 다른 무리를 이룬 채 이
미 모아졌을 것이다.[83] 우리가 이러한 식의 추론을 따르면, 두 개의 구분되
는 작문상의 층위가 있다는 주장의 정당한 근거가 훼손되고, 단 하나의 문
서(Q¹)가 Q 공동체 성원들의 유일한 관심과 이해를 대표한다는 식의 연관
된 가설(§7.4b)도 그 신뢰도가 훨씬 떨어진다.[84] 반면 Q 저자/편집자가 이러
한 상이한 자료의 덩어리들을 취합하여 그 자료들을 각색하고(편집적 삽입),
그것들을 Q(또는 Q²)라는 더 큰 규모의 수집물 속으로 엮어내었다고 보면 단
일한 작문 행위라는 대안적 가설은 현존하는 증거를 충족시킨다.[85]

---

82) 호프만의 결론도 유사하다('Mutmassungen über Q' 266). 클로펜보그가 추출한 고려 사항들
   (*Excavating Q* 144-46, *Formation* ch. 5을 참조하여 언급)은 '모든 개연성의 차원에서…따로 분리된 편
   집적 층위'를 거의 논증하지 못한다: (1) 공통된 구조: 그러나 각 단락 가운데 첫째 항목을 '계획적
   인 어록'으로 묘사하는 것은 해당 경우에 대한 지나친 진술이다. 그것은 모두 개인적 호칭('너희')의
   성격을 지닌 가르침의 자료이기 때문에 자연스레 '설득의 수사'를 나타낸다. 그리고 각 단락에서
   마지막 항목을 '그 교훈의 중요성을 강조하는' 것으로 규정지은 것은 여섯 단락 중에 네 개만을 계
   산한 클로펜보그의 경우에도 해당된다. (2) 그 내용을 '다소 모험적인 사회적인 관행을 정당화하
   는 것과 관련이 있는 상호 연동된 일련의 관심사'로 묘사한 것은 실제 증거 이상으로 그 단락들을
   묶어두는 좀더 높은 단계의 의도와 일관성을 암시한다.
83) D. Zeller, *Die weisheitlichen Mahnsprüche bei den Synoptikern* (Forschung zur Bibel 17; Würzburg:
   Echter, 1977) 191-92이 제안하고, R. A. Piper, *Wisdom in the Q-tradition: The Aphoristic Teaching
   of Jesus* (SNTSMS 61; Cambridge: Cambridge University, 1989)가 주장한 대로, 이 가설은 Q 배후
   의 '로기아 합성물'이라거나 '금언적 어록의 수집물'의 경우에 잘 맞아 떨어진다. 그러나 젤러는
   'Eine weisheitliche Grundschrift in der Logienquelle?', in F. Van Segbroeck et al., eds., *The Four
   Gospels 1992: Festschrift Frans Neirynck* (Leuven: Leuven University, 1992) 389-401에서 어록 자료
   에 지혜의 전통이 있는지 여부의 질문에 부정적으로 답한다. 예수의 어록을 군집화하는 경향
   을 인정하는 것은 Q 연구의 특징이 되었다. J. M. Robinson, 'Early Collections of Jesus' Sayings',
   in J. Delobel, ed., *Logia: Les Paroles de Jésus—The Sayings of Jesus* (BETL 59; Leuven: Peeters, 1982)
   389-94; Crossan, *Fragments*; P. H. Sellew, *Dominical Discourses: Oral Clusters in the Jesus Sayings
   Tradition* (Philadelphia: Fortress, 1989); R. A. Vaage, eds., *Early Christianity, Q and Jesus, Semeia* 55
   (1992) 175-209.
84) 예를 들어, 정결 예법과 토라와 같은 관심사의 부재가 Q 구성원들의 관심 범위가 제한된다거나 그
   들이 예수를 예언자보다는 현자로 봤다는 것을 가리킨다는 식의 주장(*Excavating Q* 199, 397-98)은
   오로지 Q¹이 Q 구성원들의 관심 영역 전체를 대표했다는 한에서나 말이 된다.
85) Tuckett, *Q* 71-74을 보라; F. G. Downing, 'Word-processing in the Ancient World: The Social
   Production and Performance of Q', *JSNT* 64 (1996) 29-48, reprinted in *Doing Things with Words
   in the First Christian Century* (JSNTS 200; Sheffield: Sheffield Academic, 2000) 75-94 (여기서는 85-94).
   Horsley and Draper, *Whoever* 62-67에서 호슬리는 자신의 장르 비평을 다음과 같이 요약한다: '각

이러한 문제들은, 그러한 분석이 다시 또 상이한 층의 자료가 예수에 대한 상이한 이해, 즉 '비대칭의 케리그마들'[86] '상이한 제자도의 범위'[87]를 나타낸다고 전제하지만 않는다면 그리 심각하지 않을 것이다. Q 내부의 긴 장들은 편집적 층위, 서로 다른 '삶의 자리' 사이에서 생기는 긴장들로서, Q 와 십자가, 부활을 강조하는 범주 사이의 긴장에 덧보태진 것이다.[88] 그렇 다면 이 모든 것은 예수에 대한 최초의 반응이 이전에 인식된 수준 이상으 로 훨씬 더 다양한 것이었으며, 또 역사적 예수가 먼저 지혜의 교사로 기억 되었다는 증거를 제공한다. 그러나 클로펜보그가 지적한 대로, '전통의 역 사는 문학적 역사로 변환될 수 없다.' 편집 단계로 진입한 전통은 편집된 전 통만큼 오래되었거나 편집된 전통보다 더 오래된 것일 수 있다.[89]

전반적으로 마태와 누가의 공통 자료('q')에서 'Q'로, 그 발전 단계가 현 저하게 다른 'Q' 공동체로, 거기로부터 지혜의 가르침/비묵시적인 예수로 건너뛰는 것이 이를 뒷받침할 만한 가시적인 증거를 너무 결여한 것이라 는 결론을 피하기가 어렵다. 가설 위에 전제를 쌓고 그 전제 위에 다시 가 설을 세우는 식의 다양한 시도들은 그 결과에 이르러 거의 확신을 불어넣 을 수 없다. 그러므로 이어지는 대목에서 나는 Q 가설을 하나의 작업가설 로 사용할 것이지만, 층위화된 Q(Q^1, Q^2, Q^3)를 가정하지 않을 것이다. 아울러 '문제시되는 200절의 상당수 분량이 아마 Q 외에 다른 (구전) 자료에서 파생 되었을 것'이라는 스트리터의 조건부 설명을 떠올려보는 것도 중요할 것 이다. 이 논제는 아래(§8.5)에서 추가로 탐구될 것이다.[90]

기 다른 층위로 할당된 어록 뭉치들을 특징짓는 것으로 사료되는 공통된 특색들은 그 뭉치 가운데 나타나지 못하거나 다양한 뭉치들을 가로질러 일관되게 나타나지 않는다. 그 가설화된 층위들은 사실상 이러한 특색들을 진술한 기준에 따라 차별화될 수 없다'(67).

86) Kloppenborg, *Formation* 21-22; Koester, *Ancient Christian Gospels* 160: 'Q의 신학과 구원론은' 바 울의 케리그마가 대표하는 신학과 '근본적으로 다르다'.

87) 특별히 슐츠가 그렇다. 그는 수리아 국경의 팔레스타인 유대인 그리스도교 집단과 수리아 내부의 헬라주의적 유대인 그리스도교 집단을 구별하는 것이 가능하다고 생각한다(Q 47, 57, 177 등등).

88) 비록 슈뢰터의 비판이 너무 장르 논증에 의존하고 있긴 하지만 슈뢰터와 대조해보라(*Erinnerung* 35); '한 장르가 복합적인 방식으로 현실과 연계될 수 있으므로, 한 텍스트 내에 많은 장르들의 연 합이 나온다고 이것들이 원래 따로따로의 산만한 상황에서 발원한 것이라는 결론을 억지로 도출 해내지 못한다'(59, 유사하게 142).

89) Kloppenborg, *Formation* 244-45; 또한 *Excavating Q* 151; 유사하게 Attridge, 'Reflections' 228.

90) 위의 제4장 각주 84를 보라.

d. 연대와 장소

Q에 대한 가늠할 수 없는 불확실성이 전제된다면 연대와 장소, 저작 이유 등의 문제는 애매함에 모호함을 더하는 문제일 것이다. 유일하게 사실 확인이 가능한 점은 마태와 누가가 Q라는 문서를 사용했고, 따라서 그 복음서들의 저작 연대(85-90년)보다 앞선 연대를 추정할 수 있으리라는 것이다. 호프만과 클로펜보그는 Q의 최종 편집 시기를 첫 번째 유대인 봉기의 마지막 단계쯤이거나 그 직후로 본다.[91] 앨리슨은 요세푸스가 언급한 유대의 '표적 예언자들'(캐치폴, 특히 Q 17.23-24을 언급하며)에 대한 암시들이 발견된다고 지적하면서[92] 45년 이후의 시점을 제안한다. 그런가 하면 칼리굴라(Caligula)가 예루살렘 성전에 자신의 입상 또는 반신상을 세우려 한 사실을 암시하는 대목을 들어(타이센, Q 4.5-7을 언급하며)[93] 39/40년 이후의 연대를 제안하기도 한다. 앨리슨 자신은 Q¹은 아마 30년대에 처음 나타났고 최종 편집본이 40년대나 50년대 등장했을 것이라고 생각한다.[94]

Q의 삶의 자리에 대해서는 가장 유력한 후보로 의심의 여지 없이 갈릴리가 제시되었다.[95] Q 자료의 초기 수집물(Q¹)을 유랑 선교사들을 이해하는 안내 지침으로 보는 사람들에게 타이센(§4.6)이 끼친 영향은 명백하다.[96] 그

---

91) P. Hoffmann, 'The Redaction of Q and the Son of Man', in Piper, ed., *The Gospel behind the Gospels* 159-98; Kloppenborg, *Excavating Q* 80-87.

92) D. R. Catchpole, 'The Question of Q', *Sewanee Theological Review* 36 (1992) 3-44.

93) Theissen, *The Gospels in Context* 206-21.

94) Allison, *Jesus Tradition* 49-54; 아람어로 쓰였으리라 추정(47-49, 62-66).

95) 특히, Kloppenborg Verbin, *Excavating Q* chs. 4-5과 J. L. Reed, 'The Sayings Source Q in Galilee', *Archaeology and the Galilean Jesus* 170-96의 인상적인 주장을 보라. 그러나 이런 주장이 이제는 M. Frenschkowski, 'Galiäa oder Jerusalem? Die topographischen und politischen Hintergründe der Logienquelle', in Lindemann, ed., *Sayings Source Q* 535-59에 의해 도전받고 있다. 우리는 제2권에서 이 문제로 다시 돌아갈 것이다; 현재 이 책에서는 추가로 아래 §9.6b를 보라. 갈릴리 맥락에 대한 Q 자료의 암시들이 갈릴리의 Q 공동체에 관한 좋은 증거로 간주되어야 한다는 것은 신기한 일이다. 우리는 그런 공동체에 대하여 거의 아는 것이 없다. 따라서 갈릴리와 연계된 Q 자료의 맥락은 분명히 갈릴리에서 이루어진 예수의 선교에 관련하여 좋은 증거가 되지 못한다.

96) Zeller, *Mahnsprüche* 192, 196-97; U. Luz, *Matthäus* (EKK 3 vols.; Zürich: Benziger/Neukirchen: Neukirchener, 1985, 1990, 1997) 1.371; L. Schottroff and W. Stegemann, *Jesus and the Hope of the Poor* (Maryknoll: Orbis, 1986) 38, 47-49; R. Uro, *Sheep among the Wolves* (Helsinki: Suomalainen Tiedeakatemia, 1987) 241; Vaage, *Galilean Upstarts* 38-39; Allison, *Jesus Tradition* 30-32; J. D. Crossan, 'Itinerants and Householders in the Earliest Jesus Movement', in W. E. Arnal and M. Desjardins, eds., *Whose Historical Jesus?* (SCJ 7; Waterloo: Wilfred Laurier University, 1997) 7-24. S. J. Patterson, *The Gospel of Thomas and Jesus* (Sonoma: Polebridge, 1993) chs. 5-6은 '유랑하는 급진주

러나 Q의 저작/편집의 역사에 대한 불일치로 인해 Q의 '삶의 자리'에 대하여 추가로 명확하게 말하기가 더 어려워진다. 하지만 어떤 의미의 전통사, 이를테면 그 전통들이 전승되어간 과정이 떠오를 뿐이다. 이것은 가령 캐치폴과 앨리슨이 예수와 함께 시작되었다고 제안한 과정이다.[97] 비록 그들이 그 과정을 (구어 전승이 아니라) 문학적 편집의 견지에서 생각한다는 사실이 예수 전통사의 최초 단계에 대한 동시대의 관점을 여전히 불필요하게 한정하는 맹점의 또 다른 사례이긴 하지만, 그럼에도 불구하고 실상 이 주장이 정곡을 찌른 것이라고 볼 수 있다.

7.5 마태복음과 누가복음

온전하게 보자면 우리는 마가와 Q뿐 아니라 마태와 누가도 예수 전통의 자료임을 기억해야 한다.[98] 마태와 누가가 두 자료설의 증거를 제공한다는 사실과 마가와 Q를 사용한 방식 때문만이 아니라[99] 마태와 누가에 독특한 전통(일반적으로 'M'과 'L'로 지칭됨)으로 인하여[100] 이 두 복음서는 주목받을 만하다. 이 후자의 특수 자료는 그 분량에서 마가나 Q만큼 상당하기 때

의'(타이센)가 팔레스타인에서 수리아로 '유랑해온' '일군의 도마 유랑자들'에 의해 도마복음에 보존되었다고 주장한다(156-57); '공관복음에서 그 전통을 대체로 "지역의 동조자들" 눈으로 읽어야 한다면, 도마복음에서는 "유랑하는 카리스마 전도자들"의 눈으로 그것을 본다'(170). W. E. Arnal, *Jesus and the Village Scribes* (Minneapolis: Fortress, 2001) ch. 2이 정리한 그간 논의의 개관을 보라. 그는 그 가설을 곤혹스런 비판의 대상으로 삼는다: '사회학적으로 볼 때, 그 가설은 이론적으로 공허하다'(9); '그것은 그 기간의 사회적 실상에 대한 주의 깊은 탐구에 제대로 근거하고 있지 않다'(72); '본문은 유랑을 가정하기까지 유랑의 흔적을 명시적으로 보여주지 않는다'(69, 91-95); Q 구성원들은 아마도 '이전에 마을의 생활에 대한 행정에 관여했던 마을 서기관들'로 그들만이 그러한 문서를 쓸 능력을 가지고 있었을 것이다(170-72); 뿌리 뽑힘을 운위하는 그 은유와 수사는 빗나간 선택이다(183-93).

97) Catchpole, *Quest* 188; Allison, *Jesus Tradition* 60-62.
98) 이미 지적한 대로, 이 두 복음서의 연대는 대체로 80-95년으로 추정된다. 예컨대, Schnelle, *History* 222, 243; Brown, *Introduction* 216-17, 273-74; W. D. Davies and D. C. Allison, *Matthew* (ICC, 3 vols.; Edinburgh: Clark, 1988, 1991, 1997) 1.127-38; J. A. Fitzmyer, *Luke* (AB 28A, 2 vols.; New York: Doubleday, 1981, 1985) 53-57을 보라. 물론 나는 이 두 복음서를 전통 축적, 조직, 그리고 그 배후에 놓인 편집의 과정(제2권)과 당연히 그 복음서 자체(제3권)를 나중에 좀더 자세히 살필 것이다.
99) 예컨대, G. N. Stanton, 'Matthew as a Creative Interpreter of the Sayings of Jesus'(1982), in P. Stuhlmacher, ed., *The Gospel and the Gospels* (Grand Rapids: Eerdmans, 1991) 257-72을 보라.
100) 이것들은 Streeter, *Four Gospels* 198에 그 목록이 제시되어 있다.

문에 그 자료의 위상은 무시될 수 없다. 우리는 마태와 누가의 예수 탄생 이야기(마 1-2장; 눅 1-2장), 마태복음 10.5, 23 또는 누가복음에 나오는 선한 사마리아인과 탕자의 비유(눅 10.30-37; 15.11-32) 같은 친밀한 이야기들을 생각만 해도 지금 여기서 얼마나 절박한 위험에 처했는지 깨닫게 된다. 그렇게 외따로 증언되는 전통들의 위상은 우리가 앞으로 다양한 지점에서 다루어야 할 문제이다.[101] 현재로서는 두 가지 점을 지적할 만하다.

하나는 마태와 누가의 특수 자료(*Sondergut*)가 어떤 개별 공관복음 저자가 사용했거나 사용할 수 있었던 것 이상으로 예수 전통에 대하여 훨씬 더 풍성하게 증언해준다는 것이다. 그 자체로 우리에게 전통화 과정에 대한 무엇인가를 들려주는 것이다. 즉 모든 교회가 예수에 대하여 알기 위해 거기 있던 모든 것을 알았거나 아는 게 필요하다고 생각하지 않았고 따라서 복음서 저자들은 아마 예수 전통을 그들이 사용하면서 최소한 어느 정도 선택적이었으리라는 것이다. 우리가 예수 전통의 '총량'이 얼마나 넓었는지, 얼마나 널리 그 전통이 알려졌는지 알 수 있다면 좋을 것이다. 그러나 우리는 알지 못한다. 하지만 최소한 우리는 예수 전통의 있을 법한 폭과 확산된 분포를 의식하고, 단 한 군데 증언된 전통이라서 예수의 기억으로서 반드시 덜 가치 있다는 너무 단순한 주먹구구식의 관행을 의심할 필요가 있다.[102]

또 다른 요점은 거듭 말하거니와 마태와 누가의 특수 자료를 마치 마태와 누가가 예수 전통에 대한 그들의 지식을 위해 유일하게 쓰인 문서 자료에만 의존한 것인 양 오로지 문어적 견지에서 생각하는 것을 피해달라는 간청이다.[103] 그렇게 전통화 과정을 궁리하는 방식은 역사로부터 교훈

---

101) 이와 관련해서는 특히 아래 §§11.1과 13.7을 보라.
102) 특히 Crossan, *Historical Jesus*와 관련하여 그렇다. 그가 비록 그 점에서 상기될 필요는 없지만 (xxxi-xxxiii), 그럼에도 불구하고 그의 작업 기준('한 번 이상 나오는 것만을 사용하라')은 최소한 어느 정도 예수의 초상을 곡해하게 되어 있다.
103) Q 자료를 오로지 기록된 전통으로 간주하지 말라는 빈번한 경고에도 불구하고 그 경고의 당사자인 스트리터는 다른 곳에서 마태와 누가에 독특한 자료(M, L)와 관련해서는 그 자료를 별도의 문서로 간주함으로써 자신이 경고한 함정에 빠지는 것 같다. 이로부터 그의 'Four Document Hypothesis'(*Four Gospels* ch. 9)가 나온다. 추가로 아래 제10장의 각주 24를 보라.

을 받아들이는 역사적 상상력의 실패를 증언할 뿐이다. 1세기 이스라엘이 구전 문화였다는 사실과, 예수 전통이 그리스도인들의 처음 두 세대를 통틀어, 즉 Q에 선행하거나 그 전통을 포함하고 또 씌어진 복음서들과 나란히 병행해간 그 너머 세대를 통틀어 구전 형식 가운데 전개되었을 개연성을 21세기 학자들은 20세기 선배 학자들보다 좀더 진지하게 숙고해야 한다. 이 통찰의 중요성은 제8장에 가면 더 분명하게 드러날 것이다.

7.6 도마복음

쾨스터와 신자유주의 탐구자들이 도마복음에 쏟아부은 대단한 신뢰로 인해 예수의 가르침에 대한 자료로서 이 복음서의 가치에 대한 논점은 특별히 민감하게 파고든다.[104] 도마복음이 처음 출간된 이래 초장부터 도마복음이 공관복음(그리고 요한복음)을 알았고 거기서 자료를 끌어왔는지, 공관복음과는 독립적인 전승으로 공관복음보다 선행된 예수 전통의 초기 형태를 증거하는지 여부에 대하여 거의 반반으로 의견이 갈렸다.[105] 그 증거는 어느 쪽으로도 결정적이지 않다. 문제는 그러한 비교들이 열어젖힌 전통화 과정의 복잡성이다. 각각의 경우 우리는 (옥시린쿠스 파피루스 사본에서 증거하는) 그리스어 형식이든,[106] 이어져 나온 콥트어 형태의 것이든 도마복

---

104) 콥틱어 사본을 번역한 텍스트는 J. M. Robinson, ed., *The Nag Hammadi Library in English* (Leiden: Brill, ³1988) 124–38에 있는 쾨스터(H. Koester)와 램딘(T. O. Lambdin)의 것; W. Schneemelcher and R. McL. Wilson, *New Testament Apocrypha* (Cambridge: James Clarke, revised edition 1991) 110–33에 있는 블라츠(B. Blatz)의 것; J. K. Elliott, *Apocryphal New Testament* 123–47 (방대한 참고 문헌 목록과 함께)에 나오는 것 등이 있다. 또한 R. Cameron, *The Other Gospels: Non-Canonical Gospel Texts* (Guildford: Lutterworth, 1983) 23–37; Miller, ed., *Complete Gospels* 301–22; Funk, ed., *Five Gospels* 471–532을 보라.
105) 이와 관련한 참고 문헌은 Koester, *Ancient Christian Gospels* 84–85; Meier, *Marginal Jew* 1.128–30. 도마복음이 '기본적으로 공관복음의 전통과 독립된' 전통사의 산물이라는 것은 Patterson, *Thomas and Jesus* chs. 2–3의 핵심 논지인데, 그는 '도마복음이 초기 그리스도교 전통의 자율적인 흐름에서 나온 종자'라고 결론짓는다(110); 그럼에도 도마복음과 공관복음 전통이 상당 부분 겹치는 것으로 미루어 '자율적인'이라는 말은 미심쩍은 판단이다(또한 아래의 §8.6d를 보라).
106) 위의 제4장 각주 191을 보라. 추가로 Schneelmelcher and Wilson, *New Testament Apocrypha* 117–18, 121–23; Elliott, *Apocryphal New Testament* 128–33(참고 문헌과 함께), 135–36, 139–41을 보라.

음과 어떤 차원에서든 세 복음서 내지 네 복음서의 어떤 층위에서 그 둘 사이에 있었을 법한 상호 작용의 가능성을 생각해야 한다. 그것들은 구전이든 문서든 각 문서들이 끌어다 사용한 전통들, 문서 자체들(마가복음, Q, 마태복음, 누가복음, 요한복음), 그 문서가 읽히는 것을 한 번 이상 듣게 된 결과로서(2차 구전성)[107] 각 문서에 나타나는 대로 개별적 전통에 대해 전해들은 구전 지식, 나아가 한 가지 텍스트 형식에서 다른 것으로 서기관들이 동화시킨 것까지를 두루 아우른다.[108] 그러한 복잡성을 인식하였기에 터킷은 다섯 개의 도마복음 어록이 누가의 편집(도마 5, 16, 55)과 마가의 편집(도마 9, 20)을 알았음을 보여준다고 주장한 논문의 끝에서 '도마복음과 공관복음의 관련성 문제는 결국 해결 불가능할 것'이라고 제시한다.[109] 그렇다면 최소한 도마복음은 당시 특정한 어록들이 자료로 취할 수 있었고 아마 실제로 취했던 상이한 양식이나 번역본이 있었고 개중에는 전통화 과정의 초기 단계로 소급되는 것이 있었으리라는 증거를 제공한다.

그렇게 말해놓고 나서도 경고의 말이 추가로 필요하다. 첫째, 예수의 가르침을 우리가 알기 위한 원천 자료로서 도마복음의 가치에 대한 질문은 계속되는 그리스도교 이전의 영지주의 증거 찾기에 몰두해왔다. 요지인즉, 도마복음의 가장 적절한 분류 범주가 '영지주의적'이라는 것이다.[110] 그래서 만일 독특한 도마 전통이 이른 것이라면, 그것은 예수의 가르침을

---

107) 특히, R. Uro, 'Thomas and Oral Gospel Tradition', in R. Uro, ed., *Thomas at the Crossroads: Essays on the Gospel of Thomas* (Edinburgh: Clark, 1998) 8–32을 보라.

108) Patterson, *Thomas and Jesus* 92–93을 참조하라.

109) C. Tuckett, 'Thomas and the Synoptics', *NovT* 30 (1988) 132–57. 마이어(Meier)는 도마복음이 '어떤 종류든 최소한 공관복음, 특히 마태와 누가를 알았다'는 자신의 결론에 지나치게 자신이 넘친다(*Marginal Jew* 1.139에서 자신의 초기 논의를 언급하면서, 134–37); 이 점에서 그의 주장은 M. Fieger, *Das Thomasevangelium* (NTAbh 22; Münster, 1991); Meier, 'Present State of the "Third Quest"' 464); 유사하게 J. H. Charlesworth and C. A. Evans, 'Jesus in the Agrapha and Apocryphal Gospels', in Chilton and Evans, eds., *Studying the Historical Jesus* 479–533 (여기서는 496–503) 등이 지지한다.

110) 예컨대, Koester, *Ancient Christian Gospels* 83, 124–28은 이와 관련하여 특히 도마복음 3, 29, 50, 56, 83, 84을 언급한다. Patterson, *Thomas and Jesus* 226–28. 뤼데만(Lüdemann)은 도마복음의 메시지가 '초기 그리스도교 영지주의의 메시지와 일치한다'고 확신한다(*Jesus* 589). 이에 반하는 입장으로 J. D. Crossan, *Four Other Gospels* (Minneapolis: Winston, 1985)가 있는데, 그는 도마복음이 '일차적으로 영지주의보다는 금욕주의에 관심을 가지고 있다'고 주장한다(28–35). 그 대안들은 서로 배타적이지 않다. 도마복음을 더 정확하게 '영지주의적'이라고 규정하는 문제에 대하여는 A. Marjanen, 'Is Thomas a Gnostic Gospel?'과 R. Uro, 'Is Thomas an Encratite Gospel?', in R. Uro, ed., *Thomas at the Crossroads* 107–39, 140–62, 추가로 참고 문헌과 함께 108–109 각주 5–11.

영지주의가 사용하고 이에 반응한 것이 예수에 대한 최초의 반응 가운데 있었다는 주장의 강력한 토대를 제공할 수 있을 것이다. 한마디로 말해, 영지주의 그리스도교는 정경 복음서의 그리스도교만큼 오래되었거나(그래서 '존중할 만하고') 최소한 그것만큼 예수 전통에 깊이 뿌리박혀 있었다는 것이다. 하지만 그 탐구보다 좀더 이전 단계, 즉 그리스도교 이전의 영지주의적 구속자 신화의 탐구는[111] 실패작으로 드러났고 1960년대에 김이 빠져버렸다. 그리고 영지주의가 2세기 그리스도교 이단으로 보는 것이 더 정확한 규정이라거나,[112] 최소한 영지주의적 구속자 신화가 초기 그리스도교의 고유한 그리스도론에 기생한 것이었다는 오래전 견해가[113] 참신한 것으로 인정받아야 한다. 1세기나 그 이전의 다양한 구원론들에 '영지주의적'이라는 용어를 사용하는 것의 문제는 다양한 어록 수집물에 '지혜'라는 말을 사용하는 것과 동일하다.[114] 영지주의적이라고 묘사되는 특징들이 그렇게 심하게 희미해져서 영지주의의 변별점이 되지 못하는 데도 그 용어가 적절한 것인가?[115] 그렇다고 '선영지주의'(pre-Gnostic)나 '원영지주의'(proto-Gnostic)라는 대안이 1세기 중반 그리스도교를 더 잘 묘사하는 것도 아니다.[116] 요지인즉, 도마복음이 영지주의적 구속자 신화의 발전된 형태를 입증해주는 것 같다는 것이다(도마 28).[117] 그리고 이 문서의 전반적인 관점이 2세기 영

---

111) 그리스도교 이전의 영지주의 구속자 신화는 불트만이 특히 바울의 그리스도론 자료로서 가설화한 것이었는데(*Theology* 1.164-68), 20세기 중반에 막대한 영향을 끼친 논지였다. 그러나 이제는 대체로 한물간 것으로 간주된다(예컨대, 내 책 *Theology of Paul* 282 각주 68과 550 각주 97에 인용된 것들을 보라). 앞으로 나올 제2권을 보라.

112) S. Petrement, *A Separate God: The Christian Origins of Gnosticism* (San Francisco: HarperCollins, 1994).

113) 이미 그렇게 보는 입장은 R. M. Grant, *Gnosticism: An Anthology* (London: Collins, 1961): '영지주의적 구속자의 기원에 대한 가장 분명한 설명은 그 인물이 예수에 대한 그리스도교적 개념을 모델로 형성되었다는 것이다. 우리가 예수 시대 이후 즉각 다른 구속자들(시몬 마구스, 메난더)을 만나지만 그 이전의 어떤 구속자도 알지 못한다는 점이 중요해 보인다.' 추가로 내 책 *Christology in the Making* (London: SCM, ²1989) 305 각주 3에 인용된 것들을 보라.

114) 위의 각주 68을 보라.

115) 루돌프(K. Rudolph)는 영지/영지주의를 최대한 폭넓게 정의한다: '이원주의적 종교로…세상과 당시 사회를 향하여 명백히 부정적인 태도를 취했으며, 자유와 안식이라는 초세속적인 영역과의… 본질적 관계를 "통찰"함으로써 정확히 지상의 존재로서 갖는 한계로부터 인간의 구원("구속")을 선포했다'(*Gnosis: The Nature and History of an Ancient Religion* [1977; ET Edinburgh: Clark, 1983] 2).

116) 마찬가지로 우리는 제2성전기 유대교를 선그리스도교나 원그리스도교로 부르거나 중세 그리스도교를 선개신교나 원개신교로 묘사할 수 있을지 모른다. 이러한 호칭들이 제2성전기 유대교와 중세 그리스도교의 묘사로 내포하고자 하는 모든 가치들을 전유하는 차원에서 말이다.

117) 도마행전 108-13의 '진주의 찬송'(Hymn of the Pearl)을 참조하라.

지주의의 관점으로 온전히 묘사될 수 있다는 것이다.[118] 따라서 결과적으로 이 문서에 어떤 초기 전통들이 영지주의적 방향으로 편집된 것을 찾더라도 놀라지 말아야 한다.

둘째로, 이 분야에 집요하게 작동되는 또 다른 오류가 있는데, 그것은 '**독립적**'이라는 것이 '**더 본래적인**' 것을 의미한다는 선입견의 오류이다. 나그함마디 문서의 요소들이 그리스도교 전통에서 파생될 수 없다고 봐야 하는 곳에서, 그 추론 결과는 응당 이러한 요소들이 그리스도교의 연대를 앞지른다는 것이다(영지주의가 그리스도교만큼 오래되었다는 증명). 그러나 고대 지중해 연안의 세계는 수많은 종교 전통들과 철학들이 창궐한 용광로였다. 따라서 '독립적'이라는 말은 단순히 '그리스도교와는 별도로 독립적인'을 의미할 수는 있어도 '그리스도교보다 연대적으로 더 이른'이란 뜻과는 거리가 멀다. 현재 다루는 경우에서 도마복음이 입증하는 예수 전통의 상이한 판본은 종종 더 본래적인 것으로 가정된다.[119] 그러나 분석으로 논증되는 모든 결과에 따르면 판본들은 각기 상이하다는 것이다.[120] 거기 있는 것이 그것에 대한 전부일 가능성(그 전통이 그리스도교 회중들 가운데 이야기되었고 재차 이야기된 방식들의 다양성을 증언하면서)은 한쪽으로나, 양쪽으로 모두 편집되었을 가능성과 함께 열려 있다. 이것은 우리가 다시 돌아가야 할 주제이다(제8장).

특히 도마복음을 다뤄온 쾨스터의 주장은 논증하기보다 전제해버리는 '논지 선점'의 오류(petitio principii)란 비난에 침식되기 쉬운 상태다. 그는 재차 도마복음이 예수 전통의 초기 비묵시문학적 층위를 입증한다는 것을 논증하기보다 가정한다.[121] 그러나 '실현된 종말론'이 핵심인 영지주의

---

118) 예컨대, 도마 3.4-5; 37.2-3; 50; 77; 84; 87을 주목하라.
119) 크로산도 같은 경고를 던진다: '독립적이라는 게 반드시 더 오래된 것을 의미하지 않는다'(*Four Other Gospels* 35).
120) Koester, *Ancient Christian Gospels* 89-124에서 인용되는 경우들 가운데 가령 도마 9, 20, 21b, 39, 63, 64, 76, 99, 100, 109를 주목하라(Koester 92, 97-99, 103-104, 108-10, 112).
121) Koester, 'GNOMAI DIAPHOROI' 137-39; 또한 'One Jesus' 171, 186-87; 또한 *Ancient Christian Gospels* 92-99. 요한복음이 사용한 (도마복음이 암시한 바) 그 전통의 영지주의적 함의들을 외면했다고 주장함에 있어 마지막 사례에서 요한복음과의 비교도 유사하게 편향적이다.

적 편집은 미래 종말론과 도래할 인자의 희망을 증언하는 전통 모두를 생략하거나 '교정'했어야 하리라는 점도 충분히 이해할 수 있다.[122] 그리고 다른 근거하에 미래 종말론이 공관복음의 맨 아래 기반층에 속한다고 본다면,[123] 좀더 개연성 있는 결론은 도마복음이 기실 영지주의적으로 동기 부여되어 이전 전통에서 그 종말론 모티프를 **삭제**했음을 입증한다는 것일 터이다. 사실 쾨스터식의 주장은 예수 전통의 비묵시문학적 최초 층위를 위한 주장을 내세울 수 있도록 특정한 성향을 가지고 Q와 도마복음을 분석한 결과일 따름이다.[124] 특히 인자 어록의 전통사는 예수 전통의 최초 단계에 그것들이 들어 있었다는 관점을 선호하여 훨씬 더 많이 이야기하는 좀더 정교한 분석을 요한다.[125]

아래에서 우리는 예수 전통이 취한 상이한 형식을 도마복음이 입증한다는 점을 찾아보려는 기대를 하게 될 것이다. 그러나 도마복음이 특정한 모티프들의 견지에서 공관복음 전통의 합의 내용과 현저하게 다른 터라, 도마복음보다는 공관복음이 최초로 기억된 예수의 어록에 대체적으로 더 근접하는 것 같다. 이는 또한 연대의 문제가 우리 관심사와 별로 상관이 없음을 의미한다. 왜냐하면 특정한 도마복음의 어록이 공관복음 전통만큼 오래되거나 보다 더 오래된 판본을 보존했으리라는 가능성, 또는 도마복음에만 나오는 어록들이 공관복음 전통의 최초 전통만큼 오래되었으리라는 가능성은 늘 열려 있어야 하는 반면, 그 점에 대해 판단을 내리는 척도를 제공하는 것은 의심의 여지 없이 늘 초기 공관복음 전통일 터이기 때문이다.[126] (크로산과 쾨스터가 그렇듯) 도마복음의 연대를 이른 것으로 추정해야

---

122) 이는 쾨스터가 인정한 바이다 (*Ancient Christian Gospels* 97). 그러나 우리는 쾨스터가 또한 '도마복음이 예수의 종말론적 어록 전통을 전제하고 비판한다'는 데 동의한다는 점을 다시 지적해야 한다.
123) 아래 §12.4를 보라.
124) 추가로 Horsley and Draper, *Whoever* 76 각주 62, 78-81에서 호슬리의 주장을 보라.
125) 아래 §16.4-5를 보라. 하지만 쾨스터는 구어 전통이 지속적으로 발휘했을 수도 있는 영향력을 인정한다 (*Ancient Christian Gospels* 99, 109); 또한 아래 §8.3d를 보라.
126) 이것은 우리가 '공관복음 예수의 독재'에 대한 헤드릭의 경고를 심각하게 경청하더라도 사실이다. C. W. Hedrick, ed., *The Historical Jesus and the Rejected Gospels*, Semeia 44(1988) 1-8 참조. 왜냐하면 예수에 대한 어떤 초상도 개별적인 어록들보다는 예수 전통에 들어 있는 군집된 자료들과 주제들에 기초하는 것이 더 낫기 때문이다(추가로 아래 §10.2를 보라).

할 필요성에 대한 고집[127]은 다시금 전통사의 이론이 구전으로 반복하여 이야기하기/실천보다 문어적 층위/편집의 견지에 너무 많이 경도된 현실을 암시한다.

7.7 요한복음

역사적 자료로서 요한복음을 탈락시킨 바우어의 입장은 대략 지난 백년간 학계에서 별 논란이 없는 채로 지속되었다. 비록 요한복음과 공관복음을 신학과 역사의 차원으로 날카롭게 구별하는 것을 브레데가 허물어버렸지만,[128] 공관복음과 필적할 만한 정도로 요한복음이 예수의 생애와 사역과 관련하여 정보를 제공하는 자료라고 보는 학자는 거의 없다.[129] 이 점에 대하여 지속적으로 중요하게 생각되어온 요인들을 간략하게 지적해볼 만하다. 한 가지는 예수의 사역에 대한 매우 다른 모습이다. 그 사역의 순서와 사건들의 중요성(특히 성전 정화와 죽은 나사로 살리기), 그리고 예수 사역의 위치(갈릴리보다는 압도적으로 예루살렘) 등에서 그 차이가 도드라진다. 또 다른 두드러진 차이는 예수가 말하는 스타일에 있다(공관복음의 금언적이고 비유적인 스타일과 대조적으로 훨씬 더 산만하고 신학적이다). 슈트라우스가 이미 지적했듯이 이러한 스타일은, 예수가 니고데모에게 말하든 우물가 여인이나 제자들에게 말하든 일관되고 요한일서의 경우처럼 세례자의 스타일과 매우 유사하다. 여기서 그 스타일이 **예수**의 것이 아니라 **복음서 저자**의 것이라는 불가피한 추론이 나온다.[130] 아마도 가장 중요한 차이는, 공관복음에서 예수의 주요 주제가 하나님의 나라이고 자신에 대해 거의 말하지 않는

---

127) 위의 §4.7을 보라; 패터슨은 도마복음의 연대를 70-80년 부근으로 제안한다(*Thomas and Jesus* 120).
128) 그러나 바우어는 이미 각 복음서가 그 성격상 조직적으로 나름의 성향을 가지고 있다고 주장했다(제4장 각주 70을 보라).
129) M. Casey, *Is John's Gospel True?* (London: Routledge, 1996)만큼 요한복음의 그런 가치를 도외시한 경우도 별로 없을 것이다.
130) Strauss, *Life* 384-86.

데 비해, 요한복음에서 하나님 나라는 거의 특징적으로 드러나지 않고 그 언술들이 대체로 예수의 자의식과 자기 선포를 표현하는 수단이라는 점이다. '나는…이다'(I am)식의 두드러진 요한복음의 자기 언명이 예수가 직접 말한 대로 기억되었다면, 그 어떤 복음서 저자가 공관복음처럼 어찌 그렇게 그것들을 완전히 무시할 수 있었단 말인가?[131] 그래서 전반적으로 다음과 같은 종래 입장은 변하지 않는다. 요한복음은 공관복음과 같은 반열에서 예수의 생애와 가르침을 담은 자료로 간주될 수 없다.

요한복음의 역사적 가치에 대한 바우어의 합의점이라 할 만한 결론에 한 가지 주요 수정 사항을 요청한 것은 도드(C. H. Dodd)가 이 주제에 관하여 대가다운 솜씨로 낸 연구였다.[132] 도드는 요한복음의 이야기와 설교 자료 모두 오래된 좋은 전통을 담고 있다는 점을 인정하기 위해 강한 주장을 폈다. 특히 예수의 사역 시작 부분에 대한 요한의 이야기는 아마 공관복음[133] 이 간과한 정보를 담고 있다. 가령, 요한이 제공한 지리적인 상세한 정보는 기억된 내용으로 볼 때 가장 잘 설명된다. 그리고 많은 학자들은 요한이 추산한 예수의 사역 기간(세 번의 유월절)을 설득력 있게 보고, 예루살렘에 예수가 좀더 빈빈하게 방문한 것에 대한 암시와 예수의 생애 마지막 주에 대한 연대기 역시 그렇다.[134] 설교 자료에 관하여 공관복음에 평행구를 가지고 있는 그 설교 속의 어록들 수는 요한복음이 공관복음 같은 전통을 알고 있었고 그 전통을 사용했다는 사실로 가장 잘 설명된다.[135] 과연 아무리 살펴도 요한의 설교들은 성격상 공관복음의 어록들과 유사한 예수의 특정한

---

131) 추가 설명으로 나의 책 *The Evidence for Jesus* (London: SCM, 1985) ch. 2을 보라.
132) C. H. Dodd, *Historical Tradition in the Fourth Gospel* (Cambridge: Cambridge University, 1963).
133) 나는 약간 정밀하게 다듬은 상태로 그 증거를 내 논문 'John and the Oral Gospel Tradition', in H. Wansbrough, ed., *Jesus and the Oral Gospel Tradition* (JSNTS 64; Sheffield: JSOT, 1991) 351–79 (여기서는 355–58)에서 요약한다.
134) 또한 F. J. Moloney, 'The Fourth Gospel and the Jesus of History', *NTS* 46 (2000) 42–58. 유월절에 대한 언급은 요 2.13, 23; 6.4; 11.55; 12.1; 13.1; 18.28, 39; 19.14.
135) 요한이 공관복음을 알았고 그것의 어떤 부분을 사용했는지 여부에 대해서는 논쟁이 이어지고 있다. D. M. Smith, *John among the Gospels: The Relationship in Twentieth-Century Research* (Minneapolis Fortress, 1992)에 나오는 그 논쟁의 개관을 보라. 내가 보기에 도드가 옳았다: 앞선 복음서들에 대한 요한의 지식을 보여주는 암시들은 그러한 특징들을 공유한 구어 전통을 요한이 알았다는 사실에 비추어볼 때 기꺼이, 또는 더 잘 설명된다.

어록들에 기초해 있는 것처럼 보인다.[136] 게다가 요한식의 규칙적인 기적 패턴('표적')을 설교가 뒤따르는 것과 요한복음 14-17장의 '고별 설교'도 우리가 요한복음에 가지고 있는 내용이 복음서 저자가 예수의 중요한 말씀과 행위를 묵상한 결과라는 점을 강하게 암시한다.

간단히 말해, 요한은 예수 전통이 이미 1세기에 그리고 그리스도교의 첫 두 세대 내에 어떻게 사용되었는지를 보여주는 또 다른 창문이다.[137] 그러나 우리는 전통이 심하게 가공되었다는 것과 그 전통이 더 앞선 예수 전통에 잘 뿌리박혀 있다는 것을 **둘 다 동시에** 인정할 수 있다.[138] 가르침의 자료가 관련되는 한 핵심 요지인즉, 다시금 그 양자의 특징에 대한 인정 여부도 공관복음 전통과의 비교로써 결정된다는 것이다. 말하자면, 공관복음 전통은 가장 오래된 전통들을 인정하는 규범 같은 것을 제공한다. 그러므로 이어지는 대목에서 우리는 분명히 요한복음을 하나의 자료로, 물론 대체로 공관복음 전통의 증언을 일부 대체하거나 강화하는 하나의 부차적인 자료로 불러내게 될 것이다.

7.8 다른 복음서들

예수의 가르침과 생애에 대한 최초 기억에 대한 증언이 관련되는 한, 크로산과 쾨스터가 인용한 다른 복음서들의 가치는 점점 더 가벼워진다.

a. '대화복음서'(*Dialogue Gospel*)로 적절히 명명된 문서는 '구세주와의 대

---

136)   Koester, *Ancient Christian Gospels* 256-67은 요한이 이러한 어록들에 대한 요한 이전 단계의 영지주의적 이해를 알고 그것을 반박한다고 주장한다(263-67). 그러나 그 증거가 암시하는 모든 것은 유사한 자료의 상이한 해석이다. 다시 말하거니와, '다르다'는 것은 '더 오래된'을 뜻하지 않는다.

137)   요한복음은 대체로 주후 100년쯤으로 그 연대가 추정된다; 가령, Koester, *Ancient Christian Gospels* 267을 보라; Schnelle, *History* 476-77; Brown, *Introduction* 374-76. J. A. T. Robinson, *Relating the New Testament* (London: SCM, 1976)가 요한복음의 연대를 70년 이전으로 추정하려는 시도에 설득되는 학자들은 거의 없다.

138)   이와 관련하여 내 논문 'Let John Be John: A Gospel for Its Time', in P. Stuhlmacher, ed., *Das Evangelium und die Evangelien* (Tübingen: Mohr Siebeck, 1983) ET *The Gospel and the Gospels* (Grand Rapids: Eerdmans, 1991) 293-322을 보라.

화'(*Dialogue with the Saviour*)로 알려진 나그함마디 문서의 자료로 추정된다.[139] 대화복음서는 분명 영지주의적이고(특히 §§26, 28, 55, 84) 도마복음을 통해서만 우리에게 알려진 자료를 끌어다 사용하였다.[140] 터킷은 대화복음서가 마태와 누가의 최종 완결된 복음서를 알고 있었음을 보여주는 분명한 증거를 찾아낸다.[141] 더 재미있는 것은 요한복음과의 평행구이다. 내용면뿐 아니라 대화복음서가 또한 더 오래된 예수 어록의 전통을 발전된 형태로 반영하고 있다는 암시에서 양 자료는 중첩된다(§§8, 9, 53에서 가장 분명히 증명됨). 그러나 쾨스터는 요한이 '"구세주와의 대화"가 좀더 원형에 가깝게 보존한 더욱 전통적인 영지주의 대화를 요한이 알았다'고 주장함으로써 한 번 더 그 특유의 성향을 드러낸다.[142] 그러나 증거가 암시하는 바에 따르면, 대화복음서(나그함마디의 '구세주와의 대화' 자료)는 이미 더 오래된 초기 전통을 잘 발전시킨 반영물이다. 그 전통의 더 오래된 초기 양식은 물론 경우에 따라서만 가시적으로 확인할 수 있다. 그러므로 오히려 요한복음과 도마복음과 같이 대화복음서도 그 어록 전통이 발전해나간 상이한 방식을 보여주는 증거라 할 수 있다. 그러나 대화복음서의 두드러진 특징들이 공관복음서 가운데 더 오래되었거나 더 원형에 가까운 판본을 제공하는지 여부는 도마복음의 경우보다 한층 더 의심스럽다. 나아가 요한복음에 비해 이 대화복음서는 예수 전통의 최초 양식에 뿌리내린 증거를 훨씬 덜 제공한다.

　　b. '야고보 외경(또는 서신)'[143]과 관련한 경우도 비슷하지만 훨씬 덜 강하

---

139) 콥틱어의 번역본으로 H. Koester and E. H. Pagels, in Robinson, ed., *Nag Hammadi Library* 244-59과 B. Blatz in Schneemelcher and Wilson, eds., *New Testament Apocrypha* 1.300-11을 보라. 또한 Cameron, *Other Gospels* 38-48; Miller, ed., *Complete Gospels* 343-56. 그 사본은 몹시 손상되었고 텍스트는 종종 파편화된 채로 남아 있다. 그러나 쾨스터가 제안한 주님, 유다, 마태, 마리아 사이의 대화는 일관된 전체를 이루고 나그함마디 문서의 약 3분의 2를 설명해준다(§§4-14, 19-20, 25-34, 41-104; *Dial. Sav.* 124.23-127.19; 128.23-129.16; 131.19-133.21[?]; 137.3-146.20).

140) Koester, *Ancient Christian Gospels* 176-85에 목록으로 제시된다. 아울러 그의 결론(186-87)을 보라.

141) C. M. Tuckett, *Nag Hammadi and the Gospel Tradition* (Edinburgh: Clark, 1986) 128-35, 특히 §53(마 6.34; 10.10, 24)과 §§3, 16, 90(눅 21.8; 17.20-21; 11.1)을 언급하면서.

142) *Ancient Christian Gospels* 180.

143) 이 문서의 번역본으로는 F. E. Williams, in Robinson, ed., *Nag Hammadi Library* 29-37과 D. Kirchner in Schneemelcher and Wilson, *New Testament Apocrypha* 1.285-99; Elliott, *Apocryphal New Testament* 673-81 (참고 문헌과 함께) 참조; 이 문서에 대한 분석으로는 R. Cameron, *Sayings Traditions in the Apocryphon of James* (Philadelphia: Fortress, 1984)와 Koester, *Ancient Christian Gospels* 187-200.

다. 쾨스터는 그 증거를 너무 심하게 밀어붙여 이 문서가 요한복음의 설교에 전제된 어록 전통의 최초 단계를 대표한다고 주장한다.[144] 이 문서는 성격상 분명히 영지주의적이고(가령 10.1-6; 12.4-9), 그 평행구는 정경 복음서에서 알려진 전통의 흔적으로 보면 아주 잘 설명될 수 있다.[145]

　　c. '비밀마가복음서'[146]는 알렉산드리아의 클레멘스가 정경 마가복음을 '더 영적인 것으로' 다듬고 카르포크라테스 추종자들(Carpocratians, 2세기 영지주의 종파)이 더 증폭시킨 것으로 간주한 마가복음의 한 판본을 가리킨다.[147] 이 복음서에는 두 가지 발췌 자료가 마가복음 10.34와 10.46a에 이어진다. 전자의 좀더 긴 자료는 젊은이의 부활을 이야기하는데, 이는 요한복음 11장의 나사로 부활 이야기의 변용으로 보인다. 후자는 예수가 젊은 남자의 누이와 어머니, 그리고 살로메를 만나는 장면을 간략하게 이야기한다. 그런데 크로산과 쾨스터 두 학자는 공히 정경 복음서가 이 비밀복음서에서 발원하였고, 그 두 발췌 자료는 본래 정경 복음서 이전의 전통 창고에 보태져 있던 것이며, 이러한 점은 이전 전통의 다양성을 확인시켜준다고 주장한다.[148] 그 비밀복음서와 요한복음 11장의 평행구에 대하여 쾨스터는 '비밀마가복음서가 요한복음 11장에 의존한다는 것은 불가능하다'고 생각한다.[149] 그러나 그는 그 비밀마가복음서가 요한복음의 이야기에 대한 암시적 반향일 가능성은 상정조차 하지 않는다. 그러한 논리로는 이전의 문

---

144)　*Ancient Christian Gospels* 191-96, 200 참조. 이는 대체로 Cameron, *Sayings Traditions*를 따르고 있음. 더 오랜 전통이 통합된 1세기 자료로 숨아질 수 없기 때문에 크로산은 이 문서를 겨우 그의 네 번째 층위(120-150년)에 포함시킨다(*Historical Jesus* 432).

145)　Tuckett, *Nag Hammadi* 88-97. 특히 이 문서의 4.23-30과 막 10.28-30, 마 6.13을 비교해보라. 요한복음의 반향도 강하다. 14.19-15.35에 나오는 상승과 강림의 모티프; 아울러 이 문서 7.1-6, 12.41-13.1을 각각 요 16.29, 20.29와 비교하여 참조하라. 이 문서 13.23-25에는 갈 3.13의 메아리도 있을까?

146)　H. Merkel, in Schneemelcher and Wilson, *New Testament Apocrypha* 1.106-9; Elliott, *Apocryphal New Testament* 148-49 (참고 문헌과 함께); 또한 Cameron, *Other Gospels* 67-71; Miller, ed., *Complete Gospels* 408-11; 분석은 Koester, *Ancient Christian Gospels* 293-303을 참조.

147)　*Four Other Gospels* 98-100에서 크로산의 도움이 되는 설명을 보라.

148)　Crossan, *Historical Jesus* 328-32, 411-16.

149)　*Ancient Christian Gospels* 296. 그렇게 강조하는 불굴의 용어('불가능한')의 요령부득에 대한 크로산의 인식에도 불구하고 그는 그렇게 주장한다. R. E. Brown, 'The Relation of "The Secret Gospel of Mark" to the Fourth Gospel', *CBQ* 36 (1974) 466-85 (여기서는 470, 474)을 인용하면서(*Four Other Gospels* 104-105).

서에 대한 어떤 암시를 인식하는 것도 마찬가지로 '불가능하다.' 비밀마가복음서와 상이한 부분들로 구성된 마가복음의 구절들 사이에 탐지되는 평행구에 대하여 크로산은 '정경 마가복음이 그의 복음서 군데군데 그러한 조각난 단위의 요소들을 흩어놓았다'고 보는 것이 개연적이라고 생각한다.[150] 그러나 그것은 몹시 가능성이 떨어지는 시나리오다. 좀더 그럴듯한 가능성은 비밀마가복음서가 정경 마가복음의 다른 이야기들로부터 기억된 구절들을 끌어와 만들어낸 저작물이라는 견해이다.[151] 다른 곳과 마찬가지로 여기서의 오류는 눈에 보이는 것이 모종의 문학적 편집 과정이어야 한다고 가정하는 것이다. 많은 전통들이 심지어 문서로 쓰였을 때조차 여전히 구어적으로 기억되었는데도 말이다.

d. 베드로복음서에서 크로산이 솎아낸 이른바 '십자가 복음서'와 관련해서는 그가 네 개의 모든 정경 복음서의 자료로 간주하고 베드로복음서를 보완하는 '간정경적 층위'와 결합되었다고 보지만,[152] 실제로는 언급할 필요가 별로 없다. 크로산이 쾨스터를 설득하지 못한 것은 앞서 이미 지적한 바 있고,[153] 자신의 이전 연구에 대한 브라운(Raymond Brown)의 비판에 그가 반응한 것도[154] 현 상태의 입장을 크게 바꾸어놓지 못한다.[155] 베드로복음서가[156] 정경 복음서와 별도로 구전으로 떠돌던 예수의 수난 이야기를

---

150) Crossan, *Four Other Gospels* 108; 추가로 *Historical Jesus* 415-16; 막 10.47; 10.13-14; 14.51; 1.41; 5.41; 9.27; 10.21, 22; 9.2; 14.51-52; 4.11; 3.33-34에 그 평행구가 있다.

151) 유사하게 F. F. Bruce, *The 'Secret' Gospel of Mark* (London: Athlone, 1974): '명백한 혼성 작품…이야기꾼으로서 마가의 자질과는 매우 동떨어진 철저히 인위적인 저작'(12); Merkel, *New Testament Apocrypha* 1.107; Charlesworth and Evans, 'Jesus in the Agrapha' 526-32. 마태와 누가에 이러한 몇몇 구절들이 부재한다고 이로써 그것들이 마가에 '부차적인 편집'으로 나올 뿐이라는 암시의 증거로 삼는 주장도 자명하지 않다(Koester, *Ancient Christian Gospels* 298); 마태와 누가는 마가를 자료로 사용하면서 일정하게 그 구절들과 모티프들을 생략하거나 수정한다.

152) *The Cross That Spoke* 17, 20.

153) 위의 제4장 각주 172.

154) Crossan, *Four Other Gospel* 123-81에 반응하여 쓴 R. E. Brown, 'The Gospel of Peter and Canonical Gospel Priority', *NTS* 33 (1987) 321-43 참조; 또한 Brown, *The Death of the Messiah* (New York: Doubleday, 1994) 1317-49. 또한 J. B. Green, 'The Gospel of Peter: Source for a Pre-Canonical Passion Narrative?' *ZNW* 78 (1987) 293-301; F. Neirynck, 'The Apocryphal Gospels and the Gospel of Mark', *BETL* 86 (1989) 123-75, reprinted in *Evangelica II* (Leuven: Leuven University, 1991) 715-62 (여기서는 744-49); A. Kirk, 'Examining Priorities: Another Look at the Gospel of Peter's Relationship to the New Testament Gospels', *NTS* 40 (1994) 572-95; Charlesworth and Evans, 'Jesus in the Agrapha', 503-14.

155) Crossan, *Birth* 55-58, 481-525.

156) 이 자료의 번역본은 C. Maurer in Schneemelcher and Wilson, *New Testament Apocryphal*

자료로 의존하여 그 이야기를 증언한 것일 수 있다는 점은 분명 사실이다. 물론 정경 복음서와 베드로복음서가 각기 나름대로 그 구전 자료를 변용하고 다듬으면서 다시 이야기해나갔을 것이다.[157] 다른 한편으로 '우리가 오늘날 가지고 있는 그대로의 그 문서는 신약성서의 네 복음서를 연대적으로 앞서고 그 저자들에게 자료로서의 기능을 감당했을 것'[158]이라는 론 캐머론(Ron Cameron)의 제안은 '독립된 자료이기만 하면 더 오래된 것'이라는 오류를 극단으로 밀어붙인 경우이다.[159]

e. 크로산과 쾨스터가 다룬 다른 자료들은 간략히 언급될 수 있다. 파피루스 이거튼 2(Papyrus Egerton 2)는 요한복음 5.39-46; 9.29; 10.31, 39, 마가복음 1.40-44; 12.13-15; 7.6-7과 비교할 때 두드러지는 그 평행구들의 의의를 가늠하기 어렵다.[160] 마가와 요한과의 그 평행구들은 몇 가지로 설명할 수 있다. 즉 베드로복음서 저자가 마가와 요한보다 오래되었거나 그것들과 독립적으로 전통들을 사용했다고 보는 것이다.[161] 파피루스 이거튼 2는 분명 예수에 대한 이야기들이 유통된 다른 판본들에 대해 추가 증언을 제공하는 것일 수 있다. 그러나 그 평행구들은 정경 복음서들이 이야기한

1.223-7, Cameron, *Other Gospels* 78-82; Elliott, *Apocryphal New Testament* 154-58 (참고 문헌 포함 151-54); Miller, ed., *Complete Gospels* 399-407; 이 자료에 대한 분석으로는 Koester, *Ancient Christian Gospels* 216-40; 그리스어 본문은 Neirynck, *Evangelica II* 763-67에 부록으로 나온다.

157) 수난 이야기와 관련하여 Koester, *Ancient Christian Gospels* 220-30, 240 참조; Brown, 'Gospel of Peter' 333-38은 '2차 구전성'을 떠올려주기에 안성맞춤인데, 이미 기록된 복음서들의 지식이 여전히 듣기와 구어적 소통에 의존한다(335)고 할 때 특히 그렇다. 공통된 옛 전통의 제안에 대해서는 Schneemelcher, *New Testament Apocrypha* 1.219에서 머뭇거리는 점을 주목하라. Neirynck, *Evangelica II* 735-40은 마가복음에 의존한 것은 부활 이야기와 관련하여 논증될 수 있다고 확신한다(*Gospel of Peter* 50-57). 이는 또한 쾨스터가 반대하지 않는 결론이다(239).

158) Cameron, *Other Gospels* 78. 식자층의 갈릴리 그리스도인들이 헤롯 안티파스가 예루살렘에서 십자가형을 명령한 책임이 있을 수 있고 로마 군인들이 아니라 사람들이, 베드로복음서가 이야기하듯, 그 명령을 수행한 책임이 있다고 가정하였을지 모른다는 크로산의 이전 제안은 거의 믿을 수가 없다(*Historical Jesus* 287).

159) 두 구절이 대개 가현설적이라고 간주되어왔다(10—그 십자가 처형 장면에서 예수는 '마치 아무런 고통도 느끼지 못한 것처럼 침묵하였다'; 19—십자가상에서 예수가 남긴 마지막 외침, '나의 힘이여, 오 힘이여, 당신이 나를 버렸나이다!'); 그러나 여기서도 역시 Schneemelcher, *New Testament Apocrypha* 1.220-21의 머뭇거림은 주목하라.

160) J. Jeremias and W. Schneemelcher in Schneemelcher and Wilson, *New Testament Apocrypha* 1.96-99; Eliott, *Apocryphal New Testament* 37-40 (참고 문헌 포함); 분석으로는 Koester, *Ancient Christian Gospels* 205-16 참조.

161) Koester, *Ancient Christian Gospels*는 그 영향의 방향이 요한에서 파피루스 이거튼보다는 그 역으로 뻗어간 것 같다고 너무 확신한다(208-11); 예컨대, 예수의 '아직 오지 않은…시간'에 대한 이야기는 독특하게 요한적이고(요 7.30) 막 14.35의 '시간'에 대한 언급은 훨씬 더 요원하다(211). 유사하게 지나친 확신을 보이는 또 다른 예는 Cameron, *Other Gospels* 71-73.

것들이 구전으로 유통되거나 그렇게 읽힌 복음서들을 듣게 된 결과일 수 있다는 가능성도 동등한 비중을 가지고 있다.[162] 다시 말하거니와, 우리는 무의식중에 문학적 상호 의존이나 의도적인 첨삭의 편집 작업을 가정하지 않도록 조심해야 한다.

f. 온전함을 기하기 위해 마가와[163] 요한[164] 배후에 기적 이야기의 수집물이 자료로 깔려 있을 수 있다는, 종종 논의되었던 가능성을 언급해야겠다. 마가가 추가로 형성되기 이전의 전통, 예를 들면 묶여진 비유군들(막 4장)과 묵시문학적 자료(막 13장) 같은 것들을 끌어다 자료로 사용할 수 있었는지의 여부에 대한 다른 질문들은, 마가 이전에 방대한 수난 이야기가 이미 있었는지의 질문과 마찬가지로 여기서는 잠깐 언급될 수 있는 문제이지만, 추후 전통화 과정을 좀더 밀도 있게 관찰하기까지 진지한 고려가 유보된다(§8.6).

7.9 예수의 가르침과 알려지지 않은 어록에 대한 지식

예수의 가르침에 대한 자료 개관을 완료하기 위해 우리는 바울서신에 들어 있는 그런 가르침에 대한 언급들(고전 7.10-11; 9.14; 11.23-25)을 다루어야

---

162) Schneemelcher, *New Testament Apocrypha* 97; Eliott, *Apocryphal New Testament* 38; Charlesworth and Evans, 'Jesus in the Agrapha' 514-25 (여기서는 521-22); Miller, ed., *Complete Gospels* 412; 특히 F. Neirynck, 'Apocryphal Gospels and Mark' 753-59 (추가된 각주들 포함 771-72); 또한 'Papyrus Egerton 2 and the Healing of the Leper', *ETL* 61 (1985) 153-60, reprinted in *Evangelica II* 773-79, 추가 각주들(1985와 1991)이 이후 보태짐(780-83). 파피루스 이거튼이 정경 이전 단계에서 요한과 공관복음 자료들을 합성한 것임을 보여준다는 제안(Crossan, *Four Other Gospels* 75)은 그 개연성이 훨씬 더 떨어진다.
163) 특히 P. A. Achtemeier, 'Towards the Isolation of Pre-Markan Catenae', *JBL* 89 (1970) 265-91을 보라. 또한 'The Origin and Function of the Pre-Markan Miracle Catenae', *JBL* 91 (1972) 198-221; Koester, *Ancient Christian Gospels* 201-203, 286-87 참조.
164) Crossan, *Historical Jesus* 429-30; Koester, *Ancient Christian Gospels* 203-205, 251-53, 286-87. Miller, ed., *Complete Gospels* 175-93은 R. T. Fortna, *The Fourth Gospel and Its Predecessor* (Philadelphia: Fortress, 1988)에 기초하여 요한복음 배후에 존재한다고 가설화된 표적 복음서를 재구성하고자 한다. 예수를 표나게 드러내는('Jesus as the Divine Man') 초기 방식들로서 그러한 수집물들(aretalogies)의 의의는 이미 쾨스터가 자신의 'One Jesus and Four Primitive Gospels' 187-93에서 예표한 바 있다.

한다. 아울러 바울과 다른 초기 서신 집필자들이 예수의 가르침 전통들을 몇 가지 사유로 암시했을 법한 점도 살펴야 한다. 하지만 그 질문은 다소 복잡하고 나중으로 미뤄두고자 한다(§8.1e).

아울러 언급해야 할 것은 신약성서의 나머지 가운데 예수에게 돌려진 그의 알려지지 않은 어록(*agrapha*)이다(특히 행 20.35). 그 어록은 복음서의 변이본에서 발견되기도 하고(특히 눅 6.4D) 교부들의 자료에도 나타난다(주목할 만한 것은 Origen, *On Jer. Hom.* 3.3에서 인용되는 도마복음 82이다).[165] 그것들은 전체적인 그림에 특출하게 많은 것을 보태 넣지 않고, 예수의 어록으로서 그 신뢰 가능 수준은 대체로 좀더 친숙한 공관복음서 전통과의 양립 가능성에 의존한다. 그러나 그 자료는 공관복음서들과 별도로 계속 유통된 예수의 구전 어록 전통이 꽤 활발하게 존재했음을 상기시켜준다. 우리가 이제 진도 나가야 할 대목이 바로 그 전통에 대한 좀더 충분한 고려이다.

---

165) 겹쳐지는 그 평행구들의 수집물은 O. Hofius in Schneemelcher and Wilson, *New Testament Apocrypha* 1.88-91과 Elliott, *Apocryphal New Testament* 26-30 (참고 문헌 포함); 또한 Charlesworth and Evans, 'Jesus in Agrapha' 479-95; W. G. Morrice, *Hidden Sayings of Jesus: Words Attributed to Jesus outside the Four Gospels* (London: SPCK, 1997).

제 8 장

전통

문서 자료들이 30년 이상 앞서 갈릴리에서 사역하고 가르친 예수에게로 독자를 직접 데려다 주리라 가정하는 사람은 오늘날 거의 없다. 그러나 마찬가지로 그 문서 자료 배후에 오래된 전통이 있었다는 점을 의심하는 사람도 거의 없다.[1] 여기서 문제는 이 초기 전통이 충분히 혹은 부분적으로 예수와 현존하는 우리의 자료들 사이에 다리를 놓아줄 수 있는가 하는 점이다. 양식비평이 부분적 해답을 제공했지만, 우리가 살핀 대로, 그 초반의 예봉은 기준과 관련된 끊임없는 논쟁의 소용돌이에 빠져버린 것 같다. 새로운 자료들에 목매는 신자유주의적 탐구는 문서 자료만의 관점에서 생각하는 옛 함정에 빠지고 있는 것 같다. 그러나 그 이전의 초기 전통에 대해

---

1) 내가 이 '전통'이란 용어를 상당히 사용하기 때문에 내가 그 용어를 어떤 의미로 사용하는지 정의해야겠다. 일반적 관점에서 표현된 이 '전통'이란 말은 내용과 함께 전승의 양식을 암시한다. 그 내용은 과거로부터 유래하는 것으로 간주되고 권위적인 것이었던 전형적인 믿음과 관습이다. 그 양식은 격식을 차리지 않는 구어적인 것, 즉 전형적으로 입의 말을 가리킨다. '전통'이란 말의 용법으로 펼쳐진 스펙트럼의 한 극단에서 이 말은 개인적인 기억과 구분되어야 한다. 물론 그 전통의 기억은 그렇게 기억하는 집단에 정체성을 부여하는 공통적 기억으로 서술될 수 있겠지만 말이다. 다른 한 극단에서 이 말은, 비록 그 말이 기록됨으로써 그 성격이 바뀔 필요야 없겠지만, 어쨌건 처음에는 공식적인 규칙과 문서화된 법규와 구별되어야 한다.

서는 무엇이라 말할 수 있을까? 다비드 뒤 트와(David Du Toit)가 관찰한 대로, '전체 기획의 가장 근본적인 질문, 즉 예수 전통의 전승 과정에 대한 질문과 관련한 합의가 전적으로 결여되어' 있을뿐더러, 동시에 '초기 그리스도교에서 전통의 전승 과정에 대한 포괄적 이론을 발전시킬 긴급한 필요'가 있다.[2] 하지만 사실 최근에야 온당하게 인식된 예수 전통에 대한 관점이 있다. 아울러, 비록 충분히 그 꼭지가 열리기 시작하지 않았지만, 예수 전통을 **구전적으로** 전승된 것으로 참신하게 이해하는 관점은 풍성한 잠재력이 있다. 이 장에서 나는 뒤 트와가 지적한 그 필요에 부응하는 전승 이론을 발전시키는 쪽으로 첫 발걸음을 떼고자 한다.

8.1 그리스도교의 창립자 예수[3]

우리는 앞서 이미 '역사적 예수 탐구'란 이름으로 진행되어온 대부분의 경우가, 어떤 식의 수단을 동원한 것이었든, 예수를 유대인으로서 그의 역사적 맥락에서 멀어지게 하려 했다는 점에서 충분히 역사적이지 않았던 아이러니를 지적했다. 슈트라우스가 물어뜯다시피 한 많은 합리주의자들이 약간의 기적을 허용함으로써 기적을 수행한 예수를 '구원'하고자 했듯이, 대부분의 자유주의자들은 그 탐구에 약간의 역사를 '접종'시킴으로써 진짜 예수를 '구원'하고자 하였다. 동시에 라이마루스에서 신자유주의자들에 이르기까지 '예수 생애' 연구의 다른 한 갈래에서는 예수를 그의 죽음 이후 이어져 그리스도교가 된 그 운동과 거리를 둠으로써 그리스도교의 도그마에서 예수를 '구원'하고자 하였다. 가장 공통된 각본 속에서 그리스도교의 진짜 창립자로 인정받는(또는 비난받아야 하는) 사람은 바울이었다.[4] 예

---

2) Du Toit, 'Redefining Jesus' 123–24.
3) 편의를 위하여 나는 Dodd, *Founder*의 그 호칭을 사용한다. 유사하게 B. F. Meyer, 'Jesus Christ', *ABD* 3.795. 물론 '그리스도교'를 예수가 '창립한' 것을 가리키는 용어로 사용하는 것은 시대가 맞지 않는다.
4) 다시 앞서 제1장 각주 18에서 인용된 브레데를 보라.

수를 유대인도 아니고 그리스도교의 창립자도 아닌 사람이라거나, 혹은 어쩌다 한쪽에 속한 특정인이 되어버린[5] 사례로 판정하려 한 시도는 정말 이지 그간 탐구의 독특한 면모 가운데 하나였다. 그러나 그리스도교화한 예수와 유대적 예수를 피하려는 노력 가운데 남게 되는 모든 것, 남을 수 있는 모든 것은 유대인과 그리스도인 모두에게 수수께끼와 다름없는 특이한 예수였다. 그것은 기껏해야 탐구자 나름의 특이 체질을 반영하는 모습일 뿐이었다.

사실상 앞에 놓인 분명한 길은 단순히 그 논리를 뒤집는 것이다. 예수와 그의 본래 종교 사이에 상당한 정도의 연속성을 견지하는 처음 가정이 선험적으로 설득력을 가지고 있다면, 예수와 이후 발생한 것 사이에 상당한 정도의 연속성을 가정한다고 해서 설득력이 떨어진다고 하기 어려울 듯싶다.[6] 여기에는 처음의 고려 사항들이 직통으로 해당된다.

a. 사회학적 논리

몇 가지 척도들이 오랫동안 친숙했다. 첫째로, 역사가가 그리스도교의 기원들을 설명하기 위해 충분히 '큰' 하나의 예수에 대한 상상이 필요하다는 점이 오랫동안 인식되어왔었다.[7] 또 다른 것은, 예수의 첫 추종자들이 '나사렛 사람들'(Nazarenes, 행 24.5)이었다는 사실이다. 이는 그들이 스스로를 먼저 '나사렛 예수'의 추종자들로 남들에게 그렇게 보였다는 사실로

---

5) 그 태도는 예수의 변별성을 유대교와 교회 양쪽과의 길항 관계에 둔, 제2의 탐구의 이중적 비유사성의 기준으로 예시되었다(위의 §5.4 각주 68을 보라). T. Holmén, 'Doubts about Double Dissimilarity: Restructuring the Main Criterion of Jesus-of-History Research', in Chilton and Evans, eds., *Authenticating the Worlds of Jesus* 47–80은 '그리스도교와의 비유사성만이 진정성 논증의 기준으로 충족된다'고 주장한다(74-75).
6) 이중적 유사성의 기준에 대해서는 라이트의 주장을 참조하라(위의 제5장 각주 132).
7) 샌더스는 '클라우스너의 시험'의 두 번째 절반을 언급함으로써 그 점을 잘 지적했다: 예수에 관한 좋은 가설은 왜 예수가 시작한 그 운동이 마침내 유대교와 결별했는지 설명해줄 것이다(*Jesus* 18). 라이트(Wright)는 자신의 용어로 그 점을 반복한다: 예컨대, '예수는 그 신학적 해석학적 결과가 어찌되었든, 납득할 수 있는, 그러나 이를테면 십자가에 처형할 수 있는 1세기 유대인으로서 이해되어야 한다'(*Jesus* 86).

써만 설명될 수 있다.[8] 그러고 나서야 그들은 '그리스도인들'(행 11.26)로 규정되었는데[9] 이는 그들이 스스로 '그리스도'라 부른 자의 추종자들로 알려졌기 때문이었음에 틀림없다. 게다가 예수는 분명히 초기 전통 가운데 한두 번 바울이 (예수 전통을 포함하여?) 놓은 '토대'(themelion)로 언급된다.[10] 바로 그 토대 위에 고린도 교인들이 자신들의 제자도를 구축했다는 것이다(고전 3.10-14). 또는 다른 곳에서 예수는 그 건물을 시작하여 그 기본 방향을 설정한 '모퉁이 돌'(akrogōniaios)로 각인된다(엡 2.20; 벧전 2.6).[11]

그리스도인들의 입장에서 이 자기 동일시가 무엇을 포함하는가에 대한 사회학적 성찰은 추가로 열매를 양산한다. 결국 여기에는 예수 그리스도 또는 그리스도 예수를 언급함으로써 자신을 규정한, 주로 집에서 모였던 소그룹이 있었다. 사회학과 사회인류학은 우리에게 그런 집단들이 자기 자신들과 다른 이들에게 왜 그들이 독특한 사회적 집단화를 이루었는지, 왜 그들이 '나사렛 사람들'과 '그리스도인들'로 호명되었는지 설명하기 위해 거의 확실히 토대 이야기를 요청하였음을 일러준다. 고린도전서 15.3-8과 같은 케리그마적 공식만 가지고는 자기 정체성 형성을 위한 충분한 자료가 되지 못했으리라 여겨진다.[12] 심지어 밀의제의의 입회에 대한 신화들도 더 정교한 이야기들을 만들어 전파했다.[13] 예레미야와 디오게네스 같은 다양한 인물의 이야기들은 그 제자들이 자기 헌신을 정당화하는 일환으로 보존하였다.[14] 만일 모세가 이스라엘 종교의 창립자로서 가장 근접한 유사 경우로 간주될 수 있다면, 우리는 그저 출애굽기에서 신명기까지가 모세의 생애에 대한 이야기로 틀 지어지고 대체된다는 점을 회상하

---

8) 아래의 제9장 각주 272를 보라.
9) 추가로 앞으로 나올 제2권을 보라.
10) 아래 §8.1b-e.
11) 이 용어 *akrogōniaios*는 건물을 지을 때 가장 먼 귀퉁이에 놓이는 기초석을 가리킨다. 그것은 그 부지를 견고하게 고정시키면서 그 방향을 결정한다(H. Krämer, *EDNT* 1.268).
12) 십자가와 부활의 케리그마가 예수의 성 금요일 이전 사역의 전통에 그늘을 드리우고 결국 그 전통들을 그 통합적 기억에서 말소시킨다는 가정에 반하여.
13) 가령, 이시스와 오시리스의 신화를 플루타르코스가 처리한 경우를 보라. J. G. Griffiths, *Plutarch's de Iside et Osiride* (Cardiff: University of Wales, 1970).
14) 예컨대, 렘 1.1-10(연대와 소명); 19.14-20.6; 28; 32; 36-42. Dio Chrysostom, *Sixth Discourse: Diogenes, or on Tyranny* (Loeb 1.250-83); Diogenes Laertius, *Lives* 6.20-81.

는 것만으로 족하다. 물론 반대 사례도 거론할 수 있다. 우리는 쿰란의 주인공인 의의 스승(Teacher of Righteousness)을 거의 알지 못한다.[15] 첫 그리스도인들은 그들이 '그리스도'라 불렀던 분을 언급함으로써 자기 스스로를 설명할 수 있었던 반면, 다른 한편으로 의의 스승은 자신의 이름을 자신이 시작한 그 운동에 제공하지 않았다. 그러나 복음서가 우리에게 무엇인가 이야기해준다면, 그것은 첫 그리스도인들이 예수에 대한 이야기들, 즉 예수가 말하고 행한 것을 전해줌으로써 자신들을 설명할 필요를 느꼈으리라는 것이다.[16]

b. 교사들과 전통

이 선험적 논리는 **전통**을 전해주는 것이 처음부터 교회 설립의 일부였다는 증거로 뒷받침을 받는다. 바울은 몇몇 사례에서 그러한 토대 전통을 조심스레 언급하였다.[17] 그 증거는 케리그마적 또는 고백적 공식문구만 가리키는 것으로 설명되기 어렵다. 오히려 우리는 그것이 공동체 전통(고전 11.2, 23), 새롭게 회심한 자들이 어떻게 살아야 하는지에 대한 가르침(가령, 빌 4.9; 살전 4.1; 살후 3.6), 그들이 자신의 삶을 수행해야 할 기준으로서 설정한 예수의 전통들(골 2.6-7; 2.8의 *kata christon*)을 포함하고 있음을 발견한다.[18]

추가로 확증이 필요하다면, 이러한 확증은 첫 그리스도교 교회(the earliest Christian churches) 내부에 현저하게 등장하는 **교사들**의 존재가 제공한다.[19] 교사들은 정말로 초기 그리스도교 운동 내부에서 맨 먼저 규칙적으로 금전적 사례를 받은 사역의 주인공들이었던 것 같다(갈 6.6; 디다케 13.2). 왜

---

15) 이 방면의 기본적인 연구는 여전히 G. Jeremias, *Der Lehrer der Gerechtigkeit* (SUNT 2; Göttingen: Vandenhoeck und Ruprecht, 1963).
16) 모울(Moule)은 자신의 책 *Birth of the New Testament*에서 이러한 근본적인 (인간의) 필요를 인식한 주목할 만한 소수 학자들 가운데 한 사람이다. chs. 3-6, 각각 상이한 방식으로 '교회가 자신을 설명하다'라는 제목이 붙어 있다.
17) 고전 11.2, 23; 15.1-3; 빌 4.9; 골 2.6-7; 살전 4.1; 살후 2.15; 3.6.
18) 나의 주석서 *Cololossians and Philemon* (NIGTC; Grand Rapids: Eerdmans, 1996) 138-41, 151을 보라; 추가로 나의 책 *Theology of Paul* 194-95 참조.
19) 행 13.1; 롬 12.7; 고전 12.28-29; 엡 4.11; 히 5.12; 약 3.1; 디다케 15.1-2.

굳이 교사들인가? 구어 전통을 보존하는 창고 역할로 회중을 섬기는 것 이외에 무슨 다른 이유가 있었겠는가? 그리스도교 교사들이 성서의 그리스도교적 해석 이외에 무슨 다른 것을 가르쳤겠는가? 물론 우리는 그들이 또한 지역의 가정 교회들이나 다른 종교, 무역, 장례와 관련된 친교 모임들과 구별되는 전통들을 가르쳤을 것이라고 확실히 안전하게 가정할 수 있다.[20]

이 지점에서 우리는 멈추어 고대 공동체에 교사들이 얼마나 결정적이었는지 상기해야 한다. 이 페이지를 읽은 사람들은 모두 오랫동안 교재, 백과사전, 그리고 다른 참고 도서들에 의존해오는 데 익숙해진 사회에서 자란 부류일 것이다. 그러나 고대의 구어 사회는 그러한 원천 자료들을 거의 가지고 있지 않았고 그 대신 그들의 공동체에서 잰 밴시나(Jan Vansina)가 '걸어 다니는 참고 도서실'이라고 묘사한 것과 같은 역할을 지닌 개인들이 수행하는 기능에 의존해야 했다.[21]

최소한 그 전통에 의하면 예수 자신이 '교사'(didaskalos)로서 간주되었다는 사실을 잊어서는 안 된다.[22] 특히 그의 제자들에 의해 그렇게 간주되었다는 사실이 중요하다.[23] 예수는 심지어 자기 스스로 그렇게 간주했을는지 모른다(마 10.24-25/눅 6.40). 예수의 제자들이 일관되게 '제자들', 즉 '가르침을 받은 학도들'(히브리어로는 talmidim, 그리스어로는 mathētai)로 불린다는 점이 또한 포함되어야 한다.[24] 예수와 그의 제자들 사이의 관계는 제자와 가르

---

20) 또한 A. F. Zimmermann, *Die urchristlichen Lehrer* (WUNT 2.12: Tübingen: Mohr Siebeck, 1984)를 보라. 여기서 그는 초기 공동체에서 그 교사들이 유대인-그리스도교-바리새적 동아리를 형성했다는 자신의 논지를 너무 심하게 밀어붙이는 약점이 있다. 우리가 학교 내부의 공식적인 가르침에 대해 아는 바에 근거해 판단해보자면, 우리는 구어적 교훈이 현저한 수단이었음을 확신할 수 있다: '우선권을 지닌 것은 그 교사들의 "살아 있는 목소리"이다'(L. C. A. Alexander, 'The Living Voice: Scepticism Towards the Written Word in Early Christianity and in Graeco-Roman Texts', in D. J. A. Clines, et al., eds., *The Bible in Three Dimensions: Essays in Celebration of Forty Years of Biblical Studies in the University of Sheffield* [Sheffield Academic, 1990] 221–47 [여기서는 244]).
21) J. Vansina, *Oral Tradition as History* (Madison: University of Wisconsin, 1985) 37.
22) 막 5.35/눅 8.49; 막 9.17/눅 9.38; 막 10.17/마 19.16/눅 18.18; 막 10.20; 막 12.14, 19, 32/마 22.16, 24, 36/눅 20.21, 28, 39; 마 8.19; 9.11; 12.38; 17.24; 눅 7.40; 10.25; 11.45; 12.13; 19.39.
23) 막 4.38; 9.38; 10.35; 13.1/눅 21.7; 막 14.14/마 26.18/눅 22.11; 마태와 누가는 대부분 제자들이 그 용어를 사용하는 것을 피하는 듯한데, 이는 아마도 그것이 예수를 높이기에 충분치 않았기 때문일 것이다.
24) *Mathētēs* ('제자')라는 단어는 복음서에 종종 사용된다. 마태복음 73번, 마가복음 46번, 누가복음 37번, 요한복음 78번.

침을 받은 자들의 관계로 기억되었다. 여기에 수반된 함의는 제자들이 스스로 그들의 선생이 가르친 가르침을 기억해야 할 헌신적인 책임을 부여받았다는 것이다.[25]

c. 증언하기와 기억하기

또한 신약성서에서 두 가지 중요한 모티프는 첫 그리스도인들이 예수의 이야기를 다시 반복하여 전한 것과 예수가 말하고 행한 것을 회고하기 위해 취한 적극적인 자세의 중요성을 확인해준다.

그 하나가 '**증언하기**'의 모티프이다. 이 모티프는 사도행전과 요한복음에 특별히 현저하게 나타난다. 사도행전에서는 첫 제자들(특히 사도들)의 역할이 예수의 '증인'(*martyres*) 되는 것이었음을 강조한다(1.8). 특별히 염두에 둔 것은 예수의 십자가 죽음과 부활 사건이었다(2.32; 3.15; 5.32; 10.41; 13.31).[26] 그러나 1.22과 10.37-39에 비추어보면 누가가 그 증언의 대상에 '요한의 세례로부터 시작한' 예수의 사역을 포함한 것으로 이해하였음이 분명하다. 바울은 압도적으로 예수의 '증인'으로 제시된다(22.15, 18; 23.11; 26.16). 요한복음에서도 예수에 대한 증언하기의 중요성은 동일하게 강조된다. 세례자 요한은 그 모델 격의 증인이고(1.7-8, 15, 19, 32, 34; 3.26, 28; 5.32), 우물가의 그 여인(4.39)과 군중도 마찬가지로 증인의 역할을 수행한다(12.17). 제자들은 성령의 도움을 받아 예수를 증언할(*martyreō*) 특별한 책임을 갖고 있는데(15.26-27), 이는 복음서 저자가 자신의 복음서를 통해 마땅히 이행해야 할 것으로 생각한 책임이다(19.35; 21.24).[27]

그 모티프는 요한서신 안에서도 계속되는데(요일 1.2; 4.14), 거기서 그것

---

25) R. Riesner, *Jesus als Lehrer* (WUNT 2.7; Tübingen: Mohr Siebeck, 1981)는 특히 전통의 이러한 특징을 강조했다(특히 246-66, 357-79, 408-53); 또한 'Jesus as Preacher and Teacher', in Wansbrough, ed., *Jesus and the Oral Gospel Tradition* 185-210. 추가로 아래 §15.8을 보라.
26) 고린도전서 15.6의 함의인즉, 예수가 나타나 만난 '500명 이상'의 사람들 대부분이 아직 살아 있었고, 그리하여 그 케리그마의 증언을 확인해줄 수 있었다는 것이다.
27) 또한 벧전 5.1; 계 1.2, 9; 6.9; 12.11, 17; 19.10; 20.4을 주목하라.

은 두 보완적 모티프로 강화되기에 이른다. 하나는 '태초부터'(*ap' archēs*)라는 주제이다. 증언해야 하는 대상은 '태초부터 있었던 것'(1.1)이고 증인들이 '처음부터' 들었던 것인데(2.24), 특히 서로 사랑하라는 계명이 그렇다(2.7; 3.11; 요이 5-6). 요한복음 15.26-27에서 분명한 것은 '처음부터'가 첫 제자들이 예수와 함께한 전체 시간을 포용한다는 점이다(행 1.22도 마찬가지). 누가는 자신이 '처음부터 말씀의[28] 목격자이자[29] 사역자였던 이들이 우리에게 전해준'(눅 1.1-2; 막 1.1 참조) 것을 이야기하기로 약속할 때 같은 관심을 가지고 있었다.

또 다른 보완적 주제는 제자들에서 회심자에 이르기까지 '듣는 것'의 연속성, 아울러 들었던 것을 간직한 채 그것에 따라 살아간 회심자들의 중요성을 강조한다. 요한서신뿐 아니라[30] 히브리서 2.1, 3과 후기 바울서신에서도[31] 그 사례를 볼 수 있다. 이 모든 것은 1세기 그리스도교 내부에 첫 증인들로부터 이후의 제자들에게 전해진 전통과 그 전통에 맞추어 일관되게 살아간 삶의 연속성을 보증할 필요에 대한 강한 의식이 있었음을 암시한다.

더욱 주목할 만한 것은 **'기억하기'**의 모티프로 이 또한 정체성 형성에 중요하다.[32] 이미 바울은 자신의 회심자들이 자신과 자신이 그들에게 가르친 그 '전통들'의 중요성을 강조한다(고전 11.2; 살후 2.5). 그리고 바울이 전한 주의 만찬이란 전통의 심장부 언저리에 그리스도를 기억하라는 권면이 자리하고 있었는데—'나를 기억하여 이것을 행하라'(*eis tēn emēn anamnēsin*, 고전 11.24-25; 눅 22.19)—이는 결코 회상을 위한 단순한 인지 행위에 불과한 것이 아니다.[33] 디모데후서는 제대로 확립된 전통들(2.8, 14)과 연관된 모티프를

---

28) 눅 1.2의 '말씀'(*logos*)이란 어휘의 사용이 예수를 '말씀'이라 칭한 요한적 개념(요 1.14; 요일 1.1)에 근접하는 것으로 종종 지적된다.

29) S. Byrskog, *Story as History—History as Story: The Gospel Tradition in the Context of Ancient Oral History* (WUNT 123; Tübingen: Mohr Siebeck, 2000)는 복음서 전통의 원천 자료로서 특별히 목격자의 증언('현장 검증')의 중요성을 강조한다(가령, 69-70, 103-104, 106-107, 162, 247, 292를 보라).

30) 요일 1.1, 3, 5; 2.24; 3.11; 요이 6.

31) 특히 엡 4.21; 딤후 1.13; 2.2. 또한 아래 §13.1을 보라.

32) 슈뢰터(Schröter)는 정체성 확립과 문화적 현상으로서 '기억하기'의 개념을 강조하면서 A. Assmann, *Das kulturelle Gedächtniss: Schrift, Erinnerung und politische Identität in frühen Hochkulturen* (München, 1992)을 끌어들인다.

33) 특히 O. Hofius, 'The Lord's Supper and the Lord's Supper Tradition: Reflections on 1 Corinthians

간직하고 있는데, 그 첫째(2.8)는 바울이 자신의 복음과 관련하여 로마의 신자들에게 재차 확신을 준 바로 그 (아마도 잘 알려진) 공식문구(롬 1.3-4)에 반향된 것이다.[34] 부활 이후 시점의 신자들이 예수의 말씀을 기억하는 것의 중요성은 누가-행전과 요한복음에서 반복되는 주제이다.[35] 요한복음 14.26과 15.27의 동등성은 '내가 너희들에게 말한 모든 것을 기억하는 것'과 '처음부터 나와 함께 증언한 것들'이 동전의 양면과 같은 것임을 암시한다. 베드로후서는 처음 주어진 그 가르침을 기억하는 것이 초기 그리스도교에서 핵심적인 관심사였음을 확인해준다(1.15; 3.2). 유사하게 요한계시록 3.3과 클레멘스1서는 '주 예수의 말씀을 기억하는 것'이라는 문구를 두 가지 경우에서 간결한 예수의 연쇄 어록을 소개하기 위해 사용한다(13.1-2; 46.7-8). 이는 폴리카르푸스가 유사한 도입 문구로 '주께서 말씀하실 때 가르치신 것을 기억하면서'라는 상용구를 사용하는 것과 마찬가지다(*Phil.* 2.3). 여기서 우리는 또한 첫 제자들에게서 유래한 최초 전통들의 전승 가운데 '기억하기'의 중요성을 연거푸 강조한 파피아스의 유명한 전통(Eusebius, *HE* 3.39.3-4, 15; 6.14.6)과 함께 예수의 가르침을 기억하기 위한 유스티누스의 관심(*Dial.* 18.1; *1 Apol.* 14.4)을 주목해야 한다.[36]

캐머론(Cameron)은 '예수의 어록 수집물을 소개하기 위해 이 용어("기억하기")를 상용문구로 채택한 것은 상대적으로 자유롭게 만들어낸 어록 전통과 함께 시작한 관행'이라고 주장한다.[37] 아울러, 현재 조명중인 어록의 전승 가운데 그 기억하기의 모티프가 어떤 자유를 포함한다는 것은 분명 사실이다.[38] 그러나 예수 전통 기억하기라는 그 발상은 그런 전통에 대한

11.23b-25', in B. F. Meyer, ed., *One Loaf, One Cup: Ecumenical Studies of 1 Cor. 11 and Other Eucharistic Texts* (Macon, Ga.: Mercer University, 1993) 75-115 (여기서는 103-11); W. Schrage, *Der erste Brief an die Korinther* (EKK VII, 4 vols.; Zürich: Benziger, 1991, 1995, 1999, 2001) 3.41-42을 보라.

34) 좀더 자세한 내용은 나의 주석서 *Romans* (WBC 38; Dallas: Word, 1988, 『로마서』, 전2권, 솔로몬 역간) 5-6을 보라.

35) 눅 24.6, 8; 행 11.16; 20.35; 요 2.22; 12.16; 14.26; 15.20; 16.4.

36) 주지하듯, 유스티누스는 복음서들을 사도들의 '회고 비망록'(*apomnēmoneumata*)이라 불렀다(*1 Apol.* 66.3; *Dial.* 100.4). 이 점은 그동안 소홀히 여겨온 논문 N. A. Dahl, 'Anamnesis: Memory and Commemoration in Early Christianity'(1946), *Jesus in the Memory of the Early Church* (Minneapolis. Augsburg, 1976) 11-29에서 적절히 강조되었다.

37) *Sayings Traditions* ch. 3 (여기서는 112).

우리의 최초 언급(바울)만큼 오래된 것이다. 또한 주목할 만한 것은 요한이, 예수의 대화를 만들어내는 데 보여준 자유에도 불구하고, 그 기억하기 모티프를 명백한 공관복음 평행구를 가지고 있는 어록들, 즉 예수 전통에 잘 뿌리박힌 그 어록들에 대부분 한정시킨 것 같다는 점이다.[39] 그렇다면 캐머론의 주요 관심사인 야고보 외경(*Apocryphon of James*)에서 그 모티프를 사용한 경우는, 그것을 (영지주의적) '비밀' 요소가 가미된 어록 전통을 위탁하는 데 사용함으로써 예수의 가르침 기억하기라는, 제대로 자리 잡히고 깊이 뿌리박힌 관심사를 조작하려는 시도였을 개연성이 높다.[40]

간단히 말해 증언하기와 기억하기 모티프는 새 교회를 일군 사람들이 예수 전통의 토대를 제공하고 세워나가기 위해 처음부터 어느 정도 주의를 기울였으리라는 인상을 강화한다. 특히 전적으로 새로운 생활양식과 사회적 정체성을 부여받은 이방인들에게 중요한 것은 이제 그들에게 기대되는 행실의 다른 성격을 위한 지침이나 모델일 터이다. 그러한 지침과 모델은 명백히 그들이 기억하고 받아들여 살아내기로 기대된 예수 전통이 견고한 기초를 제공했던 것이다.

d. 사도적 후견인들

'사도'를 교회나 새 예루살렘의 토대로 보는 견해는 이미 에베소서 2.20과 요한계시록 21.14에 나타난다. 더욱 주목할 만한 점은, 사도행전 앞 장들에서 예수가 가르친 것과 오순절에 새롭게 활력을 얻은 그 운동의 확장으로서 선교 사이의 연속성을 보증하는 매개로 사도들의 역할이 분명히 강조된다는 사실이다. 그 초입의 여는 말이 함축하고 있는 암시인즉, 사도

---

38) Koester, *Ancient Christian Gospels* 70. 그러나 카메론 역시 폴리카르푸스에게 '그러한 수집물을 그의 교회의 기록된 복음서들과 일치시키려는 경향이 있음을 주목한다'(*Sayings Tradition* 113); 그렇지 않다면, 그 전통이 오히려 다양한 형태로 알려진 경우라고 할 수 있지 않을까?
39) 요 2.19-22(막 14.58 평행구); 요 12.14-16(막 11.1-10 평행구); 요 15.20(마 10.24-25); 유일한 예외적 경우는 요 16.4이다.
40) '이제 열두 제자들은 같은 시간대에 모두 함께 앉아서 구세주께서 그들 각자에게 말씀하신 것을 기억하며, 은밀히 또는 공개적으로, 그것을 책 속에 기록하고 있었다'(*Apoc. Jas.* 2.1 Cameron).

행전은 저자의 작품 첫 번째 부분, 즉 누가복음에 기록된 대로 '예수가 행하고 가르치기 시작한 모든 것'의 연속이라는 것이다(행 1.1). 나아가 계속되는 그 함의인즉, 사도들에게 주어진 교훈(1.2)도 바로 언급된 동일한 연속성을 가지고 있다는 것이다.[41] 이에 따라 변절자 유다가 새로운 열두 번째 사도로 교체될 때, 그 사도의 선발 기준은 그가 '세례자 요한부터 시작되는'(1.21-22) 예수의 사역 내내 그들의 동아리 가운데 한 사람이었어야 한다는 것이었다. 따라서 2.42에서 오순절 이후 새로운 공동체의 첫 표시로 강조하는 바가 '사도들의 가르침'의 지속과 이에 대한 견고한 집착(*proskartereō*)으로 제시된다.

그러한 강조점은, 비록 논쟁의 여지는 있지만 연속성 문제가 더욱 중요해지던 후대의 관점으로 간주될 수 있다. 그러나 그러한 연속성이 처음부터 중요한 것으로 보였다는 암시가 거기에 있다. 이러한 암시들은 우리의 본문들이 증언하는 베드로, 야고보, 요한의 중요성에 초점을 맞춘다. 그들은 맨 처음 예루살렘 공동체의 지도자들 가운데 분명히 수위에 있는 사람들로 여겨졌다(행 1.13). 베드로(1.15; 2.14; 5.1-10, 15, 29)는 그의 신실한 그림자 요한(3.1-11; 4.13, 19; 8.14)과 함께 명백하게 그 가운데 자리 잡고 있었고, 야고보(12.2)는 암시적으로 그런 인물로 등장한다. 그렇게 사도행전에 과도하게 의존하는 것을 우려하는 사람을 위해 다행히도 바울의 증언은 예루살렘의 삼두체제(요한의 처형된 형제 야고보를 대체하는 예수의 아우 야고보를 포함하여)가 일반적으로 '기둥들'로 간주되었음(갈 2.9)을 확증해준다. 그 이미지는 새로운 운동이 시작된 지 20년 내에 이미 새로운 공동체(성전?)가 이 세 명을 토대로 설립되어 그들이 강력한 후원 세력으로 비쳤음을 분명히 암시한다.[42] 이러한 모습은 베드로와 세베대 형제들이 예수와 가장 가까이 있었으며[43] 그리하여 그들이 예수의 유산에 대한 주요 증인이자 동시에 그

---

41) 그 어떤 복음서 저자들보다 누가는 '사도들'로서 제자들의 역할을 강조한다(눅 6.13; 9.10; 17.5; 22.14; 24.10).
42) 내 책 *The Partings of the Ways between Christianity and Judaism* (London: SCM, 1991) 60을 보라. 추가로 아래 §13.3을 참조.
43) 막 5.37/눅 8.51; 막 9.2 평행구; 13.3; 14.33/마 26.37.

관리자로 간주되었다는 예수 전통의 기억과 잘 연계된다.

사도직에 대한 바울의 개념은 누가의 개념과 다소 다르다. 그러나 바울이 자신의 사도적 역할을 특히 교회를 세우는 것과 관련하여 중시하였다는 점에서(롬 15.20; 고전 3.10; 9.1-2) 그 정도의 일관성은 있다. 아울러 앞서 살핀 대로, 그 역할의 근본적인 부분은 토대가 되는 전통을 전수하는 것이었다(위의 §8.1b).

e. 예수 전통이 어떻게 사용되었는가

위에서 인용된 누적적 정황 증거는 대개 내가 부여하고 있는 만큼의 비중으로 존중받고 있지 못하다. 그것은 특히 바울이 예수의 사역에 거의 관심을 보이고 있지 않을뿐더러 예수 전통에 대한 지식이 아주 희박하기 때문이다.[44] 우리는 그가 예수를 개인적으로 만났거나 예수의 선교 기간 동안 예루살렘에 있었다고 가정할 수 없다.[45] 다른 한편으로, 바울은 베드로와 함께 (바울의 회심 후 3년이 지난 때에) 보낸 두 주간의 시간을 예수와 예수의 선교 전통, 예수의 선도적 제자의 가르침 등에 대한 지식을 채우는 기회로 사용할 수 있었을 것이다(갈 1.18).[46] 그럼에도 불구하고, 바울이 단 세 번의 경우만, 신기하게도 모두 고린도전서(7.10-11; 9.14; 11.23-25)에서만 예수를 명시적으로 인용하는 것은 분명한 사실이다. 물론 그는 자신이 공동체 훈련의 다른 논제들과 관련하여 예수 전통을 알았다면 그 전통을 인용하였으리라는 점을 또한 암시한다(고전 7.25; 14.37).[47] 동시에 바울의 서신에는

---

44) 예컨대 펑크(Funk)는 바울이 '예수의 첫 제자들로부터 소외되어 그 결과 문서화된 복음서 전통과도 멀어지게 되었다'고 주장함에 있어 라이마루스에서 시작하여 바우어에 이르는 주장의 노선에 서 있다(*Honest* 36).
45) 동시에, 바울이 예루살렘에서 멀리 떨어져 바리새인으로 훈련을 받았다는 것은 좀처럼 믿기 어려울 수 있다(앞으로 나오는 제2권을 보라). 만일 그렇다면, 예수의 죽음과 바울의 회심 사이에 가로놓인 시간 규모(아마도 2년에 불과했을)를 전제할 때 바울이 예수의 선교 정점에 예루살렘에 있었다는 개연성은 아주 강해진다. 그러나 이 가능성의 평가는 20세기 초 수십 년 동안 공통으로 편재했던 고후 5.16 읽기의 영향으로 여전히 곤경에 처한다(앞의 §5.3을 보라; 추가로 Dunn, *Theology of Paul* 184-85 참조).
46) 나의 책 *Theology of Paul* 188을 보라; 그리고 위의 §7.2 참조.
47) 비록 나는 의심하지만, 살전 4.15-17은 종종 예수 어록의 의도적인 인용 사례로 거론된다(나의 책

공관복음 전통의 다양한 메아리가 있다.[48] 그러나 그 어느 곳에서도 바울은 명시적으로 예수를 언급하지 않거니와, 그렇다고 자신의 가르침을 더 무게 있게 하려고 예수의 권위를 끌어오는 것도 아니다.

이러한 증거는 바울이 예수가 말한 것을 '기억하고' 그것을 말한 이가 예수라는 데 관심이 결여되었음을 암시하는가? 그렇다는 쪽으로 주장하는 사람들은 우리가 바울서신에서 발견하는 패턴이 생성기 그리스도교에 다른 곳에서, 특히 야고보서나 베드로전서에서도 반복된다는 점을 잊는 것 같다.[49] 경우에 따라서만 예수가 인용된 그 어록의 권위를 드러내는 사

Theology of Paul 303-3041 보라).

48) 논쟁의 여지는 있지만 가장 주목할 만한 예들은 다음과 같다:

롬 1.16	막 8.38/눅 9.26
롬 2.1/14.10	눅 6.37/마 7.1-2
롬 8.15-17/갈 4.4-6	아바
롬 12.14	눅 6.27-28/마 5.44
롬 12.17/살전 5.15	마 5.39/눅 6.29
롬 12.18	막 9.50
롬 13.7	막 12.17 평행구
롬 13.9	막 12.31 평행구
롬 14.13	막 9.42 평행구
롬 14.14	막 7.15
롬 14.17	하나님의 나라
고전 2.7	마 13.35
고전 13.2	마 17.20
살전 5.2, 4	마 24.43/눅 12.39
살전 5.13	막 9.50

로마서 구절들에 대해서는 내 주석서 *Romans* (WBC 38; Dallas: Word, 1988) 해당 구절이 주석된 곳 참조; 또한 Koester, *Ancient Christian Gospels* 52-57; 다른 참고 문헌은 내 책 *Theology of Paul* 182를 보라. 바울이 Q(자료)를 알았을 가능성에 대해서는 Allison, *Jesus Tradition* 54-60 (추가 참고 자료와 함께)을 보라. 골로새서와 관련해서는 골 2.22(막 7.7/마 15.9); 3.13(마 6.12, 14-15; 18.23-35) 4.2(막 13.35, 37; 마 24.42; 25.13)을 보라.

49)

약	1.5	눅 11.9/마 7.7
	2.5	눅 6.20b/마 5.3
	4.9	눅 6.21b/마 5.4
	4.10	눅 14.11/마 23.12
	5.1	눅 6.24-25
	5.2-3a	마 6.20/눅 12.33b
	5.12	마 5.34-37
벧전	2.12b	마 5.16b
	2.19-20	눅 6.32-33/마 5.46-47
	3.9, 16	눅 6.28/마 5.44
	3.14	마 5.10
	4.14	눅 6.22/마 5.11

편리함을 위해 나는 쾨스터의 분석을 따른다(*Ancient Christian Gospels* 63-75). 우리는 또한 요한일서가 요한적인 예수 전통을 분명히 알았고 또 그 가치를 존중했음을 주목해야 한다. 그러나 우리는 요한일서 자체에서 그것을 거의 알지 못한다! 야고보서의 경우는 W. H. Wachob and L. T. Johnson, 'The Sayings of Jesus in the Letter of James', in Chilton and Evans, eds., *Authenticating the Words of Jesus* 431-50을 보라.

례로 언급된다.[50] 대개 예수 전통을 반향하는 가르침은 그것을 예수에게 명시적으로 귀속시키지 않고 더 광범위한 교훈의 일부로 보면 된다.

그러면 이러한 것을 어떻게 설명해야 할까? 야고보서와 베드로전서가 그리스도교의 2세대로 우리를 안내한다는 전제하에 공관복음 전통과 공관복음서들 자체가 알려지던 때에 그 가르침이 예수에게서 유래되었다는 것을 모든 경우 저자들이 몰랐다는 것은 매우 가능성이 떨어진다. 더 그럴법한 것은 내가 다른 곳에서 한 제안인데,[51] 이를테면 우리는 이러한 자료들 가운데 예수 전통이 기억되고 사용된 한 가지 방식을 본다는 것이다. 일반적으로 인식되는 바에 따르면, 어떤 집단이 긴 기간에 걸쳐 자리 잡게 될 때 그들은 결국 나름의 정체성과 경계를 형성하는 언어를 개발한다. 즉 최소한 축약된 언어라든지, 일종의 속기나 암호 단어 같은 것을 사용하여 그들을 하나의 집단으로 결속시키는 것을 돕고 내부자를 (그 언어를 알지 못하는) 외부인과 구별해둔다.[52] 전반적인 요지인즉, 내부 집단의 대화에서 그러한 언급들은 설명되지 **않는다**는 것이다. 반대로 내부자 언어에 유대적 효과를 제공하는 것은 암호 단어나 암시에 대한 인식이다. 그 언급이나 암시를 (잘 모르는 낯선 사람을 위해) 풀게 되면 결과적으로 그 유대를 깨트리고 외부인을 그 집단의 내부 세계로 들어오게 한다.[53] 여기서 내가 제안하는 것은 예수 전통이 최초의 그리스도교 공동체들 가운데 그러한 내부자의 언어를 형성하였다는 것이다. 바울은 자신이 한 번도 방문하지 않은 교회

---

50) 행 20.35; 클레멘스1서 13.1-2; 46.7-8.
51) 내 논문 'Jesus Tradition in Paul', in Chilton and Evans, *Studying the Historical Jesus* 155-78 (특히 176-78)을 보라; 또한 *Theology of Paul* 651-53을 참조.
52) 이는 그 저자들이 교리문답의 목적으로 사용된 누가의 '지상설교'에 담긴 것들과 같은 어록의 수집물을 끌어올 수 있었다는 제안과 잘 합치한다(D. C. Allison, 'The Pauline Epistles and the Synoptic Gospels: The Pattern of the Parallels', *NTS* 28 [1982] 1-32; Koester, *Ancient Christian Gospels* 54, 65-68 참조). 아마도 디다케는 당시 좀더 폭넓게 따랐던 유형을 예시하는 듯하다. '주의 가르침'(1.1)이라는 표제 아래, 방대한 가르침이 그 원천으로서 예수에 대한 간헐적인 언급과 함께 제시된다. 또한 W. Rordorf, 'Does the Didache Contain Jesus Tradition Independently of the Synoptic Gospels?', in Wanbrough, ed., *Jesus* 394-423; I. Henderson, 'Didache and Orality in Synoptic Comparison', *JBL* 111 (1992) 283-306; J. A. Draper, 'The Jesus Tradition in the Didache', in J. A. Draper, ed., *The Didache in Modern Research* (Leiden: Brill, 1996) 72-91을 보라; 또한 *Birth* 387-95에서 크로산의 분석을 참조.
53) 또한 Allison, *Jesus Tradition* in Q 111-19.

에 로마서를 쓰면서 바로 그런 언어를 사용하는데, 이는 그 언어가 예수 전통을 새로운 토대에 전해줄 때 그 창립 사도가 제공한 것으로 모든 그리스도교 교회에 공통된 언어였다는 확신을 암시한다(위의 §§8.1a와 b).[54] 앞으로 전개할 주장의 견지에서 우리는 바울서신의 수령자들 가운데 예수 이야기에 대한 더욱 넓은 지식이 있었음을 가정해야 한다. 바울의 메시지를 들었던 자들은 그 지식을 끌어와 그 편지 안에서 '확정되지 않은 틈새'를 메워나갈 수 있었을 것이다.[55]

간단히 말해, 가장 초기 단계 그리스도교의 예수 전통에 대한 거의 모든 언급들이 암시의 형태로 반향한다는 사실은 다음 두 가지 점을 확인하는 증거로 받아들여야 한다. (1) 그러한 편지들은 새로운 교회들에 예수 전통에 대한 최초의 교훈을 전하는 매개체로 간주되지 않았다는 것, (2) 교회들이 처음 정착되었을 때 그들에게 전해진 비교적 방대한 예수 전통의 지식이 있었다고 가정할 수 있다는 것.[56]

f. 전기로서의 복음서

불트만은 '복음서에는 어떤 역사적-전기적 관심도 없다'는 강한 단언으로써 탐구자들을 또 다른 잘못된 길로 인도했다.[57] 복음서는 예수의 전기가 아니라는 이 견해의 영향은 오늘날까지 집요하게 계속된다.[58] 하지

---

54) 앞서 인용된 연구들(각주 51)이 시사하듯, 나는 바울이 훈계의 어조로 예수의 권위를 언급하는 곳(고전 7.10-11; 9.14)에서 그 가르침을 어떤 식으로든 부연하는 것을 본다. 아이러니하게도 그는 예수를 명시적으로 정확하게 언급해야 한다. **왜냐하면** 그는 예수가 말했다고 알려진 것을 부연하고 있기 때문이다. 이와 대조적으로, 효과적으로 예수의 가르침을 암시적으로 상기시켜주는 다른 곳에서는 그 가르침의 권위가 어떤 정당화나 부연 설명도 요청하지 않았음을 시사한다.
55) 아래 §8.3g를 보라. 바울의 서신들이 최소한 어느 정도 그 일관성을 바울이 가정한 이면의 '이야기들'에 의존하고 있다는 점증하는 인식은 B. W. Longenecker, ed., *Narrative Dynamics in Paul: A Critical Assessment* (Louisville: Westminster John Knox, 2002)에서 지적된다.
56) C. F. D. Moule, 'Jesus in New Testament Kerygma'(1970), *Essays in New Testament Interpretation* (Cambridge: Cambridge University, 1982) 37–49을 보라. 그는 뭉크(J. Munck)를 효과적으로 인용한다: '우리가 바울의 설교를 아무것도 가지고 있지 않음에도 불구하고 그것이 최소한 그의 편지들과 형식면에서 분명 달랐다는 것을 처음부터 깨닫는 것은 중요하다'(41 각주 12).
57) Bultmann, *History* 372.
58) 딜(Albrecht Dihle)은 '모든 신학도는 첫 학기에 네 복음서를 예수의 전기로 읽지 않도록 경고를 받는다'고 회고함으로써 자신의 논문 'The Gospels and Greek Biography', in Stuhlmacher, ed., *The*

만, 불트만이 이 점에서 예수의 자의식을 꿰뚫어볼 수 있고 메시아로서 그의 자기 이해 발전 과정(메시아적 자의식)을 추적할 수 있다는 자유주의 탐구자들의 확신에 역행하고 있었다는 사실은 좀처럼 떠올리지 않는다.[59] 켈러는 그러한 시도의 현실적 자료들이 탐구자들 나름의 상상력, 즉 유비라는 역사적 원리를 불행하게 확대한 결과였다고 봄으로써 자유주의 탐구자들에 이미 응답한 바 있다(§6.3c). 켈러가 분명히 하듯, 요지인즉 첫 탐구자들은 19세기 전기 작품을 모델로 삼아 예수의 개인적 생애와 전기적 주제의 발전에 관심을 가지고 전기물을 쓰고자 했다는 것이다.[60] 그러므로 불트만이 실제 비난하였던 것은 예수의 **근대적** 전기를 쓰려던 시도였다.

그러나 1970년대 이후 복음서의 장르 문제는 점점 더 긴밀한 탐구 대상이 되었고 복음서가 사실상 **고대** 전기 유형(그리스어 *bioi*; 라틴어 *vitae*)과 매우 유사하다는 점이 한층 더 분명해졌다.[61] 즉 복음서의 관심은 주인공의 내면적 삶을 분석하고 어떻게 한 개인의 성격이 세월 따라 발전했는지를 추적하는 식의 근대적인 것이 아니었다. 고대적 관점은 외려 인물이 고정되어 있고 불변한다는 것이었다.[62] 그리고 전기 작가의 관심사는 선택된 주인공 인물의 말과 행적을 서사화함으로써 그를 묘사하는 것이었다.[63] 이는 바로 우리가 공관복음서(기실 모든 정경 복음서)에서 발견하는 것인데,[64] 반면 여기서 주목해야 할 점은 이제 신자유주의 탐구 가운데 빈번하게 다루어지는 다른 복음서들은 그렇지 않다는 것이다.[65] 게다가 고대 전기들의 공통

Gospel and the Gospels 361–86을 시작한다.

59) 이로부터 자주 인용되는 불트만의 다음 견해가 비롯된 것이다: '우리는 예수의 생애와 인성에 관하여 거의 아무것도 알 수 없는데, 이는 초기 그리스도교 자료가 그 어느 것에도 아무런 관심을 보이지 않기 때문이다'(앞의 §5.3 각주 36에서 인용; 또한 제4장의 각주 49를 보라).

60) Kähler, *Historical Jesus* 55, 63.

61) 특히 D. Aune, *The New Testament in Its Literary Environment* (Philadelphia: Westminster, 1987) chs. 1 and 2; R. A. Burridge, *What Are the Gospels? A Comparison with Graeco-Roman Biography* (SNTSMS 70: Cambridge: Cambridge University, 1992)를 보라, 둘 다 참고 문헌 포함; 버리지는 4장에서 복음서가 전기가 아니라는 비판적 도그마에 적대적인 이전의 저항들을 재검토한다. D. Frickenschmidt, *Evangelium als Biographie. Die vier Evangelien im Rahmen antiker Erzählkunst* (Tübingen: Francke, 1997).

62) Aune, *Literary* 28, 63; 또한 Burridge, *Gospels* 183–84을 주목하라.

63) Aune, *Literary* 30; Burrdige, *Gospels* 144, 150–52, 176–77, 186–88.

64) Aune, *Literary* 57; Burridge, *Gospels* 특히 205–2–6, 211–12.

65) 위의 §4.7과 §7.8을 보라.

된 목적은 그 독자들이 겨룰 만한 모범을 제공하고 그 주인공에 대한 정보를 주며 그의 기억을 보존하고 그의 명성을 지켜주고 높여주는 것이었음이 분명하다.[66] 여기서 다시 복음서는 넓은 장르와 주목할 만하게 잘 맞아떨어진다.[67] 물론 복음서들이 단순히 전기적인 것이 아니었다는 말도 사실이다. 그것들은 선교 자료였고 케리그마였다. 그러나 그 당시 고대 전기물들은 근대 전기 작품에 비해 전적으로 냉정하고 객관적이지 않았다.[68] 환언하면, 복음서와 고대 전기의 겹쳐지는 부분은 실질적이고 중요한 것이다.

간단히 말해, 그 장르 자체는 지금 공관복음서를 구성하는 자료를 만들어내고, 연거푸 이야기하며, 또 그것을 복음서의 체제 속에 수집하는 데 상당한 역사적 관심이 있었다는 점을 즉각 우리에게 말해준다.[69] 이것은 우리에게 별로 놀라운 일이 아니다. 리처드 버리지가 지적하듯이, '전기는 어떤 카리스마적 스승이나 지도자 주변에서 그를 추종하고자 하면서 형성된 사람들의 집단 가운데 자연스럽게 생기는 유형의 저술이다.' 나중에 그는 모밀리아노(Momigliano)의 논평을 인용하여 '헬레니즘의 세계에서 교육받은 남자는 유명한 사람들의 생애에 대하여 호기심이 있었다'고 본다.[70] 이로써 우리는 다시 원점으로 되돌아가게 된다(제2장, §6.2).

요컨대, 두 가지 점에서 상당한 정황 증거가 있다. 첫째, 초대교회들은 그들의 창립 사도들이 토대적 전통으로 그들에게 제공한 예수 전통을 기억하길 원했으며 실제로 기억하고 언급했다는 것이다. 둘째, 복음서들은 예수에 대하여 아는 것과, 그의 선교에 대한 기억을 보존하고 고무시키고 방어하며, 그를 모범 삼아 배우는 것에 초기 그리스도인들 가운데 활달한 관심이 있었음을 증언한다.

---

66) Aune, *Literary* 36, 62; Burridge, *Gospels* 150-52, 186-88.
67) Aune, *Literary* 57-58; Burridge, *Gospels* 214-17.
68) 다시 히틀러를 '설명하려던' 시도들을 떠올려보라(위의 제6장 각주 28).
69) 다우닝(F. G. Downing)은 버리지가 추출한 고대 전기(*bios*)의 특징에 견주어 Q 자체를 전기로 규정할 수 있다고 주장했다('Genre for Q and a Socio-Cultural Context for Q: Comparing Sorts of Similarities with Sets of Differences', *JSNT* 55[1994] 3-26, reprinted in Downing, *Doing Things with Words* 95-117). 클로펜보그 버빈은 이 주장에 동조적이다(*Excavating Q* 161-62, 380); 오니(Aune)의 표현을 빌면, 'Q는 강한 전기적 경향을 가지고 있다'(406 각주 74).
70) Burridge, *Gospels* 80-81, 150-51.

8.2 예언의 영향

앞서 개관한 내용에서 부각되는 것은 교회를 개척한 사도들이 예수 전통을 전수해주고, 교사들이 예수 전통에 대한 교회의 공동 기억을 강화하며, 초기 서신을 쓴 집필자들이 바로 그 예수 전통을 그들의 교훈 가운데 암시하고 환기시키는 모습이다. 이러한 그림은 초기 교회에서 예언적 언사들이 종종 예수 전통에 첨가되었다는 공통된 가정으로 가장 심각하게 도전받는다. 그 주장은 단순히 이전의 그 전통이 교회의 가르침에 의해 과격하게 또는 다른 방식으로 수정되었다는 뜻만이 아니다. 예언적 언사들은 예수의 말씀으로 경청되었고 그렇게 수용되었으며 나아가 예수 전통이라는 교회의 저장고에 포함되어 정해진 경로를 따라 더 광범위하게 유포되었다. 그래서 아무도 예언적 언사들을 계속 예언(승천한 예수의 말씀)으로 동일시해야 한다고 생각하지 않는다. 따라서 불트만은 이렇게 말한다.

> 교회는 그리스도인 예언자들이 발설한 그러한 말들과 전통 가운데 남은
> 예수의 어록을 구분하지 않았다. 그 전통 가운데 주의 어록이라 해도 그
> 것이 과거 권위자의 선포가 아니라 교회의 입장에서는 언제나 동시대적
> 인 부활한 주의 어록들이었기 때문이다.[71]

케제만은 '예언자의 입을 통해 스스로를 계시한 그리스도의 수많은 "나" 어록들은 예수의 어록으로 공관복음 전통 속으로 진입하게 되었다'[72]고 주저 없이 추정하였다. 이 주제에 대한 가장 철저한 연구를 한 유진 보링(Eugene

---

71) Bultmann, *History* 127-28. '예루살렘의 원시 공동체에서 예수의 영은 계속하여 활동하고 있었고, 그의 윤리적 가르침은 점점 더 정교화되어 예수 자신의 어록으로 전승된 말씀 가운데 표현되었다' ('New Approach' 42).

72) E. Käsemann, 'Is the Gospel Objective?', *Essays on New Testament Themes* (London: SCM, 1964) 48-62 (여기서는 60). 케제만이 자신의 영향력 있는 논문 'Sentences of Holy Law in the New Testament'(1954), *New Testament Questions of Today* (ET London: SCM, 1969) 66-81에서 적시한 유일한 형식적 범주는 '거룩한 율법의 선고들'이었다. 그러나 D. E. Aune, *Prophecy in Early Christianity and the Mediterranean World* (Grand Rapids: Eerdmans, 1983) 166-68, 237-40의 예리한 비판을 주목하라.

Boring)은 상당한 분량의 예수 전통은 예언적 용도에 의해 영향을 받았거나 예언적 언사에서 직접 유래한 것이라고 결론 내린다.[73] 가령, 보링에 의하면, 마가복음에 있는 불과 11개의 '어록 단위'(13.5b-31을 빼면 불과 5개의 단위만 남는다)가 그리스도교 예언자들에게서 기원하였을지라도 15개의 Q 어록들은 아마도 예언적 언사에서 유래했으리라는 것이다.[74]

이 가설이 근거를 얼마나 잘 확보할 수 있을까? 한편으로 초기 교회에 상당한 예언적 활력이 있었으며, 특히 바울이 그것을 꽤 소중히 여겼다는 점을 확실히 수용해야 할 것이다.[75] 특정한 예언적 언사들은 활기 띠게 하는 성령에 의한 것으로 여겨지고(행 13.2; 20.23; 21.4, 11), 최소한 몇몇 경우에서는 부활한 주의 것으로 간주된다(살전 4.15?;[76] 계 2-3장). 이것은 '솔로몬의 송시'(*Odes of Solomon*)에서 우리가 읽는 것과 잘 부합된다.[77] 추측건대, 부활한 그리스도가 그 송시 작가를 통해 말하는 것으로 생각될 정도다. '나는 다시 살아났고 그들 가운데 있다. 그리고 나는 그들의 입을 통해 말한다'(42.6).[78] 우리는 또한 켈수스(Celsus)의 전언에 따라 예언자들이 자신의 예언을 '나'라는 용어를 중심으로 말하는 데 익숙했음을 안다(Origen, *contra Celsum* 7.9, 『켈수스를 논박함』, 새물결 역간).[79] 이러한 배경이 전제된다면 예언적 언사가 예수 전통에 포함되었을 개연성을 기꺼이 인정할 수 있을 성싶다. 가장 명백한 사례가 아마 마태복음 18.20일 것이다. 그러나 다른 가능한 사례들로서 마태복음 11.28-30과 누가복음 11.49-51; 22.19b을 포함할 수 있을 것이다.[80]

---

73) M. E. Boring, *Sayings of the Risen Jesus: Christian Prophecy in the Synoptic Tradition* (SNTSMS 46; Cambridge: Cambridge University, 1982).
74) Boring, *Sayings* 179-80, 196. 그는 Q/눅 6.22-23; 10.3-16, 21-22; 11.29b-30, 39-52; 12.8-12; 13.34-35; 16.17; 22.28-30; 막 3.28-29; 6.8-11; 8.38; 9.1; 13.26의 목록을 제시한다.
75) 롬 12.6; 고전 12.10, 28-29; 14.1, 3-6, 22, 24-25, 29-32, 39; 살전 5.20; 추가로 J. D. G. Dunn, *Jesus and the Spirit: A Study of the Religious and Charismatic Experience of Jesus and the First Christians as Reflected in the New Testament* (London: SCM, 1975) 225-33; Boring, *Sayings* 26-52; Aune, *Prophecy* 190-217을 보라.
76) 그러나 위의 각주 47을 보라.
77) 찰스워스(Charlesworth)는 이 송시의 연대를 주후 약 100년경으로 추정한다(*Old Testament Psuedepigrapha* 2.726-27).
78) 불트만은 *Od. Sol.* 42.6에 많은 비중을 둔다(*History* 127-28).
79) Boring, *Sayings* 128-30을 보라.
80) J. D. G. Dunn, 'Prophetic "I"-Sayings and the Jesus Tradition: The Importance of Testing Prophetic Utterances within Early Christianity', *NTS* 24 (1977-78) 175-98, reprinted in *The*

다른 한편으로, 초기 그리스도교 전통에서 예언자들에 대한 아주 빈번한 언급에도 불구하고, 그들이 그리스도인들의 집회에서 예수의 목소리로 말했거나 말하리라 기대된 분명한 암시는 어느 대목에서도 보이지 않는다. 요한계시록 2-3장은 지금 그려지는 상황의 모델이 되지 못한다. 예를 들어 바울의 교회에서 어떤 예언자도 할례에 관하여 예언을 말하지 않았다면 이는 놀라운 일일 것이다. 그러나 그러한 언사는 예수 전통에 전적으로 결여되어 있다.[81] 예언자들의 역할은 그것이 바울의 눈에 활기찬 것으로 비쳤다 할지라도 앞의 가설이 상상하는 것보다 훨씬 더 한정되었거나 대단치 않은 조촐한 수준이었다(고전 14.3).[82] 더구나 유대교와 그리스도교 전통에서 예언은 자신이 하나님을 위해 말한다고 확신할 때조차 대개 예언자의 이름으로 주어진다. 따라서 그 어떤 구약성서의 예언서도 야웨를 그 저자로 부르지 않는다.[83] 누가는 항상 관련된 예언자의 이름을 부르며(행 11.27-28; 13.1; 21.9-14) 성령이 하는 말씀(행 13.2; 21.11)을 승천한 그리스도의 언사(행 18.9-10; 23.11)와 구분한다.[84] 나아가 바울은 자신의 영감 받은 견해를 예수 전통과 구분하는 것을 중요하게 본다(고전 7.10, 25, 40).[85] 이 모든 것은 불트만과 보링이 공관복음 전통에서 예언 활동의 증거를 찾기 위해 너무 열중하였음을 암시한다.[86] 더 폭넓은 증거는 오히려 그러한 언사들이 규칙이라기보다 예외였음을 암시한다.

예언적 언사에 대한 보링의 예들을 분석해보면, 사용된 기준들이 (경우

Christ and the Spirit. Vol. 2: *Pneumatology* (Grand Rapids: Eerdmans, 1998) 142-69 (여기서는 146). 오니(Aune)는 눅 11.49의 경우를 논박한다(*Prophecy* 236-37).

81) 그러나 할례에 대한 가르침이 도마복음 53에서 예수의 말씀으로 간주되는 것은 도마복음에 대한 우리의 평가 차원에서 의미심장한 면이 있다.

82) 보링이 초기 그리스도교 예언자를 '부활한 예수를 위해 즉각적으로 영감받은 대변인'이라고 정의한 것의 특정한 경향성을 주목하라. 그 위험을 그가 잘 알고 있었음에도 불구하고 이는 승천한 예수의 말을 예언자가 말하는 방식의 '독특한' 그리스도교적 발상을 무시한다.

83) F. Neugebauer, 'Geistssprüche und Jesuslogien', *ZNW* 53 (1962) 218-28 (여기서는 222).

84) D. Hill, 'On the Evidence for the Creative Role of Christian Prophets', *NTS* 20 (1973-74) 262-74 (여기서는 268-70); 추가로 Hill의 *New Testament Prophecy* (London: Marshall, Morgan and Scott, 1979) 160-85을 보라. 또한 Boring, *Sayings* 229 참조.

85) 나의 'Prophetic "I"-Sayings' 147-50을 보라.

86) P. Stuhlmacher, *Biblische Theologie des Neuen Testaments. Band 1: Grundlegung von Jesus zu Paulus* (Göttingen: Vandenhoeck und Ruprecht, 1992) 45-46은 오니의 적절한 다음 결론을 인용한다: '그 이론을 뒷받침하는 역사적 증거는 대체로 학자들의 창조적 상상력에 놓여 있다'(*Prophecy* 245).

에 따른?) 예수의 예언적 언사를 초기 그리스도교 예언에서 구분하는 데 적절하지 않음이 분명해진다(예컨대, 눅 11.39-52).[87] 보링의 논리는, 예수가 자신의 제자들을 선교하라고 보내지 않았고, 제자들이 당할 박해를 예상하지 않았으며(심지어 중대하게 여겨지는 세례자 요한의 선례도 마찬가지로), 그의 메시지에 최후의 종말론적 의의가 담겨 있는 것으로 간주하지 않았다는 전제하에서만 작동된다.[88] 여기서 다시 확인되는 것은 예수 전통의 원래 구어적 성격이 이로써 초래한 전통의 재구성과 정교화의 범위와 함께 너무 미미하게 인식되고 있다는 점이다. 비록 보링이 예언자가 초기 예수의 어록들을 잘 해석했을 것으로 충분히 인정한다 할지라도,[89] 그는 그러한 전통의 재연을 독특하게 예언적인 것으로 그 특성을 밝히기에 너무 급급하다.[90]

그러나 거기에 전적으로 새로운 모티프와 강조점의 중요한 침투/첨가가 있었던가? 거기에 원래 자료/초기 전통의 예봉을 전복시킨 삽입물이 있었던가? 그 전통화 과정이 그 초기 자료의 방향을 바꾸어놓았는가? 여기에 초기 교회 내부의 활기찬 예언적 활동을 환기시키면 불트만의 애당초 가설을 찬성하기보다 반대하는 쪽으로 작용할 것이다. 옛 유대교와 초기 그리스도교의 예언에서 합치된 특징인즉 영감은 **거짓** 예언을 일으킬 수 있다는 인식이다. 예언적 언사가 액면 그대로 단순히 하나님의 말씀으로 수용된 것은 **아니었다.** 예언을 시험하고 예언에 대한 검증을 거쳐야 할 필요성은 이스라엘이 예언에 의지하기 시작할 때부터 조금씩 인식되었다.[91] 예수의 동시대 부류 가운데, 쿰란과 필론은 그 문제를 잘 알고 있었다.[92] 요세푸스 역시 『유대 고대사』(*Antiquities*)에서 어떤 이들을 '거짓 예언자들'(*pseudoprophētēs*)이라고 주저 없이 규정하며,[93] 주후 1세기에 그가 '표적

---

87) Boring, *Sayings* 153-58.
88) 보링이 눅 6.22-23과 10.3-16을 다룬 것과 관련하여(*Sayings* 138-41, 143-48). 아울러, 눅 12.11-12(164-65), 12.8-9와 22.28-30(165-67, 176-79)은 차례대로 참조.
89) Boring, *Sayings* ch. 7.
90) Aune, *Prophecy* 242-44. 추가로 아래 §8.6을 보라.
91) 예컨대, 신 13.1-5; 왕상 22.1-38; 사 28.7; 렘 28.9. 고대의 잠언 '사울도 또한 예언자들 가운데 있느냐?'(삼상 10.12; 19.24)는 예언 경험의 모호함에 대한 초기 인식을 반영한다.
92) 예컨대, CD 12.2-3; 1QH 12[4].15-20; *Spec. Leg.* 1.314; 4.48-52.
93) *Ant.* 8.236, 241-42, 318, 402, 406, 409; 9.133-34, 137; 10.66, 104, 111.

예언자들'로 묘사하는 자들을 또한 '변절자'와 '사기꾼'으로 묘사한다.[94] 그래서 처음 세워진 교회들 가운데 움직이는 예언자들을 읽기 시작하자마자 바로 우리는 거기 반영된 동일한 관심사를 발견한다. 신약성서에서 가장 오래된 저작일 가능성이 있는 서신에서 이미 바울은 자문한다. '예언을 멸시하지 말고 모든 것을 시험하며 선한 것을 견고하게 붙들며 모든 형태의 악을 피하라'(살전 5.20-22). 예언적 언사의 '평가'는 교회가 예언을 감시하는 표준의 일부이다(고전 12.10; 14.29).[95] 그리고 그 관심사는 신약성서를 관통하여 2세기 교회에까지 이른다.[96] 요한일서의 교훈은 명백히 초기 교회에서 표준이 되는 '선한 관행'이었다. '영을 다 믿지 말고 그 영들을 시험하라…' (요일 4.1).[97]

일단 이 요점이 파악되면, 이는 현재 논의의 적실성에 대한 중요한 추론을 불러일으킨다.[98] 그 추론인즉, 예언이 초기 교회 가운데 활발한 곳에서 그 예언은 우리가 의심의 해석학이라 부를 만한 것을 수반했으리라는 것이다. 그 예언적 언사는 자동적으로 예수의 영이 영감을 준 것으로, 또는 그 말들이 승천한 그리스도의 말씀으로 당연시되지 **않았을 것**이다. 그러한 언사들이 검증되어야 한다는 인식은 이스라엘의 예언적 경험을 통해, 그리고 그리스도교의 예언적 경험 가운데 계속된 것 같다.[99]

그 논리에서 다음 수준이 결정적인 것이다. 그러한 언사들에 어떤 검증이 적용되는가? 한 가지 일관된 대답은 결국 이미 인정되고 확립된 전통에 의한 검증이다. 가장 선명하게 **거짓** 예언을 검증하여 이에 따라 어떤 신뢰가 부여되지 않은 것은 토대적 전통을 부인하거나 거기서 떨어져나간

---

94) '변절자'(*goēs*)—War 2.261, 264; *Ant.* 20.97, 160, 167, 188. '사기꾼'(*apataō, apateōn*)—War 2.259; 6.287; *Ant.* 20.98, 167, 188. 추가로 R. Gray, *Prophetic Figures in Late Second Temple Jewish Palestine: The Evidence from Josephus* (Oxford: Oxford University, 1993) 143-44을 보라.
95) 오니는 그러한 시험/평가의 중요성을 인정하지만(*Prophecy* 217-29), 살전 5.21-22과 고전 14.29에도 불구하고 그것이 '통상적 절차'는 아니었다고 결론짓는다(220, 222).
96) *Did.* 11.7-8; 12.1; Hermas, *Mand.* 11.7, 11, 16.
97) 예언들을 검증할 필요와 그 사실이 결과적으로 어떻게 일련의 신약성서 구절들 가운데 당연한 것으로 간주되는지 주목하라(마 7.15-23; 고전 2.12-14; 14.37-38; 살후 2.2-3; 히 13.7-9; 계 2.20).
98) 이것이 내 논문 'Prophetic "I"-Sayings'의 주된 요지이다.
99) 보링은 이 주제의 중요성을 인식하고 있지만(*Sayings* 64-69), 그 기준의 논점을 추구하지는 않는다 (119-20).

경우였다. 그 시험은 토라 안에 이미 조목조목 언급되고 있다. 다른 신들을 찾아가라고 이스라엘을 부른 예언자는 듣지 말아야 한다(신 13.1-3). 그리고 그 예언자들은 본질적으로 그 형성기 전통을 뒷받침하여 예언하였다.[100] 신약성서에서 권위적인 전통의 검증은 고린도전서 12.3의 바울('예수는 주님 이시다'라는 핵심 케리그마적 고백의 검증)과[101] 요한일서 4.2-3(더 발전된 고백의 검증)이 가장 명료하게 짚어준다.

바울이 자신의 복음에서 뚜렷하게 새롭거나 상이한 강조점을 가지고 사도로서 권리 주장을 한 것도 마찬가지로 검증되어야 했고, 그의 사도직 과 선교 사역이 예수 그리스도의 복음에 대한 수용할 수 없는 변용으로 판 정되지 않았다면 그 검증에서 통과되어야 했을 것이다. 이는 갈라디아서 1-2장의 함의와 분명히 일치한다. 그 진술에 의하면, 바울은 자신의 사도 적 권위가 예루살렘 사도들과 독립적이라고 고수하지만, 그럼에도 불구 하고 '내가 달음질하는 것이나 달음질한 것이 헛되지 않게 하려'(2.2) 지도 적 사도들 앞에 자신의 복음을 제시하기 위해 예루살렘에 올라가야 한다 는 것을 알았다.[102] 자신이 그리스도로부터 부름받았다는 확신에도 불구 하고, 바울은 예외적 계시에 대한 자신의 주장(1.12)이 검증되어야 하고 예 수와의 시간적 연속성을 대표한 자들에게 수용되어야 할 필요성을 인정했 다. 이로써 또한 암시하는 바는, 자신이 진정 사도라고 고집스럽게 바울이 반복하여 강변한 것은 기실 복음을 전파하고 그것의 진정성을 추인할 책 임을 가진 기관에 속하고자 하는 권리 주장에 다름 아니었다는 것이다(고

---

100) '초기 그리스도교가 발원한 유대교에서 예언자들은 과격할 만큼 새로운 계시를 가져오는 영감 넘치는 혁신자들이 아니라 이미 이스라엘의 전통적 지식이 된 것을 다만 신선하게 제시한 연쇄 전통의 강한 연결체로 생각되었다'(Boring, *Sayings* 71).

101) '예수는 주님이시다'가 가장 오래된 그리스도교의 (세례) 고백문 가운데 하나였다는 것은 롬 10.9 에서 입증된다. 대부분의 학자들은 로마서 12.6이 같은 논지를 말하고 있다고 간주한다. 예언 은 '신앙의 유비(*analogia*)와 일치되어야' 했고 '신앙과 합치되어야(또는 비례해야)' 했다(*BAGD*, *analogia*); 6.17('가르침의 유형[*typos*]'); 12.3('신앙의 척도[*metron*]') 참조. 오니는 '케리그마적 전통과 의 일치에 대한 검증'이 또한 갈 1.6-9과 살후 2.2에도 적용되었다고 지적한다(*Prophecy* 235).

102) 바울 자신의 사도권 의식과 예루살렘 리더십의 권위 사이의 미묘한 균형에 대한 좀더 충분한 주 해는 나의 'The Relationship between Paul and Jerusalem according to Galatians 1 and 2', *NTS* 28 (1982) 461-78, reprinted in *Jesus, Paul and the Laws: Studies in Mark and Galatians* (London: SPCK, 1990) 108-28을 보라; 또한 *The Epistle to the Galatians* (BNTC; London: Black, 1993) 여기서는 93-94.

전 15.8-11). 이 모든 것에 비추어, 바울이 어떤 예언적 언사를 단지 그것이 영감 받은 (예언적) 언사라는 이유로 예수의 말씀으로 용납했으리라는 것은 개연성이 없는 주장으로 판단해야 한다.

이러한 통찰(이미 확립된 전통을 참고하여 예언을 검증하는 중요성)이 예수 전통으로 통합되는 예언적 언사의 논점으로 연계될 때 그 결과는 매우 큰 파장을 낳는다. 그것은 첫째, **승천한 그리스도로부터 유래한 것으로 주장하는 그 어떤 예언도 이미 예수가 말한 것의 일종으로 알려진 것에 따라 검증을 받았다**는 것을 의미한다. 이는 대부분의 교회에서 토대적 예수 전통의 그러한 규준(canon: 여기서 이 말이 부적합한 것이 아니다)이 존재했음을 또 다시 암시한다.[103] 그러나 그것은 또한 둘째로 확인된 토대적 자료와 **밀착된** 예언적 언사들만이 예수의 어록으로 수용되었을 개연성이 있음을 암시한다. 이것이 의미하는 바는, 셋째로―여기서 주의 깊은 논리로 철저히 생각하는 것이 필요하다―우리가 지금 가지고 있는 예수 전통 내에 어떤 **두드러진** 어록이나 모티프도 예수의 원래 가르침에서 유래한 것 같다는 점이다. 왜냐하면 다르게 봐서 만일 그것이 예언적 언사로 기원했다면, 그것이 처음 발설된 교회가 그것을 예수의 어록으로 받아들였을 것 같지 않기 때문이다.[104] 달리 말하면, 우리는 여기서 본래의 예수 전통을 인식하는 흥미롭고 잠정적으로 중요한 신선한 기준, 즉 역전된 일관성의 기준이 부상하고 있음을 본다. 예수 전통 내의 어록이나 모티프가 예수 전통의 나머지 부분과 **덜** 긴밀하게 일치할수록 그 어록이나 모티프는 예수 자신의 것으로 귀속될 개연성이 **더** 높다!

---

103) 디벨리우스 역시 '단속적' 통제 작용을 하며 예수 전통에 소수의 영감된 말씀 이상으로 들어가는 것을 방지한 예수의 어록 수집물이 있었음을 상상하였다(*Tradition* 240-43). 그러나 그는 자신이 염두에 둔 이론적 근거를 전혀 설명하지 않았다. 또한 전통과 성령이 초기 그리스도교에서 함께 공조했다는 보링의 주장과 마가가 '그리스도인의 예언에 의혹을 품었다'는 그의 결론을 주목하라(*Sayings* 72, 79, 198).

104) 예증으로서 보링이 제시한 두 개의 예를 언급할 수 있다(*Sayings* 159-64, 173-74). 눅 12.10과 관련하여 공동체가 승천한 예수보다 예언자나 공동체의 영감에 더 높은 우선권을 부여한 예언적 언사를 수용하였으리라는 것이 가당키나 한가?(또한 아래의 §15.7h를 보라; 막 3.28-29를 핵심적인 예로 제시한 보링에 대한 오니의 비판을 참조하라, *Prophecy* 240-42). 눅 16.17과 관련하여 만일 예수가 율법을 느슨하게 한 것으로 기억되었다는 게 맞는다면, 율법의 문자에 영원한 타당성을 고수한 예언적 어록이 받아들여졌을까?(추가로 아래 §14.4를 보라)

간략하게 말해, 초기 교회의 활달한 예언 활동이 상당 부분 예수 전통에 가미되었다는 불트만의 가정은 우리가 그러한 예언 활동에 대하여 아는 바에 따르면 거의 입증되지 않는다. 나아가 초기 교회에서 예언들이 어떻게 받아들여졌는가에 대한 우리의 지식은 예수 전통의 두드러진 특징들이 예언 활동에서 유래된 것이라는 그 어떤 주장에도 실질적인 의문을 제기한다. 이와 반대로 첫 그리스도교 교회들이 그들의 중대한 토대적 전통을 그 핵심적 강조점과 부합되지 않는 자료와 섞음으로써 그것이 희미해지거나 오염되는 위험에 기민하게 대처했다는 게 더 그럴 법한 결론이다.

8.3 구어 전통

초기 그리스도교 내부의 전통화 과정에 대해 우리가 아는 것이 상기 고려 사항들로부터 끌어낸 추론의 무게를 감당할 수 있을까? 이 점에 대해서 논의에 참여한 모든 사람들은 엄밀한 시험이야말로 예수 전통의 증거 자체가 되어야 한다는 데 동의한다. 하지만 그렇게 말하더라도, 그 증거의 분석에는 거대하고 집요한 틈새가 있어왔다. 나는 여기서 전통화 과정의 초기 단계에서 그 전통이 틀림없이 **구어** 전통이었다는 사실을 진지하게 숙고하지 못한 반복된 실패를 언급하고 있다.[105] 이에 따라 그 전통의 성격을 구전적 양태 가운데 탐구하지 못할뿐더러 그 자료의 전승에 그 구전성이 무엇을 의미했는지 묻지 못하는 또 다른 실패가 불가피했다. 나는 그 주제가 '역사적 예수'에 대한 다양한 탐구로 만연한 기간에 제기되었다는 것을 부인하지 않는다. 하지만 불행하게도 그 문제가 제기되었을 때, 그것은 대개 다른 질문들 속으로 새버리기 일쑤였고, 예수 전통의 그 전통사를 우리

---

105) 슈미탈스(W. Schmithals)만이 공관복음 전통은 처음부터 문학적이었다는 전혀 납득하기 어려운 견해를 최근에 다시 반복하면서 외로운 목소리를 내고 있다('Vom Ursprung der synoptischen Tradition', *ZTK* 94 [1997] 288-316).

가 이해하는 데 그 문제가 차지하는 의의는 금세 시야에서 사라져버렸다.

a. 헤르더

앞서 개관한 역사에서 헤르더(J. G. Herder, 1744-1803년)는 대개 이 문제를 처음 제기한 공로자로 인정받는다. 헤르더는 공관복음의 배후에 나사렛당 사람들의 아람어 원복음서가 있었다는 레싱의 생각에 만족하지 못했다. '사도 시대나 교회 역사 가운데 그러한 원복음서가 알려진 바 없다.' 그 복음서 배후에 놓여 있었던 것은 이를테면 '공통된 복음서'였는데, 그것은 **구전** 복음이었다.[106] 이 자료에 대한 헤르더의 서술은 후대 연구에 복선을 깔아준다. 특히 구어로 전승된 자료를 '구전담'(oral saga)으로 묘사한 것은 소홀히 간과할 수 없는 대목이다.[107]

> 자유로운 구전 서사의 경우에 모든 것이 동등하게 속박되지 않은 것이 아니다. 선언문, 긴 어록, 비유 등은 서사의 사소한 세목들, 즉 화자가 공급하는 장면 전환용 자료와 상황을 연계시켜주는 상용 문구…등보다 같은 양식의 표현을 더 수월하게 확보하고 있는 것 같다. 공통된 복음서는 낱개의 단위, 서사, 비유, 어록, 단락 등으로 구성되었다. 이러한 사실은 바로 복음서의 출현과 이런저런 비유나 영웅담의 상이한 순서에 비추어 판단해보면 명징하게 드러난다.…그것이 이러한 부분들로 구성된다는 사실은 복음서의 진실을 보증한다. 왜냐하면 그때 대부분의 사도들과 같이 사람들은 연계된 이야기들보다 더 주목할 만한 것으로 본 어록, 비유, 언술 등을 더 쉽게 회상하기 때문이다.

---

106) 나는 여기서, 비록 다소 잘못된 서술이 들어 있긴 하지만, 큄멜의 추론에 의지하고 있다(*New Testament* 79-82).

107) J. G. Herder, *Collected Works* (ed. B. Suphan) Vol. XIX, in Kümmel, *New Testament* 81-82의 발췌 내용. B. Reicke, *The Roots of the Synoptic Gospels* (Philadelphia: Fortress, 1986) 11-12은 J. C. L. Gieseler, *Historische-kritischer Versuch über die Entstehung und die frühesten Schicksale der schriftlichen Evangelien* (Leipzig: Englemann, 1818)을 특별히 언급한다.

불행하게도 이런 잠정적으로 풍성한 통찰들은 19세기 복음서 연구의 지배적 관심사였던 공관복음서의 자료 탐구 문제로 흡수되어 실종되었다.[108]

b. 불트만

초기 예수 전통의 구어적 성격에 대한 질문이 다시 출현한 것은 20세기 초 양식비평이 부상한 이후의 일이었다.[109] 1962년 양식비평에 대한 한 편의 논문을 출간하면서 그 서문에서 불트만은 다음과 같은 요약적인 정의와 함께 논의를 개시했다. '양식비평의 목적은 복음서 배후의 구어 전통의 역사를 연구하는 것이다.'[110] 그리고 어떻게 구어 전통이 전승되었는가에 대한 요약적 서술에서 불트만은 헤르더와 유사한 관찰을 하였다. '서사들이 입에서 입으로 전달될 때마다 그 서사의 중심 요지와 일반 구조는 잘 보존된다. 그러나 우발적인 세부 사항에서는 변화가 발생한다.'[111] 다시금 불행하게도 구어 전통을 현실적으로 개념화하고 그 전통이 어떻게 기능했는가 하는 점을 풍성하게 연구해나갈 가능성은, 구어 전통화 과정에 대한 불트만의 재구성을 왜곡한 몇몇 가정들로 인해 태어나자마자 점점 더 질식될 것 같은 분위기였다.

특별히 두 가지 점이 주목할 만하다. (1) 불트만은 양식에 초점을 맞추어 어떤 '스타일의 법칙'이 양식의 전승을 결정했다고 가정했다. 이러한 법칙은 분명히 다른 분야의 민담 연구에 대한 지식에서 끌어온 것으로[112] '순수한' 양식과 함께[113] 그 순수함과 단순성에서 더 복잡한 것으로 전승되는

---

108) 퀴멜의 처리 방식도 동일한 우선 사항들을 대표한다. 추가로 아래의 제10장 각주 24를 보라.
109) 이미 벨하우젠이 예견한 바 있었다(앞서 제5장 각주 30에 인용).
110) *Form Criticism* (K. Kundsin과 공저) 1.
111) 'New Approach' 47.
112) *History* 6-7; 그렇지만 E. P. Sanders, *The Tendencies of the Synoptic Tradition* (SNTSMS 9; Cambridge: Cambridge University, 1969) 18 각주 8의 비판을 주목하라.
113) '그 "순수한 형식"(*reine Gattung*)은 언어학과 언어 역사의 범주를 혼합시킨 것을 표상하는데, 이는 철 지난 언어 발달 개념에 해당되는 것일 수 있다'(Schröter, *Erinnerung* 59; 또한 141-42). G. Strecker, 'Schriftlichkeit oder Mündlichkeit der synoptischen Tradition?', in F. van Segbroeck, et al., eds., *The Four Gospels* 1992, Festschrift Frans Neirynck (Leuven: Leuven University, 1992) 159-72 (여기서는 161-62, 각주 6의 참고 문헌과 함께).

과정에서 생길 법한 자연스런 진화,[114] 그리고 내용보다 형식이 결정한 전통의 발전[115] 등에 대한 가정을 추가로 포함했다. (2) 더 의미심장한 점은 그 전승 과정을 설명하기 위해 불트만이 **문학적** 모델을 가정한 것이다. 이는 그가 예수에 대한 전반적인 전통을 '일련의 층위들로 구성된'[116] 것으로 개념화한 데서 가장 명징하게 드러난다. 그 상상된 과정은 각 층이 깔리거나 또 다른 층 위에 세워지는 자리에 있다. 불트만은 어떤 다른 것과는 별도로 더 오래된(팔레스타인) 층을 드러내기 위해 후대의(헬레니즘) 층을 벗겨낼 수 있다고 확신하였기 때문에 그러한 층위화 작업을 시도하였다.[117] 하지만 그 이미지 자체는 각 연속적인 편집층이 이전 편집본(층)의 편집된 판본(불트만에게는 정교하게 다듬어지고 확대된 판본)이 되는 자리로서 편집이라는 문학적 과정에서 도출된 산물이다. 그러나 그러한 개념화가 정말 전통적 자료의 구어적 재연이라는 과정에 적합할까? 불트만은 그 질문의 명백한 연관성에도 불구하고 그 문제를 전혀 언급하지 않았다.[118]

그렇다면 여기서 우리는 다시 양식비평이 놓쳐버린 기회를 말해야 한다(§6.5c에서처럼). 불트만을 추종하는 논의의 대부분은 그 문학적 모델과 함께 지속되어왔다. 다만 그 초점이 전통을 형성한 공동체로, 또는 편집비평

---

114)　그러나 Sanders, *Tendencies*의 비판을 다음 요약문에서 보라: '공관복음 전통의 발전에 어떤 견고하고 확고한 법칙이란 게 없다. 모든 것을 따져봐도 전통은 각기 반대 방향으로 발전했다. 그것은 더 길게도 더 짧게도 발전했고, 더 많거나 적은 세부 사항들을 발전시켰으며, 더 많거나 적은 셈어를 포함하여 발전해나갔다'(272).

115)　예를 들어 'New Approach' 45-47과 'Study' 29에 나오는 그의 확고한 주장들과 *History*의 더 보충된 분석을 보라. 아울러 그 가정에 대한 W. H. Kelber, *The Oral and the Written Gospel* (Philadelphia: Fortress, 1983) 2-8의 비판 참조. G. Theissen, *Miracle Stories of the Early Christian Tradition* (1974; ET Edinburgh: Clark, 1983) 1-24은 양식비평이 어떻게 고전적인 문학비평(장르비평, 구조주의 비평, 서사비평) 속으로 융합되는지 잘 보여준다. 그러나 전통화 과정의 동력에 대한 그의 인식은 (또한 텍스트 안에서 고고학적 층위를 발굴하는 모델에 대한 반작용으로) 너무 많이 '장르'의 이상(화)('구조적으로 먼저 결정된 가능성들의 현실화')에 의존하는데, 이는 '양식'에 대한 초기 양식비평가들의 이상 내지 이상화와 다르지 않다.

116)　Bultmann, *Jesus* 12-13 (위의 §5.3 각주 38을 보라). 그 이미지의 집요함은 펑크에게도 나타난다: '이야기 형식의 복음서들은 층위화한 전통들로 구성되어 있다. 어떤 것은 구어적이고 어떤 것은 문서화된 채 서로의 상층부에 쌓여간 것이다. 그 밑바닥, 가장 오래된 층위에는…'(*Acts of Jesus* 24).

117)　앞의 책, 같은 곳.

118)　더럼 대학교에서 구어 전통과 복음서에 대하여 수행한 최근 연구에서 모넷(Terence Mournet)은, 공관복음 전통의 상이한 계통들이 전적으로 문학적 의존 관계로 엮어졌다는 식의 일관된 가정이 파머(Farmer)가 *Synoptic Problem*에서 두 자료설을 전복하려는 시도와 샌더스(Sanders)가 *Tendencies*에서 불트만과 디벨리우스를 비판한 것을 무효로 만든다고 지적한다. 마찬가지 비판을 M. Goulder, *Luke: A New Paradigm* (2 vols; JSNTS 20; Sheffield Academic, 1989)이 Q를 없애려고 한 것(특히 ch. 2)에 가할 수 있다.

을 통해 그 전통이 후대에 형성된 것이라는 보다 수월한 문제로 이동했을 뿐이다.[119] 그러나 여기에는 세 명의 중요한 예외적인 사례가 있었다.

c. 모울

모울(C. F. D. Moule)은 구어 전통의 성격이나 과정에 관심의 초점을 맞추지 않았다. 따라서 그의 공헌은 현재 관심사에 비추어 다소 옆길로 새는 셈이다. 그럼에도 불구하고 복음서 형성에 대한 그의 통찰은 특히 다음 두 가지 점에서 상당히 적실성이 있다.

첫째, 모울은 복음서가 부활 이전과 이후의 예수에 대한 인식에서 뚜렷한 구분을 하고 있다고 보았다.[120] 특히 공관복음서는 거기에 이야기하는 예수 전통의 **내용** 가운데 부활 이전과 이후에 대한 분명한 의식을 확보하고 있다. 곳곳에서 다시 이야기하는 것의 **맥락**은 부활 이후의 관점을 함축한다. 그러나 이 관점은 간헐적으로만 그와 같은 전통의 내용 가운데 탐지된다. 따라서, 가령 예수에 대한 이야기꾼의 신앙을 요청하거나 가정하는 것은 다시 이야기하기란 맥락 가운데 암시적으로 드러나지만 예수 전통 자체로 끼어들지 않는다.[121] 만일 이것이 진정 그렇게 많이 다시 이야기되고 발전된 (공관복음 저자의) 전통 반복하기의 경우라면, 그것이 마가, 마태, 누가가 의지한 그 이전 전통의 반복에 더욱더 해당된다고 얼마나 더 추론할 수 있겠는가.

둘째, 너무 적게 주목받은 그의 책 『신약성서의 탄생』(*Birth of the New Testament*)에서 모울은 교회의 삶 속에서 양식사의 활력을 조명하는 동시에 '그 삶과 사상의 자리 가운데 초기 그리스도교의 저술을 가능케 한 그 과정

---

119) 이와 관련하여 가장 성공적이고 영향력 있는 연구는 H. Conzelmann, *Die Mitte der Zeit* (Tübingen: Mohr-Siebeck, 1953, ²1957, ⁵1964); ET *The Theology of St. Luke* (London: Faber and Faber, 1961)이었다.

120) C. F. D. Moule, 'The Intention of the Evangelists' (1959), *The Phenomenon of the New Testament* (London: SCM, 1967) 100–114.

121) E. E. Lemcio, *The Past of Jesus in the Gospels* (SNTSMS 68; Cambridge: Cambridge University, 1991); 특히 8–18, 109–14을 보라. 나는 레미코의 주장을 내 관점에서 재진술하고 있다. 위의 제6장 각주 108에서 인용된 쉬어만(Schürmann)을 참조하라.

을 위치시키고자' 하였다.[122] 하지만 다시 말하거니와, 모울의 관심사는 주로 그리스도교 문헌의 시초를 설명하는 것이었을 뿐, 비록 그의 일부 관찰이 우리의 탐구에 전적으로 연관되지만, 구어 전통의 성격과 과정을 추적하는 데까지는 미치지 못한다.[123]

d. 쾨스터

불트만을 넘어서 두 번째로 중요한 발전은 불트만의 마지막 박사 과정 제자가 이루었다. 자신의 학문적 여정 초장부터 쾨스터(Helmut Koester)는 예수 전통이 구전적 흐름('자유 전통') 가운데 존재하여 2세기까지 지속된 사실을 강조했다.[124] 그리고 그 통찰은 일관되게 유지되어 그 전통이 순전히 문학적이고 단선적으로 전개되었다는 가정을 거듭 경계하면서 현재까지 그의 연이은 저작 가운데 나타난다.[125] 하지만 줄곧 쾨스터의 목소리는 이 점에서 모울의 경우처럼 거의 주목을 받지 못했는데, 이는 이 분야의 손실이다. 이는 아마도 부분적으로 그 자신이 그 통찰에 걸맞은 최고의 관심을 기울이지 못한 탓이다.[126] 더구나 그는 구어 전승 모델을 개발하지 못했고, 다른 (후대) 복음서들이 그 전통의 초기 양식들을 내포한다는 그의 논지를 뒷받침하는 정도를 넘어 구어적 전통화 과정의 역동성을 거의 주목하지 않았다.[127]

---

122) Moule, *Birth* 3.
123) 특히 파피아스가 "'필요에 따라'(즉, 상황이 요청하면 필요가 생겼다)' 예수의 가르침을 베드로가 거듭 이야기한 것으로 생각했다(Eusebius, *HE* 3.39.15)는 그의 인식을 보라(*Birth* 108, 120-21); '(예배에서) 좀더 유동적인 형식의 상호 교환, 이를테면 잠깐의 기도와 찬송이 목회적 권면의 순서에 개입하고 또 배제되는 것'(270) 등에 대한 그의 관찰은 또한 민담학자들이 지적하는 구연(口演)의 유동성에 대한 인식과 합치된다(아래의 §8.3f).
124) H. Koester, *Synoptische Überlieferung bei den apostolischen Vätern* (Berlin: Akademie-Verlag, 1957).
125) 예컨대, K. Koester, 'Written Gospels or Oral Traditions?', *JBL* 113 (1994) 293-97.
126) 한 가지 암시적인 점은 그의 기념 논총(Pearson, ed., *Future of Christianity*)에 기고한 그 누구도 그의 학문적 작업 가운데 이 중요한 측면에 많이 주목하지 못한 사실이다.
127) 위의 §§7.6, 8을 보라. 같은 비판이 더 강하게 펑크의 *Five Gospels*에 가해질 수 있다. 그 책이 가정된 그 과정의 최종 작품에 너무 많은 초점을 맞추었기 때문이다. 반면 특정한 어록들을 빨간색, 분홍색, 회색, 검은색으로 표기하는 가운데, 예수세미나 팀은 또한 그 과정의 역동성에 너무 적은 관심과 공감을 보여주었다.

e. 게르하르트손

특별히 주목받을 만한 불트만에 대한 세 번째 응답은 훨씬 더 많은 관심을 끌었다. 불트만이 팔레스타인에서 전통의 전승과 관련한 가장 명백한 선례를 무시한 것을 리젠펠트(Harald Riesenfeld)와 그의 제자 게르하르트손(Birger Gerhardsson)이 항거했던 것이다.

리젠펠트는 랍비 전통의 전승에 사용된 전문 용어들이 같은 목적으로 신약성서에 사용된 그리스 용어들(*paralambanein*과 *paradidonai*)에 담겨 있음을 주목하여 초기 그리스도교의 전통화 과정은 랍비 문헌의 경우처럼 '거룩한 말씀으로 기억되고 낭송된' 예수의 말씀과 행적이 '경직되게 통제된 전승'이었다고 추론했다. 공동체를 형성한 전통이라는 생각은 너무 부정확했다. 우리는 오히려 전통이 예수에게서 직접 파생되었고 '훨씬 더 경직되고 고정된 형식 가운데' 권위를 부여받은 교사들이 전승해나갔다고 생각해야 한다.[128]

게르하르트손은 팔레스타인 예수 전통의 가장 근접한 평행구로 랍비 전통을 밀도 있게 연구하여 리젠펠트의 핵심 주장을 발전시켰고 그 주요 주장을 강화했다.[129] 양식비평가들과 달리 게르하르트손은 구어 전승의 실제 기술을 탐구할 필요를 인식했다. 그는 그 주제어가 '암기',[130] 즉 계속적인 반복을 통한 암기라고 확신했다. 이는 그때나 그 이후나(사실 서구에서는 비교적 최근까지) 모든 교육의 기본적인 기술이다.[131] 랍비 유대교에서 학생

---

128) H. Riesenfeld, 'The Gospel Tradition and Its Beginning' (1957), *The Gospel Tradition* (Philadelphia: Fortress, 1970) 1-29 (여기서는 16, 26, 24).

129) B. Gerhardsson, *Memory and Manuscript: Oral Tradition and Written Transmission in Rabbinic Judaism and Early Christianity* (Lund: Gleerup, 1961). 이 책은 추가로 출판된 다음의 연쇄 저작 속에 더 다듬어짐: *Tradition and Transmission in Early Christianity* (Lund: Gleerup, 1964); *The Origins of the Gospel Traditions* (Philadelphia: Fortress, 1979); *The Gospel Tradition* (Lund: Gleerup, 1986); 마지막 두 권은 *The Reliability of the Gospel Tradition* (Peabody: Hendrickson, 2001)으로 중쇄됨; 또한 'Illuminating the Kingdom: Narrative Meshalim in the Synoptic Gospels', in Wansbrough, ed., *Jesus* 266-309.

130) 가령, '일반적인 태도는 단어와 지식의 항목들이 암기되어야 한다는 것이었다. 우리는 우리가 기억 속에 간직하는 것만큼 알 뿐이다'(*Memory* 124).

131) '키케로의 다음 어록은 랍비 유대교에도 온전히 적용되었다. 반복은 공부의 어머니다. 지식은 반복으로 습득되고 반복으로 전달되며, 반복으로 활성화된다. 랍비의 일생은 지속적인 반복의 삶

은 자기 나름의 연이은 논평(또는 주석)을 위한 기초로서 '그 선생의 정확한 말을 유지할' 의무가 있었다.[132] 우선적으로 누가와 바울이 증언한 대로 초기 그리스도교에서 '주의 말씀'의 중요성에 기초하여 게르하르트손은 예수가 '제자들로 하여금 어떤 어록을 외워 배우도록 했다고 추론하기에 이르렀다. 예수가 가르쳤으면, 그가 자기 제자들이 반드시 그 가르침을 암기하도록 요청했으리라는 것이다.' 그리하여 '그의 어록들은 랍비의 제자들이 그들 스승의 말씀에 부여한 것보다 훨씬 더 큰 권위와 고결함을 부여받았으리라는 것이다.' 결과적으로 복음서 저자들이 자신의 복음서를 편집했을 때 그들은 '예수로부터 유래한, 예수에 대한 고정된 별개의 전통이란 기초 위에서' 작업할 수 있었다.[133]

불행하게도 이러한 공헌들은 대체로 랍비 문헌의 선례에 호소한 점이 시대적으로 맞아떨어지지 않는 것으로 (부당하게) 간주되었기 때문에 폭넓게 누락되었다.[134] 요점으로 돌아가서, 랍비 전통과 달리 복음서 전통은 예수의 가르침을 반복해서 기술하지 않는다.[135] 현재 목적에 부응하는 더 중요한 요지인즉, 리젠펠트와 게르하르트손의 주장이 복음서 저자가 각기 사용한 같은 전통 사이의 명백한 불일치를 쉽사리 설명할 수 있는 훨씬 더 견고하고 고착된 전통을 떠올려준다는 점이다.[136] 물론 최소한 예수의 가르침 기술과 제자들의 기억함 가운데 암송의 요소가 반드시 있었다. 예수의 가르침에 특징적인 아포리즘들은 바로 그런 암송에 적합한 것이다. 그러나 예수가 암기의 과정으로 유지된 일련의 가르침을 승인할 의도가 있

이다'(*Memory* 168).

132) Gerhardsson, *Memory* 130-136 (여기서는 133); 또한 chs. 9-10 참조.

133) Gerhardsson, *Memory* 328, 332, 335; 유사하게 *Origins* 19-20, 72-73; *Gospel* 39-42. 리스너 (Riesner)는 또한 예수의 가르침 가운데 가슴으로 배우는 것(*Auswendiglernen*)의 역할을 강조한다(*Jesus* 365-67, 440-53; 또한 'Jesus', in Wansbrough, ed., *Jesus* 203-204). D. L. Balch, 'The Canon: Adaptable and Stable, Oral and Written. Critical Questions for Kelber and Riesner', *Forum* 7.3/4 (1991) 183-205는 리스너가 '위대한 철인들의 가르침 전통을 전승하는 것'과 무관한 '인쇄물 중심의 정신 구조'를 생각하고 있다고 비판한다(196-99).

134) 뉴스너(J. Neusner)가 *Memory and Tradition (Reliability of the Gospel Tradition)*의 최근 중쇄에 붙인 서문에서 그의 이전 서평에 대하여 사과한 것을 참조하라.

135) Kelber, *Oral* 14. 또한 아래 언급될 헹엘의 비판을 주목하라(제14장 각주 64).

136) Schröter, *Erinnerung* 29-30. 게르하르트손은 물론 그의 *Gospel*에서 25년 후의 틈을 채우는 쪽으로 상당히 먼 길을 갔지만, 그의 *Memory*에서는 공관복음 전통 자체를 조사하지 않았다.

었는지 여부는 여전히 의문으로 남아 있다. 그리고 앞서 정리해놓은 증거를 허용할 때조차(특히 §8.1b와 d), 예수 전통의 전승과 관련하여 떠오르는 과정은 너무 통제되고 형식적이어서 우리에게 전해 내려온 그대로 그 전통 속의 **불일치들**을 설명할 수 없을 지경이다.[137] 예수에서 공관복음까지의 전통사를 푸는 열쇠를 구전 과정에서 찾을 수 있는 가능성은 한 번 더 학문적 파악의 추격을 피해갔다.[138]

f. 켈버

고전학자, 민담학자, 사회인류학자 등에 의한 일련의 연구가 조명한 구어 전통의 독특한 성격을 처음으로 진지하게 받아들인 신약성서 학자로서 켈버(Werner Kelber)의 공로를 인정해야 마땅하다.[139] 켈버가 거론한 그 특징들로는 '신속한 구어적 재현을 위해 형성된 기억술의 패턴' '반복이나 반제, 자음두운법과 모음압운법, 별칭수식어구나 상투적인 표현법, 주제 설정…잠언 등에 엿보이는 매우 리듬감 있는 균형 잡힌 패턴'을 포함한다. 구연(口演)에 전형적인 것은 어쨌든 인지 가능한 같은 이야기의 판본들을 여러 장소들에서, 그리고 고착되었거나 유동적인 상투화된 요소들 가운데 단어 대 단어로 반복하며 변용하는 것이었다.[140] 켈버는 예수 전통에서 이

---

137) 게르하르트손은 '사도 집단(the college of Apostles)이 고정시킨 로고스'를 고전 15.3ff의 전통과 관련하여 말할 수 있었다(*Memory* 297). 그의 후대 저작이 보여주듯이, 게르하르트손은 같은 공관 자료 속 이야기들 사이의 차이들을 상기할 필요가 거의 없었다. 그러나 '암기'의 모델이 그러한 차이들로 인하여 이야기에 잘 부합하지 않는다는 핵심 요지는 여전하다.

138) 게르하르트손의 제자 뷔르스콕(Byrskog)은 본래 사건과 복음서 이야기 사이의 틈을 메우기 위해 상이한 모델—구전 역사의 모델—을 발전시켰다(*Story as History*, 특히 46). 그러나 그 모델은 본래 사건과 그것의 교환을 기억할 수 있었던(눅 1.1-4 참조) 베드로, 십자가와 무덤가의 여인들, 예수의 가족 같은 이들을 찾아내고 그들에게 탐문하면서(65-91) (누가 같은) 후기 역사가들을 가정한다. 뷔르스콕에게는 사실상 중계 과정으로서 구어 전승이란 실체적 개념과 그 역할이 없었다.

139) 'Oral Traditional Literature and the Gospels'에 대한 세미나를 통해 기고된 그의 초기 연구는 대체로 주목받지 못한 채 지나갔는데, 그 이유는 주로 그것이 *The Relationships among the Gospels* (ed. W. O. Walker; San Antonio: Trinity University, 1978) 31-122에 대한 전체 콜로키움의 주제에 맞추어 기능을 수행했기 때문이라고 나는 생각한다. 켁(L. E. Keck)은 초기 저작을 리뷰하여 그 세미나의 논의를 요약한다('Oral Traditional Literature and the Gospels: The Seminar', *Relationships* 103-22). 이와 대조적으로, 켈버의 책은 L. H. Silberman, ed., *Orality, Aurality and Biblical Narrative*, *Semeia* 39 (Atlanta: Scholars, 1987)과 J. Dewey, ed., *Orality and Textuality in Early Christian Literature*, *Semeia* 65 (Atlanta: Scholars, 1995)에서 활발한 토론을 촉발했다.

140) W. J. Ong, *Orality and Literacy: The Technologizing of the Word* (1982; London: Routledge, 1988) 33-

미 관찰된 유사한 특징들에 관심을 기울였다. '자음두운법, 유사음어를 통한 말의 재치, 등치된 동격어, 격언과 금언식의 어법, 대조와 반제, 유사어, 반제어, 종합어, 동어반복적 병렬구 등이 풍성한 예수의 어록은 매우 유형화된 예의 언술 양식을 가지고 비범한 정도로 신앙을 지켜왔고', 기적 이야기는 '문자적이지는 않지만 습관적인 암기와 진배없는 양식으로 배역이 정해졌다는 것' 등등.[141] 구어 전승에 대한 서술에서 그는 이전 연구에 진 학문적 채무를 충분히 인정한다. '구어적 사고는 처음부터 형식적 패턴 가운데 내재한다.' '상용어구의 안정성'과 '작문적 변용성'은 함께 움직인다. 이는 '고정됨과 자유로움 사이의 이 중간 상태다.'[142] 구어 전승은 '필수적인 정보에 대한 "강제적이며 보수적인 보존의 충동'을 나타내는데, 반면 그러한 전승은 '사회적 승인으로 충족되지 않는 특징들을 포기하려는 성향 가운데 부주의함으로 경도되기도 한다.'[143] '변용성과 안정성, 보수주의와 창의성, 덧없는 소멸과 예측불가능성 등등, 이 모든 것은 구어 전승의 유형'을 두드러지게 한다. 이는 '"동일한 것 내의 변용"을 위한 구어적 원리'다.[144]

하지만 켈버의 책에서 주된 예봉은 구어와 문서, 구연과 문어적 전승 사이의 구분을 확립하는 것인데, 그는 이를 위해 특히 월터 옹(Walter Ong)에게 물꼬를 댄다.[145] 그 구분은 중요한데, 왜냐하면 그러한 구분이, 문헌을

36, 57-68. A. B. Lord의 저작 *The Singer of Tales* (Cambridge: Harvard University, 1978)는 근간을 이룬 성과였다(여기서는 특히 ch. 5). 또한 R. Finnegan, *Oral Poetry: Its Nature, Significance and Social Context* (Cambridge: Cambridge University, 1977) ch. 3, 특히 73-87을 주목하라; 또한 90-109. 또한 A. B. Lord, 'The Gospels as Oral Traditional Literature', in Walker, *Relationships* 33-91 (여기서는 37-38, 63-64, 87-89); D. E. Aune, 'Prolegomena to the Study of Oral Tradition in Hellenistic World', in Wansbrough, ed., *Jesus* 59-106 (참고 문헌과 함께)의 개관을 보라.

141) Kelber, *Oral* 27; 또한 50-51을 보라. 물론 게르하르트손도 랍비의 구어 전승에서 유사한 특징들을 주목한다(*Memory* 148-56, 163-68).

142) Kelber, *Oral* 27-28, 마지막 문구는 B. Peabody, *The Winged Word: A Study in the Technique of Ancient Greek Oral Composition as Seen Principally through Hesiod's Works and Days* (Albany: State of University of New York, 1975) 96에서 인용.

143) Kelber, *Oral* 29-30, Lord, *Singer of Tales* 120을 인용하면서. 로드는 또한 구어에서 문학적 작문으로의 변화를 '구어 전통의 목적인 본질적인 이야기의 안정성에서…텍스트, 곧 이야기를 구성하는 정확한 말들의 안정성으로의 변화'로 특징짓는다(*Singer* 138).

144) Kelber, *Oral* 33, 54; E. A. Havelock, *Preface to Plato* (Cambridge: Harvard University, 1963) 92-147, 184을 군데군데 인용함.

145) W. H. Kelber, 'Jesus and Tradition: Words in Time, Words in Space', in Dewey, ed., *Orality and Textuality* 139-67을 보라. T. M. Derico, *Orality and the Synoptic Gospels: An Evaluation of the Oral-Formulaic Theory as Method for Synoptic Tradition Criticism* (Cincinnati Bible Seminary MA, 2000)은 켈버에 대한 광범위한 비판을 제공한다(ch. 4).

다뤄온 근대 학자들이 전통의 구전에 대한 그들의 역사적 상상을 장기간 문자적 교양의 정신세계와 거기에 근거한 가정들에서 도려내기 위한 의식적인 노력을 하도록 요청하기 때문이다.[146] 마찬가지로 중요한 것은 문서와 대조적으로 구어적 의사소통의 즉각성인데, 이처럼 말하는 자와 듣는 자가 직접적이고 개인적으로 개입하는 식의 방식은 문자 세계에서 불가능하다. 켈버는 이러한 방식을 일컬어 '구어적 종합'이라고 부른다.[147] 이는 부분적으로 예수가 제자들에게 가한 그 '강렬한 영향'을 말할 때(§§6.5d-f) 내가 염두에 두고 있는 것이다. 그 대조는 지나치게 남용될 수 있다. 가령, 고대 세계에서 문서들은 **들리기 위해**, 즉 읽기보다 읽히고 들리기 위해 기록되었다는 인식이 이 계통의 모든 학문 분야에서는 당연한 이야기다.[148] 최근의 바울서신 연구에서 편지가 사람의 부재 상황에서 꽤 효과적인 대체 수단일 수 있다는 사실이 중요해졌다. 아울러, 문서화된 텍스트 판본과의 만남이 본래의 연설을 듣는 것만큼 창의적일 수 있다는 지적도 마찬가지다.[149] 실제로 독자반응비평에서 지적하는 대로 텍스트 읽기는 그 텍스트를 참신하게 연주하는 것과 같다.[150] 그렇다고 해도, 베토벤의 교향곡 9번이나 베르디의 레퀴엠 같은 음악 명작의 연주를 처음으로 경험한 자에게, 감동적인 생음악이 연주되는 공간에서 듣는 것과 집에서 나중에 녹음한 것을 틀어서 듣는 것(단순히 그 악보를 읽는 것은 말할 것도 없고) 사이의 차이

---

146) 옹은 다음과 같이 지적하면서 시작한다. '이와 같은 책들의 독자로서 우리는 문자로 쓰고 읽는 것에 너무 익숙하여 **문자적 세계의 변용으로서가 아니라면** 의사소통이나 사상의 구어적 세계를 생각하기가 매우 어렵다'(*Orality* 2, 강조는 내가 한 것). 앞서 주목한 대로, 그 실수는 복음서의 자료비평과 양식비평에서 공통으로 탐지된다.

147) Kelber, *Oral* 19, W. J. Ong, *The Presence of the Word: Some Prolegomena for Cultural and Religious History* (New Haven: Yale University, 1967; paperback Minneapolis: University of Minnesota, 1981) 111-38을 참조하면서.

148) P. J. Achtemeier, 'Omne verbum sonat: The New Testament and the Oral Environment of Late Western Antiquity', *JBL* 109 (1990) 3-27을 보라. 또한 Downing, 'Word-processing in the Ancient World' 75-89 (보충된 참고 문헌과 함께); Horsley and Draper, *Whoever* 132-34, 144-45, 이는 R. Thomas, *Literacy and Orality in Ancient Greece* (Cambridge: Cambridge University, 1992)에 의존함; Byrskog, *Story as History* 139-44.

149) 여기서 영향력 있는 연구는 R. W. Funk, 'The Apostolic Parousia: Form and Significance', in W. R. Farmer, et al., eds., *Christian History and Interpretation*, J. Knox FS (Cambridge: Cambridge University, 1967) 249-68.

150) 이런 생각은 가령 N. Lash, 'Performing the Scripture' in *Theology on the Way to Emmaus* (London: SCM, 1986), 37-46과 Frances Young, *The Art of Performance: Towards a Theology of Holy Scripture* (London: Darton, Longman and Todd, 1990) 등이 많이 활용한 바 있다.

는 의심할 여지가 없다.[151]

켈버가 보여준 다른 중요한 통찰들이 또 있다. 그는 로드(Lord)가 보여준 핵심적 통찰을 취하여[152] '최초의 양식'이라는 이상형을 경고한다. '각각의 구연은 환원시킬 수 없는 유일한 창조행위이다.' 만일 예수가 무엇인가를 한 번 이상 말했다면 '최초의 원본'이라는 것은 없다.[153] 이는 맞는 말이다. 비록 예수 자신이 반복하여 전한 가르침을 듣고 그 가르침을 간직한 이들에게 예수가 남긴 충격은 그들이 다른 자들에게 재차 가르침으로써 남긴 영향과 구분되어야 하겠지만 말이다. 켈버 역시 예수의 말씀을 구어로 반복하여 이야기하는 행위가 예수의 생애 기간 내에 이미 시작했을 것이라고 올바로 지적한다. 부활 이후 시점에야 전통이 전승되기 시작했다는 불트만식의 논지는 매우 의심스럽다.[154] 더구나 켈버의 저작에서 매우 주목할 만한 것은, **서사들**이―즉 예수에 대하여 다시 반복된 이야기들이―학자들의 관심이 거의 전폭적으로 예수의 어록에 초점이 맞추어짐에 따라 강제된 주변화의 상황을 떨치고 다시 현저하게 등장한 점이다.[155] 켈버의 발전된 논지를 고려할 때, 사소하게 볼 수 없는 것은, (복음서에서 그의 주된 초점이 되는) 마가복음이 많은 구전성의 지표들을 보유하고 있다는 그의 인식이다. 예를 들면, 거기에 나오는 '행동주의 통사법'과 일상회화용 그리스어, 화자가 즐겨 사용하는 '셋'이란 숫자, 그리고 많은 군더더기 말과 반복 등이 있다. '마가는 눈보다는 귀에 기능적으로 남게 하기 위해 구전 이야기를 다

---

151) '독자는 책을 쓰는 데 부재하고 저자는 그 책을 읽는 데 부재한다'(P. Ricoeur, *Interpretation Theory: Discourse and the Surplus of Meaning* [Fort Worth: Texas Christian University, 1976] 35 in Kelber, *Oral* 92).

152) Lord, *Singer*: '어떤 의미에서 각각의 구연은 "단 하나"(the)가 아니라면 "하나의"(an) 최초이다.'

153) Kelber, *Oral* 29; 또한 59, 62; 또한 'Jesus and Tradition' 148-51. 그렇지만 그의 주장은 너무 '구어적 미학'에 연원을 둔 일반화에 의존하고 있어서 1세기 팔레스타인의 특수성과 충분히 긴밀하게 연관되지 못한다(J. M. Foley, 'Words in Tradition, Words in Text: A Response', in Dewey ed., *Orality and Textuality* 169-80 [여기서는 170-72]). 피니건(Finnegan)은 또한 로드에게 토를 단다: '정확한 텍스트란 없다. 한 판본이 다른 것보다 더 "진정성 있다"는 생각은 없다; 각각의 구연은 유일무이하고 그 나름의 타당성을 지닌 독창적인 창조작품이다'(*Oral Poetry* 65). 그녀는 로드가 이 점을 가장 설득력 있게 깨닫게 해준 공로가 있다고 본다(79). 그러나 비판의 일환으로 그녀는 암기 역시 일정한 몫의 역할을 담당한다고 지적한다(79, 86).

154) Kelber, *Oral* 20-21, 부활 이후의 시점이 남긴 영향의 흔적을 보여주지 않는 하나님 나라, 회개, 심판, 원수 사랑, 종말의 준비 등등에 대한 어록들을 쉬어만(Schürmann)이 논증한 것을 인용하면서('Die vorösterlichen Anfänge der Logientradition'); 다시 위의 제6장 각주 108을 보라.

155) Kelber, *Oral* ch. 2.

루고 있는지 모른다.'[156] 마가복음은 **동결된** 구전성일는지 모르지만[157] 그
래도 그것은 동결된 **구전성**이다.[158]

안타깝게도 켈버는 구어에서 문서로의 주요 전이를 특징으로 하는 마
가복음에 대한 그의 논지를 너무 심하게 밀어붙여서, 그 전반적인 가치를
심각하게 추락시킨다. 그의 논지 전개에서 첫 번째 단계는 문서화된 복음
서가 '구어적 종합'을 붕괴시킨다는 것이다. 그것은 '구전성 자체보다는 해
체된 구전성의 잔해에서 생겨난다.' 이는 '구어적 기제로부터의 소외'를 가
리킨다. 그것은 '텍스트성의 생명을 출발시킬 목적으로 살아 있는 말들의
죽음을 완성하는' 셈이다.[159] 그 전이는 너무 극적으로 제시된다. 구어 문화
가 지배적인 곳에서 어떤 전통의 구어적 설명들은 필사된 이후에도 지속되
며 기록된 이야기가 대개 구어적 매개 가운데 존립한다는 것은 널리 알려진
사실이다.[160] 동시에 불트만이 상상한 그대로 오직 기록된 텍스트와 함께
비로소 우리는 편집 과정을 말할 수 있게 된다. 그것에 앞서 반복된 구연 속
에 작용하는 그 동력은 다른데, 게르하르트손의 '암기'보다는 '주제와 변용'
의 순서로 나타난다.[161] 이런 까닭에 기록된 텍스트의 기원을 생각할 때 적

---

156) Kelber, *Oral* 65–68. 또한 Theissen, *Miracle Stories* 189–95.
157) Kelber, *Oral* 91, 94.
158) 마가 서사의 구어적 성격은 T. P. Haverly, *Oral Traditional Literature and the Composition of Mark's Gospel* (Edinburgh PhD, 1983)과 특히 J. Dewey, 'Oral Methods of Structuring Narrative in Mark', *Interpretation* 43 (1989) 32–44이 강하게 강조해왔다. 또한 'The Gospel of Mark as an Oral–Aural Event: Implications for Interpretation', in E. S. Malbon and E. V. McKnight, eds., *The New Literary Criticism and the New Testament* (JNSTS 109; Sheffield: Sheffield Academic, 1994) 145–63. 또한 Lord, 'The Gospels as Oral Traditional Literature' (Walker, *Relationships* 58–84 [특히 79–80, 82], 90–91)에서 제시한 이전의 평가를 주목하라. *Jesus and the Oral Gospel Tradition* (ed. H. Wansbrough)에 대한 심포지움의 결론은 양쪽으로 갈라질 수 있다. '우리는 구전과 문서 전승을 딱 부러지게 구분하는 표시를 추출하거나 고안해낼 수 없었다'(12). 슈트레커(Strecker)는 구어에서 문서로 전통이 전승되는 과정에서 연속성을 올바르게 강조한다('Schriftlichkeit' 164–65). Schröter, *Erinnerung* 55, 60을 참조하라.
159) Kelber, *Oral* 91–96, 130–31, 184–85 (인용은 각각 95, 98, 131에서). G. N. Stanton, 'Form Criticism Revisited', in M. Hooker and C. Hickling, eds., *What about the New Testament?*, C. Evans FS (London: SCM, 1975) 13–27의 보다 균형 잡힌 판단과 비교, 대조해보라: '예수에 대한 구어 전통의 죽음을 초래한 것은 마가복음의 저술이 아니라 후대에 마가를 고정되고 권위적인 텍스트로 서서히 수용한 것이었다는 것을 의심할 이유는 없다'(20). 켈버는 연이어 구어 전통 대 복음서 텍스트 식으로 싸움을 붙이는 '대분할 논지'라는 것과 관련하여 점점 더 의심하는 모습을 보인다 ('Modalities of Communication, Cognition and Physiology of Perception: Orality, Rhetoric, Scribality', *Semeia* 65 [1995] 194–215 [여기서는 195]).
160) 예컨대, Ø. Andersen, 'Oral Tradition', in Wanbrough, ed., *Jesus* 17–58 (여기서는 43–53)을 보라.
161) 로드가 관찰한 대로 전통을 기록하는 데 생기는 좀 더 심각한 위험은 '가수가 그것들[기록된 이야기들]이 그 노래가 제시되는 유일한 방식이라고 믿을 때'이다(*Singer* 79).

절한 '자료들' 이야기가 구어 전통에는 부적절할 수 있다. 또한 같은 이유로 '구전' 이야기도 그러한 논의를 그르칠 수 있다. 구전 이야기가 전통을 기념하기보다 일단 전승(전이)시키기 위하여 의도된 것으로 구연을 떠올릴 때 특히 그렇다.[162]

어쨌든 켈버는 계속 자신의 논지를 밀어붙여 마가가 전통을 텍스트화함으로써 구전 과정을 고발하고 권위에 다다른다고 주장한다. 즉 그 전이가 '구어적 규범으로부터의 해방'이자 '구어적 현존의 형이상학'에 대한 반대였다는 것이다. 그리하여 마가는 첫 제자들, 예수의 가족, 지속적인 예언적 활동을 깎아내려야 할 구어적 권위들로 논박한다. 첫 제자들은 '부활한 주의 사도적 대표들로서 효과적으로 제거된다.'[163] 켈버는 바울을 구전성의 사도로 불러들여 그를 기록된 텍스트로서 마가복음과 대립시킨다. 이와 함께 고전적 복음/율법의 반제가 다시 구어 복음과 기록된 율법, 영과 (기록된) 문자 사이의 반제로, 또 '율법 아래'라는 문구는 '텍스트성 아래'라는 의미로 재구성된다.[164] 이 모든 것에서 다른 그리스도론은 위태롭게 된다. 문학적 현상으로서 수난 서사는 구어적 그리스도론과의 거리 두기를 암시한다. '근본적으로 구어적 성향'을 지니고 예언적 발언을 포함하는 Q가 예수의 살아 있는 목소리를 유지하는 반면, 마가는 '살아 있는 주의 목소리를 침묵시키는 대가로 지상의 예수를 격상시킨다.' 이는 '모든 어록들을 후자에게 귀속시키고 전자의 목소리를 침묵시킴으로써' 가능해진다.[165]

여기에 너무 빨리 시들어버린 논지가 있다. 바울을 Q와 한 덩어리로 묶어 구전성의 사도로 발견한 것은 신선한 변화이다. 그러나 정작 바울 자신은 그러한 주장의 예봉 앞에 당혹스러워할 것이 거의 확실하다. 자신의 서

---

162) 이러한 이유로 나는 종종 어색하지만 동사형 명사 형태로 '전통화하기'(traditioning)라는 말을 사용한다. 이로써 '전승' 자체는 오로지 일부로 포함되는 그 과정을 가리킨다.

163) Kelber, *Oral* 96–105, 129 (인용문은 98, 99–100, 129).

164) Kelber, *Oral* 141–51, 151–68.

165) Kelber, *Oral* 185–99, 199–207 (인용문은 201, 207). 재출판된 자신의 *Oral* (Indiana University, 1996) '서론'에서 켈버는 어떤 점은 그의 비판자들에게 양보한다: 그는 '구전성 대 텍스트성의 양극성'을 강요했다(xxi). 그는 '구술을 통한 작문'과 '문화적 기억', 본질적으로 구어 과정인 그것들을 좀더 잘 인지하게 되었다(xxii–xxiii). 그러나 그는 여전히 '제자들이 구어 전통의 표준 담지자들로부터 소원해졌다는 마가의 논쟁적 입장'을 고수한다(xxv).

신에서(예, 갈 3.1) 자신이 한 설교를 생생하게 회고하는 자로서, 그리고 그 첫 증인들의 케리그마를 설교하고(고전 15.1-11) 십자가에 달린 그리스도에 대한 자기 설교의 효력을 위해 성령의 영감에 의지한(고전 2.4-5) 자로서, 바울은 분명히 그러한 구분들을 인정하지 않았을 것이다.[166] 켈버는 자신이 이전에 인정했던 구어와 첫 저술(처음엔 기록된 구어성으로서)의 연속성을 잊어버릴 뿐 아니라 앞서 진술한 논점, 즉 높은 문맹의 시대에 문서들은 **들리기** 위해 기록되었고 읽기는 연주에 비견될 수 있다는 점을 무시한다. 마가복음과 대조적으로 'Q가 함께 자리한 청중에게 직접적인 연설을 유발한다'고 주장하지만,[167] 그는 Q가 대개 **기록된** 자료로 간주된다는 사실(위의 §7.4)을 무시한다. 그는 또한 전통의 생동하는 성격, 가령 주의 만찬과 관련한 예수의 말씀을 바울이 회상하는 대목(고전 11.23-26)처럼 특히 예전에서 구어와 문서 전통 모두 고대의 가르침과 사건의 재현(다시 현존하게 하는)을 유발할 수 있다는 점[168]을 망각한다. 애석하게도 예수 전통의 경우에서 구어적 전통화 과정의 독특한 성격에 대한 인식의 잠재적 중요성은 또 다른 의제로 한 번 더 전복되었고 이내 망실되었다.

g. 호슬리와 드레이퍼

켈버가 구전 서사에 대한 이전의 저작을 풍성하게 활용했듯이, 호슬리(R. A. Horsley)와 드레이퍼(J. Draper)는 같은 분야에서 폴리(J. M. Foley)의 잇따른 저작에서 유익한 도움을 받았다.[169] 폴리는 자신이 '전통적 지시 가능성'

---

166) F. Vouga, 'Mündliche Tradition, soziale Kontrolle und Literatur als theologischer Protest', in G. Sellin and F. Vouga, eds., *Logos und Buchstabe: Mündlichkeit und Schriftlichkeit im Judentum und Christentum der Antike* (Tübingen: Francke, 1997) 195-209 (여기서는 205-206, 추가로 205-208)을 참조하라.
167) Kelber, *Oral* 201.
168) 신 6.20-25: '우리가…바로의 종이 되었더니…여호와께서 애굽에서 우리를 인도하여 내셨나니….'
169) J. M. Foley, *Immanent Art: From Structure to Meaning in Traditional Oral Epic* (Bloomington: Indiana University, 1991); 또한 *Singers of Tales in Performance* (Bloomington: Indiana University, 1995).

(traditional referentiality)이라 부른 것을 채우기 위해 동시대 문학비평의 수용주의 이론, 특히 이저(Iser)와 야우스(H. R. Jauss)의 이론들을 끌어옴으로써 어떻게 구연이 기능하는지(그리고 기능했는지) 그 논의를 진척시켰다. 그 핵심 요지는 텍스트가 적절한 '기대 지평' 내에서 들려져야 한다는 것이다(Jauss). 그리고 어떤 텍스트도 텍스트, 저자, 전통에 대한 듣는 이의 선행하는 이해를 통해서만 연계될 수 있는 '비결정성의 틈'(Iser)을 가지고 있다는 것이다. 다시 말하면, '전통적 지시 가능성'은 '텍스트나 작품 그 자체보다 훨씬 더 크고 많은 반향으로서 하나의 컨텍스트'를 불러온다는 것이다. '전통적 어법과 서사 유형들은 시인이 전통이란 저수지의 물꼬를 트기 위해 계속적으로 의미를 전달하는 방식을 제공한다.' 그 점을 더 정교하게 심화시키기 위해, 폴리는 '환유'라는 용어를 사용하고, 또 '부분이 전체를 대표하는 의미화의 양식'을 명명하기 위해 '환유적 지시'라는 개념을 사용한다. 그 안에서 텍스트는 '텍스트의 구조물을 위축시키는 침묵 속의 컨텍스트로 인해 풍요로워진다.'[170] 그는 이렇게 '전통의 통합적인 역할'을 말할 수 있었고, 텍스트의 전통적 지시 가능성으로 인해 구연의 다양성 내에서도 일관성을 부여할 수 있었다. 구어 전통의 텍스트는 그 안에 기호화된 부호들에 충실하게 응답하고, 비결정성의 틈을 메우며, 이로써 암시된 일관성을 '세우는' 배경과 함께 모종의 청중을 암시한다.[171] 간단히 말해 구연은 권능을 부여하는 사건이고 전통은 권능을 부여하는 지시 대상이라는 것이다.[172]

호슬리는 폴리의 논지를 Q에 적용한다. Q는 많은 구전 텍스트 가운데 하나의 구연을 나타낸 사본으로 봐야 한다는 것이다. 이를테면, 그것은 '초

---

170) Foley, *Immanent Art* chs 1 and 2 (특히 6-13, 42-45; 인용문은 7, 40-41에서 가져옴). 이 주장은 *Singer of Tales in Performance* chs. 1-3에서 발전된다.
171) Foley, *Immanent Art* 44, 47-48. 그는 한술 더 떠, 구어 전통의 텍스트를 읽는 '독자'의 책임이 '가능한 최선을 다해 그 텍스트가 암시하는 청중이 되고자 하는 것…'이라고 주장할 정도다(54-55).
172) *Singer of Tales in Performance* 28의 핵심 논지. 또한 Vansina, *Oral Traidtion as History*, on 'Performance': '그 구연이 청중에게 성공하려면 그 이야기는 대중에게 잘 알려져야 하고 그 이야기를 즐기기 위해서는 이야기되는 것을 수고스럽게 좇아가려는 일에 너무 사로잡히지 말아야 한다. 그들은 이미 그 이야기를 알고 있어야 다양한 에피소드들의 연출을 즐길 수 있고 새롭게 기획된 부분들을 감상할 수 있으며, 아직 나오지 않은 장면의 전율을 예상할 수 있다. 그래서 모든 구연은 새로운 것이지만 동시에 무언가 낡은 것, 바로 그 이야기 자체를 전제한다.

기 예수 운동에서 어김없이 구연된 가극 대본'이라는 주장이다. 아울러, 그 수용의 환유적 맥락은 ('유대'와는 구분되는) 이스라엘의 문화 전통이었으리라는 것이다.[173] 마찬가지로 드레이퍼도 환유적 지시라는 아이디어를 취하여 그것이 문화적으로 결정되리라는 점과 단 한 개의 단어나 문구가 종종 전체 문화의 양상과 사람들의 전통을 망원경처럼 멀리서 확대시키는 형태로 요약하리라는 점을 주목한다. 나아가 그는 하나의 사례로 Q 12.49-59을 해독하면서 그것의 환유적 지시 대상은 묵시문학적이지 않고 예언적-언약적이라고 결론짓는다.[174]

호슬리와 드레이퍼는 대상을 빻고 갈아버리는 그들 나름의 특별한 도끼를 가지고 있다(우리 모두 역시 가지고 있지 않은가?). 그러나 이전의 구어 전통에서 가져온 통찰과 현대의 문학 이론을 혼합시킨 폴리의 시도는 훨씬 더 폭넓은 의의를 담고 있으며 예수 전통과 관련하여 그 잠재력은 아직 충분히 더 탐구되어야 한다. 나는 이 현재 작업이 그런 방향으로 한 걸음 떼는 시도가 되길 바란다.

h. 베일리

이 모든 것에 빠진 것은 예수 전통의 최초 양식이자 수단이었을 구어 전통화와 매우 긴밀한 평행구였다. 켈버가 지적하였듯이,[175] 호메로스의 서사시와 유고슬라비아의 영웅담 연구에서 배운 교훈이 아무리 도움이 된다 해도, 그것이 예수와 맨 먼저 기록된 복음서 사이의 대략 30년 내에 있었을 법한 예수 전통의 구전을 위한 패턴을 제공한다고 가정할 수 없다. 그 간격을 메워줄 만한 가장 근접한 예가 베일리(Kenneth Bailey)가 중동에서 30년 넘도록 해온 부락 생활의 경험을 반영한 일화적 에세이이다.[176] 이 부락들은

---

173) Horsley and Draper, *Whoever* 160-74.
174) Horsley and Draper, *Whoever* 181-94.
175) Kelber, *Oral* 78-79.
176) K. E. Baily, 'Informal Controlled Oral Tradition and the Synoptic Gospels', *Asia Journal of Theology* 5 (1991) 34-54; 또한 'Middle Eastern Oral Tradition and the Synoptic Gospels', *ExpT*

여러 세대에 걸쳐 자신들의 정체성을 간직해왔던 터라, 논쟁의 여지는 있지만, 그들의 구어 문화는 우리가 1세기 갈릴리의 부락문화에 대해 발견할 수 있는 것과 흡사하다. 베일리는 '비공식적인 통제된 전통'이라는 아이디어를 제안하여, 그것을 불트만('비공식적이고, 통제되지 않은 전통')과 게르하르트손('공식적이고 통제된 전통')이 사용한 모델과 구분한다. 비공식적이고 통제된 전통 속에서 이야기는 현존하는 부락민 누구에 의해서든 마을 사람들이 모인 자리에서 반복 구연될 수 있지만 대개 연장자들과 공동체 스스로가 그 '통제'를 행사한다.[177]

베일리는 이렇게 보존한 자료의 유형을 다양한 표제로 특징짓는다. (1) 간결, 명료한 잠언. 그는 '(지난 수세기에 걸쳐) 현재 사용중인 것만 해도 6,000개에 이르는 지혜 어록을 만들고 유지해온 공동체'를 서술한다. (2) 이야기 수수께끼. '그 이야기에는 영웅이 등장하여 풀 수 없는 문제를 받고 현명한 해답을 가져온다.' (3) 고전적이고 대중적인 시집. (4) 비유 또는 이야기. '언젠가…라는 부자가 있었는데' 또는 '…한 제사장이 있었는데' 등등. (5) 부락이나 공동체의 역사에서 중요한 인물들의 자주 회자되는 이야기. '부락의 역사에 결정적인 핵심 인물이 있다면, 그 인물의 이야기는 만연한다.'[178]

특별히 귀중한 것은 어떻게 그 공동체가 그 전통을 통제했는지에 대한 베일리의 설명이다. 그는 상이한 층위의 통제를 구분한다. (i) 유연성 없음–시와 잠언.[179] (ii) 약간의 유연성—공동체의 정체성에 중요한 사람과 사

---

106 (1995) 363–67. 나는 이러한 것들을 일화적이라고 서술하지만, 밴시나(Vansina)가 아프리카에서 수행한 종족사 연구(*Oral Tradition as History*와 그의 이전 저서 *Oral Tradition: A Study in Historical Methodology* [London: Routledge and Kegan Paul, 1965])가 베일리의 발견 내용을 입증하는 대목에서 몇 군데의 요점을 주목할 것이다. 모넷(Terence Mournet)은 나에게 I. Okpewho, *African Oral Literature: Backgrounds, Character and Continuity* (Bloomington: Indiana University, 1992)를 참조하라고 조언을 주었다. 라이트는 베일리의 작업을 주목한 몇 안 되는 학자들 중 하나다(*Jesus* 133-37).

177) Bailey, 'Informal', 35–40; 'Oral Tradition' 364. 베일리는 이미 *Poet and Peasant*에서 그 점을 지적하였다: '그러한 [중동] 소작농들의 삶만이 두드러지게 고풍스러운 게 아니라 그들의 지적인 삶도 과거로부터 보존된 시와 이야기의 형식 속에 존재한다. 사람들은 밤마다 마을의 사교적 회합인 "하플랏 사마르"(*haflat samar*)로 모이는데, 이것은 어원상 "보존하다"란 뜻의 히브리어 샤마르(*shamar*)와 같다. 그들은 시를 낭송하고 이야기를 반복 구연함으로써 그들 공동체의 지적인 삶을 보존하기 위해 모이고 있다…'(31-32).

178) Bailey, 'Informal' 41–42; 'Oral Tradition' 365.

건의 회고와 비유. '여기에는 유연성과 통제가 있다. 그 이야기의 중심 계열
은 바뀔 수 없지만 상세한 내용은 변경이 허용된다.' (iii) 전적인 유연성—
농담과 우발적인 새 소식. **'그 자료는 공동체의 정체성과 무관하고 현명하
거나 귀중한 것으로 판단되지 않는다.'**[180]

그 '하플랏 사마르'에서 **공동체**는 그 낭송에 통제를 행사한다. 이러한 시
와 잠언과 이야기는 그들의 정체성을 형성한다. 이러한 이야기의 올바른
구연은 그 정체성에 결정적이다. 어떤 사람이 만일 그 이야기를 "잘못" 전
하면, 그 낭송자는 합창단의 목소리가 교정해준다. 어떤 이야기들은 새로
운 것일 수 있다. 그러나 중요시되는 이야기들은 모두가 잘 아는 내용이
다. 그 경우는 비공식적이지만 그 낭송은 **통제된다.**[181]

그는 19세기 이집트 복음주의 공동체의 주요 설립자인 존 호그에 대한
이야기들을 들려줌으로써 비교적 최근의 전통을 예로 들어 설명한다. 그
것은 구전되면서 보존된 이야기로 호그 박사의 자서전(1914년 출판됨)을 쓰
기 위해 사용된 바 있었는데, 베일리가 1955-1965년 그 전통에 발을 들여
놓았을 때 거의 같은 방식으로 여전히 반복해서 회자되고 있었다.[182]

그는 자신의 경험에서 두 가지 이야기를 들려준다.[183] 하나는 마을 혼

---

179) Vansina, *Oral Tradition as History* 48-49도 같은 관찰을 한다.
180) Bailey, 'Informal', 42-45 (강조는 그가 한 것).
181) Bailey, 'Oral Tradition' 365; '공동체의 정체성에 결정적인 이야기는 그 이야기를 반복할 가치가
    있다고 여겨지는 사람들에 의해서만 공중 가운데 반복된다'(364). 밴시나는 또한 공동체 정체성
    에 더 중요한 전통일수록, 그 암송과 전달에 대해 더 큰 통제가 실행되곤 하는 것을 주목하며(*Oral
    Tradition* 31-39), '다양한 전달 방식이 사용될 수 있으며 그중 일부는 원래 증언이 전달되는 중에
    많이 변경되지 않도록 보장하는 장치'(46; 또한 78, 199을 보라)라는 결론을 내린다. '구전의 의사소
    통은 집단적 재현을 구축하는 과정의 한 부분이다'(*Oral Tradition as History* 124; 또한 41-42, 96-100
    을 보라).
182) Bailey, 'Informal' 45-47; 'Oral Tradition' 366. 주목해야 할 것은 그 복음적인 공동체가 여러 마을
    로 흩어져 있기 때문에 '공동체'는 여기서 '개별 부락'과 일치하지 않는다는 사실이다. 호그에 대
    하여 회자된 이야기의 안정성과 관련한 베일리의 주장은 특히 위든(T. Weeden)에 의해 심각한 도
    전을 받은 바 있다. http://groups.yahoo.com/group/crosstalk2/message/8301과 /8370 참조.
    사적인 서신에서 베일리는 호그 전통과 관련하여 몇 군데 지나친 진술을 한 것에 대해 후회를 표
    하였다. 그러나 그는 자신의 가설이 일차적으로 '하플랏 사마르'에 대한 나름의 경험에 기초한 것
    이라는 주장을 고수한다. 베일리의 일화와 그 의의에 대한 위든의 추가 비판은 베일리의 요지를
    많이 놓치고 있는데, 지나치게 트집잡기식이어서 베일리의 논지를 별로 약화시키지 못한다.
183) Bailey, 'Informal' 48-50.

인식에서 발생한 치명적인 사건이다. 거기서 관행상 혼례를 기념하여 돌아가면서 공중에다 500발의 소총을 쏘게 되어 있었다. 그는 마을로 돌아가는 길에 몇몇 사람들에게 그 이야기를 들었다. 거기에는 그를 나일 강 건너로 데려다준 사공과 멀리 떨어진 강둑에 앉은 소년, 마을 촌장을 포함하는 다른 부락민들이 있었다. 그들 각각은 상이한 세부 사항을 포함하여 이야기를 전했지만 그 정점은 거의 단어 하나 어그러짐 없이 똑같았다.

한내[신랑의 친구]는 총을 쏘았다. 그 총은 불발이었다. 그는 총을 내렸다. 그 총이 발사됐다. 그 총탄이 부트루스[신랑]의 배를 뚫고 지나갔다. 그는 죽었다. 그는 '오 나의 아버지'나 '오 나의 어머니' 하면서 울지 않았다[그는 울지 않고 즉각 죽었음을 의미함]. 경찰이 왔을 때 우리는 그들에게 말했다, '낙타가 그를 밟았다'고.

요지인즉, 그 죽음이 사고였다고 공동체가 즉각 결정했다는 것이었다. 이야기는 이 점을 명확하게 하기 위해 세밀하게 가공되었다('그가 총을 발사했다'가 아니라 '그 총이 발사됐다'로).[184] 베일리가 (사건 후 1주가 지나) 그 이야기를 들었을 때까지 이야기는 최종 형태를 갖추게 되었다.[185]

다른 하나는 설교 경험담이다. 그는 종종 공동체에 새로운 이야기를

---

184) 경찰은 공동체의 이야기('낙타가 그를 밟았다')를 받아들였다. 그들이 사건의 진상을 몰라서가 아니라 그 총기 사건이 우발적인 사고였다는 공동체의 판단을 수용했기 때문이었다. 반시나(Vansina)는 콩코에서 수행한 현장 연구에서 한 사례를 인용한다. 이에 따르면 한 집단의 증언은 미리 예행연습이 되어 그 증언이 공중 가운데 제시되었을 때 어그러진 부분이 없도록 했다(*Oral Tradition* 28). 총괄적 통제를 받으면서 집단에 의해 보존된 전통이 이러하다. 이 논지는 E. L. Abel, 'The Psychology of Memory and Rumor Transmission and the Their Bearing on Theories of Oral Transmission in Early Christianity', *JR* 51 (1971) 270–81 (여기서는 276)에 그대로 수용된다.
185) 베일리는 자신이 약 30년 전에 그 이야기를 처음 들었지만 그 핵심 내용은 그의 심중에 '여전히 잊히지 않은 채 고착'되어 있었다는 점을 주목한다('Informal' 49). 내 사적인 경험을 약간 보태자면, 나는 베일리가 같은 두 이야기를 들려준 1976년에 그를 만났다. 그 이야기들은 내게 깊이 각인되어 이후 세월이 흘러 그 사이에도 몇 차례 반복하여 입에 담았다. 내가 마침내 1998년에 인용된 그 논문을 우연히 발견했을 때, 비록 이야기를 뒷받침하는 세부 묘사는 바뀌었지만, 나는 스스로 반복하여 구연한 이야기가 그 핵심 요소들의 개요와 중요한 특징들을 유지해온 것을 주목하고 이에 매료되었다. 그 이야기를 단 한 번 들은 이래로 구어 전승은 20년 이상을 버티며 그것을 간직해왔다. 더구나 좋은 농담도 거의 듣자마자 잊어버리는 나 같은 사람에 의해서 말이다! 마르틴 헹엘은 '구어 전통'이 55년 이상, 150년 넘도록 뻗어가는 두 가지의 개인적인 회고의 사례를 들려준다(*Studies in the Gospel of Mark* 109–10).

들려주었다. 이야기가 끝나자마자 회중은 '구어 속기'를 하곤 했다.

앞줄의 연장자는 큰 목소리로 교회 건너편으로 한 친구에게 외치곤 하였다. '너 설교자가 한 말을 들었니? 그는…라고 말했어.' 그러면 급소를 찌르는 어구를 포함하여 한두 줄의 이야기가 튀어나온다. 사람들은 모두 교회 건너편으로 이웃들에게 본능적으로 고개를 돌려 그 이야기의 핵심 요지를 두세 번 서로에게 반복했다. 그들은 그 주에 부락을 가로지르며 이야기를 다시 전하고 싶어했고 그들은 그것을 현장에서 즉각 배워야 했다.

베일리가 이러한 경험들에 대한 성찰을 토대로 제공하는 가설은 비공식적이고 통제된 구어 전통은 예수 전통의 구전을 설명하는 가장 좋은 틀이라는 것이다. 첫 번째 유대인 봉기의 발발(66-73년)까지, 비공식적이고 통제된 구어 전통은 팔레스타인 마을들 가운데 나름의 기능을 담당할 수 있었을 것이다. 그러나 그때조차 20세 이상과 60대의 연장자 어떤 이라도 '그 전통의 진정한 암송자'일 수 있었을 것이다.[186]

다시 말하거니와, 베일리의 논문은 일화적이지 과학적 연구의 결과가 아니다.[187] 설령 그럴지라도, 그것이 예증하는 구어 전통의 성격은 구어 전통에 대한 다른 탐구들의 발견 내용과 잘 맞아떨어질 뿐 아니라, 켈버가 인용한 연구들보다 예수 전통을 위해 가정되어야 하는 일종의 구어적 전통화에 훨씬 더 근접하는 것이 확실하다. 베일리의 경험은 또한 이전에 불트만과 게르하르트손이 제공한 패러다임이 예수 전통의 구전을 이해하는 데 부적절함을 확인시켜준다. 특히 문학적 편집의 가설은 전적으로 부적합함이 확인된다. 구어 전통에서 이야기를 한 번 하는 것은 어떤 의미에서든 이전에 한 이야기를 편집하는 것이 아니다. 외려 각각의 이야기하기는 같은

---

186) Bailey, 'Informal' 50; 유사하게 'Oral Tradition' 367.
187) 데리코(T. M. Derico)는 좀더 과학적으로 통제된 현장 연구를 수행하기를 바란다(*On the Selection of Oral-Traditional Data: Methodological Prologomena for the Construction of a New Model of Early Christian Oral Traditions* [St. Andrews MPhil, 2001]. 비록 중동의 마을 공동체에 텔레비전이 들어옴에 따라 그 세대의 오래된 구어 전통의 패턴이 이미 회고할 수 없는 지경으로 망실되었을지도 모르지만 말이다.

제목과 주제를 가지고 시작하지만 그것을 다시 이야기하는 것은 다르다. 각각의 이야기하기는 전통 자체의 구연이지 그 전통의 첫 번째, 세 번째, 또는 스물세 번째 '편집'이 아닌 것이다. 따라서 우리의 기대는 다시 이야기하기의 연속으로서 예수 전통의 구전에 대한 것이다. 각각의 그 구연은 공동으로 기억된 사건과 가르침에서 시작하여 각각 상이한 맥락을 위한 상이한 유형 가운데 공통의 재료를 함께 짜나간다.

　여기서 특별한 관심사항은 베일리의 논지가 이 과목을 공부하는 학생들 가운데 구어 전통이 한결같은 주제, 인식 가능한 같은 이야기의 다른 버전들, 일부 문자적인 반복, 그 구연의 맥락에 따라 고정되거나 변용되는 상용구적인 요소들과 함께 전형적으로 유동적이라는 일반적 인식을 어느 정도 제공하고 또 그것을 심화 발전시키는가 하는 점이다. 그가 추가로 보태서 말하는 것이 의미심장하다. 특히 (1) 한 공동체가 그 전통 위에 어떤 통제를 행사하는 데 충분히 관심을 가졌고, (2) 그렇게 행사된 통제의 정도는 형식과 관련하여, 또 그 정체성을 위한 그 전통의 상대적 중요성과 관련하여 다채롭게 나타났으며, (3) 그 의미에 핵심이나 열쇠로 간주된 이야기의 요소는 가장 견고하게 고정된 요소였으리라는 개연성에 대한 인식이 그러하다.[188]

　물론 결정적인 질문은 구어 전통에 대한 그러한 이해가 예수 전통에 설명 모델을 제공하는지, 특히 우리가 그러한 '비공식적이고 통제된 구어 전통'의 증표를 공관복음 안에서 발견할 수 있는지 여부이다. 나는 그렇다고 믿고 우리가 그 일을 할 수 있다고 생각한다.

8.4 구어 전통으로서의 공관복음 전통: 서사들

　분명 우리는 구전 전통화에 대한 지식에서 어떻게 예수 전통이 구어적

---

188) '다소 안정된 핵심'을 가지고 있는 것으로 로드(Lord)가 내세우는 노래의 사례를 참조하라(*The Singer Resumes the Tale* [Ithaca: Cornell University, 1995] 44, 47, 61–62).

단계 가운데 전해져 내려갔는지 이해하는 명료한 지침을 이끌어낼 만큼 고대 세계의 구어 전통화에 대해 충분히 알지 못한다. 이 주제에 대한 어떤 탐구도 과연 충분한 구전 증거가 있는지, 그 전통 자체가 우리에게 전통화 과정에 대해 무엇을 말해주는지 묻기 위해 예수 전통으로 방향을 돌려야 한다. 물론 우리가 가지고 있는 유일한 증거가 문학적인 것(공관복음)뿐이고, 따라서 전승의 양식이 변경되었을 가능성을 염두에 둘 필요가 있다. 다른 한편으로, 켈버는 마가 자료의 많은 부분이 구어적 성격을 지녔고, 나중에 보겠지만, 구어적 Q와 문서화된 Q 사이의 경계가 유동적임을 기꺼이 인정한다. 그러므로 다음 두 단락(§8.4-5)에서 마가와 Q에 초점을 맞추게 될 것이다.

편리함을 위해 우리는 먼저 **서사적 전통**을 살펴볼 것이다. 최소한 여기에는 그러한 전통들이 예수로부터 유래한 것인지 결정하는 문제가 없다(예수에게로 귀속되는 어록과 관련해서는 불가피하게 묻게 되지만). 최선의 상태로 보자면 그러한 전통들은 예수와 함께 있으면서 그가 행하고 말한 것을 목격한 자들에게서 파생된 것이다.

a. 사울의 회심

첫 번째 예는 공관복음이 아니라 누가의 두 번째 저작 사도행전에서 찾아볼 수 있다. 그 예가 예수 전통에 대한 탐구와 연관되기 위해서 필요한 전부는 누가가 사도행전에서 그러한 전통을 복음서에서 했던 방식으로 다루었다는 가정이다.[189] 이 예의 가치는 세 가지이다. (i) 세 이야기(행 9.1-22; 22.1-21; 26.9-23) 모두 단 한 사람의 저자(누가)에게서 비롯된 것이므로, 서너 명의 상이한 저자들이 같은 에피소드를 다룰 때 생기는 미지수의 문제를 피할 수 있다. 즉 다른 원천 자료를 가정해야 할 필요가 없다. (ii) 그것들은

---

189) 사도행전에 나오는 바울의 회심 이야기 셋은 종종 공관적으로 다루어진다(예컨대, C. W. Hedrick, 'Paul's Conversion/Call: A Comparative Analysis of the Three Reports in Acts', *JBL* 100 [1981] 415-32; C. K. Barrett, *Acts 1-14* [ICC; Edinburgh: Clark, 1994] 439-45). 그러나 구어 전통이 기능한 방식의 예로서 그 이야기들의 가치는 지금까지 실제로 인정받지 못했다.

명시적으로 같은 사건(사울의 회심)을 다룬 이야기이기에 평행구들 사이의 차이를 설명하기 위해 서로 다른 에피소드를 가정하는 조화의 시도가 허용되지 않는다. (iii) 그러나 그 상세한 내용에서 그것들은 서로 현저하게 다르다. 그래서 만일 **같은** 저자가 **같은** 이야기를 그렇게 **다른** 방식으로 전할 수 있다면, 그것은 전통 자료를 반복해서 다시 이야기하는 그 나름의 자세와 좀더 일반적인 차원에서 초기 그리스도교 전통화 과정에 대하여 많은 것을 우리에게 말하는 게 분명하다.[190]

우리가 이 세 이야기를 좀더 긴밀하게 검토할 때 즉각 앞서 살펴본 구어 전통의 유형들(§§8.3f-h)에 선명하게 부합하는 점을 확인하게 된다. 여기 몇 가지 불변의 요소가 있다. 주요 등장인물: 사울. 배경: —예수 추종자들을 박해하기 위한 다메섹으로의 여정. 환경: 하늘로부터의 (밝은) 빛, 땅에 엎드러진 사울과 그 동반자들. 하늘의 목소리. 그것들을 넘어 세부 사항은 상당히 변용된다. 사울의 동반자들이 모두 땅에 꼬꾸라졌는가(행 26.14), 아니면 사울만 그랬는가?(9.4, 7) 9장과 22장에서 눈에 띄는 사울의 눈멂이 26장에서는 그 어느 곳에도 언급되지 않는다. 또 다른 불변의 상수인 이방에게 가라는 파송은 사울에게 도상에서 직접 한 번 전해지고(26.16-18), 아나니아를 통해 또 한 번(9.15-17), 그리고 나중에 예루살렘에서 한 번 더 나온다(22.16-18). 모든 것 중에 가장 두드러진 점은, 가장 선명하게 설명된 부분, 그러니까 이야기의 핵심인 사울과 승천한 예수 사이에 오간 내용은 **각 이야기에서 문자 그대로 같다**는 사실이다. 그 핵심 이후에 이야기의 흐름은 제각각 독특한 방식으로 전개된다.[191]

---

190) 따라서 그 구절들은 로드(Lord)의 다음 통찰에 좋은 증거가 된다. 즉, 동일한 가수인데도 한 연주에서 다른 연주로 옮겨가면서 불변하는 요소들의 안정성이 텍스트 차원의 단어 대 단어의 일치가 아니라 주제와 이야기 패턴의 차원에 나타나는 것 같다는 통찰 말이다(*Singer* ch. 5). 피니건도 이와 유사한 지적을 한다: '그렇게 변용될 수 있는 점은 단지 시공간을 통한 장구한 구전의 특징이 아니라 동일한 집단과 시기에 산출된 한 문학 작품의 상이한 연출과, 심지어 동일한 사람이 대수롭지 않은 막간의 시간에 전달한 텍스트 안에서도 본래부터 함유되어 있다. 그러한 경우에는 기본적인 주제나 줄거리의 암송이 포함된다. 하지만 정확하게 암기된 특정한 텍스트의 견지에서 보면 구전 시가에 대한 일반화된 설명은 테이프로 녹화된 (또는 구술된) 텍스트에 드러나는 풍성한 변용 가능성과 쉽게 부합되지 않는다'(*Oral Poetry* 57).
191) 다음에 발췌된 인용문에서 나는 상이한 판본들 사이의 축어적 일치를 보이는 대목은 밑줄을 칠 것이다. 내가 그리스어를 사용했다면 일치의 정도는 더 선명해질 테지만 그럴 경우 이 문헌의 폭

		26.12 그 일로 대제사장들의 권한과 위임을 받고 다메섹으로 갔나이다. 13 왕이여 정오가 되어 길에서 보니 하늘로부터 해보다 더 밝은 빛이 나와 내 동행들을 둘러 비추는지라.
9.3 사울이 길을 가다가 다메섹에 가까이 이르더니 홀연히 하늘로부터 빛이 그를 둘러 비추는지라.	22.6 가는 중 다메섹에 가까이 갔을 때에 오정쯤 되어 홀연히 하늘로부터 큰 빛이 나를 둘러 비치매	
4 땅에 엎드러져 들으매 소리가 있어 이르시되 사울아 사울아 네가 어찌하여 나를 박해하느냐 하시거늘	7 내가 땅에 엎드러져 들으니 소리 있어 이르되 사울아 사울아 네가 왜 나를 박해하느냐 하시거늘	14 우리가 다 땅에 엎드러지매 내가 소리를 들으니 히브리 말로 이르되 사울아 사울아 네가 어찌하여 나를 박해하느냐? 가시채를 뒷발질하기가 네게 고생이니라.
5 대답하되 주여 누구시니이까? 이르시되 나는 네가 박해하는 예수라.	8 내가 대답하되 주님 누구시니이까 하니 이르시되 나는 네가 박해하는 나사렛 예수라 하시더라. 9 나와 함께 있는 사람들이 빛은 보면서도 나에게 말씀하시는 이의 소리는 듣지 못하더라. 10 내가 이르되 주님 무엇을 하리이까? 주께서 이르시되 일어나 다메섹으로 들어가라. 네가 해야 할 모든 것을 거기서 누가 이르리라 하시거늘…	15 내가 대답하되 주님 누구시니이까? 주께서 이르시되 나는 네가 박해하는 예수라.
6 너는 일어나 시내로 들어가라 네가 행할 것을 네게 이를 자가 있느니라 하시니…		16 일어나 너의 발로 서라. 내가 네게 나타난 것은 곧 네가 나를 본 일과 장차 내가 네게 나타날 일에 너로 종과 증인을 삼으려 함이니…

여기서 우리는 '같은 것 안에서 변용하는 것'의 구어적 원리와 관련한

넓은 사용은 위축될 것이다. 그리스어의 근접성을 살리기 위해 나는 여기서 내 개인의 번역본을 사용했다.

탁월한 사례를 보게 된다. 특히, 이야기의 핵심 요지는 변함없이 유지되고 그 요지를 뒷받침하는 세부 사항은 환경에 따라 변할 수 있다는 베일리의 발견 내용이 정확하게 맞아떨어진다. 특히 이 경우에서 두 번째 이야기는 분명히 사울의 유대적 정체성을 불러내기 위해 각도가 맞추어졌다(22.3, 17; 또한 아나니아—22.12). 그리고 하늘의 파송 이야기는 극적인 효과(22.17-21)를 위해 지연되고 있다. 반면 세 번째 이야기는 바울의 파송이 부분적으로 이스라엘의 파송이었음을 암시함으로써(26.18, 23) 바울의 자기 방어의 일환으로 기능한다.[192] 간단히 줄여 말하면, 여기서 명징해지는 것은 누가 스스로 훌륭한 이야기꾼이었으며 바울의 회심에 대한 그의 이야기 반복하기는 구어 전통을 문서 작품에서 사용한 좋은 예일 뿐 아니라, 구어적 전통화 과정 그 자체의 예도 된다는 사실이다.

b. 백부장의 종

복음서 전통 자체 내에 가장 흥미로운 에피소드 가운데 하나는 마태복음 8.5-13과 누가복음 7.1-10(요한복음 4.46b-54에 유사한 평행구와 함께)에 기록된 것이다. 첫 번째 관심의 초점은 그 단화가 이야기 형식이고 다른 어록복음서 안에 포함된 그러한 에피소드의 평행구가 없음에도 불구하고 대개 Q의 일부로 간주된다는 것이다.[193] 그러나 그것이 비마가 자료에 속하고 마태와 누가에 공통된('q')는 이유로 왜 이 단화를 간단히 Q 문서로 귀속시켜야 하는가?[194] 마태와 누가는 Q 이외에 공통된 (구어) 전통이 없었을까? 그것은 선험적인 것으로 개연성이 떨어진다. 사실 Q 가설의 배후에 작동하는 논리인즉, 마태와 누가 사이에 **친밀성**의 정도('q')는 공통된 문서 자료

---

192) 사 42.6, 16과 49.6의 반향들을 주목하라.
193) 이 점은 단순히 가정된다. 예컨대 Bultmann, *History* 39; Miller, *Complete Gospels* 262-63 (다른 것으로는 Kloppenborg, *Q Parallels* 50). Q의 초기 재구성 작업에서는 마 8.5-13/눅 7.1-10을 포함하지 않았다(제4장 각주 88).
194) 가장 비중 있는 이유는 마태와 누가 둘 다 이 에피소드를 산상설교/지상설교 뒤에(마 7.28/눅 7.1) 배치하는 데 동의한다는 것이다(Harnack, *Sayings of Jesus* 74; Lührmann, *Redaktion* 57). 그러나 그것으로 충분한가?

('Q')를 상정함으로써만 설명될 수 있다는 것이다. 이에 비해, 더 이상 강하게 표현하지 않아도 마태와 누가의 차이가 이야기의 전반부에 상당하다. 물론 대부분의 학자들이 그렇듯, 마태나 누가, 또는 둘 다 Q 버전을 심하게 편집했다고 주장할 수 있다. 그러나 정확하게 말해서 'q'가 이 단화의 일부에만 해당된다면, 이 점에서 'Q'의 존재를 위한 논증은 매우 불안해진다.

공통된 구어 전통이 좀더 그럴듯한 가설이 아닐까? 그와 같이 비마가적 예수 전통에 해당되는 마태와 누가의 유일한 자료가 기록된 문서('Q')였다고 가정하지 말자. 그러면 우리가 그 문제를 좀더 긴밀하게 검토할 때 구어 전통의 가설은 더 우수하지는 않더라도 그 가설만큼의 설득력을 지니는 것 같다.

마 8.5-13	눅 7.1-10
7.28 예수께서 이 말씀을 마치시매… 8.5 예수께서 <u>가버나움에 들어가시니 한 백부장</u>이 나아와 간구하여 6 이르되 주여 내 하인이 중풍병으로 집에 누워 몹시 괴로워하나이다. 7 이르시되 내가 가서 고쳐 주리라.	1 예수께서 모든 말씀을 백성에게 들려주시기를 마치신 후에 <u>가버나움으로 들어가시니라.</u> 2 <u>어떤 백부장</u>의 사랑하는 종이 병들어 죽게 되었더니 3 예수의 소문을 듣고 유대인의 장로 몇 사람을 예수께 보내어 오셔서 그 종을 구해 주시기를 청한지라. 4 이에 그들이 예수께 나아와 간절히 구하여 이르되 이 일을 하시는 것이 이 사람에게는 합당하니이다. 5 그가 우리 민족을 사랑하고 또한 우리를 위하여 회당을 지었나이다 하니 6 예수께서 함께 가실새 이에 그 집이 멀지 아니하여 백부장이 벗들을 보내어 이르되 <u>주여 수고하시지 마옵소서. 내 집에 들어오심을 나는 감당하지 못하겠나이다.</u> 7 그러므로 내가 주께 나아가기도 감당하지 못할 줄을 알았나이다. <u>말씀만 하사 내</u>
8 백부장이 대답하여 이르되 <u>주여 내 집에 들어오심을 나는 감당하지 못하겠사오니 다만 말씀으로만 하옵소서 그러면 내 하인이 낫겠사옵나이다.</u>	

	하인을 낮게 하소서.
9 나도 남의 수하에 있는 사람이요 내 아래에도 군사가 있으니 이더러 가라 하면 가고 저더러 오라 하면 오고 내 종더러 이것을 하라 하면 하나이다.	8 나도 남의 수하에 든 사람이요 내 아래에도 병사가 있으니 이더러 가라 하면 가고 저더러 오라 하면 오고 내 종더러 이것을 하라 하면 하나이다.
10 예수께서 들으시고 놀랍게 여겨 따르는 자들에게 이르시되 내가 진실로 너희에게 이르노니 이스라엘 중 아무에게서도 이만한 믿음을 보지 못하였노라.	9 예수께서 들으시고 그를 놀랍게 여겨 돌이키사 따르는 무리에게 이르시되 내가 너희에게 이르노니 이스라엘 중에서도 이만한 믿음은 만나보지 못하였노라 하시더라.
11 또 너희에게 이르노니 동 서로부터 많은 사람이 이르러 아브라함과 이삭과 야곱과 함께 천국에 앉으려니와	
12 그 나라의 본 자손들은 바깥 어두운 데 쫓겨나 거기서 울며 이를 갈게 되리라.	눅 13.28-29
13 예수께서 백부장에게 이르시되 가라. 네 믿은 대로 될지어다 하시니 그 즉시 하인이 나으니라.	10 보내었던 사람들이 집으로 돌아가 보매 종이 이미 나아 있었더라.

이 에피소드는 분명히 같다. 이것은 가버나움에 살던 백부장의 심하게 병든 종을 원거리에서 치유한 이야기이다. 그 틀 안에서 우리는 두드러진 동일한 특징들을 발견한다. (i) 문자 그대로 일치하는 곳에 이야기의 핵심이 있다(마 8.8-10/눅 7.6b-9). (ii) 그 핵심의 양쪽에 그 두 판본이 서로 모순되는 것처럼 보일 정도로 세부 사항에 변용이 가해진다(마태에서 백부장은 예수에게 개인적으로 간청하기 위해 직접 찾아오지만 누가에서 그는 오지 않는 것을 중시한다).

예수와 백부장 사이에 주고받은 내용은 분명히 예수의 제자들에게 상당한 인상을 남겼다. 그러한 인물 쪽에서 예수에게 보인 겸손과 확신의 결합과 그 힘에 대한 예수의 놀람은 가히 충격적이었을 것이다.[195] 동일하게

---

195) 예수세미나 팀의 주장과 대조해보라: '예수에게 귀속된 그 말들은 변하고 그 말들과 관련해서 독특한 것이란 아무것도 없기 때문에 우리는 그것들이 이야기꾼들에 의해 만들어졌다고 가정해야 한다'(Funk, *Five Gospels* 300). 그러나 그 주장은 스스로 패퇴하고 있다: 이야기꾼들이 그와 같이 암기할 수 없는 말들을 만들어냈다면, 왜 그것들이 다른 곳에서 반복하여 이야기되면서 변함없이 유지되었을까?

주목할 만한 것은 마태와 누가가 각각 그 이야기를 자기 나름대로 취한 방식이다. 마태는 누가가 13.28-29에 기록하는 그 어록을 삽입함으로써(마 8.11-12) 백부장의 **믿음**이란 주제를 강조한다(이방인 신앙의 선구자로서의 백부장).[196] 마태는 나아가 그의 이야기를 그 백부장의 믿음에 대한 예수의 칭찬(마 8.13)을 가지고 다듬어놓음으로써 같은 목적을 수행한다. 누가는 장로들로 하여금 백부장의 존경할 만한 가치(*axios*)를 증언케 함으로써 그의 **존경스러움**이라는 주제를 강조한다(7.4-5). 이는 백부장의 무가치함에 대한 고백적 표현(*oude ēxiōsa*)과의 평형 관계에서 부각된다(7.7a). 우리는 또한 마태와 누가 모두 그들의 상이한 강조점을 같은 핵심에서 끌어오고 있다는 사실을 잊지 말아야 한다. 믿음(마 8.10), 존경할 만한 가치/적합성(*hikanos*, 눅 7.6).

여기서 내가 제안하고 싶은 것은 구어적 전통화의 선명한 예이다. 혹 복음서 저자들이 그 이야기를 구어적 양식으로 쓰고 있다는 표현을 선호한다면 그렇게 볼 수도 있다.[197] 이 이야기는 의심의 여지 없이 몇몇의 공동체가 공동으로 소장한 예수 전통에 속한 것이었다. 이 이야기의 요지는 전적으로 예수와 백부장 사이에 오간 핵심적 대화에 걸쳐져 있다. 그 대화는 주의 깊고 정확하게 유지되었다. 우리는 이 이야기가 이방인들을 향한 그들의 존중감과 개방성과 관련된 그 공동체들의 정체성에 중요했다고 추론할 수 있다.

그런데 요한복음 4.46-54은 어떠한가?

[46] 예수께서 다시 갈릴리 가나에 이르시니 전에 물로 포도주를 만드신 곳이라 왕의 신하(*basilikos*)가 있어 그의 아들이 가버나움에서 병들었더니

---

196) 마 8.11-12이 마태의 서사적 맥락과 동떨어진 채 별도로 존재할 수 있었는지에 대한 펑크의 논의는, 그 구절의 'Q' 평행구(눅 13.28-29)가 이방인 선교를 전제할 필요가 없다는 인식에도 불구하고(348), 매우 혼란스럽다(*Five Gospels* 160). 반면 클로펜보그는 '이 치유 이야기가 이방인 포용을 위한 변증이란 특정한 방향으로 전개된 것은 이미 구전 단계에 발생했'고 주장한다. 물론 Q에 선행하는 단계에서 말이다(*Formation* 120).

197) U. Wegner, *Der Hauptmann von Kafarnaum* (WUNT 2.14; Tübingen: Mohr Siebeck, 1985)과 Catchpole, *Quest* ch. 10으로 예시되는 편집적 접근과 대조해보라. 이러한 연구들은 시종일관 문학적 패러다임을 그 특징으로 가정하고 마태와 누가가 원래의 Q를 거의 문자 그대로 주의 깊게 편집했다는 식의 상상을 유발한다.

⁴⁷ 그가 예수께서 유대로부터 갈릴리로 오셨다는 것을 듣고 가서 청하되 내려오셔서 내 아들의 병을 고쳐 주소서 하니 그가 거의 죽게 되었음이라. ⁴⁸ 예수께서 이르시되 너희는 표적과 기사를 보지 못하면 도무지 믿지 아니하리라. ⁴⁹ 신하가 이르되 주여 내 아이가 죽기 전에 내려오소서. ⁵⁰ 예수께서 이르시되 가라 네 아들이 살아 있다 하시니 그 사람이 예수께서 하신 말씀을 믿고 가더니 ⁵¹ 내려가는 길에서 그 종들이 오다가 만나서 아이가 살아 있다 하거늘 ⁵² 그 낫기 시작한 때를 물은즉 어제 일곱 시에 열기가 떨어졌나이다 하는지라. ⁵³ 그의 아버지가 예수께서 네 아들이 살아 있다 말씀하신 그 때인 줄 알고 자기와 그 온 집안이 다 믿으니라.

열한 개는 족히 되어 보이는 세목들의 일치로 보아 가버나움의 높은 지위에 있는 사람의 심히 병든 종을 멀리서 치유한 이 이야기가 우리가 마태복음 8장과 누가복음 7장에서 발견하는 같은 에피소드의 또 다른 버전(좀더 멀리 떨어진 메아리?)이라는 결론을 증빙하기에 충분한 것 같다.¹⁹⁸⁾ 그러나 특별히 주목할 만한 것은 왕의 신하라는 사람이 더 이상 이방인으로 확인되지 않고 마태와 누가의 핵심이 더 이상 거기 나오지 않는다는 사실이다. 다른 한편으로 그 사람의 믿음에 대한 핵심적 강조는 여전히 나오고 그 믿음에 대한 예수의 반응도 (처음에 약간 주저함에도 불구하고) 간직되고 있다. 요한은 그 주제를 강화하고 단순히 기적에 기초하여 갖는 신앙(요 4.48)에 대한 경고라는 모티프를 발전시키기 위해 그 주제를 활용한다.¹⁹⁹⁾

초기 그리스도교의 구전이란 견지에서 이것을 어떻게 설명해야 할까? 가장 간단한 대답은 같은 에피소드의 두 가지 판본들이 다양한 반복적

---

198) Dodd, *Historical Tradition* 188-95; Wegner, *Hauptmann* 37-57, 73-74; Dunn, 'John and the Oral Gospel Tradition', in Wansbrough, ed., *Jesus* 359-63을 보라. 예수세미나 팀은 요한의 이 버전을 '본래 형태'에 더 근접한 것이라 생각했다(Funk, *Acts of Jesus* 46).

199) 다른 층위의 신앙을 강조하는 요한의 신학과 관련하여, 가령 R. E. Brown, *John* (AB 29, 2 vols.; New York: Doubleday, 1966) 530-31을 보라. 도드(Dodd)는 그 대조를 이방인의 훌륭한 신앙에 대한 공관복음의 관심과 '생명을 주는 그리스도 말씀의 권능에 핵심적인 관심이 놓여 있는 요한복음' 사이의 차이로 보았다(*Historical Tradition* 194). 하지만 크로산은 그 두 버전의 대조를 지나치게 과잉 진술하여 그 이야기가 '두 개의 상호 모순적인 방향으로' 당겨지고 있다고 말한다(*Historical Jesus* 327).

구연 과정에서 분기되었다는 것이다. 그 관원을 **이방인** 백부장이라고 재구성한 아이디어는 이야기의 반복 구연 가운데 도입되었을 가능성이 있다.[200] 대안적으로, 그리고 좀더 개연성이 높은 선택의 여지가 있다면, 전통의 두 번째 (요한적) 흐름 가운데 그 관원의 이방인 정체성은 믿음이라는 주요 강조점에 보조적인 세부 사항으로 치부되었고 그래서 반복 구연되면서 소홀히 여겨졌을지 모른다.[201] 그 어느 쪽으로 보든, 그 차이들은 정말 대단하여 문학적 의존의 가설은 개연성이 없어진다.[202] 반대로 그 두 버전(마태/누가와 요한)은 예수의 이야기들이 구어 전통 가운데 살아 보존되었다는 좋은 증거를 제공한다.[203]

c. 마가복음의 서사들

나는 공관복음 분석이 마가에 대한 마태와 누가의 의존이라는 단단한 결론으로 귀착되는 사례를 이미 제시한 바 있다(§7.3). 그러나 다른 경우 세부 사항의 변용이 있어서 마가에 대한 문어적인 의존을 표방하는 외곬의 가설은 아주 무리하게 된다. 다음의 이야기들을 숙고해보라. 풍랑을 잠잠케 하기(막 4.35-41/마 8.23-27/눅 8.22-25), 수로보니게 여인(막 7.24-30/마 15.21-28), 귀신 들린 소년의 치유(막 9.14-27/마 17.14-18/눅 9.37-43), 누가 큰가에 대한 논쟁(막 9.33-37/마 18.1-5/눅 9.46-48), 과부의 연보금(막 12.41-44/눅 21.1-4).

---

200) 헤롯의 군대가 로마의 유형을 모델 삼았기 때문에, 공관복음 이야기의 '백부장'은 유대인이라 생각할 수 있을 것이다.

201) *Basilikos* (요 4.46)는 황실의 관원을 암시하는데 반드시 유대인이 아니다. 헤롯 안티파스는 (백부장과 같은) 경험 있는 몇몇 외국인들을 그의 군대 부관으로 임명할 수 있었다.

202) F. Neirynck, 'John 4.46-54: Signs Source and/or Synoptic Gospels', *Evangelica II* (Leuven: Leuven University, 1991) 679-88에 반대하여. 그는 오로지 문학적 자료들의 편집만이 그 차이들을 설명하기 위해 불러올 수 있다고 가정한다.

203) E. Haenchen, *Johannesevangelium* (Tübingen: Mohr-Siebeck, 1980) 260-61을 참조하라. 이는 그의 'Johanneische Probleme', *Gott und Mensch* (Tübingen: Mohr-Siebeck, 1965) 82-90의 주요 고찰을 요약한 것이다.

i. 풍랑을 잠잠케 하기

마 8.23-27	막 4.35-41	눅 8.22-25
23 배에 오르시매 제자들이 따랐더니	35 그 날 저물 때에 제자들에게 이르시되 우리가 저편으로 건너가자 하시니 36 그들이 무리를 떠나 예수를 배에 계신 그대로 모시고 가매 다른 배들도 함께 하더니	22 하루는 제자들과 함께 배에 오르사 그들에게 이르시되 호수 저편으로 건너가자 하시매 이에 떠나
24 바다에 큰 놀이 일어나 배가 물결에 덮이게 되었으되 예수께서는 주무시는지라.	37 큰 광풍이 일어나며 물결이 배에 부딪쳐 들어와 배에 가득하게 되었더라. 38 예수께서는 고물에서 베개를 베고 주무시더니 제자들이 깨우며 이르되 선생님이여 우리가 죽게 된 것을 돌보지 아니하시나이까? 하니	23 행선할 때에 예수께서 잠이 드셨더니 마침 광풍이 호수로 내리치매 배에 물이 가득하게 되어 위태한지라.
25 그 제자들이 나아와 깨우며 이르되 주여 구원하소서! 우리가 죽겠나이다.		24 제자들이 나아와 깨워 이르되 주여 주여 우리가 죽겠나이다 한대 예수께서 잠을 깨사 바람과 물결을 꾸짖으시니 이에 그쳐 잔잔하여지더라.
26 예수께서 이르시되 어찌하여 무서워하느냐? 믿음이 작은 자들아 하시고 곧 일어나사 바람과 바다를 꾸짖으시니 아주 잔잔하게 되거늘	39 예수께서 깨어 바람을 꾸짖으시며 바다더러 이르시되 잠잠하라 고요하라 하시니 바람이 그치고 아주 잔잔하여지더라. 40 이에 제자들에게 이르시되 어찌하여 이렇게 무서워하느냐 너희가 어찌 믿음이 없느냐 하시니	25 제자들에게 이르시되 너희 믿음이 어디 있느냐 하시니 그들이 두려워하고 놀랍게 여겨 서로 말하되 그가 누구이기에 바람과 물을 명하매 순종하는가 하더라.
27 그 사람들이 놀랍게 여겨 이르되 이이가 어떠한 사람이기에 바람과 바다도 순종하는가 하더라.	41 그들이 심히 두려워하여 서로 말하되 그가 누구이기에 바람과 바다도 순종하는가 하였더라.	

여기서 우리는 다시 예수에 대한 하나의 이야기를 다르게 반복 구연하는

것의 전형적인 특징들을 보게 된다. 핵심 요지는 불변의 상태로 남아 있다. 예수가 제자들과 (호수 위) 배 안에 있는 상황, 큰 풍랑과 잠든 예수(다르게 묘사되고 있지만), 제자들이 예수를 일으키고 그는 바람과 바다를 꾸짖어 고요한 결과를 가져옴, 예수는 제자들의 믿음 없음을 따져 묻고 제자들은 경탄을 표함. 서사의 기본 흐름은 선명하다. '그가 일어나 바람을 꾸짖었더니 고요해졌다.' '바람까지도 그에게 복종하니 이 분이 누구란 말인가?'[204] 이 골자를 중심으로 이야기는 거듭 구연되었을 터이고, 그 세목들은 그 구연의 맥락에 따라, 그리고 이야기꾼이 조명하고 싶었던 특정한 관점과 함께 변용되었을 것이다.[205]

다시 한 번 말하거니와 여기서 순전한 문학적 연계를 기꺼이 주장할 수 있다. 마태와 누가가 마가의 (그들에게는) 원천 자료에 의존하여 그것을 편집했다는 식으로 말이다. 그러나 순전히 문학적인 가설의 문제는 대부분의 차이들이 보잘것없다는 것이다. 예컨대, 문학적 편집자로서 그들이 왜 군이 물에 잠기는 배의 위험에 대한 묘사(각각 다른 동사를 사용함)를 새로 고쳐 쓰고, 예수가 잠자는 이야기와 제자들의 두려움과 믿음 없음에 대한 언급을 바꿔 써야 했을까? 외려 마태와 누가가 그들 나름대로 이야기의 (구어) 버전을 알고 있었고 거기에 일차적으로, 또는 마찬가지로 의존한 것으로 추론하는 것이 더 그럴듯하지 않은가? 또 다른 대안으로는, 마태와 누가가 구어 양식으로 마가를 따랐다고 말할 수 있을 것이다. 즉 그들은 (다른 곳에서 그랬듯) 마가를 모방적으로 비굴하게 베끼지 않았다는 것이다. 대신 그들은 마가 이야기의 요지를 취하여 그것을 이야기꾼이 하듯 다시 이야기하면서 그 이야기에 정체성을 부여한 불변의 요지를 확보하여 그 핵심을 중심으로 그들 나름의 독특한 강조점을 부각시키는 식으로 이야기를 구성했다고 보는 것이다.

---

204) 이 이야기가 '요나보다 더 큰 이가 여기 있다'는 요지를 끌어내기 위한 특유의 핵심 방향을 가지고 요나 이야기의 패턴에 따라 짜여 있음은 폭넓게 인식된다. 예컨대, Davies and Allison, *Matthew* 2.70을 보라.

205) 특히 마태의 이야기하기 방식은 마태 특유의 제자도/따름(*akolouthein* — 8.19, 22, 23)과 '적은 믿음'(*oligopistos/ia*)이란 주제를 강조한다(8.26; 참조 6.30; 14.31; 16.8; 17.20). 또한 아래 §13.2b를 보라.

마 15.21-28	막 7.24-30
21 예수께서 거기서 나가사 <u>두로</u>와 시돈 지방으로 들어가시니 22 가나안 <u>여자</u> 하나가 그 지경에서 나와서 소리 질러 이르되 주 다윗의 자손이여 나를 불쌍히 여기소서. 내 딸이 흉악하게 귀신 들렸나이다 하되 23 예수는 한 말씀도 대답하지 아니하시니 제자들이 와서 청하여 말하되 그 여자가 우리 뒤에서 소리를 지르오니 그를 보내소서. 24 예수께서 대답하여 이르시되 나는 이스라엘 집의 잃어버린 양 외에는 다른 데로 보내심을 받지 아니하였노라 하시니 25 여자가 와서 예수께 절하며 이르되 주여 저를 도우소서. 26 대답하여 이르시되 <u>자녀의 떡을 취하여 개들에게 던짐이 마땅하지 아니하니라.</u> 27 여자가 이르되 <u>주여 옳소이다마는 개들도</u> 제 주인의 상에서 떨어지는 <u>부스러기를 먹나이다</u> 하니 28 이에 예수께서 대답하여 이르시되 여자여 네 믿음이 크도다. 네 소원대로 되리라 하시니 그 때로부터 그의 딸이 나으니라.	24 예수께서 일어나사 거기를 떠나 <u>두로</u> 지방으로 가서 한 집에 들어가 아무도 모르게 하시려 하나 숨길 수 없더라. 25 이에 더러운 귀신 들린 어린 딸을 둔 한 <u>여자</u>가 예수의 소문을 듣고 곧 와서 그 발 아래에 엎드리니 26 그 여자는 헬라인이요 수로보니게 족속이라. 자기 딸에게서 귀신 쫓아내 주시기를 간구하거늘 27 예수께서 이르시되 자녀로 먼저 배불리 먹게 할지니 <u>자녀의 떡을 취하여 개들에게 던짐이 마땅치 아니하니라.</u> 28 여자가 대답하여 이르되 <u>주여 옳소이다마는</u> 상아래 <u>개들도</u> 아이들이 먹던 <u>부스러기를 먹나이다.</u> 29 예수께서 이르시되 이 말을 하였으니 돌아가라 귀신이 네 <u>딸</u>에게서 나갔느니라 하시매 30 여자가 집에 돌아가 본즉 아이가 침상에 누웠고 귀신이 나갔더라.

여기서의 그림도 매우 유사하다. 이야기는 분명 같은 것이다. 두로 지역에서 발생한 사건, 마귀 들린 딸을 가진 비이스라엘 여인, 원거리 치유. 가장 두드러진 것은 두 버전들이 밑줄 친 핵심 부분 외에 공통된 단어들이 매우

적다는 사실이다. 이 이야기의 핵심은 분명 예수와 그 여인 사이의 대화로, 변함없이 거의 문자 그대로 유지된다(막 7.27-28/마 15.26-27). 그것을 제외하고는 이야기는 전적으로 변화무쌍하다. 특히 마가는 그 여인의 이방인 정체성을 강조하는 반면 마태는 결과적인 긴장과 여인의 믿음을 부각시킨다. 앞의 백부장 종에 대한 이야기와 마찬가지로, 치유가 성공적이었다는 사실은 각 이야기에서 거의 때늦은 뒷생각으로 치부된다.

여기서도 역시 풍랑을 잠잠케 하는 이야기와 마찬가지로 같은 특징이 선명하게 부조된다. 두 버전들 사이의 변용에 비추어볼 때 문어적인 의존의 가설은 매우 받아들이기 어렵다. 구어적 이야기 반복의 층위에 깃든 연계점이 훨씬 더 개연성이 높다. 마태가 구연 전통을 통해 그 이야기를 알아 직접 그 전통에서 끌어왔거나, 그 자신이 마가의 이야기를 이야기꾼이 하듯 재차 이야기하였을 것이다. 마태가 다른 **버전**의 이야기를 알았다고 말하는 것은 그릇된 판단임을 주목해야 한다.[206] 왜냐하면 그것은 마치 각각의 이야기를 반복하여 전하는 것이 그 이야기의 신선한 '편집'인 양 여겨져 문학적 편집이라는 상투적 세계로 다시 빠져 들어가게 될 터이기 때문이다. 그러나 우리가 직면한 현실은 한 주제(동일성을 증명할 수 있는 제재와 핵심 요소)에 대하여 자발적으로 응답한 상이한 변용물(반복적 구연들)에 가깝다.

iii. 악령 들린 소년의 치유

마 17.14-18	막 9.14-27	눅 9.37-43
14 그들이 무리에게 이르매 한 사람이 예수께 와서 꿇어 엎드려 이르되	14 이에 그들이 제자들에게 와서 보니 큰 무리가 그들을 둘러싸고 서기관들이 그들과 더불어 변론하고 있	37 이튿날 산에서 내려오시니 큰 무리가 맞을새

---

206) 문학적 패러다임이 지배해온 논의의 특징은 두 버전들 사이의 변용은 오로지 자료들의 합성이란 견지에서만 설명될 수 있다는 가정이다. 예컨대, V. Talyor, *Mark* (London: Macmillan, 1952) 347을 보라.

15 주여 내 아들을 불쌍히 여기소서 그가 간질로 심히 고생하여 자주 불에도 넘어지며 물에도 넘어지는지라.

16 내가 주의 제자들에게 데리고 왔으나 능히 고치지 못하더이다.

17 예수께서 대답하여 이르시되 믿음이 없고 패역한 세대여! 내가 얼마나 너희와 함께 있으며 얼마나 너희에게 참으리요. 그를 이리로 데려오라 하시니라.

더라.

15 온 무리가 곧 예수를 보고 매우 놀라며 달려와 문안하거늘

16 예수께서 물으시되 너희가 무엇을 그들과 변론하느냐?

17 무리 중의 하나가 대답하되 선생님 말 못하게 귀신 들린 내 아들을 선생님께 데려왔나이다.

18 귀신이 어디서든지 그를 잡으면 거꾸러져 거품을 흘리며 이를 갈며 그리고 파리해지는지라. 내가 선생님의 제자들에게 내쫓아 달라 하였으나 그들이 능히 하지 못하더이다.

19 대답하여 이르시되 믿음이 없는 세대여! 내가 얼마나 너희와 함께 있으며 얼마나 너희에게 참으리요? 그를 내게로 데려오라 하시매

20 이에 데리고 오니 귀신이 예수를 보고 곧 그 아이로 심히 경련을 일으키게 하는지라. 그가 땅에 엎드러져 구르며 거품을 흘리더라.

......

25 예수께서 무리가 달려와 모이는 것을 보시고 그

37 이튿날 산에서 내려오시니 큰 무리가 맞을새

38 무리 중의 한 사람이 소리 질러 이르되 선생님 청컨대 내 아들을 돌보아 주옵소서. 이는 내 외아들이니이다.

39 귀신이 그를 잡아 갑자기 부르짖게 하고 경련을 일으켜 거품을 흘리게 하며 몹시 상하게 하고야 겨우 떠나가나이다.

40 당신의 제자들에게 내쫓아 주기를 구하였으나 그들이 능히 못하더이다.

41 예수께서 대답하여 이르시되 믿음이 없고 패역한 세대여! 내가 얼마나 너희와 함께 있으며 너희에게 참으리요? 네 아들을 이리로 데리고 오라 하시니

42 올 때에 귀신이 그를 거꾸러뜨리고 심한 경련을 일으키게 하는지라. 예수께서 더러운 귀신을 꾸짖으시고 아이를 낫게 하사 그 아버지에게 도로 주시니

43 사람들이 다 하나님의 위엄에 놀라니라.

18 이에 예수께서 <u>꾸짖으시니</u> 귀신이 <u>나가고</u> 아이가 그 때부터 나으니라.	더러운 귀신을 <u>꾸짖어</u> 이르시되 말 못하고 못 듣는 귀신아 내가 네게 명하노니 그 아이에게서 나오고 다시 들어가지 말라 하시매 26 귀신이 소리 지르며 아이로 심히 경련을 일으키게 하고 <u>나가니</u> 그 아이가 죽은 것 같이 되어 많은 사람이 말하기를 죽었다 하나 27 예수께서 그 손을 잡아 일으키시니 이에 일어서니라	

여기서 다시 우리는 분명히 동일한 이야기를 보게 된다. 상기 묘사에서 대강 알아챌 수 있듯이, 간질병 앓는 소년의 치유다.[207] 세 이야기에 걸쳐 문자적 일치는 여기서도 미미하다. 그러나 그렇다고 마태와 누가가 그들의 버전을 오로지 마가 이야기의 문학적 편집을 실행함으로써 만들어냈다는 설명이 굳이 필요하지 않다. 만일 마가의 긴 버전이 그들이 알았던 유일한 것이었다면, 그들은 그 버전을 구어 양식 가운데 다시 이야기함으로써 그것을 심하게 축약한 셈이다. 그 와중에 도입부, 소년의 상태와 치유에 대한 묘사, 결론 부분 등을 자유롭게 변용하였을 테지만 예수의 꾸짖음만은 불변하는 핵심 사항으로 고수하고 있다. 또 달리 보면, 마태복음 17.16b-17/ 누가복음 9.40b-41의 문자적 일치 정도로 판단할 때[208] 마태와 누가가 그 지점에서 반향한 또 다른 구전본을 우연히 알게 되었을지도 모른다.

---

207) 아래 제15장의 각주 278을 보라.
208) 마태와 누가가 마가에 반하여 서로 일치하는 그 유명한 '소수 일치'(minor agreements)의 예문 가운데 하나이다.

iv. 누가 더 큰가에 대한 논쟁

마 18.1-5	막 9.33-37	눅 9.46-48
1 그 때에 제자들이 예수께 나아와 이르되 천국에서는 <u>누가 크니이까?</u> 2 예수께서 <u>한 어린 아이</u>를 불러 그들 가운데 <u>세우시고</u> 3 이르시되 진실로 너희에게 이르노니 너희가 돌이켜 어린 아이들과 같이 되지 아니하면 결단코 천국에 들어가지 못하리라. 4 그러므로 누구든지 이 어린 아이와 같이 자기를 낮추는 사람이 천국에서 큰 자니라. 5 또 <u>누구든지 내 이름으로</u> 이런 <u>어린 아이</u> 하나를 영접하면 곧 <u>나를 영접함이니</u>	33 가버나움에 이르러 집에 계실새 제자들에게 물으시되 너희가 길에서 서로 토론한 것이 무엇이냐 하시되 34 그들이 잠잠하니 이는 길에서 서로 <u>누가 크냐</u> 하고 쟁론하였음이라. 35 예수께서 앉으사 열두 제자를 불러서 이르시되 누구든지 첫째가 되고자 하면 뭇 사람의 끝이 되며 뭇 사람을 섬기는 자가 되어야 하리라 하시고 36 <u>어린 아이</u> 하나를 데려다가 그들 가운데 <u>세우시고</u> 안으시며 제자들에게 이르시되 37 <u>누구든지 내 이름으로</u> 이런 <u>어린 아이</u> 하나를 영접하면 곧 <u>나를 영접함이</u>요 누구든지 나를 영접하면 나를 영접함이 아니요 나를 보내신 이를 영접함이니라.	46 제자 중에서 <u>누가 크냐</u> 하는 변론이 일어나니 47 예수께서 그 마음에 변론하는 것을 아시고 <u>어린 아이</u> 하나를 데려다가 자기 곁에 <u>세우시고</u> 48 그들에게 이르시되 <u>누구든지 내 이름으로</u> 이런 어린 아이를 영접하면 곧 <u>나를 영접함이요</u> 또 누구든지 나를 영접하면 곧 나를 보내신 이를 영접함이라 너희 모든 사람 중에 가장 작은 그가 큰 자니라.

기본적인 그림은 이전과 같다. 고정 불변 요소는 분명하다. 누가 더 큰 사람인가에 대한 제자들의 논쟁, 어린이 하나를 그 가운데 불러옴으로써 꾸짖는 예수, 이야기의 정점을 형성하는 핵심 어록. 각각의 이야기는 복음서 저자 나름의 방식대로 기본 개요를 좀더 다듬는다(막 9.35; 마 18.3-4; 눅 9.48c). 마가와 누가는 또한 '나를 보내신 분'에 대한 예수의 언급을 좀더 보충한 전통을 사용할 수 있었다(막 9.37b/눅 9.48b). 여기서도 역시 문자적 상호 의존의 정도가 약한 것으로 미루어 문어적 상호 의존을 주장하기 어렵다. 반면 불변성과 유동성이 혼합된 형태로 나타나는 것이 구연 양식을 좀더 설득력 있게 암시한다.[209)]

v. 과부의 작은 연보금

막 12.41-44	눅 21.1-4
41 예수께서 헌금함을 대하여 앉으사 무리가 어떻게 헌금함에 돈 넣는가를 보실새 여러 부자는 많이 넣는데	1 예수께서 눈을 들어 부자들이 헌금함에 헌금 넣는 것을 보시고
42 한 가난한 과부는 와서 두 렙돈 곧 한 고드란트를 넣는지라.	2 또 어떤 가난한 과부가 두 렙돈 넣는 것을 보시고
43 예수께서 제자들을 불러다가 이르시되 내가 진실로 너희에게 이르노니 이 가난한 과부는 헌금함에 넣는 모든 사람보다 많이 넣었도다.	3 이르시되 내가 참으로 너희에게 말하노니 이 가난한 과부가 다른 모든 사람보다 많이 넣었도다.
44 그들은 다 그 풍족한 중에서 넣었거니와 이 과부는 그 가난한 중에서 자기의 모든 소유 곧 생활비 전부를 넣었느니라 하시니라.	4 저들은 그 풍족한 중에서 헌금을 넣었거니와 이 과부는 그 가난한 중에서 자기가 가지고 있는 생활비 전부를 넣었느니라 하시니라.

이 에피소드는 간결하여 그 세부 사항을 찾아내는 것으로 거의 전부를 조

---

209) 여기서 다시 '35절과 36절에서 헐겁게 연계된 파편들의 견지에서 다룬 테일러의 논의(*Mark* 403-404)는 오직 파편적으로만 잔존하는 원본의 이야기 내지 이야기들이 반드시 있었다는 가정을 드러내는데 바로 이러한 연유로 그는 구어 전통의 성격을 인정하지 못한다.

명할 수 있을 정도다(부유한 사람들의 헌금과 가난한 과부의 작은 동전 두 개의 대조). 이 에피소드를 그렇게 기억할 만한 것으로 만든 (그래서 결과적으로 거의 문자 그대로 보존된) 예수의 관찰 또한 주목할 만하다. 그렇게 간결한 단락으로 짜여 있기에 이 본문은 마가에 대한 누가의 편집이란 견지에서 설명할 수 있는 범위가 한층 더 강하다. 그러나 그때조차 정점의 어록으로 치닫는 세부 사항의 유동성은 문어적 전통보다는 구어 전통을 나타낸다.

다른 예들이 더 제시될 수 있다.[210] 이것들 가운데 그 어느 것도 마태와 누가가 현존하는 마가를 알았고 문학적인 차원에서 그 전통의 버전에 의존할 수 있었으며 실제로 종종 그렇게 했다는 점을 부인하려고 하지 않는다. 문서 자료의 관점에서 마가 우선설의 주장은 압도적으로 가장 개연성 높은 것으로 인정받고 있다(§7.3). 나 역시 마태와 누가가 그들의 마가 자료를 어김없이 편집했으리라는 것을 부인하고 싶지 않다. 마태와 누가는 때로 상당한 축약을 감행함으로써,[211] 때로 문장을 더 향상시키거나[212] 요지를 추가하기 위해[213] 자료를 덧보탬으로써, 그리고 때로는 오해를 바로 잡거나 피하기 위해[214] 그 작업을 수행했을 것이다. 하지만 동시에, 앞서 예시

---

210) 베드로 장모의 치유(막 1.29-31/마 8.14-15/눅 4.38-39); 나병환자 깨끗하게 하기(막 1.40-45/마 8.1-4/눅 5.12-16); 예수의 진정한 가족(막 3.31-35/마 12.46-50/눅 8.19-21); 제자들 가운데 우위(막 10.35-45=마 20.20-28; 그러나 눅 22.24-27과는 다름); 맹인의 치유(막 10.46-52/마 20.29-34/눅 18.35-43). 왜 예수의 친근한 열두 제자 목록이 다르게 나타나는가?(막 3.16-19/마 10.2-4/눅 6.13-16) 추측건대 구전 과정에서 그 제자 집단의 가장 덜 중요한 구성원들 중 한두 이름에 혼선이 일었기 때문일 것이다(아래 §13.3b를 보라). 막 12.1-37/마 21.33-46, 22.15-46/눅 20.9-44의 연속물은 구어적으로 연계되었을 가능성이 있다. 그러나 축자적 연계의 정도와 일관성에 비추어볼 때 이는 일차적으로 마가에 대한 마태와 누가의 문학적 의존을 암시한다. 오천 명을 먹인 세 이야기들 가운데 축자적 연계의 불변성도 마찬가지로 구연적 반복 과정보다는 편집의 개연성을 시사한다(막 6.32-44/마 14.13-21/눅 9.10-17). 그러나 요한의 버전(요 6.1-15)에서 거의 유일한 문자적 연계 사항은 숫자들인데(비용, 떡 덩어리와 물고기, 참석자, 음식 조각을 담은 바구니), 이는 확실히 구연적 반복을 암시한다. 그 속편(막 6.45-52/마 14.22-33/요 6.16-21)의 성격도 분명 같은 방향을 가리킨다. 수난 서사에서는 마태의 마가 의존이 분명하지만 누가가 사용한 대안 버전은 마가/마태의 (문학적) 버전과 독립적인 상태에서 구전된 전통임을 족히 암시하는 듯하다(아래 §17:1을 보라).

211) 위의 제7장 각주 17을 보라. 로드(Lord)는 종종 나오는 매우 다른 분량의 구연이야말로 구어 전통의 표시라고 지적한다(*Singer of Tales* 109-17).

212) 예컨대, 마 12.5-7, 11-12a은 안식일 관련 두 논쟁의 경우 막 2.23-28과 3.1-5(마 12.1-8과 9-14)에서 제시된 것보다 좀더 적절한 선행 요소들을 추가한다. 눅 13.10-17을 참조; 아래 §14.4a를 보라.

213) 예를 들면, 예수가 왜 세례자 요한에게 세례를 받았는지를 설명하기 위한 마태의 첨가물(마 3.14-15)과 베드로를 대표 제자로 제시한 점(마 14.28-31; 16.17-19), 그리고 눅 10.1-12에서 아마도 이방인 선교의 복선을 깔기 위해 (70[72]명의) 2차 선교를 누가가 첨가한 것(아래 §8.5e에서 다루는 14.23을 참조) 등이 있다.

214) 예컨대, 막 6.3a, 5a과 마 13.55a, 58을 참조하라; 아울러 막 10.17-18과 마 19.16-17 참조(위의 제7장 각주 20에 추가 참고 문헌과 함께 인용됨). 양쪽의 경우 모두 마가의 어법을 마태가 존중한 것은

한 상당히 많은 경우에서 그 증거에 대한 좀더 자연스러운 설명은 마태나 누가가 마가에 문학적으로 의존했다는 것이 **아니라** 같은 이야기를 반복 구연한 내용을 그들 나름대로 알고 있었다(혹은 그 대안으로 마가의 이야기들을 그들 방식대로 다시 이야기한 것)는 것임을 무시하는 것은 온당치 않을 것이다.

공관복음 전통을 공부하는 학생들은 평행구 이야기들 사이의 변용들이 문어적 편집의 견지에서만 설명될 수 있고 또 그래야 한다는 가정에서 자유로워져야 한다. 결국 마태와 누가가 처음으로 이러한 이야기들의 많은 부분을 들은 것이 그들이 마가복음을 처음 만났을 때였다고 가정하기란 매우 어렵다. 마태와 누가가 마가(또는 Q)를 문서로 받기까지 어떤 예수 전통도 그들이 몰랐는데 그들이 대표한 주류 교회가 있었다는 주장은 믿기 어려울 뿐더러 문어적 패러다임이 강요한 맹목적인 관점을 예시할 뿐이다. 반복해서 말하자면, 서구의 (문자) 문화에서 훈련받은 자들에게 거의 생래적인 가정, 즉 공관복음 전통에서 각각의 연속적인 버전은 그 선행하는 것의 편집으로서만 생각할 수 있고 그것이 문서화된 편집본의 선형적 연속물이란 견지에서 분석되어야 한다는 그 가정은 비평적 인식을 왜곡시키고 그 결과로서 생기는 분석을 어긋나게 할 뿐이다. 서사 전통의 전승은 구어적 특성이 너무 많아 쉽게 무시할 수 없다.[215]

더 적절한 결론은 두 가지이다. (1) 전통 가운데 같은 이야기의 상이한 버전들 사이의 변용은 이야기된 그 사건에 대한 역사적 관심이 결여되거나 오만한 태도를 암시하지 않는다. 위에서 검토되거나 인용된 거의 모든 경우에서 재차 이야기되고 있는 것은 분명 **동일한 이야기**이다. 도리어 그 변용물들은 구어적 이야기법의 성격을 예시한다.[216] 그러한 구어 전승 가

분명하다. 이는 그가 마가의 일부를 변개할 때조차 여일한 점인데, 아마도 반갑지 않은 함의를 방지하기 위해 그랬을 것이다(나의 책 *Evidence for Jesus* 18-22을 보라).

215) 제한된 수의 기록된 문서들의 직접적인 문학적 상호 의존이 가장 단순한 해결책이라는 토대 위에서, 여기에 오캄(Ockham)의 면도날을 불러들이는 것은, 왜 후대 저자가 이미 문서로 고정된 전통의 세부 사항을 그렇게 자유롭게 떠나야 했는지를 설명하기 위해 끌어들여야 하는 복잡한 가설들을 잊는 것이다. 문학적인 양식의 전통을 전승한 것보다 구어 양식의 전통을 이행한 것이라는 가설은 실제로 공관복음 자료에 대한 더 간단한 설명이 된다. 물론 복음서 전통 그 자체가 입증하는 것들과 무관하게 어떤 일련의 구연들을 추적하기란 더욱더 어려운(불가능한) 일일 테지만 말이다(아마도 그래서 그 가설을 학자들이 많이 심사숙고하지 않았던 모양이다). 또한 아래 §10.3을 보라.

운데 예수를 기억하기 위한 관심은, 그 전통에 안정된 정체성을 부여하는 핵심 요소로 미루어 분명하다.[217] 구연의 변이본들이 외려 그 전통의 활력을 암시하는 것과 마찬가지 이치이다. 이것들은 아주 오랜 과거의 어떤 거룩한 유골 상자 안에서, 그 내용물이 텍스트의 사후 경직으로 오랫동안 굳어진 채 수행된 전통이 아니었다. 그러나 그 가운데 어느 것도 위압적인 신학적 도끼를 가지고 만들어낸 교사나 예언자의 자유스런 창작품이 아니었다. 그 변이본들은 오히려 공동체가 전수한 생명의 피로 그 안에서 거듭 이야기되었고 또 다시 이야기되었다. 예수가 행한 것은 자신의 지속적인 정체성을 지켜나가기 위해 이들 공동체에 중요하였다.[218]

(2) 앞서 기록한 자료들 가운데, 복음서 저자가 도입한 차이들은, 구어적 다양성으로서든, 문학적 편집으로서든, 해당 모티프의 축약과 생략, 해명과 설명, 심화와 확대와는 다른 성격 속에 드러난다. 그 발전이 종종 더 깊은 신앙과 부활 사건에 의거한 통찰을 반영한다는 말은 사실이다. 그러나 그것들이 구연된 이야기의 본질이나 성격이나 요체에 어떤 급격한 변화를 조성하는 것 같지 않다.[219] 물론 예수 전통을 제한된 범위 내에서 견본 삼아 다루었을 뿐이고, 앞으로 먼저 발견해낸 이런 점들을 좀더 긴밀히 점검해봐야 할 것이다. 그러나 지금까지 §6.5e에서 제시하여 §8.1-2에서 발전시킨 가설은 증거로 구체화된다고 최소한 말할 수 있다. **전체적으로 예**

---

216) 전통 자체에서 이런 추론을 하는 것은 베드로의 설교와 마가의 작문에 대한 파피아스의 설명과 정확히 맞아떨어진다: 베드로는 '그 필요에 맞추어(*pros tas chreias*—즉 그 청중들의 필요에 맞춰) 자신의 가르침을 주었다/각색하였다(*epoieito*—'구연하였다'라고 말할 수 있을까). 그렇지만 주의 말씀을 순서에 맞게(*suntaxin*) 설명한 것은 아니었기에 마가가 그 말씀을 회고한 대로 그와 같이 몇 가지(*enia*) 쓴 것은 잘못이 아니었다'(Eusebius, HE 3.39.15).

217) '[한 장면의] 상이한 버전들은 일반적으로 예수의 말씀을 보고하는 대목에서 외려 긴밀하게 일치한다. 그러나 그 말의 정황을 제공하는 이야기를 할 때는 좀더 많은 자유를 행사한다'(Dodd, *Founder* 35-36); '서사시의 경우만큼, 혹은 그 이상으로 이야기의 경우에도 메시지의 안정성'이 큰 것 같다고 지적하는 반시나(Vansina)를 참조하라(*Oral Tradition as History* 53-54).

218) 동일 사건의 두 전통들 가운데 이같이 현저하게 갈라지는 것은 유다의 죽음을 이야기한 내용들이라는 점은 의미심장하다(마 27.3-10; 행 1.15-20). 예수의 죽음과 비교하여 유다의 운명은 거의 역사적 관심 대상이 되지 못했다.

219) 마 10.5(제자들의 선교를 이스라엘에 제한한 것)이 예수 자신의 교훈을 상기시켜준다고 보는 것이 예수가 이방인 선교를 위탁한 것으로 알려졌고 마 10.5이 유대 교회 내에서 예언적 항의 표시로 나타났다고 보는 것보다 더 설득력이 있다. 사실상 예수의 이방인 선교 위탁은 고작해야 전통의 어떤 에피소드들로부터 이끌어낸 유추에 불과하다. 아래 §13.7을 보라.

수 전통은 기억된 예수의 최초 전통들과 일관되게 발전되었다.

8.5 구어 전통으로서의 공관복음 전통: 가르침들

나는 '어록'(sayings)보다 '가르침'(teachings)이란 용어를 선택한다. 전자가 너무 부주의하기 때문이다. 그것은 뜻밖의 횡재란 인상을 허용하고 심지어 조장한다. 마치 오늘날 자신의 학교 또는 대학 시절의 인상을 30년 후에 급우회로 회상하듯이, 어쩌다 듣게 되었고 어쩌다 회상하게 된 예수의 어록이란 인상처럼 말이다. 그러나 우리가 이미 지적했듯이(§8.1b), 예수는 교사로 알려져 있었고 제자들은 스스로 '제자들'='배우는 자들'(*mathētai*)로 이해하였다. 예수의 가르침을 회고하는 것은 그 모두가 처음부터 한층 더 진지한 기획이었다. 게다가 내가 맞다면, 예수의 제자들이 구성한 최초 공동체들은 그러한 가르침을 자신들의 토대 전통과 자기 정체성 확립의 일부로 간직하고자 했을 것이다. 이는 바울과 다른 초기 그리스도교 편지 집필자들이 그들의 교훈 가운데 예수의 가르침을 넌지시 암시했을 때 그들역시 이용할 수 있던 사실이다(§8:1e). 우리는 게르하르트손이 구상한 대로 암기의 공식적 과정을 가정할 필요가 없다. 그러나 스승이 가르친 것을 배우고 그 가르침을 전하는 가운데 용납할 수 있는 변용의 정도를 통제하려는 관심은 선험적 토대 위에서 가정할 수 있다(§8.2). 아울러 이러한 관심사는 최소한 베일리가 구상한 구어적 전통화 과정을 어느 정도 확증해준다.

a. 아람어 전통

우리가 물려받은 전통은 이미 아람어에서 그리스어로 번역된 것이었음을 떠올리면서 우리는 이 대목의 논의를 시작할 수 있다. 여기에는 예수의 가르침에 대한 대부분의 저작에서, '역사적 예수의 탐구'에 대한 모든 문구들 가운데 나타나는 또 다른 수상한 맹점이 있다. 나는 예수가 취했을 아람어 양식에 대하여 탐문하지 못하는 반복적인 실패를 언급하고 있다.[220) 그러한 탐문이 없다면 가르침 전통에 대한 최초 양식에 대한 그 어떤 단언도 어느 정도 의혹의 대상일 수밖에 없다. 그러한 기준(이 어록이 아람어로 소급될 수 있을까?)이 어색하게 적용되어야 한다는 말이 아니다. 역동적인 등가성을 목표로 하는 번역은 가장 근접한 아람어 등가어와 아주 다른 그리스어 관용어를 쉽사리 만들어낼 수 있다.[221) 여기서 우리에게 더 즉각적으로 중요한 것은 가르침 전통의 성격에 관한 아람어 전문가들의 중요한 통찰들이다. 그들 모두는 그 전통이 심지어 그리스어 상태에서도 아람어의 구전 표시를 몇 개 내포하고 있다고 지적했다. 이미 1925년 버니(C. F. Burney)는 히브리어 시문학의 특징을 이루는 다양한 종류의 평행구(유사어, 반제어, 종합어)[222)와 리듬(4박자, 3박자, 키나 운율)을 주시한 바 있다.[223) 매튜 블랙(Matthew Black)은 자음두운법, 모음압운법, 유사음어의 말놀이 등의 많은 사례를 적시하였다.[224) 우리가 앞서 지적한 대로(§8.3f), 이 모든 것이 구어 전통의 재료들이다. 요아킴 예레미아스(Joachim Jeremias)는 예수의 가르침에 나오는 많은 단어들이 아람어 기원을 가지고 있었고, 관련된 연설이 버니와 블랙이 이미 지적한 특징들 외에도 '신적인 수동태'를 포함하는 많은 독특한 특징을 가지고 있었다는 증거들을 요약하면서 평생의 학문에 절정을 맞았다.[225)

---

220) 아래 §9.9b와 각주 287을 보라.

221) M. Casey, 'The Original Form of Jesus' Interpretation of the Cup', *JTS* 41 (1990) 1-12, 특히 11-12; repeated in *Aramaic Sources of Mark's Gospel* (SNTSMS 102; Cambridge: Cambridge University, 1998) 241의 경고를 주목하라. G. Schwarz, *'Und Jesus sprach': Untersuchungen zur aramäischen Urgestalt der Worte Jesu* (BWANT 118; Stuttgart: Kohlhammer, ²1987)는 이 점에서 비판에 취약하게 노출되어 있다.

222) 리스너(Riesner)는 '개별적 단위의 어록들 가운데 약 80퍼센트가 일종의 평행구(*parallelimus membrorum*)로 성문화되어 있다'고 평가한다('Jesus as Preacher and Teacher' 202).

223) C. F. Burney, *The Poetry of Our Lord* (Oxford: Clarendon, 1925); 또한 Manson, *Teaching* 50-56을 보라.

224) M. Black, *An Aramaic Approach to the Gospels and Acts* (Oxford: Clarendon, 1967³) 160-85; 그러나 이에 대한 피츠마이어(J. A. Fitzmyer)의 혹평을 주목하라('The Study of the Aramaic Background of the New Testament', *A Wandering Aramean: Collected Aramaic Essays* [Missoula: Scholars, 1979] 1-27 [여기서는 16-17]). 또한 Riesner, *Jesus als Lehrer* 392-404을 보라.

225) Jeremias, *Proclamation* 3-29. 여전히 소중한 것은 G. Dalman, *Die Worte Jesu mit Berücksichtigung des nachkanonische jüdischen Schriftums und der aramäischen Sprache* (Leipzig: Hinrichs, 1898);

이 증거는 통상적으로 인식된 것 이상으로 좀더 비중 있게 다루어져
야 한다. 물론 그러한 특징들은 문서 전통이나 구어 전통에 공통으로 발견
되는 것이다. 그리고 아람어 국면은 그 전통이 아람어로 유포되던 당시 초
기 (부활 이후) 전승의 단계를 반영하는 증거에 국한된 것일지 모른다. 그러
나 아람어 전문가들이 결론짓듯이, 그 전통이 **특정한** 스타일상의 특징으
로 일관되게 표상된다면, 다수의 아람어 전통 담지자들이 같은 특징들을
가졌다기보다 이것들이 **한 사람의 특징**이라고 판단하는 것이 더 설득력이
있다. 전통을 통해 온 예수의 '**바로 그 목소리**'(*ipsissima vox*)라고 예레미아스
가 부른 것(**바로 그 말씀**[*ipsissima verba*]과 구분되는)을 우리가 여전히 들을 수 있
는 가능성은 예레미아스가 그 주제에 대해 마지막으로 쓴 이래 30년이 지
난 시점에서 보다 더 진지하게 활성화되어야 한다.[226]

서사 전통에서 그렇듯이, 가르침의 전통도 마찬가지로 이러한 점을 증
명해줄 만한 다양한 예들이 얼마든지 널려 있다. 우리는 초기 그리스도교
의 예전적 전통 내부에서 두 가지 예를 가지고 분석을 시작한다. 이 경우에
서 구전성의 연구들은 관련 내용에 대해 어떻게든 추측할 수 있는 것을 확
인해주었다. 전통이 제의나 예전 안에서 기능하는 '성스러운 말씀'은 성격
상 일반적으로 좀더 보수적이다. 전승은 (그것이 최선의 용어라면) 공동체의 정
체성을 형성하는 전통에 대한 기념과 긍정적 단언에 있어 성스러운 반복
의 속성 가운데 존재한다.

b. 주의 기도(마 6.7-15/눅 11.1-4)

마 6.7-15	눅 11.1-4
7 또 기도할 때에 이방인과 같이 중언부언	

ET *The Words of Jesus Considered in the Light of Post-Biblical Jewish Writings and the Aramaic Language* (Edinburgh: Clark, 1902).

226) 펑크는 반제, 유사어 평행구, 전복, 역설, 그리고 자신의 관점에서 보다 독특한 다른 것들을 포함
하여, '목소리 흔적'에 대해 말한다(*Honest* 144-45, 149-58).

하지 말라 그들은 말을 많이 하여야 들으실 줄 생각하느니라	
8 그러므로 그들을 본받지 말라 구하기 전에 너희에게 있어야 할 것을 하나님 너희 아버지께서 아시느니라.	1 예수께서 한 곳에서 기도하시고 마치시매 제자 중 하나가 여짜오되 주여 요한이 자기 제자들에게 기도를 가르친 것과 같이 우리에게도 가르쳐 주옵소서
9 그러므로 너희는 이렇게 기도하라 하늘에 계신 우리 <u>아버지여 이름이 거룩히 여김을 받으시오며</u>	2 예수께서 이르시되 너희는 기도할 때에 이렇게 하라 <u>아버지여 이름이 거룩히 여김을 받으시오며 나라가 임하시오며</u>
10 <u>나라가 임하시오며</u> 뜻이 하늘에서 이루어진 것 같이 땅에서도 이루어지이다.	
11 <u>오늘 우리에게 일용할 양식을 주시옵고</u>	3 <u>우리에게 날마다 일용할 양식을 주시옵고</u>
12 <u>우리가</u> 우리에게 <u>죄</u> 지은 자를 <u>사하여 준</u> 것 같이 <u>우리</u> 죄를 <u>사하여 주시옵고</u>	4 <u>우리가</u> 우리에게 <u>죄</u> 지은 모든 사람을 <u>용</u>서하오니 우리 죄도 <u>사하여 주시옵고 우리를 시험에 들게 하지 마시옵소서</u> 하라.
13 <u>우리를 시험에 들게 하지 마시옵고</u> 다만 악에서 구하시옵소서.	
14 너희가 사람의 잘못을 용서하면 너희 하늘 아버지께서도 너희 잘못을 용서하시려니와	
15 너희가 사람의 잘못을 용서하지 아니하면 너희 아버지께서도 너희 잘못을 용서하지 아니하시리라.	

이 둘 사이의 변용을 어떻게 설명할 수 있을까? 만일 마태와 누가가 이 전통을 공통된 문서 자료(Q)에서 가져온 것이라면 정말 이상할 것이다.[227] 그렇다면 왜 이런 변용이 더구나 기도문 안에서 발견되는 것일까? 여기 다시 문어적 패러다임의 저주가 이 대목에 무겁게 드리워진다. 이 전통이 알려졌다면 오로지 복음서를 집필할 때 Q라는 문서에 그 전통이 들어 있었기 때문이라는 가정 말이다.[228] 훨씬 더 분명한 설명은 이것이 공동체 예배(일

---

227) 스트리터가 살펴본 바와 같다(*Four Gospels* 277-78).
228) 이와 관련하여 전형적인 의견은 D. E. Oakman, 'The Lord's Prayer in Social Perspective', in Chilton and Evans, eds., *Authenticating the Words of Jesus* 137-86에 나와 있다. '양식상의 차이들은 상이한 필사자들의 전통과 관심에 의해 가장 잘 설명된다'(151-52). 그 기도가 Q에 들어 있었는지 여부에 대한 의견의 차이와 관련하여 충분한 증거 자료는 S. Carruth and A. Garsky, *Documenta Q: Q 11:2b-4* (Leuven: Peeters, 1996) 19-33을 보라.

인칭 복수가 강하게 암시하듯)의 살아 있는 예전 가운데 유지된 전통이었다는 것이다. 초기 그리스도교 제자들이 이 전통을 알지 못했다면, 이는 거의 확실히 그들이 예외적으로 기록된 문서에서 읽은 것을 들었기 때문일 것이다. **아마도 매일 그 전통으로 기도했기 때문에 그들은 그것을 알았을 것이다.**[229] 이 경우에서는 문어적 패러다임의 그 저주에 이어, 이와 같은 자료에 대한 그렇게 많은 학문적 토론들이 규칙적인 예배라는 살아 있는 전통과 고립된 채 발생한다는 사실이 많은 탐구자들의 또 다른 맹점을 조명해 주는 듯하다.

요지인즉, 예전적 용도는 관련 자료를 간직하고 (느리게) 각색하게 만든다는 것이다.[230] 예레미아스가 주장한 대로, 주기도문의 두 버전들에 대한 가장 설득력 있는 설명은, 예전적인 기도가 가볍게 둘로 나눠지는 패턴 가운데 그 두 버전들이 예전적인 각색의 표시를 보여줄 뿐이라는 것이다. 마태의 경우 좀더 경외적인 어투와 처음 문구가 회중의 한 목소리 기도에 맞춰 표현되었고, 그 기도의 절반 양쪽 끄트머리에서는 그 간결함을 증보하기 위한 첨가 문구가 보태졌는데, 이는 아마도 그 첨가가 이루어진 간구 내용을 분명히 하고자 함이었을 것이다. 누가의 경우는 특히 매일 기도에 맞춰 수정이 이루어졌을 것이다.[231] 예전적 발전/수정의 과정이 계속되었다는 것은 마태의 버전에 이후 마지막 송영구를 첨부한 점에서 증명된다('나

---

229) 이 기도가 문학적 전승보다 일차적으로 구전이었을 개연성은, 특히 디다케 8.2이 그 논의에 포함될 때 매우 폭넓게 인식된다. '그리스도인 저자가 주의 기도를 인용하기 위해 어떤 문서 자료에서 베껴 써야 했을 것이라는 주장은 가장 신빙성이 떨어진다'(Koester, *Ancient Christian Gospels* 16); 또한 Luz, *Matthäus* 1.334; Crossan, *Historical Jesus* 293; J. P. Meier, *A Marginal Jew* vol. 2 (New York: Doubleday, 1994) 357-58. H. D. Betz, *The Sermon on the Mount* (Hermeneia: Minneapolis: Fortress, 1995) 370-71: '일반적으로 예전적인 자료의 특징은, 구전 단계에서는 한계 내의 변용 가능성이 규칙인 반면, 이러한 텍스트의 전승에서 텍스트로 고착되는 것은 훨씬 후대에 발생한다는 것이다. 이러한 특징들은 주의 기도에도 적용된다. 그러므로 세 종류의 전승들은 구어 전통 가운데 이 기도가 겪은 변용들을 나타낸다.…기록된 단 하나의 주의 기도 원본이 있었던 것이 결코 아니다.…구어 전통은 신약성서의 문서 텍스트는 물론 그 이후에도 계속 영향력을 발휘하였다'(370). 디다케 8.3에서는 이 기도를 하루에 세 번 말하라고 추천한다(온전한 유대적 관행). 롬 8.15와 갈 4.6의 관련성에 대해서는 아래 제14장 각주 36과 §16.2b를 보라.

230) 제의적 공식문안은 더욱 고착화되는 경향이 있다(Vansina, *Oral Tradtion* 146-47). 그리스 정교회에서는 여전히 성 요한네스 크리소스토무스와 가이사랴의 성 바실리우스의 예전들을 거행한다.

231) Jeremias, *Prayers of Jesus* 89-94을 보라. 또한 *Proclamation* 195-96. 피츠마이어는 예레미아스의 주장에 많은 부분 동의하지만, 마태의 변용들이 마태의 편집이라고 생각한다(*Luke* 897); 예전적 발전의 가설은 단선적인 문학적 편집의 가설보다 더 잘 이해된다.

라와 권능과 영광이 영원히 당신의 것이기 때문입니다, 아멘').[232] 명백하게 같은 기도 안에서 그러한 예전적 변용이 오늘날까지 계속되고 있는 점을 지적하는 것은 이 점과 관련하여 적절하다. 예컨대, 스코틀랜드의 기도자들은 '빚'(debts)으로 기도하는데, 영국에서는 '잘못'(trespasses)이라고 기도한다. 그리고 대부분의 근대 서구 기도서에서 현대 버전들과 전통 버전들은 서로 경합하며 밀치락달치락한다. 예전은 결국 근대 서구 공동체에서 구어 전통과 가장 많이 비견되므로(정기적으로 예배하는 자들은 그 책의 '순서를 따를' 필요가 없다) 그 평행구는 어떤 힘을 가지고 있다.

한 가지 주목할 만한 또 다른 논지는, 주기도문의 두 도입부(마 6.9a; 눅 11.1-2a)는 어쨌든 그럴 법한 사실, 즉 이 기도가 첫 제자들에게 정체성의 지표로 기능했다는 점을 확인해준다는 것이다.[233] 그리스도인들은 그들 가운데, 그리고 다른 사람들에게도 하나님을 '아버지'나 '우리 아버지'로 부른 자들로 인식할 수 있었다. 반면 유대인들의 예배에서 전형적인 기도는 한층 더 예전적 엄숙함을 가지고 있었다.[234] 더구나 이 전통의 두 버전들은 이 기도를 명백히 예수의 것으로 간주하고 이 기도가 명시적으로 예수가 제자들에게 준 것임을 기록한다.[235] 의심의 여지 없이 바로 그런 까닭에 이 기도가 그렇게 중시되고 반복되었을 것이다. 이 모든 것에도 불구하고 이 기도가 예수의 개별적 간구문들을 편찬한 결과이며(이거나)[236] 후대에 한 익명의 제자로부터 나왔다고[237] 결론을 내리는 것은 정당화할 수 없을 정도로 회의적이다. 초기 전통에서 그 위상은 폭넓게 높이 존경을 받은 사람의 영

---

232) 이에 대한 본문비평적 자료는 B. M. Metzger, *A Textual Commentary on the Greek New Testament* (London: United Bible Societies, 1971, 1975 수정됨) 16–17. 디다케 8.2–3은 그 송영구가 '권세와 영광이 영원히 당신의 것입니다'라는 것만 있던 때의 중간 단계를 예시한다.

233) Jeremias, *Proclamation* 196–97.

234) 예컨대, 식사 시작 전에 드리는 축원문, '주님 우리 하나님, 우주의 왕이시여, 당신을 송축합니다.' G. Vermes, *The Religion of Jesus the Jew* (London: SCM, 1993)는 '유대인의 관례적 기도 용어 "주님, 우주의 왕이시여"가 그 어디에서도 예수와 연관되지 않고 있음'을 본다(136). 추가로 §14.2b와 § 14.3d를 보라.

235) 여기에는 자연스런 아람어의 흔적이 탐지된다. Jeremias, *Proclamation* 196; Fitzmyer, *Luke* 901; Davies and Allison, *Matthew* 1.593을 보라.

236) Funk, *Five Gospels* 148–50; 그 논의는 문학적 의존의 가설에 의해 무효가 되어버렸다.

237) Crossan, *Historical Jesus* 294.

향을 암시하는데, 그 가운데 예수 자신이 그 기도를 생각해낸 가장 뚜렷한
후보자이다.[238]

c. 마지막 만찬

두 번째로 명백한 예는 예수가 자신의 제자들과 함께한 마지막 만찬으
로 이는 분명 정기적인 예전적 기념의 내용이 되었다(고전 11.23-26). 그 전통
은 네 가지다.

A 마 26.26-29	막 14.22-25
26 그들이 먹을 때에 예수께서 떡을 가지사 축복하시고 떼어 제자들에게 주시며 이르시되 받아서 먹으라 이것은 내 몸이니라 하시고 27 또 잔을 가지사 감사기도 하시고 그들에게 주시며 이르시되 너희가 다 이것을 마시라. 28 이것은 죄 사함을 얻게 하려고 많은 사람을 위하여 흘리는 바 나의 피 곧 언약의 피니라. 29 그러나 너희에게 이르노니 내가 포도나무에서 난 것을 이제부터 내 아버지의 나라에서 새것으로 너희와 함께 마시는 날까지 마시지 아니하리라 하시니라.	22 그들이 먹을 때에 예수께서 떡을 가지사 축복하시고 떼어 제자들에게 주시며 이르시되 받으라 이것은 내 몸이니라 하시고 23 또 잔을 가지사 감사기도 하시고 그들에게 주시니 다 이를 마시매 24 이르시되 이것은 많은 사람을 위하여 흘리는 나의 피 곧 언약의 피니라. 25 진실로 너희에게 이르노니 내가 포도나무에서 난 것을 하나님 나라에서 새 것으로 마시는 날까지 다시 마시지 아니하리라 하시니라.

B 눅 22.17-20	고전 11.23-26
17 이에 잔을 받으사 감사기도 하시고 이르시되 이것을 갖다가 너희끼리 나누라.	

---

238) '만일 여러 기도문을 예수의 입을 빌려 표현한 것이 통상적이었다면, 우리는 이 기도 이외에도 설사 그것이 딱히 그리스도교적 기도가 아닐지라도 더 많은 예수의 기도를 갖게 되었을 것이다' (Lüdemann, *Jesus* 147); 유사하게 Meier, *Marginal Jew* 2.294; Becker, *Jesus* 265–67.

18 내가 너희에게 이르노니 내가 이제부터 하나님의 나라가 임할 때까지 포도나무에서 난 것을 다시 마시지 아니하리라 하시고 19 또 떡을 가져 감사기도 하시고 떼어 그들에게 주시며 이르시되 <u>이것은 너희를 위하여 주는 내 몸이라 너희가 이를 행하여 나를 기념하라</u> 하시고 20 저녁 먹은 후에 잔도 그와 같이 하여 이르시되 <u>이 잔은 내 피로 세우는 새 언약이니 곧 너희를 위하여 붓는 것이라.</u>	23 내가 너희에게 전한 것은 주께 받은 것이니 곧 주 예수께서 잡히시던 밤에 <u>떡을 가지사</u> 24 축사하시고 떼어 이르시되 <u>이것은 너희를 위하는 내 몸이니 이것을 행하여 나를 기념하라</u> 하시고 25 식후에 또한 그와 같이 <u>잔을 가지시고 이르시되 이 잔은 내 피로 세운 새 언약이니 이것을 행하여 마실 때마다 나를 기념하라</u> 하셨으니 26 너희가 이 떡을 먹으며 이 잔을 마실 때마다 주의 죽으심을 그가 오실 때까지 전하는 것이니라.

해당 전통은 여기서 두 가지로 선명히 구분되는 형태로, 즉 하나는 마가와 마태(A), 다른 하나는 누가와 바울서신(B) 가운데 보존되어왔다. A에서 예수는 그 빵을 '축복한다.' 반면 B에서 그는 '감사를 드린다.' B는 빵에 대한 그 말에다 '너를 위해 (주어진)' '나를 기념하여 이것을 행하라'를 보탠다. 그 잔에 대해서 A는 '많은 이들을 (위하여) 흘린 내 언약의 피다'라는 구절을 가지고 있는 데 비해, B는 '이 잔은 내 피로 세운 새 언약이다'라는 구절을 가지고 있다. 이 변용은 문학적 의존이나 전자 또는 후자 형태가 더 수월하게 아람어 버전으로 소급될 수 있다는[239] 관점이 아니라 가볍게 변용된 두 가지의 예전적 관행이란 견지에서 가장 선명하게 설명될 수 있다. 예컨대 A 버전에서 빵과 포도주에 대한 말들이 평행구로 배열된 사실('이것은 나의 몸이다; 이것은 나의 피다')은 그 평행 원리를 도출하기 위한 예전적 조형을 암시하는 듯하다. 반면 B 버전은 빵에 대한 말을 처음 시작할 때 하고(유대인 식사

---

239) 피츠마이어는 두 형태 모두 '수월함과 문제점이 거의 동등하게 내포된' 동시대 아람어 버전으로 소급될 수 있다고 지적한다(*Luke* 1394-95). 다시 Casey, 'Original Aramaic Form'을 보라. 또한 *Aramaic Sources* 241.

의 통상적인 패턴에 따라) 잔과 함께 식사를 종료시킴으로('식후에') 식사의 기본 틀을 유지한다. A에서 수정 문안은 포도주/피에 좀더 초점을 맞추지만, B에서 초점은 그보다 잔에 맞추어져 있다.[240]

이 전통이 다양한 저자들에게 단지 문서 전통으로서, 그러니까 이따금 어떤 문서 자료를 읽는 것을 들음으로써만 알려졌다고 가정하는 것은 좀 우스꽝스러울 것이다. 보다 명백한 설명은, 다시 말하거니와, 이러한 말들이 주의 만찬을 기념하는 가운데 사용되었기 때문에 많은/대부분의 초기 그리스도교 공동체에 익숙했다는 것이다. **이것은** 준공식적이거나 공식적인 문헌 자료로 기록되기 이전이나 이후에 **두루 살아 있는 구어 전통이었다**. 여기서도 역시 그것은 근본적인 전통의 문제였는데, 이를테면 자신이 새로 세운 교회에 전수하고자 바울이 배려한 그런 종류의 전통이었다(고전 11.23).[241] 이런 종류의 전통은 나아가 그 교회들에 나름의 정체성을 부여하였고 그 전통을 구연함으로써 그 교회들은 그 정체성을 긍정하였다(다시 고전 10.21을 참조). 그것은 예수 자신이 시작한 대로 기억된 전통으로 우리가 분별할 수 있을 만큼 오래전부터 그렇게 기억되었다.[242]

---

240) 나의 책 *Unity and Diversity* 165-67과 거기 각주 23에 인용된 문헌 자료들을 보라. R. F. O'Toole, 'Last Supper', *ABD* 4.234-41 (여기서는 237-39)을 보라. Theissen and Merz, *Historical Jesus* 420-23.

241) 바울이 그 전통을 '주'께로 돌리는 사실(고전 11.23)은 그의 회심 이후 바울에게 내린 계시를 가리키는 증거로 취해서는 안 된다(특히 최근에 H. Maccoby, 'Paul and the Eucharist', *NTS* 37 [1991] 247-67 처럼). 여기 사용된 언어는 전통의 언어이고('나는 받았다'—*parelabon*; '내가 너희에게 전해주었다'—*paredōka*) 바울에게 그 전통을 준 '그 주'는 '그가 배반당하던 그 밤에 빵을 취하여…[만찬을 집례한] 주 예수'이다(11.23). 추가로 O. Cullmann, 'The Tradition', *The Early Church: Historical and Theological Studies* (London: SCM, 1956) 59-75의 여전히 값진 논의를 보라. 그는 그중에서도 유난히 고전 7.10이 이혼에 대한 예수의 가르침 전통을 '그 주'께 돌리는 것을 주목한다('혼인한 자들에게 나는 명한다, 내가 아니라 주시니…')(68). 엑스토크(XTalk) 온라인 세미나의 교환 프로그램에서 매코비(Maccoby)는 '성만찬의 요소들이 셈족 계통의 유대풍을 결여하고 있기 때문에 구전성의 결여를 드러낸다'는 자신의 주장을 반복하며(피츠마이어의 통찰을 무시한 채—위의 각주 239), '다양한 복음서들 사이의 빤한 모순점들'을 언급하였다. 매코비가 '빤한 모순점들'이라고 부르는 것을 나는 단지 구어적 변주로 본다. 이는 도처에 널린 예수 전통의 변주 범위 안에서 충분히 가능하다.

242) 그 '제정의 말씀'에 대한 디다케 9장('성만찬에 관하여')의 침묵이 반드시 디다케가 예전적 발전 과정에서 (마가복음이나 고전 11장보다) 더 오래된 단계를 반영한다는 것을 뜻하지 않는다(Crossan, *Historical Jesus* 360-67이 주장하듯이). 그것은 디다케가 전통적인 핵심을 지닌 채 단순히 예전적으로 좀더 장엄한 행위(디다케 10장도 마찬가지)에 적절하다고 사료되는 감사(*eucharistein*) 기도를 첨부한 것을 입증하는 것일 수 있다. 요한복음은 마지막 만찬에 대해 아무 언급이 없지만 6.52-58에 빵과 포도주 관련 말씀들에 대한 지식을 반영한다. 이에 대한 간략한 논의와 리뷰(참고 문헌과 함께)로 Davies and Allison, *Matthew* 3.465-69을 보라. 디다케와 성만찬에 대해서는 Draper, ed., *Didache* 1-42 (26-31), 244-75, 276-99에 실린 드레이퍼(J. A. Draper), 베츠(J. Betz), 마차(E. Mazza)의 논문들을 보라.

물론 그 최초의 형태 가운데 예수가 유월절 식사를 기념하였거나[243] 향후 반복될 제의를 제정한 것으로 기억되었는지 여부를 묻는 것은 정당하다. 후자의 논점에 대해 위의 A 버전은 사실 그렇다고 말하지 않는다. 반복을 요청하거나 가정하는 것은 B와 고린도전서 11.25b-26의 증보한 내용 모두에 해당되는 독특한 특징이다.[244] 더구나 편집의 증거는 분명히 도처에 널려 있다.[245] 그럼에도 불구하고 구어 전통의 특징들은 분명하게 남아 있다. 필요한 만큼 최대한 조심스럽게 예수가 사용한 말들의 핵심 요소를 유지하려는 관심과 함께, 이 경우 의심의 여지 없이 상이한 교회들이 발전시켜나간 예전적 관행을 반영하는 (정련된 마무리 작업을 포함하는) 유연성.

d. 산상설교/지상설교

산상설교 전통의 신기한 특징은 마태와 누가 버전들 사이의 유사성 가운데 깃든 변동성이다. 우리가 (편의상) 마태의 설교 네 단락 중 세 번째라 할 수 있는 대목에서 그 유사성은 그 구절들이 Q 문서의 존재를 시위하는 훌륭한 증거로 보증할 정도이다.[246] 그러나 다른 4분의 3 분량의 설교 가운데 그 문자적 평행구는 훨씬 덜 긴밀하여 거기 어떤 문학적 의존의 증거가 있나 싶을 정도로 상당한 의문을 남긴다.[247] 이에 대한 대안으로 우리가 지상설교(Q/눅 6.20b-23, 27-49)와 다른 Q 평행구를 보면 마찬가지로 현저한 사실이

---

243) 아래 §17.1c를 보라.
244) 이러한 고려 사항들(포도주보다 잔에 더 초점을 맞춘 것을 포함하여)은 한 유대인이 어떻게 자신의 제자들에게 피를 마시라고 요구할 수 있었는지를 생각하는 문제를 수월하게 해준다(예컨대, Theissen and Merz, *Historical Jesus* 421-23; Funk, *Acts of Jesus* 139). 어쨌든, 예언적 상징 행위(아래 §15.6c에서 각주 231을 보라)를 처음부터 염두에 두었다는 점은 기억될 필요가 있다: 그들은 (육체가 아닌) 빵을 먹었고, (피가 아닌) 포도주를 마셨다. J. Klawans, 'Interpreting the Last Supper: Sacrifice, Spiritualization, and Anti-Sacrifice', *NTS* 48 (2002) 1-17을 보라.
245) 특히 '죄의 용서를 위하여'라는 문구를 마태가 첨가한 부분(마 26.28)이 그렇다. 바로 이 문구는 그가 의도적으로 3.2에서 생략한 것 같다(막 1.4/눅 3.3 참조). 추가로 아래 §11.3b를 보라.
246) 마 6.22-23/눅 11.34-36; 마 6.24/눅 16.13; 마 6.25-34/눅 12.22-32; 마 7.1-2/눅 6.37a, 38b; 마 7.3-5/눅 6.41-42; 마 7.7-11/눅 11.9-13; 마 7.12/눅 6.31.
247) 그럼에도 불구하고, 대부분의 논의는 간단히 Q의 편집적 사용을 가정한다: 예컨대, Fitzmyer, *Luke*, Davies and Allison, *Matthew*와 Kloppenborg, *Q Parallels*. 스트리터는 한 가지 형식 이상으로 나타난 '구어 전통'의 가능성을 인식했다. 그러나 그 차이들은 마태가 Q와 M을 문학적 편집으로써 융합시킨 결과로 설명해야 한다고 주장한다(*Four Gospels* 251-53).

드러나는데, 그 평행구와 마태의 유사성이 아주 미미하여 문학적 의존의 문제를 다시 원점으로 돌려놓게 된다는 것이다.[248] 대부분의 경우에서 훨씬 더 개연성 있는 설명은 같은 전통이 두 개의 구어 버전으로 변용되었다는 것이다. 이전과 같이 그 증거는, 전자든 후자든(또는 양자 모두이든) 단순히 그들이 알게 된 구어 전통에서 직접 가져왔는지, 또는 Q 문서에서 구전 방식으로 빌려왔는지 여부를 결정하지 못한다. 그 어느 쪽이든, 증거는 문학적 의존보다 구어적 의존 쪽으로 기운다. 다음 예들을 검토해보라.

마 5.13	눅 14.34-35
13 너희는 세상의 소금이니 소금이 만일 그 맛을 잃으면 무엇으로 짜게 하리요? 후에는 아무 쓸 데 없어 다만 밖에 버려져 사람에게 밟힐 뿐이니라.	34 소금이 좋은 것이나 소금도 만일 그 맛을 잃으면 무엇으로 짜게 하리요? 35 땅에도, 거름에도 쓸 데 없어 내버리느니라 들을 귀가 있는 자는 들을지어다 하시니라.

마 5.25-26	눅 12.57-59
25 너를 고발하는 자와 함께 길에 있을 때에 급히 사화하라. 그 고발하는 자가 너를 재판관에게 내어 주고 재판관이 옥리에게 내어 주어 옥에 가둘까 염려하라 26 진실로 네게 이르노니 네가 한 푼이라도 남김이 없이 다 갚기 전에는 결코 거기서 나오지 못하리라.	57 또 어찌하여 옳은 것을 스스로 판단하지 아니하느냐? 58 네가 너를 고발하는 자와 함께 법관에게 갈 때에 길에서 화해하기를 힘쓰라. 그가 너를 재판장에게 끌어가고 재판장이 너를 옥졸에게 넘겨 주어 옥졸이 옥에 가둘까 염려하라. 59 네게 이르노니 한 푼이라도 남김이 없이 갚지 아니하고서는 결코 거기서 나오지 못하리라 하시니라.

---

248) Bergemann, *Q auf dem Prüfstand*는 눅 6.20b-49이 Q의 일부가 아니었다고 결론 내린다. 이에 대한 클로펜보그 버빈의 반응(*Excavating Q* 62-65)은 개별적인 단화들의 일치 가운데 깃든 변용 가능성과 함께 내가 여기서 주목하고 있는 안정된 핵심 요소라는 현상을 고려하지 못한다.

마 5.39b-42	눅 6.29-30
39b 누구든지 네 오른편 **뺨을** 치거든 **왼편**도 돌려 대며 또는 악을 40 또 너를 고발하여 **속옷을** 가지고자 하는 자에게 **겉옷까지도** 가지게 하며 41 또 누구든지 너로 억지로 오 리를 가게 하거든 그 사람과 십 리를 동행하고 42 **네게 구하는** 자에게 **주며** 네게 꾸고자 하는 자에게 거절하지 말라.	29 너의 이 **뺨을** 치는 자에게 저 **뺨도** 돌려 대며 네 **겉옷을** 빼앗는 자에게 **속옷도** 거절하지 말라. 30 **네게 구하는** 자에게 **주며** 네 것을 가져가는 자에게 다시 달라 하지 말며

마 6.19-21	눅 12.33-34
19 너희는 스스로를 위하여 재물을 땅에다가 쌓아 두지 말아라. 땅에서는 좀이 먹고 녹이 슬어서 망가지며, 도둑들이 뚫고 들어와서 훔쳐 간다. 20 그러므로 너희 재물을 하늘에 쌓아 두어라. 거기에는 **좀이** 먹거나 녹이 슬어서 망가지는 일이 없고, **도둑들이** 뚫고 들어와서 훔쳐 가지도 못한다. 21 **너희의 재물이 있는 곳에, 너희의 마음도 있다.**	 33 너희 소유를 팔아 구제하여 낡아지지 아니하는 배낭을 만들라. 곧 **하늘에** 둔 바 다함이 없는 **보물이니** 거기는 **도둑도** 가까이 하는 일이 없고 **좀도** 먹는 일이 없느니라. 34 **너희 보물 있는 곳에는 너희 마음도 있으리라.**

마 7.13-14	눅 13.24
13 **좁은** 문으로 **들어가라.** 멸망으로 인도하는 문은 크고 그 길이 넓어 그리로 **들어가는** 자가 **많고** 14 생명으로 인도하는 문은 좁고 길이 협착하여 찾는 자가 적음이라.	24 **좁은** 문으로 **들어가기를** 힘쓰라 내가 너희에게 이르노니 **들어가기를** 구하여도 못하는 자가 **많으리라.**

마 7.24-27	눅 6.47-49
24 그러므로 누구든지 <u>나의 이 말을 듣고 행하는 자</u>는 그 <u>집을 반석 위에 지은</u> 지혜로운 사람 <u>같으리니</u>	47 내게 나아와 내 말을 듣고 행하는 자마다 누구와 <u>같은 것</u>을 너희에게 보이리라.
25 비가 내리고 <u>창수가 나고 바람이 불어 그 집에 부딪치되</u> 무너지지 아니하나니 이는 주추를 반석 위에 놓은 까닭이요	48 <u>집을 짓되</u> 깊이 파고 주추를 <u>반석 위에</u> 놓은 사람과 같으니 큰 물이 나서 탁류가 <u>그 집에 부딪치되</u> 잘 지었기 때문에 능히 요동하지 못하게 하였거니와
26 <u>나의 이 말을 듣고 행하지 아니하는 자</u>는 그 <u>집을</u> 모래 <u>위에 지은</u> 어리석은 사람 <u>같으리니</u>	49 <u>듣고 행하지 아니하는</u> 자는 주추 없이 흙 <u>위에</u> 집 지은 사람과 같으니 탁류가 부딪치매 집이 곧 <u>무너져</u> 파괴됨이 <u>심하니라</u> 하시니라.
27 비가 내리고 <u>창수가 나고 바람이 불어 그 집에 부딪치매</u> 무너져 그 <u>무너짐이 심하니라.</u>	

각각의 경우 두 가지 특징이 명확하다. 가르침은 본질적으로 같다. 주요 강조점은 핵심 단어나 문구로 전달된다(소금, 맛을 잃다, 바깥에 버리다; 고소하는 사람, 감옥에 처넣을 [위험], '내가 너희에게 말한다. 너희가 마지막 한 푼까지 다 갚기 전에는 거기에서 나오지 못할 것이다';[249] 뺨, 다른 쪽(왼편), 겉옷/속옷 또한, '네게 달라는 자에게 주어라';[250] 좀이나 도둑이 [침범할 수 없는] 하늘에 있는 재물, '너희의 재물이 있는 곳에 너희의 마음도 있을 것이다';[251] '좁은 [문]으로 들어가라'; 듣는 것과 행하는 것, 반석 위에 지은 집, 홍수, 허약한 토대 위에 지은 집, 무너지다). 그 밖에 다른 세부 사항은 아주 다양하다.[252] 그러한 어록들이 단순히 같은 문서에서 복제한 것이라고 상상하기 어렵다.[253] 몇 가지 Q 편집본이 있었다(그래서 마태는 그중 하나를 복제했고, 누가는

---

249) *Did.* 1.5은 이 마지막 어록을 사용한다: '그는 마지막 한 푼까지 다 갚기 전에는 거기에서 나오지 못할 것이다.'

250) *Did.* 1.4-5은 마태 버전을 알고 있었음을 잘 반영하는 듯하다. 도마복음에서 그 어록은 약간 다른 요지와 함께 구성되었다: '만일 네가 돈이 있다면, 이자를 받고 그것을 빌려주지 말라. 그러나 네가 돌려받지 못할 사람에게 그것을 주어라'(*GTh* 95).

251) 아래 제13장 각주 158을 보라.

252) 마 5.43-48/눅 6.27-28, 32-36은 아래 §14.5까지 미루어두었다.

253) 이러한 경우들에서 Q를 재구성하는 어려움은 Robinson/Hoffmann/Kloppenborg, *Critical Edition*에 명백하게 나타난다. 가령, 클로펜보그가 그의 Q¹에서 첫 번째 덩어리로 간주하는 것(Q 6.20-23b, 27-49) 가운데, 6.27-35은 앞서 설명한 대로 모두 6.29-30과 같다. 그러나 상당한 변용들이 한 문서(Q)를 편집한 결과라는 점은 설득력이 떨어진다. 보다 명백한 설명은 마태가 상이한 버전들을 알았고 그 겹치는 자료(q)를 좀더 자유로운 반복적 구연의 정신으로 자유롭게 제시했다

또 다른 것을 베껴 썼다)는 대안적 제안은 절박함의 기미를 보이는데, 왜냐하면 이는 우선적으로 Q 문서의 존재에 대한 주장 자체를 훼손하기 때문이다. 마태가 자유롭게 Q(=눅)를 편집하였거나 그 반대의 경우였다는 제안도 비슷하다.[254] 여기서 한 번 더 문어적 패러다임은 단순히 도움이 안 된다. 이것들은 모두 구어 전통이 그러한 가르침을 보존하는 방식으로 예수의 가르침으로 기억된 가르침이다. 그 어록의 성격과 강조점은 변함없이 안정된 단어와 문구를 통해 보존된다. 반면 그 요지는 다시 이야기하는 사람이 주어진 경우에 적절한 것으로 판단한 방식에 따라 정교하게 가공된다.

e. 다른 Q/q 전통

예수의 가르침을 기록한 다른 곳에서 마태와 누가가 공유한 전통들과 관련해서는 그림이 조금 다르다. 그 어법이 아주 유사하여 문학적 의존이 가장 분명한 설명이 되는 구절들이 여기 다시 한 번 나온다.[255] 그러나 다시 또 구어 전통의 유연성이란 견지에서 설명되길 하소연하는 평행 구절들이 나온다.

마 10.34-38	눅 12.51-53; 14.26-27
34 내가 세상에 <u>화평</u>을 주러 온 줄로 생각하지 말라. 화평이 아니요 검을 주러 왔노라.	12.51 내가 <u>세상</u>에 <u>화평</u>을 주려고 온 줄로 아느냐? 내가 너희에게 이르노니 아니라 도리어 분쟁하게 하려 함이로라. 52 이 후부터 한 집에 다섯 사람이 있어 분쟁하되 셋이 둘과, 둘이 셋과 하리니

는 것이다. 이와 유사한 사례로 Q 6.36, 43-44, 46. Q 가설의 토대에서 보면, Q 6.37-40을 분리하여 흩어놓은 장본인은 마태이다(마 7.1-2; 15.14; 10.24-25).

254) 예컨대, Polag, *Fragmenta Q*의 재구성은 때로 누가가, 때로는 마태가 Q를 보존했다고 가정하는 듯하다. 그 결과 그는 그 두 버전들의 불일치를 감춰버리고, 왜 한쪽 또는 양쪽이 Q라는 문서 텍스트에서 갈라졌는지를 수수께끼로 남겨놓는다. 예컨대, 첫 번째 경우에서 통상적인 문학적 편집 원리에 기초하여 볼 때 눅 14.34a은 눅=Q보다 막 9.50a에 더 잘 어울리는 것 같다.

255) 마 8.19b-22/눅 9.57b-60a; 마 11.7-11, 16-19/눅 7.24-28, 31-35; 마 11.25-27/눅 10.21-22; 마 12.43-45/눅 11.24-26; 마 23.37-39/눅 13.34-35; 마 24.45-51/눅 12.42-46.

35 내가 온 것은 사람이 그 아버지와, 딸이 어머니와, 며느리가 시어머니와 불화하게 하려 함이니	53 아버지가 아들과, 아들이 아버지와, 어머니가 딸과, 딸이 어머니와, 시어머니가 며느리와, 며느리가 시어머니와 분쟁하리라 하시니라.
36 사람의 원수가 자기 집안 식구리라.	14.26 무릇 내게 오는 자가 자기 부모와 처자와 형제와 자매와 더욱이 자기 목숨까지 미워하지 아니하면 능히 내 제자가 되지 못하고
37 아버지나 어머니를 나보다 더 사랑하는 자는 내게 합당하지 아니하고 아들이나 딸을 나보다 더 사랑하는 자도 내게 합당하지 아니하며	
38 또 자기 십자가를 지고 나를 따르지 않는 자도 내게 합당하지 아니하니라.	27 누구든지 자기 십자가를 지고 나를 따르지 않는 자도 능히 내 제자가 되지 못하리라.

마 18.15, 21–22	눅 17.3–4
15 네 형제가 죄를 범하거든 가서 너와 그 사람과만 상대하여 권고하라 만일 들으면 네가 네 형제를 얻은 것이요	3 너희는 스스로 조심하라 만일 네 형제가 죄를 범하거든 경고하고 회개하거든 용서하라.
21 그 때에 베드로가 나아와 이르되 주여 형제가 내게 죄를 범하면 몇 번이나 용서하여 주리이까? 일곱 번까지 하오리이까?	
22 예수께서 이르시되 네게 이르노니 일곱 번뿐 아니라 일곱 번을 일흔 번까지라도 할지니라.	4 만일 하루에 일곱 번이라도 네게 죄를 짓고 일곱 번 네게 돌아와 내가 회개하노라 하거든 너는 용서하라 하시더라.

마 22.1–14	눅 14.15–24
1 예수께서 다시 비유로 대답하여 이르시되	15 함께 먹는 사람 중의 하나가 이 말을 듣고 이르되 무릇 하나님의 나라에서 떡을 먹는 자는 복되도다 하니
2 천국은 마치 자기 아들을 위하여 혼인 잔치를 베푼 어떤 임금과 같으니	16 이르시되 어떤 사람이 큰 잔치를 베풀고 많은 사람을 청하였더니
	17 잔치할 시각에 그 청하였던 자들에게 종을 보내어 이르되 오소서 모든 것이 준비되었나이다 하매
3 그 종들을 보내어 그 청한 사람들을 혼인 잔치에 오라 하였더니 오기를 싫어하거늘	
4 다시 다른 종들을 보내며 이르되 청한 사	18 다 일치하게 사양하여 한 사람은 이르

람들에게 이르기를 내가 오찬을 준비하되 나의 소와 살진 짐승을 잡고 모든 것을 갖추었으니 혼인 잔치에 오소서 하라 하였더니

5 그들이 돌아보지도 않고 한 사람은 자기 밭으로, 한 사람은 자기 사업하러 가고

6 그 남은 자들은 종들을 잡아 모욕하고 죽이니

7 임금이 노하여 군대를 보내어 그 살인한 자들을 진멸하고 그 동네를 불사르고

8 이에 종들에게 이르되 혼인 잔치는 준비되었으나 청한 사람들은 합당하지 아니하니

9 네거리 길에 가서 사람을 만나는 대로 혼인 잔치에 청하여 오라 한대

10 종들이 길에 나가 악한 자나 선한 자나 만나는 대로 모두 데려오니 혼인 잔치에 손님들이 가득한지라.

11 임금이 손님들을 보러 들어올새 거기서 예복을 입지 않은 한 사람을 보고

12 이르되 친구여 어찌하여 예복을 입지 않고 여기 들어왔느냐? 하니 그가 아무 말도 못하거늘

13 임금이 사환들에게 말하되 그 손발을 묶어 바깥 어두운 데에 내던지라 거기서 슬피 울며 이를 갈게 되리라 하니라.

14 청함을 받은 자는 많되 택함을 입은 자는 적으니라.

되 나는 밭을 샀으매 아무래도 나가 보아야 하겠으니 청컨대 나를 양해하도록 하라 하고

19 또 한 사람은 이르되 나는 소 다섯 겨리를 샀으매 시험하러 가니 청컨대 나를 양해하도록 하라 하고

20 또 한 사람은 이르되 나는 장가들었으니 그러므로 가지 못하겠노라 하는지라.

21 종이 돌아와 주인에게 그대로 고하니 이에 집 주인이 노하여 그 종에게 이르되 빨리 시내의 거리와 골목으로 나가서 가난한 자들과 몸 불편한 자들과 맹인들과 저는 자들을 데려오라 하니라.

22 종이 이르되 주인이여 명하신 대로 하였으되 아직도 자리가 있나이다.

23 주인이 종에게 이르되 길과 산울타리 가로 나가서 사람을 강권하여 데려다가 내 집을 채우라.

24 내가 너희에게 말하노니 전에 청하였던 그 사람들은 하나도 내 잔치를 맛보지 못하리라 하였다 하시니라.

위의 사례 각각의 경우에서 우리는 분명 동일한 주제를 가지고 있다. 그러나 마태/누가 평행구들 사이에 말의 표현이 일치하고 겹치는 경우는 아주 미미하고 심지어 극소량에 불과하여, 하나가 다른 하나에서 파생되었다거나 둘 다 문학적 차원에서 공통된 하나의 원천 자료에서 유래했다고 주장하기 곤란해진다. 마태와 누가가 직접 Q(=눅?)에서 가져왔다는 가설은[256] 단

순히 그 자료의 의미와 충분히 통하지 않는다. 반면, 주제와 제시되는 요지의 유사점은 구어로 다시 이야기하기의 유연성과 적응 가능성에 잘 맞아떨어진다.[257] 각각의 경우에서 복음서 저자는 그 나름의 방식대로 공통된 주제를 표현하면서 정교하게 마무리한 것 같다. 마 10.37-38(합당한 자질); 눅 14.26-27(제자직); 마 18.15, 21-22(교회 권징); 마 22.7, 11-14(예루살렘의 파괴, 혼인예복의 부족), 눅 14.21-22, 23(교회의 양 갈래 선교). 그러나 그러한 반복적 이야기하기는 구전된 가르침의 매개 변수들 내에 존재한다.[258] 우리는 예수가 제자직의 도전과 그 후속 결과인 가족 분열에 대하여 경고할 때, 또 관대하고 타산적이지 않은 용서를 격려할 때, 나아가 오는 것을 거절하여 거리의 사람들로 대체된 하객들이 나오는 잔치에 대한 이야기를 구연할 때, 그 자리에서 예수가 기억되었다고 편하게 결론 내릴 수 있다.[259]

요약하면, 우리가 예수의 가르침 전통과 관련하여 발견한 내용은 서사 전통과 관련된 것과 잘 맞아떨어진다. 나는 마가 우선설과 마찬가지로 Q 문서의 존재를 부인하고 싶지 않다.[260] 그러나 거듭 말하거니와, 'q'/'Q' 자

---

256) 다시 예를 들어, Fitzmyer, *Luke*와 Kloppenborg, *Q Parallels*를 보라. Catchpole, *Quest* 323-24. 달란트/므나 비유(마 25.14-29/눅 19.11-27) 역시 Q를 재구성하는 어려움이 다시 명확해지는 곳에서 인용되었을 가능성이 있다(Robinson/Hoffmann/Kloppenborg, *Critical Edition* 524-57; A. Denaux, 'The Parable of Talents/Pounds [Q 19,12-27]: A Reconstruction of the Q Text', in Lindemann, ed., *Sayings Source Q* 429-60).

257) 도마복음은 위의 세 가지 예문들 가운데 첫째와 셋째에 대한 변이된 전통들을 가지고 있다(마 10.34-36/눅 12.51-53/도마 16; 마 10.37-38/눅 14.26-27/도마 55, 101[그러나 도마의 전형적인 윤색과 함께]; 마 22.1-14/눅 14.15-24/도마 64[그러나 핵심 요지는 약간 방향이 바뀜—아래 §12.4b 각주 203을 보라]); 막 8.34도 마 10.38/눅 14.27/도마 55.2b의 변이형을 알고 있는데, 이것들을 마 16.24과 눅 9.23이 따른다. 반면 두 번째 예에서 나사렛복음서 15이 마태를 알듯이(마 18.21-22) 디다케가 다시 마태를 아는 것 같다(디다케 15.3; 마 18.15-35).

258) Gerhardsson, 'Illuminating the Kingdom'을 참조하라. 그는 비유들(서사적 메샬림[*meshalim*]) 사이의 차이점들이 '다소 견고한 텍스트의 의도적 변개'를 입증해준다고 결론짓는다(291-98). 그럼에도 불구하고 문학적 패러다임의 가정은 별도로 주목되어야 한다.

259) 이 구절들에 대해 예수세미나가 내린 판단들은 그들의 결론을 유도한 매우 의심스러운 기준과 특정 성향 일변도의 사유를 다음의 경우에서 잘 예시한다: 일관성에 대한 다소 순진한 생각(마 10.34-36은 조건 없는 사랑에 대한 예수의 가르침과 '모순되는' 것 같다. 추가로 아래의 제14장 각주 242를 보라); 예수는 그리스도교 공동체보다 성서에 덜 어울리는 것 같다(이유는 설명되지 않음); 자료의 사용은 그 자료가 기원된 목적을 시사한다(눅 17.3-4는 '예수의 생애 내에 그를 따랐던 자들의 경우에 대해 인식되었던 것 이상으로 더 성숙한 공동체'를 반영한다는 것); '원래의 양식'이라는 '오류'(문학적 패러다임이라는 변덕스러운 이론적 근거)(Funk, *Five Gospels* 174, 216-17, 362, 234-35). 그러나 단순히 정확한 단어 표현, 다른 어록들과의 긴장, 그리고 후대 맥락에 대한 적합성 등과 같은 고려 사항들에 대한 언급만으로 '진정성'을 논의하는 것은 구전의 함의를 전혀 생각하지 못한다. 이야기와 같이 어록도 주제와 특정 단어나 문구의 불변성으로 그 정체성을 보유할 수 있었다. 반면 그것은 동시에 생성기 교회의 지속적인 삶 가운데 전개된 상황에 맞춰 각색되고 다시 적용되었다.

260) 위의 §8.4 결론 부분을 보라.

료의 경우 우리는 다른 공관복음서 내의 전통들이 분명히 연계되어 있고 (동일한 기본적 가르침) 예수의 가르침으로 명백히 기억되고 존중받은 사실과 직면한다. 동시에 위에서 검토한 경우들에서 그 관계는 각 버전이 어떤 선행하는 문서를 편집함으로써 생겨난 문학적 관계가 분명히 아니라는 것이다. 그 관계는 보다 선명하게 구전 차원에서 발생한 것으로 생각될 수 있다. 그것은 곧 이러한 전통들이 복음서 저자들에게 문서 형태가 아니라(또는 그뿐 아니라) 기억된 예수에 대한 공동체의 기념이나 살아 있는 예전 전통으로 알려졌음을 의미하는 듯하다. 그렇지 않다면, 이는 그들이 Q에 근거한 전통을 알았지만 Q를 구어적 이야기하기의 형식으로 간주하였기에(즉 그들은 Q 자료가 그들 앞에서 읽혀지거나 구연되는 것을 들었다) 그들 나름의 반복적 구연이 전통화 과정의 구어적 특징들을 간직하게 되었음을 뜻한다. 물론 이 두 대안은 서로 배타적이지 않다. 그러나 Q 문서의 범위와 내용을 규정하는 결과들이 상당히 많다는 점은 부인하기 어렵다. 미래의 Q 연구는 그러한 고려 사항을 포함시키는 것이 중요하다.[261]

서사 전통과 마찬가지로, 위에서 검토한 가르침 전통의 견본 사례도 그 구성의 구어적 성격에서 도출한 함의를 확인해주는 것 같다. (1) 맨 처음 예수의 첫 청중에게 그 전통을 떠올리도록 큰 영향을 끼친 예수의 가르침이 있었다. 그 핵심 강조점은 전반적 주제, 또는(그리고) 특히 단어와 문구 가운데 구체화되었는데, 제자들이 모인 자리나 교회 안에서 그 가르침을 되풀이 회자하고 전달하는 과정에서 그 요소들은 불변의 것으로 남게 되었다.[262] 앞서 검토한 모든 가르침은 제자들과 그 제자들의 공동체로서 그

---

261) Robinson/Hoffmann/Kloppenborg, *The Critical Edition of Q*가 출간되었다고 해서 Q 문서의 내용과 범위를 정착시킨 것으로 간주하지 말아야 한다. 아울러 Q 자료가 오직 기록된 문서 형태로만 존재했다고 섣부르게 결론짓지 말아야 한다.

262) 크로산을 참조하라: '전승의 기본 단위는 결코 아포리즘 어록의 "바로 그 말씀"(*ipsissima verba*)이 아니라, 고작해야 그 아포리즘의 핵심을 담은 "바로 그 구조"(*ipsissima structura*)이다'; '구어적 감각으로 사람들은 아포리즘의 어록을 말하거나 쓰지만 그들이 기억하고 떠올리는 것은 아포리즘의 핵심이다'(*Fragmenta* 40, 67). 또한 B. B. Scott, *Hear Then the Parable: A Commentary on the Parables of Jesus* (Minneapolis: Fortress, 1989)에서 말하는 비유가 '기원하는 구조'(originating structure)라는 개념을 참조하라: '비유의 본래 단어들을 구하는 것은 헛된 일이다. 그 비유를 보존한 사람들의 노력은 도서관 사서나 공문서 보관자, 또는 과거를 보존하는 필경사의 노력이 아니라 비유의 구조를 구연하는 이야기꾼의 노력으로 봐야 한다. 우리는 실제로 말해지거나 기록된

들의 정체성에 중요했을 것이고, 그들이 나눈 삶의 성격과 관련해서도 마찬가지였을 것이다. 그러한 가르침은, 베일리가 많이 제안한 대로, 공동체의 모임에서 반드시 귀하게 저장되고 묵상되었을 것이다.

(2) 자료를 다시 가르치는 가운데 생긴 변용들은 그 자료를 상이하게 수집하고, 각색하거나 발전시켜서, 거기서 추가 교훈을 끌어낼 수 있는 용이성을 입증해주는데, 이는 예수 자신이 끼친 최초 영향의 전통과 일관된 것이며 그 가르침을 귀하게 간직한 교회의 발전하는 환경에 비추어보아도 변함없이 여일하다. 다시 한 번 되풀이하면 그 핵심 요지인즉, 전통은 초기 교회들의 공동체 모임 가운데 기념된 **살아 있는 전통**이었다는 것이다. 당시에는 예수의 말씀을 모두 정확하게 회고해야 한다는 관심이 없었다. 많은 경우 그 가르침이 주어진 정확한 환경은 그 가르침의 지속적인 가치와 무관했다. 그러나 검토한 자료 그 어디에도 이것들이 예언 활동이나 자유로운 (문학적) 창작으로 전통 가운데 주입한 어록이었다거나 특정한 가르침의 발전이 최초의 영향을 전복시켰다는 증거는 없다.[263] 이러한 것들은 예수가 제자들과 함께 있는 동안 준 가르침으로 기억되었고 그 자체의 가치와 동시에 제자들의 공동체 생활과 증거 자료를 위한 그 지속적인 중요성으로 인해 귀하게 간직되었다.

8.6 구어 전승

앞의 논의에 비추어 우리는 예수 전통의 경우 있었을 법한 전통화 과정의 밑그림을 그릴 수 있을 것이다.[264] 그것이 §6.5의 '원리상' 밑그림과 §§

언어로서 파롤(*parole*)의 층위에서 존재하는 구연과 추상화된 이론적 구성물로서 랑그(*langue*)의 층위에서 존재하는 구조를 구분해야 한다'(18-19).

263) 드레이퍼(Draper)도 예수의 일부 어록이 '완전히 새로운 것을 만들어냈다는 논지는…구전 과정과 상치된다'고 주장한다. '그렇게 전적으로 혁신적인 "부활한 예수의 말씀"은 본래부터 있을 법하지 않다'(Horsley and Draper, *Whoever* 183). 하지만 호슬리는, 교사들의 역할이 무엇이었는지 탐문하지도 않은 채, 예언자들이 그 전통을 기념하는 책임을 담당했을 것이라고 가정한다(*Whoever* 300-310).

8.1-2의 선험적 고려 사항과 잘 일치한다는 사실은 의미심장하다.

a. 맨 처음에

맨 처음에, 예수의 사역 기간 동안, 제자들이 그 주위에 모이기 시작할 때만큼 오래전에, 우리는 그 집단 가운데 공유된 최초의 인상과 기억이 있었음을 마음에 그려볼 수 있다. '그분이…할 때 무엇을 했는지/말했는지 당신은 기억합니까?'는 태동기의 공동체가 그 독특성을 느끼고 표현하기 시작할 때 종종 던진 질문이었음에 틀림없다.[265] 의심의 여지 없이 유사한 방식으로 그들의 마을 공동체는 규칙적으로 심지어 한밤에 모여 그 자리에서 그들의 정체성과 역사를 기념하였다. 예수의 제자들이 스스로 독특한 집단(들)으로 지각하기 시작하자마자 구전적인 마을 문화의 특징상 동일한 충동이 나타났으리라 추측할 수 있다. 예수와 직접 관련이 있는 집단이 갈릴리를 중심으로 움직이면서 당시 정착된 주거생활을 하던 잠재적인 제자나 동조자 집단들과 만났기 때문에 그런 자연스런 충동은 같았을 것이다. 물론 우리는 예수가 시종일관 참신한 가르침을 베풀고 (또 그 가르침을 반복하고) 있었다고 생각할 수 있다. 그러나 좀더 성찰적인 모임에서나 예수가 부재할 때는, 추측건대 그들에게 가장 강렬한 영향을 끼친 것을 다시 말하고자 하는 충동이 솟구쳤을 것이다.[266]

---

264) B. W. Henaut, *Oral Tradition and the Gospels: The Problem of Mark 4* (JSNTS 82; Sheffield: JSOT, 1993)는 특정한 성향을 가지고 복음서 배후의 어떤 구어 전통도 회복시키는 것은 실제로 불가능하다는 주장에 관심을 보인다. 모든 차이들은, 그것이 얼마나 큰지와 상관없이 문학적 편집의 견지에서 설명될 수 있고, 구어 전통은 전적으로 유동적이고 각 구연의 특정 세목에 따라 우발성을 띤다. 그러나 구어 전통 과정에 대한 그의 개념은 의문스럽다. 그는 마치 그것이 일련의 연속적인 구연을 통해 전통사를 복구하는 문제인 양 본다(가령 118; 여기서 우리는 '구어 전승'을 이야기하는 데서 문제를 본다. 앞의 §8.3f 각주 162). 그는 예수에 대한 구전 기억의 안정성이 어떠했는지 패리(Parry)와 로드(Lord)가 연구한 서사시와 영웅담의 경우와 변별되는 지점에 대해 별 생각을 하지 않는다. H. W. Hollander, 'The Words of Jesus: From Oral Tradition to Written Record in Paul and Q', *NovT* 42 (2000) 340-57은 헤놋을 무비판적으로 따른다(351-55): 그는 예수가 말하거나 어떤 것의 강한 영향을 반영하거나 구현하는 매개로서 전통을 이해하는 개념이 없다. 나아가 그는 전통이 공동체의 정체성 형성에서 역할을 가지고 있고 그래서 그런 공동체에 중요할 수 있다는 개념적 이해 없이 구어 전통을 본질적으로 우발적인 것으로 생각한다.

265) Funk, *Acts of Jesus* 참조: '예수의 추종자들은 틀림없이 예수의 살아생전 그의 아포리즘과 비유를 반복하기 시작했다. 그들은 곧 그에 대한 이야기들을 전하기 시작했다…'(2).

그 과정의 최초 단계에서 세 가지 특징이 주목할 만하다. 첫째, 베일리의 일화적 설명이 다른 어떤 것보다 주후 1세기 이사분기 시점의 갈릴리에 퍼진 구전 문화를 더 긴밀히 대변한다면, 그 전통화 과정은 예수의 첫 말 또는(그리고) 첫 행위와 함께 **시작되었다.** 다시 말해, 예수가 끼친 영향은 후대에 전통적 형식(연월일) 속에 집어넣은 종류의 것이 아닐 터이다. 그 영향은 무엇이 그 영향을 만들어냈는지를 떠올리는 전통의 형성을 **포함하였을** 것이다. 그 영향을 끼치는 가운데 영향력 있는 말이나 사건은 그 말이나 사건의 전통이 **되었다.**[267] 어떤 단어/이야기의 자극, 어떤 사건의 홍분(경이로움, 놀람)은 처음 나눠진 반응 가운데 표현되었을 것이다.[268] 그 구조, 그 동일시하는 요소와 핵심 단어(핵자 내지 정점)는 말해지거나 발생한 것의 중요성을 즉각 인식하면서 구술적 형식 속에 또박또박 발음되었을 것이다. 이렇게 즉각 확립된 그 특징들은 그때 변하지 않는 것이었을 터이다. 그것은 곧 안정적인 주제로 연속적인 이야기의 반복으로 정련되면서 그 주변에 서로 다른 구연의 결과 상이한 환경에서 적절하다고 판정됨에 따라 여러 변용물들이 생겨났을 것이다.[269] 그 결과로 우리는 어떤 제자 집단이 서로 만나, 가령 가버나움의 백부장에 대해서, 또 과부와 보물에 대해서도 다시 듣기를 청하고, 또는 예수가 겉옷과 속옷에 대해, 누가 더 큰지에 대해, 죄를 짓는 형제에 대해 무엇이라 말했는지 확인하는 장면을 상상할 수 있을 것이

---

266) 켁은 예수가 무슨 '운동'을 시작했다고 말하는 데 반대한다. 이는 '시대착오적인 근대적 발명이고, 예수가 교회를 세웠다는 발상에 대한 "세속적" 대안이다'(*Who Is Jesus?* 48-50). 그러나 그는 예수가 사회를 개혁하고자 했다는 주장에 과잉 대응을 하고 있고, 누가가 기록하는 것 같은 선교(눅 8.1-3)로 작동된 집단 동역학을 정당하게 평가하지 못한다. 예수가 끼친 영향이 항상 개인적이었고 핵심 제자들 이외의 집단과 전혀 연루되지 못했던가? 켁은 분명 잇따르는 부활 사건 이후의 전도로 효력을 보게 된 잠정적 영향만을 마음에 그리고 있다.

267) C. K. Barrett, *Jesus and the Gospel Tradition* (London: SPCK, 1967) 참조: '…전통은 기계적으로 외워서 배운 어록 속에서가 아니라 외려 카리스마적 인물이 만든 인상 속에서 기원하였다'; '그것은 잊힐 수 없었기 때문에 보존되었다'(10, 16).

268) 아니면 우리가 자극하지도 홍분시키지도 않은 예수를 찾도록 ('역사적 예수'를 재구성하도록) 결정해야 하는 것일까?

269) 펑크는 이에 동의한다: '요점으로서의 연주; 정수로서의 핵심'이란 제하에서 그는 '구전 이야기꾼들이 그들의 구연 가운데 이야기의 요점을 재생산하는 민담 연구의 일반 규칙'을 조명한다. '공관복음 저자들은 서론이나 결론보다 더 큰 충실성을 가지고 이야기의 핵―핵심 사건―을 재생산한다.…그 결과 역사적 기억은 어딘가에 있다면 이야기의 핵심에서 발견될 수 있는 것이다…'(*Acts of Jesus* 26). 또한 위의 각주 262. 아울러 B. Witherington, *The Christology of Jesus* (Minneapolis: Fortress, 1990) 7-22 참조.

다.[270] 이에 반응하여 연장자인 한 제자가 어떤 단어와 세부 사항의 변용이 그 경우에 적합하다고 판단했든지 간에 적합한 이야기나 가르침을 다시 말했을 것이다. 물론 핵심 요소 가운데 한 가지가 빠지거나 너무 심하게 변개될 경우 충분한 공동의 기억으로 대항할 준비도 되어 있었을 것이다. 이 모든 것은 위에서 검토된 자료의 성격과 전적으로 일치한다.[271]

둘째 단계로, 당시 편만한 문화와 (신앙의) 개인주의에 익숙했던 사람들은 맨 처음에 예수가 끼친 영향이 독립적인 개인들에 의해 만들어진 일련의 별개 반응이 아니었다는 것을 인정하기 위해 의식적인 노력을 할 필요가 잇따른다.[272] 그렇다면 우리는 어떤 전통의 공통성이 어떻게 오랜 기간이 지나고 나서야 개인들이 그들의 기억을 나누기 시작할 때 등장할 수 있었는지 궁금해질 것이다. 포스트모던 시대의 다원주의는 처음부터 난폭했을 것이다! 그러나 전통을 형성하는 것은 **공동체의** 과정이다. 여기에는 그러한 전통이 종종 공동체를 공동체로 구성하는 사소하지 않은 이유가 있다.[273] 처음으로 개인을 제자직으로 이끈 것이 예수가 끼친 영향에 대한 공유된 경험이었듯이, 그들을 확실히 제자직의 공동체로서 결속시키는 데 도움이 된 것은 서로 나눈 말씀 가운데 이러한 영향을 공식문구로 조형한 것이었다.[274] '부활 사건 이전 제자들의 동아리는 이미 예수를 하나님 말씀

---

270) 유일한 최초의 기억은 예수의 가르침이었다고 가정하고, 그래서 예수의 사역 기간에 있었던 사건들에 대한 이야기는 처음부터 예수 전통의 일부가 아니었으며 그것은 어록 전통에서 유래한 주제들을 이후 '서사화'함으로써 등장했다고 추론하는 것은 현실적으로 실감나지 않는다. W. Arnal, 'Major Episodes in the Biography of Jesus: An Assessment of the Historicity of the Narrative Tradition', *TJT* 13 (1997) 201–26에 반대하여.

271) 크로산은 예수와 그 이후 제자들 사이의 연속성이 '기억이 아닌 모방'에 있었다고 주장한다('Itinerants and Householders' 16). 이는 마치 기억과 모방이 둘 중의 하나를 택하는 반제를 형성하고, 기억이 그 생활양식을 위한 신학적 근거를 제공한 가르침과 독립적으로 어떤 생활양식을 떠올렸다는 식의 주장이다. 하지만 '구어 전통에 타당성을 부여하는 것은 예수와 유랑 선교사들의 생활양식에 나타난 연속성'(16)이라는 이후의 통찰 가운데 좀더 실속이 있다.

272) 개인에 초점을 맞추는 자유주의와 맥(Mack)의 *Lost Gospel*에 대한 호슬리의 통렬한 비판을 참조하라(Horsley and Draper, *Whoever* 15–22). 다른 곳에서 크로산(*Birth of Christianity* 49–93)과 펑크(*Honest* 244)는 구어 전통을 오로지 개인들의 우연한 회상이란 견지에서 생각하는 것 같다.

273) 슈트레커는 '삶의 자리'(*Sitz im Leben*)라는 개념이 일차적으로 사회학적 범주임을 우리에게 상기시켜준다: '텍스트의 "삶의 자리"는 일반적으로 공동체의 삶, 특히 예배와 교리문답 교육의 현장에서 추구되어야 한다. 문학적 전통(*Tradition*)과 구분되는 구어 전통(*Überlieferung*)은 일차적으로 그리스도교 공동체 내의 구연을 위해 규정되고 그에 따라 구조화된다('Schriftlichkeit' 163; 또한 169). Q의 관심사가 공동체 지향적이었다는 클로펜보그의 인식을 참조하라('Literary Convention' 86–91).

274) 이것은 예수에 대한 이야기들이 초기 그리스도교 공동체 바깥에서 유통되었음을 부인하려는 게 아니다. 그러나 나는 마가나 다른 복음서 저자들이 예수에 대한 기적 이야기를 찾기 위해 그

의 최종 계시자요 해석자로 고백한 헌신적인 제자들(*nachfolgenden Jüngern*)의 "고백적 공동체"(*Bekenntnisgemeinschaft*)였다.'[275]

동시에 §6.5에서 제시된 요지들을 잊어서는 안 된다. 공유된 기억으로서 전통의 성격이라 함은 많은 사례에서 예수가 행하고 말한 것이 무엇이었는지 우리가 정확하게 알지 못한다는 것을 의미한다. 예수 전통 가운데 우리가 가지고 있는 것은 그 자체로 객관적인 예수의 행적과 말씀이 아니라 예수의 행적과 말씀이 끼친 공유된 영향의 일관되고 밀착된 특징들이다. 우리가 가지고 있는 것은 그 공유된 전통을 구술하며 거듭 이야기한 사례들인데, 그 반복적 이야기하기는 구연의 유연성과 심화 작업을 분명히 나타내준다. 거기에는 확실히 그러한 영향을 끼친 어떤 예수, 곧 기억된 예수가 있는 것이지, 순수한 본래 양식이나[276] 역사가가 각각의 경우에서 도달하고자 하는 단 하나의 본래 영향이 있는 것은 아니다.[277] 기억된 예수는 예수의 최초 증인들에게 남겨진 몇 가지 영향과 그들이 보여준 반응을 종합한 것인지 모른다. 그러나 그 종합은 그 전통의 첫 번째 개화기에 이미

리스도교의 이야기하기와 전통화 과정 바깥으로 나가야 했다는 트로크메(Trocmé)와 타이센(Theissen)의 암시는 거부한다. 타이센은 명시적으로 그렇다. '그들의 "이야기꾼들"은 그리스도교 공동체 안에서 특별한 집단이 아니라, 일반 공동체 내의 사람들이었다…'(*Gospels in Context* 103). 그러나 '특수하게 그리스도교적인 모티프들'은 전통이 '특수하게 그리스도교적인' 심화 과정 없이 그 전통이 기록된 시간을 통해 유지되었음을 시사할 뿐이다.

275) Schürmann, *Jesus* 429; 이러한 입장은 Stuhlmacher, *Biblische Theologie* 44-45이 계승함. Q에 대한 가장 최근의 기고에서 클로펜보그는 '작문 과정의 근본적인 보수주의'를 분명히 수용하고(켈버와 슈뢰터와의 토론 가운데), 고대의 작문이 '일관되게 구어적이고 상호 협력적'이었다고 동의하며(다우닝을 인용하면서), '예수에 대해 말할 만한 것의 "규준"'을 말한다('Discursive Practices in the Sayings Gospel Q and the Quest of the Historical Jesus', in Lindemann, ed., *Saying Source Q* 149-90 [여기서는 169-74]).

276) 만일 예수가 최소한 몇 개의 비유를 이야기했고 한 가지 이상의 경우에서 자신의 가르침을 전했다면, 그때 그러한 가르침을 위한 단 하나의 원래 맥락이란 없는 것과 마찬가지다. J. Liebenberg, *The Language of the Kingdom and Jesus* (BZNW 102; Berlin: de Gruyter, 2001)는 비유의 다원 가치가 원래의 의미나 맥락을 확정하려는 모든 시도를 전복시킨다고 지적한다(508-13). 또한 불트만이 언급한 원래 양식이나 '독립적인 전통 조각'(*selbständige Traditionsstücke*)이라는 개념에 대한 이전에 나온 그의 비판을 보라. '마치 자체 내에서, 스스로를 위해 존재하기 위해 본래 창조된 공관복음 전통의 요소들을 정밀 조준할 수 있는 것처럼'(432-438) 그런 개념을 상정했다는 것이다. 그는 또한 '이러한 이야기들[비유들]의 첫 번째 전승자들이 그것들을 이해할 수 없었고, 따라서 거의 필연적으로 자신들 또는(그리고) 그들의 독자들/청자들이 이해할 수 있도록 그 이야기들을 바꿔야 했다는 신약학계의 철칙'(82)에 도전한다. 그러나 그는 비유의 서사 구조와 사용의 맥락(그가 그 이야기의 '일반적 차원의 구조'라고 부른 것뿐 아니라)이 그것의 다원 가치를 제한시키고 공동체에 그 비유가 어떻게 들려야 하는지에 대한 지침을 제공하기 위해 어느 정도 그 기능을 확실히 수행했는지에 대해서는 충분한 비중을 두지 않는다(특히 445-46, 499-503을 참조하라).

277) 클로펜보그는 '예수 전통의 가장 초기 단계에 나타난 구연적 다양성'을 적절히 언급한다('Sayings Gospel Q' 334).

견고한 것이었다.[278]

셋째, 전통화 과정이 처음에 우연적이었다가 부활 사건 이후의 상황에서 첫 제자들에 의해 진지하게 받아들여졌다고 생각되어서는 안 된다는 논지가 이어지는데, 이는 반복해 강조할 만하다. 바로 암시한 대로, 공동체의 생성은 예수와 직접 관련 있는 동아리의 제자들을 부를 때부터 이미 태동 단계에 있었다. '생성기의 전통'은 그 과정에서 없어서는 안 될 필수적인 부분을 가지고 있었을 것이다.[279] 공유된 예수의 영향에 따라 제자들의 공유된 반응이 있었고, 예수의 선교에 그렇게 반응했던 제자들이나 추종자들이 집단으로 결속된 정도로, 바로 그 정도로 집단 형성의 동역학이 작동하였을 것이다. 그 과정에서, 예수가 말하고 행한 것(이미 '예수 전통'!)에 대한 공유된 기억들이 그 집단의 정체성을 구축하고(무슨 다른 변별적인 특징을 그들이 가졌겠는가?) 그들을 다른 동족 유대인들과 집단으로서 구별짓는(아무리 비공식적이라 할지라도) 경계를 설정하는 데 중요한 역할을 하지 않았다고는 생각하기 어렵다(여기서 선언문과 논쟁 이야기들이 분명히 아주 오래전, 심지어 부활 사건 이전 단계의 역할을 수행했을 것이다. 왜 아니겠는가?).

우리는 또한 전통 담지자로서 목격자의 지속적인 역할을 잊어서는 안 된다. 그들은 처음부터 사도나 다른 계통의 권위 있는 예수 전통의 담지자로 인정받은 사람들이었다(§8.1d). 바울 이전과 초기 바울의 사역 기간에서 비롯된 거기 있는 그러한 증거들은 그러한 인물들이 이미 꽤 광범위하게 뻗어나가서 새로운 교회를 설립하고 연결시키는 동시에 권위적인 전통의 토대가 각각의 자리에 잘 놓이도록 보증하는 전체적 관심을 독려했음을 암

---

278) A. Goshen-Gottstein, 'Hillel and Jesus: Are Comparisons Possible?', in J. H. Charlesworth and L. L. Johns, eds., *Hillel and Jesus* (Minneapolis: Fortress, 1997) 31-55는 랍비와 관련해서 랍비 전통에는 전기적 관심이 결여되어 있음을 주목한다(위의 각주 15의 '의의 스승' 참조). 랍비들은 그들의 삶이나 모범으로 기억되지 않았고, 그들의 가르침은 훨씬 더 넓은 집합적 기획의 일환으로서만 기억되었다. 이와 대조적으로, 예수는 전통의 새로운 흐름의 시초로서 기억되었고(그저 여러 현자들 가운데 한 사람으로서가 아니라) 예수의 삶과 가르침이 남긴 강렬한 영향은 그의 행동과 말씀이 기억되는 결과를 가져왔으며, 예수 전통에 처음부터 전기적 차원을 부여했다(또한 위의 §8.1f를 보라).

279) P. S. Alexander, 'Orality in Pharisaic-Rabbinic Judaism at the Turn of the Eras', in Wansbrough, ed., *Jesus* 159-84 참조. 그는 초기 탄나임(Tannaim) 시대에 랍비를 중심으로 제자 동아리가 유사 종교 공동체 조직으로 형성되어 함께 식사하고 재산을 공동으로 나누며, 랍비의 가르침을 받았다고 추론하는데, 이 그림은 처음에 볼 때처럼 그렇게 시대착오적이지 않을 수 있다(182-84).

시한다.[280) 초기 전통화 과정의 공동체적 성격에 특별한 관심의 초점을 맞춘다면, 예수의 선교 기간 동안 그와 맺은 인연으로 인해 존경받아온 권위 있는 개별 인물을 전통적으로 강조하는 관례를 도외시해서는 안 된다.[281)

예수 전통 안에서 우리는 예수가 자신의 선교를 확대시키는 일환으로 제자들을 보냈다(막 6.7-13 평행구)는[282) 선명한 기억을 떠올려야 한다. 마가는 열두 명이 '그와 함께 있게 하고, 또 그들이 …를 선포하도록 보내기 위해'(막 3.14) 선택되었다고 말한다. 그들이 설교할 때 무엇을 말했을까? 본문의 함의는 분명하고, 공유된 선교라는 사실에서 피하기 어려운 추론은 그들의 설교가 최소한 예수가 그들에게 준 가르침을 포함했을 것이라는 점이다.[283) 또한 예수가 그들에게 무엇을 말해야 할지 가르쳤을 것이란 점도 포함되었을 것이다. 물론 그 방식은 축어적인 문자주의 방식이 아니라 그들이 스스로 경험한 제자 만드는 영향을 전하는 방식이었을 것이다. 공관복음에서 이제 예수 전통을 적어도 상당히 많은 부분 다시 이야기하는 작업이 그 첫 제자들의 부활 사건 이전의 설교 가운데 이미 형태를 갖추기 시작했다고 확신해도 좋을 것이다.[284)

---

280) 바울 자신은 각각의 경우에서 가장 좋은 증거를 제공한다: 널리 받아들여지는 대로 그는 '사도'가 교회 개척자라는 사실을 당연시한다(고전 9.1-2); 행 9.32-43; 15.3과 갈 1.22과 같은 구절들의 함의인즉, 초기 교회들이 이미 관계망을 형성했다는 것이다; 고전 11.2; 15.1-3과 갈 1.18과 같은 구절들의 증거는 이미 전통으로 지정된 것에서 기초 교육의 중요성을 확인해준다.

281) 개인적인 서신에서 리처드 보캄(Richard Bauckham)은 이 점에서 뷔르스콕(Byrskog)의 저작이 지닌 의의를 강조한다.

282) 이 사실의 역사성에 대해서는 특히 Meier, *Marginal Jew* 3.154-63을 보라. Q에 관한 유력한 주류 견해에 의하면 그 수집/작문의 최초 단계(Q^1?)에서 이 문서는 예수의 선교 패턴에 맞춰 활동한 유랑 선교사들에게 지침을 제공하기 위한 것이었음을 앞서 지적하였다(제7장 각주 96-97). 유사하게 Shürmann, 'vorösterlichen Anfänge'; 그리고 이후의 논의를 보라(§14.3b).

283) 타이센은 제자 선교사들이 예수의 말씀을 전해주었기 때문에 그들을 예수의 전령들로 상상한다 ('Wandering Radicals' 42-43).

284) 이 점은 엘리스(E. E. Ellis)가 몇 가지 사례와 연관시켜 주장한 바 있다. 가장 최근에는 'The Historical Jesus and the Gospels', in J. Ådna, et al., eds., *Evangelium-Schriftauslegung-Kirche*, P. Stuhlmacher FS (Tübingen: Mohr Siebeck, 1997) 94-106, reprinted in *Christ and the Future in New Testament History* (NovTSup 97; Leiden: Brill, 2000) 3-19; 또한 *The Making of the New Testament Documents* (Leiden Brill, 1999) 20-27; 그러나 그는 거기에 최초의 구어 전승 단계가 있었는지 불필요한 질문을 하고(*Christ* 13-14) '처음부터 최소한 약간의 문서 전승'이 있었을 것으로 주장함으로써(*Christ* 15-16; *Making* 32, 352) 그의 논지를 약화시킨다. 유사하게 A. Millard, *Reading and Writing in the Time of Jesus* (BS 69; Sheffield: Sheffield Academic, 2000)는 예수의 청자들 가운데 하나 이상의 유식한 사람이 마가복음의 원천 자료로 사용되었을 가능성이 있는 노트 기록을 작성하였을 것이라고 주장한다(223-29). 그럼에도 불구하고 그는 바울이 예수의 선교와 관련하여 어떤 문서 기록도 인지한 증거를 보여주지 못한다고 본다(211). 엘리스의 구전 개념은 '민담적 기원'과 랍비 학파들의 '통제되고 세련된 과정' 사이의 선택으로 매우 제한되어 있다(*Christ* 14-15;

이렇게 말한다고 해서 내가 예수 전통이 유랑하는 카리스마적 제자들의 보존 대상이며 그들이 일차적으로 그것을 관리하고 유통시킨 책임이 있었다는 타이센의 논지를 수락하는 것은 **아니다.** 이미 살펴본 대로, 공동체 형성과 전통 형성은 함께 움직인다. 그리고 그 논지가 일차적으로 기초하는 Q 자료는 그 전통의 배경으로 도시 성읍과 마을을 드러내 보여준다.[285] 이 단계의 논의에서 실제로 전통을 단순히 '복음'으로 생각하고 전승을 단순히 복음 전도자의 설교로 생각할 위험이 있다.[286] 그러나 초기 양식 비평가들이 인식한 대로, 예수 전통은 그 전통이 정기적으로 반복 사용되었기 때문에 우리에게 전수된 전통이다. 즉 그 전승의 일차 경로는 단 하나가 아니었다. 그것은 선교 상황에서 전도자들이 수행한 단 한 번의 선포 행위가 아니라, 그러한 설교로 존재하게 된 공동체였다. 그 공동체들은 스스로 그런 전통에 기대어 자기 정체를 확인하였으며, 그들의 공동체 생활을 알리고 안내하기 위한 정기적 모임 가운데, 그리고 이웃들과의 관계에서 그 전통을 언급하였다. 회중의 '기대 지평'을 형성하고 그들이 '비결정성의 틈새'를 채울 수 있도록 하면서[287] 전통의 항목들의 개별적 구연을 위한 수용의 맥락을 제공한 것은 바로 이 폭넓은 전통이었다. 이는 관련 상황에 대한 공정한 진술이라고 나는 믿는다. 개별 공동체가 보유한 예수 전통의 규모가 얼마나 방대했는지 우리가 알지 못한다 할지라도 이는 여전히 설득력이 있다. 새로운 회심자들의 유입과 추가 전통의 수용, 그리고 이미 수용

Millard, *Reading and Writing* 185-92 참조); 그 어느 것도 베일리의 공헌을 인지하는 것 같지 않다. 또한 위의 각주 264를 보라. 나는 이미 뷔르스콕(Byrskog)이 '구전 역사'를 복음서를 낳는 과정에 대한 유비로서 사용한 것이 여기 그려 보이는 것과 같은 구전 단계의 개연성이나 그 성격을 효과적으로 무시하는 것 같다고 지적하였다(위의 각주 138)

285) Peter Richardson, 'First-Century House and Q's Setting', in D. G. Horrel and C. M. Tuckett, eds., *Christology, Controversy and Community*, D. R. Catchpole FS (NovTSupp 99; Brill: Leiden, 2000) 63-83의 결론은 이렇다: 'Q는 자연스레 성읍들(및 도시들?)을 배경으로 삼고 있지, 유랑하는 카리스마 제자들의 활동이 아니다'(83).

286) 공정하게도 특히 크로산은 '예수의 어록 전통을 위한 주요 시련'을 '유랑자와 가구주 사이의 미묘한 상호 작용'에서 본다('Itinerants and Householders' 24); 그러나 그 논지가 Q에 적용되는 한 유랑자들과 가구주들 사이에 가정된 긴장은 본문보다는 가설 자체가 제공한다.

287) 또한 Vouga, 'Mündliche Tradition' 198-202을 보라. 그는 특히 Vansina, *Oral Tradition as History*에 물꼬를 대고 있다. 리벤베르크(Liebenberg)는 일관되게 비유의 상이한 '구연들'을 언급한다. 예컨대, 씨 뿌리는 자의 비유(*Language* 350-414).

된 전통의 창조적인 재구성은 어떤 의미심장한 정도로 그 기본 그림을 바꾸어놓지 못한다.

그러면 부활 사건과 갈릴리 촌락에서 헬레니즘 도시로, 아람어에서 그리스어로의 이동이 어떤 차이를 가져오지 않았을까? 물론 그랬다. 부활 사건은 이 처음 전통이 그 내부에 기억되는 관점을 형성했다. 촌락에서 도시로의 이동은 변화하는 환경에 맞춰 그 전통을 형성했다. 아람어에서 그리스어로의 이동은(행 6.1의 '헬라주의자들'=그리스어로 말하는 자들에 대한 묘사가 이미 암시한 대로) 어떤 번역에도 연관되는 뉘앙스의 변화를 불러들였을 것이다.[288] 그러나 구어적 예수 전통 자체는 연속성, 즉 예수의 사역으로 되돌아가는 생동하는 연결점을 제공했고, 바로 그런 이유로 확실히 귀중하게 보존되었다. 그 전통에 대한 아람어의 반향은 말할 것도 없거니와(§8.5a) 그렇게 갈릴리 마을의 수많은 유산과[289] 부활 사건 이전의 주제들을[290] 간직한 전통의 바로 그러한 성격이야말로 예의 논점을 충분히 명확하게 해준다. 여기서 다시 우리는 텍스트의 작문보다 수용을 강조한 포스트모더니즘에서 배울 수 있을지 모른다. 듣는 이가 전통으로부터 '의미화 과정의 틈새'를 메우고(Iser), 청중이 그들의 공유된 지식에서 특정한 구연을 해석하는 것(Foley)이 정말 사실이라면, 우리는 예수 전통이야말로 교회 모임에서 듣는 이들이 구어 전통의 특정 구연에 '접속하여' 그 발전에 어떤 통제를 가할 수 있도록 하는 그 공유된 지식의 본질적인 일부였다고 상당히 확신할 수 있을 것이다. 내가 이미 암시한 대로, 바울이 자신의 서신 속에서 공명하는 예수 전통의 몇 가지 요소들과 함께 보여주는 변주 가운데 우리는 이러한

---

288) '헬라주의자들'이 부활 사건 이후에만 출현했다고 가정할 필요는 없다; 예수의 갈릴리 및 예루살렘 선교 기간에도 그리스어를 말하는 제자들이 있었을 가능성이 있고(막 7.26; 요 12.20-22) 전통은 이미 그리스어로 번역되고 있었을 것이다. 전통화 과정에서 유일한 형식적 차이는 **교사**의 인정된 역할이 등장한 것 같다(§8.1b). 이와 함께, 아래 §8.6b에서 지적되겠지만, 전통의 질서가 좀더 구조화된 함의도 이 단계에 엿보인다.

289) Horsely and Draper, *Whoever*의 반복적인 강조점. 또한 G. Theissen, *Lokalkolorit und Zeitgeschichte in den Evangelien: Ein Beitrag zur Geschichte der synoptischen Tradition* (NTOA 8; Freiburg, Schweiz: Universitätsverlag, 1989)을 보라. 부제가 암시하듯, 그는 구어 전통의 시기를 조명하는 방식으로 그 논제를 탐구한다(1-16과 1장); 또한 아래 §9.7을 보라.

290) 다시 Schürmann, 'vorösterlichen Anfänge'를 보라.

일이 일어나는 것을 본다(위의 §8.1).

b. 전통 연속물들

초기 양식비평가들 이래 이 논의를 지배했던 또 다른 탐문할 만한 가정은 전통화 과정의 최초 단계에서 그 전통이 개별적인 단위로 구성되었다는 것이다.[291] 그것은 그 과정의 맨 처음에 해당하는 경우였을 가능성이 있고, 도마복음은 그 지속적인 전통에 약간의 신빙성을 안겨준다. 그러나 현재 공관복음서 가운데 예수 전통의 수집물에 대한 편집적 손길의 흔적은 각 수집물들이 처음에 그것을 그렇게 통제하던 사람들에 의해 작성된 것으로 볼 충분한 증거가 되지 못한다. 거기에는 또한 계속 수집되는 어록들과 매우 초기 단계의 전승 과정에 연계된 이야기들의 증거 역시 상당하다. 어떤 경우에는 심지어 예수가 보존되어온 서로 연관된 연속물로 가르쳤을 가능성도 엿보인다. 유사한 가르침과 에피소드를 모으는 일은 거의 처음부터 가르치는 자와 가르침을 받는 자, 이야기꾼과 상시적인 청중 모두에게 분명히 기억술이 관여되는 교훈적인 고안 장치였을 것이다.[292]

예컨대, 우리는 구어 전통이나 Q 가운데 합쳐지고(마 5.3, 4, 6, 11, 12/눅 6.20b, 21b, 21a, 22, 23) 마태나 누가에 의해 다른 방향으로 정교하게 다듬어진(마 5.3-12, 눅 6.20b-26) 팔복의 연속물을 생각할 수 있다. 또는 자칭 제자들이라고 하는 자들에 대한 예수의 반응(마 8.19-22/눅 9.57-62)도 마찬가지다.[293]

---

291) 일련의 연속적인 양식비평적 분석을 따르면서 클로펜보그는 그 작문 과정을 '원래 독립적인 단위들의 병치'로 간파한다(*Formation* 98). 유사하게 샌더스(E. P. Sanders)는 맨 처음에 '설교자들과 교사들이 작은 단위의 자료를 사용했다'는 것을 당연시한다(*The Historical Figure of Jesus* [London: Penguin, 1993] 59). 펑크는 '구전성의 흔적'이 오직 '짧고 도발적이며 기억할 만하고 종종 반복적인 문구와 문장과 이야기'—근대 복음서 학계의 여섯째 기둥—안에서만 확인된다고 추정한다(*Five Gospels* 4). '짧고 핵심적이며 기억할 만했던 어록들만이 살아남았던 것 같다'(*Honest* 40, 127-29; 유사하게 *Acts of Jesus* 26). 이 가정은 '역사가들이 추구하는 예수'가 오직 그렇게 간결한 어록이나 이야기 가운데만 발견될 것이라고 미리 결정한다. *Honest* 326-35에서 그는 '진정성 있는' 것으로 판정한 101개의 단어(및 행적)의 목록을 제시한다.

292) 여기서 내가 생각하고 있는 것이, Moule, *Birth*와 H. Koester, 'Written Gospels or Oral Tradition?', *JBL* 113 (1994) 293-97 (여기서는 293-94)이 암시한 대로, '제의 서사'와 교리문답의 자리에서 재차 말하고 가르치는 보다 공식적인 경우가 아님을 다시 강조해야 할 것 같다.

293) 혹은 클로펜보그가 Q¹에 속하는 것으로 규정한 여섯 개의 뭉치 자료 중 어떤 부분도 괜찮다. 내가

또는 마가복음 2.18-22(마 9.14-17과 눅 5.33-39가 따라감)의 작은 비유 연속물
(혼인식 손님들, 새 헝겊과 낡은 헝겊, 새 포도주 부대와 헌 포도주 부대)도 여기에 해당
된다. 그런가 하면 제자직의 대가와 상실의 위험에 대한 가르침의 연속물
(막 8.34-38; 마 16.24-27과 눅 9.23-26에 다시 수용됨)이 있는데, Q/구어 전통이 또
한 그 어록들을 별도로 보존해왔다.[294] 마가복음 4.21-25에 있는 빛과 판단
에 대한 어록의 연속물(눅 8.16-18에 수용됨)과 Q와 도마복음에 흩어져 있는
같은 계열의 구절들이 또한 이와 유사한 경우이다.[295]

우리는 나중에 가장 매력적인 그 연속물의 일부를 분석할 계기를 갖
게 될 것이다. 마태복음 24.42-25.13과 평행구에 나오는 '위기의 비유'(§
12.4g), 마태복음 11.2-19과 평행구에 나오는 예수와 세례자(§12.5c), 마태복
음 12.24-45과 그 평행구에 나오는 축귀에 대한 예수의 가르침(§12.5d). 한
층 더 매력적이지만 도표 형식으로 제시하기 불가능한 것은 제자들의 선
교 파송 전통이다. 이는 마가복음 6.7-13과 마태복음 9.37-10.1, 7-16, 누가
복음 9.1-6; 10.1-12의 평행구에서 보건대 최소한 두 개의 변용물이 있었는
데, 하나는 마가가 사용한 것이고 또 다른 것은 구어 (Q?) 버전이다.[296] 그 변
용물은 선교를 위한 예수의 교훈과 함께 시작하여 초기 그리스도교 선교
의 후속 경험이란 관점에서 발전되고 세련되게 다듬어져감에 따라 그 자
료가 여러 차례 사용되었을 개연성을 확인해준다.[297]

Q 자체로 말하자면, 가설로 만들어진 문서에서 (최초의) 작문과 편집을
구분하는 안정된 방법을 고안하기란 거의 불가능하다는 이전의 관찰을 상

이미 제안한 대로 이것들은 단일한 '층위'로서보다는 좀더 효과적이고 일관된 가르침을 목적으
로 교사들이 모아놓은 상이한 전통적 자료들로 볼 때 더 잘 이해된다.

294) 마 10.38/눅 14.27; 마 10.39/눅 17.33; 마 10.33/눅 12.9.

295) 마 5.15/눅 11.33/도마 33.2; 마 10.26/눅 12.2/도마 5.2, 6.4; 마 7.2/눅 6.38b; 마 25.29/눅 19.26/
도마 41. 추가로 아래 제13장을 보라; 또한 Crossan, *Fragments* ch. 5; M. Ebner, *Jesus-ein
Wesheitlehrer? Synoptische Weisheitslogien im Traditionsprozess* (Freiburg: Herder, 1998) ch. 1.

296) 특히 Schröter, *Erinnerung* 211, 236-37을 보라. 바울이 Q 10.2-16과 연관된 선교 강론의 양식을
알았을 가능성에 대해서는 특히 Allison, *Jesus Tradition in Q* 105-11을 보라.

297) 위의 §7.4d 각주 96-97을 보라. 또한 Kloppenberg Verbin, *Excavating Q* 183의 부대 설명을 보라.
또한 M. Hengel, *The Charismatic Leader and His Followers* (Edinburgh: Clark, 1981) 74-76. 도마복
음이 맥락을 잃어버린 두 비유만 가지고 있다는 사실(도마 14.2/눅 10.8-9; 도마 73/마 9.37-38/눅
10.2)은 선교의 강박 충동이 시들어버린 것을 암시하는가?

기해볼 수 있다(위의 §7.4c). 이 논지는 좀더 밀어붙여 Q가 강론의 연속물로 구성되었다고 주장할 수 있다.[298] 그러나 Q의 어록들이 '밀착되거나 주제별 군집'으로 모아졌다는 클로펜보그의 발견도 정곡을 찌른다.[299] 마가복음의 작문 구성은 이미 구어 전통화 과정에서 익숙한 많은 군집들을 적절한 연속물로 배치한 것으로 이해될 수 있다.[300]

예수의 사역에서 24시간	막 1.21-38
(갈릴리에서) 논쟁중인 예수	막 2.1-3.6
예수의 비유들	막 4.2-33
호수 주변에서 행한 예수의 기적들	막 4.35-5.43; 6.32-52
혼인, 자녀들, 제자직	막 10.2-31
(예루살렘에서) 논쟁중인 예수	막 12.13-37
작은 묵시록	막 13.1-32
수난 이야기	막 14.1-15.47

물론 이 대부분은 불가피하게 추리적인 수준인데, 마가복음 4.2-33(예수의 비유들)과 마가복음 13.1-32(작은 묵시록) 같은 구절들이 이전의 더 작은 군집 자료들의 합체 과정으로 그 몸집이 정말 불었는지, 또 어떻게 그렇게 되었는지 추측해야 한다면 더욱 그럴 것이다. 요지인즉, 그러한 단락 구성의 절차들이 오로지 그 이후 과정의 단계에서나 그 전통이 기록되었을 때에야 비로소 진척되었다고 생각해서는 안 된다는 것이다.

---

298) 위의 제7장 각주 80을 보라.
299) *Formation* 90-92; *Excavating Q* 168-69, 206-209.
300) 특히, H. W. Kuhn, *Ältere Sammlungen im Markusevangelium* (Göttingen: Vandenhoeck, 1971). 주목할 만한 것은 로드(Lord)의 관찰로, 그에 의하면 '구어 전통을 만들어낸 자들은 전통의 덩어리와 일련의 구획된 덩어리라는 견지에서 생각한다'('Gospels' in Walker, ed., *Relationship* 59).

c. 층위가 아닌 구연

그렇게 많은 예수 전통의 구어적 성격과 있었을 법한 구전 과정에 대한 이 개관에서 도출되는 가장 중요한 결론 하나는, 공관복음 전통사 연구를 지배해온 관점이 간단히 말해 방향을 잘못 잡았다는 것이다. 불트만은 예수 전통을 '일련의 층위들로 구성된' 것으로 생각함으로써 그 작업 현장을 설정하였다.[301] 이러한 문학적 패러다임의 결과인즉, 예수 전통의 에피소드나 다른 부분들의 반복적 구연이 문어적 텍스트를 편집하는 편집자의 유비 위에서 생각되었다는 것이다. 각각 다시 이야기하는 것이 새로운(편집된) 편집본과 같았다. 그래서 각각 다시 이야기하는 것이 이전의 층위 위에 또 다른 층위를 쌓는 것과 같은 인상이 거의 불가피하게 되었다. 이는 문학적 이미지가 역사적 층위를 파내려감으로써 연구가 진전되는 고대 이야기의 고고학적 이미지와 결합되었을 때 특히 심해졌다.[302] 그 결과는 그 연속적인 편집의 층위들을 성공적으로 벗겨내서 어떤 주요한 층위를 확연히 보이도록 노출시킬 수 있으리라는 전망에 대한 널리 확산된 환멸이었다. 그러한 관점에서 동일하게 피해갈 수 없었던 것은, 그들이 자신의 문학적 고고학에서 성공적이었고 실제로 넓은 영역에 걸쳐 있는 예수의 심층부 가르침을 드러냈다고 주장할 만큼 충분히 담대한 어떤 이들이 부대낀 의혹과 회의론이었다.

그러나 그 이미지는 간단히 말해 부적절하다.[303] 한 전통의 구어적 재

---

301) Bultmann, *Jesus* 12-13.
302) 크로산이 '과학적 층위학'을 이야기하는 경우가 그렇다(*Historical Jesus* xxviii, xxxi-xxxii). 또한 위의 제6장 각주 95를 보라. 브루스 칠턴(Bruce Chilton)은 일찍이 이러한 '문학적 오류'에 대한 거부 반응을 보였다. *The Temple of Jesus: His Sacrificial Program within a Cultural History of Sacrifice* (University Park: Pennsylvania State University, 1992) 114-15, 120. 여기서 그는 자신의 *Profiles of a Rabbi: Synoptic Opportunities in Reading about Jesus* (BJS 177: Atlanta: Scholars, 1989)를 언급한다.
303) 리벤베르크(Liebenberg)를 참조하라: '우리가 더불어 작업해야 할 것이 정경과 비정경의 복음서 텍스트라는 게 사실이라 할지라도, 이러한 텍스트에 우월한 자리를 주는 복음서 전통의 이론을 가지고 작업하는 것은 방법론적으로 그 근거가 박약하다. 더구나 그것들이 압도적으로 구어적 환경에서 태동하였고, 더 중요하게 예수의 지상 생애 이후 20년 내지 30년 동안 그에게 귀속된 이야기와 아포리즘들이 구술로 전승되고 구연되었음이 인지될 때 두말할 나위 없이 그렇다'(*Language* 518).

연은 문학적 편집과 전혀 다르다. 그것은 이전에 한 이야기를 근거로 하거나 그것을 출전 삼아 작업하지 않았다. 어떻게 그럴 수 있었을까? 이전의 재연한 이야기는 자문받아야 할 텍스트로 '거기' 있지 않았다. 다시 이야기하는 가운데 재연된 그 전통은 편집자가 다음의 재연을 위해 재편집한 것으로 검토되어야 할 종류의 가공품이 아니었다. 구어 전승에서 한 전통은 구연되지 편집되지 않는다. 우리가 알아본 대로, 구연은 안정성과 가변성의 요소들을 모두 포함한다. 제목과 주제, 중요한 세부 사항과 핵심적 교환 내용의 안정성과 보조적 세부 사항과 이끌어낼 만한 특정한 강조점의 가변성에 있어서 말이다. 그것은 매우 다른 관점이다. 그리고 그것은 매우 다른 결론을 허용하고 또 요구하기도 한다. 이러한 것들은 다음의 개연성을 포함한다. 전통의 안정성이 충분히 유지되었고, 다시 이야기하는 것의 가변성이 그 전통의 본질을 위해 충분히 통제받도록 한 것, 그리고 종종 처음으로 전통 형성에 영향을 준 예수의 실제 말씀들이 최소한 공관복음 전통이 문서로 기록되기까지 살아 있는 전통의 포괄적 일부로 지속되는 것. 다시 말해, 문학적 **층위**의 개념이 '본래적인' '순수한' 또는 '진정한' 층위에서 점점 더 멀리 떨어지는 것을 의미하는 반면, **구연**의 개념은 생동하는 주제와 핵심 골자를 가지고 다양한 재연 가운데 다양하게 수놓아질 때조차 직접성과 심지어 상호 작용의 즉각성을 허용한다.[304]

그러므로 공관복음 전통에서 예시된 대로 구어 전승의 개념은 역사적 예수 탐구를 곤혹스럽게 한 회의주의나 신자유주의 탐구자들의 치우친 발견들 어느 쪽도 조장하지 않는다. 오히려 그것은 한편으로 기계적인 암기의 모델과 다른 한편으로 몇몇의 반복적 구술을 통한 일련의 무상한 회상으로서의 구어 전승에 대한 인상 사이에 중도의 길을 가리킨다. 그것은 텍

---

304) 나는 '층위'(편집된 편집본)의 이미지를 대체할 적절한 이미지를 찾고자 힘들게 노력했는데 기억된 예수 주변을 선회하는 인공위성 같은 형식의 모델을 가지고 다루었다. 그것은 60년대와 70년대의 양식들이 40년대와 50년대의 양식들보다 반드시 예수로부터 더 멀리 떨어진 것이 아니라는 뜻이다. 그 이미지가 썩 좋은 것은 아니지만 요한복음을 더 높은 궤도 위에서 묘사하거나 기억된 예수의 중력에서 떨어져 나와 표류하다가 이를 상쇄하는 중력에 붙잡히는 형식들의 가능성을 포함하기 위해 더 정교해질 수 있다. 이전의 '궤도' 이미지도 이것에 잘 부합된다. 예컨대 도마복음으로 인도하는 궤도 위에서 Q 자료는 더 이상 원래의 중력장에 붙어 있지 않는다.

스트의 모든 세부 사항과 단어 하나의 역사성이라도 결여한 어떤 것에도 만족하지 못하는 자들이나 초기 교회의 신앙 이외에는 그 어떤 것도 보고 들을 수 없는 사람들 그 어느 쪽도 뒷받침하지 않는다. 그것은 외려 공관복음 전통이 그 첫 지도자들과 선임자들을 제자직으로 부른 예수를 떠올려주고 예수의 삶과 가르침의 강력한 영향을 다시 기념했을 때 우리가 공관복음 전통을 초기 교회의 공연 목록으로서 보고 듣도록 뒷받침한다.

d. 구어 전통에서 기록된 복음서로

우리는 구어 전통에서 기록된 복음서로의 전이를 넘어서 구전 과정을 따를 필요가 없다. 그 전이의 의의는, 켈버의 저작을 검토하면서 앞서 지적한 대로(§8.3b), 과장될 수 있다. 예수 전통은 단지 그것이 문서로 기록되었다는 이유로 유포를 멈춘 것이 아니다. 복음서가 읽히는 것을 듣는 행위는 추가 구전성의 범위 내에서 다시 이야기될 것이니 입과 귀를 통한 전승의 일부일 것이다.[305] 기록된 텍스트는 여전히 유동적이었고 여전히 살아 약동하는 전통이었다.[306] 그러나 두 가지 다른 측면, 즉 그릇된 인상 내지 검토되지 않은 가정이 있어 그것들이 이 주제에 대한 거짓된 관점을 부추겨 왔다. 여기서는 이 부분을 집중 조명해야 한다.

그 하나는 구전적 예수 전통은 두 개(또는 몇 개)의 작은 계류 같아서 그들의 원천 자료를 통해 기록된 복음서로 그 전체가 흡수되었다는 인상이다. 복음서 연구에서 복음서의 원천 자료에 대한 질문에 그리도 왕성하게 초점이 맞추어져왔는데, 이는 구어 전통을 복음서의 원천 자료로 생각한다면 자연스러운 현상이었다고 나는 생각한다. 그러나 거기에는 구전 공동체가 무엇과 같은지, 나아가 기록된 수집물과 복음서에 선행해서, 또 그

---

305) 쾨스터가 자신의 첫 번째 단행본(*Synoptische Überlieferung*)에서 이미 지적한 바와 같다.
306) 특히 D. C. Parker, *The Living Text of the Gospels* (Cambridge: Cambridge University, 1997)를 보라. 원래의 텍스트를 찾는 것에 대한 그의 경고는 구어 전통에서 원래의 형식을 찾는 것에 대한 전문가의 경고를 되새겨준다.

것과 독립적으로 어떻게 구어 전통이 기능했는지를 개념화하기 위한 어떤 현실적 시도도 없다. 이미 지적한 대로 공관복음 단락들에 대한 어떤 서사비평과 논의들은 때때로 마가나 마태나 누가의 복사본이 처음으로 어느 교회에 수용되었을 때 그것이 그 교회가 거기 담긴 예수 전통을 처음으로 듣게 된 시점이라고 거의 추측하는 것 같다. 그러나 이것은 우선적으로 양식비평의 핵심 통찰의 하나를 무시하거나 망각하는 것이다. 즉 그 전통이 처음 교회들 가운데 사용되는 방식을 양식이 반영했기 때문에 전통이 다양한 양식들을 취했다는 인식 말이다. 사실 공관복음 저자들이 이미 유통되던, 그러니까 최소한 몇 년간(몇십 년이 아니라면) 여러 교회에 충분히 잘 알려진 예수 전통을 모으고 순서를 정함으로써 앞으로 나아갔다는 것은 거의 자명하다. 그 외 어디에서 복음서 저자들이 그 전통을 발견했겠는가? 어떤 선생의 집 뒷마당에 놓인 오래 묵은 상자 안에 사용하지도 않은 채 저장해두었단 말인가? 늙은 사도의 쇠락하는 기억 속에 다시 들려주지 않은 채 그냥 저장해버렸을까? 그랬을 가능성은 거의 없다! 반대로 훨씬 더 설득력 있는 그림은 공관복음서를 다양한 교회들이 처음 수용했을 때 이 교회들은 이미 (공동체의 구전 기억이나 기록된 형태로) 그 자료의 많은 부분을 그들 나름의 버전으로 **벌써** 소유한 상태였다. 그들은 그들 나름의 버전들과 그 전통의 많은 부분에 대한 복음서 저자들의 버전들을 비교할 수 있었을 것이다. 이 결론은 앞서 추론한 고려 사항들(§8.1)과 잘 결합된다. 그리고 위에서 살펴본 대로, 공관복음 전통의 상이한 버전들 사이의 차이들은 복음서 저자들과 또한 추측건대 그들과 인연이 있던 교회들에 알려진 활달하고도 유연성 있는 구어 전통을 암시한다.

　이러한 사고의 동선은 너무 편만하게 퍼져 실없이 들리는 다른 가정들과 연계된다. 즉 각 문서는 오직 하나의 공동체에 속하고 그 유일한 공동체의 견해를 대표한다는 것과, 그 문서들 내부 또는 그 가운데 맴도는 긴장은 경쟁 동아리들과 이미 상이한 그리스도교들의 존재를 암시한다는 가정들이 그것이다. 그 추측은 양식비평의 첫 번째 통찰에 연원을 두고 있다. 즉 전통의 양식들은 이를 사용한 교회의 관심을 대변한다는 주장이 그것이다. 이러한 입장은 20세기 후반의 사회학적 관점에 의해 강화되었다. 즉 문학을 한 개인의 마음보다는 사회적 맥락의 표현으로 보려는 견해가 그것이다. 그러나 이러한 통찰들은 편협해졌고 아주 범상치 않은 방식으로 왜곡되어, 결과적으로 각 텍스트는 어떤 특정한 공동체에 의해, 그 공동체를 위해 기록되었다고 주장할 정도이다. 이런 흐름 속에서 Q 공동체, 마가 공동체, 마태 공동체 등의 말들이 생겨났다.[307] 나는 이미 Q와 관련하여(§7.4b), 나아가 암시적으로 복음서 전반에 걸쳐 이러한 가정에 도전한 바 있다. 그러나 그 가정은 또한 복음서에 들어온 전통의 흐름에도 작용한다. 다시 말해, 그 가정은 거의 처음부터 서로 다르고 상충하는 전통의 흐름들에 관한 것인데, 결과적으로 다른 예수들―예언적이거나 묵시적인 예수, 지혜 교사 예수, 이적사화집(aretalogy)의 예수(신인) 등―을 기념하게 된 것이다.[308]

보캄(Richard Bauckham)은 기록된 복음서와 관련하여 최근 이 가정에 도전했다. 그의 반대 논지인즉, '복음서들이 교회를 중심으로 한 일반적인 유

---

307) R. Bauckham, 'For Whom Were the Gospels Written?', in R. Bauckham, ed., *The Gospels for All Christians: Rethinking the Gospel Audiences* (Grand Rapids: Eerdmans, 1998)는 많은 예들을 제공한다(13-22). 그는 '역사적 예수를 재구성하기 위해 복음서를 사용하는 것이 더 이상 가능하지 않다고 생각하는 사람들은 복음서를 생산한 공동체를 재구성하기 위해 복음서를 사용함으로써 이 손실을 보상한다'(20)고 의혹의 시선을 보낸다. 또한 같은 책에 게재된 논문에서 '공동체'라는 말의 사용과 일반화를 넘어 복음서가 사용된 사회적 맥락을 확정짓는 우리의 능력에 대한 바턴(S. C. Barton)의 신랄한 비판을 보라('Can We Identify the Gospel Audiences?, *Gospels for All* 173-94).

308) 특히, Koester, 'One Jesus and Four Primitive Gospels'를 참조하라. 또한 'The Structure and Criteria of Early Christian Beliefs', in Robinson and Koester, *Trajectories* 205-31; Lührmann, *Redaktion* 95-96; Mack, *Myth* 83-97. Koester, 'The Historical Jesus and the Historical Situation of the Quest: An Epilogue', in Chilton and Evans, eds., *Studying the Historical Jesus* 535-45에서 동 주제에 대한 그의 성찰은 그 사유가 얼마나 의혹투성이가 되었는지 좋은 본보기를 보여준다: (1) '그리스도교 기원들의 역사는 나사렛 예수의 삶과 사역에 호소하지 않고 신세대의 공동체를 확립하고 양육하는 데 그것이 가장 효과적이었음을 증거로 보여준다'('Historical Jesus' 535, 강조는 나의 것). **가정**: '신세대의 공동체'는 어떤 예수 전통도 알지 못했거나 그 가치를 평가하지 않았다. (2) '핵심적인 제의와 예수의 고난과 죽음 이야기가 통합적인 원리였던 그 교회들의 동아리에 포함되지 않았던 예수의 추종자들이 있었다. 대신 그들은 구원이 예수가 말한 지혜의 말씀을 통해 매개된다고 믿었다. 공관복음 어록 자료에는 예수에 대한 이러한 믿음과 인자로서 그의 재림에 대한 기대를 결합시킨 공동체가 등장한다'('Historical Jesus' 537). **가정들**: 한 교회당 한 문서; 관련된 침묵은 무시나 반대를 의미한다. 상이한 강조점들은 단 하나의 문서 안에서 화해될 수 없다. (3) 고린도전서에서 언급된 사람들 중 어떤 이들은 예수의 어록을 '위대한 지혜 교사의 구원하는 메시지로' 이해했던 것 같다. Q의 가장 오래된 구성층은 '예수의 지혜 말씀을 생명과 자유를 주는 계시로' 이해했던 것 같다('Historical Jesus' 540). **가정들**: 고린도인들의 '지혜'는 예수의 가르침에 기초한 것이었고 그리스도론을 암시한다. 고전 1-4장은 그 지혜의 수사학적 사회정치적 이해 이상을 요구한다. Q의 지혜는 교훈적이라기보다 구원론적이다.

통 차원에서 기록되었고, 그래서 매우 일반적인 그리스도교 청중을 염두에 두었다'는 것이다. '그들의 내재적 독자층은 특수하지 않고 불특정이며, 1세기 후반 로마 제국에서 어떤 그리스도교 공동체도 이에 해당된다.'[309] 그 주장은 과장된 형태로 (**모든** 그리스도인들을 위하여?) 진술된 듯하다. 그러나 우리는 저자들이 일차적으로, 가령 수리아-길리기아같이 훨씬 더 넓은 교회의 범위를 겨냥하면서 자신들의 보다 지역적인 경험에서 복음서를 썼을 개연성을 도외시하면 안 된다. 아울러, 보캄은 공동체가 저자들의 복음서 집필에서 **표적**(target)이었던 것과 구분되는 차원에서 특정한 공동체가 그들에게 예수 전통의 **자료**였을 개연성에 좀더 비중을 둘 필요가 있다. 그러나 저자가 자신이 살았던 공동체를 위해 자신의 복음서를 썼다는 발상을 그가 탈락시킨 것은 정당하다.[310] 나아가 그는 어떤 한 복음서 저자에게 사용 가능한 전통의 저장품이 그의 공동체나 동아리 교회들에게로 한정되어 있었다는 제안에도 당연히 이의를 제기한다.[311]

여기서 요지인즉, 처음의 교회들이 결코 서로 고립되어 있지 않았고, 종종 추론하듯 그리 껄끄러운 관계가 아니었다는 증거를 보캄이 정확하게 조명한다는 것이다. 바울의 서신들과 사도행전이 안내서가 된다면, 처음의 교회들은 '간단없이 의사소통이 이루어지는 공동체의 관계망'으로 이루어져 전령, 편지, 새로운 운동으로 부상한 지도적인 인물의 방문 등으로 연계되어 있었다.[312] 이 점은 위에서 지적한 내용과 잘 부합된다. 즉 교회 개척은 토대 전통에 대한 최초의 의사소통을 포함했고, 바울 역시 자신이 이전에 방문한 적이 없던 교회(로마)라 할지라도 거기서조차 예수 전통의 지

---

309) Bauckham, 'For Whom?' 1.
310) Bauckham, 'For Whom?' 28-30; '왜 그가 자신이 정기적으로 설교하던 공동체를 위하여 복음서를 쓰는 상당한 고역을 자초해야 했겠는가?'(29).
311) 사적인 편지에서.
312) Bauckham, 'For Whom?' 30-34; 또한 M. B. Thompson, 'The Holy Internet: Communication between Churches in the First Christian Generation', in Bauckham, ed., *Gospels* 49-70. 보캄은 정당하게 묻는다: '학자들은 왜 복음서 저자가 그리스도인으로서 자신의 모든 삶을 같은 그리스도교 공동체에 밀착시켜 보낸 어떤 사람이었으리라고 그렇게 기꺼이 추정하는가?'(36) 보캄의 이 논지는 D. C. Sim, 'The Gospel for All Christians? A Response to Richard Bauckham', *JSNT* 84 (2001) 3-27에서 비판을 받았다. 나는 이 논쟁을 제2권에 가서 언급할 것이다.

식을 포함하는 공통된 전통을 당연한 것으로 생각할 수 있었다. 나아가 바울과 예루살렘 리더십 사이에 극심한 긴장들이 정말 있었음에도 불구하고, 그래도 바울은 유대의 교회들과 이방인 선교로 생긴 교회들 사이에 가로놓인 연속성의 방향을 제일 중요한 문제로 간주하였다.[313] 짧게 말하면, 단 한 가지 흐름의 전통만을 알았던 교회들이 있었다는 제안—오직 기적 수행자나 오직 지혜 교사로서의 예수 등—은 복음서에 대한 학자들의 논의에서 너무 많이 무비판적인 신임을 받아왔다는 것이다.

8.7 요약

이 부분은 길게 늘어지는 장이었으므로 예수 전통이 문서화되기 전에 거기에 무슨 일이 생겼는지 요약하도록 하자.

첫째(§8.1), 처음부터 새로운 회심자들이 예수에 대해 알고 싶어했을 것이고, 어떤 교회도 토대(예수를 포함하여) 전통의 비축 없이 제대로 자리 잡지 못했을 것이며, 교회들은 그 전통을 유지하고 전달해주기 위해 조직되었다는 견해와 관련하여 강한 주변 환경의 실태를 주목하였다. 예수를 기억하고 그에 대해 배우는 일과 책임 있는 교사들의 중요성은 유대인 교회와 이방인 교회 가운데 소급할 수 있는 가장 이른 그리스도교의 생성 단계에서 입증된다. 바울의 분명한 침묵과 복음서 자체의 성격은 아무런 실질적인 반대 주장을 제공하지 않는다.

둘째(§8.2), 초대교회 내의 예언이 예수 전통에 상당한 자료를 보탰을 것이라는 가정은 잘못된 것이었다. 우리가 초대교회의 예언 활동에 대해 아는 바에 의거하면 이는 대단할 정도로 입증되지는 않는다. 반대로 거짓 예언의 위험성에 대한 인식은 거의 확실히 예언 그 자체만큼 널리 확산되

---

313) 갈 1.22; 살전 2.14; 고후 1.16.

어 있었고, 처음 교회들은 이미 받은 예수 전통과 조화를 이루지 못한 예언적 언사를 수용하는 위험에 경각심을 가졌을 것이다.

셋째(§8.3), 우리의 탐구에 구어 전통의 적실성을 검토하는 일로 방향을 돌렸을 때, 우리는 구전성의 전문가들 가운데 구전의 성격을 안정된 주제와 유연성의 혼합, 즉 구어적 재연 속에서 고정된 요소와 가변적인 요소가 혼재되는 것으로 보는 인식이 폭넓게 확산되어 있는 점에 주목하였다. 그러나 우리는 그러한 통찰들이 예수 전통을 구어 전통으로 다룸에 있어서 적절하게 이용되기 시작한 적조차 없었다는 점도 주목하였다. 하지만 중동 마을의 생활 가운데 얻은 구어 전통화 과정에 대한 자신의 경험에서 끌어낸 베일리의 통찰은 잠정적으로 중요한 점을 집중 조명해주었다. 특히 관심의 초점이 된 경우에서 한편으로 좀더 고정된 요소들과 불변적인 주제들과 다른 한편으로 유동적이고 가변적인 요소들의 구분을 결정하는 이론적 근거를 중심으로 살펴보았다. 이야기들이나 가르침이 공동체의 정체성과 삶에 중요한 맥락에서 연속적인 구연의 반복 가운데 (그 이야기나 가르침의 요점에는 덜 중요한) 다른 세부 사항이 어떻게 변개되든 그 골자나 핵심적인 특징들을 유지하려는 관심이 있었을 것이다.

넷째(§§8.4, 5), 예수 전통에 대한 우리 나름의 검토 결과 구어적 패러다임의 적실성과 문어적 패러다임을 (의식적으로든 다른 방식으로든) 가정하는 것의 위험성을 확인하였다. 이 발견 내용은 마가 우선설이나 Q 문서의 존재를 심각하게 의문시하지 않았다. 그러나 순서대로 정리해놓은 각각의 사례에서 분명히 평행구 전통인 것과 많은 변용물의 비논리적인 성격 사이의 변이 정도로는 (마가나 Q에 대한) 문학적 의존이나 문학적 편집이란 견지에서 설명하려는 시도를 추켜세우기가 어려웠다. 오히려 안정성과 유연성의 결합 모델은 성격상 전형적인 구전으로서 인정받기를 적극 하소연했다. 이는 최소한 몇몇 경우에서 그러한 변용물이 같은 전통을 마태와 누가에 친숙한 공동체 전통의 일부로 알고 있었고 또 구술적 방식으로 사용한 데 기인했다고 암시하는 듯하다. 설사 어떤 단락이 마가나 Q에서 나온 것이었다 할지라도 마태나 누가가 그것을 다시 이야기한 것은 문학적 편집보다는 구술적 재연의 성격을 유지하므로 구술적 방식으로 더 잘 설명된다.[314]

서사와 가르침 양쪽 모두에서 우리는 (1) 예수가 행하고 말한 것들을 기억하려는 관심을 주목하였다. 예수의 생애와 메시지의 강렬한 영향으로 형성되고 구체화된 제자직과 태동기의 공동체들은 제자와 교회로서 그들의 정체성에 중심이 되는 그 전통을 자연스레 기념했을 것이다. 우리는 또한 (2) 그 기억들이 이야기와 가르침으로 구성되었으며, 그 나름의 정체성은 특정한 주제, 그리고(또는) 일반적으로 예수 자신이 말한 특정한 단어와 문구에 초점이 맞추어졌음을 지적하였다. 나아가 (3) 그 변용과 발전들은 성격상 단선적이거나 누적적이지 않고 구연적 변용이었다는 점도 주목하였다. 검토된 자료들은 세부 사항에 대한 모종의 문자주의적 역사성을 보존하려는 관심이나 그 전통을 유대인의 지혜나 예언적 언사로 가득 채우려는 민첩함을 시사하지 않았다.

마지막으로(§8.6), 우리는 그 구어 전통화 과정의 패턴이 거의 맨 처음부터(부활 사건 이전) 확립되었고 그 전통을 문서화하기까지(그리고 그 이후에도) 그 성격이 내내 유지되었을 것이라고 보았다. 예수가 끼친 그 첫 번째 영향(영향들의 연쇄 작용)은 전통의 형성이란 결과를 가져왔고, 그것 자체가 다시 부활 사건을 통해 갈릴리를 넘어 그리스 지역으로 공동체/교회를 형성하고 구축하는 계기를 제공했다. 나아가 그 전통은 (공동체 모임이나 특정한 예전적 모임 가운데) 정기적인 구연을 통해 보존되고 기념되거나 변증적 교리문답적 목적으로 검토되었다. 다시 말해 오늘날 우리가 복음서에서 직면하는 것은 점점 더 완고해진 층위들의 꼭대기 층(마지막 편집본)이 아니라, 예수에 대한 첫 기억을 담은 심장부로 놀랍도록 밀접하게 우리를 데려다주는 그리스도교적 기념 의식의 살아 있는 전통이다.

---

314) R. F. Person, 'The Ancient Israelite Scribe as Performer', *JBL* 117 (1998) 601–609은 서기관들이 그들의 과제가, 1QIsaᵃ에서 서기관이 개입한 어떤 부분이 예시하듯, 그들 공동체의 역동적인 전통을 재현하는 것으로 이해했다고 주장한다.

이 모든 기초 위에서 비로소 우리는 기억된 예수의 초상을 구축하기 시작할 수 있다. 이와 더불어, 그의 말씀과 행적이 구어 전통으로 '번역되고' 구연 가운데 최초의 제자 동아리와 교회 내에 전수되어 정해진 과정을 거쳐 마침내 기록된 공관복음의 전통으로 간직되기까지 그것이 첫 제자들에게 남긴 영향의 초상을 그릴 수 있을 것이다.

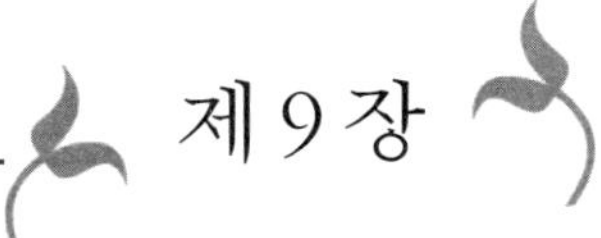

제 9 장

역사적 맥락

(기록된) 원천 자료를 접하고 (구어) 전통을 평가하는 능력이 역사적 탐구에 근본적이듯이, 그 탐구가 초점을 맞추고자 하는 역사적 인물이 자리한 맥락을 온전히 식별하는 것 또한 근본적이다. 이 경우에 역사적 맥락이라 함은 우선적으로 주후 1세기 초반의 몇십 년에 걸친 갈릴리와 유대의 지리적 맥락을 가리킨다.[1] 물론 역사적 맥락은 또한 사회적·정치적 맥락을 포함한다. 예수는 갈릴리 마을의 장인이었고 그 땅은 로마인들이 정복한 상태였다. 그러나 조명되어야 하는 일차적 맥락은 민족적·종교적 맥락이다. 이 탐구에 중심이 되는 것은, 우리가 이미 강조한 대로(§5.5) 예수가 유대인이었다는 인식이다. 그러므로 우리의 첫 번째 과제는 이 사실이 무엇을 의미했을지에 대한 밑그림을 그리는 작업이 되어야 한다. 유대인 예수의 주요 맥락은 유대교였다.[2]

---

1) 르낭(Renan)이 '제5복음서'라고 부른 것(*Life* 31).
2) 이어지는 내용(§§9.1-5)은 내가 일찍이 발표한 'Judaism in the Land of Israel in the First Century', in J. Neusner, ed., *Judaism in Late Antiquity*, Part 2: *Historical Syntheses* (Leiden: Brill, 1995) 229-61의 수정본이다.

9.1 '유대교'에 대한 잘못된 전제들

예수 당시의 유대교에 대한 서술은 정의와 관련된 문제가 따르는데, 특히 시대착오적 정의의 문제들이 있다. 우리가 예수의 (또한 그 당시의) 유대교에 대한 명료한 관점을 얻고자 한다면, 이러한 문제들을 똑바로 직면해야 한다. 그렇지 않으면 우리가 예수를 위치시키는 역사적 맥락이 심각하게 왜곡되고 숱한 잘못된 길목으로 들어설 터이기 때문이다.

유대교와 그리스도교 양쪽 동아리 모두 옛 세대의 학계에서는 '규범적 유대교'란 견지에서 생각했다.[3] 그 가정인즉, 랍비 전통 가운데 표상된 유대교(미쉬나, 탈무드 등)는 이미 1세기 유대교에 결정적인 규범으로 이미 역할을 하고 있었다는 것이다.[4] 물론 학자들은 유대교의 위경을 알고 있었는데, 그중에 일부는 그 연대가 주전 2세기나 그 이전으로 소급되는 것이었다.[5] 또한, 그들은 대략 주후 50년경에 죽은 알렉산드리아의 유대인 철학자 필론도 알고 있었다.[6] 그러나 이들 문헌은 랍비들이 아니라 그리스도인들이 후세를 위해 보존하였던 터라 바리새적/랍비적 규범에서 변용되거나 일탈한 것으로 더 쉽게 간주될 수 있었다.[7] 또한 디아스포라 유대교가 팔레스타인 유대교와 종자가 다른 가지였을 가능성에 대한 약간의 성찰이 있었다. 이로써 그리스도인 바울이 그렇게 강하게 얼굴을 붉힌 유대교가 도대체 어떤 유대교인지 그 수수께끼에 대한 해결책을 제시하려는 심산이

---

3) 이 용어는 특별히 G. F. Moore, *Judaism in the First Three Centuries of the Christian Era* (3 vols.; Cambridge: Harvard University, 1927-30)와 연계되어 있다. 예컨대, Sanders, *Paul and Palestinian Judaism* 34와 각주 11을 보라.

4) 그 가정은 가령, J. Jeremias, *Jerusalem in the Time of Jesus* (London: SCM, 1969)와 S. Safrai and M. Stern, eds., *The Jewish People in the First Century* (CRINT I: Assen: van Gorcum, 2 vols. 1974, 1976)에 편만하다. 그 시기의 학계는 H. Strack and P. Billerbeck, *Kommentar zum Neuen Testament* (Munich: Beck, 4 vols., 1926-28)가 대규모로 수집한 랍비 자료에 의존하는 전형적인 모습을 보였다.

5) 특히 R. H. Charles, ed., *The Apocrypha and Pseudepigrapha of the Old Testament* (Oxford: Clarendon, 2 vols. 1913); W. Bousset and H. Gressmann, *Die Religion des Judentums im späthellenistischen Zeitalter* (HNT 21: Tübingen: Mohr Siebeck, 1925, ⁴1966).

6) P. Borgen, 'Philo of Alexandria', in M. E. Stone, ed., *Jewish Writings of the Second Temple Period* (CRINT II.2; Assen: Van Gorcum, 1984) 233-82; 또한 'Philo of Alexandria', *ABD* 5.333-42; J. Morris, in Schürer, *History* III.2, 809-89.

7) 예컨대, 이 문제에 대하여 부세트(Bousset), 그레스만(Gressmann), 무어(Moore) 등의 불일치를 보라 (Sanders, *Paul and Palestinian Judaism* 34과 55-56에서 논의됨).

었을 것이다.[8] 그러나 이 논지는 단지 디아스포라 유대교가 유대교의 일탈적이고 (열등한) 형태라는 의식을 강화해주었을 뿐이다. 이러한 관점에서 그 일탈의 정도는 왜 바울의 그리스도교와 규범적/팔레스타인 유대교가 각자의 분리된 길을 갔는지 많은 부분의 설명을 제공해주었다.

하지만 20세기 중반에 바리새파/랍비 계통의 규범적 유대교를 1세기 이스라엘 안에서 그런 식으로 인식한 가정은 사해 사본의 발견으로 완전히 와해되었다. 비록 더욱 명백히 종파적인 두루마리들의 많은 부분들이 뒤늦게 출판되는 바람에 그 최초의 충격이 감소되긴 했지만, 그것들은 분명히 그리스도교를 시대적으로 앞서고 그리스도교의 영향을 전혀 받을 수 없었던 유대교 문헌들을 포함하고 있다.[9] 더 핵심을 찔러 말하면, 그것들의 자기 확신적인 종파적 성격은 명백하다.[10] 그러한 성격은 1세기의 60년대에 이르기까지 이스라엘 땅의 심장부에 번성했던 종류의 유대교에 속하는 것으로 치부될 수 없다. 이는 곧 위경들에 대한 새로운 관심을 불러일으켰고,[11] 점점 더 그 위경들 역시 다른 형태의 유대교를 나타내는 것으로 서술되어야 한다는 인식을 가져왔다. 동시에 1세기 이스라엘에서 바리새파가 끼친 영향의 정도는 과격하게 의문시되었고,[12] '팔레스타인 유대교'와 '헬레니즘적 유대교'의 명확한 경계 설정을 허용했던 '유대교'와 '헬레니즘'의 날카로운 구분도 상당히 흐려지게 되었다.[13] 더 넓은 틀 속에서 우리는 또한, 아주 많은 서구 학문의 자유주의적 예봉이 최근에 포스트모던한 의혹으로 강화되면서 점진적으로 바로 그 '규범'이란 발상 자체를 훼손한 사실을 지적할 수 있을 것이다.

---

8) 특히 C. G. Montefiore, *Judaism and St. Paul* (London: Goschen, 1914)과 H. J. Schoeps, *Paul: The Theology of the Apostle in the Light of Jewish Religious History* (London: Lutterworth, 1961).

9) 아래 각주 78을 보라.

10) 특히 H. Stegemann, *The Library of Qumran* (1993; ET Grand Rapids: Eerdmans, 1998) 104–18을 보라.

11) 특히 J. H. Charlesworth, ed., *The Old Testament Pseudepigrapha* (2 vols.; London: Darton, Longman and Todd, 1983, 1985) = *OTP*; 또한 Charlesworth, *Jesus* ch. 2; H. F. D. Sparks, ed. *The Apocryphal Old Testament* (Oxford: Clarendon, 1984).

12) Neusner, *Rabbinic Tradition*은 다르게 서술한다. 또한 *From Politics to Piety*; 아울러 Sanders, *Judaism: Practice and Belief, 63 BCE–66 CE* (London: SCM, 1922) ch. 18.

13) 제5장 각주 122를 보라; 또한 아래 각주 288을 보라.

결과적으로 20세기의 마지막 20년은 1세기 유대교의 다양한 성격을 점점 더 강조하고 몇 개의 '유대교들'(복수)을 말하는 경향을 목도하였다. 이에 따라 '유대교'의 형태들로서 그것들이 지닌 정당성은 아무런 질문이 제기되지 않은 채 상황을 오도하거나 부적절한 것으로 방치하게 되었다.[14] 그런데도 그처럼 상이한 유대교들이라는 근대적이고 현상학적 서술을 가지고 그 몇몇의 유대교들 각각이 그것들의 시대에 보여준 **자기 인식**을 어떻게 설명할 수 있는지에 관한 그 추가적 또는 대안적인 문제는 여전히 너무 미미한 탐구의 대상이 되고 있다. 그 유대교들 각각이 다른 유대교들에 대하여 어떻게 평가했는지의 문제도 말할 것도 없이 미답의 영역이다.

이 점에서 그 시기를 다루는 역사가에게 주요한 대안적인 선택은 '팔레스타인 유대교'를 말하는 것이다. '팔레스타인'이라는 이름은, 제2차 유대인 봉기(132-125년)의 실패 이후 로마 식민지 아일리아카피톨리나가 다시 건설되고 유대 땅이 수리아 팔레스타인이라 다시 명명되었을 때인 주후 2세기에 이르러서야 그 영토에 대한 공식적인 명칭으로 사용되었던 게 사실이다. 그러나 그 용어 자체는 아주 오래된 것이고 그리스-로마 저자들 가운데 통상적으로 사용된다. 주전 5세기 헤로도투스는 이미 '팔레스타인의 시리아인들'을 언급한다(*Hist.* II.10.3). 그가 페니키아 남쪽 연안 지역(블레셋 사람들의 영토)만을 언급하고 있었는지에 대하여 의문이 남아 있지만, 요세푸스는 분명히 헤로도투스가 유대인/유대 땅의 사람들을 의미했다고 보았다(*Ap.* 1.168-71). 그리고 주전 4세기에 아리스토텔레스는 사해를 '팔레스타인의 호수'로 언급한다(*Meteorologica* II, p. 359a).[15] 따라서 '팔레스타인 유

---

14) 예컨대, S. Sandmel, *The First Christian Century in Judaism and Christianity* (New York: Oxford University, 1969) ch. 2 'Palestinian Judaisms'; J. Neusner et al., eds., *Judaisms and Their Messiahs at the Turn of the Christian Era* (Cambridge: Cambridge University, 1987); J. Neusner, *Studying Classical Judaism: A Primer* (Louisville: Westminster, 1991) 27-36; A. F. Segal, *The Other Judaisms of Late Antiquity* (Atlanta: Scholars, 1987); J. Murphy, *The Religious World of Jesus: An Introduction to Second Temple Palestinian Judaism* (Hoboken, NJ: Ktav, 1991) 39. '랍비 유대교가 많은 다양한 요소들을 통합시키는 동일성의 관점으로 지배되는 반면, 초기 유대교는 거의 무제한의 다양성을 포괄하는 것 같다. 그래서 정말로 초기 유대교들이라고 말하는 것이 더 적절할는지 모른다'(R. A. Kraft and G. W. Nickelsburg, *Early Judaism and Its Modern Interpreters* [Atlanta: Scholars, 1986] 2).
15) *GLAJJ* 1.2-3, 7, 349 (§§1, 3, 142)을 그 주석과 함께 보라.

대교'는, 오늘날 이스라엘과 팔레스타인의 정치적 현실로 현대 학자들에게 어떤 민감한 반응을 야기하든 간에 1세기 유대교를 가리키는 충분히 정확한 역사적 묘사다. '이스라엘 땅의 유대교'라는 표현도 동일하게 수용 가능한데, 이는 이스라엘의 언약적 관점에 좀더 비중을 둔다.

마찬가지로 문제가 되는 것은 '유대교'에 부착된 시간적인 함의였다. 앞서 지적한 대로(§5.5), 예전의 학계는 1세기 유대교를 '후기 유대교'(Spätjudentum)라고 말했는데, 이 용어는 1960년대 후반까지 집요하게 사용되었다. 이는 참 놀라운 명칭이었는데, 왜냐하면 그것이 유대교를 단지 그리스도교의 전조로서만 축소시켰고 유대교의 그 다음 19세기들을 어떻게 서술해야 할지에 대한 의문부호를 남겼기 때문이다! 여전히 한층 더 통상적인 '중간기 유대교'(intertestamental Judaism)란 용어도 이 '유대교'의 의의를 (그리스도교의) 두 언약들 사이에 있는 틈을 연결시키는 것으로 축소시켰고 주로 언급되는 문서들을 위한 일관성('유대교')을 암시했던 바, 이 역시 전혀 명확하지 않다. 자연스런 반작용은 그 반대의 형용사를 택하여 '초기 유대교'(early Judaism) 또는 '형성기 유대교'(formative Judaism)를 말하는 것이었다.[16] 그것으로 포괄하는 실제 시기는 그 범위가 불확실한데, 특히 그 출발점이 그렇다. 에스라 때부터인지, 가장 선호하는 선택인 그리스 치세기(주전 300년)부터인지, 아니면 유대인의 정경이 마감된 때부터인지(성서에서 미쉬나까지), 마카베오 가문 때부터인지, 종교적인 세력으로서 바리새인들의 출현 때부터인지, 또는 주후 70년 이후 유대교의 재형성이 시작된 이후부터인지 실로 가늠하기 어렵다. 미쉬나의 성문화(약 200년)가 정식으로 랍비 유대교의 출발점을 표시한다는 근거하에 그 하한점은 좀더 분명히 200년으로 설정된다.[17]

---

16) 예컨대, 크래프트(Kraft)와 니켈스버그(Nickelsburg)가 편집한 책의 제목 *Early Judaism*이 그렇다. 뉴스너(Neusner)는 자신이 생산한 연작에서 '형성기 유대교'(Formative Judaism)란 용어를 장려하여 그것으로 제목을 삼았다. 그린(W. S. Green)이 편집한 연작의 저서(*Approaches to Ancient Judaism*)는 '고대 유대교'(Ancient Judaism)란 용어를 사용하여 포로기 이후 시점에서 초기 랍비들에 이르기까지의 모든 내용을 거기에 담았다. M. Z. Brettler, 'Judaism in the Hebrew Bible? The Transition from Ancient Israelite Religion to Judaism', *CBQ* 61 (1999) 429-47은 성서의 시기를 '신생기'(emergent) 또는 '초창기'(earliest) 유대교로 말할 것을 제안한다.

하지만 '초기 유대교'란 명칭은, 1세기 유대교의 유일한 의의가 랍비 유대교의 예고편이었다고 암시할 수 있기 때문에 못마땅한 '후기 유대교' 란 명칭과 유사한 위험의 우려가 있다.

주전 300년에서 주후 200년까지의 기간을 '중간기 유대교'(Middle Judaism)로 명명하는 추가적 대안은[18] 그리스-로마 시대를 그 이전 단계(주전 6세기에서 4세기의 '고대 유대교')와 구분해주는 유익함이 있다. 그러나 '유대교'가 개념이든 단순히 꼬리표이든 간에, 이는 또다시 우리가 정식 '유대교'의 출발점을 어디서부터 잡아야 하는지의 문제를 제기한다. 아울러 포로기 이전 시기('이스라엘의 종교')를 포로에서 귀환한 뒤의 성서적 유대교와 그렇게 날카롭게 구별하는 것을 어떻게 정당화하고 또 그것의 의의가 무엇인지에 대한 논제 역시 만만찮은 과제이다.[19] 아마도 사용하기 가장 무난한 용어는 '제2성전기 유대교'(Second Temple Judaism)다. 이 용어는 '유대교' 자체를 나타낼 의도가 없고, 성전을 재건한 주전 6세기 후반부터 주후 70년의 파괴에 이르기까지 600여 년을 지속한 '유대교'를 뜻하는데, 곧 예루살렘 성전에 초점을 맞춘 유대교인 셈이다.

증거가 나타내는 것 이상으로 그 증거를 왜곡할 수 있는 범주와 틀을 강제로 덮어씌우는 위험을 피해야 한다면 이 모든 잠정적 혼선은 세심하게 나아갈 필요를 진작시킨다. 이전의 토론을 약화시킨 개념 정의의 혼란을 고려할 때 우리는 분명히 '유대교'라는 용어 자체를 명확하게 규정하는 것과 함께 시작해야 한다(§9.2). 그러면 우리는 그 용어, 좀더 정확하게 말하면 팔레스타인 유대교 또는 제2성전기 유대교란 용어가 그것이 내포하는 범주에 맞게 온전히 사용될 수 있는 믿음과 실천의 범위를 예시할 수 있을 것이다(§9.3). 또한 제2성전기 후반부의 유대교의 특징이었던 분파주의를 조명하는 것이 필요할 것이다(§9.4). 이에 비추어 모든 '유대교들'에 '유대교'라

---

17) '랍비 시기'의 시작과 관련하여 이에 상응하는 질문들은, I. M. Gafni, 'The Historical Background', in S. Safrai, ed., *The Literature of the Sages* (CRINT II.3.1; Assen: Van Gorcum, 1987) 1-34을 보라.
18) G. Boccaccini, *Middle Judaism: Jewish Thought, 300 BCE to 200 CE* (Minneapolis: Fortress, 1991).
19) *The Anchor Bible Dictionary*는 'History of Israel'에 대한 소논문들을 페르시아 시대와 함께 종결하고 'Judaism'은 그리스-로마 시대와 함께 다루기 시작한다(*ABD* 3.526-76, 3.1037-89).

는 같은 범주를 사용할 수 있도록 만드는 것이 무엇인지 이에 대한 해명이 좀더 간절해질 것이다. 그들이 나눈 공통된 토대가 무엇이었을까?(§9.5) 마지막으로 우리는 예수가 갈릴리에서 양육되었다는 것이 어떤 차이를 초래했을지 물을 필요가 있고(§9.6-7), 그 시기의 정치를 상기하면서 어떻게 그것이 예수 시대의 상황에 영향을 주었을지도 탐문해봐야 한다(§9.8). 이 모든 것은, 예수든 다른 유대인이든 누군가를 '유대인'으로 기술하는 것이 주후 1세기에 무엇을 뜻했는지 이와 관련하여 좀더 명확한 지식을 줄 것이다.[20] 그 즉각적인 결과들은 예수의 생애와 선교라는 간략한 개요 가운데 요약될 것이다(§9.9).

아래 제시하는 밑그림이 제2성전기 유대교의 전반적 개관을 제공한다고 자부하지 못함을 당장 강조해야 할 것 같다. 그것은 비록 공간이 허락된다고 해도 일차적인 과제에서 너무 많이 다른 데로 주의를 돌리는 격이 될 터이다. 외려 여기서 내 관심사는 세 가지이다. 첫째, 유대교의 **포괄성**의 어떤 점을 지적하고자 한다. 단순히 종교로서가 아니라 민족적 이데올로기로 부를 수 있는 것으로서, 또는 더 좋게 표현하면, 삶의 전체, 곧 교육과 가족 생활, 경제와 정치는 물론이고 토지법과 사회 관계 등을 포함한 종교로서의 유대교를 가리키려는 것이다. 둘째, 제2성전기 유대교의 **다양성**과 그것을 '유대교'로 함께 붙잡아둔 것에 대한 인상적인 생각을 제공하려는 것이다. 셋째, 분명히 희망컨대, 독자들이 이로써 예수를 제2성전기 유대교 안

---

20) D. J. Harrington, 'The Jewishness of Jesus: Facing Some Problems' (1987), in Charlesworth, ed., *Jesus' Jewishness* 123-36: '예수 당시 팔레스타인 유대교의 다양성에 대한 우리의 이해가 늘어남에 따라 정확하게 예수가 어떤 종류의 유대인이었는지, 어떤 배경에 견주어 그를 해석해봐야 하는지 정확하게 알기가 어려워진다'; '우리가 더 많이 알수록 더 조금 알게 된다'(136, 128). 유사하게 T. Holmén, 'The Jewishness of Jesus in the "Third Quest"', in Labahn and Schmidt, eds., *Jesus, Mark and Q* 143-62. Meier: '유대인 예수라는 문구는 학계의 상투 문구가 되었다. 현실적인 도전은 그 문구를 풀어 예수가 어떤 종류의 1세기 유대인이었는지 명확히 말하는 것이다'('Present State of the "Third Quest" 467). 마이어는 '유대교들'의 유대인이라기보다 '변두리 유대인'으로 말하는 것을 선호한다(468). '변두리 유대인'이라는 묘사가 유대인 예수를 제2성전기 유대교 내에 충분히 견고하게 위치시키는지 여부를 물어볼 수 있다. 그러나 마이어는 예수의 유대인다운 면을 진지하게 다루지 않는다(466-69, 483-86). 비록 '주변부로 전락한 소작농'으로서 예수를 말하길 선호하지만, 크로산은 사회경제적인 관점에서 마이어의 용례를 옹호한다(*Birth* 350-52). 그러나 또한 G. Theissen, 'Jesus im Judentum. Drei Versuche einer Ortsbestimmung', *Kirche und Israel* 14 (1999) 93-109. 그리고 목스네스(Moxnes)의 마무리 관찰을 주목하라('Jesus the Jew' 101-103).

에, 그 유대교의 포괄성과 다양성 안에 더 잘 위치시킬 수 있고, 그 두드러진 점과 그의 선교에서 생긴 긴장을 좀더 민첩하게 규정할 수 있게 되는 것이다.

9.2 '유대교'를 정의하기

a. '유대교'

그렇다면 '유대교'란 무엇인가? 언제 '유대교'가 시작되었는가? 그 대답이 우리가 가진 문헌 자료 가운데서 단어의 등장에만 의존한다면, 그 답변은 명료하다. 그리스 용어 '유다이스모스'(Ioudaismos)가 문헌에 처음 등장하는 것은 마카베오하의 세 구절에서다(2.21; 8.1; 14.38). 먼저 2.21은 마카베오 시대의 반역자들을 '유대교를 위해(hyper tou Ioudaismou) 용감하게 싸운 사람들'로 묘사한다. 8.1은 그들의 지지자들을 '유대교 내에 계속 머물러 있었던 사람들'(tous memenēkotas en tō Ioudaismō)로 묘사한다. 그리고 14.38에서는 순교자 라지스(Razis)가 이전에 유대교로 인해 고발되었고 유대교를 위해(hyper tou Ioudaismou) 몸과 생명의 위협을 기꺼이 무릅쓴 자로 묘사된다. 같은 전통을 반영하면서 마카베오4서 4.26은 수리아 군주 안티오코스 에피파네스(Antiochus Epiphanes)가 '민족의 각 구성원이 더러운 음식을 먹고 유대교를 단념하도록 강요한' 시도를 기술한다.

우리가 관심하는 시대(주후 1세기가 마감되기 전)에서 유일하게 발견되는 다른 문헌 증거 하나는 갈라디아서 1.13-14이다. 여기서 바울은 '유대교 안에서'(en tō Ioudaismō) 자신의 이전 행실을 말하면서, 당시 그가 어떻게 '하나님의 교회'를 핍박했고 자기 동족 가운데(en tō genei mou) 자기 동시대의 많은 사람들의 수준보다 '유대교에서'(en tō Ioudaismō) 얼마나 더 진보했는지 회고한다. 게다가 우리는 이 시기에 만들어진 이탈리아의 장례식 비문이 한 여인을 '유대교 안에서(*en tō Ioudaismō*) 은총 넘치는 삶을 살았다'고 칭송하는 것을 주목해야 한다(*CIJ* 537).[21]

당장 두 가지 점에서 논평이 필요하다. 첫째, 이 용어의 최초 사용 단계에서 보면 그것이 유대인 아닌 사람에 의해 사용되는 사례가 없다는 것이다. '유대교'는 **유대인의 자기 지시적 용어**로 시작된다. 그러나 마찬가지로 주목할 만한 점은 지금 인용된 네 자료들 모두가 **헬라주의적**(디아스포라 또는 그리스어를 말하는) 유대교의 관점을 반영한다는 사실이다. 따라서 이 용어가 그것이 마카베오상에서 히브리 용어의 번역으로서가 아니라, 구레네 야손(Jason of Cyrene, 2.26, 28)의 다섯 권짜리 저작의 자기 고백적 '요약본'인 그리스어로 지은 마카베오하에 나온다는 점이 중요하다. 쿤(K. G. Kuhn)은 랍비 문헌에서 유대교(*yhwdoth=Ioudaismos*)에 대한 언급으로 단 한 구절만을 발견할 수 있었는데, 아마도 이는 팔레스타인에서 사용한 것으로 보인다. 재미있게도 이 용례는 하나님이나 종교적 율법을 바꾸지 않고 자신들의 유대교(*byhwdoth*)를 견고하게 붙든 바벨론의 유대인들에 대한 묘사이다(*Esther Rab.* 7.11).[22] **이스라엘 땅에 사는 원주민들은 분명히 자기들에 대해 사용하지 않은** 이 용어('유대교')를 여기서 우리가 1세기에 그 땅에 살던 유대인들의 종교를 묘사하기 위해 사용하고 있다는 점에서 우리의 개념 정의에 변종의 추가 요소를 주목해야 할 것이다.

둘째, 모든 경우에서 '유대교'라는 용어는 그 지시 대상자를 주변 문화와 관습에서 **구별한** 믿음과 관례의 성격을 도드라지게 하기 위해 자기 규정의 차원에서 사용되고 있었다는 것이다. 그러한 디아스포라 유대인들은 '유대교 내에서' '유대적 삶이 권장되는 일종의 담장이 쳐진 지역에서' 살았다.[23] 과연 마카베오하에서 이 용어는 분명 '헬레니즘'(2 Macc. 4.14)과 '외국인들'(*allophylismos*, 2 Macc. 4.13; 6.24)에 대한 반대 개념으로 만들어졌다. 말하

---

21) Y. Amir, 'The Term *Ioudaismos*: A Study in Jewish–Hellenistic Self-Identification', *Immanuel* 14 (1982) 34–41.
22) K. G. Kuhn, 'Israel', *TDNT* 3.363과 363 각주 49.
23) Amir, *Ioudaismos* 39–40.

자면, 마카베오하의 저자에게 '유대교'는, 수리아가 그들의 독특한 관습(특히, 할례와 음식 법규―1 Macc. 1.60-63; 또한 4 Macc. 4.26도 그렇다)을 철폐함으로써 그들을 동화시키려는 시도를 폭력적으로 거부한 마카베오 가문 사람들의 집결지였던 민족적·종교적 정체성을 구현하는 시스템의 요약적 용어이다. 그러므로 처음부터 '유대교'는 **강한 민족주의적 함의**를 가지고 있었는데, 이로써 유대교를 그 독특성에서 다른 민족들, 종교들과 **구별하는** 종교적·민족적 정체성의 강력한 통합을 시사한다.[24]

이러한 점은 위에서 언급한 다른 문학적 용례(갈 1.13-14)에서 확인된다. 거기서 '유대교 내에서'라고 묘사된 삶은 전통적인 종교적 관례에 대한 전적인 헌신과 이스라엘의 구별된 독특성을 흐리게 하거나 더럽히는 것에 대한 동질의 적대감으로 표시된다. 이 반응의 맹렬함은 특히 '열심'(빌 3.6)과 '열광자'(갈 1.14)란 용어들로 설명된다. 이러한 용어들은 마카베오 세력의 저항 동기를 묘사하는 데서 현저한데,[25] 거기에 보면 비느하스가 위대한 역할 모델로 제시되고(1 Macc. 2.26, 27, 50, 58; 2 Macc. 4.2) 전쟁의 함성이 '율법을 위한 열성'(1 Macc. 2.26, 27, 50, 58; 2 Macc. 4.2)으로 묘사된다. 바울도 교회의 핍박자로서 자신의 동기를 같은 '열심' 탓으로 돌림으로써(빌 3.6), 그러한 맹렬한 민족주의적 반응의 정서와 자기를 은근히 결합시킨다. 마찬가지로 의미심장한 것은 바울이 '유대교 안에서' 살아온 자신의 삶을 이방인의 사도로 자신이 파송된 것과 날카롭게 대립시키는 가운데 배치하는 점이다(갈 1.13-16). 여기에 담긴 분명한 함의인즉, 그가 이제 등을 돌린 것은 '유대교' 안에 있는 '이방적인' 것에 대한 적대감이었다는 것이다.[26]

짧게 줄여 말하자면, '유대교'라는 용어의 최초 용례와 관련되는 한, 그

---

24) D. R. Schwartz, 'On the Jewish Background of Christianity', *Studies on the Jewish Background of Christianity* (WUNT 60; Tübingen: Mohr Siebeck, 1992) 11은 '헬레니즘'에 대한 반작용으로 '유대교'가 지닌 그 민족주의적 차원을 낮추어본다. '헬레니즘'은 계통이나 출처가 아닌 그 문화로써 자체를 정의했을 가능성이 있다. 그러나 그 반작용은 단순히 '같은 방법으로'(in kind)라고 서술되기 어렵다.

25) *Zēlos* in 1 Macc. 2.54, 58; *zēloun* in 1 Macc. 2.24, 26, 27, 50, 54, 58; *zēlōtēs* in 2 Macc. 4.2; 4 Macc. 18.12.

26) 나의 책 *Galatians* (BNTC; London: Black, 1993)의 해당 페이지를 보라. 또한 *Theology of Paul* 364-54; 추가로 앞으로 나올 제2권을 보라.

것은 디아스포라 유대인들이 자신의 독특한 정체성을 유지하기 위해 살았던 종교의 체계와 생활 방식을 묘사한 것이다. 또한 여기에는 더 넓은 헬레니즘 세력의 동화적이고 혼합주의적인 영향에 대한 힘찬 저항으로 좀더 확정적인 성격을 부여받은 민족적·종교적 정체성이 포함된다.

b. '유대인', '이스라엘'

이러한 발견 내용은 훨씬 더 광범위하게 퍼진 '유대인'과 '이스라엘'이란 용어의 사용과 비교할 때 더 강화된다. '유대인'(Ioudaios)이라는 용어는 물론 유대 지역(Ioudaia) 출신의 사람을 가리키는 방식으로 시작된다.[27] 따라서 그 초기 용례로 '유다이오스'(Ioudaios)는 '유대인'(Jew)보다는 '유대 지역 사람'(Judean)으로 번역되어야 한다.[28] 후대의 용례에서도, 가령 디아스포라 지역에 오래 정착한 유대인들을 언급하면서, '유대인들'을 유대의 영토와 동일시된 민족이나 백성이란 기본적 의미는 여전히 남아 있다.[29] 그러나 유대가 성전국가였던 이래로, 종교적 정체성은 종족적 정체성과 불가분적으로 연계되었다. 유대인들은 그 성전을 예루살렘에 둔 하나님의 예배자들로 인식되었다.[30] 주후 1세기 중엽 아디아베네(Adiabene)의 왕 이자테스

---

27) '그들이 바벨론에서 나올 때부터 그렇게 부른 이 이름(Ioudaioi)은 유다 지파에서 파생된 것이다. 이 지파가 첫 번째로 그 지역에 들어왔기 때문에 그 백성과 그 나라가 거기서 그들의 이름을 취한 것이다'(Josephus, *Ant.* 11.173).

28) 언제 '유대 지역 사람'(Judean)이 지역적으로 덜 특정한 '유대인'(Jew)으로 전환되었는지는, 가령 요한복음에 나오는 '유대인들'(*hoi Ioudaioi*)의 언급에 대한 논의에서 여전히 매우 연관성 있는 중요한 문제이다. S. J. D. Cohen, *The Beginnings of Jewishness: Boundaries, Varieties, Uncertainties* (Berkeley: University of California, 1999)는 하스몬 왕조 시기에 선행하여 '유다이오스'(*Ioudaios*)는 '유대인'(Jew)이 아니라 항상 '유대 지역 사람'(Judean)으로 번역되어야 한다고 결론짓는다(70-71, 82-106). 순전히 종족-지리적인 용어에서 종교적인 의의를 가진 용어로 변한 것은 마카베오하 6.6과 9.17에서 처음으로 증거가 확인되는데, 거기서 '유다이오스'는 처음으로 '유대인'(Jew)으로 온당하게 번역될 수 있다. 그리스-로마 저술가들 가운데 '유다이오스'라는 말을 처음으로 종교적 용어로 사용한 경우는 주후 1세기 말에 나타난다(90-86, 127, 133-36). 그러나 마카베오 반란의 결정적인 변혁 결과가 전제될 때 코헨이 '유다이스모스'가 '유대교/유대주의'가 아닌 '유대 사람의 특질'(Judeanness)로 번역되어야 한다는 주장을 포함하도록 그의 논지를 밀어붙여야 하는지 의문시된다. *BDAG*는 일관되게 '유대 지역 사람'이 가장 좋은 번역이라고 주장하기 위해 논쟁적으로 이 용어를 선택했다(그리고 심지어 '유대지역주의'[Judeanism]라는 말까지 사용). 그러나 이는 앞서 개관된 그 변화를 설명하지 못한다. 우리의 현재 관심사와 이 문제가 좀더 직접적으로 관련된 경우를 위해 아래 9.6을 보라.

29) *BAGD/BDAG*, *Ioudaia*를 보라. G. Harvey, *The True Israel: Uses of the Names Jew, Hebrew and Israel in Ancient Jewish and Early Christian Literature* (Leiden: Brill, 1996) ch. 2

30) 이로부터 로마의 권력자들이 디아스포라 유대인들이 그들의 성전세를 예루살렘에 보내도록 기꺼

(Izates)의 유명한 경우에서 볼 수 있듯(Josephus, *Ant.* 20.38-46),[31] 비유대 지역 사람들도 유대인이 된다는 발상이 가능해진 것은 정확하게 이러한 애당초의 모호함과 이후 좀더 종교적인 의미로 그 개념이 전환된 것 때문이었다.

어쨌든 우리의 논지는 쿤이 효과적으로 제시한 그것과 다를 바 없다. 즉 ‘“이스라엘”은 사람들이 자체적으로 사용하는 이름이고, 반면 “유대인”은 이스라엘을 지칭하는 비유대적 이름이라는 것이다.’[32] 다시 말하면, ‘유대인’은 헬레니즘의 영향을 받은 유대인들(Philo, Josephus, Aristeas, Eupolemus, Artapanus, Hecataeus)과 다른 사람들이 그렇게 지칭된 사람들을 다른 백성들과 구분하기 위해 더 많이 사용한 용어이고, 반면 ‘이스라엘’은 그들 나름의 독특하게 이해된 유산을 언급함으로써 자기를 확정하는 표현이다. 그리하여 우리는 예컨대 그 맥락이 공무적이고 그 어조가 외교적인 마카베오상에서 ‘유대인들’이라는 말이 사용된 것을 발견하지만, 자기 호칭의 문제일 경우 ‘이스라엘’을 사용한 것을 찾아볼 수 있다.[33] 복음서에서는 ‘유대인들의 왕’이 빌라도의 용어이지만, ‘이스라엘의 왕’은 대제사장들의 용어로 나온다.[34] 바울은 ‘유대인(들)’과 ‘헬라인’을 전 인류를 범주화하는 방식으로 규칙적으로 언급하는 반면,[35] 자신에 대해서는 ‘나는 이스라엘 사람’이라고 말하는 것을 선호한다.[36] 랍비 문헌에서는 ‘유대인’이 아니라 ‘이스라엘’이

이 허용하는 잘 알려진, 그러나 여전히 놀라운 태도가 적절히 이해된다.

31) 이자테스는 ‘자신이 할례를 받지 않는다면 순전하게 유대인이 될 수 없으리라는 것’(*einai bebaiōs Ioudaios*)을 깨달았다. 그러나 그는 처음에 자신의 백성들이 ‘그들에게 유대인의 규범을 적용하는 것을 관용하지 않으리라’는 그의 어머니의 조언에 따라 할례 받는 것을 단념하였다(*Ant.* 20.38-39). Cohen, *Beginnings of Jewishness* 78-81과 ch. 5 (‘Crossing the Boundary and Becoming a Jew’)을 보라. R. S. Kraemer, ‘On the Meaning of the Term “Jews” in Greco-Roman Inscriptions’, *HTR* 82 (1989) 35-53은 ‘유대인’이라는 용어를 자신이나 그 자녀들에게 적용하면서 유대교에 가담한 비유대인들의 증거를 찾아낸다.

32) Kuhn, ‘Israel’ 360; 359-65의 분석과 논의를 보라. 추가로 *EncJud* 10.22을 보라. 쿤의 결론은 P. Tomson, ‘The Names Israel and Jew in Ancient Judaism and in the New Testament’, *Bijdragen* 47 (1986) 120-40, 266-89에서 확증된 바 있으며, Harvey, *True Israel*의 주장으로 방해받지 않았다. 이 책의 초점은 다르다(그는 ‘이스라엘’이 ‘순수하거나 진정한 이스라엘’로 인지된 것에 한정된 칭호라는 생각에 반대한다).

33) Kuhn, ‘Israel’ 360-61.

34) 막 15.2, 9, 12, 26; 15.32 평행구.

35) 가령, 롬 2.9-10; 3.9; 10.12; 고전 12.13; 갈 3.28.

36) 롬 11.1; 고후 11.22. 이와 대조적으로 이방인 누가는 바울이 자신을 가리켜 로마의 관리와 예루살렘 군중 앞에서 아람어로 ‘나는 유대인’이라고 말하게 한다(행 21.39; 22.3). 추가로 나의 논문 ‘Who Did Paul Think He Was? A Study of Jewish-Christian Identity’, *NTS* 45 (1999) 174-93을 보라.

거의 보편적인 자기 호칭으로 나온다.[37] 다시 말해 '유대인들'은 자연스레 그 대척점의 '이방인들'을 불러내는데, 그 각각은 다른 상대방을 배제함으로써 자신을 정의하는 셈이다. '유대인들' = 비이방인들, '이방인들' = 비유대인들.[38] 대조적으로 '이스라엘'은 국외자가 아니라 내부자가 다른 민족들과 백성들의 역사에 대한 언급보다는 (조상들에게 한 약속의 상속자들로서) 내부의 역사를 언급함으로써 정의한다. 간략하게 정리하면, **'유대인'은 관중(유대인 관중을 포함하여)의 관점을 나타내고 '이스라엘'은 참여자의 관점을 나타낸다.**[39]

한편 '유대교'와 '유대인'에 대한 동사적 대응어의 용례는 앞의 논지를 확인하는 데 보탬이 될 수 있을 것이다. 이는 '유다이제인'(*ioudaizein*)—'유대인처럼 살다'—이라는 어휘로 우리 자료에 앞의 단어처럼 드물게 나온다.[40] 각각의 경우에서 이 단어는, 비록 할례를 받는 정도(회심자가 되는 것)는 아니지만, 유대인 특유의 관습(안식일, 음식 규례 등)으로 간주되는 것을 택하는 비유대인의 행동을 묘사하는 듯하다.[41] 이와 대조적으로 '이스라엘/이스라엘 사람'에 대한 동사적 형태는 없다. '유대인처럼 사는 자'(judaizer)는 바깥에서 출발하는데, 그의 순수한 행동은 유대인과 이방인 사이의 구분을 전제하며, 그는 경계를 넘어가기 시작한다. 반면 '이스라엘 사람'은 안쪽에서 출발하므로 '유대인처럼 사는 것'(*ioudaizein*)에 상응하는 행동을 취할 필요가 없다.[42]

이 모든 것의 결과는 '유대교'라는 용어를 1세기 이스라엘 땅의 주요 거

---

37) S. Zeitlin, *The Jews: Race, Nation, or Religion?* (Philadelphia: Dropsie, 1936) 31-32은 바르 코크바(bar Kokhba) 봉기가 실패한 뒤 유대인들이 민족으로서 존속하길 그친 점을 상기시켜준다.

38) '(그) 이방인들'이 (*ha*)*goyim* = (*ta*) *ethnē* = '(the) nations'를 번역한 어휘가 되었기 때문에 그 대조적 표현으로 유대인을 모든 여타의 사람들과 구분하여 '유대인들과 모든 다른 민족들(열방들)'이라고 말한다.

39) 유사하게 쿤과 톰슨(위의 각주 32).

40) 주후 2세기 이전에 불과 5회 나오는 것으로 알려져 있다. 에스더 8.17(LXX); *Theodotus* in Eusebius, *Praep. Evang.* 9.22.5; 갈 2.14; Josephus, *War* 2.454, 463; Plutarch, *Life of Cicero* 7.6.

41) Cohen, '*Ioudaizein*, "to Judaize"', *Beginnings of Jewishness* ch. 6을 보라.

42) 이와 같이 '유대인처럼 사는 자'(judaizer)란 용어를 역사적으로 좀더 정확하게 사용하는 것은 그러므로 이 용어를 역사적으로 부정확하게 사용하여(바우어 이후) 할례와 상관없는 바울의 이방인 선교에 대한 반대의 입장에 선 보수적인 유대인 그리스도인을 암시하는 것에서 거리를 두어야 한다. 제2권을 보라.

주민들의 종교적 정체성을 범주화하기 위해 사용함에 있어 대단한 주의를 기울여야 한다는 것이다. 물론 우리의 현대적 용법이 고대의 용도에 따라 결정되거나 한정될 필요는 없다. 그러나 우리는 역사가로서 1세기 유대교를 서술하려는 어떤 현대적 시도도 구경꾼 관점의 어떤 부분과 그 고대적 용례에 암시된 대로 다른 사람들과 차별화하기 위한 관심을 불가피하게 강화할 것이라는 사실에 좀더 민감해질 필요가 있다. **바로 그 용어 자체가 우리가 내부자로서 예수 당시의 유대교에 대한 견해를 얻기 어렵게 한다.** 그리고 우리가 예수와 초기 그리스도교를 맥락 가운데, 즉 어떤 의미에서 '유대교 내에서' 또는 '유대교 내에서 생성되는' 맥락 가운데 보길 원한다면, 우리는 그 용어의 초기 용례에 담긴 강한 민족주의적 함의와 민족적·종교적 정체성이 그 한 단어에 융합되었던 정도를 의식해야 할 것이다. 이를테면, 그 용어가 다른 민족들과 그들의 종교적 관행에 견주어 차별화될 뿐 아니라 심지어 어떤 적대감을 포함한다는 점을 염두에 두어야 한다는 것이다.

9.3 유대교의 다양성—외부에서 본 유대교

무엇이 1세기 팔레스타인에서 유대교로 인정받는가? 제2성전기 말엽 '유대교'의 범주 안에 속하는 것은 무엇인가? (우리의 관점에서 볼 때) 역사적 기술로서 '유대교'가 얼마나 넓고 포괄적이었으며, 또는 그럴 수 있는가? 자연스럽고 인기 있는 반응은 그 기간의 상이한 집단들과 저술들을 살펴보는 것이었다. 이러한 접근법이 반대에 직면할 수도 있지만, 이러한 집단들과 저술들에 대한 서술은 1세기 유대교, 특히 그 다양성을 이해하는 데 중요한 부분을 형성한다는 것을 앞으로 알게 될 것이다. 그리하여 이 단락에서 우리의 첫 번째 목적은 간략하게 (팔레스타인/ 제2성전기 말엽의) '유대교'로 망라되는 범위의 관행과 믿음을 현상학적 서술로서 설명하려는 것이다.[43] 각각의 경우에 핵심 질문은 다음과 같다. 만일 이것 역시 '유대교'라면, 그것은 '유대교'에 대해서 우리에게 무엇을 말해주는가? 비록 사용 가능한 증거의 많은 부분이 파편적이고, 종종 적대적이며 때로 극소의 정보를 담고 있을지라도, 대부분의 경우 우리는 그러한 증거들로부터 작업에 필요한 충분한 정보를 제공받고 있으며, 연구들이 지난 20년에 걸쳐 질적으로 현저하게 향상되어 그에 대한 의존도가 아주 높아졌다.

a. 네 '종파들'

대개 이 주제의 출발점은 요세푸스가 언급한 '네 개의 철학' 또는 '종파'(heireseis)였다.[44] 이러한 분류 방식은 요세푸스가 그들을 그렇게 소개함으로 이들 집단이 독자들 쪽에서 주목할 만한 유일한 유대인 집단으로 암시된 듯한 이래 자연스레 정착하게 되었다(War 2.119-166; Ant. 18.11-25).[45] 우선 요세푸스는 우리의 희망대로 관련 사건들에 시기적으로 밀접하게 다가서 있기 때문에(그는 70년대 초반과 100년대 초반 사이에 집필 활동에 종사했다) 그것들을 잘 이해할 수 있는 장점이 있다.[46] 그리고 그는 우리가 기대하는 이상으로 많은 것을 알고 있다(그는 영향력 있는 로마의 후원자들에게 자신의 본토 종교를 설명하고 옹호하려 하였다). 그러한 변증적인 논법이 편견에 치우치고 선택적이었으리라는 점은 두말할 필요 없을 것이다. 그러나 요세푸스가 관객 입장에서 취한 관점이 1세기 유대교를 서술하는 데 어떤 다른 사람들보다 더

---

43) 그 목적은 제한되어 있다: 나는 제2성전기 유대교를 구성한 집단들과 요소들을 충분히 서술하려는 의향이 없다.

44) '종파'(sect)와 같은 용어의 사용에 대한 다양한 논의로는 S. J. D. Cohen, *From the Maccabees to the Mishna* (Philadelphia: Westminster, 1987) ch. 5을 주목하라. 또한 A. J. Saldarini, *Pharisees, Scribes and Sadducees in Palestinian Society* (Edinburgh: Clark, 1988) 특히 70-73, 123-27(살다리니는 '사상의 학파들'이라는 번역을 더 선호한다). M. Hengel and R. Deines, 'E. P. Sanders' "Common Judaism", Jesus, and the Pharisees', *JTS* 46 (1995) 1-70 (여기서는 43-45) 참조. 좀더 충분히 보완된 내용은 Hengel, *Judaica et Hellenistica: Kleine Schriften I* (WUNT 90; Tübingen: Mohr Siebeck, 1996) 392-479.

45) 요세푸스가 정말로 셋이 아니라 네 개의 철학 또는 종파를 생각했는지에 대한 논쟁과 관련하여, 우리는 그가 주장하는 그 운동들이 '종파'(War 2.118, 『유대 전쟁사 1, 2』, 나남 역간; 『요세푸스 3:유대 전쟁사』, 생명의말씀사 역간)와 '철학'(Ant. 18.9, 23)으로 갈릴리의 유다와 함께 시작되었다고 서술하는 점을 주목할 뿐이다.

46) 요세푸스에 대해서는 Schürer, *History* 1.43-63; H. W. Attridge, 'Josephus and His Works', in Stone, *Jewish Writings* 185-232; L. H. Feldman, 'Josephus', *ABD* 3.981-98을 보라.

온전하고 건전한 기초를 제공할 법하다는 사실은 그대로 유효하다. 아울러 우리에게는 요세푸스의 편견의 많은 부분(대부분이 아니라면)을 간파할 수 있는 다른 자료들이 충분하다.[47] 하지만 각각의 경우에 여전히 주요 질문들이 미해결 상태로 남아 있고 대단히 활발하게 토론이 지속되고 있다.

(1) **바리새인들**이 자연스럽게 먼저 다뤄진다. 요세푸스는 자신의 목록에서 항상 바리새인들에게 첫째 자리를 내주는데, 그들은 거의 확실히 후대에 편만한 랍비 유대교의 주요 선구자들이었다.[48] 그들에 대하여 예전에 수행된 연구들은 대개 의존할 수 없다. 그것은 부분적으로 그들을 율법주의의 주요 대표자들로 봄으로써 그 대조적 관점 아래 그리스도교 메시지의 은총 지향적 성격을 부각시킨 그리스도교의 편견 때문이고,[49] 또한 부분적으로 유대교와 그리스도교 학자들 모두 후대 랍비 전통들을 1세기 바리새인들이 벌써 그렇게 믿고 실천한 것처럼 그 증거로 취해 무비판적으로 사용하였기 때문이다.[50] 이러한 잘못된 인식들 가운데 첫 번째를 영어권 학계에서 특히 샌더스(Sanders)가 붕괴시켰고,[51] 두 번째는 대단한 확신을 가지고 1세기로 소급될 수 있는 자료들을 드러내기 위해 그 문헌 전통들의 층위를 세심하게 배열함으로써 뉴스너(Neusner)가 허물었다.[52] 샌더

---

47) 특히 E. P. Sanders, *Judaism* 5-7을 참조하라. 요세푸스를 역사적 원천 자료로 사용하는 것에 대해 또한 S. Mason, 'Revisiting Josephus' Pharisees', in J. Neusner and A. J. Avery-Peck, eds., *Judaism in Late Antiquity. 3.2: Where We Stand: Issues and Debates in Ancient Judaism* (Leiden: Brill, 1999) 23-56을 보라.

48) Saldarini, *Pharisees* chs. 7-9, 10; G. Stemberger, *Jewish Contemporaries of Jesus: Pharisees, Sadducees, Essenes* (1991; ET Minnepolis; Fortress, 1995) 특히 140-47 등이 적시한 문제와 의혹들에도 불구하고, 대부분의 학자들이 그렇게 추론하거나 가정한다(예컨대, Gafni, 'Historical Background' 7-8); 추가 참고 문헌은 Meier, *Marginal Jew* 3.357-58.

49) 헤셸(Heschel)의 여러 사례들(*Abraham Geiger* 75-76, 79, 86, 127, 192, 199, 210-11, 215, 222, 232); H. -G. Waubke, *Die Pharisäer in der protestantischen Bibelwissenschaft des 19. Jahrhunderts* (Tübingen: Mohr Siebeck, 1988)를 보라. 또한 Klein, *Anti-Judaism* ch. 4의 개관; M. Black, 'Pharisees', *IDB* 3.774-81에 대한 샌드멜(Sandmel)의 비판(*First Christian Century* 101-102); 바인펠트(M. Weinfeld)가 특히 벨하우젠을 비판한 부분('Hillel and the Misunderstanding of Judaism in Modern Scholarship', Charlesworth and Johns, eds., *Hillel and Jesus* 56-70).

50) 위의 각주 4를 보라. 1874년 이래 바리새인들에 대한 학계의 문헌 자료를 개관한 것으로 R. Deines, *Die Pharisäer: Ihr Verständnis im Spiegel der christlichen und jüdischen Forschung seit Wellhausen und Graetz* (WUNT 101; Tübingen: Mohr Siebeck, 1997). 최근의 참고 문헌으로 Meier, *Marginal Jew* 3.342-45을 보라.

51) Sanders, *Paul and Palestinian Judaism*; 또한 *Jesus and Judaism*의 색인 부분에서 'Pharisees'; 또한 *Judaism*.

52) Neusner, *Rabbinic Tradition*; 또한 *Politics to Piety*; 또한 *Judaism*.

스와 뉴스너가 추가로 떠올려준 질문들은 후속 토론을 위하여 풍성한 의제를 제공해왔다.

계속되는 논점들 가운데 가장 근본적인 것은 우리가 바리새인들에 대한 원만한 그림을 그릴 만큼 충분히 그들에 대해서 아는가 하는 점이다. 우리가 제2성전기 유대교에 대해 더 많이 알게 될수록, 우리가 이전에 당연시했던 것보다 바리새인들에 대해 아는 것이 **더 적다**는 것이 더욱더 명백해졌다.[53] 물론 우리가 덜 안다는 것을 아는 것은 더 알게 되는 것이겠지만! 유사한 맥락에서, 바리새파 논의와 관련한 자신의 입장을 제시하기 위해 이런 방향으로 귀속된 랍비 전통의 증거만을 사용하는 뉴스너의 입장에 샌더스가 제동을 건 것도 타당한 듯하다. 그러나 샌더스 자신도 복음서의 증거 자료를 괄호 치며 편취하기 때문에, 비판의 대상에서 자유롭지 못하다. 한편, 70년 이전에 글을 쓴 유일하게 검증된 바리새인으로서 바울에 대해 분명히 좀더 조명하는 것이 필요하다.[54] 랍비 전통에 대한 증언은 비록 아무리 잘 봐주어도 혼란스럽지만, 우리는 몇몇 두드러진 특징적인 면모를 중심으로 그 밑그림을 그릴 수 있다.

관련 논쟁의 두 번째 주요 골자는 바리새인들에게 정결이 지닌 중요성에 대한 것으로, 그들이 일차적으로 정결 종파였는가 하는 점이다. 샌더스는 이 특징을 강하게 강조하는 뉴스너의 입장에 반대한다. 비록 그는 그 핵심 논거의 상당 부분은 수락하지만, 그 중요성은 논박한다.[55] 그러나 그는

---

53) 특히, J. Sievers, 'Who Were the Pharisees?', in Charlesworth and Johns, eds., *Hillel and Jesus* 137-55을 보라. 그는 가령 '랍비 문헌이 어떤 거명된 개인을 결코 바리새인으로 규정하지 않는다' (139)라고 지적한다. 앞서 개관된 역사적 예수 탐구의 복잡성(제I부)이 전제된다면, 주의를 촉구하는 켁(Keck)의 조언은 심사숙고되어야 한다: '역사적 바리새인 탐구는 역사적 예수 탐구보다 훨씬 더 복잡하고 논쟁적이다'(*Who Is Jesus?* 34).

54) J. D. G. Dunn, 'Pharisees, Sinners and Jesus', in J. Neusner, et al., eds., *The Social World of Formative Christianity and Judaism*, H. C. Kee FS (Philadelphia: Fortress, 1988) 264-89, reprinted in *Jesus, Paul and the Law: Studies in Mark and Galatians* (London: SPCK, 1990) 61-86 (여기서는 67-69) 을 보라. Saldarini, *Pharisees* ch. 7 참조. 그러나 바울의 생애에서 무엇을 추론해내도 그 결과로써 수리아와 길리기아 지역에 바리새파의 영향을 논증하는 것(137)은 매우 의심스럽다(추가로 제2권 을 보라).

55) E. P. Sanders, *Jewish Law from Jesus to the Mishnah: Five Studies* (London: SCM, 1990) ch. 3; 또한 *Judaism*, 특히 431-40 ('minor gestures'—*Jewish Law* 232, 235; *Judaism* 440). 뉴스너 나름의 답변과 관련해서는 그의 'Mr Maccoby's Red Cow, Mr Sanders' Pharisees—and Mine', *JSS* 23 (1991) 81-98; 또한 'Mr. Sanders's Pharisees and Mine', *BBR* 2 (1992) 143-69.

특정한 종교적 관행이 집단의 정체성에 필수적인 경우 '소소한 시늉들'조차 분할점이 되느냐 안 되느냐의 기준이 될 수 있다는 점을 잊고 있다.[56] 그리고 바리새인들이라는 바로 그 이름에 좀더 많은 관심의 비중을 부여해야 한다. 이는 대체로 동의하듯이 '분리된 자들'을 의미하는데,[57] 이에 따라 바리새인들에 대하여 스스로 분리시키려는 관심으로—차적으로 정결에 대한 관심에서[58]—자신들을 정의한 집단으로 보는 보다 넓은 안목을 얻게 되었다.

셋째, 이와 긴밀하게 연관된 논제는 바리새인들의 정치적·사회적 영향력에 관심을 기울인다. 샌더스는 바리새인들이 '유대교를 운영했다'는 발상에 반하여 자신의 논쟁의 초점을 맞추고 있지만,[59] 다른 쪽으로는 그들이 예수 당시 최소한 약간의 정치적 영향력을 행사했다는 점은 인정한다.[60] 하지만 바리새인들이 당시 백성들에게 실질적인 영향력을 행사했을

---

56)　크래프트와 니켈스버그가 지적하듯: '그러한 사례에서 율법에 대한 해석과 논쟁의 차이들은 절대적 진리와 거짓, 나아가 그 결과로서 구원과 영벌의 차원으로 제기될 수 있다'(*Early Judaism* 18). 헹엘(Hengel)과 다이네스(Deines)도 비슷한 주장을 편다: '내부에서…바로 그 구체적인 율법 조항(*halakah*)에 대한 쓰라린 싸움이 때로 있었다'('Sanders' Judaism' 8; 또한 45–47). 또한 아래 각주 138을 보라. T. Holmén, *Jesus and Jewish Covenant Thinking* (Leiden: Brill, 2001)도 마찬가지로 언약을 지키기 위해 (상이한 집단들 가운데) 공유된 관심은 언약을 지키는 데 최종적인 기준이 되고 언약에 대한 충실성을 암시하는 특정한 논제들과 주제들을 그 결과로 불러일으켰다(48–49). 그 가운데 할례와 안식일 문제는 결코 사소한 것이 아니었다(70–79).

57)　어원을 따져보면 *parash*에서 온 *perushim*으로 '분리하다'를 뜻함. Schürer, *History* 2.396–97을 보라. Cohen, *Maccabees* 162; Saldarini, *Pharisees* 220–25. Meier, *Marginal Jew* 3.366–67은 그렇게 확고한 추론을 이끌어낼 수 있을지 의심한다.

58)　Saldarini, *Pharisees* 212–16, 233–34, 285–87, 290–91을 보라; H. K. Harrington, 'Did the Pharisees Eat Ordinary Food in a State of Ritual Purity?', *JSJ* 26 (1995) 42–54; J. Schaper, 'Pharisees', in W. Horbury, et al., eds., *Judaism Vol. 3: The Early Roman Period* (Cambridge: Cambridge University, 1999) 402–27 (여기서는 420–21). 바리새인들이 출 19.5–6에 기초하여 이스라엘 땅 전역으로 성전의 거룩함을 확장시키려 하였다는 예전의 견해는 여전히 정당한 것 같다(Schürer, *History* 2.396–400; A. F. Segal, *Rebecca's Children: Judaism and Christianity in the Roman World* [Cambridge: Harvard University, 1986] 124–28; 다른 자료들로 Sanders, *Jewish Law* 152). J. Milgrom, *Leviticus* (AB 3, 2vols.; New York: Doubleday, 1991)는 '부정함에 대한 제사장 법규들(레위기 11–15장)이 어디서 초래되는 부정함도 성소에 잠정적으로 위험하다는 가정에 기초를 두고 있다'는 점과 '제사장 법규 제정자들이 그 땅의 어디서든—집에서든, 식탁에서든, 침대에서든—부정함이 발생하는 것을 제거하거나 최소한 통제하는 데 매우 많은 관심을 가지고 있었다는 점'을 통찰함으로써 뉴스너와 샌더스 사이의 토론에 중요한 기여를 한다(1.1007). T. Kazen, *Jesus and Purity Halakah: Was Jesus Indifferent to Impurity?* (ConBNT 38; Stockholm: Almqvist and Wiksell, 2002)는 바리새인들이 '제2성전기 유대교에서 확대주의적 정결 관습'을 대표했다고 주장한다(72–87, 색인에서 'expansionism'). 또한 아래 §14.4c–d를 보라.

59)　*Judaism* 395–412; 추가로 아래 §9.7b를 보라.

60)　샌더스는 그 증거를 검토한 뒤 결론짓기를, 살로메 알렉산드라(Salome Alexandra, 76–67 BCE)의 치세기 동안 그들이 누렸던 정치 권력을 상실한 이래로 바리새인들은 정치적 영역에서 전적으로 물러나지 않았고, '중도적이지만 비효율적인 반대의 입장에서' 할 수 있는 한 적극적으로 가담하였다. 그리고 그들 중 일부는 분명히 헤롯 대왕의 죽음에 앞선 혼란, 주전 6년에 있었던 갈릴리인 유다의 봉기, 주후 66년에 발생한 반란에 관여하였다고 한다(*Judaism* 380–95; 유사한 입장으

개연성에 좀더 많은 비중이 부여되어야 한다.[61] 요세푸스는 그들이 다양한 전통들을 '백성들에게' 물려주었다고 보고하는데(*Ant.* 13.297), 이는 그들의 배타주의가 전체 백성들의 거룩함(정결)에 대한 관심으로 동기를 부여받을 만한 정도는 되었음을 암시한다.[62] 그들의 영향력은 특징적인 바리새적 관심사를 반영하는 정결에 대한 폭넓은 관심사로 입증되거니와, 이는 또한 그 땅에 널리 퍼진 제의적 용도의 욕조(*miqwaoth*)와 돌그릇의 고고학적 발견으로도 검증된다.[63] 이러한 점은 아울러 유딧의 영웅담이 보여주는 대중성으로도 확인되는데, 특히 정결에 대한 관심사로 이는 '초기 또는 원시 바리새적' 이야기라 평가할 수 있다.[64]

매우 다르지만 영향력 있는 노선의 주장이 살다리니(Anthony Saldarini)에 의해 제기되었다. 바리새인들이 유대 사회에서 '가신' 계급에 속하여 통치자와 지배 계급의 필요를 받들어 섬겼고, 따라서 어느 정도 부유하고 권세 있는 사람들에게 의존한 부류였다는 것이다.[65] 이 논지는 렌스키(Gerhard Lenski)가 계급 구조의 견지에서 농경 제국을 분석한 이론에 기초한 것으로, 크로산이 유사하게 렌스키를 활용하는 데서도 확인되듯이,[66] 또 다른 거대 서사를 제2성전기 유대교의 특정하고 독특한 부분들에 뒤집어씌우는 위험을 무릅쓰고 있다. 특히, 바래새인들을 부유한 귀족을 위해 일하고 성전 권력자들의 관심을 대변하는 계급으로 묘사하는 것은 그들이 사람들에게서 받은 존경과 관련한 요세푸스의 묘사와 잘 맞지 않을뿐더러

로 Saldarini, *Pharisees* 98-106, 132-33; Stemberger, *Jewish Contemporaries* 117-22; 좀더 전투적인 입장으로는 Hengel and Deines, 'Sanders' Judaism' 55-67; Schaper, 'Pharisees' 419 [또한 412도 주목하라]). 메이슨(Mason)은 요세푸스가 주후 6-66년의 기간에 걸쳐 제시하는 매우 엷은 분량의 서술 가운데 바리새인들에 관한 그의 침묵을 근거로 너무 심하게 추론하는 것을 제대로 경고한다('Revisiting' 47-48).

61) 이것은 샌더스에 대한 헹엘과 다이네스가 안고 있는 주된 부담이다.
62) 쿰란 사람들의 사례에서 드러나는 높은 수준의 배타주의와 대조적으로, Hengel and Deines, 'Sanders' Judaism', 30-31, 46-47 참조. 또한 Meier, *Marginal Jew* 3.405-406을 보라.
63) Hengel and Deines, 'Sanders' Judaism' 34-35. 추가로 아래 §9.6a, 특히 각주 176을 보라.
64) Hengel and Deines, 'Sanders' Judaism' 48-49.
65) Saldarini, *Pharisees*, 특히 39-48, 295-97; 이 논지는 특히 Horsley, *Jesus* 17, 63에 매력적인 것으로 드러났다('사회를 통치한 "가신들" 가운데), 70('지방의 업무를 다룸에 있어서 성전 통치권의 대표자들'); 또한 *Galilee: History, Politics, People* (Valley Forge: Trinity, 1995) 150과 각주 37; 또한 *Archaeology* 152와 각주 59; 유사한 입장으로 Borg, *Jesus in Contemporary Scholarship* 101-103.
66) Crossan, *Birth* ch. 11. 아래의 제12장 각주 405와 411을 보라.

검증된 그들 고유의 관심사들과도 어울리지 않는다. 동시에 우리는 아주 독특한 집단들(종파들, 계급들)이나 언제나 고립되거나 단합하여 행동하는 집단들을 생각하는 함정에 빠지지 않도록 해야 한다. 많은 바리새인들은 분명히 서기관이란 관료로 봉직하였다.

하지만, 바리새인들이 그들의 동시대 사람들 가운데 가장 명확하게 드러나는 대목은 꼼꼼한 정확성과 정밀함(*akribeia*)의 자세로 율법을 지키려는 그들의 관심사와[67] 토라에 대한 독특한 율법적 해석,[68] '그들 조상들의 전통',[69] 이른바 '구전 율법'[70]을 그들이 발전시킨 점에 있었다. 여기서 바리새인들이 획일적이고 하나로 통제된 파당이 아니었다는 점을 상기하는 게 중요하다. 예수 당시에 가장 유명한 것은, 규정의 관대함과 엄격함으로 각각 기억된 힐렐과 샴마이 '학파들' 사이에 할라카 세부 조항의 요점들에 대한 많은 논쟁들이었다.[71] 이 점을 인정한다는 것은 바리새적 '율법주의'를 고발하던 예전의 입장에 동조하지 않는다는 것이다. 바리새인들은 그들의 규정에 있어 쿰란 공동체보다 특징적으로 더 유연하였으며, 힐렐 학파 사람들은 이혼에 대한 규정에서 예수보다 더 관대하였기 때문이다(§14.4e). 동서에 토라에 대한 그들의 헌신은 의문의 여지가 없다. 결과적으로 주후 70년의 그 재난 가운데 살아남았던 그 유대교, 즉 바리새파와 가장 밀접하게 연계되었던 그 유대교가 랍비와 토라와 할라카의 유대교였다는 사실은 별

---

67) Josephus, *War* 1.110; 2.162; *Ant.* 17.41; *Life* 191; 행 22.3; 26.5; 특히 A. I. Baumgarten, 'The Name of the Pharisee', *JBL* 102 (1983) 411-28 (여기서는 413-17). 샌더스가 이 점을 논박하지는 않는다.
68) '걷다'는 뜻의 히브리어 어근 *hlk*에서 온 '*Halakhah*'는 개인들이 특정한 상황들 가운데 어떻게 행해야('걸어야') 하는지를 결정하는 (토라 문서에서 파생된) 개별적 집합적 규칙들/판결들—결국 사례에 따른 법규—을 가리킨다. 추가로 G. G. Porton, 'Halakah', *ABD* 3.26-27; S. Safrai, 'Halakha', in Safrai, ed., *Literature of the Sages* 121-209을 보라.
69) 예컨대, *Ant.* 13.297, 408; 17.41; *Life* 198; 막 7.3, 5; 갈 1.14.
70) 구전 법규에 대해서는 다시 Hengel and Deines, 'Sanders' Judaism', 17-39을 보라; 또한 S. Safrai, 'Oral Tora', in Safrai, ed., *Literature of the Sages* 35-119; 이에 대한 논의는 또한 H. L. Strack and G. Stemberger, *Introduction to the Talmud and Midrash* (ET San Francisco: HarperCollins, 1991) 35-49 (참고 문헌 포함). 바리새적 독특성에 대해서는 추가로 Meier, *Marginal Jew* 3.313-30을 보라.
71) 예컨대, Schürer, *History* 2.363-66을 참고 문헌(각주 29)과 그 두 학파들의 차이점을 언급하는 미쉬나 구절에 대한 언급(각주 39)을 포함하여 보라. Hengel and Deines, 'Sanders' Judaism' 39-41. 로마 권력자들에게 협조하느냐 반대하느냐 하는 정치적인 연관성의 차원에서 어느 쪽이 옳게 생각되는지에 대한 이견이 있었던 것 같다(M. Hengel, *The Pre-Christian Paul* [London: SCM, 199] 44-45). 크로산과 리드(Reed)는, *War* 2.169-74, 185-203과 *Ant.* 18.55-59, 261-309에서 요세푸스가 서술한 비폭력적이고 순교를 무릅쓴 저항운동을 '이론적으로 선동하고 실천적으로 조직한 자들이 힐렐 계통의 바리새인들이었을 것'이라고 생각한다(*Excavating Jesus* 143-45).

로 놀랍지 않다.

(2) 증거의 부족으로 **사두개인들**에 대해 말할 수 있는 것은 별로 없다.[72] 일부 소수의 논자들이 사두개인들이 바리새인과 분리된 기본적 문제 역시 정결 문제로 보지만, 그들은 대체로 '구전 율법'을 거부함으로써 바리새인과 달라졌다고 생각된다(*Ant.* 13.297과 18.17을 토대로 하여).[73] 양자 간 상당한 중첩 부분도 대개 사두개인들과 대제사장들을 배출하고 성전을 통제한 귀족 가문들 사이의 경우로 가정된다.[74] 유대가 성전국가였던 터라, 이는 정치적·종교적·경제적·사회적 힘의 지렛대를 로마와 헤롯 가문 왕들이 허용하는 정도로 그들의 손아귀에 쥐어주었다.[75] 이는 예수를 역사적 배경에서 연구하기 위해 상당히 중요한 사실이다. 그것은 예수 당시의 유대교가 사회정치적·종교적 복합체였음을 상기시켜줄 뿐 아니라, 또한 예수의 죽음에 유대인들이 연루된 것과 관련하여 우리가 현실적으로 대제사장 분파만을 말할 수 있음을 의미한다.[76] 동시에 그들의 부귀와 헬레니즘화의 정도에도 불구하고, 그들의 바로 그 이름은 다소 놀랍게도 에세네파의 기원과 유사한 기원을 암시한다.[77] 주지하듯, 에세네파는 자신들의 특권을 하스몬 가문 사람들한테 빼앗긴 합법적인 (사독 가문의) 제사장직을 위해 일어난 게릴라식 저항으로 생겨났다. 여하튼, 주후 70년 이전 그들의 특출함과 권력은 1세기 유대교에서 성전의 중요성에 대한 분명한 증언이다.

---

72) 참고 문헌은 Meier, *Marginal Jew* 3.444.
73) G. G. Porton, *ABD* 5.892-893. '미쉬나와 토세프타(*Tosefta*)에서 사두개인들과 바리새인들(및 다른 종파들) 간의 논쟁 대부분은 제의적 정결의 율법과 관련된 것이다'(Saldarini, *Pharisees* 233). 또한 Meier, *Marginal Jew* 3.399-406을 보라. 그는 사두개인들이 그들의 고유한 할라카를 가지고 있었다고 지적하며, 바리새인들과 대조적으로 사두개인들은 '그들의 특수한 전통이 모든 유대인들에게 의무적인 사항이라고 주장하지 않고' 그 전통을 옹호하고 준수하는 데 만족했다고 제안한다.
74) Sanders, *Judaism* ch. 15. '제사장들은 종파나 파당이라기보다 씨족이었다'(Fredriksen, *Jesus* 63).
75) K. C. Hanson and D. E. Oakman, *Palestine in the Time of Jesus* (Minneapolis: Fortress, 1998) 139-54; Meier, *Marginal Jew* 3.394-99을 보라. '산헤드린'의 성격, 위상, 권세에 대해서는 특히 Sanders, *Judaism* 472-88을 보라. 샌더스가 자신의 주장을 과잉 진술하는 위험이 여전히 있지만(Hengel and Deines, 'Sanders' Judaism' 58), *Ant.* 14.171-76 같은 구절에서 '수네드리온'(*sunedrion*)이 무슨 '공의회'(the Council)가 아니라 '산헤드린'(the Sanhedrin)으로 번역되어야 하는지 여부는 불분명하다.
76) 예컨대, Dunn, *Partings* 51-53과 거기서 언급되는 자료들. 추가로 아래 §17.2를 보라.
77) '사두개인들'이 그들의 이름을 제사장 사독에게서 취했다면 정말 그렇다(Schürer, *History* 2.405-407; Porton, *ABD* 5.892; G. Stemberger, 'The Sadducees', in Horbury, et al., eds., *Judaism* 3.428-43 [여기서는 430-34]; Meier, *Marginal Jew* 3.450-53).

(3) **에세네파 사람들**로 말하자면, 쿰란이 에세네 공동체였고, 사해 두루마리의 그 엄청난 분량이 그들의 서고에서 왔다는 상당히 일치된 견해가 있다.[78] 그러나 요세푸스(*War* 2.124)와 필론(*Prob.* 76)의 증거는 쿰란이 에세네파의 한 가지에 불과하였고, 다른 에세네 집단들도 아마 예루살렘까지 포함하여 다양한 성읍들 가운데 모여 살았다고 논증할 만큼 충분한 듯하다.[79] 그리고 두루마리들 안의 자료상 불일치는 점차로 더 명확해지고 있다. 그 입증 근거로서는 쿰란 공동체의 고유한 믿음을 대표하는 몇몇 문헌들과 에세네파 사람들이 보다 광범위하게 흩어져 살았음을 보여주는 대표적 증거인 '다마스쿠스의 언약문서'(CD)만으로도 충분하다.[80]

쿰란 공동체는 1세기 유대교 내에 있던(그 말의 근대적 의미로) '종파'(sect)의 가장 명확한 예이다.[81] 있는 그대로의 그 독특함은 사해 두루마리들 가운데 좀더 종파주의적인 것(Cave 4에서 발굴된 것)이 출간됨에 따라 강한 예정론, 이원론, 신비주의적 특징들을 포함하여 점점 더 명확해지고 있다.[82] 그 공동체는 분명히 자신을 (광야로 물러난 이후부터) 예루살렘 성전의 대안으로 간주하였고,[83] 나름의 성서 이해와 해석에 의거하여 구성원 자격을 결정하였으며, 신참 구성원이나 현재 구성원들 모두에게 엄격한 규칙을 적용하였다(1QS 5-9). 그 신적인 은총(1QS 11; 1QH)과 종말론적 성취와 기대(예컨대, 1QpHab, 1QSa, 1QM)란 의미에서 초기 그리스도교 운동과 가장 유사한 그 공동체는 정결 규칙과 훈련의 엄격한 적용이란 기준으로 볼 때 그리스도교

---

78) 두루마리를 온전히 갖춘 몇몇 편집본이 최근 출간되었다. 나는 주로 F. García Martínez and E. J. C. Tigchelaar, *The Dead Sea Scrolls Study Edition* (Leiden: Brill/Grand Rapids: Eerdmans, 1997)과 G. Vermes, *The Complete Dead Sea Scrolls in English* (London: Penguin, 1997)를 사용했다. 가장 쓸 만한 소개 글들로는 현재 F. M. Cross, *The Ancient Library of Qumran* (Sheffield: Sheffield Academic, ³1995)과 J. C. Vanderkam, *The Dead Sea Scrolls Today* (Grand Rapids: Eerdmans, 1994). 쿰란 고고학의 서술로는 R. Donceel, 'Qumran', *OEANE* 4.393-96을 보라.
79) 픽스너(B. Pixner)는 시온 산 위에 있는 '에세네인들의 대문' 안쪽에 '에세네 지구'(Essene quarter)가 존재하였다고 주장한다. 가령, 그의 논문 'Jesus and His Community: Between Essenes and Pharisees', in Charlesworth and Johns, eds., *Hillel and Jesus* 193-224 (여기서는 196-200)을 보라.
80) Sanders, *Judaism* 342, 347; Vanderkam, *Dead Sea Scrolls* 57.
81) Sanders, *Judaism* 352-64.
82) 가령, Vermes, *Complete Dead Sea Scrolls* 97-117에 인용된 1QS의 본문들과 321-30에 실린 'Songs for the Holocaust of the Sabbath'를 보라.
83) 아래 §13.3g와 각주 124를 보라.

에서 가장 많이 동떨어졌다.[84] 이 역시 유대교였다면, 그것은 토라와 성전이 얼마나 근본적인 유대교의 구성 요건이었으며 어느 정도 그 특징을 규정했는지 확연히 보여준다.

(4) 요세푸스는 또한 『유대 고대사』 18.9에서 '**제4의 철학**'을 말한다. 이는 상당한 혼란을 야기한 언급인데, 왜냐하면 그것이 갈릴리 사람 유다의 시대부터(주후 6년) 존재한 일관된 정치 단체를 가리키는 것 같기 때문이다.[85] 우리가 '제4의 철학'을 후대의 시카리(Sicarii)와 젤롯당과 동일시하면 혼란은 더 커진다. 분명 '제4의 철학'에 대한 요세푸스의 서술은[86] 비느하스와 마카베오 가문에서 발원하는 '열심'이란 전통과의 의도적인 연관성을 암시한다. 이 전통에 따르면 야웨와 이스라엘의 독특한 관계를 흐리거나 침해하려는 어떤 시도에도 무력으로 저항하는 것이 지배적인 관심사였다. 하여 비느하스를 그들의 위대한 영웅으로 본 젤롯당과의 연계도 자연스레 따라온다. 게다가 유다의 아들들은 47년 또는 48년에 반로마 활동으로 훗날 십자가에 처형당했고, 그의 후손들도 66-73년의 봉기에서 지도자로 활약하였다.[87] 다른 한편으로, 요세푸스는 그 봉기 자체의 주제를 다룰 때까지 '젤롯'이라는 용어를 사용하지 않는다(*War* 4.160-61에서 제목으로 처음 사용됨).[88] 물론 그는 이 용어를 이전에, 한때 은자 바누스(Bannus)의 젊은 제자였던(*Life* 11) 자기 자신을 포함하여[89] '어떤 명분을 위해 열정적인 사람'이란 의미로 사용한다. 여기서 우리는 또한 바울이 자신을 어떤 정치적 당파나 저항운동의 일원임을 암시하지 않은 채 '젤롯'이라고 자신을 부르는 점

---

84) M. Newton, *The Concept of Purity at Qumran and in the Letters of Paul* (SNTSMS 53; Cambridge: Cambridge University, 1985).

85) 특히 M. Hengel, *The Zealots* (1961, ²1976; ET Edinburgh: Clark, 1989) 여기서는 89의 입장이 그렇다. 이 견해는 Witherington, *Christology* 81-88이 계승하고 있다.

86) '그들은 하나님만이 그들의 지도자요 주인이라는 것을 확신하기 때문에 거의 정복할 수 없는 자유를 향한 열정을 가지고 있다. 그들은 통상적이지 않은 방식으로 죽는 것을 가볍게 생각하고 그들이 사람을 주인으로 부르는 것을 피할 수만 있다면 친족과 친구들에게 가하는 복수도 허용한다'(*Ant.* 18.23).

87) 상세한 내용은 Schürer, *History* 2.600-601.

88) R. A. Horsley, 'The Zealots: Their Origin, Relationship and Importance in the Jewish Revolt', *NovT* 28 (1986) 159-92.

89) 또한 *Ap.* 1.162; Philo, *Migr.* 62; *Som.* 1.124; 2.274; *Abr.* 22, 33, 60; *Mos.* 1.160-61; 2.55, 161, 256 등등. 칠십인역(LXX) 모세오경에서 '젤롯'으로 묘사되는 대상은 하나님이다(출 20.5; 34.14; 신 4.24; 5.9; 6.15).

을 상기해야 한다.[90] '시카리'는 요세푸스가 군중 가운데 적들을 찌르기 위해 옷 속에 단검(sica)을 숨겨 사용한 50년대 출현한 자객들을 일러 요세푸스가 사용하는 이름이다(*War* 2.254-7). 그들은 단순히 '젤롯당원들'과 동일시할 수 없지만, 마지막 봉기에서 그 파벌들 가운데 한 부류였다.

모든 자료들을 고려하면 우리는 거의 확실히 '젤롯'이란 용어를 66년 봉기가 시작되기 전 폭력을 사용한 정치적 파당을 묘사하는 호칭으로 사용하는 것을 삼가야 한다.[91] 50년대 팔레스타인의 정치적 상황은 점점 늘어나는 도적 떼가 봉기를 조직하면서 분명 악화되어 있었다. 그러나 그 상황에 앞서서는 훨씬 더 평온하였다. 우리는 '젤롯당' 출신 시몬을 누가가 언급한 데서(눅 6.15; 행 1.13) 예수가 자기 제자들 중 한 명으로 '자유의 투사'나 '테러리스트'를 뽑았다고 추론해서는 분명 안 된다! 동시에 비느하스로 예시된 열정적이고 헌신적인 경건의 전통은 1세기를 통틀어 여전히 널리 상찬되고 있었다는 점도 명백하다. 이것 역시 유대교라면, 열방 가운데 분리해나간 하나님의 선민으로서의 그러한 자기 이해 역시 그 정체성을 규정하는 근본적인 특징으로 고려해야 한다.

b. 외경과 위경의 증거

유대교(또는 유대교의 형태들) 내에서 이루어진 이러한 특정한 집단화에 덧보태 우리는 다른 유대교의 표현들, 가장 주목할 만한 것으로 **위경**에 나타난 것들을 위한 여백을 남겨두어야 한다. 1세기 팔레스타인 유대교를 파악하기 위해 즉각 떠오르는 문제가 여기에 있다. 요세푸스가 기술한 모든 네 개의 '종파들'은 우리가 주로 관심하는 시기에 이스라엘 땅에서 활동하고 있었다. 그러나 외경 가운데 몇 가지 자료 항목들은 디아스포라에서 비

---

90) 앞의 §9.2a를 보라.
91) 또한 D. R. Schwartz, 'On Christian Study of the Zealots', *Studies* 128-46; L. L. Grabbe, *Judaism from Cyrus to Hadrian* (2 vols.; Minneapolis: Fortress, 1992) 499-500; D. Rhoads, 'Zealots', *ABD* 6.1043-54을 보라.

롯된 것이고, 위경의 많은 부분이 그 범위와 연대에서 불명확하여 그 저술들 가운데 어느 것이 우리와 관련 있는지 종종 불확실해진다.[92] 하지만, 동시에 많은 문서들이 나름의 범주 계통으로 정리되거나 1세기 이스라엘 땅에 분명히 현존했던 추세들을 드러내주므로, (이 지점에서 필요한 전부로서) 개략적인 전체 모습을 간추려볼 수 있다.

(1) 가장 두드러진 특징은 **묵시문학적 저술**의 연속물들인데, 특히, 에녹 문서, 에스라4서, 바룩2서, 아브라함의 묵시록이 주목되고 여기에 요한의 묵시록(요한계시록)을 첨가할 수 있을 것이다.[93] 이 모든 것들은 지상의 사건들이 하늘에서 일어나는 것에 의해 결정된다는 압도적인 확신과 함께 그 결과 그 하늘의 비밀을 좀더 알고자 하는 욕구에서 생겨났다. 그것들 가운데 현저한 것은 천사적 존재들이다. 그 천사적 존재들은 해석하는 천사들과 영광을 발하는 천사들로 나타나는데, 그들의 출현은 예언자가 한 분 하나님의 현존에 가까이 있음을 확신시켜준다. 하지만 그들의 바로 그 영광은 한 분 하나님의 고유한 위엄을 높일 수도, 그것을 위협할 수도 있다.[94] 여기서 또한 주목할 만한 것은 묵시문학과 신비주의의 만남이다.[95] 이는 영적(계시적) 경험의 직접성에 초점을 맞춘 유대교이지만, 결과적으로 '공상의 탈주'로 전락할 가능성도 있다.

(2) 이 시기에는 또한 **유언문학**이 발전했다(한 족장이 그의 마지막 유지와 함께 유언을 남기는 형식이다). 비록 우리의 관심 기간 내에 고려 대상이 되는 것으로는 '12족장 유언서'와 '모세 유언서'라는 선구적 작품에 불과하지만, 그

---

92) 여기 언급되는 문서들의 텍스트는 *OT Apocrypha*와 *OTP*에서 가장 신속하게 접근 가능하다. 추가로 *OTP*에 실린 서론을 보라; Stone, ed., *Jewish Writings*; Kraft and Nickelsburg, *Early Judaism*; Schürer, *History* vol. 3.

93) 각주 92에 언급된 것에 보태어 또한 J. J. Collins, *The Apocalyptic Imagination: An Introduction to Jewish Apocalyptic Literature* (Grand Rapids: Eerdmans, 1984, ²1998, 『묵시문학과 상상력』, 가톨릭출판사 역간)를 보라.

94) 특히, C. Rowland, *The Open Heaven: A Study of Apocalyptic in Judaism and Early Christianity* (London: SPCK, 1982); L. T. Stuckenbruck, *Angel Veneration and Christology: A Study in Early Judaism and in the Christology of the Apocalypse of John* (WUNT 2.70; Tübingen: Mohr Siebeck, 1995)을 보라.

95) 특히 I. Gruenwald, *Apocalyptic and Merkavah Mysticism* (Leiden: Brill, 1980)을 보라; 추가로 앞으로 나올 제3권을 보라.

체제 형식이 이스라엘과 디아스포라 유대교 안에 두루 넓게 퍼져 있었다
는 사실은 그 둘 사이의 상호 연관성이 상당했음을 추가로 상기시켜준다.
묵시문학과 겹쳐지는 부분은 상당하지만(그래서 너무 엄격한 범주를 가지고 장르
문제를 다루지 않도록 우리에게 경고한다), 유언문학의 가장 두드러진 특징은 의
로운 생활을 장려하려는 바람이다. '12족장 유언서'에서 유다에 대한 레위
의 우월성(특히 *T. Jud.* 21.2-4; 25.1)은 성전과 제사장이 여전히 중점적인 특징
인 유대교를 나타낸다.[96]

(3) 이스라엘 땅과 디아스포라에서 유래한 문학적 증거들 사이에 확고
한 분리선을 긋기 어려운 점은 **지혜문학**의 예로도 잘 설명된다. 그럼에도
불구하고 히브리어로 처음 기원했다고 말할 수 있는 불과 두 개의 자료(집
회서와 바룩서)가 모두 토라에 명시된 보편적인 신적 지혜에 초점을 맞추어
강조한 점은 놀랍다(집회서 24.23; 바룩 4.1). 필시 대중적 경건의 열심을 충족
시켰을 **유대의 영웅들과 여자 영웅들 이야기** 가운데 우리는 그들이 음식
법규에 충실하고 이방인들의 음식 먹기를 거부하였기 때문에 번영했다고
일관되게 묘사된 것을 주목할 수 있을 것이다.[97]

관련된 다른 위경 가운데 특별히 언급할 만한 것은 둘이다. 그 첫째는
희년서인데, 이는 창세기와 출애굽기의 앞부분을 재구성한 책으로 토라의
규정들에 대한 활발한 순종을 장려하기 위한 목적으로 설계되었다. 이 책
은 초기 마카베오-하스몬 왕조 시기에 나온 듯한데, 지금은 대개 쿰란 에
세네파의 전조로 간주된다. 둘째 자료는 '솔로몬시편'으로 예루살렘을 로
마가 정복한 사건(주전 63년)의 후일담으로 기록되었다. 이 문헌은 최근의
비극적인 사건들을 어떻게 이스라엘에 대한 하나님의 선택과 조화를 이룰

---

96) 특히 '12족장 유언서'와 관련한 계속되는 토론의 개관으로 J. J. Collins, 'Testaments', in Stone, ed.,
Jewish Writings 325-55을 보라. 또한 'The Testamentary Literature in Recent Scholarship', in
Kraft and Nickelsburg, *Early Judaism* 268-85. '모세 유언서'는 보통 주전 4년에서 주후 30년 사이
로 그 연대가 추정된다(가령, J. F. Priest, *ABD* 4.920-22). 그래서 이는 제2성전기 유대교의 다른 어떤
저술보다 예수의 선교 기간에 그 기원상 더 근접할 수 있다. 주전 1세기나 주후 1세기보다 더 정확
하게 연대를 추정할 수 없는 '욥 유언서'는 그리스어로 저술되었다.
97) 단 1.3-16; 10.3; 토빗 1.10-13; 유딧 12.2, 6-9, 19; *Add. Esth.* 14.17; 마카베오상 1.62-63; *Jos. Asen.*
7.1; 8.5.

수 있는지 신정론이라는 지속적인 문제와 씨름한다.

이 모든 문헌들과 관련하여 우리가 당면한 주요 문제는 그것들이 얼마나 대표성이 있고 얼마나 영향력이 있었는가 하는 것이다. 예컨대, 우리는 에녹 문서의 상당 부분이 필시 쿰란에서 칭송받았다는 것을 알고 CD 16.2-4에서 희년서에 대한 암시를 볼 수 있지만, 이로부터 그 문서들이 1세기 유대교 내에 생긴 중요한 군집을 대변한다고 추론할 수 없다. 결국 묵시문학은 특정 개인의 저작일 터이지만, 어떤 파당을 대변하지 않는다는 것이다. 반대의 극단적인 입장에서 그것들 모두 어떤 중첩된 부분이나 공통적인 속성 없이 뿔뿔이 흩어진 유대교를 표현한 것으로 치부하는 것도 마찬가지로 현명치 못할 것이다. 마치 어떤 하부 집단도 몇몇의 상이한 저술들을 통해 풍성한 공통체적 자기 인식을 즐겁게 표현할 수 없다는 듯이, 각각의 문헌을 빤한 절차인 양 개별적 공동체와 동일시하는 시도는 용납될 수 없을 것이다.[98] 특히, 지혜문학과 영웅문학의 폭넓은 대중적 호소에 비추어 그것을 공통점이 없이 산만한 유대교들을 대표하는 것으로 치부하기 어렵다. 여기서 우리의 정보 부족이 낙담스러울지 모르지만, 우리는 체계적인 일관성이나 우리 시대의 거대 도식을 강제하지 않고서도 이러한 저술들 가운데 조명되는 제2성전기 유대교의 면모들로 만족해야 할 것이다.

c. 다른 유대교들

철저하게 다루기 위해 이스라엘 땅이나 우리가 관심하는 시기 가운데 우리에게 알려진 다른 집단들에 대해서도 약간 언급해야 할 것이다.

(1) 사두개인들과 함께 어느 정도 정치 권력을 행사한 자들 중에 우리는 '**장로들**'(*presbyteroi*)을 주목해야 한다. '회중의 장로들'과 '도시의 장로들'은 오랫동안 자리 잡은 이스라엘의 삶의 특징이었다.[99] 신약성서에도 '장

---

98) 예컨대, 독특한 하나의 Q 공동체라는 가설을 세우려는 시도에서 우리는 이것을 몇몇 신약성서 학자들이 범하는 오류로 이미 관찰한 바 있다(위의 §§7.4b와 8.6d).

로들'은 빈번하게 등장하는데, 종종 '대제사장들'(17회), '관리들'(행 4.5, 8) 또는 '서기관들'(12회)과 함께 나온다. 그들의 이름이 암시하듯이, 공동체의 연장자들로 오랜 삶의 경험을 통해 얻은 지혜로 존경을 받았고 이에 따라 인정받는 지위가 부여되었다. 추측건대, 그들은 '구역의 지도자들'(*prōtoi*) (Josephus, *Ant.* 7.230), '백성들의 지도자들'(*prōtoi, Ant.* 11.141; 눅 19.47)과 동일한 부류였을 것이다. 여기서 우리는 물론 '종파'나 파당들을 생각하지 않으며, 단지 1세기 유대교를 구성한 집단들과 그 역할들의 변화무쌍한 만화경을 주목할 뿐이다.

(2) 유사하게 우리는 제2성전기 유대교의 종교 사회적 체제 내에서 **제사장들과 서기관들**의 필수적인 역할을 주목해야 한다. 물론 여기서도 '파당들'에 대한 발상은 없다. 이들은 단지 중간 등급의 전문적 기능인들('가신들')로 그들이 없이는 그 체제가 무너져 내렸을 것이다. 정의해보건대, 제사장들은 성전 제의의 원만한 운영을 보장하기 위해 존재했지만 이는 1년에 불과 2-3주 정도 예루살렘에 머무는 특정한 제사장들에게만 해당되는 직무였을 것이다. 그 나머지 시간에 그들은 그 땅의 성읍과 마을에서 살았다. 거기서 그들은 율법의(즉 성서의) 전문가와 교사로 거주하였고, 확실히 지방 행정관리와 판관으로 복무하였다(Josephus, *Ap.* 2.187). 분명히 지방 공동체에서 최소한 그 리더십의 일부는 장로들이 제공하였다.[99] 서기관들의 필요성은, 특히 학력 수준이 낮다고 여겨지는 곳에서, 일상의 생계활동에 수반한 많은 업무 처리가 율법 전문가와 필경사들을 요구했으리라는 점을 상기시켜준다.[101] 복음서와 사도행전에 '대제사장들과 서기관들', '서기관들과 장로들', '서기관들과 바리새인들'의 기탄없는 연계가 암시하듯, 제사장들이나 장로들, 바리새인들과 밀착된 서기관들이 있었다는 점은 가정할

---

99)   레 4.15; 삿 8.16; 21.16; 룻 4.2; 삼상 16.4; 유딧 8.10; 10.6; 13.12.
100)   Sanders, *Judaism* 170–82은 이러한 역할이 우리의 관심 시기를 통틀어 존속되었다고 강조한다. 바리새인들이 그것을 대체하지 않았다. Jeremias, *Jerusalem* 198–207의 예전 분석; Stern in Safrai and Stern, *Jewish People* ch. 11; Schürer, *History* 2.238–50은 후대 랍비적 관점에 너무 의존한다.
101)   아래 각주 277을 보라.

수 있을 것이다.[102]

(3) 아마 **'그 땅의 사람들'**('am ha'aretz 또는 복수로 'amme ha'aretz)에 대해서도 여기서 언급되어야 할 것이다. 이 문구는 초기에 사용될 때 일반적으로 그 나라의 지도자들, 제사장들, 예언자들과 구분되는 그 땅에 사는 사람들을 가리킨다.[103] 포로기 이후 이 문구는 이스라엘 사람들과 포로로 끌려가지 않고 이방 족속들과의 혼인으로 피가 섞인 '그 땅의 백성들'과 관련하여 사용됨으로써 폄하적인 의미를 띠게 되었다.[104] 제의적 정결에 문제가 있는 사람들에게 적용된 이 멸시적인 의미는 미쉬나의 용례 가운데 전승되어 나타나는데, 특히 '데마이'(Demai), 즉 확실히 십일조를 내지 않은 생산물에 대한 논고에서 '암-하아레츠'의 손님이 되는 것을 말리는 대목을 포함하여 다루어진다(2.2-3). 이 문구는 신약성서에는 나오지 않는데, 그것이 예수의 선교 기간에 '평범한 서민'에 대한 유사한 비난을 암시하기 위해 사용되어야 했는지는 의심스럽다.[105]

(4) **헤롯당** 또한 언급할 값어치가 있을 것이다. 이는 요세푸스가 『유대 전쟁사』 1.319과 마가복음 3.6, 12.13, 마태복음 22.16에서 언급되는 다소 모호한 집단이다. 지금까지 '헤롯당'에 대한 다양한 정체 규명의 시도들이 제공되었다.[106] 그러나 그 용어 자체(Hērōdianoi)는 라틴어 구성(Herodiani)으로 카이사르파들(Caesariani), 폼페이당(Pompeiani), 그리고 아우구스투스당(Augustiani) 같은 파당 이름들과의 유사성을 암시한다. 그것이 단순히 지도적인 가족들 가운데 잘 알려지고 두드러진 헤롯의 지지자들이나[107] 헤롯

---

102) Saldarini, *Pharisees* ch. 11; Grabbe, *Judaism* 488-91; C. Schams, *Jewish Scribes in the Second Temple Period* (JSOT 291; Sheffield: Sheffield Academic, 1998)를 보라. 슈바르츠(Schwartz)는 신약성서의 '서기관들'(*grammateis*)은 레위인들이었다고 주장한다(*Studies* 89-101). 종종 언급되는 것은 서기관의 역할에 대한 벤 시라(ben Sira)의 이상화이다(집회서 38.24-39.11).

103) 왕하 11.20; 렘 1.18; 34.19; 37.2; 44.21; 겔 22.24-29.

104) 스 9.1-2, 11; 10.2, 11; 느 9.30; 10.28-31, 추가로 E. Lipinski, ''am', *TDOT* 11.174-75을 보라.

105) Meier, *Marginal Jew* 38-39 각주 34; 추가로 아래 §13.5를 보라.

106) H. H. Rowley, 'The Herodians in the Gospels', *JTS* 41 (1940) 14-27은 11개의 가능성을 검토하였다. 쿰란 두루마리의 발견으로 열두 번째 가능성이 불거졌다('Herodians'=에세네파 사람들)(C. Daniel, 'Les "Hérodiens" du Nouveau Testament sont-ils des Esséniens?' *RevQ* 6 [1967] 31-53; 또한 'Nouveaux arguments en faveur de l'identification des Hérodiens et des Esséniens', *RevQ* 27 [1970] 397-402); 그럼에도 또한 W. Braun, 'Were the New Testament Herodians Essenes?', *RevQ* 53 (1989) 75-88을 보라. Grabbe, *Judaism* 501-502. 추가 참고 문헌은 Meier, *Marginal Jew* 3.610 각주 221.

가문의 구성원들을 가리킬 수도 있지만, 이는 '헤롯당' 사람들이 헤롯(복음서의 언급들 가운데는 헤롯 안티파스)을 위해 활동하는 유격대원들이었음을 의미할 수 있다. 여하간, 만일 그 용어가 은근히 1세기 유대교 내의 특정한 분파를 가리킨다면, 그것은 눈에 띄는 정치적 분파였을 것이다. 이는 다시 한 번 1세기 유대교의 다양성이 단순히 종교적인 범위에 국한되지 않았음을 상기시켜준다.[107]

(5) 또 다른 가능한 집단이나 연쇄 집단들로 **'헬라주의화된 사람들'**(*Hellenizers*) 또는 **'헬라주의자들'**(*Hellenists*)을 거명할 수 있을 것이다. 일부 그런 용어는 확실히, 마카베오상 1-2장에 서술된 대로, 마카베오 봉기를 자극한 안티오코스 에피파네스의 '헬라주의화'(2 Macc. 4.13) 계획을 뒷받침한 유대인들을 겨냥하여 사용될 수 있다. 이미 지적한 대로, '유대교'(유대주의)란 용어는 이스라엘의 언약 전통(토라, 할례, 음식 법규)의 독특성을 없애버리려는 시도로 이해된 '헬라주의화'의 반대 개념으로 등장하였다. 비록 '헬라주의자들'과 '헬라파 사람들'이란 용어가 실제로 사용되지는 않았으나, 그것은 정도의 차이는 있지만 하스몬 왕가와 헤롯 일가의 귀족정을 포함하여 '국제적 헬레니즘'이라 부를 만한 시류와의 친선 정책을 지지한 자들을 위해 적용될 수 있다.[108] 그들과 그들의 가신들, 그리고 지중해 연안(갈릴리의 가장 근접한 항구 도시 가이사랴 마리티마와 프톨레마이스)과 요단 강 건너편(데가볼리와 서쪽 둔덕의 스키토폴리스)의 헬라화된 도시들 가운데 정착한 자들 사이에는 상당한 공통분모가 있었다. 이 도시들은 정치와 사회 구조에서 철저하게 헬라적이었기 때문에 그렇게 특징지어졌다. 갈릴리에서는 세포리스가 주전 4년의 소요 가운데 파괴된 이후 헤롯 안티파스에 의해 재건되어 안티파스가 새로 건립한 티베리아스(디베랴)로 수도를 이전하기 전 주후 18

---

107) 혹여 '갈릴리의 지도자들'(*prōtoi*)(막 6.21)과 중첩되는 것으로 본다면, 막 12.13/마 22.16은 그들이 예루살렘에서 활동하고 있었으며, 단순히 헤롯 대왕과 가장 온전히 동일시되는 분파의 남은 자들이 아니라 헤롯의 제국과 통치를 온전히 회복시키려는 기회를 노리던 자들이었으리라 예시한다. J. P. Meier, 'The Historical Jesus and the Historical Herodians', *JBL* 119 (2000) 740-46은 복음서의 언급 내용에 대한 역사적 가치를 의심한다.

108) 특히 헤롯 대왕을 향한 정서의 양면성은 요세푸스가 그를 이두메아(Idumea) 태생으로 인해 '반쪽 유대인'이라 규정한 데서 잘 예시된다(*Ant.* 14.430).

년까지 갈릴리의 수도로 역할을 담당했다.[109] 아래서 살펴보겠지만(§9.6b), 이것들은 정식 '헬레니즘 도시들'로 평가될 수 없더라도, 평범한 갈릴리 사람들 가운데 이들 도시와 거기 사는 좀더 헬라주의화된 주민들을 향해 상당한 적대감이 있었던 것만은 분명하다.

우리는 또한 신약성서(행 6.1; 9.29; 11.20)에서 사실상 단순히 '헬라주의자들'로 규정되는 정형화되지 않은 큰 집단을 잊지 말아야 한다. 넓게 말하면 이 용어는 상당한 정도로 그리스어와 헬레니즘 문화의 영향을 받은 사람들을 가리킨다. 물론, 이제 인정되듯이, 모든 유대교는 어느 정도 헬레니즘의 영향을 받았다. 헬레니즘은 간단히 말해 당대의 국제 문화였던 것이다.[110] 그러나 어떤 사람들은 명백하게 그리스화되어 '그리스어를 말하는 자들'='헬라주의자들'로 알려졌다(즉 아람어를 모국어로 말하는 현장에서 그들은 오직 그리스어만을 말할 수 있었다).[111] 그들은 아마 그리스 지역의 디아스포라에서 돌아왔던 것으로 보인다(결국 서방의 디아스포라 지역에 살던 모든 유대인들은 '헬라주의자들'이었을 것이다). 예루살렘에서 그들은 자기들 나름의 회합/회당(들)을 가지고 있었던 것 같다. 추측건대, 거기서 그들의 의사소통 언어는 그리스어였을 것이다(행 6.1, 9). 이것들 역시 1세기 팔레스타인 유대교의 범위 안에 포함되어야 한다.

(6) 1세기 이스라엘 땅의 집단들을 개관하면서 **사마리아인들**을 무시할 수 없다.[112] 불행하게도 이 시기 그들의 역사는 몇 가지 언급들을 제외하면 모호하고,[113] 그들에게 속한 문헌은 너무 연대가 떨어져 우리에게 큰 도움이 못된다. 다양한 시대에 그들이 자신들을 '유대 지역 사람들/유대인들'(*Ant.* 11.340), '히브리인들'(*Ant.* 11.344), '이스라엘 사람들'(주전 150-50년 델로스에

---

109) J. F. Strange, 'Sephoris' *ABD* 5.1090-93과 'Tiberias', *ABD* 6.547-49을 보라. 또한 J. Murphy-O'Connor, *The Holy Land* (Oxford: Oxford University, ⁴1998) 412-18과 455-60; 세포리스에 대해서는 또한 C. L. Meyers and E. M. Meyers, 'Sepphoris', *OEANE* 4.527-36.
110) M. Hengel, *The 'Hellenization' of Judaea in the First Century after Christ* (London. SCM, 1989)을 보라.
111) 앞으로 나올 제2권을 보라.
112) Schürer, *History* 2.16-20; R. T. Anderson, 'Samaritans', *ABD* 5.940-47; Grabbe, *Judaism* 502-507; S. Isser, 'The Samaritans and Their Sects', in Horbury et al., eds., *Judaism* 3.569-95; 참고 문헌은 Meier, *Marginal Jew* 3.594.
113) 예컨대, *Ant.* 17.319, 342; 18.85-89; 20.118-36; 행 8장.

서 나온 비문에서)로 불렀다는 사실은,[114] 우리가 그러한 서술적 호칭들을 사용하면서 얼마나 조심해야 하는지 덤으로 상기시켜준다. 하지만, 일반적으로 유대 지역민/유대인과 사마리아 사이에 이미 날카로운 간극이 있었다는 점도 충분히 명확하다.[115] 확실히 그 간극에서 중요한 요인은, 페르시아 치세기에 유대의 재편성에 대한 사마리아의 적대감에 대한 대중들의 기억(스 4-5장; 느 4-6장)과, 사마리아인들의 종족적·종교적 정체성이 심각하게 흐려졌다는 대중들의 의식이었다.[116] 그러나 그 사건에서 그 간극은 한층 더 예리하고도 결정적으로 성전 문제와 하나님 예배의 올바른 장소로 초점이 맞추어지게 되었다(요 4.20 참조). 이는 사마리아 모세오경이 뒷받침하는 그리심(Gerizim) 산을 사마리아인들이 올바른 예배 장소로 주장한 점과 연관되어 있다. 유대와 사마리아의 적대감은 요한 히르카누스(John Hyrcanus)가 주전 128년 그리심 성전을 파괴함으로써 불가피하게 심화되었다.[117]

물론 이 모든 논의는 예수가 그러한 스펙트럼 속 어디에 들어맞는지, 또한 그의 첫 추종자들이 최소한 처음에 유대교에 소속된 것으로 생각되었는지 물을 때 직접 연관성이 있을 것이다. 누가가 사두개인들의 '종파'(행 5.17)와 '바리새인들의 종파'(15.5; 26.5)를 언급하듯이, 예수의 추종자들을 하나의 '종파'(24.14; 28.22)로, '나사렛 사람들의 종파'(24.5)로 서술할 수 있었다는 사실은 분명히 암시적이다. 누가는 분명히 그 '그리스도인들'(11.26)이 당시 다른 유대인 '종파들'과 나란히 유대교 내의 한 '종파'였다고 자신의 독자들이 이해해주길 바랬다. 여기에는 우리가 제2권에서 다시 집중하여 다루어야 할 더 큰 질문들이 있다. 지금 여기서는 예수가 당대 유대교의 다양

---

114) A. T. Kraabel in *BA* 47 (1984) 44–46; 추가로 L. M. White, 'The Delos Synagogue Revisted: Recent Fieldwork in the Graeco-Roman Diaspora', *HTR* 80 (1987) 133–60; *NDIEC* 8.148–51.
115) 마 10.5; 눅 9.52–54; 10.30–37; 요 4.9; 8.48에 암시된 바와 같다.
116) '유대 민족의 변절자들'(Joesphus, *Ant*. 11.340; 스 9–10장과 대조해보라); 집회서 50.25–26; *m. Sheb.* 8.10.
117) F. Dexinger, 'Limits of Tolerance in Judaism: The Samaritan Example', in E. P. Sanders et al., eds., *Jewish and Christian Self-Definition*. Vol. 2: *Aspects of Judaism in the Graeco-Roman Period* (London: SCM, 1981) 88–114; J. D. Purvis, 'The Samaritans and Judaism', in Kraft and Nickelsburg, *Early Judaism* 81–98을 보라.

성 내에 확실히 들어 있었다는 점을 다시 수긍하는 것만으로 족하다. 예수의 선교 기간에 나타난 긴장과 적대감은 유대교 자체와 관련된 것으로 보아서는 안 된다. 그것은 이후 제2성전기 유대교의 어느 한 가지(또는 그 이상의) 집단이나 그 양태와 관련된 긴장과 적대감이었다.[118]

d. 통속적 유대교

이 모든 것을 다 말해도, 지금까지 언급된 집단들과 경향들 중에서 가장 연관성이 큰 것도 1세기 이스라엘 땅의 인구 내에서 보면 아주 작은 규모의 소수자를 대표할 뿐이다. 요세푸스는 지적하기를, 바리새인들이 그나마 6,000명 이상으로 강력한 편이었고(헤롯 대왕 때),[119] 에세네파 사람들은 4,000명을 웃돌고, 사두개인들은 소수의 부유한 엘리트층이었다고 한다(*Ant.* 17.42; 18.20; 13.298). 우리는 외경이나 위경 문헌들이 얼마나 많은 사람들을, 또는 누구를 대변했는지 확실히 알 길이 없다. 그러나 그들이 어떤 의미심장한 규모의 독특한 집단들을 대표했다고 보는 것은, 요세푸스가 그들에 대해 침묵하고 있으므로 분명 의심스럽다고 생각된다. '헬라주의자들'의 숫자는 헬레니즘이 번성하였거나 헬라화된 도시들의 인구 중에 확실히 상당한 규모의 소수자였다. 그러나 그 숫자를 계량화하는 것은 불가능하고, 그들이 응집력 있는 파당을 형성했다고 말할 수도 없다. 다른 한편으로, 사마리아인들이 중요한 정치적인 실세였지만, 그들은 우리가 관객의 관점에서 정식으로 '유대교'라 부르는 것의 스펙트럼 너머로 배치해야 할 것이다. 종합해보면, 우리가 지금까지 서술해온 유대교들, 우리가 확신을 가지고 말할 수 있고, 그 독특함이 최소한 다른 '유대교들'로 서술할 수 있

---

118) 도적 집단은 말할 것도 없고, 좀더 세밀한 연구는 또한 세례 종파들을 고려해야 할 것이다!(Grabbe, *Judaism* 501-502, 507-509, 511-14을 보라) 유대교와 관련하여 회심자들과 '하나님을 경외하는 자들'의 위상은 제2권에서 주목하게 될 것이다.

119) 헹엘과 다이네스는 *Ant.* 17.42이 헤롯에 충성을 맹세하길 거부한 6,000명 넘는 바리새인들을 언급하는 것이라고 지적한다. 훨씬 더 많은 사람들이 있었을지 모른다는 암시와 함께('Sanders' Judaism' 33 각주 85).

을 만큼 자명한 경우를 제시하는 그런 범주에 속한 사람들은 1세기 이스라엘 땅에 사는 유대인들 가운데 상대적으로 적은 소수자였던 것 같다.

1세기 유대교를 언급함에 있어 우리가 무엇보다 앞서 대중의 관행과 믿음을 말할 필요가 있다는 샌더스의 조언이 중요한 것은 바로 이 대목에서다. 그는 그것을 '통속적 유대교'(common Judaism)라고 부른다.[120] 앞서 다룬 상이한 형태의 유대교들은 풍성하고 이채로운 성장을 드러내는데, 이는 관객의 관점에서 보면 그들을 비유컨대 동시대의 좀더 통속적이고 사실상 훨씬 더 방대한 꽃밭이나 정원 같은 대상과 구별하여 도드라지게 해줄 뿐이다. 이러한 다양한 형태의 유대교에 그들의 공통분모로 '유대교'를 규정짓는 것은 일반 백성들의 유대교 내에 있는 통속적인 '토대'(bedding)이다.[121] 또는 좀더 정확하게 보면, 백성들(유대 지역민/유대인)의 삶을 구성하는 것으로 좀더 일반적으로 인식 가능한 유대교가 있는 터라 우리가 더 나아가 상이한 유대인 집단들이 실천한 상이한 유대교의 버전들을 말할 수 있기 때문이다. 앞으로 짧게 지적하겠지만(§9.5), 1세기 유대교의 상이한 특정 양식들을 모두 통합시키고 그것들을 세우는 불변의 요소, 또는 재현되거나 통상적인 요인들로 이루어진 관행과 믿음의 공통된 토대가 있었다. 그러므로 '통속적 유대교'로 나아가기 전에 우리는 안으로 들어가서, 이 집단들이 스스로와 관련하여 무엇이라 주장했는지, 또 서로에 대해 어떻게 생각했는지, 이스라엘 땅의 1세기 유대교를 그 **내부에서**(*from within*) 봐야 한다. 내부자의 견해에 대한 설명이 없으면, 1세기 유대교에 대한 관객의 관점은 늘 부적절할 것이다. 관객은 그 성격상 매우 다양한 유대교를 서술하는 것으로 만족할 수 있다. 그러나 내부자들은 그 다양성의 인식을 나누었는가? 그렇지 않았으면 그 사실이 어떻게 1세기 '유대교'에 대한 우리의 인식에 영향을 끼쳐야 하겠는가? 여기도 역시 대부분의 경우에 충분한 증거

---

120) Sanders, *Judaism* Part II.
121) '통속적 유대교'라는 용어에 대한 헹엘과 다이네스의 비판('Sanders' Judaism' 53)은, 이 지점에서 고려해야 할 것이 '유대교'를 유대교로 규정하는 공통된 특징이기 때문에 정곡을 찌르지 못한다 (그들은 '복합적 유대교'라는 용어가 더 나을 것이라고 제안한다).

가 있는 것 같다. 다만 첫 번째 바깥에서의 접근법과 비교하여 여기서 그 논점이 근대의 학문적 논의 가운데 거의 언급되지 않았을 뿐이다.

9.4 유대적 분파주의—내부에서 본 유대교

우리는 그러면 어떻게 당대의 유대교(들) '안으로' 들어가는가? 당연히 그 시기의 이스라엘 안에서 기록된 문서들, 특히 자의식적으로 내부자 관점에서 그들의 자기 인식을 옹호하면서 기록된 것들을 공감하여 읽음으로써 들어간다. 그 사건 내에서 그들이 그저 작고 상대적으로 유대교를 대표하지 않는 양식들에 불과한 것을 대변한다 할지라도 그것에 대한 공명이 해답이다. 그렇게 할 때 두드러진 특징들이 당장 눈에 확 들어온다. 제2성전기 후반부나 마카베오 시대 이후 이스라엘 땅에 번성한 유대교의 내부 문서들이 어디에 있든, 우리는 꾸준히 다시 등장하는 공통된 주제를 발견한다. 그것은 제각기 이스라엘의 유산을 계승한 유일한 합법적 상속자라는 견고하고 양보되지 않는 주장들이다. 거기에는 다른 유대인/유대교들에 대한 날카롭고 적대적인, 심지어 독설적인 비판도 있다. 그것이 사해 두루마리들이든, 에녹1서든, 모세 유언서든, 희년서든, 솔로몬시편이든, 또는 그리스도교 저작이든, 거기에는 동일한 원칙이 적용된다. 이 시기는 명백히 일정한 **유대인 내부의 분파주의**로 특징지어지는 바, 그 한결같은 성정과 독살스러운 기질로 특기할 만하다. 그 분파주의 가운데는 우리가 그 기간에 나온 직접적 자료를 가지고 있지 않지만 최소한 일부의 다른 집단들도 포함되었다.[122] 그 요점은 즉각 충분히 설명될 수 있다.[123]

---

122) '유대인 종파주의의 전성기는 주전 2세기 중반부터 주후 70년 성전의 파괴 때까지였다'(Cohen, *Maccabees* 143); 또한 Saldarini, *Pharisees* 65, 210-11과 위의 각주 56을 보라.

123) 이어지는 대목에서 나는 특별히 나의 논문 'Pharisees, Sinners and Jesus' 73-76을 끌어들일 것이다. 추가로 M. A. Elliott, *The Survivors of Israel: A Reconsideration of the Theology of Pre-Christian Judaism* (Grand Rapids. Eerdmans, 2000) chs. 3-4이 개관한 본문들을 보라. 또한 P. F. Esler, 'Palestinian Judaism in the First Century', in D. Cohn-Sherbok and J. M. Court, eds., *Religious Diversity in the Graeco-Roman World: A Survey of Recent Scholarship* (Sheffield: Sheffield:

쿰란의 에세네파 사람들은 자신들만이 조상들의 언약에 충실하다고 보았다. 자칭 '빛의 아들들'이요 '이스라엘 가운데 온전함과 진리의 집'이며 선택받은 자들이었다(1QS 2.9; 3.25; 8.9; 11.7). 반면 그 종파주의자들의 정치적 종교적 대적들은 '벨리알의 몫으로 떨어진 사람들', '반역자들', '사악한 자들', 의의 길을 떠나 언약을 위반한 '벨리알의 아들들' 등과 같이 공격당한다.[124] 이러한 다른 유대인들이 정죄받는 주요 죄악들 가운데 하나는, 토라에 대한 정확한 통찰력을 자신들이 부여받았고 그리하여 자신들이 새 언약 백성이 되었다는 에세네파의 주장을 인정하지 못한 것이다.[125] '부드러운 것들을 구하는 자들', '사기꾼들'은 대개 바리새인들과 동일시되는데,[126] 최근에 출간된 4QMMT에 반영된 율법 토론들은 바리새인들이 쿰란 종파의 논쟁자들 가운데 있었음을 확인해준다.[127]

에녹 문서는 주전 2세기에 유대교를 괴롭혔을 신랄한 달력 논쟁의 증거를 제공한다. '의의 길을 걷는' '그 의인들'은 자신들을, 달과 절기와 해를 잘못 계산함으로써 '죄인들과 같이 죄를 짓는' 자들과 구별한다(에녹1서 82.4-7). 에녹1서 1-5장에서 고발 대상이 별로 특정화되어 있지 않지만 다시 '의인/선택받은 자들'과 '죄인/불경한 자들' 사이를 구별하는 분명한 선을 긋는데(1.1, 7-9; 5.6-7), 여기서 후자는 확실히 그들의 유대교를 자칭 '의로운' 자들과 다르게 실천한 동료 유대인들이다. '너희들은 주의 율법을 꾸준히 옹호하지도 준수하지도 않았다'(5.4). 거기서 더 특정한 대상을 겨냥한 것인지는 모호하다.

유사하게 우리는 모세 유언서 7장에서 비록 '너희들이 나를 더럽히지 않도록 나를 만지지 말라'(7.3, 9-10)고 말할지라도 '자신을 의롭다고 나타내

Academic, 2001) 21-46을 참조하라.

124) 예컨대, 1QS 2.4-10; CD 1.11-21; 1QH 10(=2).8-19; 1QpHab 5.3-8; 4QFlor[4Q174] 1.7-9.
125) 예컨대, 1QS 5.7-13; CD 4.7-8; 1QpHab 2.1-4.
126) 1QH 10(=2).14-16, 31-32; 12(=4).9-11; 4QpNah 1.2, 7; 2.2, 8; 3.3-7.
127) 예컨대, Vanderkam, *Dead Sea Scrolls* 60, 93, 107; J. A. Fitzmyer, 'The Qumran Community. Essene or Sadduceean?', *The Dead Sea Scrolls and Christian Origins* (Grand Rapids. Eerdmans, 2000) 249-60 (여기서는 251-52); 다른 자료는 Saldarini, *Pharisees* 279 각주 6. 쉐퍼(Schaper)는 초기 바리새인들에 대한 자신의 서술에서 4QMMT를 중시한다('Pharisees' 406-407).

는 불경한 사람들'과 '손과 마음으로… 불결한 것들을 만지는 자들'에 대한 단도직입적인 공격을 발견한다. 여기서도 우리는 정결함을 유지하려는 바리새적 관심사를 희화화함으로써 바리새인들을 공격한 것이라고 봐야 할 듯하다.[128] 물론, 아리스티아스의 서신(*Ep. Arist.*) 139, 142, 요세푸스의 『유대전쟁사』 2.150, 골로새서 2.21이 어떤 시사점을 준다면, 정결에 대한 관심과 만짐으로써 더러워지는 것에 대한 두려움은 바리새파의 범위를 넘어 1세기 유대교 내에 상당히 넓게 퍼져 있었다. 하지만 여기서 요지인즉, 어떤 유대인의 문서는 그러한 관심사를 '불경한 사람들'의 관심사로 특징짓는다는 것이다!

희년서는 이스라엘 전체에게 언약을 좀더 활발하게 지킬 것을 간청하는 취지로 전달되지만,[129] 많은 이스라엘의 아들들이 언약을 떠나 '이방인들과 같이'(15.33-34) 될 것이라는 확신을 담고 있다. 여기서도 달력이 논쟁의 골자다. 잘못 계산된 절기나 법규를 지키는 것은 지키지 않는 것과 다름 없으며, 언약을 지키지 못하고 이방인들의 잘못 가운데 행하는 것으로 간주된다(6.32-38).

마지막으로 우리는 솔로몬시편에서 '죄인들'에 대적하여 스스로를 '의로운 자들', '경건한 자들'로 간주한 자들을 대신하여 얼마나 철저한 논쟁을 펴고 있는지 주목할 수 있다.[130] '의로운 자들'이 이스라엘 전체가 아니라 자신들만이 '계명의 의로움 가운데 산다'(14.2)고 믿었던 자들이었음은 매우 분명하다. '죄인들'은 이방인이나 뻔뻔하도록 사악한 자들뿐 아니라, '의로운 자들'의 유대인 대적들로서 아마도 군주권을 찬탈하고 (경건한 자의 눈에) 성소를 더럽힌 하스몬 가문의 사두개인들도 해당되었을 것이다(1.8; 2.3; 4.1-8; 7.2; 8.12-13 등등).[131] 메시아가 올 때, 그러한 죄인들은 상속받은 유산과

---

128) 예컨대, Flusser, *Jesus* 60; Jeremias, *Jerusalem* 250이 그렇게 본다.
129) 예컨대, 2.17-33; 15.25-34; 22.10-24; 23.22-31; 30.7-23; 50을 보라.
130) 예컨대, 3.3-12; 4.1, 8; 13.6-12; 15.4-13.
131) R. B. Wright in *OTP* 2.642; Schürer, *History* 3.193-94; Sanders, *Judaism* 453. 추가로 M. Winninge, *Sinners and the Righteousness: A Comparative Study of the Psalms of Solomon and Paul's Letters* (ConBNT 26; Stockholm: Almqvist and Wiksell, 1995) 발견 내용이 요약됨, 125-36.

무관하게 쫓겨나게 되리라는 것이다(17.23).

이 모든 논쟁들은 얼마나 진지했는가? 여기서 그 의견의 범위는 1세기 유대교의 스펙트럼 내에서 그리스도교의 입장을 내포하고 있기에 다소 흥미롭다. 예컨대, 한 극단에서는 그 불일치들이 단순히 활발한 할라카 논쟁에 관한 것들이라서 예수와 당시 바리새인들을 서로 친근한 논쟁자들로 봐야 한다고 주장할 수 있다.[132] 또 다른 극단에서는 마태복음 23장과 요한복음 8장의 논쟁을 유대교와의 결정적인 간극이 이미 발생했음을 예시하는 증거로 간주해야 한다고 본다.[133] 그러나 사실 그 비난의 성격과 독설의 성향은 앞서 개관한 문헌의 범위를 통틀어 현저하게 일관된 것으로 드러난다. 예를 들어, 우리는 신참자들이 쿰란 공동체에 입문할 때 두려움에 가득 찬 저주들이 벨리알의 사람들에게 퍼부어진 것을 생각할 수 있다.

> 네 죄로 물든 모든 사악함으로 인하여 저주가 임할지어다!
> 그가 너희를 원한에 사무친 복수하는 자들의 손에 넘겨줘 고통을 받게 하
>   실지어다!
> 그가 너희를 복수를 가하는 자들의 손에 의한 파멸과 함께 너희를 찾을지
>   어다!
> 너희 행실의 어두움으로 인하여 자비 없이 저주를 받을지어다!
> 영원히 불타는 음부 가운데 영벌을 받을지어다!
>
> (1QS 2.5-10, Vermes)

1QS 2.11-18에서 기만적이고 고집 센 언약자에 대한 저주는 '벨리알의 사람들'을 향한 저주들보다 그 가혹함이 덜하지 않다. 또는 희년서 15.34에 보면 '그들[자신을 이방인들처럼 만든 자들]에게 이 영원한 잘못의 모든 죄들로부터 사유함을 받고 용서받을 수 있는 용서나 사죄란 게 없다.' 우리는 예

---

132) 이는 *Jesus and Judaism* 이후 그의 저작들 가운데 유지되는 샌더스의 입장이다.
133) 앞으로 나올 제3권을 보라.

수의 축귀가 성령의 권능에 의해 이루어졌음을 인정하길 거절함으로 야기된 '영원한 죄'에 대한 마가복음 3.29의 경고와 이를 비교할 수 있을 것이다. 그런가 하면 요한복음의 예수가 '그 유대인들'을 마귀의 아들로 혹평한 것(8.44)은 희년서 15.33-34, 4QFlor[4Q 174] 1.8과 다니엘 유언서 5.6(의인 에녹의 책을 마지막으로 끌어들임)에 즉각 공명된다. 앞서 검토된 모든 논쟁적 사례들 가운데 그 한결같은 성격으로 가장 현저한 것은 아마 **다른 유대인들을 죄인으로** 수시로 정죄한 것이다. 유대교 신학에서 죄인이 장차 다가올 세계에 참여하지 못한 채 배제되었고 영원한 암흑으로 정죄받았다는 점을 전제한다면, 그런 현상은 잘 이해할 수 있다.[134]

　이와 같은 생각들을 얼마나 비중 있게 여겨야 할까? 1QS와 솔로몬시편을 쓴 유대인들이 그렇게 저주받거나 '죄인들'로 부른 자들이 정말로 하나님의 구원하시는 의로움을 떠나 언약 바깥으로 내쳐졌다고 믿었을까? 예수가 죄인들과 함께 먹는다고 비판한 것으로 언급된 바리새인들(막 2.16; 눅 15.2)이 정말로 그 죄인들이 예수와 함께 최후의 심판에서 정죄받으리라고 생각했을까? 그것은 확실히 그들 언어의 신학적 논리다. 그러나 그들이 언제나 그것을 진심으로 말했을까?[135] 여기서 우리는 초기의 종파주의가 내부자들의 자기 이해를 위한 핵심 용어인 '이스라엘'에 어떻게 불가피한 양가적인 입장을 강요하는지 주목할 수 있을 것이다. 초점의 대상이 되는 집단이 이해한 대로 그 언약에 진실하게 머물러 있는 자들만이 '이스라엘'인가? 아니면 하나님이 마지막에 (신명기 30장의 그 종말론적 완성의 패턴 가운데) 불순종하고 추방된 이스라엘을 전체적으로 회복시킬까? 가령, CD 3.12-4.12에서 우리는 양가적인 입장을 보는데, 거기서 '이스라엘'의 등식

---

134) 예컨대, 신 29.18; 시 92.7; 에녹1서 98.10-16; 102.3; 희년서 36.9-10; 아브라함 유언서 11.11; 솔로몬시편 2.34; 3.11-12; 추가로 J. D. G. Dunn, 'Jesus and Factionalism in Early Judaism', in Charlesworth and Johns, eds., *Hillel and Jesus* 156-75; Sanders, *Paul and Palestinian Judaism* index 'the Wicked'; D. A. Neale, *None but the Sinners: Religious Categories in the Gospel of Luke* (JSNTS 58; Sheffield: Sheffield Academic, 1991) 82-95을 보라.

135) 토라에 대한 충실성의 문제와 관련하여 적어도 일부 유대인들이 다른 유대인들을 기꺼이 죽일 수 있었다는 사실—바울도 비느하스 같은 '열심'에서 하나님의 교회를 '파멸시키려고' 한 사람이었다(갈 1.13-14; 위의 각주 25)—은 그들이 얼마나 진지하게 그러한 언어를 의도했는지 상기시켜 주는 유익한 기제다.

은 양쪽 모두에 나타난다. '이스라엘과 맺은 하나님의 언약', '이스라엘이 엇나감', '이스라엘의 확실한 가문', '이스라엘의 회심자들.' 그러한 양가적 대립은 나아가 희년서 15.34와 22.23-30 사이의 긴장 가운데, 또는 솔로몬 시편 17.44-45와 18.5에서 유대인 '죄인들'에 대한 한결같은 정죄와 이스라엘을 위한 마지막 희망 가운데 엿보인다.[136] 이미 주목할 만한 것은, 바울에게도 '이스라엘에서 났다고 모두가 이스라엘이 아니다'라는 단언과 '모든 이스라엘이 구원을 받을 것이다'(롬 9.6; 11.26)라는 확신 사이의 동일한 긴장이 나타난다는 점이다. 또한 '누가 유대인인가?'에 대한 논의가 이스라엘 국가에서 사소하지 않은 정치적인 질문으로서 우리와 여전히 함께 현재진행형임을 잊어서는 안 된다.[137] 혹여 '초점'의 이미지가 여기서 도움이 될 것이다. 우리 문헌의 아주 많은 분량이 대부분의 경우는 '근접촬영 초점'으로 다뤄지고 경우에 따라 '장거리촬영 초점'이 곁들여진다. 그런데 전자에서 후자로 그 초점이 바뀌면서('zooming') 생기는 세부 사항상의 일관되지 못한 모습들에는 너무 주목하지 못한다.

우리는 대안적으로 물어볼 수 있을 것이다. 그러한 독설적인 언어의 기능은 무엇이었는가? 동료 유대인들을 회복할 수 없도록 정죄하는 것? 혹은 그것이 자신의 믿음/실천이 옳다는 것과 그 믿음/실천의 결정적인 중요성을 스스로 확신하기 위한 자기 정당화의 언어가 아니었을까? 혹은 다른 이들이 그들의 믿음과 율법 조항들을 받아들이도록 겁주기 위하여 한층 더 정죄적이고 두렵게 표출된 권고와 전도의 언어는 아니었을까? 여기서 우리는 모든 종파주의의 결과, 또는 달리 표현하여 근본주의의 경향을 볼 수 있다. 몇 가지 핵심적인 믿음과 실천의 요소가 지닌 근본적인 중요성을 바로 그렇게 확언하는 것은 이와 함께 그 핵심 요소를 논박하거나 깔보는 자들이 그로써 천벌을 받는다는 추론을 수반한다. 이는 문자적으

---

136) 추가로 Sanders, *Paul and Palestinian Judaism* 240-57의 민감한 논의를 보라. 또한 361, 367-74, 378(희년서)과 398-406, 408(솔로몬시편).
137) 특히, L. H. Schiffman, *Who Was a Jew? Rabbinic and Halakhic Perspectives on the Jewish-Christian Schism* (Hoboken: Ktav, 1985) 참조.

로 그러한 초기 근본주의의 저주인데, 그 고유한 내용을 부인하지 않고서는 다른 대안적 해석의 정당성을 인정할 수 없다. 이 경우 1세기 유대교는 때에 따라 모든 종교와 이념을 곤경에 처하게 한 '순수한 교회'의 이상과 포괄성 사이의 긴장을 전형적으로 보여준다.[138]

여기에 바로 1세기 이스라엘 땅의 유대교에 대한 일관된 서술을 끊임없이 왜곡시키는 긴장이 있다. **관객**의 입장에서는, 통속적 유대교의 폭넓은 흐름에 반발하든 찬동하든, 그 상이한 하부집단들의 독특한 특색을 포함하여 유대교의 다양성을 잘 관찰할 수 있다. 그러나 우리가 이러한 유대교들의 **내부로** 들어가자마자, 무엇보다 다른 이들을 '바깥'으로 규정함으로써 스스로 '안'에 머물기 위하여 편안한 포괄성에서 적대적인 부대낌으로 그 그림이 변한다. 그것은 부분적으로 현상학적으로 인지된 '유대교'와 내부에서 인지된 '이스라엘' 사이에 가로놓인 긴장이지만, 또한 부분적으로 지금 여기서 정결한/정결하게 된 이스라엘을 내부자가 인식한 것과 종말론적 완성에서 조명한 이스라엘 사이의 긴장이기도 하다. 그러한 종파주의의 경향은 궁극적인 진리 주장이 정체성을 구성하는 곳에서는 어디서든 불가피하고 심지어 바람직한 것일지 모른다. 왜냐하면 그것은 끊임없이 그 상위기관에게 그 구성적 진리 주장을 생각나게 하고 이상과 실제 관행 간 긴장의 불가피성을 강조하기 때문이다. 1세기 유대교의 경우 그러한 긴장이 있었다는 것을 알아채지 못하면, 예수가 끼친 강렬한 영향과 그의 '종파'가 출현한 것을 포함하여 집단적 상호 작용의 동력을 이해하기가 더 어려워진다. 그러나 이 모든 것 안에서 예수가 선 자리는 어디였는가? 단순히 그 다양성을 추가로 지적할 뿐인가? 결국 분파주의를 강화하는 역할을 할 뿐인가? 아니면 유대교의 핵심을 어떤 식으로든 나타내는가? 또는 거짓 예언자나 반역의 아들, 미숙한 변절자인가? 아니면 또 무엇인가? 우리는

---

138) 무어(Moore)는 '모든 종파들 가운데 모든 교회들 속의 교회 가운데, 그 구성원들의 마음에 최고 관심사로 자리 잡고 있는 것은 교리와 법규 준수, 또는 경건의 독특한 세부 사항들이다. 그들이 큰 기관과 공통으로 가지고 있는 요소들은 분명 당연시되지만, 말하자면 종파적인 잠재의식 가운데 놓여 있다'(*Judaism* 2.161)고 지각 있게 관찰했다. 또한 위의 각주 56을 보라.

이미 제2성전기 말엽의 더욱 폭넓은 유대교 내에서 그 긴장이 예수 전통의 특징을 몇몇 갈래로 조명하는 것 같다고 암시한 바 있다. 물론 그 질문과 논제는 더 크다. 우리는 이어지는 장들에서 그 문제로 돌아갈 것이다.

동시에 우리는 다시 한 번, 누가 이스라엘을 구성하는가에 대한 그 모든 주장, 또 저주의 언사가 복음 전도용인가, 그냥 경멸적인 것인가와 관련된 그 모든 논쟁이 1세기 유대교 내에서 상대적으로 작은 집단들 사이에 계속 진행중이었음을 상기할 필요가 있다. 그 모든 시대에 걸쳐 '통속적 유대교', 잠정적으로 회복된 포괄적 이스라엘은 여전히 그 자체로 기능하고 있었다. 그 모든 기간을 통틀어 근본적으로 이스라엘을 이스라엘로 구성하고, 유대교를 유대교로 구성한 요소는 여전히 작동하고 있었다. 그러므로 이제 우리는 그 방향으로 나가고자 한다.

9.5 1세기 유대교의 통일성

오늘날 유대교와 그리스도교의 기원 연구에서 씨름하는 가장 심각한 시대착오는 어떤 면에서 '유대교'라는 용어를 바로 복수(유대교들)로 사용하는 것이다. 그 본래 용례 그 어디에도 '유대교'가 복수로 사용된 경우가 없기 때문이다. 그것은 오직 단수 '유대교'로만 나온다. '유대교'는 '바깥'에서도 분명히 다수의 형태가 아니라 단수의 실재로 인지되었다. 거기에는 '유대교'라고 불린 무엇이 있었을 뿐이다. 샌더스의 '통속적 유대교'가 주로 요세푸스의 관객 입장에서 비롯된 점을 기억하여 우리는 이것을 '통속적 유대교'라 말할 수 있고, 다른 '유대교들'은 통속적 유대교의 특정한 표현들일 뿐이다. 또는 그것을 '토대적 유대교'(foundational Judaism)라 칭하여 다른 좀 더 특수한 하부구조들이 그 위에 정립된 것으로 볼 수도 있다. 거기에 인식 가능한 상위 범주로 '유대교'가 있었고, 그것의 다양한 하위 범주들이 있었던 셈이다. 우리가 중요하게 관심을 가져야 하는 것은 바로 그 모든 특정한 유대교들 내에, 이면에, 배후에 자리한 이러한 총체적인 유대교이다.

이전 연구에서 나는 '제2성전기 유대교의 네 가지 기둥'을 언급했는데,[139] 이러한 범주화는 내게 여전히 쓸모 있는 서술 양식을 제공하는 것 같다. 그것은 역사적으로 유대교가 언제나 세 가지 주요 요인들을 결합해왔다는 흔쾌히 인정받은 사실에서 출발한다. '하나님에 대한 믿음, 이스라엘을 향한 하나님의 토라 계시, 하나님을 순종하여 토라에 따라 사는 백성으로서의 이스라엘.'[140] 1세기 유대교와 관련하여 유일한 차이는 우리가 네 번째 요인인 성전을 빼놓을 수 없다는 것이다.

a. 성전

성전이 주후 70년 파괴되기까지 이스라엘의 민족적 종교적 삶의 핵심적인 초점이었다는 점에는 의심의 여지가 없다. 유대는 성전국가였다. 헤롯의 건축가들이 화려하게 설계하고 공정한 그 성전과 단(壇)은[141] 정치 경제력의 중추였고, 멀리 떨어진 유대의 고지대에 있는 예루살렘의 존재 이유였다. 대제사장직의 권력은 하스몬 시대와 로마 시대에 성전을 엄격히 그들의 통제하에 유지하는 주요 요인이었다. 희생제의, 성전세, 순례자 통행료를 통해 유발되는 재정 소득은 틀림없이 막대하였을 것이다.[142] 무엇보다 성전은 하나님이 자기 이름을 두시려고 선택한 장소요, 신과 인간의 만남이 이루어지는 핵심 공간이고, 인간의 복지와 구원이 달려 있는 희생제의의 초점이며, 언약 백성 이스라엘의 주요한 정체성 표지였다.[143] 로마

---

139) Dunn, *Partings* ch. 2.
140) *EncJud* 10.387. '누가 유대인인가?'에 대한 슈바르츠(Schwartz)의 논의를 참조하라. 백성들, 땅, 율법이 제2성전기 유대인의 정체성을 규정하는 세 가지 요인으로 언급된다(*Studies* 5-15).
141) 예컨대, D. Bahat, 'The Herodian Temple', in Horbury, et al., eds., *Judaism* 3.38-58; Crossan and Reed, *Excavating Jesus* 191-99을 보라.
142) Jeremias, *Jerusalem*, 특히 21-30, 73-84과 126-38을 보라; D. Mendels, *The Rise and Fall of Jewish Nationalism* (New York: Doubleday, 1992) ch. 10; E. Gabba, 'The Social Economic and Political History of Palestine, 63 BCE-CE 70', in Horbury, et al., eds., *Judaism* 3.94-167 (여기서는 123-25).
143) Holmén, *Jesus* 275-86. 또한 C. T. R. Hayward, *The Jewish Temple* (London: Routledge, 1996)을 보라. A. Momigliano, 'Religion in Athens, Rome and Jerusalem in the First Century BC', in W. S. Green, ed., *Approaches to Ancient Judaism*. Vol. 5: *Studies in Judaism and Its Greco-Roman Context*

시대에 '유대인'은 종족적 동일자였던 만큼 종교적 동일자였다. 왜냐하면 그들은 유대에 그 동일한 정체성의 초점을 맞추었고, 유대는 그 지속적인 독특한 존재가 성전이 위치한 예루살렘의 위상에 전적으로 의존한 국가였기 때문이다. 그렇다면 샌더스가 우리 시기의 '통속적 유대교'를 서술하면서 거의 100페이지 가까이 성전과 그 인적 구성, 제의와 또 거기에 초점을 맞춘 절기 축제들에 관한 설명에 할애한 것은 놀랄 일이 아니다.[144]

우리는 또한 상이한 종파들이 성전의 중요성을 집중 조명한 것을 보았다. 가장 명백한 것은 사두개인들이고, 또한 쿰란 에세네파도 그렇거니와, 어느 정도 에세네파처럼 거룩한 땅에서 좀더 넓게 성전에 요구된 거룩함을 전파하거나 최소한 살아내고자 한 바리새인들 역시 마찬가지다.[145] 여기서 중요한 것은, 앞서 유대교 개관에서 지적한(§9.4) 성전과 연관된 논쟁과 공공연한 비난이 성전의 근본적인 중요성 자체에 관한 논쟁으로 귀착되지 않는다는 사실이다. 반대로 성전이 바로 그렇게 중요하기 때문에 그 정확한 기능에 대한 논쟁들도 그렇게 중요했던 것이다. 비난받은 것은 성전 자체가 아니라 성전의 위치(사마리아인들)와 그 남용(솔로몬시편과 쿰란)이었다. 특히 쿰란 사람들과(11QT와 '안식일 희생제사의 노래들'에서 보듯), 심지어 스스로 성전의 현재 기능에서 멀리 동떨어져 있다고 느낀 집단조차도 성전에 몰두하고 있었던 점으로 미루어 이는 매우 확실하다.

그렇다면 예수와 그의 추종자들은 예루살렘 성전을 어떻게 생각했는가 하는 점이 그리스도교 기원을 탐구하는 역사가에게 핵심 질문이 될 것이다(§§15.3; 17.3).

(Atlanta: Scholars, 1985) 1-18: '성전이 오랫동안 유대교의 통일성을 상징하였기 때문에 예루살렘은 또한 다른 장소와 달랐다. 나는 예루살렘의 성전과 같이 배타적인 성소를 가진 고대의 어떤 다른 신도 알지 못한다.…예루살렘은 그 모든 매력들과 함께 순례자들을 위한 장소가 되었는데, 그 대단함은 아테네나 로마와 견줄 바 못된다'(14).

144) Sanders, *Judaism* chs. 5-8 (47-145); 헹엘과 다이네스는 샌더스가 '성전과 그 제의, 그리고 오랫동안 등장한 제사장직을 가장 잘 제시한 듯한 작업을 수행한 데 축하를 건넨다'('Sanders' Judaism' 55).

145) 이는 샌더스가 뉴스너를 비판하는 한 가지 요지이다. 그러나 버메스(Vermes), 코헨(Cohen), 살다리니(Saldarini), 세갈(Segal), 스템베르거(Stemberger), 그라베(Grabbe) 등이 대표하는 의견의 대세는 계속적으로 뉴스너 쪽에 좀더 지지를 보낸다; 가령, Dunn, *Partings* 41-42과 위의 §9.3a를 보라.

b. 하나님

한 분 하나님과 형상으로 나타낼 수 없는 하나님에 대한 믿음은 분명 1세기 유대인에게 근본적인 것이었다. '쉐마'(Shema) 낭송은 아마 대부분 유대인들이 정기적으로 실행하였을 것이다(신 6.4, 7). 예수도 확실히 마가복음 12.28-31에서 그에게 돌려지는 전통에 비추어보면 놀랍도록 유사한 심정이었다. 하나님만 인정하고 어떤 형상도 만들지 말라는 두 개의 계명(출 20.3-6; 신 5.7-10)은 전형적인 1세기 유대인의 가슴과 지성 속에 분명히 불타올랐을 것이다.

이러한 점은 논쟁거리가 되지 않고 당연시될 수 있었던 터라, 그런 단순한 이유로 제2성전기 말엽 유대교의 표면에 거의 나타나지 않는다. 이는 어떤 믿음과 실천의 근본 성격이 그 믿음이 낳은 많은 양의 말과 글로 가늠할 수 없고, 근본 토대에 해당되는 것은 종종 숨겨져 시야에서 안 보일 수 있다는 점을 상기시켜주는 중요한 사례다. 그러나 유대교를 국외자에게 설명해준 자들은, 요세푸스가 그랬듯, '한 분 하나님'을 인정하는 것은 '모든 히브리인들에게 공통'(*Ant.* 5.112)이라고 지적할 필요가 있다는 것을 알게 되었다.[146] 우상 숭배에 대한 혐오도 모든 유대교에서 공통된 특징이었다.[147] 이 점에서 우리는, 1세기 이스라엘에서 빌라도가 우상 숭배로 여겨지는 군기를 예루살렘에 들여오려고 한 시도(*Ant.* 18.55-59)와 자기의 입상을 성전에 세우려 한 칼리굴라(Caligula)의 시도(*Ant.* 18.261-72)에 일반 백성들이 폭력적으로 반응한 것을 말한 요세푸스의 보고를 상기할 필요가 있다.[148]

여기서 다시, 예수와 이후 초기 그리스도인들이 이 유대교 신앙의 근본적인 확신을 어떻게 생각했는가 하는 논제가 그 유대교적 태반에서 그리스도교가 출현한 것을 우리가 이해하는 데 불가피하게 중요할 것이다(§§14.1-2).

---

146) 유사하게 *Ep. Arist.* 132; Philo, *Decal.* 65.
147) 사 44.9-20; 솔로몬의 지혜서 11-15장; 예레미야 서신; 시빌의 신탁 3.8-45; 고전 8-10장; 요일 5.1; *m. 'Abodah Zarah*. 이와 관련하여 신학적으로 합당한 사유는 요세푸스 *Ap.* 2.167이 잘 표현한다.
148) 추가 논의는 Sanders, *Judaism* 242-47; 또한 아래 §9.6a를 보라.

c. 선택

  동등하게 근본적인 것은 하나님이 이스라엘을 열방의 족속들 가운데 자기의 백성으로 특별히 택하셨다는 이스라엘의 자기 이해이다. 이러한 신념은 이미 포로기 이전에 신명기 7.6-8과 32.8-9 같은 구절에 나와 있었다. 그러나 그것은 포로기 이후 에스라(스 9-10장) 때부터 줄곧 자기 정의의 핵심 범주가 되었다. 그것은 마카베오 시대의 위기 가운데 헬레니즘의 혼합주의에 대한 저항 배후에서 이를 뒷받침하는 동기였으며, 다른 민족들(이방인들)과 구분되고 분리되는 정체성을 유지하려는 강박적인 욕구로 계속 표현되었다.[149] 그 태도는 희년서 15.30-32과 22.16에 극단적인 형태로 표현된다. 그러나 이는 정결에 대한 일상적 선입견의 배후에 자리하고 있다. 그러한 관심은 앞서 검토한 대부분의 유대교들 가운데 매우 현저하게 나타날 뿐 아니라, 발굴된 수많은 제의 욕조(*miqwaoth*)의 고고학적 증거들로도 입증된다.[150] 그리고 그것은, 레위기 20.24-26과 사도행전 10.10-16, 28이 상기시켜주듯, 식탁에서 정결하고 부정한 것에 대한 엄격한 율법을 유지하는 것과 밀접히 연관되어 있다. 제2성전기 내에 바리새인들('분리된 자들')과 에세네파 사람들의 분리는 ([다른] 족속들과 분리된) 이스라엘의 선택

---

149) 민 23.9에서 발람의 예언이 유대인의 자기 이해를 위해 특히 의미심장했다. '스스로 열방 족속들 가운데 하나로 포함시키지 않는, 홀로 거주하는 백성.' '배타주의는 유대교의 본질적인 부분이었다'(Sanders, *Judaism* 266).

150) Sanders, *Jewish Law* 214-27을 보라. R. Reich, 'Ritual Baths', *OEANE* 4.430-1. 로마 시대 이후 300건이 넘는 제의 욕조의 사례가 유대, 갈릴리, 골란 등지에서 발굴되었다(예컨대, Crossan and Reed, *Excavating Jesus* 168-70을 보라). 계단이 있는 모든 물웅덩이들이 제의용 욕조(*miqwaoth*)와 동일한 것이었는지에 대해서는 약간의 논쟁이 있다(H. Eshel, 'A Note on "Miqvaot" at Sepphoris', in D. R. Edwards and C. T. McCollough, eds., Archaeology and the Galilee [University of South Florida; Atlanta: Scholars, 1997] 131-33; B. G. Wright, 'Jewish Ritual Baths—Interpreting the Digs and the Texts: Some Issues in the Social History of Second Temple Judaism', in N. A. Silberman and D. Small eds., The Archaeology of Israel: Constructing the Past, Interpreting the Present [JSOTS 237; Sheffield: JSOT, 1997] 190-214 [나는 후자의 참고 자료에 대해 콜리(Kathleen Corley)에게 감사한다]). 그러나 미쉬나의 관행이 이미 표준이었다고만 하면 반대 의견들도 타당하다. 물론 이는 대번에 가정될 수 없는 것이지만, *tebul yom*(부정함을 줄이기 위해 일몰 전에 침수하는 것)의 관행은 이때까지 이미 제정되었던 것 같다. 이러한 사실은 4QMMT B15와 4Q514에 함축적으로 암시되어 있다. 이는 또한 제의 목욕용으로 좀더 큰 필요가 있었음을 암시하는 듯하다(Kazen, *Jesus and Purity Halakah* 76-81). 갈릴리에 제의 목욕이 있었다는 것은, 성전 참여를 즉각 염두에 두지 않았을 때조차 정결을 유지하려는 관심이 있었음을 입증하는데, 이는 거의 논박되지 않는다. 또한 나의 논문 'Jesus and Purity: An Ongoing Debate', *NTS* 48 (2002) 449-67 (§1c).

개념의 핵심에 가까운 신념을 과장되게 표현한 것에 다름 아니다. 토대가 되는 그 기둥은 이와 같이 다른 것들과 긴밀히 연관되어 있었는데, 그것은 이방인의 우상 숭배로 인한 오염의 두려움 가운데, 그리고 이스라엘(땅과 사람들)의 거룩함이 성전의 거룩함에 의존해 있다는 신념 가운데 표현되었기 때문이다(여기서 이방인들이 성전 지역에서 이방인들의 뜰을 넘어가지 못하게 하는 금지 조항이 생겼다).[151]

이미 앞서 지적한 대로, '유대교'는 더 넓은 세상의 부패한 영향들에 대한 반대로서 정의된 종족적·종교적 정체성의 표현으로 생성되었다. 그리하여 바로 그 용어는 의심과 배타를 장려한 이스라엘의 선택에 대한 이해를 표현한다고 말할 수 있다. 이는 앞서 검토된 수많은 유대교들의 종파적인 경향 가운데 표면으로 돌출한 태도이다. 이스라엘을 구분하는 기준인 '의'에 대한 정의와 실천이 더 철저하면 할수록, 자신을 다른 자들과 더 동떨어지게 하고 그 다른 자들을 정죄하도록 더 많은 '의로운 자들'이 요구된다. 그 다른 자의 범위에는 의를 명예롭게 여기거나 지키지 못한 다른 유대인들이 가볍지 않은 비중으로 포함된다.[152] 하지만 아이러니하게도 더 포괄적인 것으로 판명되는 것은 '이스라엘'이라는 내부자 용어이다. '유대교'와 달리 그것은 대립적 용어로 시작된 것이 아니고, 분명 인종이나 지위가 아니라 선택적인 은총에 의해서만 정의되며(신 7.6-8), 땅 끝까지 구원을 가져오는 과제를 포함한다(사 49.6). 나중에 보겠지만, 이것은 바울이 자신을 '이스라엘 사람'으로 보고, 비록 많은 성공은 없었지만 자신의 선교를 이스라엘 선교의 연장선상에서 일관되게 이해하고자 한 지점이었다(롬 9-11장).

d. 토라

마지막으로 이스라엘에게 하나님, 성전, 선택만큼 근본적인 토라(모세

---

151) 예컨대, 나의 *Partings* 38-42을 보라.
152) 그러나 다시 §9.4의 후반부를 보라.

의 다섯 책, 모세오경)를 언급해야 한다. 성전과 제의의 중요성을 정당화하고 설명한 것도 토라였고, 랍비 유대교가 성전과 제사장의 종교에서 두 번의 유대인 봉기의 참화 이후 세기에 토라와 랍비의 종교로 스스로를 변혁할 수 있었을 때 더욱 기초적이고 지속적인 가치로 판명된 것도 토라였다. 이스라엘에게 한 분 하나님의 호의와 선택의 표시로 주어졌던 것도 토라였는데, 이는 이스라엘에게 하나님의 백성으로 어떻게 살아야 할지 보여주기 위해 이스라엘과 함께 맺은 언약의 필수적 부분이었다(신명기). 그 중요성은 보편적인 신적 지혜가 이제 그 안에 구현되었다는 주장 가운데 고전적으로 표현되었다.[153] 또한 정결법 조항의 유지를 고수함으로써 이스라엘을 다른 민족들과 분리하는 경계와 방어벽으로 작용한 것도 토라였다.[154] 토라가 학교 교재인 동시에 그 땅의 율법이 되었기 때문에, 우리는 통속적 유대교 내에 상당한 수준의 존중과 그 주요 규례에 대한 준수를 생각할 수 있다.[155] 어쨌든, 토라를 종교적인 문헌으로만 외곬으로 생각하지 말고 여기서 종교적·민족적 실체로서 이스라엘의 상호 연동된 본성을 인식하는 것이 중요하다. 물론 토라는 '성서'(the Scriptures)라는 후대의 더 넓은 개념의 일부로서,[156] 성서는 '율법과 예언서'[157] 또는 '율법과 예언서와 성문서' (Tanak)로[158] 구성되어 있다. 요세푸스는 22권의 거룩한 성서를 언급한다 (*Ap.* 1.37-43). 그러나 토라는 의심 없이 규범적인 요소로 간주되었고 그 나머지는 그것에 대한 주석서 격이었다.

---

153) 집회서 24.23; 바룩 3.36-4.4.
154) 예컨대, 레 20.24-26; 단 1.8-16; *Ep. Arist.* 139, 142. 또한 위의 각주 97과 추가로 Dunn, *Partings* 23-31을 보라.
155) 성전과 이에 연관된 특징들을 다루고 나서 샌더스는 두 장을 '하나님의 율법 지키기'란 주제에 할애한다(*Judaism* 190-240).
156) 이 용어는 예수가 처음 사용한 것으로 알려져 있다: 막 12.10 평행구; 12.24 평행구; 14.49 평행구; 마 26.54; 눅 4.21.
157) 마 11.13/눅 16.16; 마 5.17-18; 7.12; 22.40; 요 1.45.
158) 눅 24.44. 성서를 구성하는 세 부류의 수집물은, 비록 세 번째 요소(성문서)는 아직 한계가 정해져 있지 않았지만, 벤 시라의 서언과 4QMMT C10, 다윗을 영감 받은 권위적인 저자로 언급한 데서(막 2.25 평행구와 12.36 평행구) 보듯이, 이미 예수 시대에 잘 확립되어 있었다. 관련 논의는, 가령 R. T. Beckwith, 'Formation of the Hebrew Bible', in M. J. Mulder, ed., *Mikra* (CRINT II.1: Assen: Van Gorcum, 1988) 39-86; 예수 당시에 유통된 성서 텍스트에 대해서는 M. J. Mulder, 'The Transmission of the Biblical Text', *Mikra* 88-104.

일상생활에서 하나님의 백성이 되는 것이 무엇을 의미하는지를 결정하는 데 토라가 차지한 중심의 위치로 인하여, 토라에 대한 헌신은 유대교 분파들 내에서 한 특징이 될 수밖에 없었다. 다시 말하거니와, 상이한 집단들이 그 중요성을 논박해서가 아니라, 그 반대의 이유로 그런 헌신적인 열의가 나타난 것이다. 그것은 토라가 이스라엘을 위해 명기한 의무들을 가능한 한 온전히 충족시키고자 한 욕구였는데, 그 결과 실제로 토라가 무엇을 의미하는지에 대한 경쟁적인 논쟁을 낳았다(갈 1.14을 참조). 그들이 '언약적 율법주의'의 원리에 따라 살아야 한다는 것은 모두 동의할 것이다.[159] 그러나 자기들만은 그렇게 살고 있다는 각 집단의 주장은 그와 함께 다른 자들은 그렇게 살고 있지 않다는 사실상의 부인을 수반했다. 그러한 논쟁들은 모두 유대교 내에서 이루어졌기 때문에 그 가운데 할례는 어떤 역할도 이행하지 못했다. 그리스도인들의 이방인 선교가 우리에게 상기시켜주듯이, 할례는 추후 유대인과 이방인 사이에 일종의 경계 표지로 작용하게 되었다. 그러나 절기를 계산하는 것과 (성전 정결을 포함하여) 정결 유지의 올바른 방식, 음식 규례, 안식일 조항 등의 다른 논제들은 분명히 갈등의 인화점이자 차별과 분열을 야기하는 되느냐 안 되느냐 식의 쟁점들이었다.[160] 여기서 다시 우리는, '죄인들'이란 독설적 별칭을 종종 사용하는 데서 암시되듯(§9.4), 이러한 논쟁들의 심각함을 상기해야 한다. 왜냐하면 죄인은 토라의 규정들을 깨거나 무시한 자로 즉각 규정되었기 때문이다. 그러한 논쟁에서 한 집단이 토라에서 그 나름의 자기 확신을 발견하고자 한 욕구는 토라를 한 집단이 다른 집단을 정죄하는 도구로 만드는 불가피한 결과를

---

159) 율법에 대한 순종을 암시하기 위해 샌더스가 작명하고 사용한 이 용어로 여기서 율법에 대한 순종은 대개 언약 속에 주어진 하나님의 은혜에 대한 적절하고 (필요한) 반응으로 이해된다(*Judaism* 262-78). '언약적 율법주의'(covenantal nomism)는 신약학계에서 1970년대까지 편만한 유대적 '율법주의'(legalism)라는 옛 견해에 대한 샌더스의 대안(과 거부)이다. 이 용어에는 중요한 몇 가지 부대조건이 요구됨에도 불구하고(특히 F. Avemarie, *Torah und Leben: Untersuchungen zur Heilsbedeutung der Tora in der frühen rabbinischer Literatur* [Tübingen: Mohr Siebeck, 1996]를 보라), 언약-은총과 율법이 요구하는 순종 사이에 그 구절이 이룩한 기본적 균형은 여전히 건전하다. 추가로 향후 제2권을 보라.

160) 예컨대, 에녹1서 82.4-7; 1QS 10.1-8; 4QpHos 2.14-17; 솔로몬시편 8.12, 22; 모세 유언서 7.10; 마카베오상 1.62-63; 갈 2.11-14; 희년서 50.6-13; CD 10-11; 막 2.23-3.5.

가져왔다.

이 점에서도, 유대교와 이스라엘의 구분을 추가로 살펴보는 것이 중요할지 모른다. '유대교'라는 용어에 그 민족적·반이방적 성격을 부여한 것은 토라와 함께 할례와 음식 규례 같은 독특한 점에 대한 지나친 강조였다고 주장할 수 있기 때문이다. 이스라엘을 '유대교'로 변혁시킨(이렇게까지 말할 수 있을 테다) 것은 다른 민족들에게서 이스라엘을 분리시키는 기능 가운데 눈에 띄게 강조되는 토라였다. 토라 자체가 아니라 유대인을 이방인과의 차이로써 정의한 것으로 이해된 토라였다. 이것이 예수의 선교에 한 요소로 자리 잡고 있었는지는 매우 불명확하다. 그러나 그것은 바울이 자신의 회심과 사도적 선교의 소명감에 비추어 재구성한 그의 신앙 가운데는 분명 한 가지 요소가 되었다. 여기서 다시 예수와 태동기 그리스도교 양쪽 모두에 역사적 맥락을 올바로 설정하는 것은, 확실히 예수가 어떻게/왜 그런 식으로 기억되었는지, 어떻게/왜 그리스도교가 그런 식으로 발전했는지 더 잘 파악할 수 있도록 우리를 도와줄 것이다.

9.6 갈릴리 유대교

예수 선교의 성격과 영향에 대한 조명을 목표로 하는 연구에서 당시 '유대교'의 분석은 그 선교의 가장 직접적인 역사적 맥락을 해명하기에 불충분할 수 있다. 이미 지적한 대로, '유대교'는 먼저 유대에 살았던 사람들의 민족 종교로 등장하고, '유대인들'은 무엇보다 '유대 지역 사람들'이었기 때문이다. 그러나 예수는 갈릴리 사람으로 기억되고,[161] 그의 선교 대부분이 갈릴리에 집중되어 있었다는 사실을 아무도 논박하지 않는다.[162] 그런데 갈릴리는 유대가 아니다. 이는 갈릴리 사람들이 또한 유대교의 일부

---

161)　막 1.9; 마 2.22; 21.11; 26.69; 27.55; 눅 2.39; 23.6; 요 7.41, 52.
162)　예컨대, 막 1.14, 16, 28, 39; 3.7; 눅 4.14, 31; 23.5, 49, 55; 행 10.37.

가 아니었고, 예수를 '유대인'이라 부르는 것이 실제로 옳지 않음을 의미하는가? 그 문제는 잠재적으로 광범위한 함의를 가지고 있으며 피해갈 수 없다. 그 논제에는 두 가지 측면이 있다. 갈릴리는 '유대적'이었는가? 갈릴리는 '헬라화'되었는가?

a. 갈릴리는 유대적이었는가?

그 첫 번째 논점은 초기 유대교의 역사 기록에 비추어 아주 날카롭게 제기될 수 있다. 북 왕국(이스라엘)의 일부로서 갈릴리는 솔로몬의 죽음(주전 922년)에 이은 다윗 왕국의 분할 이래로 유대에서 분리되어 있었다. 앗시리아(=앗수르)인들에게 최후로 괴멸되었을 때(722 또는 721년) '이스라엘인들'은 앗시리아로 옮겨졌으니(왕하 17.6), 곧 '그들의 땅에서 앗시리아로 이 날까지 추방되었고'(17.23) '사마리아 도시들은' 메소포타미아 출신 정주민들로 대체되었다(17.24). 마카베오상에 의하면, 대략 주전 152년 사마리아와 갈릴리가 유대로 병합된(제공된?) 것은 시리아 제국의 쇠퇴를 결정지은 피비린내 나는 전쟁의 과정에서였다(마카베오상 10.30).[163] 그러나 그것은 아리스토불루스 1세(주전 104-103년) 치하에서 하스몬 왕가가 그 지역을 충분히 제압하기 거의 50년 전의 일이었다. 이 강제적인 확장에 대한 요세푸스의 서술은 주목할 만하다. 아리스토불루스는 '그 주민들이 그 영토에 남길 원하면 할례를 받아 유대인들/유대 지역민의 율법에 따라 살아야 한다고 강요하였다'(*Ant* 13.318).[164] 이후 헤롯 대왕의 사망에 즈음하여, 예루살렘의 직할 통치가 채 100년이 못되어 헤롯의 왕국은 나뉘어졌다. 그 결과 갈릴리는 페레아와 함께 헤롯 안티파스(주전 4-주후 39년)에게 주어졌고 유대 땅은 곧 황제의 직할 통치 아래 떨어졌다(6-41년). 그렇다면 명백한 질문이 제기된다.

---

163) Schürer, *History* 1.141과 각주 9. 이전의 군사 행동에서 유다 마카베오의 아우 시몬은 '갈릴리의 유대인들/유대 지역민들'을 구해 유대로 그들을 데려왔다(마카베오상 5.23); '초기 마카베오 일가는 그 지역을 결코 유대화하려 하지 않았고 반대로 그들의 유대인 인구를 퇴각시켰다'(Schürer, *History* 1.142).
164) Schürer, *History* 1.217-18.

예수는 오로지 피상적으로 '유대화된' 갈릴리에서 자랐는가?

갈릴리에 대한 영어로 된 최초의 철저한 연구에서 션 프레인(Sean Freyne)은, 위의 자료에도 불구하고 갈릴리 사람들은 강한 유대적 정체성을 보유하고 있었다고 강하게 주장했다.[165] 프톨레마이오스(이집트)와 셀레우코스(수리아)의 지배 아래, 사마리아의 행정 구역('eparchy')은 갈릴리와 유대를 포함하고 있었다.[166] 요세푸스는 '모든 (유대의) 민족 구성원들이 그들 조상의 율법에 따라 다스려질 것'(*Ant.* 12.142)이라는 셀레우코스 왕 안티오코스 3세의 칙령을 보고한다. 프레인은 이 칙령의 시행 대상에 갈릴리도 포함되었으리라 생각한다.[167] 결과적으로 하스몬 왕조 아래 갈릴리는 별도로 '유대화'할 필요가 없었다.[168] 오히려 '갈릴리의 유대교는 이제 늘 그것의 문화적·종교적 중심지였던 곳과 정치적으로 다시 연합되었다.' '예루살렘의 성전은 계속해서 그들에게 강력한 매력을 발휘하였다.'[169] 하지만, 호슬리(Richard Horsley)는 갈릴리가 문화적으로 연합된 '통속적 유대교'로 통합되지 않았다고 반론을 편다.[170] 도리어 우리는 갈릴리 소작농들과 외지에서 들어온 귀족들, 즉 처음에는 하스몬 왕조의 '유대 지역민들'이었고 나중에는 헤롯이 임명한 헬라화된 자들 사이의 문화적 경계선을 인식해야 한다.[171] 그 연속성은 무엇보다 북 왕국 시대로 거슬러 올라가는 이스라엘 고

---

165) S. Freyne, *Galilee from Alexander the Great to Hadrian, 323 BCE to 135 CE: A Study of Second Temple Judaism* (Wilmington: Glazier, 1980). 프레인은 특히 더 보완된 고고학적 증거에 비추어 자신의 견해를 일관되게 새롭게 했다. 그의 논문집 *Galilee and Gospel* (WUNT 125; Tübingen: Mohr Siebeck, 2000), 특히 'Archaeology and the Historical Jesus'(160–82)와 'Jesus and the Urban Culture of Galilee'(183–207)를 보라. 또한 'The Geography, Politics, and Economics of Galilee and the Quest for the Historical Jesus', in Chilton and Evans, eds., *Studying the Historical Jesus* 75–121; 또한 'The Geography of Restoration: Galilee–Jerusalem in Early Jewish and Christian Experience', *NTS* 47 (2001) 289–311.

166) Freyne, *Galilee* 33–35.

167) Freyne, *Galilee* 35–36.

168) 아리스토불루스가 물려받아 취한 지역은 이투레아(Iturea)로 기술되는데, 프레인은 이투레아 지역이 갈릴리 아래 지역의 어떤 부분을 포함했다는 쉬러의 결론에 의문을 표한다(*Galilee* 43–44).

169) Freyne, *Galilee* 392–93 (그의 결론에서 인용함).

170) Horsley, *Galilee*. 위의 논지(§§ 9.1–2)에 비추어 우리는 '유대교'가 프레인이 생각하는 것처럼 그렇게 포용적인 용어가 아직 아니었다는 점을 또한 주목해야 한다. 프레인처럼 호슬리는, 비록 자신의 기본적인 입장은 대체로 변하지 않은 상태로 고수하고 있지만, 더욱 늘어난 고고학적 자료에 비추어—특히, *Archaeology, History and Society in Galilee*—자신의 견해를 새롭게 하였다.

171) 호슬리는 '유대 지역민들의 율법에 따라' 살기 위한 요구 조건이 '예루살렘에 근거한 하스몬 왕조의 대제사장직에 대한 정치적·경제적·종교적 복속을 의미했다'고 주장한다. 유사하게 (재)할례는 '몸의 정치'에 가담한 징표였다. 그러나 갈릴리 사람들은 그로써 '유대의 종족에 통합되지' 않

대 전통의 차원에 있었다.[172]

그러나 최근의 고고학적 발견들은 토론의 지형을 바꾸어 문서 자료와 연계시킬 때 해당 쟁점을 꽤 결론적으로 해소시키는 것 같다.[173] 갈릴리 유적 현장의 정착 패턴에 대한 연구는 두 가지 현저한 특색을 드러낸다. 첫째, 그 자료는 거의 완전히 그 지역을 포기한 흔적을 암시한다. 그도 그럴 것이 '주전 733/732년 앗시리아의 군사 원정이 스쳐간 흔적과 함께 그 이후 갈릴리가 완전히 황폐하고 인구가 줄어든 모습'을 보여주기 때문이다.[174] 둘째, 주전 2세기 말 전후에 관련 자료가 갑자기 늘어남에 따라(건축, 도자기, 하스몬 시대의 동전들) 하스몬 가문의 정복이 스쳐간 뒤 그 결과 새로운 정착민이 급격히 증가한 사실을 확인하게 되었는데, 이는 또한 갈릴리와 예루살렘 사이의 경제적·정치적 결속을 입증한다.[175] 이 모든 자료는 하스몬 귀족들이 주제넘게 나서서 계속 늘어나는 이스라엘 인구 위에 군림했다는 호슬리의 발상을 논박하며, 유대인의 정착이 인구가 줄어든 영토에 두루 퍼지면서 불규칙적으로 이루어졌음을 명백히 보여준다.

여기에 리드(Jonathan Reed)가 유대인의 종교적 정체성을 가리키는 네 가지 지표로 보는 것을 첨가해야 한다. 제의적 정결에 대한 관심을 입증하는 돌그릇(활석이나 부드러운 석회석),[176] 회반죽으로 바르고 계단이 있는 물웅

앗다(Galilee 46-52). 프레인과 호슬리가 동의하지 않는 부분은 요세푸스 기록 속의 '유다이오이'(Ioudaioi)에 대한 정확한 번역이 '유대인들'(Freyne)인지, 또는 '유대 지역민'(Horsley)인지 아직 해결되지 않은 문제로 집약된다.

172) 호슬리는 여기서 A. Alt, 'Zur Geschichte der Grenze zwischen Judäa und Samaria'와 'Galiläische Probleme', in *Kleine Schriften zur Geschichte des Volkes Israel II* (Munich: Beck, 1959) 346-62, 363-435의 예전 주장들을 발전시킨다.

173) 나는 특히 Reed, 'The Identity of the Galileans: Ethnic and Religious Considerations', in *Archaeology and the Galilean Jesus* 23-61을 인용하고 있다. M. Goodman, 'Galilean Judaism and Judaean Judaism', in Horbury, et al., eds., *Judaism* 3.596-617의 논의는 이미 시대에 좀 쳐진다.

174) Reed, *Archaeology* 28-35 (여기서는 29); '갈릴리의 중심부에…발굴된 모든 개별 현장은…8세기 말에 파괴되거나 버려져 있었다'(31); '주전 733/32 이후 세기에 토착 인구가 정착한 고고학적 증거는 없다'(33). 리드는 다음과 같이 결론을 내린다: '알트의 입장과 이에 대한 호슬리의 복원은 폐기되어야 한다'(34). 유사하게 Freyne, 'Archaeology' 177-81도 알트에 대한 자신의 이전 지지 입장을 폐기했다('Town and Country Once More: The Case of Roman Galilee', *Galilee and Gospel* 59-72 [여기서는 67-68]; 또한 'Galilee', *OEANE* 2.371-72).

175) Reed, *Archaeology* 39-43. 리드는 또한 (하스몬 왕조에서) 유대와 갈릴리 사이의 이방인 지역과 갈릴리의 변방을 파괴한 점을 주목한다(42-43). 그 증거는 또한 갈릴리 사람들이 회심한 이투레아(Iturea) 사람들이었다(Reed 34-39; 위의 각주 168)는 쉬러의 가설('Archaeology' 177-79)에 대한 프레인의 거부가 옳은 것임을 확인시켜준다. 다시 Freyne, 'Galilee', *OEANE* 2.372-73.

176) 미쉬나에 의하면, 돌그릇은 제의적 부정에 손상되지 않는다(*m. Kelim* 10.1; *Ohol.* 5.5; *Para* 5.5).

덩이, 즉 유대인의 제의용 욕조(miqwaoth), 유대인들의 내세에 대한 견해를 반영하는 매장 관습,[177] 유대인 음식 규례에 대한 순응을 나타내는 돼지뼈가 배제된 뼈의 현황. 그러한 발견 내용은 갈릴리 일대에 두루 확인되는 데 비해, 갈릴리와 골란 바깥의 발굴 현장에서는 좀처럼 탐지되지 않는다.[178] 그러한 발견에 비추어 우리는 제2성전기 후반에 갈릴리의 **유대인** 인구를 특징적으로 언급하는 것 이외에 어떤 다른 가능성을 떠올리기 어렵다.

그 고고학적 증거는 문학적 자료로도 확인된다. 예루살렘 성전을 향한 갈릴리의 관심은 아주 잘 입증된다. (예수의 성인 시절 생애와 겹치는) 헤롯 안티파스의 치세기 동안, 비록 실제로는 태만하기는 하였지만 갈릴리 사람들은 제사장과 성전을 위해 십일조 납부와 다른 의무를 이행할 것으로 기대되었다.[179] 마가복음 1.44과 그 평행구에 의하면, 갈릴리에는 당시 제사장 몫의 십일조 혜택을 받을 것으로 기대할 만한 제사장들이 있었다. 갈릴리 사람들의 참여는 또한 대규모 순례가 발생하는 예루살렘의 절기 축제에서도 입증된다.[180] 헤롯 대왕의 죽음에 이어 요세푸스는 갈릴리와 다른 곳에서 '오순절에 예루살렘으로 몰려든' '수많은 군중'을 언급한다(War. 2.43; Ant. 17.254). 이후 그는 '갈릴리 사람들이 축제 때에 거룩한 도시로 가는 도중 사마리아 지역을 통과하는 관행'을 주목한다(Ant. 20.118; War. 2.232). 또한 순례 축제에 어떤 갈릴리 사람들이 참여하는 전통은 누가복음 2.41-43과 요한복음 7.10에도 반영되어 있는데, 이는 견실한 근거가 있어 보인다. 게다가 갈릴리 사람들의 피를 희생제물과 섞은 빌라도에 대한 언급(눅 13.1)은 적어도 어떤 갈릴리 사람들이 성전 제의에 참여했음을 암시한다. 마가복음 7.11과 마태복음 5.23-24에 의하면 예수도 그의 청중들에게 유사한 형태의 참여를 전제했다.

토라에 대한 갈릴리 사람들의 충실성으로 말하자면, 우리는 여기서

---

177) 납골함을 이른바 "코킴"(kokhim) 또는 수평적으로 갱도가 난 지하 가족묘 작은 방에 안치하는 것은 제2성전기 말에 두드러지게 유대인다운 현상이었다'(Reed, *Archaeology* 47).
178) Reed, *Archaeology* 43-52.
179) Freyne, *Galilee* 281-87, 294; Horsley, *Galilee* 142-44.
180) Freyne, *Galilee* 287-93; Horsley, *Galilee* 144-47.

토라를 예수가 알고 사용한 것으로 미루어 추측건대 토라의 학교 교육이 갈릴리에서 이루어졌음을 주목할 필요가 있다. 예수와 관련된 일부 논제들은 토라와 토라 해석의 문제였는데(안식일, 정결법, 성전 예물, 금식을 포함하여),[181] 이는 율법에 관한 유사한 폭의 관심사를 의미한다. 마가복음 1.44과 그 평행구로 입증되거니와, 지방의 제사장들은 율법을 관장할 책임이 있었을 터이다. 복음서 기록의 증거를 넘어, '그 땅의 사람들'에 대한 후대 랍비들의 경멸에 반하여, 우리는 엘르아잘(Eleazar)이 '갈릴리 출신으로 선조들의 율법과 관련하여 극단적인 엄격함(akribēs)으로 명성이 자자했다'는 요세푸스의 이야기를 주목해야 한다(Ant. 20.43-44). 아울러, 예루살렘 성전에 자신의 입상을 세우라는 칼리굴라의 명령으로 야기된 놀라운 에피소드(주후 39-40년) 역시 확실히 상기해야 한다. 로마 총독 페트로니우스(Petronius) 앞에서 '우리는 우리 율법을 위반하느니 당장 죽을 것이다'(Ant. 18.271-72)라고 선언하면서 저항한 군중 시위의 경우,[182] 유대에서 그랬던 것처럼 티베리아스의 갈릴리 소작농들 가운데도 맹렬한 반응으로 분명히 도화선을 제공하였다. 성전, 유일신론, 토라(십계명 가운데 두 번째)라는 기둥들은 명백히 유대 땅에서만큼 갈릴리에서도 깊이 각인되어 있었다.

이 모든 것은 갈릴리 사람들이 영락없이 '유대인들'로 기술될 수 있다는 것을 뜻하는가? 1세기 갈릴리 사람들이 한 세기 이전에 거기에 정착한 유대 지역민의 후손들이었다는 함의는 이 질문에 분명히 긍정적인 답을 제시한다. 동시에 우리는 해당 용어의 양가적인 정도를 상기할 필요가 있다(§9.2). '유다이오스'(Ioudaios)의 의미가 하스몬 왕조 시대에 (종족 지리적인 의미의) '유대 지역민'에서 (종교적인 의미의) '유대인'으로 바뀌었다는 코헨(Shaye Cohen)의 제안(위의 각주 28)은 갈릴리의 유대적 성격과 관련된 고고학적 증거와 서로 합치된다. 또한 그는 또한 요세푸스가 기꺼이 '유대'를 갈릴리를

---

181) 아래 §14.4를 보라.
182) 요세푸스는 그 저항 군중이 '씨를 뿌려야 할 농번기였음에도 불구하고 그들의 밭일을 소홀히 했다'고 지적한다. 호슬리는 이것이 아마도 갈릴리에서 발생한 '소작농 파업'을 가리킨 것이라는 주장에 동의한다(Galilee 71).

포함하는 이스라엘 땅 전체의 이름으로 간주하는 점을 주목한다.[183] 요세푸스가 다른 구절들에서는 '갈릴리 사람들'(Galilaioi)을 '유대인들'(Ioudaioi)과 구분하는 것 같지만,[184] 갈릴리 사람들을 '유대인들'(Ioudaioi)로 부르는 다양한 경우들[185] 역시 주목된다. 이전에 숙고한 것이 표적이 되어 '유대인/유대 지역민'이 어느 국외자가 명명한 것으로 치부된다면, 그 용어의 실제 사용은 다른 사람들이 그들을 어떻게 보았느냐에 따라 달라지고 자기 정체성의 문제와는 거리가 멀어질 것이다. 그렇다면 아마도 갈릴리를 유대의 일부로 거명하는 것은, 전체를 대표하는 국가의 지배적인 요소와 연관된 관점의 문제였을 것이다.[186] 아이러니하게도, 다소 유사한 방식으로, '이스라엘'은 분할된 남북 왕국 시대에 북 왕국에 적용될 수 있었지만 유대인의 자기 정체성을 나타내는 너무 소중한 표현이라서 조상들의 유산에 속해 있다고 주장한 사람들이 모두 다 사용하고자 했다.[187]

요컨대, 우리는 나사렛 예수를 포함하여 갈릴리 사람들을 일반적으로 '유대인들'로 부르는 것을 꺼려해서는 안 된다. 설사 그러한 별칭의 타당성과 파생적 함의가 화끈하게 가려지지 않더라도 그 용어 자체의 함의, 즉 갈릴리 사람들이 일반적으로 '통속적 유대교'를 실천하는 자들이었다는 그 함의는—특정한 사례에서 어떤 부대조건이 요청되든지 간에—허용되어야 한다.

---

183) 유사하게 누가는 갈릴리를 생각하고 있는 것 같은 대목에서(눅 4.44) '유대'라는 말을 사용하는데, 그는 분명 갈릴리를 포함하는 개념으로 유대를 생각하는 것 같다(눅 23.5; 행 10.37). 누가복음에서 예수는 17.11까지 갈릴리를 떠나지 않고, 18.35-19.10까지 정식으로 유대로 들어가지 않는다.

184) *Ant.* 20.120; *Life* 346, 349.

185) 특히 *War* 2.232; 3.229; *Ant.* 13.154; 20.43; *Life* 113. 코헨은 또한 디아스포라 '유대인들'(Ioudaioi)이 계속 유대의 시민들로 간주되었다는 점을 주시한다(*Beginnings of Jewishness* 72-76).

186) 우리는 '홀랜드'를 네덜란드에 사용하고, 가령, 우크라이나를 포함하는 더 넓은 영토에 대해 '러시아'를 사용하고, 영국(UK) 전체를 가리키는 말로 '잉글랜드'를 사용하는 것과 비교할 수 있다. 코헨은 '유다이오이'를 (갈릴리 사람들을 포함하여) '광범위하게 정의된' 개념과 (유대 땅에 사는 이란) '협의로 정의된' 개념으로 구분하여 언급한다(*Beginnings of Jewishness* 73).

187) '이스라엘은 종교적인 강조 없이 수용된 명칭으로 세속적인 맥락에서 사용될 때조차 하나님의 선민이라는 종교적인 권리 주장을 암시한다'(Kuhn, 'Israel' 362, 그 예들과 함께). Zeitlin, *Jews* 10은 (남 왕국) 유다의 예언자들이 유다의 하나님이란 이름을 쓰지 않고 항상 이스라엘의 하나님이란 이름으로 그들의 메시지를 전했다는 점을 주목한다.

b. 갈릴리는 얼마나 헬라화되었던가?

이는 분명히 같은 동전의 다른 쪽과 같은 문제이다. 이 질문은 처음 질문을 제기할 때 주목한 같은 자료에서 제기된다. 그 대표적인 자료는 고대 갈릴리를 '열방/이방인들의 갈릴리'로 묘사한 데서 압축적으로 제시된다.[188] 이와 같은 묘사와 갈릴리 혼합주의에 대한 추론에 비추어 그룬트만 (Walter Grundmann)은 악명 높게도 다음과 같이 주장할 정도였다. '갈릴리는 이방 지역이었고' '예수는 유대인이 아니었다.'[189] 예수와 관련된 이 논제는 갈릴리 아래 지역의 두 도시 세포리스와 티베리아스의 존재로 인해 강화된다. 이 두 도시는 예수의 살아생전 행정 중심지로 헤롯 안티파스가 (재)개발하였다. 데가볼리와 지중해 연안의 헬레니즘식 모형을 따라 이 갈릴리의 도시들도 그 성격과 문화에서 '헬레니즘 계통'이었다고 주장할 수 있다.[190] 덧붙여 즉각 추론할 수 있는 것은 세포리스가 지역의 마을 주민들에게 무역과 사교적 행락으로 매력을 주었으리라는 점과[191] 나사렛에서 도보로 불과 2시간 거리(5킬로미터) 떨어진 세포리스를 젊은 예수가 그 극장을 건축하는 데 젊은 목수로서 일조하기 위해 (정기적으로?) 방문했으리라는 점이다.[192] 세포리스는 또한 티베리아스에서 해안을 따라 프톨레마이스에 이르는 무역로 위의 자연스런 정거장이었다. 따라서 이 도시가 젊은 갈릴리 사람에게 보다 광범위한 영향을 주었을 잠재력을 충분히 상상해볼 수 있

---

188) 사 9.1; 마카베오상 5.15; 마 4.15.
189) W. Grundmann, *Jesus der Galiläer und das Judentum* (Leipzig: Wigand, 1941) 166–75.
190) '갈릴리는…로마 시대의 전야에 헬레니즘 문화의 약호였다'; '갈릴리에 편만한 것으로 알려진 헬레니즘의 에토스'(Mack, *Myth* 66, 73–74); '편만한 헬레니즘의 환경'('Q and Cynic-Like Jesus', 26 각주 9); '반이교적인 갈릴리는…종족적으로 순수한 남쪽 거주의 유대 지역민들에게 멸시를 받아' '대체로 이교적인 환경'(Funk, *Honest to Jesus* 33, 189).
191) '그 주변 지역 사람들이 또한 극장에 구경 가거나 그들의 세공품을 행상으로 파는 경우 세포리스로 몰려들었을 것이다'(E. M. Meyers, 'Roman Sepphoris in Light of New Archeological Evidence and Recent Research', in L. I. Levine, ed., *The Galilee in Late Antiquity* [New York: Jewish Theological Seminary of America, 1992] 321–38 [여기서는 333]).
192) R. A. Batey, *Jesus and the Forgotten City: New Light on Sepphoris and the Urban World of Jesus* (Grand Rapids: Baker, 1991): '젊은 예수가 이웃하는 세포리스 시로 고용을 구하러 다녔으리라 그려보기 위해서 과도한 상상력의 탈주가 필요하지 않다'(70); '그가 자신의 사역을 행한 무대는 세계적이고 복잡했으며, 도시 생활에 대한 그의 이해는 이전에 상상한 것보다 훨씬 더 경우에 맞았을 것이다'(103).

다.[193] 지난 10여 년간 종종 덧붙여진 마지막 전제는, 견유철학의 태도와 원리가 분명 세포리스를 포함하여[194] 그러한 도시화한 문화에 친숙했고,[195] 특히 예수의 가르침 중 Q전통에 명백히 드러나듯, 그의 생각을 실질적으로 형성했음에 틀림없다는 것이다.[196]

불행하게도 그러한 가설들은, 호슬리가 재빠르게 지적했듯이, 갈릴리 하부 지역에 대한 역사적 증거를 제대로 살피지 못했다. 세포리스와 티베리아스는 사실 데가볼리 같은 헬레니즘 도시들 같지 않았다. 그 도시들은 행정 수도로 건설되었지 독립적인 헬레니즘 도시들(*poleis*)로 건설된 것이 아니었다. 후자들과 달리 그 도시들은 인근 지역에 대한 영토 관할 사법권을 가지고 있지 못했다.[197] 더 적절한 증거는 그것들은 (스키토폴리스나 가이사랴 마리티마 같은) 주요 헬레니즘 도시가 아니었고, 헬레니즘 도시들의 전형적인 특징이나 물질적 부가 결여된 지방의 소규모 행정 중심지였다는 것이다.[198] 세포리스를 통해 티베리아스부터 프톨레마이스에 이르는 길은 주

---

193) E. M. Meyers and J. F. Strange, *Archaeology, the Rabbis and Early Christianity* (Nashville: Abingdon, 1981) 43; Crossan, *Historical Jesus* 17-19.

194) *Cynics*에서 이 점에 대한 다우닝(Downing)의 추론은 반복의 힘으로 착착 더 확신에 넘치고 광범위하게 뻗어간다: 견유철학의 영향은 가능했다(146, 148); '가장 개연성 높은 설명은 예수가 토종 견유철인의…영향에 반응하여 [자신의 사상을] 형성했다는 것이다'(150, 153); '견유철인의 영향을 받은 갈릴리의 유대 문화'(157); '그의 시대 갈릴리의 평범한 사람들 가운데 존재한 견유철인의 영향'(161); '견유학파의 전통이 모종의 형태로 남쪽 갈릴리의 평범한 유대인 사회에 스며들었다'(164). '견유철인들은 큰 도시에서 발견되는 더 많은 청중들을 선호하였기에…농촌 지역을 피했다'(*Historical Jesus* 340). 그러나 맥(Mack)에 의하면, 예수는 '멜리아그로스(Meleager)를 읽었을 가능성이 있듯, 성서를 일부 읽었을지 모른다'(*Myth* 64).

195) 세 명의 견유철학 선생들이 요단 강 건너편 가다라 지역과 연관된다. 메니푸스(Menippus, 주전 3세기), 그러나 그는 자신의 견유철학을 다른 곳에서 배우고 가르쳤다; 두로 지역에서 융성한 멜리아그로스(Meleager, 주전 1세기); 외노마우스(Oenomaus, 주후 2세기 초엽).

196) 위의 7장 각주 70을 보라.

197) Horsley, *Galilee* 214-15와 각주 36. A. H. M. Jones, *The Greek City* (Oxford: Clarendon, 1966) 80의 각주를 인용함; Freyne, 'Jesus and Urban Culture' 195.

198) 프레인은 주요 헬레니즘 도시들과 달리 세포리스와 티베리아스가 그들의 동전을 주조해낼 권한이 없었다고 지적한다('Jesus and Urban Culture' 193-94). 리드는 스키토폴리스와 가이사랴 마리티마의 인구가 8,000-12,000명 정도였던 세포리스와 티베리아스와 대조하여 20,000명에서 40,000명 사이였으리라고 추산한다(*Archaeology* 79-82, 89, 93-96); '거기에는 성전, 체육관, 경기장, 음악당(*odeon*), 님프신전(*nymphaeum*), 공적 비문이 없었다'(95); '세포리스는 대리석이나 수입된 기둥의 여유를 누릴 수 없었다'(124); 1세기 후반으로 그 연대가 추정되는 극장은 좌석 수 4,000의 용적을 지닌 지중해 동쪽의 극장들 가운데 상대적으로 소박한 수준이었다(108, 119-20). 또한 Crossan and Reed, *Excavating Jesus* 62-70; E. P. Sanders, 'Jesus' Galilee', in I. Dunderberg et al., eds., *Fair Play: Diversity and Conflicts in Early Christianity*, H. Räisänen FS (Leiden: Brill, 2002) 3-41 (여기서는 29-34, 37-39). 콜로라도 덴버에서 열린 SBL 모임(2001.11)에서 나눈 사적인 대화에서 그 극장의 연대에 대한 몇 가지 논쟁을 인정하면서, 리드는 그것이 예수와 안티파스 이후 수십 년 이후까지는 건설되지 않았을 것이라고 계속 주장했다. 하지만 우리는 세포리스의 발굴이 아직 완료되지

요 국제 무역로가 아니라 지역 간 교통로에 불과했다.[199] 세포리스와 관련된 고고학적 증거는 갈릴리 나머지 지역만큼 명확하다. 대규모 비유대인의 거주 흔적이 없는 반면 유대인의 종교적 정체성을 나타내는 동일한 네 가지 지표들의 증거는 풍성하다(돌그릇, 제의용 욕조, 돼지고기 유물의 결여, 유골함을 안치한 터널형 매장묘).[200] 세포리스가 압도적으로 유대적이며 경건한 유대인 인구를 포함하였다는 결론을 피하기 어렵다.[201]

이 모든 것은 특히 갈릴리와 세포리스와 관련하여 견유학파 가설에 반한다. 세포리스의 '얇은 베니어합판 같은 세계적 문화'는 견유철인들에게 거의 도움이 되지 못했으며,[202] 무엇이든 갈릴리에 그들이 당시 있었다는 증거가 없다.[203] 물론 예수가 견유철학의 영향을 받았다는 가설은 일차적으로 Q 자료에 근거하여 수립되었다.[204] 그러나 Q와 같은(또는 Q¹까지도) 그리스어 문서를 갈릴리로 한정하려는 시도는 예수의 어록들이 훨씬 더 널리 알려졌다는 증거를 무시한다.[205] 나아가 Q의 가르침이 엘리야를 닮은 예언자적 삶의 스타일과 고전기 예언자들의 많은 신탁을 닮은 부유한 압제자에 대한 예언자적 비판보다 다우닝(Gerald Downing)이 반복적으로 고집하는 '독특한 견유철학적'[206] 영향을 전제하는가 하는 문제는 우리가 추후

않았고 티베리아스의 작은 부분만을 발굴할 수 있었다는 점을 기억해야 한다. 예루살렘에 대해서는 Charlesworth, *Jesus* ch. 5를 보라.

199) Reed, *Archaeology* 146-48.
200) Reed, *Archaeology* 84, 127-28, 134; Crossan and Reed, *Excavating Jesus* 165-72; 유사하게 Freyne, 'Jesus and Urban Culure' 191; M. Chancey, 'The Cultural Milieu of Ancient Sepphoris', *NTS* 47 (2001) 127-45.
201) 유사하게 Meyers, 'Roman Sepphoris': 고고학적 발굴은, '집에 둔 제의용 욕조의 수와 도시 근교 바깥의 엄격한 매장 관행으로 판단해보건대, 토라에 충실한 인구를 가리킨다'(325). 리드는 '세포리스에서 출토된 동전과 비문들은 유대인들이 1세기의 시민사회에서 최상위를 차지하고 있었음을 입증해준다'고 첨언한다(*Archaeology* 134, 121-22의 알맞은 자료를 참조하면서).
202) Horsley, *Archaeology* 59, 179-80; 유사하게 Reed, *Archaeology* 218.
203) 이 점은 다우닝도 기꺼이 인정한다(*Cynics* 146-47). 크로산의 '소작농 유대인 견유철인'은 '1세기 갈릴리나 유대에 그렇게 인식되기 어려운, 입증되지 않은 혼종을 가리킨다'(J. W. Marshall, 'The Gospel of Thomas and the Cynic Jesus', in Arnal and Desjardins, eds., *Whose Historical Jesus?* 37-60 [여기서는 60]). 추가 비판은 D. E. Aune, 'Jesus and Cynics in First-Century Palestine: Some Critical Considerations', in Charlesworth and Johns, eds., *Hillel and Jesus* 176-92; 위의 제7장 각주 71을 보라.
204) 클로펜보그 버빈이 견유철학적인 Q라고 하지 않고 '견유철학 같은'(cynic-like)이란 용어로 그 가설을 다시 표현하고자 한 시도(위의 제7장 각주 71)는 솔직하지 않아 보인다. 그 논제는 추측건대 단순히 유비의 문제가 아니라 계보의 문제이기 때문이다. 견유철인의 영향이 아니고서는 설득력 있게 설명되지 못할 Q의 특징들을 이로써 제대로 설명하느냐의 문제라는 것이다.
205) Koester, 'Sayings of Q' 138-40.

되돌아와야 할 문제다.[207] 하지만 당분간 견유주의에 예수가 영향을 받았다는 확고한 입장을 설명하기 위해 구상된 역사적 맥락은 이와 관련하여 우리가 아는 바로 미루어 그 근거가 빈약함을 깨닫는 것이 중요하다.

세포리스와 그 주변 마을들(나사렛을 포함하여) 사이에 서술된 관계들은 더욱 가늠하기 어렵다. 호슬리는 시골 물품 매매의 구심점으로 작용하는 시장 도시라는 전통적 유럽식 패턴을 가정하는 자들과 논쟁한다.[208] 그의 주장에 의하면 반대로 갈릴리 마을들은 기본적으로 자급자족 경제 체제였다. 어떤 잉여생산물도 타작마당에서 종류별로 취합되어 세금과 십일조로 납부되었다. 지역 경제는 심하게 금전화되지 않았었다.[209] 주후 66년 봉기에서 '갈릴리 사람들은⋯자신들의 증오를 그들이 경멸했던 도시들 가운데 하나로 발산하며⋯'(Josephus, *Life* 375)라고 세포리스의 파멸이 최대한 극적으로 예시된 바와 같이,[210] 이 도시가 갈릴리 마을들 가운데 적대감의 대상이었다는 것은 세포리스로 몰려드는 마을 사람들의 풍경은 적절하지 않음을 알려준다. 아마도 예수 전통이 예수와 세포리스의 접촉에 대해 침묵한 것이야말로 가장 웅변적인 증거일 터이다!

다른 한편으로, 리드는 나사렛이 남쪽보다 세포리스 쪽 환경에 적응할 수밖에 없었다고 지적한다. 나사렛은 갈릴리에서 가장 남쪽에 위치한 마을 가운데 하나였는데, 남쪽으로 여행하다 보면 나사렛 협곡의 남쪽으로 가파른 경사를 만나게 되어, 그래서 아마도 사마리아를 최대한 멀리 에둘러 세포리스와 티베리아스를 경유하여 지나갔을 것이다. 이런 연유로 무

---

206) Downing, *Cynics* 143, 150, 152, 153, 160, 161.
207) Freyne, 'Jesus and Urban Culture' 197-98을 참조하라. 맥은 견유철인들을 '히브리 예언자들에 대한 그리스적 유비로' 본다(*Lost Gospel* 114).
208) '마을 사람들은 작물을 팔고 물건을 사며 세금과 통행요금을 낼 현금을 얻기 위해 성읍으로 간다. 시장의 풍문은 걸러져 되돌아온다'(Downing, *Cynics* 149); Horsley, *Galilee* 203과 각주 6은 M. Goodman, *State and Society in Roman Galilee, AD 132-212* (Totowa: Rowman and Allanheld, 1983) 54-60과 Z. Safrai, *The Economy of Roman Palestine* (London: Routledge, 1994)이 제시한 유럽식 '시장' 경제라는 유사한 가정을 인용한다.
209) Horsley, *Galilee* 176-81, 202-207; 또한 *Archaeology* 70-76, 83-85.
210) Horsley, *Archaeology* 118-30; 특히, D. Edwards, 'The Socio-Economic and Cultural Ethos of the Lower Galilee in the First Century: Implications for the Nascent Jesus Movement', in Levine, ed., *Galilee* 53-73의 비판에서.

역로들은 나사렛 협곡에서 남쪽 방향으로 뻗어나가지 않았을 것이다.[211] 더구나 세포리스를 행정 중심지로 재건하고 유지하는 데는 세금 수입과 함께 (그 인구를 먹여 살리기 위해) 갈릴리 하부 지역의 농경 패턴에 변화가 필요했을 것이다.[212] 세포리스 주변과 그 내부에서도 발견된 포도주 설비, 올리브 압축기, 타작마당, 맷돌 등은 이 도시가 분명 모종의 지방 중심지로 기능했음을 시사한다.[213] 그 전체 인구가 종종 주장해온 것보다 더 유대적이고 덜 헬라화되었다면, 경건한 유대인 마을 주민들이 거기를 지나치거나 피했을 이유가 보다 적었을 것이다.

어쨌든, 도시와 마을 사이에 모종의 긴장이 존재했다는 점은 의심할 필요가 없다. 한편으로 지방의 관료들이나 행정관들과 다른 한편으로 농작물과 다른 물품의 생산자들 사이에 늘 마찰의 경향이 있으리라는 점은 누구나 쉽게 짐작할 수 있다. 더구나 세포리스 같은 도시 곁에 붙어 있는 좋은 땅의 많은 부분(특히, 벳 네토파 계곡)이 헤롯의 엘리트들이 꾸준히 차지해나갔다면 그 마찰은 한층 더 심했을 것이다.[214] 세포리스와 특히 나사렛 사이에 그런 경향이 실제로 존재했다는 것은 많은 예수의 비유들 가운데 반영된 사회적 상황으로 강하게 암시된다. 부유한 토지 소유주들, 부재지주들에 대한 원한, 착취하는 토지 관리 청지기들, 유산으로 인한 가족의 반목, 채무, (빚으로 인해 가족의 세습 재산을 강제로 팔아버려야 했던?) 일용직 노동자들 등등.[215]

이 모든 것이 어떻게 예수와 관련이 있고, 또 세포리스와 티베리아스와 예수의 연관성을 어떻게 담아내는지 불투명한 상태로 남아 있다. 그 둘에 대한 예수 전통의 침묵은 여전히 놀랍고 다소 불길하다. 그것은 우리가 돌아가야 할 또 다른 문제다(§9.9e).

---

211) Reed, *Archaeology* 115-17; Freyne, 'Archaeology' 169-70, 171-73.
212) 또한 Freyne, 'Jesus and Urban Culture' 191-93. 프레인(191-92)과 리드(*Archaeology* 126)는 세포리스의 도자기와 돌로 만든 저장 항아리가 갈릴리 마을에서 온 것이라고 본다.
213) Reed, *Archaeology* 83-89.
214) 그 자세한 내용은 G. Theissen, '"We Have Left Everything…"(Mark 10.28): Discipleship and Social Uprooting in the Jewish-Palestine Society of the First Century', *Social Reality* 60-93 (여기서는 89-91)에서 간략하게 검토됨.
215) Freyne, 'Jesus and Urban Culture' 195-96, 205-206. 추가로 Freyne, *Galilee, Jesus and the Gospels* (Dublin: Gill and Macmillan, 1988)를 보라.

9.7 갈릴리의 회당들과 바리새인들?

여기서는 많은 논란을 야기해왔고, 예수 관련 전통에 대한 우리의 평가와 직접 연관이 있는 두 개의 다른 주제들이 주목을 받을 만하다.

a. 갈릴리의 회당들/회중들

복음서는 여러 차례 '쉬나고가이'(synagōgai)를 언급하고,[216] 특히 예수가 아주 정기적으로 갈릴리의 '쉬나고가이'에서 가르치고 설교한 것으로 말한다.[217] 그 모든 경우에서 이 용어는 대개, 별스러울 것 없이 '회당들'(synagogues)로 번역된다. 그러나 여기서 다시 그 번역은 검토되지 않은 가정들에 의존한다. 특히 예수 당시 헌정된 예배의 장소로, 토라 읽기와 기도를 위한 건물들('회당들')이 있었다는 가정이 그렇다. 공통으로 연계된 가정은 그 회당은 어느 정도 성전 권위자들에 대항하는 바리새인들의 권력 기반이었다는 것이다.[218] 그리하여 '회당'이라는 번역은 회당에 대한 예수의 애착이 그의 유대인 됨과 지방의 종교적 권위자들과 함께 사역하려는 맨 처음의 기꺼운 자세를 보여주는 증거가 될 수 있다.

하지만 과거 20년간 그러한 가정들은 심각한 도전에 부대꼈다.[219] 기본

---

216) 특히, '회당에서 가장 좋은 자리'(막 12.39 평행구; 눅 11.43)와 회당에서 매 맞고 채찍질당하는 것(막 13.9/마 10.17)에 대한 언급들을 주목하라.

217) 마 4.23/막 1.39/눅 4.44; 마 9.35; 마 13.54/막 6.2/눅 4.16; 눅 4.15; 눅 6.6; 13.10; 요 6.59.

218) 한동안(1970년대 중반) 공통된 견해는 스킬라베익스('회당들은 분명히 "서기관들과 바리새인들"이 감독하였다', *Jesus* 232)와 고펠트가 대변하였다('바리새인과 랍비 유대교는…예수 당시 회당에 대한 통제권을 얻었다'—*Theology* 1.88).

219) 이 주제에 대한 가장 최근의 논의는 R. Hachlili, 'The Origin of the Synagogue: A Re-Assessment', *JSJ* 28 (1997) 34-47; H. C. Kee and L. H. Cohick, eds., *Evolution of the Synagogue: Problems and Progress* (Harrisburg: Trinity, 1999), 특히 Kee, 'Defining the First-Century CE Synagogue' (7-26, reprinted from *NTS* 41 [1995] 481-500), in debate with J. F. Strange, 'Ancient Texts, Archaeology as Text, and the Problem of the First-Century Synagogue' (27-45) 및 R. H. Horsley, 'Synagogues in Galilee and the Gospels' (46-69, 자신의 책 *Galilee* ch. 10과 *Archaeology* ch. 6을 개정함); S. Fine, ed., *Jews, Christians, and Polytheists in the Ancient Synagogue: Cultural Interaction during the Greco-Roman Period* (London: Routledge, 1999), 특히 E. P. Sanders, 'Common Judaism and the Synagogue in the First Century' (1-17), and P. W. van der Horst, 'Was the Synagogue a Place of Sabbath Worship before 70 CE?' (18-43). H. A. McKay, 'Ancient Synagogues: The Continuing Dialectic between Two Major Views', *Currents in Research: Biblical Studies* 6 (1998) 103-142은 자료와 그간의 논의를 방대한 참고 문헌과 함께 검토한다.

적인 문제는 고고학이 그러한 역사적 재구성의 기초를 확증할 명확한 증거를 내놓지 못했다는 것이다.[220] 결과적으로 부각된 상당수의 견해는 복음서의 '쉬나고게'(synagōgē)를, 바로 그 용어의 (이제 전통적인) 함의로 인하여, '회당'(synagogue)이 아니라 (그 단어의 좀더 문자적 의미인) '회합'(assembly)이나 '회중'(congregation)으로 번역해야 한다는 것이었다.[221] 확실히 여기에 무엇인가 있다. '쉬나고게'는 우선적으로 마을의 모임이나 성읍의 회합을 암시하는 용어이고, '아르키쉬나고고스'(archisynagōgos)는 보다 정확하게 '회당장'(ruler of the synagogue)이라기보다 '회합의 인도자'(leader of the assembly), '수장'(head-man)으로 풀이된다.[222] 그러한 모임의 한 가지 목적은 안식일이나[223] 절기가 낀 날, 그리고 추측건대 기도하기 위한 자리에[224] 분명 제사장이나

---

220) '그 연대가 제2성전기로 확실하게 인정되는 이스라엘/팔레스타인의 회당 건물은 세 개에 불과하다: 가믈라(Gamla), 마사다(Masada), 헤로디움(Herodium)' (E. M. Meyers, 'Synagogue', *ABD* 6.251-60 [여기서는 255]; 추가로 S. Fine and E. M. Meyers, 'Synagogues', *OEANE* 5.118-22을 보라). 게다가 갈릴리 서쪽 해변에 위치한 막달라(Magdala)나 믹달(Migdal)의 구조물이 가끔 포함된다. 비록 그 크기가 60입방미터에도 못 미치지만 그래도 잘 봐주면 '미니 회당'으로 말할 수 있을 것이다(M. J. Chiat, 'First-Century Synagogue Architecture: Methodological Problems', in J. Gutmann, ed., *Ancient Synagogues: The State of Research* [BJS 22; Chico: Scholars, 1981] 49-60 [평면도 112]; R. Hachlili, 'Early Jewish Art and Architecture', *ABD* 1.447-54 [여기서는 449-50, 평면도 449]; Strange, 'Ancient Texts' 35-45; 그렇지만 막달라에 대해서는 M. Avian, 'Magdala', *OEANE* 3.399를 보라). 막달라는 갈릴리에서 유일한 사례일 것이다. 물론 전문적으로 보면 헤롯 필립의 영토에 속한 벳새다처럼 가믈라(Gamla)도 분명 엄밀하게 보면 갈릴리와 밀접한 소통이 이루어지는 곳이었다. 그러나 또한 Horsley, *Archaeology* ch. 6과 그가 221 각주 2-3에서 언급하는 자료들을 보라. 가버나움의 회당에 대해서는 아래 각주 309를 보라. 키(Kee)는 예루살렘에서 출토된 유명한 '테오도투스 비문'의 연대를 70년 이전으로 산정하는 것에 대해 강력하게 반대한다('The Transformation of the Synagogue after 70 CE', *NTS* 36 [1990] 1-24; 또한 'Defining'); 그러나 R. Riesner, 'Synagogue in Jerusalem', in R. Bauckham, ed., *The Book of Acts in Its Palestinian Setting* (Grand Rapids: Eerdmans, 1995) 179-210 (여기서는 192-200); J. S. Kloppenborg Verbin, 'Dating Theodotus (CIJ II 1404)', *JJS* 51 (200) 243-80을 보라.

221) 키(Kee)는 요세푸스의 *Ant.* 19.305을 참고 자료 삼아 '쉬나고게'(synagōgē)의 의미와 관련하여 지금까지 제시된 (그가 보기에 잘못된) 가정들을 예를 들어 설명한다. 이 자료에서 그리스어 문장은 어느 '쉬나고게'가 '되는'(einai) 것을 방해받은 유대인들과 '쉬나고게의 장소'(en tō tēs synagōgēs topō)를 실제로 언급하는데, 여기서 '회중'의 명백한 의미가 로엡(Loeb)의 번역본에 모호하게 처리되어 있다('Defining' 13). 고전 11.18 '너희들이 회중으로 모일 때'(sunerchomenōn humōn en ekklēsia, '교회에서'가 아니라)의 증거대로 그리스도교 쪽에서 동일한 의미의 단어 '에클레시아'(ekklēsia)도 같은 함의를 가지고 있었다는 점은 주목할 만하다. 구약성서 칠십인역(LXX)에서 '쉬나고게'(synagōgē)와 '에클레시아'(ekklēsia)는 이스라엘의 회합이나 회중을 암시하는 히브리어 '카할'(qahal)의 번역어로 둘 다 사용된다(W. Schrage, synagōgē, *TDNT* 7.798-852 [여기서는 802]). 추가로 Schürer, *History* 2.429-31 (각주 12-14)을 보라.

222) '아르키쉬나고고스'(archisynagōgos)는 헬레니즘 시대의 회합(synagōgē)을 담당한 관리를 통칭하는 평범한 이름이었다. 예를 들어, R. E. Oster, 'Supposed Anachromism in Luke-Acts' use of syngōgē; A Rejoinder to H. C. Kee', *NTS* 39 (1993) 178-208 (여기서는 202-204); 또한 Horsley, *Galilee* 223-33; 또한 *Archaeology* 145-51; 또한 'Synagogues' 48-61을 보라.

223) 모세는 '매주 사람들이 그들의 다른 일들을 제쳐두고 율법을 듣기 위해 모여서 그것에 대한 철저하고 정확한 지식을 얻으라고 명하면서…율법이 가장 탁월하고 필수적인 형태의 교훈이라고 규정하였다'(Josephus, *Ap.* 2.175).

장로가 토라를 읽고 강해하는 것을 듣는 것이었을 텐데,[225] 여기에는 다른 사람들도 나름의 몫을 감당할 수 있었다.[226] 그러나 분명히 그 회합은 분쟁 해결과 지방의 사법 행정을 포함하여 공동체의 제반 업무를 논의하기 위해 소집되었을 것이다.[227]

어디서 그런 회중들이 모였을까? 확실히 그런 모임들이 큰 집 같은 장소에서 이루어졌을 개연성을 받아들여야 한다.[228] 마치 초기 그리스도교 모임들이 그랬듯 말이다.[229] 공동체의 모임을 위해 '회당'이나 '기도의 집'이라 불린 별도의 건물이 있었다는 문헌 증거를 도외시할 정당한 이유가 없다.[230] 건물들의 평면도는 '회당'으로 가장 확실히 동일시되는데, 벽면을 따

224) 이는 필론과 요세푸스가 언급한 '기도의 집'의 확대된 의미에서 '프로슈케'(*proseuchē*, 기도)라는 용어를 사용한 데서 추출할 수 있는 명백한 결론이다. 이와 같이 필론은 알렉산드리아의 '도시 각 구역에서' '많은' 기도들이 있었음을 언급하며(*Legat.* 132, 134, 137-38), 그러한 장소들을 '모두 거룩하다'(*panieros*)고 간주했다(*Legat.* 191). 추가로 *Flacc.* 41-49을 보라. 요세푸스의 저작 가운데는 *Ant.* 14.258과 아래 각주 230의 참고 자료를 보라. '기도의 집들'에 대한 금석문 자료로는 Schürer, *History* 2.425-26 각주 5와 439-40의 각주 61을 보라; *NDIEC* 3.121-22. 구트만(Gutmann)은 '프로슈케'(*proseuchē*)가 단순히 '회당'을 가리키는 또 다른 단어라는 가정에 반대하는 경고를 던지면서 너무 신경질적으로 법석을 떤다(*Ancient Synagogues* 3). 추가로 H. McKay, *Sabbath and Synagogue: The Question of Sabbath Worship in Ancient Judaism* (Leiden: Brill, 1994)을 비판하는 van der Horst, 'Synagogue' 23-37을 보라.
225) 이는 Philo, *Som.* 2.127에 명시적으로 진술되어 있다('너희들은 너희 회중[synagōgiois] 가운데 앉아서… 너희들의 거룩한 책을 안심하여 읽으며, 모호한 점을 설명하면서 여유 있는 평온함 가운데 너희 조상들의 철학을 충분히 토론할 것이냐?'). 유사하게 *Mos.* 2.216; *Legat.* 156-57 (Kee, 'Defining' 13-14). 또한 *CIJ* 2.1404 (테오도투스 비문, 위의 각주 220); 추가로 A. Runesson, *The Origins of the Synagogue: A Socio-Historical Study* (ConBNT 37; Stockholm: Almqvist and Wiksell, 2001) chs. 3-4.
226) 유세비우스는 자신이 보존하지 않았으면 망실되었을 필론의 *Hypothetica* 7.12-13을 인용한다: 유대인들은 '이 일곱째 날마다 같은 장소에 모이는데…어떤 제사장이나 장로들 중 한 사람이 거룩한 율법을 그들에게 읽어주고 그것들을 하나씩 요점을 짚어 설명해준다'(*Praep. evang.* 8.7, 11-13). 또한 Sanders, *Jewish Law* 78-81; *Judaism* 199-202을 보라.
227) 또한 L. I. Levine, 'The Second Temple Synagogue: The Formative Years', in L. I. Levine, ed., *The Synagogue in Late Antiquity* (Philadelphia: Fortress, 1987) 7-31; 추가로 *The Ancient Synagogue: The First Thousand Years* (New Haven: Yale University, 2000)를 보라.
228) 제2성전기 초기 회당 유적의 부족과 고대 문헌 자료의 수많은 언급들 사이의 '명백한 모순'은, '1세기에 규모가 큰 개인 주택이 예배와 공공 집회가 필요한 다른 업무를 위해 활용된 다른 건물들과 나란히 예배의 장소로 사용되었다고 가정하면 사라진다'(Meyers, *ABD* 6.255); *m. Ned.* 9.2은 회당으로 개조된 집을 말한다. 유사하게 Hachlili, 'Early Jewish Art', 449-50; Riesner, 'Synagogues in Jerusalem' 186. 크로산과 리드는 다음과 같이 결론짓는다: '예수 당시 갈릴리의 마을들에는… 공동체와 종교적 목적으로 유대인들이 모인 회합(gatherings)으로서 분명히 회당들(synagogues)이 있었다. 그렇지만 그 건축 양식이 어떠했는지 누가 알겠는가?'(*Excavating Jesus* 26)
229) 행 2.46; 12.12; 18.7; 롬 16.5; 고전 16.19; 골 4.15.
230) Philo, *Prob.* 81('그들이 회당이라 부르는 성스러운 장소들'); *Flacc.* 48 ('성스러운 건물들'); 눅 7.5(그 백부장은 '우리를 위해 회당을 지었다'); 행 18.7; Josephus, *War* 2.285, 289; 7.44. 요세푸스는 또한 매우 큰 주택이나 건물(*megiston oikēma*)인 기도의 집(*proseuchē*)에서 열린 티베리아스의 총회(*sunagontai pantes*)를 회고한다(*Life* 277; 또한 280, 293). 베레니케(리비아)에서 출토된 1세기 비문은 '쉬나고게'라는 용어를 두 번 사용하는데, 한 번은 '회중'의 의미에서, 다른 한 번은 '건물'의 의미에서 사용한다(G. Lüdertz, *Corpus jüdischer Zeugnisse aus der Cyrenaika* [Wiesbaden: Reichert, 1983] 각주 72; 간편하게 정리한 것은 Oster, 'Anachronism' 187-88; Oster 186은 필론과 요세푸스의 문헌 자료와 함께 파피루스

라 하나 또는 그 이상 줄지어 배치된 긴 의자들은 사적인 주거 공간에서 기대하기 힘든 특징이다.[231] 이것들은 분명 성읍의 회합을 위해 사용된 건물이었는데 학교 교실이나[232] 사교적/축제 같은 행사 목적으로도 쓰인 것 같다. 현대 용어로 말하면 마을 교회라기보다 마을 회관에 가깝다. 이는 우리가 앞서 구상한 것(§8.6a)과 잘 합치된다. 마을 회관이든, 예수 추종자들의 모임이든, 그러한 모임에서 예수의 가르침과 예수에 대한 이야기들이 반복 구연된 것을 상상해볼 수 있다.[233] 그 차이는, '교회'=사람들과 '교회'=건물 사이의 차이와 같이 본질적인 것이 아닐 수 있다. 그러나 이는 또한 어떤 경우 그 지향점에서 중요한 변화를 내포하며, 예수를 연구하는 역사가들이 의식적으로 그들의 동시대 관점을 벗어나 좀더 견실하게 기초한 역사적 관점을 얻기 위해 운신할 필요가 있음을 상기시키는 또 다른 기제이다.

b. 갈릴리의 바리새인들?

바리새인들이 이 시기에 갈릴리에서 살고 있었거나 적극 활동중이었는지에 대한 논쟁 또한 우리의 주제와 상관이 있다. 갈릴리에 근거를 둔 위대한 토라 학자의 기록이 극히 적은 것은 사실이다.[234] 그러나 요하난 벤 자카이(Johanan ben Zakkai)를 아라브(Arav)라는 갈릴리 성읍과 연계시키는 전

와 금석문에 사용된 용어들의 범위를 목록으로 제시한다). 또한 Schürer, *History* 2.439-40을 보라. 키(Kee)는 눅 7.5 이외의 다른 신약성서 텍스트 일부에서 그것이 건물을 언급한 것일 수 있다는 점을 인정하지 않으려고 너무 단호한 의지를 보인다('Defining' 14-20). 특히 키에 대한 오스터의 응답을 보라('Anachronism', 여기서는 194-97). '회당'이라는 용어가 주후 1세기에 회합 자체뿐 아니라 회합의 장소로 사용되었다는 마르틴 헹엘의 주장은 그럴 법하다. 'Proseuche und Synagoge. Jüdische Gemeinde, Gotteshaus und Gottesdienst in der Diaspora und in Palästina'(1971), *Judaica et Hellenistica: Kleine Schriften* I 171-95.

231) 각주 220을 보라. 샌더스는 특히 키의 주장에 비판적이다(*Jewish Law* 77-78, 341-43 각주 29; *Judaism* 198-202; 'Common Judaism and the Synagogue'); 또한 K. Atkinson, 'On Further Defining the First-Century CE Synagogue: Fact or Fiction? A Rejoinder to H. C. Kee', *NTS* 43 (1997) 491-502 (여기서는 특히 499-501).

232) 필론은 그 만남의 집을 '디다스칼레이온'(*didaskaleion*), 즉 '가르침의 장소'라 부른다(*Mos.* 2.216; *Spec. Leg.* 2.62; 또한 *Legat.* 312). 또한 Schürer, *History* 2.417-22을 보라.

233) 그러한 모임들은 이미 공관복음서에 지역이나 지방의 회합들에 대한 다양한 언급들 가운데('그들의 회합들') 이미 그 흔적을 보이고 있다(막 1.39; 마 4.23; 9.35; 10.17; 12.9; 13.54; 눅 4.15). 이는 예수의 추종자들이 그들 나름의 (별도) 회합을 가지고 있었음을 암시하는 듯하다.

234) 나의 'Pharisees, Sinners, and Jesus' 77-79을 보라.

통이 있다(물론 요하난은 바리새인으로 언급되지 않는다).[235] 일부 유대인들은 자신들의 핵심적인 원리와 율법적 규례들이 그 거룩한 땅에 두루 편만해지도록 만들기 위해 (아브라함에게 약속된 땅의 일부로 분명 그들이 간주했을) 갈릴리에 사는 의무를 수용했을 개연성도 높다.[236]

이는 분명 복음서의 증언과 일치할 것이다. 바리새인들에 대한 꽤 많은 언급들이 예수의 선교에 대한 회상 가운데 삽입되어온 것이 매우 확실하지만,[237] 다른 증거가 더 실질적으로 압도하는 것 같다. 특히 서기관들(마 23.6/눅 11.43은 바리새인들)이 (마을/지방) 회합에서 제일 좋은 자리를 기대할 정도의 평판을 가졌다는 마가복음 12.38-39의 전통은 70년 이전의 상황을 반영하는 게 틀림없다.[238] 십일조와 잔 씻는 문제와 관련하여 q/Q에서 바리새인들과 율법사들을 원망하는 내용(마 23.23, 25/눅 11.42, 39)은 바리새적 관행을 본 (갈릴리의?) 청중에 대한 지역적 지식을 가정한다.[239] 갈릴리에 바리새인들의 삶의 방식을 따르고 예수에게 친근감을 표한 자들이 있었다는 누가의 사례는 전적으로 도외시되어서는 안 된다(특히 눅 13.31). 게다가, 바리새인들이 주로 유대 땅에 위치하였다는 개연성이 전제된다면, 바리새인들과 몇몇의 서기관들이 예수가 누구인지 조사하기 위해 예루살렘에서 내려왔다는 마가복음 7.1의 증언은 매우 그럴 법한 울림을 담고 있다.[240] 또한

---

235) 아라브는 세포리스와 나사렛에서 멀리 떨어져 있지 않다. 뉴스너는 요하난이 거기에 체류한 시기를 주후 20년에서 40년 사이로 잡는다(J. Neusner, *A Life of Rabban Yohanan ben Zakkai* [Leiden: Brill, ²1970] 47-53). Freyne, *Galilee* 315-16을 보라.

236) Goodman, 'Galilean Judaism' 606의 결론을 참조하라. 달리 보면 놀라운 마 23.15은 이스라엘 조상들과의 연계를 주장한 자들 쪽에서 적절한 수준의 율법 준수를 보증하는 어떤 의무감의 역사를 암시한다. 그러한 해석은 *Ant.* 20.43-45에 있는 요세푸스의 Eleazar 이야기와, 갈 2.4, 12-13과 바울의 이방인 선교에 대한 이어지는 반대에서 증언되는 초창기 유대 지역 교회들 내의 '바리새인의 경향'(행 15.5 참조)과 분명히 일치한다.

237) 자세한 내용은 내 논문 'The Question of Antisemitism in the New Testament Writings of the Period', in J. D. G. Dunn, ed., *Jews and Christians: The Parting of the Ways AD 70 to 135* (Tübingen: Mohr Siebeck, 1992) 177-211 (205 일람표로 만들어놓음).

238) Freyne, *Galilee* 319-22. 호슬리는 복음서에서 바리새인들에게 돌려진 훨씬 더 온전한 역할이 그들이 역사적으로, 최소한 경우에 따라, '예루살렘의 주요 활동 근거지 바깥에 나타나지 않았다면 신뢰를 얻을 수 없을 것'이라고 보며, 특별히 눅 11.43과 막 12.38-39의 전통을 언급한다(*Galilee* 150).

239) Kloppenborg Verbin, *Excavating Q* 174.

240) 그러나 그러한 바리새인들이, 살다리니(*Pharisees* 296)와 호슬리(*Galilee* 151-52)가 주장하듯, 여기서 제사장 귀족을 위해 행동한 것으로 이어지지 않는다. 그들의 견해에 의하면 그 바리새인들은 추측건대 이스라엘과 토라의 관심사를 나타내고 있었을 것이다. 이는 제사장의 명분과 같은 것이 아니다. 이 문제에 대한 샌더스의 의심은 바리새인들이 유대교를 '운영했다'는 견해에 대한 그의 강력한 논박을 반영한다(*Jesus and Judaism* 265; *Jewish Law* 79-81; *Judaism* 388-402; 추가로 아래 §

바울이 바리새인으로서 다메섹으로 가는 선교 도상에서 회심한 사건이, 30년대에 스스로 약속받은 땅의 경계를 넘어서기까지 토라에 대한 충실성을 감시하기 위해(갈 2.12 참조) 책임을 담당하거나, 또는 누가가 보도하는 대로(행 9.1-2) 예루살렘 성직자 계급의 권한을 위임받았던 바리새인들이 있었음을 최소한 확인해준다는 점을 잊어서는 안 된다.

하지만 이러한 것들 중 그 어느 것도 §9.7a의 서두에 언급한 다른 가정, 즉 바리새인들이 회당을 발전시키고 질서지우는 데 적극 연루되어 있었다는 가정을 뒷받침해주지는 않는다.[241] 이 가정에 대한 증거는 그 어떤 것도 없는 상황이다.[242] 오히려 자연스런 추론은 그러한 모임들이 지역의 제사장(들)이나 마을 장로들이 사회를 맡아 진행되었고, 그들 가운데 한 사람을 뽑아 '수장'(archisynagōgos)으로 봉직하게 했을 것이라는 것이다.[243] 랍비가 회당 업무에 중요하게 관여하게 되고 회당을 통할하는 바리새인들/랍비들의 전통적인 모습이 현실적으로 시작되는 시점은 그 뒤 랍비 유대교가 더욱 확립되었을 때, 즉 주후 3세기 이후였다.[244] 다른 한편으로 우리는 이미 후기 제2성전기의 바리새인들을 탈정치화하려는 시도가 해당 증거를 너무 심하게 과장하는 것이라고 지적한 바 있다.[245] 이전 문단의 관찰들을 고려할 때, 그 대답인즉, 아마 어떤 바리새인들이 정기적으로 갈릴리 마

17.2를 보라).

241) 예컨대, Gutmann: '회당, 독특한 바리새적 제도 중 하나'(*Ancient Synagogues* 4); Hengel and Deines, 'Sanders' Judaism' 32-33; 호슬리는 키와 프레인을 언급한다(*Galilee* 340 각주 29). 또한 위의 각주 218을 보라.

242) 바리새인들이 회당에서 '명예스런 자리, 가장 좋은 자리'(*prōtokathedrias*)를 좋아했다(막 12.38-39/눅 20.46; 마 23.6/눅 11.43)는 앞서 언급한 전통들은 회중의 조직 가운데 인정받은 지위가 아니라 존경과 명예를 바라는 욕구를 암시한다. '모세의 자리'에 대해서는 S. J. D. Cohen, 'Were Pharisees and Rabbis the Leaders of Communal Prayer and Torah Study in Antiquity?', in Kee, ed., *Evolution of the Synagogue* 89-105 (여기서는 93-96).

243) '회당이 철저히 바리새적 제도였다'는 증거로 테오도투스 비문을 인용하면서, 쉐퍼(Schaper)는 가령 '율법의 낭독과 계명의 가르침을 위해' 그 회당을 세운 자(Theodotus)가 스스로를 '제사장과 회당장(archisynagōgos), 회당장의 아들, 회당장의 손자'로 동일시하고 있다는 사실을 무시한다.

244) S. J. D. Cohen, 'The Place of the Rabbi in Jewish Society of the Second Century', in Levine, ed., *Galilee* 157-73; 또한 'Were Pharisees and Rabbis the Leaders' 89-105; L. I. Levine, 'The Sages and the Synagogue in Late Antiquity: The Evidence of the Galilee', in Levine, ed., *Galilee* 201-22: '고대를 통틀어, 그리고 중세에도 랍비들은 회당에서 사무적인 역할 자체를 수행하지 않았다. 그들은 제도의 피고용인들이 아니었다.…게다가 고대 회당은 무엇보다 지방 제도였다. 그것은 지방의 기부자들이 세웠고 지방의 기관이 다스렸으며, 그 관행과 경향은 지방의 취향을 반영했다'(212). 유사하게 Horsely, *Galilee* 233-35; 또한 *Archaeology* 151-53; 'Synagogues' 61-64.

245) 위의 §9.3a를 보라.

을을 방문하여 적어도 그들 중 일부는 자신들이 토라 준수에서 용납할 수 없는 태만함이라 여긴 것 때문에 염려가 되었으리라는 것이다. 적어도 바리새인들 중 일부가 안식일과 절기 모임에서 과도한 인정을 기대하거나 그들의 율례에 지나친 까다로움으로 어느 정도 대중적 경멸을 야기하기도 했지만, 그들은 대체로 토라를 준수하는 유대인들에 의해 썩 존중을 받았을 것이다.[246] 그러한 결론의 적실함은 앞으로 진도를 나가면서 더 명확해질 것이다.

9.8 정치적 맥락

역사적 맥락을 제시하면서 우리는 물론 이스라엘/팔레스타인 땅이 우리의 관심 기간 동안 로마의 지배 아래 있었다는 사실을 기억해야 한다. 로마인들은 주전 62년 그 영토를 폼페이우스의 영도 아래 정복하였고 분봉왕 헤롯 대왕(주전 37-4년)을 통해 자신들의 통치를 가장 효율적으로 확립했다. 그 통일 왕국은 그 뒤로 헤롯의 아들들 사이에 갈라져, 헤롯 안티파스에게 갈릴리와 페레아가 주어졌고, 유대는 인기 없던 아켈라우스(주전 4-주후 6년)의 관할 아래 있다가 직할 통치로 돌아갔는데, 이 체제는 헤롯 아그립바(41-44년)의 짧은 막간 통치를 빼면 주후 6년부터 반란이 터진 66년까지 지속되었다.[247]

세금이 납부되고 과도한 불안이 없을 동안 로마의 통치 역할은 꽤 가벼운 편이었다. 이는 수도 예루살렘에서 가장 명백했는데, 그곳은 대제사장의 민족적 리더십에 따라 통제가 유지되었고, 로마는 그 직책을 맡은 자를 임명하고 해고하는 권력을 보유했다(Josephus, *Ant.* 18.34-35).[248] 로마인들

---

246) 요세푸스가 바리새인들이 받은 존경을 과잉 진술하는 것은 분명하지만(특히 *Ant.* 18.15), 그러한 과잉 진술이 '무로부터의 창조'(*creatio ex nihilo*)가 아닌 것도 사실이다. 또한 Sanders, *Judaism* 402-404을 보라.

247) 충분한 상세 내용은 Schürer, *History* vol. 1. 헤롯 안티파스에 대한 가장 완벽한 연구는 여전히 H. W. Hoehner, *Herod Antipas* (SNTSMS 17; Cambridge: Cambridge University, 1972)다.

은 비록 성전 성소의 침범의 경우 사형을 언도하는 데 동의했지만, 사형 집행권을 또한 쥐고 있었다.[249] 직할 통치가 지속되던 기간 내에 예루살렘에는 (불과 500명으로 구성된 보병 부대인) 수비대가 주둔하고 있었을 것이다. 총독은 대개 해변의 가이사랴에 거주하였지만, 예루살렘의 주요 절기에는 참석하는 것을 원칙으로 했다. 그러나 주후 1세기 전반기의 대부분 유대의 총독은 법과 질서를 유지하기 위해 불과 3,000명 정도의 부대를 보유하고 있었을 것이다. 그 밖에 소규모 수비대가 여리고와 아스칼론 같은 도시에 주둔하고 있었고, (셋 또는 넷의) 보병 군단으로 구성된 주요 군부대가 (일차적으로 동쪽 변방 방어를 위해) 수리아에 머물고 있었다.[250] 그것은 예수의 선교 당시 높아지는 '폭력의 소용돌이'(호슬리)를 거의 시사하지 않는다.[251] 이러한 것들은 예수의 마지막 날들, 예루살렘에서의 심문과 처형을 논의하면서 필요한 만큼 나중에 추가로 해명할 수 있는 문제들이다.[252]

예수의 전 생애를 통틀어 갈릴리에서 로마의 지배라는 사실은 대부분 그리 심하게 눈에 거슬리지 않았을 것이다. 샌더스가 반복하여 우리에게 상기시켜준 대로, 로마인들은 직업 군인이 아니었다. 헤롯 대왕의 죽음(주전 4년) 이후 불거진 봉기에 대한 로마 특유의 무모한 진압은 분명 이어지는 세대의 지역민들 의식 가운데 큰 상흔을 만들어놓았을 것이다. 요세푸스에 의하면, 갈릴리의 폭도들은 참패했고 세포리스는 함락되어 불타버렸으며, 그 주민들은 노예가 되었다(*War.* 2.56; *Ant.* 17.289).[253] 그리고 주요 도시들

---

248) Schürer, *History* 1.377.
249) Schürer, *History* 1.367-72; 2.219-23.
250) Schürer, *History* 1.361-67; E. M. Smallwood, *The Jews under Roman Rule from Pompey to Diocletian* (Leiden: Brill, 1976) 146-47. 헬렌 본드(Helen Bond)는 빌라도의 총독 재위 기간 첫 6년 동안, 즉 예수의 활동 기간에 팔레스타인의 업무를 관장하기 위해 상주한 수리아의 총독은 없었다고 지적한다(*Pontius Pilate in History and Interpretation* [SNTSMS 100; Cambridge: Cambridge University, 1998] 14).
251) 그 이미지는 그릇된 것이다. 호슬리는 명백히 예수 당시 유대 사회가 폭력 혁명의 온상이었다는 제안을 반박한다(*Jesus* 116; 또한 아래의 각주 264를 보라). '로마인들을 유대인의 영토에서 쫓아내려는 시도 가운데 거의 매년 적어도 한 번씩 로마와 게릴라 부대의 부대낌이 있었다'(38-39, 142)는 G. W. Buchanan, *Jesus: The King and His Kingdom* (Macon: Mercer University, 1984)의 가정과 대조해보라.
252) 추가로 아래 §15.3a와 §17.1e를 보라.
253) 세포리스의 발굴은 초기 로마 시대에 대규모의 파괴가 일어난 명확한 증거를 지금까지 아직 출토해내지 못했다. 그러므로 호슬리는 로마의 공격이 세포리스 주변의 마을들에 집중되었을 것이

이 황제와 그 가족을 기려 이름을 붙였다는 사실(Tiberias, Caesarea Maritima, Caesarea Philoppi, Bethsaida Julias)은 당시 정치적 현실을 계속적으로 상기시켜 주는 기제였을 것이다. 그러나 달리 보면 안티파스의 치세기 동안 모든 지역은 상대적으로 조용했다.[254] 세포리스도 티베리아스도 수비대 성읍이 아니었다.[255] 이것이 종교적으로 정치적으로 권위 있는 인물(제사장들, 바리새인들, 헤롯당 일가, '지도자들', '그 여우' 안티파스)만을 염두에 둔 복음서에 반영된 배경이다. 가버나움의 백부장(마 8.5-13/눅 7.1-10)은 헤롯 안티파스의 병력 중에서 작은 수비대를 맡고 있었으리라고 생각해볼 수 있다(가버나움은 요단 강 국경에 근접한 곳에서 헤롯 필립의 영토와 마주보고 있었다). 아니면, 그는 외인부대나 용병이었을지도 모르고, 가버나움의 은퇴한 군인이었을 가능성도 있다.[256] '10리'(마 5.41)를 가라는 어록은 경우에 따라 행하는 순찰이나 순번, 또는 다른 지역으로의 파견 이동을 암시하는 듯하다.

갈릴리 마을과 예수의 생애 대부분에 가해진 주요 정치적 충격은 세금과 관련된 것이었을 터이다. 로마인들이 팔레스타인에 머물고 통치자들이 그 지역을 통치한 이유는 바로 그들이 그들의 신민에게서 거둘 수 있는 세금 때문이었다.[257] 예수 당시 갈릴리 사람들은 2중, 3중의 납세를 감당했을

라고 제안한다(Archaeology 32). 어느 쪽이든 간에 그것은 여느 젊은 가족에게 외상을 준 시간이었을 것이다. 이것이 예수가 나사렛에서 멀리 떨어진 곳에서 출생했다는 전통이나, 혹은 그 대안으로 마 2.16의 전통에 모종의 역사적 기초를 강화시켜주는가?

254) 이 점에 대해서는 Freyne, *Galilee* ch. 6, Horsley, *Jesus* ch. 4 (또한 *Galilee* 259)과 Reed, *Archaeology* 84도 동의한다. 또한 U. Rappaport, 'How Anti-Roman Was the Galilee?', in Levine, ed., *Galilee* 95–112을 보라. '티베리우스(14-37 CE) 치세하에 모든 것이 조용했다'는 타키투스의 보고를 참조하라(*Histories* 5.9). 빌라도 때의 사건들은 예루살렘에 국한되어 있었다(Josephus, *War* 2.169-77; *Ant.* 18.55-62). 갈릴리 사람들과 관련하여 눅 13.1-2에 언급된 에피소드는 그 자료나 의의에서 만족스럽게 평가하기가 불가능하다(Fitzmyer, *Luke* 1006-7). 안티파스의 유일한 군사 원정은 아레타스 치하의 나바테아 왕국에 대한 성공하지 못한 전쟁이었는데, 이는 주후 36년에 발생했다. 또한 D. M. Rhoads, *Israel in Revolution, 6-74 CE* (Philadelphia: Fortress, 1976), 결론은 174-75; Sanders, *Judaism* 35-43을 보라; 또한 'Jesus' Galilee' 특히 6-13.
255) 칠튼(Chilton)의 지적—'부패한 로마의 전초기지'(*Rabbi Jesus* 35)—에 반대하여.
256) 분봉 통치자(헤롯 안티파스)의 영토인 가버나움에 주둔한 로마의 수비대를 상상하는 것은 아주 비현실적이다(Reed, *Archaeology* 161-62). 그 성읍의 가장 동쪽 변방에서 1980년대 발굴된 보병 군단의 목욕탕은 그 지역이 로마 군대에 점령된 주후 2세기 때의 것으로 보인다(Reed, 155-56; Crossan and Reed, *Excavating Jesus* 87-89). 헤롯 필립 영토와의 경계선은 헤롯 대왕의 죽음으로 그의 왕국이 나눠져 생긴 결과로 로마의 관점에서는 사소한 것이었다.
257) 주후 6년 퀴리니우스(Quirinius) 하의 유대에서 인구 조사를 실시한 것도 조세 기반을 확인하기 위해서였다. 그 대상에 갈릴리가 포함된 것은 설득력이 떨어진다. 그 지역은 안티파스의 통치하에 있었기 때문이다. 그 인구 조사에 반하여 '갈릴리 사람' 유다가 인도한 폭동은 유대에서 발생했다('갈릴리 사람'은 폭동 장소가 아니라 출신 지역을 가리킨다). 추가로 아래 제11장 각주 29를 보라.

것이다.[258] 그 하나가 제사장들에게 내는 십일조였고(느 10.35-39),[259] 또 반세겔의 성전세가 있었는데,[260] 이것만 해도 최소한 그들 소득의 15퍼센트에 해당되었을 것이다.[261] 두 번째는 헤롯 안티파스가 자신의 방대한 건축 공사에 충당하기 위해 제정한 징세였다(토지세와 통행세).[262] 세 번째는 로마의 공세로 매년 12.5퍼센트로 계산된다.[263] 예수 당시에 그 세금이 얼마나 무거운 부담이었는지, 그리고 그것이 1세기 초 수십 년간 증가했는지에 대해서는 논란이 있다.[264] 여기서는 전체 세금 부담의 총액이 거의 매년, 대부분의 경우에 모든 생산물과 수입의 약 3분의 1(또는 그 이상)이었다고 말하는 것으로 충분하다.[265] 그러한 수준의 세금 현실에서 자급자족하는 농부들은 항상 빚을 질 위험에 놓여 있었고, 소규모 자작농들은 종종 자기의 땅을 팔아버리고 소작농과 일용직 노무자들이 되거나 더 열악한 상황에 처하기도 했다.[266] 복음서가 그려 보이는 상황 묘사는 그러한 현실의 개연성을 실증해주지만,[267] 또한 압도적인 가난이 상당수의 사람들 모두에게 영향을 미친 것은 아니었음을 암시한다.[268] 여기에 다시, 예수의 가르침 가운데 많은

---

258) 특히 Horsley, *Galilee* 139-44, 177-78, 217-19; Sanders, *Judaism* 146-69을 보라.

259) 마 23.23/눅 11.42; 눅 18.12에 언급됨.

260) 출 30.13; 마 17.24; Josephus, *Ant.* 18.312.

261) Sanders, *Judaism* 167; 호슬리는 20퍼센트가 넘는 것으로 계산한다(*Galilee* 217-18).

262) 갈릴리와 요단 건너 헤롯 필립의 영토 사이의 국경에 근접한 가버나움에서(막 2.14 평행구) 징수된 통행세는 헤롯 안티파스에게 돌아갔을 것이다. 요세푸스에 의하면 갈릴리와 페레아에서 거둔 세금 수입은 공세로만 매년 200달란트에 달했다(*Ant.* 17.318). 또한 Freyne, *Galilee* 191-92을 보라.

263) 샌더스는 이것이 별도의 세금이었다는 사실을 논박한다: '곡물세는 공세였다'(*Judaism* 166). 그러나 더 사실에 합치되는 것은 어떤 세금(*kēnsos*—'세금, 인두세'/*phoros*—'공세')은 카이사르(=가이사)에게 지불되는 것으로 인식되었다는 사실이다(막 12.14-17 평행구; 눅 23.2). 이는 안티파스가 자신의 행정 사무를 위해 거둔 세금과 별도의 몫으로 생각된 것 같다.

264) 특히 *Judaism* 157-69에서 샌더스가 유독 호슬리와 벌이는 논쟁을 보라.

265) 샌더스는 대부분의 해에 그 액수가 28퍼센트 이하였다고 주장한다(*Judaism* 167); 그러나 헤롯의 건축 비용(164-65)과 소작농의 생산성이 가장 확실하고 일관된 과세 기반이었다는 사실에 충분한 비중을 두고 있는가? 많은 부분이 추측일 뿐이지만 1/3에서 50퍼센트에 이르는 범위 안에서 그 숫자를 대강 추산해볼 수 있다(Hanson and Oakman, *Palestine* 113-16; Reed, *Archaeology* 86-87).

266) 또한 M. Goodman, *The Ruling Class of Judaea: The Origins of the Jewish Revolt against Rome, AD 66-70* (Cambridge: Cambridge University, 1987) ch. 3 특히 55-68을 보라. 더 넓은 그림을 위하여, Hanson and Oakman, *Palestine* 86-91 (이 기간의 '사회적 도적 행위'에 대하여), 101-25. 아울러 이에 대한 논의를 위하여 G. Theissen, 'Jesus und die symbolpolitischen Konflikte seiner Zeit: Sozialgeschichtliche Aspekte der Jesusforschung', *EvT* 57 (1997) 378-400.

267) 특히, 마 20.1-7; 그러나 또한 마 5.25-26/눅 12.58-59; 마 5.42/눅 6.30; 마 6.25-34/눅 12.22-32; 마 6.12; 18.23-35; 눅 16.1-9. 달란트/므나의 비유(마 25.14-30/눅 19.11-27)에 대해서 케일러(Kaylor)는 다음과 같이 언급한다: '한 달란트 받은 사람의 운명은 규정에 따라 체제에 충분히 참여하지 않는 사람들에게 그 체제의 냉혹함을 비추어준다'(*Jesus* 162).

268) 막 2.15-16 평행구; 12.39 평행구; 마 6.19-21; 눅 11.38; 12.16-21, 42; 14.12. 예수는 그의 선한 생

부분과 상관된 값진 배경이 자리하는데, 이는 우리가 다양한 지점에서 되돌아가 다루게 될 것이다.

이 장에서 검토된 모든 자료에 비추어, 우리는 이제 유대인 예수를 그의 종교적·지역적 맥락 안에 좀더 명확하게 자리 잡게 해야 할 상황에 처해 있다.

9.9 예수의 생애와 선교 개요

이어지는 대목에서 구체적인 내용을 채우기 전에 제9장에서 알게 된 것에 비추어 예수의 생애와 선교에 대한 개요의 밑그림을 그려보는 것이 편리할 것이다.

a. 연대기적 틀

복음서에 나오는 헤롯 대왕(주전 37-4년), 헤롯 안티파스(주전 4-주후 39년), 유대의 로마 총독 빌라도(주후 26-37년)에 대한 언급들 덕분에 예수와 그의 선교는 상당한 정도의 정확성을 가지고 당시 역사 정황 가운데 맥락화될 수 있다. 엄밀한 정확성은 가능하지 않거니와 필요한 것도 아니다. 핵심적인 참고 자료는 아주 적지만 일관된 틀을 보여준다.

예수 자신은 일반적으로 주전 4년 헤롯 대왕이 죽기 얼마 전에 태어난 것으로 추산된다. 마태의 탄생 이야기가 상정하듯(마 2.16), 주전 6년에서 4년 사이의 연대가 그러한 역사 정보에 합치되는 듯하다. 이는 또한 주후 27년 또는 28년으로 계산되는 티베리우스 카이사르 치세(눅 3.1) 15년째 되는 시점에 '예수가 30세였다'는 누가복음 3.23의 전통에 따르면 그 탄생 시점이

활 방식으로 그 이름이 알려져 있었고(마 11.19/눅 7.34) 잔치나 축제의 이미지를 매우 자주 사용했다(막 2.19 평행구; 마 22.1-10/눅 14.16-24; 마 25.1-12; 눅 12.36; 14.8).

얼추 맞아떨어진다. 예수의 십자가 처형 시점은 논란의 여지가 있다. 14번째 니산월 30일이나 그 주요 대안으로 33일이 제시되는데, 전자가 좀더 지지를 얻고 있다.[269] 전자의 경우는 또한 예수의 선교가 2년 또는 3년에 걸쳐 지속되었으리라는 일반적인 인상과도 맞아떨어진다. 특히, 요한복음서가 세 번의 유월절을 언급한 대목을 전제하면 더욱 그렇다(요 2.13; 6.4; 11.55).[270] 이를 넘어서는 토론은 해당 자료가 더 이상 나아갈 견고한 토대를 제공하지 못하기 때문에 즉각 수렁에 빠지듯 가라앉게 마련이다.[271] 그렇게 멀리 떨어진 시점에서 본 한 역사적 인물에 관련된 불확실성의 범위가 예사롭지 않게 적다는 점을 인정하면서 우리는 어느 정도의 불확실성에 만족해야 할 것이다.

b. 양육과 교육

확고한 증거가 결여되어 있지만, 우리는 그럼에도 불구하고 몇 가지 타당한 일반화를 시도할 수 있다.

예수의 고향은 갈릴리 하부의 한 마을(나사렛)과 일치한다.[272] 나사렛 자

---

269) 가장 온전한 요약적 개관은 R. Riesner, *Paul's Early Period: Chronology, Mission Strategy, Theology* (Grand Rapids: Eerdmans, 1998) 3-10; 추가로 Meier, *Marginal Jew* 1.372-433; K. P. Donfried, 'Chronology, New Testament', *ABD* 1.1015-16; Theissen and Merz, *Historical Jesus* 151-61.

270) 칠튼은 다 합하여 대략 15년에 이르는 훨씬 더 긴 기간을 상정한다(*Rabbi Jesus*).

271) 이 문제는 대체로 우리가 예수의 죽음과 관련된 기록에서 공관복음서(유월절 다음 날)를 따르느냐 요한복음서의 연대기(유월절 당일)를 따르느냐에 달려 있다. 그러나 양쪽의 경우 모두 신학적 요인들이 꽤 많이 연루되어 있어 명확한 선택을 하기 어렵다. 이에 대한 충분한 논의는 Brown, *Death of the Messiah* 1350-78을 보라. 또한 아래 §9.9g; §17.1c를 보라.

272) 막 1.9; 마 21.11; 요 1.45-46; 행 10.38; 그는 '나사렛 사람(*Nazarēnos*) 예수', 즉 '나사렛 출신의 예수'로 통했다(막 1.24/눅 4.34; 막 10.47; 14.67; 16.6; 눅 24.19). '나조라이노스'(*Nazōrainos*)가 '나자레노스'(*Nazarēnos*)의 변이 형태로 이해되었다는 것은, 비록 그 형식이 나사렛(Nazareth)에서 파생되었는지 여부와 관련된 문제점에도 불구하고, 분명해 보인다(마 26.71; 눅 18.37; 요 18.5, 7; 19.19; 행 2.22; 3.6; 4.10; 6.14; 22.8; 24.5; 26.9). 예컨대, BAGD/BDAG, *Nazōraios*; H. Kuhli, '*Nazarēnos, Nazōrainos*', *EDNT* 2.454-56을 보라. '나조라이노스'(*Nazōrainos*)가 나실인을 뜻하는 '나지라이오스'(*naziraios*)의 대안 형태로 이해되어야 한다는 제안은 예수의 선교가 금욕주의 성격이 아니었다는 명확한 기억과 배치된다(막 2.19 평행구; 마 11.18-19/눅 7.33-34)(K. Berger, 'Jesus als Nasoräer/Nariräer', *NovT* 38 [1996] 323-35). 스테게만(Stegemann)의 제안에 의하면, 세례자 요한의 추종자들이 다소 비아냥거리듯 그리스어 '나자레노이'(*nazarēnoi*)나 '나조라이오이'(*nazōraioi*)의 어감을 주는 '보존자들'(*nasraya*)로 칭해졌으며, 따라서 이는 예수가 세례자 요한의 동아리 출신이었음을 시사한다(*Library* 219).

체는 작은 규모로 그리 부유한 마을이 아니었던 것 같다.[273] 상대적으로 조용한 기간에 '장인'(tektōn) 집안의 일원으로서(막 6.3),[274] 우리는 예수의 양육 환경이 가난에 찌들지는 않았지만 가난에 친숙하였음을 상상해볼 수 있다.[275] 마가복음 6.3의 함의인즉, 예수는 대가족의 일원이었다는 것이다(네 명의 형제와 몇 명의 자매들을 포함하여).[276]

우리가 예수의 교육에 대해 좀더 구체적일 수 있을까? 특히 그가 읽고 쓸 수 있는 역량이 있었을까? 로마 제국 내에서 하층 사회집단 가운데는 문맹이 폭넓게 펴져 있었다는 것이 일반적 추정이다.[277] 그러나 우리가 앞서 살펴본 대로, 제2성전기 유대교에서는 토라 공부가 대단히 강조되었다. 글을 쓴 예언자들은 이미 읽고 쓸 줄 알던 공공 대중들의 존재를 전제한다.[278] 요세푸스(Ap. 2.204)에 의하면, 당시 어린이들에게 읽는 것을 가르치는 것(grammata paideuein)이 기대되었다.[279] 레위 유언서도 유사하게 아버지가

---

273) 비록 가버나움과 달리 이후 들어선 근대식 건물들이 그 마을의 부지 측정을 전반적으로 모호하게 하지만, 리드는 400명 이하의 인구로 추산한다(*Archaeology* 131-32). 극히 적은 동전 발견과 함께 포장도로, 공공 구조물과 비문들, 섬세한 도자기가 출토되지 않는 점은 가난하거나 기껏해야 소박한 환경을 암시한다. 유사하게 Crossan and Reed, *Excavating Jesus* 31-36.

274) 바우어는 이 용어를 '목수, 목재일꾼, 건축가'로 정의한다(BAGD, *tektōn*), '건설하는 사람, 건축가, 목수'(BDAG); 특히 D. E. Oakman, *Jesus and the Economic Questions of His Day* (Lewiston: Edwin Mellen, 1986) 176-82; 또한 Meier, *Marginal Jew* 1.280-81('woodworker'); Gnilka, *Jesus of Nazareth* 69을 보라.

275) Meier, *Marginal Jew* 1.278-85을 보라. 그는 예수가 결코 '가난하게' 묘사되지 않는 점을 주시한다(3.620); D. A. Fiensy, 'Jesus' Socioeconomic Background', in Charlesworth and Johns, eds., *Hillel and Jesus* 225-55. 예수가 부유한 가정 출신이었다고 생각하는 부하난(Buchanan)과 대조해보라 (*Jesus* 240). 또한 아래 제11장 각주 62를 보라.

276) 예수의 직계가족과 예수의 형제와 자매들이 그의 진실된 혈육이었을 개연성에 대해서는 Meier, *Marginal Jew* 1.316-32을 보라. 또한 'On Retrojecting Later Questions from Later Texts: A Reply to Richard Bauckham', *CBQ* 59 (1997) 511-27을 보라. 그 배경에 관한 추가 정보는 S. Guijarro, 'The Family in First-Century Galilee', in H. Moxnes, ed., *Constructing Early Christian Families* (London: Routledge, 1997) 42-65.

277) 예컨대, 호슬리(Horsley and Draper, *Whoever* 125-27)와 클로펜보그 버빈(*Excavating Q* 166-68)은 최고위 통치자 하의 로마 제국 내 읽고 쓸 줄 아는 능력을 가진 자의 수치가 10퍼센트이하에서 로마 시대 팔레스타인으로 가면 3퍼센트까지 떨어진다는 최근의 추산을 주목한다(특히 W. V. Harris, *Ancient Literacy* [Cambridge: Harvard University, 1989]와 M. Bar-Ilan, 'Illiteracy in the Land of Israel in the First Century CE', in S. Fishbane and S. Schoenfeld, *Essays in the Social Scientific Study of Judaism and Jewish Society* [Hoboken: Ktav, 1992] 46-61을 인용함). 또한 J. Dewey, 'Textuality in an Oral Culture: A Survey of the Pauline Tradition', in Dewey, ed., *Orality and Textuality* 37-65 (여기서는 37-41)을 보라. C. Hezser, *Jewish Literacy in Roman Palestine* (Tübingen: Mohr Siebeck, 2001)은 1세기 유대인들의 문자 사용률 평균이 로마 전체의 평균 비율보다 더 낮았던 것 같다고 결론을 내린다 (496-97).

278) 리스너(Riesner)는 어린이가 문자를 크게 반복적으로 말함으로써 문자를 배우려는 노력을 반영하는 증거로 사 8.1; 10.19; 29.11-12; 30.8; 합 2.2-3; 사 28.9-10을 언급한다(*Jesus als Lehrer* 112-15, 190-93); 그러나 *m. Yad* 3.2-5 같은 텍스트나 가령 두루 펴진 성구함의 사용 증거를 너무 강조하지 말아야 한다.

그의 자녀들에게 그들 고유의 문자를 가르쳐 그들이 '끊임없이 하나님의 율법을 읽도록' 하는 이상을 제시한다(*T. Levi* 13.2). 결과적으로 (어느 정도 능력을 갖춘) 갈릴리 부락민까지 읽는 법을 족히 배웠을 것이다.[280] '너희들이 읽었느냐?'[281]라는 아주 폭넓게 입증된 예수의 도전적 질문은 그의 독서 능력을 전제하는 것 같다.[282] 서기관들에 대한 상당한 의존도가 암시하는 바와 나란히,[283] 우리는 부정직한 청지기의 비유가 널리 확산된 기초 수준의 쓰기 능력을 전제로 한다는 점을 주목해야 한다(눅 16.6-7).[284] 더구나 성서 두루마리가 마카베오상 1.56-57만큼 이른 시점에 팔레스타인 마을들 가운데 있었던 것이 입증되고, 요세푸스는 유대(*War* 2.229)와 갈릴리(*Life* 134)에 그것이 존재했음을 확인해준다.[285] 따라서 누가복음 4.16-17에 그려진 모습은 본질적으로 충분히 믿을 만하다.[286] 예수 당시 팔레스타인에서 사용된 언

---

279) 호슬리(위의 각주 277)의 주장과 달리, '공중석상의 구어 낭송' 그 이상이 탐지되는 것 같다; 또한 A. Demsky, 'Literacy', *OEANE* 3.368. 그러나 야콥슨(Jacobson)은 '예수 시대에 팔레스타인이 구전 문화가 아니었고, 사실상 텍스트에 대한 강한 지향을 가진 주목할 만하게 박식한 문자 사회였다' (*First Gospel* 10)고 단언하여 반대 방향으로 너무 멀리 나간다.

280) 리스너는 예수 당시 나사렛의 초등학교 기능을 부각시켜주는 증거로 현존하는 것을 정리한다 (*Jesus als Lehrer* 228-32). 그런데 눅 4.16-21에 얼마나 많은 비중을 둘 수 있을지 불분명하다. 그것이 예수의 독서 능력에 대한 언급을 포함하지 않는 간략한 마가의 이야기(6.1-6)를 다듬어놓은 것으로 보이기 때문이다. 누가는 자신의 이야기를 헬라주의적 관용어법으로 번역하려는 경향을 보이지만, 예수가 읽을 능력이 있었음을 추정할 수 있었다는 것은 여전히 중요한 듯 보인다. 요 7.15에서는 예수가 공식적인 교육을 받지 않았음에도 불구하고 '문자를 안다'(*grammata oiden*)는 사실에 놀라움이 표현된다. 이는 투박한 북쪽 사람에 대한 지배 엘리트의 경멸감을 표현한 것에 불과할 수 있다. 이는 행 4.13에서 베드로와 요한을 '문자를 모르는 자들'(*agrammatos*)로 묘사한 것과 유사하다(추가로 제2권을 보라). 신약성서 다른 곳에서 예수의 동생 야고보를 묘사한 대목은 비슷한 수준의 문자 사용 능력을 암시한다(다시 제2권을 보라). 또한 C. A. Evans, 'Context, Family and Formation', in Bockmuehl, ed., *Jesus* 15-21을 보라.

281) 막 2.25 평행구; 12.10 평행구; 12.26 평행구; 마 12.5; 19.4; 21.16; 눅 10.26. 그러나 해리스(Harris)는 이 질문(마 12.3; 19.4; 21.42)이 바리새인들이나 대제사장들과 서기관들에게 제기된 것으로, '**그들이** 추측건대 읽었음'을 전제한 수사학적 질문이라고 지적한다.

282) 쿰란 두루마리의 방대한 양과 범위를 미루어 추측건대 그 구성원들 가운데 읽기 능력은 상당했을 것이다.

283) 앞의 §9.3c를 보라.

284) 그러나 우리는 클로펜보그 버빈의 경고를 잘 살펴야 한다: "문자 사용 능력" 자체는 다양한 수준을 용인한다: 서명 수준의 능력; 간단한 계약서, 물품목록, 영수증 따위를 읽을 수 있는 능력; 충분히 읽을 수 있는 문자 해독 능력; 구술을 받아쓸 수 있는 능력; 필사할 줄 아는 능력, 즉 작문 능력' (*Excavating Q* 167). 요 8.6, 8이 글을 쓰는 능력을 암시하는지는 분명치 않다; 가령, Meier, *Marginal Jew* 1.268-69을 보라.

285) M. Mar-Ilan, 'Scribes and Books in the Later Second Commonwealth and Rabbinic Period', in Mulder, ed., *Mikra* 21-38을 보라.

286) 마이어는 늘 그렇듯 균형 잡힌 논의를 제공한다(*Marginal Jew* 1.271-78, 303-309). 그의 입장은 T. E. Boomershine, 'Jesus of Nazareth and the Watershed of Ancient Orality and Literacy', in Dewey, ed., *Orality and Textuality* 7-36이 계승한다: 예수는 아마도 읽을 줄 알았지만 쓸 수 있는 능력은 없었던 것 같다(22-23). 크로산은 예수가 문맹이었다는 사실을 거의 의심하지 않는다(*Birth* 235); 유사하게 Chilton, *Rabbi Jesus* 99. 이와 완전히 대조적인 입장에서 플루서(Flusser)는 '예수의 유대

어들에 대한 정보는 꾸준히 늘어나고 있다. 예수가 아람어로 적어도 상당 부분의 가르침을 베풀었다는 실질적인 합의에 의혹을 제기할 이유는 없다.[287] 그러나 이로써 1세기 팔레스타인에 그리스어가 어느 정도 침투해 들어왔다는 점과[288] 예수가 적어도 일부 그리스어를 알았고 경우에 따라 그리스어로 말했을 가능성을 부인하는 것은 아니다.[289]

c. 예수와 통속적 유대교

이전 논의의 기초 위에서 우리는, 주후 1세기의 초기 해에 하부 갈릴리 지역의 나사렛에서 양육받은 한 소년이 '유대인'으로 온당하게 그려진다고 의미심장하게 결론지을 수 있다. 그 묘사는 추측건대 그의 부모에 의한[290] 경건한 양육과 나사렛이라는 지방의 마을 회합/회당에서 받은 토라 교육의 항목을 포함했을 것이다.[291] 예수가 글을 읽을 수 있었는지 여부와 공관복음서에 암시된 대로 예수가 성서를 알았고 친숙했을 가능성은[292] 장인의 아들이란 신분을 감안해도[293] 전적으로 긍정적이다.

인 교육이 성 바울의 그것에 비해 비교할 수 없을 정도로 우월했다'고 추정한다(*Jesus* 30).

287) 특히, J. A. Fitzmyer, 'The Language of Palestine in the First Century A.D.', *A Wandering Aramean: Collected Aramaic Essays* (Missoula: Scholars, 1979) 29-56; 또한 'Aramaic Background' 6-10. 이 주제에 대한 마이어의 논의는 우리의 목적에 아주 충분하다(*Marginal Jew* 1.255-68, 287-300); 또한 L. T. Stuckenbruck, 'An Approach to the New Testament Through Aramaic Sources: The Recent Methodological Debate', *JSP* 8 (1991) 3-29; M. O. Wise, 'Language of Palestine', *DJG* 434-44; Millard, *Reading and Writing* chs. 4 and 5 (특히 140-47). 플루서는 계속 예수가 히브리어로 가르쳤다고 주장한다(*Jesus* 128).

288) 특히 Hengel, 'Hellenization'; S. E. Porter, 'Jesus and the Use of Greek in Galilee', in Chilton and Evans, eds., *Studying the Historical Jesus* 123-54. 특별히 주목할 만한 것은 사해 사본 가운데 있는 그리스어 사본과 93년에서 132년 사이에 씌어져 현재 바바타(Babatha) 고문서 서고에 보관중인 그리스어 파피루스의 압도적인 분량이다(Millard, *Reading and Writing* 113, 115).

289) 포터는 예수의 대화들 가운데 일곱이 그리스어로 이루어졌을 것이라고 주장한다. 마 8.5-13; 요 4.4-26; 막 2.13-14; 7.25-30; 12.13-17; 8.27-30; 15.2-5. 요 4장과 별도로 각각의 구절이 그 평행구를 포함하여 그렇다는 것이다(*Criteria* 157-63). 그러나 마 8.5-13의 개연성조차 의심이 된다(그 백부장이 이방인이었는가?—앞의 §8.4b를 보라—그리고 누가의 버전에서 그는 대리인들을 활용하였다). 막 15.2-5에서는 그들 상호 간에 오간 대화 내용이 지극히 적다.

290) 그 부모의 경건은 그들이 자녀들에게 붙인 이름들로부터 추론할 수 있다(막 6.3). 예수/여호수아는 말할 것도 없고, 야고보(선조 이름 야곱), 요세/요셉, 유다스/유다, 시몬/시므온(야곱의 열두 아들들 가운데 세 명으로 이어지는 지파의 수장들)(Fredriksen, *Jesus* 240).

291) 위의 §9.7a를 보라. 1세기 나사렛의 회당에 대한 고고학적 증거는 없다. 그러나 다시 우리는 그 현장에서 고고학자들을 만나기가 어려운 사정들을 주목한다(위의 각주 273).

292) 예컨대, 막 2.25-26; 7.6-8; 10.5-8; 12.26.

293) 이에 대한 광범위한 묘사는 가령 Schürer, *History* 2.417-22과 함께 추가로 아래를 보라.

큰 절기에 그가 적어도 몇 차례 예루살렘으로 순례를 떠났으리라 추정할 수 있다. 예수의 부모가 '유월절을 맞아 매년(kat' etos) 예루살렘에 갔다'는 누가의 보도(눅 2.41)는 과장된 것일 수 있지만, 달리 보면 전적으로 개연성이 있다.[294] 누가복음 2.41-51은 예수가 성인이 된 것(또는 이를 준비하는 것)이 특별히 순례의 적절한 계기로 간주되었으리라 시사한다.[295] 여하튼, 그는 성전과 그 봉사자들, 지방에서 교사와 치안 행정관으로 봉직한 제사장들(막 1.44 평행구),[296] 그리고 십일조와 관련된 요구 사항들(마 23.23/눅 11.42),[297] 정결예법[298] 등에 익숙했을 것이다. 그는 아마도 매일의 의무 사항으로 분명 '쉐마'(신 6.4)를 말했을 것이고(막 12.29-30 평행구 참조), 아마 하루에 두세 번씩 기도했을 것 같다(Josephus, *Ant.* 4.212 참조).[299] 우리는 또한 성인 예수가 안식일을 지켰고, 비록 누가복음 4.16만이 회당 참석이 예수의 규칙적인 관행이었다고 설명하지만, 그가 회당 모임에 참석했으며, '우리의 관례와 율법 공부에 매번 일곱째 날을 할애했다'(Josephus, *Ant.* 16.43)고 추정할 수 있다.[300] 자신의 겉옷에 달린 장식용 술에 대한 언급들은 그가 자신의 종교적 의무를 진지하게 수락한 경건한 유대인이었음을 암시한다.[301] 예수는 거의 확실히 바리새인들을 만났으며 당대를 위한 토라 해석에 그들이 쏟은 관심에도 친숙했을 것이다. 그는 최소한 에세네파 사람들에 대해 들어 알았던 것 같고, 사마리아 사람들과의 긴장의 역사에도 무지하지 않았을 것이다.

---

294) 샌더스는 50만에서 100만 사이의 팔레스타인 유대인 인구 가운데 30만에서 50만 정도의 사람들이(헤롯의 성전은 40만 정도의 순례객을 수용할 수 있었다) 유월절 행사에 참여했으리라고 추산한다(*Judaism* 127-28).

295) 미쉬나 논술문 *Niddah* 5.6은 13번째 생일이 법적·종교적인 문제에서 한 소년이 성인의 책임을 져야 하는 시점이 되었음을 암시한다. *Hagiga* 1.1은 어린 나이에 소년들이 순례를 하는 것을 의무 사항으로 여기고 있었음을 암시한다(Fitzmyer, *Luke* 440-41).

296) Sanders, *Judaism* 177; 위의 §9.3c를 보라.

297) 십일조에 대해서는 Sanders, *Judaism* 146-57과 추가로 아래 §14.4g를 보라.

298) 막 1.40-44 평행구; 막 7.15-23/마 15.11-20; 마 23.25-26/눅 11.39-41. 주목할 만한 것은 갈릴리 바다의 동북쪽 모퉁이에 위치한 가블라(Gamla) 회당에 인접한 커다란 제의용 목욕탕의 존재이다(가령, Oster, 'Supposed Anachronism' 195).

299) Jeremias, *Prayers* 66-81: '예수가 거부했다면 초기 공동체가 기도 시간을 지켰으리라고 생각하기 어렵다'(*Proclamation* 186-91); Sanders, *Judaism* 196-97, 202-208.

300) '특별할 것이 없는 공유된 신념과 관행일지라도 그것이 율법을 준수하는 갈릴리의 유대인으로 예수를 특징지을 수도 있을 텐데, 이는 당시 모든 사람이 알았기 때문에 언급되지 않고 당연시 여겨졌을 것이다'(Keck, *Who Is Jesus?* 31).

301) 마 9.20/눅 8.44; 막 6.56/마 14.36. 아울러 민 15.38-39와 신 22.12(또한 슥 8.23을 주목하라)의 교훈들에 대한 언급과 함께.

d. 중심지 가버나움

예수가 가버나움을 선교의 주축으로 삼았다는 사실도 관련 기록 가운데 분명히 적시된다. 그는 '나사렛을 떠나 가버나움에 거주했다'(마 4.13). 그는 가버나움의 '집에'(*en oikō*) 있었다.[302] 가버나움은 '그의 본 동네였다'(마 9.1). 거기 있는 회당에서 '그는 가르치곤 하였다'(막 1.21/눅 4.31).[303] Q 자료가 가버나움(마 11.23/눅 10.15), 고라신과 벳새다(마 11.21/눅 10.13)를 맹렬히 비난한 내용을 담고 있다는 사실도 상관이 있다. 이는 분명 예수가 자신의 설교 노력을 이 성읍들에 집중하였으며 정도의 차이는 있지만 퇴짜를 맞았음을 의미한다.[304] 고라신과 벳새다는 가버나움에 가장 근접한 두 성읍이다.[305]

가버나움의 규모와 중요성은 다소 터무니없는 측량 수치가 유포되면서 뒤늦게 많은 논란이 되어왔다.[306] 그러나 리드의 보고서는 훨씬 더 온건한 측량 수치를 제공한다. 가버나움은 600명에서 1,500명 사이의 주민이

---

302) 막 2.1; 3.20; 9.33; 마 13.1, 36. 만일 막 2.15이 2.13-14과 분리된 전통으로 존재했다면, 거기 언급된 그 '집'은 예수가 소유한 것이었다고 생각해볼 수 있다(Jeremias, *Parables* 227 각주 92; Taylor, *Mark* 204 참조). 그러나 1세기 가버나움에 있던 '베드로의 집'과 관련한 고고학적 증거가 지나칠 수 있는 것이라면(가령, Charlesworth, *Jesus* 109-15; Murphy-O'Connor, *Holy Land* 218-19을 보라), 비록 그 집이 대규모 식사 연회로 초청할 만한 규모는 아니었겠지만, 막 2.2-12의 에피소드가 거기서 있었던 것으로 충분히 연상해볼 수 있다.

303) 마 8.5/눅 7.1/요 4.46; 마 17.24; 눅 4.23; 요 2.12; 6.17, 24, 59. Crossan and Reed, *Excavating Jesus* 94-96은 변함없는 유랑 설교자로서 예수의 선교를 대안적으로 재구성한 것을 뒷받침하기 위해 막 1.38('내가 [가버나움에서] 왔다')의 토대 위에 앞서 정리한 자료들을 일정한 의도를 가지고 논박한다('이 언약적 왕국은 모든 사람이 모일 유력한 장소를 가질 수 없었고 다만 모두에게 똑같이 해당된 움직이는 중심이 있었을 뿐이다').

304) 양질의 양식비평적 논리와 함께 Q 연구들은 Q 구성원들이 이 세 갈릴리 마을들로부터 거부당한 경험을 한 게 분명하다고 추론한다(가령, Kloppenborg Verbin, *Excavating Q* 147-48, 171-74, 256). 그러나 비록 그 구절들이 Q²단계로 규정된다고 할지라도 그것들은 예수를 그 비난의 당사자로 떠올려준다. 예수 전통 가운데 고라신에서 한 예수의 활동 사항은 보고되지 않는다. 그러나 벳새다를 방문한 사실은 나온다(막 8.22; 눅 9.10).

305) 고라신은 가버나움 뒤쪽 3-4킬로미터 거리의 '언덕 마루'에 위치했고 벳새다는 가버나움에서 대략 13킬로미터 떨어져 있었다. 벳새다는 정밀하게 보면 헤롯 필립의 영토에 속했지만(요단 강 건너편), 갈릴리 호수의 북쪽과 서쪽 연안 도시와 마을들 방향으로 인접해 있었다(Pliny, *Nat. Hist.* 5.21과 요 12.21은 벳새다를 갈릴리에 위치시킨다). 추가로 J. F. Strange, 'Bethsaida', *ABD* 1.692-93을 보라. 베드로와 안드레가 그들의 고향(벳새다—요 1.44)을 떠나 또한 가버나움에 정착한 것(막 1.29 평행구)도 이와 관련 있다. 요한에 의하면 빌립도 역시 벳새다 출신이었다(요 1.44; 12.21). 예수의 측근 제자들 가운데 안드레와 빌립만이 그리스 이름을 가진 것은 우연의 일치일까?

306) 마이어스(Meyers)와 스트레인저(Stranger)는 그 인구를 12,000-15,000명으로 추산했다 (*Archaeology* 58); 코보(V. C. Corbo)는 가버나움이 남북으로 뻗은 대로(*cardo maximus*), 많은 동서 방향의 교차도로(*decumani*)를 지닌, 정상적 도시 계획에 따라 설계한 '도시'(city)로 묘사한다(*ABD* 1.866-69). 또한 Reed, *Archaeology* 143 각주 15를 보라.

살던 소박한 성읍으로 갈릴리에서 상대적으로 큰 마을이었다.[307] 리드에 의하면, 거기에는 포장도로, 정렬된 기둥이 있는 중앙 도로, 또는 상수도나 하수도의 증거가 보이지 않는다. 오히려 도로는 매우 협착하고 불규칙했으며(주택 지역을 따라 구부러진 상태) 압축된 땅과 흙으로 만들어져 있었다.[308] 마찬가지로 공공건물(극장이나 행정구역, 시장과 관련된 상점이나 저장 시설이 없음)[309] 또는 선덕을 기려 나타낸 공공 기념비문(이 시기 지중해 연안 도시들의 특징적인 면)의 증거도 결여되어 있다.[310] 주택 공사와 가정살림의 용기들은 대체로 질적 수준이 낮았고(엘리트 주택의 증거가 없음), 부유함을 나타내는 증표도 보이지 않는다(섬세한 도자기나 심지어 간단한 잔, 모자이크, 프레스코, 대리석 등의 증거조차 없음).[311]

가버나움의 의의는 그 위치로 대변되었다. 호수의 서북쪽 연안에 위치한 이 성읍은 그 지역의 주요 어촌으로 고라신을 포함하여 그 배후 지역의 물자를 충당했던 것 같다. 더 중요한 것은 가버나움이 요단 강 건너 헤롯 필립의 영토를 통과하여 다메섹에 이르는 서북쪽으로 뻗은 도상에서 헤롯 안티파스의 영토(Gaulinitis) 내에 있는 마지막 마을이었다는 사실이다. 이러한 연유로 이 성읍은 통관 교역소로 기능하기도 하였다. 복음서는 마태/레위를 예수 당시 통행세 담당 세리로 거명한다(막 2.14 평행구). 아마 헤롯 안티

---

307) Reed, *Archaeology* 149-52; 또한 Crossan and Reed, *Excavating Jesus* 81-87. 리드는 또한 가버나움이 예수 이전의 어떤 문헌에서도 언급되지 않는 사실을 주목한다(*Archaeology* 140). 로프레다(S. Loffreda)는 비잔틴 시대에 그 성읍이 최대한 확장되었을 때 대략 1,500명의 인구가 있었으리라 추산한다(*OEANE* 1.418).

308) 앞의 책 153.

309) 잘 알려진 가버나움의 회당은 그 땅속 깊이 집의 벽과 돌로 포장된 도로 등의 증거가 남아 있지만, 대체로 주후 4, 5세기로 연대가 추정된다(S. Loffreda, 'The Late Chronology of the Synagogue of Capernaum', in L. I. Levine, ed., *Ancient Synagogues Revealed* [Jerusalem: Israel Exploration Society, 1981] 52-56; 또한 Loffreda, 'Capernaum', *OEANE* 1.418). 이러한 구조물들의 연대가 언제로 산정되는지는 불분명한 상태로 남아 있다. 커다란 집이 공동체의 모임에 장소를 제공했으리라 상정할 수 있다(Kee, 'Defining' 22). 그러나 더 오래전 같은 용지나 다른 곳에 회당이 있었을 가능성도 생각해 볼 수 있다. 허세부리지 않은 점잖은 구조물이었음이 분명한 그 건물을 백부장이 '세웠다'(즉 추측건대 그 건물을 위해 비용을 지불했다)는 누가의 보도(눅 7.5)는 즉각 폐기될 수 없다. 혹은 그 지역 인사들이 호수 주변의 티베리아스 같은 좀더 명망 있는 도시들에서 은덕을 배푸는 경우를 '흉내 내려' 했을 가능성을 상상해볼 수 있다. 그러나 Crossan and Reed, *Excavating Jesus* 90-91을 보라.

310) Reed, *Archaeology* 154-56.

311) 앞의 책 159-60, 164-65; 또한 Murphy-O'Connor, *Holy Land* 217, 220-21을 보라. 칠튼의 상상력은 여기서 다시 날개를 단다: '가버나움의 퇴폐적 모습은 그(예수)를 구역질나게 했다'; '가버나움이 제공한 거의 바쿠스 축제 식의 흥청거리는 폭음과 폭식'(*Rabbi Jesus* 82, 132).

파스가 몇 명의 (개인) 참모와 함께 임명했을(마 8.9/눅 7.8) 군대 관리('백부장')가 나오는 것은 또한 가버나움이 전략적 중요성을 가지고 있었음을 시사한다.[312] 통행세 담당 세리와 왕의 관료라는 요소를 감안할 때 고고학적 증거로 재구성되는 당시 가버나움의 현황은 약간의 주정부 관료 체제를 포함하는 정도 로 다소 고쳐 보면 될 것이다.[313]

왜 예수는 그의 근거지를 거기로 삼았을까? 그의 초기 추종자들 중 한 사람이 거기 있는 집에다 예수를 위해 방을 제공했을 가능성이 다분하다.[314] 비록 갈릴리의 국경선에서 가버나움은 갈릴리의 내지뿐 아니라 골란의 유대인 거주민들에게 즉각 접근할 수 있는 요충지였다. 또한 고려할 만한 점은 북쪽의 이방인 지역과[315] 호수 건너 데가볼리 도시들과 연결된 마을들을 향한 접근성이다.[316] 그렇다고 이로써 예수 쪽에서 그의 선교 범위 내에 이방인 지역을 포함하는 관심사를 나타냈다고 볼 수만은 없다(추가로 아래 §9.9f를 보라). 리드는 가버나움이 헤롯 안티파스 영토의 변방과 호수에 그렇게 근접해 있었기 때문에 위태로운 상황이 발생하였을 때 예수가 헤롯의 치안 통제권에서 빠져나갈 수 있었을 것이라고 추측한다.[317] 이는 안티파스가 예수의 스승 세례자 요한을 붙잡아 처리하는 데 적은 시간이 소요된 점에 비추어 염두에 둘 만한 요인이다(막 6.14-29 평행구).

---

312) 위의 제8장 각주 200-201과 제9장 각주 256을 보라

313) Reed, *Archaeology* 165. 그러나 복음서는 마태의 손님들이 마태/레위의 집에서 비스듬히 기대앉은 자세로('reclining') 식사를 하고 있었다고 묘사하는데(막 2.15 평행구), 이는 상당한 규모의 주거 형태와 헬레니즘 시대의 에티켓을 시사한다. 만일 야이로가 가버나움의 회당장(*archisynagōgos*)이었다면(막 5.22-43 평행구), 이는 가장 중요한 지역 인사 세 명(?) 모두(마을 회합의 의장, 통행세 담당 세리, 왕의 관리/백부장) 예수에게 매료되었거나 우호적인 관계에 있었음을 암시한다.

314) 몇 군데 사례에서(막 2.1; 3.20; 7.17 참조) 마가가 언급한 '오이코스'(*oikos*)는 예수 소유의 집을 가리키는가? 아니면 베드로의 집을 가리키는가? 또한 위의 각주 302를 보라.

315) '갈릴리 상부와 경계를 이루는 두로의 핵심 유적지인 카데쉬(Kadesh)는 가버나움 북쪽으로 불과 25킬로미터 떨어져 있었고, 수로보니게의 정주 부락들에 대한 고고학적 증거는 훌레(Huleh) 계곡의 몇 군데 유적지에서 발견되었다…'(Reed, *Archaeology* 163).

316) 마가는 예수가 그 호수를 십자로 교차하여 가로지른 것을 중시한다(막 4.35-5.43; 6.30-56; 8.1-26).

317) Reed, *Archaeology* 166—'안티파스와의 고양이-쥐 게임(눅 13.31-33)'.

e. 세포리스, 티베리아스와의 관계

나사렛이 세포리스로 기울어 있었듯이(§9.6b), 호수 북서쪽 연안의 마을들은 최소한 어느 정도 안티파스의 다른 행정 중심지 티베리아스로 쏠려 있었을 것이다. 우리는 예수 전통이 이 두 도시들과 관련하여 실제로 침묵을 보인 점을 이미 지적했다.[318] 이것이 예수가 종교적·사회적·정치적 이유로 이러한 도시들을 의도적으로 회피했음을 뜻하는가? 이 문제는 우리가 '도시' 선교를 떠올려주는 참고 자료들(현저하게 Q의 경우)을 생각할 때[319] 좀더 복잡해진다. 아울러, 추측건대 토지 소유주들과 도시의 사회적 엘리트를 일차 대상으로 염두에 두면서[320] 재물의 축적에 우선 가치를 부여하는 행태를 경고하는 다른 자료들[321] 역시 여기에 가세한다. 몇몇 구절에 언급된 '넓은 도로들'(*plateiai*)은[322] 도시에서 발견될 가능성이 좀더 높은데, 이로써 예가 두 갈릴리 도시와 익숙한 연관성을 지님을 암시한다.[323] 마태복음 7.13-14은 도시 성문(*pulē*)의 이미지를 사용한다. Q 전통은 법정과 감옥(마 5.25-26/눅 12.57-59), 은행(원)과 함께 예금(*trapezitēs/trapeza*)을 언급하는데(마 25.27/눅 19.23), 이는 시골 마을의 생활보다는 도시 냄새를 좀더 풍기는 참조물들이다.[324] 뿐만 아니라, 예수는 식사에 초대받는 관례에 분명 익숙하였고,[325] 식탁에서 비스듬히 기대앉는 그리스식 관행과[326] 저녁만찬에서 지정

---

318) 앞의 §9.6b를 보라. 프레인(Freyne)은 또한 고라신, 벳새다, 가버나움의 경우와 유사하게 세포리스와 티베리아스를 향해 선포된 저주 어린 '화'(woes)가 없는 점을 주목한다('Jesus and Urban Culture' 190).

319) 마 10.11, 14-15/눅 10.8-12. 그러나 공관복음에서 '폴리스'(*polis*)란 말을 차별적으로 사용하지 않는 점을 볼 때 이러한 자료들을 너무 과장되게 해석하지 말아야 한다.

320) 이 부분에서 나는 Reed, *Archaeology* 특히 192을 끌어들이고 있다.

321) 마 6.19-21/눅 12.33-34; 마 6.24/눅 16.13; 눅 12.13-21; 16.19-31.

322) 마 6.5; 눅 10.10; 13.26; 14.21.

323) 막 12.38/눅 20.46과 마 23.7/눅 11.43에서 암시된 '장터마당들'은 아마 도시의 보다 넓은 '광장들'(*agorai*)일 것이다. 그러나 소규모 마을들도 그러한 장터를 가지고 있었을 것이고(막 6.56), 다른 참고 자료들은 충분히 구체적이지 않다(마 11.16/눅 7.32; 마 20.3; 막 7.4).

324) 그러나 파이퍼(R. A. Piper)는 그러한 자료에 명백하게 드러나는 '권력 제도에 대한 의혹'을 지적한다('The Language of Violence and the Aphoristic Sayings in Q', in J. S. Kloppenborg, ed., *Conflict and Invention: Literary, Rhetorical, and Social Studies on the Sayings Gospel Q* [Valley Forge: Trinity, 1995] 53-72 [여기서는 63]).

325) 막 2.15 평행구; 마 22.10-11; 눅 14.10; 22.27.

326) 막 14.3/마 26.7; 막 14.18/마 26.20; 눅 7.37, 49; 14.15.

된 '명예로운 자리'라는 풍습에도 친숙하였다.[327] 이에 대하여 우리는 물을 수 있다. 예수처럼 상대적으로 가난한 설교자가 어디서 그러한 습관과 풍습을 배웠을까?[328] 그러한 질문에 우리는 명확하게 대답할 입장이 못 된다. 물론 나사렛, 가버나움, 고라신 같은 소규모의 마을들이 이와 관련된 많은 기회를 제공했을 리 없지만,[329] 대중적인 설교자를 상대로 후원자 역할을 수락한 부유한 인물들의 전통은 그때 당시에도 생소한 것이 아니었다.[330]

헤롯 안티파스에 대한 예수의 태도와 관련하여 예수 전통의 상대적 침묵은, 공유된 정치적 동기를 암시한다는 점에서 갈릴리의 두 주요 도시(세포리스와 티베리아스)에 대한 예수의 침묵과 가장 잘 연동되는 것 같다. 우리가 누가복음 13.31-33의 명백한 언급과 함께 마태복음 11.7-8/누가복음 7.24-25,[331] 마가복음 10.42-45[332] 등에서 찾아볼 수 있듯이, 안티파스에 대한 그러한 암시들은 암호화된 비판을 함축한다. 두말할 나위 없이 그 암호는 기탄없는 비판의 결과로 세례자에게 발생한 사건에 비추어 이뤄진 것이지만 그래도 비판은 비판이다.[333] 이는 이 도시들에 예수가 방문한 어떤 경우를 예수 전통이 함구한 것이 의도적이라는 의혹을 강화한다. 아울러 이는 예수가 갈릴리에 둥지 튼 헤롯 권력의 본거지로서 그들 도시를 의도적으로 회피했을 가능성도 시사한다.[334]

---

327) 막 12.39 평행구; 눅 14.7-8.
328) Buchanan, *Jesus* 180-83을 참조하라.
329) 그럼에도 벳새다가 그런 기회를 제공했을 가능성은 배제하지 못한다. 이는 헤롯 필립 영토의 두 번째 도시였다. 요세푸스에 의하면 필립은 벳새다를 시골 마을(*kōmē*)에서 도시의 수준으로 그 위상을 끌어올렸고 황제의 딸 이름을 차용하여 그 이름을 '율리아'(Julia)로 개명했다(*Ant.* 18.28); Schürer, *History* 1.171-72은 이 일이 율리아가 아우구스투스에 의해 추방된 주전 2년보다 앞서 발생한 게 틀림없다고 주장한다. 그러나 오코너(Murphy O'Connor)는 그 이름의 주인공으로 당시 통치하던 황제 티베리우스(14-37년)의 어머니 율리아가 더 가능성 높은 후보라고 생각한다(*Holy Land* 205). 어쨌든, 고고학적 증거는 벳새다가 시골 마을보다 조금 더 큰 규모였을 것으로 암시한다(Reed, *Archaeology* 184; 또한 R. Arav, 'Bethsaida', *OEANE* 1.302-305을 보라).
330) 쇼트로프(Schottroff)와 스테게만(Stegemann)의 주장과 대조해보라: '팔레스타인의 부자는 예수의 제자들 가운데 없었다'(*Hope for the Poor* 53); 그러나 우리가 그렇게 전반적인 결론을 내릴 입장에 처해 있는가?
331) 아래의 제11장 각주 183을 보라.
332) Freyne, 'Jesus and Urban Culture' 199-200.
333) 막 3.6과 12.13-17 평행구에 나오는 헤롯당 일파(앞의 §9.3c[4]를 보라)에 대한 두 언급을 또한 주목하라(아래 §15.3c를 보라).
334) Reed, *Archaeology* 137-38.

f. 갈릴리(와 그 경계 너머의) 선교

갈릴리 호수의 북서쪽 연안이 예수의 선교에 핵심 지역이었던 것 같다. 그러나 그는 갈릴리 전역을 폭넓게 여행했던 것으로 기억된다.[335] 특정한 마을들이 예수 전통 가운데 박혀 있는 것 같다. 가버나움에 이사하여 이미 정착한(눅 4.23) 연후에 나사렛으로 돌아옴(막 6.1-6 평행구), 나인성에서의 기적(눅 7.11),[336] 가나[337] 등등. 제자들이 '마을마다'(kata tas kōmas, 눅 9.6) 돌아다니면서 설교하도록 파송한 것도 전통 속에 잘 뿌리박혀 있다. 이미 지적한 대로, 이는 초기 선교사들을 카리스마적 유랑 설교자로 묘사한 타이센의 기본 논지다(§4.6). 그러나 상부 지역이든, 하부 지역이든, 대부분의 갈릴리는 가버나움에서 이틀간 여정으로 당도할 수 있었기 때문에 이와 연관된 그 유랑의 총체적인 중요성은 과장하지 말아야 한다.[338] 그들의 생활 수단이란 견지에서(음식과 숙박), 예수와 그 일행은 분명히 마을의 환대에 의존할 수 있었다(막 6.10 평행구). 꽤 많은 여인들이 예수를 따르며(막 15.40-41) 그들 소유의 재물을 예수에게 제공하면서(눅 8.2-3) 그 사역을 지원하는 팀으로서 활약했다는 확고한 전통이 있다.[339]

게다가 갈릴리를 훌쩍 넘어 뻗어나간 예수의 명성에 대한 언급들도 있다. 상황을 과장하는 전형적 방식으로, 마가는 유대, 예루살렘, 이두메아와 요단 건너, 그리고 두로와 시돈에서 군중들이 몰려들었다고 보도한다

---

335) 요약문 형식으로: 막 1.39/마 4.23; 막 6.6/마 9.35; 눅 8.1. 요세푸스는 갈릴리의 204개 마을을 언급한다(갈릴리 상부 지역을 포함하여)(Life 235). 그것들은 규모 면에서 수십 명의 주민에서 상대적으로 큰 수천 명의 성읍들로 퍼져 있었을 것이다(Horsley, Galilee 190-93).

336) 전통적으로 나사렛 남동편, 정확하게 이스르엘(Jezreel) 평원의 한 가운데, 모레(Moreh) 언덕의 북쪽 경사면에 위치하는 오늘날의 나인(Nein)과 동일시된다(J. F. Strange, 'Nain', ABD 4.1000-1). 이는 정확하게 그 지역이 갈릴리 남부 지역의 일부가 아니었음을 시사하는 듯하다(Reed, Archaeology 116 참조); 그러나 이 시기 갈릴리 하부 지역의 남쪽 경계와 관련해서는 정확한 기준이 나와 있지 않다.

337) 요 2.1, 11; 4.46; 가나는 나다나엘의 고향으로 암시되어 있다(요 21.2). 이 성읍은 대개 나사렛 북쪽으로 14킬로미터 정도 떨어진 유적지와 동일시된다(J. F. Strange, 'Cana', ABD 1.827).

338) '유랑이 아니라 그 지역의 마을과 성읍들을 향한 단기일 여행'(Arnal, Jesus 199-200). 또한 아래 § 14.3b를 보라.

339) 헤롯의 사환(epitropos)인 구사의 아내 요안나를 포함하여. 우리는 구사가 아마도 티베리아스와 가버나움 사이의 아주 비옥한 게넷사렛 평원에 위치하였을 헤롯의 영지(일부)를 관리한 것으로 상상해볼 수 있다.

(막 3.8 평행구). 더 적절한 사례로, 예수는 북서쪽 멀리 갈릴리 상부와 두로의 경계가 불분명하고, 그 마을들이 어쨌건 두로의 영향력 아래 있는 두로(와 시돈)의 영역(*merē*)/변경(*horia*)으로까지(막 7.24/마 15.21) 여행한 것으로 회고된다. 유사하게 갈릴리 호수 북쪽으로의 여행 가운데 그는 가이사랴 빌립보의 행정권이 미치는 지역(*merē*)/마을들(*kōmas*)로 들어갔을 텐데(막 8.27/마 16.13), 이 지역 역시 두로를 통한 무역의 영향을 크게 받고 있었다.[340] 호수 건너편으로의 여행은 데가볼리 도시들의 행정권 안에 있는 지역으로 발걸음을 옮기는 것을 뜻했다.[341] 예수가 그 도시들 가운데 어느 곳도 방문한 것으로 기록되어 있지 않다. 이러한 경우에 복음서 저자는 예수의 선교가 그와 같이 향후 이어지는 이방인 선교의 전조를 보인 것으로 강하게 암시한다.[342] 그러나 우리는 또한 이 모든 곳들이 한때 더 큰 이스라엘 왕국에 속하였고 아브라함에게 약속된 땅의 일부로서 이스라엘의 상속물로 간주될 수 있는 지역이었다는 점을 상기해야 한다.[343] 다시 말해, 우리는 예수 자신이 분명히 그 원거리 여행을 그 지역에 거주하는 이스라엘의 자녀들에게 자신의 선교를 확대시켜야 할 과제의 일부로 보았을 가능성을 배제할 수 없다는 것이다. 이러한 내력 가운데 마가복음 7.24-30/마태복음 15.21-28에 나오는 수로보니게 여인과의 사무치는 에피소드가 자리한다.

---

340) Freyne, 'Archaeology' 167-69; Reed, *Archaeology* 163-64.
341) 막 5.1-20 평행구; 10.1 평행구. 막 7.31의 어법('예수께서 다시 두로 지역을 떠나, 시돈을 거쳐서, 데가볼리 지역 가운데를 지나, 갈릴리 바다에 오셨다')은 늘 수수께끼로 남아 있다(시돈은 두로의 북쪽에 위치해 있었기 때문이다). 이런 까닭에 아마도 $\mathfrak{P}^{45}$등의 사본에서 필사자가 수정본을 만들었을 것이다('두로와 시돈 지역에서'). 여기서 생각해볼 수 있는 것은 이것이 마가(또는 전통들)가 예수가 자신의 길을 벗어나서 갈릴리 상부 지역으로 피했다(그는 북쪽 경계선을 우회하였다)는 사실을 넌지시 전하는 방식이었다는 것이다; 그 경우 우리는 또다시 안티파스의 권세가 미치지 못하도록 멀찌감치 머물렀으리라는 정치적 동기의 가능성을 배제하지 말아야 한다(Gnilka, *Jesus* 190-91).
342) 마가복음 7.1-8.10/9.1의 연쇄물은 특히 주목할 만하다. 갈릴리 바깥 선교(7.24-8.10), 또는 정결과 부정의 율법을 예수가 효율적으로 비난한 일(7.15-19)에 잇달아 호수 서편 연안을 불만족스럽게 들른 짧은 방문(7.24-9.1)을 포함하여. 누가는 수로보니게 여인과의 에피소드를 생략한 대신 70/72명 제자들의 2차 선교(눅 10.1-12)를 포함시킴으로써 그 결락을 보충한다.
343) Freyne, 'Archaeology' 164-65; 'Jesus and Urban Culture' 189.

g. 유대와 예루살렘 선교?

예수가 그 마지막 날들 이전 선교 기간 내에 예루살렘을 방문하였는가 하는 질문은 가시처럼 날카롭다. 비록 누가복음 2.41-51만이 관련 설명을 제공하지만, 우리는 이미 예수의 청소년기와 청년기에 순례차 방문했을 본래의 개연성을 지적하였다(§9.9c). 요한의 세례 장소로 제안된 대체적 위치를 추정해보면 예수는 세례 받기 위해 3, 4일 남쪽으로 여정을 꾸렸을 것이 분명하다. 그러나 이 경우 예루살렘이 안중에 들어오는 것은 아니다. 그와 별도로, 공관복음서의 꽤 명확한 함의인즉, 예수가 그의 갈릴리 선교 기간 동안 예루살렘을 방문하지 않았다는 것이다.[344] 물론 그 복음서들이 예수의 예루살렘 방문 여정을 그가 예루살렘에서 보낸 마지막 주에 응집시켜 구성함으로써 그것을 절정으로 돋보이게 하기 위해 일부러 이전의 그런 방문들을 무시했을 가능성이 있다.[345] 그러나 공관복음서가 관련되는 한 예수의 이전 선교는 전부 북쪽으로 집중되어 있었다.

하지만 요한복음 저자는 다른 이야기를 전한다. 그는 요한복음 2.13-22에서 '성전을 정결케 한' 이야기를 한다. 예수는 세례자의 선교와 중첩된 사역 기간에 남쪽에서 왕성하게 활동한 것으로 묘사된다(요 3.22-26). 요한복음 5장은 예루살렘을 배경으로 삼고 있고, 복음서에 묘사된 예수의 행동은 7.10부터 줄곧 전적으로 예루살렘과 그 인근 지역을 배경으로 삼고 있다. 그 일부는 무시될 수 있을 것이다. 추측건대, 복음서 기자는 먼저 성전 청결 기사를 전체 복음서를 읽기 위한 표제로 깔았거나 창으로 제시했을 것이다. 온전히 성전 관심사라 칭할 만한 것에 대한 각본은 내내 일관되게

---

344) 마 23.37-39/눅 13.34-35('예루살렘아, 예루살렘아…내가 네 자녀를 모으려 한 일이 몇 번이더냐…')은 실제적인 예루살렘 방문을 암시하는가? 아래 요한복음의 증거에 비추어보면 아주 가능하다. 그럼에도 그닐카는 성서에서 예루살렘은 종종 모든 이스라엘을 나타낸다고 지적한다(*Jesus* 193).
345) 가이사랴 빌립보 지역으로의 여행(막 8장)은 예수의 여정 가운데 북쪽 최극단의 사례이다. 그 이후 마가는 예루살렘을 향해 남쪽으로 꾸준히 전진해가는 인상을 준다(막 9.30, 33; 10.1, 32-33; 11.1, 11, 15). 그 전환점을 자신의 이야기 가운데 보다 이전의 예루살렘에 위치시킴으로(눅 9.51) 누가는 예루살렘 여정에 비중을 더욱 부여한다. 추가로 D. P. Moessner, *Lord of the Banquet: The Literary and Theological Significance of the Lukan Travel Narrative* (Minneapolis: Fortress, 1989)를 보라.

나타난다.[346] 그러나 다른 요인들은 요한복음 저자가 적어도 어느 정도 믿을 만한 좋은 전통을 끌어들였을 가능성을 시사한다.

1. 요한과 예수의 선교에 중첩된 부분이 있었다는 점은 매우 개연성이 있다(§11.2b를 보라).

2. 가장 설득력 있게 제안되듯, 만일 예수의 선교가 어느 정도 이스라엘의 회복을 지향하고 있었다면(§13.3), 그가 어떻게 자신의 메시지를 유대와 예루살렘의 사람들에게 전하지 않을 수 있었을까?

3. 공관복음서는 유대와 예루살렘에서 온 추종자들이 있었음을 보도한다.[347] 그렇다면 예루살렘 안이나 인근에 제자들이 있었던 것 같다. 마리아와 마르다(눅 10.38-41)는 요한복음 11.1에 의하면 베다니에 위치해 있다. 예루살렘 입성과 마지막 만찬의 이야기 배열은 그 도시 안이나 그 인근에 비밀 제자들이 있었음을 암시한다(막 11.1-6; 14.12-16). 네 복음서 모두 아리마대 요셉을 언급한다(막 15.43 평행구).[348] 요한복음은 또한 니고데모도 언급한다(3.1-15; 7.50; 19.39).

4. 갈릴리 선교는 반드시 1년 이상 훨씬 더 오래 지속되지는 않았을 것이다. 순례 절기를 기념하기 위해 예루살렘에 대한 정기적 방문의 가능성을 원천 배제하기는 어렵고, 외려 그 점이 예수의 선교 기간에 대해 보통 추정하는 것보다 더 길었을 가능성을 설명하는 데 도움이 될 것이다. 요한복음 7.1-13은 그러한 방문의 현명함과 관련하여 예수로서 불확실함의 흔적을 담아낸 것일 수 있는데, 이는 적어도 몇몇 그의 예루살렘 제자들과 연계된 은밀한 분위기와도 맞아떨어진다.

이 가운데 그 어디에서도 우리는 더 높은 수준의 개연성을 바랄 수는

---

346) 가령, 정결예식(2.6), 진정한 예배(4.21-24), 그리고 성전과 연계된 물과 빛의 기념 의식(7.37-39; 8.12). 추가로 제3권을 보라.
347) 막 3.8/마 4.25; 눅 5.17; 6.17; 7.17.
348) 아리마대 요셉에 대해서는 추가로 아래 §17.1g(4)를 보라

없다. 초기 양식비평가들이 깨달았듯이, 공관복음 전통의 담지자들은 많은 분량의 예수의 가르침을 특정한 시간과 공간에 위치시키려는 관심을 거의 보이지 않았다. 그들은 자신들의 이야기를 가이사랴 빌립보 지역에서 있었던 전환점을 중심으로 구축했다. 그러나 그 전환점 이전과 이후의 예수 전통을 정밀하게 식별하지 않은 채 포함시킴으로 인해 특정 가르침의 원래 위치를 파악하기란 매우 불확실한 상태이다. 거기에 유일한 예외가 있다면 그것은 예루살렘에서 보낸 예수의 마지막 주간 이야기와 예수가 당시 휘말려들었던 논쟁들이다. 그렇지 않은 경우 특정한 가르침을 예수의 선교 가운데 특정 시점으로 고정시키려는 시도는 실수일 것이다. 이제 우리가 예수 전통을 더 밀접하게 검토하려 방향을 잡을 때, 결국 나는 대체로 예수의 가르침과 행위에 대하여 그 연대기나 위치 관련 주장을 펴기 위한 어떤 시도도 하지 않을 것이다.

그러나 역사적 맥락에서 위의 논의 가운데 가치 있는 어떤 부분은 연대표와 지도 속에 요약하여 담아놓을 수 있다.

표 1. 역사적 맥락

연대	로마 황제들	유대인 대제사장	유대의 통치자들	갈릴리의 통치자들
		하스몬 가문의 대제사장들		
		히르카누스 II 63-40(30 사망)	폼페이우스의 로마 정복 63	
주전 60년				
50년				
	율리우스 카이사르의 암살 44			
40년		안티고누스 40-37		
	악티움 전투 31	하나엘 37-36, 36-30	헤롯 대왕 37-4	
30년	아우구스투스 전권을 휘두름 주전27-주후 14	보에투스의 가문 주전 30-주후 6		
20년				
10년				
			아켈라우스 주전 4-주후 6	헤롯 안티파스 주전 4-주후 39
		안나스 가문 6-41	로마 총독들: 코포니우스 6-9 마르쿠스 암비불루스 9-12	
주후 10년	티베리우스 14-37		안니우스 루푸스 12-15 발레리우스 그라투스 15-26	
		가야바 18-37		
20년			폰티우스 필라테(본디오 빌라도) 26-37	
30년				

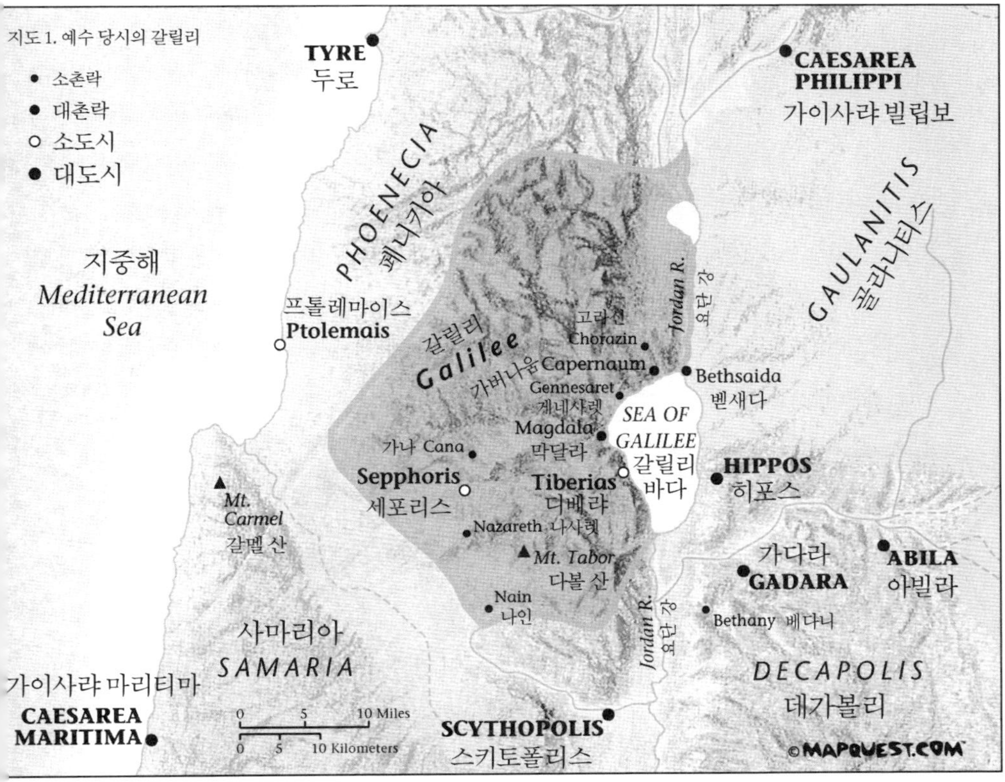

지도 1. 예수 당시의 갈릴리

소촌락
대촌락
소도시
대도시

TYRE
두로

CAESAREA
PHILIPPI
가이사랴 빌립보

PHOENECIA
페니키아

지중해
Mediterranean
Sea

GAULANITIS
골라니티스

프톨레마이스
Ptolemais

갈릴리
Galilee

고라신
Chorazin

Jordan R.
요단 강

가버나움
Capernaum

Bethsaida
벳새다

Gennesaret
게네사렛

SEA OF
GALILEE
갈릴리
바다

Magdala
막달라

가나 Cana

Sepphoris
세포리스

Tiberias
디베랴

HIPPOS
히포스

Mt.
Carmel
갈멜 산

Nazareth 나사렛

Mt. Tabor
다볼 산

가다라
GADARA

ABILA
아빌라

Nain
나인

Bethany 베다니

사마리아
SAMARIA

가이사랴 마리티마
CAESAREA
MARITIMA

DECAPOLIS
데가볼리

0   5   10 Miles
0   5   10 Kilometers

SCYTHOPOLIS
스키토폴리스

©MAPQUEST.COM

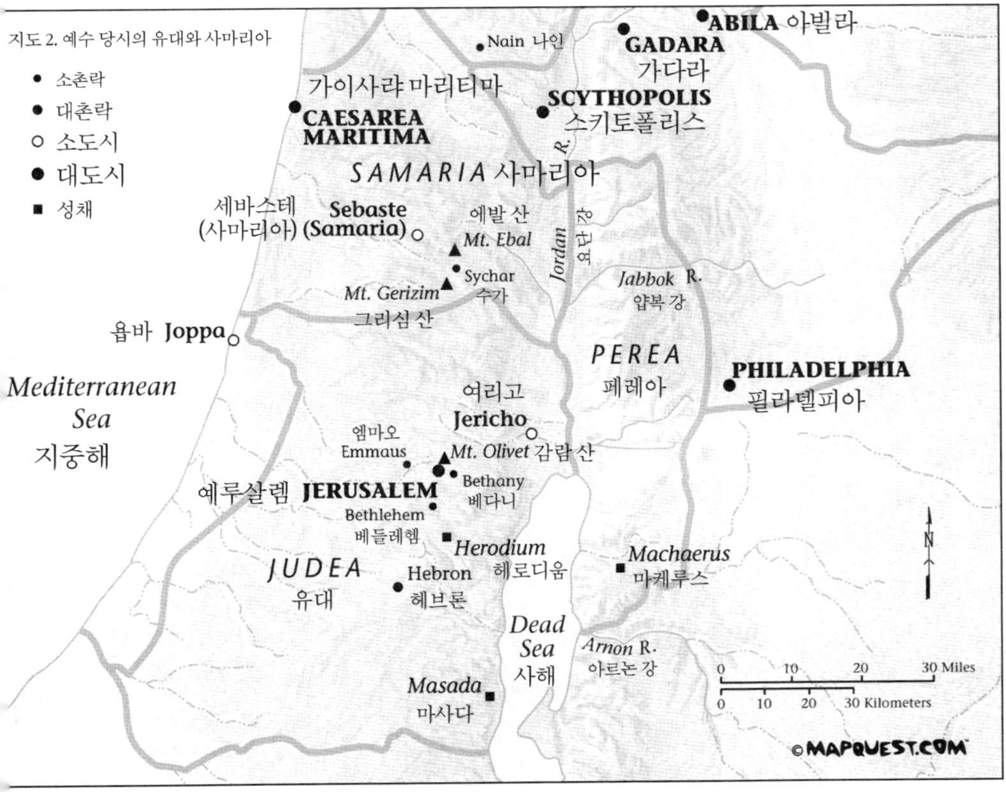

지도 2. 예수 당시의 유대와 사마리아

소촌락
대촌락
소도시
대도시
성채

Nain 나인

ABILA 아빌라

GADARA
가다라

가이사랴 마리티마
CAESAREA
MARITIMA

SCYTHOPOLIS
스키토폴리스

SAMARIA 사마리아

세바스테
(사마리아)
Sebaste
(Samaria)

에발 산
Mt. Ebal

Jordan
요단 강

Sychar
수가

Jabbok R.
얍복 강

Mt. Gerizim
그리심 산

PEREA
페레아

욥바 Joppa

PHILADELPHIA
필라델피아

Mediterranean
Sea
지중해

여리고
Jericho

엠마오
Emmaus

Mt. Olivet 감람 산

예루살렘 JERUSALEM

Bethany
베다니

Bethlehem
베들레헴

Herodium
헤로디움

Machaerus
마케루스

JUDEA
유대

Hebron
헤브론

Dead
Sea
사해

Arnon R.
아르논 강

Masada
마사다

0   10   20   30 Miles
0   10   20   30 Kilometers

©MAPQUEST.COM

_제 10 장_

복음서를 통해 예수로

10.1 추가 탐구는 성공할 가망이 있는가?

지금까지 다뤄온 대부분의 내용 이면에 자리한 질문은, 탐구자에게 사용 가능한 자료의 특질과 이와 연관된 역사적·해석학적 과제의 성격이 전제될 경우 어떤 또 다른 '역사적 예수 탐구'가 성공하길 기대할 수 있는가 하는 것이다. 여기서 회상해보건대, 최초의 탐구는 실패로 판정받았다. 그 목적들(예수의 '내면적 삶'을 드러내기)은 합당치 않고(신앙은 역사가의 발견 내용에 의존하는 것이 되어서는 안 된다) 성취하기 불가능한(자료의 신학적 성격에 비추어) 것으로 생각되었다.[1] 우리는 예수의 생애와 선교 가운데 놓인 신앙의 중요성과 그 신앙을 증명하는 것은 아닐지라도 그것을 알려주는 데 있어 역사의 중요한 역할을 주시함으로써 그 첫 번째 장애물을 제압할 수 있었다. 더구나 역사적 과제에서 신앙을 추출하는 것은 비역사적으로 나가는 것임이

---

1) 위의 제5장 각주 46-47을 보라.

명확해졌다. 이제 당면 과제는 예수가 남긴 강렬한 충격, 우리에게 전수된 그 전통들을 맨 먼저 조성한 자들에게 그가 끼친 영향의 성격을 역사적으로 드러내는 것이다. 그들의 신앙과 예수 전통에 통합적인 신앙의 차원을 설명하지 않는다면, 예수 전통에 대한 책임 있는 역사적 설명을 제공하는 게 불가능하다.

제2부에서 성공적인 탐구가 불가능하다는 주장에 답변하기 위해 보다 온전한 시도가 이루어졌다. 그 발견 내용들은 이제 앞길을 지시해준다.[2]

a. 첫째, 사용 가능한 자료들에 대한 연구(제7장)는 제6장에 이미 부각된 결론을 강화하였다. 우리가 예수 선교의 다양한 측면들을 살필 때, 우리의 출발점은 거의 항상 공관복음서에 보존된 예수 전통일 것이다. 우리는 분명 다양한 논점에서 요한이 보존한 전통들을 활용하고자 할 것이다. 아울러, 보다 넓은 전통의 범위 내에서 여러 요소들을 신선하게 조명하기 위해 우리는 번번이 도마복음, 다른 복음서들, 바울, 그 밖에 다른 곳, 또는 다른 텍스트 변이본들 등에서 예수 전통의 한 버전을 기대할 수 있을 터이다. 그러나 보다 더 넓은 범위는 어떤 다른 원천 자료들이나 그것들이 합성된 것보다 공관복음 전통이 훨씬 더 많이 제공하는 것 같다. (예수가 말하고 행한 것에 대한 증언들로서) 다른 버전들의 역사적 가치를 가장 잘 검증하는 방식 역시 거의 항상 공관복음 전통과의 조화와 일치다. 결국 이어지는 대목에서 주요 초점이 될 것은 공관복음 전통이다.

공관복음 전통 내에서 Q의 중요성은 20세기를 통틀어 꾸준히 증가했다. 예수의 가르침에 대한 매우 초기의 증언으로서 Q 자료는 명백히 긴밀한 주목을 받게 될 것이다. 하지만 최근 특히 Q의 다음 세 가지 측면에 대해 우리의 능력을 과신하는 데는 심각한 위험이 있다. (1) 마가 이외의 자료로 마태와 누가가 공유한 것(q)과 Q의 관계는 무엇인가? 즉 모든 q는 Q와 동

---

2) 나는 이 제목을 Keck, *Future* 26-35에서 빌려왔고, 거기 상설된 그의 자극적인 논제 다섯 개를 참작하였다. 그러나 그가 계속 전통의 '증위' 이미지를 가지고 작업하고(29) 그가 개별적인 자료의 '고유한 진정성'에 초점을 맞추는(30) '새 탐구' 계열에 특징적으로 속해 있음을 주목하라.

일한가? (2) 우리는 Q 자료 자체와 마태와 누가가 그것을 사용한 것에 대한 확실한 편집적 분석을 허용할 만한 충분한 세목들을 가지고 Q의 길이, 순서, 본문을 아는가? (3) Q의 작문 구성 분석에서, 독특한 층위이든(이전에 창작된 부분?), 또는 단순히 개별적으로나 가르침을 목적으로 이미 일관된 군집을 이룬 채 상기된 예수의 다른 가르침들이든, Q 이전 자료의 성격을 결정하는 것이 가능한가? 이러한 질문들에 대한 답변은 항목마다 다를 것이고 학자들마다 다양하게 갈릴 것이다.

내 입장에서 살피고자 하는 보다 중요한 요점은 Q 자료의 상당 부분이 예수의 가르침으로 제시된다는 것이다. 비록 우리가 여기서 간단히 Q 안의 모든 것이 '예수의 진정한 말씀으로 돌아간다'는 사실을 도출해내지 못할지라도, 그렇다고 이로써 우리는 Q가 초기 (갈릴리?) 공동체의 유일한 가르침이며 그 밖에는 아무것도 말할 수 없다는 식의 대안적 결론에 휘둘려서는 안 된다. 제3의 길이 있다. Q 자료는 **예수가 베푼 가르침**으로서 그러한 공동체들에 의해 기억된 것이며, 우리는 그 기억 속에 함축된 주장을 존중해야 한다. 만일 공관복음 전통이 우리에게 예수 자신에 대한 직접적 접근을 허용하지 않는다면, 그것은 또한 그 목표에 미달된 채 멈춰버린 1세기 그리스도교 교회의 신앙 가운데 우리를 머물게 하지 않는다. 그것이 우리에게 제공하는 것은 오히려 **기억된 예수**다. 단순히 그를 기억하기 위해 그들이 선택한 대로의 예수가 아니라, 그 말씀과 행적이 그들의 기억을 형성하고 그들의 모임 가운데 여전히 울려 퍼진 강렬한 영향으로서의 예수이다.

b. 둘째, 이 주장의 방향은 예수 전통의 구전적 단계에 대한 우리 연구로 확인된다(제8장). 이는 최초 제자/교회 모임들 가운데 구연되었고 이러한 모임들에 그 정체성과 근본 이유를 부여한 이야기와 가르침 속에서 여전히 예수의 영향을 분별해낼 수 있다는 결론에 힘을 실어주었다. 그러한 구연들은 상세한 내용과 그 구성 요소들의 합성, 강조점 등에서 유연성을 보였지만, 변별적인 주요 특징들은 변함없이 여일하고 핵심 요소들(대체로 예수의 말씀을 포함하는)은 상대적으로 고착되었을 것이다. 이 두 특징들은 공

관복음 전통 가운데 아주 명확하게 남아 있다. 이러한 발견 사항은 첫 50년 정도에만 해당되는 것 같다. 왜냐하면 요한복음과 이어지는 복음서들은 예수 선교의 그러한 에피소드와 가르침에서 끌어낸 듯한 대목에서 점점 더 '편집적' 자유를 보이고 있기 때문이다. 이러한 발견에 기초하여 우리는 양식비평적 유산이 흔히 허용하는 수준 이상으로 '예수에게로 돌아가는' 것을 평가함에 있어 보다 확신할 수 있다. 다시 강조하거니와, 나는 '예수 자신에게 돌아가는 것'을 구상하지 않는다. 우리가 가진 모든 것은 예수가 남긴 인상들, 즉 기억된 예수다. 이 점에서 나의 강조점이 다른 탐구자들의 것과 다른 대목은 (1) 우리가 예수가 남긴 최초의 영향, 예수 전통 가운데 보존된 사건과 가르침이 유발한 바로 그 영향으로 돌아갈 수 있다는 내 주장이다. 이는 (2) 그 영향이 처음부터 공동체의 전통으로 번역되었기 때문이다. 그 전통은 예수가 남긴 영향을 증언할 뿐 아니라 **그 자체로 예수 자신이 제자직으로 부른 자들에게 남긴 영향의 일부이다.** 그리고 (3) 전통화(전승) 과정의 구어적 성격은, 여전히 공관복음 전통 가운데 명확히 탐지되는 그 전통의 구연적 변용들 안에서, 또 그것을 통해 우리가 여전히 예수에 대해 처음 전해진 그 이야기들을 들을 수 있음을 의미한다. 아울러 이는 처음으로 그 전통 담지자들을 제자직으로 끌어들이고 그들의 공통된 제자직의 삶이 이루어진 초창기에 교회를 존속시킨 예수의 가르침들을 재현할 수 있음을 시사한다. 그 구연된 전통의 범위를 가로질러 일관된 특징을 찾을 수 있는 데서 우리는 그것이 그 전통에 대한 가장 건설적인 영향에서 비롯된 것이라고 결론지을 수 있다. 다시 말해, 그 특징은 그 전통을 구연한 숱한 사람들 가운데 어떤 하나가 아니라 그 전통을 기념한 공동체들에게 결정적으로 작용하고, 그 공동체들이 공유한 전통 가운데 구현된 그대로 예수의 창조적 영향에서 유래했다는 것이다.

이러한 입장은, 그 전통의 반복/구연 가운데 거기에 신선한 관점이 주어졌고 그리하여 상이한 버전들 속에 그 전통이 어떻게 상이한 방향을 취해가며 종종 다듬어졌는지 알 수 있다는 우리의 인식에 방해가 되지 않을 것이다. 여기서 제기될 만한 질문은, 그 다듬기 작업이 원래의 충동과 일관되게 이루어졌는지, 또 그것이 모호함을 해명하고 명확하게 적시되지 않은 부분을 구체화하는지 등일 것이다. §8.2의 함의인즉, 조화되지 않는 비일관성은 교사나 예언자가 도입했거나 수용했을 법하지 않다는 것이다. 그러나 그 함의는 앞으로 추가 검증이 필요하다.

그렇다면 독자들이 스스로 그 성격, 즉 그 다양성과 안정성을 두루 보도록 증거를 공관적으로 펼쳐놓는 것은 앞으로 예수 전통을 검토해나가는 작업의 한 특징이 될 것이다. 너무 많은 예수 연구들이 소단락에 대한 인용도 없이 논평하거나 한두 버전만을 인용한다. 세세한 변용물들은 한마디씩 축어적으로 철저히 설명되어야 하는데, 때로 그 세목은 정신을 마비시킬 정도이다. 하지만 내 교수 이력의 초장부터 나는 공관복음서 대조 연구만큼 공관복음 전통의 현실을 학생들에게 편하게 숙달시키는 것도 없다는 점을 알게 되었다. 바로 그때 불일치하는 사실들이 눈에 띄고 단도직입적 조화가 수용하기 불가능하다는 점이 즉각 분명해진다. 따라서 이제 내 작업에서 우리가 지금 가지고 있는 그대로 그 전통의 다양한 버전들에 시각적으로 노출시키는 것보다 그 전통화 과정의 성격을 더 명확하게 해줄 것은 없으리라는 신념을 견지하고자 한다. 그 불가피한 귀결 한 가지는 그 본문과 함께 더 많은 공간이 할애되므로 책이 더 길어진다는 것인데, 이에 대해 양해를 구한다. 그러나 혜택이 불이익을 상회하리라 나는 믿는다. 본문의 공관적 배열은 독자들에게 내가 제공할 수 있는 것 이상으로 더 풍성한 그들 나름의 분석을 시도할 기회를 부여할 것이다.

c. 셋째, 예수와 그 선교의 역사적 맥락에 대한 연구(제9장)는 우리 탐구에 많은 추가 지침을 제공해주었다. (1) 우리는 종종 너무 가볍게 사용되는 용어들, 특히 '유대인' '유대교'가 1세기 예수의 조상 종교와 관련하여 온전히 시사하는 바를 해명할 수 있었다. (2) 제2성전기 유대교의 통일성과 다양성, 그 시기의 분파주의와 정치적 현실을 좀더 명확하게 파악한다면, 우리는 예수가 활동했던 당시의 복합적인 맥락을 제대로 인식할 수 있다. (3) 우

리는 지체 없이, 그리고 그의 교육과 양육과 관련하여 꽤 확고한 개연성의 차원에서 예수를 유대인으로, 갈릴리 하부 지역 나사렛 출신의 유대인으로 말할 수 있다. (4) 예수 전통에서 뽑은 지리적인 기록과 결부된 고고학적 자료로 우리는 약간의 확신을 가지고 예수 선교의 사회적·정치적 틀을 폭넓게 그려볼 수 있다. 이와 함께 흥미로운 몇몇 가능성과 답변할 수 없는 질문도 제기할 수 있다.

자료, 방법, 맥락 등과 관련하여 말해야 할 것들, 말할 수 있는 것들을 이 정도로 언급해두었으니 우리는 이제 예수 전통 자체에 대한 세부 내용을 좀더 정밀하게 탐사하는 쪽으로 나아갈 준비가 되어 있다.

10.2 어떻게 진행하는가?

그러면 어떻게 나아가야 하는가? 과거와 동시대의 선행 연구들에 대한 검토로 어찌 되었든 이제 기대할 만한 점을 확인하게 되는데, 이를테면 몇 가지 피해야 할 위험이 있다는 것이다. 예컨대, 우리는 자유주의 탐구의 비평이 지적·문화적인 편향성들로 너무 심하게 선결되어 있었음을 떠올려본다. 다른 경우에서 그 발표 내용의 타당성은 불편할 정도로 특정한 어록에 대해 제공된 해석에 의존해왔다. 가령, 두루 인정하듯이, 슈바이처의 재구성이 대체로 마태복음 10.23에 근거하였고,[3] 예수가 하늘의 인자에게서 신원을 구했다는 영향력 있는 독일 학계의 확신은 누가복음 12.8에 지나치게 의존해왔다.[4] 양식비평은 예수 전통 내의 개별적 어록들에 과도한 초점을 맞추도록 부추겨왔다. 결국 '새로운' 탐구자들은 '비평적으로 확인된' 예수 가르침의 핵심을 제공할 기준을 규정하는 견지에서 그 앞길을 봤

---

3) 특히 *Quest²* 357-60.
4) Bornkamm, *Jesus* 176; Tödt, *Son of Man* 55-60; F. Hahn, *Christologische Hoheitstitel* (Göttingen: Vandenhoeck und Ruprecht, 1963, 1995⁵) 33-36; ET *The Titles of Jesus in Christology* (London: Lutterworth, 1969) 28-34. 한은 1970년대 후반 나와의 사적인 대화에서 이 소견을 수용했다.

다. Q(또는 Q¹)가 역사적 예수에 대한 직접적인 접근을 가능케 하는지(첫 탐구자들이 마가복음에 의존했듯이) 그 여부는 현재 Q에 대한 관심의 회복이란 추세 가운데 꾸준히 탐문되지 않았다(또는 충분히 탐문되지 않았다).[5] 오늘날 탐구자들 가운데 타이센은 예수 전통의 일차적 층위가 카리스마적 방랑생활의 실천을 심어주려 했다는 점을 지나치게 확신해왔다.[6] 같은 식으로 펑크도 그 탐구는 예수의 비유와 함께 시작해야 하며('태초에 비유가 있었다') 아포리즘에 대한 진정성의 인식은 그것들이 예수의 고유한 비유 전통과 부합되었는지 여부에 달려 있다고 확신한다.[7] 비비아노(Benedict Viviano)는 놀랍도록 완벽한 그림을 재구성하기 위해 Q와 마가복음 가운데 31개의 겹쳐지는 어록들에서 작업을 개시한다.[8] 반면, 샌더스는 어록들이 아니라 '예수에 대한 사실들'에 주로 근거하여 역사적 예수상을 구축할 수 있는 바람직한 방법론적 기대치를 강조했으며, 그의 예수 연구에서 많은 부분은 그의 출발점이었던 성전 '정화' 전통에 의존한다.[9] 크로산은 의심 없이 세 가지 궤도(다소 폭넓게 상정된 교차문화 인류학, 그리스-로마와 유대 역사, 문학적 분석 내지 본문 분석)를 결합하여 예수 전통의 전체성을 특이한 개성과 자의적으로 버무려 층위화시키면 이로써 그에게 확실한 앞길이 열린다고 본다.[10] 라이트 역시, 추방과 회복이란 견지에서 스스로 재구성한 이스라엘의 메타 서사를 배경 삼아 예수 전통의 요소들을 읽어내면, 그 안에 모든 예수 전통의 세목들이 제자

---

5) 그것은 제49차 루뱅(Louvain) 콜로키움(2000)에서 반복적으로 제기된 핵심 질문이다. Lindemann, ed., *The Sayings Source Q and the Historical Jesus*. 예컨대, 로빈슨(J. M. Ronbinson)은 Q²에서 Q¹을 구분하는 사례를 가정하면서 예수를 하나님 사랑의 전파자로 보는 옛 자유주의의 그림을 자신 있게 새로 끌어낸다. 그러나 이 단계의 통찰은 Q² 편집자가 정반대로 하나님을 심판의 하나님으로 강조하면서(66-70년의 유대 전쟁 기간에 기진맥진한 경험의 결과로서) 곧 시야에서 사라진다('The Critical Edition of Q and the Study of Jesus', in Lindemann, *Saying Source* 27-52 [여기서는 39-47]). 반면 클로펜보그 버빈은 Q¹에서 역사적 예수를 너무 빨리 읽어내는 것에 이전의 경고를 되풀이한다('Discursive Practices' 149-90; 특히 그의 'Saying Gospel Q'를 보라).
6) Theissen, *First Followers* ch. 2.
7) Funk, *Honest* 136, 165; 펑크는 Patterson, *The Gospel of Thomas and Jesus*에 진 학문적 부채를 인정한다. 유사하게 *Acts of Jesus*: '비유와 아포리즘은 전통의 토대를 형성한다. 그들은 예수 자신의 관점을 나타낸다'(9, 11).
8) B. T. Viviano, 'The Historical Jesus in the Doubly Attested Sayings: An Experiment', *RB* 103 (1996) 367-410.
9) Sanders, *Jesus* 4-5과 ch. 1, 'Jesus and the Temple' (61-76). 우리가 예수의 말씀 전통뿐 아니라 서사 전통도 고려해야 한다(271)고 마찬가지로 강조하는 Roloff, *Kerygma*를 참조하라. 예수 전통에 대한 그의 진입점은 안식일 갈등과 성전 청결이다(51-52).
10) Crossan, *Historical Jesus* xxxi-xxxii; 또한 *Jesus* xi-xiii; 또한 *Birth* 146-49.

리를 찾아가고 그 부분들을 가장 만족스럽게 조명하는 전체로서 필연적인 '거대 가설', 즉 진지한 역사적 가설을 갖게 된다고 마찬가지로 확신한다.[11]

앞의 장들에서 숙고한 바에 의거한 내 나름의 확신인즉, 먼저 큰 그림을 보는 것,[12] 또는 상이한 예수보다는, 켁의 용어를 빌면 '특징적인 예수'를 찾는 것이 현명하리라는 것이다.[13] 그렇지 않으면 우리는 논란중인 개별적인 어록들에 대한 세세한 논의의 수렁에 퍼뜩 빠져들어 길을 잃어버리기 십상이다.[14] 구전 패러다임도 같은 위험에 빠지기 쉽다는 점을 주목해야 한다. 왜냐하면 구연의 변용물들로 인해 개별적 사례에서 어떤 '최초의 양식'으로 쉽사리 접근할 수 없기 때문이다.[15] 그러나 내가 옳다면, 우리가 예수 전통 속에서 보고 있는 것, 우리가 예수 전통을 통해 찾고 있는 것은 하나이다. 즉 예수의 선교가 수많은 특징들로 인해 기억되었고, 비록 아직 (정확히 말해) '문서화'되지는(문어적 패러다임) 않았지만, 각각의 내용이 이야기와 가르침 가운데 예증되었으며 제자 동아리와 교회 모임 가운데 구연되었던 바로 그 한 사람이다.[16]

---

11) Wright, *Jesus*, 예컨대 79 (아래 §12.6c 각주 416에서 인용됨), 88, 225, 245, 517, 567–77 ('지배적인 이야기: 추방과 회복'). 추측건대 그는 역사비평의 두 가지 원리를 공표하는 마이어(Meyer)의 영향을 받은 것 같다: '역사의 기술은 가설이다'; '가설은 증명을 요구한다'(*Aims* 90–91).

12) 이것은 텔포드(Telford)가 '통전적' 방법으로 범주화한 것과 '더 큰 질문들'을 던지는 경향을 내 나름대로 변용한 것이다('Major Trends' 50, 52, 57).

13) 앞의 제5장 각주 80을 보라. 여기서 내 제안은 전통의 '교차 부분들'에 초점을 맞추어야 한다는 달(Dahl)의 제안에 공명한다: '전통의 교차 부분들은 특징적인 것을 전면에 부각시킨다.…전통의 다양한 층에서 전승된 상이한 형식과 장르의 말씀과 보고들은 서로 조명을 가하며 예수의 특징적인 그 무엇이 드러나는 전체적인 그림을 내놓는다. 개별적인 말씀이나 에피소드들의 역사성이 불확실한 채로 남아 있는지는 덜 중요하다. 이러한 말씀과 사건들이 예수에 대한 전통 내에서 자리를 잡았다는 사실은 그것들이 제자들의 동아리 내에서 존재한 그대로 전반적인 그림과 일치함을 시사한다'(*Historical Jesus* xxxii–xxxiv); 그러나 터킷(Tuckett)은 이러한 복합적인 내용들을 그가 구성한 것이 얼마나 자의적인지 예를 들어 설명한다('Historical Jesus' 266–68, 270–72). 패터슨은 펑크의 용어인 '전형화'를 사용한다(*God of Jesus* 57–58, 271).

14) 샌더스의 견해에 의하면 '어록 자료의 조심스런 주석'에 대한 지나친 의존으로 너무 많은 신약 학자들이 곤경에 빠지게 되었다(*Jesus and Judaism* 131–33, 139). 그럼에도 말씀과 행적을 연동시키는 그의 방법은 예수가 성전에 대해 말한 것과 관련해서는 확고한 결론에 도달할 수 있다는 자신의 능력을 놀랍도록 확신시켜준다.

15) 가령, 마 6.25–33/눅 12.22–31 또는 *P.Oxy.* 655이 더 이전의 전통인지에 대한 최근 논의를 보라(제14장의 각주 45).

16) Reiser, 'Eschatology' 223은 H. Strasburger, 'Die Bibel in der Sicht eines Althistorikers', *Studien zur Alten Geschichte* (Hildesheim: George Olms, 1990) 317–39: '역사적 비일관성의 바로 그 풍성함은…정돈되지는 않았지만 분명 발전한 구어 전통에 우호적으로 작용한다. 전통 형성의 초창기에 그 구어 전통의 정직한 기본 노력은 분명 예수의 기억, 즉 그의 가르침과 선포 내용을 가능한 한 정확하게 보존하는 것, 그리하여 진실한 역사적인 증언을 하는 것이었다. 아울러, 그 기록 속에 얼마나 많은 세목들이 여전히, 아마도 영원히 논란의 대상으로 남을지라도…바로 그 독특하고 속일 수

같은 고려 사항은 또한 특정한 세부 사항으로 방향을 틀기 전에 호소 해야 하는 자칭 탐구자에게 대충의 기준을 제공한다. 그 기준은 이렇다. **예수 전통 내에서 특유하고 예수 전통 중에 비교적 독특한** 특징은 대체로 예수에게로 소급되는 것이다.[17] 즉 그것은 예수의 첫 제자들 중 적어도 몇몇에게 그의 가르침과 행동이 남긴 원초적 영향을 반영한다는 것이다. 그 논리는 직설적이다. 만일 한 가지 특징이 (다른 유대 전통들과 비교하여) 예수 전통 내에서 특유하고 그중에 비교적 독특하다면, 예수 전통 안에서 그 존재를 가장 명백하게 설명하는 방식은 그것이 적어도 많은 첫 추종자들에게 예수가 남긴 영속적인 인상을 반영한다는 것이다. 이는 먼저 그 추종자들을 끌어들여 다른 제자들과 함께 그들의 공동체를 구성하게 하였고, (십자가와 부활의 케리그마적 전통과 함께) 첫 세대 그리스도교를 통틀어 처음 세워진 교회들의 모임 가운데 기념되었다.[18]

예수 전통에 대한 이러한 접근법은 결코 그 전통 내의 발전을 배제하지 않는다는 사실이 다시 한 번 지적되어야 한다. 그것은 단순히 그 발전의 과정들을 새롭게 상정할 뿐이다. 구전 패러다임은 안정성뿐 아니라 유연성을 인정한다. 공관복음 전통으로 말하자면 언제나 그 항존하는 형태에 대한 설명을 덜 요구한다고 할 수 없을 것이다. 모든 예수 전통은 비록 그 발전된 신앙이 많은 반복적 구연에 자료적 증표를 남겨놓지 않았다 할지라도 부활 신앙 이후의 관점을 반영한다. 나는 초기 그리스도교 예언자들의 어떤 어록들이 많지는 않더라도, 그것이 이미 수용된 전통과 모순되지 않는다는 이유로, 현재 예수 전통 내에 포함될 수 있다는 점을 인정하였다. 더 분명한 점은, 우리가 이미 살핀 대로 다양한 이야기와 어록들의 반복적 구연 가운데 더 오래된 전통/구연들이 상이한 방식으로 대체되거나 다듬

없는 전반적 인상은 정경 복음서 가운데 확실히 보존되었다'(336-37).
17) 펑크가 지적하듯이, '독특하다'(distinctive)는 말은 '상이하다'(dissimilar)는 말보다 더 나은 역사적 범주이다(*Honest* 145).
18) 인자와 예수의 하나님 나라 설교와 관련한 고전적 논쟁들을 해소하기 위한 이러한 고려 사항들의 중요성은 분명하다. 아래 §§12.4-5와 16.3-5를 보라. 슈뢰터(Schröter)는 유사하게 세례자와 인자 전통을 언급한다('Markus, Q und der historische Jesus' 186-98).

어졌다는 것이다.[19] 그 전통은 사건들에 비추어 해명되었다. 복음서 저자들이 그러한 다듬어진 내용을 교회의 목록에서 끄집어낸 것인지, 자유롭게 구전 양식으로 발전시킨 것인지 말하기란 불가능하다. 나는 양쪽 가능성에 두루 열려 있는 입장이다. 하지만 내가 좀더 분명히 하고자 하는 대목은, 그러한 발전들이 그 이전 전통의 요체와 모순되거나 그 전통을 가로질러 전적으로 새로운 특징이나 요소들을 도입했다기보다 대체로 전통이 가리키거나 허용하는 선에 따라 이루어졌다는 점이다.

내가 이렇게 제공하는 전통화 과정의 재개념화는 고정적인 실체(텍스트)의 문학적 상관 관계라는 견지에서 생각하는 것에 반하여 그 과정의 **생동하는** 성격을 인식하라는 부름으로 요약될 수 있다. 슈바이처의 유명한 은유를 각색하자면,[20] 예수 전통의 역사를 추적하는 과제는 멈추고 바꿔 타야 하는(전통의 상이한 층위들) 셀 수 없는 중간 기착지를 통과하는 종결될 수 없는 여정으로서 가장 잘 개념화되는 것이 아니다. 더 나은 이미지는 연주자와 해석이 바뀌어도 같은 작품을 계속 연주하는 고전음악의 연속 공연이다. 다양한 연주들을 통해 그 안에서 여전히 들을 수 있는 본래의 영감을 사실적으로 규정하는 것은 바로 **연주를 통한 연속성**이라는 근본 원리이다. 여전히 들을 수 있는 바로 그 말씀과 행위의 충격이 '기억된 예수'에게 역사적 실체를 부여하는 것이다.

우리가 이 맨 처음의 기준(특유하고 비교적 독특한 것)을 예수 전통에 적용할 때 샌더스가 지적한 대로 놀랍도록 온전한 초상이 신속하게 모양을 갖추게 된다. 세례자 요한의 동아리에서 부상하였고, 장기간 자신의 선교 대부분을 갈릴리의 작은 성읍과 마을 가운데 수행한 갈릴리 사람, 자신의 주요 강조점이 하나님의 왕적 통치였던 설교자, 특히 축귀 활동으로 유명했던 치유자, 특유하게 아포리즘과 비유로 가르쳤으며 많은 사람들이 자신을 따르도록 성공적으로 불러내되 열두 명의 측근 제자를 둔 교사, 성전의

---

19) 가령, Moule, *Birth* 111-12을 참조하라.
20) *Quest*[2] 299.

권위에 어떤 식으로든 도전하였으며 예루살렘 성 바깥에서 메시아를 참칭한 죄로 로마 권부에 의해 십자가에 처형된 예언자.[21] 이는 그 안에 더 많은 세부 사항을 채울 수 있는 실질적인 틀, 그것을 구축할 수 있는 견고한 토대를 제공한다.

물론 이 모든 것은 상당히 세밀하게 작업해야 한다. 그러나 그러한 큰 그림을 약간의 확신을 가지고 본이라도 뜰 수 있다면 우리는 그 특정한 핵심 사항들을 평가하는 훨씬 더 나은 입장에 서게 된다. 거듭 말하거니와 그 질문은 단순히, '이 세목 또는 저 세목이 역사적으로 그럴듯한가/의존할 수 있는가?'가 아니라, '이 특정한 이야기 또는 가르침이 더 큰 그림 속에 명백히 영향을 끼친 그 사람과 밀착되어 일관된 그림으로 구축되는가?', '처음 조성된 이 에피소드나 어록을 낳은 이 사람의 영향은 무엇이었는가?'가 되어야 할 것이다. 물론 그 세목의 많은 부분은 흐릿하고 논란이 될 것이다. 위인과 선인의 전기들에 대한 논쟁은 늘 그렇기 마련이다. 그러나 예수에 대한 큰 그림은 비록 그 세목의 많은 부분이 모호한 상태이지만 견실할 수 있다.[22] 그리고 그 전통은 많은 구체적인 특징들을 제공함으로써 그것이 맨 처음 기록되게끔 추동한 개인적 만남의 특질을 조명할 것이다.

축약하면, 추가 탐구 작업의 정당하고 가능한 목표인 '역사적 예수'(historical Jesus), 또는 더 나은 표현으로 '역사적인 예수'(a historic Jesus)는 있다. 그것은 그리스도교 신앙에 중요할 수도, 그렇지 않을 수도 있는 유사-객관적인 예수, 견유학자, 또는 그 밖의 다른 어떤 것이 아니다. 그것은 역사적으로 말해 그리스도교 신앙의 첫 개화를 위해 중요했던 바로 그 예수다. 그러한 탐구는 썩 좋은 성공의 희망이 있다고 나는 믿는다.

---

21) '거의 논박할 수 없는 사실들', '예수에 대한 논란의 여지가 없는 사실들'에 대한 샌더스의 몇몇 목록들은 일치하지 않는다. 그러나 여기 열거된 자료와 전반적으로 중첩되는 부분은 아주 상당한 분량이다. 그럼에도 그는 놀랍게도 예수가 하나님 나라를 전파했다고만 할 뿐 교사로서의 예수와 축귀사로서의 예수를 가볍게 여긴다(*Jesus* 11, 17, 321, 326; 또한 *The Historical Figure of Jesus* [London: Penguin, 1993]) 10–11). C. A. Evans, 'Authenticating the Activities of Jesus', in Chilton and Evans, eds., *Authenticating the Activities of Jesus* 3–29은 샌더스의 그 '사실들'을 정교하게 다듬는다.
22) 다시 Dahl, 'Problem' 95을 보라(위에서 각주 13에 인용됨).

10.3 핵심 논지와 방법

간추리면, 이 책의 기본 주장은 다음의 몇 가지 명제들로 압축될 수 있다. (1) '역사적 예수 탐구'의 유일한 현실적 객관성은 기억된 예수이다. (2) 복음서의 예수 전통은 맨 처음 그리스도교 내에서 예수를 기억하려는 관심이 있었음을 확인해준다. (3) 예수 전통은 우리에게 **어떻게** 예수가 기억되었는지를 보여준다. 그 성격은 구전 양식으로 그 전통을 정기적으로 활용하고 또다시 반복하여 활용함으로써 그것이 본질적인 형태를 갖추게 되었음을 거듭 강하게 암시한다. (4) 이는 나아가 예수가 끼친 최초의 직접적인 영향으로 그 본질적인 형태가 갖추어졌음을 암시한다. 즉 그 영향이 예수가 말하고 행한 것을 목격한 증인들이나 연관된 자들 가운데, 또 그들에 의해 처음 말로 옮겨짐에 따라 그러한 결과가 생겼으리라는 것이다. 바로 그 핵심적인 의미에서 예수 전통은 기억된 예수이다. 그리고 그렇게 기억된 예수는 정말 예수거나 우리가 그에게 당도할 수 있는 최대치로 근접한 예수다.

이후의 장들에서 내가 나아갈 진행의 귀추를 주목할 필요가 있다. (1) 나는 예수 전통의 특징적인 면모/주제들에 주의를 집중하면서 특정한 어록이나 에피소드에 오래 머뭇거리지 않고 예수 선교의 어떤 양상과 관련하여 진행중인 묘사를 위해 지나치게 한두 개의 단화들에 의존하지 않을 것이다. 그 처리 방식은, 내가 각주의 보완된 서지 정보로써 그러한 인상을 되받아치겠지만, 경우에 따라 다소 피상적으로 보일 것이다. 바라기는 큰 그림만을 보고자 하는 분들은 속도를 내기 위해 충분히 정돈된 주요 본문만을 찾아 읽었으면 한다. 동시에 각주들은 특정한 논지와 관련한 세밀한 내용으로 들어가서 다른 구체적인 문제들의 논의 범위에 대한 충분한(완벽할 리야 없겠지만) 설명을 제공할 것이다.

(2) 내 관심사는 늘 복음서(우선적으로 공관복음) 전통에 머무는데, 복음서의 지속적인 양식들은 우리에게 그 전통의 역사와 기원을 분별해줄 것이

다. 공관복음 문제와 공관복음 평행구들을 순전히 문학적 문제로 공부하는 것(또 다른 데서 유출해낸 한 개의 기록된 문서)에 익숙해진 사람들에게 이어지는 장들에서 채택된 진행 순서는 이전에 사용된 것들과 별로 다를 바 없어 보일지 모른다. 이전의 기준에 따르면 서로 일치하는 대목은 단순히 문헌상의 의존을 나타내고 한 단화 내에서 어떤 특징들이 복합적으로 탐지되면 오로지 문헌상 선행하는 버전을 입증하는 것으로 수렴되었다.

내가 도전하고 싶은 것은 바로 이러한 사고방식이다.[23] 내가 호소하는 바는 문헌 중심적 패러다임의 '기본값 자동 설정', 수세기 묵은 문헌 중심의 사고방식으로 구축된 '사전 설정 우선권'을 독자들이 의식적으로 바꾸고, 그러한 패러다임이 예수 전통의 복합성을 설명하기에 너무 제한되어 있다는 개연성을 수락하라는 것이다.[24] 특히 나는 다음의 경우를 강조하고 싶다. (a) 개별 전통과 군집화된 전통들은 거의 확실히 처음 형성되어 구전 방식으로 유통되었다는 것, (b) 그것들 대부분은 구전 단계로 공관복음 속에서도 버텨낸 형태를 부여받았다는 것, 그리고 (c) 마태와 누가를 포함하여 복음서 저자들은 마가복음이나 Q를 포함하여 문서화된 수집물에 대한 지식과 별도로 이러한 구어 전통을 많이 알고 있었으리라는 것. 게다가 나는 (d) 단순히 문헌상의 의존과 그 전통의 후속적인 집필이 아니라, 그 전통의 안정성과 다양성 가운데 그 반복적 구연을 통해 드러난 그 연속성과 변용 상태를 추적할 수 있다고 믿는다. 그 안정성 속에서 우리는 그 전통의 정체성을 보고, 그 다양성 속에서 그 활력을 발견한다.

이와 같이 도전장을 던지면서, 나는 내 핵심 논지에 긍정적인 증거를 제공할 수 있는 양 허세를 부리지 않겠다. 그러나 공관복음 전통을 다루면서 누가 어떤 핵심 논지를 증명하는 긍정적인 증거를 현실적으로 바라지 않겠는가? 나는 다만 마가 우선설과 Q의 존재를 수락한 대부분을 학자들

---

23) 나는 이 점을 더 명시적으로 다룰 필요를 내게 자각시켜준 스캇 맥나이트(Scot McKnight)에게 감사한다.
24) 나는 그 점을 내 논문 'Altering the Default Setting: Re-envisaging the Early Transmission of the Jesus Tradition', *NTS* 49 (2003)에서 발전시킨 바 있다.

을 설득시키는 동일한 개연성의 판단 잣대가 문헌상의 의존이 덜 명확하고 논증해보면 최소한 덜 그럴 법한 지점에서 공관복음 본문과 연관해서도 똑같이 작동되기를 당부할 따름이다. 나는 또한 문헌 중심 사고방식의 애처로운 광경이 제거되고, 다음의 장들에 걸쳐 공관적으로 펼쳐놓을 본문들이 구연과 전승의 역동성을 염두에 둔 채 참신하게 살펴지길 당부할 뿐이다.

축약하면, 대부분 공관복음 전통의 형태와 문자적 변용은 문헌상 의존 일변도의 관점보다는 그러한 구전 가설로 더 잘 설명된다는 내 확신은 변함없다. 나는 이 핵심 논지의 성패 여부가 상당 부분 독자들이 그들의 개인용 '내장형 컴퓨터'의 기본값 설정을 '문헌'에서 '구전'으로 어느 정도 바꿀 수 있는가에 달려 있다고 본다.

제3부
예수의 선교

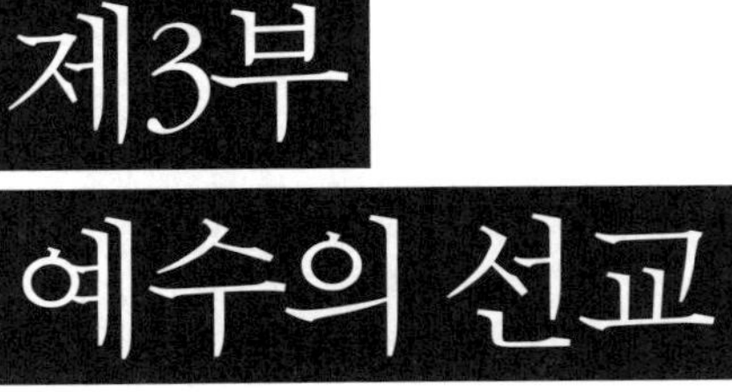

James D. G. Dunn

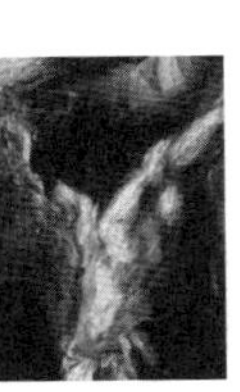

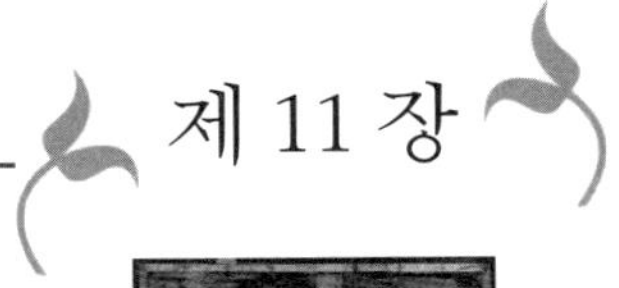

제 11 장

요한의 세례에서 시작하여

예수의 생애에서 두 가지 사실은[1] 거의 보편적인 동의를 얻고 있다. 그 두 사실은 예수가 자신의 생애를 통해 수행한 사역, 선교를[2] 망라하여 대부분 기억된 3년의 기간을 양쪽에서 괄호로 묶는다. 그 사실 가운데 하나는 요한에게서 받은 세례다. 다른 하나는 십자가형의 죽음이다. 이들 사실은 '의심하거나 부인하기가 거의 불가능한' 차원의 역사적 '사실들'이기 때문에 예수 선교의 내용과 이유를 해명하려는 시도의 분명한 출발점이 된다. 그렇다면 가장 다루기 쉬운 사건으로 예수의 십자가형과 함께 시작하여 역

---

1) '예수'라는 이름에 대해서는 Meier, *Marginal Jew* 1.205-208을 보라. 일부 현대 번역본에서는 '예슈아'(*Yeshua*)라는 히브리어 어형을 사용한다. 이는 첫 인상에서 독자들을 너무 친숙해진 영어 형식에서 잡아끌어내어 그들에게 예수가 유대인이었다는 사실을 상기시켜주는 유용한 효력이 있다.

2) 나는 굳이 이 '선교'(mission)라는 용어를 사용한다. 왜냐하면 그것이야말로 가장 정확하고 또한 가장 유연한 용어이기 때문이다. 어떤 이의 활동에 빗대어 사용하는 말로 '사역'(ministry)이라는 말은, 비록 영국이나 다른 곳에서 정치적인 고위직을 나타내기 위해서도 사용되지만, 거의 불가피하게 교회론적 함의를 깔고 있다. 그러나 '선교'라는 말은 그 함의에서 그리 심하게 한정적이지 않았다. 이 용어는 종교적 기획('선교적 업무')을 가리킬 뿐 아니라 협상을 수행하기 위해 해외에 파견되는 일군의 사람들에게도 사용된다. 또 최근에 이 말은 사업과 고등교육기관에서 '사명 선언문'(mission statements)을 통해 자기들의 목표를 제시하는 말로 유행을 타게 되었다. 주의 깊게 구상된 목적, 권위자를 파송하는 일의 책임, 심지어 '직업' 등을 아우르는 이 말의 함축적인 의미는 앞으로 진도를 나가면서 해명해야 할 바로 그 질문들을 제기한다.

으로 작업하는 것이 매우 실행 가능성이 높으리라 본다.[3] 그러나 요한에 의한 예수의 세례 또한 동일하게 강력한 사실이기에 그것을 출발점 삼아 시작하는 것이 더 낫겠다. 이런 선택에 덤으로 따라오는 유익은 세례자 요한의 연구가 결국 예수가 부상한 역사적 맥락(제9장)을 검토해온 우리의 작업을 완결시켜준다는 것이다.

11.1 왜 '베들레헴'부터 시작하지 않는가?

요한의 예수 세례가 가능한 출발점이라면, 왜 예수의 탄생까지 밀어붙여 마태와 누가를 따르지 않는가? 오늘날의 경우든, 고대의 경우든, 전기로서 구성된 것이라면 누군가의 '생애'는 적어도 그 주인공의 기원과 관련해 알려진 것을 말해야 한다. 그런데 우리가 그 선택을 따르지 않는 몇 가지 이유가 있다.

a. 우리의 전체적 진행은 예수가 그의 제자가 된 자들에게 강력한 영향, 오늘날 우리에게까지 대물림된 그 영향을 남겼다는 인식에 기초한다. 우리는 예수의 탄생이나 탄생 서사들에 대해서 같은 것을 말할 수 없다. 예컨대, 누가복음 2.8-20의 목자들이나 마태복음 2.1-12의 동방박사들이 제자가 되었다는 암시가 없다. 누가는 예수의 어머니 마리아가 '이 모든 것을 그녀의 마음속에 간직했다'(2.19; 또한 2.51)고 보도한다. 따라서 그 '영향'은 분명히 보이지만, 예수의 선교가 시작되기 전 30년간 거듭 이야기된 전통이란 견지에서는 그 흔적이 거의 탐지되지 않는다.

b. 탄생 서사들 그 자체는 어떤가? 그 서사들은 마리아에게 끼친 영향으로 구성된 것이 아닌가? 그랬을 가능성을 찾아보기 어렵다.[4] 그것들은

---

3) 그리하여 Harvey, *Jesus*; Sanders, *Jesus*는 성전 '청결' 사건과 함께 출발하면서 이와 유사한 논리를 따른다.
4) 눅 1-2장이 부분적으로 마리아의 회고로 소급된다고 주장하는 리스너(Riesner, *Jesus als Lehrer* 210), 예수 전통의 원천 자료로서 목격자들의 회중 가운데 누가가 그의 청중/독자들이 '마리아가 예수 탄생의 어떤 에피소드에 관해서는 그의 정보 제공자였다'고 믿길 원했으며, '예루살렘 공동체가 부활

마리아가 남긴 이야기들이라기보다 마리아(그리고 다른 사람들)에 대하여 구연된 이야기일 뿐이다. 그 설명의 증거로 보다 비중 있게 봐야 할 점은 그 이야기들의 상당 분량을 누구보다 마태와 누가가 의미심장한 다양한 암시와 신학적 강조점을 부각시키기 위해 고안했다는 것이다.

특히 마태의 경우 나는 그의 복음서에서 특징적인 성취 인용문들,[5] 민수기 24.17('한 별이 야곱에게서 나오고 한 홀이 이스라엘에서 일어날 것이다')을 연상시키려는 의도가 분명한 동방박사의 별(2.2, 7-10),[6] 예수 탄생의 중요성을 이방인들이 인정하는 대목(2.2, 11), 예수와 모세, 헤롯과 바로―특히, '죄 없는 자들의 살육'이란 점에서(2.16, 출 1-2장)―사이의 명백한 평행 대비 등을 염두에 두고 있다.[7] 성취 인용문들은 대개 마태가 창작한 증거로 간주되지만, 그렇다고 나는 마태가 이 모든 모티프들을 만들어냈다고 말하는 게 아니다. 더구나 그는 전체 복음을 하나로 묶어 다루기 위해(28.19) 이방인을 위한 복된 소식이라는 주제를 분명히 의도하며,[8] 모세와 예수의 평행적 대조도 확실히 나름의 목적에 맞춰 전개한다.[9] 그러나 물론 그는 이미 잘 개발된 전통을 끌어들여 사용했을 가능성도 있다.[10] 여기서 내 주장의 요지인즉, 마태의 탄생 서사 전통이 확실히 발전된 전통이라는 것이다. 마태가 직접 개발한 게 아니라면 그것이 마태 이전에 누구에 의해, 얼마나 일찍 개발

한 주의 출생과 관련하여 마리아의 친숙한 기억에 대한 어떤 관심을 마음에 품은 것이 전적으로 가능하다'고 주장하는 뷔르스콕(Byrskog, *Story as History* 89-90)에 반대하면서.

5) 마 1.22-23; 2.15, 17-18, 23; 4.14-16; 8.17; 12.17-21; 13.35; 21.4-5; 27.9-10. 추가로 R. E. Brown, *The Birth of the Messiah: A Commentary on the Infancy Narratives in the Gospels of Matthew and Luke* (New York: Doubleday, 1977, 19932) 96-104; Luz, *Matthäus* 1.134-41.

6) 민 24.17은 당시 유대 사상에서 사색과 희망의 자료로 인기가 있었는데, 그 적잖은 몫이 쿰란에서 탐지된다(CD 7.18-26 = 4QD^a frag. 3 3.7-10 = 4QD^d frag. 5 2-4; 4QTest[4Q175] 9-13; 1QM 11.6); 또한 *T. Levi* 18.3과 바르 코시바(Bar Kosiba)의 이름이 바르 코크바(Bar Kokhba, '별의 아들')로 바뀐 것을 주목하라 (추가로 Davies and Allison, *Matthew* 1.233-35을 보라).

7) 다시 Brown, *Birth* 114-15; Davies and Allison, *Matthew* 1.192, 264-65을 보라. 나는 마태의 이 에피소드에 대한 가능한 공헌 요인으로서 주전 4년 헤롯의 죽음에 잇따른 봉기 결과 세포리스(또는 그 인근 마을들)가 멸망한 것과 관련된 기억들을 이미 숙고한 바 있다(위의 제9장 각주 253).

8) '마태는 이방인들의 회심, 회당과 산헤드린과 왕들 앞에서의 박해 등과 함께 당대의 역사에 공명하고 있다'(Brown, *Birth* 183).

9) 마태가 예수의 가르침을 모세오경과 어느 정도 평행 구조로, 다섯 개 단위의 담론으로 무리지어 배치하였다는 사실도 언급된다. 추가로 상세한 내용은 Davies and Allison, *Mathew* 3.743(색인 'Moses'); 추가로 D. C. Allison, *The New Moses: A Matthean Typology* (Minneapolis: Augsburg Fortress, 1993) ch. 4.

10) 특히 Brown, *Birth* 104-19과 이곳저곳에.

된 전통인지는 당면 문제에 관련성이 떨어진다.

누가의 경우 그 증거는 평가하기가 더 어렵다. 무엇보다 우리는 누가가 어디서 제 이야기의 특징이자 그리스도교 역사의 초기부터 교회 예전의 주요 요소가 된 그런 다양한 노래/찬송을 손에 넣었는지 알고 싶다.[11] 그것들을 그때 벌써 마리아가 부르고 어떤 식으로든 기록하거나 기억하였을 개연성은 거의 없다.[12] 자신의 위대함을 나중에 인정받는 자들의 탄생은 그 사실이 생겨난 이후 늘 시인과 음유시인들에게 영감을 주었다. 그러나 그 노래들은 언제, 어디서, 어떤 환경에서 부상했는가? 그들이 창작한 게 아니라 그것들을 사용했다는 것만으로도 이는 그 노래로 기념된 사건이나 인물에게 이미 돌려진 그 노래를 부른 자들 가운데 그 중요성을 인정받았음을 암시한다. 가령, 요한은 엘리야가 다시 올 것이고(1.17; 말 4.5), 구원을 이루는 다윗 가문의 메시아가 출현할 것이며(1.69, 71, 77), 이방인에게 구원이 열릴 것(2.30-32; 사 42.6과 49.6)이라는 예언을 성취하는 자로 인정받는다. 다시 말해, 이러한 노래를 부르는 것은 예수의 선교와 그 이후까지 나타나지 않은 믿음을 전제한다.[13] 여기에 누가복음 1-2장에 탐지되는 다음과 같은 누가의 강한 모티프를 더해보라. 성령의 충만,[14] 여성들에게 부여되는 특출함,[15] '가난한 자를 위한 선택',[16] 이방인을 향한 복음의 개방.[17] 그러면 그 내

---

11) *Magnificat* (눅 1.46-55), *Benedictus* (1.68-79), *Gloria in excelsis* (2.14), 그리고 *Nunc dimittis* (2.29-32).
12) 특히 J. G. Machen, *The Virgin Birth of Christ* (London: Clarke, 1930) ch. 4에 반대하여.
13) 브라운은 본래 히브리어나 아람어로 작성된 그 노래들이 유대인 그리스도교 공동체에 연원을 둔 것으로 간주한다(*Birth* 346-55). 그러나 셈어의 복제(*Vorlage*)에 대한 피츠마이어의 강한 문제 제기에 비추어(*Luke* 312, 359) 브라운은 셈어화한 그리스어에 현존하는 찬가들만을 언급함으로써 자신의 개정본에서 이전의 의견을 누그러뜨린다(*Birth* 643-45).
14) '성령으로 충만함'(1.15, 41, 67; 또한 1.17, 35, 47, 80; 2.25-27)에 대한 언급을 포함하여 눅 1-2장에서 성령에 대한 언급의 강렬함은 신약성서에서 초대교회에 대한 누가의 이야기(행 2.4; 4.8, 31; 9.17; 13.9; 또한 1.5, 8; 2.17-18, 38 등등)만이 거기에 필적한다.
15) 엘리사벳(눅 1.5-13, 24-25, 40-45, 57-60), 마리아(1.26-56; 2.5-7, 16-19, 34-35, 48-51), 안나(2.36-38). 누가복음의 다른 곳에서는 나인의 과부(7.11-17), 죄 많은 여인(7.36-50), 갈릴리의 여성 추종자들(8.2-3), 마르다와 마리아(10.38-42), 장애를 지닌 여인(13.10-17), 잃어버린 동전의 비유(15.8-10), 끈질긴 과부의 비유(18.1-8), 과부의 연보(21.1-4), 예루살렘의 딸들(23.27-31).
16) *Magnificat*(눅 1.51-53)에서 눈에 띄는 그 기록은 나중에 복음서에서 '가난한 자'에게 부여된 특출함(4.18; 6.20; 7.22; 14.13, 21; 16.19-31; 18.22; 21.1-4) 가운데 공명된다. 요셉과 마리아의 헌물(2.24)이 가난한 자에게 허락된 것이었다(레 12.8)는 사실이 종종 지적된다. 추가로 Fitzmyer, *Luke* 247-51을 보라.
17) 70명을 파송한 누가의 두 번째 선교(눅 10.1)에서 슬쩍 예시된 이 주제는 베드로와 헬라주의자들이 선도하고(행 10.1-11.18; 11.19-26) 바울이 온전히 보완한(9.15; 13.46-48; 18.6 등등) 사도행전의 두 번째 단계의 선교를 예고하는 듯하다. 이는 또한 눅 14.21-22, 23-24에 나오는 2단계 '선교'로 암시된

용과 형식 모두 상당 부분 초기 그리스도교 공동체에서 조성되었고 예수의 선교가 이미 남긴 영향과 독립적인 것이 아니라는 결론을 피하기 어렵게 된다.

축약하면, 우리는 예수의 중요성이 이미 인정받고 있던 시기로 소급되는 전통을 보고 있는 것 같다. 그 전통은 부분적으로, 우리가 어떻게 최선으로 그의 중요성을 인정하고 기념할 수 있는가라는 질문에 대한 답변으로 의도되었을 것이다.

c. 우리는 좀더 정확할 수 있을까? 그 유년기 서사에 대한 레이먼드 브라운(Raymond Brown)의 권위 있는 주석서는 모든 차이점을 넘어 두 이야기(마태와 누가)가 한 가지 공통된 핵심에서는 일치를 보인다고 관찰했는데, 바로 예수가 다윗의 자손과 하나님의 아들이었다는 것이다. 혹은 좀더 정확하게 말하자면, 예수는 다윗 가문의 메시아로 수태 고지되었고, 또한 (더 중요하게) 성령을 통해 하나님의 아들로 태어났다는 것이다.[18] 그리하여 예수가 다윗의 자손 됨이 핵심적인 관심사인 마태는[19] 예수가 요셉을 통해 다윗의 합법적 자손 됨을 증언하기 위해 각별히 노력한다(1.1-17). 결정적인 발표에서 요셉은 '다윗의 자손'으로 언급된다(1.20). 그 아이는 '성령으로'(*ek pneumatos*) 잉태되었고, 이사야의 예언(사 7.14)을 성취하여 "'그의 이름은 임마누엘이라 불려질 것이다'…이는 풀이하면 하나님이 우리와 함께 하신다는 뜻'인데(1.23), 마태의 또 다른 핵심 모티프이다.[20] 이 예수가 그와 같이 또한 하나님의 아들이라는 사실은 2.15까지 견지되는데—'애굽에서 내가 내 아들을 불러냈다'(호 11.1)—거기서 이 모티프는 예수가 이스라엘의 출애굽 사건과 광야 체험을 재현하는 것으로 제시하면서 마태의 목적에 적절히 부응할 수 있게 된다(마 4.1-11).[21]

바와 같다.

18) Brown, *Birth* 158-63; 또한 133-38, 244-47과 각주 41, 307-16.

19) 마 9.27; 12.23; 15.22; 20.30-31; 21.9, 15; 20.30-31만 빼고 모두 마태의 독특한 구절들이다.

20) 특히 D. D. Kupp, *Matthew's Emmanuel: Divine Presence and God's People in the First Gospel* (SNTSMS 90; Cambridge: Cambridge University, 1996).

21) 또한 아래 각주 193을 보라.

이 점에서 누가는 보다 직설적이다. '다윗의 자손'으로서의 예수는 누가복음의 주요 주제가 아닌데, 이 점이 누가의 탄생 서사의 주제에 부여된 특출함을 한층 더 도드라지게 만들어준다. 마태의 경우처럼, 요셉이 다윗의 자손이라는 점은, 다윗이 예수의 왕적 아버지(1.32; 또한 1.69)라는 요지와 함께 결정적 발표(1.27)로 치달으면서 뚜렷이 나타난다. 요셉과 마리아가 베들레헴으로 이사한 것 역시 요셉이 다윗의 자손임을 증언한다(2.4, 11). 그러나 핵심 요소는 예수가 '지극히 높으신 분의 아들', '하나님의 아들'(1.32, 35)이라는 것이다. 왜냐하면 성령이 마리아에게 '내려와' 지극히 높으신 분의 권능이 그녀를 '덮어 보호하였기' 때문이다(1.35).

브라운의 주요 논지 가운데 하나는 이러한 주장이 마태만 인용하는 이사야 7.14의 언어나 '개념'에 의존하지 않는다는 것이다.[22] 있는 그대로의 그 핵심 전통 자체는 그저 다윗의 자손과 하나님의 아들 모두에 대한 이중적 긍정인 것 같다. 이러한 결론은 전통과 전통화 과정에 대한 우리의 이전 발견 내용과 잘 합치된다. 결국 여기서 우리는 많이 다듬어지고 다양하게 세공된 이야기들에 스며든 것으로 드러난 핵심 전통(예수는 다윗의 자손이고 하나님의 아들이라는 것)을 본다.[23] 우리는 마태와 누가가 이러한 이야기들을 그들의 구연으로 실행한 수많은 독특한 강조점들을 알아낼 수 있다. 그러나 그 다양한 전통들의 핵심은 변함없는 것 같고, 탄생 서사 가운데 스스로 다듬어간 확신과 주제를 암시하는 듯하다.[24] 다시 말해, 전통 자체가 관련되는 한(탄생 서사), 우리가 소급할 수 있는 최초의 것(전통 그 자체)은 그 확신, 즉 예수가 다윗의 자손일 뿐 아니라 하나님의 아들이라는 확신까지라는 것이다. 그러므로 여기서 우리는 다시 전통을 위한 전통으로서의 출발점, 즉 부활 사건 이후에야 비로소 이러한 용어들로 조형된 듯한 바로 그

---

22) '이사야 7.14에 대한 숙고는 기껏해야 예수의 처녀 잉태에 대한 그리스도교의 이미 현존하는 믿음의 표현을 윤색한 것이다'(Brown, *Birth* 149; 또한 523-24).
23) 나는 마태나 누가가 자신의 이야기를 다른 데서 끌어냈다는 제안을 상세하게 반박할 필요를 느끼지 못한다. 문헌상의 의존에 대한 대체적인 주장과 관련하여 그러한 제안은 고려할 가치가 없는 생각이다. 마 1-2장과 눅 1-2장은 구전 패러다임의 이국적 사례로 보다 더 잘 설명된다(위의 제8장을 보라).
24) 누가의 경우는 특히, Fitzmyer, *Luke* 305-12, 340.

확신으로 돌아간다. 물론 우리는 그 확신이 어떻게 부상하였으며 어느 정도 그 확신이 예수의 선교에 뿌리박혀 있는지를 드러내는 데 관심이 있다(다음 제15, 16장을 보라). 그러나 적어도 마태와 누가에 우리가 지금 가지고 있는 그 전통 자체에 관한 한, 그 확신이 마태복음 1-2장과 누가복음 1-2장에 차례대로 이야기된 에피소드에서 생겨났을 가능성은 분명 낮다고 판단된다. 그 탄생 서사가 그 확신을 낳았다기보다 외려 그 서사가 확신을 재구성한 결과 같다.

d. 그렇다면 탄생 서사에서 예수의 출생에 관한 어떤 역사적 사실도 수집할 수 없다는 말인가? 그 전망은 그리 좋지 못하다. 마태의 움직이는 별은 역사적 신뢰성의 인상을 강하게 불러일으키지 못한다.[25] 대신 우리가 그러한 세부 묘사를 화자의 상징적 상상력으로 간주한다면 그 이야기의 얼마만큼이나 생명력 있는 역사적 설명으로 남겠는가? 마찬가지로 특히 2.13-18과 관련된 과중한 유형화 작업(바로로서의 헤롯, 애굽에 머문 이스라엘로서의 예수)에 근거하여 우리가 현존하는 이야기의 이면에 놓인 어떤 역사적 사건을 식별해낼 수 있을지 여부는 매우 불확실한 상태다.[26] '죄 없는 자들의 살육'이란 주제는 헤롯의 성격상 있을 법한 소재지만, 요세푸스의 예고와 무관한 것 같지 않다. 그리고 전체 애굽 이야기는 요셉과 마리아가 귀환하여 나사렛에 정착한 대목을 포함하여 어느 정도 꾸며낸 것 같다.[27]

역사적 사실을 찾기 위해 탄생 서사를 본 자들에게 더욱 당혹스런 점은 예수가 유대의 베들레헴에서 출생한 이유를 제시함에 있어 누가가 틀린 사실을 담고 있다는 것이다.[28] 퀴리니우스 치하의 인구조사가 일어난

---

25) 그 별은 '그들이 그 아이가 있는 곳에 와서 멈춤(*elthōn estathē*) 때까지 그들보다 앞서갔다(*proēgen*)' (마 2.9). 그 별을 익히 알려진 혜성이나 행성의 회합과 연계시키려는 시도에 대해서는 Brown, *Birth* 171-73, 610-13을 보라. '역사가 아니라 있을 법한 이야기의 증거'(190).

26) Brown, *Birth* 214-16, 616; 데이비스와 앨리슨은 '마태의 유년기 자료의 기원에 대해서 거의 의심하지 않는다. 모세의 출생과 초기 생애를 둘러싼 이야기체의 전설들(9개의 평행구가 도출됨)이 마태의 자료 내용을 결정했다'고 본다(*Matthew* 1.192-93, 194).

27) '매우 인위적인 첨가'(Davies and Allison, *Matthew* 1.190, 2.22-23을 언급하면서); 추가로 Meier, *Marginal Jew* 1.211-13을 보라.

28) 베들레헴은 갈릴리에도 있었는데(수 19.15; 삿 12.8, 10) 이는 대개 나사렛에서 약 7마일 떨어진 베잇 람(*Beit Lahm*)과 동일시된다(H. Cazalles, 'Bethlehem', *ABD* 1.714). 칠튼은 확신을 가지고 그곳이 바로 예수의 출생지라고 간주한다(*Rabbi Jesus* 8-9, 294). 물론 마태와 누가는 의심 없이 다윗의 베들레헴

것은 주후 6년이었는데, 그때는 로마가 헤롯의 아들 아켈라우스를 폐위시키고 유대를 직접 통제하던 시점이었다. 그 인구조사는 안티파스의 영토였던 갈릴리에 적용되지 않았을 것이다. 우리는 그때나 그 이전이나 로마 제국을 통틀어 전국적인 인구조사가 있었단 사실을 전혀 알지 못한다. 그리고 개인들에게 오래전 죽은 조상들의 고향으로 이동할 것을 요구하는 인구조사의 발상은 신뢰하기 어렵다. 누가가 그 인구조사의 연대를 너무 일찍 추산한 점(눅 2.1-2)은, 드다(Theudas)와 관련하여 사도행전 5.36-37에서 또한 그랬듯, 누가의 실수였다는 결론을 피하기 어렵다.[29]

그리스도교 순례자의 경건과 관련하여 가장 당혹스러운 것은 예수의 베들레헴 출생이 의문으로 남을 수밖에 없다는 결과이다.[30] 그 이야기는 마태가 인용한 미가의 다음 예언으로 인해 그런 효과에 맞추려고 고안해 낸 것인가?(마 2.5-6)[31] '베들레헴아, …너에게서 내 백성 이스라엘을 다스릴 목자가 나오리라'(미 5.2). 베들레헴에 대해서는 탄생 서사 외에는 아무런 언급도 없다는 점이 아마도 중요할 듯하다. 그 밖에 다른 곳에서 예수는 '나사렛 출신',[32] 즉 '나사렛 사람'(the Nazarene)으로[33] 생각될 뿐이다. 예수가 나사렛을 방문한 이야기는 나사렛과 갈릴리가 거의 본적(patris)이었음을 전제한다(막 6.1, 4 평행구). 요한은 이중적 논점을 제기하는데—'무슨 선한 것이 나사렛에서 나올 수 있는가?'(요 1.46; 7.52)와, 성서에 의하면 메시아가 '베들레헴에서 나온다'(7.42)—그 어디에서도 전자를 반박하거나 후자대로 예수가 그 예언을 사실상 이루었다고 단언하지도 않는다(7.41). 동시에 예수가 다윗의 후손이라는 것이 의문시된 흔적이 없다. 그것은 초기 신조 유형의

을 염두에 두었다(마 2.1-6; 눅 2.4); 또한 요 7.41-42에서 주고받은 논쟁을 주목하라.

29) 충분한 논의는 Schürer, *History* 1.399-427; Brown, *Birth* 547-56, 666-68; Fitzmyer, *Luke* 1.400-405을 보라.

30) Brown, *Birth* 513-16; Meier, *Marginal Jew* 1.214-16; E. D. Freed, *The Stories of Jesus' Birth: A Critical Introduction* (Sheffield: Sheffield Academic, 2001) 75-86을 보라.

31) 미 5.2을 마태가 번역한 내용과 마소라 텍스트(MT)/칠십인역 텍스트(LXX)의 차이들은 여기서 별로 중요하지 않다.

32) 마 21.11; 막 1.9; 요 1.45, 46; 행 10.38.

33) 막 1.24; 10.47; 14.67; 16.6; 눅 24.19; 요 18.5, 7; 19.19; 행 2.22; 3.6; 4.10; 6.14; 22.8; 24.5; 26.9. 또한 위의 제9장 각주 272를 보라.

공식으로 보이는 것에서 외려 당연시될 뿐이다.[34] 따라서 다시 말하거니와, 역사적 회의주의에 가장 피해가 적을 듯싶은 것은 바로 그 핵심 주장(다윗의 자손으로서의 예수)이며 베들레헴 전통은 그 마무리 작업일지 모른다.[35]

처녀 탄생, 아니 더 정확하게 처녀 임신 문제는 어떠한가? 마리아가 처녀였고 그것이 알려진 게 해당 정황이라면, 칠십인역(LXX) 이사야 7.14이 이전이나 다른 곳에서 신약성서 전통 가운데 '증거 자료'로 작용한 것으로 예상할 수 있을 터이다. 우리가 가지고 있는 것은 예수의 출생의 파격성과 관련된 몇몇 항간의 지식이나 소문에 대한 감질나거나 있을 수 있는 두세 가지 암시들이다. (1) 그 하나는 나사렛에서 예수를 거부한 이야기에 나온다. 예수의 가르침을 듣고 회당에 모인 사람들은 묻는다.

마 13.55	막 6.3
이는 그 목수의 아들이 아니냐? 그 어머니는 마리아, 그 형제들은 야고보, 요셉, 시몬, 유다라 하지 않느냐?	이 사람이 마리아의 아들 목수가 아니냐? 야고보와 요셉과 유다와 시몬의 형제가 아니냐?

다른 경우처럼 여기에서도 마태와 마가의 차이에 대한 가장 명확한 설명은 마태가 마가를 수정하되 가능한 한 최대로 마가의 어법을 밀접하게 유지하고 있다는 것이다. 왜 마가는 예수의 부친에 대한 언급을 제거해야 하는가? 그러나 마태에서 두 번째 질문의 어색함은 반대 방향을 가리킨다. 훨씬 더 흥미로운 것은, 누군가를 그의 모친의 아들이라고 부르는 것(마가)

---

34) 롬 1.3; 딤후 2.8; Ignatius, *Eph.* 18.2; 20.2; *Smyrn.* 1.1; 또한 계 5.5. 또한 O. Cullmann, *The Christology of the New Testament* (London: SCM, 1959) 128-30; '예수가 다윗의 자손이라는 것은 반박할 수 없다'(Hahn, *Hoheitstitel* 250 [Titles 245]).

35) Brown, *Birth* 505-12을 보라. 그는 예수가 정말로 다윗의 가문에 속했다는 증거가 반대의 의심을 압도한다고 결론을 내리면서 또한 '만일 예수가 다윗 아닌 자의 자손으로 증명되더라도 그리스도교에 돌이킬 수 없는 신학적 손상이 생기지는 않을 것'이라고 지적한다(511). 유사하게 Meier, *Marginal Jew* 1.216-19, 237-42. 주전 1세기의 한 유골단지 비문은 거기 담긴 뼈들이 '다윗의 가문에서 나온 것들'에 속했다고 암시한다(자세한 내용은 D. Flusser, 'Jesus, His Ancestry and the Commandment of Love', in Charlesworth, ed., *Jesus' Jewishness* 153-76 [여기서는 158-59, 예화는 150]). 이는 다윗의 직계 자손이 예수 당시에 권리로서 주장될 수 있었고, 또 그리 되고 있었음을 확인해준다. 추가로 아래의 §§15.2-4을 보라.

은 대체로 적통이 아님을 암시하면서(부친이 누군지 모름) 많은 사람들에게 충격을 주리라는 점이다. 그렇지 않다면 그는 그의 부친의 아들로 알려질 터이다(눅 4.23-38 참조).[36] 그러한 함의를 피하는 것은 확실히 마태가 마가에서 취한 전통을 수정하는 것이 바람직하다고 생각한 가장 분명한 이유이다.[37] 간단히 말해, 마가의 전통은 예수의 출생이 파격적인 것과 관련하여 항간의 소문을 대변하는 증거일는지 모른다.[38] (2) 마태가 예수의 족보에 파격적인 성적 교접으로 기억된 네 명의 여인, 즉 다말, 라합, 룻, 우리아의 아내(밧세바)를 포함시킨 것(마 1.3, 5, 6)은[39] 자기 딴에 마리아에 관한 그러한 소문들을 그의 구원사 속으로 흡수하려는 시도를 암시하는가?[40] (3) 요한복음 8장에서 예수의 적대자가 한 것으로 여겨지는 그 조롱―'우리는 간음(*porneia*)으로 태어나지 않았다'(8.41)―은, '포르네이아'(*porneia*)가 폭넓은 범주의 부정한 성관계를 망라하는 까닭에 유사한 함의를 가지고 있는가?

이러한 자료를 가지고 우리는 어떻게 이해해야 하는가? 샤버그(Jane Schaberg)는 예수가 정말 사생아였고 이 사실을 마태와 누가도 알고 있었다고 자신 있게 추론하였다.[41] 사용 가능한 제한된 자료를 전제하면, 역사적 판단으로서는 예수가 비적통이었을 가능성을 배제할 수 없다. 그러나 그러한 추론의 근거는 지나치게 미약하다. 마가의 언어는 이후 그의 텍스트

---

36) E. Stauffer, 'Jesus, Geschichte und Verkündigung', *ANRW* II.25.1 (1982) 3-130 (여기서는 23-25, 104 각주 835).

37) 막 6.3에 대한 𝔓[45]와 다른 사본들의 변이된 문장('이 사람이 목수와 마리아의 아들이 아니냐?')은 같은 방향으로 설명될 수 있을 것 같다. 크로산은 예수를 '목수'라고 부름에 있어 약간의 당혹감이 있었다(눅 4.22; 요 6.42 참조)고 별로 그럴듯하지 않은 제안을 한다(*Birth* 349-50). *tektōn*('목수')에 대해서는 위의 제9장 각주 274를 보라.

38) 요셉이 죽은 지 오래되었다는 그 대안적 설명(Brown, *Birth* 540-41에서 그렇듯)은 왜 𝔓[45]와 마태가 마가의 텍스트를 수정하는 것이 필요하다고 판단했는지 설명하지 못한다. '마리아의 아들'을 '"잽싸게 던진" 논평'으로 서술함에 있어 마이어는 마태와 누가가 마가의 본문을 바꾸도록 한 '나사렛 사람들의 소견에 대해 폄하하는 어조'라고 이전에 서술한 것에 충분한 비중을 부여하지 않는 것 같다(*Marginal Jew* 1.225-27).

39) 결과적으로 유다를 유혹한 다말(창 38장), 창녀 라합(수 2.1-21; 6.22-25), 논쟁의 여지는 있지만 보아스를 유혹했을 가능성이 있는 룻(룻 3.6-13), 다윗이 유혹한 밧세바(삼하 11.2-27).

40) Brown, *Birth* 71-74. Davies and Allison, *Matthew* 1.170-72에서 이 부분의 해석에 대한 검토를 보라; 또한 W. J. C. Weren, 'The Five Women in Matthew's Geneaology', *CBQ* 59 (1997) 288-305; Freed, *Stories* ch. 2.

41) J. Schaberg, *The Illegitimacy of Jesus: A Feminist Theological Interpretation of the Infancy Narrative* (San Francisco: Harper and Row, 1987; paperback New York: Crossroad, 1990); 이어서 G. Lüdemann, *Virgin Birth? The Real Story of Mary and Her Son Jesus* (London: SCM, 1998).

를 사용한 자들이 볼 때 너무 무심하다고 생각되었을 가능성이 있다. 그러나 너무 무심하다, 가볍다는 것 그 이상의 아무런 의미도 아닐 수 있다. 만일 그 함의가 아주 명확하다면, 마가 자신이 그것을 회피하거나 정정하지 않았겠는가?[42] 마태의 족보에 거명된 여인들로 말하자면, 라합과 룻의 경우에 서출이었다는 흔적이 없고, 솔로몬(다윗과 밧세바의 아들)은 사생아가 아니었다.[43] 그리고 유대인 전통에서 이 여인들은 꽤 존경을 받았다.[44] 요한복음 8.41로 말하자면, 성적인 빈정거림은 늘 모욕과 명예훼손의 수단이었다.[45] 아울러, 서출이라는 생각은 마태와 누가의 복음서 내에서 분별될 수 있기 전에 그 텍스트 배후에서 가정되어야 한다.[46]

핵심 전통이 수긍하는 것(마태와 누가)은 예수의 출생이 특별하다는 것이다. '성령으로'(마 1.20), 성령의 권능에 의해(눅 1.35). 그것 자체가 처녀 잉태를 암시할 필요는 없지만,[47] 처녀 잉태는, 특히 이사야 7.14이 개입했을 때,[48] 그 기본적인 확신을 잘 다듬어낸 것일 수 있었다.[49] 더 적절한 대목은,

---

42) Schaberg, *Illegitimacy* 162-63은 마가가 '그 비난을 무시하기보다, 어떤 의미로는 예수의 모친과 형제들을 무시함으로써 그것에 맞섰다'고 제안한다(3.31-35). 그러나 예수의 '양자관계 가족'을 무시하는 것이 정말로 사생아라는 그 '비난을 마주대하는' 것일까?

43) Brown, *Birth* 593-94.

44) Davies and Allison, *Matthew* 1.170, 173-75.

45) 우리는 오늘날 길거리 대화에서 지독한 욕설로 '사생아'(bastard)라는 용어를 꾸준히 사용하는 것을 생각할 필요가 있다.

46) Brown, *Birth* 635-37, 707-708. 샤버그가 인용하는 후대의 다른 텍스트들은 거의 확실히 이전의 암시들에서 발전된 것이거나 거기 의존하고 있는 것이다. 칠튼은 예수가 부계 혈통이 수상한 이스라엘 사람 곧 'mamzer'로 분류되었을 것이라고 생각한다. 그는 요셉과 마리아에 의해 잉태되었지만, '만나고 나서 얼마 안 되어 그리고 그들의 혼인이 공적으로 인정받기 전에' 그렇게 되었다는 것이다(즉 그들이 아직 함께 살지도 않았을 때). 따라서 그 말의 현대적 의미에서 서출 또는 사생아가 아니었다는 것이다(Rabbi Jesus 6-7, 12-13; 또한 'Jésus, le mamzer (Mt 1.18)', NTS 47 [2001] 222-27).

47) 브라운과 피츠마이어는 둘 다 눅 1.35에 사용된 동사들—'내려오다'(eperchesthai)와 '덮어 감싸다'(episkiazein)—그 어느 것도 성적인 함의를 가지고 있지 않다고 지적한다(Birth 290; 눅 337-38, 351).

48) 잘 알려져 있듯이, 사 7.14의 '처녀'는 히브리어 'alma'('젊은 여자)에 대하여 덜 명확하게 사용된 칠십인역(LXX)의 용어 parthenos에서 유래한 것이다. 처녀 잉태/탄생의 발상을 설명하기 위해 이교적 평행 문헌의 영향을 가설로 세우는 것은 불필요하다(Schaberg, *Illegitimacy* 179-80; 연대와 관련해서는 T. Boslooper, *The Virgin Birth* [Philadelphia: Westminster, 1962] 135-86). 왜냐하면 유대적 배경과 초기 그리스도교의 사상이 탄생 서사들의 독특한 특징들에 대하여 훨씬 더 명확한 설명을 제공하기 때문이다(특히, Davies and Allison, *Matthew* 1.200-202, 214-17).

49) Freed, *Stories* 59-69의 논의를 보라. 여기서 우리는 또한 처녀 잉태/출생이 역사적 사실이었다고 주장하는 것의 전기적·신학적 결과를 인지할 필요가 있다. 예컨대, Peacocke, 'DNA of Our DNA', in G. J. Brooke, ed., *The Birth of Jesus: Biblical and Theological Reflections* (Edinburgh: Clark, 2000) 59-67은 그 간결한 연구의 결론을 다음의 통명스런 진술로 마무리한다: '예수가 온전히 인간이 되기 위해서는 그가 생물학적·신학적 이유로 인간 부친과 모친을 가져야 했고 역사적 증거의 무게는 이것이 사실이었음을, 그리고 아마도 그 부친이 요셉이었음을 강하게 암시한다. 과학 시대에 나사렛 예수의 중요성에 관심을 지닌 어떤 신학도 이제 이 지점에서 출발해야 한다'(66). 이 민감한

성령으로 잉태하여 탄생한 것을 신적인 아들의 직분(누가는 명시적으로, 마태는 암시적으로)과 연관시키는 것은 예수 선교의 기원(§11.5)과 초기 그리스도교의 근본적인 모티프에 잘 어울리는 무언가를 생각나게 한다.[50] 성령을 경험하여 스스로 하나님의 아들 되었음을 생생하게 의식한 신자들이 예수의 아들 됨을 값어치가 떨어지는 것으로 생각했을 리 만무하다. 반대로 로마서 8.15-17과 갈라디아서 4.6-7의 전통에 비추어보면 이러한 초기 경험들은 예수의 아들 됨을 공유하는 것으로 이해되었으리라 추정된다. 이는 나아가 예수의 출생이 '성령으로' 이루어졌다는 확신이 제자 집단과 처음 교회들 가운데 매우 이른 시점에 도출되었으리라 시사한다.

환언하면, 예수가 다윗의 자손 됨이 그렇듯, 또한 예수가 하나님의 아들 됨과 관련해서도 우리가 탄생 서사에서 가장 분명히 보는 것은, 예수가 하나님의 성령에 의해 특별한 방식으로 태어났다는 핵심적 확신을 다양하게 다듬어나갔다는 사실이다. 그렇다면 다시 한 번 말하거니와, 탄생 서사는 맨 처음 그리스도교적 사고가 어떻게 발전해나갔는지에 대한 값진 색인을 제공한다. 그러나 그것이 예수 선교의 역사에 대한 연구를 시작하기 위한 좋은 입지를 제공하지는 않는다.

11.2 세례자 요한

마태와 누가의 유년기 서사에도 불구하고, 전체 복음서 전통은 우리 연구를 세례자 요한과 요한에 의한 예수의 세례를 통해 예수가 끼친 영향부터 시작하도록 이끌어준다. 실제로 예수를 요한과의 관계 안에 '위치시키는' 시도 이외에 예수에 대한 역사적 연구는 선택의 여지가 별로 없다. 여기에는 몇 가지 이유가 있다.

주제에 대한 브라운의 민감한 처리 방식을 참조하라(*Birth* 517-33, 697-708).
50) 특히 롬 8.14-17; 갈 4.6-7; 또한 요 3.5-8, 34을 보라.

a. 요한의 역사적 비중

어쨌든 요한은 그 역사적 의의에 있어서 예수보다 크지는 않더라도 최소한 예수와 대등하리만치 위대한 자격을 갖추고 있었던 것 같다. 요세푸스도 요한을 호의적으로 언급하는데, '세례자(*baptistēs*)라 불리는 자 요한'으로 소개되며, 상당한 분량으로 계속 다루어지고 있다. 그 시작은 이렇다.

그는 선한 사람이었고 유대인들이 의로운 삶을 살고, 그들 동족을 향해서는 정의를, 하나님을 향해서는 경건을 실천하며, 그렇게 하면서 세례를 받으라고 권고하였다. 그의 견해로는 그 세례가 하나님께 받으실 만한 것이 되려 한다면 이렇게 하는 것이 필수적인 예비 조건이었다. 그들은 자신이 지은 무슨 죄라도 용서를 받기 위한 수단으로 세례를 사용해서는 안 되며, 그것은 다만 몸의 정화를 위한 것인데, 이는 그 영혼이 올바른 행실로써 이미 철저히 깨끗해졌음을 암시한다(18.117).

이야기는 계속되어 요한의 설교로 야기된 대단한 열기를 언급하는데, 이로써 헤롯 안티파스가 폭동이 일어날까봐 두려워했다는 것이다(18.118). 우리는 요세푸스가 요한에 대한 이 간결한 묘사를 자신의 이야기에 소개하는 배경이 헤롯과 페트라의 왕 아레타스의 싸움(18.109-126)을 다루는 대목에서 아레타스의 승리를 설명하기 위한 것이었다는 점을 주목해야 한다. '유대인들의 판결인즉, 헤롯의 군대가 파멸된 것은 하나님이 헤롯에게 그러한 타격을 가하는 것이 적당하다고 보았기 때문에 요한을 신원한 결과였다는 것이다'(18.119).[51]

마찬가지로 복음서의 이야기들도 요한의 설교로 사람들 가운데 야기

된 열광적인 반응을 반영한다. '모든 유대와 모든 예루살렘 사람들'(막 1.5), '모든 유대와 그 주변의 모든 지역'(마 3.5), '모든 백성들'(눅 3.21)이 무리지어 세례를 받기 위해 몰려들었다고 복음서 저자들이 서술한 것은 분명 과장이 아니라 요세푸스의 기록과 일치한다.[52] 요한이 '세례자'로 알려졌다는 사실은 독특한 제의적 행위의 증거가 되는데,[53] 이는 많은 것들을 함축하였음에 틀림없다. 마태복음 11.7-9/누가복음 7.24-26의 Q 전통도 마찬가지로 요한을 보기 위해 광야로 나가는 사람들의 꾸준한 흐름을 반영한다. 같은 본문에 의하면, 그는 대체로 '예언자'로 간주되었다는데, 이는 그 자체로 중요한 사실이다. 말라기 이후 그 명칭이 부여되거나 그에 합당한 인물이 거의 없었기 때문이다.[54] 유사하게 마가복음 11.29-33 평행구에서 주고받은 내용은 요한이 예언자로서 높은 대중적 존경을 받았음을 암시한다.[55] 누가에 의하면, 실제로 요한이 바로 '그 메시아'일지 모른다며 사람들은 궁금해했는데(눅 3.15), 이는 요한복음 1.20에서도 공명되는 가능성이다. 확실히 그는 한 무리의 제자들을 거느렸던 것 같은데,[56] 그들은 요한이 죽은 뒤에도 오랫동안 인정받을 만한 나름의 정체성을 보유했을 법하다(행 19.1-7 참조). 이 논지는 요한의 중요성을 과대평가하는 것에 대한 요한복음의 분

---

52) 요한이 안티파스의 영토인 페레아에서, 그러나 사해와 매우 가까워 예루살렘과 유대에서도 쉽게 접근할 수 있는 요단 강 동편에서 주로 활동하였다는 점에 대부분의 학자들은 동의한다. 가령, J. Ernst, *Johannes der Täufer: Interpretation—Geschichte—Wirkungsgeschichte* (BZNW 53; Berlin: de Gruyter, 1989) 280-84; 또한 'Johannes der Täufer und Jesus von Nazareth in historischer Sicht', *NTS* 43 (1997) 161-83; Meier, *Marginal Jew* 1.43-46; Stegemann, *Library* 212-13. 하지만 플루서는 세례자의 활동을 호수 북쪽의 벳새다 부근으로 추정한다(*Jesus* 43-44, 258 각주 2).
53) 아래 §11.3a를 보라.
54) 관련 논의는 가령 R. L. Webb, *John the Baptizer and Prophet: A Socio-Historical Study* (JSNTS 62; Sheffield: Sheffield Academic, 1991) 307-78; J. E. Taylor, *The Immerser: John the Baptist within Second Temple Judaism* (Grand Rapids: Eerdmans, 1997) 213-34.
55) 또한 마 14.5; 눅 1.76을 보라. 그리고 추가로 M. Tilly, *Johannes der Täufer und die Biographie der Propheten. Die synoptische Täuferüberlieferung und das jüdische Prophetenbild zur Zeit des Täufers* (BZANT 137; Stuttgart: Kohlhammer, 1994).
56) 막 2.18 평행구; 6.29 평행구; 마 11.2/눅 7.18; 눅 11.1; 요 1.35-37; 3.25-30. 요한이 스스로 제자 집단을 만들 의도가 있었는지는 훨씬 더 명확하지 않고, 그가 그들을 어떤 의미에서 이스라엘의 대표로 봤는지도 별로 명확하지 않다. 마이어(Meier)는 그 증거를 줄여서 말한다(*Marginal Jew* 2.92 각주 149). 요한의 세례가 '입문적' 성격을 지녔다는 주장(가령, R. L. Webb, 'John the Baptist and His Relationship to Jesus', in B. Chilton and C. A. Evans, eds., *Studying the Historical Jesus* [Leiden: Brill, 1994] 179-229 [여기서는 194-96, 205-206])은 그것이 다가올 더 중요한 세례를 준비하는 임시적이고 과도적인 것이었다는 강한 암시를 무시한다(아래 §11.3c를 보라).

명한 논쟁적 주해에 비추어 확인되며,[57] 또한 클레멘스 위경문헌(Pseudo-Clementines)의 증언으로 확실히 강화되는 사실로 보인다.[58]

이러한 흩어진 자료들에 더 많은 조명을 가할 수 있다면 좋으련만! 어쨌든, 그리스도인의 회고 가운데 예수가 아주 크게 보인다는 사실이 1세기 유대교에서 많은 이들에게 요한이 더 크게 보였다는 역사적 사실을 흐리게 만들어서는 안 된다.

b. 예수, 요한의 제자?

여전히 좀더 정곡을 찌르는 지적은, 예수 자신이 처음에 요한을 중심으로 한 동아리에서 부상했을 개연성이 상당히 높다는 것이다. 제대로 말하자면, 예수가 요한의 제자로 시작했을 가능성이 실로 상당하다는 것이다.[59]

여기서 핵심 사실은 예수가 요한에게서 세례를 받았다는 것이다(막 1.9 평행구). 이는 예수의 모든 역사에서 가장 안전하게 근거가 확보된 사실들 가운데 하나다.[60] 이는 그의 추종자들이 만들어낸 무엇이 아니다. 예수가 끼친 영향 가운데 그 세례 사실을 예수의 스승인 요한이 예수에게 끼친 영향으로 돌리도록 압박한 요인은 전혀 없었다. 반대로 예수가 요한에게서 세례를 받았다는 사실은 그들에게 당혹감을 안겨준 요소였던 것 같다. 요

---

57) 요 1.6-9, 19-23, 30-34; 3.28-30. 요한복음 저자가 세례자의 제자들을 향해 논쟁적인 방향을 취했다는 주장은 그것이 W. Baldensperger, *Der Prolog des vierten Evangeliums, sein polemischapologetischer Zweck* (Tübingen: Mohr, 1898)에 의해 처음 전개된 이래 진지하게 수용되었다. 가령, R. Schnackenburg, *The Gospel according to St John*, vol. 1 (New York: Herder and Herder, 1968) 167-69을 보라.

58) Ps. Clem., *Recog.* 1.54: '심지어 대단한 사람들로 보였던 요한의 제자들 가운데 어떤 이들은 스스로 사람들에게서 격리되어 그들의 스승을 그리스도라고 선포했다'(또한 1.60). 눅 1장의 부분들이 세례자 집단에서 유래된 것이라는 예전의 제안(가령, Bultmann, *History* 294-95)은 너무 불투명한 생각에만 기댄 것이라 입론할 수 없다. 좀더 개연성이 있는 것은 W. Wink, *John the Baptist in the Gospel Tradition* (SNTSMS 7; Cambridge: Cambridge University, 1968) 59-82의 다음 제안이다: '그 전통이 세례자 운동의 자연적인 발전이었다는 사실 덕분에 교회는 맨 처음부터 이러한 전통을 소유하였다' (71).

59) 그 점은 폭넓게 인식된다. 가령, Sanders, *Jesus and Judaism* 91; Webb, 'John the Baptist' 218-23, 226-29; Becker, *Jesus of Nazareth* 52.

60) 요한에 의한 예수 세례의 역사성과 관련해서는 Meier, *Marginal Jew* 2.100-105; Webb, 'John the Baptist' 214-18을 보라. 예수세미나 팀은 이 사건을 확신을 가지고 붉은색, 즉 순전한 사실로 투표했다(Funk, *Acts of Jesus* 27-28, 54).

한의 세례는 공관복음 안에 분명히 '회개의 세례'로 표시되어 있기 때문인데, 이는 요세푸스의 보고와도 잘 부합되어 있는 강조점이다. 이 점은 분명 예수의 추종자들에게 아직 정리되지 않은 생각이 있었음을 반증한 것이다(예수는 회개해야 했을까?). 이러한 연유로 마태는 요한이 예수에게 세례를 주는 것이 부적절함을 스스로 주장했다는 주해를 첨가하였으리라 본다(마 3.14-15).[61] 자신을 위한 회개를 표현하려는 것이 아니었다면 왜 예수는 스스로 복종하여 세례받기를 자청했을까 하는 문제는 그 이후 그리스도교 신학의 가시 같은 논제였다.[62]

두 번째로 꽤 확고한 사실은 예수의 선교가 처음에는 요한의 선교와 중첩되었다는 것이다. 이는 요한복음의 저자가 남긴 증언이 그렇지 않았더라면 우려스런 역사적 공백으로 남았을 틈새를 채우는 지점 가운데 하나이다. 게다가 요한복음에 의하면 예수의 첫 제자들은 요한의 제자 동아리에서 넘어왔다(요 1.35-42). 더욱 주목할 만한 점은 예수가 자신의 선교 모델을 요한으로 삼았을 가능성이 있다는 것이다. 요한의 제자들은 예수를 너무 성공적으로 판명된 경쟁자로 본 것 같다. 예수는 요한보다 더 많은 사람들에게 세례를 주고 있었기 때문이다!(3.26; 4.1) 이 증언은 요한복음이 그것을 성급히 부인하기 때문에 더 신뢰 가능성이 높다. '세례를 준 것은 예수 자신이 아니라 그의 제자들이었다'(4.2).[63] 그만큼 예수의 제자들이 세례를

---

61) 또한 나사렛복음서를 주목하라: '보라, 주의 모친과 그의 형제들이 그에게 말했다. "세례자 요한이 죄 사함을 위해 세례를 베풀고 있습니다. 우리도 가서 그에게 세례를 받읍시다." 그러나 그는 말했다. "내가 무슨 죄를 범했기에 그에게서 세례를 받아야 합니까? 이렇게 말함에 있어 내가 무지한 것이 아니라면 말입니다"'(Jerome, *contra Pelagianos* 3.2; text in Aland, *Synopsis* 27). 어떤 점에서 여전히 더욱 놀라운 것은 요한복음 저자가 예수에게 임하는 성령에 대한 요한의 증언에 관심의 초점을 맞추는 서술 가운데(요 1.31-34) 요한에 의한 예수의 세례를 언급조차 하지 않는다는 것이다. 그러나 요한복음 저자는 '회개'도 언급하지 않는다. 또한 그가 요 13장의 마지막 만찬에 대한 언급도 회피하기 때문에 거기에 작동하는 또 다른 신학적 동기가 있는 듯하다.
62) 가령 G. R. Beasley-Murray, *Baptism in the New Testament* (London: Macmillan, 1963) 44-55의 논의를 보라. '그는 회심하라는 요한의 호소에 개인적으로 일체감을 가졌다'(Schillebeeckx, *Jesus* 137); '그는 암묵적으로 자신의 죄를 고백했다'(Taylor, *Immerser* 272). P. W. Hollenbach, 'The Conversion of Jesus: From Jesus the Baptizer to Jesus the Healer', *ANRW* II.25.1(1982) 196-219은, 예수가 '요한의 설교를 통해…자신이 직간접적으로 약한 사회 성원들의 억압에 참여했었다는 것을 발견한' '사회의 착실한 구성원'(!)이었다고 다소 기발하게 주장한다(199-200). 칠튼(Chilton)의 다음 진술을 참조하고 대조해보라: '요단의 물은 그의 소외감을 씻어버렸다. 그는 자신이 느꼈던 분노와 나사렛의 자기 백성들에 대해 품었던 분개심을 회개했다'(*Rabbi Jesus* 49).
63) 추가로 아래 §14.8b를 보라.

준 선교는 요한의 경우와 그리 다른 것이 아니었는데, '세례'는 '세례자'로 알려진 자의 선교에 그처럼 독특한 특징이었기 때문이다!

여기서 우리는 마태복음 3.14-15에서 발견한 것과 같은 종류의 당혹감을 탐지할 수 있다. 공관복음서 저자들은 일부러 예수와 요한의 사역이 중첩된 기간에 각별히 덮개를 씌우려 노력한 것 같다. 마가복음 1.14은 예수가 '요한이 체포된 뒤에야 비로소'(마 4.12이 그 뒤를 이어감) 자신의 선교를 갈릴리에서 시작했다고 힘주어 강조한다. 그리고 누가는 요한과 예수 사이의 거리를 좀더 예리하게 표시해둔다. 그는 요한이 헤롯 안티파스에 의해 투옥된 이야기를 요한에 대한 이야기 바로 중간 지점에 삽입해둔다(눅 3.18-20). 그 결과는 요한을 예수의 세례에 앞서 무대에서 제거한 격으로 그 세례 이야기는 그때 단 하나의 단어로 수렴된 채 넘어간다(*baptisthentos*, '세례를 받았다', 3.21).[64]

다시 말하거니와, 공관복음 저자들이 무시하기로 한 예수 선교의 초기가 있었다는 추론을 피하기 어렵다. 추측건대 이는 예수의 독특한 선교가 예수가 세례자와 헤어진 이후 시작되었거나 요한의 체포로 그가 갈릴리에서 자기 나름의 선교를 독립하여 시작해야 할 압박을 받았기 때문이었을 것이다.[65] 이러한 발견에 기초하여 우리가 예수를 요한의 '제자'로 말해야 할지 여부는 '제자'가 여기서 사용할 가장 적절한 용어인지에 대한 질문으로 간단히 귀착될 수 있다.[66] 이것이 또한 예수가 독특한 선교를 전개함에 있어 독특한 메시지를 채택했음을 의미하는지 여부도 우리가 돌아와야 할 질문이다.[67] 당분간 요한의 세례가 예수 선교의 이정표로서 상당한 실체를

---

64) '문학적인 재주를 발휘하여 요한은 예수에게 세례를 주기 **전에** 투옥된다'(Wink, *John the Baptist* 46). 그러나 누가가 예수의 세례를 스스로 행한 것으로 이해했다고 주장함에 있어 그는 너무 심하게 밀어붙인다(83과 각주 1).

65) 요한과 예수의 선교 중첩 부분에 대한 추가 의견은 J. Murphy-O'Connor, 'John the Baptist and Jesus: History and Hypotheses', *NTS* 36 (1990) 359-74을 보라.

66) 칠튼은 예수가 그의 십대 기간을 요한의 제자(*talmid*)로 보냈고, 요한은 그를 메르카바(*merkabah*) 신비주의 의식으로 입문시켰다는 기발한 논지를 전개한다(*Rabbi Jesus* 32-63).

67) 아래 §12.4e를 보라. 그렇더라도 그들의 생활양식상 차이에도 불구하고, 요한과 예수에게 가해진 같은 비난('그는 바알세불/더러운 영에 들렸다'―막 3.22, 30; '그는 마귀에 들렸다'―마 11.18/눅 7.33)이 떠오르는 것이 의미심장할 수 있다.

지닌 역사적 사실이라는 점을 지적하는 것으로 족하다.

c. 복음의 시작

방금 도달한 결론은 세례자가 복음서 모든 계열의 전통 가운데 '예수 그리스도의 복음의 시작'(막 1.1)으로 기억되고 있다는 사실에 비추어볼 때 한층 더 두드러진다. 마가가 가장 명시적이다. 1.2-8은 그 '시작'을 표시하거나 심지어 만들어내는 자가 요한이라고 명시한다. 그리고 이후 요한의 순교자 같은 죽음은 예수의 죽음을 예고한다(6.14-29). 그러나 대개 동의하듯이 Q가 요한의 설교와 함께 시작된다(마 3.7-12/눅 3.7-9, 16-17)는 사실은 같은 함의를 전한다.[68] 마태는 비록 탄생 서사와 함께 시작하지만 놀라울 정도로 요한이 예수와 정확히 같은 메시지를 전파하도록 설정한다. '회개하라, 천국이 가까이 왔다'(마 3.2 = 4.17; cf. 10.7). 예수의 복음은 진정 요한과 함께 시작했다! 누가 또한 탄생 서사와 함께 요한의 사역에 대한 이야기로 서두를 장식하는데, 특히 그것들은 요한의 출생 이야기와 함께 시작된다(눅 1.5-25, 57-80). 요한은 예수의 피할 수 없는 서장으로 보인다.[69] 그리고 어느 정도 마태와 같이 누가는 요한을 '복음을 전파하는 자'로 묘사하는데(3.18– *euangelizesthai*), 이는 예수의 설교에 사용한 동사와 같다(4.18, 43 등). 마찬가지로 요한복음 저자도 예수의 이야기가 요한에 대한 언급(요 1.6-8, 19-34) 없이는 진행될 수 없음을 명시하는데, 만일 세례자 요한과 함께 시작하는 복음서가 설계된 이후에 서문(요 1.1-18)이 첨가되었다면 이 점은 한층 더 명확해진다.[70]

여러 면에서 가장 많은 조명을 가하는 것은 사도행전의 언급들이다. 사도행전 1.21-22에 의하면, 유다의 자리를 누가 취할 수 있을지 결정하

---

68) 슈뢰터는 요한과 함께 시작하는 것이 이미 마가와 Q에 선행하는 구어 전통의 일부였다고 추론한다(*Erinnerung* 448-49).
69) 브라운은 눅 3.1-2이 복음서의 원래 시작 부분을 구성했고, 탄생 서사는 누가복음과 사도행전이 완성된 이후 앞에 덧붙여졌을 가능성을 생각한다(*Birth* 239-41).
70) 관련 논의는 Schnackenburg, *John* 1.221-24.

는 가장 핵심적인 기준 하나가 그 사람이 '요한의 세례로부터 시작하여…
주 예수께서 우리 가운데 출입하던 때' 제자들의 무리 가운데 있었는지 여
부였다. **그저** 요한에 의한 예수의 세례가 **아니라** '요한이 베푼 세례'가 예수
선교의 시작에 이정표가 되었다는 것이다. 비슷하게 사도행전 10.37에서
베드로의 연설도 '요한이 선포한 세례 이후 갈릴리에서 시작하여 유대 전
지역에 걸쳐 발생한 일'[또는 '이행된 말씀']이란 견지에서 예수의 선교를 요약
한다.[71]

　　요한에 대한 언급으로써 예수의 '위치를 찾아내려는' 관심은 또한 마
태와 누가가 사용한 Q 전통 가운데서도 명확하게 드러난다.[72] 요한이 돌
아온 엘리야(마 11.14), '크고 무서운 주의 날'(말 4.5)의 전조로 인정되어야 한
다는 특별한 주장은 또한 요한을 소개하면서 말라기 3.1을 사용한 마가에
게도 은근히 드러난다(막 1.2, 또한 마 11.10/눅 7.27). 요한을 묘사하면서 '낙타
의 털을 입고 가죽 띠를 허리에 둘렀다'고 한 것은 마가와 마태가 열왕기하
1.8에 나오는 엘리야의 묘사를 환기시키려는 의도였을 가능성이 있다(막
1.6/마 3.4).[73] 그러한 정체의 확인은 예수의 변화 이야기 결론 부분에서 좀더
명료해진다(막 9.11-13/마 17.10-12). 누가는 자신의 탄생 서사 가운데 동류의
목적을 이루어낸다(눅 1.16-17).[74] 예언자로서 폭넓게 인정된 요한의 역할이
예수에게 돌려지는 의의와 잘 부합하는 것으로 보여야 한다는 점은 초기
그리스도교 공동체 가운데 분명히 중요했다. 그 전통은 예수의 관점에서
비롯된 것으로 이야기되면서 그의 지배적인 역할을 취한다. 그러나 변증

---

71)　이 두 본문에서 누가의 그리스어에 담긴 구문론적 문제에 대해서는 Barret, *Acts* 101, 522-24을 보
　　라. 행 10.34-43이 아주 이른 초기 그리스도교 설교의 메아리를 포함하고 있을 개연성에 대해서는
　　추후 제2권을 보라.
72)　마 11.2-11, 16-19/눅 7.18-28, 31-35. 이 평행구의 밀접함은 편집적 도입부와 7.20-21과 29-30
　　에서 다듬어놓은 누가의 작업과 함께 분명 문헌상의 의존을 암시한다. 그러나 마 11.12-15과 눅
　　16.16의 연계는 문헌상의 의존이란 견지에서 쉽게 설명이 되지 않으며 외려 구어 전승을 반영하는
　　듯싶다. 이 구절의 내용은 좀더 충분히 아래에서 논의된다(§12.5c).
73)　그러나 또한 Meier, *Marginal Jew* 2.46-49를 보라. 이와 대조적으로 배지(L. Vaage)는 그러한 자료
　　를 가지고 또한 요한을 견유철학의 그물망 안으로 몰아넣는다('More than a Prophet, and Demon-
　　Possessed: Q and the "Historical" John', in J. S. Kloppenborg, ed., *Conflict and Invention* [Valley Forge:
　　Trinity, 1995] 181-202 [여기서는 190-91]). '광야에 기거하면서 나무가 제공한 옷만을 입었고 스스로
　　나온 것들만 음식으로 삼았다'는 바누스(Bannus)에 대한 요세푸스의 묘사를 참조하라(*Life* 11).
74)　눅 1.16에는 말 4.6(집회서 48.10 참조)에 대한 암시가 들어 있는 것 같다.

적인 견지에서 최초의 관심은, 예수의 제자 동아리를 넘어선 범위에서 요한이 더욱 폭넓게 차지하던 높은 존경에 기대어 예수가 혜택을 보도록 하려는 것이었다.

동일한 관심은 예수에 대한 요한의 종속이 확연하게 표시되는 요한복음에서도 강조된다. 요한은 단순히 증인이었지만 예수에 대한 최고의 증인은 아니었다.[75] 요한복음이 세례자 요한의 지속적인 제자 동아리에 적대하여 그를 다루는 데서 어떤 쟁점이 분명히 나타난다면,[76] 이는 단순히 요한의 더 넓은 영향력과 중요성의 비중을 확인시켜줄 뿐이다. 이 점은 요한과 예수의 관계가 어떻게 예수에게 우호적으로 작용했는지 시위할 수 있는 것으로 그리스도교 동아리의 초창기부터 인지되었음에 틀림없다.

그 점은 좀더 밀어붙일 수 있다. 요한과 예수의 관계에 관한 후대의 당혹감에 비추어 앞서 암시된 예수에 대한 요한의 영향이 늦은 단계에 전통으로 편입되었다고 보는 것은 불가능하다. 적어도 예수가 요한에게 세례를 받았고 예수가 요한 동아리에서 부상했다는 견지에서 그 영향은 분명 가장 밑바닥 토대의 역사적 사실에 속한다.

이와 대조적으로 우리는 예수/요한의 주제가 도마복음에는 거의 전부 결여되고 있음을 주목할 수 있다. 유일하게 남은 흔적이 도마복음 46과 78이다.

Q 7.28	도마복음 46
내가 너희에게 말하노니 여자가 낳은 자 중에 요한보다 큰 자가 없도다. 그러나 하나님의 나라에서는 극히 작은 자라도 <u>그보</u>	예수께서 말씀하셨다, 아담에서 세례자 요한에 이르기까지 여자가 낳은 사람 가운데 세례자 요한보다 더 큰 자가 없으니 그의 눈이 (그 앞에서) 떨구어져서는 안 된다.

---

75) 요 1.6-9, 15, 19-36; 3.25-30; 5.33-36. '증인' 모티프에 대한 비중 있는 강조를 주목하라(1.7-8, 15, 19, 32, 34; 3.26, 28; 5.33-34, 36), 특히 1.20의 세 겹으로 된 고백. 윙크(Wink)가 관찰하듯이, 요한복음의 저자는 요한의 역할을 증언을 전하는 것으로 제한했지만 그 역할에 대한 초점을 '그리스도에 대한 이상적인 증인'으로 또한 늘리기도 했다(*John the Baptist* 87-106, 여기서는 105).

76) 위의 각주 57에서 암시한 바와 같다.

| 다 크니라 하시니 | 그러나 나는 말했다. 누구든지 너희 가운데 자녀가 되면 <u>그 나라를 알 것이요</u> 요한보다 더 크게 될 것이다. |

Q 7.24-25	도마복음 78
요한이 보낸 자가 떠난 후에 예수께서 무리에게 요한에 대하여 말씀하시되 <u>너희가 무엇을 보려고 광야에 나갔더냐? 바람에 흔들리는 갈대냐?</u> 그러면 너희가 무엇을 보려고 나갔더냐? <u>부드러운 옷 입은 사람이냐?</u> 보라 화려한 옷을 입고 사치하게 지내는 자는 왕궁에 있느니라.	<u>너희들은 왜 시골로 나갔는가? 바람에 흔들리는 갈대를 보려고?</u> (너희의) 왕들과 위인들처럼 <u>부드러운 옷을 입은 사람</u>을 보기 위해? 그들은 부드러운 옷을 입고 있어 진리를 분별할 수 없다.

후자(도마 78)에는 요한에 대한 암시가 **빠져 있다**(오직 Q의 도입부로서만 주어진다). 이 점은 중요하다. 모든 정경 복음서 가운데 확연한 '복음서 양식'의 변별되는 특징과 틀이 수난뿐 아니라, Q가 입증하듯이, 또한 요한과 그의 세례와 함께 시작함으로써 제공되기 때문이다. 만일 도마의 전통이 오래된 것이라면 그 전통을 사용한 자들이 이 점을 모른 체할 수 없었을 것이다(도마 46이 확인해주듯이). 이 경우에 도마의 전통 담지자들이 의도적으로 세례자 모티프를 축약한 것처럼 보인다. 이는 나아가 임박한 심판의 강력한 어조를 도마의 전통 담지자들이 의도적으로 제거했음을 암시한다. 이 점은 Q/공관복음 전통 가운데 더 큰 심판 모티프를 폭넓은 편집 과정에서 축소한 일부로서 요한의 설교에 대한 Q 이야기의 특징을 나타낸다. 이러한 사유의 동선은 Q의 심판 주제가 도마에게 알려지지 않은 Q의 편집적 발전(=Q²)이라는 쾨스터와 다른 학자들의 주장에 정면으로 거스른다.[77] 반대로 이는 외려 예수의 첫 제자들에게 요한이 차지한 중요성과 요한 설교의 심판론적 성격(그 성격에도 불구하고)에 대한 분명한 회상을 도마가 생략한 것 같이 보인다.[78] 이는 예수의 설교를 그의 첫 제자들의 귀를 통해 다시 듣고자 하

---

77) Koester, *Ancient Christian Gospels* 86-99 (여기서는 96-97). 추가로 위의 §7.4c를 보라.

는 우리의 시도와 관련이 있을 터이기 때문에 일단 이러한 처음의 발견 내용을 염두에 두는 것이 좋을 것이다.

어쨌든, 지금 이 순간 예수의 제자들이 생기게 된 가장 초창기부터 요한이 예수 복음의 시작으로 보였다는 처음의 결론만은 온전히 수긍될 수 있다.

11.3 요한의 세례

예수의 영향과 요한이 예수에게 끼쳤을 법한 영향의 중요성과는 별개로 요한의 의의는, 예수가 설교자로서 토대 삼아 자신의 이력을 시작했을 그 발판, 곧 예수의 직접적인 이 선례를 가능한 한 충분히 이해하는 작업을 한층 더 중요하게 한다.

a. '그 세례자'

요한에 대해 우리가 아는 적은 부분 중 가장 현저한 특징은 분명 그의 세례이다. 이는 모든 기사에서 가장 긴밀하게 일치하는 점이다. 마가는 요한을 '광야에서 세례를 주고 있다'(막 1.4)거나 그냥 '세례자'(*ho baptizōn*; 6.14, 24)라고 소개한다.[79] 그는 요한의 메시지를 '회개의 세례를 선포하는 것'(1.4)으로 요약하고, 다른 사람들이 그를 '세례자'(*ho baptistēs*; 6.25; 8.28)라고 언급하는 것을 보도한다. 마태에서는 모두에게—화자, 예수, 헤롯, 그리고 제자들—요한이 '세례자' 요한이라는 호칭으로 알려진다.[80] 유사하게 누가도

---

78) A. Kirk, 'Upgrading Wisdom: John's Speech and the Beginning of Q(Q 3.7-9, 16-17)', *NovT* 40 (1998) 1-16; 추가로 아래 §12.4e를 보라.
79) 막 1.4의 원래 본문에는 정관사가 없었을 가능성이 높다: '요한은 광야에 와 세례를 주고 있었다' (Metzger, *Textual Commentary* 73). 하지만 6.14과 24에서 그런 경향은 원래의 *ho baptistēs*를 *baptistēs* 로 표준화하기 위한 것이었다.
80) 마 3.1; 11.11-12; 14.2, 8; 16.14; 17.13.

그렇게 칭하고,[81] 아주 흥미롭게 요세푸스도 그를 '세례자(baptistēs)로 알려진 요한'이라 부른다(Ant. 18.116).[82] '세례자'라는 그 용어는 오늘날 우리에게 매우 친숙하여 그 유별남을 잊게 된다. 물론 '뱁타이즈'(baptize)라는 영어 단어는 그리스어 '밥티제인'(baptizein)에서 직접 어원을 취한 차용어다. '밥티제인'(baptizein) 배후에는 추측건대 히브리어/아람어 '타발'(tabal)이 자리하고 있다. 처음부터 '그 세례자'라는 타이틀이 그리스어로 만들어졌다는 것을 상정하기 어려운 터라, 우리는 요한이 *hattobel*(히브리어)이나 *tab'la*(아람어)로 알려졌으리라 추정해야 한다. 아람어와 그리스어 양쪽 모두의 경우에서 우리는 새롭게 만들어진 용어 내지 호칭을 말하고 있는 셈이다. 우리가 분별할 수 있는 한, 요한에 앞서 그 누구도 '세례자'로 불려진 사람이 없다. 그리스어로 그 용어는 요한의 사례가 유일무이하다. 이는 추측건대 신선한 용례가 탄생했음을 암시한다. 외국어 단어는 그것이 적절한 토착 대응어가 없는 경우를 묘사하는 게 아니라면 좀처럼 다른 언어로 흡수되지 않는 법이다. 따라서 추측건대 *tab'la*라는 말을 *ho baptistēs*라는 말로 직접 번역한 것은 유별나거나 독특한 역할이 참신하거나 독특한 형식의 말을 필요로 했다는 상응하는 인식을 시사하는 듯하다. 그 명명의 유례없는 독특성이 아람어에서 그리스어로, 또 영어로 전이된 것이다!

이는 즉각 요한이 바로 그 점에서 독특했음을 우리에게 말해준다. 요단 강 계곡에서 일어난 이 '세례자 운동'에 대해서는 요한의 의식이 수많은 그러한 의식들 가운데 하나였다거나 그럴 가능성이 있다는 함의와 함께 다양한 의견들이 있어왔다.[83] 그러나 요한만이 그 유별난 형식의 호칭과

---

81) 눅 7.20, 33; 9.19. 이 호칭이 마 11.18(평행구 눅 7.33)에 빠져 있다는 사실은 Q가 이 호칭을 사용하지 않았음을 암시한다.

82) 배지(Vaage)는 요한의 세례가 Q에서 짐짓 과소평가된다고 주장한다('More than a Prophet' 188); 그러나 *The Critical Edition of Q* (Robinson, Hoffmann, and Kloppenborg)는 Q. 3.7의 시작하는 부분의 언급을 포함시킨다.

83) '주전과 주후 1세기 요단 강 지역 주변에서 벌어진 훨씬 더 큰 유대인의 참회와 세례 운동'(Meier, *Marginal Jew* 2.27)의 한 특별한 표현으로, J. Thomas, *Le mouvement baptiste en Palestine et Syrie (150 av. J.-C.-300 ap. J. -C.)* (Gembloux: Duculot, 1935)를 참조함. 그러나 요한의 시대와 관련하여 우리가 가지고 있는 유일하게 확고한 자료는 에세네파 사람들과 요세푸스의 한때 '도인 스승'이었던 바누스를 이야기한다(*Life* 11-12). 그 자료는 최근 K. Rudolph, 'The Baptist Sects', in Horbury, et al., *Judaism* 3.471-500에서 재검토되었다.

함께 뽑혔다는 사실은 그러한 의견과 상치된다.[84] 유사하게 요한이 개종 세례라는 이미 확립된 의식으로부터 자신의 별명을 안겨준 그 행위를 고안해냈다는 많은 제안[85] 또한 심각하게 의문시된다.[86] 이미 잘 인식된 '세례' 의식이 있었다면 왜 요한이 '세례자'로 뽑혔을까? 요한이 적어도 어느 정도 유대적 경건 가운데 강조된 제의 목욕, 특히 저 멀리 쿰란에서 시행된 그 의식의 영향을 받았다는 좀더 그럴듯한 대안은[87] 여전히 타당할 수 있다. 하지만 그것은 이 특정한 명칭이 요한의 의식과 관련하여 '세례'라는 참신한 형식을 요구하는 독특성을 필히 암시했음을 우리가 인정한다는 전제 아래서만 유효하다.[88] 마가복음 11.28-33 평행구의 대화에서 이 점은 추가로 확인되는데, 여기에서 예수의 답변이 효율적인가 하는 점은 혁신적 논쟁을 일으킨 요한의 **세례**에 대한 높은 대중적 관심에 달려 있다(11.30).

b. 회개의 세례

요한의 세례는 무엇이 그렇게 달랐던가? 두 개의 대답이 당장 떠오른다. 첫째, 그것은 제의 목욕과 달리 단번에 모든 것을 해결하는 침례였을 것이다. 비록 본문은 그것을 명시적으로 말하지는 않지만, 이 추론은 견실해 보인다. 그렇지 않으면 우리는 요한의 세례 행위가 지속성을 나타내는 시제로 일관되게 기술되리라고 기대할 것이다.[89] 예수가 요한에게 한 번

---

84) 요세푸스가 오직 여기 그의 저술에서만 *baptistēs*뿐 아니라 *baptismos*와 *baptisis* (*Ant.* 18.117)를 또한 사용하고 있는데 이 사실은 요한이 무엇을 하고 있었는지 그의 특이성을 요세푸스가 자각하였다는 징후이다. 이와 대조적으로 바누스(Bannus)의 '빈번한 목욕'(*Life* 11)과 매일 쿰란에서의 제의 목욕(*War* 1.219)에 대한 묘사 가운데 요세푸스는 *bapti-* 어형을 사용하지 않고 *louō-*('씻다, 목욕하다') 어형들을 사용한다.
85) 가령, Beasley-Murray, *Baptism* 18 각주 2에 인용된 것들을 보라.
86) Beasley-Murray, *Baptism* 18-31; L. H. Schiffman, 'At the Crossroads: Tannaitic Perspectives on the Jewish-Christian Schism', in E. P. Sanders, ed., *Jewish and Christian Self-Definition*, Vol. 2 (Philadelphia: Fortress, 1981) 115-56 (여기서는 127-56); Webb, *John the Baptizer* 122-28; S. J. D. Cohen, 'The Rabbinic Conversion Ceremony', in *Beginnings of Jewishness* 198-238 (여기서는 222-25)을 보라.
87) Beasley-Murray, *Baptism* 11-18; Davies and Allison, *Matthew* 1.299.
88) Webb, 'John the Baptist' 187-89; 스테게만(Stegemann)은 8개의 차이점을 열거한다(*Library* 221-22).
89) 미완료시제(막 1.5/마 3.6); 현재시제(마 3.11/눅 3.16/요 1.26); 그러나 또한 과거시제(막 1.8; 눅 3.7, 21).

이상 세례를 받았다고 제안할 아무런 근거가 없다.[90] 그리고 모든 것을 위한 단 한 번의 세례는 다가오는 심판의 긴박한 종말성에 대한 요한의 이해와 잘 연동된다(아래 §11.4b를 보라).[91] 둘째, 요한이 '세례자'로 구분된다는 사실은 제의적 침수에서 개인들이 스스로 물속에 잠겼음을 우리에게 상기시켜준다. 다른 사람들을 침수시킨 바로 그 이유로 요한은 독특했다.[92]

좀더 주목할 만한 점은 '죄의 용서를 위한 회개의 세례'(*baptisma metanoias eis aphesin hamartiōn*)라는 마가의 묘사다(막 1.4/눅 3.3). 사람들은 '그에게로 나와 요단 강에서 세례를 받으면서 자신의 죄를 고백하였다'(막 1.5/마 3.5-6). 이것이 요한의 세례를 쿰란의 제의적 정결례와 한층 더 차별화시키는 요소이다. 대체로 '제의 목욕'(*miqweh*)에서 침례는 부정을 제거하기 위한 것이었지 죄의 제거는 아니었다.[93] 물론 1QS 3.6-9의 경우에서 보듯, 그 두 종류의 정결례가 긴밀히 연관되는 것 같은 예외적인 사례도 있다.[94] 그러나 요한의 세례는 쿰란의 제의 목욕과 더욱 구별되어야 한다. 왜냐하면 제의 목욕은 (1QS 3의 맥락이 명시하듯) 공동체의 기풍과 통치 규례에 대한 책임

---

90) 요한의 세례가 반복할 수 없는 것이었는지 의문을 제기하며 요한의 설교에 담긴 긴급성을 무시하는 테일러에 반대하며(*Immerser* 70-71). 또한 요한의 세례가 '일반적으로 유대인의 세례와 같았고' 그래서 필요가 생기면 반복될 수 있었다고 단순히 가정하는 칠튼에 반대하며(*Rabbi Jesus* 48; 그의 이전 논문 'John the Purifier', in Chilton and Evans, *Jesus in Context* 203-20); 유사하게 Fredriksen, *Jesus* 190 ('다수의 침례').

91) Meier, *Marginal Jew* 2.51. 행 19.3의 가장 명백한 추론은 단 일회적인 세례가 마음속에 떠오른다는 것이다.

92) Webb, *John the Baptizer* 180-81. 이는 복음서(가령, 막 1.4, 5, 8, 9 평행구)의 그림과 일관된다. 예레미아스는 막 1.9의 그리스어 수동태 이면에 '자신을 침례하다'란 뜻의 아람어가 놓여 있다고 주장하는데 여기서 그는 대부분의 자료를 무시한다(*Proclamation* 51).

93) 샌더스가 반복적으로 지적한 대로, 제의적 부정은 죄가 아니었다(특히, *Jesus* 182-83).

94) Webb, *John the Baptizer* 146-52. 1QS 3.6-9의 번역이 여기서 중요하다: '인간의 길에 관한 진실한 권고의 영에 의해 그의 모든 사악함은 속죄되어 생명의 빛을 볼 수 있다. 그리고 공동체의 성결의 영에 의해, 그의 진리로써, 그는 자기의 모든 사악함에서 깨끗하게 된다. 강직함과 겸비의 영에 의해 그의 죄는 속해진다. 하나님의 모든 법령을 향한 그의 영혼의 겸비함에 의해 그의 육체는 정결케 하는 물을 뿌림으로써 정결케 되고 그 정결의 물과 함께 성화된다.' 보통 성전 희생제의와 연계된 속죄의 행위는 여기서 영에 기인하는 것으로 생각된다. 정결의 목욕은 육체를 깨끗하게 한다. 마르티네즈(Garcia Martinez)는 마지막 문구를 '회개의 물'이라고 잘못 번역한다. J. Klawans, *Impurity and Sin in Ancient Judaism* (Oxford: Oxford University, 2000)은 '정결에 대한 종파적인 [쿰란의] 접근방식이 도덕적 부정과 제의적 부정이 구분되어 있던 히브리 성서에서 말해진 것과 아주 달랐다'고 결론짓는다: '[히브리 성서에 의하면] 죄는 제의적 부정을 낳지 않았고 죄인들은 제의적으로 더럽히지 않았으며, 죄인들은 정결케 될 필요가 없었다. 쿰란에서는 죄가 제의적으로 더럽히는 것으로 생각되었고, 죄인들은 자기 자신을 정결케 해야 했다'(90). 카젠(Kazen)도 기본적으로 동의한다(*Jesus* 207). 그러나 M. Himmelfarb, 'Impurity and Sin in 4QD, 1QS and 4Q512', *DSD* 8 (2001) 9-37은 부정과 죄의 연관성이 쿰란 종파주의자들의 특징이었는지 의문을 제기한다.

과 순응이 근본적이었던 더 넓은 복잡한 체계의 일부였기 때문이다. 반면 단 한 번 시행된 세례는 삶의 양식의 개선까지 포함하는 일회적이고 혁신 적인 행사로 다소 차이가 있었다.[95]

진정 눈에 띄어야 하는 것은 '죄의 용서'에 대한 이야기다. 이는 단순히 마가의 증언만이 아니다. 여기서 다시 요세푸스는 그렇지 않으면 의혹을 살 만한 점을 확인해준다. 비록 요한에 대한 그의 묘사가 분명 로마 독자들의 유익을 위해 '치장되어' 있지만, 그의 그 묘사로 미루어볼 때 요한은 그의 세례를 세례 받은 자들의 죄가 '사면되는 것'(*epi tinōn hamartadōn paraitēsei*, *Ant.* 18.117)과 긴밀히 연계시킨 사람으로 알려졌음이 분명하다.[96] 사실 우리에게 요한의 세례에 담긴 정말로 혁신적인 특징을 가리켜 보여준 것은 요세푸스의 언어다. 방금 언급된 그 문구는 성격상 제의적이기 때문이다.[97] 다시 말해, 그것은 토라가 희생 체계를 통해 죄가 처리되도록 대비해준 사실을 우리에게 상기시켜준다. 물론 하나님만이 죄를 용서할 수 있었지만, 제사장은 희생제물을 드림에 있어 없어서는 안 될 중개자였다.[98] 그러나 요한의 설교는 희생제의나 속죄의 행위가 필요하다고 암시하지 않는다. 어떤 의미에서 세례는 속죄제물을 대신한 것이었다.[99] 그것이 요한의 세례에 나타난 정말로 독특한 특징이었다. 회개만으로 충분하다고 해서 그 토대 위에서 그가 성전 제의를 거부했다는 게 아니라, 그는 자신의 제의

---

95) 요한의 세례(제의적 정결예식)가 규칙적으로 반복되었다는 결론에 이르게 한 것은 추측건대 칠튼이 요한의 세례를 제의 목욕을 통한 정결예식이란 견지에서 강조한 때문이었다(그의 책 *Jesus' Baptism and Jesus' Healing* [Harrisburg: Trinity, 1998] 26-29; 유사하게 Fredriksen, *Jesus* 190; 위의 각주 90). 카젠(Kazen)도 요한 세례의 정결예식적 측면을 지나치게 강조한다(*Jesus* 231-39). 그러나 Klawans, *Impurity* 140-42을 보라.

96) 요세푸스는 '죄'를 지칭하는 단어로 *hamartas, hamartēma, hamartia*를 사용한다(칠십인역[LXX]은 이 세 용어들 가운데 뒤의 두 개만을 사용한다).

97) 요세푸스는 *hamartas*라는 말을 속죄제물을 묘사하면서 가장 자주 사용한다(*Ant.* 3.204, 230, 238-40, 249). 비록 *paraitēsis*가 '(사죄를) 요청하다'와 '사면하다'(*Ant.* 2.43; *Ap.* 2.178) 둘 다 뜻할 수 있지만, 가장 밀접한 평행구는 일련의 연쇄적 지면에서 나온다: *Ant.* 3.238—'죄를 속하기 위한' 예물(*epiparaitēsesin hamartadōn*); 3.221—'죄를 중보하기 위한' 예물(*epi paraitēsei hamartēmatōn*); 3.241—'죄를 위한 보속'(*paraitēsis hyper hamartēmatōn*); 또한 3.246. 247; 11.137, 233을 보라.

98) 가령, J. S. Kselman, 'Forgiveness', *ABD* 2.831-32을 보라.

99) 쿰란에서 '정의를 행하고 시련을 통과함으로써' 죄를 속한 것은 공동체 자체였다(1QS 8.1-7, 여기서는 4; 또한 9.3-6); 또한 Josephus, *Ant.* 18.19을 주목하라. 사 40.3(막 1.3 평행구에서 요한을 언급한 예언)이 1QS 8.12-14에서 공동체와 관련하여 언급되는 것은 상기할 가치가 있다.

를 성전 제의의 대안으로 제공했다는 말이다.[100] 혹여 우리는 세례자 요한이 세례를 베풂에 있어 심지어 제사장의 역할까지 수행했다고 말해야 할지 모른다.[101] 이것이 성전 권력자들에게 어떻게 받아들여졌을지 우리는 알지 못한다. 한 가지에 불과한 세례가 규칙적인 속죄제물 '장사'에 그리 대단한 위협으로 보이지는 않았을 터이다.[102] 그럼에도 불구하고 요한은 예루살렘 성전에 초점을 둔 것에 대한 효과적인 대안으로 신과의 효과적인 만남을 제공한 예언자적 전통 가운데 서 있었다.

요세푸스는 또한 마가가 사용한 그 문구(*baptisma metanoias eis aphesin hamartinōn*)를 어떻게 가장 잘 이해해야 할지에 대하여 지침을 준다. 세례가 용서를 얻거나 고백한 죄를 사면함에 있어 효과적인 매개체로 생각되었던 것일까?[103] 그랬을 가능성은 낮다. 더 그럴 법한 가능성은 세례 받는 자가 표현한 회개가 핵심 요소로 이해되었다는 것이다. 해당 문구 *metanoia eis aphesin hamartinōn*은 '죄의-용서를-위한-회개'란 뜻의 거의 단일한 개념이다. 최소한 누가는 그것을 그렇게 이해했다(눅 24.47; 행 5.31 참조). 사도행전 13.24에 의하면 요한은 '회개의 세례'를 전파했다. 또한 매우 현저한 점은 마태가 바로 그 전체 문구를 생략한다는 사실이다. 그 대신 그는 요한의

---

100) C. H. Kraeling, *John the Baptist* (New York: Scribner's, 1951); Webb, *John the Baptist* 203-205; '요한의 세례는 속죄의 제의였다'(Klawans, *Impurity* 139, 143). 디아스포라에서 성전과의 거리는 희생제의가 엄격히 말해 불필요하다는 생각을 조장했을 것이다(Philo, *Plant.* 108; *Mos.* 2.107-108 참조). 그러나 요한에게 나온 자들은 성전에서 당도하기 쉬운 거리 내에 살았다.

101) 요한의 제사장적 가계의 전통과 쿰란 공동체의 제사장적 자기 정체성이 전제된다면, 요한의 제사장적 연결 고리는 여기서 매혹적인 부차적 줄거리이다(눅 1장). 가령, 타이센과 메르츠는 요한을 제사장 가문 출신으로 보는 전통은 역사적일 수 있다고 생각한다(*Historical Jesus* 198; 또한 210을 보라). P. Hollenbach, 'Social Aspects of John the Baptizer's Preaching Mission in the Context of Palestinian Judaism', *ANRW* II.19.1 (1979) 850-75은 요한을 제사장적 귀족 체제에 비판적인 '소외된 시골 제사장'으로 그린다.

102) '저 희생제물들에 대한 대안'(Webb, 'John the Baptist' 197); '성전에 대한 분명한 대안'(Wright, *Jesus* 161); 그러나 단 일회의 세례가 현존하는 구조를 '대체하는' 시도가 될 수 있을까?(160) F. Avemarie, 'Ist die Johannestaufe ein Ausdruck von Tempelkritik', in B. Ego, et al., eds., *Gemeinde ohne Tempel/Community without Temple* (Tübingen: Mohr Siebeck, 1999) 395-410은 성전과 관련해서는 그리 많은 비판보다는 무관심이 보인다고 결론짓는다.

103) H. Thyen, 'Baptisma metanoias eis aphesin hamartiōn', in J. M. Robinson, ed., *The Future of Our Religious Past*, R. Bultmann FS (1964; ET London: SCM, 1971) 131-68에서 관련 문구는 '요한의 세례를 회개와 용서를 가져오는 종말론적 성례로 특징짓는다'(132; 유사하게 135, 167); '종말론적 성례'는 20세기 전반에 요한의 세례에 대한 인기 있는 묘사였다(Schweitzer, *Quest*² 339-42; Bultmann, *Jesus and the Word* 23; Ernst, *Johannes der Täufer* 335 각주 219; Strecker, *Theology* 225, Theissen and Merz, *Historical Jesus* 203-204, 210, 436).

세례를 '회개를 위한'(*eis metanoian*) 것으로 묘사하며(마 3.11), '죄의 용서'에 대한 그의 유일한 언급을 마지막 만찬 이야기가 나올 때까지 미루어둔다. '죄의 용서를 위한' '효과적인 매개체'는 '많은 이들을 위한' 예수의 피 흘림이다(26.28). 이 신학적 양가성은 요한의 세례를 하나님의 수용이라는 일종의 (제의적) 조작으로 간주하길 꺼리는 요세푸스의 미학적 절제 가운데 공명된다. '그들은 그들이 범한 무슨 죄라도 용서를 받고자 그것을 사용해서는 안 되며, 영혼은 의로운 행위로써 이미 철저히 깨끗해졌음을 암시하는 몸의 정화로서 사용해야 한다'(*Ant.* 18.117).[104] 요세푸스의 이러한 강조점은 분명히 '회개에 합당한 열매'(행 26.20 참조)와 '선한 열매'(Q 3.8-9)를 요청한 Q의 이야기와 잘 연계된다.[105] 그러므로 마가의 그 문구를 이해하는 최선의 길은 '죄의 용서를-구하는-회개'를 표현한 세례로서 읽는 것이다.[106] 이는 요한이 성전 제의나 미래, 즉 다가오는 심판의 경우처럼[107] 용서를 즉각적인 것으로 상정했는지 여부의 질문을 미해결의 원점으로 돌려놓는다. 그렇지만 한 가지 답변은 또한 오실 이의 세례를 어떻게 이해하는지에 달려 있다(아래의 §11.4c를 보라).

그 용어('세례 주다')와 행위(세례)를 후대 그리스도교에서 사용한 것이 요한의 혁신적인 실천에서 파생된 점을 전제한다면, 이러한 결론은 더 광범위한 신학적인 추론을 담고 있을 듯하다. 그러나 후대 그리스도교의 믿음

---

104) 다시 위의 각주 94에서 언급된 1QS 3.8-9을 참조하라. 1QS 3.3-6과 5.13-14을 대조해보면, 제의적 정화는 회개(5.14)와 공동체의 회원 자격 없이 효력이 없다는 것이 분명해진다.
105) 누가는 '선한 열매'(눅 3.10-14)를 이루는 것의 몇 가지 실례를 첨가한다.
106) 'Repentance-baptism' (Taylor, *Mark* 154; R. A. Guelich, *Mark 1-8* [WBC 34A; Dallas: Word, 1989] 18-20; Webb, *John the Baptizer* 186-89. 그렇지만 그는 또한 '어떤 식으로든 그것은 용서를 **중개했다**'[191]고 받아들인다); 유사하게 Webb, 'John the Baptist', 191-92; '개종의 세례'(Beasley-Murray, *Baptism* 34, 43); '회개하려는 자발적 의지의 선언에 대한 인증'(Gnilka, *Jesus of Nazareth* 73); '회개의 표현'(Strecker, *Theology* 224); 다른 참고 문헌은 Webb 186 각주 79; 이전의 논의는 내 책 *Baptism in the Holy Spirit* (London: SCM, 1970) 15-17. 테일러(Taylor)는 '회개-세례'라는 문구에 부정적으로 반응하지만 해당 논의를 요한의 세례가 '입문적' 절차였는지의 질문을 가지고 어지럽게 한다. 그는 다소 기계적인 '연속적 관계'(침례 전 회개)를 주장하는 데 회개의 욕구를 정점에 이르게 하고 공적인 표현을 제공하는 데 있어 제의적 순간의 힘을 인정하지 못한다(*Immerser* 88-98; 78쪽에 1QS 3.8-9의 편향적인 번역을 주목하라). '회개'에 대해서는 추가로 아래 §13.2a를 보라.
107) 웹(Webb)은 전자를 주장한다(*John the Baptizer* 193); 후자를 주장하는 학자는 Ernst (*Johannes der Täufer* 334-36), Guelich (*Mark 1-8* 20), Meier (*Marginal Jew* 2.54-55) 등이 있다. 그렇지만 마이어는 놀랍게도 요세푸스를 논의의 대상에 포함시키지 않는다.

과 관련하여 여전히 중요한 요한 세례의 또 다른 측면이 있다.

c. 준비의 세례

요한의 설교 가운데 가장 변치 않는 특징 한 가지는 요한이 자신의 세례와 대조한 미래 세례의 약속이다. 그 변함없는 요소들은 네 복음서 모두에 공통되고 아마 Q 역시 마찬가지인 것 같다. '나는 너희를 물로 세례를 주지만, 그는 너희들에게 성령으로 세례를 베풀 것이다.'[108] 그 함의인즉, 요한의 세례를 받는 것은 미래의 세례를 준비하는 길이었다는 것이다. 훗날 그리스도교의 해석에 의하면, 양쪽의 경우 모두에서 '세례를 준다'는 것은 '물로 세례를 준다'는 것을 뜻하고 미래 세례는 '물과 성령'으로(요 3.5) 주는 그리스도교의 세례이다(또는 그렇게 증명된다).[109] 그러나 그 첫 번째 가정은 요한의 대조에 담긴 뜻을 거의 이해하지 못한다. 즉 요한의 세례는 '물로' 주는 세례이고, 미래 세례는 다른 매개('성령으로')를 갖으리라는 점에서 그의 세례는 분명 미래 세례와 구분된다는 것이다. 우리가 뒤에서 보겠지만(§11.4c), '세례를 준다'는 이미지의 은유적 힘이 무시되어왔다. 그리고 미래 세례를 그리스도교 세례와 동일시하는 것은 요한의 대조적 문구를 그의 설교가 자리한 직접적인 맥락에서 벗어나게 할 때만 유지될 수 있다. 그리스도교의 용례가 요한의 경우에서 파생된 터라, 여기서 다시 우리는 '세례'에 대한 요한의 이야기를 그의 메시지의 맥락 가운데 자리매김함으로써 이에 대한 해명을 시도해야 한다.

---

108) 막 1.8; Q 3.16-17(Q를 재구성해보면 거기에 마 3.11-12/눅 3.16-17이 내포되어 있는 것 같다); 요 1.26, 33.
109) 예컨대, O. Cullmann, *Baptism in the New Testament* (London: SCM, 1950) 10; K. McDonnell and G. T. Montague, *Christian Initiation and Baptism and the Holy Spirit* (Collegeville: Liturgical, 1991) 27, 30; 이전의 논의는 Dunn, *Baptism* 18-20.

11.4 요한의 메시지

동시대 사람들과 그리스도교 전통 가운데 요한에 대한 높은 평가와 예수에 대해 요한이 끼쳤을 법한 영향은 또한 요한의 설교에 예상치 못한 중요성을 부여한다. 만일 우리가 예수 선교의 배경으로 어느 정도 작용하였음이 분명한 그 사실의 내용과 성격을 파악할 기회를 놓친다면 예수의 설교를 적절히 파헤치고 이해할 수 없을 듯하다.

a. 요한의 설교에 대한 우리의 자료

요한의 메시지에 담긴 대의는 마태복음 3.7-12/누가복음 3.7-9, 16-17의 Q 전통에 가장 분명히 드러나 있는 것 같다.[110]

마 3.7-12	눅 3.7-9, 16-17
7 요한이 많은 바리새인들과 사두개인들이 세례 베푸는 데로 오는 것을 보고 이르되 독사의 자식들아 누가 너희를 가르쳐 임박한 진노를 피하라 하더냐? 8 그러므로 회개에 합당한 열매를 맺고 9 속으로 아브라함이 우리 조상이라고 생각하지 말라. 내가 너희에게 이르노니 하나님이 능히 이 돌들로도 아브라함의 자손이 되게 하시리라. 10 이미 도끼가 나무 뿌리에 놓였으니 좋은 열매를 맺지 아니하는 나무마다 찍혀 불에 던져지리라. 11 나는 너희로 회개하게 하기 위하여 물로 세례를 베풀거니와 내 뒤에 오시는 이	7 요한이 세례 받으러 나아오는 무리에게 이르되 독사의 자식들아 누가 너희에게 일러 장차 올 진노를 피하라 하더냐? 8 그러므로 회개에 합당한 열매를 맺고 속으로 아브라함이 우리 조상이라 말하지 말라. 내가 너희에게 이르노니 하나님이 능히 이 돌들로도 아브라함의 자손이 되게 하시리라. 9 이미 도끼가 나무 뿌리에 놓였으니 좋은 열매 맺지 아니하는 나무마다 찍혀 불에 던져지리라. 16 …나는 물로 너희에게 세례를 베풀거니와 나보다 능력이 많으신 이가 오시나니

---

110) 이미 지적하였듯이(제4장 각주 80, 제7장 각주 29), 이는 마태와 누가의 문헌상 상호 의존을 나타내는 가장 명확한 증거로서, 서로 공통된 그리스어 자료 Q를 끌어들였다고 볼 때 가장 잘 설명이 된다.

<table>
<tr><td>는 나보다 능력이 많으시니 나는 그의 신을 들기도 감당하지 못하겠노라. 그는 성령과 불로 너희에게 세례를 베푸실 것이요
12 손에 키를 들고 자기의 타작 마당을 정하게 하사 알곡은 모아 곳간에 들이고 쭉정이는 꺼지지 않는 불에 태우시리라.</td><td>나는 그의 신발끈을 풀기도 감당하지 못하겠노라. 그는 성령과 불로 너희에게 세례를 베푸실 것이요
17 손에 키를 들고 자기의 타작 마당을 정하게 하사 알곡은 모아 곳간에 들이고 쭉정이는 꺼지지 않는 불에 태우시리라.</td></tr>
</table>

오직 Q만이 이 자료를 담고 있고 이 강조점을 입증한다는 사실은 얼핏 생각하는 것과 달리 별 문제가 없다. (1) 그리스도교 전통이 요한의 심판 설교에 대한 기억을 무시하거나 고려하지 않기로 한 데는 명백한 이유가 있다. Q에 의하면 요한은 장차 오실 그 이가 심판을 행할 것이라 기대했다(Q 3.16-17).[111] 그러나 그 사건에서 예수는 이 기대를, 적어도 요한의 기대 가운데 이러한 측면을 성취하지는 않았다. 마가가 요한의 설교에서 심판에 대한 모든 기록을 결여하고 있지만 '성령으로 세례를 줄'(막 1.8) 분의 예언을 알고 있다는 사실은 의미심장하다. 마가의 버전은 Q에 확보된 더 풍부한 전통을 축약하거나 발췌한 버전으로 보인다.

(2) 요세푸스의 침묵은 유사한 용어로 설명될 수 있다. 요세푸스는 분명히 세례자를 자신의 독자에게 호소하는 차원에서 제시하고자 했다. 요한은 유대인들이 세례에 참여하면서 미덕을 계발하고, 서로에게는 정의를, 하나님을 향해서는 경건을 실천하도록 권면한 '선한 사람'이었다(Ant. 18.117). Q에 보존된 요한의 설교 전통은 그러한 호소를 거의 고양시키지 않으며 요세푸스의 전형적인 독자들에게 낯선 이미지를 끌어들이고 있다.

(3) 더 핵심적인 점은 Q가 이어지는 요한의 당혹스러움에 대한 이야기 가운데 요한의 기대가 얼마나 맹렬했는지 암시한다는 것이다. 예수가 정말 '오실 그 이'라 할 수 있는가?(마 11.3/눅 7.19) 그리고 마가와 누가 모두 아

---

111) 그 두 요소들(Q 3.7-9, 16-17)이 원래 따로따로 유통되었다고 결론을 내릴 상당한 이유가 없다 (Kloppenborg, *Formation* 102-107; W. Arnal, 'Redactional Fabrication and Group Legitimation: The Baptist's Preaching in Q 3.7-9, 16-17', in J. S. Kloppenborg, ed., *Conflict and Invention* [Valley Forge: Trinity, 1995] 170에 반대하여). '불'(Q 3.7; 살전 1.10; 눅 21.23)이라는 연결 주제는 최초 전통의 형성 가운데 이미 연결된 한 장면을 나타낸다.

직 오지 않은 두려운 경험을 가리키면서 '세례'의 이미지를 사용하는 예수의 어록을 상기시킨다.[112] 그 이미지가 처음으로 그것을 만들어낸 '세례자'에게서 온 것이 아니라면 어디서 생겨났을까? 우리는 또한 '성령으로 세례를 받는다'는 이미지가 세례자에 의해 처음 만들어졌고, 모든 복음서 저자들(Q뿐 아니라)이 보도하듯이, 그리스도교의 용법 속에 유지되고 있음을 상기해야 한다.[113]

(4) 추측건대, 바로 이러한 이유로 세례자의 세례가 그토록 강한 호소력을 발휘할 수 있었다. 그 함의는 강력하다. 그것은 그렇게 많은 사람들을 요한에게 이끌어낸 단순히 미덕과 경건에 대한 호소가 아니라 신속하고 가시적인 회개를 요청한 심판의 위협이었다.

(5) 무엇보다 특히 우리는 초기의 예수-제자 전통이 그러한 맹렬한 심판의 공지를 그것이 요한이 전파한 것이 아니면서도 왜 요한에게 돌렸는지 물어야 할 필요가 있다. 비록 Q 전통을 도외시하는 어떤 이는 분명 한두 가지 이유를 찾을 수 있겠지만 거기서 얻어낼 것은 아무것도 없었다.[114] 줄여 말하면 요한 설교의 Q 버전을 고려 대상에서 제쳐둘 썩 그럴듯한 충분한 이유가 없는 것 같다.

b. 이스라엘에 대한 심판

Q의 언어와 이미지에서 심판의 공지는 분명하고 가차 없다. '독사의 자식',[115] '장차 올 진노'(Q 3.7),[116] '이미 나무 뿌리에 놓인 도끼', '좋은 열매를 맺

---

112) 막 10.38-39; 눅 12.49-51. 요한의 생생한 언어가 끼친 영향은 다른 곳에서 탐지될 수 있다: '독사의 자식'(Q 3.7; 마 12.34; 23.33); '다가올 진노'(Q 3.7; 살전 1.10; 눅 21.23).
113) 행 1.5; 11.16; 고전 12.13.
114) Arnal, 'Redactional Fabrication' 165-80은 Q의 묘사가 전적으로 편집적이라고 주장한다(169-74).
115) 정죄의 의사 표명은 분명하다(시 58.4; 마 12.34 참조). *Echidna* ('독사')는 *aspis* (남유럽, 아프리카, 아라비아산 독사의 일종)의 변종일 수 있다(사 59.5 Aquila/LXX). 그래서 신 32.33과 시 140.3의 이미지를 불러낸다. 그 독사는 또한 쿰란에서 사탄의 비유이기도 하다(1QH 11[=3].17과 13[=5].27).
116) 요한은 분명 하나님의 심판을 '분노의 날'로 예상한 예언자적 전통의 영향을 받았다(특히, 사 13.6-16; 34.8; 겔 7.19; 습 1.15, 18; 2.2-3; 1QH 11[=3].28); 또한 롬 2.5와 계 6.17. 추가로 M. Reiser, *Jesus and Judgment* 175-76.

지 아니하는 나무마다 찍혀 불에 던져질 것'(Q 3.9),[117] '타작 마당을 정하게 하기 위한 까부르는 키',[118] '꺼지지 않는 불'(Q 3.17)로 태워질 쭉정이.[119]

개인들이든, 유대의 지도자들이든,[120] 또는 있는 그대로의 이스라엘이든,[121] 여기서 염두에 둔 대상이 이스라엘이라는 것은 Q 3.8에서 확인된다. '너희는 속으로 "아브라함은 우리의 조상이다"라고 말하지 말아라. 내가 너희에게 말한다. 하나님께서는 이 돌들로도 아브라함의 자손이 되게 하시리라' 이 암시는 또 다른 이사야 구절에 대한 언급 같다. 이사야 51.1-2: '저 바위를 보아라. 너희가 거기에서 떨어져 나왔다. 저 구덩이를 보아라. 너희가 거기에서 나왔다. 너희 조상 아브라함을 생각하여 보라.'[122] 또한 원어에서는, 히브리어 *banim*('아들들')/*'abanim*('돌들')이든, 아람어 *b^enayya*('아들들')/*'abnayya*('돌들')이든, 말놀이가 엿보인다.[123] 그래서 요지인즉, 하나님은 같은 자유를 행사하여 다시 선택할 수 있기에 하나님이 아브라함을 자유롭게 선택한 것은 그 후손들의 지속적인 안전에 대한 보증이 되지 못한다는 것이다. 요한은 여기서 죄에도 불구하고 주제넘게 하나님의 호의를 당연시한 이스라엘에 대하여 예언자적 질책의 전통에 서 있었다.[124] 그 나름의 방식으로 그의 질책은 이 당시 제2성전기 유대교를 볼썽사납게 만든 분파주의에 대한 저항이었다(위의 §9.4). 그 분파들은 이스라엘의 지속적인 죄와

---

117) 이 두 문구에서 심판의 이미지는 요한의 청중들에게 친숙했을 것이다(사 10.33-34; 겔 31장; 단 4장). 예수가 눅 13.6-9에서 이 기대에 공명하고 합당하게 부응했을까?(Davies and Allison, *Matthew* 1.309-10) 또한 Reiser, *Jesus and Judgement* 175-76.

118) 웹(Webb)은 여기서 고려하고 있는 것이 까부르는 행위가 아니라 이미 까불려진 곡식을 창고에 쌓고 쭉정이 겨를 불에 태움으로써 타작 마당을 깨끗하게 하는 다음 단계라고 주장함에 있어 Schürmann, *Lukasevangelium* 1.177-78을 따른다(*John the Baptizer* 295-300; 'John the Baptist' 202-203); 그러나 Reiser, *Jesus and Judgment* 177-178을 보라.

119) 심판의 이미지로서는 타작하거나 까부르는 것이 한층 더 친숙했을 것이다(예컨대, 시 1.4; 사 41.15-16; 렘 15.7; 51.33; 미 4.12-13; 습 2.2; 1Q17[1QJub^a] 2-4).

120) 여기서 가장 확실한 표적은 대제사장적 귀족 체제였을 것이다(Webb, *John the Baptizer* 175-78). 그러나 Q는 그 청중을 구체적으로 지목하지는 않았던 것 같다; '많은 바리새인들과 사두개인들'이라는 마태의 문구(마 3.7)는 보통 편집적인 처리로 간주된다.

121) '모든 이스라엘의 백성들'(행 13.24).

122) 이미 크리소스토무스가 지적한 바 있다(Davies and Allison, *Matthew* 1.308).

123) Black, *Aramaic Approach* 145. 그러나 케이시(Casey)는 이에 설득되지 않은 상태이다(*Aramaic Sources* 13-14). C. A. Evans, 'Authenticating the Activities of Jesus', in Chilton and Evans, eds., *Authenticating the Activities of Jesus* 3-29은 수 4.7에 근거한 여호수아 전통의 메아리가 거기 있는지 의아해한다(8).

124) 특히, O. H. Steck, *Israel und das gewaltsame Geschick der Propheten* (WMANT 23; Neukirchen-Vluyn: Neukirchener, 1967)을 보라.

불충의 문제에 맞서기 위해 그 언약을 각기 특정한 종파에 충실한 자들에게 좁게 적용시켰기 때문이다. 하지만 요한은 그의 청중들에게 하나님의 선택이 무엇보다 주권적 자유의 행위였다는 사실을 환기시키고, 그들을 그 주권적 선택에 비추어 회개하도록 요청함으로써 그 문제에 맞섰다. 이 점에서 요한이 이방인들을 염두에 둘 정도로 나갔다는 것이 아니다. 여전히 결정적인 범주는 '아브라함의 자녀들'이었기 때문이다. 그러나 아모스 9.7의 질책이 여기서 멀리 떨어진 내용이 아닐뿐더러, 나중에 바울도 로마서 9-11장에서 다르지 않은 논증을 전개했다. 여하튼, 요한이 그 출신성분에 대한 청중들의 오만을 견책한 자로 기억되었다는 사실은 우리가 계속 예수 설교의 이스라엘 지향성을 볼 때 중요하지 않을 수 없다.

20세기를 통틀어 요한의 심판 설교는 '종말론적인' 것으로 묘사되어 왔다. 달리 말해, 요한이 **최후** 심판의 긴박한 도래를 바라보았던 것은 그가 사용한 이미지에서 도출된 것이다. 그것은 확실히, 불에 의한 멸망이라는 수반되는 이미지와 함께 '다가올 진노의 날'에 대한 요한의 언급에 담긴 대의로 보인다.[125] 그러나 그 반향이 암시하듯이,[126] Q 3.7-9, 17에서 활용된 그 이미지는 일정하게 반드시 '최후'로 간주된 것은 아니었지만 개인들이나 민족들에게 임할 미래 재난을 염두에 두고 있었다.[127] 더구나 다른 자녀들을 아브라함에게 일으킨다는 이야기는 아브라함의 자손들이 역사적으로 급작스런 종말을 맞이하리라는 점을 마음에 품고 있지 않은 듯하다. 누가만이 증언하는 가르침 가운데(3.10-14) 종말론적 긴급성의 공지는 뚜렷이 결여되어 있다.[128] 따라서 요한의 경고는 보편적이고 시간적인 **최후성**의 경고라기보다 동일하게 당시 세대를 향한 것으로 그것이 그들에게 최후의

---

125) Q 3.17의 이미지는 알곡과 쭉정이가 요한의 사역에 의해 이미 분리되었다고 암시하는 듯하다. 기다리는 것은 각각의 더미를 적당한 마지막 장소에 삽으로 퍼 담는 작업이다(위의 각주 118을 보라).
126) 위의 각주 116, 117, 119를 보라.
127) Webb, 'John the Baptist' 203-204 참조.
128) 누가만이 유일하게 입증하고 있음에도 불구하고, 눅 3.10-14의 전통은 Q 3.8a, 9b와 요세푸스, *Ant.* 18.117에 잘 합치되므로 가볍게 외면해서는 안 될 것이다. 특히 Ernst, *Johannes der Täufer* 93-98. 많은 학자들은 눅 3.10-14을 Q에 포함시키지만(Kloppenborg, *Q Parallels* 10) 그것이 *The Critical Edition of Q*에 포함되어 있지 않다.

경고라는 함의를 띠었을 것이다.

c. 그는 성령과 불로 세례를 줄 것이다

같은 심판의 어조가 가차 없는 가지치기의 이미지와 타작 마당의 이미지 사이에 끼어드는 또 다른 이미지 가운데 존재한다는 사실은 의문의 여지가 없다. '그는 불과 성령으로 세례를 줄 것이다'(Q 3.16). 이는 세 가지의 강력한 이미지들을 합성한 것이다. (1) 재난으로 압도되는 상태를 나타내는 은유로서 강과 홍수.[129] (2) '프뉴마'(pneuma, 히브리어/아람어 *ruaḥ*) 배후의 말놀이, 즉 심판과 축복을 암시하는 '바람/영/성령.'[130] (3) 우리가 쿰란과 묵시문학에서 그것이 사용된 방식을 통해 알 수 있듯이,[131] 불은 가장 명백한 심판적 이미지이다.[132] 특별히 눈에 띄는 것은 연속적인 Q의 세 구절에 표현된 불에 대한 3중적 언급이다. 그 점이 가장 명확한 구절은 마태복음 3.10-12이다.

그럼에도 가장 강력한 것은 그 이미지들의 결합이었다. 정화의 매개로서 불과 물(민 31.23), 물의 은유와 이미지화된 성령,[133] 깨끗하게 하는 수단으로서 불태우는 영,[134] 그러나 특별히 다니엘 7.10의 환상에 기댄 듯한 불

---

129) 시 18.4, 16; 32.6; 42.8; 69.2, 15; 88.7; 124.4-5; 144.7; 사 8.7-8; 43.2a; 욘 2.5.
130) 사 4.4; 렘 4.11-12; 1Q28b(1QSb) 5.24-25. Q와 마가복음에 '거룩한'(성령)을 삽입한 것은 추측건대 세례자의 말들을 그리스도교의 관점 안에서 기억한 것을 암시한다. Webb, *John the Baptizer* 272-77은 '성령과 불'이 원래 본문이라고 주장하지만 '루아흐'(*ruaḥ*)라는 말의 사용 가능한 범위와 '…속으로 빠져들다'(immerse in...)라는 말의 의미심장한 복합적 이미지를 무시한다. Meier, *Marginal Jew* 2.35-39는 막 1.8이 원래 본문이라고 주장하지만('그리고 불로'는 빼고), 위의 다음 문단에 적시한 그 배경과 이미지는 무시하며, 막 10.38-39/눅 12.50의 상관성을 주목하지 못한다. 베커(Becker)는 성령에 대한 언급이 '그리스도교적 표현으로서만 즉각 뜻이 통하기' 때문에 원문이 불로('성령과'는 빼지고) 받는 세례만을 언급했다는 '광범위한 일치'에 확신을 보인다(*Jesus of Nazareth* 45과 각주 14; 유사하게 Catchpole, *Quest* 7-12; Reiser, *Jesus and Judgment* 169-70, 185) 타이센과 메르츠는 불로 받는 순전히 파괴적인 세례가 요한의 세례에 비해 (구제 효과에서) 열등했을 것이라고 지적한다(*Historical Jesus* 204). 이전의 논의로는 J. D. G. Dunn, 'Spirit-and-Fire Baptism', *NovT* 14 (1972) 81-92, reprinted in *The Christ and the Spirit*. Vol. 2: *Pneumatology* (Grand Rapids: Eerdmans, 1998) 93-102을 보라.
131) 1QS 4.13; 1QH 14(=6).18-19; 에녹1서 90.24-28; 100.9; 102.1; *Sib. Or.* 3.542-44; 4.176-78; 바룩2서 48.39, 43.
132) 사 10.17; 29.6; 47.14; 66.15-16; 렘 21.12; 겔 22.31; 30.16; 욜 2.3; 암 7.4; 옵 18; 나 1.6; 습 3.8; 말 4.1; 솔로몬시편 15.4. 추가로 Reiser, *Jesus and Judgment* 172-73을 보라.
133) 사 32.15; 44.3; 겔 39.29; 욜 2.28-29; 희년서 1.23; 1QS 4.21.
134) 사 4.4; 또한 29.6; 66.15.

태우고 멸망시키는 불의 강 이미지.[135] 이 세 가지 이미지를 요한의 이미지를 기이하게 예시하는 방식으로 결합하면서 심지어 그 자료를 제공하는 듯 보이는 선례가 있는데 바로 이사야 30.27-28이다.[136]

> 보라, 여호와의 이름이 원방에서부터 오되(*erchetai*)
>
> 그의 진노가 불 붙듯 하며 빽빽한 연기가 일어나듯 하며
>
> 그의 입술에는 분노가 찼으며(그리스어 번역은 다름)
>
> 그의 혀는 맹렬한 불 같으며(*kai hē orgē tou thymou hōs pyr edetai*)
>
> 그의 호흡(*ruaḥ/pneuma*)은 마치 창일하여
>
> 목에까지 미치는 하수 같은즉
>
> 그가 멸하는 키로 열방을 까부르며
>
> 여러 민족의 입에 미혹하는 재갈을 물리시리니(개역개정).

요한이 이 특정 구절을 염두에 두었는지 단정할 수 없다. 그렇지만 그의 메시지가 이사야의 특징적인 언어에 상당히 의존했다는 것은 이 문단을 통해 뚜렷하게 드러났다. 어쨌든 최소한 우리는 요한이 이러한 강력한 이미지들을 끌어들인 이스라엘에 대한 예언자적·묵시주의적 경고의 전통 가운데 자신을 자리매김하였다는 것을 인식해야 한다.

아마도 이 점에서 가장 인상적인 특징은 요한이 '세례자'로서 자신의 선교에 가장 두드러진 특징의 견지에서 이 이미지를 각색한 방식이다. 오실 그 분은 하나님의 맹렬한 숨결의 강물로 **세례를 주리라**는 것이다.

여기서 우리는 세례자가 집행한 그 의식을 위한 전문 용어가 되기 전에 '세례주다'라는 용어가 실제로 어떻게 사용되었는지 상기할 필요가 있

---

135) 1QH 11(=3).29-33; 에녹1서 14.19; 67.13; *Sib. Or.* 2.196-97, 203-205, 252-54; 3.54, 84-87; 에스라4서 13.10-11.

136) 내 논문 'John the Baptist's Use of Scripture', in C. A. Evans and W. R. Stegner, eds., *The Gospels and the Scriptures of Israel* (JSNTS 104; Sheffield: Sheffield Academic, 1994) 42-54, reprinted in *Pneumatology* 118-29 (여기서는 126-27)에서 나는 세례자의 메시지를 상설하려는 시도에서 이 배경 이미지를 붙잡아낸 이들이 거의 없다시피 했다는 사실에 여전히 놀라고 있다.

다. 좀더 폭넓은 용례에서 그것은 단순히 '적시다, 침수하다, 던져 넣다, 가라앉다, 흠뻑 젖게 하다, 씻다' 등을 의미했다.[137] 칠십인역(LXX)에서 '밥티제인'(baptizein)은 제의 목욕이나 침례를 나타내기 위해 세 번 사용된다.[138] 아울러 요세푸스는 이를 배의 침몰,[139] 물에 누군가 익사시키거나 익사되는 것,[140] 또는 물에 무언가를 적시는 행위(Ant. 4.81)를[141] 가리켜 특징적으로 사용했다. 한층 더 재미있는 것은 침수의 이미지가 분명 은유적 용법에 적합했다는 점이다. 그래서 이사야 21.4의 칠십인역(LXX)은 이미 '불법으로 압도된'(anomia me baptizei) 이미지를 은유적으로 사용한다. 필론은 '영혼을 익사시킨다'(baptizonta)는 의미의 대상들 중에 전형적으로 강을 언급한다.[142] 요세푸스는 칼을 목에 찔러 넣는 행위(War 4.137)와 '무의식과 취한 수면 속에 떨어진'(bebaptismenon) 자(Ant. 10.169)를 가리켜 '밥티제인'(baptizein)을 사용한다.[143]

요한은 무언가 비슷한 것을 해온 것으로 보인다. 그는 마치 하늘에서 흘러내려오는 듯한 하나님의 맹렬한 숨결의 강물 속으로 사람들을 침수할 자로 오게 될 한 사람을 마음에 그려보았다. 그 이미지가 암시한 대로, 이는 파괴적인 사건일 수 있었다. 그러나 그 이미지가 또한 암시했듯이, 이는 또한 모든 부정함을 태워버림으로 죄를 씻는 정화의 사건일 수 있었다(말 3.2-3의 경우처럼).[144] 요컨대, Q에 의하면, 요한은 이 추가 세례를 자신의 세례를 거부한 자들에 대한 위협으로서가 아니라 그가 세례를 준 자들에게 하

---

137) LSJ, baptizō
138) 4Kgdms. 5.14 (왕하 5.14의 tabal을 번역하면서); 유딧 12.7; 집회서 34.25.
139) War 2.556; 3.368, 423, 525, 527; Ant. 9.212; Life 15.
140) War 1.437; Ant. 15.55.
141) 또한 욥 9.31과 시 69.2에 대한 아퀼라(Aquila)의 번역을 보라.
142) Leg. 3.18; 유사하게 Det. 176; Migr. 294; Prov. 2.67; Contempl. 46 참조.
143) Sib. Or. 5. 5.478은 태양이 지는 것을 '대양의 물속에 뛰어들었다'(baptistheiē)라고 말한다.
144) 웹(Webb)은 내 논문 'Spirit-and-Fire Baptism' 84-86을 비판함에 있어 약간의 정당성을 입증한다: 미래 사건이 '단 하나의 세례'로 연상되었다고 끝까지 주장하는 것은 그 언어를 너무 강하게 밀어붙이는 듯하다. 특히 내가 회개하지 않는 자의 멸망과 회개하는 자의 정화라는 두 결과가 떠오른다고 용인할 때 그렇다(John the Baptizer 289-92; 유사하게 Taylor, Immerser 139-43; 그 견해는 공통된다—Ernst, Johannes der Täuffer 53-54). 그러나 그럼에도 별개의 두 세례보다는 한 세례에 별개의 두 결과를 생각하는 것이 그 이미지(두 개의 강이 아니라 숨결/바람[ruaḥ]의 강과 불)의 의미에 더 잘 맞아떨어진다.

나의 전망(약속?)으로 약속했다. '나는 너희에게 물로 세례를 주거니와 그는 너희에게 성령과 불로 세례를 줄 것이다'(Q 3.16). 이 평행 이미지는 곡간에 거두어들이는 알곡과 태워버리는 쭉정이의 이미지에 속했다(Q 3.17). 그리고 앞서 지적한 대로 마가는 요한을 '복음의 시작'으로 간주한 유일한 복음서 저자가 아니었다.[145] 다시 말해, 요한은 자신의 독특한 행위로 제공된 이미지를 취하여 오래전 예언자적/묵시문학적 기대에 새로운 변용을 가하기 위해 강력한 상징 체계를 끌어들였다. 아니면 그는 아마 자신이 이미 그 세례가 표현한 상징 체계의 힘을 일찌감치 인정했기 때문에 세례를 주었을 것이다. 여하튼, 우리는 요한이 요단 강에서 회개하는 자를 침수시키는 그 나름의 독특한 관행을 장차 다가올 훨씬 더 두려운 침례에 대한 전조로 보았다고 추정할 수 있다. 추측건대, 그는 그렇게 회개한 자들이 하나님의 맹렬한 숨결의 강물 속에 절박하게 침수하는 행위를, 불태우고 파괴시키기보다 정화하고 깨끗하게 하는 것으로 자각하리라 기대했음직하다.

우리는 조금 더 나갈 수 있을 것 같다. 하늘에서 내려오는 불의 강물 속에서 세례를 받는다는 요한의 이미지는 묵시주의 사상에서 다가올 새 시대의 필수적인 또는 불가피한 전조로 보이게 된 환란의 마지막 기간을 예견하는 방식이었는지 모른다. 이러한 기대는 아마 백성들이 구원받고 부활이 일어나기 전 '민족이 처음 생겨난 이래 결코 발생한 적이 없던 고뇌의 시간이 있으리라'(단 12.1-2)는 다니엘의 예언에 뿌리를 둔 것 같다. 지극히 높으신 분의 성도들 위에 나타나는 작은 뿔이라는 다니엘의 환상(단 7.21) 가운데 이러한 전망이 그 이전의 이미지와 연계되는 것은 자연스러울 터이다.[146] 또 다른 강력한 이미지는 출산 시 여인의 산고(산통) 이미지인데, 이는 유사한 예언자적 맥락에서 친숙한 것이었고[147] 분명 현재도 사용되고 있다.[148] 이는 다시 '종말론적'이라고 온전히 묘사된다. 그러나 그것이 얼마

---

145) 하지만 베커(Becker)는 요한이 오로지 심판만을 예언했다고 주장한다: '구원의 약속에 접근하는 그 어느 말도 그의 입 밖으로 나오지 않는다…'(*Jesus of Nazareth* 38-39).
146) 단 12.1은 모세 유언서 8.1; CD 19.7-10에서 공명된다.
147) 사 13.8; 26.17-18; 66.7-9; 렘 6.24; 13.21; 22.23; 호 13.13; 미 4.9.
148) 1QH 11(=3).7-12; 에녹1서 62.4; 막 13.8; 계 12.2.

나 '종말적'이었는가? 우주적 규모의 부활과 심판은 충분히 종말적으로 들린다. 그러나 정화와 산고—둘 다 실제로 새로운 출발의 이미지들—를 넘어 그 뒤에 놓여 있는 것은 무엇인가? 회개의 열매를 맺은 나무들에는 무슨 일이 생겨야 했을까? 알곡을 곳간에 모으는 것은 무엇을 뜻했는가?

우리가 그러한 질문들을 제기하는 것은 바람직하다. 그 질문들은 요한의 심판 설교에 담긴 '종말론적 성격'이, '종말론적'의 뜻이 적절히 해명되지도 않은 채 너무 당연시되었다는 점을 추가로 상기시켜주기 때문이다. 이 문제는 우리에게 가장 중요한 부분이다. 예수 설교의 종말론적 성격이 뒤늦게 논란의 대상이 되었고, 이 점에서 다른 누구보다도 세례자의 영향에 대한 질문을 피할 수 없기 때문이다. 이 경우 가능성과 문제점을 나타내는 것은 '성령과 불로 세례 주게' 될 분에 대한 요한의 이야기가 그리스도교 전통에서 약화된 형식으로('성령으로 세례주다') 흡수되었고 예수에게로 돌려졌다는 사실이다!(행 1.5; 11.16)

d. '오실 그 분'

가장 명확하지 않은 것은 요한의 메시지 중에서 유일하게 또 한 가지 중요한 특징인 오실 그 분에 대한 기대이다. '내 뒤에 나보다 강한 분이 오신다. 나는 그의 신발 끈을 푸는 것조차 감당할 자격이 없다.…그는 너희에게 성령으로 세례를 줄 것이다…'[149] 요한은 누구를 기대했는가? 제공된 주요 해결책들 가운데,[150] 아무것도 전적으로 만족스럽지 못하다.

(1) 하나님은 가볍게 폐기될 수 없는 가능성이다.[151] 세례자 전통과 철저히 연관되어 있는 말라기 3.1에서(막 1.2; 마 11.10/눅 7.27), 그 사자는 주 앞에 간다. 누가의 탄생 서사에서 세례자 전통은 같은 기대를 반영한다(눅

---

149) 막 1.7-8 평행구. 행 13.25에 들어 있는 막 1.7과 그 평행구를 주목하라.
150) Davies and Allison, *Matthew* 1.312-14의 간결한 개관을 보라. 웹(Webb)의 논의는 너무 도식적이고 입장이 뚜렷하지 않다(*John the Baptizer* 219-60, 282-88).
151) 특히 Ernst, *Johannes der Täufer* 50, 305, 309; Reiser, *Jesus and Judgment* 182-84; Chilton, *Jesus' Baptism* 47-48을 보라.

1.17, 76). 그리고 (마지막) 심판의 집행 주체가 이사야 30.27-28에서처럼 꾸준히 하나님으로 간주된다. 하지만 여기서 결정적인 것은 '나보다 강한 분'과 그의 신발을 풀어줄 자격조차 없다(막 1.7 평행구)는 생각이 오직 두 필적할 만한 인물들 사이의 비교에서만 적절하다는 점이다. 요한이 하나님과 인간의 관계를 그렇게 하찮게 여겼으리라 상상하기 어렵다.[152]

(2) 또한 가능한 것은 그러한 최후 심판의 행사가 요구할 법한 천상의 인물이다. 가장 빈번히 제시되는 것이 인자다.[153] 이는 다니엘 7.13-14의 인물이 이미 심판의 역할을 부여받은 특정한 개인으로 해석되었으리라는 가정 위에서 추론된 경우다.[154] 나중에 살펴보겠지만(§16.3b), 여기서 문제는 제2성전기 유대교의 이 시점에 요한이 끌어들일 만한 그러한 인자 개념과 기대가 있었는지 매우 의심스럽다는 것이다. 또한 의심스러운 점은 '오는'이라는 단 한 번 나오는 동사의 용례만으로 오는 인자 개념을 환기시키기에 충분한가 하는 것이다. (앞의 제안이 의존하는) 에녹서의 비유와 에스라4서 13장 같은 유대 전통은 인자가 '오는' 것으로 생각하지 않기 때문이다.[155]

(3) 요한이 '오실 그 분'을 엘리야로 생각하였으리라는 제안은 보통 인정받는 것 이상으로 추천할 점이 많다.[156] 말라기 3.1에서 '오실' 분은 실제로 그 사자다(막 1.7/눅 3.16에서처럼 *erchetai*). 이 사자를 말라기 4.5에 언급된 엘리야와 동일시하는 것은, 마태복음 11.14가 확증하듯('장차 올 엘리야'), 자연스러웠을 것이다(둘 다 '하나님에 의해 보내심을 받는다'). 더구나 엘리야는 불의

---

152) '하나님은 신발을 신지 않는다'(Stauffer, 'Jesus' 32). 추가로 Meier, *Marginal Jew* 2.33-34을 보라. Webb, *John the Baptizer* 284-86은 J. H. Hughes, 'John the Baptist: The Forerunner of God Himself', *NovT* 14 (1972) 191-218에 효과적으로 응답한다; 또한 'John the Baptist' 198-202; Theissen and Merz, *Historical Jesus* 201-203의 간결한 논의를 참조.
153) Pesch, *Markusevagelium* 84, Stuhlmacher, *Biblische Theologie* 1.61-62, 110, 117, 124, Gnilka, *Jesus of Nazareth* 74-75, 그리고 Becker, *Jesus of Nazareth* 46-47은 독일 학계에서 당시 유대교 내에 두루 인지된 '인자' 개념이 있었다고 지속적으로 확신하는 전형적인 예들이다(마찬가지로 Riches, *Jesus* 156, 176). 라이저(Reiser)는 또한 천사장 미가엘(단 12.1; 1QM 17.6-7; 모세 유언서 10.2; 단 유언서 6.1-7)과 멜기세덱(11QMelch)을 언급한다(*Jesus and Judgment* 182).
154) 특히 에스라4서 13장이 다니엘의 이미지(13.3), '인간의 형상 같은 무엇이 바다의 중심에서 올라온다'와 사 30.27-28의 이미지(13.10-11)를 모두 끌어들이는 점을 주목하라.
155) 몇몇이 지적한 대로, '오는'이라는 말은 특정하게 기대된/바란 인물을 구체적으로 지목하는 것은 아니다(가령, Fitzmyer, *Luke* 666; Meier, *Marginal Jew* 2.199 각주 90을 보라).
156) J. A. T. Robinson, 'Elijah, John and Jesus', *Twelve New Testament Studies* (London: SCM, 1962) 28-52의 고전적 논문에서 그렇게 주장됨.

예언자로 기억되었는데,[157] 이는 말라기 3.2-3에 나오는 '언약의 사자'에게
돌려지는 정화의 역할과 오실 분을 향한 세례자의 기대에 두루 맞아떨어진
다. 그러나 요한이 자신을 오로지 엘리야의 선두 주자로 보았던가? 여기서
문제는 그리스도교 전통이 요한이 엘리야의 역할을 충족시켰다는 것을 확
인했다는 점이 아니다.[158] 딴에는 요한의 기대를 그렇게 재해석하는 것이
전적으로 이해할 만했을 터였다. 오히려 문제는 말라기 4.5(3.2-5 참조)에서
엘리야에게 돌려진 그 역할이 '그 크고 무서운 주의 날이 오기 전에' 본질적
으로 그것을 예비하는 것 같다는 점이다. 그러나 우리가 살펴본 대로, 요한
이 오실 분에게 부여한 그 심판적 역할은 훨씬 더 '종말적'인 것 같다.

(4) 요한의 말에 대한 전통적 그리스도교의 해석은 그가 메시아를 기
대했다는 것이다.[159] 나중에 다시 살펴보겠지만(§15.2), 여기서 문제는 제2
성전기 유대교 내에 '그 메시아'에 대한 딱 부러진, 또는 단순한 기대가 없
었다는 점이다. 더구나 메시아 기대는, 그러한 기대에 대한 가장 적합한 선
례(솔로몬시편)에서 보듯이, 대개 불의 인물을 떠올리지 않았다.[160] 여기에는
전통적 그리스도교의 해석이 인정한 것 이상의 모호한 구석이 있다.

좀처럼 묻지 않는 질문은 요한 자신이 오실 그분이 누구인지에 대한
명확한 생각이 있었던가 하는 점이다. 사실 그 신원 확인은 명시적이지 않
을 수 없었다. 누군가 요한을 뒤따르는 자가 요한보다 강하고 크리라는 것
이었다. 그 후에 요한은 제자들을 보내 '당신이 오실 그 분입니까? 아니면
우리가 다른 누군가를 기다려야 합니까?'(마 11.3/눅 7.19)라고 예수에게 묻는

---

157)　왕상 18.38; 왕하 1.10, 12; 집회서 48.1; 눅 9.54. 눅 9.54에는 '또한 엘리야가 그랬듯이'(AC D W 등)
　　　를 첨가한 필사자가 왕하 1.10에 대한 명징한 울림을 뚜렷이 만들어놓았다.

158)　눅 1.17; 마 11.14; 막 9.11-13.

159)　C. H. Scobie, *John the Baptist* (London: SCM, 1964) 62-67도 또한 그렇다. R. Leivestad, *Jesus in His
　　　Own Perspective* (Minneapolis: Augsburg, 1987) 36-37, 40. 나는 (요 1.29와 관련하여) 강하게 신학적
　　　으로 재가공된 요한복음 전통의 배후에서 세례자의 설교에 대한 역사적 회고가 탐지될 수 있는
　　　지 심각한 의문을 품고 있다. 그러나 Brown, *John* 1.58-63을 보라.

160)　솔로몬시편 17.21-43; 18.5-7. '깨끗하게 하는 것'(*katharizein*)의 이미지가 더 강하다(솔로몬시편
　　　17.22, 30; 18.5). 그러나 R. Bauckham, 'The Messianic Interpretation of Isa. 10.34 in the Dead
　　　Sea Scrolls, 2 Baruch and Preaching of John the Baptist', *DSD* 2 (1995) 202-16은 4QpIsaᵃ [4Q16]
　　　8-10.2-9과 4Q285 5.1-6에서 사 10.34이 이미 11.1-5과 연계되어 있었고 메시아적으로 해석되었
　　　다는 증거를 본다.

것으로 기억된다. 왜 이 질문이 요한의 이전 기대를 반영해서는 안 되는지 안성맞춤의 이유가 없다.[161] 이 경우에 그 질문은 누가 그를 이어 오게 될지 요한이 분명히 알지 못했다는 점을 말해준다. 그 질문이 예수와 관련하여 제기될 수 있었다는 것은 추측건대 요한이 하나님이나 인자를 염두에 두었을 개연성을 확인해준다. 요한 자신이 가진 유일한 실마리는 그가 오실 그분에게 부여한 심판적 역할이었다. 그래서 우리는 요한 자신보다 더 잘 아는 것처럼 그가 누군지 구체적으로 거명하려는 시도를 해서는 안 될 것 같다. 역사적 견지에서 판단컨대, 요한은 단순히 자기보다 훨씬 더 중요한 누군가 자신의 뒤를 이어 오게 되리라는 확신을 가지고 있었고 훨씬 더 두려운 세례를 준비하며 세례를 주어야 했다.[162] 그것으로 우리는 만족해야 할 터이다.

11.5 요단에서 예수의 기름 부음

이 사건은 예수 선교의 실제적인 시작으로 간주되어야 할 듯한데, 따라서 특별히 주목받을 만하다. 요한의 세례와 설교가 다른 식으로 그런 특출함을 부여받을 수 있었을까? 아마 가능할 수도 있었겠다. 왜냐하면 요한의 세례는 적어도 예수의 설교를 위한 포장 같은 것으로 작용하였기 때문이다. 그리고 우리가 앞서 보았듯이, 초기 그리스도교에서 그렇게 중요하게 된 '세례'의 전체 언어와 실천은 요한에게서 파생되었던 것 같다. 비록 그렇다고 하더라도, 요한의 세례가 '복음의 시작'으로 간주된 주요 이유로서 요한의 세례 시 또는 그 이후 예수에게 생긴 일이 있음에는 의심의 여지가 없다.

---

161) 아래 §12.5c를 보라.
162) 유사하게 Meier, *Marginal Jew* 2.35, 132.

a. '요한에 의한 세례'인가, 아니면 '성령의 기름 부음'인가?

지금 고려 대상인 에피소드가 대개 '요한에 의한 예수의 세례'라고 명명되는 것은 별로 놀랍지 않다. 그러나 그것은 무언가 잘못 붙인 이름이다. 사실인즉, 모든 복음서 저자들이 나름대로 변용하면서 청중/독자의 관심을 그 세례 자체를 넘어 예수가 강에서 올라올 때 있었던 일로 유도한다는 것이다. 그것은 곧 성령의 강림과 하늘의 목소리이다.

마 3.13-17	막 1.9-11	눅 3.21-22
13 이때에 예수께서 갈릴리로부터 요단 강에 이르러 요한에게 세례를 받으려 하시니… 16 예수께서 세례를 받으시고 곧 물에서 올라오실새 하늘이 열리고 하나님의 성령이 비둘기 같이 내려 자기 위에 임하심을 보시더니 17 하늘로부터 소리가 있어 말씀하시되 이는 내 사랑하는 아들이요 내 기뻐하는 자라 하시니라	9 그 때에 예수께서 갈릴리 나사렛으로부터 와서 요단 강에서 요한에게 세례를 받으시고 10 곧 물에서 올라오실새 하늘이 갈라짐과 성령이 비둘기 같이 자기에게 내려오심을 보시더니 11 하늘로부터 소리가 나기를 너는 내 사랑하는 아들이라 내가 너를 기뻐하노라 하시니라.	21 백성이 다 세례를 받을새 예수도 세례를 받으시고 기도하실 때에 하늘이 열리며 22 성령이 비둘기 같은 형체로 그의 위에 강림하시더니 하늘로부터 소리가 나기를 너는 내 사랑하는 아들이라 내가 너를 기뻐하노라 하시니라.

세 복음서 저자들 모두 요단 강에서 세례, 곧 침례(*baptisthēnai*)가 **다음 사건들이 일어나기 전에 완료되었다**고 시사한다. 마가는 세례를 그의 일관된 어휘 '곧'(*euthys*)을 써서 그 다음 장면과 연계시킨다(막 1.10). 다른 곳에서 마가는 '곧'이라는 표현으로 이야기 동선의 활기찬 보폭을 유지한다.[163] 마태는 다소 어색하게 마가를 따르면서(마 3.16a) 사건들의 결과가 매우 긴밀

---

163) 세례는 '잽싸게 지나치고 어떤 사실적 의미로 거의 "구술되지" 않는다'(Meier, *Marginal Jew* 2.102). 또한 Ernst, *Johannes der Täufer* 17-19을 보라.

하게 연쇄되어 이어졌다고 이해한 것 같다.[164] 그러나 누가는 예수의 세례를 '모든 사람들'의 세례와 연계시키는 데 좀더 관심을 보이는 것 같다. 그 두 세례 모두 '예수가 기도하는 동안'(눅 3.21) 일어나는 행동에 앞서 나온다.[165] 우리가 이미 지적한 대로, 요한은 예수의 세례 사건을 언급조차 하지 않지만 성령이 예수에게 강림하여 머무는 것을 요한이 증언한 대목에 (반복하여) 관심의 초점을 맞춘다(요 1.32-33). 동일하게 중요한 것은 사도행전 10.37-38의 초기 설교가 예수의 선교가 '요한이 전파한 세례 이후 갈릴리에서 어떻게 시작되었는지, 하나님이 나사렛 예수에게 어떻게 성령과 권능으로 기름 부었는지' 회고한다는 사실이다. 간단히 말해, 예수의 선교 이야기는 요한에 의한 예수의 세례 때문이 아니라 그때 일어난 일 때문에 '요한의 세례로부터' 시작된다는 것이다.[166]

이렇듯, 초기 그리스도교 동아리에서 구술된 이야기 가운데는 두 개의 핵심 요소가 있었다. (1) 성령이 예수 위에(마가는 '속으로') 임하는 것의 서장으로서 하늘이 열리는 것과 (2) 예수를 '내가 기뻐하는 내 사랑하는 아들'이라고 환호하며 맞이하는 하늘의 목소리. 요한복음 저자가, 비록 자신의 용어를 사용하긴 했지만(1.32-34, 성령이 임하여 예수에게 머물고, 요한은 '이 분은 하나님의 아들이다'라고 증언한다), 동일하게 이중적 강조를 한 것은 여기에 예수 선

---

164) '마태는 마가보다 세례 행위에 비중을 덜 둔다'(Luz, *Matthäus* 1.155).

165) Q의 내용을 결정하는 통상적인 기술에 근거할 때 Q가 예수의 세례 이야기를 담고 있었다는 것은 가능하다고 판정되어야 한다(이 점은 마태와 누가가 마가의 이야기에 일차적으로 의존했다는 점으로 인해 모호해진다)(가령, Streeter, *Four Gospels* 291; Polag, *Fragmenta Q* 30; Catchpole, *Quest* 76의 경우가 그렇다. 다른 입장은 Kloppenborg, *Q Parallels* 16). 그 결론의 주된 이유는 Q의 이어지는 예수의 유혹 이야기(마 4.1-11/눅 4.1-13)에 예수가 하나님의 아들로 크게 환영받는 보도를 가정하는 것 같기 때문이다(이로부터 유혹이 온다: '네가 하나님의 아들이라면…'—Q 4.3, 9)(Meier, *Marginal Jew* 2.103 각주 10의 추가 참고 문헌과 함께). 이는 요단 강 사건에 대한 Q 이야기의 주요 초점이 예수를 하나님의 아들로 부르는 하늘의 목소리에 있었음을 암시한다. 물론 만일 그 Q 이야기가 또한 성령에 이끌려 사막으로 나간 예수와 함께 시작했다면(Robinson/Hoffmann/Kloppenborg, *Critical Edition of Q* 22-23), 성령과 아들 모티프는 다시 이전의 에피소드와 출생 서사들의 골자에서처럼 다시 나타나게 될 것이다.

166) 그리스도교 세례 신학에 관련한 그 함의는 추후 제2권에서 고려되어야 할 것이다. 일단 우리는 예수의 세례가 미래 그리스도교 세례를 위해 '그 물을 정화시켰다'는 이후의 대중적인 발상이 Ignatius, *Smyrn.* 18.2에 처음으로 등장한다는 점을 지적할 수 있다(추가로 Luz, *Matthäus* 1.152). 맥도넬(McDonnell)과 몬태규(Montague)는 단순히 이그나티우스를 반복할 뿐이다: '성령은…모종의 방식으로 예수를 통해 세례에 사용되는 물의 정화를 가져왔다'(*Christian Initiation* 28). 그러나 신약성서 내에서 예수의 세례는 그리스도인의 세례를 위한 모델로 제시되지 않는다(추가로 Dunn, *Baptism* 32-37). 마찬가지로 예수의 기름 부음을 단순히 그의 세례와 동일시해버리는 것도 불만족스럽다: '그의 기름 부음은 그의 세례였다'(Harvey, *Jesus* 14).

교의 시작과 관련한 초기 전통 가운데 주요 강조점이 놓여 있었음을 확인해준다.

(1) 사도행전 10.37-38이 뚜렷이 보여주듯이 성령의 강림은 분명히 예수의 선교를 위한 하나님의 기름 부음으로 초기 그리스도교의 회고 가운데 이해되었다. 이는 예수의 첫 추종자들이 이사야 61.1이 어떻게 그에게 성취되었는지를 이해한 방식이었다. '그가 내게 기름을 부으신 고로 주 하나님의 영이 내게 임하였으니….' 이 '기름 부음'(*mašaḥ/echrisen*—사 61.1; 행 10.38)이 추측건대 예수를 그들의 눈에 '기름 부음을 받은 자', 곧 '메시아/그리스도'로 만든 것이었다.

(2) 마찬가지로 중요한 점은 하늘의 선포가 시편 2.7과 이사야 42.1을 결합한 결과로 이해되었으리라는 것이다.[167]

시편 2.7 '너는 내 아들이라. 오늘 내가 너를 낳았도다.'

이사야 42.1 '내가 붙드는 나의 종, 내 마음에 기뻐하는 자 곧 내가 택한 사람을 보라. 내가 나의 영을 그에게 주었은즉….'

이사야 구절은 하늘의 목소리에 대한 복음서의 이야기와 어쩐지 좀 거리가 먼 것처럼 보인다. 그러나 마태복음 12.18의 이사야 42.1 인용은 요단 강에서 있었던 하늘의 선포 두 번째 부분과 긴밀히 조화를 이루는 이사야 42.1의 버전이 그리스도교 진영에 있었음을 시사한다.[168] 나사렛 종파의 집회와 교회들 가운데 초기 이야기꾼들이 예수를 시편 2.7에 따라 왕적 메시아와 하나님의 아들로, 이사야 42.1에 따라 야웨의 종으로 묘사했음을 확증하는 근거가 바로 여기에 있다. 이는 그들이 요단 강에서 성령에 의한 예수

---

167) 이 점에 대해서는 폭넓은 의견의 일치가 있다. 가령, Davies and Allison, *Matthew* 1.336-39을 보라.
168) 마 12.18은 사 42.1을 인용한다. '내가 붙드는 나의 종, 내 마음에 기뻐하는 자 곧 내가 택한 사람을 보라….' 마 12.18의 형식이 단순히 마 3.17의 영향에 기인하지 않는다는 것은 마 12.18이 사용한 번역상의 변이본들이 다른 곳에서도 탐지된다는 사실이 확인해준다(자세한 내용은 Davies and Allison, *Matthew* 1.337-38).

의 기름 부음을 근거로 예수가 임직되었다고 본 그의 신분과 기능이었다.

b. 그런데 실제로 무슨 일이 있었는가?

우리에게 전수된 대로 그 전통의 취지를 규정짓는 것은 모두 매우 타당한 일이다. 그러나 그 전통이 어떻게 현재 형태에 다다르게 되었는가? 정도의 차이야 있겠지만, 그 구절을 연구해온 대부분의 전문가들은 슈트라우스가 가리킨 방향을 따라왔다. 여기서 우리는 '역사적 신화'라는 고전적 예를 가지고 있다는 것이다.[169] 이를테면, 예수가 요한에게서 실제로 세례를 받았다는 것을 의심할 이유는 없다. 그러나 하늘이 열리고 성령이 비둘기처럼 강림하는 것, 하늘의 목소리 등의 이야기는 모두 신화적 확장의 증거다.[170] 그러한 확장 작업들은 첫 그리스도인들이 예수에 대한 그들의 평가를 위해 그 사건의 중요성을 부각시키려는 뜻에서 추구한 명백한 방식들이다.

게다가 여기서 예수의 경험, 즉 예수가 하나님의 파송을 받은 그 나름의 경험을 읽어내려는 자유주의적 시도는 그 이야기 자체의 성격으로 그근거가 허물어진다. 디벨리우스가 지적한 대로, 제자들은 오로지 예수가그 경험을 그들에게 이야기해주었을 때만 몹시 개인적인 그러한 경험에내밀히 관여할 수 있었을 것이다. 그러나 우리가 여기서 가지고 있는 것이화자의 관점에서 구술된 이야기인 반면, 그 경우 그 이야기는 아마 예수의말씀 가운데 예수의 가르침으로 말해졌을 것이다(눅 10.18 참조).[171] 그 전통

---

169) Strauss, *Life* 87, 242–46.
170) 비둘기의 상징 체계에 관해서는 가령 Fitzmyer, *Luke* 483–84의 간단한 개관; 더 풍성한 개관은 Davies and Allison, *Matthew* 1.331–34.
171) Dibelius, *Tradition* 274 (위에서 인용됨, 제5장 각주 35). 제자들과 소통한 예수의 실제 경험이란 견지에서 생각하는 학자들로는 Scobie, *John the Baptist* 146–47; Jeremias, *Proclamation* 49, 55–56; Leivestad, *Jesus* 39; Taylor, *Immerser* 264–77; Theissen and Merz, *Historical Jesus* 211–12; Funk, *Acts of Jesus* 54을 포함한다. 보그는 '다른 유대 계통의 카리스마적 성인들'(아래 제16장 각주 19를 보라)의 이야기에 나오는 하늘의 목소리에 주목하여 '이를 예수의 경험의 일부로 상상하는 것이 역사적으로 가능하다'고 추론한다(*New Vision* 41). 칠튼은 이 환상을 예수가 메르카바(*Merkahbah*) 신비주의의 전문적인 수련자가 되고 있었다는 표본적인 가늠자로 이해한다. 즉, 이것이 겔 1장의 환상에서처럼 신성한 마차를 마음속에 그려보는 기술이었다는 것이다(*Rabbi Jesus* 50–53, 55, 58,

이면에 들어 있는 것이 무엇이든지 그 전통이 예수 자신에 의해 처음 조성되었다는 것은 가능성이 떨어진다.[172]

이러한 관찰은 그 전통이 전승의 과정에서 발전해나갔다는 추가 지적과 서로 연관된다. 전통의 역사 가운데는 전체 사건을 좀더 가시적이고 좀더 객관적인 경이로 만들려는 꾸준한 추세가 있는 것 같다. 우리의 최초 버전은 예수 홀로 보고 들은 것의 서술로 시작된다. 예수는 하늘이 열리고 성령이 강림하는 것을 보았다. 그 하늘의 목소리는 '너는 내 아들이다…'(막 1.10-11)라는 개인적인 소통 결과이다. 마태에게 그 열린 하늘은 예수만의 환상이 아니고, '이는 내 아들이다…'(마 3.16-17)라는 하늘의 말은 보다 공적인 성격의 발표에 가깝다. 누가에게는 감각적인 영적 경험에 대한 그의 편향성과 부합되어,[173] 성령은 '몸의 형상으로'(sōmatikō) 강림하고 거기에는 실제로 눈에 보이는 비둘기가 있었다(눅 3.22). 에비온파의 복음서에는 '큰 빛이 그 장소를 둘러 비추었다…'고 기록되어 있다.[174] 그리고 유스티누스의 기록에서는 '요단 강에 불이 켜졌다'(Dial. 88.3)고 말한다.[175] 여기서 던져야 할 분명한 질문은, 마가가 우리가 아는 최초의 문서 전통을 글로 남기기 전에 이러한 추세가 이미 진행중이었는가 하는 것이다. 아니면 투박하게 말해, 그 전체 이야기가 나중에 그의 선교의 공인된 기원을 인지하고 이를 돌이켜 회고함에 따라 예수의 중요성에 비추어 그리스도인들이 요한에 의한

그 밖에 여러 군데). M. Barker, *The Risen Lord: The Jesus of History as the Christ of Faith* (Edinburgh: Clark, 1996)는 같은 논지를 훨씬 더 멀리 밀어붙인다: 요단 강에서의 메르카바 경험은 예수에게 자신이 하나님의 아들과 지상에 나타난 주가 되었다는 확신을 주었다. '그는 자신의 세례에서 신비주의자들이 종종 부활 생명이라고 부르는 하나님과의 완벽한 일치감을 얻었다'(55, 107-10). S. L. Davies, *Jesus the Healer* (New York: Continuum, 1995)는 예수가 '자신이 하나님의 영에 의한 신들림으로 정의하게 된 타자(alter-persona) 의식의 상태로 들어갔으며' '그 영이 그 안에서 활동할 때 그가 하나님의 아들로 변화되었다고…믿었다'고 제안한다(65, 61). 유사하게 R. E. DeMaris, 'Possession, Good and Bad—Ritual, Effects and Side-Effects: The Baptism of Jesus and Mark 1.9-11 from a Cross-Cultural Perspective', *JSNT* 80 (2000) 3-30은 변성의식상태(ASC) 또는 신들림의 황홀경이라는 증거들을 보고 막 1.10-11이 예수의 세례 이야기보다 역사성에 더 큰 비중을 차지하고 있다고 제안한다(또한 Malina, *Social Gospel* 145).

172) 전통의 현재 형태에서 직접 예수의 자의식으로 밀어붙이는 쿨만(*Christology* 283-84), 위더링턴(*Christology* 148-55)과 대조해보라.

173) Dunn, *Unity and Diversity* 180-84.

174) Epiphanius, *Against Heresies* 30.13.7-8.

175) 이 두 텍스트는 Aland, *Synopsis* 27에 들어 있다.

예수의 세례를 낭만화한 것인가?

사실 나는 이 주장의 기본적인 요체가 쉽게 부인될 수 있다고 생각하지 않는다. 그러나 한 가지 중요한 유보적 단서가 있다. 그것은 앞서 말한 것과 같은 단서 조항인데, 전통 가운데 확연한 신앙의 관점은 그 처음의 형성 단계로 소급되는 것 같다는 점이다. 이는 그 관점이 그 사건 자체로 소급된다고 말하는 것과 다르다. 그러나 예수를 따른 첫 제자 집단은 분명히 그의 선교의 기원과 함께 그의 초기 선교와 요한 선교의 관련성에 대해 숙고했을 것이다. 무엇이 그들로 하여금 그 전통을 이러한 어휘들로 조형하도록 이끌었을까?[176]

이 질문과 연관된 가장 두드러진 자료는 예수 자신이 그의 선교를 정확하게 같은 견지에서 보았다는 지적 사항들이다. 나중에 살펴보겠지만, 예수 자신은 성령으로 기름 부음(사 61.1)을 받은 것으로 주장하고 하나님과 자신의 관계를 아버지와 아들의 차원에서 생각했던 것 같다. 예수가 이러한 자기 이해를 명시적인 가르침의 주제로 삼았다는 말이 아니다. 그러나 그가 말한 다양한 것들은 그의 제자들에게 그것에 대한 그러한 의미를 부여하기에 충분했다.[177] 성령으로 영감받았고 하나님의 친밀한 분이라는 예수에 대한 그들 나름의 인상은 그가 그들에게 끼친 강한 영향의 일부였을 터이다.[178] 그렇다면 핵심적인 고려 사항은, 예수 자신의 선교 의식을 규정짓는 그와 같은 두드러진 특징들이 어떤 지점에서 일종의 결정체처럼 구체화되었다는 것이다. 그 '지점'과 관련한 가장 확실한 후보 대상은, 추측건대 예수 선교의 출발점이었거나 최소한 예수의 선교가 세례자의 것과 다른 뚜렷한 성격을 띤 단계였을 것이다. 어쨌든, 그 결과로서 예수 선교의 출발점과 예수와 요한의 길이 갈라진 이 두 가지 모두에서 이정표로 보였던 것은

---

176) 반면, 그 이야기(마 3.14-15에 선행하는)의 최초 구연 가운데는 왜 예수가 회개의 세례에 복종해야 했는지의 문제에 관심이 없었던 것 같다. 그것은 나중에나 문제가 되었던 것 같다. 관련 논의는 Meier, *Marginal Jew* 2.110-16을 보라.

177) 아래 §§15.6c와 16.2를 보라.

178) 호니(Honi)와 하니나(Hanina)가 주장한 것보다는 오히려 다시금 그들에 대한 주장을 참조하라 (§16.2a 각주 19).

예수의 세례였다. 예수 선교의 시작을 숙고하는 자들에게 당연시된 자연스런 결과는, 예수 선교의 이러한 두드러진 특징들을 부각시키는 방식으로 그 이야기를 구연하는 것이었다. 즉 그들은 성령에 의한 예수의 기름 부음과 하나님의 아들 됨을 이 시작하는 사건과 연계시켰던 셈이다. 바로 그와 같은 방식으로 우리는, 그리스도교의 전통 담지자들이 예수의 탄생을 보다 온전히 묵상하게 되었을 때 그들이 성령으로부터의 잉태와 하나님의 아들 됨을 핵심적인 강조점으로 만들었음을 앞서 지적하였다(§11.1).[179]

이 점에서 그 어느 경우에도 예수가 메시아나 하나님의 아들이 **되었다**(becoming)는 발상이 없다는 점은 주목할 만하다.[180] 양쪽 모든 경우에서, 생각의 핵심은 예수가 성령을 받은 분이고 시작부터—그 시작이 그의 선교의 시작이든, 그 생애의 시작이든—하나님의 아들이었다는 것이다. 그러나 예수가 그의 선교에 앞서 성령을 경험하고 아들이 되었다고 말할 수 있는지 매우 모호하다(눅 2.49에도 불구하고).[181] 전통 그 자체에서 우리는 그의 선교 기간 동안 그렇게 생동감 있는 경험을 추출할 수 있다. 그렇다면 그는 요단 강에서 파송을 경험했는가? 이는 전적으로 가능하다. 비록 요한복음이 예수가 요한과 따로 독립된 길을 갈 필요를 느꼈을 때 요한과 예수의 선교 사이에 중첩된 기간을 보도하는 것이 의문시되지만 말이다. 우리가 말할 수 있는 전부인즉, 예수 전통의 형성 가운데 분별 가능한 맨 처음의 시점부터, 이야기꾼 제자들은 예수가 요단 강에서 성령에 의한 기름 부음을 받았으며 그때 또는 그 이전부터 하나님께 그의 아들로 소중히 여김을 받았다는 데 의심이 없었다는 것이다.

---

179) Meier, *Marginal Jew* 2.108-109은 종교 경험에 대한 책에서 내가 예수 자신의 아들 됨과 성령에 대한 지속적으로 입증된 예수의 의식이란 견지에서 그에게 의미심장한 경험을 추론한 내 제안을 비판한다(*Jesus and the Spirit* 63-65).

180) 사본 D와 오래된 라틴어 사본 증거에 나오는 시 2.7의 온전한 인용('오늘 내가 너를 낳았도다'를 포함하여)은 원형이 아니다(예컨대, Fitzmyer, *Luke* 485을 보라). 그러나 이 변이본의 내용은 에비온파에 의해 수용되었다(Epiphanius, *adv. haer.* 30.13). 하지만 초기 전통에서 시 2.7은 예수의 부활을 언급한다(행 13.33; 히 1.5; 5.5; 롬 1.4 참조).

181) 눅 2.41-51은 성인전(hagiography)을 생각나게 한다. 그러나 우리는 요세푸스의 자서전에서 두드러진 평행구를 연상할 수 있을 것이다: '아직 소년 시절, 약관의 나이 14세였을 때, 나는 문자를 사랑함으로 만인의 칭송을 받았다. 하여 대제사장들과 도시의 지도자들이 수시로 내게 찾아와 우리 율례의 특정 조항들에 대한 정확한 지식을 구하였다'(*Life* 9).

11.6 요한의 죽음

이 지점에서 요한에 대하여 좀더 말할 필요가 있다. 공관복음 전통과 요세푸스는 그의 투옥 기간 이후 헤롯 안티파스에 의해 처형된 것으로 말한다. 요세푸스는 마케루스(Machaerus)에 있는 헤롯의 요새에서 이 일이 있었다고 전한다(*Ant.* 18.119). 언뜻 보면 그 이유들은 아주 다르다. 공관복음에서는 헤롯이 자기 동생의 아내(헤로디아)와 혼인한 행위를 요한이 정죄함으로써 그의 분노를 자극한다. 그러나 요세푸스의 기록에 따르면 요한의 설교가 청중들 가운데 그렇게 대단한 열기를 불러일으켜 '그들이 행한 모든 것에서' 요한의 조언을 따르게 되자 헤롯은 실제로 심각한 불안 또는 봉기(*statsis* 19.118)가 생길까 두려워하게 되었다는 것이다. 그러나 이 두 보고 내용은 처음 볼 때보다 더 밀접하게 연관되어 있는 듯하다. 이미 지적한 대로, 요한과 관련하여 요세푸스는 그의 청중들에게 '그의 동족을 향해서는 정의를, 하나님을 향해서는 경건을 실천하고' 올곧은 행실(*dikaiosynē* 18.117)로써 그들의 영혼을 깨끗하게 하라고 권고한 '의(*dikaiosynē*)의 설교자'로 생각한다. 공관복음의 전통도 유사하게 '의롭고(*dikaios*) 거룩한 사람'(막 6.20)과 '예언자'(마 14.5)로 인식한 요한에 대한 항간의 여론을 환기시켜준다. 그렇다면 헤롯이 그렇게 행동한 원인은 요한이 모종의 군사적 또는 혁명적 위협을 야기한 것이 아니었다.[182] 요한은 외려 자신의 금욕적 생활방식과 도덕적 개혁의 요청이 너무 깊숙하게 치고 들어와 지배층 엘리트 가운데 사무치는 원한을 야기한 사보나롤라(Savonarola: 1452–1498년, 도미니쿠스 회원이며 산 마르코 수도원 원장으로 르네상스 운동에 반기를 듦—역주) 유의 인물이었다.[183]

---

182) 하지만 크로산은 사막으로 불러냄과 요단 강의 세례가 새로운 (군사적) 정복의 명백한 함의와 함께 약속의 땅으로 다시 들어가는 것을 암시했을 것이라고 제안한다(*Historical Jesus* 231–32, 235); Webb, *John the Baptizer* 364–65; Stegemann, *Library* 214, 218, 220–21, 224; Strecker, *Theology* 221–22은 이에 매우 회의적이다. 그 제안은 세례자가 세례를 받는 자들에게 동편에서 강으로 들어가서 세례를 받은 뒤 다른 쪽으로 나가라고 요구했다면 더 잘 이해가 될 것이지만, 현존하는 전통은 이와 관련하여 아무런 암시도 담고 있지 않다(C. Brown, 'What Was John the Baptist Doing?' *BBR* 7 [1997] 37–50을 인용하는 S. McKnight, 'Jesus' New Vision within Judaism', in P. Copan and C. A. Evans, eds., *Who Was Jesus? A Jewish-Christian Dialogue* [Louisville: Westminster John Knox, 2001] 73–96 [여기서는 80–81]에 반대하여).

어쨌든 여기 몇 가지 논평할 만한 요지가 있다. 첫째, 우리는 당대의 통치자들이 행사할 수 있었던 자의적 권력의 좋은 예를 확보한 셈이다. 공관복음과 요세푸스는 헤롯이 어떤 '선한 명분'과 공식적 절차 없이―요세푸스는 이에 대해 '의혹'(hypopsia)이라 말한다―요한을 체포하고 처형할 수 있었다는 점에서 일치한다. 우리는 추후 예수가 자신의 죽음을 미리 예견했는지 묻게 될 때 이를 염두에 둘 필요가 있다. 자신의 스승 세례자에게 생긴 그 선례를 전제한다면, 그리고 유대에서 로마의 권력이 훨씬 더 자의적이고 잔혹했으리라는 점을 감안하면, 예수가 자신의 목숨이 외견상의 사법 처리나 다른 수단으로 급작스럽게 단축될 수 있는 가능성을 고려하지 않았다는 게 외려 매우 이상하다.

둘째, 마가복음 6.17-28은 아마도 공관복음 전통으로 통합된 인기 있는 '뉴스 화제'로서는 우리가 확보한 가장 좋은 예일 것이다. 요한의 대중적 인기는 일반 대중들 가운데 그에게 생긴 일에 상당한 관심이 있었으리라는 점을 암시한다. 그때도 지금처럼 대중적 관심은 분명 법정 소문만큼 왕성하게 유포되었다. 그렇다면 요한의 처형 이야기는 마을 회합이나 헤롯 왕국의 시장바닥에서 유통된 이야기 같다.[184] 거기에 독특하게 그리스도교적인 도덕이나 강조점이 없기 때문에 비록 그들이 예수의 제자 집단 모임에서 반복 구연했을 수는 있지만, 그들을 위한 전통으로 구성되었을 것 같지는 않다. 비록 마가복음 6.9/마태복음 14.12이 요한의 제자들이 예수 집단을 위한 그 이야기의 원천 자료임을 암시하지만, 더 특징적인 세례자의 강조점이 빠져 있는 것으로 미루어 그 가능성 역시 불리한 것 같다.[185] 그렇

---

183) 좀더 그럴듯하게 크로산은 또한 요한과 '부드러운 옷 입은 사람들', 즉 '호화로운 의상을 입고 황실에서 사치스럽게 사는'(마 11.8/눅 7.25) 자들 사이의 대조는 요한과 헤롯 안티파스의 비교를 의도한 것이라고 주장한다(*Historical Jesus* 236-37). 타이센은 '바람에 흔들리는 갈대'(마 11.7/눅 7.24)의 다른 대조 역시 마찬가지로 안티파스를 언급하는 것이라고 주장한다('The Beginnings of the Sayings Tradition in Palestine', *The Gospels in Context* 25-59 [여기서는 26-42]; 또한 *Lokalkolorit* 25-44); 크로산은 이에 동의한다(*Birth* 306-308).

184) 타이센은 이를 '인기 있는 민간 전통'과 '1세기에 수많은 헤롯 가문의 여인들을 따라다닌 사악한 소문'의 일례로 간주한다('The Legend of the Baptizer's Death', *Gospels in Context* 81-97 [여기서는 85, 94]; 또한 *Lokalkolorit* 85-102). 마가 보고의 역사적 부정확성에 대해서는 Theissen, 'Legend' 86-89; Meier, *Marginal Jew* 2.172-73을 보라. 마이어는 또한 아합과 이세벨과 맞선 엘리야의 투쟁(가령, 왕상 19.1-2; 21.17-26)과 에스더서를 포함하여 다양한 구약성서 이야기들의 메아리를 주목한다(173).

다면 문제가 되는 것은 그 상세한 내용의 정확성 여부가 아니라 이것이 일반적인 인상, 즉 전형적인 대중적 차원의 기록이었다는 것이다. 공관복음이야기는 일반적으로 그런 경우로 보고된 것을 기록한다. 다시 말해, 여기서 우리는 전통이 우리에게 무엇이 일어났는지를 말하기보다 일어났다고 인지된 것을 이야기하며, 사건 자체가 아니라 그 사건의 영향을 보도한다는 사실의 가장 극단적인 예를 가지고 있다.

11.7 유혹받은 예수

공관복음 이야기는 요단 강에서 예수의 기름 부음에 이어 '곧'(막 1.12) 예수가 광야에서 40일간 유혹받은 이야기를 보도한다(마 4.1/눅 4.1). 예수가 자신의 선교 시작에 즈음하여 사막에서 얼마간 시간을 보냈으리라는 것은 매우 그럴 법한 가능성으로 판단할 수 있다.[186] 기도와 성찰을 위한 그러한 뒷걸음질은 전적으로 예상할 만한 것이다. (하나님의 직접적인 계시와 관련하여) 40일 동안 금식한 모세와 엘리야 전통들은[187] 그 이야기의 후대 구연을 조성했을 뿐 아니라 또한 예수 자신의 동기 부여에 일정한 영향을 주었으리라 예상할 수 있다. 아무튼, 예수는 다른 때에도 기도를 위하여 호젓한 장소로 물러난 것으로 기억된다.[188] 유사한 동기 부여가 다소의 사울이 다메섹 도상에서 그에게 부여된 계시에 연이어 다메섹을 떠나 아라비아로 들어간 일의 배후에도 작용한 것 같다(갈 1.12, 17). 그 즉각적인 맥락에서 우리는 요세푸스가 젊은이로서 좀더 전통적인 생활방식으로 정착하기 전 3년간 광야에서 금욕주의자 바누스의 헌신적인 제자가 되었던 일을 연상하며 그의 사례까지 언급할 수 있을 것이다(Life 11-12). 결코 무시할 수 없는 관

---

185) Theissen, 'Legend' 84-85. 이와는 대조적으로 요세푸스는 요한의 대중적 인기로 제기된 모반의 위협을 과장함으로써 어느 정도 헤롯을 사면해주려 하는 듯하다.
186) Sanders, *Historical Figure* 112-117.
187) 출 34.28; 신 9.9, 18; 왕상 19.8.
188) 막 1.35/눅 4.42; 막 1.45/눅 5.16; 막 6.32/마 14.13; 눅 6.12; 요 6.15; 11.54.

심사는 예수가 성령에 의해 광야로 '이끌려나갔다'는 마가의 묘사인데(막 1.12), 이는 영감을 주는 영에 이끌려 수풀 속으로 들어가 자신의 미래 역할을 준비하는 시험이나 정화의 경험을 통과한다는 특징적인 샤먼 이야기의 강한 울림을 전한다.[189] 이를테면, 공관복음 이야기는 이야기꾼의 구연을 그러한 경험들이 담긴 전통적인 이야기에 맞춰 유형화한 것을 반영하기 이전에 전형적인 종교 경험과 동기 작용을 반영하는 듯하다.

동시에 우리는 그러한 광야 기간을 예수의 선교 시작이란 범주 내에 위치시키는 데 역사적 난점을 떠올리게 된다(위의 §11.2b). 만일 예수의 선교가 정말 처음부터 요한의 사례를 본받았고(요 3.22-24) 요한의 투옥 이후에야 비로소 그 독특한 형태를 띠었다면, 우리는 그 광야의 은둔기를 어느 시점에 맞춰야 할지 불확실한 상태에 놓이게 된다. 이는 특히 요한복음 저자(선교 초기 두 사람의 중첩 기간을 말하는 유일한 자료)가 그 사건에 대한 아무런 언급을 하지 않는 데서도 확인된다. 이것은 요한과의 최초 만남 이후 '즉각적으로' 이루어졌던가? 아니면, 요한이 무대에서 사라진 뒤에 있었던 일인가? 우리는 그러한 질문에 더 이상 답할 처지가 아니다.

'예수의 유혹'을 예수 자신의 경험으로 말할 수 있는지 여부의 문제는 유사하게 우리를 난처하게 한다. (1) 요단 강에서 예수가 경험한 것에 대한 질문과 마찬가지로(위의 §11.5), 우리가 가지고 있는 것은 예수가 전한 이야기나 예수와의 개인적 의사소통으로 기억된 가르침이 아니라 예수에 **대한** 이야기라는 사실을 진지하게 받아들일 필요가 있다. 그 이야기의 배후에는 물론 예수가 남긴 인상이 있지만 이와 관련하여 얼마나 더 많이 우리가 말할 수 있는지 불확실한 상태이다.[190] (2) 더구나 각 복음서 저자들이 다양한 구연 가운데 형성된 버전을 전했다는 점에서는 의심의 여지가 없다. 마가에서 그 해석적 요소는 간소하다. 즉 '그가 야생동물들과 함께 있었다'는

---

189) 예컨대, 내 책 *Jesus and the Spirit* 383 각주 105에 언급된 테일러(J. V. Taylor)를 보라. 이것이 혹 왜 마태와 누가가 성령의 행동에 대한 묘사를 부드럽게 다듬었는지—'성령에게 이끌리어'(마 4.1), '성령에게 이끌리시며'(눅 4.1)—그 이유를 설명할 수 있을까?

190) 피츠마이어는 '예수가 이러한 형식의 이야기들을 자신과 자신의 사역에 대한 마귀의 반대 가운데 잠재된 유혹의 비유적인 요약으로 전한 것은 아닐까' 생각한다(*Luke* 509-10).

것인데, 이는 예수가 40일간 보호받았다는 뜻이거나(단 6.16-23 참조), 회복된 낙원의 기대일 수도 있다.[191] Q 버전은 훨씬 더 이를 확장시켜 특정한 세 가지 유혹의 이야기를 덧붙였다.[192] 예수가 보낸 광야의 40일과 이스라엘이 광야에서 보낸 40년 사이의 평행 관계를 부각시키려는 차원에서 Q 이야기가 형성되었다는 결론을 피하기는 어렵다.[193] 그러나 '의인의 시험/유혹'이라는 발상은 유대 전통 가운데 깊이 뿌리내려 있다.[194] (3) 더 나아가 예수의 선교에는 다른 에피소드들에 대한 반향이 있을 수 있는데, 이와 관련해서는 꽤 많은 증언들이 있다. 음식을 먹이는 기적의 보도로 야기된 기대(특히 요 6.26 참조), 역시 '시험'(*peirazein*)으로 묘사된 기적적인 표적의 요청(막 8.11; 마 16.1/눅 11.16), 마태(22.35)와 누가(10.25)가 증언하는 대로, 예수를 '시험'(*peirazein*)하는 문제에 응답하여 오로지 하나님만이 전적인 충성을 요구할 수 있다고 단언한 일.[195] (4) 마지막으로, 요단 강에서 하늘의 목소리를 들은 경우와 마찬가지로, 예수의 아들 됨과 관련하여 유혹을 강조한 것은

---

191) 사 11.6-9; 65.25; 호 2.18과 함께 창 2.19-20 참조. 가령, Jeremias, *Proclamation* 69-70; Pesch, *Markusevangelium* 95-96; D. C. Allison, 'Behind the Temptation of Jesus: Q 4.1-13 and Mark 1.12-13', in Chilton and Evans, eds., *Authenticating the Activities of Jesus* 195-213 (여기서는 196-99, 그럼에도 또한 202-203도 주목하라). 다양한 해석들이 R. H. Gundry, *Mark* (Grand Rapids: Eerdmans, 1993) 54-59에서 검토된다. J. W. van Henten, 'The First Testing of Jesus: A Rereading of Mark 1.12-13', *NTS* 45 (1999) 349-66.

192) 클로펜보그가 지적하듯이, 'Q의 유혹 이야기는 종종 당혹감을 주는 것으로 드러났다.' 그는 이 부분을 'Q의 후대 첨가물'로 취급함으로써 부분적으로 그 당혹감을 해소한다(*Formation* ch. 6; 여기서는 246-47). 이 논점은 유혹 이야기와 그것에 선행하는 내용의 연계 문제와 연관된다(위의 각주 165를 보라). 그러나 유혹 이야기가 마태와 누가가 따로따로 골라잡은 것으로 구어 전통으로 간주되어서는 정말 안 되는지(Lührmann, *Redaktion* 56 참조) 이 문제도 마찬가지로 의문시될 수 있다. 구어 전통에서 우리가 기대하는 대로 문자적 일치는 대화에서 오간 핵심 내용에서 정확하게 드러나며 세부 사항의 변용(유혹받은 것이 40일 동안인지, 40일 이후인지의 문제, 유혹의 상이한 순서)은 전통의 구연에 익숙한 회중이 예상할 만한 것이다.

193) 가장 명확하게 드러나는 곳은 마태복음인데, 이는 신 6-8장에 대한 미드라쉬에 가깝다(예수는 신 8.3; 6.13; 6.16에서 인용한다); B. Gerhardsson, *The Testing of God's Son (Matt. 4.1-11 & Par.)* (ConBNT 2/1; Lund: Gleerup, 1966); '하가다 이야기'(Davies and Allison, *Matthew* 1.352). 여기서는 만나 기적의 메아리가 강한데(출 16.4; 신 8.2-3; 요 6.25-34 참조), 세 번째 유혹에는 약속의 땅을 내려다보면서 비스가의 꼭대기에 선 모세의 메아리가 탐지될 수 있다(신 3.27; 34.1-4); 그러나 다른 모티프 역시 분명히 작동하고 있다(추가로 Davies and Allison, 같은 곳). 하지만 시험의 기간으로서 광야에 대한 암시는 명확하다(출 15.25; 16.4; 17.7; 20.20; 신 4.23; 8.2; 33.8; 시 95.9; 지혜서 11.9; 고전 10.13; 히 3.8-9에 나오는 *peirazein/peirasmos*의 용법을 주목하라). 간결한 논의는 W. Popkes, *EDNT* 3.65-66을 보라.

194) 아브라함(창 22.1; 집회서 44.20; 유딧 8.26; 마카베오상 2.52; 희년서 19.8); 욥, 다윗(시 26.2), 히스기야(대하 32.31), 다니엘(1.12, 14), 토빗(토빗 12.14S), 유딧(유딧 8.25), 그리고 의로운 자(지혜서 2.17; 3.5; 집회서 2.1; 4.17; 33.1).

195) 마가와 마태 또한 카이사르(=가이사)에게 조공을 마치는 것에 대한 질문을 '시험'(*peirazein*)용 질문으로 간주한다(막 12.15/마 22.18). 이에 답하여 예수는 마태복음의 세 번째 유혹에서처럼(4.8-10) 세상의 권력과 하나님께 갚아야 할 의무를 반제로 제시한다.

(Q 4.3, 9), 예수의 신적인 아들 됨과 관련한 확신이 예수 제자들의 공통된 신앙 가운데 견고하고 명확하게 형태를 잡아갔을 때에야 비로소 유혹 이야기가 현재 형태로 구성되었음을 암시한다.[196]

그러므로 유혹 이야기의 전통은 예수가 '그때 거기서든', 또는 그의 나중 가르침에서든, 직접 끼친 영향의 흔적을 담고 있다고 말할 수 없다. 사실상 이 서사는 한 굽이 떨어진 시점에서 남은 영향을 입증한다. 아마 그의 선교 전반에 걸쳐 예수가 남긴 인상이 이러한 이야기 형식 속에 극적으로 재현되었을 터이다.[197] 이는 그의 제자들이 예수를 어떤 점에서 특정한 유혹을 잘 견뎌낸 인물로 생각했다는 암시일 수 있다. 이와 연관된 가장 주목할 만한 사례로 그가 무서운 죽음의 가능성에 직면하였을 때(막 14.32-42 평행구)의 상황을 떠올려볼 수 있다.[198] 그러나 이는 또한 제자들이 예수가 선교 전반에 걸쳐 그 유혹들이 대표한 종류의 대안적인 선교 전략을 강하게 거부한 특징을 주목한 의미일 수도 있다.[199] 어느 쪽으로 보든, 유혹 이야기는 예수가 제자들에게 남긴 생생한 인상을 증언한다. 요컨대, 그는 대중추수주의자가 되거나 단순히 남의 이목을 끄는 선택을 확실히 거부한 자로서, 또는 하나님만이 요구할 수 있는 전심 어린 헌신에 대해 타협하길 거절한 자로서 기억되었던 것이다.

마태 버전의 세 번째 유혹에서 매우 강력하게 표현된 대로 하나님의

---

196) Luz, *Matthäus* 1.160 참조.
197) 예레미아스는 그 유혹들이 모두 같은 유혹으로 귀착된다고 주장한다: '정치적 메시아로서 예수의 부상.' 그 논제가 초대교회에서 삶의 자리를 차지하지 못하는 고로 유혹 이야기의 핵심은 부활 이전 전통으로 소급되는 것 같다(*Proclamation* 71-72). 라이트(Wright)는 '바알세불 논쟁 중에 거론된 것을 우리가 설명해야 한다면, 예수가 그의 생애 초기에 스스로 "진짜 원수"에게 맨 처음으로 결정적 승리를 거두었다고 믿은 모종의 경험이 가정되어야 한다'고 주장한다(*Jesus* 457; 유사하게 Allison, 'Behind the Temptation of Jesus' 207-13; 후자에 대해서는 아래 §12.5d, 특히 각주 37을 보라).
198) 유혹(*peirasmos*)이라는 주제('너희들이 유혹에 빠지지 않도록 기도하라')는 겟세마네 이야기의 빼놓을 수 없는 일부이다(막 14.38/마 26.41/눅 22.46). 누가는 이 주제를 특별히 강조하는데(눅 22.40) 두 문단 앞에서는 예수가 제자들에게 '너희는 나의 모든 시험 중에 항상 나와 함께한 자들'(눅 22.28)이라고 말한 것으로 기록한다. 이는 또한 유혹 이야기에 대한 누가의 결론에 상관된다: '마귀가 모든 시험을 다 한 후에 얼마 동안(*achri kairou*) 떠나니라'(눅 4.13). 누가의 이야기에서 사탄(추측건대 = '그 마귀')은 겟세마네(눅 22.3, 31) 직전까지 다시 이야기에 등장하지 않는다.
199) 유사하게 히브리서도 예수를 보다 온전한 시험을 감내한 분으로 생각하는 것 같다(4.15 – '모든 면에서 우리처럼'). 그러나 특히 겟세마네의 혼된 시련에 초점을 맞춘다(5.7-8). 히브리서가 Q 4.1-13의 공관복음 전통에 직접 영향을 받았다는 증거는 없다.

주권적 요구에 대한 이 최종 생각은 예수 자신의 가르침 가운데 주요 강조
점의 안성맞춤 격인 머리말이다.

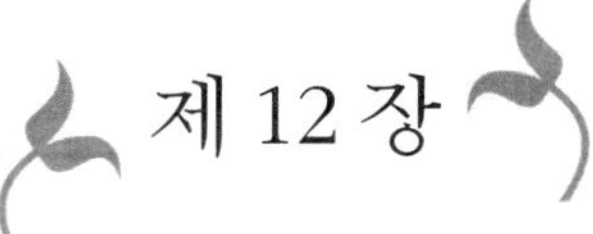

제 12 장

하나님의 나라

12.1 하나님 나라의 중추성

예수의 설교 가운데 하나님 나라(*basileia tou theou*)[1]의 중추성은 예수에 대한 사실 중에서 가장 논란이 적은, 적을 수밖에 없는 부분이다.[2] 우리가 예수 전통의 고유한 특색, 예수 전통에 상대적으로 두드러진 특징을 찾는다면, 하나님 나라야말로 그 첫째로 고려되어야 한다.

여기서 우리는 마가의 인도를 따른다. 예수의 선교와 관련해 자신의 이야기를 시작하면서 마가는 일종의 요약적 진술이나 표제를 제시한다. '요한이 잡힌 후 예수께서 갈릴리에 오셔서 하나님의 복음을 전파하여 이르시되 "때가 찼고 하나님의 나라가 가까이 왔으니 회개하고 복음을 믿으라" 하시더라'(막 1.14-15). '복음'이란 용어의 반복은 마가 나름의 관점으로

---

1) 나는 그리스어 *basileia*를 가장 분명한 뜻인 '왕국/나라'(kingdom)로 일관되게 번역할 것이다. 그 이면의 아람어에 어떤 약간 다른 함의가 있는지는 아래에서 다루어야 할 것이다(§12.2b).
2) 예컨대, Meier, *Marginal Jew* 2.237과 273 각주 4-5에 언급되는 것들을 보라. Becker, *Jesus of Nazareth* 100-102. 예수 메시지의 총화이자 대요(H. Schürmann, *Gottes Reich—Jesu Geschick: Jesu ureigener Tod im Licht seiner Basileia-Verkündigung* [Freiburg: Herder, 1983] 23).

두드러진 부분이다.[3] 그는 예수에 대한 자신의 소개 전체를 '복음'으로 요약한다(1.1). 그렇게 그는 예수 전통을 그 용어('복음')와 연동시키는데, 이는 특히 부활 사건 이후 바울의 설교를 가장 특징적으로 대변한 부분으로, 아마 바울 자신이 그 목적으로 만들어냈을지 모른다.[4] 여기서 요점은 예수의 설교를 바로 이 용어로 표제화함으로써(1.14-15) 마가가 그 복음의 핵심이 바로 하나님 나라에 대한 예수의 설교라는 자신의 이해를 보여준다는 것이다.[5]

마태와 누가는 예수의 설교를 '복음'으로 그렇게 소개함에 있어 마가를 따르지 않는다. 그러나 그들 모두 예수의 설교를 바로 그 같은 용어로 계속 요약한다. 예수는 '그 나라의 복음을 선포하면서…갈릴리 모든 지역으로 다니셨다'(마 4.23; 유사하게 9.35). 예수는 그 제자들에게, '나는 하나님 나라의 복음을 다른 성읍에서도 전파해야 하리라'(눅 4.43; 또한 8.1)고 말했다.[6] Q 전통도 예수가 그의 제자들을 파송하여 자신이 전한 것과 같은 바로 그 메시지를 전파하도록 했음을 회고한다. '하나님의 나라가 가까이 왔다'(마 10.7/눅 10.9).

이러한 요약 진술들은 예수 전통 자체의 비중을 반영한다. '하나님의 나라'[7]라는 문구는 예수의 말씀에 대한 복음서 저자의 회상 가운데 꾸준히 나온다. 마가에 13번 나오고, 마태와 누가가 공유하는 자료(q/Q) 가운데 9

---

3) *euangelion*에 대한 마가의 언급들(1.1, 14, 15; 8.35; 10.29; 13.10, 14.9)에 드러나는 편집적인 성격은 맨 처음 W. Marxsen, *Mark the Evangelist: Studies on the Redaction History of the Gospel* (1956, 1959; ET Nashville: Abingdon, 1969) 117-50에 충분히 제시되었다.

4) 내 책 *Theology of Paul* 164-69을 보라. Marxsen, *Mark* 138을 참조하라: '마가가 쓰는 "복음서"는 바울이 (대부분) 설명하지 않은 채 남겨둔 "복음"이란 용어에 대한 그의 주석서이다.'

5) 평행구 전통에서 마가복음은 '복음을 위하여'(10.29)로 되어 있고, 누가복음은 '하나님의 나라를 위하여'(18.29; 마 19.29에는 '내 이름을 위하여')로 기록되어 있다. 또는 '복음'(막 13.10)을 '그 나라의 복음'(마 24.14)과 다시 비교해보라.

6) 누가는 그 명사(*euangelion*)를 사용하지 않고 분명히 그 동사(*euangelizesthai*, 4.18, 43, 7.22; 8.1; 9.6; 16.16; 20.1)를 선호한다.

7) 마태는 '천국/하늘나라'를 선호한다. 물론 그가 '하나님의 나라'에 대한 네 구절(12.38; 19.24; 21.31, 43)을 담고 있긴 하지만, 이는 아마 이전 전통을 반영하는 듯하다. 왜 마태가 일부 전통을 변개하지 않고 그대로 수용했는지는 불분명하다. 경건한 유대인으로서 그가 거룩한 이름을 어울리지 않게 사용하는 것을 피하고자 했다는 통상적 설명은 말이 된다. 물론 그랬다고 해도 이로써 그가 하나님의 이름을 빈번하게 입에 담는 것을 멈춘 것은 아니다(비록 마가와 누가보다 덜 빈번하게 그랬지만). 어쨌든 그 구분은 대단한 것이 못된다(19.23[천국]과 24[하나님의 나라]를 주목하라). 물론 그것은 그 '나라'의 분위기 조성에 암시적인 측면이 있다. '하나님'이란 단어의 사용을 전부 피한 것 같은 마카베오상을 참조하라.

번 나오며, 또 마태에 고유한 전통에 추가로 28번 나오고 누가만 확보한 전통 가운데 추가로 12번 나온다.[8] 그러한 자료는 예수가 이 주제에 대해 종종 말한 것으로 기억되었다는 가정 외에 달리 설명하기 어렵다. 의심의 여지 없이 앞서 언급한 수많은 자료들은 편집적인 내용으로 복음서 저자들이 그들의 복음서를 집필할 때 첨가한 것들이다.[9] 그리고 우리는 다른 것들이 문서 전통으로 전이되기에 앞서 그 전통의 다채로운 반복적 구연 가운데 수용된 것이라 확신할 수 있다.[10] 그러나 동시에 확실한 것은 그러한 반복적 구연과 편집이 그 전통 담지자들과 그들의 청중들 편에서 그 나라가 예수 설교의 특출한 주제였다는 인식을 반영했다는 점이다.

예수 전통이 그 나라를 강조한 데서 우리는 예수 전통이 구연되고 전승된 방식의 가장 중요한 예를 이해해야 한다. 이는 마치 음악 연주에서 '장식음'이 한 주제를 아름답게 꾸미고 그 특징적인 부분을 부각시키듯이, 익히 알고 친숙한 주제를 특정한 상황에 적절히 어울리는 설명과 다른 윤색 작업을 통해 그것을 재연하는 방식이었을 것이다. 적절한 흥미로운 예가 비유 전통이다. 예수는 분명 그 나라를 말할 때 자신이 염두에 둔 것을 예를 들어 설명하고 조명하기 위해 비유를 사용한 것으로 기억되었다. 이는 마가(4.26, 30; 4.11 참조)와 Q(마 13.33/눅 13.20)의 공통된 증언이다. 그러나 마태가 그 모티프('천국은 …와 같으니')를 훨씬 더 방대하게 사용한 것은[11] 그 비유들을 예수의 특징적인 스타일에 필적할 만큼 다시 구연하는 이야기꾼의 기량을 나타내는 증거일는지 모른다. 여기서 요지는 어떤 식이었든 별 차이가 없으리라는 것이다. 예수 자신이 이 모든 비유들(그리고 다른 것들)을 그

---

8) 막 1.15; 4.11, 26, 30; 9.1, 47; 10.14, 15, 23, 24, 25; 12.34; 14.25; q/Q 6.20; 7.28; 10.9; 11.2, 20; 12.31; 13.20, 29; 16.16; 마 5.10, 19(두 번), 20; 7.21; 8.12; 13.19, 24, 38, 41, 43, 44, 45, 47, 52; 16.19; 18.3, 4, 23; 19.12; 20.1; 21.31, 43; 22.2; 23.13; 24.14; 25.1, 34; 눅 9.60, 62; 10.11; 12.32; 13.28; 17.20, 21; 18.29; 21.31; 22.16, 29, 30. 공관복음과 요한복음의 가장 두드러진 차이점 하나는 요한이 하나님의 나라에 대해 불과 5번만 언급하고 있고(3.3, 5; 18.36[세 번]) 그중에서도 3.3과 3.5은 마 18.3을 강하게 모방한다는 것을 떠올리게 될 것이다(위의 §7.7). 도마복음의 114개 어록 가운데 22개가 '하나님의 나라/하늘나라'를 언급한다. 또한 P. Perkins, 'The Rejected Jesus and the Kingdom Sayings', in C. W. Hedrick, ed., *The Historical Jesus and Rejected Gospels, Semeia* 44 (1988) 79–94.
9) 예컨대, 마 3.2; 13.19, 52; 16.19; 21.43.
10) 가능한 예들로 마 7.21; 8.12; 23.13; 24.14; 막 9.47; 11.10; 12.34; 눅 18.29; 21.31; 22.16, 29-30.
11) 마 13.24, 31, 33, 44, 45, 47; 18.23; 20.1; 22.2; 25.1.

공식과 함께 소개했든 안 했든, 그는 비유를 사용하여 그 나라에 대해 특징적으로 가르친 것으로 기억되었다.[12]

예수 전통의 이러한 일관성과 그 전통 내의 빈번한 작용은 초기 교회에 대해 우리가 아는 바와 제2성전기 유대교와 대조된다. 예의 두 경우에서도 왕으로서의 하나님과 하나님 나라의 이미지는 친숙하다. 그러나 이 어느 경우에서도 예수 전통만큼 특출하지 않다. 성서와 제2성전기 유대교의 성서 이후 저술들 가운데 그 문구 자체는 거의 탐지되지 않는다. 비록 하나님의 '왕국'이나 '왕권'에 대한 언급이 있을지라도, 그 주제는 특별히 현저하지 않다.[13] 초대교회의 용례로 말하자면, 사도행전이 지속적으로 그 모티프를 뚜렷하게 선보이고[14] 그리스도교의 기원담을 그 나라와 관련하여 일괄적으로 다룬다(행 1.3, 6; 28.31). 그러나 이러한 언급의 대부분은 바울의 설교와 통하는 내용이다. 그런데 1세대 그리스도교의 가청권 내에서 여전히 지배적인 목소리로 우리에게 들리는 바울의 서신에서 그 주제는 별로 두드러지게 나타나지 않는다.[15] 바울에게 그 주제의 가장 강한 용법은 '그 나라를 상속받는(받지 못하는) 것'이다.[16] 이는 마치 전통적인 소재로 보이지만(또한 약 2.5), 복음서에서는 마태복음 25.34 외에 발견되지 않는다. 그 공식문구는 아마도 그 나라에 대한 예수의 말이 약속의 땅을 상속받는, 훨

---

12) 또한 Jeremias, *Parables* 100-101을 보라.
13) '하나님의 나라'(지혜서 10.10; 솔로몬시편 17.3). '야웨의 나라(*malkut*)'(대상 28.5; 대하 13.8); '나의 나라'(대상 17.14); '그의 나라'(시 103.19; 단 4.34; 6.26; 토빗 13.1; 지혜서 6.4); '당신의 나라'(시 145.11-13; 솔로몬시편 5.18). '왕권'(*mamlaka, meluka*)은 하나님께 속한다(대상 29.11; 시 22.28; 옵 21). 아람어 *malkulta*'(단 3.33; 4.34). 라틴어 *regnum*(모세 유언서 10.1). 최근 가장 풍성하게 이 어휘를 검토한 것은 O. Camponovo, *Königtum, Königsherrschaft und Reich Gottes in den frühjüdischen Schriften* (OBO 58; Freiburg: Universitätsverlag, 1984)인데, 이 책은 하나님의 왕권이 초기 유대 문헌 가운데 주요 주제가 아니고 '정확하게 정의된 개념으로서가 아니라 하나의 상징으로서' 기능한다고 결론짓는다(437-38). DSS와 관련하여 드문드문 발견된 자료들은 C. Newsom, *Songs of the Sabbath Sacrifice: A Critical Edition* (Atlanta: Scholars, 1985)에 의해 검증되어야 한다. 종종 파편화된 텍스트(4Q400-407, 11Q17)에 따라서, 뉴섬은 '왕'(*mlk*)으로서의 하나님에 대한 50개 넘는 언급과 하나님의 왕국(*malkut*), 특히 '그의 영광스러운 나라' 또는 '그 나라의 영광'(424-26)에 대한 25개의 언급을 나열한다(420-26). 쿰란의 노래들은 "'하나님의 왕권'이란 주제에 대한 가장 중요한 그리스도교 이전의 유대 텍스트'로 평할 수 있다(A. M. Schwemer, 'Gott als König und seine Königsherrschaft in den Sabbatliedern aus Qumran', in *Judentum, Urchristentum und in der hellenistischen Welt* [WUNT 55; Tübingen: Mohr Siebeck, 1991] 45-118 [여기서는 115]). 추가로 아래(§12.2)를 보라.
14) 행 1.3, 6; 8.12; 14.22; 19.8; 20.25; 28.23, 31.
15) '나라'(kingdom)라는 말은 바울의 친작 서신에 8번 나온다: 롬 14.17; 고전 4.20; 6.9-10; 15.24, 50; 갈 5.21; 살전 2.12; 또한 엡 5.5; 골 1.13; 4.11; 딤후 1.5; 딤후 4.1, 18.
16) 고전 6.9-10; 15.50; 갈 5.21; 엡 5.5.

씬 더 오래된 이미지와 뒤섞이면서 초기 그리스도교 사상(바울 자신의 사상?) 가운데 출현한 것 같다.[17] 요점을 말하면 이 개념과 관련하여 바울의 용례와 예수 전통 사이에 명백하게 중첩된 부분은 극히 미미하다는 것이다.[18] 다시 말해 예수 전통 가운데 그 나라 모티프의 특출함은 예수 당시 유대교나 초대교회 가르침에 나오는 그 모티프의 유사한 특출함을 반영한 것으로서 설명될 수 없다는 것이다. 다시 말하거니와, 우리는 예수 전통에서 그 모티프의 특출함을 예수 자신의 가르침과 설교에 있던 그 특출함의 기억으로 간주하는 것 외에 별다른 선택의 여지가 없다.

그 점은 예수 전통이 그 나라에 대한 예수의 가르침의 독특한 특징을 보유했다는 예레미아스의 주장을 떠올릴 때 더욱더 강해진다.[19] 그 전통 가운데 사용된 그 이미지는 과연 현저하다. 그 나라는 가까이 왔고,[20] 앞으로 올 것이며,[21] 이미 왔고(Q 11.20), 또 찾으려고 애써야 한다.[22] 또한 사람들이 그 안으로 들어가고,[23] 붙잡을 수 있으며, 폭력으로 고난을 당한다(마 11.12/눅 16.16). 그 이미지는 초기 유대교나 초기 그리스도교 문헌 가운데 동일한 사례가 없다. 신약성서의 나머지 부분에서 오직 사도행전 14.22만이 유사하게 사람들이 '하나님 나라에 들어가는 것'을 언급한다(행 14.22). 단 하나의 경우만을 가지고 이러한 복음서 모티프를 설명하기는 어렵고, 오히려 그 구절을 예수 전통의 메아리로 볼 때 가장 잘 설명할 수 있을 것이다.[24]

---

17) 땅을 상속한다는 전통적인 생각은 아브라함으로 소급되는데(창 15.7, 18 등) 유대교의 다른 문헌 자료에 보면 영원한 생명(솔로몬시편 14.10; 에녹1서 40.9; 막 10.17 평행구; 마 19.29; 눅 10.25), 하나님의 나라(마 21.38, 43; 또한 5.5를 보라), 또는 다가올 세상(바룩2서 14.13; 51.3)을 물려받는다는 희망으로 전이되었다. 신 10.9을 참조하라: 레위는 땅을 유업으로 받지 못한 대신 주께서 그의 유업이 되신다. 또한 아래 각주 73을 보라.

18) 롬 14.17은 전형적인 바울답지 않은 진술인데 예수 전통의 영향을 잘 반영하는 듯하다(내 책 *Theology of Paul* 191-92).

19) Jeremias, *Proclamation* 32-34.

20) 막 1.15; Q 10.9; 눅 10.11.

21) 마 6.10/눅 11.2; 눅 17.20; 22.18.

22) 마 6.33/눅 12.31; 또한 마 13.45. 아람어의 가능성과 관련하여 Dalman, *Words of Jesus* 122.

23) 막 9.47; 10.15, 23-25 평행구; 마 5.20; 7.21; 21.31; 23.13; 요 3.5; 도마 22, 114. 또한 눅 13.24; 14.23; 16.16.

24) 그 나라에 '들어간다'는 말은 그 어떤 계산으로도 예수에게로 소급되어야 하는 예수 전통 모티프의 좋은 예이다. 물론 개인적인 사례들은 최대한 예수와 함께 기원했다고 기억된 모티프의 확장으로 볼 수 있지만 말이다. 가령, F. W. Horn, 'Die synoptischen Einlasssprüche', *ZNW* 87 (1996) 187-203 (여기서는 193-97).

간단히 말해 우리의 증거가 보여주는 유일하고도 명확한 결론은 이렇다. 예수는 하나님 나라에 대해 전파한 것으로 기억되었고, 이는 그의 메시지와 선교에서 중추적인 부분이었다.[25] 이 설교의 영향은, 비록 그리스도교의 다른 최초 저술들에서는 그 자취가 덜 선명하지만, 예수 전통 가운데 분명히 간직되었다.

12.2 '하나님 나라'를 어떻게 이해해야 하는가?

방금 도달한 결론은 명확하고 논의의 여지가 없다. 그러나 그 나라에 대한 이야기가 예수의 설교에 그렇게 두드러졌다면, 그것이 그의 첫 청중들에게 어떻게 이해되었을까? 예수처럼 창조적인 인물의 경우에 우리는 항상 독특한 강조점들이 그의 통찰력과 영감에서 나왔을 가능성을 인정해야 한다. 그러나 그렇다 해도 우리는 또한 '하나님 나라'에 대한 그의 이야기에 걸맞은 어떤 의미의 맥락을 상정해야 한다. 그렇지 않으면 그의 청중들에게 그것은 무의미한 용어였을 테고, 그것이 주요 주제였던 그 가르침은 어떤 다른 것들보다 당혹스런 수수께끼였을 터이기 때문이다.[26] 서사비평적 접근 방법은 이 점에서 충분하지 않을 것이다. 그 용어 자체는 개념 정의 없이 사용되고 있고, 그 '나라'에 대해 말한 것이 실제로 그 용어를 조명하는 방식이 오래 지속되는 논쟁의 심장부에 놓이기 때문이다. 더구나 조금 전에 살펴본 대로, 모든 복음서 저자들은, 예수가 파송한 제자들이 그랬듯이, 그가 처음부터 하나님 나라(또는 그 나라의 복음)를 전파했다고 가정한다. 달리 표현하면, 그 전통은 예수와 그의 선교에 동참한 제자들이 그 용어(하나님 나라)를 설명 없이 사용하는 것을 보여준다. 마치 그 언급이 그들의 청중

---

25) Borg, *Jesus in Contemporary Scholarship* 87에 반대하여.
26) "'하나님의 나라'가 가까이 왔다고 말하는 것은 청중들이 "지금까지 이야기"를 알고 그것이 완성되기를 기다리고 있을 때만 제대로 뜻이 통한다'(Wright, *Jesus* 226); 그러나 G. B. Caird, *New Testament Theology* (Oxford: Clarendon, 1994) 367, 추가로 아래 §11.3과 12.6을 보라.

에게 자명하였으리라 믿기라도 한 것처럼 말이다. 따라서 그 질문은 여전히 제기된다. 그러한 환경들 속에서 그 용어는 대체 무슨 의미를 가졌을까?

a. '바실레이아'의 함의

그리스어(*basileia*)든, 초기 히브리어(*mamlaka*)든, 포로기 이후 히브리어나 아람어(*malkuṭ*)든, 사전적 관점에서 모든 핵심 용어들이 폭넓은 의미를 가지고 있었다는 점은 늘 분명하다. 너무 미세한 점을 거기 덧씌우지 않는다면, 그것들은 모두 다양한 측면의 '왕권', 특히 그 왕권의 행사를 두루 의미했는데, 이로부터 '통치'와 다스리는 영토, 곧 '왕국'이란 의미가 파생되었다.[27] 이러한 통찰은 19세기 제국주의와 타협하려 버둥거려온 유럽 학계에 도움이 되는 것으로 증명되었는데, 실제로 독일어 번역 'Reich'나 영어 번역 'kingdom'으로 너무 편협해진 의미를 넓히는 데 도움이 되었다.[28] 더 정곡을 찌르자면, 단일한 의미가 아니라 하나님의 주권(달만의 용어를 사용하면)을 다양한 측면에서 표현할 수 있는 용어가 있었다는 인식으로 말미암아 예수의 그 용례를 가장 잘 이해하는 데 도움이 되었다. 한편으로 '그 나라에 들어가는 것'이나 그 나라에서 '상에 몸을 기대는 것' 또는 '그 나라에서 큰 사람'이 되는 것[29] 등의 이야기는 분명 공간적·영토적 이미지를 환기시킨다.[30] 그러나 확실히 좀더 역동적인 의미가 '다가오는', '가까이 온', 그리고 이미 '온' 그 나라 이야기에 함축되어 있는 것 같다.[31]

---

27) LSJ, *basileia*; BDB, *mamlaka*, *malkut*; Dalmann, *Words of Jesus* 91-96; K. Seybold, '*melek*', *TDOT* 8 (1997) 359-60. 달만은 '주권'(sovereignty)이라는 용어를 선호했다.

28) 달만의 통찰—'구약성서와 유대교 문헌에서 *malkuth*란 말이 하나님께 적용될 때 항상 "왕적 통치"를 의미하지 마치 그것이 그가 다스리는 영토를 암시하지 않으면 안 되는 양 "왕국"을 의미하지 않는다(*Words of Jesus* 94)—은 예수의 가르침에 대한 20세기 연구에 주요 영향을 끼쳤다. 가령 G. E. Ladd, *Jesus and the Kingdom* (London: SPCK 1966) ch. 5: '예수의 인격과 선교 안에서 사람들 가운데 작용하는 역동적 힘으로서'(135) 하나님 나라.

29) '들어가다'—위의 각주 23을 보라. '몸을 기대다'—마 8.11/눅 13.29; 막 14.18 평행구; 눅 14.15. '작은/큰'—마 5.19; 11.1 평행구; 18.1, 4; 20.21.

30) 그러나 마커스(J. Marcus)는 'Entering into the Kingly Power of God', *JBL* 107 (1988) 663-75의 의미를 변호한다.

31) 일련의 연구 발표를 통해 칠튼(Bruce Chilton)은 특히 이사야의 탈굼을 끌어들여 그 문구의 강조점이 '하나님의 역동적이고 인격적인 현존', '강하신 하나님', '하나님의 주권적 활동', '하나님 자

20세기의 삼사분기 초반 무렵 진솔한 포스트모던 해석학의 선구자로서 페린(Norman Perrin)은 그 용어가 그럼에도 훨씬 더 탄력적이지 않았는지 탐문했다. 학자들은 하나님의 나라를 하나의 **개념**으로 간주함에 있어 실수를 저질러왔는데, 외려 그것은 왕으로 행동하는 하나님이라는 신화를 환기시키기 위해 의도된 **상징**으로 이해해야 한다. 이 점을 밝히기 위해 페린은, 윌라이트(Philip Wheelwright)가 제안한 바대로, 그것이 나타내는 것에 일대일 관계를 지닌 상징으로서 '미미한 상징'(steno symbol)과 일련의 의미가 어떤 한 개의 지시 대상으로 고갈되거나 적절히 표현될 수 없는 '팽팽한 상징'(tensive symbol)의 구분을 끌어들였다.[32] 그의 결론인즉, '예수가 하나님 나라를 팽팽한 상징으로 사용하였고 그가 사용한 문학적 양식들과 언어는 그 상징으로 환기되는 현실을 중개하기 위함'이었다는 것이다.[33] 페린이 제시한 그 통찰의 잠재력은 예수가 환기시킨 신화나 이야기를 좀더 구체적인 견지에서 이스라엘의 회복(마이어, 샌더스)[34] 또는 이스라엘의 포로 귀환과 하나님의 시온 귀환이라는 '거대 서사'(라이트)로 보는 학자들에 의해 가장 풍성히 이용되어왔다.[35] 혹은 그 상징으로 환기된 현실이 딴에는 1세

신의 구원하는 계시'에 있다고 주장하였다; 특히 그의 *God in Strength: Jesus' Announcement of the Kingdom* (SNTU B1; Freistadt: Plöchl, 1979); 또한 'The Kingdom of God in Recent Discussion', Chilton and Evans, *Studying the Historical Jesus* 255–80; 또한 *Pure Kingdom: Jesus' Vision of God* (Grand Rapids: Eerdmans, 1996) 10–16. 이전의 고펠트(Goppelt): '그 나라의 도래는 여기서[팔복] 무엇보다 그의 백성들 가운데 계시는 인격화된 하나님의 활동으로 신 중심적으로 이해되었다' (*Theology* 1.69). 그러한 통찰들은 그 '인습적인 교제 관계'로부터 그 용어의 '핵심 의미'를 구분하려는 리치스(Riches)의 시도에 문제를 제기한다(*Jesus* 18–19, 21–22, 42).

32) N. Perrin, *Jesus and the Language of the Kingdom: Symbol and Metaphor in New Testament Interpretation* (Philadelphia: Fortress/London: SCM, 1976) 5–6, 22–23, 29–32.

33) Perrin, *Language* 56.

34) Meyer, *Aims of Jesus* 125, 132–34 (색인, 'Restoration'); Sanders, *Jesus* Part One (결론 116–19); 또한 'Jesus and the Kingdom: The Restoration of Israel and the New People of God', in E. P. Sanders, ed., *Jesus, the Gospels and the Church*, W. R. Farmer FS (Macon: Mercer University, 1987) 225–39. 샌더스는 그 문구의 개념적 내용을 축소하고 그것을 전적으로 불가사의한 것으로 간주하는 경향을 비판한다: '우리는 일반적인 용어로 그가 무엇을 의미했는지 완전히 잘 안다: 하나님의 통치 권력' (*Jesus* 125–29, 여기서는 127; 그 비판은 J. Breech, *The Silence of Jesus: The Authentic Voice of the Historical Man* [Philadelphia: Fortress, 1983]과 B. B. Scott, *Jesus, Symbol-Maker for the Kingdom* [Philadelphia: Fortress, 1983]을 겨냥한 것이다).

35) '추방과 회복: 이는 이스라엘이 스스로 실연하고 있다고 믿은 중추적 드라마이다'(*Jesus* 127). '예수는 이스라엘을 자신 주변에 재구성하고 있었다. 이것이 추방으로부터의 귀환이다. 다시 말해, 이것은 하나님의 나라이다'(131). 예수의 하나님 나라 선언은 '그 추방이 마침내 끝나가고 이스라엘은 그 적들에 대해 신원받게 될 것이며 그의 신은 마침내 악을 다루기 위해 돌아오리라는 선언으로 들릴 수밖에 없었다.…"하나님의 통치"는…갱신된 언약, 회복된 창조, 해방된 이스라엘, 돌아오는 야웨를 말했다'(172). 또한 202–209, 227을 보라. 라이트의 이러한 논지는 McKnight, *New*

기 팔레스타인 내부의 사회적 불평등과 억압에 대한 급진적인 예언적 저항(호슬리)[36]이나 전반적으로 지중해 연안 소작농을 대변한 급진적 평등주의의 선포, 즉 '브로커 없는 나라'(크로산)[37] 같은 것이었을까? 아니면, 우리는 하나님 나라를 하나님이 '선한 자를 위한 조건 없는 의지'로서 권력을 장악한 것을 나타낸 '은유'[38]로 말해야 하는가?(타이센과 메르츠)[39] 여하튼 우리는 예수의 그 나라 이야기를, 제각각 평가된 개별적인 어록의 관점은 물론이려니와, 고립 가운데 다루지 말아야 한다는 경고에 유의해야 한다. 혹 그의 가르침이 환기시키고자 의도한 더 큰 이야기가 있는가? 있다면 예수의 그 나라 가르침은 적어도 그 첫 단계에서는 오로지 그 맥락 안에서만 온당히 설명될 수 있다. 다시 말해, 고려해야 할 그 맥락은 단순히 예수 전통 안에 그 용어가 나오는 개별적인 사례들의 직접적인 맥락이 아닐 터이다. 더구나 각 복음서 전체가 제공하는 맥락은 더더욱 아닐 것이다. 그것은 과거 왕정 시대 이스라엘의 기억, 다른 자들의 왕권 아래 있던 유대인들의 당대 경험, 그리고 미래를 위한 하나님의 왕권과 관련된 신실한 자들의 희망이란 맥락이 되어야 할 것이다. 여기서 우리는 스스로 역사와 해석학 사이의 매혹적인 상호 작용에 붙잡혀 있는 것을 또다시 확인한다.

방금 적시한 그러한 가설들은 이론적인 차원에서 만족스럽게 다루어질 수 없다. 그것들은 그 자료에 성공적으로 의미 부여를 하느냐 여부에 따라 세워지기도 하고 무너지기도 한다. 그러므로 명료한 진행 순서는 먼저 '의미의 맥락'을 제시하는 것이다. 즉 예수의 청중들에게 그들이 들은 정보를 제공했을 관습과 교제 관계의 맥락, 또는 예수가 청중들의 이해를 위해, 그가 그것을 어떻게 꼬집거나 도전했든지 간에, 응당 전제했다고 예상할 수 있는 의미의 맥락을 좀더 풍성히 상설하자는 것이다. 그 경우 그 첫 번

Vision, 가령 17에 의해 계승된다. 그럼에도 그는 또한 '예수에게 "왕국"은 의도적으로 다층적 가치를 담고 있었다'고 단언한다.
36) 위의 §4.6b를 보라.
37) Crossan, *Historical Jesus* 421–22.
38) 헹엘과 슈베머(Schwemer)는 상징이 '매이지 않고 가변적이며 호환적인 어떤 것'을 위한 것이라 생각하며, '확실히 양도할 수 없는 은유'로 말하길 선호한다(*Königscherrschaft Gottes* 6).
39) Theissen and Merz, *Historical Jesus* 246, 274–76.

째 과제는 하나님의 왕국(*malkut/basileia*) 이야기와 연관된 의미의 좀더 직접적인 맥락을 해명하는 것이다.

b. 하나님의 통치

비록 하나님 '나라' 이야기가 제2성전기 유대교의 문헌에 비교적 희소하다 할지라도, 그 문구의 **내용**은 익숙했을 터이다. 그 자료는 최근에 여러 차례 검토된 바 있기에, 여기서 필요한 전부는 의미심장한 주요 요점들을 집중 조명하는 것이다.[40]

(1) 물론 유대인 청중이라면 하나님을 모든 땅과 모든 민족, 모든 신들 위에 군림하는 '왕'(*melek*)으로 생각하는 것에 익숙했을 것이다. 이는 결국 그들의 시편 책에 나오는 예배의 친숙한 주제였다.[41] 유대인 예배자들은 아마 다음과 같은 노래에 익숙했을 것이다. '주께서 다스리시도다(*malak*).'[42] '주께서 그 보좌를 하늘에 세우시고 그의 왕권으로 만유를 다스리시도다'(시 103.19). '주의 나라(*malkut⁺ka*)는 영원한 나라이니 주의 통치는 대대에 이르리이다'(시 145.13).[43] 쿰란의 '안식일 희생제물의 노래'에서 하나님은 일정하게 '하늘의/존엄한 존재들의 왕', '영광의 왕' 등으로 찬양받는다.[44]

(2) 앞서 언급된 몇 구절들 가운데 이미 암시된 대로 또한 전형적으로

---

40) M. Lattke, 'On the Jewish Background of the Synoptic Concepts, "The Kingdom of God"' (1975), ET in B. Chilton, ed., *The Kingdom of God* (London: SPCK, 1984) 72-91; D. Patrick, 'The Kingdom of God in the Old Testament', in Willis, ed., *The Kingdom of God in the 20th-Century Interpretation* (Peabody: Hendrickson, 1987) 67-79 (여기서는 72-75); J. J. Collins, 'The Kingdom of God in the Apocrypha and Pseudepigrapha', in Willis, *Kingdom* 81-95; B. T. Viviano, 'The Kingdom of God in the Qumran Literature', in Willis, *Kingdom* 97-107; D. C. Duling, 'Kingdom of God, Kingdom of Heaven', *ABD* 4.49-56; G. Vermes, *The Religion of Jesus the Jew* (London: SCM, 1993) 121-35; Meier, *Marginal Jew* 2.243-88; K. Seybold and H. -J. Fabry, '*melek*', *TDOT* 8 (1997) 365-75; Theissen and Merz, *Historical Jesus* 246-52; 좀더 광범위하게 Becker, *Jesus of Nazareth* 86-100.
41) 시 10.16; 22.28; 29.10; 47.2-3, 7-8; 95.3; 103.19 (*malkut*); 135.6 (쿰란에서 확대된 대로—*DSSB* 568). 추가로 J. Jeremias, *Das Königtum Gottes in den Psalmen* (FRLANT 141; Göttingen: Vandenhoeck und Ruprecht, 1987); B. Janowski, 'Das Königtum Gottes in den Psalmen', *ZTK* 86 (1989) 389-454을 보라.
42) 시 93.1-2; 96.10; 97.1; 99.1.
43) 또한 렘 10.7, 10; 단 4.34; 말 1.14; 에녹1서 84.2; 1QH 18(=10).8; 마카베오하 1.24; 솔로몬시편 2.29-32; 17.3; 지혜서 6.4; 모세 유언서 4.2.
44) Newsom, *Songs of the Sabbath Sacrifice* 424-26.

유대적인 면은 오로지 이스라엘만이 하나님의 왕권을 인정했다는 확신이다. 이스라엘은 하나님에 의해 택정함을 받아 하나님은 특별한 방식으로, 특별한 관계 안에서 이스라엘의 왕이 되셨다는 것이다.[45] 주께서 시온을 다스리신다.[46] 그는 이스라엘의 왕이시다.[47] 예수와 그의 동시대 사람들은 '나의 왕(malki) 나의 하나님'이라고 기도했다.[48] 특별한 주목을 요하는 부분은 심지어(또는 특별히) 이스라엘의 포로기 가운데 시온에게 복된 소식이 전파된다는 점이다. '네 하나님이 통치하신다(malak)!'(사 52.7) 이는 다음과 같이 모세의 노래에서 기려진 대로 노예의 속박에서 벗어난 이전 사건의 메아리로 들린다. '주께서 영원 무궁히 다스리시로다'(출 15.18). 이는 쿰란에서 이어받아 '마지막 날들'에 재건될 성전의 희망을 언급한 구절이다(4Q174[4QFlor] 1.2-6). 18개 축도문의 초기 형식에 의하면 이에 따라 '이전과 같이 우리 판관들을, 처음과 같이 우리 모사들을 회복시키소서. 당신 홀로 우리를 다스리소서'(Shemoneh 'Esreh 11)라고 기도한다.[49]

(3) 그러나 그 희망/기대는 동일하게 소중히 간수되어 현재 이스라엘만이 인정하는 하나님의 통치가 시온에서 나와 곧 만천하에 드러날 것이며 모두가 (좋든 싫든 간에) 인정할 것이다.[50] 네 개의 잇따른 왕국들을 나타내는 거대한 신상에 대한 다니엘의 환상은 사람의 손이 아닌 것에 의해 산에서 잘려 나온 돌이 그 신상을 부숴버리고 그것이 온 세상을 채우기까지 자라나는 환상에서 절정에 달한다(단 2.35, 44-45). 이 주제는 성서 이후의 저술들 가운데 유난히 인기를 끌었다.[51] 특히 쿰란은 하나님이 자신의 왕권을

---

45) 물론 첫 번째와 두 번째 용례는 밀접히 연계되어 있다: '그는 명백히 이스라엘의 왕으로서 열방과 그들의 신들을 대적하는데, 그는 이로써 스스로 그 신적인 시련 가운데 우월하고 단일하며 유일무이한 하나님으로 증명해 보인다'(Seybold, *TDOT* 8.370).
46) 시 24.7-10; 48.2; 149.2; 사 6.5; 렘 8.19; 희년서 1.28.
47) 시 146.10; 149.2; 사 33.22; 41.21; 43.15; 44.6; 습 3.15; 솔로몬시편 5.19; 17.1.
48) 시 5.2; 44.4; 68.24; 74.12; 84.3; 145.1.
49) Schürer, *History* 2.461.
50) 사 24.21-23; 겔 20.33; 미 4.1-7; 슥 14.9, 16-17.
51) S. Schreiber, *Gesalbter und König, Titel und Konzeptionen der königlichen Gesalbtenerwartung in frühjüdischen und urchristlichen Schriften* (BZNW 105; Berlin: de Gruyter, 2000)은 하나님을 왕으로 보는 생각이 어떻게 적대적인 정치적 지배와 '타락한 혼종적 왕권'에 반제적 이미지로 작용했는지 주목한다(141).

이스라엘의 대적들을 향해 나태내시고, 이사야 60장이 성취되어 열방의 부요함이 시온으로 흘러들어오길 고대했다(1QM 6.6; 12.7-16). 세 번째 시빌(Sibyl)은 '죽지 않는 왕의 가장 위대한 왕국이 사람들 위에 나타날 것'(*Sib. Or.* 3.47-48)이고, '모든 땅에서 그들이 위대한 하나님의 집에 향료와 선물들을 가져오고' '사람들 가운데 부요함이 있게 될' 때 하나님이 '사람들 가운데 모든 세대를 위해 한 왕국을 일으키실 것'(3.767-95)이라고 예언한다.[52] 솔로몬시편 17편은 '왕으로서 하나님의 종말론적 통치가 다윗의 아들, 주 메시아의 통치를 통해 나타나 실현될 것'이라고 기대한다.[53] 그리고 모세 유언서는 하나님이 그 왕국의 보좌에서 일어나 '그의 왕국이 그가 지으신 모든 것을 통해 나타나게 될'(10.1, 3) 때 절정의 대단원을 그려 보인다.[54]

이 범위의 자료에서 우리는 하나님의 왕권에 대한 이야기가 '통속적 유대교'의 신념들 내에서 어떤 반향을 일으켰을지 꽤 명확하게 알 수 있다. 주목할 만한 점은 왕으로서의 야웨에 관한 강한 확신이다. 이 땅에 무슨 일이 생겨도 이스라엘은 하나님의 왕권, 그의 왕적 통치가 여전히 효력을 발휘한다는 확신을 가지고 스스로를 위로했다. 시편 기자와 예언자는 이스라엘의 실패가 어떠하든, 바벨론 추방 생활에도 불구하고 하나님은 여전히 이스라엘의 왕이라는 신앙적 확신을 강화했다. 인간적 관점에서 경험된 현실은 하나님의 관점에서 보이는 현실을 꼭 그대로 반영하지 않는다. 동시에 미래를 향한 희망은, 그 표현이 얼마나 상징적이든, 분명히 이스라엘의 삶 가운데 실질적인 효과를 얻어내고자 했다. 또한 주목되어야 할 것은 하나님의 왕권에 대한 이스라엘의 이해가 이를테면 모든 세 가지 시제(과거, 현재, 미래)를 포용했다는 사실이다.[55] 예수가 하나님의 나라를 이야기하는 것은 1세기 팔레스타인의 전형적인 유대인 청중에게 낯설지 않았고 일련의 신앙적 확신과 앞서 설명한 희망을 유발하였으리라고 즉각 결론 내릴 수 있다.

---

52) *Sib. Or.* 3은 주전 1세기 첨가 부분과 함께 대체로 주전 2세기 중반으로 그 연대가 추정된다(Collins, 'Kingdom' 84-85).
53) Meier, *Marginal Jew* 2.258.
54) 위의 제9장 각주 96을 보라.
55) 유사하게 Jeremias, *Proclamation* 98-100; Caird, *New Testament Theology* ch. 4 참조.

c. 더 큰 이야기?

방금 지적한 일련의 각 용례들 가운데 염두에 둔 더 큰 그림은 앞서 언급한 구절들 속에 이미 암시적으로(일부는 명시적으로) 드러나 있다. 모든 것 위에 군림하는 왕으로서의 야웨에 대한 이해는 분명 이스라엘의 유일신론 신앙과 창조 신학의 표현이다. 하나님이 한 분이라고 말하는 것은 그가 모든 창조세계의 유일한 통치자라는 사실을 인정하는 것이다. 하나님이 '우리의/나의 왕'이라고 말하는 것은 하나님이 이스라엘을 선택하여 땅 위의 모든 백성들 중에서 자신의 백성이 되게 하심을 긍정하는 것이다. 유일신론과 신적인 선택이 이스라엘의 가장 근본적인 신념이라는 점(§9.5)은 나중에 상기될 것이다. 그러나 하나님의 왕적 통치가 모두에게 나타나리라는 세 번째 면모는 훨씬 더 널리 확산되고 다양한 기대를 압축한 내용이다. 하나님 나라의 미래 시제가 예수 전통의 가장 논쟁적인 특징들 가운데 하나이기 때문에 예수의 가르침이 들려졌을 그 내부 맥락의 일부로서 이 기대에 대해 좀더 언급하는 것이 좋을 것이다. 여기서도 역시 나는 포괄적인 개관을 제시하거나 새로운 통찰을 제공하려 시도하지 않겠다. 내 관심사는 주후 1세기 이스라엘 땅에서 살았던 유대인들 가운데 예수의 하나님 나라 이야기가 일으켰을 법하고 소중히 간직한 기대를 내비치는 모티프, 곧 명확히 탐지되고 가장 적실한 그런 종류의 다양한 모티프를 보여주는 것이다.[56]

    1. 신명기 30.1–10에 기초하여 열방들 가운데 흩어진 기간 이후 이스라엘의 추방당한 자들/흩어진 자들이 다시 모여 약속의 땅으로 돌아가 12지파들이 다시 서고 이스라엘은 하나님의 백성으로, 야웨는 이스라엘의 하나님으로 회복되리라는 폭넓은 믿음이 있었다.[57] 라이트는

---

56) 나는 대부분 70년 이전의 팔레스타인 문헌에 초점을 맞출 것이다. 유사한 개관으로 Sanders, *Judaism* 289–303 참조.

그것을 일러 **포로 귀환**의 희망이라 요약한다.[58]

2. 이와 연동된 것이 **새로워지고 풍성한 번영**의 희망(신 30.5, 9),[59] 무능과
결함의 제거,[60] 그리고/또는 사실상 그 변용체로서 낙원의 회복.[61]

3. 이 희망이 종종 '메시아 시대'[62]로 언급됨에도 불구하고, **특별한 (메시
아적) 인물**이나 신적인 대리자가 연루되는 것은 또 다른 변용처럼 보
인다.[63] 큰 잔치의 이미지는 때로 다른 것과 연계되곤 하지만 독립적인
것이다. 여기서 (오해하기 쉽게) '메시아의 향연'이란 묘사가 나온다.[64]

4. 어떤 이들은 범죄에서 돌이키고 성령의 부음을 받으며 이전에 알려지
지 않은 율법 준수와 거룩함이 나타나는 **갱신된 언약**을 떠올렸다.[65]

5. 샌더스에 의해 추가적 변용이 전면에 부상했는데, 특별히 언급할 만
한 것은 **새 성전의 건설**을 위한 희망이다.[66]

6. 라이트는 방금 떠올린 다양한 시나리오 내에 또 다른 요소—**시온으
로 야웨의 귀환**—에 주목하였다.[67]

---

57) 사 49.5–6, 22–26; 56.8; 60.4, 9; 66.20; 렘 3.18; 31.10; 겔 34.12–16; 36.24–28; 37.21–23; 39.27; 습 3.20; 슥 8.7–8; 토빗 13.5; 14.5–6; 집회서 36.11–15; 48.10; 바룩 4.37; 5.5; 마카베오하 1.27, 29; 에녹 1서 90.33; 희년서 1.15–18; 솔로몬시편 11.1–9; 17.31, 44; 11Q19[Temple] 59.9–13; *Shemoneh 'Esreh* 10. 죄-추방-귀환의 주제는 특히 12족장 유언서(레위 유언서 14–16; 유다 유언서 23; 잇사갈 유언서 6; 스불론 유언서 9.5–9; 단 유언서 5.4–9; 납달리 유언서 4; 아셀 유언서 7; 베냐민 유언서 9.1–2)에 특히 현저하다. H. W. Hollander and M. de Jonge, *The Testaments of the Twelve Patriarchs* (Leiden: Brill, 1985) 39–40, 53–56을 보라.

58) Wright, *The New Testament and the People of God* 268–71, 299–301; 또한 *Jesus*, 색인, 'Return from exile'. 또한 J. M. Scott, ed., *Exile: Old Testament, Jewish, and Christian Conceptions* (Brill: Leiden, 1997)를 보라.

59) 사 32.14–20; 35.1–2; 44.3; 겔 34.25–29; 36.29–30, 33–36; 욜 2.18–26; 3.18; 암 9.13–14; 에녹1서 10.19; *Sib. Or.* 3.744–54; 가장 풍성한 곳은 바룩2서 29.5–8.

60) 사 29.18; 35.5–6; 42.7, 18. 쿰란은 공동체의 성결이 그러한 흠결을 가진 자들의 배제 여부에 달린 것으로 보았다(1Q28a[1QSa] 2.3–10; 11Q19[11Temple] 45.12–14).

61) 사 11.6–8; 25.7–8; 51.3; 겔 36.35; 희년서 4.26; 23.26–29; 에녹1서 25.4–6; 1QH 16[=8].4–11. 추가로 D. S. Russell, *The Method and Message of Jewish Apocalyptic* (London: SCM, 1964) 283–84을 보라.

62) 인기 있는 대중적 묘사.

63) 가령, Theissen and Merz, *Historical Jesus* 531–37과 추가로 아래 §15.2를 보라.

64) 사 25.6; 겔 39.17–20; 1Q28a(1Qsa) 2; 에녹1서 62.14. 추가로 D. Smith, 'Messianic Banquet', *ABD* 4.788–91. 예수 전통에서도 그 이미지는 엄밀하게 메시아의 잔치에 속하지 않는다. 아래 §12.4f를 보라.

65) 사 44.3–4; 59.20–21; 렘 31.31–34; 겔 36.25–29; 39.28–29; 욜 2.28–3.1; 슥 14.16–21; CD 8.21; 19.33–34; 1QpHab 2.3–4; 1Q34 2.5–6. 쿰란 본문에 대하여 또한 H. Lichtenberger, 'Alter Bund und neuer Bund', *NTS* 41 (1995) 400–14를 보라(401–406).

66) 토빗 14.5; 희년서 1.15–17, 29; 에녹1서 90.28–29; 91.13; 11Q19 (11QTemple) 29.2–10; 베냐민 유언서 9.2; *Sib. Or.* 3.294. Sanders, *Jesus and Judaism* 77–87; 추가로 J. Ådna, *Jesu Stellung zum Tempel: Die Tempelaktion und das Tempelwort als Ausdruck seiner messianischen Sendung* (WUNT 2.119; Tübingen: Mohr Siebeck, 2000) 25–89.

67) 사 24.23; 25.9–10; 40.3–5, 9–10; 52.7–8; 59.20; 겔 43.2–7; 슥 2.10–12; 8.3; 14.4; 말 3.1; 희년서

7. 이스라엘의 신원과 마지막 승리라는 널리 퍼진 신념 내에서 **다른 열 방들/이방인들의 미래**는 숙고해야 할 문제였지만 의견이 갈렸다.[68] 일부 소수는 그들의 멸망만을 마음에 떠올릴 수 있었다.[69] 보다 통상적으로 기대한 것은 이방인들이 순례의 행렬에 함께 하여 시온으로 와 조공을 바치거나[70] 거기서 하나님을 경배하는 것이었다('종말론적 개종자들').[71] 이는 종종 이스라엘의 흩어진 지파들을 모으는 희망과 연계되었지만, 제2성전기 유대교 내의 분파들은 또한 악을 자행하는 자들 가운데 패배하여 심판을 받을 다른 유대인들을 포함하고 있었다.[72]

8. 이스라엘의 땅에 중점을 둔 앞의 연계된 논점들과 약간의 긴장 속에 (사 60.21의 경우처럼) 온 세상을 포용하기 위해 (아브라함과 그 후손들에게 약속된) 그 땅을 물려받는다는 상속 개념이 확대되었다.[73]

9. 세례자 요한의 메시지를 분석함에 있어서 우리는 이미 **환란의 절정기**에 대한 기대를 지적하였다. 즉 '열방들이 처음 존재한 이래 결코 일어나지 않았던 고뇌의 시간이었다'(단 12.1-2)는 것이다. 이는 또한 분만 중에 있는 여인의 '산통'에 비유되는 새로운 시대로의 전이에 대한 기대이기도 했다.[74] 이는 추측건대 다니엘 7장과 다른 곳에 나오는 의인의 고난과 신원이라는 모티프와 연계될 수 있는 듯하다.[75]

10. 이와 밀접히 연관된 것이 **우주적 혼란과**[76] 심지어 창조세계의 멸

1.26-28; 11Q19 (11QTemple) 29.3-9; *Shemoneh 'Esreh* 16. 추가로 Wright, *Jesus* 616-23을 보라.

68) 그 개관은 Sanders, *Jesus and Judaism* 213-18 참조.

69) 시 2.8-9; 습 2.9-11; 집회서 36.1-9; 바룩 4.25, 31-35; 희년서 15.26; 에녹1서 90.19; 1QM; 솔로몬시편 17.24; 주후 70년 예루살렘의 멸망 여파 가운데 이해할 수 있는 것으로 에스라4서 12.33; 13.38; 바룩2서 40.1; 계 19.17-21.

70) 사 18.7; 45.14; 60.3-16; 61.5-6; 학 2.7-9; 1QM 12.14; 4Q504 4.9-12; 솔로몬시편 17.30-31; *Sib. Or.* 3.772-76.

71) 시 22.27-28; 86.9; 사 2.2-4=미 4.1-3; 사 45.20-23; 56.6-8; 66.19-20, 23; 렘 3.17; 습 3.9-10; 슥 2.11-12; 8.20-23; 14.16-19; 토빗 13.11; 14.6-7; 에녹1서 10.21; 90.30-36; *Sib. Or.* 3.715-19. 추가로 J. Jeremias, *Jesus' Promise to the Nations* (London: SCM, 1958) 56-62; T. L. Donaldson, 'Proselytes or "Righteous Gentiles"? The Status of Gentiles in Eschatological Pilgrimage Patterns of Thought', *JSP* 7 (1990) 3-27.

72) 위의 §9.4를 보라.

73) 집회서 44.21; 희년서 22.14; 32.19; 에녹1서 5.7; 롬 4.13. 또한 위의 각주 17을 보라.

74) 위의 §11.4c를 보라. 추가로 특히 D. C. Allison, *The End of the Ages Has Come: An Early Interpretation of the Passion and Resurrection of Jesus* (Philadelphia: Fortress, 1985) 5-25.

75) 아래의 제17장 각주 180을 보라.

76) 사 13.9-10, 13; 24.23; 렘 4.23; 겔 32.7-8; 욜 2.10, 30-31; 3.15; 암 8.9; 습 1.15; 학 2.6, 21; 에녹1서

망,[77] 새로운 창조[78]를 떠올려주는 것 같은 계통이다.

11. 상기한 많은 부분의 또 한 계통은 악의 (최후) 멸망과 **사탄의 패배**를
고대한 희망이었다.[79]

12. 또한 포함된 것이 **최후 심판**의 주제였는데,[80] 이는 자가 발전하여 심판
의 날 참고할 하늘의 책들에 대한 재미있는 하부 주제들과[81] 하나님이
이방인들을 이스라엘의 손에 넘겨주리라는 기대를 포함했다.[82]

13. 부활에 대한 연계된 믿음은 분명 제2성전기 후반부에서야 명시적인
사상으로 출현했다.[83]

14. 본래 죽은 자들의 거처로 이해된 스올/하데스는 사악한 자들의 보복
을 위한 장소(지옥)로 이해되기에 이르는데,[84] 종종 게헨나의 불(힌놈
의 골짜기)과 동일시된다.[85]

반복해 말하거니와, 상기한 개요는 온전하다거나 모든 관련된 텍스트
를 다 포함하고 있다는 뜻이 아니다. 그 관심사는 단순히 예수의 하나님 나
라 설교가 들려졌을 당시 내부 '기대의 맥락'이라 부를 만한 것을 채워보고자

80.4; 1QH 11(=3).35-36; 모세 유언서 10.4-6; *Sib. Or.* 3.675-84.

77) 시 102.25-26; 사 34.4; 51.6; 습 1.18; 3.8; 희년서 23.18; 에녹1서 10.2; 83; 91.16; 1QH 11[=3].29-36;
Sib. Or. 2.196-213; 3.80-92.

78) 사 65.17; 66.22; 희년서 1.29; 4.26; 에녹1서 72.1; 91.16-17; 1QS 4.25. 추가로 Russell, *Method*
280-82을 보라.

79) 사 24.21-22; 희년서 5.6; 10.7-11; 23.29; 에녹1서 10.4, 11-13; 13.1-2; 14.5; 18.16; 21.3-6; 69.28;
90.23; 91.16; 에녹2서 7.1-2; 모세 유언서 10.1; 레위 유언서 18.12; 스불론 유언서 9.8; 단 유언서
5.10-11; 유 6; 계 20.2-3.

80) 사 66.15-16; 단 7.10; 습 3.8; 말 4.1; 지혜서 3.7, 18; 4.18-19; 5.17-23; 희년서 5.10-16; 에녹1서 1.7,
9; 10.13-14; 22.4, 11; 90.20-27; 91.7, 9, 14-15; 1QS 4.11-14; 5.12-13; 1QH 12(=4).20, 26-27; CD
7.9/19.6; 8.1-3/19.13-16; 1QpHab 12.14; 13.2-3; 솔로몬시편 14.9; 15.10, 12; 에스라4서 7.33-43;
또한 '분노의 날'로서의 주의 날 모티프를 보라(위의 11장 각주 116). 가장 철저한 최근 연구는
Reiser, *Jesus and Judgment* Part One(19-163); 에스라4서의 그 주제와 관련해서는 M. E. Stone,
Fourth Ezra (Hermeneia; Minneapolis: Fortress, 1990) 149-51을 보라.

81) 출 32.32-33; 시 69.28; 단 7.10; 12.1; 말 3.16; 희년서 30.19-23; 36.10; 39.6; 에녹1서 89.61-64,
70-71; 98.7-8; 104.7; 108.7; CD 20.19; 스바냐 묵시록 7.1-8; 아브라함 유언서(A) 12.7-18; 13.9-14.

82) 단 7.22 LXX; 희년서 32.19; 지혜서 3.8; 1QpHab 5.4; 그 밖에 참조할 내용, 에녹1서 95.3; 1QS 5.6-7;
1QH 12[=4].26; 1QM 6.6; 11.13f.; 아브라함 유언서(A) 13.6; 아브라함 묵시록 22.29. 그 사상은 분명
히 고전 6.2에서 공명된다.

83) 사 26.19; 단 12.2-3; 호 6.2; 마카베오하 7.10-11, 14, 23, 29; 1QH 19[=11].12-14; *Shemoneh 'Esreh* 2.
추가로 아래 §17.6b를 보라.

84) 솔로몬시편 14.6; 15.10; 에녹1서 22.10-13; 103.7-8; 에녹2서 10; 40.12-42.2.

85) 에녹1서 27.1-2; 54.6; 90.25; 91.14; 100.9; 103.7; 에스라4서 7.36-38; 사 66.24 참조. 추가로 J.
Jeremias, *hades*와 *geenna*, TDNT 1 (1964) 146-48, 657-58을 보라.

할 뿐이다. 그러나 그러한 엉성한 개관조차 몇몇 중요한 논점들을 제기한다.

12.3 세 가지 핵심 질문들

a. 거대 서사?

우리는 보다 큰 이야기에 대해 말해왔다. 그러나 우리가 **단일한** 더 큰 이야기를 생각해야 할까? 이러한 상이한 계통의 사상적 입자들이 결합하여 역사가들이 단일한 '거대 서사'라고 부른 것이 될 수 있을까? '거대 서사'라는 역사가들의 생각은 단선적이고 목적 지향적인 진보로서 역사를 생각하는 성서적 역사 개념에 뿌리를 두고 있다. 그래서 현대 역사가들 가운데 (근대성과 관련하여) 그 생각의 붕괴는[86] 짐짓 성서학자들이 그 논점을 재고해야 할 신호로 작용하는 게 분명하다. 만일 서로 다른 계통들이 지금 우리가 재구성할 수 있는 일관된 전체의 부분들이라 가정한다면 동일한 경고에 귀 기울여야 한다. 또는 조각그림 맞추기의 이미지로 바꾸어 말해, 만일 우리가 그 조각들(상자 위의 그림)과 별도로 우리 마음에 어떤 식으로 품고 있는 온전한 그림이 반드시 있어 이를 사용하여 그 조각들을 맞춰 전체를 구성할 수 있다고 가정한다면 마찬가지 경고가 필요하다. 20세기 학자들이 현존하는 부분들이라고 손에 쥔 것에서 다른 더 큰 신화들을 구성하는 다양한 시도들이 자신감을 고취하지 않기 때문이다.[87] 명확해진 점은 그렇게 산출된 신화들이 고대인들의 구성물이 아니라 현대 학자들의 구성물이었다는 것이다. 그렇다면 대안적으로 그 다양한 모티프들이 완성을 위한 어떤 허영 없이 제시된 일련의 상이한 통찰, 희망, 그리고 열망으로 간주되어

---

86) 위의 §5.6을 보라.
87) 나는 여기서 20세기 초 몇십 년의 '만다교(Mandean) 열기'와 그리스도교 이전의 영지주의적 구속자 신화와 '신인'(the divine man)에 대한 탐구를 언급한다.

야 하는가?

아마 그럴 것이다. 위의 주제들을 배열함에 있어 나는 그것들을 적절한 순서로 정리하고자 했다. 그러나 그 주제들이 어떻게 서로 연계되어야 하는지는 명확하지 않았다. 예컨대 에스겔 34장은 자신의 양 떼를 회복시키고 목양하는 야웨와 목자로서의 다윗을 모두 떠올려준다(34.11-16, 23-24). 그 메시아 인물은 이스라엘이 포로에서 돌아오는 데 어떤 몫을 감당하는 것 같지 않다. 야웨가 시온으로 돌아온 것이 새롭게 건설하던 성전에 좌우되는 것인가? 회복된 이스라엘과 관련하여 이방인들에 관한 상이한 기대들을 어떻게 일치시키는가? 재난과 심판은 같은 것인가? 새로운 창조의 희망은 단순히 회복된 번영을 위한 희망의 더 급진적인 표현일 뿐인가? 이사야와 희년서 같은 텍스트들은 일부 모티프들을 서로 연동시키지만, 다른 것들은 연계시키지 않은 채 그냥 둔다. 에녹1서의 동물 묵시록(85-90장)은 포괄성을 살린 가장 근접한 시도지만 위의 모든 계통들이 그 안에 짜이지 않는다. 에스라4서 또한 아마 대부분이 염두에 두는 듯한 장면의 어떤 부분에 대한 설명을 돕는다. '심판의 날은 이 세대의 끝과 다가올 영원한 세대의 시작에 있을 것인데, 그 가운데 타락은 지나갔고 죄악된 방종은 종말을 고했으며 불신은 잘려나갔고 의는 증가하였으며 진리가 나타났다'(7.113-14).

더 중요한 점은 앞의 검토에 포함된 그 많은 텍스트들이 성격상 종파주의적이라는 사실을 상기할 필요가 있다는 것이다. 우리는 결단코 각 텍스트가 광범위하게 일치된 공동 견해를 표현했다고 가정할 수 없다. 핵심 논지는 단순히 우리가 결국 상이한 유대인들이 그들의 삶을 해석하고 그들의 희망을 표현한 수단으로서 상이한 '유대교들'과 상이한 '이야기들'을 허용할 필요가 있다는 것이 아니다. 이는 그 이상의 사실로, 곧 다른 유대인들, 다른 유대인 종파들이 종종 정죄의 대상으로 전락했거나 이러한 문서들에 표현된 희망으로부터 배제되었다는 것이다. 다시 말해 제2성전기 유대교의 분파주의는 그 종파 성원들이 구분된 기준으로서 이러한 상세한 희망들의 많은 경우 특히 파편적이고 논란의 대상이 되어온 부분을 강화한다는 것이다.[88] 그중에서 그 어떤 것도 미래를 위해 희망을 가지고 말한 사람들이 야웨가 왕이고 그 발전 과정에 있던 이스라엘을 위해 일관된 목적을 가지고 있었다는 점을 은근히 신뢰했음을 부인하지 않는다. 이는 단순히 그 계통들과 그 희망의 다양한 표현들 사이의 긴장을 인식하는 것이다. 이는 또한 여전히 공통된 희망일 수 있던 것을 다르게 표현한 제2성전기 유대교의 상이한 계통들 사이의 긴장을 인정하는 것이기도 하다.[89] 한 환상가의 '일관된 이야기'가 다른 이야기에 쉽사리 종합되지 않는다.

이는 그리스도교 전통에 익숙한 자들에게 어떤 놀라움도 유발하지 않을 것이다. 초기 그리스도교의 기대에 대한 연구 역시 마찬가지로 파편적인 결과를 낳을 뿐인데, 기대할 만한 주제에 대한 일련의 번득이는 통찰들이 고작이고, 그 또한 마찬가지로 종합하기 어렵다.[90] 이어지는 세대들의 그리스도인들은 하늘의 희망을 긍정하는 데 만족하여왔다. 물론 그 희망의 범위는 그리스도교 전통 가운데 산출된 일련의 희미한 감지 수준을 넘어 또렷하게 피력하기 어렵지만 말이다. 그리스도의 재림, 부활과 심판, 혼인과 성관계 없음, 하늘의 잔치, 천상 예배의 참여 등등. 이런 것들은 죽음을 초월하는 삶의 거대 서사 내지 통일된 이야기라고 하기 어렵다.

그러면 예수의 하나님 나라 이야기를 그 당시 유대인들의 기대에 '접속하여' 보는 경우, 우리는 예수와 청중들이 단일한 포괄적인 이야기를 가지고 활동했는지 여부에 대한 동일한 질문을 염두에 두어야 한다. 아니면 일관성 있는 완결된 이야기보다 그 초월적 지평과 번득이는 통찰력을 유

---

88) 위의 §9.4를 보라.
89) 글래슨(T. F. Glasson)은 약간의 정당성을 가지고 슈바이처가 예수의 하나님 나라 설교가 취할 수 있던 종말론에 대한 공통된 '후기 유대적 관점'이 있었다고 주장한 것을 비판하였다. 반면 그는 8개의 상이한 가르침의 유형들을 간략하게 구분할 수 있었다('Schweitzer's Influence—Blessing or Bane?' *JTS* 28 [1977] 289-302, reprinted in B. Chilton, ed., *The Kingdom of God* [London: SPCK, 1984] 107-20 [여기서는 108-12]). 칠튼은 그 점을 받아들이지만, 또한 '그 범위의 묵시문학이 쿰란 두루마리, 최초의 탈굼, 다른 중간기 저작들과 함께 다양하게 표현된 공통된 기대, 즉 하나님이 예견할 수 있는 미래에 그의 백성들을 위해 행동하리라는 기대를 제시한다는 점을 인정하지 않는 것은 현명하지 못한 것 같다'고 본다(칠튼의 '서론' 22).
90) 나는 여기서 내 책 *Theology of Paul* 314-15을 언급할 수 있다. 라이베스타드(Leivestad)는 요한계시록에서 종말론 내에 메시아의 왕국을 수용한 것의 결과들을 주목한다: 두 번의 전쟁(계 19.11-21; 20.7-10); 사탄에 대한 두 번의 승리; 두 심판 장면; 두 번의 부활; 두 개의 복된 상태(*Jesus* 43-44).

대교와 상응하는 수준으로 희미하게라도 보여줄 준비를 해야 할까?

b. 우리는 '종말론적'이란 말로 무엇을 뜻하는가?

제2성전기 유대인의 기대 목록으로 제기되는 두 번째 논점은 어느 정도로, 또는 어떤 의미에서 우리가 이 기대를 '종말론적'이라 말할 수 있는가 하는 것이다. 이 용어는 한 세기 동안 역사적 예수 탐구를 매혹시켰고 또 당황하게 하였다. 그리스어 단어 'eschaton'은 분명히 '끝'을 의미한다. 그러나 무엇의 '끝'이란 말인가? 슈바이처 이후 지속되어온 가정은 여기서 염두에 둔 것이 '시간의 끝, 역사의 끝, 세상의 끝'이라는 것이었다. 그 기대가 분명 일관되게 하늘의 영원한 존재를 위한 것이라면 그러한 가정은 훌륭하다. 그러나 위의 14개 항목 가운데 검토된 그 기대의 많은 부분은 계속된 '이 세상적' 존재를 위한 희망이었다. 디아스포라는 약속의 땅으로 돌아왔고, 이스라엘이 열방에 승리를 거두며, 낙원은 어쩌면 지상에서 회복되었다.[91] 따라서 '끝'은 맞지만 분명히 한 시기, 한 시대의 끝이라는 의미에서 그렇다. 그런데도 '시간의, 역사의, 세상의 끝'이라는 것인가? 그러나 동시에 그 기대의 계통들 내에는 보다 급진적인 '최후의' 요소들이 있는 것 같다. 새로운 창조, 최후의 심판, 그리고 죽은 자의 부활. 부활 너머 '기대 수명'은 무엇을 떠올렸을까?

사용된 용어가 그 문제를 명료하게 해결해주지는 않는다. 연관된 주요 히브리어 용어들은 *qeṣ*, *'aḥarit*, 그리고 *'olam*이다.[92] 첫 번째는 때로 최후의 의미와 함께 대체로 한 시기의 '끝'을 나타낸다.[93] 하지만 이 단어는 다니엘서에서 분명한 종말론적 함의가 주어진다. '끝의 시간'(*'et qeṣ*, 8.17; 11.35, 40; 12.4, 9), '지정된 끝의 시간'(*mo'ed qeṣ*, 8.19; 11.27), '날들의 끝'(*qeṣ hayyamim*,

---

91) 세례자의 기대와 관련하여 같은 질문이 제11장에서 제기되었다(§11.4b).
92) 또한 J. Barr, *Biblical Words for Time* (London: SCM, ²1969) 122-32을 보라.
93) 겔 21.30, 34 (21.25, 29); 35.5 (그러나 K. Koch, "awon", *TDOT* 10 [1999] 557을 보라); 합 2.3.

12.13).[94] *'aḥarit*도 '끝'이라는 의미로 사용될 수 있고 그리스어 *eschaton*으로 번역된다. 가장 적절히 연관되는 문구가 '날들의 끝'(*'aḥarit hayyamim*)이다.[95] 여기서 주목할 만한 것은 이 문구가 제한된 미래 시간이나[96] 역사의 정점을 떠올리는 차원으로 사용될 수 있다는 것이다.[97] 사해 두루마리에서 우리는 *qeṣ 'aḥarit*('최후의 시대', '마지막 시간', '날들의 끝', '끝의 시간' — García Martínez)을 찾아볼 수 있고,[98] 다른 곳에서는 '시대의 끝' 이야기가 나온다.[99] 그러나 1QpHab 7.7도 명백히 '마지막 시대가 연장되리라'고 전망하고,[100] 11Q13 (11QMelch) 2.4-9은 '마지막 날들'을 열 번째 희년에 걸쳐 확장되는 것으로 전망한다.

*'olam*은 훨씬 더 통상적이고 종종 '영원히'(*lᵉ'olam, 'ad 'olam*)라는 의미로나 더 강렬하게 '영원 영원히'(*'olam wa'ed*)의 의미로 사용된다.[101] 이 경우 문제는 이 문구와 함께 언급되는 열망 어린 혹은 과장된 함의라 부를 수 있는 어떤 것이다. 또는 그것이 명백히 일정한 정도 조건부의 제약성을 가지고 있었다는 사실이다. 어떤 노예는 '영원히', 즉 평생 동안 노예로 살았다.[102] 왕은 '왕은 영원히 만세수를 누리소서'라는 형식적인 인사를 받았지만,[103]

---

94) 또한 G. Delling, *telos*, *TDNT* 8 (1972) 53; LXX는 이 구절들에서 *qeṣ*를 대개 *synteleia*로 번역한다(65).
95) H. Seebass, *'aḥarit*, *TDOT* 1.210-12.
96) 가장 분명한 예는 민 24.14; 그러나 또한 창 49.1; 신 4.30; 31.29; 렘 48.47; 49.39 참조. '렘 23.20b=30.24은 미래와 종말의 경계선상에 선다'(Seebass, *TDOT* 1.211). NRSV는 앞의 네 군데 관련 구절을 'in days/time to come'으로 번역하지만, 예레미야의 경우는 'in the latter days'로 달리 번역한다.
97) 사 2.2=미 4.1; 겔 38.16; 단 2.28; 10.14; 호 3.5. NRSV는 이사야와 미가 구절에서 'in days to come'으로, 호세아와 에스겔에서는 'in the latter days'로, 그리고 다니엘에서는 'at the end of days'로 번역한다. 이는 분명히 쿰란에서 통상적으로 사용된 의미이다(1QpHab 2.5-6; 9.6; 1Q28a [1QSa] 1.1; CD 4.4; 6.11; 4Q174 [4QFlor] 1.2, 12, 15, 19; 4Q178 3.3-4; 4Q182 [4QCatB] 1.1; 11Q13 [11QMelch] 2.4)와 바룩2서 25.1.
98) 1QpHab 7.7, 12; 1QS 4.16-17; 4QMMT C14; 5Q16. 에스라4서에서는 6.7-10, 25; 7.112-13; 11.39-46; 14.9을 주목하라(Stone, *Fourth Ezra* 103-104을 보라).
99) '끝의 날'(에녹1서 10.12; 16.1; 22.4); '그 세대들의 끝'(*synteleia tōn aiōnōn*, 레위 유언서 10.2; 베냐민 유언서 11.3); '끝의 시간'(*kairou synteleias*, 스불론 유언서 9.9); '그 세대/세상의 끝'(*exitum saeculi*, 모세 유언서 12.4); 에스라4서 7.113(에스라4서의 '두 세대'에 대해서는 Stone, *Fourth Ezra* 92-93을 보라); '시간들의 끝'(바룩2서 13.3; 19.5; 21.8; 27.15); 에녹1서 16.1 참조.
100) 에녹2서는 '시간들/시간이 멸하고, 해나 달이나 날이나 시각이 없어지고…오직 한 세대/영원만이 있게 될 때…, 눈에 보이고 보이지 않은 모든 창조세계의 '끝'이 오리라 상상하고 있는 것 같다(65.7-8; 33.2 참조).
101) H. D. Preuss, *'olam*, *TDOT* 10 (1999) 534-45; 또한 E. Haag, *'ad*, *TDOT* 10 (1999) 456-62.
102) 출 21.6; 신 15.17.
103) 왕상 1.31; 느 2.3; 단 2.4; 3.9; 5.10; 6.21.

이는 왕이 영원한 생명을 얻기를 구한 기도가 아니라 그가 가능한 한 오래 통치하기를 기원하는 것이었다. 하나님의 은총이 '영원하다'는 것도 시편 기자가 너무 명확하게 인식한 대로(시 89.34-37, 또한 38-45),[104] 조건이 붙을 수 있거나 유보적인 의미로 해독될 수 있었다. 그 공식문구가 명백히 최후성을 암시하는 의도로 쓰인 심판 신탁에서조차[105] 반대의 희망이 있을 수 있었다.[106] 여기서 '영원한' 이스라엘을 위한 구원의 동시적인 약속은 물론 생각할 수 있는 시간의 지평을 넘어 최대치로 뻗은 시간의 길이를 가리킨 듯하다.[107] 다니엘 12.2-3은 부활 이후의 존재를 '영원한 생명'(*hayye 'olam*)이나 '영원한 경멸'(*dir'on 'olam*)로 생각한다.

그러면 우리는 어떤 명료한 신념을 명확성이 떨어지는 개념화된 언어와 생각으로 간주하는 위험에 처하는 걸까? 한 안식일, 한 축일, 한 주, 한 해, 한 세대, 또는 한 통치 등과 같이 고정된 시간의 길이와 대조적으로 미리 결정된 종점 없는 일정한 시기라는 견지에서 말하는 것이 앞서 검토한 희망과 관련하여 보다 더 정확하고 (또한 공정하지) 않을까? '대대로'(*dor wador*)라는 상투적인 문구가 '영원히'와 동등하게 사용될 수 있었다는 점은[108] 우리를 잠시 멈추게 한다. 그러나 거기에는 여전히 추가로 생각해야 할 언어상의 잠정적 혼란이 있다.

20세기를 통틀어 이 논제는 '종말론'과 '묵시적'이란 용어 사이의 끈질긴 혼란으로 모호해졌다. 비록 지금까지 성공 여부가 불확실하지만 1980

---

104) 엘리(삼상 2.30-31); 사울(삼상 13.13); 그중에서도 특히 다윗의 보좌가 '영원히' 서리라는 약속(삼하 7.13; 시 89.29, 36-37; 11Q19 [11QTemple] 59.16-18에서 갱신됨), 그리고 야웨가 (또는 그의 이름이) 예루살렘에 '영원히' 거하리라는 약속(왕상 9.3; 대상 23.25; 대하 33.4, 7; 그러나 애 2.1-9; 겔 43.7-9에서 갱신됨; 11Q19 [11QTemple] 47.3-4; 53.9-10).
105) 사 34.10; 렘 17.4; 20.11; 겔 27.36; 28.19; 35.9; 습 2.9; 말 1.4.
106) 예레미야가 예견한 '영원한 황폐함'(18.16; 25.9, 12; 49.33)은 분명히 사 58.12와 61.4의 약속들과 반대되는 취소 명령이다.
107) 사 9.7; 32.17; 34.17; 60.15, 19-21; 렘 17.25; 31.40; 겔 37.26-28; 호 2.19; 욜 2.26-27; 미 4.7. 왕국 관련 본문으로 특히 단 2.44; 3.33; 4.34; 6.26을 주목하라. 쿰란은 스스로를 '영원한 공동체', '영원한 터전', '영원한 백성'으로 보았다(1QS 2.25; 3.12; 8.5; 11.8; 1QH 11[=3].21; 14[=6].15; 16[=8].6; 1QM 13.9). 11Q19 (11QTemple)은 성전을 '영원한 것'으로 이야기하는 법규들을 반복적으로 언급한다(18.8; 19.9; 21.04; 25.8; 27.4; 35.9).
108) 출 3.15; 신 23.2-3; 시 33.11; 61.6; 72.5; 79.13; 89.4; 100.5; 102.12; 106.31; 119.90; 135.13; 145.13; 146.10; 사 34.17; 51.8; 욜 3.20.

년대 후자의 개념을 분명히 설명하기 위한 두 가지의 시도가 있었다. 하나는 '묵시적'이란 말을 불만족스럽게 명사로 사용한 점을 심각하게 받아들여[109] 세 겹의 구분을 제공한다. 문학적 장르로서의 '묵시문학', 사회적 이데올로기로서의 '묵시주의', 그리고 다른 장르들과 사회적 배경에 현존하는 일단의 사상으로서 '묵시적 종말론.'[110] 다른 한 가지는 그 두 용어를 동의어인 양 취급하는 것에 항변하였다.[111] '묵시문학'(계시록)은 천상의 신비를 벗겨내는 것을 의미한다. 이 '계시들'의 대부분은 '최후의 사건'에 관심하지만 그러나 전부 그런 것은 결코 아니다.[112] 우리가 그런 구분들을 살펴야 한다면, 제2성전기의 기대 항목들은 그것들이 저자들에게 '계시되었다'는 점에서는 '묵시적'이라 불릴 수 있다. '묵시적'이란 말을 전례 없는 폭력과 공포를 포함하여 인간 역사에 초자연적 힘이 개입하는 미래의 시나리오를 위하여 보다 대중적으로 (또한 신학적 동아리를 넘어) 사용하는 것은 결단코 피해야 한다. '종말론적'이란 말이 비록 방금 논의된 대로 우리에게 불명확성을 남겨두지만 그럼에도 훨씬 더 적절한 용어이다. 여기서 다시 예수 전통으로 돌아갈 때, 우리는 거기서 표현된 그 희망을 주의 깊게 탐사하고 우리의 서술적 언어를 신중하게 사용할 필요가 있을 것이다.

c. 문자적, 상징, 은유, 또는 무엇?

전해진 이야기들에서 파편화의 정도와 핵심 용어들(가령 '종말론')에서 명료성의 부족은 페린이 제기한 질문을 강화한다. '하나님의 나라'는 개념인가, 상징인가? 하나님 나라 이야기와 종말론적 기대의 내용은 문자적 견지에서 풀어야 하는가, 상징적인 견지에서 해독해야 하는가? 그 논제는 라이

---

109) 예컨대, T. F. Glasson, 'What Is Apocalyptic?', *NTS* 27 (1980–81) 98–105의 이의 제기를 보라.
110) 특히, Collins, *Apocalyptic Imagination* ch. 1 (1–42)을 보라.
111) C. Rowland, *The Open Heaven: A Study of Apocalyptic in Judaism and Early Christianity* (London: SPCK, 1982); 또한 *Christian Origins* 56–64.
112) 가령, 우리는 바울이 갈라디아서 1.12과 2.2에서 '묵시'(apocalypse)라는 용어를 사용한 것과 에녹1서 72–82을 구성하는 '천문서'('The Astronomical Book') 또는 '천상성운서'('Book of Heavenly Luminaries')를 언급할 필요가 있다.

트의 연구가 훌륭하게 제기하고 있다. 그는 묵시적 언어를 '역사적 사건에 신학적 의의를 부여하기 위한 확장된 은유 체계'로 본다. 임박한 심판의 경고는 '사회정치적 사건을 암시하는 것으로 받아들여 이스라엘의 역사에서 정점의 순간으로 보이도록 의도되었다.'[113] 마음속에 그려놓은 현실을 은유의 용어로 환원시키는 것은 그 자체로 그 성격을 은유로 오해하는 것일 테다. 이는 묵시적 언어를 시공 복합체의 실제적 종말을 예언한 것으로 해석하는 사람들의 실수다. 제대로 된 그 기능은 외려 현재 사건에 '신학적 의의'를 부여하는 것이다. 그러나 라이트의 연구는 §12.2c에 열거된 모든 항목들이 같은 방식으로(또는 같은 정도로) 은유적인지에 대해서는 명확성이 떨어진다. 그는 일차적으로 묵시적 종말론의 요소들을 염두에 두고 있다. 그러나 이스라엘의 포로 귀환과 야웨의 시온 귀환이라는 거대 서사가 동일하게 은유적인가?(혹 '거대 은유' 아닌가) 아니면 이 경우에 우리는 은유의 용어들과 염두에 둔 현실 간의 좀더 밀접한 상관 관계를 기대해야 하는 것일까?[114]

그와 같은 헤아릴 수 없는 논제를 정면으로 다루는 한 가지 방식은 예수 당시의 유대인들이 §12.2c에 적시된 희망들을 어떻게 이해했는지 묻는 것이다. 그들은 문자적 실현을 바라보았을까? 아니면 최소한 희망과 현실의 긴밀한 상관 관계를 찾았을까? 혹 그들은 그 희망을 은유적으로 이해한 것은 아니었을까? 애용되던 출애굽의 전통은 필시 많은 이들이 가시적인 하나님의 개입을 구하도록 고무했을 것이다. 예컨대, 예수 당시 두 명의 자칭 해방 예언자들이 요단 강을 마른 신발로 건너고 여리고 성을 함락시킨 기적들(수 3-4, 6장)의 반복을 구하며 그 가정 위에서 행동했음을 우리는 안다.[115] 나아가 사마리아가 수리아 사람들에게 해방된 사건(왕하 7장)과 예루살렘이 산헤립의 군대에게서 풀려난 일(왕하 19장)에 대한 기억은, 로마에

---

113) Wright, *Jesus* 96–97; 또한 위의 §4.7 각주 177을 보라. 유사하게 Kaylor, *Jesus* 77–78.
114) 또한 Allison, *Jesus of Nazareth* 153–64이 제기한 질문들을 보라. 또한 그가 Wright, 'Jesus and the Victory of Apocalyptic', in C. C. Newman, ed., *Jesus and the Restoration of Israel: A Critical Assessment of N. T. Wright's Jesus and the Victory of God* (Downers Grove: InterVarsity, 1999) 126–41 을 비판한 부분을 라이트의 응답(261–68)과 함께 보라.
115) Josephus, *Ant.* 20.97–98, 167–70.

대항하여 일어난 66-70/74년의 봉기 마지막 날들에 많은 젤롯당원들의 사기를 고취시켰듯이, 그러한 현실적인 희망을 단념시켰을 리 없다. 그러면 그리스도교 해설자는 세례자의 심판 기대가 예수 선교 40년 후 이스라엘을 삼켜버린 그 파멸 속에서 높은 정도의 문자적 실현으로 드러날 수 있다는 사실로써 위안을 받아야 할까?

다른 한편으로 실망스럽게도 불충분하게 실현된 포로 귀환의 희망(사 43.1-44.8; 54-55장의 경우처럼)은 다른 사람들의 마음속에 확실히 질문을 제기했을 것이다. 또한 유대인들의 숫자가 워낙 많아 그 어떤 나라도 그들을 수용할 수 없고(*Flacc.* 46), 따라서 디아스포라 유대인들이 이스라엘 땅에 대대적으로 귀환한다는 희망이 비현실적으로 보였으리라는 필론의 인식을 공유한 사람들이 거기 있지 않았을까? 혹은 대안적으로 이미 이루어진 것으로 간주하기 위하여 포로 귀환에 어느 정도 디아스포라 유대인들이 팔레스타인으로 돌아오는 것을 포함시켰으리라 예견할 수 있다. 그리고 (야웨의 부재를 가정하면서) 야웨의 성전 귀환은 최소한 성전에 다시 임재하는 신적인 영광의 비전으로 그 전조를 알렸을 것이다(겔 43.4-5 참조). 따라서 우리는 또한 (마지막) 죄 용서의 희망(미래의 속죄제물을 불필요하게 만들면서?)과 부어진 성령의 희망(율법의 새로운 가르침을 불필요하게 만들면서?)이 풍요한 번영이나 회복된 낙원의 희망만큼 목가적(상징적)이었는지, 그리고 거기에는 악과 범죄의 완전한 근절이란 현실적 희망이 있었는지 물어보아야 한다.

여기서 우리는 특히 '은유'라는 용어 자체에 주의할 필요가 있다. 문학 비평에서 '은유'는 수사어구(trope)의 한 유형으로, 개별 단어나 문구의 의미가 변개되거나 그 관례적인 의미에서 '방향을 튼' 곳에 등장하는 비유의 '수사'이다.[116] 그런 까닭에 은유는 직유와 다르다. 직유에서 단어들은 그 관례적인 의미를 유지하지만 '은유는 그 문자적 지시 대상과 다르면서도 일부 유사점을 통해 그것과 연계된 무엇인가를 나타내도록 그 단어들을 사

---

116) *Tropē* ('turn, turning'). 이 용법은 고전적이다. 퀸틸리아누스는 'trope'를 한 단어나 문구를 그 온전한 의미에서 다른 것으로 바꿔버리는 예술적 변형으로 정의하였다(*Institutes* 8.6.1).

용하기' 때문이다.[117] 리쾨르가 살핀 대로 은유는 그 속성들의 부적절함
으로써 그 의미-결과를 낳는 의미론적 혁신이다.[118] 『은유의 규칙』(Rule of
Metaphors)이란 책에서[119] 그는 '직접적 서술에 닿을 수 없는 실재를 재서술
하는 이 은유적 발화의 힘에 대해 이야기함에 있어 은유적 의미뿐 아니라
무모하게 은유적 참조 관계까지 언급하였다'고 말한다.[120] 유사하게 은유
에 대한 결정적인 연구에서 마틴 소스키스(Janet Martin Soskice)는 특히 지적
하기를, 물리적인 대상은 은유가 아니며, 은유는 문자적으로 말할 수 있는
어떤 것을 단순히 장식적으로 말하는 방식이 아니라고 한다. 오히려 은유
는 문자적으로 말할 수 없는 것이나 문자적 서술로는 서술하기 부적절한
것을 말하는 방식이다. 종교적 언어에서 은유는 '직접적으로 주제넘게 서
술적이지 않으면서 실재를 묘사하는 것'으로 설명될 수 있다.[121]

여기에 역사적이고 동시대적인 해석학적 가치가 있다면 예수의 하나
님 나라 이야기가 은유적 성격을 가지고 있었으리라는 가능성에 열려 있
어야 한다. 즉 그가 말한 대로 하나님 나라를 말함에 있어 그는 그 인습적
인 의미에서 방향을 '틀었을' 수 있다. 즉 하나님의 왕권은 '왕권'이 통상 환
기시킨 견지에서 이해되지 않아야 할 것이다. 또는 그것은 '직접적으로 주
제넘게 서술적이지 않으면서 실재를 묘사하는' 차원에서, 다르게는 묘사
될 수 없었던 것을 묘사하는 것이었을지 모른다. 이는 페린이 하나님 나라
를 그 일련의 의미가 고갈될 수도 없고 어떤 한 가지 지시 대상으로 적절히
표현될 수 없는 '팽팽한 상징'으로 이해한 것과 완전히 일치하는 것은 아니

---

117) S. Wright, *The Voice of Jesus: Studies in the Interpretation of Six Gospel Parables* (Carlisle: Paternoster, 2000) 8.
118) '은유와 함께 그 혁신은 부적절한 속성을 수단으로 새로운 의미론적 적절성을 생산하는 데 있다: "자연은 살아 있는 기둥들이 있는 성전이다…" 은유는 우리가 새로운 의미론적 적절성을 통해… 그 말들을 평범하게 사용할 때 생기는 그 말들의 저항과 이에 따라 그 문장의 문자적 해석이란 층위에서 양립할 수 없는 불일치를 인지할 수 있는 한 살아 있다'(*Time and Narrative* vol. 1 [Chicago: University of Chicago, 1984] ix).
119) *The Rule of Metaphors* (Toronto: University of Toronto, 1977).
120) *Time and Narrative* 1 xi.
121) J. M. Soskice, *Metaphor and Religious Language* (Oxford: Clarendon, 1985) 여기서는 145. 라이트는 이 논의에 익숙하다(*New Testament and People of God* 63); '은유는 은유 자체로 환원될 수 없는 현실을 보는 방식을 제시하는 작은 이야기다'(129-30). 은유에 대한 캐어드(Caird)의 다소 헐거운 논의로 *Language* 152-59 참조.

다. 그러나 그 용어가 어떻게 예수의 청중에게 이해되었을까 묻는 역사가에게만큼 현대 해석자에게도 그 핵심 취지는 유사하다. 여기에 무언가 의미심장한 점이 있다면 우리는 예수의 하나님 나라 이야기를 그것이 얼마나 더 문자적인 의미로 해석될 수 있는가를 기준으로 평가하는 것을 조심해야 한다. 아울러 종말론적 희망의 실현은, 보다 긴밀한 일치가 그 사건 속에 요구될 때조차 언어와 사건의 상관 관계의 정도로 측정될 수 없을 듯하다. 여기서 제안하고자 하는 바는 이렇다. 환상(묵시문학)의 언어를 밀어 붙여 문자적 액면가 그대로 쥐어짜낼 수 없다는 것이다. 그리하여 그러한 언어와 실제 (문자적) 사건의 상관 관계가 대개 상정해왔던 것 이상으로 별로 대수롭지 않고, 그러한 언어에 표현된 희망이 묘사된 것들과 전혀 다른 사건 속에서 기꺼이 만족(실현)을 찾아낼 수 있게 된다는 것이다.

여기서 다시 그리스도교적 희망의 우여곡절이 도움이 되는 평행 사례를 제공할수 있을 듯하다. 그리스도교적 희망은 전형적으로 이미지들로 구성되어 있다. 그 주요한 이미지들이 바로 요한의 묵시록(계시록)에서 이끌어낸 것들인데 거기에는 값진 보석들로 세워진 광대한 성벽도시, 강과 생명나무, '어린 양의 혼인 잔치' 등이 포함된다. 그러한 상징 체계를 문자적으로 받아들이는 것은 그것을 잘못 해석하는 것이다. 은유적인 이미지들은 문자적 견지에서 서술될 수 없는 것을 나타내려는 시도이다. 그러나 수세기 동안 그리스도인들은 하늘과 관련하여 비록 일부가 그 은유들을 밀어붙여 약간의 문자적 내용을 얻어내고 싶어했지만, 그 '하늘'이 무엇인지, 거기서 '실제로' 무엇이 발생하는지에 대한 사실적인 생각 없이 그저 하늘을 희망하는 데 만족해왔다. 문제는 그것이 제2성전기 유대인들의 기대와 소망에 빗대어 진정 차이가 있었느냐 하는 점이다.

d. 그러면 어떻게 진행해야 하는가?

이 세 가지 핵심 질문들(§12.3a-c)을 예수의 하나님 나라 설교가 끼친 영향을 이해하는 과제에 부차적인 것으로 생각하는 것은 실수일 테다. 이는 마치 우리가 그 하나님 나라 텍스트를 처음으로 설명하고, 나아가 그 설교가 그의 청중들 마음속에 무엇을 환기시켰는지 물을 수 있다고 자처하는 것과 같다. 반대로 이러한 질문들은 어떻게 이 본문들이 1세기에 들렸으며 오늘날 우리가 그 들려진 내용을 어떻게 다시 듣는지를 인지하는 해석학적 문제의 심장부로 치고 들어간다. 따라서 그 문제에 부대끼는 전형적인 방식—하나나 두 개의 결정적인 본문에 초점을 맞춤으로써 그것들을 집중적인 분석의 대상으로 다루고 그것들이 끼칠 법한 영향과 관련한 즉각적인 결론을 이끌어낸 뒤에 그것을 다른 본문 속에 끌어들여 지지를 유도하는 방식—은 앞으로 전개할 가장 명백한 방식이 아니다. 더 큰 그림에 대한 질문들, 개별 구절들을 '종말론적'(또는 '묵시적')이라 서술하는 것의 중요성, 또는 어떤 특정한 용례의 상징적·은유적 힘에 대한 질문들은 미세한 독립적 주석의 과정으로 만족스러운 해답을 찾을 것 같지 않다.

그 대신 우리가 넓은 그림을 위해 먼저 찾아야 하는 방법론적 결단에 맞추어(§ 10.2), 예수의 하나님 나라 설교와 그것에 가장 밀접하게 연관된 주제들의 충분한 범위를 폭넓게 개관하려는 시도가 더 잘 납득이 된다. 그런 식으로 우리는 대부분의 학자들이 예수의 하나님 나라 설교를 특징지은 모티프와 강조점들을 품평하면서 시작할 수 있다. 그러면 하나님 나라와 관련된 예수 전통의 충분한 범위에 비추어 우리는 앞의 세 가지 질문과 부대끼면서 예수가 이 지점에서 어떤 영향을 남겼는지, 그의 하나님 나라 설교가 그의 청중들의 마음속에 무엇을 환기시켰는지 좀더 정보를 갖추고 의미심장한 방식으로 물을 수 있는 보다 더 수월한 위치에 서게 될 것이다. 기억된 것과 그것이 기억된 방식을 판단 준거로 삼을 때 예수가 '하나님 나라'라는 문구를 사용함으로써 어떤 반응을 불러일으키고자 했는지 우리는 (그것이 가능한 만큼) 더 나은 입장에서 해명할 수 있을 것이다.

그러한 개관 속에 그 자료를 가장 적합하게 정리할 수 있는 방법은 무엇일까? 다양한 시점에 다양한 도식적 해법들이 제공되었다. 신학적·구원사적·교회론적·윤리적·사회정치적 해법이 그것이다. 그러나 20세기 초에 폭발하였고 지난 20년간 다시 부상한 하나님 나라에 대한 논쟁은 한 가지 중추적 특징이 도화선이 되었다. 곧 **예수 전통 내에서 미래/현재의 긴장**이 그것이다. 이를테면, 그 전통 가운데 예수는 하나님 나라가 **아직 오지 않은**, 그러나 또한 **이미 현존하는** 것으로 말한다. 나는 그 문제를 첫 번째 사례에서 서투르게 제시했다. 나중에 보겠지만 물론 그것은 거의 무한대로 교정할 수 있는 내용이다. 그러나 이러한 밋밋한 사실들(예수 전통에서 미래이며 현재인 그 나라)에 대하여 역사적 예수 탐구자들 사이에 어떤 논쟁도 없었다. 이는 단지 그 초점이 예수의 어록으로 집중되고 요한복음이 퇴장되었기 때문만이 아니다. 많은 학자들은 그 지속적인 논쟁이 헛수고라고 보지만 하나님 나라 이야기는 예수 전통에서 너무 중추적인 것이라 하나님 나라나 그에 대한 토론을 무시할 수 없다. '아직 오지 않은, 그러나 이미 현존하는'의 이 두 가지 특징은 하나님 나라 관련 구절뿐 아니라 그 전통의 상당한 분량을 관통하는 터라 미래/현재에 대한 강조점들은 지속적으로 그 전통의 개관을 조직화하는 유용한 수단을 제공한다. 물론 즉각적인 관심사는 이 두 시제들(미래/현재)이 얼마나 깊이 예수 전통에 뿌리박혀 있었는지를 해명하는 것이다. 그러나 어쨌든 우리의 세 가지 핵심 질문들을 염두에 두면서, 어떤 의미에서 '미래'인가? 어떤 의미에서 '현재'인가? 어떤 의미에서 '종말론적'인가? 어떤 의미에서 '상징' 또는 '은유' 또는 어떤 다른 것인가? 이런 질문들을 반복적으로 던지는 것이 중요할 것이다. 여기에 마지막으로 우리의 분석 끝에 어떤 거대 서사가 부각되는지, 예수 설교의 첫 번째 기억들이 일관된 전체로 구축되는지 여부를 묻는 것이 필요할 터이다.

우리가 개별 본문들에서 큰 결론을 이끌어내려는 시도보다 큰 그림을 보길 원한다는 전제하에(§10.2) 나는 우선적으로 예수 전통의 특징적인 강조점과 주제들에 초점을 맞출 것이다. 예수 전통의 구연자들이 분명히 유사한 주제의 자료를 (앞으로 보겠지만) 무리지어 모았다는 사실은 그 전통화 과정에서 최초의 시점부터 예수 전통의 특징적인 강조점은 안전한 기준점을 형성했으며, 그 주변으로 다른 예수 전통이 모여들 수 있었으리라는 견해를 부추겨준다. 이렇게 말한다고 해서 현재 전통의 형태와 마태와 누가 배후에 분명히 탐지되는 Q 자료 가운데 작문의 기술과 편집적 자료에 대한 증거가 상당하다는 점을 내가 논박하는 것은 아니다.[122] 내 주장의 요지인즉, **전체** 주제들이 대체로 편집의 영향을 받지 않은 상태로 남아 있으며, 따라서 이를 송두리째 분파적인 편집으로 돌리는 것은 가장 적합한 설명이 아니라는 것이다. 마가, Q, 마태, 누가(그리고 종종 도마를 포함하여)를 가로지르는 그러한 강조점의 일관성은 확실히 예수 자신의 가르침이 끼친 영향의 증거를 품고 있다.

우리는 이미 하나님의 왕권 행사와 관련하여 유대인의 종말론적 기대에 대한 요약적 이해를 챙겨보았다. 예수의 스승인 세례자 요한은 분명히 미래적이고 임박한 심판을 선포하였다. 따라서 예수의 하나님 나라 설교에서 미래적 강조점에 대한 검토와 함께 시작하는 것이 적절하다. 아울러, 한 차례 더 가장 많은 논쟁의 대상이 된 것이 예수의 가르침 가운데 미래적 강조점인 터라 이 부분은 특별한 주의를 요한다. 나는 그 명시적인 하나님 나라 관련 언급들을 중심으로 구조적으로 검토해보겠지만 아울러 동일하거나 연관된 강조점을 지닌 예수 전통의 다른 요소들도 포함하여 다루게 될 것이다.[123]

---

122) 가령, Schürmann, *Gottes Reich*; Kloppenborg, *Formation*; Catchpole, *Quest*에서 잘 정리되고 논의됨.

123) 그러나 인자 자료는 당분간 제쳐두기로 한다. 신자유주의 탐구(Crossan, *Historical Jesus* 238-59; 또한 Borg—위의 제4장 각주 173을 보라)와 Q에 대한 논의(제4장 각주 175)에서 인자 모티프는 예수 전통 가운데 종말론(대 묵시론)의 논점을 결정하는 경향이 있었다. 그러므로 인자 문제와 별도로 예수 전통의 종말론(미래 종말론을 포함하여)의 정도와 성격을 인식하는 것이 중요하다 (Meier, *Marginal Jew* 2.350; Reiser, *Jesus and Judgment* 203-204 참조). C. A. Evans, 'Daniel in the New Testament: Visions of God's Kingdom', in J. Collins and P. Flint, eds., *The Book of Daniel* (Leiden: Brill, 2001) 2.490-527은 예수의 종말론 가운데 많은 부분이 하나님의 나라, 그 임박성과 신비성을 포함하여 다니엘서에 연원을 둔 주제와 이미지의 영향을 받았다고 주장한다(510-23).

12.4 임하게 될 그 나라

이제 예수의 하나님 나라 선포에서 미래 시점을 강조하는 입장을 공개할 단계가 되었다.

a. 그 나라가 가까이 왔다

우리는 이미 마가가 예수 선교에 대한 자신의 이야기를 소개하는 서두와 요약을 지적한 바 있다. '하나님의 나라가 가까이 왔느니라(ēngiken)'(막 1.15). 마태는 그를 따른다(마 4.17). 우리는 또한 제자들을 선교 목적으로 파송하는 평행 이야기(Q)에 예수가 그들에게 정확하게 같은 메시지를 전하도록 교훈한 점을 살펴보았다. '하나님의 나라/천국이 가까이 왔느니라'(마 10.7/눅 10.9; 눅 10.11).[124] 이처럼 마가와 Q 전통이 예수의 메시지를 정확하게 같은 말들로 요약함에 있어 피차 일치한다는 것, 이 점은 주목할 만한 사실로, 가볍게 무시해서는 안 된다. 마가복음 1.15의 다양한 요소들이 예수에게 소급되는지 아니면 편집적인 결과인지에 대한 주장들은[125] 계속하여 너무 많이 전통화 과정의 문학적 편집 개념에 의존하고 있다. 다른 곳에서와 마찬가지로 여기서도 우리가 예수의 정확한 말씀을 복원할 수 있는지 여부는 거의 문제시되지 않는다. 문제는 이 양식의 말씀들이 최초 선교사들과 교회들 사이에서 예수의 하나님 나라 설교의 핵심적 요약으로 다시 선포되면서 고착되고 확정되었느냐는 점이다.

---

124) 누가가 선교 자료를 두 개의 선교로 나눈 것은 여기서 별 중요성이 없다. 눅 9.2(열두 제자의 선교)는 단순히 열두 제자들이 '하나님 나라를 선포하도록' 예수가 그들을 파송하는 것을 보도한다(또한 9.11과 9.60을 주목하라); 눅 10.9(70인 제자들의 선교)은 '너희들에게'를 추가한다('하나님의 나라가 너희들에게 가까이 왔노라'). 이 논의에 대한 간략한 개관으로 Meier, *Marginal Jew* 2.485 각주 155를 보라. 도마복음은 평행구가 없다.

125) 예를 들어 J. Schlosser, *Le Règne de Dieu dans les dits de Jésus* (EB; Paris: Gabalda, 1980) 96, 105-106; Crossan, *Fragments* 54-56; Lüdemann, *Jesus* 10-11; 눅 10.9에 대해서는 유사하게 Schürmann, *Gottes Reich* 96-100. '그 복음'에 대한 언급은 확실히 마가의 구성물이다(위의 각주 3을 보라). 예수 세미나 팀은 막 1.15 전체를 (하나님 나라, 즉 '하나님의 왕적 통치'에 대한 언급과 별도로) 후대의 것으로 간주한다. 왜냐하면 '예수의 제자들이 그의 공적인 강론을 주로 아포리즘, 비유, 또는 말의 응수에 이어진 도전 등으로 구성된 것으로 기억하였기 때문이다'(Funk, *Five Gospels* 40).

사용된 그 동사의 강렬함 또한 분명하다. 완료형 시제(ēngiken)는 여기서 이미 수행되었으며 현재까지 계속되는 어떤 상태나 효력을 결과하는 행동을 나타낸다.[126] 여기서 염두에 두고 있는 것은 초시간적 가까움이 아니다. 그 나라를 가까이 오게 하기 위해 무슨 일인가 발생했다는 것이다.[127] 그 용어는 확실히 의도적이다. 복음서 저자들은 '가까이'와 '멀리'(makran)의 차이를 충분히 잘 알았을 것이고,[128] Q 전통의 담지자들도 그 나라가 (이미) 도래했다(ephthasen)라고 말함에 있어 그 차이를 분명히 인지하고 있었다(마 12.28/눅 11.20). 도드(C. H. Dodd)는 마가의 ēngiken과 Q의 ephthasen 배후에 그와 같은 의미의 아람어 용어(mᵉta, '이르다', '도달하다')가 있다는 가설을 제시함으로써 그 차이를 희미하게 만들었다.[129] 그러나 상이한 아람어 형태도 동일하게 가능하고(qereb, '다가온다'),[130] Q가 다른 그리스어 동사들을 사용한 것은 추측건대 그 두 어록들 간 의미심장한 차이의 전통화 과정 초기에 이에 대한 나름의 인식이 있었음을 시사한다. 마가와 Q 양쪽의 관련된 구절들 가운데 사용된 동사 engizein에 '가까이 오다' 이외에 어떤 다른 의미를 부여하기란 분명히 어렵다.[131]

그때 그 의미는 현존보다는 긴박성에 대한 것이다.[132] 배후에 놓인 어떤 아람어의 흔적이 탐지되든지 간에 그 그리스어는 충분히 명확하다. 복음서 저자들은 아마도 그 나라를 그렇게 가까이 오게 한 그 사건이 예수의 선교였다는 점에 의심을 품지 않았을 것이다. 그러나 그 강조점이 그 전통 가운데 그렇게 고착되었고 최초 선교사들과 교회들에 그렇게 중추적인 것이었다는 사실은 이것이 처음부터 그 전통을 고착시키고 재활용한 것 배

---

126) 이 용례에 잘 부합되는 평행구의 예증은 막 14.42/마 26.46; 눅 21.20; 롬 13.12 등에서 제공된다.
127) 특별히 Merklein, *Jesu Botschaft* 51-53, 56-58을 보라.
128) 특히 막 12.34; 행 2.39을 참조하라.
129) C. H. Dodd, *The Parables of the Kingdom* (London: Religious Book Club, 1935, ³1936) 44.
130) Dalman, *Words of Jesus* 106-107; Taylor, *Mark* 166-67; Black, *Aramaic Approach* 208-11; Chilton, *Pure Kingdom* 61-62; Casey, *Aramaic Sources* 27의 유사한 혹평들.
131) W. G. Kümmel, *Verheissung und Erfüllung* (³1956), ET *Promise and Fulfillment: The Eschatological Message of Jesus* (London: SCM, ²1961) 24; McKnight, *New Vision* 123; 추가로 아래 §12.5a를 보라.
132) 마이어(Meier)는 그 어록의 힘에 대해 확신이 덜해 그것을 '이미 현존하는' 범주에 포함시킨다 (*Marginal Jew* 2.430-34). 크로산은 1.14-15을 막 6.12에 접속시켜 '그 나라의 감춰진 현존의 복음'으로 읽음에 있어 켈버를 따른다(*Historical Jesus* 345); 또한 아래 각주 280을 보라.

후에 작용한 강조점이었음을 강하게 암시한다. 그렇게 설교한 것으로 예수를 회고한 이들은 다름 아닌 제자들이었는데, 이는 그들의 제자 됨에 있어서 중요한 요인이었다. 예수 안에서 이미 마지막으로 중요한 사건을 본 것은 제자들로서 그렇게 한 것이라 그들은 의심 없이 그렇게 그 전통을 확정하고 되풀이했던 것이다.

그렇게 가까이 다가온 것은 무엇이었던가? 그것은 바로 하나님의 나라, 하나님의 왕권 행사, 하나님의 주권의 현시였다. 그 말은 '하나님의 나라' 그 자체에 대한 우리의 이해에 아무것도 더하지 않는다. 그것은 오로지 그 나라의 나타남이 가깝다는 것에만 초점을 맞춘다.

같은 표제 아래 우리는 또한 모든 세 공관복음 저자들이 묵시문학적 강론 가운데 포함시킨, 싹 트기 시작한 무화과나무의 비유를 주목해야 할 것이다(막 13.28-29 평행구). 그 전통은 *engys*('near')라는 용어를 두 번이나 사용한다.

> 무화과나무의 비유를 배우라. 그 가지가 연하여지고 잎사귀를 내면 여름
> 이 가까운 줄 아나니 이와 같이 너희가 이런 일이 일어나는 것을 보거든
> 인자가 가까이 곧 문 앞에 이른 줄 알라.

무엇이 가까운지에 대한 언급은, 비록 누가가 그것을 '하나님의 나라'로 규정하지만, 이 어록 자체의 마가/마태적 형태 속에서는 불분명하다.[133] 그러나 그 어록은 *ēngiken* 어록과 같은 효력을 전하는 것 같다. 그렇게 공고된 여름의 도래는 오래 지연될 수 없을 터이다.[134]

---

133) 그 어록을 현재 상태로 묵시문학적 강론 가운데 차례로 나열함으로써 마가복음뿐 아니라 이를 계승한 마태복음과 누가복음 역시 그 어록을 도래할 인자에 대한 것으로 언급한다(막 13.26 평행구). 그러나 그 현재의 맥락과 별도로 그것은 그보다 그 나라의 확실한 도래에 대한 비유처럼 공명한다(Taylor, *Mark* 520; 눅 12.54-56과 비교하는 Pesch, *Markusevangelium* 2.307-308, 311; G. R. Beasley-Murray, *Jesus and the Kingdom of God* [Grand Rapids: Eerdmans, 1986] 333). 누가가 '하나님의 나라'를 첨가한 것은 편집적 결과 같지만 그 편집은 그것과 함께 그 원래의 지시 대상이 무엇이었는지에 대한 인식을 전한다.

134) Jeremias, *Parables* 119-20 참조.

b. 도래할 그 나라

마찬가지로 주목할 가치가 있는 것은 주기도문의 두 번째 간구문이다. '당신의 나라가 오게 하소서'(마 6.10/눅 11.2). 이는 예수가 가르쳐 그 제자들의 독특한 기도로 기억된 기도로서, 아마 처음부터 제자들의 삶 가운데 그 전승 담지자들이 실제 기도한 기도였을 것이다.[135] 예수의 제자들의 영성 가운데 견고하게 뿌리내렸을 이 기도가 그 나라가 임하길 기도하되 그것이 이미 도래했다는 뜻을 비치지 않은 사실은 중요하지 않을 수 없다. 만일 그것이 이미 현존한다면 누구도 어떤 것이 임하길 기도하지 않는다.[136]

게다가 그 기도는 유대교의 카디쉬(*Kaddish*) 기도의 초기 형태를 모델로 삼은 것처럼 보인다.[137]

> 그의 위대하신 이름이 그가 창조하신 이 세상에서
>
> 그의 뜻대로 높임을 받고 거룩히 여김을 받으시길 기원하노라.
>
> 그가 그의 나라가 너희 평생과 너희 나날들 가운데,
>
> 그리고 이스라엘 온 집안의 평생 동안 신속히 곧 다스리시길 기원하노라.

주기도문의 첫 번째 두 간구문이 카디쉬 기도의 내용과 그렇게 유사한 것은 우연일 수 없다. 이는 예수의 기도가 기원상 유대 동아리에 근거를 둔

---

135) 위의 §8.5b를 보라. 쉬어만이 개연성을 가지고 예수에게로 소급되는 것으로 보는 Q의 그 나라 어록들 가운데 이는 그가 가장 확신하는 것에 해당한다—'확실성에 근접하는 개연성'(*Gottes Reich* 135, 144; 또한 Schürmann, *Jesus* 18-30, 45-63). '예수의 하나님 이해는 예수의 설교 중 본질적인 내용이 요약되는 주기도문에서 가장 잘 파악될 수 있다'(Stuhlmacher, *Biblische Theologie* 1.84-85).

136) '그 의미인즉, "당신의 그 나라가 성장하게 하소서", "당신의 그 나라가 온전해지게 하소서"가 아니라 "당신의 그 나라가 **오게** 하소서"이다. **제자들에게**, 그 바실레이아(*basileia*)는 아직 여기 있지 않거니와 아직 그 시작에 미치지도 못했다.…그 바실레이아는 여기 있거나 아직 여기 있지 않다. 제자들과 초기 교회에 그것은 아직 여기 있지 않았다'(Weiss, *Proclamation* 73-74). 그닐카는 또한 (그리스어의) 그 단순과거 시제가 '단 한 번의 미래적 도래'를 가리킨다(*Jesus of Nazareth* 136)는 사실에 주목한다.

137) Jeremias, *Proclamation* 198: Davies and Allison, *Matthew* 1.595; 더 충분한 세목들은 C. A. Evans, 'Jesus and Rabbinic Parables, Proverbs, and Prayers', *Jesus and His Contemporaries* 251-97 (여기서는 283-94).

것임을 확인해주며, 또한 그가 가르친 기도의 모델을 취함에 있어서[138] 예수 자신이 카디쉬 기도의 초기 형태에서 영향을 받았음을 암시하는 듯하다.[139] 요지인즉, 두 기도 모두 하나님 나라의 이행을 바라본다는 것이다. 이미 지적한 대로, 그 나라의 '도래'에 대한 주기도문의 언급은 예수 전통의 두드러진 점이다. 그러나 그 용어와 관련한 언급의 폭을 염두에 둔다면(위의 §12.2a) 그 간구문은 왕으로서의 하나님에 대한 희망의 표현으로 이해되고 또 기도되었을 것이다.[140] 그리고 그 간청은 추측건대 하나님이 그의 왕권을 좀더 충분히 행사하거나, 혹은 좀더 그럴듯하게, 앞서 검토된 전형적인 희망의 경우와 마찬가지로, 하나님이 그의 백성을 위해 마지막으로 그리고 결정적으로 개입하신다는 것일 터이다. 이는 다른 고대 유대교 기도에서도 확인되는 바이다. '당신만이 홀로 우리를 다스려주소서'(*Shemoneh 'Esreh* 11).[141] 어쨌든 카디쉬 기도와 주기도문은 미래를 위한—카디쉬 기도에서는 근접한 미래를 위하여('너희 평생과 너희 나날들 가운데…신속히 곧')—희망이나 기대를 표명한다.[142]

주기도문의 다른 간구문들은 해당 논제를 명확하게 하는 데 도움이 될까? 그 질문은 주로 마지막 세 간청들에 초점을 맞추고 있다. 네 번째 간구문(마태)은 '우리의 일용할 양식'을 포함하고 있는데, 이는 '오늘 우리에게 앞날을 위한 우리의 빵을 주소서'(마 6.11/눅 11.3)라고 번역하는 것이 최선이

---

138) Perrin, *Language* 47; Schürmann, *Gottes Reich* 101. '이런 식으로 기도를 만들어내는 것은 예전에도 그랬지만 지금도 여전히 대부분 기도들의 특징이다. 새로운 기도들이 예전 공동체에 용납되게 하기 위해서 그들은 전통적 언어와 형식을 반영해야 한다'(Betz, *Sermon on the Mount* 372-73).

139) 카디쉬가 탐지되는 시점이 늦기 때문에 그 논제는 아직 의문 가운데 남아 있다. J. Heinemann, 'The Background of Jesus' Prayer in the Jewish Liturgical Tradition', in J. J. Petuchowski and M. Brocke, eds., *The Lord's Prayer and Jewish Liturgy* (London: Burns and Oates, 1978) 81-89 (여기서는 81); 그러나 필사되기 전에 오랫동안 구어로 사용된 기간을 가정하는 데는 아무런 문제가 없다. 하이네만은 또한 '마 6.9에 나오는 예수의 기도가 유대인의 개인적인 기도의 모든 특징들을 나타내 보인다는 점'(88)에 의문을 품지 않는다.

140) 첫 그리스도인들이 예수의 오심을 고대하는 동안 그랬을 것이다(고전 11.26; 16.22)(Lüdemann, *Jesus* 147).

141) Schlosser, *Règne* 258-59; Meier, *Marginal Jew* 2.298-300; '철저히 분석해보면 "당신의 나라가 임하시오며"는 하나님 자신이 와서 세상을 창조함에 있어 자신의 목적을 이루어달라는 기도이다'(Beasley-Murray, *Jesus and the Kingdom* 151).

142) '예수가 전통적인 접근법을 뒤집어 왕으로서 하나님의 통치에 대한 그 자신의 최후 증명이 그 기도의 끝 부분이 아니라 첫 부분에 접맥되었으며 그렇게 현재 시점을 억지로 부차적인 위치로 전락시켰다'는 베커(Becker)의 관찰은 해당 증거를 너무 심하게 밀어붙이는 듯하다.

다.[143] 이는 곧 아침이나 저녁에 드릴 수 있는 기도로서 그렇게 풀 수 있는 것이다. 예수의 설교와 이스라엘의 역사란 맥락에서 이는 따라서 장차 도래할 하늘의 잔치에 대한 생각이나[144] 먹는 자가 약속의 땅에 다다르는 것을 보기 위해 요청되는 만나의 기억을 불러일으킬 것이다.[145] 그 어느 쪽이든, 그 나라의 도래에 상응하는 어떤 욕망된 결과의 향후 전망이 하나님의 통치 아래 충족이 보장된다는 추가 함의와 함께 암시적으로 드러난다. 마찬가지로 용서에 대한 간구도 최소한 부분적으로 최후의 심판을 염두에 두고 있는 것으로 추측된다.[146] 하나님의 호의적인 심판은 간구자 측에서 추구하는 죄로부터의 자유가 아니라 다른 자들을 용서할 간구자의 준비에 달려 있는 것으로 묘사된다(마 6.12/눅 11.4a; 아래 §14.6을 보라).

마찬가지로 결정하기 어려운 것은 그 마지막 간구문이 유사하게 종말론적 어조를 담고 있는가 하는 문제이다. '우리를 *peirasmos*에 들지 않게 하소서'(마 6.13a/눅 11.4b). 여기서 논제는 *peirasmos*가 어떤 '시험이나 시련'을 시사하는지, 아니면 다가올 시대에 선행하여 폭넓게 기대되는 대단한 고난을 특별히 전망하고 있는지 하는 것이다. 환언하면, 이것이 매일의 시련과 고난 가운데 도움을 구하는 기도인가?[147] 혹은 현재 세대의 마지막에 닥칠 가장 시험적인 시련에서 지켜달라는 탄원인가?[148] 후자의 경우는 확실히 그 시기의 유대교 묵시문학적 저술과 예수의 스승 세례자 요한의 설교 가운데 나오는 특징적인 면, 즉 두려움에 찬 기대와 맞아떨어진다.[149] 이는 또한 초기 그리스도교인들 가운데서도 탐지되는 점이지만(아래 §12.4d를 보

---

143) R. A. Guelich, *The Sermon on the Mount* (Waco: Word, 1982) 291-93; Davies and Allison, *Matthew* 1.607-609. 그러나 그 문제는 매우 불분명하다: Fitzmyer, *Luke* 904-905; Beasley-Murray, *Jesus and the Kingdom* 153-54; Betz, *Sermon on the Mount* 397-99; '오고 있는 빵'—*lakma d'ateh* (Chilton, *Rabbi Jesus* 77).
144) Jeremias, *Proclamation* 199-201. 추가로 아래를 보라(§12.4f).
145) Davies and Allison, *Matthew* 1.609의 참고 문헌.
146) Davies and Allison, *Matthew* 1.612; Meier, *Marginal Jew* 2.301.
147) Betz, *Sermon on the Mount* 406-11.
148) Jeremias, *Prayers* 105-106; 또한 *Proclamation* 202; '페이라스모스(*peirasmos*)에 굴복하는 것으로부터 보호를 간구하는 것은 시련에 대한 절박한 울부짖음이다: 우리가 변절하지 않도록 보존하소서, 우리가 잘못되지 않도록 지키소서'(*Proclamation* 129).
149) 위의 §§11.4c와 12.2c를 보라.

라)[150] 그 핵심 용어 자체(*peirasmos*)는 그 논제를 해결할 만큼 충분히 명확하지 않다.[151] 어쨌든 여기서의 요지는 여전히 도래할 그 나라에 대한 이의 없는 간구 내용은 그 기도 전체에 종말론적 어조를 부여하며, 다른 간구들에 두루 공명하는 것도 바로 이러한 어조이다.

앞서 예레미아스가 관찰한 두드러진 다른 특징들(§12.1) 역시 미래 나라를 암시하는 것으로 가장 자연스럽게 이해된다. 그 나라에 '들어간다'고 표현한 대부분 구절들은 분명히 그 함의를 내포하고 있다. 들어가야 할 그 나라는 미래 상태나 조건으로 봐야 한다.[152] 유사하게 그 나라는 아직 도달하지 않은 무엇으로서 '찾아야' 할 대상이기도 하다.[153] 추측건대 이와 연관된 것이 '(현재) 세대와 다가올 세대'의 대조로서 오로지 후자의 경우에서만 사람들은 '영원한 생명'(막 10.30/눅 18.30)과 천사적 존재(눅 20.34-36)를 누릴 수 있다.[154]

c. 종말론적 역전

많은 사람들이 살펴보았듯이, 예수 전통에서 집요할 만큼 일관된 주제는 종말론적 역전이다. 이와 관련하여 가장 현저한 표현이 팔복의 수집물에 나온다. 마태와 누가가 예수의 가르침 첫 번째 수집물의 앞머리(산상설교/지상설교, 마 5:3-12/눅 6.20-23)에 팔복을 배치함에 있어 Q의 그 전통 편찬자들을 따른 것은 의미심장하다. 예수 전통의 다른 부분에서 그렇듯, 우리는 유사한 자료를 무리지어 함께 모으고자 한 관심의 증거를 보는데, 이는 그

---

150) Jeremias, *Proclamation* 129, 201-202; Davies and Allison, *Matthew* 1.613-14; Meier, *Marginal Jew* 2.301.
151) Guelich, *Sermon on the Mount* 294-96.
152) 비록 혼(Horn)은 마 21.31과 23.13의 논쟁적 취지가 '그 나라에 들어가는' 모티프의 최초 층위로서 그것들을 도드라지게 한다고 주장하지만, 위의 각주 23에서 언급된 구절들 중에서 이 두 어록들만이 분명히 미래 지향적이 아니다('synoptischen Einlasssprüche' 200-203).
153) 위의 각주 22를 보라. 아울러 Davies and Allison, *Matthew* 1.660.
154) 또한 막 3.29/마 12.32을 주목하라. 마태는 '그 세대의 마지막'이라는 문구를 묵시문학적 언어에서 취한다(마 13.39, 40, 49; 24.3; 28.20); 위의 각주 94-99를 보라. 달만(Dalman)은 '이 세대'와 '미래 세대'라는 발상들이 예수에 의해 사용되었다고 하더라도 그것들이 '그의 어휘 가운데 중요하지 않았을 것'이라고 이미 통찰한 바 있다(*Words of Jesus* 148).

전통에 대해 이야기하고 자문받는 책임을 담당한 교사들이 처음 주도한 게 분명하다. 그 어느 관심사도 도마복음에는 공유되지 않는다.

마 5.3-6, 11-12	눅 6.20-23	도마 54, 69, 68
3 심령이 <u>가난한</u> 자는 복이 <u>있나니 천국이</u> 그들의 것 임이요 4 애통하는 자는 복이 있나 니 그들이 위로를 받을 것 임이요 5 온유한 자는 복이 있나니 그들이 땅을 기업으로 받 을 것임이요 6 의에 <u>주리고</u> 목마른 <u>자는</u> <u>복이 있나니</u> 그들이 <u>배부</u> <u>를 것임이요.</u> 11 나로 <u>말미암아</u> 너희를 욕하고 박해하고 거짓으로 너희를 거슬러 모든 악한 말을 할 때에는 너희에게 <u>복이 있나니</u> 12 <u>기뻐하고</u> 즐거워하라. <u>하늘에서 너희의 상이 큼</u> <u>이라.</u> 너희 전에 있던 <u>선지</u> <u>자들도</u> 이같이 박해하였느 니라.	20 너희 <u>가난한</u> 자는 복이 <u>있나니</u> 하나님의 <u>나라가</u> 너희 것임이요 21 지금 <u>주린</u> 자는 복이 있 <u>나니</u> 너희가 <u>배부름을</u> 얻 <u>을 것임이요</u> 지금 우는 자 는 복이 있나니 너희가 웃 을 것임이요 22 인자로 말미암아 사람 들이 너희를 미워하며 멀 리하고 욕하고 너희 이름 을 악하다 하여 버릴 <u>때에</u> <u>는 너희에게 복이 있도다.</u> 23 그 날에 <u>기뻐하고</u> 뛰놀 라 <u>하늘에서 너희 상이 큼</u> <u>이라.</u> 그들의 조상들이 <u>선</u> 지자들에게 이와 같이 하 였느니라.	54 <u>가난한</u> 자는 복이 있나 니 <u>천국이</u> 너희들의 것이 기 때문이다. 69 굶주린 자는 복이 있나 니 욕망하는 그의 배가 만 족함을 얻을 것이다. 68 너희들이 미움을 받고 핍박을 당할 때 <u>너희는 복</u> <u>이 있나니</u> 너희들이 핍박 받은 그 어느 곳도 발견되 지 않을 것이다.

여기서 한 번 더 예수가 이 형식으로 말한 자로 기억되는 점에 의심의 여지 가 있을 수 없다. 그렇게 다시 이야기하는 중에 복음서 저자들은 개별적 어 록들에 그 어록들 나름의 경향성을 부여하였고, 그 결과는 신선한 '복됨'(마 5.7-10)과 이에 평행되는 '화'(눅 6.24-26)가 첨부되어 확장되었을 것이다. 나 아가 이는 복음서 저자들의 마음속에 이미 그 전통의 일부로 첨가되었을

것이다.[155] 이 점에서 주목할 만한 특징은 마태와 누가가 그 나라의 팔복을 앞머리에 배치함에 있어 Q와 일치한다는 것이다.[156]

그 팔복 가운데 공통된 특징은 역전이란 주제인데, 그 경우에서 첫 번째의 현재 시제는 예변법(proleptic)의 현재로 이해되어야 한다. 그 나라는 가난한 자의 것이 되어야 한다는 것이다.[157] 가난한 자는 현재 위로를 받는다. 이는 그들의 상황이 이미 바뀌었기 때문이 아니라 하나님이 그들을 잊지 않았고 그의 나라에서 그들의 자리가 보장되었다고 확신할 수 있기 때문이다.[158] 이는 반드시 그것이 하늘의 소망이었다는 식으로 이어지지 않는다. 만일 마태의 세 번째 태도(누가의 평행구가 없음)가 지침이 된다면, 그 희망은 마태가 나중에 그 나라와 동일시하는(마 21.43)[159] 그 땅을 상속할 온유한 자를(시 37:11) 위한 것이었을 테다.[160] 여기서 우리는 제2성전기 유대교에서 종말론적 기대의 상이한 계통들 사이의 긴장에 꼼짝없이 붙잡히게

---

155) 이에 대한 논의로는 Davies and Allison, *Matthew* 해당 장소와 상설한 부기, 1.431–42; Meier, *Marginal Jew* 2.323–36; Betz, *Sermon on the Mount* 105, 109–10. 4Q525 2.1–8의 (8 또는 9개?) 축복선언에 나오는 순서를 주목하라. 그 화들이 Q의 일부였다고 생각하는 학자들의 견해는 Kloppenborg, *Q Parallels* 26과 거기에 특별히 보태지는 Catchpole, *Quest* 87–90을 보라. 그러나 우리는 '그 원초적 순수함 가운데 원형의 양식'을 복원할 수 있는 우리의 능력에 기대어 '진정성' 여부를 판단하는 것을 피해야 한다(Meier 2.320). (구어) 전통을 실행하고 전하는 것은 그러한 견지에서 생각되지 않았다.

156) 쉬어만(Schürmann)은 이 팔복에서(막 1.15 참조) 우리는 예수의 공개적인 취임 설교를 듣는다고 넌지시 말한다(*Lukasevangelium* 1.332). 도마복음에서 첫 번째 축복 선언은 그러한 두드러진 특성을 가지고 있지 않다. 그러나 도마복음에서 (한 번 더) 다른 두 축복 선언을 탈종말론화하려는 경향을 또한 주목하라.

157) Schürmann, *Gottes Reich* 87; Beasley-Murray, *Jesus and the Kingdom* 162–63; Luz, *Matthäus* 1.208; '그 방향은 또한 종말론적 판결을 예견한다'(Betz, *Sermon on the Mount* 118).

158) 유대인의 저술에서 팔복은 도덕적 권면으로 지혜문헌에 나오고 종말론적 맥락(특히 묵시문학)에서는 미래의 위로를 약속하는 것으로 나온다(Guelich, *Sermon on the Mount* 54–65; Davies and Allison, *Matthew* 1.432–34; Meier, *Marginal Jew* 2.323–25; Betz, *Sermon on the Mount* 94, 97–105). 여기서 역전의 주제는 그 종말론적 지향성을 분명하게 부각시킨다: '엄격하게 말해 그것들은 내세에 종말론적 심판의 자리에서 판결로서 신적인 재판장에 의해 선포되어야 한다'(Betz 96). 클로펜보그 버빈은 Q(6.20b–23)의 맥락만으로도 확인되는데(!) Q 6.20b의 종말론적 취지를 너무 심하게 깎아내린다('Discursive Practice' 179–86). 그러나 추가로 아래 §13.4를 보라.

159) 그 선행하는 비유(마 21.33–42 평행구)를 듣는 어떤 유대인도 그 포도원과 이스라엘을 동일시하지 않을 수 없을 것이다(사 5.1–7; 추가로 아래 제16장 각주 68을 보라). 마태의 추가 내용은 그 포도원을 하나님의 나라와 동일시한다. 요컨대, 이스라엘(의 땅)=포도원=하나님의 나라라는 것이다. Freyne, *Galilee, Jesus and the Gospels* 239–47을 참조하라.

160) 히브리어 용어 '가난한'('aniyyim)과 '온유한'('anawim)은 분명 그 의미의 영역에서 중첩되고 칠십인역(LXX)에서 *ptōchoi*('가난한')와 *praeis*('온유한')를 포함하는 다양한 용어들로 번역된다; F. Hauck and S. Schulz, *praus*, TDNT 6 (1968) 647–48; E. Bammel, *ptōchoi*, TDNT 6 (1968) 888–89; E. Gerstenberger, *'anâ*, TDOT 11.242, 244–45; 추가로 아래 제13장 각주 136. 베츠는 이 논제에 이의를 제기하지만(*Sermon on the Mount* 125–26), 팔복의 유대교적 출처는 의심하지 않는다.

된다. 이를테면 그의 관대함 가운데 새로워진 땅으로 흩어진 자들이 회복되리라는 희망, 사회정의(의)의 희망,[161] '그 땅을 상속할' 희망(세계 지배?), 그리고 영생을 위한 영성화된 희망[162] 등이 그것들이다.

종말론적 역전은 특히 마태복음에서 예수의 그 나라 가르침 가운데 여러 군데 반복되는 주제다. 그 나라의 참여자를 전형적으로 대표하는 것은 어린아이다. 오직 그런 자가 들어갈 것이다(막 10.14-15 평행구; 마 18.3).[163] 반면 부자는 그 나라에 들어가는 것이 불가능하지는 않지만 극히 어려울 것이다(막 10.23-25 평행구).[164] 마태 또한 '하나님의 나라에 너희들에 앞서 들어가는'(마 21.31) 세리들과 창기들에 대한 어록을 가지고 있다.[165] 특별히 두드러진 것은 가장 큰/가장 작은 것의 모티프다. 그 나라는 모든 씨들보다 더 작은 겨자씨와 같은데, 그것이 자랐을 때는 다른 풀보다 더 크다(막 4.30-32 평행구).[166] 제자들은 그 나라에서 누가 가장 큰가에(막 9.34 평행구) 대하여 논쟁한다(마 18.1,4).[167] 마태의 버전(마 20.21)에서 야고보와 요한에 의한, 또한 그들을 위한 간청은 그들이 그의 (분명히) 미래 나라에서 예수의 오른편과

---

161) '팔복은 언약 전통에서 파생된 그러한 사회적 가치들의 갱신을 요청한다'(Kaylor, *Jesus* 105).

162) 위의 각주 17, 73을 보라.

163) 예수세미나 팀은 '하나님의 영역에 들어가는' 이야기가 그 어록이 '세례의 맥락 속에 유입되었으며(요 3장을 주목하라) 따라서 그리스도교 공동체 안으로의 통과의례와 관련이 있었다'는 근거 위에서 예수에게로 소급될 수 있는지 여부를 질문하였다(아래 제14장 각주 39를 보라). 세례와의 연관성이 정당화될 수 있다 할지라도 그 **기원과 후대의 용도**가 엇갈리는 혼란은 명백하다. 도마가 세례에 대한 어떤 명백한 암시도 없이 그 나라에 들어가는 자녀들과 같은 이들을 이야기하는 것 또한 주목할 만하다(도마 22). 추가로 위의 각주 24를 보라.

164) 펑크는 그 '바늘귀' 어록—생생하고 익살스런 아포리즘—이 '예수의 진정한 어록들을 결정함에 있어 [예수세미나] 동료들에게 기준점이 되었다'고 지적한다(*Five Gospels* 223, 371).

165) 이는 몇 개 안 되는 마태의 **'하나님의 나라'** 어록 가운데 하나로 그가 전통에서 그것을 끄집어내서 어떤 이유로 그 전통적 형태 그대로 보존하였음을 암시한다. 그것이 선행하는 비유와 '적합성의 결여'를 보이는 점은 또한 마태가 그것을 그 전통의 다른 곳에서 끌어왔음을 암시한다. 또한 마 5.19을 보라.

166) 아래에 언급됨(§12.5e). 예수세미나 팀은 도마복음 버전이 원형과 가장 가깝다고 결론을 내렸지만 그 어록을 위대한 제국(겔 31.2-9과 단 4.9-12에 대한 암시는 확실히 가능하다. 그러나 그들의 반복적 구연 가운데 공관복음은 시 104[103 LXX].12에 좀더 가깝게 공명한다)의 패러디로 다룸에 있어 그 세미나 팀은 그 어록에 근본적인 '가장 작은 씨앗'과 '거대한 가지/식물'의 상반된 측면(종말론적 역전)을 간과했다(Funk, *Five Gospels* 59-60, 484-85; 유사하게 Crossan, *Historical Jesus* 276-79); 그러나 Bultmann, *Theology* 1.8; Jeremias, *Parables* 147-49; Kümmel, *Promise* 131-32; W. Schrage, *The Ethics of the New Testament* (Philadelphia: Fortress, 1988) 19-20; Scott, *Hear Then the Parable* 377-87; Meadors, *Jesus* 204-206; Davies and Allison, *Matthew* 2.417; Lüdemann, *Jesus* 32; A. J. Hultgren, *The Parable of Jesus* (Grand Rapids: Eerdmans, 2000) 395-96; Liebenberg, *Language* 289-91, 296, 312. 유사하게 누룩의 비유—또한 그 나라 비유(마 13.33/눅 13.20-21/도마 96); 리벤베르크는 누룩이 보편적으로는 부정적인 은유로 보이지 않는다고 지적한다(*Language* 336-38).

167) 위의 §8.4c에서 언급됨.

왼편에 앉게 해달라는 것이다('영광' – 막 10.37).[168] '큰' 자는 섬기는 종이다.[169] 세례자는 여자가 낳은 이들 가운데 가장 크지만 그 나라에서는 가장 작은 자도 그보다 크다(마 11.11/눅 7.28).[170] 누가가 '누구든지 자신을 높이면 낮아지고 자신을 낮추는 자는 높아지리라'는 Q(?) 어록을 반복하듯이,[171] 마태는 '먼저 된 자가 나중 되고 나중 된 자가 먼저 된다'는 어록을 반복한다.[172]

만일 예기치 않은 높임의 어조가 현저하다면, 자기들의 미래 위상이 안전하리라 생각할 자들에게 임할 예기치 않은 심판의 어조 역시 그러하다. 주목할 만한 점은 많은 자들이 동과 서에서 와 그 나라에서 기댄 채 식사를 하리라는 예언이다. 반면 예수의 청중들(마태에서는 '그 나라의 아들들')은 밖에 던져지리라는 것인데(마 8.11-12/눅 13.28-29), 이는 만민들 가운데 구성될 종말론적 순례자들과 더불어 포로 귀환을 위한 이스라엘의 희망에 대한 두드러진 변용이다.[173] 그 나라를 명시적으로 이미지화한 다른 유사한 '역전의 비유들'은 큰 만찬에 대한 것으로(마 22.3; 눅 14.15) 거기서 기대된 손님들은 그 초청을 거부하고 그 잔치는 모든 잡다한 사람들에게 개방된다(마 22.2-10/눅 14.16-24).[174] 또한 이 비유 범주 속에 누가의 부자와 나사로 비

---

168) 그러한 구절(야고보와 요한에게 모욕을 주는 것)을 초기 그리스도교 내의 파당적 경쟁심으로 치부하는 것은 어느 정도 예수의 가장 측근 동아리 제자들을 향한 적대감과 함께 예수 전통의 대담한 처리를 전제하는데, 이는 거의 전적으로 추리에 의존하고 있으며 특정 경향에 경도된 견해이다. T. J. Weeden, *Mark: Traditions in Conflict* (Philadelphia: Fortress Press, 1971)에 반대하여; Kelber, *Oral.* 샌더스의 다음 주장과 대조해보라: '이는 후대에 만들어낸 것일 수 없다. 후대에 모든 사람들은 베드로가 지도적인 제자였다는 것을 인정하였고, 야고보와 요한의 탁월한 위상은 가능한 상상이지만 아직 부각되지 않았을 것이다'(*Historical Figure*).

169) 막 10.41-45 평행구; 막 9.35; 마 23.11; 눅 22.27.

170) 아래 §12.5c를 보라.

171) 마 23.12; 눅 14.11; 18.14.

172) 마 19.30; 20.16; 막 10.31; 눅 13.30; 도마 4; 이에 대해서는 Crossan, *Fragments* 42-47.

173) 샌더스가 관찰하듯, 회복의 희망은 일반적으로 이방인들도 포함했다(*Jesus and Judaism* 117). 또한 Becker, *Jesus of Nazareth* 66-68을 보라. 이스라엘의 거부에 대한 경고는 '그 전통의 2차적 단계'(Funk, *Five Gospels* 348)라거나 결과적으로 '반유대교'(Lüdemann, *Jesus* 156)라는 증거가 되기 어렵다. 그러한 경고들은 이스라엘의 예언자적 전통에 낯설지 않았다: 여기서 세례자 요한을 상기하는 것만으로도 족하다(§11.4b; 또한 위의 각주 80, 105와 아래의 §12.4e를 보라). 세부적인 논의는 Beasley-Murray, *Jesus and the Kingdom* 169-74을 보라. Meier, *Marginal Jew* 2.309-17: '이 로기온은 원시 그리스도교에서 나올 수 없다'(Theissen and Merz, *Historical Jesus* 254); 비유사성의 원칙이란 견지에서 그 이전의 더 오래된 논의는 Perrin, *Rediscovering* 161-63; 또한 마 11.21-24/눅 10.13-15(아래 §12.4e)를 보라. 또한 불의한 임차인들의 비유에 대한 마태의 (편집적) 결론을 참조하라: '하나님의 나라를 너에게서 취하여 그 열매를 생산하는 사람들에게 줄 것이다'(마 21.43). 그 어록이 이방인들의 수용이라기보다 포로로 흩어진 백성들의 귀환을 언급한다는 가능성에 대해서는 아래 각주 442를 보라. 케일러(Kaylor)는 여기서 사회정치적 함의를 이끌어낸다(*Jesus* 131-37).

174) 이는 이 비유에서 명백한 역전의 주제로서 이스라엘 내 의로운 자의 억측에 반하는 예수의 저항

유(눅 16.19-31)[175]와 늦게 온 자들이 온종일 일한 자들과 같은 노임을 받는다는 마태의 포도원 품꾼 비유(마 20.1-15)[176]도 해당된다. 남방의 여왕과 니느웨 사람들이 최후의 심판에서 이스라엘의 현 세대보다 더 호의적인 판결을 받게 될 것이다(마 12.41-42/눅 11.31-32).[177] 마지막으로 '너희는 이스라엘의 열두 지파들을 심판하는 보좌에 앉게 될 것이다'라는 말씀과 함께 Q의 말미에 열두 제자들에게 약속된 높임을 주목해야 한다(마 19.28/눅 22.30).[178]

이 모든 것 가운데 현재의 어조가 있다. 그 보증의 말이 지금 여기서 제시되고 있고, 그러한 확신과 함께 예수의 메시지에 호소의 직접성을 부여한다는 바로 그 사실이 그렇다. 그러나 그 전반적 취지는 보다 미래 전망적이다. 그 보증의 말인즉 하나님은 상이한 우선권의 하나님이고 이는 가까운 미래에 명확해지리라는 것이다.[179] 거기에는 위상의 역전이 있을 것이

이라는 유보된 강조점과 잘 맞아떨어진다(아래 §13.5를 보라). 스캇은 이 비유를 명예의 체계를 역전시키고 전복하는 것으로 해독한다: '잔치를 베푸는 사람은 자신의 명예를 잃고 염치없는 가난한 자와 함께한다'(*Hear Then the Parable* 173-74); 그러나 어떤 버전의 비유가(도마 64를 포함하여) 그러한 독법을 장려하는가? 또한 각주 236을 보라.

175) 아래 각주 213을 보라.

176) 마태에서만 유일하게 탐지됨에도 불구하고 그 비유의 역전적인 어조(보상으로서의 그 나라)는 대체로 예수의 특징적인 점이라는 인상을 주었다(Jeremias, *Parables* 33-38, 136-39; Scott, *Hear Then the Parable* 296-98; Funk, *Five Gospels* 224-25; Lüdemann, *Jesus* 213; Hultgren, *Parables* 41-42 각주 38, 39). 그닐카는 이를 예수 메시지의 모범이 되는 것으로 다룬다(*Jesus of Nazareth* 82-93); 또한 W. R. Herzog, *Parables as Subversive Speech: Jesus as Pedagogue of the Oppressed* (Louisville: Westminster John Knox, 1994).

177) 아래에 언급됨(§12.5b). 마 8.11-12/눅 13.28-29(위의 각주 173)의 경우와 마찬가지로 이스라엘에 대한 경고가 초기 그리스도교인들이 그들의 동족 유대인들에게 한 선교의 실패로 인한 실망으로 말미암은 것이라는 가정(Funk, *Five Gospels* 188-89 224-25; Lüdemann, *Jesus* 339; 또한 위의 §7.4c를 보라)은 그럴듯한 오판이다. 예수는 모세에 의해 정죄받은 그 세대(신 1.35; 32.5, 20)가 종말론적 대망의 동시대 가운데 그의 세대를 예시한 것임을 잘 볼 수 있었을 것이다(모세는 '요단 건너편 광야에서' 말했다, 신 1.1). 맨슨(Manson)은 그 어록에 확연한 운율상의 평행 기법을 '그의(예수의) 시학이 지닌 가장 독특한 특징으로, 그리고 그 시학 일반의 형식에 특별히 기여한 것으로 주목했다' (*Teaching* 56). Davies and Allison, *Matthew* 2.357, Becker, *Jesus of Nazareth* 65-66, 그리고 추가로 Reiser, *Jesus and Judgment* 230-41. 라이저는 맨슨이 소홀히 간과한 통찰을 다음의 결론에서 끌어낸다: '아마 예수 전통 속에는 십중팔구 우리가 더 확신을 갖고 진정한 것이라고 간주할 수 있는 말씀이 거의 없을 것이다.' 특히 셈어 발음과 구문론, '랍비식' 논증법, '예수 전통 바깥에서 그 평행구를 거의 찾아볼 수 없는 상호 대칭적으로 구성된 이중 어록의 엄격한 형식' 등을 언급할 때 그렇다(209, 211, 219-20).

178) 그 생각은 열두 지파를 '다스리는' 열두 제자에 대한 것이었을지 모른다(옛적의 사사들이 그랬듯이. Horsley, *Jesus* 201-106—그는 심지어 *krinontes*를 '구원하는 [정의를 실행하는]'이라고 번역한다; C. A. Evans, 'The Twelve Thrones of Israel: Scripture and Politics in Luke 22:24-30', in Chilton and Evans, *Jesus in Context* 455-79 [여기서는 471-72]; Allison, *Jesus of Nazareth* 102, 141-45; 그 밖에 다른 연구로는 C. Tuckett, 'Q 22:28-30', in D. G. Horrell and C. M. Tuckett, eds., *Christology, Controversy and Community*; D. R. Catchpole FS [NovTSup 99; Brill: Leiden, 2000] 99-116 [여기서는 103 각주 20]; 그러나 아래 각주 205를 보라).

179) '누구도 어떤 엄청난 일이 곧 닥쳐오리라는 확신 없이 열두 지파 "이스라엘"을 마음속에 그려보지 않는다'(Keck, *Who Is Jesus?* 51).

다. 높은 인정을 기대하는 자들은 실망할 것이고 낮은 존경을 받은 자들은 하나님에 의해 높이 존중을 받는 것으로 드러날 것이다.[180] 그 모티프는 결코 단일한 형태가 아니다. 그렇다고 이러한 역전이 아주 곧장 일어나리라거나 일어날 수 있으리라는 왕성한 암시가 있는 것도 아니다. 이 경우에 미래의 그 나라는 사후 상태로 상정될 수 있을 것이다.[181] 하지만 최소한, 가깝든 멀든, 개인적인 차원이든 우주적인 차원이든, 마지막으로 탁자를 뒤집는 어떤 행동이 심중에 있다. 결과적으로 우리가 예수 전통 내에서 그러한 일관된 강조점을 찾는 곳에서 그 전통 속에 지금 그대로 그러한 증표를 남기고 있기에 그것이 예수 자신의 설교의 강조점이었다는 점을 거의 의심할 수 없게 된다.[182]

d. 고난의 기대

역전이란 주제의 다양한 계통은 그 주제 자체와 별도로 명백하게 확인된다. 그 첫째가 고난의 기대이다. 이미 살펴본 대로(§12.4b), 주기도문은 '페이라스모스'(*peirasmos*)를 피하게 해달라는 간청을 포함하였다(마 6.13a/눅 11.4b). 그리고 팔복의 마지막 선언(마 5.11-12/눅 6.22-23)은 확실히 예수의 제자들이 고난을 예상해야 한다고 가정한다. 후자의 경우는 의심의 여지 없이 많이 숙고되었고 (많은 텍스트의 변이본들이 또한 적시한 대로) 다시 활용되었으며, 마태와 누가의 형식들에서 분기한 여러 형식들이 초기 교회의 다양한 핍박 상황을 반영하는 것 같다.[183] 그러나 마태가 '너희들' 형식을 보유한 것(도마복음도 마찬가지)과 예수가 예언자를 거부하고 핍박한 전통을 잘 알았을 개연성(세례자가 그렇게 처형당했다)은[184] 예수가 제자들에게 미칠 거부와

---

180) 또한 Allison, *Jesus of Nazareth* 131-34.
181) 마태는 그렇게 상정하는 것 같다: 최후 심판에 이어서 '의로운 자는 그들의 아버지 나라에서 해와 같이 빛날 것이다'(마 13.43).
182) 켁(Keck)은 가난한 삶이라는 것이 그 자체로 견유학자의 경우 꼭 있었으면 하는 희망 사항이기 때문에 '종말론적 역전'이란 주제가 '예수를 견유학자로 묘사하는 것이 얼마나 사실과 동떨어진 것인지 보여준다'고 본다(*Who Is Jesus?* 80).
183) 특히 Betz, *Sermon on the Mount* 147-53을 보라.

핍박을 예견하였으며 미리 그들에게 복을 말했을 가능성을 강화시켜준다.

이러한 것들은 마가의 '작은 묵시록'(막 13.1-37)과 마태의 선교 훈령(마 10.16-39)에 기본적인 요소를 제공한 보다 폭넓은 모티프의 일부이다. 그 양쪽 모두에서 끌어낸 전통은 거의 확실히 반복적인 구연의 과정에서 많이 확장되었는데 지속적인 선교의 환경을 반영한다(주목할 만하게 13.9-13 평행구).[185] 그러나 그 강론이 미래에 관한 예수 나름의 불길한 예감과 함께 시작했거나 그 수집물로 비롯되었다고 보는 것도 매우 가능하다.[186] 우리는 나중에 예수가 어떤 식으로든 성전의 파괴를 예상했다는 강한 암시들을 보게 될 것이다(§15.3a). 바울이 이 수집물의 초기 형태를 알았을 가능성도 있다.[187] 우리는 또한 마태와 누가가 중첩되는 다른 묵시문학적 자료를 알았음도 잊지 말아야 한다.[188] 이는 다시 한 번 예수의 기억들과 그와 관련된 전통을 군집시키고자 한 관심의 증거로 볼 수 있다.[189] 그리고 앞서 지적한 유대인의 몇 가지 계통의 기대(§12.2c)가 어떻게 그러한 경고를 유발할 수 있었는지 쉽게 알 수 있다.[190]

마가의 이야기 전개에서 주목할 만한 것은 종말론적 산통(막 13.8)의 이미지가 환기하는 것과 견뎌야 할 전례 없는 고난의 시기에 대한 다니

---

184) 대하 24.19; 36.15-16; 느 9.26; 희년서 1.12; 4Q166 (=4QHos^a) 2.3-5; 이사야의 순교담 5; *Liv. Pro.*; 막 12.2-5 평행구; 마 23.37/눅 13.34; 마 23.29-31, 34-35/눅 11.47-51; 눅 13.33. 다시 Steck, *Israel und das gewaltsame Geschick der Propheten*을 보라.

185) 예수세미나 팀(Funk, *Five Gospels* 107-15)과 뤼데만(*Jesus* 88-93)은 그 자료의 대부분을 초기 공동체의 후대 상황을 반영하기에 예수에게 소급될 수 없다고 누락시켜버리는데, 이는 현재 학계의 지배적인 합의점을 반영한다. 그러나 페쉬(Pesch)는 막 13장이 다른 곳에서처럼 여기서도 마가가 '보수적인 편집자'임을 보여준다고 결론짓는다(*Markusevangelium* 2.267). G. R. Beasley-Murray, *Jesus and the Last Days: The Interpretation of the Olivet Discourse* (Peabody: Hendrickson, 1993). 그 논쟁에 대한 주요 논평은 그 강론을 통틀어 마가의 손이 개입한 것을 인정하면서도 페쉬의 지적 (363)에 동의하는 추세다. 라이트(*Jesus* 339-67)와 맥나이트(*New Vision* 135-37, 141-42, 145)는 놀랍게도 막 13장을 사용함에 있어 무비판적이다.

186) '위기의 비유들'(아래 §12.4g)은 대체로 그 강론의 가장 오래된 부분들 가운데 이야기된다.

187) 막 13.5, 14과 살후 2.3-4; 막 13.6, 22과 살후 2.9; 막 13.26-27과 살전 4.15-17 및 살후 2.1. 이 주장은 D. Wenham, *The Rediscovery of Jesus' Eschatological Discourse* (Gospel Perspectives 4; Sheffield: JSOT, 1984)에서 한층 더 심화된다.

188) Q?—마 24.17-18, 27-28, 37-41/눅 17.24-37.

189) '막 13장이 초기 교회에 속하는 주제인 반면 눅 17.20-37의 주제는 예수가 선포한 핵심이라는 것은 확실하다'(Jeremias, *Proclamation* 124).

190) 하르트만(Lars Hartmann)은 이전에 막 13장의 중심이 마지막 날의 엄청난 곤경을 다룬 다니엘에 대한 독창적인 '미드라쉬'라고 주장하였다(*Prophecy Interpreted: The Formation of Some Jewish Apocalyptic Texts and of the Eschatological Discourse Mark 13 par.* [ConBNT 1; Lund: Gleerup, 1966] 요약적 개관 172-74); Wright, *Jesus* 513-19 참조.

엘 12.1의 예견에 대한 암시(막 13.19-20), 그리고 우주적 격변에 대한 기대(13.24-25) 등이다. 그 종말론적 목표는 분명히 시야에 잡힌다. '끝까지(*eis telos*) 견디는 자는 구원을 얻으리라'(13.13).[191] 마태는 이 모든 요소들을 '작은 묵시록'의 자기 버전(마 24.8, 13, 21-22, 29) 가운데 다 간직해두지만, 주목할 만하게 그의 선교 훈령 가운데 그 마지막 권면을 포함시킨다(마 10.22). 그 고난의 기대는 마가와 누가의 선교 훈령에서는 덜 현저하게 나타나지만, 마가는 그것들을 세례자의 최후 이야기와 병치시키고(막 6.7-30) 누가는 70인의 선교 이야기에 갈릴리 성읍들을 향해 던져진 최후 심판의 경고를 첨부한다(눅 10.1-16). 아울러 우리는 마태와 누가가 제자들의 설교 한복판에 예수의 고유한 선포 '하나님의 나라/천국이 가까이 왔노라'(마 10.7/눅 10.9)를 간직한 점을 상기해야 한다.

고난의 기대들 가운데 우리는 제자도라는 용어로 불릴 수 있는 것들을 특히 주목해야 한다. 그것들은 역경에 대한 자발적인 자세와 전적인 헌신(마 8.18-22/눅 9.57-62), 누가에서 하나님의 나라를 환기시키는 두 개의 마지막 권면들(9.60, 62)을 두루 포함한다. 생명으로 들어가기 위해(마가는 '그 나라'로 표현한다) 사람들은 기꺼이 죄를 짓게 하는 손이나 발을 잘라내야 하고 죄를 짓게 만드는 눈을 뽑아내야 한다(막 9.43, 45, 47/마 18.8-9).[192] 제자가 된다는 것은 치욕의 길을 가는 것과 십자가에 못 박히는 고뇌, 자신의 생명을 잃을 준비를 두루 망라한다.[193] 제자는 멸시와 욕스러움을 겪을 준비가 되어 있어야 한다(마 5.39/눅 6.29).[194] 예수의 선교에 함께한다는 것은 위험을 자초하는 짓이다.[195] 예수의 최후 승리 가운데 출세와 명예를 구하는 제자

---

191)　여기서 그 '끝'은 추측건대 다니엘서와 에스라4서의 경우처럼 종말론적이다(위의 §12.3b를 보라).
192)　Schlosser, *Règne* 632-33; Becker, *Jesus of Nazareth* 59-60. 앨리슨은 성적인 죄가 고려 대상이라고 주장한다(*Jesus* 178-82); 추가로 아래 제14장 각주 25를 보라. 마태는 마 5.29-30에 또 다른 버전의 어록을 가지고 있다.
193)　그 도전은 막 8.34-35 평행구와 Q(마 10.38/눅 14.27; 마 10.39/눅 17.33)에 모두 존속된다. 또한 아래 §14.3e를 보라. 십자가 처형의 이미지는 로마 규범의 무자비함을 알았던 사람들에게 낯설지 않았을 것이다(M. Hengel, *The Charismatic Leader and His Followers* [1968; ET Edinburgh: Clark, 1981] 58; Gnilka, *Jesus* 166-67). 또한 아래의 제14장 각주 87을 보라.
194)　'오른편 뺨을 때리는 것은 손등으로 때리는 것으로 심지어 오늘날 동방에서는 표현할 수 있는 가장 심한 모멸과 극단적인 치욕을 나타낸다'(Jeremias, *Proclamation* 239).
195)　마 10.16/눅 10.3; 마 10.23(아래 §14.3b를 보라).

들에게 제공되는 정반대의 내용은 도리어 예수의 고난의 잔을 마시고 어느 정도 예수의 고난의 세례에 동참하는 것이다(막 10.35-40/마 20.20-28). 나중에 살펴보겠지만, 후자의 이미지는 하나님의 맹렬한 숨결의 강에서 받을 세례에 대한 세례자 나름의 기대를 각색한 것으로 볼 때 가장 잘 이해되는 듯하다.[196] Q에서 중첩된다고 볼 수 있는 한 수집물은 예수의 선교 결과는 세상의 불화와 가족 분열을 자극하는 것이라고 강조한다(마 10.34-36/눅 12.49-53/도마 16).[197]

이 대부분은 분명히 거부당한 예언자 전통의 그물망에 걸리지만(위의 각주 184) 또한 고난당하는 신실한 자들의 유익을 위해 마지막 결단에 앞서 보다 전형적으로 나타나는 묵시문학적 고난의 기대와도 합치된다.[198] 예수는 그렇게 세례자가 기대한 것의 많은 부분을 공유하는 것으로 기억된다.[199] 그 '마지막 결단'은 하늘에 대한 개인의 희망으로서나[200] 또는 다가올 시대를 여는 종말론적 재난에 잇따라 나타날 부활과 최후 심판의 견지에서 생각될 수 있다.

e. 심판

임박한 심판의 기대는 예수 설교의 핵심 기억에서 배제될 수 없다.[201] 나는 이미 그것을 종말론적 역전이란 주제의 현저한 특징으로 주목한 바 있다(위의 §12.4c를 보라). 그 나라에서 아브라함, 이삭, 야곱과 함께 자리를 같이 하리라고 기대하는 자들은 '밖에 던져질 것이다'(마 8.11-12/눅 13.28-29).[202]

---

196) 위의 §11.4c와 아래의 §§17.4d, 5c를 보라.
197) 또한 D. C. Allison, 'Q 12.51-53 and Mark 9:11-13 and the Messianic Woes', in Chilton and Evans, eds., *Authenticating the Words of Jesus* 289-310. 그 본문은 아래 언급된다(제14장 각주 242); 추가로 아래 §14.7을 보라.
198) 위의 각주 74를 보라.
199) 우리는 예수가 어떻게 요한의 메시지를 누그러뜨렸는지 아래에서 살펴볼 것이다(§§12.5; 17.4d, 5c).
200) 지혜서 5.1-5; 마 5.12/눅 6.23; 눅 16.22.
201) Sanders, *Jesus and Judaism* 114-15 참조. 이것은 라이트가 상세하게 주목하는 주제이다(*Jesus* 182-86, 322-33). 아래에서 나는 특별히 Reiser, *Jesus and Judgment*에 의존한다; 또한 Becker, *Jesus of Nazareth* 49-80; Theissen and Merz, *Historical Jesus* 265-69; McKnight, *New Vision* 33-39을 보라.

큰 만찬에 초대한 것을 거절하는 자들은 거기에 어떤 자리도 차지하지 못할 것이다(마 22.2-10/눅 14.16-24).[203] 이전 세대들(이방인들을 포함하여)이 예수의 세대를 정죄할 때 최후의 심판이 있게 될 것이다(마 12.41-42/눅 11.31-32).[204] 열두 제자들은 그 심판에 참여하게 될 것이다(마 19.28/눅 22.28, 30).[205] 주목되어야 할 점은 이 모든 것들이 다 Q의 구절들이라는 사실이다.

게다가 마태복음 5.25-26/누가복음 12.58-59은 임박한 심판에 대하여 마지막 통첩이란 암시를 깔고 경고한다.[206] 그리고 마태복음 11.21-24/누가복음 10.12-15은 분명히 최후의 (그 마지막) 심판을 이야기한다.

마 11.21-24	눅 10.12-15
21 화 있을진저 고라신아, 화 있을진저 벳새다야, 너희에게 행한 모든 권능을 두로와 시돈에서 행하였더라면 그들이 벌써 베옷을 입고 재에 앉아 회개하였으리라.	12 내가 너희에게 말하노니 그 날에 소돔이 그 동네보다 견디기 쉬우리라. 13 화 있을진저 고라신아, 화 있을진저 벳새다야, 너희에게 행한 모든 권능을 두로와 시돈에서 행하였더라면 그들이 벌써 베옷을 입고 재에 앉아 회개하였으리라.

---

202) 위의 각주 177을 보라.
203) Reiser, *Jesus and Judgment* 241-45. 마태/누가 평행구는 위의 §8.5e를 보라. 타이센과 메르츠는 이 모티프가 '하나님의 나라 설교 안에 특히 빈번하게' 나온다고 과장되게 서술한다(*Historical Jesus* 267). 도마는 이 전통의 구연적 변이본(네 개의 변명이 주어짐)으로 보이는 것을 이야기한 뒤에 다음과 같이 결론짓는다. '거리로 나가 너희들이 찾는 자들을 데려오라. 그들이 식사에 참석할 것이다. 물건을 사는 자들과 장사꾼들은 내 아버지의 곳으로 (들어가지) 못한다(못할 것이다?)'(도마 74).
204) 위의 각주 177을 보라. 상세한 논의는 Reiser, *Jesus and Judgment* 206-21을 보라.
205) 이 어록이 최후의 심판이나 '통치'(위의 각주 178)를 내심 그리고 있는가? 그러나 *krinein*은 '다스리다'는 셈어의 의미로 신약성서의 다른 어느 곳에서도 사용되지 않는다(J. Dupont, 'Le Logion de douze trones [Mt 19,28; Lc 22,28-30]', *Biblica* 45 [1964] 355-92 [여기서는 372]). 그리고 Q는 반드시 정죄적이지는 않지만 최후의 심판을 언급한다(Tuckett, 'Q 22.28-30' 103, 113; 추가로 J. Verheyden, 'The Conclusion of Q: Eschatology in Q 22, 28-30', in Lindemann, ed., *Sayings Source Q* 695-718; Meier, *Marginal Jew* 3.135-38). 마태는 또한 분명히 최후의 심판을 생각하는데(25.31 참조), Davies and Allison, *Matthew* 3.54-55이 인정하듯이, 이는 확실히 에녹서 비유(the Similitudes of Enoch)에서 심판 때 영광스러운 보좌에 앉아 있는 인자의 초상으로부터 영향을 받았다(아래 §16.4e를 보라). 누가는 그 어록을 자신의 마지막 뜻과 유언(*diatithemai*)을 남기고 열두 제자에게 자신의 나라에서 받을 몫을 할당하는 예수와 함께 시작한다(눅 22.29-30a). 그러나 이스라엘을 심판하는 열두 제자들에 대한 생각은 열방을 심판하리라는 이스라엘의 희망을 역전시킨 것으로(위의 각주 82) 이는 예수의 특징이라고 하기 어렵다(또한 Sanders, *Jesus and Judaism* 115; Lüdemann, *Jesus* 211-12). 도마는 어떤 평행구도 갖추지 못하고 있는데, 이는 놀라운 일이 아니다.
206) 앞의 §8.5d에서 언급함. 다시 Reiser, *Jesus and Judgment* 281-90을 보라. 예수세미나 팀(Funk, *Five Gospels* 142, 344)과 뤼데만(*Jesus* 351)은 모두 긍정적인 평가를 제시한다. 전자가 (인간의 법정에 대한 비판이라기보다) 종말론적 함의를 알아챘더라면 그들의 판단은 분명 좀더 부정적이었을 것이다. 그러나 최후 심판에 대한 암시는 불가피한 것 같다(Davies and Allison, *Matthew* 1.519-21).

22 내가 너희에게 이르노니 <u>심판 날에 두로와 시돈이 너희보다 견디기 쉬우리라.</u> 23 <u>가버나움아 네가 하늘에까지 높아지겠느냐? 음부에까지 낮아지리라.</u> 네게 행한 모든 권능을 소돔에서 행하였더라면 그 성이 오늘까지 있었으리라. 24 내가 너희에게 이르노니 심판 날에 소돔 땅이 너보다 견디기 쉬우리라 하시니라.	14 <u>심판 때에 두로와 시돈이 너희보다 견디기 쉬우리라.</u> 15 <u>가버나움아 네가 하늘에까지 높아지겠느냐 음부에까지 낮아지리라.</u>

마태복음 8.11-12/누가복음 13.28-29(각주 173)의 경우가 그렇듯이, 이러한 언급들에는 (초기 그리스도인의) 선교 실패로 인한 후대의 좌절감이 반영된 게 분명하다는 가정이 폭넓게 퍼져 있다.[207] 그러나 갈릴리 선교의 유일하게 견고한 증거는 예수의 증거다. 특정 경향에 치우친 이상화된 관점만이 예수가 그 뒤의 추종자들보다 더 좌절을 겪었으리라는 점을 받아들이지 못할 것이다.[208] 아울러 그 강조점은 기억된 예수의 설교 다른 곳에서 명백히 확인되는 종말론적 역전의 모티프와 잘 연계된다(위의 §12.4c).[209]

다른 비유들은 청중들이 이제 예상해야 할 (최후의?) 계산을 이야기한다. 달란트/므나(마 25.14-30/눅 19.11-27),[210] 변제 불가능한 빚이 온전히 지

---

207) Sanders, *Jesus and Judaism* 114; Funk, *Five Gospels* 181; Lüdemann, *Jesus* 174.

208) Meadors, *Jesus* 215-20을 참조. '그 선언들은 갈릴리에서의 작별과 함께 예루살렘으로 마지막 여정을 떠나는 자리에서 했을 가능성이 있다'(Gnilka, *Jesus* 195).

209) Davies and Allison, *Matthew* 2.270-71을 보라; Reiser, *Jesus and Judgment* 221-30. '예수가 이런 장소들을 매우 거칠게 정죄하였기 때문에 그 안에서 부활 사건 이후의 선교가 전혀 없었다고 가정하는 것이 그 반대 입장을 주장하는 것보다 더 용이하다'(Becker, *Jesus of Nazareth* 64).

210) 이는 마태와 누가 사이의 변용이 (예수 자신에 의한 것이든, 그 추종자들에 의한 것이든) 문학적 편집보다 구연적 변용이란 견지에서 가장 잘 설명되고 '최초'의 원래 양식에 대한 탐구가 그릇된 것으로 드러나는 또 다른 비유이다. Eusebius, *Theophania* 4.22에 들어 있는 나사렛복음서(텍스트는 Aland, *Synopsis* 416; ET in Elliott, *Apocryphal New Testament* 11)는 심지어 마태에 직접적 의존을 인정하는 그 버전에서조차 그 반복적 구연이 얼마나 다양할 수 있었는지 보여준다. 뤼데만은 '더 이상 구성될 수 없는 원래의 버전'을 언급한다(*Jesus* 235); 예수세미나 팀은 대부분의 그 전통에 긍정적인 등급을 매긴다(Funk, *Five Gospels* 255-57, 373-75). 라이트는 공정하게 묻는다: '예수는 "대중적인 이야기꾼"이 아니었는가? 단 한 번만 이야기를 한 기록을 가지고 그 다음에는 언제나 가능한 최소한도로 확장된 형식 가운데 활동하는 대중적인 이야기꾼이 있는가?'(*Jesus* 633-34 각주 83) 주목해야 할 것은 그 난해한 결론(마 25.29/눅 19.26)이 또한 막 4.25 평행구와 도마복음 41에서도 탐지된다는 사실이다. 또한 Beasley-Murray, *Jesus and the Kingdom* 215-18; Scott, *Hear Then the Parable* 217-35; C. A. Evans, 'Reconstructing Jesus' Teaching: Problems and Possibilities', in Charlesworth and Johns, eds., *Hillel and Jesus* 397-426 (여기서는 414-25); Hultgren, *Parables* 271-91의 논의를 보라.

불되기까지 결국 고문관/옥리들(*basanistai*)에게 넘겨지는 무자비한 종(마 18.23-35),[211] 불의한 청지기(눅 16.1-8),[212] 그리고 저승('*basanos*의 장소', 16.28)에서 고통을 겪게 될(*en basanois*, 16.23) 운명을 지닌 부주의한 부자는 단순히 당연한 것으로 여겨진다(눅 16.19-31).[213] 일상 업무의 급작스런 와해(마 24.37-41/눅 17.26-35)[214] 또는 평생의 공력을 일순간 쓸어버리는 급작스런 재난(섬광 같은 홍수, 마 7.24-27/눅 6.47-49)[215]을 떠올려주는 어록의 경우처럼 아래 검토되는 '위기의 비유들'에도 유사한 어조가 있다. 다른 비유들은 동일한 어조를 만들어낸다. 가라지는 모아져 불태워버리게 되리라는 알곡과 가라지(마 13.24-30/도마 57)[216]의 비유는 세례자의 설교에 강하게 공명한다.[217] 나

---

211) 지옥의 고통(*basanoi*)이란 개념과 관련하여, 에녹1서 10.13; 22.11; 지혜서 3.1; 마카베오하 7.17; 에스라4서 7.36, 67, 86; 9.12-13; 아브라함 유언서 (A) 12.18; (B) 10.16을 보라. 추가로 Reiser, *Jesus and Judgment* 273-81; Becker, *Jesus of Nazareth* 68-71을 보라. 오직 마태에서만 탐지되고 마태적 구연 스타일이 분명한 증거에도 불구하고, 대부분은 이 비유가 예수에게 기원했다는 데 동의한다(예컨대, Hultgren, *Parables* 29 각주 39, 40을 보라). 이 비유가 예수 전통 가운데 현존하는 것은 그것을 예수에게 돌리기 불충분한 근거라고 생각하는 뤼데만과 대조해보라(*Jesus* 208). 그닐카는 '34절이 실제로 그 주장을 기세등등하게 만든다'고 생각한다(*Jesus of Nazareth* 93). 이 비유에서 과장의 수사학('불가능한' 요소)에 대해서는 Beasley-Murray, *Jesus and the Kingdom* 115-17을 보라.

212) 상세한 논의는 Reiser, *Jesus and Judgment* 290-301 참조. 악한을 소재로 한 (불쾌한 것은 물론이고) 이 비유의 성격은 보통 이것이 오직 누가에만 탐지됨에도 불구하고 확실히 예수에게서 기원했다는 확실한 증거였다!(예컨대, D. O. Via, *The Parables* [Philadelphia: Fortress, 1967] 155-62; Funk, *Five Gospels* 358-59; Gnilka, *Jesus of Nazareth* 155-56) 대부분의 학자들은 예수의 버전이 16.8a까지 확장되었다고 동의한다. 16.8a을 배제하는 것은 미완의 토르소를 남겨두는 격이다(Fitzmyer, *Luke* 1096-97; Scott, *Hear Then the Parables* 257-60; Hultgren, *Parables* 147-48). 베커의 다음 진술을 참조하라: '만일 교회가 그 비유를 만들어냈다면, 8-13절의 교정용 설명은 불필요했을 것이다. 나아가 그 비유가 초기 유대교에서 기원했다면 교회는 그것을 무시했을 것이다'(*Jesus of Nazareth* 57). 베일리는 역사적 맥락에 위치시킬 때 이 비유에 쏟아지는 조명이 얼마나 많은지 논증한다(*Poet and Peasant* 86-110).

213) 한 비유가 성격상 유대교적일 때('유대교의 냉혹함을 풍기는' 한 '유대교적 전설'!—Bultmann, *History* 197, 203), 그것이 예수의 것임을 부인하는 유일한 근거는 그것이 전제하는 최후 심판의 신학에 대한 반감이다(Fitzmyer, *Luke* 1125-27; Schottroff and Stegemann, *Hope of the Poor* 25-28; Funk, *Five Gospels* 361; Hultgren, *Parables* 115을 보라).

214) Theissen and Merz, *Historical Jesus* 269; Becker, *Jesus of Nazareth* 58-59; 그리고 Lüdemann, *Jesus* 232은 마 24.40-41/눅 17.34-35을 예수에게 소급되는 것으로 언급한다. 그렇지 않더라도 마태와 누가에서 그 전통이 매우 광범위하게 발전해나갔다는 강한 의견 일치를 볼 것이다.

215) 본문은 §8.5d에서 언급됨. 거기서 두 버전 간의 차이점들이 (비록 그 두 범주들이 중첩될지라도) 편집적 작업이라기보다는 구연적 변용물로 간주하는 것이 더 낫다고 주장되었다. 예수세미나 팀 (Funk, *Five Gospels* 158-59)은 그 비유를 '이스라엘 사람과 유대 지역민, 랍비의 통속적 지식'으로 돌린다(다시금 비유사성의 기준의 오류가 확인됨). Lüdemann, *Jesus* 154은 그 비유가 최후 심판을 떠올려주기 때문에 예수의 것으로 볼 수 없다는 점에서 그들과 의견을 같이 한다. 다른 견해로는 Luz, *Matthäus* 1.412-13; Gnilka, *Jesus of Nazareth* 151-52.

216) 아래서 언급됨(§12.5e). 이 비유는 교회의 혼합된 구성원(*corpus mixtum*)에 대한 초기 그리스도교의 관심뿐 아니라(Funk, *Five Gospels* 194; Lüdemann, *Jesus* 183) (배제로써) 순수한 유대교를 이루어 유지하려는 시도들에 대한 예수의 반대 의사를 반영한다(아래 §13.5를 보라; E. Schweizer, *The Good News according to Matthew* [Atlanta: John Knox, 1975] 304; Davies and Allison, *Matthew* 2.409-10; Hultgren, *Parables* 299-301). 또한 요엘 3.13의 흔적(4.29)—보편적 심판의 상징으로서 수확(계 14.15-16 참조)—과 함께 비밀리에 자라는 씨의 비유를 주목하라(막 4.26-29; 또한 아래 §12.5e).

뿐 고기는 버려지리라는 그물의 비유(마 13.47-48),[218] 염소는 정죄되어 '영벌(kolasin)'을 받으리라는 양과 염소의 비유(마 25.31-46),[219] 바로 그날 밤 자신의 영혼/생명이 요구될 수 있다는 것을 망각하고 있는 어리석은 부자(눅 12.16-20/도마 63).[220] 마지막으로 우리는 누가복음 13.1-5에서 죽음이 언제라도 준비되지 않은 회개치 않는 자를 쳐서 붙잡아 가리라는 예수의 경고

---

217) 위의 §11.4b를 보라. 도마복음 평행구는 미래 심판의 어조를 간직하고 있다(도마 57)는 점에서 통상적이지 않다. 또한 Reiser, *Jesus and Judgment* 256-58을 보라. 유사한 흔적이 누가복음의 결실치 못하는 무화과나무 비유에 나온다: 만일 그것이 열매를 맺지 못하면 잘라버려야 한다(눅 13.6-9).

218)

마 13.47-48	도마 8
47 또 천국은 마치 바다에 치고 각종 물고기를 모는 그물과 같으니 48 그물에 가득하매 물 가로 끌어내고 앉아서 좋은 것은 그릇에 담고 못된 것은 내버리느니라.	사람은 그물을 바다에 던진 지혜로운 어부와 같다; 그는 그물이 작은 물고기들로 가득 찼을 때 그것을 바다에서 끌어올렸다. 그것들 가운데 그 지혜로운 어부는 크고 좋은 물고기를 발견했다. 그 지혜로운 어부는 모든 작은 물고기들은 바다 속으로 던져버리고 어려움 없이 큰 물고기만을 선택하였다.

천사들이 악한자를 의로운 자에서 분리하여 전자를 '불구덩이 속으로' 던져버릴 때 '이 세대의 끝'에 구체적으로 적용하는 것(마 13.49-50)은 마태가 확장한 내용 같다. 그러나 그렇다고 해도 도마복음 8은 마태의 버전에 암시적으로 나오는 심판의 어조를 담고 있지 않다. 도마의 비유는 감추어진 보물이나 귀중한 진주의 비유에 더 어울린다(마 13.44-46). 작은 물고기는 도로 바다로 던져진다. 그물로 물고기 잡는 일에 익숙한 갈릴리 바다를 배경으로 깔고 있기에 그러한 비유의 적합성은 명백하다(Beasley-Murray, *Jesus and the Kingdom* 135-38; Hultgren, *Parables* 207-308).

219) 이 비유는 확실히 그리스도교적 관점을 반영하지만 그 도덕적 강조점은 성격상 철저히 유대교적이다(Bultmann, *History* 123-24; Davies and Allison, *Matthew* 3.425-28; Hultgren, *Parables* 323-26). 이전의 양식을 분별하는 문제는 인자에 대한 시작 부분의 언급으로 적시된다: 이것이 그 비유의 필수적인 일부일까? 19.28의 경우와 마찬가지로(위의 각주 205) 그 언급은 인자의 역할에 대한 후대의 반영을 암시한다. 다른 한편으로 인자의 '도래'는 여기서 '영광의 보좌'와 연관된다(25.31). 추가로 아래 §16.4e를 보라.

220)

눅 12.16-20	도마 63
16 또 비유로 그들에게 말하여 이르시되 한 부자가 그 밭에 소출이 풍성하매 17 심중에 생각하여 이르되 내가 곡식 쌓아 둘 곳이 없으니 어찌할까 하고 18 또 이르되 내가 이렇게 하리라 내 곳간을 헐고 더 크게 짓고 내 모든 곡식과 물건을 거기 쌓아 두리라. 19 또 내가 내 영혼에게 이르되 영혼아, 여러 해 쓸 물건을 많이 쌓아 두었으니 평안히 쉬고 먹고 마시고 즐거워하자 하리라 하되 20 하나님은 이르시되 어리석은 자여, 오늘 밤에 네 영혼을 도로 찾으리니 그러면 네 준비한 것이 누구의 것이 되겠느냐 하셨으니 21 자기를 위하여 재물을 쌓아 두고 하나님께 대하여 부요하지 못한 자가 이와 같으니라.	많은 소유물을 가진 부자가 있었다. 그는 말했다, '내가 나의 소유물을 사용하여 씨를 뿌리고 수확하고 또 심어서 내가 부족한 게 없도록 그 열매로 내 창고를 채울 것이다'. 이러한 것들이 그 마음속 생각이었다. 그런데 그날 밤 그는 죽었다.

이 비유는 성격상 딱히 종말론적이라기보다 도덕주의적 지혜의 비유에 가깝다(Fitzmyer, *Luke* 971-72; Funk, *Five Gospels* 338-39); 집회서 11.18-19의 흔적이 특히 주목할 만하다(또한 집회서 14.15과 31.1-11을 보라) (Hultgren, *Parables* 105-108). 그렇다고 해도 마지막 질문(눅 12.20b)은 도마복음의 평행구보다 더 심판의 어조를 담고 있다.

를 떠올릴 수 있다.[221]

다시 여기에 폭넓게 퍼지고 상이한 계통의 예수 전통에 철저히 뿌리 내린 미래 심판에 관한 모티프가 있다(그 전통이 오직 하나의 공관복음서에만 탐지되는 몇몇 경우에서 우리는 도마가 또한 그 전통을 입증한다는 점을 주목하였다). 그러한 경우에서는 그 모티프가 초기 교회 때에야 비로소 그 전통 속으로 들어간 것이 가장 그럴 법하다고 생각할 수밖에 없다. 교사들과 구연자들이 그 모티프를 확장하고 정교하게 다듬었다는 사실은 확실히 개연성이 있다.[222] 도마복음 담지자들이 심판의 어조를 생략했거나 연성화시켰다는 지적과 마찬가지로(도마 57은 예외적이다) Q가 나름의 배치 구조로써 그 모티프를 강화했다는 점 역시 개연성이 있다.[223] 그러나 그러한 독특한 모티프가 예수 설교에 대한 최초 회고(즉 전통들)에 부재함에도 불구하고 도입되어야 한다는 것은 설득력이 떨어진다.[224] 예수가 세례자의 심판 설교에 부정적으로 반응하였고 그러한 모든 강조점을 피했다는 것은 물론 원리상으로 매우 가능하다. 그러나 그의 제자들이 그가 그렇게 했다는 것을 알면서도 그러한 철저한 심판 강조의 취지를 예수 전통에 개입시켰어야 했다는 것은 비현실적이다. 그와 같은 전개 방향은 예수에 대한 불경스러움과 그들의 생성기 전통과 관련하여 오만한 무시를 함축하는데, 이는 예수 전통 자체의 바로 그 사실로 입증되듯이 구어 전통의 성격이나 그들이 예수에게 품었던 존경심 그 어느 쪽과도 부합되지 않는다.[225]

이 경우에 기대하는 심판은 그 함의에 있어 일관되게 최종적이고 빈번

---

221) Reiser, *Jesus and Judgment* 245–49; Gnilka, *Jesus* 205–206; Keck, *Who Is Jesus?* 86–87. 베커는 그 구절을 예수의 심판 선언의 모범적인 사례로 간주한다(*Jesus of Nazareth* 53–54). 어떤 역사적 에피소드를 예수/누가가 염두에 두고 있었을지의 논제에 대해서는 Fitzmyer, *Luke* 1006–7을 보라; 요세푸스가 이야기한 에피소드 *Ant.* 18.58–59은 누가가 여기서 언급하는 것과 너무 동떨어진 내용이라 '누가가 문제를 혼동했다'(*Jesus* 352)는 뤼데만의 결론을 정당화할 수 없다.

222) '이 세대' 어록들이 후대 그리스도교 선교에서 부정적인 경험을 반영한다며 강하게 주장되는 견해가 있다. 그러나 아래 각주 397을 보라.

223) 예컨대, Kloppenborg Verbin, 'Discursive Practices' 164–69을 보라. 또한 위의 제7장 각주 61–62 참조.

224) 또한 Reiser, *Jesus and Judgment* 304을 보라. Theissen and Merz, *Historical Jesus* 268–69.

225) '확실히 여기에 그 전통의 매우 많은 부분을 이루는 주제가 있다. 하여 누군가 그것이 예수에게 속한 것임을 부인한다면 근대적 탐구의 바로 그 가능성은 그 자료들 역시 신뢰할 수 없다는 이유로 불명예 속으로 전락해버릴 것이다'(Allison, *Jesus of Nazareth* 103).

하게 ('항상'은 아닐지라도) 명시적으로 마지막 심판을 염두에 두고 있다. 예수가 그러한 심판에 대해, 하늘과[226] 지옥에서[227] 있을 그 심판의 결과에 대해 꽤 자주 이야기했다는 것 또한 매우 그럴 법한 사실로 상정되어야 한다. 아울러 하나님의 나라가 하늘을 말하는 방식과 같은 것이기에 최소한 몇 가지 경우에서 예수에게 지옥은 짐작건대 끔찍한 결과를 수반하는 그 나라로부터의 배제로 이해되었던 것 같다.

f. 보상과 하늘 잔치

종말론적 역전이란 주제의 또 다른 계통은 보상 또는 예수의 메시지에 응답한 자들에게 약속된 신원의 전망이다. 이것 역시 팔복의 특징이다 (마 5.3-6, 10-12/눅 6.20-23; 위의 §12.4c, d를 보라). 예수를 부끄러워하는 것에 대한 경고(막 8.38 평행구)는 균형 잡힌 반제로 상응하는 구절을 가지고 있다, '나를 고백하는 자들은 인정을 받을 것이요, 나를 부인하는 자들은 부인당할 것이다'(마 10.32-33/눅 12.8-9).[228] 신실한 종들은 보상을 받을 것이다.[229] 세 군데나 증언하고 있는 것은, 누구든지 (예수를 위하여) 자신의 생명을 잃는 자는 그것을 얻으리라는 약속이다.[230] 예수는 제자직 가운데 모든 것을 떠난 자들에게 '현생에서 더욱 많은 것과[231] 오는 세대에서 영생'(막 10.29-30 평행

---

226) 막 10.21 평행구; 막 12.25/마 22.30; 마 5.12/눅 6.23; 마 6.20/눅 12.33; 마 5.16; 눅 10.20.
227) 하데스(*Hades*)는 마 11.23/눅 10.15; 눅 16.23. 게헨나(*Gehenna*)는 막 9.43, 45, 47/마 5.29-30/18.8-9; 마 10.28/눅 12.5; 마 5.22; 23.15, 33. (영원한) 불은 막 9.43/마 18.8-9; 막 9.48; 마 5.22; 7.19; 13.40, 42, 50; 25.41; 이미 세례자의 설교에 나옴(마 3.10-12/눅 3.9, 16-17). 칠튼은 막 9.47-48의 게헨나에 대한 언급이 이사야 탈굼(Targum)의 닫는 말(*Galilean Rabbi* 101-102, 107-108)에서 끌어온 것이라고 주장한다.
228) '오시는 하나님 앞에 한 사람더러 설명하라는 이 부름은…예수가 기대한 심판의 중심이었다.… "이 세대" 위에 쏟아붓는 익명의 역사적 우주적 파국이 아니라…'(Goppelt, *Theology* 1.122). 추가로 아래 §16.4c(3)을 보라.
229) 마 24.45-47/눅 12.42-44; 마 25.20-23/눅 19.16-19; 눅 6.35; 마 20.8; 눅 10.7. (종말론적) 보상(*misthos*)의 언어는 또한 막 9.41/마 10.42; 마 5.12/눅 6.23; 마 6.1, (2, 5, 16) 등에 사용된다. 그 주제는 도마복음에 결여되어 있다. 또한 아래 §12.4g를 보라.
230) 막 8.35 평행구; 마 10.39/눅 17.33; 요 12.25(요한이 그 주변에 자신의 성찰을 구축한 공관복음 같은 전통의 한 가지). 구전의 성격을 빠트린 채 예수세미나 팀은 눅 17.33이 '예수가 실제로 말한 것에 가장 근접하는 것'이지만 또한 '마가가 한 세속적 잠언을 그리스도교화했다'고 결론짓는다(Funk, *Five Gospels* 79, 367).
231) 이 부분이 §12.4d의 기대와 놀라운 대조를 보이는 것은, 예수의 예언이 아주 현저한 전통 내부에 그 핵심 어록(아래 제14장 각주 240의 인용을 보라)이 그 뒤로 포함될 가망성이 없었음을 암시한다.

구)[232]을 약속하는 분으로 기억된다. 제자들은 분명히 그 나라에서 높은 지위를 기대했는데(막 10.35-37), Q는 외관상으로 열두 제자들이 이스라엘을 심판하는 데서 한몫을 하리라(마 19.27-28/눅 22.28-30)는 약속과 함께 끝난다.[233] 그 전망은 명백히 천상적 존재 방식으로 부활하리라는 확신을 포함했는데(막 12.24-27 평행구),[234] 이는 누가복음 14.12-14에서 보상의 주제와 명시적으로 연계된다. 잘 뿌리내린 주제가 다시 한 번 증명하듯이, 만일 예수가 그러한 신원과 보상의 전망들을 가지고 제자들을 격려하지 않았다면 그것은 놀라운 일이 될 터이다.[235] 가장 전형적인 것은 죽음 이후의 생명이지만 또한 최후 심판에 이어지는 보상도 이 현생에서의 보응에 대한 단 하나의 분명한 암시와 함께 포함된다.

여기서 또한 충족될 굶주림과 종말론적 잔치의 견지에서 표현된 긍정적 희망이 언급되어야 한다. 굶주린 자가 복이 있는 것은 그들이 배부르게 먹고 만족할 수 있게 될(chortazesthai, 마 5.6/눅 6.21a/도마 69.2) 터이기 때문이다. 동과 서에서 오는 많은 사람들이 하늘/하나님 나라에서 아브라함, 이삭, 야곱과 함께 식사를 하게 될 것이다(마 8.11/눅 13.28-29). 여기서 그 나라는 하늘과 동일하거나 최소한 생의 마지막 종점에 이어지는 이상화된 미래 상태인 것 같다. 또는 그 나라는 다시금 큰 (종말론적) 잔치이거나(마

라이마루스는 그 어록을 진지하게 받아들였다: 제자들은 부와 권력, 땅과 세상적 이익의 희망으로 예수를 따르도록 유도되었으며, 그들의 살아생전 예수와 함께 일하는 습관을 벗어나 예수의 부활을 발명함으로써 그들의 지위와 희망을 유지하고자 하였다(Talbert, *Fragments* 145, 240-54).

232) 마치 '영생의 상속'이 충분히 헌신한 자들에게 약속되듯이(막 10.17-21 평행구; 눅 10.25-28), '생명으로 들어감'은 필요한 희생을 치르는 자들에게 약속된다(막 9.43, 45/마 18.8-9; 마 7.14; 25.46).

233) 위의 각주 178, 205를 보라.

234) 그 구절은 대개 초기 교회의 구성물로 간주된다. 그러나 예수는 성서의 해석을 포함하는 그러한 문제들에 대해 바리새인들에게 보다 밀접하였던 것 같고 여기에 표현된 부활의 희망은 그리스도교화된 것 같다(Taylor, *Mark* 480; Pesch, *Markusevangelium* 2.235; Davies and Allison, *Matthew* 3.222-23; J. P. Meier, 'The Debate on the Resurrection of the Dead: An Incident from the Ministry of the Historical Jesus?', *JSNT* 77 [2000] 3.24; 충분한 논의는 Meier, *Marginal Jew* 3.411-44, 특히 출 3.6의 사용이 독특하고 특이하다는 점을 지적하면서[3.435-37]; 참고 문헌은 3.468 각주76]). *anastēsontai*(마 12.41/눅 11.32)는 '일으킴을 받을 것이다'라고 번역해야 할까?(Allison, *Jesus of Nazareth* 136-39) 아니면 법정에서 고발자로서 '일어날 것이다'라고 번역해야 할까?(BAGD, *anistēmi* 2b)

235) 베커는 하나님의 은혜로우심에 대한 강조(마 20.1-15; 눅 15.11-32; 18.9-14)가 예수의 가르침 가운데 보상 사상의 여지를 남기지 않는다고 주장한다(*Jesus* 241-47, 251). 그러나 그 두 주제 모두 예수 전통 가운데 매우 선명하게 탐지되므로 한쪽을 추켜세워 다른 한쪽과 대립시키는 수법은 그 전통을 주의 깊게 경청하기보다 그 전통에 대고 지령하는 낌새를 보인다. 동시에 우리는 눅 17.7-10에 탐지되는 것으로만 그 비유를 떠올린다. 7-9절은 보통 예수의 말로 돌려진다(Hultgren, *Parables* 250과 각주 16; 또한 Lüdemann, *Jesus* 371).

22.2-10/눅 14.16-24), [236] 아니면 오로지 누가의 소개로써만 분명히 알려진 미래의 통첩인가(눅 14.15)?[237] 마태도 혼인 잔치에 초대받은 처녀들의 비유(마 25.1-13)를 포함하고 있기 때문에 아마 여기에 동의할 것이다.[238] 그러나 그 주제는 명백히 누가에게 특별한 중요성을 가지고 있었다. 왜냐하면 그는 깨어 있으라고 격려하는 비유들에다 돌아오는 주인이 그의 신실한 종들을 식탁에서 시중들 것이라는 토를 달고(눅 12.37), 그의 탕자의 비유는 큰 잔치에서 그 (처음으로) 정점에 도달하며(15.24), 열두 제자들이 이스라엘의 심판관이 되리라는 예수의 약속에 대한 그의 버전에서 그는 오는 그 나라에서 그들이 예수의 식탁에서 먹고 마실 것이라는 확신(22.30)을 포함하기 때문이다.[239]

바로 이 지점에서 우리는 초기 전통 가운데 가장 현저하게 예전적인 또 다른 용도에 접맥된 구절, 즉 마지막 만찬을 포함시켜야 할 것 같다. 마가는 '진실로 내가 너희에게 말하노니 나는 하나님의 나라에서 그것을 새로이 마시는 그 날까지 포도 열매에서 난 것을 마시지 않을 것이다'(막 14.25)라고 말하는 예수를 회상한다. 수난 서사에서 대개 그렇듯이, 마태복음 26.29은 마가를 긴밀하게 따른다. 그러나 역시 수난 서사에서 통상 그렇듯이, 누가는 아주 유사한 묘사를 제공하는 독립적인 전통을 가지고 있는 것 같다. '진실로 내가 너희에게 말하노니, 지금부터 나는 하나님의 나라가 오기까지 포도 열매에서 나는 것을 분명히 마시지 않을 것이다'(눅 22.18).[240] 여기서 다시 그 나라는, 예수가 그리로 이동하는 곳이든(마가복음), 도래할 곳이든(누가복음), 미래 상태로 이해된다. 비록 마가/마태의 버전에서 그것이

---

236) 이 비유는 일반적으로 예수에게로 소급된다. 예컨대 Hultgren, *Parables of Jesus* 339 각주 28에 언급된 것들을 보라. 뤼데만은 누가의 버전조차 '진정성이 없는 것'으로 간주한다. '원래의 비유는…도마복음 64로 가장 분명하게 대표된다'(*Jesus* 360). 또한 위의 각주 174와 203을 보라. 덧붙여진 마 22.11-13에 대해서는 Jeremias, *Parables* 187-89을 보라.

237) 비슬리-머레이가 실제로 주목하듯이, 만일 청중들이 자신을 그 잔치에 소환되는 그 지점에 위치시킨다면 그때 잔치는 준비된다. 자리를 잡으라!(*Jesus and the Kingdom* 120-21)

238) 아래 §12.4g에 인용됨.

239) 또한 아래 §14.8a를 보라.

240) 위의 §8.5c를 보라. 여기서도 원래의 양식에 대한 탐구는 방향을 잘못 잡은 것일뿐더러 불필요한 것일 수 있다. 쉴로서(Schlosser)와 마이어의 토론 참조(*Marginal Jew* 2.303-306).

죽음을 넘어선 삶의 희망일 수 있겠지만(나라=하늘),[241] 예레미아스는 그 어록을 그 나라의 예상된 도래를 고려한 '금욕의 서약'으로 기술한다.[242] 드 종(Marinus de Jonge)은 또한 그 기대가 예수의 재림에 대한 더욱 전형적인 (그리스도인의) 기대와 독립적으로 무관하다고 (그리하여 그것에 선행한다고) 관찰한 바 있다.[243] 어느 것이 더 나은 주석의 요체이든 간에 우리는 그 나라를 미래 상태로 그려보는 또 다른 핵심 전통과 밀접히 연관된 또 다른 예수의 어록을 발견한다.

g. 위기의 비유들

지금까지 검토한 자료들 가운데 그 나라를 '가까운' 것으로 강조한 것은 첫 번째 범주만의 강한 특징이다. 그러나 그 강조점은 도드가 '위기의 비유들'이라 부른 것에 의해 강화된다.[244] 오직 하나만이 그 나라 비유로 명확하게 소개되지만 그 비유들이 강조하는 바가 매우 유사하여 그 차이는 대수롭지 않다. 그 주제가 그렇게 공유되었을 때 그 나라에 대한 언급은 당연한 것으로 여겨졌을 것이다. 네 개의 비유를 선보이고자 한다. 기다리는 종들의 비유(막 13.34-36, 유사하게 눅 12.35-38), 밤중의 도둑 비유(마 24.43-44/눅 12.39-40/도마 21), 충성되고 불충한 종의 비유(마 24.45-51/눅 12.42-46), 지혜롭고 어리석은 처녀들의 비유(마 25.1-13).

---

241) H. F. Bayer, *Jesus' Predictions of Vindication and Resurrection* (WUNT 2.20; Tübingen: Mohr Siebeck, 1986) 42-53 참조; Casey, *Aramaic Sources* 242-47: '우리는 그것을 금욕의 서약이 아니라 오히려 예언으로 기술해야 한다. 예수는 이것이 그의 제자들과의 마지막 식사가 될 것으로 알았다'(243). 칠튼은 그 아람어 형태야말로 예견된 상태가 지속되리라는 확신을 표현하는 방식이라고 주장한다(*Pure Kingdom* 86-90).

242) J. Jeremias, *The Eucharistic Words of Jesus* (³1960; London: SCM, 1966) 182-84; 또한 *Proclamation* 137. 눅 22.16-18에서 '금욕의 서약'은 음식을 포함한다.

243) M. de Jonge, *Early Christianity and Jesus' Own View of His Mission* (Grand Rapids: Eerdmans, 1998) 5장: '막 14.25은 그 자체로만 보면 예수가 부활하여 높임을 받고 하나님의 주권적 통치가 마지막 약진할 즈음 종말론적 식사의 자리에 함께 하리라 기대했다는 것을 말할 뿐이다'(68). 마이어(Meier)는 그러한 어록 속에 다른 놀라운 부재들을 주목한다(*Marginal Jew* 2.308-309). '그 본질에 있어 그것은 예수의 진정한 어록이다'(Becker, *Jesus* 341); 유사하게 Lüdemann, *Jesus* 97.

244) Dodd, *Parables* 158-74.

마 24.42	막 13.33-37	눅 12.35-38
42 그러므로 깨어 있으라. 어느 날에 너희 주가 임할는지 너희가 알지 못함이니라.	33 주의하라. 깨어 있으라. 그 때가 언제인지 알지 못함이라. 34 가령 사람이 집을 떠나 타국으로 갈 때에 그 종들에게 권한을 주어 각각 사무를 맡기며 문지기에게 깨어 있으라 명함과 같으니 35 그러므로 깨어 있으라. 집 주인이 언제 올는지 혹 저물 때일는지, 밤중일는지, 닭 울 때일는지, 새벽일는지 너희가 알지 못함이라. 36 그가 홀연히 와서 너희가 자는 것을 보지 않도록 하라. 37 깨어 있으라. 내가 너희에게 하는 이 말은 모든 사람에게 하는 말이니라 하시니라.	35 허리에 띠를 띠고 등불을 켜고 서 있으라. 36 너희는 마치 그 주인이 혼인 집에서 돌아와 문을 두드리면 곧 열어 주려고 기다리는 사람과 같이 되라. 37 주인이 와서 깨어 있는 것을 보면 그 종들은 복이 있으리로다. 내가 진실로 너희에게 이르노니 주인이 띠를 띠고 그 종들을 자리에 앉히고 나아와 수종들리라. 38 주인이 혹 이경에나 혹 삼경에 이르러서도 종들이 그 같이 하고 있는 것을 보면 그 종들은 복이 있으리로다.

마 24.43-44	눅 12.39-40	도마 21.3
43 너희도 아는 바니 만일 집 주인이 도둑이 어느 시각에 올 줄을 알았더라면 깨어 있어 그 집을 뚫지 못하게 하였으리라. 44 이러므로 너희도 준비하고 있으라. 생각하지 않은 때에 인자가 오리라.	39 너희도 아는 바니 집 주인이 만일 도둑이 어느 때에 이를 줄 알았더라면 그 집을 뚫지 못하게 하였으리라. 40 그러므로 너희도 준비하고 있으라. 생각하지 않은 때에 인자가 오리라 하시니라.	그러므로 나는 말한다: 만일 집 주인이 도둑이 오는 것을 안다면 그는 도둑이 오기 전에 깨어 있을 것이고, 도둑이 그가 거주하는 집에 들어와 그의 물건을 가져가지 못하게 할 것이다. 그러나 너희는 이 세상에 대하여 깨어 있어야 한다.

마 24.45-51	눅 12.42-46
45 충성되고 지혜 있는 종이 되어 주인에게 그 집 사람들을 맡아 때를 따라 양식을 나눠 줄 자가 누구냐? 46 주인이 올 때에 그 종이 이렇게 하는 것을 보면 그 종이 복이 있으리로다. 47 내가 진실로 너희에게 이르노니 주인이 그의 모든 소유를 그에게 맡기리라. 48 만일 그 악한 종이 마음에 생각하기를 주인이 더디 오리라 하여 49 동료들을 때리며 술친구들과 더불어 먹고 마시게 되면 50 생각하지 않은 날 알지 못하는 시각에 그 종의 주인이 이르러 51 엄히 때리고 외식하는 자가 받는 벌에 처하리니 거기서 슬피 울며 이를 갈리라.	42 …지혜 있고 진실한 청지기가 되어 주인에게 그 집 종들을 맡아 때를 따라 양식을 나누어 줄 자가 누구냐? 43 주인이 이를 때에 그 종이 그렇게 하는 것을 보면 그 종은 복이 있으리로다. 44 내가 참으로 너희에게 이르노니 주인이 그 모든 소유를 그에게 맡기리라. 45 만일 그 종이 마음에 생각하기를 주인이 더디 오리라 하여 남녀 종들을 때리며 먹고 마시고 취하게 되면 46 생각하지 않은 날 알지 못하는 시각에 그 종의 주인이 이르러 엄히 때리고 신실하지 아니한 자의 받는 벌에 처하리니

마 25.1-13	눅 13.25
1 그 때에 천국은 마치 등을 들고 신랑을 맞으러 나간 열 처녀와 같다 하리니 2 그 중의 다섯은 미련하고 다섯은 슬기 있는 자라. 3 미련한 자들은 등을 가지되 기름을 가지지 아니하고 4 슬기 있는 자들은 그릇에 기름을 담아 등과 함께 가져갔더니 5 신랑이 더디 오므로 다 졸며 잘새 6 밤중에 소리가 나되 보라 신랑이로다 맞으러 나오라 하매 7 이에 그 처녀들이 다 일어나 등을 준비할새 8 미련한 자들이 슬기 있는 자들에게 이르되 우리 등불이 꺼져가니 너희 기름을 좀 나눠 달라 하거늘	

<table>
<tr>
<td>

9 슬기 있는 자들이 대답하여 이르되 우리와 너희가 쓰기에 다 부족할까 하노니 차라리 파는 자들에게 가서 너희 쓸 것을 사라 하니

10 그들이 사러 간 사이에 신랑이 오므로 준비하였던 자들은 함께 혼인 잔치에 들어가고 문은 닫힌지라.

11 그 후에 남은 처녀들이 와서 이르되 <u>주여 주여 우리에게 열어 주소서.</u>

12 <u>대답하여 이르되</u> 진실로 <u>너희에게 이르노니 내가 너희를 알지 못하노라</u> 하였느니라

13 그런즉 깨어 있으라. 너희는 그 날과 그 때를 알지 못하느니라.

</td>
<td>

25 집 주인이 일어나 문을 한 번 닫은 후에 너희가 밖에 서서 문을 두드리며 <u>주여 열어 주소서</u> 하면 <u>그가 대답하여 이르되 나는 너희가</u> 어디에서 온 자인지 <u>알지 못하노라</u> 하리니

</td>
</tr>
</table>

여기서 우리는 위에서 지적한 전통의 연속물(§8.6b) 중 또 다른 사례를 적어도 Q 안에 가지고 있는 것 같다(두 번째와 세 번째 예문에서 평행구의 유사성은 문헌상의 의존을 암시한다). 그러나 첫 번째의 예문은 마가에게도 알려진 독립적인 구어 전통처럼 보인다. 그리고 비록 마태만이 마지막 비유를 가지고 있지만 누가는 그 마지막 장면을 알고 있다. 환언하면 전통화 과정이 마태복음 24.42-25.13과 누가복음 12.35-46의 군집된 연속물 가운데 반영되어 있다는 것이다. 특히 Q가 의존한 그 전통을 구연하는 책임을 떠맡은 자들은 비록 다른 흐름 속에서였지만 유사한 강조점을 가지고 예수가 그러한 비유들을 말한 것에 관심을 기울이며 회상하였다.

특별히 주목할 만한 것으로 그 연속물에 공통되는 두 가지 특징이 있다. 하나는 누군가(주인, 도둑, 신랑) 오는 것의 **확실성**인데 그의 왕림은 그 비유의 주요 등장인물들(종, 주인, 신부 들러리)의 미래에 결정적인 위치를 차지한다. 또한 오는 그 시간의 **불확실성**도 한몫 거든다. 또 다른 하나는 그 결과로서 제시되는 경성함, 곧 깨어 있으라(*grēgoreō*)는 요구이다.[245] 그 변용된

---

245) 막 13.34; 막 13.35/마 24.42; 막 13.37; 마 24.43; 25.13; 눅 12.37.

내용은, 비록 그 전통의 구연자들은 그들이 적절하다고 생각한 대로 자유롭게 그것을 포함시켰지만, 그 요구가 전통 가운데 고정된 위치를 차지하지 않았음을 암시한다. 여기서 또한 도마복음이 거기 보유된 유일한 이 전통의 요소를 탈종말론화했음을 다시 한 번 지적해야 할 것이다. '너희는 세상을 향해 깨어 있어야 한다'(도마 21.3; 103 참조).

도드는 초기 교회가 이 비유들을 반복하여 이야기하면서 예수의 재림이란 견지에서 생각했던 데 비해, 정작 예수 자신은 다른 관점을 가지고 있었을 것이라고 정당하게 주장했다.[246) 그것은 그 비유의 청중들이 스스로 그 비유의 시간적 틀 속에서 어디에 자신을 위치시키고자 의도했는가 하는 논제라고 말할 수 있다. 자신을 그 비유의 시작 부분에 관계되도록 위치시키는 것이 자연스런 경향일 것이다. 주인이 떠난 뒤 오래지 않은 시점, 신부 들러리들이 잠에 떨어지기 이전 같은 시점 등일 텐데, 이는 남아 있는 시간 내에 책임 있게 행동할 수 있는 좋은 기회를 의미한다. 그러나 그 최초의 의도가 청중들이 스스로를 그 비유의 끝에 가깝게 위치시켜야 하는 것이었다면 어떠했을까? 그러니까 주인이 막 돌아오려는 지점, 도둑이 침입해 들어오려는 시점, 한밤중의 외침이 이미 신랑의 왕림을 신호하는 바로 그 지점 말이다.

도드는 그 점을 밀어붙여 '실현된 종말론'이라는 자신의 논지를 지탱했다. 이를테면 예수가 '자신의 사역 속에서 역사의 최고 위기를 보았다'는 것인데, 곧 '다소 먼 미래에 기대된 위기라기보다 그의 오심으로 만들어진'

---

246) 유사하게 Jeremias, *Parables* 48-58, 171-75. 도드와 예레미아스의 논지는 그 비유들이 '재림의 지연'에 대한 그리스도인의 관심을 반영하기 때문에 '진정성이 없는 것'으로 단순히 배제하는 자들에게 무시된다(Lüdemann, *Jesus* 233-34, 그러나 그는 눅 12.39이 '진정성이 있는 것 같다'[349]고 용인한다. 다른 주장들은 Beasley-Murray, *Jesus and the Kingdom* 385 각주 53). 예수세미나 팀은 그리스도교의 최초 저술 가운데 다른 곳(살전 5.2, 4; 벧후 3.10; 계 3.3; 16.15)에서 '밤중의 도둑' 모티프가 예수 이미지의 반향일 개연성에 충분한 비중을 두지 않았다(Funk, *Five Gospels* 252, 342; 유사하게 Crossan, *Historical Jesus* 250-51; 그렇지 않으면 크로산은 묵시문학적 인자가 언제 그 전통에 들어갔는지의 질문에 자신의 논의를 한정한다[253-254]). 비유사성의 기준에 따른 논리는 어떤 평행구라도 예수 전통과 일치하면 그 전통이 예수에게 소급되는 것에 불리한 판정을 내린다. 예수는 인습적일 수도, 독창적일 수도 없었으리라는 것이다! 또한 Beasley-Murray 213-14과 Davies and Allison, *Matthew* 3.392-94 [둘 다 마 25.1-13에 대하여]; Scott, *Hear Then the Parable* 210-12; Hultgren, *Parables* 159-61, 176-77을 보라.

위기를 말한다.[247] 그러나 이는 논점을 너무 밀어붙인 것이다. 기실 예의 비유들은 위기를 '먼 미래' 속에 전망하지 않는다. 그렇다고 그것들이 그 위기가 이미 발생했다거나 이미 발생하고 있음을 암시하는 것도 아니다.[248] '깨어 있으라'는 반복적인 명령은, 만일 그것이 이미 과거가 된 시간(어떤 왕림)을 가리킨 것이라면, 과잉의 군더더기일 것이다. 그것은 잔혹한 아이러니의 비유로서만 기능할 수 있다. '깨어 있으라! 그러나 이미 너무 늦었다!' 좀더 자연스러운 독법은, 비록 그날과 때에 대해서는 끝끝내 알지 못할지라도 그 도래가 확실한, 확실할 뿐 아니라 절박한, 바로 그런 위기에 대한 경고를 듣는 것이다. 무엇보다 지금이야말로 일순간 일어날 수 있는 일에 깨어 경성해야 할 때다.

실제의 삶 가운데 예상된 그 위기가 무엇인지 적시되지는 않지만, 그 이미지는 일관되게 크나큰 손실이란 함의와 함께 준비되지 않은 상태로 포착된다. 그래서 그 나라의 도래는 여기서 최후 심판 가운데 결핍된 채 발견되어 마지막 시련에서의 실패와 일맥상통한다. 어쨌든 예의 연속물 자료는 예수 전통 내에서 긴박한 기대의 계통이 지닌 힘을 확인해준다.

h. 임박한 그 나라

이 주제를 최초로 다룬 연구 가운데 가장 영향력 있는 한 가지는 큄멜(W. G. Kümmel)의 것이었다.[249] 큄멜은 예수의 설교 가운데 '종말', 곧 그가 그 나라의 도래와 동일시한 그 마지막 정점의 '절박한 긴급성'에 특별히 주목하였다. 그 나라의 긴박성은 *engiken, engys* 자료와 위에서 검토한 '위기의 비유들' 가운데 충분히 명확하다.[250] 큄멜은 아울러 불의한 재판관의 비유

---

247) Dodd, *Parables* 165; 그 비유들은 '사람들에게 그의 호소를 강요하여 하나님의 나라가 그 모든 중대한 결과들 가운데 현존하고, 이 놀라운 위기에 직면하여 그들이 자신의 행실로써 스스로 충성된지 불충한지, 지혜로운지 어리석은지 판단하리라는 점을 인식하도록 하려는 의도였다(174).
248) 도드의 입장에 대한 예레미아스의 수정을 참조. *Proclamation* 138-39에 요약됨.
249) Kümmel, *Promise* 1장(특히 54-54); 또한 'Eschatological Expectation in the Proclamation of Jesus', in Robinson, ed., *The Future of Our Religious Past* 29-48.
250) Kümmel, *Promise* 19-25, 54-59; 'Eschatological Expectation' 32-35.

(눅 18.2-8)에서 여분의 분량으로 논의를 개진한다. 누가는 끈질긴 기도에 대한 독려 차원에서 그것을 제시하였다(18.1). 그러나 큄멜은 그 비유의 끝부분에 특별히 주의를 기울인다. 하나님의 신원이 오래 지연되지 않을 것이다. '내가 말하노니 그(하나님)는 그들(그의 택한 자들)에게 *en tachei* 정의가 베풀어지는 것을 볼 것이다.' 여기서 *en tachei*는 물론 '신속히, 곧'을 의미한다.[251] 누가와 관련되는 한 여기서 염두에 둔 것은 그의 마지막 수수께끼 같은 문장으로 나타난다. '그럼에도 불구하고 인자가 올 때 그가 땅에서 믿음을 보겠느냐?'(18.8b) 이는 최후 심판 외에 다른 어떤 것일 수 없는데, 오직 그때서야 선택받은 자들이 신원되길 바랄 수 있기 때문이다. 누가는 아마 최후성의 어조를 아이러니하게도 18.5(*eis telos*)에서 끌어오는 것 같다.[252] 18.8a는 부당하게 다뤄진 자들('선택받은 자들')의[253] 신원이 임박하리라는 확신만을 추가한다.

하지만 큄멜에게 매듭을 짓는 증거는 많은 논란이 되는 세 개의 텍스트에서 온다. 마가복음 9.1; 13.30; 마태복음 10.23.[254] 이것들 중 첫 번째, 곧 셋 중에 유일하게 그 나라가 언급되는 본문은 지금까지 우리가 12장에서 만난 대부분의 것들보다 한층 더 혼란스런 전통사를 보여준다.

---

251) Kümmel, *Promise* 59; 'Eschatological Expectation' 37. 율리허(Jülicher) 이후, 18.6-8은 종종 그 비유에 첨가된 것으로, 즉 핍박에 직면한 그리스도교 공동체의 산물로 받아들여졌다(Scott, *Hear Then the Parable* 176-77; 다른 입장은 Hultgren, *Parables* 257 각주 26; Lüdemann, *Jesus* 375). 그러나 18.6-8a은 덧붙인 해석이라기보다 가르침의 연속으로 기록되어 있다(Hultgren 258-259). 여기 사용된 아람어 관용어와 무정한 재판관으로 예증된 하나님의 자비의 충격에 대한 예레미아스의 통찰이 더 큰 비중으로 새겨져야 한다. 추가로 Beasley-Murray, *Jesus and the Kingdom* 203-207을 보라.

252) '아이러니하게도' 재판관이 두려워한 '종말'은 그에게 불명예를 안긴(*hypōpiazō*) 과부이다.

253) '선택된 자들'은 예수 전통 다른 곳에도 나오는데 막 13.20, 22, 27 평행구와 마 22.14가 전부다. 그러나 그것은 유대인의 자기 이해에 중심적인 특징이었다(내 주석서 *Romans* [WBC 38; Dallas: Word, 1988] 502의 참조 사항들).

254) 그러나 큄멜의 부대조건을 주목하라(*Promise* 149-51). 큄멜에도 불구하고, 독일의 학계는 대개 이러한 본문들을 예수의 어록으로 쳐주지 않는다(예컨대, Schürmann, *Gottes Reich* 38-41과 각주 65를 보라. Merklein, *Jesus Botschaft* 54-56; H. Merkel, 'Die Gottesherrschaft in der Verkündigung Jesu', in Hengel and Schwemer, eds., *Königsherrschaft Gottes* 119-61 [여기서는 139-41]; Gnilka, *Jesus of Nazareth* 147-49; Becker, *Jesus of Nazareth* 121; Theissen and Merz, *Historical Jesus* 255). 유사하게 Perrin, *Rediscovering* 199-202. 앨리슨은 그것들이 요 8.51-52의 또 다른 변용문과 더불어 한 어록의 세 가지 변용 형태가 아닌가 의심한다(*Jesus of Nazareth* 149-50). 반면 맥나이트는 큄멜을 매우 밀접하게 따른다(*New Vision* 128-30, 133-37).

마 16.28	막 9.1	눅 9.27
28 진실로 너희에게 이르노니 여기 서 있는 사람 중에 죽기 전에 인자가 그 왕권을 가지고 오는 것을 볼 자들도 있느니라.	1 또 그들에게 이르시되 내가 진실로 너희에게 이르노니 여기 서 있는 사람 중에는 죽기 전에 하나님의 나라가 권능으로 임하는 것을 볼 자들도 있느니라 하시니라.	27 내가 참으로 너희에게 이르노니 여기 서 있는 사람 중에 죽기 전에 하나님의 나라를 볼 자들도 있느니라.

이 어록은 세 복음서 모두에서 같은 순서로 나오는데, 이는 단순히 마가의 영향을 나타낸다(이 어록군의 문헌적 상호 의존은 분명하다). 아울러 이는 몇 명의 제자들이 어떤 식으로든 죽기 전에 그 나라를 경험하리라는 것을 확실히 보여준다.[255] 마가는 현재 상태로 그 순서를 배치하면서 그의 청중들이 그 경험을 예수의 변모(막 9.2-10 평행구)를 목격한 세 명의 내부 핵심 제자들(베드로, 야고보, 요한)이 그 와중에 겪은 경험으로 해석하도록 의도하였을 수도 있다.[256] 하지만 그 해석은 마가 자신이 엿새 후에야 그 변모 사건이 있었다고 보고하는 터라 거의 가능성이 없다. 그것은 다만 마가 쪽에서 그 예언과 관련한 어느 정도의 당혹감을 시사할 수는 있다.[257]

그 이야기의 중단에 더 큰 이유를 제공하는 것은 우리의 목적과 관련

---

255) 도드는 그 완료시제 *elēlythuian*('왔다')이 그 나라가 이미 그의 사역 가운데 왔다는 사실을 그 제자들이 각성한 것을 가리킨다고 주장했다(*Parables* 53-54). 유사하게 예수세미나 팀의 어떤 구성원들은 그 어록이 예수의 축귀 활동 가운데 그 나라가 (가시적으로) 임했음을 가리켰다고 생각한다(Funk, *Five Gospels* 81). 그러나 그 완료시제는 외려 완료된 도래와 지속적인 현존을 암시하거니와, 이는 '그들이 하나님의 통치가 권능 가운데 확립되는 것을 볼 때까지'의 함의와 같은 뜻이다 (Kümmel, *Promise* 26-27; Gundry, *Mark* 469).

256) 그 해석은 알렉산드리아의 클레멘스에게로 소급된다. 예컨대 Beasley-Murray, *Jesus and the Kingdom* 187-88의 간략한 개관을 보라.

257) 칠튼은 'x는 y까지 발생하지 않을 것이다' 식의 아람어 형태의 발화법이 그 진술의 양쪽 부분들이 타당하다고 고집하기 위해 사용된다고 주장한다. 그러나 그는 그 점을 '죽음을 맛보지 않을 자들'이 결코 죽지 않는 사람들(에녹과 엘리야처럼)을 가리킨다는 주장과 결합시킨다. 이는 결국 이어지는 변화산 이야기가 '예수의 약속에 대한 환상적인 연출'이라는 논지로 귀착된다(*Pure Kingdom* 62-65). 그러나 이 어록이 예수의 동반자들 가운데 어떤 자들이 결코 죽지 않으리라는 뜻이라고 그가 생각하는지 여부는 불분명하다. 좀더 그럴듯한 해석은 그 예언을 누가가 하나님 통치의 강력한 표시로 이해한 오순절 보도와 연계시키는 것일 터이다(행 1.3-8). 그러나 어떤 신약성서 저자도 실제로 그렇게 연결시키지 않는다. 추가로 Gundry, *Mark* 467-69와 Davies and Allison, *Matthew* 2.677-81의 도움이 되는 여러 견해들의 개관을 보라.

된 그 어록의 주요 부분(그 나라)이 매우 불안해 보인다는 점이다. 물론 그 변용 사항은 우리가 구어 전통의 수행 가운데 흔히 찾아볼 수 있는 종류의 변용으로 쉽게 설명된다. 그러나 그것이 바로 핵심이다. 지금까지 우리가 발견한 것이 암시하는 바에 의하면, 그 변용이 클수록 변용 가능한 자료는 그 전통화 집단과 교회 내부에서 중요성이 덜한 것으로 간주되었다. 그렇지 않다면 우리는 그저 예수가 여기서 미래로서의 그 나라에 대하여 무엇인가 말한 것으로 기억되었다고 결론짓는 것으로 만족해야 할까? 그 경우에 큄멜의 주장이 다소 힘을 받으며 다시 등장한다. 예수는 그의 제자들 살아생전에 하나님 나라의 공적인 현현을 기대했다.[258]

큄멜의 본문들 중 두 번째는 그 나라를 말하지 않고 이미 검토한 *engys* 구절(막 13.28-29)과 긴밀한 연관을 맺는다. '진실로 내가 너희에게 말하노니 이 모든 것들이 일어나기 전에 이 세대가 결단코 지나가지 않으리라'(13.30 평행구). 마가복음의 맥락에서 '이러한 것들'은 마지막 재난, 우주적 혼란, 인자의 도래와 선택된 자들의 마지막 수확(13.19-27)을 가리킬 수밖에 없는데, 마가는 이를 예루살렘의 (예상된) 멸망과 연계시키는 것 같다(13.14-18). 큄멜이 정당하게 주장하듯, '*hē genea hautē*[이 세대]는 오직 예수의 동시대를 의미할 수 있을 뿐이다.'[259] 그 함의는 다시금 분명한데, 예수가 그의 세대가 살아 있는 동안 최후의 재난을 기대했다는 것이다. 비록 13.30의 현재 맥락이 (그리고 13.30 자체가) 전통을 많이 재가공한 결과라 할지라도,[260] 마가복음 13장 전통의 담지자들이 기꺼이 그러한 긴박한 기대의 어조를 예수에게로

---

258) Kümmel, *Promise* 25-29; '보는 것'과 '권능 가운데 오는 것'은 '이 약속이 그 통치의 종말론적 등장을 가리킨다는 결론을 비켜가기 위해 공적으로 가시적이고 만져서 알 수 있는 하나님 나라의 현현을 너무 명확하게' 적시한다('Eschatological Expectation' 40-41); 유사하게 Pesch, *Markusevangelium* 66-67; Fitzmyer, *Luke* 790. 그러나 대부분은 그 어록으로 다소 난처한 상태이다. 예를 들어 마이어(*Marginal Jew* 2.343-44)와 뤼데만(*Jesus* 59-60)은 그 어록의 출현과 관련된 더 분명한 배경이 첫 세대 교회들 내에서 발생한 첫 번째 죽음들 이후였다고 생각한다.

259) Kümmel, 'Eschatological Expectation' 38; 또한 *Promise* 60-61; Davies and Allison, *Matthew* 19-28, 367-68이 일치한다.

260) 많은 학자들의 결론이 그렇다. 가령, Meier, *Marginal Jew* 2.344-47을 보라. 페쉬는 막 9.1이 13.30의 기초였다고 주장한다(*Markusevangelium* 308). 반면 비슬리-머레이는 그 영향이 정반대였다며 13.30이 마 23.36/눅 11.51의 Q 어록과 보다 가깝다고 주장함에 있어 뵈글(A. Vögtle)을 따른다(*Jesus and Kingdom* 190-93). 그러나 후자와 막 13.30의 차이점은 너무 커서 그 가설을 위해 많은 지지를 보낼 수 없다(Gundry, *Mark* 791).

돌린 것은, 그 어조가 예수 전통의 보다 더 오래 확립된 요소들과 일치한 것이라는 그들과 그들 공동체의 확신을 나타내는 듯하다.

퀌멜의 본문 중 세 번째는 우리가 슈바이처의 본문이라 부를 수 있는 것으로, 슈바이처가 예수의 선교를 재구성하면서 주목한 본문이다.[261] 마태복음 10.23: '이 동네에서 너희를 박해하거든 저 동네로 피하라 내가 진실로 너희에게 이르노니 이스라엘의 모든 동네를 다 다니지 못하여서 인자가 오리라.'[262] 이 본문은 그 셋 중에 가장 난해한 것으로 오직 마태복음에만 나온다. 마태는 그것을 마가의 묵시문학적 강론(막 13.9-13/마 10.17-22)에서 끌어온 단락과 결부시켰는데, 이는 일반적으로 후대 (그리스도교) 선교의 환경을 가장 명확하게 반영하는 '작은 묵시록'의 단락으로 간주된다. 나아가 인자의 재림/(지상) 귀환에 대한 기대는 또한 발전된 인자 그리스도론을 잘 반영하는 듯하다.[263] 따라서 이 어록이 초기 교회의 선교 내에서,[264] 즉 이방인 선교가 개시되거나 충분히 유대와 갈릴리 교회 가운데 수용되기 전에 예언적 발언으로 등장했다고 분명히 생각할 수 있다.[265]

다른 한편으로 이방인 선교는 매우 일찌감치 시작되었고, 얼마나 주저했든지 간에 예루살렘의 리더십에 의해 분명히 수용되었다(갈 2.1-10). 이방인 선교의 선택에 대해 사실상 미리 처리한 예언적 발언이 예루살렘 리더십의 영향을 받은 동아리 내부에서 수용되었을지 아니면 보류되었을지 의문 사항으로 판정될 수밖에 없다. 비록 불편할지라도 우리는 유대인인 예수의 선교에 대한 관점이 부활 사건 이후 선교 대표자들의 관점보다 더 한정되었을 개연성을 인정해야 한다. 결국 그 어록은 마태복음 10.5-6과 한 계통에 속하는데, 이는 마태가 제자들의 선교 설교에 대한 Q의 요약과 결합시킨 것이다. '천국이 가까이 왔노라'(마 10.7/눅 10.9). 그러므로 예수가 진

---

261)　위의 제10장 각주 3을 보라.
262)　Kümmel, *Promise* 61-64; 'Eschatological Expectation' 44-45.
263)　아래 §16.4f를 보라.
264)　Boring, *Sayings* 209-11; Meier, *Marginal Jew* 2.339-41; Lüdemann, *Jesus* 168 참조.
265)　'이스라엘의 동네들'은 사마리아를 포함할 수 있다(물론 10.5을 주목해야 하지만). 그러나 어떤 디아스포라 정착지도 그렇게 지정되지 않았다.

정 이런 취지로(그러나 '인자'의 견지에서?) 무엇을 발언한 것으로 기억되었다고 주장할 수 있다. 아울러 그 두 어록 모두(마 10.5-6, 23) 이후의 발전에 비추어 그 부적합성이 늘어났음에도 불구하고 믿는 유대인들 가운데 보존되었다는 주장도 가능하다.[266] 간단히 말해 긴박함의 어조는 쉽게 피해갈 수 없지만, 예수 나름의 기대에 대한 증언으로서 그 어록의 가치는 불분명하다.

이 토론에 퀴멜이 기여한 것 중 다른 주목할 만한 특징은 그 긴박한 기대가 그 마지막 정점 이전의 **틈새**에 대한 인식으로 누그러졌다는 것이다.[267] 여기서 우리는 단순히 이미 검토한 자료의 다음 측면들을 주목할 수 있다. '가까이'라는 말은 이미 '여기에'를 뜻하지 않는다. 봄은 아직 여름이 아닌 것이다(막 13.28 평행구). '페이라스모스'(peirasmos)는 주기도문의 기도자를 아직 삼켜버리지 않았다(마 6.13/눅 11.4). 예수의 추종자들이 핍박받고 고난을 예상할 수 있는 기간은 미리 앞당겨진다. '금욕의 서약'은 (그 나라에서) 금식이 깨트려지기 전의 시간을 암시한다(막 14.25 평행구). 불의한 심판관의 비유는 중재의 기간을 그려본다(눅 18.7). 어떤 사람은 그들이 (오는) 그 나라를 보기 전 죽음을 맛보지 않을 것이지만, 다른 이들은 (추측건대) 그것을 보기까지 살지 못할 것이다(막 9.1 평행구). '이 세대'는 10년 이상을 넘어 확대될 수 있다(막 13.30 평행구). 선교의 시간이 그려진다(마 10.23). 예레미아스는 또한 결실치 못하는 무화과나무의 비유가 심판이 집행되기 전 은혜의 기간을 늘리는 하나님의 가능성을 떠올려준다고 주목한다. '금년에도 그대로 두소서'(눅 13.6-9).[268]

이 자료의 범위에서 오직 한 본문만은 상당한 틈새를 전망한다. '그러나 먼저 복음이 열방에 선포되어야 하리라'(막 13.10/마 24.14). 하지만 이는 전통이 전수되어온 과정 속에 그 전통에 보태진 해석적 첨가물이나 수정

---

266) Beasley-Murray, *Jesus and the Kingdom* 289-90 (이전의 토론에 대한 검토와 함께 283-89); Davies and Allison, *Matthew* 2.189-90. 하지만 마이어는 10.5-6이 '복음 선포를 유대인 이외의 집단들에게 확대하는 것을 반대한 첫 그리스도교 세대 내의 어떤 집단의 산물인 것 같다'고 생각한다 (*Marginal Jew* 3.542-44).
267) Kümmel, *Promise* 특히 75-82.
268) Jeremias, *Proclamation* 140.

사항으로 보이는 것의 가장 좋은 일례다.[269] 특히, (1) 그것은 독특하게 마가적인, 다시 말해 편집적 단어 '복음'에 매달려 있다. (2) 그것은 마가복음 13.9-13에 나오는 (어쨌든 후대의) 강론의 흐름을 (마태와 누가가 그것을 생략한 데서 확인되듯이) 방해한다. 그리고 (3) 앞으로 우리가 보게 될 테지만, 예수는 이방인을 향한 선교 자체를 구상하지 않았다.[270] 그것은 반드시 예수가 그 나라의 도래에 앞서 많은 세대 또는 세기의 간격을 예상했다는 어떤 견해에도 확실한 기초를 제공하지 않는다.

방금 검토한 그 전통(§12.4h)이 어떻게 §12.4의 나머지 자료와 연계되는지 불분명하다. 약간의 시간이 경과된 부대조건과 함께 공통되고 일관된 요소는 정점의 결정적인 중요성을 지닌 임박한 사건의 기대이니, 곧 도래하는 하나님 나라, 미래의 (마지막?) 심판을 결정하는 위기가 그것이다.[271] 이미지와 세부 사항의 다양성에도 불구하고, 그것이 서로 연계된 것으로 보지 않는 이 전통을 수행한 공동체를 상상하는 일은 어렵다. 그 전통의 범위와 성격은 외려 그 예수 전통을 비축해둔 공동체 가운데 많이 성찰되고 반복적으로 구연된 공통의 주제를 나타낸다.

요약하면, 지금까지 검토된 하나님 나라 관련 언급들은 그 나라 전통의 방대한 영역을 포괄한다. 우리는 그의 '오심'에 대한 이야기를 포함하여 보다 풍성한 인자 전통을 좀더 충분히 고찰해야 한다. 그러나 그것은 보다 적절히 나중에 다루어진다(아래 §16.4). 아울러 인자 어록과 별도로 예수 전통 내에 미래의 종말론적 강조가 얼마나 방대한지 바로 인정하는 것이 중요하다.[272] 게다가 지금까지 언급된 가르침들은 그것이 예수 전통을 구연한 자들과 연이어 복음서 저자들에 의해 명백히 중요한 것으로 보인 까닭에 특별히 주목할 만하다. 그 가르침들은 예수가 설교한 것의 요약본을 제

---

269) Taylor, *Mark* 507-508; Kümmel, *Promise* 84-86.
270) 아래 §13.7을 보라; 막 13.10에 대한 대안적 견해들로는 아래의 13장 각주 248을 보라.
271) 이전의 확신은 스킬라베익스(Schillebeeckx)가 잘 요약한다: '예수가 하나님 통치의 임박한 도래를 예언했다는 것은 논쟁의 여지가 없다'(*Jesus* 152).
272) 가령, 크로산은 위기의 비유들을 '묵시문학적 인자'라는 표제를 붙인 단락에서 다룬다(*Historical Jesus* 250-51, 253-55).

공했고, 매우 소중히 간직된 예전적 자료에 연계되었으며, 종말론적 전복, 임박한 심판, 제자직의 고난과 기대된 축복 등과 같은 주요 주제들을 표현하였다. 그러한 전통들은 처음부터 소그룹 제자들의 정체성과 이후 30년대와 40년대에 세워진 첫 교회들의 정체성에 중추적이었을 것이다. 그 전통들은 비축되어 의심의 여지 없이 종종 그들의 모임 가운데 반복해서 구연되었을 것인데, 그 와중에 하나님의 미래 통치라는 지극한 복락에 참여할 희망을 일깨우고 임박한 심판 이전에 회개를 촉구하며 예상된 고난에 직면하여 결의를 다질 뿐 아니라 하나님을 고대하는 기도를 독려했을 것이다.

이 자료와 관련해 두드러진 점은 그 안에 하나님의 나라가 미래로서, 또는 아직 도래할 것으로서, 또는 거론된 자들에게 충분히 영향을 줄 것으로서 일관되게 강조되어 있다는 점이다. 거기 사용된 그 이미지는 사실상 다양하지만, 대개 최후 심판의 함의와 함께 하나님의 마지막 개입을 압도적으로 전망한다. '그 나라에 들어가는 것'은 '생명에 들어가는 것'과 동일하다. 그 반대는 게헨나에 던져지는 것이다(다시 모종의 심판을 암시하면서). 때로 그 기대는 사태를 이 땅에 있어야 할 질서에 맞춰 정립시키는 최후의 신적인 개입,[273] 즉 하나님의 통치 아래 이루어야 할 정의의 회복에 해당되는 것이었을지 모른다.[274] 그러나 그러한 변용은 성격상 §12.2에 요약된 제2성전기 유대교 내부의 보다 넓은 종말론적 기대 범주와 통한다. 의심할 것 없이 그 모티프들은 예수 전통의 전승 내에서 확장되었다. 그러나 예수 전통

---

273) 그 애매모호함의 특징적인 점은 마태가 그의 최후 심판 버전 '*palingenesia*에서' 가운데 *palingenesia*('갱생')란 말을 사용한 것이다(마 19.28 = 눅 22.30의 '내 나라에서'; = 막 10.30에서는 '오는 세대에서'). '팔링게네시아'(*palingenesia*)는 우주의 갱신을 나타내는 스토아 사상의 전문 용어가 되어 있었다. 그러나 키케로는 추방에서 귀환한 것을 '팔링게네시아'로 묘사할 수 있었다(*Att.* 6.6). 필론은 *Aet.*(9, 47, 76, 85, 93, 99, 103, 107)에서 우주적 대화재와 재생의 순환이란 스토아 사상에 일관되게 의존하지만 또한 그 용어를 홍수 이후 세상의 재구성(*Vit. Mos.* 2.65)과 사후 생명(*Cher.* 114)과 관련해서도 사용한다. 유사하게 요세푸스는 그것을 추방 이후 땅에서 이스라엘의 재정립을 위해 사용할 뿐 아니라(*Ant.* 11.66), 또한 사후 생명을 *palin genesthai*로 언급한다(*Ap.* 2.218)(F. Büchsel, *palingenesia*, TDNT 1 [1964] 686–88; Davies and Allison, *Matthew* 3.57).

274) 예컨대, Oakman, *Jesus* 207–16 ('하나님의 경륜적인 통치'); Herzog, *Parables as Subversive Speech*를 보라. 또한 *Jesus, Justice and the Reign of God: A Ministry of Liberation* (Louisville: Westminster John Knox, 2000); Malina, *Social Gospel* 34–35 ('예수의 하나님 나라 선포는 진정으로 그의 사회적 복음이었다'); Crossan and Reed, *Excavating Jesus* 172–74.

내에서 그 모티프들의 범위와 정도가 전제된다면 예수가 처음부터 그 나라를 향후 도래할 대상과 이미 가까이 다가온 대상으로 선포한 것으로 기억되었다는 사실 말고는 달리 믿을 만하게 결론지을 수 없다.

12.5 그 나라가 왔다

만일 향후 다가올 그 나라라는 어조가 예수 전통 가운데 견고하게 탐지되는 것 같다면, **이미 온** 그 나라라는 상충하는 어조도 그것 못지않을 만큼 강하게 탐지되는 것 같다. 그것은 비유를 포함하여, 그리고 특히 예수가 그의 축귀와 세례자에 대해 말할 때, 공관복음 전통의 모든 계통에서 분명히 들을 수 있다.

a. 때가 찼다

이미 인용한(§12.1) 예수의 선교에 대한 마가의 이야기 앞머리에 나오는 마가의 표제 진술은 이중적 강조점을 가지고 있다. 예수가 선포하는 것은 그 나라의 가까움만이 아니다. 동일하게 주제를 이루는 것은 성취의 어조다. 그 표제는 세례자가 무대에서 제거되었다는 정보와 함께 도입되는데, '때가 찼다'(*peplērōtai ho kairos*; 1.15a)는 말과 함께 시작한다. 여기서 '카이로스'(*kairos*)는 보다 비중 있는 의미―결정적인 때, 지정된 때, 심판의 때[275]―를 가지고 있다. 동사의 완료형 시제는 기대된 그 '때'에 선행하는 시기가 만료되었음(가득 찼음)을 나타낸다. 그 함의인즉, 분명히 오래 기다리던 어떤 정점이 도착했다는 것이다. 그때가 지금이다!

---

275) 삼상 18.19; 삼하 24.15; 스 10.14; 시 102.13; 사 13.22; 렘 10.15; 27.7; 46.21; 겔 7.7, 12; 21.25, 29; 30.2; 단 11.35, 40; 12.4, 9; 합 2.3의 경우가 그렇다. 신약성서에서는 가령, 막 13.33; 마 26.18; 눅 19.44; 21.8, 24; 요 7.6, 8; 롬 3.26; 13.11; 고전 7.29; 고후 6.2을 주목하라.

상당히 관심을 끄는 것은 이 표제의 요약문이 '이미 옴'과 '아직 오지 않음' 사이의 그러한 긴장을 감싸 안는다는 사실이다. '그 때는 찼다. 하나님의 나라는 가까이 왔다'(막 1.15). 그 절은 결정적인 때가 도래했으니,[276] 기대된 때 곧 그 나라가 '곧 도래할' 때, 그동안 그 나라가 도래할 때가 시작되었음을 선포한다. 다시 말해 카이로스는 단순히 하나의 사건, 시간 속의 날이 아니라 일정 기간의 때를 나타낸다.[277] 이는 그 그리스어 단어의 용례와 축복이든, 심판이든, 일정 기간의 때가 시작함을 암시하는 그 이면의 히브리어('et)와 아람어(z°man)의 용례와 일치한다.[278] 에스겔 7.12에서 우리는 두드러진 평행구를 발견한다. '그 때가 왔다, 그 날이 가까이 왔다'(ba' ha'et higgiya' hayom).[279] 그 때의 공지에서 마가복음 1.15에서 예수에게 돌려진 메시지는 다르지 않다.[280] 그러므로 그러한 양면의 강조점('너희들의 희망은 실현된다. 곧 너희의 살아생전에 하나님이 그의 통치를 결정적인 방식으로 드러낼 것이다')을 들은 예수의 청중 가운데 그 누가 20세기 주석가들처럼 이로써 당혹감을 느꼈었는지 의심스럽다.

다른 공관복음 저자들은 그들 나름의 방식대로 그 실현의 어조를 도입한다. 누가는 나사렛 회당에서 설교하는 예수의 이야기에 표제의 중요성을 부여하는데, 그 실현의 어조는 예수가 이사야 61.1을 읽는 데서 발견된다. '주의 영이 내게 임하였으니 그가 내게 기름을 부으사 가난한 자에게 복된 소식을 전파하게 하시고(euangelisasthai)…'(눅 4.18).[281] 그 이야기에 따르면

---

276) Josephus, *Ant.* 6.49: '그것이 (그때가) 왔을 때(plērōthentos d'autou [tou kairou]).'
277) 또한 여전히 유익한 연구 Barr, *Biblical Words for Time* 33-46, 51을 보라.
278) 시 102.13을 참조: '주께서 일어나사 시온을 긍휼히 여기시리니 지금은 그에게 은혜를 베푸실 때('eth)라 정한 기한(mo'ed)이 다가옴이니이다'; 렘 50.27, 31; 겔 30.3.
279) 매우 유사한 것이 겔 7.7이다. '그 때가 왔다, 그 날이 가까이 왔다'(ba' ha'et higgiya' hayom). 어떻게 그 공식문구가 달라질 수 있는지 주목하라: '우리의 때가 가까이 왔고 우리의 날들이 다 찼다, 우리의 때가 왔다'(히브리어 qarab qitsenu mal°'u yamenu ki-ba' qitsenu; 그리스어 ēngiken ho kairos hēmōn, eplērōthēsan hai hēmerai hēmōn, parestin ho kairos hēmōn). '가득 찬' 때의 개념은 히브리와 그리스 사상에 공통적이다(가령, BAGD, 'plēroō' 2을 보라. 추가로 C. F. D. Moule, 'Fulfilment-Words in the New Testament: Use and Abuse', *NTS* 14 [1967-68] 293-320, reprinted in *Essays in New Testament Interpretation* [Cambridge: Cambridge University, 1982] 3-36; Chilton, *God in Strength* 80-86).
280) 이러한 점들은 그 어록에서 보다 일관되게 실현된 강조점을 억지로 밀어붙이는 많은 학자들이 간과한다(Beasley-Murray, *Jesus and the Kingdom* 73-74; Guelich, *Mark* 43-44은 '하나님의 나라가 역사 속에 왔다'고 번역한다. Gundry, *Mark* 64-65; Gnilka, *Jesus of Nazareth* 147 각주 156 참조. '막 1.15은 그 나라가 이 시점부터 실현되기 시작한다고 전제한다').

예수는 그 읽기를 단축하고 선언했다. '오늘 이 성서가 너희들이 듣는 가운데 이루어졌다(*peplērōtai*)'(4.21). 이제 누가가 그 에피소드를 자신의 이야기 가운데 앞당겨 공표하였음이 분명하다. 예수의 가버나움 선교는 얼마간 진행중이었다(4.23). 그리고 최소한 그 이야기의 많은 부분은 가난한 자(시돈의 과부)와 외국인(수리아의 나아만)을 위한 예수의 메시지가 지닌 중요성을 부각시키려는 누가 나름의 개작된 이야기이다(4.25-27).[282] 그럼에도 불구하고 마가의 표제 부분과 마찬가지로(막 1.15), 누가도 그의 청중이 맨 처음에 성취의 어조를 크고 명확하게 들을 뿐 아니라 이어지는 내용도 기실 예수의 선교 선언문을 제시하는 이 개막 진술에 비추어 듣는 것이 중요하다고 생각했다.

마태는 마가와 누가의 이야기 가운데 암시된 세례자와 예수의 차이를 줄인다. 그는 요한으로 하여금 예수와 같은 메시지를 선포하게 한다. '천국이 가까이 왔노라'(마 3.2). 그리고 그는 마가의 첫 구절을 생략한다. 예수는 단순히 '회개하라! 천국이 가까이 왔느니라'(4.17)는 말씀으로 시작한다. 그러나 이는 마태가 예수와 관련하여 성취의 논조를 부인했기 때문이라고 보기 어렵다. 반대로 얼마나 많은 유대인의 기대를 예수가 실현했는지를 부각시키는 것이 바로 마태의 목적이다.[283] 그리고 마태의 표제 부분(4.14-16)에서 마가의 성취 관련 구절을 대신하는 것이 그의 실현 표시 인용구들 중 하나이다.

---

281) 누가는 분명히 이 *euangelisasthai*를 '그 나라의 복된 소식을 전파하는 것'으로 간주했다(눅 4.43; 8.1). 또한 Beasley-Murray, *Jesus and the Kingdom* 88-89.
282) 예컨대, Fitzmyer, *Luke* 526-30을 보라. 하지만 누가는 더 오래된 전통에 의존한 것 같다: 막 6.1-6a(막 6.4의 잠언을 포함하여)뿐 아니라, 예수에 끼친 사 61.1-2의 영향을 인지한 것으로 증언하는 것들(아래 §15.6c를 보라), 그리고 엘리야 엘리사에 대한 언급들(4.25-27; Bultmann, *History* 32, 116; Becker, *Jesus of Nazareth* 62-63). 아래 §§13.4, 7을 보라; 눅 4.25-27은 종말론적 전복이란 주제와 잘 합치된다(§12.4c).
283) 위의 제11장 각주 5를 보라.

b. 실현된 기대

Q 자료는 공관복음과 같은 실현이란 주제를 가지고 있지 않지만, 같은 어조가 두 개의 어록—마 13.16-17/눅 10.23-24와 마 12.41-42/눅 11.31-32—에 의해 한층 더 명확하게 탐지된다.

마 13.16-17	눅 10.23-24
16 그러나 너희 <u>눈</u>은 봄으로, 너희 귀는 들음으로 <u>복</u>이 있도다. 17 <u>내가</u> 진실로 너희에게 이르노니 많은 <u>선지자와</u> 의인이 (너희가) 보는 것들을 보고자 하여도 보지 못하였고 너희가 듣는 것들을 듣고자 하여도 듣지 못하였느니라.	23 …너희가 <u>보는</u> 것을 <u>보는</u> 눈은 복이 있도다. 24 내가 너희에게 말하노니 많은 선지자와 임금이 너희가 <u>보는</u> 바를 <u>보고자</u> 하였으되 보지 못하였으며 너희가 듣는 바를 듣고자 하였으되 듣지 못하였느니라.

마 12.41-42	눅 11.31-32
41 <u>심판 때에</u> 니느웨 사람들이 일어나 이 세대 사람을 정죄하리니 이는 그들이 요나의 전도를 듣고 회개하였음이거니와 요나보다 더 큰 이가 여기 있으며 42 심판 때에 남방 여왕이 일어나 이 세대 사람을 정죄하리니 이는 그가 솔로몬의 지혜로운 말을 들으려고 땅 끝에서 왔음이거니와 솔로몬보다 더 큰 이가 여기 있느니라.	31 <u>심판 때에</u> 남방 여왕이 일어나 이 세대 사람을 정죄하리니 이는 그가 솔로몬의 지혜로운 말을 들으려고 땅 끝에서 왔음이거니와 솔로몬보다 더 큰 이가 여기 있으며 32 심판 때에 니느웨 사람들이 일어나 이 세대 사람을 정죄하리니 이는 그들이 요나의 전도를 듣고 회개하였음이거니와 요나보다 더 큰 이가 여기 있느니라.

이 어록들이 Q에 속한다는 것은 상호 일치의 정도로 보아 충분히 명확한데, 특히 두 번째가 그렇다.[284] 실현된 기대의 어조가 이보다 더 명확할 수 없을 정도이다. 예언자들과 다른 자들이 다가올 세대가 아니라면 회복과 구원의 세대를 갈망했다는데, 그것이 무엇이었을까?[285] 그 주장인즉, 예수

---

284) 구어 전통의 역동성을 인정하면 편집 내용을 벗겨버리려는 관심은 덜 중요해진다(Meier, *Marginal Jew* 2.488-90 각주 166의 경우처럼).
285) Jeremias, *Proclamation* 107-108; 예수는 '사람들이 종말 시간의 출발점에 있을 뿐 아니라 구원의

의 선교에서 기대가 실현되었다는 것이다(Q 10.23-24). 다가올 세대의 축복들이 이미 뚜렷하다.[286] Q 11.31-32도 유사하다.[287] 남방의 여왕이 솔로몬의 지혜와 성공에 경이로움을 표현했다는 에피소드는 전설적인 자료였지만(왕상 10.1-10), 예수의 사역 가운데는 더 대단한 무엇인가 있었다! 요나는 그의 니느웨 설교의 성공으로 유명했었지만(욘 3.5), 예수의 사역 가운데 더 위대한 것이 일어나고 있었다! 그 함의인즉, 그 여왕과 니느웨 사람들이 보여준 모범을 따르지 못한 갈릴리 사람들의 실패가 그들의 허물을 더 크게 했다는 것이다. 오늘 우리는 예수의 선교에 돌려진 높은 자기 존중감에 주춤할 수 있다. 그러나 그런 연유만으로 예수가 자신의 선교를 자체 평가한 기억과 관련된 전통의 증언을 평가절하하는 것은 현명치 못할 것이다.

예전의 혹은 정상적인 관행을 결정적으로 상대화하는 무언가 새로운 것, 곧 현저하게 변화된 어떤 상황에 대한 유사한 지적도 마가복음 2.18-22 평행구에 보존된 또 다른 작은 비유적 어록들의 수집물 가운데 탐지된다.

마 9.14-15	막 2.18-20	눅 5.33-35
14 그 때에 <u>요한의 제자들</u>이 예수께 <u>나아와</u> 이르되 우리와 바리새인들은 금식하는데 어찌하여 당신의 제자들은 금식하지 아니하나이까?	18 <u>요한의 제자들</u>과 바리새인들이 금식하고 있는지라. 사람들이 예수께 <u>와서</u> 말하되 요한의 제자들과 <u>바리새인의 제자들</u>은 <u>금식</u>하는데 어찌하여 당신의	33 그들이 예수께 말하되 <u>요한의 제자</u>는 자주 금식하며 기도하고 <u>바리새인의</u> 제자들도 또한 그리하되 당신의 제자들은 먹고 마시나이다.

<hr>

새 시대가 이미 시작되었다고 설교한, 우리에게 알려진 고대의 유일한 유대인이다'(Flusser, *Jesus* 110). 이와 관련해서는 통상적으로 솔로몬시편 17.44(예컨대, Manson, *Sayings* 80; Kümmel, *Promise* 112)과 솔로몬시편 18.6(Beasley-Murray, *Jesus and the Kingdom* 84-85; Theissen and Merz, *Historical Jesus* 257)과 비교된다. 뤼데만은 에녹1서 58.2-6을 덧보탠다(*Jesus* 33).

286) 예수세미나 팀의 과도한 회의주의에 전형적인 것은 '그 어록은 거의 어떤 (그리스도인) 현자가 말했을 것'이며 따라서 예수에게로 돌려질 수 없다는 대다수의 판단이다. 그것은 '초기 그리스도교 지도자들의 종파주의적 오만을 표현하기 위해 채택되었을 것이다'(Funk, *Five Gospels* 193, 322). 그 자료를 예수 전통 속에 삽입하는 것을 (부활한) 예수의 어록으로 이해된 에언적 발언에 한정시키려는 어떤 관심도 여기에 분명하지 않다. 이 경우 Boring, *Sayings* 152에 의해 그럴 법하지 않은 것으로 상정된 가능성('그 안에[Q 10.23-24] 명시된 그리스도교적 예언의 특징들은 또한 예수의 고유한 연설의 특징이기도 했다'). 뤼데만 또한 어떤 공동체 상황도 보이지 않는 고로 Q 10.23-24을 '아마도 진정성 있는 것'으로 간주한다(*Jesus* 33).

287) 위에서 이미 논의됨(각주 177, 204).

	제자들은 금식하지 아니하나이까?	
15 예수께서 그들에게 이르시되 혼인 집 손님들이 신랑과 함께 있을 동안에 슬퍼할 수 있느냐? 그러나 신랑을 빼앗길 날이 이르리니 그 때에는 금식할 것이니라.	19 예수께서 그들에게 이르시되 혼인 집 손님들이 신랑과 함께 있을 때에 금식할 수 있느냐? 신랑과 함께 있을 동안에는 금식할 수 없느니라. 20 그러나 신랑을 빼앗길 날이 이르리니 그 날에는 금식할 것이니라.	34 예수께서 그들에게 이르시되 혼인 집 손님들이 신랑과 함께 있을 때에 너희가 그 손님으로 금식하게 할 수 있느냐? 35 그러나 그 날에 이르러 그들이 신랑을 빼앗기리니 그 날에는 금식할 것이니라.

마 9.16-17	막 2.21-22	눅 5.36-38
16 생베 조각을 낡은 옷에 붙이는 자가 없나니 이는 기운 것이 그 옷을 당기어 해어짐이 더하게 됨이요.	21 생베 조각을 낡은 옷에 붙이는 자가 없나니 만일 그렇게 하면 기운 새 것이 낡은 그것을 당기어 해어짐이 더하게 되느니라.	36 또 비유하여 이르시되 새 옷에서 한 조각을 찢어 낡은 옷에 붙이는 자가 없나니 만일 그렇게 하면 새 옷을 찢을 뿐이요 또 새 옷에서 찢은 조각이 낡은 것에 어울리지 아니하리라.
17 새 포도주를 낡은 가죽 부대에 넣지 아니하나니 그렇게 하면 부대가 터져 포도주도 쏟아지고 부대도 버리게 됨이라. 새 포도주는 새 부대에 넣어야 둘이 다 보전되느니라 .	22 새 포도주를 낡은 가죽 부대에 넣는 자가 없나니 만일 그렇게 하면 새 포도주가 부대를 터뜨려 포도주와 부대를 버리게 되리라. 오직 새 포도주는 새 부대에 넣느니라 하시니라.	37 새 포도주를 낡은 가죽 부대에 넣는 자가 없나니 만일 그렇게 하면 새 포도주가 부대를 터뜨려 포도주가 쏟아지고 부대도 못 쓰게 되리라. 38 새 포도주는 새 부대에 넣어야 할 것이니라.

비록 우리가 구어적 개작 이야기의 특징적인 면모를 세 복음서 모두의 경우에서 주목하지만, 마태와 누가는 그들의 전통을 마가에 의존한 것으로 보인다. 말하자면, 각 본문의 독특한 면들 중 몇 가지는 문헌상의 편집보다 세세한 변용과 함께 대체로 같은 단어들로 주요 요점을 간직한 전통

을 자유롭게 개작하여 이야기한 것으로 볼 때 더 잘 이해가 된다.[288] 혼인과 혼인 잔치는 이스라엘의 회복을 가리키는 빤한 이미지다.[289] 예수는 그것을 분명히 다른 경우에 사용하였다.[290] 그 이미지는 기쁨과 축하를 촉발하면서 분명히 정점과 신선한 출발의 의미를 토로한다. 금식할 때가 아니라 잔치할 때.[291] 유사하게 수축되지 않은 부대와 새 포도주의 작은 비유는 이전에 지난 것과의 뚜렷한 분열을 부각시키는 새로운 출발을 보여준다. 비록 마가와 마태가 그들 나름의 개작된 이야기 가운데 포도주뿐 아니라 포도주 부대에 대한 관심을 표명하고 있는 점 또한 주목할 만하지만, 새로운 것은 손실 없이 낡은 것 안에 담길 수 없다.[292]

유사한 어조가 도마복음에 보다 가까운 비유를 가지고 있는 마태의 그 나라 비유 둘 가운데 탐지된다. 감춰진 보물과 값비싼 진주의 비유(마 13.44-46).

마 13.44-46	도마 109, 76
44 천국은 마치 밭에 감추인 보화와 같으	109 그 나라는 자신의 밭에 (숨겨진) 보물을

---

288) 막 2.18-20의 경우에서 대부분은 2.20(또는 2.19b-20)을 (예수의 죽음에 비추어) 그리스도교적 훈련으로서 금식의 재개를 설명하고 정당화하기 위해 첨가된 주해로 간주한다(행 13.2-3; 14.23; 고후 6.5; 11.27; 디다케 8.1 참조); 예컨대, Perrin, *Rediscovering* 79-80; Pesch, *Markusevangelium* 174-76; Ebner, *Jesus* 188-91; 그리고 Meier, *Marginal Jew* 2.439-50의 주의 깊은 분석을 보라. Beasley-Murray, *Jesus and the Kingdom* 138-42은 그 전체 어록이 예수에게로 소급된다는 견해에 더 동조적인 입장이다. 예수세미나 팀(Funk, *Five Gospels* 47, 49)과 뤼데만(*Jesus* 18)은 2.(18a)19과 (21-)22은 어떤 형태로든 예수에게로 소급되는 것 같다고 생각한다. 초기 유대교의 자발적인 금식에 대해서는 가령 Holmén, *Jesus* 128-34을 보라.

289) 사 49.18; 54.1-8; 62.4-6; 호 2.19-20. 그 비유가 암묵적인 그리스도론적 주장(신랑으로서의 예수)을 내포하고 있을 가능성이 꽤 자주 토의된다(예컨대, Beasley-Murray, *Jesus and the Kingdom* 140-41; Holmén, *Jesus* 153 각주 385의 논의를 보라). 그것이 바로 그 이야기가 초기 교회에서 다시 개작되어 구연된 방식이었다. 그러나 예수는 혼인 잔치로 여기 제시된 그 나라의 이미지를 '잔치하지만 금식하지 않는' 자기 나름의 태도를 정당화하기 위해 단순히 사용했을지 모른다. 또한 아래의 제15장 각주 154를 보라.

290) 위의 §12.4f를 보라. '그 혼인식의 손님들'(문자적으로는 '그 신부방의 아들들')은 셈어식 어법이다 (Davies and Allison, *Matthew* 2.109).

291) 도마는 그 어록의 흔적을 간직하고 있긴 하지만 그 종말론적 의의를 결여하고 있다: '신랑이 신부의 방에서 나올 때 그들로 금식하고 기도하게 하라'(도마 104).

292) 여기서 다시 도마는 그 흔적을 간직하고 있다. 그러나 이는 문제가 되는 어떤 새로운 것에 대한 감각 없이 규모 있는 살림살이를 위한 실천적 조언으로서의 흔적일 뿐이다: '아무도 오래된 포도주를 마시고 새 포도주를 마시고 싶어 하지 않는다. 그리고 새 포도주는 그것이 오래 묵은 포도주 부대에 담지 않음으로 그것이 터지지 않게 한다. 또한 오래된 포도주를 새 포도주 부대에 담아 그것을 망치지 않게 한다. 아무도 낡은 헝겊을 새 옷에 대어 깁지 않는다. 그랬다가는 해어지기 때문이다'(도마 47.3-4).

니 사람이 이를 발견한 후 숨겨 두고 기뻐하며 돌아가서 자기의 소유를 다 팔아 그 밭을 사느니라.	그 사실을 모른 채 가진 사람과 같다. 그가 죽은 (뒤에) 그는 그것을 그(아들)에게 물려 주었다. (그) 아들은 (그것에 대해) 아무것도 몰랐다. 그는 그 밭을 받아 (그것을) 팔아버렸다. 그것을 산 자는 밭을 갈러 나가서 그 보물을 (발견했다). 그는 자신이 원하는 누구에게나 이자를 주고 돈을 빌려주기 시작했다.
45 또 천국은 마치 좋은 진주를 구하는 장사와 같으니 46 극히 값진 진주 하나를 발견하매 가서 자기의 소유를 다 팔아 그 진주를 사느니라.	76 아버지의 나라는 물건을 가지고 한 진주를 발견한 상인과 같다. 이 상인은 현명했다. 그는 그 물건을 처분하여 자신을 위해 진주 하나를 샀다.

여기서 명시적으로 고려하고 있는 것은 그 나라다. 사람은 일생일대의 기회를 놀라움 가운데 우연히 만난다. 그것은 얻기만 한다면 모든 소유와 바꿀 만한 가치가 있다.[293] 직접적으로 그 핵심에 더 부합되는 사항은 그것이 지금 발견되고 있다는 점이다. 암시된 변화는 어떤 미래의 정점을 기다려 주지 않는다.[294] 그 비유들이 또한 도마에 의해 증언된다는 사실은 그것들이 마태의 진영 이외에 더 널리 알려졌음을 확인해준다. 물론 다른 경우와 마찬가지로 여기서도 도마 전통은 탈종말론화된 것 같지만 말이다.[295] 반면, 마태의 버전은 우리가 이미 §12.5에서 검토한 사항과 전적으로 일관성을 보인다.

이 두 비유는 §12.5에서 지금까지 유일하게 그 '나라'에 대한 명시적인

---

293) Jeremias, *Parables* 198-200. 그의 논점을 기억할 만하게 새기자면, 예수는 분명히 의심스러운 도덕성의 행위를 상기시킬 각오가 되어 있었다(눅 16.1-8a 참조)(Funk, *Five Gospels* 196-97; Lüdemann, *Jesus* 186). 그 행동의 적법성(그 밭의 소유주에게 알려주지 않은 것)에 대해서는 Hultgren, *Parables* 411-12을 보라.

294) Becker, *Jesus* 239-40. J. D. Crossan, *In Parables: The Challenge of the Historical Jesus* (1973; New York: Harper and Row, 1985) 34-35 참조. 그렇지만 비슬리-머레이는 그 점을 너무 밀어붙여 '시간이란 우상 숭배'를 공격하는 것으로 보는 것에 적절히 경계를 보낸다(*Jesus and the Kingdom* 112-13).

295) 특히 도마복음 109의 마지막 문장을 주목하라. 영지주의적 함의에 대해서는 Hultgren, *Parables* 410-11. 도마복음 76에서 그 대조는 한결 유연하다: 그 진주는 예외적이지 않고 그 상인은 그것을 사기 위해 자신의 물건과 내어놓기만 한다. 이는 삶을 바꾸는 결단보다는 신중한 사업 수행의 비유다.

언급을 담고 있다. 물론 마가복음 1.15a의 두 부분들은 일괄적으로 고려되어야 하고 누가도 예수가 선포한 복된 소식을 분명히 그 나라의 복된 소식으로 이해했지만 말이다. 비록 도마도 추가 증언을 제시하고 있긴 하지만(도마 3, 113; 51 참조), 좀더 명시적으로 핵심에 부합하는 것은 누가만이 증언하는 어록이다.[296] 하나님의 나라가 언제 임하느냐는 바리새인들의 질문에 대해 예수는 이렇게 답했다. '하나님의 나라는 관찰할 수 있는(*paratēreseōs*) 표적과 함께 오는 것이 아니요,[297] 또 "보라, 그것이 여기 있다!"라거나 "저기 있다!"라고 말하지 말지니, 보라, 하나님의 나라는[298] 너희들 사이에(*entos hymōn*) 있기 때문이다'(눅 17.20-21).[299] 이는 옛 자유주의 탐구자들에게 핵심 어록이었다. 그들은 마지막 구절은 '너희들 안에'로 취했는데 이는 매우 타당한 번역이었다. 이와 같이 그 나라가 개인들 내면에 있는 영적인 힘이라는 생각을 지지하여 그들을 도덕적으로 향상시키고 선을 행할 수 있도록 동기를 부여하고자 한 것이다.[300] 그러나 그것은 누가가 그 구절을 이

---

296) 예수세미나 팀은 눅 17.20-21과 도마복음 113.2-4에 대해 긍정적인 판단을 내린다(Funk, *Five Gospels* 364-65, 531-32). 반면 뤼데만은 무슨 이유에서인지 눅 17.20-21의 역사성에 대한 판단을 유보한다(*Jesus* 374). 메르켈(Merkel)은 눅 17.20-21을 두 개의 '절대적으로 확실한 말씀'(다른 하나는 마 12.28/눅 11.20) 중의 하나로, 그 주변으로 서로 응집되는 전통들이 모인 견고한 핵심으로 받아들인다. 그리고 켁은 눅 17.20-21을 예수가 그 나라의 현존을 단언한 유일한 어록이라고 생각한다(*Who Is Jesus?* 76-77). 하지만 샌더스는 '현재' 관련 어록들이 미심쩍다는 확신에 잇대어 누가가 그 구절을 '예수의 전승된 어록에 도움을 받지 않은 채 독자적으로' 작성했다는 자신의 의견을 고수한다(*Historical Figure* 177).

297) '이 누가적 맥락에서 그것[*paratērēsis*]은 [바리새적] 율법 "준수"라든가 제의적 의식의 준수를 가리키지 않는다. 그 대신 그것은 헬라주의적 의미에서 (가령, 하늘로부터) 전조의 징표를 살피는 것, 또는 "때와 절기"에 대한 묵시적 암시로(가령, 지혜서 8.8; 살전 5.1; 막 13.32; 마 24.36 참조), 즉 종말론적 시간표로 이해되어야 할 것이다'(Fitzmyer, *Luke* 1160; 유사한 결론을 담은 보다 온전한 논의는 Beasley-Murray, *Jesus and the Kingdom* 99-100; Meier, *Marginal Jew* 2.424-26). 페린은 그 점을 확대한다: 예수는 '마찬가지로 신화를 알레고리로, 그 상징들을 미미한 상징들로 다루는 것을 범주적으로 거부하였다'(*Language* 45).

298) 그 마지막 절을 미래 의미로 번역하면('…되어야 할 것이다'; '[갑자기]…일 것이다', Jeremias, *Proclamation* 101) 그 어록의 보다 명확한 반제를 잃게 될 것이다. 이는 '갑자기…되어야 할 것이다' 같은 무엇인가를 보태서 추론함으로써 부분적으로만 회복될 수 있다(Beasley-Murray, *Jesus and the Kingdom* 102).

299) 도마복음 3: '…그 나라는 네 안과 네 밖에 있다…'; 도마복음 113: '그의 제자(들)가 그에게 말했다: 어느 날에 그 나라가 옵니까? (그는 말했다) 그것은 사람이 (그것을) 기대할 때 오지 않는다. 그들은 "보라 여기다! 또는 보라 저기다!"라고 말하지 않을 것이다. 그러나 아버지의 나라는 땅 위에 널리 퍼지며 사람들은 그것을 보지 않는다.'

300) 예컨대, Harnack, *What Is Christianity?* 55-57, 63; Dalmann, *Words of Jesus* 145-47; J. Wellhausen, *Das Evangelium Lucae* (Berlin: Georg Reimer, 1904) 95; 현재 의견 가운데 또한 C. C. Caragounis, 'Kingdom of God/Kingdom of Heaven', *DJG* 417-30 (여기서는 423-24); T. Holmén, 'The Alternatives of the Kingdom: Encountering the Semantic Restrictions of Luke 17,20-21 (*entos hymōn*)', *ZNW* 87 (1996) 204-29. 그 해석은 초기의 것이며 도마복음 3의 번역과 공유되었

해한 방식과 거리가 멀다. 그는 예수가 바리새인들에게 선언을 하게 한다![301] '너희들 사이에'(among you)가 오늘날 훨씬 더 선호되는 번역이다.[302] 우리에게 그 어록과 관련하여 가장 의미심장한 것은 그 나라의 도래와 그 나라의 현존이란 생각 가운데 그것이 드러내는 긴장이다. 그 나라의 미래적 도래는 계산의 문제가 아니다. 그 나라는 이미 현존한다. 미래의 도래는 부인되지 않지만 계산 가능성이 부인될 뿐이고, 다만 그 현재성에 관심이 기울어져 있다.

특정한 세부 묘사와 개별적인 어록들을 어떻게 보든지 간에 주목할 만한 동일한 사실은 이전의 경우(§12.5a)와 마찬가지로 등장한다. 이를테면 실현된 기대, 이미 일어나고 있는 종말론적 의의를 지닌 정점의 사건, 옛 전통에 대한 무언가 새로운 돌파, 삶을 바꾸는 취지의 예기치 않은 발견으로서의 하나님 나라, 무관해 보이는 미래에 대해 심사숙고를 하게 만드는 하나님 통치의 현존하는 실재 등등에 대한 같은 어조를 우리는 듣는다. 그때 이러한 어조는 공관복음 (그리고 도마복음) 전통을 구성하는 모든 계통 안에 기입된다. 세 복음서 저자들은 모두 그것을 예수 선교의 유별나게 특징적인 요소로 간주했다. 그들이 의존한 그 전통과 관련하여 다른 어떤 방식이 있을 수 없었던 것이다.

c. 세례자와 예수의 차이

'이미 여기'의 모티프가 세례자 요한과 예수 전통 사이에 두드러진 차

고 *Dial. Sav.* 16에도 등장했을 터이다. 추가로 Beasley-Murray, *Jesus and the Kingdom* 98-99, 100-101을 보라.

301) Meier, *Marginal Jew* 2.426-27과 각주 116을 보라.

302) 예컨대, Kümmel, *Promise* 33-35; Perrin, *Rediscovering* 73-74; Beasley-Murray, *Jesus and the Kingdom* 100-102을 보라. 비록 비슬리-머레이와 피츠마이어는 '손 내밀면 닿을 곳에'(within your grasp)로 번역하지만 말이다(*Luke* 1161-62; 또한 Wright, *Jesus* 469; McKnight, *New Vision* 102-103; Theissen and Merz, *Historical Jesus* 260-61 참조: '그 어록은 수수께끼로 남아 있다'). 그러나 그것은 이 또한 어록의 대조적 차이를 약화시킬 것이다(Meier, *Marginal Jew* 2.427). 마이어는 나아가 그 이면의 있을 법한 아람어를 재구성하는 것을 포함하여(483 각주 144) 이 어록에서 예수의 가르침에 대한 회고를 보는 적절한 이유를 제시한다(428-30).

이보다 더 명백하게 나타나는 데도 없다. 요한에게는 다가오는 심판을 예고했다(§11.4). 그 어조는 최소한 예수에게 돌려진 몇 개의 가르침(§12.4)과 잘 조응한다. 그러나 요한에게는 '이미 도래한' 부분의 강조점이 전혀 없었다. 반면 공관복음 전통은 그것 역시 예수의 설교에 중추적인 것으로 간주했다. 여기서 우리는 요한의 설교와 예수의 설교 사이에 주요 차이점을 발견한다. 우리는 이미 위에서 그것을 암시한 바 있지만(§12.5a), 그 대조는 그 주제에 대해 Q가 취합하고 마태와 누가가 확장한 자료에 가장 분명히 드러난다. 이는 같은 주제에 대해 자료를 연속적으로 취합하는 구어 전통의 경향을 보여주는 또 다른 사례이다.[303]

예수와 요한	마태	누가	Q	도마
1. 당신이 오실 그 분인가?	11.2-6	7.18-23	7.18-19, 22-23	
2. 선지자 이상	11.7-10	7.24-27	7.24-27	78
3. 폭력적으로 다루어지는 그 나라	11.11	7.28	7.28	46
4. 요한까지 율법과 선지자들	11.12-13	16.16		
5. 지혜의 자녀들	11.16-19	7.29-35	7.31-35	

1.　　　　마 11.2-6	눅 7.18-23
2 요한이 옥에서 그리스도께서 하신 일을 듣고 제자들을 보내어 3 예수께 여짜오되 오실 그이가 당신이오니이까? 우리가 다른 이를 기다리오리이까?	18 요한의 제자들이 이 모든 일을 그에게 알리니 19 요한이 그 제자 중 둘을 불러 주께 보내어 이르되 오실 그이가 당신이오니이까? 우리가 다른 이를 기다리오리이까? 하라 하매 …

---

303) 위의 §8.6b를 보라. 도마복음 평행구와 관련해서는 위의 §11.2c를 보라. Q는 분명히 7.24-28을 하나의 단위로 가지고 있었다. 도마복음에서 그 요소들 가운데 두 개의 분리는 그 두 어록이 별도로 유통되었거나 도마의 구성물이 세례자 전통을 포기한/거부한 결과임을 시사한 것으로 설명될 수 있다(다시 위의 §11.2c를 보라).

| 4 예수께서 대답하여 이르시되 너희가 가서 듣고 보는 것을 요한에게 알리되5 맹인이 보며 못 걷는 사람이 걸으며 나병환자가 깨끗함을 받으며 못 듣는 자가 들으며 죽은 자가 살아나며 가난한 자에게 복음이 전파된다 하라.
6 누구든지 나로 말미암아 실족하지 아니하는 자는 복이 있도다 하시니라. | 22 예수께서 대답하여 이르시되 너희가 가서 보고 들은 것을 요한에게 알리되 맹인이 보며 못 걷는 사람이 걸으며 나병환자가 깨끗함을 받으며 귀먹은 사람이 들으며 죽은 자가 살아나며 가난한 자에게 복음이 전파된다 하라.
23 누구든지 나로 말미암아 실족하지 아니하는 자는 복이 있도다 하시니라. |

2. 　　　　마 11.7-10	눅 7.24-27
7 그들이 떠나매 예수께서 무리에게 요한에 대하여 말씀하시되 너희가 무엇을 보려고 광야에 나갔더냐? 바람에 흔들리는 갈대냐? 8 그러면 너희가 무엇을 보려고 나갔더냐? 부드러운 (옷) 입은 사람이냐? 부드러운 옷을 입은 사람들은 왕궁에 있느니라. 9 그러면 너희가 어찌하여 나갔더냐? 선지자를 보기 위함이었더냐? 옳다. 내가 너희에게 이르노니 선지자보다 더 나은 자니라. 10 기록된 바 보라. 내가 내 사자를 네 앞에 보내노니 그가 네 길을 네 앞에 준비하리라 하신 것이 이 사람에 대한 말씀이니라.	24 요한이 보낸 자가 떠난 후에 예수께서 무리에게 요한에 대하여 말씀하시되 너희가 무엇을 보려고 광야에 나갔더냐? 바람에 흔들리는 갈대냐? 25 그러면 너희가 무엇을 보려고 나갔더냐? 부드러운 옷 입은 사람이냐? 보라 화려한 옷을 입고 사치하게 지내는 자는 왕궁에 있느니라. 26 그러면 너희가 무엇을 보려고 나갔더냐? 선지자냐? 옳다. 내가 너희에게 이르노니 선지자보다도 훌륭한 자니라. 27 기록된 바 보라. 내가 내 사자를 네 앞에 보내노니 그가 네 앞에서 네 길을 준비하리라 한 것이 이 사람에 대한 말씀이라.

3. 　　　　마 11.11	눅 7.28
11 내가 진실로 너희에게 말하노니 여자가 낳은 자 중에 세례 요한보다 큰 이가 일어남이 없도다. 그러나 하늘나라에서는 극히 작은 자라도 그보다 크니라.	28 내가 너희에게 말하노니 여자가 낳은 자 중에 요한보다 큰 자가 없도다. 그러나 하나님의 나라에서는 극히 작은 자라도 그보다 크니라 하시니

4.	마 11.12-13	눅 16.16

12 세례 요한의 때부터 지금까지 하늘나라는 침노를 당하나니 침노하는 자가 빼앗느니라. 13 모든 선지자와 율법이 예언한 것은 요한까지니	16 율법과 선지자는 요한의 때까지요 그 후부터는 하나님 나라의 복음이 전파되어 사람마다 그리로 침입하느니라.

5.	마 11.16-19	눅 7.31-35

16 이 세대를 무엇으로 비유할까? 비유하건대 아이들이 장터에 앉아 제 동무를 불러 17 이르되 우리가 너희를 향하여 피리를 불어도 너희가 춤추지 않고 우리가 슬피 울어도 너희가 가슴을 치지 아니하였다 함과 같도다. 18 요한이 와서 먹지도 않고 마시지도 아니하매 그들이 말하기를 귀신이 들렸다 하더니 19 인자는 와서 먹고 마시매 말하기를 보라 먹기를 탐하고 포도주를 즐기는 사람이요 세리와 죄인의 친구로다 하니 지혜는 그 행한 일로 인하여 옳다 함을 얻느니라.	31 또 이르시되 이 세대의 사람을 무엇으로 비유할까? 무엇과 같은가? 32 비유하건대 아이들이 장터에 앉아 서로 불러 이르되 우리가 너희를 향하여 피리를 불어도 너희가 춤추지 않고 우리가 곡하여도 너희가 울지 아니하였다 함과 같도다. 33 세례 요한이 와서 떡도 먹지 아니하며 포도주도 마시지 아니하매 너희 말이 귀신이 들렸다 하더니 34 인자는 와서 먹고 마시매 너희 말이 보라 먹기를 탐하고 포도주를 즐기는 사람이요 세리와 죄인의 친구로다 하니 35 지혜는 자기의 모든 자녀로 인하여 옳다 함을 얻느니라.

여기서 우리는 전통화 과정 내에서 회고된, 세례자 요한과 관련한 예수의 네 개나 다섯 개 어록 또는 가르침을 가지고 있다. 1-3과 5의 어록들은 Q가 수집한 것이거나 문서 양식 속에 구성한 것으로서 그럴 법하게 설명될 수 있다. 물론 우리는 핵심 질문과 대답이 견고한, 그러나 그 개작된 이야기의 세부 내용은 유연한, 특히 1에 나오는 구어 전통의 특징적인 면모를 다시 주목해야 할 터이다. 어록 4(마 11.12-13/눅 16.16)는 마태와 누가가 구어 전통과 별도로 그들이 연관을 맺은 교회들의 레퍼토리에서 끌어온

것으로 잘 설명될 수 있다. 이 어록의 경우 상기 두 버전들은 그 요지를 보존하여 그것의 특징적인 구어적 면모를 갖추고 있다.

그러한 전통의 연속물은 예수와 세례자의 관계에 대한 질문 가운데 예수의 처음 추종자들 사이에 상당한 관심이 있었음을 명쾌히 입증한다. 그 전통은 통상적으로 후대의 것, 최소한 예수의 가르침에 대한 최초의 회고보다는 늦은 것으로 추정된다.[304] 그러나 우리가 살펴본 대로, 요한은 상당한 명성을 지닌 인물이었다(다시 마 11.7-9/눅 7.24-26을 주목하라). 예수가 요한의 동아리에서 출현했다는 사실은, 특히 예수의 최측근 제자들 몇 명이 세례자 동아리에서 넘어왔다면, 짐작건대 폭넓게 알려져 있었을 것이다.[305] 그때 불가피하게 그 두 사람의 관계에 대해 예수의 설교를 들은 청중들 사이에 질문들이 생겼을 것이다. 예수의 제자들은 그 점에 대한 지시가 필요했을 터이다. 예수가 주장한 하나님 나라에 대한 주장이 더 중요해질수록, 그 문제는 더 개연성 있게 불거질 법했다. 그러므로 그 주제가 어떻게 확대 심화되었든지 간에 예수가 자신의 가르침 가운데 요한을 언급한 전통이 예수 자신과 세례자의 선교 사이에 가로놓인 차이를 설명하려는 시도와 함께 시작되었다는 게 가장 그럴 법한 가능성이다.

(1) 마 11.2-6/눅 7.18-23. 세례자 자신이 예수에게 그러한 질문을 던졌으리라는 것(마 11.3/눅 7.19)은 전적으로 가능한 일이다.[306] ‘오시는 이/오실 이’에 대한 세례자의 개념이 새로 온 자의 선교가 심판의 일종일 것이라는 사실(§11.4d)과 상관없이 모호했을 가능성이 있다. 예수가 그러한 의미심장한 주장을 하면서도 심판의 어조를 반복하지 않았거나 거기에 화끈한 위상을 부여하지 않은 것은 짐작건대 세례자에게 의문을 야기했을 터이다. 그 질문들이 이후의 그리스도교 변증의 차원에서 고안된 것이었다면,

---

304) 예수세미나 팀은 마 11.7b-8/눅 7.24b-25을 제외하고는 그 판단에 대체로 부정적이다(Funk, *Five Gospels* 177-80, 301-303). 뤼데만은 어록 1-3을 부활 사건 이후의 관점에서 형성된 것으로 간주하지만, 어록 4는 (‘그 공격적인 언어로 인해’) 예수에게 소급될 수 있고 어록 5는 ‘진짜 예수의 것’이라고 생각한다(*Jesus* 173, 306).

305) 위의 §11.2c를 보라.

306) 세례자의 감옥 형편이 적어도 그의 제자들과의 어느 정도 의사소통은 허용했을 개연성에 대해서는 Meier, *Marginal Jew* 2.198-99 각주 89를 보라.

우리는 세례자가 예수의 답변을 수용한 보도와 함께 그 에피소드가 마무리될 것으로 기대할 수 있을 것이다. 그것이 최소한 세례자를 예수의 증인으로 묘사한 그리스도교 전통의 경향(제11장에서 주해됨)과 일치했을 것이다. 예수의 답변이 세례자의 의심을 제거했다고 서술하는 것은 매력적인 선택이었을 터이다(마 3.14-15 참조). 그러나 그 에피소드는 그 답변 자체와 함께 종료되는데, 이는 그것이 그 이야기를 조성한 자들이 알았던 만큼의 내용이었음을 암시한다. 그 전통의 핵심을 형성한 것은 바로 예수의 어록이다.[307) 비록 그 전통의 구연자들 가운데 그 이야기를 좀더 만족스럽게 종결하려는 유혹이 분명히 강했음에도 불구하고, 그 전통이 그것을 그 상태로 간직했던 것이다(예, 마 8.13b/눅 7.10 참조).[308)

실질적인 관심은 예수의 답변에 초점을 맞추는데, 이는 어느 정도 주시할 만하다. 그 답변의 언어는 대부분 이사야에서 빌려온 것 같다.[309) 세 가지 특징이 주목할 만하다. 첫째는 1990년대 초에 출판되고서야 비로소 조명을 받은 4Q521의 두드러진 흔적이다. 그 두 번째 칸에는 다음과 같이 기록되어 있다.

> [1] …[그 하]늘과 땅이 그의 메시아를 들을 것이다.…[5] 주께서 경건한 자
> (*hasidim*)를 생각하시고 의로운 자를 이름으로 부를 것이며 [6] 가난한 자에

---

307) 예레미아스는 여기서 아람어 리듬의 좋은 예를 본다: 2박자의 여섯 행(*Proclamation* 20-21).
308) 또한 내 책 *Jesus and the Spirit* 55-60의 이전 분석을 보라. Davies and Allison, *Matthew* 2.244-45 과 Meier, *Marginal Jew* 2.132-36도 유사하게 주장한다. 그 구절을 사용하는 데 있어서 라이베스타드의 망설임을 주목하라(*Jesus* 92-93). 서기관적 성찰을 발산하는 '이 본문을 후대의 맥락으로 돌리는 것이 적당하다'고 보는 그닐카와 대조해보라(*Jesus of Nazareth* 131).
309) 눈먼 자가 봄   사 29.18   ('소경의 눈이 보게 될 것이다');
                       사 35.5   ('소경의 눈이 열리게 될 것이다');
                       사 42.7   ('눈먼 자의 눈을 뜨게 하기 위해')
                       사 42.18   ('눈먼 너희여, 밝히 보라');
   저는 자가 걸음   사 35.6   ('그때 다리 저는 자가 사슴처럼 뛸 것이다');
   귀먹은 자가 들음   사 29.18   ('귀먹은 자가 들을 것이다');
                       사 35.5   ('그리고 귀먹은 자의 귀가 뚫렸다');
   죽은 자가 일어남   사 26.19   ('너희 죽은 자는 살게 될 것이다…');
   가난한 자에게   사 61.1   ('그는 나를 보내어 가난한 자에게 복된 소식을 전하게 했다').
   전파되는 복된 소식

추가로 D. C. Allison, *The Intertextual Jesus: Scripture in Q* (Harrisburg: Trinity, 2000) 109-14과 제4 장을 보라.

게 그의 영이 운행하실 것이고 그는 그의 권능으로 신실한 자를 새롭게 하실 것이다. ⁷ 그는 경건한 자들을 영원한 나라의 보좌 위에서 영화롭게 하실 것이다. ⁸ 포로 된 자를 해방시키시는 그는 눈먼 자에게 시력을 회복시키시고 구[부러진] 것을 반듯하게 펴실 것이다.… ¹¹ 그리고 주께서 [ ]처럼 결코 있지 않았던 영광스러운 것들을 이루실 것이다. ¹² [왜냐하면] 그는 상처받은 자를 치료하시고 죽은 자를 다시 소생시키시며 가난한 자에게 좋은 소식을 선포하실 터이기 때문이다.

이 구절은 주목할 만하다. 그것은 미래의 메시아와 영원한 나라를 동시에 말하는데(2.1, 7), 후자는 사무엘하 7.13의 반향으로 나온 듯하다.³¹⁰⁾ 그 전후 관계 속에 그것은 이사야의 같은 범위의 구절들과 공명한다. 눈먼 자에게 시력이 회복되고 장애를 지닌 자가 치유되며(2.8) 죽은 자가 다시 소생하고 가난한 자에게 좋은 소식이 선포된다(2.12).³¹¹⁾ 특별히 주목할 만한 것은 이사야 26.19의 직접적 반향 가운데 죽은 자의 생명 회복을 포함시킨 것이다.³¹²⁾ 그러한 증거를 들이대면 Q 목록이 부활 신앙에 비추어 뒤늦은 통찰과 함께 작성되었다고 주장하는 것은 더 이상 만족스럽지 못하다.³¹³⁾ 반대로 우리는 하나님의 메시아가 오심이 이사야의 예언을 실현하는 가운데 그러한 놀라운 사건을 수반하리라는 취지의 기대가 예수 당시 항간에 퍼져 있었다고 추론할 수 있다.³¹⁴⁾ 마태복음 11.5/누가복음 7.22이 화제 삼아

---

310) 삼하 7.13 　하나님은 다윗에게 한 아들을 약속한다: '내가 그의 나라의 보좌를 영원히 세울 것이다.'
　　　 4Q521 7 　'그는 영원한 나라의 보좌 위에 경건한 자를 영화롭게 하리라.'
311) 사 61.1c의 강한 반향은 현재 마소라 텍스트의 히브리어('포로들에게 자유를, 죄수들에게 해방을 선포하기 위하여')에 의해 약화된다. 그러나 쿰란은 변이본 문장을 가지고 있었다: '포로들에게 자유를, 죄수들에게 개안을 선포하기 위하여'(DSSB 372). 이는 또한 칠십인역(LXX)의 *typhlois anablepsin*('restoration of sight to the blind')에 반영되어 있다.
312) 그러나 어쩌면 죽은 자를 일으키는 엘리야 전통에 대한 암시와 함께(왕상 17.17-24; 왕하 4.32-37 참조). 콜린스(J. J. Collins)는 4Q521의 기대된 메시아가 엘리야나 엘리야 같은 메시아라고 결론짓는다(*The Scepter and the Star: The Messiahs of the Dead Sea Scroll and Other Ancient Literature* [New York: Doubleday, 1995] 119-21): 유사하게 M. Becker, '4Q521 und die Gesalbten', *RevQ* 18 (1997) 73-96.
313) B. Kollmann, *Jesus und die Christen als Wundertäter* (FRLANT 170; Göttingen: Vandenhoeck und Ruprecht, 1966) 219-20이 여전히 그런 입장이다.
314) H. Kvalbein, 'The Wonders of the End-Time: Metaphoric Language in 4Q521 and the Interpretation of Matthew 11.5 par.', *JSP* 18 (1998) 87-110이 주장하는 대로, 만일 4Q521이 종말

예수의 선교 가운데 실현되었다고 주장하는 것은 바로 이 기대이다.[315]

둘째, 마태복음 11.5/누가복음 7.22에 그와 같이 공명된 이사야서 주요 구절의 또 다른 특징은 심판 경고에 대한 그 구절들의 긴밀한 근접성이다.[316] 여기서 우리는 세례자의 질문에 대한 다소 미묘한 반응을 발견한다. 이 구절들의 흔적은 세례자가 오게 될 것에 대한 안목을 얻기 위해 이사야의 예언들을 본 것이 옳았음을 확인해준다.[317] 그러나 세례자가 오로지 초점을 맞춘 것 같은 바로 그 심판의 어조를 생략함으로써,[318] 그 반응은 결국 요한이 다른 좀더 긍정적인 회복의 기대, 좋은 소식, 새로운 생명 등을 소홀히 여겼음을 말해준다.[319] 다른 곳에서 예수의 가르침의 특징으로 회고되는 것이 성서를 사용함에 있어 나타나는 바로 그러한 미묘함이다.[320]

셋째, 마태복음 11.5/누가복음 7.22은 예수가 성공적인 치유자로 잘 알려져 있었음을 어록 전통에서 현저하게 확증해주는 구절이다. 눈먼 자, 못 걷는 자, 못 듣는 자의 치유들이 예수에게 돌려지며 또한 죽은 사람들의 생명 회복도 마찬가지다. 우리는 서사와 어록 전통의 이러한 상호적 확증에 대해 나중에 재차 언급할 것이다.[321] 여기서 우리는 이사야 목록 가운데 예기치 않은 항목이 삽입된 것을 주목해야 한다. '나병환자들이 깨끗함을 받는다.' 이사야에는 그 항목을 포함시키도록 영감을 준 아무것도 없다. 또한

론적 갱신의 '은유적' 묘사로서 의도되었을 뿐이라면 그 점은 본질적으로 약화되지 않는다.

315) 그 실현의 어조는 거의 논란거리가 되지 않는다. Beasley-Murray, *Jesus and the Kingdom* 82; P. Stuhlmacher, 'Der messianische Gottesknecht', *JBTh* 8, *Der Messias* (1993) 131-54 (여기서는 142-43).

316) 사 26.21: '보라 여호와께서 그의 처소에서 나오사 땅의 거민의 죄악을 벌하실 것이라'; 29.20: '이는 강포한 자가 소멸되었으며 오만한 자가 그쳤으며 죄악의 기회를 엿보던 자가 다 끊어졌음이라'; 35.4: '보라 너희 하나님이 오사 보복하시며 갚아 주실 것이라'; 61.2: '우리 하나님의 신원의 날.'

317) 세례자의 설교에 대한 이사야의 영향과 관련해서는 위의 §11.4c를 보라.

318) 누가는 예수가 사 61.1-2의 읽기를 '우리 하나님의 신원의 날' 직전에서 끝내는 것으로 묘사함으로써 이를 덜 미묘하게 제시한다(눅 4.19-20). 11QMelch 2.9-13의 예로 사 61.2에 대한 다른 쿰란 문헌의 반향과 대조해보라. 이 문헌은 멜기세덱의 역할을 묘사함에 있어 '은혜의 해'(2.9)와 하나님의 '신원'(nqm)(2.13)을 언급한다. Allison, *Intertextual Jesus* 113.

319) 매우 자주 라이트(Wright)는 '추방으로부터의 귀환'이란 표제 아래 그 구절을 다루며(*Jesus* 428-29), 그는 그렇게 거기 달라붙은 예언자적 이미지의 풍성함과 다양성을 모호하게 만든다. 추가로 아래의 §12.6b를 보라.

320) 막 12.24-27, 28-34, 35-37a과 그 평행구의 이어지는 문구에 회고된 대로이다. 마치 자기 나름의 고유한 동기로 예수가 쿰란과 달리 성서에 대한 그러한 암시를 할 수 없었으리라는 듯이 성서의 사용이 그리스도교 변증의 분명한 표징이라고 가정하는 예수세미나 팀과 대조해보라(Funk, *Five Gospels* 177-78).

321) 아래 §15.7을 보라.

살펴봐야 할 점은, 초기 교회의 기록들 가운데 나병/피부 질환이 치유받는 어떤 기록도 없다는 것이다. 그 항목은 예수가 또한 나병환자들을 깨끗하게 했다고 일반적으로 믿었다(예수 자신도!)는 이유만으로 여기에 있을 수 있게 된 것이다.

간단히 말해, 이 전통의 등장과 관련된 가장 명확한 설명은, 예수가 세례자를 대신하여 질문을 던진 자들에게 바로 이 답변을 준 것으로 기억되었다는 것이다. '나로 인해 실족하지 않는 자는 복이 있다'(마 11.6/눅 7.23)라는 그 단락의 마지막 절 또한 같은 호의적인 판정 아래 수렴될 수 있다.[322] 이유인즉, 그 간명한 문장이 '실족의 원인'으로서 이어지는 예수에 대한 성찰과 강력하게 공명하였을지라도, 예의 그 '스칸달론'(skandalon)은 여기서 십자가의 실족과 하등의 상관이 없기 때문이다.[323] 더욱이 그 동사(skandalizō, 아람어 tql)는 다양한 맥락에서 예수 전통 가운데 제대로 탐지되는데,[324] 이는 모두 자신의 선교가 지닌 '스캔들적' 성격을 예수가 잘 인지하였음을 나타내는 것 같다(위에서 마 11.19a/눅 7.34 참조). 따라서 요한의 것과 엇갈리는 강조점을 가지고 제 나름의 새로운 길을 가는 예수 동아리의 누군가에 세례자가 실족했을 개연성을 예수가 인정했다고 할지라도(요 3.25-26 참조) 그리 놀랄 만한 일이 아니다.[325]

(2)/(3) 어록 2와 3(마 11.7-11/눅 7.24-28)의 두드러진 특징은 세례자의 역할에 대한 강한 긍정과 마지막 절 최종 '혹평'의 주목할 만한 결합이다. 예수는 세례자를 헤롯 안티파스와 그렇게 호의적으로 대조시켜야 했으리라는(마 11.7-8/눅 7.24-25) 것은 전적으로 가능하며,[326] 이는 예수의 가르침이 예리한 정치적 위력을 가질 수 있었음을 시사한다. 아울러 세례자를 '선지자보다' 더 큰/더 위대한(perissoteron) 자로 평가한 것(마 11.9/눅 7.26)은 예수의

---

322) Bultmann: 마 11.5을 인용하면서 '그 시대의 징표가 무엇인가? 그 자신이다! 그의 현존, 그의 행위, 그의 메시지이다!'(*Theology* 1.7)

323) 특히 고전 1.23; 갈 5.11 참조.

324) 막 9.43, 45, 47/마 5.30, 29/마 18.8-9; 막 9.42/마 18.6/눅 17.2; 막 14.27, 29/마 26.31, 33; 마 17.27; 24.10; 막 6.3/마 13.57; 마 15.12; 요 6.61 참조.

325) 유사하게 Meier, *Marginal Jew* 2.135.

326) 위의 제11장 각주 183을 보라.

추종자들은 고안해낼 엄두를 내기 어려웠을 놀라운 예우일 것이다. 왜냐하면 그러한 칭송이 바로 그들이 예수 자신을 간주한 방식이었기 때문이다(마 12.41/눅 11.32). 그러나 그것은 어떤 의미에서 자기 선교의 시작을 세례자에게 빚진 자의 입술에서 나온 말이므로 납득될 만하다.[327]

우리는 마태복음 11.10/누가복음 7.27에 대해서도 같은 것을 말할 수 있을지 모른다. 사자로서 요한은 주의 길을 예비하기 위해 먼저 보냄을 받았다(말 3.1). 그러한 동일화 작업이 발전된 그리스도론이나 또는 예수가 스스로 주의 역할을 완수하는 것을 보았다는 점을 의미할 필요는 없다. 쿰란 공동체 또한 자신들이 '주의 길을 예비하는' 것으로 보았다(1QS 8.13-14; 사 40.3). 하지만 동시에 그 공동체는 하나님의 메시아들이 오길 기다렸다.[328] 동시에 출애굽기 23.20과 말라기 3.1에 대한 그 복잡한 암시(사 40.3에 대한 암시는 덜 명확하다)는 보다 풍성한 그리스도교적 성찰을 보여주는 것 같다(막 1.2-3 참조).[329]

더욱 두드러진 특징은 마태복음 11.11/누가복음 7.28(또한 도마 46에도 탐지됨)에서 엿보이는 그 대조의 날카로움이다. 그 대범한 반제는 특정한 논점을 증명하려고 수사학적으로 구축한 한 어록을 증언한다.[330] 그 논점은 분명하다. 요한과 예수의 선교 사이에 무슨 일이 일어났는데, 그것은 새로운 국면의 가능성을 유발하였고, 그래서 심지어 가장 작은 자도 그 새로운 국면에서는 요한보다 더 우월하다. 다시 한 번 그 설명을 위한 단어는 '나라'(왕국)다. 새로운 국면을 구축하고, 그 차이를 특징짓는 것은 바로 하나님의 나라다.[331] 보른캄과 다른 새로운 탐구자들로 불트만과 갈라서게 만든

---

327) 마이어는 '그리스도론적 관심사의 부재, 요한에 대한 한정 없는 전적인 초점과 칭찬…(그리고) 예수에 대한 언급이나 암시의 전반적인 결여'를 주목한다(*Marginal Jew* 2.139).

328) 아래 §15.2a를 보라.

329) Meier, *Marginal Jew* 140-42.

330) 그리스도론적 내용을 다시 결여하는 '전형적인 셈어 계통의 변증법적 부정'(Meier, *Marginal Jew* 2.142-44). Schürmann, *Gottes Reich*와 대조해보라: '예수의 본래 목소리가 여전히 들을 수 없는 덧붙여진 군더더기 말'(91).

331) 슐로서(Schlosser)는 요한이 이미 처형되었다면, 그 의미인즉 지금 살아 있고 그 나라를 경험하는 자는 누구나 요한보다 더 복되고 더 특권을 받았다는 뜻일 것이라고 제안한다(*Règne* 161-67). 라이베스타드(Leivestad)는 세례자가 그 나라에서 배제된다는 어떤 필연적인 암시도 부인한다. 그 어록의 취지는 단순히 '예언자들 가운데 가장 큰 자가 된다는 것은 도래할 그 나라에서 한

것이 바로 이 강조점이다.[332] 그러한 진술에 비추어 그들은 단순히 예수를 유대교 아래 위치시키는 것에 만족한 상태로 머물 수 없었는데, 예수와 유대교의 분기점이 예수의 죽음과 부활(의 메시지)과 함께 왔다는 암시가 그 입장에 편승했다. 예수의 선교와 메시지는 이미 그 분할선을 그었다. 요한은 준비의 시기를, 예수는 완성의 시기를 대표했다. 다시 말해, 세례자와 예수의 선교 사이에는 결정적인 '시대의 전환'이 발생했다.[333] 요한은 진정으로 그때까지 태어난 자들 중 가장 위대한 자로 간주될 수 있었다. 그러나 그 나라의 축복에 비교할 때 요한이 대표한 것은 훨씬 덜 중요했던 것이다.

비록 그 수사학적 성격을 잊지 말아야 하지만 그러한 언어는 정말 현저하다. 예수 전통의 다른 곳에서 입증되듯이 그것은 '작은 자'에 대한 예수의 관심과 한 통속이다.[334] 여기서 좀더 논점에 부합할 만하게 그것은 마지막으로 중요한 무언가(하나님의 나라)가 예수의 선교를 통해 펼쳐지고 있었다는 놀라운 의식의 진정성을 입증해준다.[335] 우리가 이미 주목한 대로, 이는 초기 그리스도인들이 예수 선교의 마지막 중요성과 동일한 그들의 분별력을 말하기 위해 사용한 언어가 아니었다. 그러므로 그 어록은 기억된 예수의 고유한 명언들 가운데 하나로 간주되어야 할 것이다.

(4) 마태복음 11.12-13/누가복음 16.16은 너무 당혹스러워서 오로지 예수의 어록으로 기억되었다는 이유만으로 존속될 수 있었던 그런 어록들 가운데 하나이다.[336] 그 나라가 '폭력적으로 다루어지고 있었다'거나 '강

자리를 차지한다는 것이 결코 아니'라는 것이다(*Jesus* 89). '새로운 탐구' 양식 가운데 슈툴마허 (Stuhlmacher)와 비교해보라: '그와 세례자 사이의 질적인 차이'(*Biblische Theologie* 1.64).

332) 위의 §5.4를 보라.

333) Bornkamm, *Jesus* 50-51, 56-57, 66-68; Robinson, *New Quest* 116-19. 또한 N. Perrin, *The Kingdom of God in the Teaching of Jesus* (London: SCM, 1963) 121-24. 최근의 저자들 중에 베커가 그 논점을 가장 일관되게 밀어붙인다(*Jesus of Nazareth* 108-15). 여기서 '그 진술은 분명히 요한을 하나님의 나라에서 배제한다'(114).

334) 막 9.42/마 18.6; 마 10.42; 18.10, 14; 눅 9.48; 12.32; 17.2; 막 4.31/마 13.32 참조. 예수가 '그 나라에서 가장 작은 자'와 동일화될 수 있다는 가망성 없는 견해에 대해서는 Meier, *Marginal Jew* 2.208-209 각주 132를 보라.

335) Sanders, *Jesus and Judaism* 92-93, 140. '이미/아직 아님'의 긴장은 그 반제를 위한 충분한 설명이 된다; 그러나 그것은 '이미 반묵시적 신학이 거기에 작동하고 있었다'는 논지로 이어지지 않는다 (Crossan, *Birth* 310-11, 316에 반대하여).

336) 이면에 깔린 가능한 아람어에 대해서는 Dalman, *Words of Jesus* 139-43을 보라. 영(Young)은 이면의 히브리어 기원을 주장하여 '세례자 요한의 날들로부터 지금까지 그 하늘나라는 일시에 쏟아

압으로 들어갔다'(*biazetai*)는 것은 무엇을 의미했을까? 그것을 강제로 붙잡으려 한 그 '폭력적인 사람들'(*biastai*)은 누구였을까? 가장 좋은 해결책은 '폭력의 사람들'을 예수의 선교에 적대적인 자들이 사용한 조롱으로 보는 것일지 모른다. 예수는 평판이 나쁜 자들을 부추겨서 그들이 그들의 방식대로 밀어붙임으로써 그 나라에 들어갈 수 있다, 그것을 강탈할 수 있다(!)고 생각하도록 한다는 것이다.[337] 예수는 그때 감정에 호소하여 가르치는 자로 기억될 것이다. 그 나라는 진정 '폭력적인 사람들에 의해' '강탈되고' 있다.[338] 이는 다시 의로운 자에 의해 하나님께 하찮은 자로 간주된 자들이 실제로 그들을 멸시한 자들보다 하나님의 은혜를 받을 가능성이 더 많았다는, 다른 곳에 나오는 예수의 주장들과 한 통속으로 일치할 것이다.[339]

어쨌든 우리에게 요점은, 여기에 (폭력적으로 다루어져야 할, 또는 강압으로 들어갈) 그 나라의 현존을 세례자 요한의 때로부터 산정한 (구어) 전통 가운데 예수가 회고되고 있는 또 다른 어록이 있다는 것이다. 이 경우에는 요한과 예수 사이에 뚜렷한 분할선이 없다. 마태의 '요한의 날들로부터'와 누가의 '그때 이후로'는 서로 포용적인 것 같다.[340] 요한의 선교는 이제 예수의 설교와 그 효과로 가장 특징지어지는 기간의 시작을 신호했다. 우리는 이전 어록과의 현저한 차이에 놀랄 필요가 없다. 요한과 예수의 관계는 상이한 경우에 상이한 견지로 자리매김될 수 있었다.[341] 유사하게 마태복음

져 나오며 갑자기 쏟아져 나오는 자들이 그것을 추구하고[구하고] 있다'(*Jesus* 51-55)라는 해석을 내놓는다.

337) F. W. Danker, 'Luke 16.16—An Opposition Logion', *JBL* 77 (1958) 231-43; 이 논지는 Jeremias, *Proclamation* 111-12; Wink, *John the Baptist* 20-22; W. Stenger, "*biazomai, biastēs*", *EDNT* 1.217; Theissen and Merz, *Historical Jesus* 271에 의해 계승됨. 가령, Fitzmyer, *Luke* 1117-18과 Meier, *Marginal Jew* 2.216 각주 180이 제기한 문제를 해소하는 것은 예수가 적극적인 긍정에 부정적인 비판을 가했을지 모른다는 인식이다. 마이어에 반대하는 입장에서 우리는 반대자들의 용례에 대한 암시가 늘 명확하게 나타나는 것이 아니라는 점을 주목해야 한다: 가령, 바울이 자신을 '유산된 자'로 스스로 칭한 것(고전 15.8; 내 책 *Theology of Paul* 331 각주 87을 보라)과 '메시아'라는 호칭에 대한 예수의 반응을 참조하라.

338) 하지만 그 나라의 도래 이전에 예수(그리고 요한)가 기대한 종말론적 시련에 대한 암시가 또한 있을 수 있다. 데이비스와 앨리슨은 그 평행구로 1QH 10(=2). 10-11, 21-22에서 그 찬송시의 저자를 반대하는 '폭력적인 자들'('*rizim*)을 주목한다(*Matthew* 2.256). 아무리 봐도 모호하기만 한 그 어록을 이해하기 위한 다른 시도들로 Beasley-Murray, *Jesus and the Kingdom* 91-96을 보라; Davies and Allison, *Matthew* 254-56.

339) 아래 §13.5를 보라.

340) Davies and Allison, *Matthew* 2.253-54.

341) 발생 맥락의 차이를 고려하지 않는 현학적인 일관성은 '진정성'의 기준으로 사용되지 말아야 한

11.13/누가복음 16.16a은 너무 쥐어짜서 '율법과 선지자들'이 어쩐지 세례자 이전에 또는 그와 함께 그친 것 같다는 뜻으로 취해서는 안 된다.[342] 여기서도 그 대조의 수사학적 과장을 알아채야 한다. 이전에 지나왔던 것을 꼭 훼손하지 않더라도 여기서처럼 하나님의 왕적 통치라는 새로운 문구를 강력히 내세울 수 있었다.[343]

(5) 예수와 세례자에 대한 어록의 연속물 중 마지막 일부(마 11.16-19/눅 7.31-35)는 몇 가지 중요한 특징을 담고 있는데, 우리는 여러 차례 그것을 되짚어봐야 할 것이다. 여기서 우리는 단순히 요한과 예수의 선교 스타일상 차이를 주목할 필요가 있다. 요한의 경우는 현저하게 금욕적 성격을 가졌다(마 11.18/눅 7.33). 이는 공관복음의 세례자 전통(막 1.6 평행구)과 확실히 맞아떨어지는데, 요세푸스의 묘사에서 그 흔적을 발견할 수 있다.[344] 그러나 예수는 즐기는 것으로 명성을 날렸다. 이는 논쟁적인 마태복음 11.19/누가복음 7.34뿐 아니라,[345] 그 단락을 시작하는 작은 비유(마 11.16-17/눅 7.31-32)에 그려진 그 대조적 차이로도 입증된다.[346] 그 비유 자체는 확실히 예수의 가르침 스타일의 전형적인 것으로 간주될 수 있다.[347] 그 대조는 또한 이사야 61.3—'재 대신 화관, 슬픔 대신 기쁨의 기름'—뿐 아니라 위에서 이미 언급된 다른 가르침의 전통(§12.5b)과도 부합된다. 따라서 여기서 예수가 자신

다. 마태는 분명히 11.11-13을 순서대로 배열하면서 아무런 문제도 보지 못했다. 그의 통상적인 주의 깊은 분석에 근거하여 쉬어만(Schürmann)은 후대의 케리그마적 변형들 이면에 결국 예수의 진정한 말씀을 헤아려볼 수 있다고 결론짓는다(*Gottes Reich* 126-29, 134-35).

342) 눅 16.16은 누가의 구원사 개념 가운데 그 세 기간에 대한 콘첼만의 분석에서 중추적인 본문이었다. 이스라엘/세례자 요한을 포함하는 율법과 예언자들-예수-교회(*Theology of St. Luke*, 예컨대 16, 23, 112, 161). 그의 논지는 수정된 형태로 피츠마이어가 따르고 있다. 누가에게 세례자는 이스라엘의 시대를 종료하고 예수의 시대를 출범시키는 과도기이다(*Luke* 1115-16). 또한 Davies and Allison, *Matthew* 2.257-58. 마이어는 그것을 중요하게 여길 만한 그 어록 가운데 예수의 본래 의도를 분별할 수 있다고 충분히 확신하지 못한다(*Marginal Jew* 2.157-63). 율법에 대한 예수의 태도는 아래 §14.4f를 보라.

343) 가령, Kümmel, *Promise* 124의 지나친 진술은 예수와 그의 본토 유대교 사이에 확연한 거리를 둔 두 번째 탐구자들의 관심사를 시사한다. 또한 아래 제14장 각주 98을 보라.

344) 요한은 '몸의 정화'(*hagneia*)를 요청했다(Josephus, *Ant.* 18.117). *hagneia*는 보통 '순수, 순결', '종교적 의무의 엄격한 준수'란 의미를 가지고 있다(LSJ *hagneia*; BAGD *hagneia*).

345) 아래 13장 각주 183-184와 §16.4b(5)를 보라.

346) Hultgren, *Parables* 204-206; '그 비유가 설명 없이 살아남았으리라고 상상하기 어렵다'(205).

347) 대조적인 쌍들을 제시하는 것은 예수의 비유에 나오는 가장 독특한 특징 중 하나다. 예컨대 해지거나 해지지 않은 헝겊, 새롭거나 오래된 포도주 푸대(막 2.21-22 평행구), 두 길(마 7.13-14/눅 13.23-24), 지혜롭거나 어리석은 건축자(마 7.24-27/눅 6.47-49), 두 아들(마 21.28-30), 지혜롭거나 어리석은 처녀들(마 25.1-13), 탕자와 그의 형(눅 15.11-32), 바리새인과 세리(눅 18.9-14).

과 요한이 한 선교의 차이와 관련하여 그 나름의 이해를 드러내려는 보다 생생한 하나의 시도에 대한 기억을 인식하는 데 어려움이 없다.[348]

세례자와 그들 사이의 차이에 대한 예수 나름의 평가 전통에 대한 이 다소 긴 탐구로부터 내릴 결론은 간명하다. 초기 교회들은 이 문제를 그들의 시대에만 일어난 것으로 보지 않고 그것을 예수가 몇 가지 경우에 걸쳐 친히 발언한 주제로 기억했다. 세례자의 이전 제자들을 포함하여 그의 제자들이 요한과 예수의 관계를 어떻게 이해해야 할까라는 질문에 직면했을 때, 사람들은 예수의 생애 기간 내에 모아지던 이러한 가르침들을 무난하게 상상할 수 있었다. 여기서 우리의 논점은 그 둘 사이의 관계가 당시 이루어지던 중요한 전환의 차원에서 상정되었다는 것이다. 거기에는 실현된 기대, 이제 막 이루어지는 오래 갈망하던 축복, 결과적으로 적절했던 그 축하 행사 등등의 어조가 있다. Q의 연쇄 장면 가운데 네 가지 어록들 중 하나만이 그 나라의 견지에서 그 점을 명시적으로 표현하는데, 독립적인 어록 (4) 또한 그렇다. 그러나 그 강조점을 세례자의 선교와 대조적으로 예수의 선교를 통해서, 또 그 가운데 이미 역사하는 그 나라의 견지에서 요약하는 것은 그 증거를 왜곡하는 것이 아닐 터이다.

신학적으로 특별히 중요한 것은 그 두 종말론적 견해에 관한 즉각적 추론이다. 세례자는 현재를 다가올 진노에서 달아날 기회로만 보았다. 예수는 현재를 하나님의 은혜가 이미 나타나는 시점으로 보았다. 예수는 요한의 심판 기대를 비방하거나 포기하지 않았다. 그러나 그것은 은혜로 선취된 심판이었다.[349] 예수 선교의 이러한 측면은 아래 제13장과 제14장에

---

348) '먹보와 술꾼'(*phagos kai oinopotēs*)으로서의 예수에 대한 묘사에서 그 두 단어는 신약성서에서 단 한 번 나온다(*hapax legomena*). 모두 분명히 폄하적인 뜻으로(혹 잠 23.20-21의 흔적이 있을지 모르겠다) '그의 추종자들이 만들어낸 말은 아닌 듯싶다'(Funk, *Five Gospels* 180). '인자' 구절과 관련한 (주석가들 사이의!) 혼란은 그 논리에 거스르는 식으로 고려되어서는 안 된다(아래 §13.5 각주 184와 추가로 §16.4를 보라). 또한 그가 비록 '죄인들'(마 11.19/눅 7.34)과 관련하여 샌더스를 너무 무비판적으로 따르기는 하지만(149-50) 마이어의 주의 깊은 분석을 보라(*Marginal Jew* 2.144-56); 다시 아래의 제15장 각주 224를 보라.

349) 특히 마 20.1-16; 눅 15.11-32; 눅 18.10-14을 언급하는 Becker, *Jesus of Nazareth* 74-78을 보라. '그것은 임박한 심판 앞에 놓인 옛 세대의 마지막 순간이 더 이상 아니다. 그것은 구원의 새 세대의 시작이다'(79). 유사하게 Merkel, 'Gottesherrschaft' 151-53; Gnilka, *Jesus of Nazareth* 96-101: '헤아릴 수 없는 무한한 선함', '믿을 수 없는 선함', '한정 없는 선함'이란 주제(95, 101, 102).

서 반복해서 다시 등장할 것이다.

이제 §11.2b에서 추론한 것을 확인해보니, 그 나라에 대한 예수의 가르침과 신념은 그가 요한과 다른 강조점을 가지고 독립적으로 새로운 길을 가는 데 있어 결정적인 요인이었던 것 같다. 요한의 기대는 너무 일방적이었다. 예언자들이 기다린 것의 다른 차원(들)이 지금 이미 경험될 수 있었던 것이다. 그 신념과 결과적 강조점, 그리고 실천이 요한과 예수 사이에 모종의 결별을 표했다. 지금껏 살펴본 그 전통에 대한 상이한 강조점들은 우리가 그들의 관계를 명확하게 정의된 종말론적 전환점 '이전'과 '이후'라는 산뜻한 분할선으로 개념화할 수 없음을 의미한다. 우리가 분별할 수 있는 한, 예수의 첫 추종자들 사이에 세례자나 그의 메시지를 단순히 없애버리는 것과 관련한 어떤 질문도 없었다.[350] 그러나 그럼에도 불구하고 그 강조점의 변화는 초기 그리스도인의 기억 가운데 예수에 의해 미명에 가장 어둔 시간이 지나고 새로운 날이 동트는 것과 같은 변화로 인지되었다.

d. 축귀에 대한 예수의 주장

의심의 여지 없이 예수는 성공적인 축귀자로 알려졌다. 이는 추후 살펴보겠지만(§15.7b, c), 쉽게 입증되는 주장이다. 여기서 우리는 예수가 그 성공과 그 의의에 대해 말한 전통을 고려할 필요가 있다. 여기서 우리는 그 주제에 대한 예수의 가르침의 한 수집물(두 수집물이 아니라면)을 발견한다. 다른 그러한 수집물과 마찬가지로 바로 그 수집물의 사실 자체가 우리에게 두 가지를 말해준다. 첫째, 예수가 몇몇 경우에 그 주제에 대해 말한 것으로 기억되었다는 점이다. 둘째, 그의 추종자 집단과 초기 교회들 사이에 나타난 초기의 반사 행동은 확실히 보다 효과적인 가르침과 변증을 돕는 차원에서 그러한 어록들을 적절한 순서에 따라 수집하는 것이었다.[351]

---

350) 요한에 대한 예수의 태도에 과격한 변화가 있었던 것으로 고집하는 Hollenbach ('Conversion of Jesus' 203-17)와 Crossan (*Historical Jesus* 237-38)에 반대하여.

주제	막	Q	
1. 바알세불	3.22-26	마 12.24-26	눅 11.15, 17-18
2. 하나님의 손가락/성령		마 12.27-28	눅 11.19-20
3. 강한 사람	3.27	마 12.29	눅 11.21-22
4. 나와 함께하지 않는 자		마 12.30	눅 11.23
5. 용서할 수 없는 죄	3.28-29	마 12.31-32	눅 12.10
6. 더러운 영의 돌아옴		마 12.43-45	눅 11.24-26

여기에 두 계통의 어록이 있는데 하나는 세 어록을 가지고 있고(마가복음) 다른 하나는 여섯 개의 어록을 가지고 있다(Q/누가복음). 그중에 (1)과 (3) 두 개만이 그 흐름 속에 중첩된다. 그 군집화와 다양성은 구어 전승 과정을 유형화한다. 특히 우리는 마가의 양식뿐 아니라 첫 번째 (1)의 Q 양식이 분명히 있었다는 사실에 주목할 수 있다. 그 두 개의 버전은 동일하지는 않지만 분명히 매우 유사하다. 그리고 누가는 강한 자 어록(3-눅 11.21-22)의 한 버전(Q?)을 알고 있는데, 그것이 마가복음 3.27과 문자적 접촉을 가진 것 같지는 않지만 동일한 논점을 제시한다. 만일 누가복음 11.21-22이 정말로 Q를 따랐다고 한다면,[352] 그때 마태는 마가를 따르는 쪽을 택했다.[353] 이 단계에서 우리는 이 연속물(1-3) 중에서 첫 번째 세 항목만을 고찰할 필요가 있다.[354]

---

351) 또한 Schröter, *Erinnerung* 289-91을 보라. 마가가 Q를 알았음에 틀림없다고 주장함에 있어 H. T. Fleddermann, 'Mark's Use of Q: The Beelzebul Controversy and the Cross Saying', in M. Labahn and A. Schmidt, eds., *Jesus, Mark and Q: The Teaching of Jesus and Its Earliest Records* (JSNTS 214; Sheffield: Sheffield Academic, 2001)는 그 전통의 상호연관성을 너무 좁게 문학적인 견지에서 생각한다.

352) Kloppenborg, *Q Parallels* 92; Robinson/Hoffmann/Kloppenborg, *Critical Edition* 234-35의 가정이 그렇지만 확신이 결여되어 있다. 마이어는 마가의 형태가 '더 원시적'이라고 주장한다 (*Marginal Jew* 2.417-18); 악을 '묶는다'는 발상(마가복음/마태복음)은 누가의 덜 두드러진 유대적 버전보다 확실히 한층 더 전통적으로 유대적이다(위의 각주 79를 보라). 그런데 누가의 버전은 사 49.24-25에 대한 암시를 모델로 삼은 것 같다.

353) 도마가 위의 수집물 가운데 오직 세 번째(3) 버전만을 가지고 있으며 확실히 눅 11.21-22보다 막 3.27 버전을 반영한다는 것은 주목할 만하다(도마 35).

354) (5)에 대해서는 아래 §16.4b(3)를 보라.

마 12.24-26	막 3.22-26	눅 11.15-18
24 바리새인들은 듣고 이르되 이가 귀신의 왕 바알세불을 힘입지 않고는 귀신을 쫓아내지 못하느니라 하거늘 25 예수께서 그들의 생각을 아시고 이르시되 스스로 분쟁하는 나라마다 황폐하여질 것이요 스스로 분쟁하는 동네나 집마다 서지 못하리라. 26 만일 사탄이 사탄을 쫓아내면 스스로 분쟁하는 것이니 그리하고야 어떻게 그의 나라가 서겠느냐?	22 예루살렘에서 내려온 서기관들은 그가 바알세불이 지폈다 하며 또 귀신의 왕을 힘입어 귀신을 쫓아낸다 하니 23 예수께서 그들을 불러다가 비유로 말씀하시되 사탄이 어찌 사탄을 쫓아낼 수 있느냐? 24 또 만일 나라가 스스로 분쟁하면 그 나라가 설 수 없고 25 만일 집이 스스로 분쟁하면 그 집이 설 수 없고 26 만일 사탄이 자기를 거슬러 일어나 분쟁하면 설 수 없고 망하느니라.	15 그 중에 더러는 말하기를 그가 귀신의 왕 바알세불을 힘입어 귀신을 쫓아낸다 하고 16 또 더러는 예수를 시험하여 하늘로부터 오는 표적을 구하니 17 예수께서 그들의 생각을 아시고 이르시되 스스로 분쟁하는 나라마다 황폐하여지며 스스로 분쟁하는 집은 무너지느니라. 18 너희 말이 내가 바알세불을 힘입어 귀신을 쫓아낸다 하니 만일 사탄이 스스로 분쟁하면 그의 나라가 어떻게 서겠느냐?

마 12.27-28	눅 11.19-20
27 또 내가 바알세불을 힘입어 귀신을 쫓아내면 너희의 아들들은 누구를 힘입어 쫓아내느냐? 그러므로 그들이 너희의 재판관이 되리라. 28 그러나 내가 하나님의 성령을 힘입어 귀신을 쫓아내는 것이면 하나님의 나라가 이미 너희에게 임하였느니라.	19 내가 바알세불을 힘입어 귀신을 쫓아내면 너희 아들들은 누구를 힘입어 쫓아내느냐? 그러므로 그들이 너희 재판관이 되리라. 20 그러나 내가 만일 하나님의 손가락을 힘입어 귀신을 쫓아낸다면 하나님의 나라가 이미 너희에게 임하였느니라.

마 12.29	막 3.27	눅 11.21-22
29 사람이 먼저 강한 자를 결박하지 않고서야 어떻게	27 사람이 먼저 강한 자를	

그 강한 자의 집에 들어가 그 세간을 강탈하겠느냐? 결박한 후에야 그 집을 강탈하리라.	결박하지 않고는 그 강한 자의 집에 들어가 세간을 강탈하지 못하리니 결박한 후에야 그 집을 강탈하리라.	21 강한 자가 무장을 하고 자기 집을 지킬 때에는 그 소유가 안전하되 22 더 강한 자가 와서 그를 굴복시킬 때에는 그가 믿던 무장을 빼앗고 그의 재물을 나누느니라.

세 개 모두가 분명히 하나의 공통된 주제로 연계되어 있다. 축귀자로서 예수의 성공은 사탄의 나라에 대한 하나님 나라의 승리를 가리킨다. 현대 학계의 대다수는 그러한 강조점이 예수의 가르침의 특징임에 틀림없었다는 데 일치한다. (2)와 (3)에 관련하여 그 일치는 특별히 강하다.[355]

(1) 첫 번째(막 3.22-26 평행구)는 악마의 힘을 빌린 해로운 마법이나 주술이란 비난에 멋진 재치문답을 제시한다. 귀신 들림을 귀신이 구하는 것으로 보는 확고한 견해에 비추어 그 귀신의 우두머리가 귀신 축출을 할 수 있다거나 돕는다는 것은 어불성설일 터이다.[356] 우리는 이 구절의 의의를 나

---

355) 예수세미나 팀은 (1)의 Q 버전(눅 11.17-18)과 (2)('그의 소견들은 재치 있고 기대를 헛되게 한다')와 (3)('그 계산하는 것과 힘 있는 강도의 유비는 예수의 스타일에 잘 맞는다. 그것은 놀라운 비교이고 과장에 빠진다')과 관련하여 긍정적인 판정을 내린다(Funk, *Five Gospels* 52, 185-86, 329-30, 493). 베커는 (1)의 공격이 역사적이라고 가정하고 (2)에 대해서는 의심이 없지만, (3)은 교회의 첨가물로 돌린다(*Jesus* 108-10, 184-85). 뤼데만은 (2)와 (3)을 '진정한 것'으로 간주한다(*Jesus* 25, 337). (1)에 대해서 콜만(Kollmann)은 특히 그리스도론적 설명이 결여된 점을 주시한다(*Jesus* 182). (2)에 대해서는: '보편적으로 인정된다'(Beasley-Murray, *Jesus and the Kingdom* 75); '근대 비평의 보증된 결과들 가운데 하나'(Davies and Allison, *Matthew* 2.339). 내 논문 'Matthew 12.28/Luke 11.20—A Word of Jesus?' in W. H. Gloer, ed., *Eschatology and the New Testament*, G. R. Beasley-Murray FS (Peabody: Hendrickson, 1988), reprinted in *The Christ and the Spirit* vol. 2: *Pneumatology* (Grand Rapids: Eerdmans, 1998) 187-204에서 나는 (2)와 관련된 샌더스의 의심들(*Jesus and Judaism* 133-41)을 언급하고자 하였다. 샌더스는 고려해야 할 것이 예수의 행동들 가운데 **온전히 현존한** 그 나라였다고 계속 고집함으로써 자신의 주장을 약화시킨다(*Historical Figure* 177-78). (3)에 대해서 마이어는, 사탄에 대해 *ischros* ('강한')를 사용하여 '강한 자'라고 한 것이 그리스도교 용례가 아니었으며 따라서 여기서 회고된 예수의 어휘에 있어 두드러진 특징을 반영한다고 본다(*Marginal Jew* 2.421).

356) Joel Marcus, 'The Beelzebul Controversy and the Eschatologies of Jesus' in Chilton and Evans, ed., *Authenticating the Activities of Jesus* 247-77은 막 3.22-26의 논리가 사탄의 권능이 아직 몰락하지 않았고 이 점은 따라서 3.27의 주장과 대조된다고 주장한다. 그 문제에 대처하기 위해 그는 예수의 종말론적 사상이 분별할 만한 변화를 겪었으며, 이에 따라 3.22-26은 이전 단계를 반영하고 3.27은 그 이후의 단계를 반영한다는 가설을 세운다. 그 전환점은 예수의 세례였는데, 곧 그가 자신의 세례 환상에서 도출한 결론이었다(아래 각주 373을 보라). 다시 말해 그는—복음서 이야기의 모든 암시들에 반하여—예수가 수행한 세례 이전 단계의 축귀적 선교라는 가설을 세우는 격이다. 더 나은 이해의 방식은 예수가 상이한 때에 사용한 두 개의 은유/이미지를 하나는 그 논적을 향한 것으로(3.22-27), 다른 것은 자신의 축귀 가운데 사탄의 패배에 대한 자기 나름의 확신을 표현한 것으로(3.27) 보는 것이다.

중에 살펴볼 것이다(§15.7b, h). 여기서는 단지 악의 권세가 우두머리나 왕자(*archōn*)로서[357] 사탄이 함께 하는 나라(명시적으로 마 12.26/눅 11.18)로[358] 묘사된다는 점을 주목할 필요가 있다. 그 함의인즉, 예수의 축귀는 그 나라가 아니라 하나님의 나라에 의해 힘을 받는다는 것이다.[359]

(2) 이는 두 번째 어록(마 12.27-28/눅 11.19-20)에서 명백해진다: 예수의 축귀는 하나님의 권능으로 실행되며 '하나님의 나라가 네 위에 임했다(*ephthasen*)'는 증거가 된다. 이는 오랫동안 예수의 가르침에 대한 가장 확실한 진입로로로 간주되었다.[360] 왜냐하면 그것이 예수의 선교를 통해, 또 그 선교 내에서 하나님 나라의 현존을 드러내는 가장 확실히 단언이기 때문이다.[361] 먼저 그 어록의 구조가 주목되어야 한다. 그 문장의 시작과 끝에 배치된 두 개의 핵심 문구(강조한 부분들)는 '하나님의 성령/손가락'과 '하나님의 나라'이다. '그러나 만일 내가 마귀를 쫓아내는 것이 **하나님의 성령/손가락**에 의한 것이라면, 그때 **하나님의 나라는** 네 위에 임한 것이다.'[362] 이는 그 어록이 이렇듯 선행하는 절과의 현저한 차이를 강조하기 위해 구성되었음을 시사한다. 예수의 논리에 따르면 그 점이 그 동일한 중요성을 유

---

357) 사탄을 앞세운 구조화된 위계질서로서 악의 개념(다양하게 명명됨: 가령, Fitzmyer, *Luke* 921을 보라)은 유대교 마귀론에서 꽤 최근의 전개 양상이다(희년서 48.15; 1QS 3.20-25; 1QM 17.5-6; 18.1-3; 11QMelch 2.13; 단 유언서 5.6을 보라).

358) 'Beelzeboul'은 고대 가나안의 신 '하늘의 주, 바알'을 일컫는 이름이었는데, 아주 자연스럽게 '하늘의 주'인 야웨의 한/유일한 경쟁자로 인식되었다(단 5.23)(추가로 Fitzmyer, *Luke* 2.920; Davies and Allison, *Matthew* 2.195-96을 보라). *b'l zbul*이 히브리어(아람어라기보다) 구성물인 터라 케이시(Casey)는 예수와 '예루살렘에서 내려온 서기관들'(막 3.22) 사이에 오간 언쟁이 히브리어로 진행되었던 것 같다고 추측한다(*Aramaic Source* 88).

359) 라이트는 그 비유를 그의 주인 가설 속으로 밀어넣는다: 예수가 마귀를 통제한다는 점은 오직 한 가지 결론으로 이어진다: '이스라엘의 하나님이 마침내 왕이 되고 있다'(*Jesus* 453-54). 반면, 바알세불 논쟁에 대한 자신의 논의를 'Magic and Meal'에 대한 장 안에 둠으로써 크로산은 그 나라 문제에 대한 그 논쟁의 상관성을 부인한다(*Historical Jesus* 318-20).

360) 예컨대, Bultmann, *History* 162; Perrin, *Rediscovering* 63-67; Schlosser, *Règne* 137-39; Merkel, 'Gottesherrschaft' 142-44; Schürmann, *Gottes Reich* 106-108.

361) '만일 우리가 그것을 하나님 나라가 오로지 예상에 의해서만 현존한다고 말한 것으로 이해한다면 우리는 또한 그 단어를 오해하는 셈이다'(Becker, *Jesus of Nazareth* 109). 유사하게 Merklein, *Jesu Botschaft* 63-66; Gnilka, *Jesus of Nazareth* 129. R. H. Hiers, *The Historical Jesus and the Kingdom of God* (Gainesville: University of Florida, 1973)과 대조해보라: '귀신의 패배는…하나님 나라의 확립을 위한 때가 다가왔음을 의미한다'(63). 유사하게 Buchanan, *Jesus* 31-33.

362) 데이비스와 앨리슨은 그리스도론적 강조점을 주장함으로써 그 점을 놓친다: '"만일 **내가** 마귀를 내쫓는다면"…문제가 되는 것은 **예수가** 귀신을 내쫓았다는 것이다'(유사하게 Chilton, *Pure Kingdom* 68). '하나님의 권능에 의한 것이 아닌 어떤 다른 방식으로 유대인 축귀사들은 귀신을 내쫓을 수 있었을까?'라는 물음에 있어 그들은 실현된 종말론의 강한 어조를 무시한다(*Matthew* 2.339, 341). 또한 아래 제15장 각주 384를 보라.

대인 동족들의 축귀로 돌리고자 한 것이라고 주장하는 이들은 그 점을 간과한다.[363] 예수의 축귀를 두드러지게 한 것은 단지 그 성공이 아니라 그 성공을 이루게 한 권능이었다.[364] 그 권능은 그 어록의 상이한 개작 가운데 다르게 규정된다. '하나님의 성령'(마 12.28), 즉 암묵적으로 다른 유대인 축귀사들이 누리지 못한 풍성한 (종말론적) 성령이거나,[365] 또는 '하나님의 손가락'(눅 11.20), 즉 모세가 애굽의 마법사들을 압도한 권능의 (종말론적) 등가물.[366] 그러나 어느 쪽을 취하든 핵심은 같다. 예수는 특별히 (종말론적으로) 하나님의 권능을 받았다고 주장한 것으로 기억되었으며, 축귀자로서 그의 이어지는 성공은 그 사실 덕분으로 이해되었다. 그리고 이 성공은 그 자체로 하나님의 나라가 '너희에게 임한'(ephthasen eph'humas) 증거다.[367]

(3) 세 번째 어록의 그 이미지 또한 의미심장하다. 그 두 연속물(마가복음, Q)이 제공한 맥락이 없더라도, 유대인 청중에게 그 '강한 자'가 사탄의 이

363) Bultmann, *History* 14; Kümmel, *Promise* 105-106; Perrin, *Rediscovering* 63; Sanders, *Jesus and Judaism* 134-35; Meier, *Marginal Jew* 2.410.
364) Dunn, *Jesus and the Spirit* 48. 그레서(E. Grässer)는 예수와 다른 유대인 축귀사들 사이에 아무런 질적인 차이도 존재하지 않으며 축귀사로서 그는 아주 뚜렷하게 '독특한 현상이 아니다'라는 주장에 답한다: '…그가 그 나라를 자신의 축귀 활동과 연계시켜 활용하였다는 바로 그 사실이 마치 그를 정확하게 그렇게 만들지 않은 것인 양!'('On Understanding the Kingdom of God' [1974], in Chilton, ed., *The Kingdom of God* 52-71 [여기서는 56])
365) 누가의 '손가락'이 마태의 '성령'보다 더 원형에 가깝다는 사실은 거의 보편적으로 일치한다. 그러나 통상 인정되는 것 이상으로 후자의 경우에 더 강한 힘을 실어줄 수 있다(Dunn, *Jesus and the Spirit* 45-46; J. -M. Van Cangh, 'Par l'Esprit de Dieu—par de Doigt de Dieu', in Delobel, ed., *Logia* 337-42; 추가 참고 자료는 내 논문 'Matthew 12.28/Luke 11.20' 196 각주 24; Meier, *Marginal Jew* 2.464 각주 52의 토론을 보라. 추가로 P. W. van der Horst, '"Finger of God": Miscellaneous Notes on Luke 11.20 and Its Umwelt', in W. L. Petersen et al., eds., *Sayings of Jesus: Canonical and Non-Canonical*, T. Baarda FS [NovTSup 89; Leiden: Brill, 1997] 89-103). 성령이 오는 세대에 더욱 충만히 부어지리라는 것은 당시 유대인의 기대 가운데 한 가닥이었다(위의 각주 65를 보라).
366) 출 8.19(=8.15 MT/LXX)에 대한 암시가 거기 깔려 있다는 것은 자명할 터이다: 바로의 마법사들은 모세의 기적들이 '하나님의 손가락'에 의해 일어났다고 고백한다. 기실 그 암시는 보다 광범위할 수 있다: CD 5.18-19에 바로의 마법사들에게 붙여진 이름인 안네와 얌브레를 벨리알이 일으켰다고 서술되어 있다. 이를테면 결과적으로 그들의 기적이 (모세와의 경쟁 가운데) 벨리알의 권위에 의해 실행된 것이라는 말이다. 그 함의는 어록 (2)를 (1)과 (3)에 처음에 외견상 드러난 것보다 훨씬 더 긴밀하게 연계시켜준다. 추가로 내 논문 'Matthew 12.28/Luke 11.20' 196을 보라. 출애굽기 유형론이 처음부터 명백한 종말론적 함의를 가지고 그 어록에 내재되어 있었을 개연성은 충분하다. '하나님의 나라를 통한 이스라엘의 해방에 대한 전주곡'(Theissen and Merz, *Historical Jesus* 258-60). 예수의 어록으로서 그 어록의 독창성에 대해서는 추가로 Meier, *Marginal Jew* 2.413-17을 보라.
367) *phthanō*의 단순과거시제가 '도래했다/도착했다/도달했다'는 뜻을 가진다는 것은 사실상 논란의 대상이 될 수 없다(특히, Kümmel, *Promise* 105-108; Beasley-Murray, *Jesus and Kingdom* 75-80; Meier, *Marginal Jew* 2.412-13, 423 [가능한 아람어의 재구성과 함께], 468 각주 70). 그렇지만 카라구니스(Caragounis)는 그것이 긴박성만을 암시한다고 고집한다('Kingdom of God' 423). 또한 위의 §12.4a를 보라.

미지였으며 그에 의한 사로잡힘이 귀신 들린 자의 이미지라는 점은 충분히 명확했을 것이다.[368] 사탄의 패배, 그 포로들의 해방, 특별히 사탄의 '결박', 즉 사탄을 동여매고 수세대(영원?) 동안 무력화하는 것은 하나님의 목적에서 마지막 정점의 일부로 전망되었다.[369] 그때 논점은 결국 이 결박이 이미 일어나고 있었다는 예수의 주장인데,[370] 기실 이는 벌써 일어난 바 있었다.[371] 강한 자는 이미 무력화되었다. 그런 까닭에 그에 의한 사로잡힘의 상태(skeuē)가 그의 통제에서 해방될 수 있었던 것이다.[372] 여기서 또한 누가복음 10.18을 언급하는 것이 적절할 것이다. 그것은 오로지 누가만이 증언하는데, 그는 70(72)명의 제자들이 그들의 선교에서 돌아온 것에 대한 예수의 반응으로 그것을 제시한다. 그들은 귀신들이 예수의 이름으로 그들에게 굴복하는 것을 목격했다. 즉 그들 역시 성공적인 축귀 사역을 즐겼던 셈이다. 이에 대해 예수는 응답한다. '나는 사탄이 하늘에서 번갯불처럼 떨어지는 것을 보았다.'[373] 그 함의인즉 다를 게 없다. 예수가 명했던 그 권능에

---

368) 예수의 그 나라 이야기를 일관되게 정치적 견지에서 해석하는 부하난(Buchanan)과 대조해보라 (아래 제15장 각주 35를 보라). 여기서 그는 강한 자가 아마 로마였을 것이고, 그를 묶는 것은 다양한 종류의 방해 활동을 요구했을 것이라고 제안한다(*Jesus*, 215-16).

369) 위의 각주 79를 보라. 그러나 우리는 사탄이 '매여' 있는 동안의 그 시간의 길이가 인용된 본문에 가지각색으로 나온다는 점을 상기해야 한다. 토빗 3.17과 8.3은 특정한 축귀를 목적으로 일시적인 묶음이 있을 수 있다는 점을 떠올려준다.

370) 그 어록의 누가적 버전은 예수가 '더 강한 분'이라고 암시한다(눅 11.22). 그러나 마가에서 묶는 자는 특정한 사람으로 구체화되지 않으며 누가에는 그 용어에 주어진 특별한 그리스도론적 강조점이 없다(눅 10.17-18에 나오는 같은 뜻의 사탄의 떨어짐은 비록 예수의 이름으로 한 것이지만, 축귀자로서 제자들의 성공으로 말미암은 것이다).

371) 마가의 배치 구도에서 그는 사탄의 패배의 '때'(when)가 시험을 가리키도록 의도했을지 모른다 (특히 Jeremias, *Parables* 122-23; E. Best, *The Temptation and the Passion: The Markan Soteriology* [SNTSMS 2; Cambridge: Cambridge University, 1965] 15; Beasley-Murray, *Jesus and the Kingdom* 109-10; Wright, *Jesus* 457-59). 그러나 막 1.13은 명시적으로 승리로 제시되지 않는다(Guelich, *Mark* 1-8.26 176-77). 우리는 3.27이 모든 세목에서 알레고리적이었던 것인 양 강조하는 것을 경계해야 한다. 토빗 3.17과 8.3은 또한 축귀와 묶음의 행위가 한 사건의 두 측면으로 생각될 수 있다는 점을 상기시켜준다. 래드(Ladd)는 그 어록을 '예수의 사역이라는 바로 그 사실 속에서 사탄에 안긴 영적인 패배라는 견지에서' 해석하는데 이것이 옳을지 모른다(*Jesus and the Kingdom* 152-53).

372) *Skeuos*는 다른 곳에서 하나님의 '그릇'으로서 인간에게 사용되며(모세묵시록 31.4; 또한 C. Maurer, *skeuos*, TDNT 7 [1971] 359-60을 보라) 납달리 유언서 8.6에서는 마귀의 '독특한 도구' 또는 그릇으로서 사악한 사람에게 사용된다. 여기 그려지는 상은 짐작건대 일종의 강탈로 요세푸스에 의하면 유대인 봉기 이전 십 년간 보편적이었다(*War* 2.265); 그러나 그 이미지는 보다 널리 친숙하게 잘 알려졌을 것이다(사 49.25; 솔로몬시편 5.3).

373) 예수의 실제적인 환상은 수반될 필요가 없을 듯하다(Bultmann, *History* 161 각주 2; Kümmel, *Promise* 113-14; Fitzmyer, *Luke* 860-62). 마커스(J. Marcus)는 그 환상을 예수의 세례 때로 그 시점을 본다 ('Jesus' Baptismal Vision', NTS 41 [1995] 512-21). 유사하게 타이센과 메르츠는 '그의 부름에 맞춰 예수의 환상에 대한 언급이 보존되지 않았나'라고 생각한다(*Historical Jesus* 258). 하지만 베커는 환상이 고려 대상이 되는 것을 근거 없는 것으로 치부한다(*Jesus of Nazareth* 108). 결국 예수를 메르카

의한 축귀는 사탄의 권능이 끝났음을 입증한 것이다.[374]

열악하게 입증된 이 마지막 어록이 없더라도,[375] 그 일련의 전통에 담긴 취지는 명확하다. 예수는 단순히 위대한 축귀자로서가 아니라 그의 축귀가 악의 권세에서 마지막으로 놓임을 받는, 오랫동안 품어온 희망의 성취를 보여주었다고 주장한 것으로 기억되었다. 하나님의 마지막 통치의 현현이 사탄의 묶음으로 특징 있게 변별될 수 있었다면, 그때 예수의 축귀는 적어도 사탄의 묶음이 이미 이루어졌거나 이미 이루어지고 있던 정도로 하나님 통치의 마지막 역사가 이미 실행되고 있었음을 보여준 것이다.

e. 성장의 비유

비록 내가 위의 §12.4에 포함한 것과 함께 그 본문들이 더 주목받아야 할지에 대한 약간의 논쟁이 있긴 하지만 또 한 무리의 다른 본문을 주목할 만하다. 그 주제에 대한 연작 연구에서 도드는 '위기의 비유'뿐 아니라 '성장의 비유'에 초점을 맞추었다.[376] 그것들은 우리에게 중요한데, 그 '성장의 비유' 가운데 세 개가 특별히 하나님 나라의 비유로 지목되기 때문이다(마지막 두 개는 또한 도마복음에도 포함됨). 비밀리에 자라는 씨앗(막 4.30-32 평행구/도마 20). 또한 씨 뿌리는 자의 비유도 고려되어야 하는데, 이는 공관복음 세 군데 모두(막 4.2-9 평행구), 그리고 같은 구조와 요지를 가지고(세 가지의 결실치 못하는 땅과 결실하는 땅의 대조) 다만 이야기하기 차원의 소소한 변용과 함께 도마복음 9에서 재생된다.[377] 아울러 누룩의 비유도 명백히 같은 태생에서 잘려 나온 것으로 간주되어 또한 그 나라 비유로 지목되었다(마 13.33/눅

바(*merkabah*) 신비주의의 수행자로 보는 칠튼의 기발한 견해를 뒷받침할 만한 증거가 너무 적다(*Rabbi Jesus* 여러 군데).

374) 에반스(Evans)는 막 3.26에 사용된 문구(사탄이 '어떤 목적을 가지고 있다')는 모세 유언서 10.1에 표현된 기대에 공명한다('Authenticating the Activities of Jesus' 15).

375) 가령, 마이어의 신중한 보류를 주목하라(*Marginal Jew* 2.492-93). 예수세미나 팀은 그것에 긍정적인 등급을 매기고(Funk, *Five Gospels* 321), 뤼데만은 그 '진정성'을 확신한다(*Jesus* 329-30). 콜만(Kollmann)은 부활 사건 이후의 전통 형성에 영향을 받지 않았다고 본다(*Jesus* 194).

376) Dodd, *Parables* ch. 6.

377) 또한 Perrin, *Rediscovering* 155-59; 라이트 역시 성장의 비유들을 특별히 주목한다(*Jesus* 229-42).

13.20-21/도마 96).[378] 유사한 주제의 자료를 모으려는 경향은 특히 마가와 마태에게서 분명히 탐지된다. 도마 전통이 암시하는 바에 따르면 개별 비유들은 또한 따로따로 회고되었던 것 같다. 그렇지만 도마복음 비유의 끄트머리에 첨부된 '들을 귀 있는 자는 들을지어다'라는 권고의 빈번한 반복은 예수 비유의 구연이 폭넓게 퍼진 용례를 시사한다.[379] 이러한 주제들에 대해 말하는 예수의 기억은 명백히 그 전통 가운데 잘 뿌리내려 있다.

	마	막	눅	도마
1. 씨 뿌리는 사람	13.3-9	4.2-9	8.4b-8	9
2. 씨앗		4.26-29		21.4
3. 가라지들	13.24-30			57
4. 겨자씨	13.31-32	4.30-32	13.18-19	20
5. 누룩	13.33		13.20-21	96

2.　　　　막 4.26-29	도마 21.4
26 또 이르시되 하나님의 나라는 사람이 씨를 땅에 뿌림과 같으니 27 그가 밤낮 자고 깨고 하는 중에 씨가 나서 자라되 어떻게 그리 되는지를 알지 못하느니라. 28 땅이 스스로 열매를 맺되 처음에는 싹이요 다음에는 이삭이요 그 다음에는 이삭에 충실한 곡식이라. 29 <u>열매가 익으면 곧 낫을 대나니</u> 이는 추수 때가 이르렀음이라.	… 너희 가운데 명철한 사람이 있기를 원한다. 곡식이 익을 때, 그는 잽싸게 나가 자기 손에 쥔 <u>그의 낫으로</u> 그것을 수확했다.

---

378) 자세한 것은 Hultgren, *Parables* 406-407.
379) 도마 8.2; 21.5; 63.2; 65.2; 96.2(또한 24.2); 막 4.9 평행구; 4.23; 마 11.15; 13.43b; 눅 14.35b(또한 계 13.9a).

3. 마 13.24-30	도마 57
24 하늘나라는 씨를 제 밭에 뿌린 사람과 같으니	아버지의 나라는 (좋은) 씨를 가진 사람과 같다.
25 사람들이 잘 때에 그 원수가 와서 곡식 가운데 가라지를 덧뿌리고 갔더니	그의 원수가 밤에 와서 좋은 씨 가운데 가라지를 뿌려놓았다.
26 싹이 나고 결실할 때에 가라지도 보이거늘	
27 집 주인의 종들이 와서 말하되 주여 밭에 좋은 씨를 뿌리지 아니하였나이까? 그런데 가라지가 어디서 생겼나이까?	
28 주인이 이르되 원수가 이렇게 하였구나. 종들이 말하되 그러면 우리가 가서 이것을 뽑기를 원하시나이까?	
29 주인이 이르되 가만 두라 가라지를 뽑다가 곡식까지 뽑을까 염려하노라.	그 사람은 그들이 가라지를 뽑아내는 것을 허용치 않았다. 그는 그들에게 말하기를 '너희들은 가서 가라지를 뽑다가 너희들이 그것과 함께 알곡도 뽑지 않도록 하라'고 하였다.
30 둘 다 추수 때까지 함께 자라게 두라. 추수 때에 내가 추수꾼들에게 말하기를 가라지는 먼저 거두어 불사르게 단으로 묶고 곡식은 모아 내 곳간에 넣으라 하리라.	추수하는 날 가라지는 사라질 것이다; 그것들은 뽑혀 불에 태워질 것이다.

4. 마 13.31-32	막 4.30-32	눅 13.18-19	도마 20
31 또 비유를 들어 이르시되 하늘나라는 마치 사람이 자기 밭에 갖다 심은 겨자씨 한 알 같으니	30 또 이르시되 우리가 하나님의 나라를 어떻게 비교하며 또 무슨 비유로 나타낼까?	18 그러므로 예수께서 이르시되 하나님의 나라가 무엇과 같을까? 내가 무엇으로 비교할까?	제자들이 예수께 말하기를 우리에게 하늘나라가 무엇과 같은지 이야기해주소서라고 하였다. 그는 그들에게 말하였다. 그것은 겨자씨 한 알과 같으니 그것은 모든 씨들보다 작지만 갈아놓은 땅에 떨어져 큰 가지를 내고
	31 겨자씨 한 알과 같으니 땅에 심길 때에는 땅 위의 모든 씨보다 작은 것이로되	19 마치 사람이 자기 채소밭에 갖다 심은 겨자씨 한 알 같으니 자라 나무가 되어 공중의 새들이 그 가지에 깃들였느니라.	
32 이는 모든 씨보			

다 작은 것이로되 자란 후에는 풀보 다 커서 나무가 되 매 공중의 새들이 <u>와서 그 가지에 깃 들이느니라.</u>	32 심긴 후에는 자 라서 모든 풀보다 커지며 큰 가지를 내나니 공중의 새 들이 그 그늘에 깃 들일 만큼 되느니 라.		하늘의 <u>새들을 위 한 쉼터가 된다.</u>

이 세 개의 비유는 모두 이미 한 번 언급된 바 있다.[380] 여기서의 요지는 단지 그러한 비유들이 그 나라를 성장이나 발전, 또한 정점의 과정에 비유한다는 것이다. 도드는 여기서 그려진 것이 이제 막 일어나기 시작할 뿐인 불확실한 (숨겨진) 성장의 시기라는 가정에 온당하게 항변하면서[381] 그 대신 이 비유들이 성장 과정의 끝에서, 수확의 시점에서 거꾸로 뒤돌아보고 있다고 주장했다.[382] 마태복음 9.37-38/누가복음 10.2/도마복음 73에 비추어 볼 때 그 핵심 요지를 무시할 수 없다.[383] 예수는 추수가 이미 여기서 진행 중이고 수확할 준비가 되어 있다고 말한 것으로 회고되었다. 하나님의 통치는 이미 그 예상된 열매를 맺었다. 다른 한편으로 마태와 누가는 이어지는 선교 강령 가운데 '하늘 나라/하나님 나라가 가까이 왔다'(마 10.7/눅 10.9)고 전하라는 명령을 포함한다. 따라서 그 점이 너무 강조되어서는 안 된다.[384] 외려 우리는 이 비유들을 앞서 검토한 대안적 시간의 틀 가운데 하나

---

380) (2)와 (3)은 심판 아래, (4)는 종말론적 역전이란 주제 아래 대등한, 또는 좀더 적절한 표제로 다루어졌다. (2)가 어떤 형태로든 예수에게로 소급된다는 것은 예수세미나 팀(Funk, *Five Gospels* 58-59)과 Lüdemann, *Jesus* 31이 동의하는 바이다.

381) 성장의 점증성과 또한 추수 이전에 개입하는 시간의 점증성을 강조하는 더 오래된 자유주의 견해(예컨대 Ladd, *Jesus and the Kingdom* 185 각주 42에 열거된 것들을 보라)는 Gnilka, *Jesus* 139-44, Becker, *Jesus* 73, 122-24과 Theissen and Merz, *Historical Jesus* 261에 여전히 매력적인 유산으로 남아 있다. 큄멜과 대조해보라: '이 비유[막 4.26-29]의 핵심 요지는 곡물의 성장이 아니라 아무 것도 영향을 줄 수 없는 어떤 추수 때의 도래다'(*Promise* 128). 추수는 '하나님이 행하는 기적을 통해서만 올 터이다: *automatē hē gē karpophorei*'(Hengel, *Charismatic Leader* 60), '모든 인간 행위와 독립적으로'(Bultmann, *Theology* 1.8), '가시적인 원인 없이 측량할 수 없게, 기적적으로'(Schrage, *Ethics* 21).

382) Dodd, *Parables* 176-80, 185-86, 191, 193; Taylor, *Mark* 266, 268-69 (그러나 성장이란 발상이 현재 고려중인 비유들에 필수적인 일부라는 점을 인정하면서).

383) 마 9.37-38/눅 10.2은 도드에게 결정적인 요인이었다(*Parables* 178-79, 183, 187, 191).

384) R. Schnackenburg, *God's Rule and Kingdom* (Freiburg: Herder, 1963) 159 참조. 힐트그렌(Hultgren)은 그 나라의 현재성이 인내 어린 기다림, 작은 시작, 감추어진 불가항력의 힘 등의 함의에 더 투

또는 다른 쪽으로 양분하여 배치하기에 앞서 망설이게 된다.[385] 그것들은 예수의 하나님 나라 선포에서 그가 의존한 듯한 이미지의 선포 범위에 속할 뿐이고, 그는 오늘날 탐구자들보다 시간대의 문제에 대하여 훨씬 덜 관심을 보였던 것 같다. 성장의 비유들은 예수의 전통이 그 나라의 도래에 대하여 이야기한 범위 안에서 그것들이 그 긴장과 다양성을 표현하기 때문에 바로 그 점에서 주목할 만하다.[386]

요약건대, 예수 전통은 어떤 의미에서 그 나라가 왔다, 이미 현존한다고 강조하는 그 나라 모티프의 두 번째 계통을 포함한다는 점이 명시되어야 한다. 다른 (미래) 계통과 마찬가지로 '나라'(왕국)라는 그 용어 자체는 항상 크게 부각되지 않는다. 그리고 다양한 구연 변이본들 가운데 개작되어 다시 이야기된 전통과 관련하여 풍성한 증거들이 있다. 그러나 그 계통은 예언의 실현, 최고로 중요하게 이루어지는 새로운 것, 이미 경험되는 도래할 새 세대의 예상된 축복들, 세례자의 메시지와는 완전히 달라진 어조의 변화, 결정적으로 (마지막으로?) 몰락하는 사탄의 권능 등에 대한 공동의 의식을 통해 하나로 결합된다. 예수의 설교와 가르침의 기억들 가운데 그러한 지속성과 다양성이 부재했다는 기미를 생각하기란 어렵다. 반대로 이미 도래하였고 하나님의 (종말론적) 통치가 이미 현재 역사하고 있는 이러한 그 나라의 기미는 처음부터 예수 전통의 특징이었음에 분명하다. 그리고 이는 오로지 그것이 예수의 설교와 가르침의 특징이었기 때문에 그럴 수 있다.

영된 것으로 보는 대다수의 견해를 대표한다(*Parables* 389, 398, 407).

385) 페린이 관찰하듯, '강조점은 하나님과 그가 행하는 것, 그가 행하실 것에 있고 이 무리의 모든 비유들처럼 그 비유도 하나님과 하나님의 미래에 대한 예수의 최고 확신을 표현한 것이다.… 현재 하나님 체험으로부터 하나님의 미래에 대한 확신을 알게 된다'(*Rediscovering* 158-59). 오크만(*Jesus* 123-28)과 크로산(*Historical Jesus* 276-81)은 가라지(그리고 누룩)를 그 나라 이미지에 사용하는 익살맞은(또는 충격적인) 유머에 더 초점을 맞춘다.

386) Beasley-Murray, *Jesus and the Kingdom* 124-25, 126-27 참조.

12.6 수수께끼 풀기

a. 요약

'하나님 나라/천국'의 모티프는 어떤 예수 탐구에도 적어도 두 가지 근본적인 사항을 말했다(그리고 말한다). (1) 예수 전통은 예수의 설교 가운데 하나님의 왕권이란 요소의 중심 됨을 명확하게 증언한다는 것. 하나님이 왕이라는 사실은, 바로 그 칭호가 포괄하는 절대적 주권과 권능이란 모든 함의와 함께 예수의 이해의 틀 속에 중추적이었고 또한 그의 메시지에 근본적이었다. 예수는 하나님이 행하는 것/행한 것/행할 것이 땅 위에 궁리된 그 어떤 것보다 훨씬 더 중요하다는 것을 매우 분명하게 확신했다. 이것은 다른 동기 부여의 지평으로 관점이 획기적으로 도약하였음을 뜻한다. 그에게 개인과 사회의 목표들을 그 판단 준거로써 융합시키는 일은 더할 나위 없이 중요하였다.

(2) 예수는 펼쳐지면서 그 정점을 향해 뻗어가는 창조세계를 위한 목적을 하나님이 가지고 있었으며, 자신의 선교가 그 목적의 표현이자 실현을 향한 활기찬 작용이라고 확신하였다. 우리는 예수의 하나님 나라 이야기의 이 두 차원을 풀어놓기 시작했을 뿐이다. 이어지는 장들은, 특별히 제자직(그때 그 나라에 대한 그의 메시지에 응답한 사람들은 그 뒤로 어떻게 살아야 하는가?)과 그 나라 및 그 도래에서 예수 나름의 역할과 관련된 직접적인 함의에 초점을 맞추면서 그 과정을 계속해나갈 것이다.[387] 이 장에서 우리는 가장 직접적인 특징들(종종 보충적인 인자 이야기는 제쳐두더라도)을 개략적으로 제시하고 제기된 주요 질문들(현재/미래로서의 그 나라)이 무엇이었는지에 관심의 초점을 맞추기 위해 예수의 용례에 대한 그 배경의 윤곽을 그려볼 것이다.

요컨대, 우리는 예수의 가장 특징적인 문구였던 것처럼 보이는 '하나

---

387) 최근 논쟁에 대한 유용한 개관은 D. C. Duling, 'Kingdom of God, Kingdom of Heaven', *ABD* 4.56-69 (여기서는 62-65)에서 찾아볼 수 있다.

님 나라'의 기초적인 언급이 유대인의 신앙적 헌신을 표현하는 전통적 언어로 제시되었다고 추정할 수 있다. 하지만 그는 '왕'으로서의 하나님에 대해 말하거나 '우주의 왕'으로서 하나님을 경배하는 것으로 기억되지 않는다. 하나님 나라에 대해 기억된 그의 모든 설교는 정도의 차이는 있지만 이전에 미래를 향한 희망과 기대였던 것과 관련이 있다.[388]

그가 주장한 이러한 희망들의 일부는 이미 실현되고 있었다. 이전 세대들이 보기를 갈망해온 일들이 일어나고 있었다. 삶을 바꾸는 가치로서 새로운 무언가가 그의 청중들 앞에 이미 있었다. 눈먼 자에게 시력이 회복되고 있었고, 저는 자가 걷고 있었으며, 심지어 죽은 자가 다시 일어났다. 좋은 소식들이 가난한 자에게 전파되고 있었다. 그 나라는 그들의 것이었다! 임박한 심판에 대한 세례자의 메시지는 예수의 사역을 통해 이미 일어나고 있던 일들에 비추어 적합하게 조정되어야 했다. 사탄의 통치는 이미 몰락하였다. 벌써 수확해야 할 종말론적 추수가 거기에 있었다.[389]

다른 때에 예수는 여전히 미래의 견지에서 말했다. 압도적으로 가까워진 하나님의 나라와 관련하여: 그것은 (그의 사역 가운데) 가까이 다가왔다. 그리고 그것은 당장 응답해야 할 위기를 제기하였다. 지상에서 이루어질 미래를 위한 일종의 유토피아적 이상으로서의 하나님 나라와 관련하여: 나중 된 자가 처음 되고, 비천한 자가 높임을 받으며, 멸시받은 자가 이미 그 속으로 침입할 수 있다. 적어도 약속된 보상의 얼마는 역사의 추가 국면에서 주어질 수 있다. 사후 상태로서의 하나님 나라와 관련하여: 고난과 자기희생을 치른 뒤에 '들어가게' 된다. 최후의 상태로서 하나님 나라와 관련하여: 묵시문학적인 사상 가운데 (그리고 세례자 요한에 의해) 예견된 전례 없는 고난을 따르고 다른 세대와 민족을 포함하는 최후의 심판을 따르는 것, 천

---

388) '예수는 그의 종말론적 설교에서 "변두리의 유대인"이 아니다'(Theissen and Merz, *Historical Jesus* 276).
389) 그러한 자료와 관련하여 리치스(Riches)는 주장하기를 예수가 '나라'라는 그 용어의 전통적 연상 내용을 '변형시켰다'(*Jesus* 제5장, 특히 103-104)고 하였다. 그러나 그는 위의 §12.2c에 열거된 더 넓은 연상 작용을 소홀히 한다. 이에 비추어보면 '변형'은 여기서 사용할 만한 가장 적절한 용어가 아니다.

사와 같은 존재.

그리하여 여기서 예수 탐구자는 주요 문제에 직면한다. 하나님 나라에 대한 예수의 설교에서 현재와 미래 계통이 모두 예수 전통 가운데 견고하게 뿌리를 내리고 있고 그 전통의 모든 흐름 가운데 잘 확립된 것 같다. 이 증거에 비추어 우리는 예수의 가르침이 그 양쪽 모두의 강조점에 의해 특징지어진 것으로 기억되었다는 결론 이외에 딱히 선택의 여지가 별로 없다. 전자 또는 후자를 제거하거나 전자에 후자를 압도하는 비중을 두려는 시도들은 대체로 성공적인 것으로 간주되지 않았다.[390] 다양한 연쇄 장면들 내에 들어 있는 개별적 항목들은 특정한 강조점이나 좀더 구체적인 주제의 확장과 발전으로 탐지될 수 있을 것이다. 그러나 그 전통을 심각하게 왜곡하지 않고서는 그 장면들이나 한쪽의 강조점을 송두리째 뿌리 뽑아버리는 것은 불가능하다. 그러한 것이 1970년대 이후 학자들의 합의점이었던 것 같은데,[391] 대부분은 여전히 '이미-아직 아님'이란 서술을 아우르는 모종의 양수겸장(both-and)이 불가피하다는 결론으로 몰리는 추세이다.[392]

---

390) 예컨대, 바이스가 강조한 미래는 Hiers, *Historical Jesus*에서 일방적으로 밀어붙인다. 샌더스는 '현재'와 '미래' 사이에 어떤 선택을 하든지 '즉각적으로 미래'로서의 그 나라가 강조되어야 한다는 분명한 입장이다(*Jesus and Judaism* 152). Allison, *Jesus of Nazareth*와 Ehrman, *Jesus*는 그 주장을 더 강하게 밀어붙인다. 카라구니스(Caragounis)는 '현재 의미로 취하도록 명료하게 요구하는 단 하나의 하나님 나라 어록'을 찾아내지 못한다('Kingdom of God' 424). 다른 한편으로, 도드는 '예수가 하나님의 나라를 근접한 미래에 임할 무엇으로서가 아니라 현재 경험의 문제로 선포하고자 했다'고 주장했다(*Parables* 46). 이어서 케제만은 그 두 강조점 사이의 상합할 수 없는 모순이 '이미 현존함'의 강조점을 진정한 것으로, '아직 오지 않음'의 강조점을 초기 공동체의 가르침이 반영된 것으로 가정함으로써만 설명될 수 있다고 주장했다('The Beginnings of Christian Theology' [1960], *New Testament Questions of Today* [London: SCM, 1969] 82-107 [여기서는 101-102]); 우리는 이미 예수세미나 팀이 '종말론적 예수'에 대해 가지고 있는 반감을 적시한 바 있다(위의 제4장 각주 174). 하지만 쾨스터는 아우구스투스의 시대가 '실현된 종말론'의 시대였다고 지적하는데('Jesus the Victim' 10-13), 그렇게 그는 비유사성의 기준에 터하여 예수 메시지의 가장 두드러진 특징으로서 '실현된 종말론'을 세우려는 주요 주장을 허물고 있다.

391) 현재의 '실현'과 미래의 '완성'이란 래드(Ladd)의 구분은 학계의 합의된 입장을 잘 표현하였다(*Jesus and the Kingdom*). 불트만 학파의 실존주의적 관점을 전형적으로 보여주는 것은 H. Conzelmann, *An Outline of the Theology of the New Testament* (London: SCM, 1969)이다: '현재와 미래 어록들 사이의 모순은 단지 외관상의 현상일 뿐이다. 그 둘은 인간 존재와 관련하여 동일한 의의를 가지고 있다: 도래하는 그 나라를 향한 인간의 순간적 자세'(114). 예수의 사역 가운데 그 나라의 도래가 그 사역의 전환점, 대체로 베드로의 고백(막 8.27-30)과 동일시될 수 있다는 맨슨의 주장(*Teaching* 117-30)은 슈바이처가 그 나름대로 발전시킨 예수 사역의 명확한 두 단계라는 이전의 발상을 변용한 것이다(위의 §4.5a).

392) 가령, Schürmann, *Gottes Reich* 143; Stuhlmacher, *Biblische Theologie* 1.72; Gnilka, *Jesus of Nazareth* 135, 146, 149; Meier, *Marginal Jew* 2.450-54; Theissen and Merz, *Historical Jesus* 275. 크로산은 마이어가 '예수 전통의 분립된, 심지어 상반된 층위를 솔직하게 결합시킬 수 없는' 점을 비판한다(*Birth* 145-46). 마치 해석자의 '무능력'이 자료의 평가에서 결정적인 변인이 되어야 한다

b. Q는 해법을 제공하는가?

1970년대 합의 이후 주요한 발전은 Q의 층위화와 도마복음에 부여된 한층 더 중요한 의미였다. 이미 지적한 대로, 클로펜보그는 여섯 개의 '지혜 어록'(Q¹)으로 구성된 Q 안의 일차적 지혜 층위를 솎아내어 다섯 개의 심판 연설(Q²)로 구성된 두 번째 묵시적 층위가 Q¹의 구조 속으로 삽입되었다고 결론지었다.[393] Q¹이 도마복음의 비묵시적 성격과 잘 부합되는 것 같다는 사실은 도마복음이 초기 자료를 내포하고 있을 뿐더러 그 자체로 매우 일찍 작성되었다는 쾨스터의 확신을 강화시켜주었다. 여기서 요점만 좀더 말하자면, Q¹과 도마복음이 피차 제공한 상호 확증은 예수 전통의 최초 층위가 지혜이고 비묵시였다는 예수세미나 팀과 크로산의 주장에 기초가 되었다. 그 점에서 그것은 예수의 고유한 설교가 같은 성격을 지녔다고 결론짓는 발판에 불과하다. 이를테면 예수의 하나님 나라 설교는 역사 속으로의 어떤 신적인 개입, 곧 그 나라의 '묵시적' 도래를 전망하지 않았다는 것이다. 특히 '이 세대'에 대한 심판의 어조는 예수 운동에 가담한 세례자 제자들의 영향을 통해서,[394] 또는 이스라엘에 대한 초기 교회 선교의 실패 결과로 예수 전통에 들어왔다는 것이다.[395]

이는 인상적으로 일관된 주장이다. 그러나 그것은 몇 가지 흠을 내포하고 있다. (1) 클로펜보그가 첫 번째로 주장했듯이, Q의 구성 역사는 그 구성의 상이한 단계에 Q로 끌려 들어온 자료의 연대나 기원을 결정해주지 못한다.[396] 우리가 설사 상대적으로 초기의 구성물을 후기의 것과 구별할 수 있다고 할지라도—우리가 본문과 내용, 길이가 매우 불확실한 문서에서 그러한 과제를 수행하기 위한 적절한 기준을 가지고 있다는 데 나는 설득

는 투다. Q와 공관복음서 저자들이 만족스럽게 나란히 배치한 요소들을 어떻게 주석가들이 화합할 수 없는 것으로 그렇게 확신할 수 있는지 늘 수수께끼이다.

393) 위의 제4장 각주 166을 보라.
394) Funk, *Honest to Jesus* 168: 예수를 따른 요한의 제자들은 '예수가 취한 입장의 미묘함을 이해하지 못했다.'
395) 위의 각주 222를 보라.
396) 특히 Kloppenborg, 'Sayings Gospel Q' 323 각주 70, 337을 보라.

되지 못한 상태이다. 그것은 단지 Q¹이 한 계통의 예수 전통을 모았음을 의미할 따름이다.[397] Q¹은 우리가 §§12.4-5에서 숱한 예들을 보았던 그러한 관행의 연장이었을 뿐이라고 말할 수 있겠다. 즉 훨씬 더 다양한 예수 전통의 범위 안에서 유사한 성격과 강조점을 지닌 자료를 무리지어 모으는 것 말이다.

(2) 그 주장은 '공동체 하나에 문서 하나'라는 가설에 불편하게 편승한다. 마치 Q¹이 그 자체로 그것을 알고 사용한 어떤 공동체도 다른 어떤 예수 전통을 알거나 사용하지 못했다거나 또는 그 대신 다른 강조점(만)을 가진 또 다른 공동체에 반대했다는 증거라도 되는 양 말이다.[398]

(3) 쾨스터의 최선의 노력에도 불구하고, 도마복음이 예수 전통 가운데 초기 비종말론적 단계를 증언한다는 그의 주장은 억지로 질문을 강요한다(*petitio principii*)는 비난을 피할 수 없다.[399] 우리는 앞서 도마복음이 자료로 의존한 전통을 탈종말화시켰다고 동등하게 또는 보다 설득력 있게 주장할 만한 몇 가지 사례들을 주목한 바 있다.[400]

(4) 그 주장 또한 마찬가지의 난점을 노출하면서 마치 후대의 버전에서 편집 부분을 빼내는 간단한 과정으로 최초 양식뿐 아니라 원형의 양식에 도달할 수 있다는 듯이 전통 전승의 문어적 패러다임에 편승한다. 그러나 만일 구어 전통화 과정의 두드러진 성격을 인정하려는 내 호소가 장점이 있다면, 우리는 전통의 처음부터의 연속성을, 그리고 심각한 정도로 기존의 전통과 갈등을 빚으면서 주입된 새로운 주요 강조점들의 비개연성을

---

397) 이 경우에는 공관복음 전통에 폭넓게 등장하는 '이 세대'에 대한 심판 모티프(마 11.16/눅 7.31; 마 12.41-42/눅 11.32; 마 23.36/눅 11.51; 막 8.12, 38; 마 12.45; 눅 11.30, 50; 17.25; 또한 Meier, *Marginal Jew* 2.209 각주 134)와 그 모티프가 신약성서 다른 곳에는 상대적으로 부재하다는 점은 그것이 예수의 가르침의 특징으로 회고되었고 결과적으로 예수 전통의 반복적 구연 가운데 포함된 모티프였음을 암시한다(또한 위의 §§7.4c와 12.4e를 보라). '그것이 거의 전적으로 공관복음에서만 발견될 수 있으며 더구나 예수의 말씀에 한정하여 나온다는 것은 신약성서에서 엿보이는 "이 세대" 용어의 특징이다. 그것은 이와 같이 초기 그리스도교 전통 가운데 예수가 사용하였고 그의 설교에 연관된 표현으로 자리 잡는다'(E. Lövestam, *Jesus and 'This Generation': A New Testament Study* [CBNT 25; Stockholm: Almquist and Wiksell, 1995] 102).
398) 위의 §7.4b를 보라.
399) 추가로 위의 §§7.6과 8에서 쾨스터에 대한 빈번한 언급을 보라.
400) 또한 Allison, *Jesus of Nazareth* 126-27, 특히 도마복음 35, 41, 103을 인용하지만 또한 도마복음 10, 16, 91을 언급하는 대목을 보라.

수긍해야 할 것이다.

(5) 그 주장의 일관성이 의존하는 추론적 가설에 대한 지지의 결여에 너무 관심의 비중이 적었다. 예수와 요한 사이의 반대 입장이 과잉 진술된다. 위에서 논의된 순서(§ 12.5c)는 복음이 요한과 함께 시작되었다는 단언(§ 11.2b)과 함께 그들 사이의 보다 긍정적인 관계를 시사한다. 요한과의 결별이 반드시 요한의 메시지를 부인한 게 아니었다는 것이다.[401] 우리가 예수에게 가담한 것으로 아는 요한의 제자들만은 그 시작부터 바로 그렇게 했다(§11.2b). 나중에 예수 운동에 가담하여 요한의 묵시적인 설교를 무언가 상이한 것으로 도입한 요한의 제자들이 있었다는 다른 증거는 없다(만일 그 도입된 것이 요한과 예수를 구분한 요소였다면, 그는 짐작건대 오로지 요한의 설교를 잊어버리기 위해 예수에 가담하였을 것이다!). 아울러 위에서 주목한 대로, 우리가 다른 아무런 증거가 없는 초기 교회 선교의 맥락보다 익히 알려진 예수의 갈릴리 선교의 맥락에서 갈릴리 마을에 선포된 심판을 읽어내는 것이 더 나은 이해 방식이다.

종합해서 보면, Q¹/도마복음 결합에 기초한 주장들은 이전의 합의 사항을 깨기엔 불충분하다. 예수의 그 나라 선포에 대한 양면적 강조의 비중과 확신과 일관성이 그렇게 쉽사리 무효가 될 수 없다. 예수는 도래하는 그 나라의 미래와 이미 현존하는 그 충격을 말한 것으로 기억되었다. 복음서 저자들과 다를 바 없는 이전의 전통 담지자들은 분명히 그 양쪽의 강조점을 예수의 메시지에 필수적인 것으로 회고하는 데 어떤 어려움이나 불일치를 찾아보지 못했다. 그 사실이 통상 주장되어온 것보다 더 온전하게 예수의 설교를 재구성하는 안내자 역할을 하도록 용인되어야 한다.

전자나 후자의 강조점을 단순히 잘라내는 것보다 더 세련되게 그 쟁점을 다룰 수 있을까? 예수 전통 안에 그 두 강조점이 현존하는 것은 여전히 오늘날 해석자들에게 수수께끼 같은 것을 제기한다. 그 나라가 아직 도래

---

401) 가령, 크로산은 예수가 세례자의 묵시적 메시지와 관련하여 요한과 결별하였다고 주장한다 (*Historical Jesus* 259).

하지 않았고 동시에 현재 이미 역사한다는 주장은, 그 첫 번째 전통 담지자들에게는 아니라고 하더라도, 우리에게는 개념화의 어려움을 유발하는 것 같다. 어떻게 예수가 양쪽의 강조점을 주장하고 가르칠 수 있었을까? 어떤 '하나님 나라'의 이해가 연루되어 있는 것일까? 그러한 질문을 다루는 가장 유망한 방식은 아마도 위에서 개관한 세 개의 핵심 질문(§12.3)을 다시 제기하는 것일 터이다.

c. 거대 서사?

그 수수께끼를 푸는 해법 한 가지는 예수 전통 전체를 총괄적인 가설, 즉 메타 서사 안에서 읽는 것이었다. 실제로 많은 사람들이, 그 자료를 꿰어 맞추는 그러한 틀거리 없이는 그 증거를 너무도 다양하게 해석할 수 있게 된다고 말하곤 한다. 목스네스(Hlavor Moxnes)는 개신교인들이 오랫동안 영과 자유의 시대에서 제도와 통제의 시대로 퇴락함에 따라 지배 서사에 매료되었다고 상기시켜준다(부정적 서술로서의 '초기 가톨릭교').[402] 아울러 이전에 주목한 대로, 근대성이라는 거대 서사는 실제로 옛 자유주의 탐구자들에게 그 해법을 제공했다. 그리고 기적과 무관한 한 도덕 교사는 자의식적 문화 우월성에서 탄생한 유럽의 낙관주의적 개인주의, 산업적 능력, 제국주의적 정복을 긍정했다. 한 세기 전 바이스와 슈바이처가 원인을 제공한 패러다임 변동은 유대교의 묵시적 종말론을 그 안에서 예수의 그 나라 선포가 해독되어야 할 이야기로 만들었다. 물론 그 묵시적 패러다임이 다양한 지점에서 도전을 받았지만, 그럼에도 불구하고 그것은 상당수의 학자들에게 계속 군림하면서 20세기 대부분 기간 내내 그 범례적 영향을 유지했다.[403] 그러나 이제 그 패러다임은 다시 많은 자들에게 훼손되어왔고 다

---

402) H. Moxnes, 'The Historical Jesus: From Master Narrative to Cultural Context', *BTB* 28 (1998) 135-49 (여기서는 138).
403) Sanders, *Jesus and Judaism* 10; 또한 *Historical Figure* 183; Allison, *Jesus of Nazareth* 36-44; Lüdemann, *Jesus*, 여러 군데.

른 해석학적 돌파구가 모색되고 있다.[404] 스스로 포스트모더니즘의 다원주의와 거기에 수반되는 모든 거대 서사들과 결탁하기를 꺼려하는 자들은 여전히 예수의 그 나라 설교의 수수께끼를 푸는 열쇠를 제공할 거대 서사를 찾는다. 20세기의 마지막 10년간 가장 온전하게 그러한 두 개의 작업이 이루어졌으니 바로 크로산(Dominic Crossan)과 라이트(Tom Wright)가 그 주인공이다.

(1) 크로산은 『역사적 예수』(*Historical Jesus*)에서 빠진 각주들을 제공하는 자신의 책 『그리스도교의 탄생』(*Birth of Christianity*)에서 자신이 교차문화 인류학에서 추출한 거대 서사를 가지고 작업한다는 점을 명확하게 밝힌다('렌스키-카우츠키 모델'). 그것은 곧 지배계층에 수탈당하고 저항하는[405] '소작농 사회' 또는 평등주의적 소작농 사회라는 거대 서사다.[406] 이 광대한 모형에 기초하여(단지 소작농 유대교가 아니라 소작농 사회 자체이다) 크로산은 갈릴리 고고학의 몇 가지 특정 사항들을 확대 해석하며,[407] 그런 취지로 제출한 호슬리의 논지대로 예수 당시 급등하는 소작농의 저항과 소요에 대한 확신을 찾아낸다.[408] 연대기적 층위화에 의한 문헌 분석과 함께[409] 크로산이 제출한 그 결과는 한 세기 반 이전의 슈트라우스 이래 가장 인상적인 방법론적 묘기이다. 크로산의 주장에 의하면, 예수의 하나님 나라 설교를 이러한 틀거리 안에 위치시킬 때, 그 나라는 예수 당시 묵시문학적 견지에서 이해될 수도 있었겠지만, 가장 안성맞춤의 사례를 제공하는 것은 **지혜**의 왕국이었다고 주장한다. '지혜의 왕국은 미래보다 현재를 바라본다.…사람은 그 나라에 지혜나 선함으로, 미덕, 정의 또는 자유로 들어간다.'[410]

---

404) 또한 제시된 다른 '지배 서사'에 대한 목스네스의 비판을 보라('Historical Jesus' 138-48).
405) *Birth* 151-59, 166-73; '소작농은 수탈당하고 억압당한 농부들을 가리키는 상호 작용하는 용어다' (216).
406) *Historical Jesus* 263-64.
407) *Birth* 제13장.
408) R. A. Horsley and J. S. Hanson, *Bandits, Prophets, and Messiahs: Popular Movements in the Time of Jesus* (Minneapolis: Seabury, 1985)를 언급하는 *Birth* 148, 210; 또한 Crossan, *Historical Jesus* 제7, 9장(특히 184-85)과 제10장(특히 218-19)을 보라.
409) 위의 제4장 각주 163을 보라.
410) *Historical Jesus* 284-92 (여기서는 292); 또한 *Jesus* 55-58.

이 거대 서사에는 몇 가지 문제점이 있다. 한 가지는, 비록 크로산은 지중해 세계가 마치 유일한 문화적 단위였던 것인 양 단순히 그 바깥에서 외삽적으로 추정하거나 소작농 사회의 보편적 경향에서 너무 직설적으로 일반화하길 원하지 않는다고 거부하지만, 유대교에 대한 그의 논법이 매우 제한되어 있고 하부 갈릴리의 정황에 대한 그의 분석은 매우 한정되어 있다는 것이다. 그러나 사실 우리는 예수 당시 유대교가 무엇을 의미했는지, 그 독특한 면은 무엇인지, 그리고 그것이 어떻게 갈릴리에서도 유대적 정체성을 형성했는지 보다 명확하게 알 필요가 있다. 유대인 사회에는 민족적·종교적 요인들이 작동하고 있었으며 단순히 사회적·경제적 요인만 있었던 것은 아니다. 논쟁의 여지는 있지만, 전자의 요인들은 가령 유대인 소작농까지 자신들의 삶을 의미화하도록 만든 지배적인 서사를 제공했다.[411] 그 서사는 단순히 마르크스식의 보다 큰 경제적 서사에 꼭 합치될 수 있는 것이 아니다. 유대적 전통과 정체성의 독특한 면들은 실제로 대항 서사를 형성하는데, 적어도 예수의 경우 그것은 결정적이었던 것 같고, 그 나라의 메시지에도 그 여파가 미미하지 않았을 테다.

또 다른 것은, 요세푸스가 서술한 그 기간 내의 여섯 개의 반항 에피소드들이 너무 쉽게 점증하는 불안과 폭력이라는 획일적인 궤적과 연계된다는 점이다. 그러나 헤롯 대왕의 사망 이후 발생한 소요와 66년의 첫 번째 폭동에 이르는 준비 단계를 제외하면 우리가 확보하고 있는 모든 증거는 20년대와 30년대 초의, 갈릴리에 미친 충격이 지극히 미약했던 몇몇의 고립되고 특이한 사건들이다. 나머지 기간과 예수의 사역 기간 내내 점증하는 불안의 증거—그 범주에는 불의, 억압, 불만 같은 요소가 당연히 포함된

---

411) 특히 S. Freyne, 'Galilean Questions to Crossan's Mediterranean Jesus', in Arnal and Desjardins, eds., *Whose Historical Jesus?* 63-91 ('만일 크로산의 방법론을 따라 그 논리적 결론에 다다라야 한다면…갈릴리는 말할 것도 없고 예수를 그 어디에도 위치시키기가 어려울 것이다', 64)과 이 점에 대한 M. Sawacki, *Crossing Galilee: Architectures of Contact in the Occupied Land of Jesus* (Harrisburg: Trinity, 2000) 73-80의 경고를 보라. J. A. Overman, 'Jesus of Galilee and the Historical Peasant', in Edwards and McCollough, eds., *Archaeology and the Galilee* 67-73 (여기서는 69-72) 참조. M. Cserhati, *Methods and Models in the Third Quest of the Historical Jesus* (Durham PhD, 2000) 또한 평등주의적 소작농 사회(Crossan, *Historical Jesus* 263의 경우)라는 이상적인 개념 구상에 경고를 던진다.

다—는 거의 없다. 고조되는 저항이 상승 단계로 움직인다는 인상은 다시 예수의 역사적 상황의 특정 요소들을 너무 부주의하게 읽어낸 보다 광범위한 일반화로 말미암은 것이다.[412]

마지막으로, 크로산이 지혜의 왕국에 관한 자신의 예증과 자료 고증을 전적으로 디아스포라 유대교 문헌(필론, 솔로몬의 지혜서)과 그리스 문헌(*Sentence of Sextus*)에 의존하는 것은 다소 놀랍다.[413] 사실상 어떻게 그것이 예수에게 열린 선택을 보여주는지 불분명하다. 특히 유대교의 지혜 가운데 왕/왕국의 부재가 매우 현저하기 때문에 더더욱 그렇다. 반면 그 주제는 시편, 예언서, 묵시문학에 매우 두드러지게 나온다(§12.2b). 이 모든 점들은 크로산이 너무 급하게 보다 넓은 가설에서 외삽적으로 추정하고 예수의 갈릴리 청중들이 들은 내용을 알려주었을 그 의미의 맥락으로 '왕국'의 비묵시적 인식을 부당하리만큼 강하게 밀어붙이고 있음을 암시한다.

(2) 라이트는 탐구자들이 거대 서사와 함께 작업을 해야 할 필요성을 단언함에 있어 가장 솔직한 입장이다.[414] 그는 자신의 선배 학자들이 '외관상 고립된 파편 자료들에 대해 사이비 원자론적 작업'을 해왔다고 비판하며, 그 대신 '진짜 과제'는 '주요 가설과 진지한 검증'이라고 주장한다.[415] '학자는 큰 가설을 가지고 작업해야 하며 궁극적으로 어떻게 모든 것이 보다 작은 규모의 결정들을 정당화하는 것으로서 결합되는지 큰 그림에 호소해야 한다.'[416] 다시 말해, 검증은 본질적으로 개별적인 세부 내용이 더 큰 이야기의 틀 속에 얼마나 잘 합치되는지 보여주는 것이 관건이다. 여기서 요지인즉, '하나님의 나라'라는 문구는 그 문구가 부재할 때조차 현존할 수

---

412) 위의 §9.8을 보라.

413) *Historical Jesus* 287-91, *Jesus* 56-58에 재출간됨. *Sentences of Sextus*는 '그리스도인 편집자가 대략 주후 2세기 말엽에 취합한 그리스 지혜 어록의 수집물'이다(F. Wisse, *ABD* 5.1146-47).

414) Wright, *New Testament and People of God*: 그가 이해하는 '비판적 실재론'은 '특정한 것의 지식이 보다 넓은 이야기의 틀이나 세계와 연관된 관찰자의 존재 방식에 기초를 형성하는 세계관 내에서 발생하는 것으로 본다'(37). '개요의 단순성, 그 안의 상세한 내용을 다루는 우아한 기품, 이야기 모든 부분의 포함, 그것의 즉각적인 주제를 넘어 이해하는 이야기의 능력: 이러한 것들이 중요성을 지닌 요소들이다'(42). 추가로 98-109을 보라.

415) Wright, *Jesus* 33; 또한 51, 87-89, 133을 보라.

416) *Jesus* 79.

있는 이야기를 잘 환기시켜주며, 개별적인 어록들은 그 이야기와의 관계에서만 이해될 수 있다는 것이다.[417] 라이트의 저서 『예수와 하나님의 승리』(*Jesus and the Victory of God*)는 그러한 토대 위에서 예수를 다룬 방대한 해설이다. 자신의 저작 가운데 이야기의 매체를 그토록 진지하게 받아들이는 그 두 사람에게서 희망할 수 있는 대로, 이는 크로산의 책만큼 인상적이고 매혹적이다.

라이트의 해설이 가진 문제는 거대 서사에 대한 그의 정체성 증명과 함께 시작된다. 그는 '지배적인 이야기'가 '추방과 회복'의 이야기라는 점을 의심하지 않는다.[418] 즉 이스라엘이 여전히 추방 상태에 처해 있었다는 예수의 동시대인들 대부분의 신념과[419] 그 추방이 이제는 종료되었다는 취지의 예수 설교가 여기에 해당된다. '하나님의 나라가 가깝다'라는 그 선포는 '이스라엘의 새로운 출애굽 전체 서사, 곧 추방 상태에서 그의 마지막 귀환'을 압축하였다는 것이다.[420] 이 주장에는 세 가지 문제점이 있다.

첫째, 라이트는 팔레스타인 유대교 가운데 추방으로부터의 귀환이라는 주제의 중요성을 과장한다. 이스라엘의 흩어진 추방자들이 신명기 30장의 원래 도식에 따라 고향 땅으로 돌아온다는 것은 확실히 유대인의 종말론적 희망의 특징이었다.[421] 그러나 실제로 **그 땅에 살고 있던 자들**이 스스로 여전히 추방 상태에 처해 있다고 생각했다는 사실적 증거는 없다. 그러한 가설은 집회서 50장의 대제사장 시몬에 대한 놀라운 칭송의 찬양이나[422] 또는 제단과 성전의 정화가 이스라엘 유산의 회복을 입증했다는 확

---

417) *Jesus* 224-25.
418) *Jesus* 245, 567-77. 샌더스는 '다양한 주제를 포용할 수 있었던 이스라엘의 회복을 위한 공통된 희망'을 보다 조심스럽게 말한다(*Jesus and Judaism* 124).
419) 특히, *New Testament and People of God* 268-72; *Jesus* xvii-xviii, 126-27, 203-204.
420) *Jesus* 244.
421) 위의 §12.2c를 보라. 다니엘, 토빗, 바룩 등과 같은 텍스트는 물론 열방 가운데 아직 흩어져 있던 사람들의 관점에서 기록되었다(단 9.3-19; 토빗 13.3-18; 바룩 2.11-15; 3.7-14). 이스라엘 역사 중 획기적인 사건들을 통해 (예전의 경우처럼) 다시 그렇게 상상적으로 살아가는 것은—족장들과의 언약, 유월절과 출애굽, 광야의 방랑과 약속의 땅 진입, 마카베오의 승리, 성전의 상실(주후 70년)—밋밋하게 다루어지거나 단일한 모티프로 환원되어서는 안 된다.
422) Hayward, *Jewish Temple* chs. 3-4을 보라. 집회서 36.13, 16의 기도('야곱의 모든 지파들을 모으시어 그들이 옛 시절처럼 그 땅을 유업으로 받게 하소서')는 '하나님이 추방 이후 돌아오지 못한 모든 유대인들을 거룩한 땅으로 데리고 오시리라는 것이다'(P. W. Skehan and A. A. Di Lella, *Ben Sira* [AB 39;

신(마카베오하 2.17)과 거의 일치하지 않는다.[423] 아울러 매일 두 번씩 성전에서 매일 드리는 제사(*Tamid*) 예물에 대한 책임을 맡았던 사두개파 제사장들은 짐작건대 스스로 여전히 추방 상태에 있다고 생각하지 않았다.[424] 그 가설은 바울과 같은 바리새인의 입장에서 무흠에 대한 자신감(빌 3.6)과, 분명히 추방-회복에 의존하지 않은 기준 틀과 함께 작성된 솔로몬시편의 '의인/죄인' 반제에 거의 합치되지 않는다. 쿰란 공동체는 확실히 추방-회복 모티프를 사용하긴 했지만 그것은 상이한 방식이었다. 이미 완료된, '다메섹'으로부터의 귀환(CD 1.4-8),[425] (유대 땅의!) 광야에서 예루살렘으로부터의 귀환,[426] 그리고 사악한 자들에 대한 미래 추방의 위협(신 29.27-28의 패턴을 반복하면서).[427] 추방 이미지 사용의 복잡성은 단순히 그 종파가 여전히 스스로 추방 가운데 처해 있음을 상정했다고 단순히 결론지음으로써 적절히 포착되지 않는다.[428] 회복 모티프의 복잡성에 대해서도 희년서,[429] 그리고 요세

New York: Doubleday, 1987] 422). 억압으로부터의 구원을 위한 호소(36.1-22)는 애가 시편들과 한 통속인데(시 43, 54-57, 109, 140-41, 143) 화자가 자신이나 이미 약속의 땅에 돌아와서 여전히 추방 상태에 있는 자들을 믿었다고 전제하지 않는다.

423) I. H. Jones, 'Disputed Questions in Biblical Studies: 4. Exile and Eschatology', *ExpT* 112 (2000-1) 401-405은 토빗 13.5-7; 마카베오하 1.27-29; 바룩 3.6-8을 언급하면서 라이트가 본문을 맥락과 무관하게 취하는 것에 대해 온당하게 비판한다.

424) M. Casey, 'Where Wright Is Wrong', *JSNT* 69 (1998) 95-103 (여기서는 99-100). 캐롤(R. P. Carroll)은 예언문학에 '디아스포라 경험의 어떤 영속성 의식'이 부재하는 것을 '예루살렘 공동체의 관점'을 반영한 것으로 본다('Disportation and Diasporic Discourses in the Prophetic Literature', in Scott, ed., *Exile* 63-85 [여기서는 83]). '그 엘리트 공동체는 예레미야의 예언을 그렇게 전격적으로 실현되고 그렇게 철저히 신원되어서 더 이상 적실성이 없는 것으로 간주하였다…'(B. Halpern, 'The New Names of Isaiah 62.4: Jeremiah's Reception in the Restoration and Politics of "Third Isaiah"', *JBL* 117 [1998] 623-43 [여기서는 630]).

425) 'CD는 주전 6세기의 귀환을 직접적으로 언급하지 않는다. 왜냐하면 그 저자가 자신의 공동체 설립과 함께 그 추방이 그쳤다고 생각했기 때문이다'(J. G. Campbell, 'Essene-Qumran Origins in the Exile: A Scriptural Basis', *JJS* 46 [1995] 143-56 [여기서는 148]).

426) M. G. Abegg, 'Exile and the Dead Sea Scrolls', in Scott, ed., *Exile* 111-27 (여기서는 120-24)은 1QpHab 11.4-8을 인용한다(의의 스승의 '추방'[*galot*]); 1QH 12.8-9 ('그들은 나를 내 땅에서 내쫓는다'); 1QM 1.2-3 ('그 사막의 추방들'[*golâ*]); 4Q171 2.26-3.1 ('사막으로부터 귀환한 자들/회개한 자들'); 4Q117 8-10 ('추방'?); 4Q390 1 5-6 (그 성소를 세우기 위해 '그들의 포로의 땅에서'[*m'rtz šbim*, 렘 30.10; 46.27의 혼적] 올라올 첫 번째 사람, 그는 포로 이전기와 같이 악에 가담하는 일이 없을 것이다); 사막의 공동체에 대한 언급들(1QS 8.13-14; 9.19-20). 4Q161 2.14, '그들이 사람들의 광야에서 돌아왔을 때'는 디아스포라 땅에서의 출애굽과 그 땅 안으로의 진입 사이에 있는 정화를 위한 중간 단계라는 광야의 개념과 함께 확실히 겔 20.35에 공명한다(20.33-38).

427) 4Q169 3-4 4.1-4; 아벡(Abegg)은 같은 견지에서 4QMMT C21b-22을 채운다('Exile' 122-23).

428) 아벡의 경우가 그렇다('Exile' 120 각주 38, 121).

429) B. Halpern-Amaru, 'Exile and Return in Jubilees', in Scott, ed., *Exile* 127-44은 다음과 같이 결론짓는다: '저자의 포로기 이후 관점에서 보면 추방과 고향 귀환이 아니라 상실한 순결의 회복이 임박한 종말의 징표이다'(144).

푸스의 '표적 예언자'(*Ant.* 20.97-98, 167-72)[430]와 관련하여 같은 요지의 주장이 제기될 수 있다. 예수 당시 그 땅에 살면서 정기적으로 성전이나 순례에 참여했던 자들이 스스로 여전히 추방 가운데 있었다고 추론하는 것은 일반적으로 증거를 넘어선다.[431]

둘째, 위의 §12.2c에서 논의된 유대인의 개략적인 기대로 미루어보건대 예수의 동시대 사람들이 지닌 사상을 형성한 단 한 개의 포괄적인 거대 서사가 없었다는 점은 명백할 터이다. 흩어진 추방자들의 본토 귀환은 확실히 현저한 특징이었지만 그것이 스스로 거대 서사가 되어 모든 다른 기대 요소들이 단지 그 일부가 된 것은 아니었다. 그러므로 라이트의 '주요 가설'이 지닌 주요 약점은 '추방으로부터의 귀환'(그리고 야웨의 시온 귀환)이 결국 예수의 그 하나님 나라 설교의 틀거리로 고려되어야 할 유일한 '통제적 이야기'였다는 가정이다. 그러나 앞서 우리의 분석(§§12.4-5)은 유대인의 기대라는 다른 모티프들이 예수의 제자들이 회고한 대로 예수의 가르침 가운데 썩 많이 작용하고 있었다는 풍부한 증거를 제공했다. 나는 그것들을 §12.2c의 순서로 열거한다.

  2. 불구와 결함의 제거(§12.5c),

  3. 큰 잔치의 이미지(§12.4f, §12.5b),

  7. 열방들의 종말론적 순례(§12.4c),

  8. 땅을 유업으로 받는 온유한 자(§12.4c),

  9. 고난(§12.4d),

  11. 사탄의 패배(§12.5d),

  12. (마지막) 심판(§12.4e).

---

430) C. A. Evans, 'Aspects of Exile and Restoration in the Proclamation of Jesus and the Gospels', in Scott, ed., *Exile* 299-328 ('Jesus and the Continuing Exile of Israel', in Newman, ed., *Jesus and the Restoration of Israel* 77-100과 어느 정도 동일한 입장)은 약속받은 땅의 정복을 재현하는 명백한 이미지가 그러한 운동들이 틀림없이 '이스라엘을 속박, 심지어 추방의 상태에 있는 것으로 간주했다'는 추론을 억지로 강조하지 않고서는 제대로 지속되기 어렵다고 본다(305).

431) 추가로 F. G. Downing, 'Exile in Formative Judaism', *Making Sense in (and of) the First Christian Century* (JSNTS 197; Sheffield: Sheffield Academic, 2000) 148-68을 보라.

결과적으로 §12.3a에서 제기된 질문은 갱신된 효력을 가지고 되돌아온다. 그 증거가 예수 당시 유대인의 기대 범주를 '통제하는' 하나의 일관된 거대 서사라는 주요 가설을 정당화하는가의 여부.[432]

셋째, 라이트의 거대 가설이 지닌 가장 심각한 약점은 포로로부터의 귀환이란 서사가 예수의 가르침 가운데 통제적 요인이었다는 것을 그가 입증할 수 없다는 것이다. 관련 구절들을 추정된 서사의 틀거리 속에 삽입하거나 혹은 우리가 위에서 수집한 것과 같은 전통(§§12.4-5)을, 마치 '추방의 종결', '추방으로부터의 귀환' 등의 주문을 읊어댐으로써 이러한 전통의 해석이 확연해지기라도 하는 것처럼, 그 통제적 이야기가 제공하는 장면들을 통해 읽는 것은 충분치 않다.[433] '진지한 검증'은 최소한 추방으로부터의 귀환에 대한 상당수의 공명과 언급이 예수 전통 자체 내에 가능함을 보여줄 것을 요구한다. 가장 가망성이 큰 것은 '먼 나라'에서 회개하고 돌아오는 탕자의 비유이다(눅 15.11-24).[434] 그러나 추방으로부터의 귀환이라는 거대 서사는 그 비유의 두 번째 절반을 설명하기에 부적절하다는 게 판명되는데, 거기서 형이 동생을 용납하기를 거절한 것은 분명 대조적 쌍의 상이한 모티프와 더불어 움직인다.[435] 나아가 라이트는 씨 뿌리는 자의 비유(막 4.2-8 평행구)에 중추적인 위치를 부여함으로써 자신의 주장을 거의 강화하지 못한다.[436] 그 문제인즉, 추방에서 돌아온 자들을 그 땅에 (다시) 뿌려지는 씨앗으로 보는 발상에 대한 암시가 무리라는 게 아니다.[437] 외려 문제점은, 씨 뿌리기와 풍성하게 결실하는 성장이 훨씬 더 다양하게 적용할 수

---

432) (다른 이미지를 사용하는) 샌더스에 대한 보그의 비판 참조: '"회복 종말론의 예언자로서 예수"를 읽는 렌즈로 우리는 너무 제한된 범위의 자료를 볼 수 있고 너무 많은 자료의 외면을 강요받는다. 그 설명적 효능은 부적절하다'(*Jesus in Contemporary Scholarship* 81).

433) 라이트의 논법이 지닌 혼란스런 특징은 뒷받침하는 어떤 분석 없이 단순히 본문을 인용하려는 의욕이다(가령, *Jesus* 166, 179-80).

434) Wright, *Jesus* 125-31.

435) 위의 각주 347과 추가로 아래 §13.5를 보라. 그의 비유 읽기에 대한 당연한 결과로서, 라이트(*Jesus* 127)는 그 형이 (추방 상태에서 유대 땅으로 귀환하길 반대한) 사마리아 사람들과 동일시되었을 것이라고 추론하는데, 이는 누가가 나타낸 그 배경을 완전히 무시한 격이다(이 비유는 예수가 '죄인들'과 함께 먹는 것을 바리새인들이 반대한 와중에 설파되었다, 눅 15.1-3).

436) Wright, *Jesus* 230-39.

437) 렘 24.6; 32.41; 호 2.23; 암 9.15(Wright, *Jesus* 232-33 각주 128에서 인용).

있는 은유이며,[438] 서로 다른 땅과 소출이라는 그 비유의 이미지는 자연스레 추방으로부터의 귀환과는 다른 생각과 적용의 방향을 요청한다는 것이다.[439] 열두 제자들의 부르심은 확실히 이스라엘(열두 지파)의 종말론적 회복 또는 갱신이란 사상을 환기시키지만,[440] 만일 '추방으로부터의 귀환 신학'이 그 근본 원리의 현저한 특징이었다면,[441] 그것을 그렇게 주목하지 못하는 것이 놀라울 따름이다.[442] 아울러 주기도문의 첫 번째 간구('당신의 이름이 거룩해지이다')는 에스겔 36.22-28의 예언을 환기시킬 수 있었을 것이다.[443] 하지만 라이트는 대부분 추가로 정당화의 시도를 하지 않은 채 자신의 거대 서사 렌즈를 통해 예수 전통을 읽는 데 만족한다.[444] 그러나 예수의 그 나라 선포의 다양성을 단 하나의 지배적인 이야기에 일치시켜 쥐어짜듯

---

438) 라이트가 인용하는 구절들 가운데, 렘 31.27과 에스라4서 8.41을 살펴보라. 그 비유는 농사 과정에서 하나님의 역할에 대한 고전적 기제를 환기할 수 있었을 것이다(사 28.23-26; 열매가 풍성한 성장의 이미지에 대해서는 가령 BAGD, *karpos* 2, *karpophoreō* 2를 보라). 한 군데에서 라이트 자신은, 그 (이후의) 설명이 유도하듯이, '씨앗'과 '말씀'의 동일성을 가정한다(*Jesus* 238). 그러나 그는 그 비유에 첨부된 그 설명(그가 그 비유의 일부로 포함시키는)이 라이트의 '통제적 이야기'(막 4.13-20 평행구)와 별 상관이 없다는 점에 개의치 않는 것 같다. 추가로 아래 §13.1을 보라.

439) 또한 네 종류의 씨앗이라는 기본 구조를 무시하면서, 씨로 뿌려지는 것은 사람이라는 얼마쯤 유사한 해석을 하는 로핑크에 대한 리벤베르크(Liebenberg)의 비판을 보라(*Language* 363-68, G. Lohfink, 'Die Gleichnis von Sämann [Mk 4.3-9]', *BZ* 30 [1988] 36-69; 또한 'Die Metaphorik der Aussaat im Gleichnis vom Sämann [Mk 4.3-9]', in *Studien zum Neuen Testament* [Stuttgart: KBW, 1989]를 언급하면서).

440) Sanders, *Jesus and Judaism* 98-102; 추가로 아래 §13.3b를 보라.

441) Wright, *Jesus* 430-31; Evans, 'Exile' 317-18. 그렇다고 하더라도 그 생각은 그 땅으로 돌아가 이미 거기 살고 있던 사람들과 재결합한 이스라엘의 추방자들에 대한 것이지 후자가 아직 추방 상태에 있음을 말한 것이 아니다.

442) '이스라엘 집의 잃어버린 양'과 (목자 없이) 흩어진 무리로서의 이스라엘이라는 이미지에 대해서는 아래 §13.3h를 보라. 눅 13.28-29/마 8.11-12의 지배적인 모티프는 유대인 디아스포라의 귀환이라기보다는(Sanders, *Jesus and Judaism* 219-20; Allison, *Jesus Tradition in Q* 176-91에 반대하여) 종말론적 역전이다(위의 §12.4c)

443) *Jesus* 293; 특히 G. Lohfink, *Jesus and Community* (Philadelphia: Fortress, 1985) 15-17. 맥나이트 또한 주기도문의 첫 번째 간구문에 담긴 함의를 강조한다(*New Vision* 24-26). 물론 그 함의는 단순히 이스라엘의 고토 회복보다 더 넓지만 말이다(Fitzmyer, *Luke* 898-99). 그리고 왜 예수가 단순히 '왕국 언어가 곧 "추방의 끝" 언어'라고 단언함으로써 '추방'과 관련된 용어들을 사용하지 않았는가 하는 질문에 대한 답변이 충분치 않다. "'추방의 끝'은 긍정적인 "왕국"에 대하여 부정적인 말이다'(*New Vision* 83 각주 51).

444) 에반스 또한 예수의 가르침 가운데 추방 신학의 다른 시사점을 찾아냄으로써 라이트를 뒷받침한다('Exile' 316-27). '하늘의 표적', 막 8.11-13(요세푸스의 '표적 예언자들'이 추방으로부터의 귀환을 실연하고 있었다는 에반스의 가정에 의지하여; 위의 각주 430); 막 11.17과 그 평행구에 있는 사 56.7에 대한 암시(그러나 돌아오는 추방자들에 대한 암시[사 56.8]는 두 번 제거된다; 추가로 아래 §§15.3d와 17.3을 보라); 막 13.27에 나오는 땅 끝에서 선택된 자들을 모으는 것(그 암시는 슥 2.6의 마소라 텍스트[MT]가 아니라 칠십인역에 대한 것이다[LXX 10]; 그는 그 "선택받은 자들"이…이스라엘의 추방자들을 포함한다고 가정한다). 고라신과 벳새다에 대하여 퍼부은 화 가운데 암시된 추방의 위협(마 11.21-23/눅 10.13-15). '지배적인 이야기'에 대한 암시를 찾기 위해 신경을 곤두세워야 한다면, '추방으로부터의 귀환'이 '지배적인 이야기'였는지에 대하여 심각한 의문을 제기해야 한다.

압박함에 있어[445] 그는 그 선포 내에서 핵심적 중요성을 지닌 많은 것을 놓쳐버린다. 그 가운데 이스라엘의 당시 지도층에 대한 예수의 비판과 '가난한 자'와 '죄인들'에 대한 관심이 결코 사소하지 않은 일부로 포함된다.[446]

간단히 말해, 우리는 유대인 예수가 이스라엘과 그 미래와 관련하여 하나님에 대한 자기 백성들의 확신을 공유했음을 확인할 수 있다. 그렇지 않다면 우리는 거대 서사에 대한 무비판적 의존, 훨씬 더 복잡한 자료에 대한 일원론적 메타 서사의 덧씌움에 대한 포스트모더니즘의 경고에 귀 기울여야 할 것이다.[447]

d. 어떤 종류의 '종말론' 인가?

어떤 끝을 예수 전통은 그리고 있는가? 이전의 논의는 그 용어('끝')가 예수의 종말론에 대한 논의가 대개 허용했던 것보다 더 유연하게 사용되었음을 주목하였다. '끝'은 한 시대의 끝을 암시할 수 있었고 '날들의 끝'은 반드시 시간의 끝을 전망하지는 않았으므로(§12.3b) 다가올 세대를 위한 기대를 어떤 의미에서 자신의 선교 가운데 다 이루었다고 주장하는 예수의 발상은 처음 외관상 나타난 것보다 문제가 적다.[448] 유사하게 '묵시적'이라는 말이 제기한 쟁점들은 종종 해답이라고 생각하는 것보다 훨씬 덜 명확

---

445) 예컨대, 예수가 가난한 자를 환영한 것은 추방으로부터의 귀환을 나타낸 표적이었다(*Jesus* 255). '죄의 용서는 "추방으로부터의 귀환"을 말하는 또 다른 방식이다'(268-72). 막 13장은 '추방으로부터의 사실적 귀환을 다룬 이야기'로 거기서 예상된 예루살렘의 멸망은 추방의 종지부를 찍은 것이다(340-43, 358-59, 364).

446) 아래 §§13.5; 14.4, 8을 보라. 다른 한편으로, 베커가 그러하듯이(*Jesus* 129), 추방자들의 귀환이란 주제를 예수가 사용했음을 단순히 부인하는 것은 라이트가 제기한 쟁점들을 온전히 나타내지 못한다(340-43, 358-59, 364).

447) C. Marsh, 'Theological History? N. T. Wright's *Jesus and the Victory of God*', *JSNT* 69 (1998) 77-94 (여기서는 87-88, 91-92) 참조.

448) 같은 종류의 질문을 놓고 씨름하는 샌더스의 경우를 참조하라(*Jesus and Judaism* 228-37). 베커는 예수의 선교 가운데 '현재의 현실과 도래하는 완성'의 연속성, 즉 '연속적 통일성'을 강조함으로써 쟁점을 교묘하게 처리하려고 한다. '예수의 선포 요지는 이제부터 하나님의 나라가 이 세상에서 현실이 되리라는 것이다'; '현재는 왕으로서 하나님의 마지막 통치의 시작이다'(*Jesus* 104-107, 119-21). 유사하게 메르켈(Merkel)에 의하면 이미 예수의 선교 중에 잔치와 기쁨이 현존한 것은 두 시대의 도식에 필수적인 단절이 결여되어 있음을 의미한다('Gottesherrschaft' 159). 그러나 이것이 그 문제를 재구성하는 것 이상으로 도움이 되는가?

한데, 그것이 (가까운) 미래뿐 아니라 현재 하늘의 실상에 대한 계시와 환상으로 주어진 통찰을 나타내는 의미로 사용될 수 있기 때문이다. 대개 그 용어의 대중적인 용도에서 염두에 두는 특징들은 예수 전통 가운데 거의 불거지지 않는다. 우주적 이변들은 마가복음 13.24-25에서만 그려지고 '신적인 개입'은, 물론 인자의 도래에 대한 전통을 우리가 논의해보아야 하겠지만, 명시적이라기보다 암시적이다(특히 최후의 심판). 설사 그렇더라도 쟁점은 남는다. 예수 전통은, 지금까지 경험하지 못한 방식으로 오는 하나님의 나라, 악에 대한 하나님의 최후 승리, 열방에 대한 최후의 심판, 큰 잔치의 이미지로 조형된 사태, 그리고 천사적 존재로 죽은 자가 부활하는 것 등을 포함하는 미래와 최후의 종말론적 기대 또한 예수의 것으로 여기지 않는가?[449]

　　이에 대한 전형적인 반응은 핵심 용어인 '종말론'을 여러 모양으로 다듬어 제공하는 것이었다. 불트만이 연대기적 궁극성을 실존적 궁극성으로 치환한 것이 그 고전적 일례였다. 그러나 그러한 제안은 예수 당시의 유대인들이 인식하였을 법한 언어에서 도출한 '끝'의 개념을 한참 빗겨간다. 크로산은 '종말론'을 '세계 부정을 위한 더 광범위하고 총괄적인 용어'로 사용하길 원하여,[450] Q의 '묵시적 종말론'과 도마복음의 '금욕적 종말론' 사이의 중간 지대를 예수의 '윤리적 종말론'에 설정하고자 한다.[451] 그러나 묵시적 종말론을 어떤 형태의 유토피아적 이상인 '끝'으로 대체한다고 해서 그것이 실질적으로 예수의 미래 종말론의 쟁점을 해소하는가? 여기서 다시 그 쟁점은 라이트의 논법에 의해 근사하게 제기된다. 그는 예수를 유대적 종말론의 맥락 내에 위치시키는 슈바이처에 의탁하지만, 그것은 그 묵시적 특징이 그저 우주적 음향효과일 뿐인 종말론이다.[452] 이는 라이트가 예수

---

449)　가령 고펠트(Goppelt)는 예수와 '묵시주의' 사이에 거리를 두지만 예수가 세상의 임박한 종말을 선언했다는 데에는 의심을 품지 않는다(*Theology* 1.55-61, 67-72).
450)　*Historical Jesus* 238.
451)　이제 *Birth* chs. 15-16을 보라(특히 279-82). 주기도문과 관련하여 현재와 미래의 결합에 대한 타이센과 메르츠의 고찰을 참조하라(*Historical Jesus* 261-64). "'하나님의 왕적 통치'는 강력한 윤리적 에너지의 표현이다'(264). 또한 Borg, *Jesus in Contemporary Scholarship* 70-73을 보라.
452)　*Jesus* 80-82, 96-97, 207-209. 라이트는 Caird, *Language* ch. 14에 빚지고 있다.

가 지닌 기대의 미래적 요소들을 오로지 예수의 예루살렘 여정과 주후 70년의 예루살렘 파괴란 견지에서만 해석할 수 있음을 의미한다. 예수가 그것 이상의 어떤 것—열방의 심판, 천사적 존재로의 부활, 전통적인 그리스도교가 그려보인 천국과 지옥 등—을 바라볼 수 있었으리라는 점을 라이트는 말하지 않는다.

좀더 통상적인 진일보한 방식은 슈바이처의 '철저한 종말론'과 예레미아스의 개시된 종말론 또는 '실현의 과정중에 있는 종말론'에 제공한 '실현된 종말론'이란 도드의 반제를 통합한 것이었다.[453] 정거장으로 진입하는 기차, 동터오기 시작하는 하루, (이전 세대가 즐겨 사용한) 공격 개시일로 시작해서 승전 기념일에서 정점에 다다르는 제2차 세계대전의 마지막 단계 등과 같은 이미지가 모두 예수의 용례에 나타난 그 긴장을 예증하기 위해 사용되어왔다. 그 논쟁과 관련한 내 나름의 미미한 시도는 성령에 대한 언급으로 제공되는 초기 그리스도교의 종말론과 예수의 종말론 사이의 유사한 내용을 각각 주목하는 것이었다.[454] 바울의 관점에서 볼 때 확실히 초기 신자들이 경험한 성령은, 그 온전한 유업이 아직 미완성이지만 그 나라의 '일회분' 정도로는 이해될 수 있는 것이었다.[455] 예수가 나름대로 경험한 기름부음과 같은 성령/하나님의 권능으로 힘을 받은 사역은 그 자체로 하나님이 갈망해온 그의 왕적 통치의 (마지막) 나타남이 이미 눈에 증거로 보였으며,[456] 따라서 그것의 온전한 나타남이 오래 지연될 수 없으리라는 확신을 주었을지 모른다.

요지인즉, 그러한 논법으로는 일어나지 **않은** 사건이 **긴박하게** 발생하리라는 기대를 예수가 표현했다는 점을 부인할 수 없다는 것이다. 예수의 하나님 나라 설교는, '묵시적' 특징이 있든 없든, 긴박한 기대와 인연을 끊

---

453) Jeremias, *Parables* 230 ('sich realisierende Eschatologie').
454) J. D. G. Dunn, 'Spirit and Kingdom', *ExpT* 82 (1970-71) 36-40, reprinted in *The Christ and the Spirit* vol. 2: *Pneumatology* (Grand Rapids: Eerdmans, 1998) 133-41.
455) 고후 1.22; 5.5; 유사하게 롬 8.23; 또한 롬 8.14-17; 고전 6.9-11; 15.44-50; 갈 4.6-7, 29-30; 엡 1.14 참조. 추가로 내 책 *Theology of Paul* 421, 424, 469-70을 보라.
456) Borg, *Jesus* 198-99 참조.

을 수 없다. 이는 또한 예수가 실현되지 않은 희망을 마음에 품었음을 의미하기도 한다. 현실화되지 않은 그의 기대 가운데는 '최후의' 요소들이 있었다. 퉁명스럽게 말하자면 예수는 사건의 진행 과정에 따라 틀린 것으로 판명되었다. 신자인 학자들에게 그 결론의 불편함은, 그것이 예수의 인간됨을 더욱 '사실적으로' 만들었으며, 그러한 결론이 그들의 냉정한 방법과 빈틈없는 정직성을 입증했다는 생각으로 누그러졌다. 이것은 그들이 찾아내고자 원했을 법한 '역사적 예수'가 아니었다!

이는 또한 내 입장에서 반대하고 싶은 결론이 아니다. 나는 그 나라가 아직 나타나지 않은 최종 결과와 함께 오리라고 예수가 기대했다는 결론을 쉽사리 피할 수 있으리라 생각하지 않는다. 어떤 이들은 **아직** 등장하지 않았다고 말하고 싶어할지 모른다.

그동안 우리는 유대교의 예언자적 희망의 성격을 너무 주목하지 못했다. 예언자적 전통은 예언 자체를 폄하하지 않으면서 예언의 실패와 더불어 사는 법을 익혔다.[457] 우리는 이미 시편 89편이 어떻게 다윗의 가문을 유지하기 위하여 그 약속의 실패란 문제와 씨름하고 있는지 살폈다. 예레미야가 유다의 예상된 황폐함을 혼돈으로 돌아간 것으로 묘사한 것(렘 4.23)은 거짓 예언으로 간주되지 않았다. 왜냐하면 세상의 끝이 아직 오지 않았기 때문이다.[458] 하박국 2.3은 성서 이후 시대의 유대교가 지연의 문제와 씨름하는 데 실마리를 제공해주었다.[459] 많은 유대인들이 여전히 추방 상태에 있었음을 강조함에 있어서 그러한 믿음이 오로지 이전의 포로 귀환에 대한 희망이 이루어지지 않았기 때문에 견지될 수 있었다는 사실을 간과하기란 쉽다. 아니면 온전히 이루어지지 않았다고 말해야 할까? 로버트 캐롤

---

457) 가령 슈나켄부르크(Schnackenburg)는 '근접한 기대'를 언급하는 본문들을 언급한다. 사 13.6; 51.5; 56.1; 겔 7.1-13; 12.21-25; 30.3; 욜 2.1; 습 1.7, 14-18(*God's Rule* 201 각주 65). 또한 Meyer, *Aims* 245-49을 보라. '예언적 약속들의 재해석과 각색은 항상 유대 신앙의 주요 성분이었으니 기실 채무라기보다는 적극적인 신학적 자산이었던 셈이다'(M. Bockmuehl, *This Jesus: Martyr, Lord, Messiah* [Edinburgh: Clark, 1994] 101).

458) Caird, *Language* 258-59.

459) A. Strobel, *Untersuchungen zum eschatologischen Verzögerungsproblem auf Grund der spätjüdisch-urchristlichen Geschichte von Habakuk 2,2ff.* (NovTSup 2; Leiden: Brill, 1961).

(Robert Carroll)에 의하면, 그 결과로 생긴 '부조화'는 예언에서 묵시로의 전이를 포함하는 '해석학을 불러일으켰다.'[460] 그 해석학은 '적응하는 예언'(예레미야와 에스겔을 인용하면서)과 현실화된 기대(제2이사야의 설교에 영감을 받은 에스라)라고 그가 부르는 내용을 포함했다.[461]

하지만 좀더 요점에 부응하는 것은 실패한 예언이 또한 갱신된 예언을 불러일으켰다는 사실이다.[462] 예컨대 예레미야는 70년의 추방 이후 이스라엘과 유다가 그 땅으로 복귀하여 회복된 다윗 가문의 왕 아래 번영하리라고 온전히 기대했다.[463] 그 희망은 오로지 부분적으로만 이루어졌고 온전한 실현의 부재는 스가랴의 당혹감을 야기했다(슥 1.12). 그러나 그 희망은, 70이레 예언이라는 가장 유명하고 지속적으로 영향을 끼친 예언 가운데 하나로 다른 사람들 가운데 다니엘이 다시 담당했다(단 9.24-27). 그 저자는 마카베오 치세기에 글을 쓰고 있었고 스스로 마지막 이레에 서 있다고 보았으며,[464] 그중에서 절반(세 때와 반때=삼 년과 반년)[465]이 외국의 정복 아래 경험되리라는 것(7.25; 8.14; 9.27)은 일반적으로 수용된다. 그래서 '다니엘'은 '마지막'이 임박했음을 예상했다(12.11-13). 그 희망은 다시 하스몬 왕국의 확립 가운데 부분적인 실현을 보았다. 그러나 그것은 다시 미래를 향한 분명한 희망을 말하고자 하는 그리스도인들이 떠맡게 되었다.[466] 요점은 이것이다. 유대인의 예언적·묵시적 전통 내에는 희망의 부분적 실현이 그 희망을

---

460) R. P. Carroll, *When Prophecy Failed: Reactions and Responses to Failure in the Old Testament Prophetic Traditions* (London: SCM, 1979) 124-28, 212. 캐롤은 L. Festinger, et al., *When Prophecy Fails: A Social and Psychological Study of a Modern Group That Predicted the Destruction of the World* (Minneapolis: University of Minnesota, 1956)와 L. Festinger, *A Theory of Cognitive Dissonance* (Evanston: Row, Peterson, 1957)에 의존하고 있다. 그 지연의 문제에 암시적인 본문들은 사 10.25; 합 2.2, 3; 욜 1.15; 2.1을 포함한다(168-72).

461) Carroll, *When Prophecy Failed* 172-77, 180-82.

462) 이어지는 대목에서 나는 특히 C. L. Holman, *Till Jesus Comes: Origins of Christian Apocalyptic Expectation* (Peabody: Hendrickson, 1996)에 의존하고 있다.

463) 가령, 렘 25.12-13; 29.10-14; 30.3, 8-11; 31.1, 5-14; 32.36-41; 33.10-22.

464) 가령, Collins, *Apocalyptic Imagination* 87-90, 109; Holman, *Till Jesus Comes* 50-51.

465) BDB, *mo'ed* 1b; *'ad* 2.

466) 계 11.2-3; 12.6, 14; 눅 21.24 참조. 예언은 교부 시대에까지 영향력이 있었다(가령, Justin, *Dial.* 32.3-4; Irenaeus, *Adv. haer.* 5.25.3; 5.30.4). 또한 W. Adler, 'The Apocalyptic Survey of History Adapted by Christians: Daniel's Prophecy of 70 Weeks', in J. C. Vanderkam and W. Adler, *The Jewish Apocalyptic Heritage in Early Christianity* (CRINT 3.4; Assen: Van Gorcum, 1996) 201-38. 과연 다니엘의 70이레는 족히 18세기까지 그리스도교 종말론의 진로를 정했다.

무화하거나 저버린 것은 아니라는 모종의 인식이 있었다. 그 대신 이전의 희망은 같은 희망을 참신하게 다시 말하는 기초와 발판이 되었다.

어느 정도 유사한 성찰 가운데, 하비(Anthony Harvey)는 이야기가 종결부를 필요로 하듯, 미래를 바라보는 개인들도 그들에게 시간을 유한하고 이해할 수 있게 만들기 위한 종점이나 경계가 필요하다고 본다. 최후성 또는 종말이라는 성격과 함께 예견된 어떤 위기가 그 최후성이 예상되지 않은 채 오고 지나갈 때, 그것은 반드시 이전의 경고들을 무효로 만든다고 보지 않고 그저 다음 위기로 방향이 조정될 뿐이다.[467] 예언자의 미래 이야기의 끝이 끝으로 판명되지 않았다고 해서 그것이 그 이야기를 소중히 여긴 사람들의 눈에서 그 예언적 메시지의 신뢰성을 박탈하는 것은 아니었다.[468]

어떤 희망도 그 속성상 본래 (그 미래가) 비결정적인 것에 더 큰 결정권을 주는 것을 관찰함으로써 우리는 그 점을 한층 더 강조할 수 있다. 희망은 알려진 현재와 미래를 넘어 미지의 미래를 내다보기 때문이다.[469] 아울러, 미래를 말하려고 할 때 희망은(영감받은 희망까지도) 익히 알려진 유형과 구조를 취하여 거기서 미래를 향해 투사된 모종의 계획을 세우는 (또는 분별하는) 시도 이상을 할 수 없다.[470] 그것이 희망의 성격이다.[471] 그래서 그것은 일들을 그르치기도 하는데, 때로 '희망 없게' 망쳐버린다. 미래는 항상 알려지지 않고 이미 현재와 과거가 될 때에야 비로소 알려질 수 있기 때문이다. 그래도 우리는 여전히 희망하는데, 희망이야말로 그것이 정반대로 퍼뜨리는 두려움과 공포로 인해 무기력하게 될지 모르는 미래에 대처하는 유일

---

467) 하비는 핵전쟁의 위협이 최고조에 달했을 때 책을 쓰고 있었다. 냉전의 종결로 특징지어지는 지구가 직면한 위협에 대한 탈묵시주의화가 어떻게 예수 메시지의 탈묵시주의화와 일치했는지 주목해보면 재미있다.

468) Harvey, *Jesus* 제4장. 'Jesus and Time: the Constraint of an Ending', 여기서는 71-76, 89-90.

469) '미래는 수평선처럼 움직인다.⋯그리고 항상 같은 거리만큼 떨어진 채 머물러 있다'(Theissen and Merz, *Historical Jesus* 278).

470) 그렇지 않다면 이것은 B. J. Malina, 'Christ and Time: Swiss or Mediterranean?', *The Social World of Jesus and the Gospels* (London: Routledge, 1996) 179-214이 지나치게 억지로 강조한 대립에서 타당성의 요소로 제출된 것이다.

471) 반면, 묵시적 종말론은 현재에 대한 좌절감에 더 기인하여 나온 것으로, 기괴한 상징으로 미래를 묘사할 수 있을 뿐이다. 현재로서는 희망에 실질적인 내용을 제공할 것이 미미하거나 아무것도 없기 때문이다.

한 길이기 때문이다. 요지를 좀더 부각시키자면, 예언적 희망은 미래 자체의 희망이 아니라, 어떻게 그 희망이 현재에 사는 삶을 결정해야 할지가 수반된 관심과 함께 미래를 위한 하나님 안에서의 희망이었다는 것이다.[472]

이 점에서 지금 예언자적 심리를 파고드는 일은 불가능할 것이다. 그러나 나는 여태껏 용인된 것 이상으로 예수 당시 예언적 희망의 이러한 특징에 대한 좀더 의식적인 성찰이 있었는지 궁금해하지 않을 수 없다.[473] 질문인즉, 예수나 그의 첫 추종자들이 앞날을 내다보는 그러한 종말론적 진술을 할 적에 그와 같은 고려 사항들을 참작했는가 하는 점이다. 아니면, 도리어 그러한 견고한 예언을 하고 그 전통을 인지하도록 듣는 자에게 책임을 지우는 것, 그리고 옛 이미지들을 긍정하고 같은 목적을 향해 열망을 품는 것을 예언의 어떤 요소보다 더 높이 평가하지 말아야 한다고 인식하는 것이 예언의 본래 성격이 아닌가 하는 것이다. 그 전통화 과정에서 듣고 받는 것의 근본적인 역할에 대한 내 이해가 전제된다면, 발설되고 수용되며 예언으로 평가되는 신탁의 그 양면성은, 아무리 명확하고 거침없이 선포되더라도 듣고 수용하고 다시 구연하는 행위에 연계되는 부대조건과 무관하게 그 어떤 예언적 언사도 독자적으로 생각되어서는 안 된다는 점을 시사한다. 너무 과한 후속 논의를 기대할 것 없이, 이렇게 매개하고 한정짓는 전통의 역할은 '재림의 지연'이 왜 첫 세대 그리스도인들에게 상대적으로 별 의미가 없었는지 설명하는 한 가지 분명한 이유였다.[474]

여기서 부각되는 것은 예수 전통의 종말론을 알려주는 시간의 이해가 단순히 선형적인 것으로 생각되어서는 안 된다는 가능성이다. 우리가 예

---

472) 다음의 견해를 참조하라. 불트만: '종말론적 메시지의 본질적인 사항은 세상의 끝이 바로 앞에 닥쳤다는 믿음이 아니라 그 안에서 역사하는 하나님과 그것이 내포하는 인간 존재에 대한 인식이다'(*Theology* 1.23). 크로산과 리드: '우리 동시대의 노래 가사 "우리 승리하리라(We shall overcome)" 처럼, 그 **내용**(what)과 **대상**(that)의 확실성은 **방법**(how)과 **때**(when)의 동등한 확실성을 수반하지 않는다'(*Excavating Jesus* 75).

473) 거짓 예언으로 수반되는 문제에 대해서는 분명 그러한 성찰이 있었다(위의 §8.2를 보라). 캐어드는 '누가와 바울이 사후 생명에 대한 그들의 언어가 기탄없이 문자적인 의미로 취해지기를 기대하지 않았다'고 확신한다(*Language* 248). '예수의 예언이 즉각 실현되지 않았다는 근거로 최초의 그리스도인들이 예수의 예언을 거부하는 일은 생기지 않았다'(Meyer, *Aims* 248).

474) 가령, 이미 마가의 묵시적 강론 버전 가운데 우리는 거기 첨부된 해명 차원에서 상황을 누그러뜨리는 어조를 듣는다: '그러나 아직 끝은 아니다'(13.7).

수 당시의 저술들 가운데 보았듯이 '종말'이란 말을 유연하게 사용할 수 있던 전통은 두 점 사이의 직선이란 수학적 이미지 속에 가두어서는 안 된다. 유형론은 분명히 예수 시대의 교사들이 많이 사용한 해석학적 장치였다. 즉, 하나님이 과거에 그의 백성을 다루신 일 가운데 분별할 만한 유형으로 하나님이 미래에 그의 백성을 다루는 것과 관련된 예상 정보를 가능케 하는 인식이란 게 있었던 것이다. 누군가의 시간과 청중을 고대 서사의 시간 틀 내에 맞추어보면, 히브리인들이 이스라엘의 광야 방랑과 관련하여 그렇게 하고(히 4장) 설교자들이 이전과 이후 늘 그래왔듯이, 시간이 단순히 분절되지 않은 지속적인 사건의 연속으로 간주될 필요가 없다는 인식을 보여준다. 그렇다면 그것은 '종말'과 관련된 강한 긍정이 그 '종말' 자체에 대한 인식의 명료성보다 과거부터 가르쳐진 대로 하나님과 하나님께 속한 그 미래에 대한 예언자의 신념과 확신을 더 입증해주는 경우일까? 예언자는 미래와 관련하여 그것이 내일 오리라고 확신케 하는 강렬한 신앙과 함께 하나님에 대한 자신의 신뢰를 표현한다.[475] 예언자는 한시적인 관점에서 여전히 '그러한 미래를 오판'하지만, 그 전통은 단순히 그 연대기로 예언을 평가하지 않는다.

이 모든 것 가운데 강조해야 할 점은 아마도 예수의 동시대인들과 첫 그리스도인들이 모두 실패한 예언에 대한 실망과 함께, 그러나 그 예언 가운데 나타난 신앙의 핵심을 교란시키는 그런 실패 없이 살 수 있었다는 것이다. 정신적 긴장이 커지거나 특정한 저술 가운데 '오! 주여, 언제까지입니까?'라고 그들이 그렇게 종종 외쳤을 때도 매번 마찬가지였다. 그러나 대부분 그들은 단지 살아가는 일을 진척시켰을 뿐이다. 예언자들은 미래를 관조하는 데서 돌이켜 동시에 한 입으로 현재를 압박하는 쟁점들을 피력했다. 묵시문학의 저자들까지도 그들의 저술 작업 중에 지속적으로 토라를 행하고 기도하며 그들이 본 대로 순종의 삶을 살아냈다. 쿰란의 언약 가

---

475) McKnight, *New Vision* 12, 129-30, 138-39 참조.

담자들은 그들의 공동체 가운데 실현된 예언과 아직 기다리는 종말론적 정점 사이의 긴장을 무릅쓰고 적극적으로 살았던 것 같다.[476] 바울이 어느 정도 전형적인 예라면, 첫 그리스도인들은 분명히 이미 실현된 종말론적 희망과 이루어져야 할 것이 아직 남아 있어 기다리던 미완성 사이의 긴장 가운데, 그 긴장을 품고 살았다고 볼 수 있다.[477]

예수는 달랐을까? 주기도문의 마태 전통이 세 번째 간구를 첨가한 대목('당신의 뜻이 이루어지이다. 하늘에서처럼 또한 땅에서도', 마 6.10b)은 추측건대 두 번째 간구('당신의 나라가 임하게 하소서', 6.10a)를 설명하는 차원에서 확대한 것으로 주목할 만하다.[478] 이는 그 나라의 도래를 위한 간구가 일찌감치 어떻게 이해되었는지 보여주는 것일까? 아니면 하나님의 뜻이 (땅에서) 이루어지고 있을 때 하나님의 나라가 (현존하는 것으로) 인식되거나[479] 또는 하나님의 뜻을 행하기 위해 분투하지 않고는 그 나라를 구하는 것이 무익하리라는 것일까? 마태 자신은 바로 그 결론을 끌어내는 것 같다(마 7.21).[480] 어느 쪽이든, 마태의 전통은 그 나라의 도래를 위한 기도를 그 자체로 홀로 설 수 있는 열망으로 다루지 않는다. 누가의 이어지는 설명이 그것을 부연하였듯이, 그 나라의 미래에 대한 질문들은 그 나름의 공간을 가지고 있었지만(하늘을 응시하는 것은 언제나 매우 좋았다), 지금 문제가 된 것은 선교였다(행 1.5-11). 또는 보다 최근에 켁(Lee Keck)이 말했듯이, '진짜 질문은 예수가 그 나라의 때에 대하여 옳았느냐 그릇되었느냐가 아니라 그가 왕과 아버지의 이미지로 상상한 하나님에 대하여 옳았느냐 여부다'.[481]

---

476) 슈베머(Schwemer)는 '현재와 하나님 왕권의 종말론적 이해를 병치시키는 경우는 안식일 노래들을 통해 신선한 조명을 받는다: 지상에서 이루어질 하나님의 왕권에 대한 종말론적 기대는 하늘에서 일어나는 하나님의 왕권에 대한 현재의 제의적 축연에 그 토대를 두고 있다'('Gott als König in den Sabbatliedern' 117).

477) 가령, 내 책 *Theology of Paul* ch. 18을 보라.

478) 이미 지적한 대로(§8.5b), 그 기도의 두 버전(마태와 누가)에 드러나는 그러한 차이에 대한 가장 확연한 설명은 예전적 확장이다. 첫 번째 두 간구문을 평행구로 취하는 대안(Gnilka, *Jesus of Nazareth* 137: '"이름"은 "나라"와 사실상 동의어이다')은 설득력이 떨어진다. 그 설명용 첨가구가 예수 자신에 의해 정당한 것으로 '용인되었을' 가능성은 배제될 수 없을 것이다(아래 §16.2b를 보라).

479) 또한 Luz, *Matthäus* 1.344-45; Davies and Allison, *Matthew* 1.605-606을 보라.

480) Caird, *Theology*는 예수와 관련하여 유사한 결론을 이끌어낸다: '예수에게 그 나라에 들어간다는 것은 제자직의 삶과 같은 의미였다. 곧 왕이신 하나님의 요구에 복종하는 것이었다'(*Theology* 369).

481) *Who Is Jesus?* 112.

e. 은유로서의 그 나라?

전체 점검을 하기 위해 잠시 멈추기 전에 이전의 성찰 방향은 우리를 언어가 문제의 기본이 되는 개념상의 문제로 이어졌다. 기실 언어는 단어들이 (부적절하게) 통찰의 창문과 소통의 방향으로 구실하도록 우리를 강제하여 언어학적/기호학적 영역으로 끌어들인다. 그 양쪽의 역할 가운데 그것들은 아무것도 효율적으로 감당하지 못한다. 그때 기본적인 쟁점은 언어가 시간을, 특히 미래를 어떻게 다루는가 하는 것이다.

리쾨르(Paul Ricoeur)는 역사에 시간적 흐름을 부여하는 것이 서사라 보고, 보통 서사 가운데 고유하게 내재하는 시작과 끝이란 발상을 가지고 이를 관찰한 바 있다.[482] 서사는 인간 경험에 의존하고 독자로부터 반응을 유발함에 있어 기존의 것과 미지의 것 사이를 중개한다.[483] 그러나 만일 예수가 단일한 (거대) 서사의 일부였던 역사를 우리가 이해할 수 없다면 어떻게 되겠는가? 그 유일한 대안적 선택이 1세기 유대인들을 위한 서사의 복합성을 상상하는 데 있다고 결론짓는 것은 만족스럽지 않다. 우리가 그 당시 '유대교들' 가운데 발견하는, 역사 속에 개입한 하나님의 손길에 대한 의심의 여지 없이 상이한 문장들은 여전히 이스라엘의 성서에 나온 대로 같은 서사의 상이한 문장들로 인식되었기 때문이다. 그 상이한 문장들은 결국 인간과 창조세계를 위해 자신의 목적을 이루고자 하는 하나님에 대한 공통된 신뢰가 변용된 형태였다. 거기에 결여된 것은 그 세세한 내용들에까지 전적으로 일치하는 단 하나의 **완결된** 서사이다. §12.2c의 종말론에서 우리가 알게 된 것은 신뢰와 희망이란 공통된 기본 방향으로, 이는 오로지 통찰과 영감의 섬광에 의해서만 확장되고 보완되었다. 우리는 얼마쯤 파편화된 사

---

482) P. Ricoeur, *Time and Narrative* vol. 1, ch. 3.
483) 이것은 너무 단순화된 시도이지만, 내 나름의 목적에 맞추어 리쾨르의 '3단계 모방', 즉 모방¹, 모방², 모방³으로 그가 구분한 내용을 끌어낸 것이다. 여기서 나는 또한 M. Joy, ed., *Paul Ricoeur and Narrative* (Calgary: University of Calgary, 1997) xiv–xvi에 붙인 펠라우어(D. Pellauer)의 서문에 빚지고 있다. 이전 단락(§12.6d)의 고찰과 연계시켜보면, 그 3단계 과정 사이에 약간의 불가피한 '미끄러짐'을 주목할 수 있을 것이다.

해 두루마리 같은 서사를 가지고 있다. 우리는 (대부분의) 파편 문서들이 서로 엮어져 있다는 것을 안다(비록 그 일부가 미지의 문서에서 기원한 것일 수 있더라도 말이다). 그러나 그중 아주 많은 부분들이 빠져 있거나 닳아빠져서 그것들을 이어 맞추는 것은 사실상 우리의 역량을 넘어서는 일이다. 서사의 비완결성은 그 시간적 흐름이 단절되고 우리가 에피소드와 비전을 어떻게 연결시킬지 알지 못한다는 뜻이다. 한 대안적인 이미지는 회상 장면으로 가득 찬 영화의 이미지인데, 거기서 어떤 순간 묘사되는 장면이 과거인지 현재인지 항상 명확하다. 예수 전통의 종말론과 함께 우리는 보는 이에게 같은 문제를 제기하지만 기실 미래의 장면으로 가득 찬 필름을 가지고 있는 것과 같다. 만일 우리가 혼란스럽지 않다면 무엇인가 잘못된 것이다. 우리는 본질적으로 명령받지 않은 서사에 명령을 가하고 있는 셈이다. 예언이라는 흔들린 거울은 피카소의 그림 같은 이미지를 주는데, 종종 들쭉날쭉 찢어진 파편들이 어떻게 전체 모습으로 결합되는지 결코 명확하지 않다.

그러한 논의에서 또한 유용한 것으로 판명된 또 다른 용어가 '**신화**'다. 물론 '**비**역사적'이란 의미가 아니라 역사를 **넘어서는**, 나아가 인간 역사의 형판(型板)에 그려진 장면들이 회화적으로 암시적으로만 기능할 수 있는 그런 차원의 의미로 이해된 신화를 말한다.[484] 성서학자들은 이 용어를 태초의 '시간', 곧 **원형적 시간**(Urzeit)이라 부르며 창세기의 서두 장들과 연계시켜 사용하는 데 익숙해졌다. 그것은 역사를 앞서는 '시간'이다. 역사적 시간을 정의하자면, 원리상 통상적인 역사 연구의 도구로 탐구될 수 있는 시간이 될 터이다. 원형적 시간은 '역사 이전의 시간'이라고, 굳이 표현하자면 그렇게 말할 수 있다. 그렇다면 '역사 이후의 시간', 곧 **종말의 시간**(Endzeit)은 무엇인가? 유대교 종말론의 비선형적 특징 가운데 하나는 종말의 시간이 원형적 시간이 되며, '끝'이 시작으로 되돌아가고, 하늘이 회복된 낙원이

---

484) 내가 사용하는 '신화'라는 말은 이렇게 한정되어 있다(또한 'Myth', *DJG* 566–69을 보라). 나는 훨씬 더 광범위한 이 말의 용도에 관한 논의를 의식하고 있다. K. W. Bolle and P. Ricoeur, 'Myth', in M. Eliade, ed., *Encyclopedia of Religion* (New York: Macmillan, 1987) 10.261–82; R. A. Oden, 'Myth and Mythology', *ABD* 4.946–56.

되리라는 기대이다. 이는 또한 역사 이후의 시간이 불가피하게 역사 이전의 시간이 지닌 신화적 성격을 공유하리라는 것에 다름 아니다. 최후의 미래에 대하여 말하고자 하는 어떤 시도도 회화적이고 암시적인 용어를 사용해야 할 터인데, 역사적 시간을 다루는 경우처럼 동일한 확신으로 언어와 사건의 상관 관계를 단언할 수 없기 때문이다. 또 다른 비유를 제시하자면, 역사는 어느 정도 가을날과 같다. 나는 지금 이 단어들을 쓰고 있는 시점에서 내 창문을 통해 그런 하루를 보는 중인데, 그런 날은 안개와 함께 시작되어 서서히 맑개지다가 다시 또 꾸준히 몰려드는 안개와 함께 끝난다. 그런 날의 대낮에는 앞과 뒤의 시야가 매우 선명하다. 그러나 그날이 시작하고 끝나는 시점에, '낮'이 정말로 시작되고 실제로 끝났을 때, 하여 선명한 것과 거리가 멀 경우, 안개 속에 붙잡힌 자에게 방향에 대한 불확실한 위치 감각은 훨씬 더 떨어질 수 있다.

대안적인 표현 방식으로 우리는 앞서 그 나라를 '팽팽한 상징'으로 봐야 한다는 페린의 제안과 묵시적 언어를 문자적으로 취한 슈바이처에 대한 라이트의 반박을 언급한 바 있다. 나는 '은유'라는 용어를 더 선호하는데, 왜냐하면 내가 이해하기로 은유는 쉽사리 다른 무엇으로 번역될 수 없기 때문이다. 종국적으로 페린은 하나님 나라의 그 팽팽한 상징을 다양한 지시 대상으로 풀어놓을 수 있기를 원한다. 그리고 라이트 역시 결국 우주적 대재앙과 '세계의 종말'이란 묵시적 언어를 예루살렘 멸망이라는 구체적인 사건으로 번역하고 싶어한다.[485] 그러나 리쾨르와 소스키스에 따르면, 은유는 다른 언어학적 묘사 방식의 동의어나 대용어가 아니다. 은유는 다르게 말해질 수 없는 것, 최소한 그리 효과적으로 또는 아주 잘, 그리고 어쩌면 전혀 그렇게 말해질 수 없는 것을 말한다. 은유는 마치 다른 무엇을

---

485) 이 점에서 라이트는 Caird, *Language* 266에 빚을 지고 있다. 그러나 성서 저자들이 '세상의 종말이 아니었다고 스스로 잘 알던 것을 언급하기 위해 세상 종말의 언어를 은유적으로 꾸준히 사용했다'(256)고 단언하는 가운데 캐어드는 일차적으로 도드의 실현된 종말론을 언급하고 있다(253). 켁은 최근 더 유행을 타는 이스라엘의 '회복'을 위한 예수의 소명에서도 유사한 위험이 있다고 경고한다: '"이스라엘"이 성례적이고 환기적인 상징이었기 때문에 그[예수]는 그것을 서술하지 않고 혹은 그 도래를 재촉하거나 그것이 임할 때 관리하는 어떤 운동을 조직하지도 않은 채, 하나님이 주신 미래를 암시하기 위해 "열둘"이란 말을 사용할 수 있었다'(*Who Is Jesus?* 51).

위하는 것처럼 희망을 표현하는 데 그치지 않는다. 은유가 곧 희망이다. 물론 특정 은유가 무엇을 가리키는지 우리는 물을 수 있다. 그러나 적절하게 상관되는 질문은, 이것이 무엇을 **의미하는가**가 아니라, 이것이 무엇을 **환기시키는가**이다.[486] 우리는 베토벤의 에로이카(Eroica) 교향곡 같은 음악작품이나 피카소의 '게르니카'(Guernica) 같은 미술작품, 또는 윌리엄 블레이크의 '예루살렘' 같은 시작품 등과 관련하여 '그것이 무엇을 의미하는가'라고 묻지 않는다. 그것들은 머리보다는 가슴에 호소한다. 은유도 어느 정도 그렇다. 그 수사적 효과는 은유가 그 논리적 지시 대상에서 벗어나 비합리적이고 거의 잠재의식적인 속성의 호소력을 발휘하게 한다.

그러므로 특정한 주제를 '묘사하는' 일련의 은유들이 서로 구체화되지 못한다고 해서 이로 인해 놀랄 것은 없다. 그 비유들은 그 속성상 항상 단면적이고 파편적일뿐더러 의미 소통적이라기보다 분위기 환기적이기 때문이다. 그 나라 비유들에 내재된 다원적 가치는 그 비유들로부터 단 하나의 일률적인 그 나라의 상(像)을 이끌어내려는 시도를 전복시킨다.[487] 그래서 학자들은 하나님의 나라 은유 가운데 표현된 희망의 조야함과 불일치성을 너무 강조하지 말아야 한다. 마치 그것이 다르게, 더욱 적절히 표현될 수 있었을 것이라고 확신하듯이 말이다. 그러나 유대인들은 수세기 동안 도래할 시대를 희망했고, 그리스도인들은 예의 용어들과 그 핵심 은유를 채우는 가장 현저한 이미지들을 넘어 그들이 무엇을 희망하고 있는지 확실히 알지도 못하면서 하늘을 희망해왔다.

우리는 다시 묻는다. 그것이 예수의 경우와, 그의 말씀을 처음으로 소중히 간직하고 실행한 자들의 경우에는 달랐을까? 예수에게 '하나님의 나라'는 아마도 도래할 그 시대, 하늘, 하늘이 땅에 영향을 끼치는 방식 등을

---

486) '표현적 언어'(expressive language)에 대한 캐어드(Caird)의 이해 참조: '지시적 언어의 대상이 어떤 생각을 해명하고 전달하기 위한 것이라면, 표현적 언어의 대상은 포획하고 소통하거나 어떤 경험에 반응하기 위한 것이다'(*Language* 15-16).
487) Liebenberg, *Language* (가령, 46-47, 69, 158-59)의 주요 논지를 참조하라. 반면 그는 또한 '총칭적 평면 구조들'과 서사 맥락들의 안정성이 비유의 내재적 다면 가치를 줄였다고 강조하기도 한다 (58-59, 70-71, 156-57). '심지어 그것들을 고립시켜 읽을 때도—그들의 이야기를 이해하기 위해—어떤 "의미의 지평"(*Bedeutungshorizont*)을 가정해야 한다'(58-59).

말하는 대안적 통로였다고 간단히 추론해야 할 것이다. 그것은 참조 대상을 가지고 있었지만 '의미'의 정확성까지 담고 있지는 않았다. 이로부터 모든 잡다한, 때로 불일치하는 이미지들이 생겨난 것이다.[488] 그러나 그것의 강력한 상징성은 분명히 예수에게 그 어떤 다른 이미지나 은유가 하지 못한 동기를 부여했다.

예수가 의미했을 법한 것 또는 그가 '하나님의 나라'를 말했을 때 그의 말이 들려졌을 법한 방식을 해명하기 위한 이 모든 논의의 결과는 참 소박하다. 아니, 어떤 이들에게 그렇게 보일 수 있을 터이다. 그러나 위의 마지막 고찰에서 내가 옳다면, 더 많은 주장이나 실천의 내용을 위해 그 언어를 억지로 강조하기 이전에 그것의 환기력을 해명해온 것이 한층 더 중요하다. 만일 피아노가 일관된 음색을 내야 한다면 먼저 조율되어야 한다. 이 경우에 나는 해석학적으로 우리의 청문회를 잘 조율하기 위해 내가 할 수 있는 모든 것을 다 말했으니, 이제 이 탐구의 열성분자들이 좀더 쉽게 납득할 수 있는 가락들의 연주를 시작할 수 있겠다.

---

488)　라이베스타드(Leivestad)는 초기 유대교의 대단한 다양성을 주목하면서 다음과 같은 논평을 보탠다: '확실히 예수는 그것들을 어떤 종류의 질서로 환원시킬 필요를 느끼지 않았다'(*Jesus* 167-68).

◆ 이 참고 문헌에 주석과 사전 항목들은 포함되지 않았다.

Abel, E. L. 'The Psychology of Memory and Rumour Transmission and Their Bearing on Theories of Oral Transmission in Early Christianity'. *JR* 51 (1971): 270-81.

Achtemeier, P. J. '"And He Followed Him": Miracles and Discipleship in Mark 10.46-52'. In *Early Christian Miracle Stories*, Semeia 11, edited by R. W. Funk, 115-45. Missoula: Scholars, 1978.

________. '*Omne verbum sonat*: The New Testament and the Oral Environment of Late Western Antiquity'. *JBL* 109 (1990): 3-27.

Ådna, J. 'The Encounter with the Gerasene Demoniac'. In *Authenticating the Activities of Jesus*, edited by B. Chilton and C. A. Evans, 279-301. Leiden: Brill, 1999.

________. *Jerusalemer Tempel und Tempelmarkt im 1. Jahrhundert n. Chr.* Wiesbaden: Harrassowitz, 1999.

________. *Jesu Stellung zum Tempel. Die Tempelaktion und das Tempelwort als Ausdruck seiner messianischen Sendung.* WUNT 2.119. Tübingen: Mohr Siebeck, 2000.

Aichele, G., et al. *The Postmodern Bible.* New Haven: Yale University, 1995.

Alexander, L. C. A. 'The Living Voice: Scepticism Towards the Written Word in Early Christianity and in Graeco-Roman Texts'. In *The Bible in Three Dimensions: Essays in Celebration of Forty Years of Biblical Studies in the University of Sheffield*, edited by D. J. A. Clines, S. E. Fowl, and J. R. Porter, 221-47. Sheffield: Sheffield Academic, 1986.

Alexander, P. S. 'Jesus and the Golden Rule'. In *Hillel and Jesus*, edited by J. H. Charlesworth and L. L. Johns, 363-88. Minneapolis: Fortress, 1997.

________. 'Orality in Pharisaic Judaism at the Turn of the Eras'. In *Jesus and the Oral Gospel Tradition*, edited by H. Wansbrough, 159-84. Sheffield: Sheffield Academic, 1991.

________. 'Rabbinic Judaism and the New Testament'. *ZNW* 74 (1983): 237-46.

Allison, D. C. 'Behind the Temptations of Jesus: Q 4:1-13 and Mark 1.12-13'. In *Authenticating the Activities of Jesus*, edited by B. Chilton and C. A. Evans, 195-213. Leiden: Brill, 1999.

________. *The End of the Ages Has Come: An Early Interpretation of the Passion and Resurrection of Jesus*. Philadelphia: Fortress, 1985.

________. *Jesus of Nazareth: Millenarian Prophet*. Minneapolis: Fortress, 1998.

________. *The Jesus Tradition in Q*. Harrisburg: Trinity, 1997.

________. 'The Pauline Epistles and the Synoptic Gospels: The Pattern of the Parallels'. *NTS* 28 (1982): 1-32.

________. 'Q 12:51-53 and Mark 9.11-13 and the Messianic Woes'. In *Authenticating the Words of Jesus*, edited by B. Chilton and C. A. Evans, 289-310. Leiden: Brill, 1999.

________. 'Q's New Exodus and the Historical Jesus'. In *The Sayings Source Q and the Historical Jesus*, edited by A. Lindemann, 395-428. Leuven: Leuven University, 2001.

Alsup, J. E. *The Post-Resurrection Appearance Stories of the Gospel-Tradition*. Stuttgart: Calwer, 1975.

Amir, Y. 'The Term *Ioudaismos*: A Study in Jewish-Hellenistic Self-Identification'. *Immanuel* 14 (1982): 34-41.

Anderson, Ø. 'Oral Tradition'. In *Jesus and the Oral Gospel Tradition*, edited by H. Wansbrough, 17-58. Sheffield: Sheffield Academic, 1991.

Antwi, D. J. 'Did Jesus Consider His Death to Be an Atoning Sacrifice?' *Interpretation* 45 (1991): 17-28.

Appleby, J., L. Hunt, and M. Jacob. *Telling the Truth about History*. New York: Norton, 1994.

Arens, E. *The ELTHON-Sayings in the Synoptic Tradition: A Historico-Critical Investigation*. Göttingen: Vandenhoeck und Ruprecht, 1976.

Arnal, W. E. *Jesus and the Village Scribes*. Minneapolis: Fortress, 2001.

________. 'Major Episodes in the Biography of Jesus: An Assessment of the Historicity of the Narrative Tradition'. *TJT* 13 (1997): 201-26.

Arnal, W. E., and M. Desjardins. *Whose Historical Jesus?* SCJ 7. Waterloo: Wilfrid Laurier University, 1997.

Atkinson, K. 'On Further Defining the First-Century CE Synagogue: Fact or Fiction?'

NTS 43 (1997): 491-502.

Attridge, H. W. 'Reflections on Research into Q'. *Semeia* 55 (1995): 223-34.

Aune, D. E. 'Jesus and Cynics in First-Century Palestine: Some Critical Considerations'. In *Hillel and Jesus*, edited by J. H. Charlesworth and L. L. Johns, 176-92. Minneapolis: Fortress, 1997.

________. 'Magic in Early Christianity'. In *ANRW* II.23.1, 1507-57, 1980.

________. *The New Testament in Its Literary Environment*. Philadelphia: Westminster, 1987.

________. 'Prolegomena to the Study of Oral Tradition in the Hellenistic World'. In *Jesus and the Oral Gospel Tradition*, edited by H. Wansbrough, 59-106. Sheffield: Sheffield Academic, 1991.

________. *Prophecy in Early Christianity and the Mediterranean World*. Grand Rapids: Eerdmans, 1983.

Avemarie, F. *Torah und Leben: Untersuchungen zur Heilsbedeutung der Tora in der frühen rabbinischer Literatur*. Tübingen: Mohr Siebeck, 1996.

Avemarie, F., and H. Lichtenberger. *Auferstehung — Resurrection*. WUNT 135. Tübingen: Mohr Siebeck, 2001.

Avery-Peck, A. J., and J. Neusner. *Judaism in Late Antiquity*. Part 4: *Death, Life-After-Death, Resurrection and the World-to-Come in the Judaisms of Antiquity*. Leiden: Brill, 2000.

Bailey, K. E. 'Informal Controlled Oral Tradition and the Synoptic Gospels'. *Asia Journal of Theology* 5 (1991): 34-54.

________. 'Middle Eastern Oral Tradition and the Synoptic Gospels'. *ExpT* 106 (1995): 563-67.

________. *Poet and Peasant: A Literary-Cultural Approach to the Parables in Luke*. Grand Rapids: Eerdmans, 1976. (『시인과 농부』, 여수룬 역간)

________. *Through Peasant Eyes*. Grand Rapids: Eerdmans, 1980.

Baird, W. *History of New Testament Research*. Vol. 1: *From Deism to Tübingen*. Minneapolis: Fortress, 1992.

Baldensperger, W. *Das Selbstbewusstsein Jesu im Lichte der messianischen Hoffnungen seiner Zeit*. Strassburg: Heitz, 1888.

Balla, P. 'What Did Jesus Think about His Approaching Death?' In *Jesus, Mark and Q: The Teaching of Jesus and Its Earliest Records*, edited by M. Labahn and A. Schmidt,

239-58. Sheffield: Sheffield Academic, 2001.

Bammel, E. 'The Revolution Theory from Reimarus to Brandon'. In *Jesus and the Politics of His Day*, edited by E. Bammel and C. F. D. Moule, 11-68. Cambridge: Cambridge University, 1984.

Bammel, E., and C. F. D. Moule. *Jesus and the Politics of His Day*. Cambridge: Cambridge University, 1984.

Banks, R. *Jesus and the Law in the Synoptic Tradition*. SNTSMS 28. Cambridge: Cambridge University, 1975.

Barbour, I. G. *Issues in Science and Religion*. London: SCM, 1966.

Barbour, R. S. *Traditio-Historical Criticism of the Gospels*. London: SPCK, 1972.

Barclay, J. M. G. 'The Resurrection in Contemporary New Testament Scholarship'. In *Resurrection Reconsidered*, edited by G. D'Costa, 13-30. Oxford: Oneworld, 1996.

Bar-Ilan, M. 'Illiteracy in the Land of Israel in the First Centuries CE'. In *Essays in the Social Scientific Study of Judaism and Jewish Society*, edited by S. Fishbane and S. Schoenfeld, 46-61. Hoboken: Ktav, 1992.

Barker, M. *The Risen Lord: The Jesus of History as the Christ of Faith*. Edinburgh: Clark, 1996.

————. 'The Time Is Fulfilled: Jesus and Jubilee'. *SJT* 53 (2000): 22-32.

Barnett, P. *Jesus and the Logic of History*. Grand Rapids: Eerdmans, 1997.

————. *Jesus and the Rise of Early Christianity: A History of New Testament Times*. Downers Grove: InterVarsity, 1999.

————. 'The Jewish Sign Prophets — ad 40-70 — Their Intentions and Origin'. *NTS* 27 (1981): 679-97.

Barr, J. 'Abba Isn't Daddy!'. *JTS* 39 (1988): 28-47.

————. *Biblical Words for Time*. London: SCM, 1969, 2nd ed.

Barrett, C. K. 'The Background of Mark 10.45'. In *New Testament Essays: Studies in Memory of T. W. Manson*, edited by A. J. B. Higgins, 1-18. Manchester: Manchester University, 1959.

————. *Jesus and the Gospel Tradition*. London: SPCK, 1967.

Barth, K. *From Rousseau to Ritschl*. London: SCM, 1959.

Barton, S. C. 'Can We Identify the Gospel Audiences?' In *The Gospels for All Christians*, edited by R. Bauckham, 173-94. Grand Rapids: Eerdmans, 1998.

————. *Discipleship and Family Ties in Mark and Matthew*. SNTSMS 80. Cambridge:

Cambridge University, 1994.

Barton, S. C., and G. N. Stanton. *Resurrection, L. Houlden FS*. London: SPCK, 1994.

Batey, R. A. *Jesus and the Forgotten City: New Light on Sepphoris and the Urban World of Jesus*. Grand Rapids: Baker, 1991.

Bauckham, R. 'Did Jesus Wash His Disciples' Feet?' In *Authenticating the Activities of Jesus*, edited by B. Chilton and C. A. Evans, 411-29. Leiden: Brill, 1999.

________. 'For Whom Were the Gospels Written?' In *The Gospels for All Christians*, edited by R. Bauckham, 13-22. Grand Rapids: Eerdmans, 1998.

________. 'Jesus' Demonstration in the Temple'. In *Law and Religion: Essays on the Place of the Law in Israel and Early Christianity*, edited by B. Lindars, 72-89. Cambridge: Clarke, 1988.

________. 'The Scrupulous Priest and the Good Samaritan: Jesus' Parabolic Interpretation of the Law of Moses'. *NTS* 44 (1998): 475-89.

________. 'The Son of Man: 'A Man in My Position' or 'Someone'?' *JSNT* 23 (1985): 23-33.

Bauckham, R., ed. *The Gospels for All Christians: Rethinking the Gospel Audiences*. Grand Rapids: Eerdmans, 1998.

Bauernfeind, O. *Die Worte der Dämonen im Markusevangelium*. Stuttgart: Kohlhammer, 1927.

Baumgarten, A. I. 'The Name of the Pharisees'. *JBL* 102 (1983): 411-28.

Baur, F. C. *Kritische Untersuchungen über die kanonische Evangelien*. Tübingen, 1847.

Bayer, H. F. *Jesus' Predictions of Vindication and Resurrection*. WUNT 2.20. Tübingen: Mohr Siebeck, 1986.

Beasley-Murray, G. R. *Baptism in the New Testament*. London: Macmillan, 1963. (『성서적 침례론』, 검과홉손 역간)

________. *Jesus and the Kingdom of God*. Grand Rapids: Eerdmans, 1986. (『예수와 하나님 나라』, 크리스챤다이제스트 역간)

________. *Jesus and the Last Days: The Interpretation of the Olivet Discourse*. Peabody: Hendrickson, 1993.

Becker, J. *Jesus of Nazareth*. Berlin: de Gruyter, 1998.

Bellinger, W. H., and W. R. Farmer, eds. *Jesus and the Suffering Servant: Isaiah 53 and Christian Origins*. Harrisburg: Trinity, 1998.

Ben-Chorin, S. *Brüder Jesus: Der Nazarener in jüdischer Sicht*. München: List, 1967.

Bergemann, T. *Q auf dem Prüfstand: Die Zuordnung des Mat/Lk-Stoffes zu Q am Beispiel der Bergpredigt*. FRLANT 158. Göttingen: Vandenhoeck und Ruprecht, 1993.

Berger, K. *Die Auferstehung des Propheten und die Erhöhung des Menschensohnes*. Göttingen: Vandenhoeck und Ruprecht, 1976.

________. *Die Gesetzauslegung Jesu I*. WMANT 40. Neukirchen-Vluyn: Neukirchener, 1972.

________. 'Die königlichen Messiastraditionen des Neuen Testaments'. *NTS* 20 (1973-74): 1-44.

________. 'Jesus als Nasoräer/Nasiräer'. *NovT* 38 (1996): 323-35.

________. 'Jesus als Pharisäer und frühe Christen als Pharisäer'. *NovT* 30 (1988) 231-62.

Betz, H. D. 'Jesus and the Cynics: Survey and Analysis of a Hypothesis'. *JR* 74 (1994): 453-75.

________. 'Jesus and the Purity of the Temple (Mark 11.15-18): A Comparative Religion Approach'. *JBL* 116 (1997): 455-72.

________. 'Magic in Greco-Roman Antiquity'. *ER* 9 (1995): 93-97.

________. *Nachfolge und Nachahmung Jesu Christi im Neuen Testament*. Tübingen: Mohr Siebeck, 1967.

________. *The Sermon on the Mount*. Hermeneia. Minneapolis: Fortress, 1995.

Betz, O. 'Die Frage nach dem messianischen Bewusstsein Jesu'. *NovT* 6 (1963): 24-37.

________. 'Probleme des Prozesses Jesu'. *ANRW* II.25.1 (1982): 565-647.

________. *What Do We Know about Jesus?* London: SCM, 1968.

Bietenhard, H. '"Der Menschensohn" — *ho huios tou anthropou*. Sprachliche und religionsgeschichtliche Untersuchungen zu einem Begriff der synoptischen Evangelien. I. Sprachlicher und religionsgeschichtlicher Teil'. *ANRW* II.25.1 (1982): 265-350.

Black, M. *An Aramaic Approach to the Gospels and Acts*. Oxford: Clarendon, 1967, 3rd ed.

Blackburn, B. L. 'The Miracles of Jesus'. In *Studying the Historical Jesus*, edited by B. Chilton and C. A. Evans, 353-94. Leiden: Brill, 1994.

Blinzler, J. *Der Prozess Jesu*. Regensburg: Pustet, 1969, 4th ed.

________. '*Eisin eunouchoi*: Zur Auslegung von Mt 19,12'. *ZNW* 48 (1957): 254-70.

Blomberg, C. L. 'The Parables of Jesus: Current Trends and Needs in Research'. In *John the Baptist and His Relationship to Jesus*, edited by B. Chilton and C. A. Evans, 231-54. Leiden: Brill, 1994.

________. '"Your Faith Has Made You Whole": The Evangelical Liberation Theology of Jesus'. In *Jesus of Nazareth: Lord and Christ*, I. H. Marshall FS, edited by J. B. Green and M. Turner, 75-93. Grand Rapids: Eerdmans, 1994.

Boccaccini, G. *Middle Judaism: Jewish Thought, 300 BCE to 200 CE*. Minneapolis: Fortress, 1991.

Bock, D. L. *Blasphemy and Exaltation in Judaism and the Final Examination of Jesus*. WUNT 2.106. Tübingen: Mohr Siebeck, 1998.

Bockmuehl, M. *Jewish Law in Gentile Churches: Halakhah and the Beginning of Christian Public Ethics*. Edinburgh: Clark, 2000.

Bockmuehl, M., ed. *The Cambridge Companion to Jesus*. Cambridge: Cambridge University, 2001.

Bode, E. L. *The First Easter Morning: The Gospel Accounts of the Women's Visit to the Tomb of Jesus*. AB 45. Rome: Biblical Institute, 1970.

Boff, L. *Jesus Christ Liberator: A Critical Christology for our Time*. Maryknoll, NY: Orbis, 1978. (『해방자 예수 그리스도』, 분도출판사 역간)

Bolyki, J. *Jesu Tischgemeinschaften*. WUNT 2.96. Tübingen: Mohr Siebeck, 1998.

Bond, H. K. *Pontius Pilate in History and Interpretation*. SNTSMS 100. Cambridge: Cambridge University, 1998.

Booth, R. P. *Jesus and the Laws of Purity: Tradition History and Legal History in Mark 7*. JSNTS 13. Sheffield: JSOT, 1986.

Borg, M. J. *Conflict, Holiness and Politics in the Teachings of Jesus*. Harrisburg: Trinity, 1984, 1998, new ed.

__________. *Jesus: A New Vision*. San Francisco: Harper and Row, 1987. (『예수 새로 보기』, 한국신학연구소 역간)

__________. *Jesus in Contemporary Scholarship*. Valley Forge: Trinity, 1994.

__________. 'An Orthodoxy Reconsidered: The "End-of-the-World Jesus"'. In *The Glory of Christ in the New Testament*, G. B. Caird FS, edited by L. D. Hurst and N. T. Wright, 207-17. Oxford: Clarendon, 1987.

Borg, M. J., ed. *Jesus at 2000*. Boulder, Colorado: Westview, 1997. (『예수, 2000년』, 대한기독교서회 역간)

Boring, M. E. *Sayings of the Risen Jesus: Christian Prophecy in the Synoptic Tradition*. SNTSMS 46. Cambridge: Cambridge University, 1982.

Bornkamm, G. *Jesus of Nazareth*. ET London: Hodder and Stoughton, 1960 (1956). (『나사렛 예수』, 대한기독교서회 역간)

Boslooper, T. *The Virgin Birth*. Philadelphia: Westminster, 1962.

Bousset, W. *Jesus*. London: Williams and Norgate, 1906.

________. *Jesus im Gegensatz zum Judentum: ein religionsgeschichtlicher Vergleich.* Göttingen: Vandenhoeck und Ruprecht, 1892.

________. *Kyrios Christos*. ET Nashville: Abingdon, 1970 (1913).

Bousset, W., and H. Gressmann. *Die Religion des Judentums im späthellenistischen Zeitalter*. HNT 21. Tübingen: Mohr Siebeck, 1925, 1966, 4th ed.

Bowden, J. *Jesus: The Unanswered Questions*. London: SCM, 1988.

Bowker, J. 'The Son of Man'. *JTS* 28 (1977): 19-48.

Braaten, C. E., and R. A. Harrisville. *The Historical Jesus and the Kerygmatic Christ*. Nashville: Abingdon, 1964.

Brandon, S. G. F. *The Fall of Jerusalem and the Christian Church*. London: SPCK, 1957, 2nd ed.

________. *Jesus and the Zealots: A Study of the Political Factor in Primitive Christianity.* Manchester: Manchester University, 1967.

________. *The Trial of Jesus of Nazareth*. London: Batsford, 1968.

Breech, J. *The Silence of Jesus: The Authentic Voice of the Historical Man*. Philadelphia: Fortress, 1983.

Brettler, M. Z. 'Judaism in the Hebrew Bible? The Transition from Ancient Israelite Religion to Judaism'. *CBQ* 61 (1999): 429-47.

Brooke, G. J. '4Q500 1 and the Use of Scripture in the Parable of the Vineyard'. *DSD* 2 (1995): 268-94.

Brooke, G. J., ed. *The Birth of Jesus: Biblical and Theological Reflections*. Edinburgh: Clark, 2000.

Brown, C. *Jesus in European Protestant Thought, 1778-1860*. Durham, NC: Labyrinth, 1985.

________. 'The Parable of the Rebellious Son(s)'. *SJT* 51 (1998): 391-405.

Brown, R. E. *The Birth of the Messiah: A Commentary on the Infancy Narratives in the Gospels of Matthew and Luke*. New York: Doubleday, 1977, 1993, 2nd ed.

________. *The Death of the Messiah: From Gethsemane to the Grave. A Commentary on the Passion Narratives in the Four Gospels*, 2 vols. New York: Doubleday, 1994.

________. 'The Gospel of Peter and Canonical Gospel Priority'. *NTS* 33 (1987): 321-43.

________. *An Introduction to the New Testament*. New York: Doubleday, 1997. (『신약개론』, 기독교문서선교회 역간)

________. 'The Relation of 'The Secret Gospel of Mark' to the Fourth Gospel'. *CBQ* 36 (1974): 466-85.

________. *The Semitic Background of the Term 'Mystery' in the New Testament*. FBBS 21. Philadelphia: Fortress, 1968.

Bruce, F. F. 'Render to Caesar'. In *Jesus and the Politics of His Day*, edited by E. Bammel and C. F. D. Moule, 249-63. Cambridge: Cambridge University, 1984.

________. *The 'Secret' Gospel of Mark*. London: Athlone, 1974.

Buchanan, G. W. *Hermann Samuel Reimarus: The Goal of Jesus and His Disciples*. Leiden: Brill, 1970.

________. *Jesus: The King and His Kingdom*. Macon, GA: Mercer University, 1984.

Bühner, J. H. *Der Gesandte und sein Weg im 4. Evangelium*. Tübingen: Mohr Siebeck, 1977.

Bultmann, R. *The History of the Synoptic Tradition*. ET Oxford: Blackwell, 1963 (1921). (『공관복음 전승사』, 대한기독교서회 역간)

________. 'Is Exegesis Without Presuppositions Possible?' In *Existence and Faith*, 342-51. ET London: Collins, 1964 (1961).

________. *Jesus and the Word*. ET New York: Scribners, 1935 (1926).

________. 'The New Approach to the Synoptic Problem' (1926). In *Existence and Faith*, 39-62. London: Collins: Fontana, 1964.

________. 'New Testament and Mythology'. In *Kerygma and Myth*, edited by H. W. Bartsch, 1-44. ET London: SPCK, 1957 (1941).

________. 'The Primitive Christian Kerygma and the Historical Jesus'. In *The Historical Jesus and the Kerygmatic Christ*, edited by C. E. Braaten and R. A. Harrisville, 15-42. Nashville: Abingdon, 1964.

________. *Primitive Christianity in Its Contemporary Setting*. London: Thames and Hudson, 1956. (『기독교 초대교회 형성사』, 이화여대출판부 역간)

________. 'The Study of the Synoptic Gospels' (1934). In *Form Criticism*, 11-76. New York: Harper Torchbook, 1962.

________. *Theology of the New Testament*, Vol. 1. ET London: SCM, 1952 (1948). (『신약성서신학』, 성광문화사 역간)

Burger, C. *Jesus als Davidssohn*. 1970.

Burkett, D. 'The Nontitular Son of Man: A History and Critique'. *NTS* 40 (1994): 504-21.

________. *The Son of Man Debate: A History and Evaluation*. SNTSMS 107. Cambridge:

Cambridge University, 1999.

Burkitt, F. C. *The Earliest Sources for the Life of Jesus*. London: Constable, 1922.

________. *The Gospel History and Its Transmission*. Edinburgh: Clark, 1906.

Burney, C. F. *The Poetry of Our Lord*. Oxford: Clarendon, 1925.

Burridge, R. A. *What Are the Gospels? A Comparison with Graeco-Roman Biography*. SNTSMS 70. Cambridge: Cambridge University, 1992.

Byrskog, S. *Story as History — History as Story: The Gospel Tradition in the Context of Ancient Oral History*. WUNT 123. Tübingen: Mohr Siebeck, 2000.

Cadbury, H. J. *The Peril of Modernizing Jesus*. London: Macmillan, 1937.

Cadoux, C. J. *The Historic Mission of Jesus*. London: Lutterworth, 1941.

Caird, G. B. *The Language and Imagery of the Bible*. London: Duckworth, 1980.

________. *New Testament Theology*. Oxford: Clarendon, 1994.

Cameron, R. *The Other Gospels: Non-canonical Gospel Texts*. Guildford: Lutterworth, 1983.

________. *Sayings Traditions in the Apocryphon of James*. Philadelphia: Fortress, 1984.

Camponovo, O. *Königtum, Königsherrschaft und Reich Gottes in den frühjüdischen Schriften*. OBO 58. Göttingen: Vandenhoeck und Ruprecht, 1984.

Caragounis, C. C. *The Son of Man*. WUNT 38. Tübingen: Mohr Siebeck, 1986.

Carnley, P. *The Structure of Resurrection Belief*. Oxford: Clarendon, 1987.

Carroll, J. T., and J. B. Green. *The Death of Jesus in Early Christianity*. Peabody: Hendrickson, 1995.

Carroll, R. P. *When Prophecy Failed: Reactions and Responses to Failure in the Old Testament Prophetic Traditions*. London: SCM, 1979.

Case, S. J. *Jesus: A New Biography*. Chicago: University of Chicago, 1927.

Casey, M. 'An Aramaic Approach to the Synoptic Gospels'. *ExpT* 110 (1999): 275-8.

________. *Aramaic Sources of Mark's Gospel*. SNTSMS 102. Cambridge: Cambridge University, 1998.

________. *From Jewish Prophet to Gentile God*. Cambridge: Clarke, 1991.

________. 'General, Generic and Indefinite: The Use of the Term "Son of Man" in Aramaic Sources and in the Teaching of Jesus'. *JSNT* 29 (1987): 21-56.

________. 'Idiom and Translation: Some Aspects of the Son of Man Problem'. *NTS* 41 (1995): 164-82.

________. 'The Jackals and the Son of Man (Matt. 8.20/Luke 9.58)'. *JSNT* 23 (1985): 3-22.

________. 'The Original Aramaic Form of Jesus' Interpretation of the Cup'. *JTS* 41 (1990): 1-12.

________. *Son of Man: The Interpretation and Influence of Daniel 7*. London: SPCK, 1979.

________. 'The Use of the Term *br* (')*nsh*(') in the Aramaic Translations of the Hebrew Bible'. *JSNT* 54 (1994): 87-118.

________. 'Where Wright is Wrong: A Critical Review of N. T. Wright's *Jesus and the Victory of God*'. *JSNT* 69 (1998): 95-103.

Casey, P. M. 'Culture and Historicity: The Cleansing of the Temple'. *CBQ* 59 (1997): 306-32.

Catchpole, D. R. *The Quest for Q*. Edinburgh: Clark, 1993.

________. 'The Question of Q'. *Sewanee Theological Review* 36 (1992): 3-44.

________. *Resurrection People: Studies in the Resurrection Narratives of the Gospels*. London: Darton, Longman and Todd, 2000.

________. *The Trial of Jesus*. Leiden: Brill, 1971.

________. 'The "Triumphal" Entry'. In *Jesus and the Politics of His Day*, edited by E. Bammel and C. F. D. Moule, 319-34. Cambridge: Cambridge University, 1984.

Cavallin, H. C. C. *Life after Death: Paul's Argument for the Resurrection of the Dead in 1 Cor 15*. Part I: *An Enquiry into the Jewish Background*. Lund: Gleerup, 1974.

Chadwick, H. *Lessing's Theological Writings*. London: Black, 1956.

Charlesworth, J. H. 'From Messianology to Christology: Problems and Prospects'. In *The Messiah*, edited by J. H. Charlesworth, 3-35. Minneapolis: Fortress, 1992.

________. 'Hillel and Jesus: Why Comparisons Are Important'. In *Hillel and Jesus*, edited by J. H. Charlesworth and L. L. Johns, 3-30. Minneapolis: Fortress, 1997.

________. *Jesus within Judaism: New Light from Exciting Archaeological Discoveries*. New York: Doubleday, 1988.

________. *The Old Testament Pseudepigrapha and the New Testament*. SNTSMS 54. Cambridge: Cambridge University, 1985.

________. 'The Righteous Teacher and the Historical Jesus'. In *Earthing Christologies: From Jesus' Parables to Jesus the Parable*, edited by W. P. Weaver and J. H. Charlesworth, 46-61. Valley Forge: Trinity, 1995.

Charlesworth, J. H., ed. *Jesus and the Dead Sea Scrolls*. New York: Doubleday, 1992.

________. *Jesus' Jewishness: Exploring the Place of Jesus in Early Judaism*. New York: Crossroad, 1991.

________. *The Messiah: Developments in Earliest Judaism and Christianity*. Minneapolis:

Fortress, 1992.

Charlesworth, J. H., and C. A. Evans. 'Jesus in the Agrapha and Apocryphal Gospels'. In *Studying the Historical Jesus*, edited by B. Chilton and C. A. Evans, 479-533. Leiden: Brill, 1994.

Charlesworth, J. H., and L. L. Johns. *Hillel and Jesus: Comparative Studies of Two Major Religious Leaders*. Minneapolis: Fortress, 1997.

Charlesworth, J. H., H. Lichtenberger, and G. S. Oegema. *Qumran-Messianism: Studies on the Messianic Expectations in the Dead Sea Scrolls*. Tübingen: Mohr Siebeck, 1998.

Chiat, M. J. 'First-Century Synagogue Architecture: Methodological Problems'. In *Ancient Synagogues: The State of Research*, edited by J. Gutmann, 49-60. Chico, CA: Scholars, 1981.

Childs, H. *The Myth of the Historical Jesus and the Evolution of Consciousness*, SBLDS. Atlanta: SBL, 2000.

Chilton, B. *A Galilean Rabbi and His Bible: Jesus' Own Interpretation of Isaiah*. London: SPCK, 1984.

________. *God in Strength: Jesus' Announcement of the Kingdom*. SNTU B1. Freistadt: F. Plochl, 1979.

________. 'The Kingdom of God in Recent Discussion'. In *Studying the Historical Jesus*, edited by B. Chilton and C. A. Evans, 255-80. Leiden: Brill, 1994.

________. *Profiles of a Rabbi: Synoptic Opportunities in Reading about Jesus*, BJS. Atlanta: Scholars, 1989.

________. *Pure Kingdom: Jesus' Vision of God*. Grand Rapids: Eerdmans, 1996.

________. *Rabbi Jesus: An Intimate Biography*. New York: Doubleday, 2000.

________. '(The) Son of (the) Man, and Jesus'. In *Authenticating the Words of Jesus*, edited by B. Chilton and C. A. Evans, 259-87. Leiden: Brill, 1999.

________. *The Temple of Jesus: His Sacrificial Program within a Cultural History of Sacrifice*. University Park: Pennsylvania State University, 1992.

Chilton, B., ed. *The Kingdom of God*. London: SPCK, 1984.

Chilton, B., and C. A. Evans. *Authenticating the Activities of Jesus*. NTTS 28.2. Leiden: Brill, 1999.

________. *Jesus in Context: Temple, Purity and Restoration*. AGAJU 39. Leiden: Brill, 1997.

________. *Authenticating the Words of Jesus*. NTTS 28.1. Leiden: Brill, 1999.

________. *Studying the Historical Jesus: Evaluations of the State of Current Research*.

Leiden: Brill, 1994.

Christ, F. *Jesus Sophia. Die Sophia-Christologie bei den Synoptikern*. Zürich: Zwingli, 1970.

Cohen, S. J. D. *The Beginnings of Jewishness: Boundaries, Varieties, Uncertainties*. Berkeley: University of California, 1999.

________. *From the Maccabees to the Mishnah*. Philadelphia: Westminster, 1987.

________. 'The Place of the Rabbi in Jewish Society of the Second Century'. In *The Galilee in Late Antiquity*, edited by L. I. Levine, 157-73. New York: Jewish Theological Seminary of America, 1992.

________. 'The Rabbinic Conversion Ceremony'. In *The Beginnings of Jewishness*, 198-238. Berkeley: University of California, 1999.

________. 'Were Pharisees and Rabbis the Leaders of Communal Prayer and Torah Study in Antiquity?' In *Evolution of the Synagogue*, edited by H. C. Kee and L. H. Cohick, 89-105. Harrisburg: Trinity, 1992.

Collingwood, R. G. *The Idea of History*. Oxford: Oxford University, 1946, 1961. (『역사학의 이상』, 박문각 역간)

Collins, A. Y. 'The Empty Tomb and Resurrection According to Mark'. In *The Beginnings of the Gospel: Problems of Mark in Context*, 119-48. Minneapolis: Fortress, 1992.

________. 'From Noble Death to Crucified Messiah'. *NTS* 40 (1994): 481-503.

________. 'The Influence of Daniel on the New Testament'. In *Daniel*, edited by J. J. Collins, 90-112. Minneapolis: Fortress, 1993.

Collins, J. J. *The Apocalyptic Imagination: An Introduction to Jewish Apocalyptic Literature*. Grand Rapids: Eerdmans, 1984, 1998, 2nd ed. (『묵시문학적 상상력』, 가톨릭출판사 역간)

________. *The Scepter and the Star: The Messiahs of the Dead Sea Scrolls and Other Ancient Literature*. New York: Doubleday, 1995.

________. 'The Son of Man in First-Century Judaism'. *NTS* 38 (1992): 448-66.

Conzelmann, H. *Jesus*. Philadelphia: Fortress, 1973.

________. *An Outline of the Theology of the New Testament*. London: SCM, 1969. (『신약성서 신학』, 한국신학연구소 역간)

Cook, M. J. 'Jewish Reflections on Jesus: Some Abiding Trends'. In *The Historical Jesus Through Catholic and Jewish Eyes*, edited by B. F. Le Beau, L. Greenspoon, and D. Hamm, 95-111. Harrisburg: Trinity, 2000.

Corley, K. E. 'Women and the Crucifixion and Burial of Jesus. "He was Buried: On the Third Day He Was Raised"'. *Forum* 1 (1998): 181-225.

Cotter, W. *Miracles in Greco-Roman Antiquity*. London: Routledge, 1999.

Craig,W. L. *Assessing the New Testament Evidence for the Historicity of the Resurrection of Jesus*. Lewiston: Mellen, 1989.

Cross, F. M. *The Ancient Library of Qumran*. Sheffield: Sheffield Academic, 1995, 3rd ed.

Crossan, J. D. *The Birth of Christianity*. San Francisco: Harper, 1998.

________. *The Cross That Spoke: The Origins of the Passion Narrative*. San Francisco: Harper and Row, 1988.

________. 'Empty Tomb and Absent Lord (Mark 16:1-8)'. In *The Passion in Mark*, edited by W. H. Kelber, 135-52. Philadelphia: Fortress, 1976.

________. *Four Other Gospels*. Minneapolis: Winston, 1985.

________. *Fragments: The Aphorisms of Jesus*. San Francisco: Harper and Row, 1983.

________. *The Historical Jesus: The Life of a Mediterranean Jewish Peasant*. San Francisco: Harper, 1991. (『역사적 예수』, 한국기독교연구소 역간)

________. *In Parables: The Challenge of the Historical Jesus*. New York: Harper and Row, 1973, 1985.

________. 'Itinerants and Householders in the Earliest Jesus Movement'. In *Whose Historical Jesus?*, edited by W. E. Arnal and M. Desjardins, 7-24. Waterloo, Ontario: Wilfrid Laurier University, 1997.

________. *Jesus: A Revolutionary Biography*. San Francisco: Harper, 1994. (『예수』, 한국기독교연구소 역간)

________. *Sayings Parallels: A Workbook for the Jesus Tradition*. Philadelphia: Fortress, 1986.

________. *Who Killed Jesus? Exposing the Roots of Anti-Semitism in the Gospel Story of the Death of Jesus*. San Francisco: Harper, 1995 (paper 1996).

Crossan, J. D., and J. L. Reed. *Excavating Jesus: Beneath the Stones, behind the Text*. San Francisco: Harper, 2001.

Cullmann, O. *Baptism in the New Testament*. London: SCM, 1950.

________. *The Christology of the New Testament*. ET London: SCM, 1959 (1957). (『신약의 기독론』, 나단 역간)

________. *Jesus and the Revolutionaries*. New York: Harper and Row, 1970.

________. *Peter: Disciple, Apostle, Martyr*. London: SCM, 1962.

________. 'The Tradition'. In *The Early Church: Historical and Theological Studies*, 59-75. London: SCM, 1956.

Culpepper, R. A. *Anatomy of the Fourth Gospel: A Study in Literary Design*. Philadelphia: Fortress, 1983.

Dahl, N. A. 'The Crucified Messiah' (1960). In *Jesus the Christ: The Historical Origins of Christological Doctrine*, edited by D. H. Juel, 27-47. Minneapolis: Fortress, 1991.

__________. 'The Problem of the Historical Jesus' (1962). In *Jesus the Christ: The Historical Origins of Christological Doctrine*, 81-111. Minneapolis: Fortress, 1991.

Dalferth, I. U. 'Volles Grab, leerer Glaube? Zum Streit um die Auferweckung des Gekreuzigten'. *ZTK* 95 (1998): 379-409.

Dalman, G. *The Words of Jesus Considered in the Light of Post-Biblical Jewish Writings and the Aramaic Language*. Edinburgh: Clark, 1902.

D'Angelo, M. R. '*Abba* and 'Father': Imperial Theology and the Jesus Tradition'. *JBL* 111 (1992): 611-30.

Danker, F. W. 'Luke 16.16 — An Opposition Logion'. *JBL* 77 (1958): 231-43.

Daube, D. *The New Testament and Rabbinic Judaism*. London: Athlone, 1956.

Davies, S. L. *Jesus the Healer: Possession, Trance, and the Origins of Christianity*. New York: Continuum, 1995.

Davies, W. D. '"Knowledge" in the Dead Sea Scrolls and Matt. 11.25-30'. In *Christian Origins and Judaism*, 119-44. London: DLT, 1953, 1962.

Davies, W. D., and E. P. Sanders. 'Jesus: from the Jewish Point of View'. In *The Cambridge History of Judaism*. Vol. 3: *The Early Roman Period*, edited by W. Horbury, W. D. Davies, and J. Sturdy, 618-77. Cambridge: Cambridge University, 1999.

Davis, S. T., D. Kendall, and G. O'Collins. *The Resurrection: An Interdisciplinary Symposium on the Resurrection of Jesus*. Oxford: Oxford University, 1997.

Dawes, G. W. *The Historical Jesus Question: The Challenge of History to Religious Authority*. Louisville: Westminster John Knox, 2001.

Dawes, G. W., ed. *The Historical Jesus Quest: Landmarks in the Search for the Jesus of History*. Leiderdorp: Deo, 1999.

D'Costa, G., ed., *Resurrection Reconsidered*. Oxford: Oneworld, 1996.

Deines, R. *Die Pharisäer: Ihr Verständnis im Spiegel der christlichen und jüdischen Forschung seit Wellhausen und Graetz*, WUNT 101. Tübingen: Mohr Siebeck, 1997.

de Jonge, M. *Early Christology and Jesus' Own View of His Mission*. Grand Rapids: Eerdmans, 1998.

__________. *Jesus, The Servant-Messiah*. New Haven: Yale University, 1991.

Delobel, J. *Logia: Les Paroles de Jesus — The Sayings of Jesus*. BETL 59. Leuven: Leuven University, 1982.

DeMaris, R. E. 'Possession, Good and Bad — Ritual, Effects and Side-Effects: The Baptism of Jesus and Mark 1.9-11 from a Cross-cultural Perspective'. *JSNT* 80 (2000): 3-30.

de Moor, J. C. 'The Targumic Background of Mark 12.1-12: The Parable of the Wicked Tenants'. *JSJ* 29 (1998): 63-80.

den Heyer, C. J. *Jesus Matters: 150 Years of Research*. London: SCM, 1997.

Derrett, J. D. M. *Law in the New Testament*. London: Darton, Longman and Todd, 1970.

Dewey, J. 'The Gospel of Mark as an Oral-Aural Event: Implications for Interpretation'. In *The New Literary Criticism and the New Testament*, edited by E. S. Malbon and E. V. McKnight, 145-63. Sheffield: Sheffield Academic, 1994.

_______. 'Oral Methods of Structuring Narrative in Mark'. *Interpretation* 43 (1989): 32-44.

Dexinger, F. 'Limits of Tolerance in Judaism: The Samaritan Example'. In *Jewish and Christian Self-Definition*. Vol. 2: *Aspects of Judaism in the Graeco-Roman Period*, edited by E. P. Sanders, et al., 88-114. London: SCM, 1981.

Dibelius, M. *From Tradition to Gospel*. ET London: Nicholson and Watson, 1934 (1919).

Dihle, A. *Die goldene Regel: Eine Einführung in die Geschichte der antiken und frühchristlichen Vulgarethik*. Göttingen: Vandenhoeck und Ruprecht, 1962.

_______. 'The Gospels and Greek Biography'. In *Das Evangelium und die Evangelien*, ET *The Gospel and the Gospels*, edited by P. Stuhlmacher, 361-86. Grand Rapids: Eerdmans, 1991 (1983).

Dillon, R. J. *From Eye-Witnesses to Ministers of the Word: Tradition and Composition in Luke 24*. Rome: Biblical Institute, 1978.

Dodd, C. H. 'The Appearances of the Risen Christ: An Essay in Form-Criticism of the Gospels'. In *Studies in the Gospels: Essays in Memory of R. H. Lightfoot*, edited by D. E. Nineham, 9-35. Oxford: Blackwell, 1955.

_______. *The Founder of Christianity*. London: Collins, 1971.

_______. *Historical Tradition in the Fourth Gospel*. Cambridge: Cambridge University, 1963.

_______. 'Jesus as Teacher and Prophet'. In *Mysterium Christi*, edited by G. K. A. Bell and A. Deissmann, 53-66. London: Longmans, 1930.

_______. *The Parables of the Kingdom*. London: Religious Book Club, 1935, 1936, 3rd ed.

Donahue, J. R. *Are You the Christ? The Trial Narrative in the Gospel of Mark*, SBLDS. Missoula: SBL, 1973.

________. 'Tax Collectors and Sinners: An Attempt at Identification'. *CBQ* 33 (1971): 39-61.

Donaldson, T. L. *Jesus on the Mountain: A Study in Matthean Theology*. JSNTS 8. Sheffield: JSOT, 1985.

________. 'Proselytes or "Righteous Gentiles"? The Status of Gentiles in Eschatological Pilgrimage Patterns of Thought'. *JSP* 7 (1990): 3-27.

Downing, F. G. *Christ and the Cynics*. Sheffield: Sheffield Academic, 1988.

________. *Cynics and Christian Origins*. Edinburgh: Clark, 1992.

________. *Doing Things with Words in the First Christian Century*. JSNTS 200. Sheffield: Sheffield Academic, 2000.

________. 'Exile in Formative Judaism'. In *Making Sense in (and of) the First Christian Century*, 148-68. Sheffield: Sheffield Academic, 2000.

________. 'The Jewish Cynic Jesus'. In *Jesus, Mark and Q: The Teaching of Jesus and Its Earliest Records*, edited by M. Labahn and A. Schmidt, 184-214. Sheffield: Sheffield Academic, 2001.

Dschulnigg, P. *Sprache, Redaktion und Intention des Markus-Evangeliums*. SBB 11. Stuttgart: Katholisches Bibelwerk, 1986.

Duling, D. C. 'Solomon, Exorcism, and the Son of David'. *HTR* 68 (1975): 235-52.

Dungan, D. L. *A History of the Synoptic Problem*. New York: Doubleday, 1999.

Dunn, J. D. G. '"Are You the Messiah?" Is the Crux of Mark 14.61-62 Resolvable?' In *Christology, Controversy and Community*, D. R. Catchpole FS, edited by D. G. Horrell and C. M. Tuckett, 1-22. Leiden: Brill, 2000.

________. *Baptism in the Holy Spirit*. London: SCM, 1970.

________. 'The Birth of a Metaphor — Baptized in Spirit' (1977-78). In *The Christ and the Spirit*. Vol. 2: *Pneumatology*, 103-17. Grand Rapids: Eerdmans, 1998.

________. 'Can the Third Quest Hope to Succeed?' In *Authenticating the Activities of Jesus*, edited by B. Chilton and C. A. Evans, 31-48. Leiden: Brill, 1999.

________. *The Christ and the Spirit*. Vol. 1: *Christology*. Vol. 2: *Pneumatology*. Grand Rapids: Eerdmans, 1998.

________. *Christology in the Making*. London: SCM, 1980, 1989, 2nd ed.

________. 'The Danielic Son of Man in the New Testament'. In *The Book of Daniel: Composition and Reception*, 2 vols., edited by J. J. Collins and P. W. Flint, 528-49.

Leiden: Brill, 2001.

________. 'Demythologizing — The Problem of Myth in the New Testament'. In *New Testament Interpretation: Essays on Principles and Methods*, edited by I. H. Marshall, 285-307. Exeter: Paternoster, 1977.

________. *The Evidence for Jesus*. London: SCM, 1985.

________. 'Jesus and Factionalism in Early Judaism'. In *Hillel and Jesus*, edited by J. H. Charlesworth and L. L. Johns, 156-75. Minneapolis: Fortress, 1997.

________. 'Jesus and Purity: An Ongoing Debate', *NTS* 48 (2002) 449-67.

________. 'Jesus and Ritual Purity: A Study of the Tradition-History of Mark 7.15' (1985). In *Jesus, Paul and the Law*, 37-60. London: SPCK, 1990.

________. *Jesus and the Spirit: A Study of the Religious and Charismatic Experience of Jesus and the First Christians as Reflected in the New Testament*. London: SCM, 1975.

________. *Jesus' Call to Discipleship*. Cambridge: Cambridge University, 1992.

________. *Jesus, Paul and the Law: Studies in Mark and Galatians*. London: SPCK, 1990.

________. 'Jesus, Table-Fellowship, and Qumran'. In *Jesus and the Dead Sea Scrolls*, edited by J. H. Charlesworth, 254-72. New York: Doubleday, 1992.

________. 'Jesus Tradition in Paul'. In *Studying the Historical Jesus*, edited by B. Chilton and C. A. Evans, 155-78. Leiden: Brill, 1994.

________. 'John and the Oral Gospel Tradition'. In *Jesus and the Oral Gospel Tradition*, edited by H. Wansbrough, 351-79. Sheffield: JSOT, 1991.

________. 'John the Baptist's Use of Scripture'. In *The Gospels and the Scriptures of Israel*, edited by C. A. Evans and W. R. Stegner, 118-29. Sheffield: Sheffield Academic, 1994.

________. 'Judaism in the Land of Israel in the First Century'. In *Judaism in Late Antiquity. Part 2: Historical Syntheses*, edited by J. Neusner, 229-61. Leiden: Brill, 1995.

________. *The Living Word*. London: SCM, 1987.

________. 'Mark 2.1–3.6: A Bridge between Jesus and Paul on the Question of the Law' (1984). In *Jesus, Paul and the Law*. London: SPCK, 1990.

________. 'Matthew 12.28/Luke 11.20 — A Word of Jesus?' (1988). In *The Christ and the Spirit*. Vol. 2: Pneumatology, 187-204. Grand Rapids: Eerdmans, 1998.

________. 'Matthew's Awareness of Markan Redaction'. In *The Four Gospels 1992*, F. Neirynck FS, edited by F. van Segbroeck, et al., 1349-59. Leuven: Leuven

University, 1992.

________. 'Messianic Ideas and Their Influence on the Jesus of History'. In *The Messiah: Developments in Earliest Judaism and Christianity*, edited by J. H. Charlesworth, 365-81. Minneapolis: Fortress, 1992.

________. 'The Messianic Secret in Mark'. *TynB* 21 (1970): 92-117.

________. *The Partings of the Ways between Christianity and Judaism*. London: SCM, 1991.

________. 'Pharisees, Sinners and Jesus'. In *Jesus, Paul and the Law*, 61-88. London: SPCK, 1988, 1990.

________. 'Prophetic "I"-Sayings and the Jesus Tradition: The Importance of Testing Prophetic Utterances within Early Christianity'. *NTS* 24 (1977-78): 175-98.

________. 'The Question of Antisemitism in the New Testament Writings'. In *Jews and Christians: The Parting of the Ways AD 70 to 135*, edited by J. D. G. Dunn, 177-211. Tübingen: Mohr Siebeck, 1992.

________. '"Son of God" as "Son of Man" in the Dead Sea Scrolls? A Response to John Collins on 4Q246'. In *The Scrolls and the Scriptures: Qumran Fifty Years After*, edited by S. E. Porter and C. A. Evans, 198-210. Sheffield: Sheffield Academic, 1997.

________. 'Spirit-and-Fire Baptism'. *NovT* 14 (1972): 81-92.

________. 'Spirit and Kingdom'. In *The Christ and the Spirit*. Vol. 2: *Pneumatology*, 133-41. Grand Rapids: Eerdmans, 1970-71, 1998.

________. *The Theology of Paul the Apostle*. Grand Rapids: Eerdmans/Edinburgh: Clark, 1998. (『바울 신학』, 크리스챤다이제스트 역간)

________. *Unity and Diversity in the New Testament*. London: SCM, 1977, 1990, 2nd ed. (『신약성서의 통일성과 다양성』, 솔로몬 역간)

Dunn, J. D. G., and G. H. Twelftree. 'Demon-Possession and Exorcism in the New Testament (1980)'. In J. D. G. Dunn, *The Christ and the Spirit*. Vol. 2: *Pneumatology*, 170-86. Grand Rapids: Eerdmans, 1998.

Du Toit, D. S. 'Redefining Jesus: Current Trends in Jesus Research'. In *Jesus, Mark and Q: The Teaching of Jesus and Its Earliest Records*, edited by M. Labahn and A. Schmidt, 82-124. Sheffield: Sheffield Academic, 2001.

Ebner, M. *Jesus — ein Weisheitslehrer? Synoptische Weisheitslogien im Traditionsprozess*. Freiburg: Herder, 1998.

Eckstein, H.-J. 'Markus 10,46-52 als Schlüsseltext des Markusevangeliums'. *ZNW* 87

(1996): 33-50.

Eddy, P. R. 'Jesus as Diogenes? Reflections on the Cynic Jesus Thesis'. *JBL* 115 (1996): 449-69.

Edwards, D. *The Sign of Jonah*. London: SCM, 1971.

________. 'The Socio-Economic and Cultural Ethos of the Lower Galilee in the First Century: Implications for the Nascent Jesus Movement'. In *The Galilee in Late Antiquity*, edited by L. I. Levine, 53-73. New York: Jewish Theological Seminary of America, 1992.

Edwards, D. R., and C. T. McCollough. *Archaeology and the Galilee: Texts and Contexts in the Graeco-Roman and Byzantine Periods*. Atlanta: Scholars, 1997.

Egger, P. *"Crucifixus sub Pontio Pilato". Das "Crimen" Jesu von Nazareth im Spannungsfeld römischer und jüdischer Verwaltungs- und Rechtsstrukturen*. Neutestamentliche Abhandlungen NF 32. Münster: Aschendorff, 1997.

Ehrman, B. D. *Jesus: Apocalyptic Prophet of the New Millennium*. Oxford: Oxford University, 1999.

Eitrem, S. *Some Notes on the Demonology in the New Testament*. Uppsala: Almquist and Wiksells, 1966, 2nd ed.

Elliott, J. H. 'Social-Scientific Criticism of the New Testament and Its Social World'. *Semeia* 35 (1986): 1-33.

Ellis, E. E. 'The Historical Jesus and the Gospels'. In *Evangelium — Schriftauslegung — Kirche*, P. Stuhlmacher FS, edited by J. Ådna, 94-106. Tübingen: Mohr Siebeck, 1997.

________. *The Making of the New Testament Documents*. Leiden: Brill, 1999.

Eppstein, V. 'The Historicity of the Gospel Account of the Cleansing of the Temple'. *ZNW* 55 (1964): 42-57.

Ernst, J. 'Johannes der Täufer und Jesus von Nazareth in historischer Sicht'. *NTS* 43 (1997): 161-83.

________. *Johannes der Täufer: Interpretation — Geschichte — Wirkungsgeschichte*. BZNW 53. Berlin: de Gruyter, 1989.

Evans, C. A. 'Authenticating the Activities of Jesus'. In *Authenticating the Activities of Jesus*, edited by B. Chilton and C. A. Evans, 3-29. Leiden: Brill, 1999.

________. 'Did Jesus Predict His Death and Resurrection?' In *Resurrection*, edited by S. E. Porter, M. A. Hayes, and D. Tombs, 82-97. Sheffield: Sheffield Academic, 1999.

________. 'In What Sense "Blasphemy"? Jesus before Caiaphas in Mark 14.61-64'. In *Jesus and His Contemporaries: Comparative Studies*, 407-34. Leiden: Brill, 1995.

________. 'Jesus' Action in the Temple: Cleansing or Portent of Destruction?' *CBQ* 51 (1989): 237-70.

________. *Jesus and His Contemporaries: Comparative Studies*. Leiden: Brill, 1995.

________. 'Jesus and Predictions of the Destruction of the Herodian Temple'. In *Jesus and His Contemporaries: Comparative Studies*, 367-80. Leiden: Brill, 1995.

________. 'Jesus and the Messianic Texts from Qumran'. In *Jesus and His Contemporaries*, 83-154. Leiden: Brill, 1995.

________. 'Jesus and Zechariah's Messianic Hope'. In *Authenticating the Activities of Jesus*, edited by B. Chilton and C. A. Evans, 373-88. Leiden: Brill, 1999.

________. 'Jesus in Non-Christian Sources'. In *Studying the Historical Jesus*, edited by B. Chilton and C. A. Evans, 443-78. Leiden: Brill, 1994.

________. 'Jesus' Parable of the Tenant Farmers in Light of Lease Agreements in Antiquity'. *JSP* 14 (1996): 65-83.

________. 'The New Quest for Jesus and the New Research on the Dead Sea Scrolls'. In *Jesus, Mark and Q: The Teaching of Jesus and Its Earliest Records*, edited by M. Labahn and A. Schmidt, 163-83. Sheffield: Sheffield Academic, 2001.

________. 'Reconstructing Jesus' Teaching: Problems and Possibilities'. In *Hillel and Jesus*, edited by J. H. Charlesworth and L. L. Johns, 397-426. Minneapolis: Fortress, 1997.

________. *To See and Not Perceive: Isaiah 6.9-10 in Early Jewish and Christian Interpretation*. JSOTS 64. Sheffield: Sheffield Academic, 1989.

Evans, C. F. *Resurrection and the New Testament*. London: SCM, 1970.

Falk, H. *Jesus the Pharisee: A New Look at the Jewishness of Jesus*. New York: Paulist, 1979.

Farmer, W. R. *The Synoptic Problem*. New York: Macmillan, 1964, 1976, 2nd ed.

Fiensy, D. A. 'Jesus' Socioeconomic Background'. In *Hillel and Jesus*, edited by J. H. Charlesworth and L. L. Johns, 225-55. Minneapolis: Fortress, 1997.

Fine, S. 'A Note on Ossuary Burial and the Resurrection of the Dead in First-Century Jerusalem'. *JJS* 51 (2000): 69-76.

Fine, S., ed. *Jews, Christians, and Polytheists in the Ancient Synagogue: Cultural Interaction during the Greco-Roman Period*. London: Routledge, 1999.

Finnegan, R. *Oral Poetry: Its Nature, Significance and Social Context*. Cambridge:

Cambridge University, 1977.

Fish, S. *Is There a Text in This Class? The Authority of Interpretive Communities.* Cambridge: Harvard University, 1980.

Fitzmyer, J. A. 'Abba and Jesus' Relation to God'. In *À Cause de L'Évangile*, J. Dupont FS, 15-38. Paris: Cerf, 1985.

________. 'Another View of the "Son of Man" Debate'. *JSNT* 4 (1979): 58-68.

________. 'Aramaic *Kepha*' and Peter's Name in the New Testament'. In *To Advance the Gospel: New Testament Studies*, 112-24. Grand Rapids: Eerdmans, 1981, 1998, 2nd ed.

________. 'The Languages of Palestine in the First Century a.d.'. In *A Wandering Aramean: Collected Aramaic Essays*, 29-56. Missoula: Scholars, 1979.

________. 'The New Testament Title 'Son of Man' Philologically Considered'. In *A Wandering Aramean: Collected Aramaic Essays*. Missoula: Scholars, 1974, 1979.

________. 'The Priority of Mark and the 'Q' Source in Luke'. In *Jesus and Man's Hope*, edited by D. G. Miller. Pittsburgh: Pittsburgh Theological Seminary, 1970.

________. 'The Qumran Community: Essene or Sadducean?' In *The Dead Sea Scrolls and Christian Origins*, 249-60. Grand Rapids: Eerdmans, 2000.

________. 'The Study of the Aramaic Background of the New Testament'. In *A Wandering Aramean: Collected Aramaic Essays*, 1-27. Missoula: Scholars, 1979.

Fleddermann, H. 'The Demands of Discipleship Matt 8,19-22 par. Luke 9,57-60'. In *The Four Gospels 1992*, F. Neirynck FS, edited by F. Van Segbroeck, et al., 541-61. Leuven: Leuven University, 1992.

Flusser, D. 'Hillel and Jesus: Two Ways of Self-Awareness'. In *Hillel and Jesus,* edited by J. H. Charlesworth and L. L. Johns, 71-107. Minneapolis: Fortress, 1997.

________. *Jesus*. Jerusalem: Magnes, 1969, revised 1998.

________. *Judaism and the Origins of Christianity*. Jerusalem: Magnes, 1988.

Foley, J. M. *Immanent Art: From Structure to Meaning in Traditional Oral Epic.* Bloomington: Indiana University, 1991.

________. *The Singer of Tales in Performance*. Bloomington: Indiana University, 1995.

Fortna, R. T. *The Fourth Gospel and Its Predecessor*. Philadelphia: Fortress, 1988.

Fowl, S. E. 'Reconstructing and Deconstructing the Quest for the Historical Jesus'. *SJT* 42 (1989): 319-33.

France, R. T. *Jesus and the Old Testament*. London: Tyndale, 1972.

________. 'Jesus the Baptist?' In *Jesus of Nazareth: Lord and Christ*, I. H. Marshall FS, edited by J. B. Green and M. Turner, 94-111. Grand Rapids: Eerdmans, 1994.

Francis, J. 'Children and Childhood in the New Testament'. In *The Family in Theological Perspective*, edited by S. C. Barton, 65-85. Edinburgh: Clark, 1996.

Fredriksen, P. *From Jesus to Christ: The Origins of the New Testament Images of Jesus*. New Haven: Yale University, 1988.

________. *Jesus of Nazareth, King of the Jews: A Jewish Life and the Emergence of Christianity*. New York: Knopf, 1999.

Freed, E. D. *The Stories of Jesus' Birth: A Critical Introduction*. Sheffield: Sheffield Academic, 2001.

Frei, H. W. *The Eclipse of the Biblical Narrative: A Study in Eighteenth and Nineteenth Century Hermeneutics*. New Haven: Yale University, 1974. (『성경의 서사성 상실』, 한국장로교출판사 역간)

Freyne, S. 'Archaeology and the Historical Jesus'. In *Galilee and Gospel*, 160-82. Tübingen: Mohr Siebeck, 2000.

________. *Galilee and Gospel*. WUNT 125. Tübingen: Mohr Siebeck, 2000.

________. *Galilee from Alexander the Great to Hadrian, 323 BCE to 135 CE: A Study of Second Temple Judaism*. Wilmington: Michael Glazier, 1980.

________. *Galilee, Jesus and the Gospels: Literary Approaches and Historical Investigations*. Dublin: Gill and Macmillan, 1988.

________. 'The Geography, Politics, and Economics of Galilee and the Quest for the Historical Jesus'. In *Studying the Historical Jesus*, edited by B. Chilton and C. A. Evans, 75-121. Leiden: Brill, 1994.

________. 'Jesus and the Urban Culture of Galilee'. In *Galilee and Gospel*, 183-207. Tübingen: Mohr Siebeck, 2000.

Frickenschmidt, D. *Evangelium als Biographie. Die vier Evangelien im Rahmen antiker Erzählkunst*. Tübingen: Francke, 1997.

Fuchs, E. 'Jesus and Faith'. In *Studies of the Historical Jesus*, 48-64. London: SCM, 1964.

________. 'The Quest of the Historical Jesus'. In *Studies of the Historical Jesus*, 11-31. London: SCM, 1964.

Fuller, R. H. *The Formation of the Resurrection Narratives*. London: SPCK, 1972.

________. *The Foundations of New Testament Chrisotology*. New York: Scribner, 1965.

________. *The Mission and Achievement of Jesus*. London: SCM, 1954.

Funk, R. W. *The Acts of Jesus: The Search for the Authentic Deeds of Jesus*. San Francisco: Harper, 1998.

________. *Honest to Jesus*. San Francisco: Harper, 1996. (『예수에게 솔직히』, 한국기독교연구소 역간)

Funk, R. W., and R. W. Hoover, ed. *The Five Gospels: The Search for the Authentic Words of Jesus*. New York: Macmillan, 1993.

Furnish, V. P. *The Love Command in the New Testament*. Nashville: Abingdon, 1972.

Gadamer, H.-G. *Truth and Method*. New York: Crossroad, 1989. (『진리와 방법 1』, 문학동네 역간)

Gärtner, B. *The Temple and the Community in Qumran and the New Testament*. SNTSMS 1. Cambridge: Cambridge University, 1965.

Gager, J. G. *Kingdom and Community: The Social World of Early Christianity*. Englewood Cliffs: Prentice-Hall, 1975.

Geering, L. *Resurrection — a Symbol of Hope*. London: Hodder, 1971.

Georgi, D. 'The Interest in Life of Jesus Theology as a Paradigm for the Social History of Biblical Criticism'. *HTR* 85 (1992): 51-83.

Gerhardsson, B. *The Gospel Tradition*. Lund: Gleerup, 1986.

________. 'Illuminating the Kingdom: Narrative Meshalim in the Synoptic Gospels'. In *Jesus and the Oral Gospel Tradition*, edited by H. Wansbrough, 266-309. Sheffield: Sheffield Academic, 1991.

________. *Memory and Manuscript: Oral Tradition and Written Transmission in Rabbinic Judaism and Early Christianity*. Lund: Gleerup, 1961, 1998.

________. *The Origins of the Gospel Traditions*. Philadelphia: Fortress, 1979.

________. *The Reliability of the Gospel Tradition*. Peabody: Hendrickson, 2001.

________. *The Testing of God's Son* (Matt. 4.1-11 & Par.). ConBNT 2/1. Lund: Gleerup, 1966.

________. *Tradition and Transmission in Early Christianity*. Lund: Gleerup, 1964.

Glasson, T. F. 'The Reply to Caiaphas (Mark xiv.62)'. *NTS* 7 (1960-61): 88-93.

________. 'Schweitzer's Influence — Blessing or Bane?' *JTS* 28 (1977): 289-302.

________. *The Second Advent: The Origin of the New Testament Doctrine*. London: Epworth, 1945, 1963, 3rd ed.

________. 'What Is Apocalyptic?'. *NTS* 27 (1980-81): 98-105.

Gnilka, J. *Die Verstockung Israels. Isaias 6,9-10 in der Theologie der Synoptiker*. SANT 3. München: Kosel, 1961.

________. *Jesus of Nazareth: Message and History*. ET Peabody: Hendrickson, 1997 (1993).

________. 'Wie urteilte Jesus über deinen Tod?' In *Der Tod Jesu: Deutungen im Neuen*

Testament, edited by K. Kertelge, 13-50. Freiburg: Herder, 1976.

Goguel, M. *Jesus the Nazarene — Myth or History?* London: Unwin, 1926.

________. *The Life of Jesus.* London: George Allen and Unwin, 1933.

Goodman, M. *The Ruling Class of Judaea: The Origins of the Jewish Revolt against Rome, AD 66-70.* Cambridge: Cambridge University, 1987.

Goppelt, L. *Theology of the New Testament.* Vol. 1: *The Ministry of Jesus in Its Theological Significance.* ET Grand Rapids: Eerdmans, 1981 (1975). (『신약신학』, 크리스챤다이제스트 역간)

Goshen-Gottstein, A. 'Hillel and Jesus: Are Comparisons Possible?' In *Hillel and Jesus*, edited by J. H. Charlesworth and L. L. Johns, 31-55. Minneapolis: Fortress, 1997.

Goulder, M. 'Did Jesus of Nazareth Rise from the Dead?' In *Resurrection*, edited by S. C. Barton and G. N. Stanton, 58-68. London: SPCK, 1994.

Gourges, M. 'The Priest, the Levite, and the Samaritan Revisited: A Critical Note on Luke 10:31-35'. *JBL* 117 (1998): 709-13.

Grabbe, L. L. *Judaism from Cyrus to Hadrian*, 2 vols. Minneapolis: Fortress, 1992.

Grässer, E. 'On Understanding the Kingdom of God'. In *The Kingdom of God*, edited by B. Chilton, 52-71. ET London: SPCK, 1984 (1974).

Graf, F. *Magic in the Ancient World.* Cambridge: Harvard University, 1997.

Grant, M. *Jesus.* London: Weidenfeld and Nicolson, 1977.

Grass, H. *Ostergeschehen und Osterberichte.* Göttingen: Vandenhoeck und Ruprecht, 1961, 2nd ed.

Gray, R. *Prophetic Figures in Late Second Temple Jewish Palestine: The Evidence from Josephus.* Oxford: Oxford University, 1993.

Green, J. B. *The Death of Jesus: Tradition and Interpretation in the Passion Narrative.* WUNT 2.23. Tübingen: Mohr Siebeck, 1988.

Greene-McCreight, K. E. *Ad Litteram: How Augustine, Calvin, and Barth read the 'Plain Sense' of Genesis 1-3.* New York: Lang, 1999.

Grelot, P. *Jesus de Nazareth, Christ et Seigneur. Une lecture de l'Evangile.* Lectio Divina 167. Paris: Cerf, 1997.

Grimm, W. *Die Verkündigung Jesu und Deuterojesaja.* Frankfurt: n. p, 1981, 2nd ed.

Gruenwald, I. *Apocalyptic and Merkavah Mysticism.* Leiden: Brill, 1980.

Grundmann, W. *Jesus der Galiläer und das Judentum.* Leipzig: Wigand, 1941.

Guelich, R. A. *The Sermon on the Mount.* Waco: Word, 1982. (『산상설교 I , II』, 솔로몬 역간)

Gutmann, J. *Ancient Synagogues: The State of Research*. BJS 22. Chico: Scholars, 1981.

Hachlili, R. 'The Origin of the Synagogue: A Re-Assessment'. *JSJ* 28 (1997): 34-47.

Hagner, D. A. 'An Analysis of Recent "Historical Jesus" Studies'. In *Religious Diversity in the Graeco-Roman World: A Survey of Recent Scholarship*, edited by D. Cohn-Sherbok and J. M. Court, 81-106. Sheffield: Sheffield Academic, 2001.

________. *The Jewish Reclamation of Jesus: An Analysis and Critique of the Modern Jewish Study of Jesus*. Grand Rapids: Zondervan, 1984.

Hahn, F. *The Titles of Jesus in Christology*. ET London: Lutterworth, 1969 (1963, 1995, 5th ed.).

Hamerton-Kelly, R. *God the Father: Theology and Patriarchy in the Teaching of Jesus*. Philadelphia: Fortress, 1979.

Hamilton, W. *A Quest for the Post-Historical Jesus*. London: SCM, 1993.

Hampel, V. *Menschensohn und historischer Jesus. Ein Rätselwort als Schlüssel zum messianischen Selbstverständnis Jesu*. Neukirchen-Vluyn: Neukirchener, 1990.

Hanson, K. C., and D. E. Oakman. *Palestine in the Time of Jesus*. Minneapolis: Fortress, 1998.

Hare, D. R. A. *The Son of Man Tradition*. Minneapolis: Fortress, 1990.

Harnack, A. *The Sayings of Jesus*. London: Williams and Norgate, 1908.

________. *What Is Christianity?* ET London: Williams and Norgate, 1901, 1904, 3rd edn. (1900). (『기독교의 본질』, 한들 역간)

Harrington, D. J. 'The Jewishness of Jesus: Facing Some Problems'. *CBQ* 49 (1987): 1-13.

Harris, H. *David Friedrich Strauss and His Theology*. Cambridge: Cambridge University, 1973.

Harris, W. V. *Ancient Literacy*. Cambridge: Harvard University, 1989.

Hartman, L. *Prophecy Interpreted: The Formation of Some Jewish Apocalyptic Texts and of the Eschatological Discourse Mark 13 par*. ConBNT 1. Lund: Gleerup, 1966.

Harvey, A. E. *Jesus and the Constraints of History*. London: Duckworth, 1982.

________. *Strenuous Commands: The Ethic of Jesus*. London: SCM, 1990.

Harvey, G. *The True Israel: Uses of the Names Jew, Hebrew and Israel in Ancient Jewish and Early Christian Literature*. Leiden: Brill, 1996.

Harvey, V. A. *The Historian and the Believer*. London: SCM, 1966.

Havener, I. *Q: The Sayings of Jesus*. Collegeville: Liturgical, 1987.

Haverly, T. P. *Oral Traditional Literature and the Composition of Mark's Gospel*. Edinburgh PhD, 1983.

Hawkins, J. C. *Horae Synopticae: Contributions to the Study of the Synoptic Problem*. Oxford: Clarendon, 1898, 1909, 2nd edn.

Hay, D. M. *Glory at the Right Hand: Psalm 110 in Early Christianity*. SBLMS 18. Nashville: Abingdon, 1973.

Hedrick, C. W. *When History and Faith Collide: Studying Jesus*. Peabody: Hendrickson, 1999.

Hedrick, C. W., ed. *The Historical Jesus and the Rejected Gospels. Semeia* 44. Atlanta: Scholars, 1988.

Heil, J. P. *The Transfiguration of Jesus: Narrative Meaning and Function of Mark 9:2-8, Matt 17:1-8 and Luke 9:28-36*. Rome: Pontifical Biblical Institute, 2000.

Henaut, B. W. 'Is the "Historical Jesus" a Christological Construct?' In *Whose Historical Jesus?* edited byW. E. Arnal and M. Desjardins, 241-68.Waterloo:Wilfrid Laurier University, 1997.

________. *Oral Tradition and the Gospels: The Problem of Mark 4*. JSNTS 82. Sheffield: Sheffield Academic, 1993.

Henderson, I. 'Didache and Orality in Synoptic Comparison'. *JBL* 111 (1992): 283-306.

Hengel, M. *The Atonement: The Origins of the Doctrine in the New Testament*. London: SCM, 1981. (『신약성서의 속죄론』, 대한기독교서회 역간)

________. *The Charismatic Leader and His Followers*. ET Edinburgh: Clark, 1981 (1968).

________. *Crucifixion*. London: SCM, 1977. (『십자가 처형』, 대한기독교서회 역간)

________. 'Das Gleichnis von denWeingartnern. Mc 12:1-12 im Licht der Zenonpapyri und der rabbinischen Gleichnisse'. *ZNW* 59 (1968): 1-39.

________. *The Four Gospels and the One Gospel of Jesus Christ*. London: SCM, 2000.

________. *The 'Hellenization' of Judaea in the First Century after Christ*. London: SCM, 1989.

________. 'Jesus as Messianic Teacher of Wisdom and the Beginnings of Christology'. In *Studies in Early Christology*, 73-117. Edinburgh: Clark, 1995.

________. 'Jesus, the Messiah of Israel'. In *Studies in Early Christology*, 1-72. Edinburgh: Clark, 1995.

________. *Judaism and Hellenism*, 2 vols. London: SCM, 1974.

________. 'Maria Magdalena und die Frauen als Zeugen'. In *Abraham unser Vater*, O. Michel FS, edited by O. Betz, 243-56. Leiden: Brill, 1963.

________. *Property and Riches in the Early Church*. London: SCM, 1974. (『초대교회의 사회경제

사상』, 대한기독교서회 역간)

________. 'Proseuche und Synagoge. Jüdische Gemeinde, Gotteshaus und Gottesdienst in '. In *Judaica et Hellenistica: Kleine Schriften I*, 171-95. Tübingen: Mohr Siebeck, 1971, 2000.

________. '"Sit at My Right Hand!" The Enthronement of Christ at the Right Hand of God and Psalm 110:1'. In *Studies in Early Christology*, 119-225. Edinburgh: Clark, 1995.

________. *The Son of God: The Origin of Christology and the History of Jewish-Hellenistic Religion*. London: SCM, 1976. (『하나님의 아들』, 대한기독교서회 역간)

________. *Studies in the Gospel of Mark*. London: SCM, 1985.

________. *Was Jesus a Revolutionist?* Philadelphia: Fortress, 1971.

________. *The Zealots*. ET Edinburgh: Clark, 1989 (1961, 1976, 2nd ed.).

Hengel, M., and R. Deines. 'E. P. Sanders' "Common Judaism", Jesus, and the Pharisees'. *JTS* 46 (1995): 1-70.

Hengel, M., and A. M. Schwemer, eds. *Königsherrschaft Gottes und himmlischer Kult im Judentum, Urchristentum und in der hellenistichen Welt*. WUNT 55. Tübingen: Mohr Siebeck, 1991.

Herrenbruck, F. *Jesus und die Zöllner*. WUNT 2.41. Tübingen: Mohr Siebeck, 1990.

________. 'Wer waren die "Zöllner"?' *ZNW* 72 (1981): 178-94.

Herrmann, W. *The Communion of the Christian with God*. ET Philadelphia: Fortress, 1906, 1971 (1892).

Herzog, W. R. *Jesus, Justice and the Reign of God: A Ministry of Liberation*. Louisville: Westminster John Knox, 2000.

________. *Parables as Subversive Speech*. Louisville: Westminster John Knox, 1994.

Heschel, S. *Abraham Geiger and the Jewish Jesus*. Chicago: University of Chicago, 1998.

Hiers, R. H. *The Historical Jesus and the Kingdom of God*. Gainesville: University of Florida, 1973.

Higgins, A. J. B. *Jesus and the Son of Man*. London: Lutterworth, 1964.

________. *The Son of Man in the Teaching of Jesus*. SNTSMS 39. Cambridge: Cambridge University, 1980.

Hill, D. *New Testament Prophecy*. London: Marshall, Morgan and Scott, 1979.

________. 'On the Evidence for the Creative Role of Christian Prophets'. *NTS* 20 (1973-74): 262-74.

Hoffmann, P. 'Der Menschensohn in Lukas 12.8'. *NTS* 44 (1998): 357-79.

________. 'Jesus versus Menschensohn'. In *Salz der Erde — Licht der Welt*, edited by L. Oberlinner and P. Fiedler, 165-202. Stuttgart: KBW, 1991.

________. 'Mutmassungen über Q: zum Problem der literarischen Genese von Q'. In *The Sayings Source Q and the Historical Jesus*, edited by A. Lindemann, 255-88. Leuven: Leuven University, 2001.

________. 'The Redaction of Q and the Son of Man'. In *The Gospel behind the Gospels: Current Studies on Q*, edited by R. A. Piper. Leiden: Brill, 1995.

________. *Studien zur Theologie der Logienquelle*. Münster: Aschendorff, 1972.

________. *Zur neutestamentlichen Überlieferung von der Auferstehung Jesu*. Darmstadt: Wissenschaftliche Buchgesellschaft, 1988.

Hofius, O. 'The Lord's Supper and the Lord's Supper Tradition: Reflections on 1 Corinthians 11.23b-25'. In *One Loaf, One Cup: Ecumenical Studies of 1 Cor. 11 and Other Eucharistic Texts*, edited by B. F. Meyer, 75-115. Macon: Mercer University, 1993.

________. 'Ist Jesus der Messias? Thesen'. *JBTh* 8, *Der Messias* (1993): 103-29.

Holladay, C. H. *Theios Anēr in Hellenistic Judaism: A Critique of the Use of This Category in New Testament Christology*. SBLDS 40. Missoula: Scholars, 1977.

Hollander, H. W. 'The Words of Jesus: From Oral Tradition to Written Record in Paul and Q'. *NovT* 42 (2000): 340-57.

Hollenbach, P. 'The Conversion of Jesus: From Jesus the Baptizer to Jesus the Healer'. In *ANRW* II.25.1, 196-219, 1982.

________. 'The Historical Jesus Question in North America Today'. *BTB* 19 (1989): 11-22.

________. 'Social Aspects of John the Baptizer's Preaching Mission in the Context of Palestinian Judaism'. In *ANRW* II.19.1, 850-75, 1979.

Holman, C. L. *Till Jesus Comes: Origins of Christian Apocalyptic Expectation*. Peabody: Hendrickson, 1996.

Holmén, T. 'The Alternatives of the Kingdom: Encountering the Semantic Restrictions of Luke 17,20-21 *(entos humōn)*'. *ZNW* 87 (1996): 204-29.

________. 'Doubts about Double Dissimilarity: Restructuring the Main Criterion of Jesus of-History Research'. In *Authenticating the Words of Jesus*, edited by B. Chilton and C. A. Evans, 47-80. Leiden: Brill, 1999.

________. *Jesus and Jewish Covenant Thinking*. Leiden: Brill, 2001.

_______. 'The Jewishness of Jesus in the "Third Quest"'. In *Jesus, Mark and Q: The Teaching of Jesus and Its Earliest Records*, edited by M. Labahn and A. Schmidt, 143-62. Sheffield: Sheffield Academic, 2001.

Holtzmann, H. J. *Die synoptischen Evangelien. Ihr Ursprung und ihr geschichtlicher Charakter*. Leipzig: Engelmann, 1863.

_______. *Lehrbuch der historisch-kritischen Einleitung in das Neue Testament*. Freiburg: Mohr Siebeck, 1886.

Hooker, M. D. 'Christology and Methodology'. *NTS* 17 (1970-71): 480-87.

_______. 'On Using the Wrong Tool'. *Theology* 75 (1972): 570-81.

_______. *The Servant of God*. London: SPCK, 1959.

_______. *The Signs of a Prophet: The Prophetic Actions of Jesus*. London: SCM, 1997.

_______. *The Son of Man in Mark*. London: SPCK, 1967.

Horbury, W. *Jewish Messianism and the Cult of Christ*. London: SCM, 1998.

_______. 'The Messianic Association of "The Son of Man"'. *JTS* 36 (1985): 34-55.

_______. 'The Temple Tax'. In *Jesus and the Politics of His Day*, edited by E. Bammel and F. D. Moule. Cambridge: Cambridge University, 1984.

Horn, F. W. 'Die synoptischen Einlasssprüche'. *ZNW* 87 (1996): 187-203.

Horne, E. H. 'The Parable of the Tenants as Indictment'. *JSNT* 71 (1998): 111-16.

Horsley, R. A. *Archaeology, History and Society in Galilee: The Social Context of Jesus and the Rabbis*. Valley Forge: Trinity, 1996.

_______. 'The Death of Jesus'. In *Studying the Historical Jesus*, edited by B. Chilton and C. A. Evans, 395-422. Leiden: Brill, 1994.

_______. *Galilee: History, Politics, People*. Valley Forge: Trinity, 1995. (『갈릴리』, 이화여대출판부 역간)

_______. *Jesus and the Spiral of Violence: Popular Jewish Resistance in Roman Palestine*. San Francisco: Harper and Row, 1987.

_______. 'Q and Jesus: Assumptions, Appoaches and Analyses'. In *Early Christianity, Q and Jesus, Semeia* 55, edited by J. S. Kloppenborg and L. E. Vaage, 175-209, 1992.

_______. *Sociology and the Jesus Movement*. New York: Continuum, 1989. (『예수운동 : 사회학적 접근』, 한국신학연구소 역간)

_______. 'Synagogues in Galilee and the Gospels'. In *Evolution of the Synagogue*, edited by H. C. Kee and L. H. Cohick, 46-69. Harrisburg: Trinity, 1991.

_______. 'The Zealots: Their Origin, Relationship and Importance in the Jewish Revolt'.

NovT 28 (1986): 159-92.

Horsley, R. A., and J. A. Draper. *Whoever Hears You Hears Me: Prophets, Performance, and Tradition in Q.* Harrisburg: Trinity, 1999.

Horsley, R. A., and J. S. Hanson. *Bandits, Prophets, and Messiahs: Popular Movements in the Time of Jesus.* Minneapolis: Seabury, 1985.

Howard, V. 'Did Jesus Speak about His Own Death?' *CBQ* 39 (1977): 515-27.

Hubbard, B. J. *The Matthean Redaction of a Primitive Apostolic Commissioning.* SBLDS 19. Missoula: Scholars, 1974.

Hübner, H. *Das Gesetz in der synoptischen Tradition.* Witten: Luther, 1973.

Hughes, J. H. 'John the Baptist: The Forerunner of God Himself'. *NovT* 14 (1972): 191-218.

Hultgren, A. J. *The Parables of Jesus.* Grand Rapids: Eerdmans, 2000.

Humphrey, E. M. 'Will the Reader Understand? Apocalypse as Veil or Vision in Recent Historical-Jesus Research'. In *Whose Historical Jesus?* edited by W. E. Arnal and M. Desjardins, 215-37. Waterloo: Wilfrid Laurier University, 1997.

Hurtado, L. W. 'A Taxonomy of Recent Historical-Jesus Work'. In *Whose Historical Jesus?* edited by W. E. Arnal and M. Desjardins, 272-95. Waterloo: Wilfrid Laurier University, 1997.

Iggers, G. G. *Historiography in the Twentieth Century: From Scientific Objectivity to the Postmodern Challenge.* Hanover: Wesleyan University, 1997.

Jacobson, A. D. *The First Gospel: An Introduction to Q.* Sonoma: Polebridge, 1992.

________. 'Jesus against the Family: The Dissolution of Family Ties in the Gospel Tradition'. In *From Quest to Q*, J. M. Robinson FS, edited by J. M. Asgeirsson, et al., 189-218. Leuven: Leuven University, 2000.

________. 'The Literary Unity of Q'. *JBL* 101 (1982): 365-89.

Jenkins, K., ed. *The Postmodern History Reader.* London: Routledge, 1997.

Jenkins, P. *Hidden Gospels: How the Search for Jesus Lost Its Way.* New York: Oxford University, 2001.

Jeremias, G. *Der Lehrer der Gerechtigkeit.* SUNT 2. Göttingen: Vandenhoeck und Ruprecht, 1963.

Jeremias, J. *The Eucharistic Words of Jesus.* ET London: SCM, 1966 (1960, 3rd ed.).

________. *Heiligengräber in Jesu Umwelt.* Göttingen: Vandenhoeck und Ruprecht, 1958.

________. *Jerusalem in the Time of Jesus.* London: SCM, 1969. (『예수 시대의 예루살렘』, 한국신학연구소 역간)

________. *Jesus' Promise to the Nations*. London: SCM, 1958.

________. *New Testament Theology*. Vol. *One: The Proclamation of Jesus*. London: SCM, 1971. (『예수의 선포』, 분도출판사 역간; 『신약신학』, 크리스챤다이제스트 역간)

________. 'Paarweise Sendung im Neuen Testament'. In *Abba. Studien zur neutestamentlichen Theologie und Zeitgeschichte*, 132-39. Göttingen: Vandenhoeck und Ruprecht, 1966.

________. *The Parables of Jesus*. ET London: SCM, 1963 (1947, 1962, 6th ed.). (『예수의 비유』, 분도출판사 역간)

________. *The Prayers of Jesus*. ET London: SCM, 1967 (1966).

________. *The Problem of the Historical Jesus*. ET Philadelphia: Fortress, 1964 (1960).

Jeremias, J., and W. Zimmerli. *The Servant of God*. London: SCM, 1957, revised 1965.

Johnson, L. T. *The Literary Function of Possessions in Luke-Acts*. SBLDS 39. Missoula: Scholars, 1977.

________. *The Real Jesus*. San Francisco: Harper, 1996. (『누가 예수를 부인하는가?』, 기독교문서선교회 역간)

Juel, D. H. *Messianic Exegesis: Christological Interpretation of the Old Testament in Early Christianity*. Philadelphia: Fortress, 1988.

Kähler, M. *The So-Called Historical Jesus and the Historic Biblical Christ*. ET Philadelphia: Fortress, 1964 (1892).

Käsemann, E. 'The Beginnings of Christian Theology'. In *New Testament Questions of Today*, 82-107. London: SCM, 1960, 1969.

________. 'Is the Gospel Objective?' In *Essays on New Testament Themes*, 48-62. London: SCM, 1964.

________. 'The Problem of the Historical Jesus'. In *Essays on New Testament Themes*, 15-47. ET London: SCM, 1964 (1954).

________. 'Sentences of Holy Law in the New Testament'. In *New Testament Questions of Today*, 66-81. London: SCM, 1969.

Karrer, M. *Jesus Christus im Neuen Testament*. Göttingen: Vandenhoeck und Ruprecht, 1998.

Kautsky, K. *Foundations of Christianity*. ET London: George Allen and Unwin, 1925 (1908).

Kaylor, R. D. *Jesus the Prophet: His Vision of the Kingdom on Earth*. Louisville: Westminster/John Knox, 1994.

Kazen, T. *Jesus and Purity Halakhah: Was Jesus Indifferent to Impurity?* ConBNT 38.

Stockholm: Almqvist and Wiksell, 2002.

Keck, L. E. *A Future for the Historical Jesus*. Nashville: Abingdon, 1971.

________. 'Oral Traditional Literature and the Gospels'. In *The Relationships among the Gospels*, edited by W. O. Walker, 103-22. San Antonio: Trinity University, 1978.

________. '"The Poor among the Saints" in Jewish Christianity and Qumran'. *ZNW* 57 (1966): 54-78.

________. *Who Is Jesus? History in the Perfect Tense*. Columbia: University of South Carolina, 2000.

Kee, H. C. 'Defining the First-Century Synagogue'. In *Evolution of the Synagogue*, edited by H. C. Kee and L. H. Cohick, 7-26. Harrisburg: Trinity, 1999.

________. 'Jesus: A Glutton and a Drunkard'. *NTS* 42 (1996): 374-93.

________. *Medicine, Miracle and Magic in New Testament Times*. SNTSMS 55. Cambridge: Cambridge University, 1986.

________. *Miracle in the Early Christian World*. New Haven: Yale University, 1983.

________. 'The Transformation of the Synagogue after 70 CE'. *NTS* 36 (1990): 1-24.

Kee, H. C., and L. H. Cohick, eds. *Evolution of the Synagogue: Problems and Progress*. Harrisburg: Trinity, 1999.

Kelber, W. H. 'Jesus and Tradition: Words in Time, Words in Space'. In *Orality and Textuality in Early Christian Literature, Semeia* 65, edited by J. Dewey, 139-67, 1994.

________. *The Oral and the Written Gospel*. Philadelphia: Fortress, 1983.

Kelber, W. H., ed. *The Passion in Mark*. Philadelphia: Fortress, 1976.

Keller, E, and M. Keller. *Miracles in Dispute: A Continuing Debate*. London: SCM, 1969.

Kelly, J. N. D. *Early Christian Creeds*. 2nd ed. London: Longmans, 1960.

Kendall, D., and G. O'Collins. 'The Uniqueness of the Easter Appearances'. *CBQ* 54 (1992): 287-307.

Kim, S. *'The Son of Man' as the Son of God*. WUNT 30. Tübingen: Mohr Siebeck, 1983. (『그 사람의 아들 - 하나님의 아들』, 엠마오 역간)

Kirk, A. *The Composition of the Sayings Source: Genre, Synchrony and Wisdom Redaction in Q*. NovTSup 91. Leiden: Brill, 1998.

________. 'Examining Priorities: Another Look at the *Gospel of Peter*'s Relationship to the New Testament Gospels'. *NTS* 40 (1994): 572-95.

________. 'Upbraiding Wisdom: John's Speech and the Beginning of Q (Q 3:7-9, 16-17)'.

NovT 40 (1998): 1-16.

Klassen, W. 'The Authenticity of Judas; Participation in the Arrest of Jesus'. In *Authenticating the Activities of Jesus*, edited by B. Chilton and C. A. Evans, 389-410. Leiden: Brill, 1999.

________. 'The Authenticity of the Command: "Love Your Enemies"'. In *Authenticating the Words of Jesus*, edited by B. Chilton and C. A. Evans, 385-407. Leiden: Brill, 1999.

________. *Judas: Betrayer or Friend of Jesus?* Minneapolis: Augsburg, 1996.

________. '"Love Your Enemies": Some Reflections on the Current Status of Research'. In *The Love of Enemy and Nonretaliation in the New Testament*, edited by W. M. Swartley, 1-31. Louisville: Westminster, 1992.

Klauck, H.-J. *The Religious Context of Early Christianity*. Edinburgh: Clark, 2000.

Klausner, J. *Jesus of Nazareth: His Life, Times and Teaching*. London: George Allen and Unwin, 1925.

Klawans, J. *Impurity and Sin in Ancient Judaism*. Oxford: Oxford University, 2000.

Klein, C. *Anti-Judaism in Christian Theology*. ET London: SPCK, 1978 (1975).

Kleinknecht, K. T. *Der leidende Gerechtfertigte. Die alttestamentlich-jüdische Tradition vom 'leidenden Gerechten' und ihre Rezeption bei Paulus*. WUNT 2.13. Tübingen: Mohr Siebeck, 1984.

Klinzing, G. *Die Umdeutung des Kultus in der Qumrangemeinde and im NT*. Vandenhoeck und Ruprecht, 1971.

Kloppenborg, J. S. '"Easter Faith" and the Sayings Gospel Q'. In *The Apocryphal Jesus and Christian Origins, Semeia 49*, edited by R. Cameron, 71-99, 1990.

________. *The Formation of Q*. Philadelphia: Fortress, 1987.

________. 'Literary Convention, Self-Evidence and the Social History of the Q People'. *Semeia* 55 (1992): 77-102.

________. *Q Parallels: Synopsis, Critical Notes and Concordance*. Sonoma: Polebridge, 1988.

________. 'The Sayings Gospel Q and the Quest of the Historical Jesus'. *HTR* 89 (1996): 307-44.

________. 'Tradition and Redaction in the Synoptic Sayings Source'. *CBQ* 46 (1984): 34-62.

Kloppenborg, J. S., ed. *The Shape of Q*. Minneapolis: Fortress, 1994.

Kloppenborg Verbin, J. S. 'Dating Theodotus (*CIJ* II 1404)'. *JJS* 51 (2000): 243-80.

________. 'Discursive Practices in the Sayings Gospel Q and the Quest of the Historical Jesus'. In *The Sayings Source Q and the Historical Jesus*, edited by A. Lindemann, 149-90. Leuven: Leuven University, 2001.

________. *Excavating Q: The History and Setting of the Sayings Gospel*. Minneapolis: Fortress, 2000.

Knohl, I. *The Messiah before Jesus. The Suffering Servant of the Dead Sea Scrolls*. Berkeley: University of California, 2000.

Koch, K. 'Messias und Menschensohn. Die zweistufige Messianologie der jüngeren Apokalyptik'. *JBTh* 8, *Der Messias* (1993) 73-102.

________. *The Rediscovery of Apocalyptic*. London: SCM, 1972.

Koester, H. *Ancient Christian Gospels: Their History and Development*. London: SCM, 1990.

________. 'GNOMAI DIAPHOROI: The Origin and Nature of Diversification in the History of Early Christianity'. In *Trajectories through Early Christianity*, by J. M. Robinson and H. Koester, 114-59. Philadelphia: Fortress, (1965) 1971.

________. 'The Historical Jesus and the Historical Situation of the Quest: An Epilogue'. In *Studying the Historical Jesus*, edited by B. Chilton and C. A. Evans, 535-45. Leiden: Brill, 1994.

________. *Introduction to the New Testament*. 2 vols. Philadelphia: Fortress, 1982.

________. 'Jesus the Victim'. *JBL* 111 (1992): 3-15.

________. 'One Jesus and Four Primitive Gospels'. In *Trajectories through Early Christianity*, by J. M. Robinson and H. Koester, 158-204. Philadelphia: Fortress, (1968) 1971.

________. 'The Sayings of Q and Their Image of Jesus'. In *Sayings of Jesus: Canonical and Non-Canonical*, T. Baarda FS, edited by W. L. Petersen, et al., 137-54. Leiden: Brill, 1997.

________. 'The Structure and Criteria of Early Christian Beliefs'. In *Trajectories through Early Christianity*, by J. M. Robinson and H. Koester, 205-31. Philadelphia: Fortress, 1971.

________. *Synoptische Überlieferung bei den apostolischen Vätern*. Berlin: Akadamie-Verlag, 1957.

________. 'Written Gospels or Oral Tradition?' *JBL* 113 (1994): 293-97.

Kollmann, B. *Jesus und die Christen als Wundertäter. Studien zu Magie, Medizin* und Schamanismus in Antike und Christentum. FRLANT 170. Göttingen: Vandenhoeck und Ruprecht, 1996.

Kraemer, R. S. 'On the Meaning of the Term "Jew" in Greco-Roman Inscriptions'. HTR 82 (1989): 35-53.

Kraft, R. A., and G. W. E. Nickelsburg. Early Judaism and Its Modern Interpreters. Atlanta: Scholars, 1986.

Kümmel, W. G. 'Eschatological Expectation in the Proclamation of Jesus'. In The Future of Our Religious Past, R. Bultmann FS, edited by J. M. Robinson, 29-48. ET London: SCM, 1971 (1964).

_______. Introduction to the New Testament. ET Nashville: Abingdon, 1975 (1973). (『신약정 경개론』, 대한기독교서회 역간)

_______. The New Testament: The History of the Investigation of Its Problems. Nashville: Abingdon, 1972.

_______. Promise and Fulfilment: The Eschatological Message of Jesus. ET London: SCM, 1961, 2nd ed. (1956, 3rd ed.).

_______. The Theology of the New Testament. Nashville: Abingdon, 1973.

_______. Vierzig Jahre Jesusforschung (1950-1990). BBB 91.Weinheim: Beltz Athenaum, 1994.

Kuhn, H. W. Ältere Sammlungen im Markusevangelium. Göttingen: Vandenhoeck und Ruprecht, 1971.

Kvalbein, H. 'The Wonders of the End-Time: Metaphoric Language in 4Q521 and the Interpretation of Matthew 11.5 par'. JSP 18 (1998): 87-110.

Labahn, M., and A. Schmidt. Jesus, Mark and Q: The Teaching of Jesus and Its Earliest Records. JSNTS 214. Sheffield: Sheffield Academic, 2001.

Ladd, G. E. Jesus and the Kingdom: The Eschatology of Biblical Realism. London: SPCK, 1966. (『예수와 하나님의 나라』, 엠마오 역간)

Lampe, G. W. H. 'The Two Swords (Luke 22:35-38)'. In Jesus and the Politics of His Day, edited by E. Bammel and C. F. D. Moule, 335-51. Cambridge: Cambridge University, 1984.

Légasse, S. The Trial of Jesus. ET London: SCM, 1997 (1994).

Lehmann, K. Auferweckt am dritten Tag nach der Schrift. QD 38. Freiburg: Herder, 1968.

Leivestad, R. 'Exit the Apocalyptic Son of Man'. NTS 18 (1971-72): 243-67.

_______. Jesus in His Own Perspective. Minneapolis: Augsburg, 1987.

Lemcio, E. E. *The Past of Jesus in the Gospels*. SNTSMS 68. Cambridge: Cambridge University, 1991.

Leroy, H. *Jesus. Überlieferung und Deutung*. Darmstadt: Wissenschaftliche Buchgesellschaft, 1978, 1999, 3rd ed.

Levine, A.-J. 'Jesus, Divorce and Sexuality: A Jewish Critique'. In *The Historical Jesus through Catholic and Jewish Eyes*, edited by B. F. LeBeau, L. Greenspoon, and D. Hamm, 116-29. Harrisburg: Trinity, 2000.

Levine, L. I. *The Ancient Synagogue: The First Thousand Years*. New Haven: Yale University, 2000.

________. 'The Sages and the Synagogue in Late Antiquity: The Evidence of the Galilee'. In *The Galilee in Late Antiquity*, edited by L. I. Levine, 201-22. New York: Jewish Theological Seminary of America, 1992.

________. 'The Second Temple Synagogue: The Formative Years'. In *The Synagogue in Late Antiquity*, edited by L. I. Levine, 7-31. Philadelphia: Fortress, 1987.

Levine, L. I., ed. *The Galilee in Late Antiquity*. New York: Jewish Theological Seminary of America, 1992.

Lichtenberger, H. 'Jesus and the Dead Sea Scrolls'. In *Hillel and Jesus*, edited by J. H. Charlesworth and L. L. Johns, 389-96. Minneapolis: Fortress, 1997.

Liebenberg, J. *The Language of the Kingdom and Jesus*. BZNW 102. Berlin: de Gruyter, 2001.

Lieu, J. 'The Women's Resurrection Testimony'. In *Resurrection*, edited by S. C. Barton and G. N. Stanton, 34-44. London: SPCK, 1994.x

Lindars, B. 'All Foods Clean: Thoughts on Jesus and the Law'. In *Law and Religion: Essays on the Place of the Law in Israel and Early Christianity*, edited by B. Lindars, 61-71. Cambridge: Clarke, 1988.

________. *Jesus Son of Man: A Fresh Examination of the Son of Man Sayings in the Gospels*. London: SPCK, 1983.

________. *New Testament Apologetic*. London: SCM, 1961.

Lindblom, J. *Gesichte und Offenbarungen*. Lund: Gleerup, 1968.

Lindemann, A. 'Die Logienquelle Q: Fragen an eine gut begründete Hypothese'. In *The Sayings Source Q and the Historical Jesus*, 3-26. Leuven: Leuven University, 2001.

________. *The Sayings Source Q and the Historical Jesus*. BETL 158. Leuven: Leuven University, 2001.

Lindeskog, G. *Die Jesusfrage im neuzeitlichen Judentum. Ein Beitrag zur Geschichte der Leben-Jesu-Forschung.* Leipzig, 1938; reprinted Darmstadt: Wissenschaftliche Buchgesellschaft, 1973.

Loader, W. R. G. 'Challenged at the Boundaries: A Conservative Jesus in Mark's Tradition'. *JSNT* 63 (1996): 45-61.

________. *Jesus' Attitude to the Law.* WUNT 2.97. Tübingen: Mohr Siebeck, 1997.

Loffreda, S. 'The Late Chronology of the Synagogue of Capernaum'. In *Ancient Synagogues Revealed,* edited by L. I. Levine, 52-56. Jerusalem: Israel Exploration Society, 1981.

Lohfink, G. *Jesus and Community.* Philadelphia: Fortress, 1985. (『예수는 어떤 공동체를 원했나?』, 분도출판사 역간)

Lohr, C. H. 'Oral Techniques in the Gospel of Matthew'. *CBQ* 23 (1961): 403-35.

Lohse, E. 'Die Frage nach dem historischen Jesus in der gegenwärtigen neutestamentlichen Forschung'. In *Die Einheit des Neuen Testaments,* 29-48. Göttingen: Vandenhoeck und Ruprecht, 1962, 1973.

________. *Märtyrer und Gottesknecht. Untersuchungen zur urchristlichen Verkündigung vom Sühntod Jesu Christi.* Göttingen: Vandenhoeck und Ruprecht, 1955, 1963, 2nd ed.

Loisy, A. *The Birth of the Christian Religion* (1933), and *The Origins of the New Testament* (1936). ET New York: University Books, 1962.

Lonergan, B. *Collection: Papers by Bernard Lonergan.* Toronto: University of Toronto, 1988.

________. *Method in Theology.* London: Darton, Longman and Todd, 1972.

Lord, A. B. 'The Gospels as Oral Traditional Literature'. In *The Relationships among the Gospels,* edited by W. O. Walker, 33-91. San Antonio: Trinity University, 1978.

________. *The Singer of Tales.* Cambridge: Harvard University, 1978.

________. *The Singer Resumes the Tale.* Ithaca: Cornell University, 1995.

Lüdemann, G. *The Great Deception and What Jesus Really Said and Did.* London: SCM, 1998.

________. *Jesus after Two Thousand Years: What He Really Said and Did.* London: SCM, 2000.

________. *The Resurrection of Jesus: History, Experience, Theology.* London: SCM, 1994.

________. *Virgin Birth? The Real Story of Mary and Her Son Jesus.* London: SCM, 1998.

Lührmann, D. 'Die Logienquelle und die Leben-Jesu-Forschung'. In *The Sayings Source Q and the Historical Jesus*, edited by A. Lindemann, 191-206. Leuven: Leuven University, 2001.

________. *Die Redaktion der Logienquelle*. WMANT 33. Neukirchen-Vluyn: Neukirchener, 1969.

________. 'The Gospel of Mark and the Sayings Collection'. *JBL* 108 (1989): 51-71.

Lundström, G. *The Kingdom of God in the Teaching of Jesus*. Edinburgh: Oliver and Boyd, 1963.

Maccoby, H. *Judas Iscariot and the Myth of Jewish Evil*. London: Halban, 1992.

________. 'Paul and the Eucharist'. *NTS* 37 (1991): 247-67.

________. 'The Washing of Cups'. *JSNT* 14 (1982): 3-15.

Machen, J. G. *The Virgin Birth of Christ*. London: Clarke, 1930.

Mack, B. L. *The Christian Myth: Origins, Logic and Legacy*. New York: Continuum, 2001.

________. *The Lost Gospel: The Book of Q and Christian Origins*. San Francisco: HarperCollins, 1993. (『잃어버린 복음서』, 한국기독교연구소 역간)

________. *A Myth of Innocence: Mark and Christian Origins*. Philadelphia: Fortress, 1988.

________. 'Q and a Cynic-Like Jesus'. In *Whose Historical Jesus?* edited by W. E. Arnal and M. Desjardins, 25-36. Waterloo: Wilfrid Laurier University, 1997.

Mackintosh, H. R. *Types of Modern Theology: Schleiermacher to Barth*. Edinburgh: Clark, 1937. (『현대신학의 선구자들』, 대한기독교서회 역간)

Madden, P. J. *Jesus' Walking on the Sea: An Investigation of the Origin of the Narrative Account*. BZNW 81. Berlin: de Gruyter, 1997.

Maier, J. *Jesus von Nazareth in der talmudischen Überlieferung*. Darmstadt: Wissenschaftliche Buchgesellschaft, 1978.

Malina, B. J. 'Assessing the Historicity of Jesus' Walking on the Sea: Insights from Crosscultural Psychology'. In *Authenticating the Activities of Jesus*, edited by B. Chilton and C. A. Evans, 351-71. Leiden: Brill, 1999.

________. *The Social Gospel of Jesus: The Kingdom of God in Mediterranean Perspective*. Minneapolis: Fortress, 2001.

________. *The Social World of Jesus and the Gospels*. London: Routledge, 1996.

Manson, T. W. *The Sayings of Jesus*. London: SCM, 1949.

________. *The Teaching of Jesus*. Cambridge: Cambridge University, 1931.

Manson, W. *Jesus the Messiah*. London: Hodder and Stoughton, 1943.

Marcus, J. 'Mark 14:61: "Are You the Messiah-Son-of-God?"' *NovT* 31 (1989): 125-41.

________. 'The Beelzebul Controversy and the Eschatologies of Jesus'. In *Authenticating the Activities of Jesus*, edited by B. Chilton and C. A. Evans, 247-77. Leiden: Brill, 1999.

________. 'Entering into the Kingly Power of God'. *JBL* 107 (1988): 663-75.

________. 'The Old Testament and the Death of Jesus: The Role of Scripture in the Gospel Passion Narratives'. In *The Death of Jesus in Early Christianity*, edited by J. T. Carroll and J. B. Green, 205-33. Peabody: Hendrickson, 1995.

Marguerat, D., E. Norelli, and J.-M. Poffet. *Jesus de Nazareth. Nouvelles approches d'une énigme*. Geneva: Labor et Fides, 1998.

Marsh, C. 'Quests of the Historical Jesus in New Historicist Perspective'. *Biblical Interpretation* 5 (1997): 403-37.

Marsh, C., and S. Moyise. *Jesus and the Gospels*. London: Cassell, 1999.

Marshall, I. H. 'The Divine Sonship of Jesus'. In *Jesus the Saviour: Studies in New Testament Theology*, 134-49. London: SPCK, 1967, 1990.

________. *Jesus the Saviour: Studies in New Testament Theology*. London: SPCK, 1990.

________. *Last Supper and Lord's Supper*. Exeter: Paternoster, 1980. (『마지막 만찬과 주의 만찬』, 솔로몬 역간)

________. *The Origins of New Testament Christology*. Leicester: IVP, 1976. (『신약 기독론의 기원』, 기독교문서선교회 역간)

________. 'The Synoptic Son of Man Sayings in Recent Discussion'. In *Jesus the Saviour: Studies in New Testament Theology*, 73-99. London: SPCK, 1963, 1990.

Martin, D. B. *The Corinthian Body*. New Haven: Yale University, 1995.

Martin, R. *The Elusive Messiah: A Philosophical Overview of the Quest for the Historical Jesus*. Boulder: Westview, 1999.

Marxsen, W. 'The Resurrection of Jesus as a Historical and Theological Problem'. In *The Significance of the Message of the Resurrection for Faith in Jesus Christ*, edited by C. F. D. Moule, 15-50. London: SCM, 1968.

________. *The Resurrection of Jesus of Nazareth*. London: SCM, 1970.

Mason, S. 'Revisiting Josephus's Pharisees'. In *Judaism in Late Antiquity 3.2: Where We Stand: Issues and Debates in Ancient Judaism*, edited by J. Neusner and A. J. Avery-Peck, 23-56. Leiden: Brill, 1999.

Matthews, S. *Jesus on Social Institutions*. New York: Macmillan, 1928.

McArthur, H. K. 'On the Third Day'. *NTS* 18 (1971-72): 81-86.

McCane, B. R. '"Where No One Had Yet Been Laid": The Shame of Jesus' Burial'. In *Authenticating the Activities of Jesus*, edited by B. Chilton and C. A. Evans, 431-52. Leiden: Brill, 1999.

McCready, W. O. 'The Historical Jesus and the Dead Sea Scrolls'. In *Whose Historical Jesus?* edited by W. E. Arnal and M. Desjardins, 190-211. Waterloo: Wilfrid Laurier University, 1997.

McDonald, J. I. H. *The Resurrection: Narrative and Belief.* London: SPCK, 1989.

McDonnell, K., and G. T. Montague. *Christian Initiation and Baptism and the Holy Spirit.* Collegeville: Liturgical, 1991.

McKnight, E. V. *Jesus Christ in History and Scripture: A Poetic and Sectarian Perspective.* Macon: Mercer University, 1999.

McKnight, S. *A New Vision for Israel: The Teachings of Jesus in National Context.* Grand Rapids: Eerdmans, 1999.

________. 'Public Declaration or Final Judgment? Matthew 10:26-27 = Luke 12.2-3 as a Case of Creative Redaction'. In *Authenticating the Words of Jesus*, edited by B. Chilton and C. A. Evans, 363-83. Leiden: Brill, 1999.

Meadors, E. P. *Jesus the Messianic Herald of Salvation.* Tübingen: Mohr Siebeck, 1995.

________. 'The 'Messianic' Implications of the Q Material'. *JBL* 118 (1999): 253-77.

Meier, J. P. 'The Circle of the Twelve: Did It Exist during Jesus' Public Ministry?'. *JBL* 116 (1997): 635-72.

________. 'The Debate on the Resurrection of the Dead: An Incident from the Ministry of the Historical Jesus?'. *JSNT* 77 (2000): 3-24.

________. 'From Elijah-like Prophet to the Royal Davidic Messiah'. In *Jesus: A Colloquium in the Holy Land*, edited by D. Donnelly, 45-83. New York: Continuum, 2001.

________. 'The Historical Jesus and the Historical Herodians'. *JBL* 119 (2000): 740-46.

________. *A Marginal Jew*, Vol. 1: *The Roots of the Problem and the Person.* Vol. 2: *Mentor, Message, and Miracles.* Vol. 3: *Companions and Competitors.* New York: Doubleday, 1991, 1994, 2001.

________. *A Marginal Jew*, New York: Doubleday, 1994.

________. 'The Present State of the "Third Quest" for the Historical Jesus: Loss and Gain'. *Biblica* 80 (1999): 459-87.

________. 'Reflections on Jesus-of-History Research Today'. In *Jesus' Jewishness*, edited by J. H. Charlesworth, 84-107. New York: Crossroad, 1991.

Mendels, D. *The Rise and Fall of Jewish Nationalism*. New York: Doubleday, 1992.

Merkel, H. 'Die Gottesherrschaft in der Verkündigung Jesu'. In *Königsherrschaft Gottes und himmlischer Kult im Judentum, Urchristentum und in der hellenistichen Welt*, edited by M. Hengel and A. M. Schwemer, 119-61. Tübingen: Mohr Siebeck, 1991.

________. 'The Opposition between Jesus and Judaism'. In *Jesus and the Politics of His Day*, edited by E. Bammel and C. F. D. Moule, 129-44. Cambridge: Cambridge University, 1984.

Merklein, H. 'Die Umkehrpredigt bei Johannes dem Täufer und Jesus von Nazaret'. In *Studien zu Jesus und Paulus*, 109-26. Tübingen: Mohr Siebeck, 1987.

________. *Jesu Botschaft von der Gottesherrscahft*. SBS 111. Stuttgart: KBW, 1989, 3rd ed.

________. 'Wie hat Jesus seinen Tod verstanden?' In *Studien zu Jesus und Paulus II*, 174-89. Tübingen: Mohr Siebeck, 1998.

Meye, R. P. *Jesus and the Twelve*. Grand Rapids: Eerdmans, 1968.

Meyer, B. F. *The Aims of Jesus*. London: SCM, 1979.

________. 'Appointed Deed, Appointed Doer: Jesus and the Scriptures'. In *Authenticating the Activities of Jesus*, edited by B. Chilton and C. A. Evans, 155-76. Leiden: Brill, 1999.

________. *Critical Realism and the New Testament*. Princeton Theological Monographs 17. Allison Park: Pickwick, 1989.

________. *Reality and Illusion in New Testament Scholarship: A Primer in Critical Realist Hermeneutics*. Collegeville: Liturgical, 1994.

Meyer, E. *Ursprung und Anfänge des Christentums*. Stuttgart: Cotta, 1921-23.

Meyer, M., and C. Hughes. *Jesus Then and Now: Images of Jesus in History and Christology*. Harrisburg: Trinity, 2001.

Meyer, R. *Der Prophet aus Galiläa. Studie zum Jesusbild der drei ersten Evangelien*. Darmstadt: Wissenschaftliche Buchgesellschaft, 1940, 1970.

Meyers, E. M. 'Roman Sepphoris in Light of New Archaeological Evidence and Recent Research'. In *The Galilee in Late Antiquity*, edited by L. I. Levine, 321-38. New York: Jewish Theological Seminary of America, 1992.

Meyers, E. M., and J. F. Strange. *Archaeology, the Rabbis and Early Christianity*. Nashville: Abingdon, 1981.

Michaels, J. R. 'The Itinerant Jesus and His Home Town'. In *Authenticating the Activities of Jesus*, edited by B. Chilton and C. A. Evans, 177-93. Leiden: Brill, 1999.

Michel, O. 'The Conclusion of Matthew's Gospel'. ET in *The Interpretation of Matthew*, edited by G. N. Stanton, 30-41. London: SPCK, 1983 (1950).

Milik, J. T. *Ten Years of Discovery in the Wilderness of Judaea*. London: SCM, 1959.

Millard, A. *Reading and Writing in the Time of Jesus*. BS 69. Sheffield: Sheffield Academic, 2000.

Miller, J. W. *Jesus at Thirty*. Minneapolis: Fortress, 1997.

Miller, R. J., ed. *The Complete Gospels*. San Francisco: Harper, 1994.

Moloney, F. J. 'The Fourth Gospel and the Jesus of History'. *NTS* 46 (2000): 42-58.

________. 'Matthew 19,3-12 and Celibacy'. *JSNT* 2 (1979): 42-60.

Momigliano, A. 'Religion in Athens, Rome and Jerusalem in the First Century bc'. In *Approaches to Ancient Judaism*. Vol. 5: *Studies in Judaism and Its Greco-Roman Context*, edited by W. S. Green, 1-18. Atlanta: Scholars, 1985.

Montefiore, C. G. *The Synoptic Gospels*. London: Macmillan, 1909, 1927, 2nd ed.

Montefiore, H. W. 'God as Father in the Synoptic Gospels'. *NTS* 3 (1956-57): 31-46.

Moo, D. J. 'Jesus and the Authority of the Mosaic Law'. *JSNT* 20 (1984): 3-49.

________. *The Old Testament in the Gospel Passion Narratives*. Sheffield: Almond, 1983.

Moore, G. F. *Judaism in the First Three Centuries of the Christian Era: The Age of the Tannaim*, 3 vols. Cambridge: Harvard University, 1927-30.

Moore, S. D. *Literary Criticism and the Gospels*. New Haven: Yale University, 1989.

Morgan, R. 'The Historical Jesus and the Theology of the New Testament'. In *The Glory of Christ in the New Testament*, G. B. Caird FS, edited by L. D. Hurst and N. T. Wright, 187-206. Oxford: Clarendon, 1987.

________. *The Nature of New Testament Theology*. London: SCM, 1973.

Morgan, R., and J. Barton. *Biblical Interpretation*. Oxford: Oxford University, 1988.

Morgan, R., and M. Pye. *Ernst Troeltsch: Writings on Religion and Theology*. Louisville: Westminster John Knox, 1990.

Morrice, W. G. *Hidden Sayings of Jesus: Words Attributed to Jesus outside the Four Gospels*. London: SPCK, 1997.

Moule, C. F. D. *The Birth of the New Testament*. London: Black, 1962, 1981, 3rd ed.

________. 'Fulfilment-Words in the New Testament: Use and Abuse'. In *Essays in New Testament Interpretation*, 3-36. Cambridge: Cambridge University, 1967-68,

1982.

________. 'The Gravamen Against Jesus'. In *Jesus, the Gospels and the Church*, W. R. Farmer FS, edited by E. P. Sanders, 177-95. Macon: Mercer University, 1987.

________. 'Neglected Features in the Problem of "the Son of Man"'. In *Neues Testament und Kirche*, R. Schnackenburg FS, edited by J. Gnilka, 413-28. Freiburg: Herder, 1974.

________. *The Origin of Christology*. Cambridge: Cambridge University, 1977.

________. *The Phenomenon of the New Testament*. London: SCM, 1967.

________. *The Significance of the Message of the Resurrection for Faith in Jesus Christ*. London: SCM, 1968.

________. '"The Son of Man": Some of the Facts'. *NTS* 41 (1995): 277-79.

Moxnes, H. 'The Historical Jesus: From Master Narrative to Cultural Context'. *BTB* 28 (1998): 135-49.

________. 'Jesus the Jew: Dilemmas of Interpretation'. In *Fair Play: Diversity and Conflicts in Early Christianity*, Leiden: Brill, 2002.

Mueller-Vollmer, K. *The Hermeneutics Reader*. New York: Continuum, 1994.

Mulder, M. J. *Mikra*. CRINT 2.1. Assen: Van Gorcum, 1988.

Müller, M. *Der Ausdruck 'Menschensohn' in den Evangelien. Voraussetzungen und Bedeutung*. Leiden: Brill, 1984.

Müller, U. B. *Die Entstehung des Glaubens an die Auferstehung Jesu. Historische Aspekte und Bedingungen*. SBS 172. Stuttgart: KBW, 1998.

________. *Messias und Menschensohn in jüdischen Apokalypsen und in der Offenbarung des Johannes*. Gütersloh: Mohn, 1972.

Murphy, J. *The Religious World of Jesus: An Introduction to Second Temple Judaism*. Hoboken: Ktav, 1991.

Murphy-O'Connor, J. *The Holy Land, Oxford Archaeological Guides*. Oxford: Oxford University, 1998, 4th ed.

________. 'Jesus and the Money Changers (Mark 11:15-17; John 2:13-17)'. *RB* 107 (2000): 42-55.

Mussner, F. *Jesus von Nazareth im Umfeld Israels und der Urkirche. Gesammelte Aufsätze* WUNT 111. Tübingen: Mohr Siebeck, 1999.

Myllykoski, M. *Die letzten Tage Jesu. Markus, Johannes. ihre Traditionen und die historische Frage*. Helsinki: Suomalainen Tiedeakatemia, 1994.

________. 'What Happened to the Body of Jesus?'. In *Fair Play: Diversity and Conflicts in*

Early Christianity, H. Räisänen FS, edited by I. Dunderberg, C. M. Tuckett, and K. Syreeni, 43-82. Leiden: Brill, 2002.

Neale, D. A. *None but the Sinners: Religious Categories in the Gospel of Luke*. JSNTS 58. Sheffield: Sheffield Academic, 1991.

Neill, S., and N. T. Wright. *The Interpretation of the New Testament, 1861-1986*. Oxford: Oxford University, 1964, 1988, 2nd ed.

Neirynck, F. 'The Apocryphal Gospels and the Gospel of Mark'. BETL 86 (1989): 123-75.

———. *Evangelica II*. Leuven: Leuven University, 1991.

Neugebauer, F. 'Geistsprüche und Jesuslogien'. *ZNW* 53 (1962): 218-28.

Neusner, J. '"First Cleanse the Inside"'. *NTS* 22 (1976): 486-95.

———. *From Politics to Piety: The Emergence of Rabbinic Judaism*. Englewood Cliffs: Prentice Hall, 1973.

———. *Judaism: The Evidence of the Mishnah*. Chicago: University of Chicago, 1981.

———. 'Mr Maccoby's Red Cow, Mr Sanders's Pharisees — and Mine'. *JSS* 23 (1991): 81-98.

———. *The Rabbinic Traditions about the Pharisees*. Leiden: Brill, 1971.

———. *Studying Classical Judaism: A Primer*. Louisville: Westminster, 1991.

Neusner, J., W. S. Green, and E. Frerichs. *Judaisms and Their Messiahs at the Turn of the Christian Era*. Cambridge: Cambridge University, 1987.

Neville, D. J. *Arguments from Order in Synoptic Source Criticism: A History and Critique*. Macon: Mercer University, 1994.

Newman, C. C., ed. *Jesus and the Restoration of Israel: A Critical Assessment of N. T. Wright's* Jesus and the Victory of God. Downers Grove: InterVarsity, 1999.

Newton, M. *The Concept of Purity at Qumran and in the Letters of Paul*. SNTSMS 53. Cambridge: Cambridge University, 1985.

Nickelsburg, G. W. E. *Resurrection, Immortality and Eternal Life in Intertestamental Judaism*. Cambridge: Harvard University, 1972.

Nielsen, H. K. *Heiligung und Verkündigung. Das Verständnis der Heiligung und ihres Verhältnisses zur Verkündigung bei Jesus and in der ältesten Kirche*. Leiden: Brill, 1987.

Nissen, A. *Gott und der Nächste im antiken Judentum. Untersuchungen zum Doppelgebot der Liebe*. WUNT 15. Tübingen: Mohr Siebeck, 1974.

Nolland, J. L. 'The Gospel Prohibition of Divorce: Tradition History and Meaning'. *JSNT*

58 (1995): 19-35.

Oakman, D. E. *Jesus and the Economic Questions of His Day*. Lewiston: Mellen, 1986.

________. 'The Lord's Prayer in Social Perspective'. In *Authenticating the Words of Jesus*, edited by B. Chilton and C. A. Evans, 137-86. Leiden: Brill, 1999.

Oberlinner, L. *Todeserwartung und Todesgewissheit Jesu. Zum Problem einer historischen Begründung*. SBB 10. Stuttgart: KBW, 1980.

O'Collins, G. *Christology: A Biblical, Historical and Systematic Study of Jesus*. Oxford: Oxford University, 1995.

________. 'The Resurrection: The State of the Questions'. In *The Resurrection: An Interdisciplinary Symposium on the Resurrection of Jesus*, edited by S. T. Davis, D. Kendall, and G. O'Collins, 5-28. Oxford: Oxford University, 1997.

Oegema, G. S. *The Anointed and His People: Messianic Expectations from the Maccabees to Bar Kochba*. JSPSupp 27. Sheffield: Sheffield Academic, 1998.

O'Neill, J. C. *The Bible's Authority: A Portrait Gallery of Thinkers from Lessing to Bultmann*. Edinburgh: Clark, 1991.

________. *Who Did Jesus Think He Was?* Leiden: Brill, 1995.

Ong, W. J. *Orality and Literacy: The Technologizing of the Word*. London: Routledge, 1982, 1988. (『구술문화와 문자문화』, 문예출판사 역간)

________. *The Presence of the Word: Some Prolegomena for Cultural and Religious History*. Minneapolis: University of Minnesota, 1967, 1981.

Osiek, C., and D. L. Balch. *Families in the New Testament World: Households and House Churches*. Louisville: Westminster John Knox, 1997.

Oster, R. E. 'Supposed Anachronism in Luke-Acts' Use of *synagōgē*: A Rejoinder to H. C. Kee'. *NTS* 39 (1993): 178-208.

Owen, P., and D. Shepherd. 'Speaking Up for Qumran, Dalman and the Son of Man: Was *Bar Enasha* a Common Term for "Man" in the Time of Jesus?' *JSNT* 81 (2001): 81-121.

Padgett, A. G. 'Advice for Religious Historians: On the Myth of a Purely Historical Jesus'. In *The Resurrection: An Interdisciplinary Symposium on the Resurrection of Jesus*, edited by S. T. Davis, D. Kendall, and G. O'Collins, 287-307. Oxford: Oxford University, 1997.

Paesler, K. *Das Tempelwort Jesu. Die Traditionen von Tempelzerstörung und Tempelerneuerung im Neuen Testament*, FRLANT. Göttingen: Vandenhoeck und

Ruprecht, 1999.

Painter, J. 'When Is a House Not Home? Disciples and Family in Mark 3.13-35'. *NTS* 45 (1999): 498-513.

Pannenberg, W. *Jesus, God and Man*. London: SCM, 1968.

Paschen, W. *Rein und Unrein*. München: Kosel, 1970.

Patterson, S. J. *The God of Jesus: The Historical Jesus and the Search for Meaning*. Harrisburg: Trinity, 1998.

________. *The Gospel of Thomas and Jesus*. Sonoma: Polebridge, 1993.

Pawlikowski, J. T. *Christ in the Light of the Christian-Jewish Dialogue*. New York: Paulist, 1982.

Pelikan, J. *Jesus through the Centuries: His Place in the History of Culture*. New Haven: Yale University, 1985. (『예수의 역사 2000년』, 동연 역간)

Perkins, P. *Resurrection: New Testament Witness and Contemporary Reflection*. London: Chapman, 1984.

Perrin, N. *Jesus and the Language of the Kingdom: Symbol and Metaphor in New Testament Interpretation*. Philadelphia: Fortress, 1976.

________. *The Kingdom of God in the Teaching of Jesus*. London: SCM, 1963. (『예수의 가르침 속에 나타난 하나님의 나라』, 솔로몬 역간)

________. 'Mark 14.62: The End Product of a Christian Pesher Tradition'. In *A Modern Pilgrimage in New Testament Christology*, 1-22. Philadelphia: Fortress, 1965-66, 1974.

________. *A Modern Pilgrimage in New Testament Christology*. Philadelphia: Fortress, 1974.

________. *Rediscovering the Teaching of Jesus*. London: SCM, 1967.

________. *The Resurrection Narratives: A New Approach*. London: SCM, 1977.

Person, R. F. 'The Ancient Israelite Scribe as Performer'. *JBL* 117 (1998): 601-609.

Pesch, R. 'Zur Entstehung des Glaubens an die Auferstehung Jesu. Ein neuer Versuch'. In *Zur neutestamentlichen Überlieferung von der Auferstehung Jesu*, edited by P. Hoffmann, 228-55. Darmstadt:Wissenschaftliche Buchgesellschaft, 1983, 1988.

Petersen,W. L., et al., eds. *Sayings of Jesus: Canonical and Non-canonical*, T. Baarda FS. NovTSup 89. Leiden: Brill, 1997.

Petuchowski, J. J., and M. Brocke, eds. *The Lord's Prayer and Jewish Liturgy*. London: Burns and Oates, 1978.

Pilch, J. J. 'Appearances of the Risen Jesus in Cultural Context: Experiences of Alternate Reality'. *BTB* 28 (1998): 52-60.

________. 'The Transfiguration of Jesus: An Experiment of Alternate Reality'. In *Modelling Early Christianity: Social Scientific Studies of the New Testament in Its Context*, edited by P. F. Esler, 47-64. London: Routledge, 1995.

Piper, J. *'Love Your Enemies': Jesus' Love Command in the Synoptic Gospels and the Early Christian Paraenesis*. SNTSMS 38. Cambridge: Cambridge University, 1979.

Piper, R. A. *Wisdom in the Q-Tradition: The Aphoristic Teaching of Jesus*. SNTSMS 61. Cambridge: Cambridge University, 1989.

Piper, R. A., ed. *The Gospel behind the Gospels: Current Studies on Q*. NovTSup 75. Leiden: Brill, 1995.

Pixner, B. 'Jesus and His Community: Between Essenes and Pharisees'. In *Hillel and Jesus*, edited by J. H. Charlesworth and L. L. Johns, 193-224. Minneapolis: Fortress, 1997.

Poirier, J. C. 'Why Did the Pharisees Wash Their Hands?' *JJS* 47 (1996): 217-33.

Polag, A. *Fragmenta Q. Textheft zur Logienquelle*. Neukirchen-Vluyn: Neukirchener, 1979.

Porter, J. R. *Jesus Christ: The Jesus of History, the Christ of Faith*. Oxford: Oxford University, 1999.

Porter, S. E. *The Criteria for Authenticity in Historical-Jesus Research: Previous Discussion and New Proposals*. JSNTS 191. Sheffield: Sheffield Academic, 2000.

________. 'Jesus and the Use of Greek in Galilee'. In *Studying the Historical Jesus*, edited by B. Chilton and C. A. Evans, 123-54. Leiden: Brill, 1994.

Powell, M. A. *Jesus as a Figure in History: How Modern Historians View the Man from Galilee*. Louisville: Westminster, 1998.

________. *What Is Narrative Criticism?* Minneapolis: Fortress, 1990.

Pryke, E. J. *Redactional Style in the Marcan Gospel*. SNTSMS 33. Cambridge: Cambridge University, 1978.

Puig I Tàrrech, A. 'La recherche du Jesus historique'. *Biblica* 81 (2000): 179-201.

Räisänen, H. *The 'Messianic Secret' in Mark's Gospel*. Edinburgh: Clark, 1990.

________. 'Zur Herkunft von Markus 7.15'. In *Logia: Les paroles de Jesus*, edited by J. Delobel, 477-84. Leuven: Leuven University, 1982.

Rappaport, U. 'How Anti-Roman Was the Galilee?' In *The Galilee in Late Antiquity*, edited by L. I. Levine, 95-102. New York: Jewish Theological Seminary of America, 1992.

Rau, E. 'Jesu Auseinandersetzung mit Pharisäern über seine Zuwendung zu Sünderinnen und Sündern. Lk 15,11-32 und Lk 18,10-14a als Worte des historischen Jesus'. *ZNW* 89 (1998): 5-29.

________. *Jesus — Freund von Zollnern und Sundern. Eine methodenkritische Untersuchung*. Stuttgart: Kohlhammer, 2000.

Reed, J. L. *Archaeology and the Galilean Jesus*. Harrisburg: Trinity, 2000.

________. 'The Sign of Jonah: Q 11:29-32 in Its Galilean Setting'. In *Archaeology and the Galilean Jesus*, 197-211. Harrisburg: Trinity, 2000.

Reicke, B. *The Roots of the Synoptic Gospels*. Philadelphia: Fortress, 1986.

Reimarus, H. *Concerning the Intention of Jesus and His Teaching* — see Talbert.

Reinbold, W. *Der älteste Bericht über den Tod Jesu. Literarische Analyse und historische Kritik der Passionsdarstellungen der Evangelien*. BZNW 69. Berlin: de Gruyter, 1994.

Reiser, M. 'Eschatology in the Proclamation of Jesus'. In *Jesus, Mark and Q: The Teaching of Jesus and Its Earliest Records*, edited by M. Labahn and A. Schmidt, 216-38. Sheffield: Sheffield Academic, 2001.

________. *Jesus and Judgment*. Minneapolis: Fortress, 1997.

________. 'Love of Enemies in the Context of Antiquity'. *NTS* 47 (2001): 411-27.

Rénan, E. *The Life of Jesus*. ET London: Truebner, 1864 (1863). (『예수의 생애』, 창 역간)

Rhoads, D. M. *Israel in Revolution*, 6-74 CE. Philadelphia: Fortress, 1976.

Riches, J. *A Century of New Testament Study*. Valley Forge: Trinity, 1993.

________. *Jesus and the Transformation of Judaism*. London: Darton, Longman and Todd, 1980.

Ricoeur, P. *Essays on Biblical Interpretation*. Philadelphia: Fortress, 1980. (『해석 이론』, 서광사 역간)

________. 'The Hermeneutical Function of Distanciation'. In *From Text to Action: Essays in Hermeneutics II*, 75-88. Evanston: Northwestern University, 1991. (『텍스트에서 행동으로』, 아카넷 역간)

________. 'Preface to Bultmann'. In *Essays on Biblical Interpretation*, 49-72. Philadelphia: Fortress, 1980.

________. 'The Task of Hermeneutics'. In *From Text to Action*, 58-63. Evanston:

Northwestern University, 1991.

________. *Time and Narrative* Vol. 1. Chicago: University of Chicago, 1984. (『시간과 이야기 1』, 문학과지성사 역간)

Riesenfeld, H. 'The Gospel Tradition and Its Beginning'. In *The Gospel Tradition*, 1-29. Philadelphia: Fortress, 1957, 1970.

Riesner, R. *Jesus als Lehrer*. WUNT 2.7. Tübingen: Mohr Siebeck, 1981.

________. 'Jesus as Preacher and Teacher'. In *Jesus and the Oral Gospel Tradition*, edited by H. Wansbrough, 185-210. Sheffield: Sheffield Academic, 1991.

________. 'Synagogues in Jerusalem'. In *The Book of Acts in Its Palestinian Setting*, edited by R. Bauckham, 179-210. Grand Rapids: Eerdmans, 1995.

Riley, G. J. 'Words and Deeds: Jesus as Teacher and Jesus as Pattern of Life'. *HTR* 90 (1997): 427-36.

Ringe, S. H. *Jesus, Liberation, and the Biblical Jubilee*. Philadelphia: Fortress, 1985.

Ristow, H., and K. Matthiae. *Der historische Jesus und der kerygmatische Christus*. Berlin: Evangelische, 1961.

Rivkin, E. *What Crucified Jesus?* Nashville: Abingdon, 1984.

Roberts, J. J. M. 'The Old Testament's Contribution to Messianic Expectations'. In *The Messiah*, edited by J. H. Charlesworth, 39-51. Minneapolis: Fortress, 1992.

Robinson, J. A. T. 'Elijah, John and Jesus'. In *Twelve New Testament Studies*, 28-52. London: SCM, 1962.

________. *The Human Face of God*. London: SCM, 1973.

________. *Jesus and His Coming: The Emergence of a Doctrine*. London: SCM, 1957.

Robinson, J. M. 'The Critical Edition of Q and the Study of Jesus'. In *The Sayings Source Q and the Historical Jesus*, edited by A. Lindemann, 27-52. Leuven: Leuven University, 2001.

________. 'Early Collections of Jesus' Sayings'. In *Logia. Les Paroles de Jesus — The Sayings of Jesus*, edited by J. Delobel, 389-94. Leuven: Peeters, 1982.

________. 'Galilean Upstarts: A Sot's Cynical Disciples?' In *Sayings of Jesus: Canonical and Non-Canonical*, T. Baarda FS, edited by W. L. Petersen, et al., 223-49. Leiden: Brill, 1997.

________. 'The History-of-Religions Taxonomy of Q: The Cynic Hypothesis'. In *Gnosisforschung und Religionsgeschichte*, K. Rudolph FS, edited by H Preissler and H. Seiwert, 247-65. Marburg: Elwert, 1994.

________. 'The Jesus of Q as Liberation Theologian'. In *The Gospel behind the Gospels*, edited by R. A. Piper, 259-74. Leiden: Brill, 1995.

________. 'LOGOI SOPHON: On the Gattung of Q'. In *Trajectories through Early Christianity*, by J. M. Robinson and H. Koester, 71-113. Philadelphia: Fortress, (1964) 1971.

________. *A New Quest of the Historical Jesus*. London: SCM, 1959. (『역사적 예수에 대한 새로운 탐구』, 살림 역간)

________. 'The Q Trajectory: Between John and Matthew via Jesus'. In *The Future of Early Christianity*, H. Koester FS, edited by B. A. Pearson, 173-94. Minneapolis: Fortress, 1991.

Robinson, J. M., P. Hoffmann, and J. S. Kloppenborg. *The Critical Edition of Q: Synopsis*. Leuven: Peeters, 2000.

Robinson, J. M., and H. Koester. *Trajectories through Early Christianity*. Philadelphia: Fortress, 1971.

Roloff, J. 'Anfänge der soteriologischen Deutung des Todes Jesu (Mk. x.45 und Lk. xxii.27)'. *NTS* 19 (1972-73): 38-64.

________. *Das Kerygma und der irdische Jesus*. Göttingen: Vandenhoeck und Ruprecht, 1970.

Rordorf, W. 'Does the Didache Contain Jesus Tradition Independently of the Synoptic Gospels?' In *Jesus and the Oral Gospel Tradition*, edited by H. Wansbrough, 394-423. Sheffield: Sheffield Academic, 1991.

Rowland, C. *Christian Origins*. London: SPCK, 1985.

________. *The Open Heaven: A Study of Apocalyptic in Judaism and Early Christianity*. London: SPCK, 1982.

Ruppert, L. *Jesus als der leidende Gerechte*. SBS 59. Stuttgart: KBW, 1972.

Russell, D. S. *The Method and Message of Jewish Apocalyptic*. London: SCM, 1964.

Safrai, S., ed. *The Literature of the Sages*. CRINT II.3.1. Assen: van Gorcum, 1987.

Safrai, S, and M. Stern. *The Jewish People in the First Century*, 2 vols. CRINT 1. Assen: van Gorcum, 1974, 1976.

Safrai, Z. *The Economy of Roman Palestine*. London: Routledge, 1994.

Saldarini, A. J. *Pharisees, Scribes and Sadducees in Palestinian Society*. Edinburgh: Clark, 1988.

Sanday, W., ed. *Studies in the Synoptic Problem*. Oxford: Clarendon, 1911.

Sanders, E. P. 'Common Judaism and the Synagogue in the First Century'. In *Jews, Christians, and Polytheists in the Ancient Synagogue*, edited by S. Fine, 1-17. London: Routledge, 1999.

________. *The Historical Figure of Jesus*. London: Penguin, 1993.

________. *Jesus and Judaism*. London: SCM, 1985. (『예수운동과 하나님나라』, 한국신학연구소 역간; 『예수와 유대교』, 크리스챤다이제스트 역간)

________. 'Jesus and the Kingdom: The Restoration of Israel and the New People of God'. In *Jesus, the Gospels and the Church*, W. R. Farmer FS, edited by E. P. Sanders, 225-39. Macon: Mercer University, 1987.

________. 'Jesus' Galilee'. In *Fair Play: Diversity and Conflicts in Early Christianity*, H. Räisänen FS, edited by I. Dunderberg et al., 3-41. Leiden: Brill, 2002.

________. *Jewish Law from Jesus to the Mishnah: Five Studies*. London: SCM, 1990.

________. *Judaism: Practice and Belief, 63 BCE–66 CE*. London: SCM, 1992.

________. *Paul and Palestinian Judaism*. London: SCM, 1977.

________. *The Tendencies of the Synoptic Tradition*. SNTSMS 9. Cambridge: Cambridge University, 1969.

Sanders, J. T. 'The Criterion of Coherence and the Randomness of Charisma: Poring through Some Aporias in the Jesus Tradition'. *NTS* 44 (1998): 1-25.

Sandmel, S. *The First Christian Century in Judaism and Christianity*. New York: Oxford University, 1969.

Sato, M. *Q und Prophetie. Studien zur Gattungs- und Traditionsgeschichte der Quelle Q*. WUNT 2.29. Tübingen: Mohr Siebeck, 1988.

Sawacki, M. *Crossing Galilee: Architectures of Contact in the Occupied Land of Jesus*. Harrisburg: Trinity, 2000.

Schaberg, J. *The Illegitimacy of Jesus: A Feminist Theological Interpretation of the Infancy Narratives*. San Francisco: Harper and Row, 1987.

________. 'Mark 14:62: Early Christian Merkabah Imagery?' In *Apocalyptic and the New Testament*, edited by J. Marcus and M. L. Soards, 69-94. Sheffield: JSOT, 1989.

Schams, C. *Jewish Scribes in the Second-Temple Period*. JSOTS 291. Sheffield: Sheffield Academic, 1998.

Schenke, L. *Auferstehungsverkündigung und leeres Grab. Eine traditionsgeschichtliche Untersuchung von Mk 16,1-8*. SBS 33. Stuttgart: KBW, 1969, 2nd ed.

Schiffman, L. H. 'Messianic Figures and Ideas in the Qumran Scrolls'. In *The Messiah*, edited by J. H. Charlesworth, 116-29. Minneapolis: Fortress, 1992.

________. *Who Was a Jew? Rabbinic and Halakhic Perspectives on the Jewish-Christian Schism*. Hoboken: Ktav, 1985.

Schillebeeckx, E. *Jesus: An Experiment in Christology*. ET London: Collins, 1979 (1974).

Schippers, R. 'The Son of Man in Matt. 12.32 = Luke 12.10 Compared with Mark 3.28'. In *Studia Evangelica*, 231-35, 1968.

Schleiermacher, F. D. E. *The Christian Faith*. ET Edinburgh: Clark, 1928 (1821-22). (『기독교 신앙』, 한길사 역간)

________. *The Life of Jesus*. ET Philadelphia: Fortress, 1975 (1864).

________. *On Religion: Speeches to Its Cultured Despisers*. ET London: Routledge and Kegan Paul, 1893 (1799). (『종교론』, 대한기독교서회 역간)

Schlosser, J. *Jésus de Nazareth*. Paris: Noesis, 1999.

________. *Le Régne de Dieu dans les dits de Jesus*, 2 vols. Paris: Gabalda, 1980.

________. 'Q et la christologie implicite'. In *The Sayings Source Q and the Historical Jesus*, edited by A. Lindemann, 289-316. Leuven: Leuven University, 2001.

Schmidt, K. L. *Der Rahmen der Geschichte Jesus: Literarkritische Untersuchungen zur berlieferung*. Berlin: Trowitzsch und Sohn, 1919.

Schmidt, T. E. *Hostility to Wealth in the Synoptic Gospels*, JSNTS. Sheffield: JSOT, 1987.

Schmithals, W. 'Vom Ursprung der synoptischen Tradition'. *ZTK* 94 (1997): 288-316.

Schnabel, E. J. 'Jesus and the Beginnings of the Mission to the Gentiles'. In *Jesus of Nazareth: Lord and Christ*, I. H. Marshall FS, edited by J. B. Green and M. Turner, 37-58. Grand Rapids: Eerdmans, 1994.

Schnackenburg, R. *Die sittliche Botschaft des Neuen Testaments*. HTKNT Supplement 1. Freiburg: Herder, 1986.

________. *God's Rule and Kingdom*. Freiburg: Herder, 1963. (『하느님의 다스림과 하느님 나라』, 가톨릭출판사 역간)

Schnelle, U. *The History and Theology of the New Testament Writings*. ET London: SCM, 1998 (1994).

Schottroff, L. *Lydia's Impatient Sisters: A Feminist Social History of Early Christianity*. Louisville: Westminster John Knox, 1995.

Schottroff, L., and W. Stegemann. *Jesus and the Hope of the Poor*. Maryknoll: Orbis, 1986.

Schrage, W. *The Ethics of the New Testament*. Philadelphia: Fortress, 1988.

Schreiber, S. *Gesalbter und König. Titel und Konzeptionen der königlichen*

Gesalbtenerwartung in frühjüdischen und urchristlichen Schriften. BZNW 105. Berlin: de Gruyter, 2000.

Schröter, J. 'Die Frage nach dem historischen Jesus und der Charakter historischer Erkenntnis'. In *The Sayings Source Q and the Historical Jesus,* edited by A. Lindemann, 207-54. Leuven: Leuven University, 2001.

________. *Erinnerung an Jesu Worte. Studien zur Rezeption der Logienüberlieferung in Markus, Q und Thomas.* WMANT 76. Neukirchen-Vluyn: Neukirchener, 1997.

________. *Jesus und die Anfänge der Christologie.* Neukirchen: Neukirchener, 2001.

________. 'Markus, Q und der historische Jesus. Methodische und exegetische Erwägungen zu den Anfängen der Rezeption der Verkündigung Jesu'. *ZNW* 89 (1998): 173-200.

Schulz, S. *Q: Spruchquelle der Evangelisten.* Zurich: Theologischer, 1972.

Schürer, E. *The History of the Jewish People in the Age of Jesus Christ,* revised and edited by G. Vermes and F. Millar, 4 vols. Edinburgh: Clark, 1973-87.

Schürmann, H. 'Die vorösterlichen Anfänge der Logientradition. Versuch eines formgeschichtlichen Zugangs zum Leben Jesu'. In *Der historische Jesus und der kerygmatische Christus,* edited by H. Ristow and K. Matthiae, 342-70. Berlin: Evangelische, 1962.

________. *Gottes Reich — Jesu Geschick. Jesu ureigener Tod im Licht seiner Basileia-Verkündigung.* Freiburg: Herder, 1983.

________. *Jesus. Gestalt und Geheimnis.* Paderborn: Bonifatius, 1994.

Schüssler Fiorenza, E. In *Memory of Her: A Feminist Theological Reconstruction of Christian Origins.* New York: Crossroad, 1983. (『크리스챤 기원의 여성 신학적 재건』, 태초 역간)

________. 'Jesus and the Politics of Interpretation'. *HTR* 90 (1997): 343-58.

________. *Jesus and the Politics of Interpretation.* New York: Continuum, 2000.

________. *Jesus: Miriam's Child, Sophia's Prophet.* New York: Continuum, 1995.

Schwartz, D. R. *Studies in the Jewish Background of Christianity.* WUNT 60. Tübingen: Mohr Siebeck, 1992.

Schwarz, G. *'Und Jesus sprach'. Untersuchungen zur aramäischen Urgestalt der Worte Jesu.* BWANT 118. Stuttgart: Kohlhammer, 1987, 2nd ed.

Schweitzer, A. *The Mystery of the Kingdom of God: The Secret of Jesus' Messiahship and Passion.* ET New York: Macmillan, 1914 (1901).

________. *The Quest of the Historical Jesus*. London: SCM, 1906, 2000, 2nd ed. (『예수의 생애 연구사』, 대한기독교출판사 역간)

Schweizer, E. 'Der Menschensohn. Zur eschatologischen Erwartung Jesu'. In *Neotestamentica*, 56-84. Zurich: Zwingli, 1959, 1963.

________. *Erniedrigung und Erhöhung bei Jesus und seinen Nachfolgern*. Zurich: Zwingli, 1962, 2nd ed. (ET 1960).

________. *Jesus*. London: SCM, 1971.

________. *The Lord's Supper according to the New Testament*. ET Philadelphia: Fortress, 1967 (1956).

Schwemer, A. M. 'Der Auferstandene und die Emmausjünger'. In *Auferstehung — Resurrection*, edited by F. Avemarie and H. Lichtenberger, 95-117. Tübingen: Mohr Siebeck, 2001.

Scobie, C. H. *John the Baptist*. London: SCM, 1964.

Scott, B. B. *Hear Then the Parable: A Commentary on the Parables of Jesus*. Minneapolis: Fortress, 1989.

________. *Jesus, Symbol-Maker for the Kingdom*. Philadelphia: Fortress, 1983.

________. 'New Options in an Old Quest'. In *The Historical Jesus through Catholic and Jewish Eyes*, edited by B. F. Le Beau, L. Greenspoon, and D. Hamm, 1-49. Harrisburg: Trinity, 2000.

Scott, J. M., ed. *Exile: Old Testament, Jewish, and Christian Conceptions*. Brill: Leiden, 1997.

Segal, A. F. *The Other Judaisms of Late Antiquity*. Atlanta: Scholars, 1987.

Segundo, J. L. *The Historical Jesus of the Synoptics*. ET Maryknoll: Orbis, 1985 (1982).

Sellew, P. H. *Dominical Discourses: Oral Clusters in the Jesus Sayings Tradition*. Philadelphia: Fortress, 1989.

Setzer, C. 'Excellent Women: Female Witness to the Resurrection'. *JBL* 116 (1997): 259-72.

Sievers, J. 'Who Were the Pharisees?' In *Hillel and Jesus*, edited by J. H. Charlesworth and L. L. Johns, 137-55. Minneapolis: Fortress, 1997.

Slater, T. B. 'One like a Son of Man in First-Century ce Judaism'. *NTS* 41 (1995): 183-98.

Sloyan, G. S. *The Crucifixion of Jesus*. Minneapolis: Fortress, 1995.

Smith, D. M. *John among the Gospels: The Relationship in Twentieth-Century Research*. Minneapolis: Fortress, 1992.

Smith, M. *Jesus the Magician*. San Francisco: Harper and Row, 1978.

Snodgrass, K. *The Parable of the Wicked Tenants.* WUNT 27. Tübingen: Mohr Siebeck, 1983.

Sobrino, J. *Jesus the Liberator: A Historical-Theological Reading of Jesus of Nazareth.* Maryknoll: Orbis, 1993.

Soskice, J. M. *Metaphor and Religious Language.* Oxford: Clarendon, 1985.

Squires, J. T. *The Plan of God in Luke-Acts.* SNTSMS 76. Cambridge: Cambridge University, 1993.

Stanton, G. N. 'Early Objections to the Resurrection of Jesus'. In *Resurrection*, edited by S. C. Barton and G. N. Stanton, 79-94. London: SPCK, 1994.

________. 'Form Criticism Revisited'. In *What about the New Testament?* C. F. Evans FS, edited by M. D. Hooker and C. Hickling, 13-27. London: SCM, 1975.

________. 'Jesus of Nazareth: A Magician and a False Prophet Who Deceived God's People?' In *Jesus of Nazareth: Lord and Christ*, edited by J. B. Green and M. Turner, 164-80. Grand Rapids: Eerdmans, 1994.

Stauffer, E. 'Jesus, Geschichte und Verkündigung'. *ANRW* II.25.1 (1982): 3-130.

Steck, O. H. *Israel und das gewaltsame Geschick der Propheten.* WMANT 23. Neukirchen-Vluyn: Neukirchener, 1967.

Stegemann, E. W., and W. Stegemann. *The Jesus Movement: A Social History of Its First Century.* Minneapolis: Fortress, 1999.

Stegemann, H. *The Library of Qumran.* ET Grand Rapids: Eerdmans, 1998 (1993).

Stein, R. H. 'The Proper Methodology for Ascertaining a Markan Redaction History'. *NovT* 13 (1971): 181-98.

________. *The Synoptic Problem: An Introduction.* Grand Rapids: Baker, 1987. (『공관복음서 문제』, 솔로몬 역간)

Stemberger, G. *Jewish Contemporaries of Jesus: Pharisees, Sadducees, Essenes.* ET Minneapolis: Fortress, 1995 (1991).

Stone, M. E., ed. *Jewish Writings of the Second Temple Period.* CRINT 2.II. Assen: van Gorcum, 1984.

Strange, J. F. 'Ancient Texts, Archaeology as Text, and the Problem of the First-Century Synagogue'. In *Evolution of the Synagogue*, edited by H. C. Kee and L. H. Cohick, 27-45. Harrisburg: Trinity, 1999.

Strauss, D. F. *The Christ of Faith and the Jesus of History.* ET Philadelphia: Fortress, 1977 (1865).

________. *The Life of Jesus Critically Examined*. ET Philadelphia: Fortress, 1846, 1972 (1835-36, 1840, 4th ed.).

________. *A New Life of Jesus*. ET London: Williams and Norgate, 1879, 2nd ed. (1864).

Strecker, G. 'Schriftlichkeit oder Mündlichkeit der synoptischen Tradition?' In *The Four Gospels 1992*, F. Neirynck FS, edited by F. van Segbroeck, et al., 159-72. Leuven: Leuven University.

________. *Theology of the New Testament*. ET Berlin: De Gruyter, 2000 (1996).

________. 'The Theory of the Messianic Secret in Mark's Gospel'. In *The Messianic Secret*, edited by C. M. Tuckett, 49-64. ET London: SPCK, 1983 (1964).

Streeter, B. H. *The Four Gospels: A Study of Origins*. London: Macmillan, 1924.

Strobel, A. *Die Stunde der Wahrheit*. WUNT 21. Tübingen: Mohr Siebeck, 1980.

________. *Untersuchungen zum eschatologischen Verzögerungsproblem auf Grund der spätjüdisch-urchristlichen Geschichte von Habakuk 2,2ff*. NovTSup. Leiden: Brill, 1961.

Stroker, W. D. *Extracanonical Sayings of Jesus*. Atlanta: Scholars, 1989.

Stuckenbruck, L. T. *Angel Veneration and Christology: A Study in Early Judaism and in the Christology of the Apocalypse of John*. WUNT 2.70. Tübingen: Mohr Siebeck, 1995.

Stuhlmacher, P. *Biblische Theologie des Neuen Testaments. Band 1: Grundlegung von Jesus zu Paulus*. Göttingen: Vandenhoeck und Ruprecht, 1992.

________. 'Der messianische Gottesknecht'. *JBTh* 8, *Der Messias* (1993) 131-54.

________. 'Vicariously Giving His Life for Many, Mark 10:45'. In *Reconciliation, Law and Righteousness: Essays in Biblical Theology*, 16-29. Philadelphia: Fortress, 1986.

Suggs, M. J. *Wisdom, Christology and Law in Matthew's Gospel*. Cambridge: Harvard University, 1970.

Sweet, J. P. M. 'The Zealots and Jesus'. In *Jesus and the Politics of His Day*, edited by E. Bammel and C. F. D. Moule, 1-9. Cambridge: Cambridge University, 1984.

Talbert, C. H. *Reimarus Fragments*. Philadelphia: Fortress, 1970.

Talmon, S. 'The Concept of Masiah and Messianism in Early Judaism'. In *The Messiah*, edited by J. H. Charlesworth, 79-115. Minneapolis: Fortress, 1992.

Tan, K. H. *The Zion Traditions and the Aims of Jesus*. SNTSMS 91. Cambridge: Cambridge University, 1997.

Tatum, W. B. *In Quest of Jesus*. Nashville: Abingdon, revised 1999.

Taylor, J. E. *The Immerser: John the Baptist within Second Temple Judaism.* Grand Rapids: Eerdmans, 1997.

Taylor, V. *The Formation of the Gospel Tradition.* London: Macmillan, 1933.

________. *Jesus and His Sacrifice.* London: Macmillan, 1937.

Telford, W. R. 'Major Trends and Interpretive Issues in the Study of Jesus'. In *Studying the Historical Jesus: Evaluations of the State of Current Research,* edited by B. Chilton and C. A. Evans, 33-74. Leiden: Brill, 1994.

Theisohn, J. *Der auserwählte Richter. Untersuchungen zum traditionsgeschichtlichen Ort der Menschensohngestalt der Bilderreden des äthiopischen Henoch.* Göttingen: Vandenhoeck, 1969.

Theissen, G. 'The Beginnings of the Sayings Tradition in Palestine'. In *The Gospels in Context,* 25-59. Minneapolis: Fortress, 1991.

________. *The First Followers of Jesus: A Sociological Analysis of Earliest Christianity.* ET London: SCM, 1978 (1977). (『원시 그리스도교에 대한 사회학적 연구』, 대한기독교서회 역간)

________. *The Gospels in Context: Social and Political History in the Synoptic Tradition.* Minneapolis: Fortress, 1991.

________. 'Historical Scepticism and the Criteria of Jesus Research or My Attempt to Leap Across Lessing's Yawning Gulf'. *SJT* 49 (1996): 147-76.

________. 'Jesus im Judentum. Drei Versuche einer Ortsbestimmung'. *Kirche und Israel* 14 (1999): 93-109.

________. 'Jesus' Temple Prophecy'. In *Social Reality and the Early Christians,* 94-114. Minneapolis: Augsburg Fortress, 1992.

________. 'Jesus und die symbolpolitischen Konflikte seiner Zeit. Sozialgeschichtliche Aspekte der Jesusforschung'. *EvT* 57 (1997): 378-400.

________. 'The Legend of the Baptizer's Death'. In *The Gospel in Context,* 81-97. Minneapolis: Fortress, 1991.

________. *Lokalkolorit und Zeitgeschichte in den Evangelien: Ein Beitrag zur Geschichte der synoptischen Tradition.* NTOA 8. Freiburg: Universitätsverlag, 1989.

________. *Miracle Stories of the Early Christian Tradition.* ET Edinburgh: Clark, 1983 (1974).

________. 'Nonviolence and Love of Our Enemies (Matthew 5:38-44; Luke 6:27-38)'. In *Social Reality and the Early Christians,* 115-56. Minneapolis: Augsburg Fortress, 1992.

________. *The Shadow of the Galilean: The Quest of the Historical Jesus in Narrative Form.* London: SCM, 1987. (『갈릴래아 사람의 그림자』, 한국신학연구소 역간)

________. *Social Reality and the Early Christians*. Minneapolis: Augsburg Fortress, 1992.

________. 'TheWandering Radicals: Light Shed by the Sociology of Literature on the Early Transmission of Jesus Sayings'. In *Social Reality and the Early Christians*, 33-59. Minneapolis: Augsburg Fortress, 1992.

________. '"We Have Left Everything . . ." (Mark 10:28): Discipleship and Social Uprooting in the Jewish-Palestinian Society of the First Century'. In *Social Reality and the Early Christians*, 60-93. Minneapolis: Augsburg Fortress, 1992.

Theissen, G., and A. Merz. *The Historical Jesus: A Comprehensive Guide*. ET London: SCM, 1998 (1996). (『역사적 예수』, 다산글방 역간)

Theissen, G., and D. Winter. *Die Kriterienfrage in der Jesusforschung: Vom Differenzkriterium zum Plausibilitätskriterium*. Freiburg: Universitätsverlag, 1997.

Thiselton, A. C. *New Horizons in Hermeneutics*. London: Marshall Pickering, 1992.

________. *The Two Horizons*. Exeter: Paternoster, 1980. (『두 지평』, 총신대출판부 역간)

Thomas, J. *Le mouvement baptiste en Palestine et Syrie* (150 av. J.-C.–300 ap. J.-C.). Gembloux: Duculot, 1935.

Thomas, R. *Literacy and Orality in Ancient Greece*. Cambridge: Cambridge University, 1992.

Thompson, M. B. 'The Holy Internet: Communication between Churches in the First Christian Generation'. In *The Gospels for All Christians*, edited by R. Bauckham, 49-70. Grand Rapids: Eerdmans, 1998.

Thompson, M. M. *The Promise of the Father: Jesus and God in the New Testament*. Louisville: Westminster John Knox, 2000.

Thyen, H. '*Baptisma metanoias eis aphesin hamartiōn*'. In *The Future of Our Religious Past*, R. Bultmann FS, edited by J. M. Robinson, 131-68. ET London: SCM, 1971 (1964).

Tilly, M. *Johannes der Täufer und die Biographie der Propheten. Die synoptische Täuferüberlieferung und das jüdische Prophetenbild zur Zeit des Täufers*. BZANT 137. Stuttgart: Kohlhammer, 1994.

Tödt, H. E. *The Son of Man in the Synoptic Tradition*. ET London: SCM, 1965 (1963).

Tomson, P. 'The Names Israel and Jew in Ancient Judaism and in the New Testament'. *Bijdragen* 47 (1986): 120-40, 266-89.

Trautmann, M. *Zeichenhafte Handlungen Jesu. Ein Beitrag zur Frage nach dem geschichtlichen Jesu*. Würzburg: Echter, 1980.

Trocmé, E. 'Historical and Dogmatic Method in Theology'. ET in *Historical Jesus Quest*, edited by G. W. Dawes, 29-53. Leiderdorp: Deo, 1999 (1913).

_______. 'Historiography'. In *ERE*, 716-23.

_______. *Jesus and His Contemporaries*. London: SCM, 1973.

_______. *The Social Teaching of the Christian Churches*. ET London: George Allen and Unwin, 1931 (1912).

Tuckett, C. M. 'Arguments from Order: Definition and Evaluation'. In *Synoptic Studies: The Ampleforth Conferences of 1982 and 1983*, edited by C. M. Tuckett, 197-219. Sheffield: JSOT, 1984.

_______. 'A Cynic Q?' *Biblica* 70 (1989): 349-76.

_______. 'The Historical Jesus, Crossan and Methodology'. In *Text und Geschichte*, D. Lührmann FS, edited by S. Schlarb and E. Maser, 257-79. Marburg: Elwert, 1999.

_______. *Nag Hammadi and the Gospel Tradition*. Edinburgh: Clark, 1986.

_______. 'On the Stratification of Q: A Response'. *Semeia* 55 (1992): 213-22.

_______. 'Q 22:28-30'. In *Christology, Controversy and Community*, D. R. Catchpole FS, edited by D. G. Horrell and C. M. Tuckett, 99-116. Brill: Leiden, 2000.

_______. *Q and the History of Early Christianity*. Edinburgh: Clark, 1996.

_______. *The Revival of the Griesbach Hypothesis: An Analysis and Appraisal*. SNTSMS 44. Cambridge: Cambridge University, 1983.

_______. 'The Son of Man and Daniel 7: Q and Jesus'. In *The Sayings Source Q and the Historical Jesus*, edited by A. Lindemann, 371-94. Leuven: Leuven University, 2001.

_______. 'Thomas and the Synoptics'. *NovT* 30 (1988): 132-57.

Tuckett, C., ed. *The Messianic Secret*. London: SPCK, 1983.

Twelftree, G. H. *Jesus the Exorcist*. WUNT 2.54. Tübingen: Mohr Siebeck, 1993.

_______. *Jesus the Miracle Worker*. Downers Grove: InterVarsity, 1999.

Urbach, E. E. *The Sages: Their Concepts and Beliefs*, 2 vols. Jerusalem: Magnes, 1979.

Uro, R. 'Thomas and Oral Gospel Tradition'. In *Thomas at the Crossroads*, edited by R. Uro, 8-32. Edinburgh: Clark, 1998.

Uro, R., ed. *Thomas at the Crossroads: Essays on the Gospel of Thomas*. Edinburgh: Clark, 1998.

Vaage, L. E. *Galilean Upstarts: Jesus' Followers According to Q*. Valley Forge: Trinity, 1994.

_______. 'Jewish Scripture, Q and the Historical Jesus: A Cynic Way with the Word'. In

The Sayings Source Q and the Historical Jesus, edited by A. Lindemann, 479-95. Leuven: Leuven University, 2001.

__________. 'Q and Cynicism: On Comparison and Social Identity'. In *The Gospel behind the Gospels*, edited by R. A. Piper, 199-229. Leiden: Brill, 1995.

van der Horst, P. W. 'Can a Book End with *gar*? A Note on Mark xvi.8'. *JTS* 23 (1972): 121-24.

__________. 'Was the Synagogue a Place of Sabbath Worship before 70 CE?' In *Jews, Christians, and Polytheists in the Ancient Synagogue*, edited by S. Fine, 18-43. London: Routledge, 1999.

Vanderkam, J. C. *The Dead Sea Scrolls Today*. Grand Rapids: Eerdmans, 1994.

__________. 'Righteous One, Messiah, Chosen One, and the Son of Man in 1 Enoch 37–71'. In *The Messiah*, edited by J. H. Charlesworth, 169-91. Minneapolis: Fortress, 1992.

van der Loos, H. *The Miracles of Jesus*. NovTSup 9. Leiden: Brill, 1965.

van Henten, J. W. 'The First Testing of Jesus: A Rereading of Mark 1.12-13'. *NTS* 45 (1999): 349-66.

Vansina, J. *Oral Tradition as History*. Madison, Wisconsin: University of Wisconsin, 1985.

__________. *Oral Tradition: A Study in Historical Methodology*. London: Routledge and Kegan Paul, 1965.

Van Voorst, R. E. *Jesus outside the New Testament*. Grand Rapids: Eerdmans, 2001.

Vermes, G. *Jesus the Jew*. London: Collins, 1973.

__________. *The Religion of Jesus the Jew*. London: SCM, 1993. (『유대인 예수의 종교』, 은성출판사 역간)

__________. '"The Son of Man" Debate'. *JSNT* 1 (1978): 19-32.

__________. 'The Use of *bar nash/bar nasha* in Jewish Aramaic'. In *An Aramaic Approach to the Gospels and Acts*, edited by M. Black, 310-28. Oxford: Clarendon, 1967.

Via, D. O. *The Parables*. Philadelphia: Fortress, 1967.

Vielhauer, P. 'Gottesreich und Menschensohn in der Verkündigung Jesu'. In *Aufsätze zum Neuen Testament*, 51-79. München: Kaiser, 1957, 1965.

Vieweger, D., and A. Böckler. '"Ich gebe Ägypten als Lösegeld für dich". Mk 10,45 und die jüdische Tradition zu Jes 43,3b, 4'. *ZAW* 108 (1996): 594-607.

Viviano, B. T. 'Hillel and Jesus on Prayer'. In *Hillel and Jesus*, edited by J. H. Charlesworth and L. L. Johns, 427-57. Minneapolis: Fortress, 1997.

__________. 'The Historical Jesus in the Doubly Attested Sayings: An Experiment'. *RB* 103 (1996): 367-410.

Vögtle, A. *Die 'Gretchenfrage' des Menschensohnproblems*. QD 152. Freiburg: Herder, 1994.

________. 'Todesankündigungen und Todesverständnis Jesu'. In *Der Tod Jesu: Deutungen im Neuen Testament*, edited by K. Kertelge, 80-88. Freiburg: Herder, 1976.

von Campenhausen, H. 'The Events of Easter and the Empty Tomb'. In *Tradition and Life in the Church*, 42-89. ET London: Collins, 1968 (1960).

Vouga, F. *Jesus et la Loi selon la tradition synoptique*. Geneva: Labor et Fides, 1988.

________. 'Mündliche Tradition, soziale Kontrolle und Literatur als theologischer Protest'. In *Logos und Buchstabe. Mündlichkeit und Schriftlichkeit im Judentum und Christentum der Antike*, edited by G. Sellin and F. Vouga, 195-206. Tübingen: Francke, 1997.

Wachob, W. H., and L. T. Johnson. 'The Sayings of Jesus in the Letter of James'. In *Authenticating the Words of Jesus*, edited by B. Chilton and C. A. Evans, 431-50. Leiden: Brill, 1999.

Walker, W. O., ed. *The Relationships among the Gospels*. San Antonio: Trinity University, 1978.

Wansbrough, H., ed. *Jesus and the Oral Gospel Tradition*. JSNTS 64. Sheffield: Sheffield Academic, 1991.

Watson, F. *Text and Truth: Redefining Biblical Theology*. Edinburgh: Clark, 1997.

Waubke, H.-G. *Die Pharisäer in der protestantischen Bibelwissenschaft des 19. Jahrhunderts*. Tübingen: Mohr Siebeck, 1998.

Weaver, W. *The Historical Jesus in the Twentieth Century, 1900-1950*. Harrisburg: Trinity, 1999.

Webb, R. L. 'John the Baptist and His Relationship to Jesus'. In *Studying the Historical Jesus*, edited by B. Chilton and C. A. Evans, 178-229. Leiden: Brill, 1994.

________. *John the Baptizer and Prophet: A Socio-Historical Study*. JSNTS 62. Sheffield: Sheffield Academic, 1991.

Wedderburn, A. J. M. *Beyond Resurrection*. London: SCM, 1999.

Weinfeld, M. 'Hillel and the Misunderstanding of Judaism in Modern Scholarship'. In *Hillel and Jesus*, edited by J. H. Charlesworth and L. L. Johns, 56-70. Minneapolis: Fortress, 1997.

Weiss, J. *Earliest Christianity: A History of the Period AD 30-150*. ET 1937; New York: Harper Torchbook, 1959 (1914).

________. *Jesus' Proclamation of the Kingdom of God*. ET Philadelphia: Fortress, 1971 (1892).

Wellhausen, J. *Einleitung in die drei ersten Evangelien*. Berlin: Georg Reimer, 1905.

Wells, G. A. *The Jesus Myth*. Chicago: Open Court, 1999.

Wenham, D. *The Rediscovery of Jesus' Eschatological Discourse*. Gospel Perspectives 4. Sheffield: JSOT, 1984.

Wenham, D., and C. L. Blomberg. *Gospel Perspectives*. Vol. 6: *The Miracles of Jesus*. Sheffield: JSOT, 1986.

Weren, W. J. C. 'The Use of Isaiah 5,1-7 in the Parable of the Tenants (Mark 12,1-12; Matthew 21,33-46)'. *Biblica* 79 (1998): 1-26.

Westerholm, S. *Jesus and Scribal Authority*. CBNTS 10. Lund: Gleerup, 1978.

Wilckens, U. *Resurrection*. Edinburgh: St Andrew, 1977.

________. 'The Tradition-History of the Resurrection of Jesus'. In *The Significance of the Message of the Resurrection for Faith in Jesus Christ*, edited by C. F. D. Moule, 51-76. London: SCM, 1968.

Wilcox, M. 'Jesus in the Light of His Jewish Environment'. *ANRW* II.25.1 (1982): 131-95.

Willis, W., ed. *The Kingdom of God in 20th-Century Interpretation*. Peabody: Hendrickson, 1987.

Winger, M. 'Word and Deed'. *CBQ* 62 (2000): 679-92.

Wink, W. *John the Baptist in the Gospel Tradition*. SNTSMS 7. Cambridge: Cambridge University, 1968.

Wischmeyer, O. 'Herrschen als Dienen — Mark 10,41-45'. *ZNW* 90 (1999): 28-44.

Witherington, B. *The Christology of Jesus*. Minneapolis: Fortress, 1990.

________. *The Jesus Quest: The Third Search for the Jew of Nazareth*. Downers Grove: InterVarsity, 1995, 1997, 2nd ed.

________. *Jesus the Sage: The Pilgrimage of Wisdom*. Minneapolis: Augsburg Fortress, 1994.

________. *Jesus the Seer: The Progress of Prophecy*. Peabody: Hendrickson, 1999.

________. *Women in the Ministry of Jesus*. SNTSMS 51. Cambridge: Cambridge University, 1984.

Wolff, H. W. *Jesaja 53 im Urchristentum*. Berlin: Evangelische, 1950, 2nd edn.

Wood, H. G. *Did Christ Really Live?* London: SCM, 1938.

Wrede, W. *The Messianic Secret*. ET Cambridge: Clarke, 1971 (1901).

Wright, N. T. 'Five Gospels but No Gospel: Jesus and the Seminar'. In *Authenticating *the Activities of Jesus*, edited by B. Chilton and C. A. Evans, 83-120. Leiden: Brill, 1999.

________. *Jesus and the Victory of God*. London: SPCK, 1996. (『예수와 하나님의 승리』, 크리스챤다이제스트 역간)

________. *The New Testament and the People of God*. London: SPCK, 1992. (『신약성서와 하나님의 백성』, 크리스챤다이제스트 역간)

Wright, S. *The Voice of Jesus: Studies in the Interpretation of Six Gospel Parables*. Carlisle: Paternoster, 2000.

Young, B. *Jesus the Jewish Theologian*. Peabody: Hendrickson, 1995.

________. *The Parables: Jewish Tradition and Christian Interpretation*. Peabody: Hendrickson, 1998.

Zahrnt, H. *The Historical Jesus*. London: Collins, 1963.

Zeitlin, I. M. *Jesus and the Judaism of His Time*. Cambridge: Polity, 1988.

Zeitlin, S. *The Jews: Race, Nation, or Religion?* Philadelphia: Dropsie, 1936.

Zeller, D. 'Bedeutung und religionsgeschichtlicher Hintergrund der Verwandlung Jesu (Markus 9:2-8)'. In *Authenticating the Activities of Jesus*, edited by B. Chilton and A. Evans, 303-21. Leiden: Brill, 1991.

________. *Die weisheitlichen Mahnsprüche bei den Synoptikern*. Forschung zur Bibel 17. Würzburg: Echter, 1977.

Zias, J., and E. Sekeles. 'The Crucified Man from Giv'at ha-Mivtar: A Reappraisal'. *IEJ* 35 (1985): 22-27.

Zimmermann, J. *Messianische Texte aus Qumran. Königliche, priesterliche und prophetische Messiasvorstellungen in den Schriftfunden von Qumran*. WUNT 2.104. Tübingen: Mohr Siebeck, 1998.

모든 번역은 그 최선의 끝자락에서 결국 번역자의 해석이다. 상이한 언어로써 소통한다는 것은 저자의 세계관에 번역자의 세계관이 접속되는 방식을 반영하고, 나아가 그 특정한 관점이 텍스트의 문법적 구조에 합치되게 드러나는 방식을 정당화한다. 저자의 관점과 번역자의 관점이 조화롭게 상응할 때 번역의 과정은 매끄럽게 순항하지만, 그것이 서로 불편하게 부대낄 때 그 항로는 순탄하지 못하다. 거기서 문자적 의미 그대로 그 텍스트의 본래 의미를 드러내려는 '직역'과 그것의 감추어진 속뜻을 파헤치며 언외의 의미를 발굴하려는 '의역' 사이에 변용과 굴절의 곡예가 발생한다.

나로서 처음 시도한 이 번역의 노동은 그 대상이 매우 두꺼운 책이었기에 대단한 각오와 모험의 열정을 요구하였다. 더구나 이 책의 저자 제임스 던이 구사한 만연체의 영국식 영어에 내장된 꼬장꼬장한 텍스트 구조는 나를 자주 시달리게 만들었다. 그 의미를 부드러운 한글의 문장으로 드러내기 만만치 않았기 때문이고, 또한 저자의 사고에 내포된 심연을 향한 내 분석적 촉수가 그리 확연하지 않았기 때문이었을 것이다. 그러나 나는 10개월 남짓한 이 고단한 여정을 치밀한 하루하루의 계획에 따라 엄정하게 감당했고, 그 결과 2009년 12월 31일 새벽 3시쯤 그 마지막 문장의 방점을 찍을 수 있었다. 물론 이 번역서의 최종적 성공 여부는 아직 미지수이고, 그 평가는 이 책이 출간되고 그 행간을 읽어갈 독자의 몫으로 남게 될 것이다.

저자는 이 책에서 이른바 '역사적 예수'를 멀리 우회하여 다룬다. 연구사적 개관과 비평적 성찰의 분량만 해도 대단할 정도로 저자는 이 책의 앞부분에서 이 신약성서 담론의 기원과 전개 과정을 철저하게 해부하고 그

빛과 그림자를 엄정하게 평가한다. 거기서 저자가 발견한 핵심 논점은 역사적 예수의 탐구가 '도그마로부터의 탈주'에서 비롯되었고, 이후 역사비평의 왕성한 도전을 통해 밝혀낸 예수의 초상에 대한 다채로운 결과는 다시 '역사로부터의 탈주'를 초래하였다는 것이다. 그리하여 역사에 대해 회의주의와 해체주의의 흐름이 범람하는 이즈음 저자는 복음서의 역사 앞에 겸손하게 '기억된 예수'를 말한다. 아무리 최상의 비평적 방법으로 재구성한다고 할지라도 그렇게 해서 산출한 예수의 역사적 초상은 결국 그 복음서 자료를 통해 기억된 예수를 보여줄 뿐이라는 것이다. 그러나 저자는 놀랍게도 그 '기억된 예수'의 역사적 사실성과 진정성에 매우 긍정적인 입장을 표한다.

그 방법론적 해법으로 저자가 일관되게 추구하는 것은 이를테면 철저한 구어 전승이다. 이른바 '구전적 전통화 과정'이 복음서의 현존하는 내용을 만들어냈으며, 그 가운데 변개 불가한 핵심적 요소와 함께 변용 가능한 서사적 구연의 요소들이 함께 섞여들게 되었다는 것이다. 이러한 관점에서 볼 때 복음서 형성사에서 흔히 거론해온 구어 전승 → 문서 자료 → 복음서 저작이란 기존의 도식적 구조는 너무 기계적이고 단선적이다. 그에 의하면 구어 전승과 문서화 과정은 상호 영향관계 하에 쌍방향의 흐름을 거쳤다고 보는 것이 더 합리적이다. 가령, 이미 문서화된 자료조차 또 다시 이어지는 이야기 구연의 과정을 통해 전승되면서 중층적 전통화의 경로를 거쳤으리라는 것이다. 저자는 이러한 대안적 관점에 의거하여 복음서의 여러 양식들을 복합적인 구어 전통화 과정의 결과물로 추론한다. 이 가운데 변개할 수 없는 전승의 상수로서 특정한 요소가 일관되게 고수되었다고 전제할 때 예수에 대한 신앙 고백의 전승은 부활 사건 이후에 만들어진 것이 아니라 예수의 살아생전으로 소급된다. 이에 따라 저자는 역사적 예수라는 명제 아래 '전통'과 '편집'을 날카롭게 양분하고 '전통'의 요소에서 '역사'와 '해석'을 거의 자의적으로 분리시키던 학계의 관행에 거센 도전의 메시지를 던지고 있는 셈이다.

저자는 역사적 예수의 사상적 태반과 관련하여 일군의 연구자들이 강조하는 '유대교'의 배경을 매우 강조한다. 따라서 탈종말론적이고 도덕적 현자 이미지 위주로 예수를 조명하는 헬레니즘 사조에 기대어 예수를 연구해온 또 다른 흐름에 비추어 그의 관점은 편중된 것으로 보일 수 있다. 더구나 헬레니즘 계통의 유대교를 포함하여 유대교의 다양한 전통을 논의의 대상으로 포괄하기보다 주로 구약성서 전통에 대한 주해적 시각에 집중하는 저자의 자료 섭렵을 보기에 따라 편협한 것으로 치부할 수도 있다. 그러나 그는 구약성서를 매개로 한 예수와 유대교의 관계를 철저하게 강조하는 방식으로 오늘날 재구성된 예수의 모습에 묻은 이 시대의 우리와 흡사한 불순물을 제거하는 동시에 생경하지만 외려 그래서 더욱 그럴 법한 고대인 예수의 역사적 세계를 보여준다. 특히, 구약성서를 자세히 읽고 열심히 묵상함으로써 이로부터 영감의 원천과 행동의 기준을 확보한 예수의 이미지는 우리에게 얼마나 낯설고도 친숙한가? 물론 이 또한 '기억된 예수'의 한계선상에서 작동할 따름이다. 이러한 한계는 그러나 역설적 미덕으로 작용하여 저자로 하여금 역사적 예수 연구자들이 아예 거들떠보지도 않은 예수의 부활 문제를 다루는 데까지 나아가게 한다.

진지한 독자들은 이 책에서 서구 학계가 만들어온 역사적 예수 담론에서 무엇이 과장되고 무엇이 소홀히 여겨져왔는지 비평적 성찰의 계기를 얻을 수 있을 것이다. 아울러 19세기 이래 도도한 물결로 엄습하여 오늘날까지 그 낭만적 신화의 허울을 벗고 있지 못한 역사주의의 마법이 인간의 지성을 어떻게 마비시키고 외곬으로 이념화시키는지 뒤돌아볼 만한 단서를 찾을 수 있을지도 모른다. 아울러, '도그마'의 위력에 의탁해온 지난 세월의 향수가 아무리 진하다 할지라도 합리적 계몽의 세례를 받은 우리의 지성이 예수에 대한 신실함을 앞세워 무모하게 강변되는 맹목의 교설에 아멘으로 화답할 수 없으리라는 엄연한 현실도 어느 정도 체감할 수 있을 것이다. 그러나 저자가 꾸려놓은 '기억된 예수'의 오밀조밀한 미로를 벗어난 독자들은 그 옛 기억에 대한 각자의 기억을 다르게 말하기 시작하면서 결국 지금 여기서 어떤 예수를 어떻게 기억하는가 하는 또 다른 과제에 봉착할 것이다. 아울러, 예수가 보여준 삶의 행적을 그 기억의 연금술을 통해 오늘날 어떻게 자신의 삶 가운데 구현할 수 있는가 하는 한 조각의 암시적 교훈이라도 챙길 수 있다면 이 책의 독서에 대한 성실한 보답이 될 터이다.

직접 책을 쓰는 일과 달리 책을 번역하는 부담은 한결 덜할 것 같다는 게 이 책의 번역에 임하면서 든 막연한 느낌이었다. 그러나 작업을 일단락한 뒤 얼마나 저자의 의미와 의도를 우리말로 잘 전달했는가 하는 의문과 자책과 함께 또 다른 부담이 찾아든다. 내가 딱 한 번 대면한 적이 있는 제임스 던은 그의 문장과 문체에 담긴 성격만큼 꼬장꼬장한 인상과 말투를 가지고 있었다. 그가 방언 통역의 은사를 받아 내 번역 문장에 토를 달고 이의를 제기한다면 뭐라 대꾸하며 어떻게 방어해야 할지 짐짓 난감해진다. 그러나 저자로서 그의 몫이 있듯이 번역자로서 내 나름의 고유한 사명이 있다고 믿어본다. 이 책의 번역을 통해 새로운 담론의 영역과 전혀 다른 글쓰기의 방식을 탐험할 수 있도록 주선해준 새물결플러스의 식구들께 감사드린다. 내가 하루 10-20페이지를 목표로 이 책에 매달리며 번역 작업에 몰두하는 동안 2009년 내내 그 지루한 시간을 묵묵히 감내해준 가족들에게도 미안함과 함께 고마운 마음을 전한다.

2010년 5월 6일
차정식

예수와 기독교의 기원(상권)
역사적 예수, 복음서의 예수 그리고 하나님 나라

Copyright ⓒ 새물결플러스 2010

1쇄 발행 2010년 6월 21일
7쇄 발행 2020년 4월 15일

지은이 제임스 D. G. 던
옮긴이 차정식
펴낸이 김요한
펴낸곳 새물결플러스

편 집 왕희광 정인철 노재현 한바울 정혜인
　　　　이형일 서종원 나유영 노동래 최호연
디자인 윤민주 황진주 박인미 이지윤
마케팅 박성민 이원혁
총 무 김명화 이성순
영 상 최정호 조용석 곽상원
아카데미 차상희

홈페이지 www.holywaveplus.com
이메일 hwpbooks@hwpbooks.com
출판등록 2008년 8월 21일 제2008-24호
주 소 (우) 04118 서울시 마포구 마포대로19길 33
전 화 02) 2652-3161
팩 스 02) 2652-3191

ISBN 978-89-963761-3-2 (상권)
ISBN 978-89-963761-4-9 (하권)
ISBN 978-89-963761-2-5 (세트)

책값은 뒤표지에 있습니다.